KRÖNERS TASCHENAUSGABE BAND 233

MAX WEBER

Schriften
1894 – 1922

Ausgewählt und herausgegeben von
Dirk Kaesler

ALFRED KRÖNER VERLAG STUTTGART

Max Weber
Schriften
1894–1922
Ausgewählt und herausgegeben von
Dirk Kaesler
Stuttgart: Kröner 2002
(Kröners Taschenausgabe; Band 233)
ISBN 3-520-23301-0

Gesamtherstellung: Friedrich Pustet, Regensburg

INHALT

Vom akademischen Außenseiter zum sozialwissenschaftlichen Klassiker

Einleitung des Herausgebers

Die hier präsentierte Sammlung ausgewählter Schriften Max Webers tritt an die Stelle der erstmals 1956 erschienenen Auswahl von Texten Max Webers, die Johannes Winckelmann als Band 229 in *Kröners Taschenausgabe* herausgegeben hat. Diese erste Weber-Ausgabe im Alfred Kröner Verlag erschien zu einem Zeitpunkt, zu dem Max Weber im deutschsprachigen Raum in Vergessenheit zu geraten drohte. Die handliche, preiswerte Sammlung wurde bald zum Standardlehrbuch in universitären Seminaren, blieb über mehr als vier Jahrzehnte in mehreren Auflagen lieferbar und wurde in fast 60 Tausend Exemplaren verbreitet. Auf diese Weise spielte sie eine bedeutsame Rolle auf dem Weg Max Webers vom akademischen Außenseiter zum sozialwissenschaftlichen Klassiker.

Als der Leichnam des 56jährigen ordentlichen Professors für »Gesellschaftswissenschaft, Wirtschaftsgeschichte und Nationalökonomie« der Ludwig-Maximilians-Universität München, Max Weber, auf dem Ostfriedhof in München am 17. Juni 1920 eingeäschert wurde, war nur eine kleine Zahl von Familienmitgliedern, Freunden, Kollegen und Studenten zugegen. Außer seiner Witwe, Marianne Weber, glaubten damals wohl nur wenige daran, dass der deutsche Sozial- und Kulturwissenschaftler Max Weber zum national und international unbestrittenen Klassiker gleich einer ganzen Reihe wissenschaftlicher Disziplinen gemacht werden würde.

Ungeachtet der unzweifelhaften Tatsache, dass das Gesamtwerk dieses Gelehrten nicht in ein einzelnes Fach passt, also nicht wirklich »diszipliniert« werden kann, wird es dennoch heute von mehreren Fachdisziplinen in Anspruch genommen. Kein aktuelles Lexikon, keine Fachgeschichte und kein Lehrbuch aus den Bereichen der Soziologie, Politikwissenschaft, Volkswirtschaftslehre, Ethnologie, Geschichtswissenschaft, Religionswissenschaft wird Webers Namen nicht an zentraler Stelle erwähnen und seinen maßgeblichen Einfluss auf die Entwicklung der jeweiligen Wissenschaft hervorheben. Selbst die deutsche Rechtswissenschaft hat ihn erst kürzlich in der Neuauflage eines renommierten biographischen Lexikons berühmter Juristen als einen der Ihren entdeckt.

Kam schon die westliche Soziologie bald nach dem Ende des Zweiten Weltkrieges anscheinend ohne die Begrifflichkeit und das Werk dieses Wilhelminischen Gelehrten nicht mehr aus, so ist das Interesse an Max Weber nach dem Ende des »realen Sozialismus« und der damit verbundenen Verabschiedung von dessen Klassikern, Marx, Engels und Lenin, noch zusätzlich im Wachsen begriffen. In dem Maß, wie Sozialismus und Kommunismus als alternative Gesellschafts- und Weltordnungen »besiegt« zu sein scheinen – abgesehen von wenigen Enklaven, die so klein wie Kuba, aber auch so riesig wie die Volksrepublik China sind –, wurden Analysen und Diagnosen Webers, der so oft und lange als »bürgerlicher Marx« eingeordnet wurde, immer einflussreicher für das Selbstverständnis der Menschen in der globalisierten (Post)Moderne nach dem Ende des Kalten Krieges. Die »Große Erzählung« Max Webers von der »Schicksalhaftigkeit« der auf der Verwertung des Kapitals beruhenden kapitalistischen Wirtschaft und vom damit ursächlich verwobenen, unaufhaltsamen, ebenso schicksalhaften Siegeszug des »okzidentalen Rationalismus«, mit seiner zunehmenden »Rationalisierung« aller Lebensbereiche, liefert in den gegenwärtigen Zeiten die erfolgreiche Vorlage für relevante, individuelle wie kollektive, Erklärungen dessen, was mit den Menschen und ihren Gesellschaften geschieht. Dabei spielt der interne Streit der Weber-Interpreten darüber keine sonderlich wichtige Rolle, ob eine solche Zuspitzung des Weberschen Gesamtwerks auf eine (möglicherweise sogar »evolutionistisch« konstruierte) »Rationalisierungs-Theorie« nun von Weber selbst so gemeint war oder nicht. Sie ist es jedenfalls, die in der gegenwärtigen allgemeinen Diskussion über die eminente Bedeutung Max Webers im Vordergrund zu stehen scheint und die seinen Weltruhm begründet, gleichgültig ob die Weber-Schriftgelehrten das billigen oder nicht.

Zumindest aus wissenschaftssoziologischer Perspektive wäre es jedoch naiv, anzunehmen, dass diese erstaunliche Karriere vom akademischen Außenseiter zum sozial- und kulturwissenschaftlichen Klassiker und Produzenten einer bedeutsamen »Theorie der Rationalisierung« allein das Ergebnis einer sich allmählich und universal durchsetzenden Einsicht in Qualität und analytische Erklärungskraft der Schriften und Reden Max Webers gewesen sei. Gerade aus einer von Max Weber selbst geprägten Perspektive muss danach gefragt werden, welche Personen, Institutionen und Zusammenhänge für diese allmähliche Fabrikation des Klassikers Max Weber verantwortlich waren und sind. Webers eigenem Ansatz folgend, muss die Frage gestellt werden, von welchen »Interessen« – »ideellen« wie »materiellen« – diese Klassikerfabrikation geleitet wurde und wird. Wer waren und sind die Personen, ohne deren Engagement wir heute nicht über ein umfangreiches »Werk« Max Webers verfügen würden? Wem verdanken wir Heutige es darüber hinaus, dass wir uns diesem Werk annähern mit dem bereits formierten Wissen, dass es sich dabei um das eines der wichtigsten Denker des 20. Jahrhunderts handelt?

Wenig vom eigenartigen Charakter der Kulturwissenschaften im allgemeinen, und von der wissenschaftlichen Soziologie im besonderen, hat verstanden, wer sie als sich kumulativ entwickelnde Wissenschaften bestimmen möchte. Wer seine Kritik daran ausrichtet, dass beispielsweise die Soziologie von solcher Zielvorstellung abweicht, verkennt, dass diese nicht nur eine empirisch basierte Wissenschaft ist, sondern dass sie zugleich immer auch auf einem zeitgebundenen, ideologischen und metaphorischen Rahmenwerk aufsitzt.

Daraus ergibt sich eine prinzipielle, nicht aufzuhebende Spannung zwischen den vielfältigen »Theorien« der Soziologie und der sogenannten »Praxis« ihrer Umgebung. Das Werk Max Webers bildet hier keine Ausnahme, schon gar nicht, wenn man sich an dessen eigener Wahrnehmung der prinzipiellen Begrenztheit aller kulturwissenschaftlichen Erkenntnis orientiert: »Alle kulturwissenschaftliche Arbeit in einer Zeit der Spezialisierung wird, nachdem sie durch bestimmte Problemstellungen einmal auf einen bestimmten Stoff hin ausgerichtet ist und sich ihre methodischen Prinzipien geschaffen hat, die Bearbeitung dieses Stoffes als Selbstzweck betrachten, ohne den Erkenntniswert der einzelnen Tatsachen stets bewußt an den letzten Wertideen zu kontrollieren, ja ohne sich ihrer Verankerung an diesen Wertideen überhaupt bewußt zu bleiben. Und es ist gut so. Aber irgendwann wechselt die Farbe: die Bedeutung der unreflektiert verwerteten Gesichtspunkte wird unsicher, der Weg verliert sich in die Dämmerung. Das Licht der großen Kulturprobleme ist weiter gezogen. Dann rüstet sich auch die Wissenschaft, ihren Standort und ihren Begriffsapparat zu wechseln und aus der Höhe des Gedankens auf den Strom des Geschehens zu blicken.« (unten S. 148f.)

Rezeption und Wirkung Max Webers zu Lebzeiten

Die erstaunlich eminente Bedeutung Max Webers von heute steht in erkennbarem Gegensatz zur nationalen und internationalen Rezeption und Wirkung Webers zu dessen Lebzeiten. Betrachtet man die frühe Rezeption der Weberschen Schriften insgesamt, stellt sich diese als außerordentlich selektiv dar. Sie konzentrierte sich vor allem auf die Schriften zur *Protestantischen Ethik* (1905/1920) und die gedruckten Fassungen der beiden Reden *Wissenschaft als Beruf* (1919) und *Politik als Beruf* (1919).

Auch die Versuche Marianne Webers, die meisten der verstreuten Texte in vier Sammelbänden – *Gesammelte Politische*

Schriften (1921), *Gesammelte Aufsätze zur Wissenschaftslehre* (1922), *Gesammelte Aufsätze zur Sozial- und Wirtschaftsgeschichte* (1924), *Gesammelte Aufsätze zur Soziologie und Sozialpolitik* (1924) – einem breiteren Leserkreis zu vermitteln, änderten an der grundsätzlich schwachen Rezeption und Wirkung der Weberschen Schriften in der Zeit bis nach dem Zweiten Weltkrieg nicht viel.

Auch Marianne Webers (Re)Konstruktion von *Wirtschaft und Gesellschaft*, Max Webers sogenanntes »opus magnum«, das 1922 erschien, fand zunächst nur ein schwaches Echo. Von ganz wenigen Ausnahmen abgesehen, fiel es einer bereits damals stark nach Disziplinen segmentierten (insgesamt jedoch bescheidenen) Wirkung anheim. Vor allem der Einfluss von Webers Formulierung von Programm und Methode einer erfahrungswissenschaftlichen, empirischen und verstehenden Soziologie gelangte nicht wesentlich über eine anregende Wirkung bei Werner Sombart, Georg Simmel und später Alfred Schütz hinaus. Die aber waren in ihrer Zeit ebenfalls eher Außenseiter bei der akademischen und professionellen Institutionalisierung der jungen Universitätsdisziplin Soziologie in Deutschland. Die Tatsache allein, dass von *Wirtschaft und Gesellschaft* im Zeitraum 1922–47 weniger als 2000 Exemplare verkauft wurden, bestätigt diese Einschätzung.

Auch die wissenschaftliche Wirkung Max Webers als eines akademischen Lehrers ist insgesamt eher als unbedeutend einzuschätzen. Der kleine Kreis derjenigen, die bei ihm an den Universitäten Freiburg, Heidelberg und München promovierten, erlangte keine nennenswerte wissenschaftliche Bedeutung und keiner seiner »Schüler« habilitierte unter seiner direkten Patronage. Eigentliche Nachfolger hatte Max Weber keine, zu einer »Weber-Schule«, die er selber begründet hätte, kam es nicht.

Webers Karriere als »Klassiker« der Soziologie

Unmittelbar nach dem Ende des Zweiten Weltkriegs wurden in der (west)deutschen Soziologie nach dem schnellen Wiederaufbau der Universitäten nicht so sehr die deutschen Soziologen der Weimarer Zeit, wie Ferdinand Tönnies, Max Weber, Werner Sombart oder Georg Simmel, gelesen, sondern zuerst die »modernen« US-Amerikaner. Der Anschluss an die westliche Soziologie, die in den Dienst der »re-education« und den Aufbau einer demokratischen Gesellschaft in der Bundesrepublik Deutschland gestellt werden sollte, wurde als die vordringliche Aufgabe betrachtet.

Nur sehr wenige nahmen die Schriften Max Webers in den Jahren des frühen »Wirtschaftswunders« sonderlich ernst. Abgesehen von dem damaligen Frankfurter Wissenschaftlichen Assistenten Friedrich H. Tenbruck und dem vorzeitig in den Ruhestand versetzten Vorstandsmitglied der Landeszentralbank von Hessen, Johannes Winckelmann, der nach Kriegsende erst in Oberursel im Taunus, seit Frühjahr 1958 in der Nähe von München als Privatgelehrter lebte und seit November 1963 als Honorarprofessor der Universität München über Max Weber in kleinen Seminaren lehrte, war die damalige deutsche Soziologie eher mit der empirischen Erforschung ihrer Gegenwartsgesellschaft befasst. Exemplarisch genannt seien die überaus populäre Diagnose einer »nivellierten Mittelstandsgesellschaft« (Helmut Schelsky), die empirischen Erhebungen über die deutsche Familie und die Arbeitswirklichkeit in westdeutschen Industriebetrieben (René König) oder die kulturkritischen Analysen einer »Dialektik der Aufklärung« (Max Horkheimer und Theodor W. Adorno). Die theoretisch-historischen Arbeiten Max Webers spielten in diesem Kontext weder für die empirische Forschung noch für den akademischen Lehrbetrieb eine größere Rolle.

Erst der Heidelberger Soziologentag 1964 sollte den deutschen Soziologen mit einem Schlag den ganz anderen Stand einer internationalen Weber-Rezeption deutlich machen. Orchestriert durch die geschickte Strategie von Talcott Parsons (1902–79) – mit Unterstützung durch die US-amerikanischen Weber-Forscher Reinhard Bendix (1916–91) und Benjamin Nelson (1911–77) – mischten sich die »Macher« der internationalen Soziologie zum Gedenken an den 100. Geburtstag ihres Stammvaters aus Deutschland unter die versammelten Mitglieder der »Deutschen Gesellschaft für Soziologie«: Talcott Parsons (Harvard), Pietro Rossi (Turin), Raymond Aron (Paris), Herbert Marcuse (Boston) und Reinhard Bendix (Berkeley). Sie alle gedachten – nicht ohne kritische Töne – jenes Mannes, der ohne wesentliches Zutun deutscher Soziologen in der Zwischenzeit durch die wissenschaftlichen Arbeiten exilierter deutschsprachiger oder ausländischer Forscher zum unbestrittenen Klassiker der internationalen Soziologie gemacht worden war. Erst durch deren Arbeiten war Max Weber allmählich, neben Marx und Durkheim, zu einer der Säulen der internationalen »soziologischen Dreifaltigkeit« geworden.

Dafür, dass aus einem zu Beginn der 50er Jahre fast vergessenen deutschen Soziologen ein internationaler soziologischer Klassiker wurde, war insbesondere der Soziologe Talcott Parsons von der Harvard University verantwortlich. Dessen »Struktur-Funktionalismus« wurde in der internationalen Soziologie von etwa 1950 bis 1965 die dominierende theoretische Ausrichtung. Parsons verursachte durch sein eigenes Werk – insbesondere durch *The Structure of Social Action* (1937) und seine englischen Übersetzungen der Weberschen *Protestantischen Ethik* (1930) und von Teilen aus *Wirtschaft und Gesellschaft* (1947) – die durchschlagende Aufmerksamkeit für Weber und die internationale Beschäftigung mit dem Werk des deutschen Soziologen – wenn auch in der Lesart von Parsons.

Unabhängig davon, wie man zu diesen Übersetzungen und der Weber-Interpretation von Parsons steht, muss festgehalten werden, dass erst durch sie ein breites internationales Interesse an Max Weber geweckt wurde. Weder die Tatsache, dass die englischen Weber-Übersetzungen von Parsons verbesserungsfähig waren, noch der Umstand, dass seine Weber-Interpretation eine »Entparsonisierung« Webers durchaus sinnvoll machten, ändert etwas an der eminenten historischen Bedeutung von Parsons für die Geschichte des internationalen Soziologie-Klassikers Weber. Selbst in (West)Deutschland ist nach dem Zweiten Weltkrieg die (Wieder)Entdeckung Webers erst durch die Rezeption des US-amerikanischen Struktur-Funktionalismus wesentlich in Gang gesetzt worden.

Diese verspätete (Wieder)Entdeckung des Weberschen Werks in der deutschen Wissenschaftslandschaft der 60er Jahre wurde unvergleichlich einflussreicher als die früheren Versuche jener wenigen Sozialwissenschaftler, die in ihrem eigenen Werk, teilweise mit großem Nachdruck, versucht hatten, Webersche Kategorien und dessen Perspektiven zu verwenden, und die davon überzeugt gewesen waren, dass Weber zu den bedeutendsten Kultur- und Sozialwissenschaftlern zu zählen sei.

Im Rückblick seien davon für die Zeit zwischen 1920 und 1945 vor allem hervorgehoben Karl Mannheim, Siegfried Landshut, Hans Freyer und Alfred Schütz. Sie alle erwähnten und behandelten Weber in ihren eigenen Arbeiten zumeist sehr lobend und bemühten sich darum, Webers Perspektiven und dessen methodologischen Ansatz weiterzuführen. Die Wirkung dieser Bemühungen, Max Weber als einen bedeutsamen soziologischen Denker zu präsentieren, erwiesen sich jedoch insgesamt als wenig erfolgreich. Mannheim, Landshut und Schütz wurden aus der deutschsprachigen akademischen Welt vertrieben und scheinen ihre Beschäftigung mit Weber in ihren neuen wissenschaftlichen Kontexten weitgehend eingestellt zu haben, und auch Freyers Bewunderung für Weber scheint nach 1933 zum Erliegen gekommen zu sein.

Erst im Zuge der (Wieder)Entdeckung Max Webers nach dem Zweiten Weltkrieg, im Gefolge der Rezeption von Parsons und dessen Struktur-Funktionalismus, wurden auch in Deutschland Interpretationen des Lebens und des Werks von Max Weber bedeutungsvoll, die – direkt oder indirekt – aus einer Vielzahl von »Kreisen« stammten, die insbesondere biographisch und lebensweltlich mit der Heidelberger Phase Max Webers verbunden waren. Dafür seien stellvertretend genannt die Namen Marianne Weber, Karl Jaspers, Siegmund Hellmann, Melchior Palyi, Karl Loewenstein, Eduard Baumgarten, Carl Brinkmann, Paul Honigsheim, Alexander von Schelting, Georg Lukács, Helmut Plessner, Ernst Troeltsch, Theodor Heuss, Robert Michels, Hans Gerth, Max Rheinstein, Ephraim Fischoff und – wenn auch in ganz eigener Weise – Johannes Winckelmann. Durch die direkte oder indirekte persönliche Beeindrucktheit dieser Menschen – die zumeist im Banne der Person Max Webers bzw. nach dessen Tod, in dem des, von Marianne Weber und Karl Jaspers gepflegten, »Mythos von Heidelberg« standen – entwickelte sich erst jene Heroisierung und Stilisierung des »Geistesaristokraten«, des »Titanen«, des »Dämonen«, des »Genies« Max Weber, die einem distanzierten und kritischen Zugang zu Webers Werk eher abträglich waren. Hinzu kam, dass die meisten dieser Herausgeber, Übersetzer und Interpreten keine Fachsoziologen waren, teilweise nicht einmal Wissenschaftler. Gerade das häufig vorherrschende Interesse an den universalhistorischen Entwürfen Webers verdrängte zumeist den Blick auf den eigentlichen soziologischen Gehalt des Werks.

Neben dieser eher emotional, teilweise sentimental gestimmten Rezeption entbrannte eine Diskussion, die gerade für die deutsche Weber-Rezeption jener Jahre sehr bedeutungsvoll wurde. Der damals junge Kölner Historiker Wolfgang J. Mommsen (Jahrgang 1930) stellte auf dem Heidelberger Soziologentag die Hauptthesen seiner Dissertation von 1959 vor, in der er eine ideenbestimmte Verbindung zwischen Max Webers Konzept einer »plebiszitären Führerdemokratie« und dem Entstehen des nationalsozialistischen Führerstaats postuliert hatte. Der damals ebenfalls noch vergleichsweise junge Heidelberger außerordentliche Philosophieprofessor Jürgen Habermas (Jahrgang 1929) sekundierte ihm mit anklagender Leidenschaft: »Wir hier in Deutschland, immer noch auf der Suche nach Alibis« könnten nicht vergessen, dass Webers Vision von einer »cäsaristischen Führerdemokratie« in der Weimarer Zeit verhängnisvolle Folgen gehabt hatte. »Wirkungsgeschichtlich betrachtet, hat das dezisionistische Element in Webers Soziologie den Bann der Ideologie nicht gebrochen, sondern verstärkt.« Es war der greise Karl Loewenstein (1891–1973) gewesen – Max Webers Student aus Münchner Zeiten –, der seinen verehrten Lehrer gegen solch »dreiste Geschichtsklitterung« verteidigte, wie sie »gewisse jüngere Leute« mit einem »erheblichen Maß an intellektueller Unehrlichkeit« betrieben. – Diese sogenannte »Ahnherrschaftsdebatte« hat die Geschichte der deutschen Weber-Rezeption in der Nachkriegssoziologie ohne Zweifel erheblich geprägt und wirkt bis heute nach.

Damit kommen wir zu einer weiteren Charakteristik des heutigen Bildes vom Klassiker Max Weber: der auch heute noch erstaunlich hohe Grad an Selektivität der Rezeption Webers.

Das Werk Max Webers wird zumeist erst mit den Arbeiten von 1904 als soziologisch bedeutsam zur Kenntnis genommen, d. h. mit der *Protestantischen Ethik* und dem *Objektivitätsaufsatz* (beides von 1904). Die Periodisierung und Sektoralisierung Max Webers in einen Juristen, Agrarhistoriker, Nationalökonomen, Religionswissenschaftler, Kulturhistoriker, Soziologen, Philosophen, Politiker, Sozialforscher, Wissenschaftstheoretiker usw. verleugnet unverändert die nachweisbaren Kontinuitäten und erschwert immer noch in der Folge ein umfassendes Verständnis.

Dieses problematische Rezeptionsmuster führte zudem zu zwei folgenreichen Entwicklungen: 1. Der Webersche Entwurf einer »Verstehenden Soziologie«, wie er sich insbesondere in den so genannten *Soziologischen Grundbegriffen* fand, wurde von seinem materialen, historisch-empirisch argumentierenden Werk abgetrennt und davon isoliert als »die« Webersche Soziologie behandelt. Diese so halbierte Soziologie Webers wurde darüber hinaus verkürzt auf eine allein handlungstheoretische Variante, und damit grundsätzlich missverstanden. 2. Der enorme materiale Bereich des Werks wurde von den Arbeiten Webers zu wissenschaftstheoretischen Problemen und den sich daraus ergebenden Konsequenzen für das methodische Vorgehen der empirischen Sozialwissenschaften gelöst, und beides wurde nicht als aufeinander bezogen verstanden.

Weiterhin fatal wirkte sich die Zersplitterung des Gesamtwerks in »Lehrstücke« aus. Zwar kommt es gerade dadurch ohne Zweifel zur heute quantitativ bedeutungsvollsten Wirkung des Klassikers Weber: Keine international anerkannte Arbeit zur Soziologie der Bürokratie, Herrschaft, Musik, Religion, Stadt, Partei etc. wird es versäumen, Max Weber als einen entscheidenden historischen Vorläufer sozialwissenschaftlicher Beschäftigung mit dem jeweiligen Problemzusammenhang zu nennen. Jedoch hat die überwiegende Mehrzahl dieser Art ritualisierter Reverenzen vor dem Klassiker Weber zumeist keine andere Funktion als die einer »Legitimierung« des eigenen Unterfangens.

Was beweist es schon, wenn beispielsweise in wohl jeder nach 1920 erschienenen sozialwissenschaftlichen Arbeit über das Phänomen der »charismatischen Herrschaft«, der »Rationalität« oder der Bürokratie der Name Max Webers Erwähnung findet? Mir scheint dies eine rein antiquarische Denkmalspflege zu sein, durch die eine lebendige und kritische Auseinandersetzung mit Werk und Methode Max Webers gerade verhindert werden kann. Die »Lebendigkeit« eines Klassikers kann durch die bloße Zitationshäufigkeit ganz sicher nicht unter Beweis gestellt werden.

Der soziologische Klassiker Max Weber

Geht man von den von mir anderen Orts vorgeschlagenen Kriterien für die Bestimmung eines »Klassikers« aus, so ergibt sich insgesamt ein durchaus ambivalentes Bild:

1. Die »Probe auf Zeit« hat Max Weber bestanden: Seine Arbeiten werden heute – über 80 Jahre nach seinem Tod – gelesen und zitiert. Seit 1945 lässt sich zudem eine anwachsende internationale Weber-Beschäftigung verzeichnen, die derzeit eine gewisse Hochkonjunktur zu erleben scheint, und deren (eventuelles) Ende nicht erkennbar ist.

2. Diese anhaltende und zunehmende Erwähnung der Arbeiten Max Webers und die ebenfalls verstärkte Auseinandersetzung mit ihm ist keine eigentliche »Renaissance«, sondern eher das Ergebnis einer bewussten und konzertierten Fabrikation eines Klassikers. Die zeitgenössische Rezeption und Wirkung Max Webers war ungleich schwächer als die seit 1945 und kaum »kanonisiert«. Max Weber jedenfalls stand nicht im Zentrum des soziologischen Diskurses seiner Zeit.

3. Max Weber hat keine neue soziologische Theorie entwickelt. Er hat, im strengen wissenschaftstheoretischen Sinn, überhaupt keine Theorie für die Soziologie geliefert. In dieser Hinsicht besteht seine Arbeit aus einer großen Vielzahl von Axiomen, Prämissen, Vermutungen, Thesen, Hypothesen und einigen Theoremen. Die fehlende Systematik, die prinzipielle Unabgeschlossenheit, die vorhandenen Widersprüche und die unterschiedlichen Präzisionsstufen lassen und ließen das Gesamtwerk Max Webers zu einem riesigen »Steinbruch« werden, der in unterschiedlichster Weise ausgebeutet, bewahrt, bewundert und besichtigt werden kann.

4. Max Weber hat keinen Problembereich entdeckt, der nicht auch schon vorher oder unabhängig von ihm gefunden worden war. Die Erforschung der Entwicklung und Auswirkungen des modernen Kapitalismus, die Verschränkung des sozialen Handelns einzelner Individuen mit gesellschaftlichen Ordnungen, die normativen Voraussetzungen für materielle Gegebenheiten und Prozesse, die materiellen und gesellschaftlichen Voraussetzungen für normative Ordnungen etc. waren Probleme, mit denen sich Soziologen vor Max Weber und unabhängig von ihm beschäftigten.

5. Max Weber hat weder die Methode des »Verstehens« noch die des »idealtypischen Vorgehens« erfunden. Er hat diese beiden Forschungsinstrumente vor allem für die Soziologie seiner Zeit präzisiert und konzeptuell reflektiert. Beide heuristischen Hilfsmittel sind jedoch in den nach Weber ablaufenden wissenschaftstheoretischen Diskussionen und Weiterentwicklungen stark verändert und ausdifferenziert worden, so dass die Aufsätze Webers zu diesen Methoden heute zwar unverändert anregende Texte sind, aber eher archivarisch-antiquarischen Wert haben, wenn man daneben systematische wissenschaftstheoretische Arbeiten legt, die vor allem von einem ganz anderen (Selbst)Verständnis heutiger Naturwissenschaften ausgehen als zu Webers Zeiten.

Zum gegenwärtigen Stand der deutschen Weber-Rezeption

Die gegenwärtige Weber-Rezeption in Deutschland wird im wesentlichen durch zwei Entwicklungen bestimmt: die Arbeiten an der *Max Weber Gesamtausgabe* und den teilweise vehementen Streit um Max Weber zwischen den und in den wissenschaftlichen Disziplinen.

Nach Vorbesprechungen im Herbst 1974 konstituierte sich im Juni 1975 ein erster »Beauftragter Editorenkreis« der historisch-kritischen Gesamtausgabe der Schriften, Briefe und Vorlesungen Max Webers. Ihm gehörten ursprünglich an die Soziologen Horst Baier (Konstanz), M. Rainer Lepsius (Heidelberg) und Wolfgang Schluchter (Heidelberg), der Philosoph Hermann Lübbe (Zürich), der Historiker Wolfgang J. Mommsen (Düsseldorf) und der Privatgelehrte Johannes Winckelmann (München). Seit dem Rückzug von Lübbe und dem Tod von Winckelmann (November 1985) verantworten die Professoren Baier, Lepsius, Mommsen und Schluchter die *Max Weber Gesamtausgabe (MWG)*, die mit erheblichen öffentlichen und privaten Zuwendungen unterstützt wird. Mit Hilfe beträchtlicher Forschungsmittel und eines beachtlichen

Aufwands an personellen und materiellen Anstrengungen an der »Bayerischen Akademie der Wissenschaften« in München und den Arbeitsstellen der Herausgeber, sind bis zum Ende 2001 insgesamt sechzehn Bände erschienen. Ohne Übertreibung kann sicherlich gesagt werden, dass dieses editionsgeschichtliche Ereignis von »autoritativer, geradezu legislatorischer Bedeutung« (Wilhelm Hennis) für die zukünftige internationale Weber-Forschung geworden ist.

Nicht zuletzt an den Reaktionen auf dieses Editionsunternehmen lässt sich der genannte, zweite Aspekt der derzeitigen Weber-Rezeption illustrieren: Max Weber ist auch weiterhin ein »umkämpfter« Klassiker geblieben, sowohl innerhalb der Soziologie als auch zwischen den Disziplinen, insbesondere der Soziologie und ihren Nachbardisziplinen, der Geschichtswissenschaft, der Philosophie und der Politischen Wissenschaft.

Viel beachtet wurden die Diskussionen innerhalb der deutschen Geschichtswissenschaft, die sich bereits auf dem Internationalen Historikertag 1985 in Stuttgart intensiv um die Frage nach dem Nutzen und der Tragfähigkeit der Weberschen Ansätze für die gegenwärtige und zukünftige historische Forschung drehten. Schon davor diente Weber als Legitimationsfigur für die Begründung einer neueren deutschen Sozialgeschichte, mit der sowohl gegen traditionelle historistische Entwürfe als auch gegen systemtheoretische, quantifizierende Ansätze gekämpft worden war. Seitdem dient der Verweis auf Weber vor allem der Abwehr dominant narrativer Methoden der Darstellung, die sich mit dem Etikett »Neo-Historie« schmücken. In den gegenwärtigen Diskussionen der (deutschen) Geschichtswissenschaft fungiert Weber vor allem als Modell für die Synthetisierung vorliegender Massen von Einzelstudien zu Gesamtdarstellungen von »Gesellschaftsgeschichte« in universalgeschichtlicher Perspektive.

Neben die Diskussionen zwischen den Disziplinen um die »richtige« Nutzung des Werks und der Methoden Max

Webers tritt noch der Streit innerhalb und zwischen den verschiedenen nationalen soziologischen Interpretationsgemeinschaften, auf den an dieser Stelle nicht näher einzugehen ist. Es geht bei diesem, oft leidenschaftlichen Ringen zumeist um die eher versteckte Frage, in wessen Händen das Erbe Max Webers »am besten« verwaltet wird. Dabei wird sowohl um die Frage nach einer Zugehörigkeit Webers zu innerdisziplinären »Schulen« gestritten, wie auch um Einzelfragen, wie beispielsweise jene, ob Weber nun ein tragisch-pessimistischer »Nietzscheaner« oder ein »Liberaler« war, der im englischen Vorbild ein Modell für die freiheitliche Entfaltung des bürgerlichen Menschen gesehen hat.

Wie schon im April 1964 in Heidelberg, und nochmals im Juni des gleichen Jahres in München bei der ebenfalls wissenschaftshistorisch bedeutsamen Gedächtnisfeier der Ludwig-Maximilians-Universität, sind solche Diskussionen bis heute zumeist auch der Kampf um die beanspruchte Galionsfigur für diverse kultur- und sozialwissenschaftliche Disziplinen. Gerungen wird in diesem »Streit der Fakultäten« vor allem zwischen Soziologen, Politikwissenschaftlern, Ökonomen, Historikern, Philosophen um die Frage, wem »gehört« Max Weber, dieser internationale Heilige der deutschen Gelehrsamkeit.

Neben seiner reklamierten Funktion als identitätsstiftende Totemfigur für eine Vielzahl gegenwärtiger Wissenschaften kommt Weber in der zeitgenössischen deutschen Diskussion eine zusätzliche, eminent politische Symbolwirkung zu. Nach der Selbstauflösung der DDR und damit des Projekts einer marxistisch-leninistischen Gesellschaftswissenschaft in Deutschland brach auch das Bild von Max Weber als dem Prototyp des »bürgerlichen Soziologen« und damit eines geradezu berufsmäßigen Anti-Marxisten in sich zusammen. Die jahrzehntelang weitergegebene Metapher vom bedeutendsten Gesellschaftswissenschaftler, den die deutsche Bourgeoisie hervorgebracht hat, der jedoch als »Anti-Marx« allenfalls als »negatives Genie« (Jürgen Kuczynski) stigmatisiert worden war, hatte bereits im Jahr 1989 ihren bestimmenden Wert verloren.

Unter dem Motto der notwendigen »Aneignung unseres gesamten geisteswissenschaftlichen Erbes« (Helmut Steiner) hatte auch die marxistisch-leninistische Soziologie in der DDR begonnen, sich behutsam mit Person und Werk Max Webers nicht nur als feindlicher Gegenposition zu befassen. Ein Kolloquium anlässlich Webers 125. Geburtstages in Erfurt, eine Sammlung von Weber-Diskussionen in der damals einflussreichen *Deutschen Zeitschrift für Philosophie* und die erstmalige Taschenbuch-Publikation von zentralen Texten Max Webers kurz vor dem Fall der Mauer im Jahr 1989 waren Belege für einen Prozess des Umdenkens, demzufolge das Werk Max Webers »wichtige Anregungen und Denkanstöße [enthält], die kritisch aufzunehmen sich für einen Marxisten lohnt« (Wolfgang Küttler). Mit dem de facto Verschwinden einer marxistisch-leninistischen Soziologie in Deutschland jedoch verlor sich auch dieser gerade erst entstandene, möglicherweise alternative Strang einer deutschen Weber-Rezeption.

Zur Bedeutung Max Webers für die zukünftige Entwicklung der Soziologie

Was bleibt vom Klassiker Max Weber für die zukünftige Entwicklung der Soziologie? Ich selber sehe in Max Weber nicht so sehr denjenigen, durch den neue Problemstellungen, neue Begriffe und neue Methoden geschaffen wurden, sondern vor allem jenen Soziologen, der die Frage nach der »Kulturbedeutung« der von ihm untersuchten historischen Tatsachen und Zusammenhänge stellte, ohne davon auszugehen, jemals zu einer umfassenden, erschöpfenden Antwort zu gelangen. Diese spezifisch Webersche Sehweise habe ich *Vermittlung* genannt.

Max Weber wollte vermitteln zwischen »Verstehen« und »Erklären«, zwischen »Kausaladäquanz« und »Sinnadäquanz«, zwischen »Individuum« und »Gesellschaft«, zwischen »subjektiv gemeintem Sinn« und »normativer Ordnung«, zwischen »sozialem Handeln« und »sozialer Ordnung«, zwischen »Vergemeinschaftung« und »Vergesellschaftung«, zwischen »materiellen« Voraussetzungen/Folgen und »immateriellen« Voraussetzungen/Folgen, zwischen Zweck-Mittel-Relationen und unbeabsichtigten »Nebenfolgen«, zwischen »ideellen Interessen« und »materiellen Interessen«, zwischen »Rationalisierung« und »Charisma«, zwischen »Außeralltäglichem« und »Veralltäglichung«, zwischen »Gesinnungsethik« und »Verantwortungsethik«, zwischen wissenschaftlicher »Werturteilsfreiheit« und staatsbürgerlichem Engagement. In allen diesen Vermittlungsversuchen, angereichert durch die Fülle universalhistorischer Erläuterungen, zeigt sich sowohl das spezifisch Soziologische als auch das Klassische Max Webers.

Das spezifisch Soziologische und zugleich Klassische liegt in seiner Vermittlung von »Individuum« und »Gesellschaft«: Für Weber ist das eine ohne das andere nicht denkbar und erklärbar. Im Werk Max Webers ist eben jene Vermittlung angelegt, die von einer gesellschaftlichen Konstruktion der Wirklichkeit ausgeht, in der das Individuum zum einen einer ihm gegenüberstehenden »objektiven«, überindividuellen Wirklichkeit begegnet, die es zum anderen »subjektiv« verändern und mitbestimmen kann. Die »subjektive« Sinngebung ist keine Residualgröße gesellschaftlicher Wirklichkeit, sondern konstitutives Element für deren Entstehung und Veränderung. Damit wird die Erfassung sowohl der »subjektiven« Sinnsetzungen als auch der »objektiven« gesellschaftlichen Wirklichkeit zur eigentlichen Aufgabe der Weberschen Soziologie.

Dieser Interpretation zufolge begegnet uns Weber als zentrale Gründerfigur jener gegenwärtig relevanten soziologischen Ansätze, die es sich zum erklärten Ziel gesetzt haben, in einer Verbindung von Mikro- und Makrosoziologie den einzigen Weg für eine fruchtbare Weiterentwicklung soziologischer Theorie und Empirie zu gehen. So verschieden solche differenten Versuche auch sind, ich sehe in den gegenwärtig diskutierten, intermediären Theorieentwürfen von Norbert Elias, Jürgen Habermas, Pierre Bourdieu und Anthony Giddens den aktuellen und internationalen Beweis für die »Lebendigkeit« des Klassikers Max Weber.

In grober Vereinfachung scheint es möglich und sinnvoll zu sein, von drei zentralen Theorie-Richtungen der internationalen Soziologie der Gegenwart auszugehen: der Systemtheorie, der »Rational-Choice-Theorie« und einer Soziologie, die sich dem Verknüpfungsprogramm handlungs- und systemtheoretischer Ansätze verpflichtet weiß, wie es von Max Weber entwickelt wurde. In diesem Weberschen Paradigma geht es zum einen um die soziologisch-historische Analyse kultureller Differenzen, um die systematische Analyse differenter Konzepte sozialer Ordnungen und um die theoretische und empirische Entwicklung einer soziologischen Handlungstheorie. Die *theoretische Verknüpfung* von a) individuellem und kollektivem *Handeln* mit b) individuellen und kollektiven *Ideen* und c) historisch entstandenen Institutionen (wofür Weber den Begriff *»Ordnungen«* bevorzugte) und die *empirisch-historische Umsetzung* solcher Verknüpfungen markiert das Zentrum einer wissenschaftlichen Soziologie, die Max Weber auch zukünftig fruchtbar zu machen weiß.

Immer noch steht wuchtig im intellektuellen und wissenschaftlichen Raum ein Programm, das Weber für sein eigenes Vorhaben formulierte: »Die Sozialwissenschaft, die *wir* treiben wollen, ist eine *Wirklichkeitswissenschaft.* Wir wollen die uns umgebende Wirklichkeit des Lebens, in welches wir hineingestellt sind, *in ihrer Eigenart* verstehen – den Zusammenhang und die Kultur*bedeutung* ihrer einzelnen Erscheinungen in ihrer heutigen Gestaltung einerseits, die Gründe ihres geschichtlichen So-und-nicht-anders-Gewordenseins andererseits.« (unten S. 103).

Die lebendige Fruchtbarkeit eben dieses Programms Webers für alle Sozialwissenschaften liegt in seiner empirisch-historischen Anwendung und ganz sicherlich nicht in der Perpetuierung einer prinzipiell unabschließbaren Interpretationsindustrie der Weberschen Schriften. Ihr Potential besteht darin, dass die soziologische Sehweise Webers zu immer neuen, theoretischen und empirischen, Versuchen der Vermittlung führt. Die dafür notwendigen und auch möglichen ständig neuen Lesarten und Interpretationen seines Gesamtwerkes zwingen immer wieder aufs Neue zur Auseinandersetzung mit Werk und Methoden Max Webers.

Bei aller historischen und zeitgenössischen Bedingtheit seines Werks wird der Klassiker Max Weber auch in Zukunft ein hervorragender »Prüfstein« für die Bestimmung der professionellen Identität jedes wissenschaftlich Tätigen im Haus der Soziologie bleiben. Die ernsthafte Auseinandersetzung mit dem Werk Webers führt dabei sowohl weg von einer engen, nur auf eine wissenschaftliche Fachdisziplin bezogenen Perspektive, als auch von einer Perspektive, die allein von einem national bestimmten Diskurszusammenhang gefärbt ist. In dieser Hinsicht ist Max Weber ganz gewiss weder ein Klassiker der *Soziologie* allein, noch gar ein Klassiker der *deutschen* Soziologie allein!

Zur Programmatik der hier vorgelegten Text-Sammlung

Die hier zusammengestellte Sammlung von Texten umfasst den Zeitraum von fast dreißig Jahren eines Gelehrtenlebens: Sie hebt an mit einem Text des 30jährigen Privatdozenten für Römisches (Staats- und Privat-)Recht und Handelsrecht der Königlichen Friedrich-Wilhelm-Universität zu Berlin (*Entwickelungstendenzen in der Lage der ostelbischen Landarbeiter* von 1894) und endet mit einem Text, der vom 56jährigen Ordinarius der Münchner Ludwig-Maximilians-Universität noch wenige Wochen vor seinem Tod am 14. Juni 1920 redigiert, von Marianne Weber jedoch erst zwei Jahre nach Webers Tod veröffentlicht wurde (*Die drei reinen Typen der legitimen Herrschaft. Eine soziologische Studie* von 1922).

Eine der grundsätzlichen Schwierigkeiten einer solchen Zusammenstellung von Texten eines Autors über einen derart langen Zeitraum hängt damit zusammen, dass man durch sie auf eine entscheidende Dichotomie verwiesen wird. In idealtypischer Weise lassen sich zwei unterschiedliche Logiken großer Werke voneinander unterscheiden: In dem einen Fall bilden die einzelnen Schriften gewissermaßen die systematische Entwicklung der von Anfang an geltenden, leitenden Ideen ihres Schöpfers. Im anderen Fall werden erst am Ende des Arbeitsprozesses Ideen ihres Schöpfers erkennbar, die das Ergebnis eines langen Entwicklungsganges sind. Für diese beiden Werklogiken seien hier die beiden Antipoden, Karl Marx und Max Weber, miteinander verglichen.

Für Karl Marx hat Siegfried Landshut überzeugend herausgearbeitet, dass dieser der zuerst genannten Logik folgte. In der für die deutsche Marx-Rezeption kanonisch gewordenen Sammlung der Marxschen *Frühschriften*, die der bald danach aus Deutschland vertriebene Hamburger Sozialwissenschaftler Landshut im Jahr 1932 im Alfred Kröner Verlag veröffentlichte, demonstrierte der Herausgeber, dass die wesentlichsten Bausteine des Marxschen Gedankengebäudes teilweise bereits lange vor Fertigstellung des *Kommunistischen Manifests* (1848) oder von *Das Kapital* (1867–94) gebrannt worden waren.

In seiner Einleitung zur erneuten Veröffentlichung dieser Sammlung der Marxschen Frühschriften, die im gleichen Verlag – als *Kröners Taschenausgabe Band 209* – im Jahr 1953 erschien, wiederholte der nach Deutschland zurückgekehrte Landshut sein Argument: »Die Entwicklung und innere Reife der entscheidenden Grundgedanken von Marx konzentriert sich in die zehn Jahre zwischen 1837 und 1847. Nach dieser Zeit tritt kein grundsätzlich neuer Gedanke in ihm hervor, der nicht schon in dem in diesen Jahren herausgestellten enthalten gewesen wäre.«

Wenn demnach die »entscheidenden Grundgedanken« des Karl Marx von diesem in der Lebensphase zwischen seinem 19. und 29. Geburtstag entwickelt worden sein sollten, so lässt sich das von den Grundgedanken Max Webers mit Sicherheit nicht sagen. Dessen Begriffe und Perspektiven, deretwegen er zum Klassiker sozialwissenschaftlicher Kulturwissenschaften geworden ist, formten sich vielmehr erst gegen Ende seiner jahrzehntelangen wissenschaftlichen Lebensarbeit. Im Gegensatz zu Marx präzisierte sich Webers Begrifflichkeit insgesamt erst so spät, dass ihm nicht einmal mehr die Zeit vergönnt war, von diesen späten Gedanken aus seine früheren Arbeiten, bzw. deren angehäuftes Material, noch einmal systematisch durchzuarbeiten.

Genau dieser werkgeschichtlichen Tatsache verdankt sich die Anlage der hier vorgelegten Sammlung von Texten. Diejenigen, die alle hier versammelten Texte in ihrer chronologischen Reihenfolge lesen, werden indirekt, aber ganz eindeutig, vor Augen geführt bekommen, wie sich in den Arbeiten des Kulturwissenschaftlers und engagierten deutschen Staatsbürgers Max Weber bestimmte Themen und Perspektiven, wie sich bestimmte Begrifflichkeiten und Einsichten, erst sehr allmählich in diesem Zeitraum von fast dreißig Jahren entwickelten. Dass es dabei keine »Summe« dieser Ideen und Einsichten gegeben hat, ist eine der spezifischen Eigenschaften dieses Werkes, das letzten Endes ein Torso geblieben ist.

Dies zu sagen, führt zu einer zentralen Absicht, die mit der hier vorgelegten Sammlung verfolgt wird: einen Denker und die Ergebnisse seines Fragens und Forschens im historischen Entstehungs-Prozess zu präsentieren. Es geht nicht um die Präsentation eines in sich vollendeten »Werkes«, das sich konsequent und logisch rekonstruierbar entwickelt hat.

Damit steht diese neue Sammlung in bewusstem Kontrast zu ihren Vorgänger-Editionen, deren (gut gemeinte) Absicht es gewesen war, einen kohärenteren und »fertigeren« Denker vorzustellen als den, den die nachgelassenen, zumeist unvollendeten Texte und Manuskripte ausweisen. Es darf nicht vergessen werden, dass zum Zeitpunkt von Webers Tod im Juni 1920 allein zwei Bücher auf den Regalen seiner Zeitgenossen standen, die den Autorennamen Max Weber trugen: seine

Dissertationsschrift von 1889 (Bibliographie Nr. 2) und seine Habilitationsschrift von 1891 (Bibliographie Nr. 5).

Es ist hier nicht der Ort, die enorme Leistung Marianne Webers zu würdigen, die unmittelbar nach dem Tod ihres Mannes begann und zwei zentrale Erträge erbrachte: Zum einen (re)konstruierte sie ein (nachgelassenes) »Werk« durch die Herausgabe der drei Bände der *Gesammelten Aufsätze zur Religionssoziologie* (Bibliographie Nr. 180a, 203, 204), der bereits genannten vier weiteren Sammelbände (Bibliographie Nr. 206, 213, 217, 218), der ebenfalls bereits erwähnten Kompilation unter dem Titel *Wirtschaft und Gesellschaft* (Bibliographie Nr. 215) und der Rekonstruktion der Vorlesung Webers über *Wirtschaftsgeschichte* (Bibliographie Nr. 216). Zum anderen entwarf sie ein *Lebensbild* ihres verstorbenen Mannes, das seit seiner ersten Publikation im Jahr 1926 das Drama der allmählichen – inneren und äußeren – Entwicklung eines heldenhaften deutschen Meisterdenkers in schwerer Zeit schilderte und bis heute seine prägende Wirkung nicht verloren hat.

Was Marianne Weber in den Jahren 1920 bis 1926 begonnen hatte, setzte Johannes Winckelmann nach 1950 konsequent fort. Auch hier soll an dieser Stelle nicht detailliert auf die enorme Bedeutung Winckelmanns bei der Fabrikation eines Weberschen »Werks« eingegangen werden. Neben seiner Übernahme und Weiterführung der *Mariannen-Ausgabe* durch teilweise erhebliche redaktionelle Bearbeitungen ab 1958 (Bibliographie Nr. 206a–c, 213a–f, 215c–f) und die Herausgabe eigener Weber-Sammlungen, insbesondere einer *Rechtssoziologie* (Bibliographie Nr. 221) und zweier Zusammenstellungen der Schriften zur Kulturbedeutung des Protestantismus (Bibliographie Nr. 223–223f, 224–224c), sei vor allem die Herausgabe der Vorläufer-Version der hier vorgelegten Sammlung genannt, die in sechs Auflagen 1956–92 erschienen ist.

Zur bisherigen Geschichte einer Sammlung von Weber-Texten im Verlag Alfred Kröner

Bereits im Oktober 1953 begannen die ersten Verhandlungen zwischen dem Alfred Kröner Verlag und dem frühpensionierten Verwaltungsjuristen und Privatgelehrten Dr. Johannes Winckelmann. Dieser war dem Verlag durch den bereits genannten Siegfried Landshut (1897–1968) als »einer der besten Kenner des Max Weberschen Werkes« empfohlen worden.

Es ist ganz sicherlich eine besonders bemerkenswerte Volte der deutschen Weber-Rezeption und der Wissenschaftsgeschichte Nachkriegsdeutschlands, dass Landshut, dieser aus Nazi-Deutschland vertriebene, jüdische Sozialwissenschaftler ausgerechnet den Hamburger Johannes Winckelmann, ehemaliges Mitglied der NSDAP (ab Juli 1937) und früheren Ministerialrat im Berliner Reichswirtschaftsministerium (1938–45), jenem Verlag zur Betreuung einer Sammlung von Texten Max Webers so nachdrücklich empfahl, in dem er selber eine Marx-Sammlung publizierte, zuerst im Jahr 1932, und dann nochmals im Jahr 1953.

Der endgültige Abschluss des Unternehmens einer Weber-Sammlung im Rahmen von *Kröners Taschenausgabe* wurde durch drei Komplexe unvorhersehbar verzögert: Zum einen gestalteten sich die Verhandlungen des Verlags mit dem Herausgeber Winckelmann überaus schwierig; zum anderen zog sich die Einigung mit dem Berliner Verlag Duncker & Humblot wegen der erforderlichen Abdruckslizenzen für zwei Texte über Jahre hinweg, ungeachtet der Tatsache, dass der Hauptlizenzinhaber, der Tübinger Verlag Mohr-Siebeck, sehr zügig und generös zugestimmt hatte; letztlich bedurfte es einer unermüdlichen Zähigkeit des Verlags, bis die endgültige Zustimmung der Erben von Marianne Weber (diese war am 12. März 1954 gestorben) zu dem Unternehmen endlich im Februar 1956 erteilt war. Erheblich kompliziert und zeitraubend gestaltete sich zusätzlich die Abstimmung zwischen Johannes Winckelmann, der ursprünglich nur ein »Nachwort«

verfassen sollte, und Eduard Baumgarten, der eine »Einleitung« und »Zwischentexte« zu den von Winckelmann ausgewählten Schriften beisteuern sollte.

Baumgarten (1898–1982), Sohn von Fritz Baumgarten, einem Cousin Max Webers, damit selbst Neffe zweiten Grades von Max Weber, hatte nach seiner Promotion in Heidelberg 1924 während der Jahre 1926 bis 1929 als Instructor und später als Assistant Professor an der University of Wisconsin, Madison, gelehrt und galt seitdem als Spezialist für amerikanische Themen. Nach seiner Habilitation für Philosophie an der Universität Göttingen 1937 lehrte Baumgarten, Mitglied der NSDAP seit 1937, von 1940 bis 1945 als Ordinarius für Philosophie an der Albertus-Universität im ostpreußischen Königsberg. Als der Kröner-Verlag 1954 wegen der Weber-Ausgabe Kontakt zu Baumgarten aufnahm, wirkte dieser bereits seit 1953 am »George-Washington-Institut für Amerikakunde« in Stuttgart (später »Institut für Vergleichende Sozialwissenschaften«) und zugleich als Honorarprofessor für Amerikakunde an der Technischen Hochschule Stuttgart. Endlich, im Mai 1956, wurde Baumgarten als Verfasser der Einleitung zu der Sammlung unter Vertrag genommen, zur nur geringen Begeisterung von Winckelmann.

Ungeachtet der genannten, erheblichen Turbulenzen und Verzögerungen, die die Langmut des Verlegers nachhaltig strapazierten, erschien der Band als *Kröners Taschenausgabe Band 229* endlich am 28. November 1956 zum Verkaufspreis von DM 13,50, mit einer Startauflage von 5500 Exemplaren in der für diese Reihe üblichen, soliden Ganzleinenausgabe.

Retrospektiv gesehen, erscheinen Preisgestaltung und Auflagenhöhe als einigermaßen kühner Schritt, angesichts der überaus skeptischen Einschätzung des Verlages, wonach es sich um einen »nur schwer verkäuflichen Band« handeln würde, der »von vornherein als Verlustobjekt angenommen werden« muss (Januar 1955). Noch im Juli 1956 ging der Verlag davon aus, dass die Sammlung als »unrentabel« angesehen werden müsse, die Veröffentlichung dennoch geschehen solle

»in erster Linie aus Verehrung für einen Verfasser, dessen Schriften heute sehr zu Unrecht nur noch ganz wenigen vertraut sind«. Die ausgeprägte Skepsis war wohl begründet, angesichts der Tatsache, dass zwei kurz vorher erschienene Weber-Sammlungen (1947/1948), die der Marburger Soziologe, Max Graf zu Solms, in der von ihm betreuten Sammlung *Civitas Gentium. Quellenschriften zur Soziologie und Kulturphilosophie* im Verlag Georg Kurt Schauer in Frankfurt am Main herausgegeben hatte, sehr bald nach Erscheinen wieder verramscht worden waren.

Der erheblichen Skepsis des Kröner-Verlags zum Trotz verkaufte sich die Sammlung mit etwa 1500 Exemplaren im Jahr erstaunlich gut. So wurden in schneller Folge Nachdrucke bzw. revidierte Neuauflagen notwendig: 2. Auflage 1960 (6400 Expl.), 3. Auflage 1964 (7800 Expl.), 4. Auflage 1968 (10250), 5. Auflage 1974 (zwei Ausgaben, insgesamt 16000 Expl.), 6. Auflage 1992 (5000 Expl.).

Auf das hartnäckige Betreiben Winckelmanns hin war es nicht nur von Auflage zu Auflage zu einer Vielzahl redaktioneller Änderungen gekommen, sondern zudem zu einer ihm überaus wichtigen Änderung des Untertitels der Sammlung: Hieß der Band beim Ersterscheinen noch *Soziologie, Weltgeschichtliche Analysen, Politik*, so titelte er ab der fünften Auflage als *Soziologie, Universalgeschichtliche Analysen, Politik*.

Wie der Herausgeber Winckelmann in seinem Vorwort der ersten Ausgabe betonte, kam es ihm an »auf die Heraushebung des philosophischen Max-Weber-Bildes im Spiegel seiner Erkenntnisleistung und Daseinshaltung«. Der ehemalige Hamburger Richter und Verwaltungsjurist Winckelmann hatte durch seine eigene Auseinandersetzung mit dem Werk Max Webers – dem er nie persönlich begegnet war –, die bereits im Jahre 1919 begonnen hatte und der er sich ab 1949 bis zu seinem Tod 1985 so leidenschaftlich verschrieben hatte, ein klares Programm entwickelt: Es ging ihm um eine »Wiedergabe der philosophischen Erkenntnis Webers, seines heroisch-transzendierenden Bildes von Welt und Mensch«. Was er damit anzielte, wird plakativ deutlich, wenn man jenen Untertitel für diese Sammlung bedenkt, den er dem Verlag – wenn auch ohne Erfolg – vorgeschlagen hatte: »Kulturschicksal und Daseinssinn«. Aus der umfangreichen Korrespondenz mit dem Verlag wird sehr deutlich, dass Winckelmann mit seiner Sammlung die von ihm sogenannte »philosophische Anthropologie« Webers zum bestimmenden Faktor des Weber-Bildes machen wollte. Das führte auch dazu, dass er den »Kämpfer Max Weber«, dessen »politische Schriftstellerei« und dessen politische Wirksamkeit insgesamt ausklammern wollte, um derart das Bild einer »kontemplativen Existenz« umso prägnanter hervortreten zu lassen.

Im Vorwort zur ersten Auflage identifizierte er programmatisch als die drei »Hauptthemen von Max Webers Erkenntnisanliegen«: die verstehende Soziologie, die unversalgeschichtliche Forschung, die politische Theorie. Dem Herausgeber Winckelmann ging es um die Forschung Webers »in ihren grundsätzlichen und allgemein bedeutsamen Aspekten vor dem universal orientierten Hintergrund seines Fragens«. Auf diese Weise sollte »das geistige Bild des Verfassers selbst klar hervortreten«, die »philosophische Anthropologie Max Webers« sollte »zum bestimmenden Faktor dieses Bildes« gemacht werden.

Mit dieser sehr bewussten Setzung verfolgte Winckelmann ein klares Ziel, das nicht nur zu seiner Auswahl von insgesamt sechzehn Texten führte, sondern auch zu erheblichen und nicht unproblematischen editorischen Eingriffen, für die nur zum kleinsten Teil urheberrechtliche Komplikationen verantwortlich waren. Die zahlreichen Auslassungen, vor allem jener Bemerkungen Webers, die »ausschließlich der Zeit dienten«, bzw. ihrer »zeitbedingten Polemik« wegen entfallen sollten, eine große Zahl von »Ergänzungen«, die passagenweise Übertragung von der Anrede- in die Aussageform und seine teilweise recht pointierten Erläuterungen gingen allein auf das Konto von Winckelmann. Es ist hier nicht der Ort, näher darauf einzugehen, auch schon um den falschen Eindruck zu vermeiden, es solle billige Kritik an einem früheren Gelehrten geübt werden, dem der jetzige Herausgeber – wie so manche der heutigen Weber-Forscher in Deutschland – seine ersten Zugänge zum Werk Max Webers verdankt.

Für eine, bislang noch nicht geleistete, wissenschaftssoziologische Rekonstruktion der allgemeinen Weber-Rezeption in Deutschland wäre jedenfalls die Wirkung sowohl der editorischen Arbeit von Winckelmann insgesamt als auch der Einleitung Eduard Baumgartens zur Kröner-Ausgabe noch genauer zu untersuchen. Gerade angesichts der Popularität dieses Bandes spielten die Bemühungen von Baumgarten und Winckelmann zusammengenommen vermutlich eine nicht unerhebliche Rolle, insbesondere für die breite, eher nicht wissenschaftliche Öffentlichkeit. Eine solche Untersuchung kann an dieser Stelle nicht geleistet werden, da sie eingebettet werden müsste in den Gesamtzusammenhang der Auseinandersetzung mit Max Weber in Deutschland in den 50er und 60er Jahren, wie er oben knapp angedeutet worden ist.

Die Situation der Weber-Rezeption hat sich, im Vergleich zu der von 1956, grundsätzlich geändert. Nichts trifft heute noch von dem zu, was Baumgarten damals in seiner Einleitung schrieb: »Was Deutschland, die Heimat Max Webers, anlangt, so liegt sein Werk freilich noch immer wie ein großes Gebirge inmitten unserer geistigen Landschaft – dem Namen nach fast allen bekannt, aber kaum betreten und nur von ganz wenigen wirklich jemals erstiegen.«

Nicht zuletzt der enormen Wirkkraft dieser früheren Sammlung ist es zu verdanken, dass die seit 1956 ausgesprochene Einladung an die Leserschaft aller Fächer, (endlich) Weber zu lesen, mit so nachhaltigem Erfolg angenommen wurde.

Zum Aufbau der hier vorgelegten, neuen Sammlung

An dieser soeben genannten Zielsetzung der Sammlung hat sich nichts geändert: Ganz im Gegenteil, durch die Hinzunahme von vier weiteren Texten und einem um 250 Seiten vermehrten Umfang wird diese Einladung sogar noch erheblich ausgeweitet!

Die hier vorgelegte neue Sammlung zwanzig ausgewählter Texte Max Webers kann sich jedoch freimachen von jenen inneren und äußeren Zwängen, unter denen die Sammlung der Jahre 1956–92 noch gestanden hat. Hier geht es weder um das Erstellen eines »geistigen Bildes«, noch um die Herausarbeitung einer wie auch immer gearteten »Anthropologie« Max Webers. Wir müssen uns weder scheuen vor »zeitbedingter Polemik«, noch vor Passagen, die »ausschließlich der Zeit dienten«. Und schon gar nicht muss es unser Anliegen sein, uns Webers »diagnostischer Mächtigkeit« zu versichern oder unter Beweis zu stellen, dass Max Weber »der Begründer der deutschen Soziologie« gewesen sei.

Die editorische Absicht der hier vorgelegten neuen Sammlung folgt einem ganz einfachen Programm: *Das Typische und Beste von Max Weber!*

Bei den hier versammelten Texten handelt es sich in keinem Fall um Dokumente zeitunabhängiger wissenschaftlicher »Wahrheiten«, sondern stets um »Texte in Kontexten«. Aus ihnen spricht ein wissenschaftlich arbeitender und politisch denkender Mensch zu uns, der nicht unser Zeitgenosse ist.

Selbstverständlich variieren die Ansichten darüber, was von den fast 200 eigenständigen Publikationen Webers zu seinem »Besten« zählt und was davon als eher redundant oder unwichtig eingestuft werden kann. Das zu entscheiden, war und ist die alleinige Verantwortung des Herausgebers. Diese Aufgabe mit Freude zu übernehmen, fiel leicht und war auch mit ein wenig Stolz darüber verbunden, diese Rolle meines ehemaligen akademischen Lehrers Johannes Winckelmann übernehmen zu dürfen – 35 Jahre nach meinem ersten Seminar bei diesem über »Max Webers politische Soziologie« im Gebäude Konradstrasse 6 in München-Schwabing!

Aus den genannten historischen und prinzipiellen Gründen wird für diese Sammlung kategorisch auf eine Kommentierung der versammelten Texte verzichtet. Die Texte selbst werden *in der chronologischen Reihenfolge ihrer Publikation* in der jeweils angegebenen Fassung wiedergegeben. Dabei werden die *Seitenangaben in den jeweils angegebenen Originalquellen* an den Seitenrändern markiert, so dass eine weiterführende Nutzung früherer, gegenwärtiger und zukünftiger Textausgaben leicht möglich ist. Mit *eckigen Klammern* werden Auslassungen des Herausgebers markiert, in den meisten Fällen wurden allein Fußnoten und jene Details ausgelassen, die für das Verständnis des Arguments Webers als verzichtbar erschienen.

Für das Verständnis der Texte als unverzichtbar eingeschätzte Hinweise des Herausgebers finden sich sowohl in den *Anmerkungen und Erläuterungen* als auch in den Fußnoten. Sie wollen dort weiterhelfen, wo eine heutige Leserschaft – im Gegensatz zur zeitgenössischen Webers – stockt und nachfragt.

Dabei darf nie vergessen werden, dass die Texte Webers ebenso Produkt einer gesellschaftlichen Wirklichkeit sind, wie Max Weber selbst ein Kind seiner Zeit war. Jeder Versuch, sowohl die Person als auch ihre Texte aus diesen Kontexten zu lösen, sie gewissermaßen zu überzeitlichen »Wahrheiten« zu stilisieren, widerspricht nicht nur dem gesunden Menschenverstand, sondern vor allem auch dem ureigenen Weberschen Verständnis von der Zeitgebundenheit allen menschlichen Wissens. Die im Anhang angebotene *Zeittafel* soll gerade einer heutigen Leserschaft eine Hilfe geben, eben diese Kontexte der Texte einordnen zu können.

Weiterhin wird im Anhang ein *Verzeichnis der Publikationen Max Webers* angeboten, damit die Leser die Möglichkeit haben, sowohl die hier aufgenommenen Texte in den gesamten Werkzusammenhang einordnen zu können, als auch ein Gefühl dafür zu bekommen, welche unerhörte Produktivität diese Ein-Mann-Wissenschaftsmaschine in den drei Jahrzehnten ihres, wahrlich nicht immer reibungslosen, Funktionierens entwickelte. – Das Verzeichnis *Ausgewählter Sekundärliteratur* hingegen bietet eine zugegebenermaßen überaus asketische Auslese aus der – auch für Weber-Spezialisten – schon lange nicht mehr leicht überschaubaren Fülle der Erzeugnisse einer nationalen und internationalen Weber-Reinterpretations-Industrie. – Die *Personen- und Sachregister* mögen dabei helfen, Schneisen des eigenen Verstehens in den nicht leicht zu durchquerenden Dschungel der »Weberei« zu schlagen.

Abschließend sei allen Leserinnen und Lesern dieser neuen Fassung einer für die bisherige Rezeption Max Webers im deutschsprachigen Raum überaus wirkungsvollen Textsammlung viel Leselust gewünscht, zugleich Neugier und echte Freude über Perspektiven und Einsichten, zu denen Weber ihnen verhelfen kann, aber auch lebhafter Ärger über so manche zeitbedingte Einschätzung.

Gewidmet sei diese Sammlung allen Studentinnen und Studenten, die ihre eigene Expedition in die Gedankenwelt Max Webers antreten wollen.

Dirk Kaesler
Marburg/München, im Februar 2002

Entwickelungstendenzen in der Lage der ostelbischen Landarbeiter [1894]

Der »Verein für Sozialpolitik« hat eine Erhebung über die Verhältnisse der Landarbeiter veranstaltet, deren Ereignisse seit 1½ Jahren in 3 starken Bänden vorliegen. Die darin niedergelegten Angaben sind durch Nachfrage bei den *Grundbesitzern* gewonnen, eine Befragung der Arbeiter (wie sie seither der Evangelisch-soziale Kongreß durch Vermittlung der Landgeistlichen unternommen hat) mußte damals des Kostenpunktes wegen unterbleiben. Das gewaltige Material an Tatsachen, welches die Enquete ergab, ist also gewiß ein einseitiges und läßt einen ganz einwandfreien Schluß auf die tatsächliche Lage der Landarbeiter nicht zu. Allein da im Jahre 1849 und wieder 1873 Erhebungen in gleicher Weise ins Werk gesetzt worden sind, so ist etwas sozialpolitisch Wichtigeres möglich: durch Vergleichung der Ergebnisse der drei Erhebungen, welche alle dieselbe Fehlerwahrscheinlichkeit an sich tragen, über die *Tendenzen der Entwicklung* in den Landarbeiterverhältnissen Auskunft zu erlangen. Nicht die Frage: haben die *jetzigen* Arbeiter einen auskömmlichen Lohn, gute Wohnungen oder nicht, ist die wichtigste, sondern die: wohin geht die | Ge- 438
samtentwicklung ihrer Stellung innerhalb der Nation, was ist ihre Zukunft?

Für die Beurteilung dieser Frage bietet uns die Publikation eine Grundlage, welche gewiß nicht einen endgültigen, aber doch einen in hohem Grade wahrscheinlichen Schluß gestattet. Sie zeigt uns gewisse elementare Wandlungen innerhalb der sozialen Struktur, der Arbeitsverfassung der großen Gutsbetriebe des Ostens, deren Wirkung, ähnlich der von Verschiebungen in der Molekülլagerung der Körper, deshalb nur um so unwiderstehlicher eintritt, weil sie sich langsam und

dem an die großen Ziffern der Statistik gewöhnten Auge fast unmerklich vollzieht. – Die Umgestaltung der Arbeitsverfassung und ihre Wirkung, um die es sich für uns hier handelt, kann aber nicht isoliert betrachtet werden. Sie hängt mit dem Schicksal der Landwirtschaft im Osten überhaupt und speziell der landwirtschaftlichen Großbetriebe daselbst zusammen. Gewiß ist es nun völlig unberechtigt, diese dem Osten charakteristischen Großbetriebe unter Ignorierung der ungeheuren Differenzen ihrer natürlichen Bedingungen als eine wesentlich gleichartige Masse zu betrachten, ganz allgemein das Vorhandensein einer »Notlage« zu behaupten, oder sie ebenso allgemein zu bestreiten, oder doch, soweit sie zugestanden wird, mit mangelndem Kapital oder mangelnder Intelligenz des Leiters zu motivieren. Trotzdem trifft doch ein für die Bedeutung der gegenwärtigen Lage entscheidendes Moment bei allen in gleicher Weise zu. Die ostelbischen großen Güter sind keineswegs nur Wirtschaftseinheiten, sondern lokale politische *Herrschaftszentren*. Sie waren nach den Traditionen Preußens bestimmt, die materielle Unterlage für die Existenz einer Bevölkerungsschicht zu bilden, in deren Hände der Staat die Handhabung der politischen Herrschaft, die Vertretung der militärischen und politischen Macht der Staatsgewalt zu legen gewohnt war. Die Angehörigen des Landadels qualifizierten sich, vom Standpunkt des Staatsinteresses aus, wie es die preußische Tradition verstand und nach ihrer Geschichte verstehen mußte, zu dieser Vertrauensstellung deshalb, weil sie wirtschaftlich »satte Existenzen« waren, mit relativ unentwickeltem Erwerbstrieb und demgemäß unterdurchschnittlicher wirtschaftlicher Intelligenz, deshalb zu einer rein geschäftlichen Ausbeutung ihrer Machtstellung regelmäßig nicht geneigt und jedenfalls nicht darauf angewiesen. Die Beherrschung der wirtschaftlich und sozial unentwickelten und politisch wichtigsten Osthälfte des Staats ließ sich, auf diesen
439 Stand gestützt, billig und doch ohne Gefahr der | Korruption durchführen. Mit einem Wort, die Gutshöfe des Ostens bedeuteten eine Dislokation einer politisch herrschenden Klasse

über das Land. Sie bilden als die Stützpunkte, bei welchen die Garnisonen und das Beamtentum der Kreis- und selbst Regierungshauptstädte adäquaten gesellschaftlichen Anschluß finden, noch jetzt ein ungemein wirksames – tatsächlich das ausschlaggebende – Gegengewicht gegen die Monopolisierung der politischen Intelligenz durch das städtische Großbürgertum.

Allein mit dieser Stellung sind bestimmte Ansprüche an die Lebenshaltung von selbst gegeben, Ansprüche an die Kindererziehung, die Form der Geselligkeit und in zahlreichen anderen Dingen, welche hauptsächlich die eigentümliche Erscheinung bewirken, daß, während die Kosten der meisten Massenartikel stetig fallen, doch unser Leben stetig teurer wird. Der Gutsbesitzer muß in seiner Lebenshaltung auf der Stufe stehen, welche das städtische »höhere« Bürgertum im Durchschnitt einnimmt, oder: er wird zum Bauern. – Nun heben sich aber seit 50 Jahren Lebenshaltung und Lebensansprüche der städtischen bürgerlichen Bevölkerung stetig in eminentem Maße, am meisten gerade diejenigen des Großbürgertums, also des bisherigen Hauptkonkurrenten der ländlichen Aristokratie um die politische Herrschaft. Der unter den heutigen gesellschaftlichen Verhältnissen selbstverständliche, ja unumgängliche Versuch, mit dieser Lebenshaltung gleichen Schritt zu halten, bildet für die breite Masse der östlichen Grundaristokratie ein Verhängnis, welches auch ohne alle Einflüsse der ausländischen Konkurrenz ihre wirtschaftliche Grundlage gefährden muß. Die Ansprüche an die Lebenshaltung, welche heute ein preußischer Rittergutsbesitzer – alle Extravaganzen ausgeschlossen – stellen muß, wenn er sich auf dem standard of life eines Mitgliedes der »herrschenden Klassen« erhalten will, vermögen die typischen östlichen Rittergüter, welche bekanntlich das Gegenteil von »Latifundien« sind, schlechterdings nicht zu bieten. Ein Areal von ca. 500 Hektar bei durchschnittlichem (und noch erheblich mehr bei unterdurchschnittlichem) östlichem Boden, wie es mehr als 1/3 aller Rittergüter im Osten nur besitzen, trägt hier,

trotz der gesteigerten Erträge, keine »Herrschaft« mehr. Denn
diese Steigerung ist durchschnittlich eine außerordentlich viel
langsamere gewesen, als die Steigerung der *durchschnittlichen*
Lebenshaltung der herrschenden Klassen, und dieser relative
Maßstab ist ausschlaggebend. Das wird oft verkannt, weil es
den Anschein hat, als seien die Erfordernisse des Gutshaus-
440 halts im wesentlichen natural- | wirtschaftlich zu bestreiten
und deshalb keine erhebliche Belastung des Budgets, allein
dabei liegen optische Täuschungen vor, denn die moderne
Lebensführung fordert stetig wachsende *Bar*ausgaben. Das
veränderte soziale Ensemble, innerhalb dessen er seine Rolle
zu spielen hat, erdrückt denjenigen Rittergutsbesitzer, der ein
Areal zur Verfügung hat, welches nicht wiederum so groß ist,
daß es eine wirkliche Selbstbewirtschaftung überhaupt ausschließt. Die politische Macht, statt sich auf die gesicherte materielle Unterlage stützen zu können, muß nun umgekehrt in den Dienst der wirtschaftlichen Interessen gestellt werden. Es ist darum nur natürlich, daß das Verlangen nach Schutz bereits leicht die Tonart des unbefriedigten Almosenempfängers annimmt. Auf dem Lande tritt uns statt der wirtschaftlich »satten Existenzen« der bekannte Typus des »notleidenden Landwirtes« entgegen. Das würde – in beschränktem Maße – auch ohne alle internationale Konkurrenz der Fall sein. Es liegt auf der Hand, daß die politische Machtstellung auf dieser Grundlage dauernd nicht aufrecht zu erhalten ist; ein bedeutendes *relatives* Herabsteigen auf der politischen und gesellschaftlichen Stufenleiter ist unter allen Umständen, sofern nicht die fortschreitende industrielle Entwicklung geradezu unterbunden wird, die unumgängliche Folge.

Allein nicht nur der Ertrag des Bodens läßt den Rittergutsbesitzer bei dem Streben nach Aufrechterhaltung seiner politischen Machtstellung im Stich, sondern auch die sozialen Gruppen, die er beherrschte und auf welche er sich stützte. Die Organisation der großen Güter, wie wir sie aus den Regulierungen überkommen hatten, trug die Eierschalen der isolierten Hauswirtschaft noch an sich. Der aus der Wirtschaft

ausgeführte Bruchteil des Produkts war allerdings ein wesentlich größerer geworden, als im Mittelalter, allein die beginnende Verflechtung in die Weltwirtschaft, wurde nicht und konnte auch nicht bewußt und planvoll vollzogen werden. Sie wurde den Betrieben teils halb widerwillig durch die Verhältnisse aufgezwungen, teils andauernd von ihnen ignoriert. Der typische Rittergutsbesitzer wirtschaftete in traditioneller Weise weiter, als ob er für Lokalmärkte produzierte. Die alte Arbeitsverfassung und soziale Schichtung blieb in dem Inst- und Gutstagelöhnerverhältnis des Ostens erhalten. Der ländliche Arbeiter war und blieb Kleinwirt, beliehen mit Land als Entgelt für die Unterwerfung unter die Herrschaft des Herrn und als Genosse beteiligt an dem Ertrage der Wirtschaft. Erst im Laufe
dieses Jahr- | hunderts drang die Gewährung nennenswerter 441
Geldlöhne neben und schließlich teilweise an Stelle der Land- und der Ertragsanteile in diese Arbeitsverfassung ein. Auch dann noch war die Gutswirtschaft überwiegend eine Form der patriarchalisch geleiteten und beherrschten Gemeinwirtschaft. Der Gutsherr war nicht ein gewöhnlicher Arbeitgeber, sondern ein politischer Autokrat, der die Arbeiter persönlich beherrschte, im übrigen einen so erheblichen Bruchteil der unmittelbaren materiellen Interessen mit ihnen gemeinsam hatte, wie dies bei keinem modernen Unternehmer sonst im Verhältnis zu seinen Arbeitern der Fall ist. Schlechter Ernteausfall, niedrige Getreide- und Viehpreise belasten das Budget eines auf Land- und Rohertragsanteil gestellten Instmannes, der Getreide und selbst gezogene Schweine verkauft, ebenso schwer oder schwerer als das des Herrn. Daß diese Sachlage die Arbeiter um so unbedingter der Disposition des Herrn auslieferte, liegt auf der Hand. Wichtiger aber war für die Grundlagen der Machtstellung des Gutsherrn jenes starke materielle Interessenband, welches die Landarbeiter – oder doch deren im Osten weitaus wichtigste Schicht: die »Instleute« – von dem gewerblichen Proletariat scharf trennte. Ein gegen die Herrn gerichtetes Klassenbewußtsein des ländlichen Proletariats konnte, außer in Zeiten hochgradiger politischer Er-

regung, sich nur rein individuell gegenüber dem *einzelnen*
Herrn, soweit er hinter der durchschnittlichen Mischung nai-
ver Brutalität mit Menschenfreundlichkeit zurückstand, ent-
wickeln. Dem entsprach es auf der anderen Seite, daß die
Landarbeiter normalerweise nicht dem Druck einer rein ge-
schäftlichen Ausbeutung ausgesetzt waren. Ihnen stand eben
nicht ein »Unternehmer«, sondern ein Territorialherr *en mi-
niature* gegenüber. Der mangelnde spezifisch geschäftliche Er-
werbssinn der Herren und die stumpfe Resignation der Arbei-
ter ergänzten einander und waren die psychologische Stütze
der traditionellen Betriebsweise wie der traditionellen politi-
schen Herrscherstellung der Grundaristokratie.

Die Dekadenz dieser politischen Machtstellung aber in
Verbindung mit der teils eingetretenen, teils drohenden De-
possedierung durch das kapitalkräftigere Bürgertum – sei es in
Form des Kaufes, sei es der Verpachtung der Güter – führen
mit zwingender Gewalt die Herren der landwirtschaftlichen
Großbetriebe, wenn sie dies bleiben wollen, dazu, zu werden,
was sie früher nicht – wenigstens nicht in erster Linie – waren:
Unternehmer, die unter rein *geschäftlichen* Gesichtspunkten
442 wirtschaften. | Entweder dies geschieht, oder der Großbetrieb
zerfällt im Wege der völligen oder teilweisen Zerschlagung in
Kleinbetriebe. Im ersteren Fall »bewegt sich der Boden« zwar
keineswegs, wie behauptet wird »in der Richtung zum *besten*«,
wohl aber zum *kapitalkräftigsten* Wirt; und dieser müßte seine
Natur verleugnen, wollte er nicht das, was der Grundaristo-
kratie in zweiter Linie stand, in die erste stellen: den geschäft-
lichen Erwerb. Damit aber wird der isolierten Gutswirtschaft
der letzte Stoß versetzt.

Mit der Beseitigung der Isolierung der Gutswirtschaften
tritt die Notwendigkeit eines relativ weit größeren Gehorsams
gegenüber den weltwirtschaftlichen Produktionsbedingun-
gen gebieterisch an diese Betriebe heran. Die notwendigen
Konsequenzen dessen für den Wirtschaftsbetrieb sind je nach
der Gunst oder Ungunst der Boden- und klimatischen Ver-
hältnisse, verschieden. Ein Teil des von der Natur in beiden

Beziehungen besonders begünstigten Areals ist zweifellos in der Lage, im Wege eines hochintensiven Betriebes bei starkem Kapitalaufwand die internationale Konkurrenz aufzunehmen. Diese der intensiveren Kultur zugeführten Betriebe haben alsdann nach bekannten allgemeinen Gesetzen das Streben, speziell *kapital*intensiv zu werden. Sie folgen eben deshalb der von Sering[1] zutreffend nachgewiesenen Tendenz der Verkleinerung des von einem Zentrum aus bewirtschafteten Areals unter konzentrierter Kapitalinvestition. Schon daraus folgt vom Standpunkte des politischen Herrschaftsinteresses aus eine Schwächung der Machtstellung des Gutsbesitzers: das beherrschte Areal wird kleiner. Sie werden freilich keine bäuerlichen, aber bürgerlich-kapitalistische Großbetriebe und verschmelzen [...] mit den aufsteigenden großbäuerlichen Betrieben zu einer einheitlichen Masse von Unternehmungen mit bürgerlich-gewerblichem Typus. Ein anderer und zwar der am ungünstigsten ausgestattete Teil des Areals ist weltwirtschaftlich wertlos und kann im *Großbetriebe* nur als Weiderevier für sehr extensive Viehzucht benutzt werden. Zwischen beiden liegen zahlreiche Kategorien von Boden mittlerer Qualität in den verschiedensten Abstufungen, dessen Überführung zur intensiveren Kultur mit abnehmender Güte zunehmende Kapitalaufwendungen erfordert. Werden diese nicht gemacht, so wird er durch die Weltmarktskonjunkturen von der Fähigkeit, durch Produktion für den Markt eine Rente abzuwerfen, mehr und mehr ausgeschlossen und damit, wenn er weiter im kapitalschwachen Großbetriebe genutzt wird, in die gleiche | Lage wie der schlechteste Boden *443*
gebracht, – d.h. er kann erfolgreich mit Feldfrüchten nicht be-

1 Max Sering (1857–1939), deutscher Nationalökonom und Agrarwissenschaftler. Seit 1889 o. Professor an der Landwirtschaftlichen Hochschule Berlin (Nachfolge Gustav Schmoller). Mitglied des Ausschusses des Vereins für Socialpolitik. Entwarf die Fragebogen für dessen Landarbeiterenquete. Befreundet mit Max Weber.

stellt werden. Dieser Bruchteil dürfte der umfangreichste sein. Die Getreidezölle vergrößern auf seine Kosten das Areal, welches intensiv mit Getreide bebaut werden kann, die bisherige Begünstigung der Rübenkultur und die noch bestehende der Kartoffelsprit-Brennerei ermöglichen seine Bebauung mit den betreffenden Hackfrüchten. Weit unerheblicher sind dagegen für den Osten diejenigen Bruchteile, welche der reinen oder überwiegenden intensiven Viehzucht und der Gartenkultur vom weltwirtschaftlichen Standpunkte aus zuzuweisen sind. Der letztere ist klein, weil eine Verschiebung zu seinen Gunsten um wenige Prozente des Areals eine völlige Umwälzung des Konsums voraussetzte, und der erstere deshalb, weil die in England zugunsten der intensiven Viehzucht bestehenden klimatischen und sonstigen Vorbedingungen im Osten [...] weder vorhanden sind, noch in absehbarer Zeit eintreten werden. – In den Fällen, nun wo die Großbetriebe, den Postulaten der internationalen Produktionsteilung gehorchend, unter Ersparnis von Kapital und Arbeit zur Weidewirtschaft übergehen, entgleitet der Beherrschung des Grundherrn zwar nicht das *Areal* – dies zeigt im Gegenteil die Tendenz zu starker Ausdehnung, – wohl aber verlieren sie die Hintersassen, die sie beherrschten, da sie nur ein Minimum an Arbeitskräften halten, und auch die Zahl der Unternehmer verringert sich im Wege der Latifundienbildung. Auch hier also büßt der Stand als solcher an seiner politischen Machtstellung ein.

Überall aber finden wir *eine* gemeinschaftliche Erscheinung als Ergebnis der Situation: wo nicht auf die Dauer Zerschlagung in Kleinbetriebe oder Verödung als Weiderevier eintreten soll, da besteht die Notwendigkeit umfassender Steigerung der Kapitalintensität und eines Wirtschaftens unter kaufmännischen Gesichtspunkten, wie sie der traditionelle Grundherr im Osten nicht kannte. Mit anderen Worten: an die Stelle der Grundaristokratie tritt – mit oder ohne Personenwechsel – mit Notwendigkeit eine landwirtschaftliche *Unternehmer*klasse, die sich in ihren sozialen | Charakterzügen 444 von den gewerblichen Unternehmern prinzipiell nicht unterscheidet.

Diese Umwandlung in den allgemeinen Typus der ländlichen Arbeitgeber hat auf die Stellung der Arbeiter zu ihnen die bedeutendsten Rückwirkungen. Bei allem Durchgehen typischer Züge ist die Mannigfaltigkeit der Arbeitsverfassung und die rein individuelle Gestaltung der Lage der einzelnen Arbeiter eine Begleiterscheinung der patriarchalischen Gutswirtschaft noch jetzt in ähnlicher Weise wie in der Gutsverfassung des Feudalzeitalters. Denn die Arbeitsverfassung der Güter war nicht nach geschäftlichen Gesichtspunkten und unter dem Einfluß des Strebens nach möglichst hohem Unternehmergewinn gestaltet, sondern historisch entwickelt für den Zweck, dem Gutsherrn eine standesgemäße Existenz zu ermöglichen; sie streifte deshalb so wenig als eben möglich von ihrer überkommenen natural- und gemeinwirtschaftlichen Grundlage ab. Eine ländliche Arbeiterklasse mit unter sich *gleichartigen* wirtschaftlichen Interessen existierte und existiert deshalb in der überwiegenden Hälfte des Ostens noch nicht. – Die moderne Entwicklung sucht zunächst innerhalb dieses naturalwirtschaftlichen Rahmens das Prinzip der *Wirtschaftlichkeit* in der Lohngestaltung entschiedener zur Geltung zu bringen. Sie beseitigt demgemäß zunächst die gemeinwirtschaftlichen Reste (Landanteil, Dreschanteil, Weideanteil). Diese Anteilsrechte am Ertrage fallen schon deshalb auf die Dauer notwendig fort, weil die gemeinwirtschaftliche Arbeitsverfassung mit ihren Anteilslöhnen die Isolierung des einzelnen Gutsbetriebes in wirtschaftlicher Beziehung voraussetzt. Von dem Ertrage eines Gutes, das nach alter Art ohne besondere Aufwendungen für Maschinen, Kunstdünger, Drainage usw. bewirtschaftet wurde, konnte der Herr mit seinen Arbeitern annähernd behaupten: dieser Ertrag sei das Ergebnis *ihrer* Arbeit und *nur* dieser. Mit jeder Kapitalinvestierung schwindet dies Moment: der Ernteertrag des in die Volkswirtschaft verflochtenen Gutes ist nicht mehr das Arbeitsprodukt lediglich der Wirtschaftsgemeinschaft der Gutsinsassen, und der Ent-

gelt für die Verwendung der Produkte fremder Arbeit in das Gut erscheint, der kapitalistischen Organisation entsprechend, als (latente oder offene) Kapitalrente, welche aus den Erträgen vorweg bestritten werden muß. Damit verschwinden die auf dem Anteilsprinzip beruhenden Lohnformen, und zwar um so mehr als ihr Bestand in der Hauptsache die Folge mangelnden Betriebskapitals des Unternehmers und seiner
445 darauf | beruhenden Unfähigkeit, Geldlöhne zu zahlen, war. Gerade der Geldlohn ist aber das auf die Dauer unentbehrliche Korrelat jeder auf rein *geschäftlicher* Grundlage ruhenden Wirtschaftsverfassung und wird auch den landwirtschaftlichen Betrieben, zumal in Gestalt des nach der Leistung bemessenen *Geldakkord*lohnsystems, aufgezwungen.

Wir müssen, um die volle Bedeutung dieser langsamen, aber unvermeidlichen Umwandlung zu verstehen, näher auf die charakteristischen Eigentümlichkeiten der ländlichen Arbeitsverfassung im Osten eingehen. Diese beruhen, wie bei jeder Arbeitsverfassung größerer Güter, auf der Art, in der sie das wichtigste Problem der Organisation der Arbeit im landwirtschaftlichen Betriebe zu lösen sucht. Dies Problem besteht darin, daß bei jeder Art des Ackerbaues – weit weniger bei der reinen Viehzucht – der Bedarf an Arbeitskräften während der verschiedenen Jahreszeiten ein sehr stark schwankender ist. Darauf beruht die typische Unterscheidung von *ständigen* und *Saison*arbeitern in der Landwirtschaft. Von jeher sind die ersteren überwiegend in Naturalien gelohnt, kontraktlich gebunden und wohnen meist auf dem Gute. Die letzteren werden überwiegend in Geld – Tagelohn oder Akkord – gelohnt, regelmäßig von auswärts als »fremde« Arbeiter zeitenweise herangezogen und wieder abgestoßen. Nur bei sehr extensivem Betrieb kann die gesamte Erntearbeit mit den Kräften der eigenen Arbeiter unter Zuziehung ihrer Frauen usw. bewältigt werden. Es existiert kein Mittel, namentlich auch kein maschinelles, um diese Differenz auszugleichen; gerade die am allgemeinsten anwendbaren Maschinen, speziell die Dreschmaschine, *steigern* dieselbe vielmehr, und insbesondere wird sie durch jede Steigerung der Intensität des Betriebes, am meisten durch den Hackfruchtbau, sehr stark vergrößert.

Die Veränderung der Arbeitsverfassung, welche durch die moderne Umgestaltung der Betriebsweise herbeigeführt wird, betrifft nun sowohl die Zusammensetzung der Arbeiterschaft als Ganzes, wie den Typus jeder Kategorie für sich. Es ändert sich einmal das Zahlenverhältnis der ständigen zu den unständigen Arbeitskräften, und es verwandelt sich ferner sowohl die Physiognomie der ständigen Arbeiterschaft, für sich betrachtet, wie die der unständigen.

[Auslassung der technischen Details der Weberschen Argumentation]

Wenn hier das traditionelle Instverhältnis als ein »patriarchalisches« bezeichnet und als ihm charakteristisch die »Interessengemeinschaft« des Arbeiters mit dem Herrn hingestellt worden ist, so sollte dieser Ausdruck billigerweise von dem Mißverständnis verschont bleiben, als ob damit irgendeine persönliche Vertrauensbeziehung zwischen Herrn und Arbeiter als notwendige Folge dieser Arbeitsverfassung behauptet werden sollte. Behauptet werden soll nur, daß sie ein festes gemeinschaftliches Interessenband um Herrn und Arbeiter schlingt und die patriarchalische Leitung der Wirtschaftsgemeinschaft durch den Herrn dieser Sachlage ebenso adäquat ist wie sie mit dem Geldlohnsystem in Widerspruch steht, weil das materielle Interessenband fehlt. Die patriarchalische Arbeitsverfassung bringt ehrlich zum Ausdruck, daß auf dem Lande der Arbeiter nicht in einem Vertrags-, sondern in einem persönlichen Unterwerfungsverhältnis zum Herrn steht und *diese Ehrlichkeit* ist *ihre Stärke*. Sie setzt aber eben deshalb jene resignierte, in die Tradition der Unfreiheit gebannte Arbeiterbevölkerung voraus, welche die östlichen Instleute repräsentierten, und diese Voraussetzung wird mehr und mehr zuschanden. Nicht nur die Unternehmer, sondern ebenso auch die Arbeiter sind es, welche das Deputanten- statt des Instverhältnisses, den Geldlohn statt

des Naturallohns, die rechtliche Ungebundenheit statt des Kontrakts bevorzugen, das scheint jetzt im allgemeinen völlig sichergestellt. Wie dem aber sei, jedenfalls zerfällt mit dieser Umwandlung eine notwendige Voraussetzung der patriarchalischen Herrschaft: die Interessenbeziehung zum *einzelnen* Gut. Die Unterschiede in der Stellung der einzelnen Kategorien von Arbeitern nivellieren sich, und die Person des Unternehmers wird für die ländlichen Arbeiter in ähnlicher Art »fungibel«, wie sie es für die gewerblichen regelmäßig schon ist. Mit andern Worten, die Entwicklung führt zur stetigen Annäherung der ländlichen Arbeiterschaft an den Charakter einer in ihren wesentlichen Lebensbedingungen ein-
456 heitlichen Klasse mit proletarischem Typus, | wie die Industriearbeiterschaft sie bereits darstellt. Die kapitalistische Unternehmung strebt aus den oben angedeuteten Gründen aus dem Naturallohnsystem *trotz* seiner wirtschaftlichen Vorzüge heraus, – die Arbeiter suchen den Geldlohn, weil er sie am meisten von der Abhängigkeit von der Wirtschaft und dem guten Willen des Herrn befreit, *trotzdem* sie sich dabei wirtschaftlich schlechter stehen. Wie der Geldzins des Bauern im Mittelalter als das wichtigste Symptom seiner persönlichen Freiheit erscheint, so der Geldlohn des Arbeiters heute. Die Landarbeiterschaft opfert ihre materiell oft günstigere, immer aber gesichertere, abhängige Lage dem Streben nach persönlicher Ungebundenheit. Daß diese entscheidende psychologische Seite des Vorgangs den Beteiligten wesentlich unbewußt sich vollzieht, steigert nur die Wucht ihrer Wirksamkeit. Für eine Arbeiterschaft aber, welche ebensowenig wie die Industriearbeiter normalerweise die geringste Aussicht hat, in die Schicht der selbständigen Unternehmer aufzusteigen, hat diese Umwandlung nur einen Sinn als vorbereitendes Stadium für einen *Klassenkampf*. Es zeigte sich schon, daß auch die Grundherren der Umwandlung in eine unter sich wesentlich gleichartige Klasse mit geschäftlichem Unternehmertypus zu verfallen begonnen haben. Auch hier setzt die moderne Entwicklung an Stelle der persönlichen

Herrschaftsverhältnisse die unpersönliche Klassenherrschaft mit ihren psychologischen Konsequenzen.

Es fragt sich nun: was wird weiter daraus werden? Wird der Kampf einen ähnlichen Verlauf nehmen wie in der Industrie? Ist es wahrscheinlich, daß im Laufe der Zeit im Wege der Arbeiterorganisation daraus eine ländliche *Arbeiter-Aristokratie* ersteht, wie wir sie in manchen Großindustrien Englands finden, wo gerade die volle Proletarisierung den Durchgangspunkt für eine aufstrebende Bewegung der höchsten Schichten der Arbeiterschaft bildete? So günstig steht leider die Prognose des ländlichen Klassenkampfs nicht.

[Auslassung der technischen Details der Weberschen Argumentation]

Die Kunst der traditionellen Betriebsweise in der Verteilung der Arbeiten über die Jahreszeiten bestand nämlich in der möglichsten Verminderung der Saisondifferenzen und der Sorge dafür, daß die verfügbaren Arbeitskräfte auch ständig beschäftigt seien, also in der möglichsten *Abschwächung* des Charakters der Landwirtschaft als eines Saisonbetriebes. Man verteilte – mit anderen Worten – die notwendige Arbeit möglichst über das ganze Jahr. Verhältnismäßig ebenso leicht aber läßt sich eine Verschiebung in der Disposition im umgekehrten Sinne vornehmen, also ein Teil der Arbeiten, die normalerweise im Winter vorgenommen werden, den Sommer- und Herbst-Saison-Arbeitern übertragen und dadurch der Charakter als Saisonbetrieb *verstärken,* der Bedarf an Dauerarbeitern auch absolut nicht unbeträchtlich vermindern. Die Vorfrage, ob das möglich und zweckmäßig ist, hängt davon ab, ob gerade Saisonarbeiter mit besonderer Leichtigkeit zu erlangen sind. Das war unter den alten stabilen Verhältnissen und bei der traditionellen Wirtschaftsweise nicht der Fall. Anders mit Umsichgreifen der intensiven Kultur. Sie bedarf verstärkter Saisonarbeit und *schafft* sie sich durch Steigerung der Saison-Geldlöhne. Es entsteht und wächst dadurch mit den modernen Verkehrsmitteln eine Klasse von Arbeitern, die über-

haupt *nur* landwirtschaftliche *Saisonarbeiter* sind, die Wanderarbeiter. Es wandert zunächst der Bevölkerungsüberschuß übervölkerter oder extensiv bewirtschafteter Gegenden. Aber auf die Dauer ergreift die Wanderbewegung stetig größere Bruchteile der Landarbeiterschaft überhaupt. Das so geschaffene Material von Saisonarbeitern nützt nun der intensive Betrieb bis aufs äußerste aus. Die Akkordlöhne steigern die Leistung; aber der Wanderarbeiter ist auch an sich arbeitswilliger. Polnische Mädchen, welche in der Heimat kein noch so hoher Lohn zu energischer Arbeit anspornt, leisten auswärts Außergewöhnliches. Der Wanderarbeiter ist eben aus dem gesamten Ensemble seiner Familie und gewohnten Umgebung gerissen, er ist *nur* Arbeitskraft für den Gutsherrn wie in seinen eigenen Augen. Die Wanderarbeiterkaserne ist in ihrer Funktion das geldwirtschaftliche Analogon der antiken Sklavenkaserne. Der Gutsbesitzer spart Arbeiterwohnungen, denn die Unterbringung der Wanderarbeiter macht wenig oder keine Kosten. Er spart ferner die Landanweisung, endlich aber und vor allem jegliche verwaltungs- und armenrechtliche Verantwortung. Dagegen zahlt er in Gestalt der höheren
459 Saisonlöhne im Ganzen | regelmäßig nicht mehr, oft weniger, als wenn er den traditionellen Entgelt das ganze Jahr hindurch an einheimische Arbeiter zahlen würde. Die Nachteile des Geldlohns unter dem Gesichtspunkt der Wirtschaftlichkeit gleichen sich für ihn in dieser Form mehr als aus. [...] Welcher Grund aber veranlaßt, vom Interessenstandpunkt der *Arbeiter* aus, die Wanderbewegung? Differenzen des Lohnniveaus scheinen das Nächstliegende und bilden einen erheblich mitwirkenden Faktor. Aber die Erhebungen des Vereins für Sozialpolitik sowohl als die des evangelisch-sozialen Kongresses bestätigen, daß auch, wo solche absolut nicht vorliegen und auch alle in den Bevölkerungsverhältnissen möglicherweise liegenden Umstände fehlen, gewandert wird, ja daß benachbarte Gebiete ihre Arbeitskräfte direkt oder auf Umwegen geradezu austauschen. Der Grund ist eine Kombination wirtschaftlicher und psychologischer Momente. Der Wander-

arbeiter würde eine allgemeine Lebenshaltung – es handelt sich nicht allein, nicht einmal hauptsächlich, um die Nahrung – und ein solches Ensemble, wie es ihn auf der fremden Arbeitsstelle umgibt, in der Heimat sich nicht bieten lassen. Auf Grund eben dieser erniedrigten Lebenshaltung aber und der durch die Aufgabe der gewohnten heimatlichen Umgebung vermehrten Arbeitsenergie erspart er, auch wenn die Lohnsätze in der Fremde nicht höher sind, als in der Heimat, relativ erhebliche Beträge, wie er sie im heimatlichen Arbeitsverhältnis nicht zu ersparen vermöchte, und kann – ein begreifliches Verlangen – in der ohnehin arbeitslosen Winterzeit »Ferien« machen. Aber ferner und namentlich: die Abwanderung entzieht ihn der Notwendigkeit, bei den benachbarten *heimatlichen* Gutsherren Arbeit zu suchen. Gerade die Arbeit in der Heimat aber ist mit dem traditionellen Herrschaftsverhältnis historisch und gedankenmäßig verknüpft: es ist der dunkle Drang nach persönlicher Freiheit, welcher die Arbeiter zur Arbeit in die Fremde treibt. Sie opfern ihre gewohnten Lebensverhältnisse dem Streben nach Emanzipation aus der Unfreiheit: ihre stumpfe Resignation wird durchbrochen. Die vielbeklagte »Mobilisierung« der Landarbeiter ist zugleich der erste Anfang der Mobilmachung zum Klassenkampf. |

Wir sehen: die Konsequenzen planmäßiger »Verflechtung 460
in die Weltwirtschaft« für die landwirtschaftlichen Betriebe des Ostens auf demjenigen Areal – dem unzweifelhaft größten –, welches zu intensiver Viehzucht nicht überzugehen vermag, sind, wenn sie Großbetriebe bleiben wollen, schon unter dem Gesichtspunkt der Bevölkerungs*schichtung* schwerwiegender Art. Gehen sie in Unterordnung unter die Gebote der internationalen Produktionsteilung zur extensiven Weidewirtschaft über, so sinkt der Nahrungswert der Bodenprodukte und die Bevölkerungsziffer. Gehen sie unter Steigerung der Bodenkultur zum intensiven Ackerbau über, so schränken sie die relative Bedeutung, teilweise auch die absolute Zahl der ständigen Arbeiter ein, befördern dagegen die Fluktuation der Arbeiterschaft und gefährden damit die Stabilität der

Gruppierung der Bevölkerung durch Entstehung eines modernen Nomadentums. Es kommt darin nur zu deutlich zum Ausdruck, daß die Konkurrenzfähigkeit der ausländischen Produzenten eben in dem *niedrigeren* Kulturniveau beruht, auf den ungeschwächten Naturkräften des Bodens und dem Fehlen der mittelbaren Belastung durch das soziale Ensemble, welches die Bevölkerungsdichtigkeit und die Lebensansprüche einer Bevölkerung mit älterer Kultur schaffen. Die landwirtschaftlichen Großbetriebe auf dem nicht besonders begünstigten Boden des Ostens müßten in der Bodenkultur und in dem sozialen Niveau der Arbeiter wie der Unternehmer eine Kulturstufe *heruntersteigen* können, um als Großbetriebe konkurrenzfähig zu bleiben.

Diese verhängnisvolle Situation ist auch für die rein materielle Lage der Landarbeiterschaft – ihren Nahrungsstand – von maßgebender Bedeutung in einem Augenblick, wo zum erstenmal die freie Konkurrenz auf dem Arbeitsmarkt als organisatorisches Prinzip auch auf dem Lande erscheint. Die an die Tradition gebundene Art der Lohnbemessung, welche dem platten Lande eignete, brachte es mit sich, daß die Einkommens- und Ernährungsverhältnisse der Arbeiter durch rein ökonomische Momente nur teilweise und indirekt, unmittelbar dagegen durch solche Umstände bestimmt werden, welche jenen festen Halt, den die Tradition einer festgefügten typischen Arbeitsverfassung bot, erschüttern. Das ist aber gerade bei denjenigen Veränderungen der Fall, welche die moderne Betriebseinrichtung mit sich bringt.

[Auslassung der technischen Details der Weberschen Argumentation]

Weit einschneidender noch gestaltet sich nun aber diese Erscheinung angesichts des stetigen Umsichgreifens des Wanderarbeitertums. Denn hier kommen die nationalen Gegensätze im Osten zur Geltung. Seit Aufhebung der Polensperre (1890) haben wir im Osten eine Sachsengängerei nicht nur von dort nach Sachsen, sondern auch von Russisch-Polen und

Galizien nach den östlichen Provinzen und sehr viel weiter – vereinzelt bis in die Wetterau! Die Zahl dieser fremden Nomaden betrug zeitweise – neueste Zahlen liegen nicht vor – allein in den 4 Grenzprovinzen ca. 30 000 im Jahre. Gerade die hochintensive (Rüben-) Kultur, welche die niedrigsten Ansprüche an die Qualität der Arbeiter stellt, zieht sie herbei. Nicht die Arbeiter mit höchster, sondern die mit niedrigster Lebenshaltung werden bevorzugt und behalten das Feld. Auch hier entscheidet nicht das rein wirtschaftliche Interesse der Gutsherren allein, sondern ihr damit nur indirekt verknüpftes Machtinteresse. Die Disposition über den Polen ist schrankenlos: ein Wink, und der benachbarte Amtsvorsteher – auch ein Gutsbesitzer – spediert ihn über die Grenze zurück. Die Herbeiziehung der Polen ist im eigentlichsten Sinne Kampfmittel in dem hier schon antizipierten Klassenkampf, gerichtet gegen das erwachende Selbstbewußtsein der Arbeiter, und triumphierend melden die Berichte, daß sie in dieser Beziehung auch wirksam gewesen sei. Niemals wird der Streit verstummen, ob die Abwanderung der Zuwanderung, oder diese jene veranlaßt habe; für die Würdigung ihrer Bedeutung ist er ganz müßig; beide steigern sich gegenseitig, weil sie, wie gesagt, | Kampfmaßregeln in einem latenten Kampfe zwischen Besitz 469
und Arbeit darstellen. Die Fortwanderung ist latenter Streik, die Poleneinfuhr das entsprechende Kampfmittel dagegen.

In diesem Kampf kommt nun endlich auch der *Grundbesitzverteilung* im Osten eine verhängnisvolle Rolle zu. Von dem Arbeitermangel betroffen, werden naturgemäß diejenigen Besitzkategorien, welche fremde Arbeitskräfte gebrauchen, zum Teil schon die Großbauern, besonders aber, in mit der Größe sich steigerndem Maß, die Rittergüter. Der Bauer ist gar nicht in der Lage, einen Polenimport planmäßig ins Werk zu setzen. Das kann nur der Rittergutsbesitzer. Er ist zur Zeit, wenn er intensiv wirtschaften will, geradezu darauf angewiesen. Schon den gewöhnlichen Bedarf an Erntearbeitskräften kann er heute nicht mehr aus der Nachbarschaft decken. Warum nicht? Weil ein großer Teil dieser Nachbarschaft ebenfalls aus Ritter-

gütern besteht, die ebenfalls nicht »Produzenten«, sondern »Konsumenten« von Arbeitskräften sind; – mit anderen Worten: wegen Mangels an Dörfern. Die durchschnittliche Dichtigkeit der Bevölkerung der Gutsbezirke beträgt nur einen Bruchteil derjenigen der Landgemeinden: natürlich, denn erstere ernähren nicht in erster Linie die ansässige Bevölkerung an Ort und Stelle, sondern senden ihre Produkte auf den fremden Markt. Wo [...] durch einsichtige Kolonisation ein starker Bauernstand geschaffen ist, hat man wenig über Arbeitermangel zu klagen und ist die Abwanderung gering. In den Bezirken der Ritterschaft, welche die Bauern gelegt hat, rächt sich dieser Raub, – denn das ist er teils ökonomisch, teils auch formaljuristisch – durch Blutleere an Arbeitskräften. Es ist doch kein Zufall, daß gerade der Osten mit vorherrschendem Großbesitz die höchsten Verschuldungsziffern und den stärksten Arbeitermangel aufweist. Die »Sünden der Väter« kommen über die heutigen Gutsbesitzer und bedrohen uns mit einer slavischen Überflutung, die einen Kulturrückschritt von mehreren Menschenaltern bedeuten würde. – Es zeigt sich aber dabei zugleich die Aussichtslosigkeit des Kampfes für beide Teile. Der Klassenkampf in der östlichen Landwirt-
470 schaft | wäre ein Ringen auf einem versinkenden Kahne: Beide Teile würden zugrunde gehen. Dies um so sicherer, als der Kampf auf seiten der Arbeiter auch nach Aufhebung des Koalitionsverbots notgedrungen ein unorganisierter bleiben würde. Die Koalitionsfreiheit, welche den Landarbeitern zu gewähren lediglich ein Gebot der formalen Gerechtigkeit ist, wird ihnen als Kampfmittel, von lokalen Streitfällen abgesehen, nichts nutzen, weil die Art ihrer Dislokation deren zielbewußten Gebrauch dauernd hindert. Dies auch, nachdem die fortschreitende Proletarisierung sie einander unter sich gleichartiger gemacht haben wird, – zur Zeit kommt die Unmöglichkeit einer Vereinigung ihrer in ihren Interessen weit auseinanderstrebenden Gruppen dazu.

Mit dem Troste, daß auf dem Lande das Einkommen der Arbeiter vielfach, teilweise beträchtlich, gestiegen ist, werden gegenüber diesen ernsten Erscheinungen nur die landläufigen Wohlfahrtspolitiker oder Interessenvertreter der Unternehmer sich zufrieden geben. Tatsächlich wird die Lage auf dem Gebiete, auch was die Verschärfung der Klassengegensätze anlangt, auf die Dauer mindestens so ernst werden, wie auf diesem der Industrie, und die erwachsenden Probleme erschöpfen sich wahrlich nicht im »Arbeitermangel«. Es findet eine überaus tiefgreifende Umwandlung des Charakters der Bodenbesitzer sowohl, als ihrer Arbeiter statt, welche die Stellung des Staates zu beiden wesentlich verschieben, die ersteren ihrer Qualifikation zu politischen Vertrauenspersonen des Staates entkleiden muß. Und diese Umwandlung hat eine gewaltige Verschiebung der Bevölkerung, Kulturgefahren sowohl für die Produktion als für die Arbeiterschaft im Gefolge, welche auch rein politisch nicht gleichgültig sind.

Die Feststellung dieser unerfreulichen Zustände hätte nun lediglich die Bedeutung einer der heute so in Mode befindlichen sozialpolitischen Jeremiaden, *wenn* die hier herausgehobene Entwicklungstendenz den Charakter eines allein herrschenden Naturgesetzes trüge. Allein *das ist nicht der Fall*, sie kann vielmehr ihre Wirkung nur entfalten unter den eigenartigen Bedingungen, welche die Besitzverteilung auf dem Lande im Osten in Verbindung mit den Herrschaftsansprüchen einer sinkenden Klasse mit sich bringt. Andernfalls müßte sie auch im Westen unter gleichen Bodenverhältnissen in gleicher Stärke eintreten, und das ist nicht der Fall, – womit nicht gesagt sein soll, daß etwa der Westen und Süden auf dem gleichen Gebiete keine Probleme aufzuweisen hätten. Aber für die | hier geschilderten wirtschaftlichen Umwälzungen ist 471
es nicht ungefähr dasselbe, oder lediglich ein quantitativer Unterschied, ob der Großbesitz und -betrieb 20 oder ob er 50 % der Fläche okkupiert, *sondern es ist das Gegenteil voneinander.* Hunderttausend Bauern verhalten sich zum heimatlichen Boden auch in den Stunden der Not, wie sie die heutigen Konkurrenzverhältnisse über die Landwirtschaft bringen, anders als hunderttausend Landarbeiter.

Vorbedingung eines erfolgreichen Eingreifens des Staates in die große Kulturfrage, die sich hier erhebt – ich glaube die Bedeutung der Landarbeiterverhältnisse und ihrer Entwicklung durch diese Bezeichnung nicht zu überschätzen –, ist eben, daß man die jetzige Grundbesitzverteilung im Osten nicht als eine unantastbare Grundlage der bestehenden politischen und sozialen Organisation betrachtet, in welche ein *radikaler* Eingriff jedenfalls nicht geplant werden dürfe.

[Auslassung der technischen Details der Weberschen Argumentation]

Das wichtigste Problem bleibt deshalb die innere Kolonisation, auch unter dem Gesichtspunkte der ländlichen Arbeiterfrage. Sie liegt heute in den Händen der Ansiedlungskommission[2] einerseits und wird hier vom Staat durchgeführt, und der Generalkommissionen[3] andererseits, welche auf Antrag privater Großgrundbesitzer die Abzweigung von Rittergütern vermitteln. Die Ansiedlungskommission hat bereits ca. 1500, die Generalkommission ca. 6000 Bauern eingesetzt. Die quantitative Überlegenheit der privaten Besiedlung hat aber zwei Schattenseiten: sie schafft 1. zu einem sehr großen Teil kleine Zwergbauern. Denn gerade diese können heute am ehesten den Preisdruck auf die Produkte ertragen, da sie dieselben überwiegend selbst verzehren, und leiden nicht unter dem Arbeitermangel, weil sie keine Lohnarbeit verwenden. Es besteht aber eben deshalb die Gefahr, daß gerade diejenige Schicht der

2 Mit dem Ansiedlungsgesetz vom 26. April 1886 sollte die »Germanisierung« Westpreußens und Posens als Teil der übergeordneten »Politik der inneren Kolonisation« im Königreich Preußen systematisch fortgeführt werden. Die preußische Regierung schuf zur Durchführung dieses Unternehmens eine »Ansiedlungskommission« mit Sitz in Posen. Durch sie sollte der preußische Staat polnische Güter aufkaufen und parzellieren, um darauf deutsche Arbeiter und Bauern anzusiedeln.

3 Seit 1817 die erstinstanzliche kollegiale Behörde Preußens zur Durchführung der preußischen Bodenreform.

Bevölkerung auf diese Weise ansässig wird, welche mit den *geringsten* Kulturansprüchen sich begnügen kann, also ein Grundbesitzer-*Proletariat* – der schrecklichste der Schrecken – entsteht. Das um so mehr als 2. die Generalkommissionen es nicht in der Hand haben, für Ausstattung der neu entstehenden Gemeinden mit Allmenden genügend zu sorgen. Gerade für die kleinen Leute sind diese aber eine Lebensfrage.

Deshalb ist es unentbehrlich, daß eine groß angelegte *staatliche*, also eine Domänenkolonisation – in Anknüpfung an den bald wieder aufgegebenen Versuch in den 70er Jahren – daneben tritt.

Kein Verständiger kann andererseits wünschen, daß der
Do- | mänenbestand des Staates eine starke Verminderung er- *473*
leide und der Staat einer seiner wichtigsten Regulatoren auf agrarischem Gebiet beraubt werde.

Nur die törichte Angst vor dem Gedanken einer »Expropriation« ist es, die weite Kreise verhindert zu sagen, was im Stillen doch jeder denkt: Ein großer Teil des Großbesitzes im Osten ist in privaten Händen nicht haltbar. Man möge, nicht überstürzt, aber systematisch und allmählich, aus dafür zu gewährenden Etatsmitteln diesen Teil *aufkaufen* und in Domänen verwandeln, welche an kapitalkräftige Domänenpächter unter Gewährung von staatlichen Meliorationsdarlehen verpachtet werden. So wird dem Domänenbestand auf der einen Seite hinzugefügt, was ihm auf der andern genommen wird, und *auf die Dauer* werden sich die finanziellen Interessen des Staats dabei günstig stehen. Es handelt sich dabei freilich um eine große Aufgabe, welche in *dieser* Form wohl noch nirgends gelöst ist. Nicht zu jeder Domänenverwaltung könnte man das Zutrauen haben, daß sie Derartiges zu bewältigen bereit und imstande sein würde. Ich glaube aber: man kommt nicht in den Verdacht der Schmeichelei, wenn man anerkannt, daß gerade die deutschen Domänenverwaltungen [...] sich bisher den Aufgaben gewachsen zeigten, welche im Lebensinteresse der Nation an sie gestellt wurden. Möge die Zukunft halten, was die Vergangenheit versprach.

Der Nationalstaat und die Volkswirtschaftspolitik [1895]

Die Fassung meines Themas verspricht weit mehr, als ich heute halten kann und will. Was ich beabsichtige, ist zunächst: *an einem Beispiel* die Rolle zu veranschaulichen, welche die physischen und psychischen Rassendifferenzen zwischen Nationalitäten im ökonomischen Kampf ums Dasein spielen. Daran möchte ich einige Betrachtungen über die Stellung der auf nationaler Grundlage ruhenden Staatswesen – wie es das unsrige ist – im Rahmen der volkswirtschaftspolitischen Betrachtung knüpfen. – Ich wähle für jenes Beispiel einen Kreis von Vorgängen, die örtlich fern von uns sich abspielen, aber seit einem Jahrzehnt die öffentliche Aufmerksamkeit wiederholt erregt haben – und bitte Sie, mir in die Ostmarken des Reiches, auf das platte Land der preußischen Provinz *Westpreußen* zu folgen. Dieser Schauplatz verbindet die Eigenschaft eines nationalen Grenzlandes mit ungewöhnlich schroffen Unterschieden der ökonomischen und sozialen Existenzbedingungen, und dies empfiehlt ihn für unseren Zweck. Ich kann leider nicht umhin, Ihre Geduld zunächst für eine Reihe trockener Daten in Anspruch zu nehmen.

Die Provinz umschließt in ihren Landdistrikten Gegensätze von dreierlei Art.

Zunächst außerordentliche Verschiedenheiten in der *Güte des Ackerbodens* [...] Gegensätze ferner in der *sozialen Schichtung* der Bevölkerung, die diesen Boden bebaut. Wie im Osten überhaupt, kennen auch hier die amtlichen Aufnahmen neben der »Landgemeinde« eine zweite, dem Süden unbekannte Form der kommunalen Einheit: den »Gutsbezirk«. Und dementsprechend heben sich im Landschaftsbilde zwischen den Dörfern der Bauern die Rittergüter ab, die Sitze der Klasse,

welche dem Osten sein soziales Gepräge gibt: der Junker –,
Herrenhöfe, umgeben von den einstöckigen Katen, welche
der Gutsherr nebst Ackerstücken und Weide den Tagelöh-
nern anweist, die das Jahr über zur Arbeit auf dem Hofe ver-
pflichtet sind. Etwa je zur Hälfte ist die Fläche der Provinz
zwischen beide verteilt. Aber in den einzelnen Regionen
schwankt der Anteil der Gutsbezirke von wenigen Prozenten
bis zu 2/3 der Fläche der Kreise.

Endlich innerhalb dieser dergestalt in zweifacher Art so-
zial geschichteten Bevölkerung der dritte Gegensatz: derjeni-
ge der *Nationalitäten*. Und auch die nationale Zusammenset-
zung der Bevölkerung der einzelnen Gemeindeeinheiten ist
regional eine verschiedene. *Diese* Verschiedenheit ist es, wel-
che uns interessiert. Dichter wird das Polentum zunächst –
natürlich – mit Annäherung an die Grenze. Es nimmt aber
ferner, wie jede Sprachenkarte zeigt, zu mit abnehmender
Güte des Bodens. Das wird man – nicht überall mit Unrecht –
zunächst historisch erklären wollen aus der Art der deutschen
Okkupation, welche zuerst das fruchtbare Weichseltal über-
flutete. Allein wenn man nun weiter fragt: welche *sozialen
Schichten* sind auf dem Lande die Träger des Deutschtums und
des Polen- | tums? – so zeigen uns die Ziffern der bisher zu- 3
letzt publizierten Bevölkerungsaufnahme von 1885 ein merk-
würdiges Bild. Aus dieser Aufnahme können wir zwar die na-
tionale Zusammensetzung der Gemeinden nicht direkt, wohl
aber [...] indirekt entnehmen: durch das Mittelglied der Kon-
fession, die innerhalb des für uns in Betracht kommenden na-
tional gemischten Gebietes mit der Nationalität bis auf weni-
ge Prozente zusammentrifft. Scheiden wir die ökonomischen
Kategorien der Bauerndörfer und der Rittergüter in den ein-
zelnen Gegenden, indem wir sie, gleichfalls ungenau, mit den
Kommunaleinheiten der Landgemeinden bzw. Gutsbezirke
identifizieren, so zeigt sich, daß sie sich je nach der Bodengüte
in bezug auf ihre nationale Zusammensetzung *entgegengesetzt*
voneinander verhalten: in den fruchtbaren Kreisen sind die
Katholiken, d. h. die *Polen*, relativ am stärksten auf den *Gütern*,

und die Evangelischen, d.h. die *Deutschen* in den *Dörfern* zu finden – und gerade umgekehrt steht es in den Kreisen mit schlechtem Boden. [...] Wie kommt das? Warum sind in der Ebene die Güter, auf der Höhe die Dörfer die Sammelbecken des Polentums? Eins sieht man alsbald: *die Polen haben die Tendenz, sich in der ökonomisch und sozial niedrigst stehenden Schicht der Bevölkerung anzusammeln.* Auf den guten Böden, zumal der Weichselebene, stand der Bauer in seiner Lebenshaltung stets über dem Gutstagelöhner, auf den schlechten Böden dagegen, die rationell nur im Großen zu bewirtschaften waren, war das Rittergut der Träger der Kultur und damit des Deutschtums, die kümmerlichen Kleinbauern stehen dort in ihrer Lebenshaltung noch heute *unter* den Gutstagelöhnern. Wüßten wir das nicht ohnehin – der Altersaufbau der Bevölkerung ließe es uns vermuten. Steigt man in den *Dörfern* von der Ebene zum Höhenrücken hinauf, so steigt der Anteil der Kinder unter 14 Jahren von 35–36 %, mit abnehmender Bodengüte bis auf 40–41 %, – und wenn man damit die *Güter* vergleicht, so ist in der Ebene der Anteil der Kinder größer als in den Dörfern, steigt nach der Höhe zu, aber langsamer als in den Dörfern, und bleibt *auf* derselben hinter ihnen zurück. Die große Kinderzahl heftet sich hier wie überall an die Fersen der niedrigen Lebenshaltung, welche die Erwägungen der Fürsorge für die Zukunft erstickt. – Wirtschaftliche Kultur, relative Höhe der Lebenshaltung und *Deutschtum* sind in Westpreußen identisch.

Und doch konkurrieren beide Nationalitäten seit Jahrhunderten auf demselben Boden unter wesentlich gleichen Chancen miteinander. Worin ist also jene Scheidung begründet? Man ist alsbald versucht, an eine auf physischen und psychischen Rassenqualitäten beruhende Verschiedenheit der
5 *Anpassungsfähig-* | *keit* der beiden Nationalitäten an die verschiedenen ökonomischen und sozialen Existenzbedingungen zu glauben. Und in der Tat ist dies der Grund, – der Beweis dafür liegt in der Tendenz, welche in der *Verschiebung* der Bevölkerung und der Nationalitäten zutage tritt und welche

zugleich das Verhängnisvolle jener verschiedenen Anpassungsfähigkeit für das Deutschtum des Ostens erkennen läßt.

[Auslassung der detaillierten Zahlen für Webers Beweisführung]

Das Polentum im Osten schien in der ersten Hälfte des Jahrhunderts langsam und stetig zurückgedrängt zu werden, seit den 60er Jahren aber ist es, wie bekannt, ebenso langsam und stetig im Vordringen begriffen. [...] Nun kann die Verschiebung einer Nationalitätengrenze auf zweierlei, grundsätzlich zu scheidende Arten sich vollziehen. – Einmal so, daß nationalen Minderheiten im national gemischten Gebiet Sprache und Sitte der Mehrheit allmählich oktroyiert wird, daß sie »aufgesogen« werden. Auch diese Erscheinung findet sich im Osten: sie vollzieht sich statistisch nachweisbar an den Deutschen katholischer Konfession. Das kirchliche Band ist hier stärker als das nationale, Reminiszenzen aus dem Kulturkampf spielen mit, und der Mangel eines deutsch erzogenen Klerus läßt sie der nationalen Kulturgemeinschaft verlorengehen. Wichtiger aber und für uns interessanter ist die zweite Form der Nationalitätenverschiebung: die *ökonomische Verdrängung*. – Diese liegt hier vor. Prüft man die Verschiebungen des Anteils der Konfessionen in den ländlichen Gemeindeeinheiten 1871–1885, so zeigt sich: der Abfluß der Gutstagelöhner ist regelmäßig mit einer relativen Abnahme des Protestantismus in der Ebene, die Zunahme der Dorfbevölkerung auf der Höhe mit einer relativen Zunahme des Katholizismus verknüpft. *Es sind vornehmlich deutsche | Tagelöhner,* 8
die aus den Gegenden mit hoher Kultur abziehen, es sind vornehmlich polnische Bauern, die in den Gegenden mit tiefem Kulturstand sich vermehren.

Beide Vorgänge aber – der Abzug hier, die Vermehrung dort – führen in letzter Linie auf einen und denselben Grund zurück: *die niedrigeren Ansprüche an die Lebenshaltung* – in materieller teils, teils in ideeller Beziehung –, welche der slawischen Rasse von der Natur auf den Weg gegeben oder im Verlaufe ihrer Vergangenheit angezüchtet sind, verhalfen ihr zum Siege.

Warum ziehen die deutschen Tagelöhner ab? Nicht materielle Gründe sind es: nicht aus den Gegenden mit niedrigem Lohnniveau und nicht aus den schlecht gelohnten Arbeiterkategorien rekrutiert sich der Abzug; kaum eine Situation ist materiell gesicherter als die eines Instmanns auf den östlichen Gütern. – Auch nicht die vielberufene Sehnsucht nach den Vergnügungen der Großstadt. Sie ist ein Grund für das planlose Wegwandern des jungen Nachwuchses, aber nicht für den Abzug altgedienter Tagelöhnerfamilien, – und warum erwacht jene Sucht gerade da unter den Leuten, wo der Großbesitz vorherrscht, warum können wir nachweisen, daß die Abwanderung der Tagelöhner abnimmt, je mehr das *Bauerndorf* die Physiognomie der Landschaft beherrscht? *Dies* ist es: zwischen den Gutskomplexen der Heimat gibt es für den Tagelöhner nur Herren und Knechte, und für seine Nachfahren im fernsten Glied nur die Aussicht, nach der Gutsglocke auf
9 fremdem Boden zu scharwerken. In | dem dumpfen, halbbewußten Drang in die Ferne liegt ein Moment eines primitiven Idealismus verborgen. Wer es nicht zu entziffern vermag, der kennt den Zauber der *Freiheit* nicht. In der Tat: selten berührt uns heute ihr Geist in der Stille der Bücherstube. Verblichen sind die naiv freiheitlichen Ideale unserer frühen Jugend, und manche von uns sind vorzeitig alt und allzu klug geworden und glauben, einer der urwüchsigsten Triebe der Menschenbrust sei mit den Schlagworten einer niedergehenden politischen und wirtschaftspolitischen Anschauung zu Grabe getragen worden.

Es ist ein massenpsychologischer Vorgang: die deutschen Landarbeiter vermögen sich den *sozialen* Lebensbedingungen ihrer Heimat nicht mehr anzupassen. Über ihr »Selbstbewußtsein« klagen uns Berichte der Gutsherrn aus Westpreußen. Das alte patriarchalische Gutshintersassenverhältnis, welches den Tagelöhner als einen anteilsberechtigten Kleinwirt mit den landwirtschaftlichen Produktionsinteressen unmittelbar verknüpfte, schwindet. Die Saisonarbeit in den Rübenbezirken fordert Saisonarbeiter und Geldlohn. Eine rein proletarische Existenz steht ihnen in Aussicht, aber ohne die Möglichkeit jenes kraftvollen Aufschwungs zur ökonomischen Selbständigkeit, welche das in den Städten örtlich zusammengeschlossene Industrieproletariat mit Selbstbewußtsein erfüllt. – Diesen Existenzbedingungen sich zu fügen vermögen diejenigen besser, welche an die Stelle der Deutschen treten, die polnischen Wanderarbeiter, Nomadenzüge, welche, durch Agenten in Rußland geworben, im Frühjahr zu Zehntausenden über die Grenze kommen, im Herbst wieder abziehen. Zuerst im Gefolge der Zuckerrübe, welche den Landwirtschaftsbetrieb in ein Saisongewerbe verwandelt, treten sie auf, dann allgemein, weil man an Arbeiter- | wohnungen, Armenlasten, sozialen Verpflichtungen spart, weil sie ferner als Ausländer prekär gestellt und deshalb in der Hand des Besitzers sind. Der ökonomische Todeskampf des alten preußischen Junkertums vollzieht sich unter diesen Begleiterscheinungen. Auf den Zuckerrübengütern tritt an die Stelle des patriarchalisch schaltenden Gutsherrn ein Stand industrieller Geschäftsleute, – und auf der Höhe bröckelt unter dem Druck der landwirtschaftlichen Notlage das Areal der Güter von außen her ab, Parzellenpächter- und Kleinbauernkolonien entstehen auf ihren Außenschlägen. Die ökonomischen Fundamente der Machtstellung des alten Grundadels schwinden, er selbst wird zu etwas anderem, als er war.

Und weshalb sind es die *polnischen* Bauern, die an Terrain gewinnen? Ist es ihre überlegene ökonomische Intelligenz oder Kapitalkraft? Es ist vielmehr das Gegenteil von beiden. Unter einem Klima und auf einem Boden, welche neben extensiver Viehzucht wesentlich Getreide- und Kartoffelproduktion gestatten, ist hier derjenige am wenigsten durch die Ungunst des Marktes bedroht, der seine Produkte dahin bringt, wo sie durch den Preissturz am wenigsten entwertet werden: in seinen eigenen Magen – der für seinen *Eigenbedarf* produziert. Und wiederum ist derjenige begünstigt, der sei-

nen Eigenbedarf am *niedrigsten* bemessen kann, die geringsten Ansprüche an die Lebenshaltung in physischer und ideeller Beziehung macht. Der polnische Kleinbauer im Osten ist ein Typus sehr abweichender Art von dem geschäftigen Zwergbauertum, welches Sie hier in der gesegneten Rheinebene durch Handelsgewächsbau und Gartenkultur sich an die Städte angliedern sehen. Der polnische Kleinbauer gewinnt an Boden, weil er gewissermaßen das Gras vom Boden frißt, |
11 nicht *trotz*, sondern *wegen* seiner tiefstehenden physischen und geistigen Lebensgewohnheiten.

Ein *Ausleseprozeß* also scheint es zu sein, den wir sich vollziehen sehen. Beide Nationalitäten sind in die gleichen Existenzbedingungen seit langer Zeit hineingestellt. Die Folge war *nicht*, daß sie, wie der Vulgärmaterialismus sich vorstellt, die gleichen physischen und psychischen Qualitäten annahmen, sondern daß die eine der anderen weicht, daß diejenige siegt, welche die größere Anpassungsfähigkeit an die gegebenen ökonomischen und sozialen Lebensbedingungen besitzt.

Diese verschiedene Anpassungsfähigkeit selbst bringen sie, so scheint es, als feste Größe mit, sie könnte vielleicht im Verlaufe generationenlanger Züchtungsprozesse so, wie sie in Jahrtausenden entstanden sein mag, wieder verschoben werden, aber für die Erwägungen der Gegenwart ist sie ein Moment, mit welchem wir, als gegeben, zu rechnen haben.

12 Nicht immer – das sehen wir – schlägt, wie die Opti- | misten unter uns meinen, die Auslese im freien Spiel der Kräfte zugunsten der ökonomisch höher entwickelten oder veranlagten Nationalität aus. Die Menschengeschichte kennt den Sieg von niedriger entwickelten Typen der Menschlichkeit und das Absterben hoher Blüten des Geistes- und Gemütslebens, wenn die menschliche Gemeinschaft, welche deren Träger war, die Anpassungsfähigkeit an ihre Lebensbedingungen verlor, es sei ihrer sozialen Organisation oder ihrer Rassenqualitäten wegen. In unserem Fall ist es die Umgestaltung der landwirtschaftlichen Betriebsformen und die gewaltige Krisis der Landwirtschaft, welche der in ihrer ökonomischen Ent-

wicklung tieferstehenden Nationalität zum Siege verhilft. Parallel miteinander wirken der emporgezüchtete Rübenanbau und die Unrentabilität der Absatzproduktion von Zerealien nach der gleichen Richtung: der erstere züchtet die polnischen Saisonarbeiter, die letztere die polnischen Kleinbauern.

Blicken wir zurück auf die erörterten Tatsachen, so bin
ich, wie ich gern bekenne, völlig außerstande, theoretisch die
Tragweite der etwa daraus zu entnehmenden allgemeinen Ge-
| sichtspunkte zu entwickeln. Die unendlich schwierige und 13
zur Zeit sicherlich nicht zu lösende Frage, wo die Grenze für die Variabilität physischer und psychischer Qualitäten einer Bevölkerung unter dem Einfluß der Lebensverhältnisse, in die sie gestellt wird, liegt, wage ich nicht auch nur anzurühren.

Unwillkürlich fragt dagegen jeder vor allen Dingen: was kann und soll hier geschehen?

Gestatten Sie aber, daß ich es unterlasse, bei dieser Gelegenheit ausführlicher darüber zu sprechen, und mich begnüge, kurz die beiden Forderungen anzudeuten, die m. E. vom Standpunkt des Deutschtums zu stellen sind und tatsächlich mit wachsender Einmütigkeit gestellt werden. Die eine ist: Schließung der östlichen Grenze. Sie war verwirklicht unter dem Fürsten Bismarck und ist nach seinem Rücktritt 1890 wieder beseitigt worden; dauernde Ansiedelung blieb den Fremdlingen versagt, aber als Wanderarbeiter wurden sie zugelassen. Ein »klassenbewußter« Großgrundbesitzer an der Spitze Preußens schloß sie aus im Interesse der Erhaltung unserer Nationalität – und der verhaßte Gegner der Agrarier ließ sie zu im Interesse der Großgrundbesitzer, welche allein von ihrem Zuzug Vorteil haben: nicht immer, das zeigt sich, entscheidet der »ökonomische Klassenstandpunkt« in Dingen der Wirtschaftspolitik – *hier* war es der Umstand, daß das Steuerruder des Staates aus einer starken Hand in eine schwächere fiel. – Die andere Forderung ist: systematischer Bodenankauf seitens des Staates, also Erweiterung des Domänenbesitzes einerseits, und systematische Kolonisation deutscher Bauern auf geeigneten Böden, namentlich auf geeigneten Domänen,

andererseits. Großbetriebe, welche nur auf Kosten des Deutschtums zu erhalten sind, sind vom Standpunkt der Na-
14 tion | wert, daß sie zugrunde gehen, und sie sich selbst überlassen, heißt im Wege der allmählichen Abparzellierung existenzunfähige slawische Hungerkolonien entstehen lassen. Und nicht nur das Interesse an der Hemmung der slawischen Flut ruft nach der Überführung bedeutender Teile des östlichen Bodens in die Hand des Staates, sondern auch die vernichtende Kritik, welche die Grundbesitzer selbst an dem Fortbestand ihres Privateigentums üben durch das Verlangen, in Gestalt des Getreidemonopols und einer Kontribution von 1/2 Milliarde jährlich ihnen das Risiko, die Selbstverantwortlichkeit für ihren Besitz, seinen einzigen Rechtfertigungsgrund, abzunehmen.

Allein, wie gesagt, nicht diese praktische Frage der preußi-
15 | schen Agrarpolitik möchte ich heute besprechen. Ich möchte vielmehr an die Tatsache anknüpfen, daß eine solche Frage bei uns allen überhaupt entsteht, daß wir das Deutschtum des Ostens als solches für etwas halten, das geschützt werden und für dessen Schutz auch die Wirtschaftspolitik des Staates in die Schranken treten soll. Es ist der Umstand, daß unser Staatswesen ein *Nationalstaat* ist, welcher uns das Recht zu dieser Forderung empfinden läßt.

Wie verhält sich aber die volkswirtschaftspolitische Betrachtung dazu? Sind für sie derartige nationalistische Werturteile Vorurteile, deren sie sich sorgsam zu entledigen hat, um ihren eigenen Wertmaßstab, unbeeinflußt durch Gefühlsreflexe, an die ökonomischen Tatsachen legen zu können? *Und welches* ist dieser »eigene« Wertmaßstab der Volkswirtschaftspolitik? Dieser Frage möchte ich in einigen weiteren Überlegungen näherzukommen versuchen.

Auch unter dem Schein des »Friedens«, das zeigte sich |
16 uns, geht der ökonomische Kampf der Nationalitäten seinen Gang. Nicht im offenen Streit werden die deutschen Bauern und Taglöhner des Ostens durch politisch überlegene Feinde von der Scholle gestoßen: im stillen und öden Ringen des öko-

nomischen Alltagslebens ziehen sie einer tieferstehenden Rasse gegenüber den kürzeren, verlassen die Heimat und gehen dem Untertauchen in eine dunkle Zukunft entgegen. Es gibt keinen Frieden auch im wirtschaftlichen Kampf ums Dasein; nur wer jenen Schein des Friedens für die Wahrheit nimmt, kann glauben, daß aus dem Schoße der Zukunft für unsere Nachfahren Frieden und Lebensgenuß erstehen werde. Wir wissen es ja: die Volkswirtschaftspolitik ist der vulgären Auffassung ein Sinnen über Rezepte für die Beglückung der Welt - die Besserung der »Lustbilanz« des Menschendaseins ist für sie das einzig verständliche Ziel unserer Arbeit. Allein: schon der dunkle Ernst des Bevölkerungsproblems hindert uns, Eudämonisten zu sein, Frieden und Menschenglück im Schoße der Zukunft verborgen zu wähnen und zu glauben, daß anders als im harten Kampf des Menschen mit dem Menschen der Ellbogenraum im irdischen Dasein werde gewonnen werden.

Es gibt sicherlich keine volkswirtschaftspolitische Arbeit auf anderer als altruistischer Grundlage. Die Früchte alles wirtschafts- und sozialpolitischen Strebens der Gegenwart kommen in ihrer gewaltigen Überzahl nicht der lebenden Generation, sondern der künftigen zugute. Unsere Arbeit ist und kann, wenn sie einen Sinn behalten soll, nur sein wollen Fürsorge für die *Zukunft*, für unsere *Nachfahren*. Aber es gibt auch keine volkswirtschaftspolitische Arbeit auf der Grundlage optimistischer Glückshoffnungen. Für den Traum von
Frieden und Menschen- | glück steht über der Pforte der un- 17
bekannten Zukunft der Menschengeschichte: *lasciate ogni speranza*.

Nicht wie die Menschen der Zukunft sich *befinden*, sondern wie sie *sein* werden, ist die Frage, die uns beim Denken über das Grab der eigenen Generation hinaus bewegt, die auch in Wahrheit jeder wirtschaftspolitischen Arbeit zugrunde liegt. Nicht das Wohlbefinden der Menschen, sondern diejenigen Eigenschaften möchten wir in ihnen emporzüchten, mit welchen wir die Empfindung verbinden, daß sie menschliche Größe und den Adel unserer Natur ausmachen.

Abwechselnd hat man in der Volkswirtschaftslehre das technisch-ökonomische Problem der Gütererzeugung und das Problem der Güterverteilung, der »sozialen Gerechtigkeit«, als Wertmaßstäbe in den Vordergrund gerückt oder auch naiv identifiziert – und über beiden erhob sich doch immer wieder, halb unbewußt und dennoch alles beherrschend, die Erkenntnis, daß eine Wissenschaft vom *Menschen*, und das ist die Volkswirtschaftslehre, vor allem nach der *Qualität der Menschen* fragt, welche durch jene ökonomischen und sozialen Daseinsbedingungen herangezüchtet werden. Und hier hüten wir uns vor einer Illusion.

Die Volkswirtschaftslehre als erklärende und analysierende Wissenschaft ist *international*, allein sobald sie *Werturteile* fällt, ist sie gebunden an diejenige Ausprägung des Menschentums, die wir in unserem eigenen Wesen finden. Sie ist es oft gerade dann am meisten, wenn wir unserer eigenen Haut am meisten entronnen zu sein glauben. Und – um ein etwas phantastisches Bild zu brauchen – vermöchten wir nach Jahrtausenden dem Grab zu entsteigen, so wären es die fernen Spuren unsres eig-
18 nen Wesens, nach denen wir im Antlitz des | Zukunftsgeschlechts forschen würden. Auch unsre höchsten und letzten irdischen Ideale sind wandelbar und vergänglich. Wir können sie der Zukunft nicht aufzwingen wollen. Aber wir können wollen, daß sie in unsrer Art die Art *ihrer eignen Ahnen* erkennt. Wir, mit unsrer Arbeit und unsrem Wesen, wollen die Vorfahren des Zukunftsgeschlechts sein.

Die Volkswirtschaftspolitik eines deutschen Staatswesens, ebenso wie der Wertmaßstab des deutschen volkswirtschaftlichen Theoretikers können deshalb nur deutsche sein.

Ist dem vielleicht anders, seit die ökonomische Entwicklung über die nationalen Grenzen hinaus eine umfassende Wirtschaftsgemeinschaft der Nationen herzustellen begann? Ist jener »nationalistische« Beurteilungsmaßstab ebenso wie der »Nationalegoismus« in der Volkswirtschaftspolitik seitdem zum alten Eisen zu werfen? – Ja, – ist denn der Kampf für die ökonomische Selbstbehauptung, für das eigene Weib und

Kind überwunden, seit die Familie ihrer einstigen Funktionen als Produktionsgemeinschaft entkleidet und verflochten ist in den Kreis der volkswirtschaftlichen Gemeinschaft? Wir wissen, es ist nicht der Fall: dieser Kampf hat *andere Formen* angenommen, – Formen, von denen sich noch fragen ließe, ob sie als eine Milderung und nicht vielmehr als eine Verinnerlichung und Verschärfung anzusehen seien. So ist auch die volkswirtschaftliche Gemeinschaft nur eine andere Form des Ringens der Nationen miteinander, und eine solche, welche den Kampf für die Behauptung der eigenen Kultur nicht gemildert, sondern *erschwert* hat, weil sie materielle Interessen im eigenen Schoße der Nation als Bundesgenossen gegen deren Zukunft in die Schranken ruft.

Nicht Frieden und Menschenglück haben wir unseren Nach- | fahren mit auf den Weg zu geben, sondern den *ewigen* 19
Kampf um die Erhaltung und Emporzüchtung unserer nationalen Art. Und wir dürfen uns nicht der optimistischen Hoffnung hingeben, daß mit der höchstmöglichen Entfaltung wirtschaftlicher Kultur bei uns die Arbeit getan sei und die Auslese im freien und »friedlichen« ökonomischen Kampfe dem höher entwickelten Typus alsdann von selbst zum Siege verhelfen werde.

Nicht in erster Linie für die Art der volkswirtschaftlichen Organisation, die wir ihnen überliefern, werden unsere Nachfahren uns vor der Geschichte verantwortlich machen, sondern für das Maß des Ellenbogenraums, den wir ihnen in der Welt erringen und hinterlassen. *Machtkämpfe* sind in letzter Linie auch die ökonomischen Entwicklungsprozesse, die *Macht*interessen der Nation sind, wo sie in Frage gestellt sind, die letzten und entscheidenden Interessen, in deren Dienst ihre Wirtschaftspolitik sich zu stellen hat, die Wissenschaft von der Volkswirtschaftspolitik ist eine *politische* Wissenschaft. Sie ist eine Dienerin der Politik, nicht der Tagespolitik der jeweils herrschenden Machthaber und Klassen, sondern der dauernden machtpolitischen Interessen der Nation. Und der *Nationalstaat* ist uns nicht ein unbestimmtes Etwas, welches man um

so höher zu stellen glaubt, je mehr man sein Wesen in mystisches Dunkel hüllt, sondern die weltliche Machtorganisation der Nation, und in diesem Nationalstaat ist für uns der letzte Wertmaßstab auch der volkswirtschaftlichen Betrachtung die »*Staatsraison*«. Sie bedeutet uns nicht, wie ein seltsames Mißverständnis glaubt: »Staatshilfe« statt der »Selbsthilfe«, staatliche Reglementierung des Wirtschaftslebens statt des freien Spiels der wirtschaftlichen Kräfte, sondern wir wollen mit diesem Schlagwort die Forderung erheben, daß für die Fragen |
20 der deutschen Volkswirtschaftspolitik, – auch für die Frage unter anderen, ob und inwieweit der Staat in das Wirtschaftsleben eingreifen oder ob und wann er vielmehr die ökonomischen Kräfte der Nation zu eigener freier Entfaltung losbinden und ihre Schranken niederreißen solle, – im einzelnen Falle das letzte und entscheidende Votum den ökonomischen und politischen Machtinteressen unserer Nation und ihres Trägers, des deutschen Nationalstaates, zustehen soll.

War es etwa überflüssig, an diese scheinbaren Selbstverständlichkeiten zu erinnern? oder doch, daß gerade ein jüngerer Vertreter der ökonomischen Wissenschaften daran erinnerte? – Ich glaube nicht, denn es scheint, daß gerade unsere Generation diese einfachsten Urteilsgrundlagen nicht selten am leichtesten aus den Augen verliert. Wir sind Zeugen, wie ihr Interesse für die Fragen, die gerade unsere Wissenschaft bewegen, in ungeahntem Maße wächst. Auf allen Gebieten finden wir die ökonomische Betrachtungsweise im Vordringen. Sozialpolitik an Stelle der Politik, ökonomische Machtverhältnisse an Stelle der Rechtsverhältnisse, Kultur- und Wirtschaftsgeschichte an Stelle politischer Geschichte treten in den Vordergrund der Betrachtung. [...] Eine Betrachtungsweise, welche sich so selbstbewußt Bahn bricht, gerät in die Gefahr gewisser Illusionen und einer Überschätzung der Tragweite der eigenen Gesichtspunkte, – einer Überschätzung zumal in einer ganz bestimmten Richtung. Wie die Verbreiterung des Stoffes der *philosophischen* Betrachtung [...] unter uns Laien vielfach zu der Meinung geführt hat, als seien die

alten Fragen nach dem Wesen des menschlichen Erkennens nicht mehr die letzten und zentralen Probleme der Philosophie, so hat sich in den Köpfen der aufwachsenden Generation auch die Vorstellung gebildet, als sei dank der Arbeit der nationalökonomischen Wissenschaft nicht nur die *Erkenntnis* des Wesens der menschlichen Gemeinschaften gewaltig erweitert, sondern auch der *Maßstab*, an welchem wir in letzter Linie die Erscheinungen *bewerten*, ein völlig neuer geworden, als sei die politische Ökonomie in der Lage, ihrem eigenen Stoff eigenartige Ideale zu entnehmen. Die optische Täuschung, als gäbe es selbständige ökonomische oder »sozialpolitische« Ideale, wird freilich als solche klar, sobald man an der Hand der Literatur unserer Wissenschaft diese »eigenen« Grundlagen der Bewertung zu ermitteln sucht. Ein *Chaos* von Wertmaßstäben teils eudämonistischer, teils ethischer Art, oft beider in unklarer | Identifikation, tritt uns entgegen. Wertur- 22
teile werden überall unbefangen gefällt – und ein Verzicht auf die *Beurteilung* der ökonomischen Erscheinungen bedeutete ja in der Tat den Verzicht auf eben diejenige Leistung, die man von uns verlangt. Aber nicht die Regel, sondern fast die Ausnahme ist es, daß der Urteilende andere *und sich selbst* ins Klare setzt über den letzten subjektiven Kern seiner Urteile, eben über die *Ideale*, von welchen aus er zur Beurteilung der beobachteten Vorgänge schreitet: die bewußte Selbstkontrolle fehlt, die inneren Widersprüche des Urteils kommen dem Schriftsteller nicht zum Bewußtsein und, wo er sein spezifisch »ökonomisches« Prinzip der Beurteilung allgemein zu formulieren sucht, fällt er in vage Unbestimmtheiten. In Wahrheit sind es *keine* eigenartigen und selbstgewonnenen, *sondern die alten allgemeinen Typen menschlicher Ideale*, die wir auch in den Stoff unserer Wissenschaft hineintragen. Nur wer ausschließlich das rein platonische Interesse des Technologen oder wer umgekehrt die aktuellen Interessen einer bestimmten, sei es herrschenden oder beherrschten Klasse zugrunde legt, kann jenem Stoffe selbst einen eigenen Maßstab zu seiner Beurteilung entnehmen wollen.

Und sollte es so ganz unnötig sein, daß gerade wir Jünger der deutschen historischen Schule uns diese überaus einfachen Wahrheiten vor Augen führen? Gerade wir verfallen leicht einer speziellen Illusion: derjenigen, uns des eigenen bewußten Werturteiles *überhaupt enthalten* zu können. Die Folge ist freilich, wie man sich leicht überzeugen kann, nicht, daß wir einem entsprechenden Vorsatze treu bleiben, sondern, daß wir unkontrollierten Instinkten, Sympathien und Antipathien, verfallen. Und noch leichter widerfährt es uns, daß der
23 Punkt, | von welchem wir bei der Analyse und *Erklärung* der volkswirtschaftlichen Vorgänge ausgingen, unbewußt auch bestimmend wird für unser *Urteil* darüber. Vielleicht werden gerade wir uns davor zu bewahren haben, daß diejenigen großen Eigenschaften der toten und lebenden Meister unserer Schule, denen sie und die Wissenschaft ihre Erfolge verdanken, sich bei uns nicht in Fehler verwandeln. Zweierlei verschiedene Ausgangspunkte der Betrachtung kommen praktisch hauptsächlich in Betracht:

Entweder wir blicken auf die ökonomische Entwicklung vornehmlich von oben her: von der Höhe der Verwaltungsgeschichte großer deutscher Staaten aus, deren Verwaltung und Verhalten in ökonomischen und sozialen Dingen wir in seiner Genesis verfolgen, – und unfreiwillig werden wir ihre Apologeten. Wenn – um bei unserem Beispiel zu bleiben – die Verwaltung sich entschließt, die östliche Grenze zu schließen, so werden wir geneigt und imstande sein, darin den Abschluß einer historischen Entwicklungsreihe zu finden, welche im Gefolge großer Reminiszenzen der Vergangenheit dem heutigen Staate hohe Aufgaben im Interesse der Kulturpflege der eigenen Nation stellt, – und unterbleibt jener Entschluß, so liegt uns die Erkenntnis näher, daß derartige radikale Eingriffe teils unnötig, teils den heutigen Anschauungen nicht mehr entsprechend seien.

Oder aber: wir betrachten die ökonomische Entwicklung mehr von unten aus, sehen das große Schauspiel, wie aus dem Chaos ökonomischer Interessenkonflikte sich die Emanzipa-

tionskämpfe aufsteigender Klassen abheben, beobachten, wie
die ökonomische Machtlage sich zu ihren Gunsten verschiebt
– und unbewußt nehmen wir Partei für die, welche aufstei-
gen, weil sie die Stärkeren sind oder zu werden beginnen.
Eben dadurch, | daß sie siegen, scheinen sie ja zu beweisen, 24
daß sie einen »ökonomisch« *höher* stehenden Typus des Men-
schentums darstellen: allzuleicht beherrscht den Historiker
die Vorstellung, daß der Sieg der *höher* entwickelten Elemente
im Kampfe selbstverständlich und das Unterliegen im Da-
seinskampf Symptom der »Rückständigkeit« sei. Und jedes
neue der zahlreichen Symptome jener Machtverschiebung
bietet ihm dann nicht nur deshalb eine Genugtuung, weil es
seine Beobachtungen bestätigt, sondern halb unbewußt emp-
findet er es wie einen persönlichen Triumph: die Geschichte
löst die Wechsel ein, welche er auf sie zog. Die Widerstände,
welche jene Entwicklung findet, beobachtet er, ohne es zu
wissen, mit einer gewissen Animosität, sie erscheinen ihm,
ungewollt, nicht einfach als naturgemäße Ausflüsse selbstver-
ständlicher Interessenvertretung, sondern gewissermaßen als
Auflehnung gegen das »Urteil der Geschichte«, wie es der Hi-
storiker formulierte. Die Kritik, welche wir auch an Vorgän-
gen zu üben haben, die uns als das unreflektierte Ergebnis ge-
schichtlicher Entwicklungstendenzen erscheinen, verläßt uns
dann gerade da, wo wir ihrer am nötigsten bedürfen. Allzuna-
he liegt ja für uns ohnehin die Versuchung, das Gefolge des
Siegers im ökonomischen Machtkampf zu bilden und dabei
zu *vergessen, daß ökonomische Macht und Beruf zur politischen Lei-
tung der Nation nicht immer zusammenfallen.*

Denn – und damit werden wir zu einer letzten Reihe von
Betrachtungen mehr praktisch-politischer Art geführt – an je-
nem politischen Wertmaßstab, der uns ökonomischen Natio-
nalisten der für uns einzig souveräne ist, messen wir auch die
Klassen, welche die Leitung der Nation in der Hand haben
| oder erstreben. Wir fragen nach ihrer *politischen Reife*, das 25
heißt nach ihrem Verständnis und ihrer jeweiligen Befähi-
gung, die dauernden ökonomischen und politischen *Macht*in-

teressen der Nation über alle anderen Erwägungen zu stellen. Eine Gunst des Schicksals für die Nation ist es, wenn die naive Identifikation der Interessen der eigenen Klasse mit denen der Allgemeinheit den dauernden Machtinteressen auch der letzteren entspricht. Und es ist andererseits auch eine der Täuschungen, welche auf der modernen Überschätzung des »Ökonomischen« im gewöhnlichen Sinne des Wortes beruhen, wenn man meint, daß die politischen Gemeingefühle eine Belastungsprobe durch abweichende ökonomische Tagesinteressen nicht vertrügen, womöglich selbst *nur* eine Widerspiegelung des ökonomischen Unterbaues jener wandelbaren Interessenlage seien. Das trifft nur in Zeiten fundamentaler sozialer Umschichtung annähernd zu. – Eins nur ist wahr: bei Nationen, welchen die Abhängigkeit ihrer ökonomischen Blüte von ihrer politischen Machtlage nicht, wie der englischen, täglich vor Augen geführt wird, wohnen die Instinkte für diese spezifisch politischen Interessen *nicht*, wenigstens nicht in der Regel, in den breiten *Massen* der Nation, die mit der Not des Tages zu ringen haben, – es wäre ungerecht, sie von ihnen zu beanspruchen. In großen Momenten, im Fall des Krieges, tritt auch ihnen die Bedeutung der nationalen Macht vor die Seele, – dann zeigt sich, daß der nationale Staat auf urwüchsigen psychologischen Unterlagen auch bei den breiten ökonomisch beherrschten Schichten der Nation ruht und keineswegs nur ein »Überbau«, die Organisation der ökonomisch herrschenden Klassen ist. Allein in normalen Zeiten sinkt dieser politische Instinkt bei der Masse unter die
26 Schwelle des Bewußtseins. Dann ist es | die spezifische Funktion der ökonomisch und politisch leitenden Schichten, Träger des politischen Sinnes zu sein, der *einzige* Grund, der politisch ihr Vorhandensein zu rechtfertigen vermag.

Die *Erlangung ökonomischer Macht* ist es zu allen Zeiten gewesen, welche bei einer Klasse die Vorstellung ihrer *Anwartschaft auf die politische Leitung* entstehen ließ. Gefährlich und auf die Dauer mit dem Interesse der Nation unvereinbar ist es, wenn eine ökonomisch sinkende Klasse die politische Herrschaft in der Hand hält. Aber gefährlicher noch ist es, wenn Klassen, *zu* denen *hin* sich die ökonomische Macht und damit die Anwartschaft auf die politische Herrschaft bewegt, politisch noch nicht reif sind zur Leitung des Staates. Beides bedroht Deutschland zur Zeit und ist in Wahrheit der Schlüssel für die derzeitigen Gefahren unserer Lage. Und auch die Umschichtungen der sozialen Struktur des Ostens, mit denen die im Eingang besprochenen Erscheinungen zusammenhängen, gehören in diesen größeren Zusammenhang.

Bis in die Gegenwart hinein hat im preußischen Staat die Dynastie politisch sich auf den Stand der preußischen *Junker* gestützt. Gegen ihn zwar, aber doch auch nur mit ihm, hat sie den preußischen Staat geschaffen. Ich weiß es wohl, daß der Name der Junker süddeutschen Ohren unfreundlich klingt. Man wird vielleicht finden, ich spräche eine »preußische« Sprache, wenn ich ein Wort zu ihren Gunsten sage. Ich wüßte nicht. Noch heute führen in Preußen für jenen Stand viele Wege zu Einfluß und Macht, viele Wege auch an das Ohr des Monarchen, die nicht jedem Staatsbürger sich ebnen; er hat diese Macht nicht immer so gebraucht, wie er es vor der Geschichte verantworten kann, und ich sehe nicht ein, weshalb ein bürgerlicher Gelehrter ihn lieben sollte. Allein trotz alledem war die | Kraft seiner politischen Instinkte eines der ge- 27
waltigsten Kapitalien, welche im Dienst der Machtinteressen des Staates verwendet werden konnten. – Sie haben ihre Arbeit geleistet und liegen heute im ökonomischen Todeskampf, aus dem keine Wirtschaftspolitik des Staats sie zu ihrem alten sozialen Charakter zurückführen könnte. Und auch die Aufgaben der Gegenwart sind andere, als solche, die von ihnen gelöst werden könnten. Ein Vierteljahrhundert stand an der Spitze Deutschlands der letzte und größte der Junker, und die Tragik, welche seiner staatsmännischen Laufbahn neben ihrer unvergleichlichen Größe anhaftete und die sich heute noch immer dem Blick vieler entzieht, wird die Zukunft wohl darin finden, daß unter ihm das Werk seiner Hände, die Nation, der er die Einheit gab, langsam und unwiderstehlich ihre ökono-

mische Struktur veränderte und eine andere wurde, ein Volk, das andere Ordnungen fordern mußte, als solche, die er ihm geben und denen seine cäsarische Natur sich einfügen konnte. Im letzten Grund ist eben dies es gewesen, was das teilweise Scheitern seines Lebenswerkes herbeigeführt hat. Denn dieses Lebenswerk hätte doch nicht nur zur äußeren, sondern auch zur inneren Einigung der Nation führen sollen und jeder von uns weiß: das ist nicht erreicht. Es konnte mit seinen Mitteln nicht erreicht werden. Und als er im Winter des letzten Jahres, umstrickt von der Huld seines Monarchen, in die geschmückte Reichshauptstadt einzog, da – ich weiß es wohl – gab es viele, welche so empfanden, als öffne der Sachsenwald wie ein moderner Kyffhäuser seine Tiefen. Allein nicht alle haben diese Empfindung geteilt. Denn es schien, als sei in der Luft des Januartages der kalte Hauch geschichtlicher Vergänglichkeit zu spüren. Uns überkam ein eigenartig beklemmen-
28 des Gefühl, – als | ob ein Geist herniederstiege aus einer großen Vergangenheit und wandelte unter einer neuen Generation durch eine ihm fremd gewordene Welt.

Die Gutshöfe des Ostens waren die Stützpunkte der über das Land dislozierten herrschenden Klasse Preußens, der soziale Anschlußpunkt des Beamtentums, – aber unaufhaltsam rückt mit ihrem Zerfall, mit dem Schwinden des sozialen Charakters des alten Grundadels, der Schwerpunkt der politischen Intelligenz in die Städte. Diese Verschiebung ist das entscheidende *politische* Moment der agrarischen Entwicklung des Ostens.

Welches aber sind die Hände, in welche jene politische Funktion des Junkertums hinübergleitet und wie steht es mit ihrem politischen Beruf?

Ich bin ein Mitglied der bürgerlichen Klassen, fühle mich als solches und bin erzogen in ihren Anschauungen und Idealen. Allein es ist der Beruf gerade unserer Wissenschaft, zu sagen, was ungern gehört wird, – nach oben, nach unten, und auch der eigenen Klasse, – und wenn ich mich frage, ob das Bürgertum Deutschlands heute reif ist, die politisch leitende

Klasse der Nation zu sein, so vermag ich *heute* nicht diese Frage zu bejahen. Nicht aus eigener Kraft des Bürgertums ist der deutsche Staat geschaffen worden, und als er geschaffen war, stand an der Spitze der Nation jene Cäsarengestalt aus anderem als bürgerlichem Holze. Große machtpolitische Aufgaben wurden der Nation nicht abermals gestellt, weit später erst, schüchtern und halb widerwillig, begann eine überseeische »Machtpolitik«, die diesen Namen nicht verdient.

Und nachdem so die Einheit der Nation errungen war und ihre politische »Sättigung« feststand, kam über das aufwach-
sende | erfolgstrunkene und friedensdurstige Geschlecht des 29
deutschen Bürgertums ein eigenartig »unhistorischer« und unpolitischer Geist. Die deutsche Geschichte schien zu Ende. Die Gegenwart war die volle Erfüllung der vergangenen Jahrtausende, – wer wollte fragen, ob die Zukunft anders urteilen möchte? Die Bescheidenheit verbot ja – so schien es – der Weltgeschichte, zur Tagesordnung ihres alltäglichen Verlaufes überzugehen über diese Erfolge der deutschen Nation. Heute sind wir nüchtern geworden, es ziemt uns der Versuch, den Schleier der Illusionen zu lüften, der uns die Stellung unserer Generation in der historischen Entwicklung des Vaterlandes verhüllt. Und es scheint mir, daß wir dann anders urteilen. An unserer Wiege stand der schwerste Fluch, den die Geschichte einem Geschlecht als Angebinde mit auf den Weg zu geben vermag: das harte Schicksal des politischen *Epigonentums*.

Schaut uns nicht eben jetzt, wohin wir blicken im Vaterland, sein kümmerliches Antlitz entgegen? In den Vorgängen der letzten Monate, welche bürgerliche Politiker in erster Reihe zu verantworten haben, in allzu vielem, was in den letzten Tagen im deutschen Parlament und in manchem, was zu ihm gesprochen wurde, erkannten diejenigen von uns, denen die Fähigkeit des Hasses gegen das Kleine geblieben ist, mit der Leidenschaft zorniger Trauer das kleinliche Treiben politischer Epigonen. Die gewaltige Sonne, welche im Zenit Deutschlands stand und den deutschen Namen in die fernsten Winkel der Erde leuchten ließ, war, so scheint es fast, zu groß für uns und hat die langsam sich entwickelnde politische Urteilsfähigkeit des Bürgertums ausgebrannt. Denn was erleben wir an ihm?

Nur allzu offenkundig sehnt sich ein Teil des Großbürger-
30 tums | nach dem Erscheinen eines neuen Cäsar, der sie schirme – nach unten gegen aufsteigende Volksklassen – nach oben gegen sozialpolitische Anwandlungen, deren ihnen die deutschen Dynastien verdächtig sind.

Und ein anderer Teil ist längst versunken in jene politische Spießbürgerei, aus welcher die breiten Schichten des Kleinbürgertums noch niemals erwacht sind. Schon als nach den Einheitskriegen die ersten Anfänge positiver politischer Aufgaben der Nation nahe traten, der Gedanke einer überseeischen Expansion, – da fehlte ihm selbst jenes einfachste *ökonomische* Verständnis, welches ihm gesagt hätte, was es für den Handel Deutschlands in fernen Meeren bedeutet, wenn an den Küsten umher die deutschen Fahnen wehen.

Nicht ökonomische Gründe, auch nicht die vielberufene »Interessenpolitik«, welche andere Nationen in nicht geringerem Maße kennen als wir, sind schuld an der politischen Unreife breiter Schichten des deutschen Bürgertums, der Grund liegt in seiner unpolitischen Vergangenheit, darin daß die politische Erziehungsarbeit eines Jahrhunderts sich nicht in einem Jahrzehnt nachholen ließ und daß die Herrschaft eines großen Mannes nicht immer ein Mittel politischer Erziehung ist. Und die ernste Frage für die politische Zukunft des deutschen Bürgertums ist jetzt: ob es nicht nunmehr *zu spät* ist, sie nachzuholen. Kein *ökonomisches* Moment kann sie ersetzen.

Werden andere Klassen die Träger einer politisch größeren Zukunft sein? Selbstbewußt meldet sich das moderne Proletariat als Erbe der bürgerlichen Ideale. Wie steht es mit seiner Anwartschaft auf die politische Leitung der Nation?

Wer heute der deutschen Arbeiterklasse sagen würde, sie
31 sei | politisch reif oder auf dem Wege zur politischen Reife, der wäre ein Schmeichler und strebte nach der fragwürdigen Krone der Popularität.

Ökonomisch sind die höchsten Schichten der deutschen Arbeiterklasse weit reifer, als der Egoismus der besitzenden Klassen zugeben möchte, und mit Recht fordert sie die Freiheit, auch in der Form des offenen organisierten ökonomischen Machtkampfes ihre Interessen zu vertreten. *Politisch* ist sie unendlich unreifer, als eine Journalistenclique, welche ihre Führung monopolisieren möchte, sie glauben machen will. Gern spielt man in den Kreisen dieser deklassierten Bourgeois mit den Reminiszenzen aus der Zeit vor 100 Jahren – man hat damit in der Tat erreicht, daß hier und da ängstliche Gemüter in ihnen die geistigen Nachkommen der Männer des Konvents erblicken. Allein sie sind unendlich harmloser, als sie selbst sich erscheinen, es lebt in ihnen kein Funke jener katilinarischen Energie der Tat, aber freilich auch kein Hauch der gewaltigen *nationalen* Leidenschaft, die in den Räumen des Konventes wehten. Kümmerliche politische Kleinmeister sind sie, – es fehlen ihnen die großen Machtinstinkte einer zur politischen Führung berufenen Klasse. Nicht nur die Interessenten des Kapitals, wie man die Arbeiter glauben macht, sind heute politische Gegner ihrer Mitherrschaft im Staate. Wenig Spuren der Interessengemeinschaft mit dem Kapital fänden sie bei Durchforschung der deutschen Gelehrtenstuben. Aber: wir fragen *auch sie* nach ihrer *politischen Reife*, und weil es für eine große Nation nichts Vernichtenderes gibt als die Leitung durch ein *politisch* unerzogenes *Spießbürgertum*, und weil das deutsche Proletariat diesen Charakter noch nicht verloren hat, *deshalb* sind wir seine politischen Gegner. Und weshalb
| ist das Proletariat Englands und Frankreichs zum Teil anders 32
geartet? Nicht nur die ältere *ökonomische* Erziehungsarbeit, welche der organisierte Interessenkampf der englischen Arbeiterschaft an ihr vollzogen hat, ist der Grund: es ist vor allem wiederum ein *politisches* Moment: *die Resonanz der Weltmachtstellung*, welche den Staat stetig vor große machtpolitische Aufgaben stellt und den einzelnen in eine chronische politische Schulung nimmt, die er bei uns nur, wenn die Grenzen bedroht sind, akut empfängt. – Entscheidend ist auch für *unsere*

Entwicklung, ob eine große Politik uns wieder die Bedeutung der großen politischen Machtfragen vor Augen zu stellen vermag. Wir müssen begreifen, daß die Einigung Deutschlands ein Jugendstreich war, den die Nation auf ihre alten Tage beging und seiner Kostspieligkeit halber besser unterlassen hätte, wenn sie der Abschluß und nicht der Ausgangspunkt einer deutschen Weltmachtpolitik sein sollte.

Das *Drohende* unserer Situation aber ist: daß die bürgerlichen Klassen als Träger der Machtinteressen der Nation zu verwelken scheinen und noch keine Anzeichen dafür vorhanden sind, daß die Arbeiterschaft reif zu werden beginnt, an ihre Stelle zu treten.

Nicht, – wie diejenigen glauben, welche hypnotisiert in die Tiefen der Gesellschaft starren – bei den *Massen* liegt die Gefahr. Nicht eine Frage nach der *ökonomischen* Lage der *Beherrschten*, sondern die vielmehr nach der politischen Qualifikation der *herrschenden und aufsteigenden* Klassen ist auch der letzte Inhalt des sozialpolitischen Problems. Nicht Weltbeglückung ist der Zweck unserer sozialpolitischen Arbeit, sondern
33 die soziale *Einigung* der Nation, welche die moderne | ökonomische Entwicklung sprengte, für die schweren Kämpfe der Zukunft. Gelänge es in der Tat, eine »Arbeiteraristokratie« zu schaffen, welche Trägerin des politischen Sinnes wäre, den wir heute an der Arbeiterbewegung vermissen, dann erst möge der Speer, für welchen der Arm des Bürgertums noch immer nicht stark genug zu werden scheint, auf jene breiteren Schultern abgelegt werden. Bis dahin scheint es noch ein weiter Weg.

Für jetzt aber sehen wir eines: eine ungeheure *politische* Erziehungsarbeit ist zu leisten, und keine ernstere Pflicht besteht für uns, als, ein jeder in seinem kleinen Kreise, uns eben dieser Aufgabe bewußt zu sein: an der *politischen* Erziehung unserer Nation mitzuarbeiten, welche das letzte Ziel auch gerade unserer Wissenschaft bleiben muß. Die ökonomische Entwicklung der Übergangsperioden bedroht die natürlichen politischen Instinkte mit Zersetzung; es wäre ein Unglück, wenn auch die ökonomische Wissenschaft dem gleichen Ziele zustrebte, indem sie einen weichen Eudämonismus, wenn auch in noch so vergeistigter Form, hinter der Illusion selbständiger »sozialpolitischer« Ideale züchtete.

Freilich dürfen deshalb gerade wir wohl daran erinnern, daß es das Gegenteil von politischer Erziehung ist, wenn man ein Mißtrauensvotum gegen die friedliche soziale Zukunft der Nation in Paragraphen zu formulieren sucht, oder wenn das *brachium saeculare* nach der Hand der Kirche greift zur Stütze zeitlicher Autoritäten. Aber das Gegenteil von politischer Erziehung bekundet auch das schablonenhafte Gekläff jenes stets anwachsenden Chorus der – wenn mir der Ausdruck verziehen wird – Wald- und Wiesen-Sozialpolitiker, und ebenso jene menschlich liebenswürdige und achtungswerte, dennoch aber unsäglich spießbürgerliche Erweichung des Gemütes, welche poli- | tische Ideale durch »ethische« erset- *34*
zen zu können meint und diese wieder harmlos mit optimistischen Glückshoffnungen identifiziert.

Auch angesichts der gewaltigen Not der Massen der Nation, welche das geschärfte soziale Gewissen der neuen Generation belastet, müssen wir aufrichtig bekennen: schwerer noch lastet auf uns heute das Bewußtsein unserer Verantwortlichkeit *vor der Geschichte*. Nicht unserer Generation ist beschieden zu sehen, ob der Kampf, den wir führen, Früchte trug, ob sich die Nachwelt zu *uns als ihren Ahnen* bekennt. Es wird uns nicht gelingen, den Fluch zu bannen, unter dem wir stehen: Nachgeborene zu sein einer politisch großen Zeit, - es müßte denn sein, daß wir verstünden, etwas anderes zu werden: Vorläufer einer größeren. Wird das unser Platz in der Geschichte sein? Ich weiß es nicht und sage nur: es ist das Recht der Jugend, zu sich selbst und ihren Idealen zu stehen. Und nicht die Jahre sind es, die den Menschen zum Greise machen: jung ist er, solange er mit den *großen* Leidenschaften, welche die Natur in uns legte, zu empfinden vermag. Und so – damit lassen Sie mich schließen – sind es nicht die Jahrtausende einer ruhmreichen Geschichte, unter deren Last eine große Nation altert. Sie bleibt jung, wenn sie die Fähigkeit und den Mut hat, sich zu sich selbst und den großen Instinkten, die ihr gegeben sind, zu bekennen, und wenn ihre führenden Schichten sich hinaufzuheben vermögen in die harte und klare Luft, in welcher die nüchterne Arbeit der deutschen Politik gedeiht, die aber auch durchweht ist von der ernsten Herrlichkeit des nationalen Empfindens.

Die sozialen Gründe des Untergangs der antiken Kultur [1896]

Das Römische Reich wurde nicht von außen her zerstört, etwa infolge zahlenmäßiger Überlegenheit seiner Gegner oder der Unfähigkeit seiner politischen Leiter. Im letzten Jahrhundert seines Bestehens hatte Rom seine eisernen Kanzler: Heldengestalten wie Stilicho, germanische Kühnheit mit raffinierter diplomatischer Kunst vereinigend, standen an seiner Spitze. Warum gelang ihnen nicht, was die Analphabeten aus dem Merowinger-, Karolinger- und Sachsenstamme erreichten und gegen Sarazenen und Hunnen behaupteten? – Das Reich war längst nicht mehr es selbst; als es zerfiel, brach es nicht plötzlich unter einem gewaltigen Stoße zusammen. Die Völkerwanderung zog vielmehr nur das Fazit einer längst im Fluß befindlichen Entwicklung.

Vor allem aber: die *Kultur* des römischen Altertums ist nicht erst durch den Zerfall des *Reiches* zum Versinken gebracht worden. Ihre Blüte hat das römische Reich als politischer Verband um Jahrhunderte überdauert. Sie war längst dahin. Schon anfangs des dritten Jahrhunderts versiegte die römische Literatur. Die Kunst der Juristen verfiel wie ihre Schulen. Die griechische und lateinische Dichtung schliefen den Todesschlaf. Die Geschichtsschreibung verkümmerte bis zu fast völligem Verschwinden, und selbst die Inschriften begannen zu schweigen. Die lateinische Sprache war bald in voller Degeneration begriffen. – Als anderthalb Jahrhunderte später mit dem | Erlöschen der weströmischen Kaiserwürde der äu- 58
ßere Abschluß erfolgt, hat man den Eindruck, daß die Barbarei längst von innen heraus gesiegt hatte. Auch entstehen im Gefolge der Völkerwanderung keineswegs etwa völlig neue Ver-

hältnisse auf dem Boden des zerfallenen Reichs; das Merowingerreich, wenigstens in Gallien, trägt zunächst in allem noch ganz die Züge der römischen Provinz. – Und die Frage, die sich für uns erhebt, ist also: Woher jene *Kulturdämmerung* in der antiken Welt?

Mannigfache Erklärungen pflegen gegeben zu werden, teils ganz verfehlt, teils einen richtigen Gesichtspunkt in falsche Beleuchtung rückend:

Der Despotismus habe die antiken Menschen, ihr Staatsleben und ihre Kultur gewissermaßen psychisch erdrücken müssen. – Aber der Despotismus Friedrichs des Großen war ein Hebel des Aufschwungs.

Der angebliche Luxus und die tatsächliche Sittenlosigkeit der höchsten Gesellschaftskreise haben das Rachegericht der Geschichte heraufbeschworen. – Aber beide sind ihrerseits Symptome. Weit gewaltigere Vorgänge als das Verschulden Einzelner waren es, wie wir sehen werden, welche die antike Kultur versinken ließen.

Das emanzipierte römische Weib und die Sprengung der Festigkeit der Ehe in den herrschenden Klassen hätten die Grundlagen der Gesellschaft aufgelöst. Was ein tendenziöser Reaktionär, wie Tacitus, über die germanische Frau, jenes armselige Arbeitstier eines kriegerischen Bauern, fabelt, sprechen ähnlich Gestimmte ihm heute nach. In Wahrheit hat die unvermeidliche »deutsche Frau« so wenig den Sieg der Germanen entschieden, wie der unvermeidliche »preußische Schulmeister« die Schlacht bei Königgrätz. – Wir werden vielmehr sehen, daß die *Wiederherstellung* der Familie auf den *unteren* Schichten der Gesellschaft mit dem Niedergang der antiken Kultur zusammenhängt.

Aus dem Altertum selbst dringt Plinius' Stimme zu uns: »*Latifundia perdidere Italiam*«. Also – heißt es von der einen Seite - die Junker waren es, die Rom verdarben. Ja – heißt es von der andern - aber nur weil sie dem fremden Getreideimport erlagen: mit dem Antrag Kanitz also säßen die Cäsaren noch heute auf ihrem Throne. Wir werden sehen, daß die erste Stufe zur

Wiederherstellung des *Bauern*standes mit dem Untergang der antiken Kultur erstiegen wird.

Damit auch eine vermeintlich »Darwinistische« Hypothese nicht fehle, so meint ein Neuester u.a.: der Ausleseprozeß, der sich durch die | Aushebung zum Heere vollzog und die 59
Kräftigsten zur Ehelosigkeit verdammte, habe die antike Rasse degeneriert. – Wir werden sehen, daß vielmehr die zunehmende Ergänzung des Heeres *aus sich* selbst mit dem Untergang des Römerreichs Hand in Hand geht.

Genug davon. [...] Für unsere heutigen sozialen Probleme haben wir aus der Geschichte des Altertums wenig oder nichts zu lernen. Ein heutiger Proletarier und ein antiker Sklave verständen sich so wenig, wie ein Europäer und ein Chinese. Unsre Probleme sind völlig andrer Art. Nur ein *historisches* Interesse besitzt das Schauspiel, das wir betrachten, allerdings eines der eigenartigsten, das die Geschichte kennt: die innere Selbstauflösung einer alten Kultur.

Jene eben hervorgehobenen *Eigentümlichkeiten* der sozialen Struktur der antiken Gesellschaft sind es, die wir uns zunächst klar machen müssen. Wir werden sehen, daß durch sie der Kreislauf der antiken Kulturentwicklung bestimmt wurde.

Die Kultur des Altertums ist ihrem Wesen nach zunächst: *städtische* Kultur. Die Stadt ist Trägerin des politischen Lebens wie der Kunst und Literatur. Auch ökonomisch eignet, wenigstens in der historischen Frühzeit, dem Altertum diejenige Wirtschaftsform, die wir heute »Stadtwirtschaft« zu nennen pflegen. Die Stadt des Altertums ist in hellenischer Zeit nicht wesentlich verschieden von der Stadt des Mittelalters. Soweit sie verschieden ist, handelt es sich um Unterschiede von Klima und Rasse des Mittelmeers gegen diejenigen Zentraleuropas, ähnlich wie noch jetzt englische und italienische Arbeiter und deutsche und italienische Handwerker sich unterscheiden. – Ökonomisch ruht auch die antike Stadt ursprünglich auf dem Austausch der Produkte des städtischen Gewerbes mit den Erzeugnissen eines engen ländlichen Umkreises auf dem städtischen Markt. [...]

Allerdings: auf diesem lokalen Unterbau erhebt sich seit
60 grauer | Vorzeit ein internationaler Handel, der ein bedeutendes Gebiet und zahlreiche Gegenstände umfaßt. Wir hören in der Geschichte gerade von *den* Städten, deren Schiffe seine Träger sind, aber: weil wir gerade von ihnen hören, vergessen wir leicht eins: seine *quantitative* Unerheblichkeit. Zunächst: Die Kultur des europäischen Altertums ist *Küstenkultur*, wie seine Geschichte zunächst Geschichte von Küstenstädten. Neben dem technisch fein durchgebildeten städtischen Verkehr steht schroff die Naturalwirtschaft der barbarischen Bauern des Binnenlandes, in Gaugenossenschaften oder unter der Herrschaft feudaler Patriarchen gebunden. Nur über See oder auf großen Strömen vollzieht sich wirklich dauernd und stetig ein internationaler Verkehr. Ein Binnenverkehr, der sich auch nur mit dem des Mittelalters vergleichen ließe, existiert im europäischen Altertum nicht. Die vielgepriesenen römischen Straßen sind so wenig Träger eines auch nur entfernt an neuere Verhältnisse erinnernden Verkehrs wie die römische Post. Ungeheuer sind die Unterschiede in der Rentabilität von Binnengütern gegen solche an Wasserstraßen. Die Nachbarschaft der Landstraßen der römischen Zeit galt im Altertum im allgemeinen nicht als *Vorteil*, sondern als *Plage*, der Einquartierung und – des Ungeziefers wegen: sie sind Militär- und nicht Verkehrsstraßen.

Auf diesem noch unzersetzten naturalwirtschaftlichen Grunde wurzelt der Tauschverkehr nicht tief: eine *dünne Schicht hochwertiger Artikel* ist es – Edelmetalle, Bernstein, wertvolle Gewebe, einige Eisen- und Töpferwaren u. dgl. – welche wirklich Gegenstand stetigen Handels sind; zumeist Luxusgegenstände, welche infolge ihres hohen Preises die gewaltigen Transportkosten tragen können. Ein solcher Handel ist mit dem modernen Verkehr überhaupt nicht vergleichbar. Es wäre, als ob heute etwa nur Champagner, Seide u. dgl. gehandelt würde, während jede Handelsstatistik uns zeigt, wie die *Massen*bedürfnisse allein heute die großen Ziffern der Handelsbilanzen ausmachen. [...]

Nicht die Massen sind mit ihren Alltagsbedürfnissen am internationalen Verkehr interessiert, sondern eine *dünne* Schicht *besitzender* Klassen. Daraus ergibt sich eines: die *zunehmende Vermögensdifferenzierung* ist im Altertum Voraussetzung der | aufsteigenden Handelsblüte. Diese Vermögensdifferen- 61
zierung aber – und damit kommen wir zu einem dritten, entscheidenden Punkt – vollzieht sich in einer ganz bestimmten Form und Richtung. Die antike Kultur ist *Sklavenkultur.* – Von Anfang an steht neben der freien Arbeit der Stadt die unfreie des platten Landes, neben der freien Arbeitsteilung durch *Tausch*verkehr auf dem städtischen Markt die unfreie Arbeitsteilung durch *Organisation* der eigenwirtschaftlichen Gütererzeugung im ländlichen Gutshof – wiederum wie im Mittelalter. Und wie im Mittelalter, so bestand auch im Altertum der naturgemäße Antagonismus beider Formen des Zusammenwirkens menschlicher Arbeit. Der Fortschritt beruht auf *fortschreitender* Arbeitsteilung. Bei *freier* Arbeit ist diese – zunächst – identisch mit fortschreitender *Ausdehnung des Marktes*, extensiv durch geographische, intensiv durch personale Erweiterung des Tauschkreises: – daher sucht die Bürgerschaft der Stadt die Fronhöfe zu sprengen, ihre Hintersassen in den freien Tauschverkehr einzubeziehen. Bei *unfreier* Arbeit vollzieht sie sich durch fortschreitende *Menschenanhäufung*; je mehr Sklaven oder Hintersassen, desto weitergehende Spezialisierung der unfreien Berufe ist möglich. Aber während aus dem Mittelalter die *freie* Arbeit und der Güter*verkehr* in zunehmendem Maß als Sieger hervorgehen, verläuft die Entwicklung des Altertums *umgekehrt.* Was ist der Grund? Es ist derselbe, der auch den technischen Fortschritten des Altertums ihre Schranken setzte: die *»Billigkeit« der Menschen*, wie sie durch den Charakter der unausgesetzten Kriege des Altertums hervorgebracht wurde. Der Krieg des Altertums ist zugleich Sklavenjagd; er bringt fortgesetzt Material auf den Sklavenmarkt und begünstigt so in unerhörter Weise die unfreie Arbeit und die Menschenanhäufung. Damit wurde das freie Gewerbe zum Stillstand auf der Stufe der besitzlosen Kunden-Lohn-

arbeit verurteilt. Es wurde verhindert, daß mit Entwicklung der Konkurrenz freier Unternehmer mit freier Lohnarbeit um den Absatz auf dem Markt diejenige ökonomische Prämie auf arbeitsparende Erfindungen entstand, welche die letzteren in der Neuzeit hervorrief. Hingegen schwillt im Altertum unausgesetzt das ökonomische Schwergewicht der unfreien Arbeit im »Oikos«. Nur die Sklavenbesitzer vermögen ihren Bedarf arbeitsteilig durch Sklavenarbeit zu versorgen und in ihrer Lebenshaltung aufzusteigen. Nur der Sklavenbetrieb vermag neben der Deckung des eigenen Bedarfs zunehmend für den Markt zu produzieren.

Damit wird die ökonomische Entwicklung des Altertums
62 in die ihr | eigentümliche, vom Mittelalter abweichende Bahn gelenkt. Im Mittelalter entwickelt sich zunächst die freie Arbeitsteilung innerhalb des lokalen Wirtschaftsgebiets der Stadt auf Grundlage der Kundenproduktion und des Lokalmarkts *intensiv* weiter. Sodann läßt der zunehmende Verkehr nach außen mit interlokaler Produktionsteilung, zunächst im Verlagssystem, dann in der Manufaktur, Betriebsformen für den Absatz auf *fremdem* Markte auf Grundlage *freier* Arbeit entstehen. Und die Entwicklung der *modernen* Volkswirtschaft geht mit der Erscheinung parallel, daß die Bedarfsdeckung der breiten Massen zunehmend im Wege des interlokalen und schließlich internationalen Gütertausches erfolgt.

Im Altertum dagegen geht – so sehen wir – mit der Entwicklung des internationalen Verkehrs parallel die Zusammenballung unfreier Arbeit im großen Sklavenhaushalt. Es schiebt sich so *unter* den verkehrswirtschaftlichen Überbau ein stets sich verbreiternder Unterbau mit verkehrs*loser* Bedarfsdeckung: – die fortwährend Menschen aufsaugenden Sklavenkomplexe, deren Bedarf in der Hauptsache *nicht* auf dem Markt, sondern *eigen*wirtschaftlich gedeckt wird. Je weiter die Entwicklung des Bedürfnisstandes der obersten, menschenbesitzenden Schicht und damit die *extensive* Entwicklung des Verkehrs fortschreitet, desto mehr verliert der Verkehr an *Intensität*, desto mehr entwickelt er sich zu einem dünnen Netz, welches über eine naturalwirtschaftliche Unterlage ausgebreitet ist, dessen Maschen sich zwar verfeinern, dessen Fäden aber zugleich immer dünner werden. – Im Mittelalter bereitet sich der Übergang von der lokalen Kundenproduktion zur interlokalen Marktproduktion durch langsames Hereindringen der Unternehmung und des Konkurrenzprinzips von außen nach innen in die Tiefen der lokalen Wirtschaftsgemeinschaft vor, im Altertum läßt der internationale Verkehr die »Oiken« wachsen, welche der *lokalen* Verkehrswirtschaft den Nährboden entziehen.

Am gewaltigsten hat sich diese Entwicklung vollzogen auf dem Boden Roms. Rom ist zunächst – nach dem Sieg der Plebs – ein erobernder Bauern- oder besser: Ackerbürgerstaat. Jeder Krieg ist Landnahme zur Kolonisation. Der Sohn des grundbesitzenden Bürgers, für den kein Platz im Vatererbe ist, ficht im Heer für den Besitz der eigenen Scholle und damit des Vollbürgerrechts. Darin liegt das Geheimnis seiner Expansivkraft. Das hörte mit der überseeischen Eroberung auf: nicht mehr das kolonisatorische Interesse der Bauern, sondern das der Ausbeutung der Provinz durch die Aristokratie ist
| das maßgebende. Die Kriege bezwecken Menschenjagd und 63
Konfiskation von Land zur Ausbeutung durch große Domänen- und Gefällpächter. Der zweite punische Krieg dezimierte überdies den Bauernstand in der Heimat, – die Folgen seines Niedergangs sind zum Teil auch Hannibals späte Rache. Der Rückschlag gegen die gracchische Bewegung entscheidet endgültig den Sieg der Sklavenarbeit in der Landwirtschaft. Seitdem sind die Sklavenbesitzer allein Träger der aufsteigenden Lebenshaltung, der Steigerung der Kaufkraft, der Entwicklung der Absatzproduktion. Nicht daß die freie Arbeit überhaupt verschwunden wäre – aber die Sklavenbetriebe sind allein das *fortschreitende* Element. Die landwirtschaftlichen Schriftsteller Roms setzen Sklavenarbeit als selbstverständliche Grundlage der Arbeitsverfassung voraus.

In *entscheidender* Weise verstärkt wurde endlich die Kulturbedeutung der unfreien Arbeit durch die Einbeziehung großer Binnenlandsflächen – Spanien, Gallien, Illyrien, die Donauländer – in den Kreis der römischen Welt. Der Schwerpunkt der Bevölkerung des Römischen Reichs rückte *in das Binnenland*. Damit machte die antike Kultur den Versuch, ihren Schauplatz zu wechseln, aus einer Küstenkultur Binnenkultur zu werden. Sie verbreitete sich über ein ungeheures Wirtschaftsgebiet, welches selbst in Jahrhunderten unmöglich für den Güterverkehr und die geldwirtschaftliche Bedarfsdeckung auch nur entfernt in dem Maße gewonnen werden konnte, wie dies an der Mittelmeerküste der Fall war. Wenn, wie schon gesagt, der interlokale Güterverkehr des Altertums selbst in jenen Küstengebieten nur eine dünne und sich verdünnende Decke darstellte, so mußten die Maschen des Verkehrsnetzes im Binnenlande noch wesentlich lockerere sein. Hier im Binnenland war der Kulturfortschritt auf dem Wege der *freien* Arbeitsteilung durch Entwicklung eines *intensiven* Güter*verkehrs* zunächst überhaupt *nicht möglich*. Nur das Emporsteigen einer Grundaristokratie, die auf Sklavenbesitz und unfreier Arbeitsteilung – auf dem Oikos – ruhte, konnte hier die Form der allmählichen Einbeziehung in den mittelländischen Kulturkreis sein. In noch stärkerem Maße als an der Küste mußte im Binnenland der unendlich kostspieligere Verkehr sich zunächst ausschließlich auf die Deckung von Luxusbedürfnissen der obersten, Menschen besitzenden Schicht beschränken, und ebenso andrerseits die Möglichkeit einer Absatzproduktion einer dünnen Schicht großer Sklavenbetriebe vorbehalten sein.

Der Sklavenhalter ist so der ökonomische Träger der anti-
64 ken | Kultur geworden, die Organisation der Sklavenarbeit bildet den unentbehrlichen Unterbau der römischen Gesellschaft, und wir müssen uns mit ihrer sozialen Eigenart etwas näher befassen. [...]

Der Typus des römischen Großgrundbesitzers ist nicht ein selbst den Betrieb leitender Landwirt, sondern ein Mann, der in der Stadt lebt, politisch tätig ist und vor allen Dingen Geldrente beziehen will. Die Verwaltung seines Gutes selbst liegt in der Hand unfreier Inspektoren (*villici*). Für die Art der Bewirtschaftung sind nun im allgemeinen folgende Verhältnisse maßgebend:

Die Getreideproduktion ist für den Absatz zumeist unrentabel. Rom z. B. ist als Markt durch die staatliche Getreideversorgung verschlossen, und einen Transport aus dem *Binnenland* heraus trägt der Preis des Getreides überhaupt nicht. Überdies eignet sich Sklavenarbeit nicht für den Getreidebau, zumal in der römischen Art der Reihenkultur, die viele und sorgfältige Arbeit, also Eigeninteresse des Arbeiters, erfordert. Daher ist der Getreidebau meist mindestens zum Teil *verpachtet* an »*coloni*« – Parzellenbauern, die Nachfahren der freien, aus dem Besitz gedrängten Bauernschaft. Ein solcher *colonus* ist nun von Anfang an *nicht* etwa ein freiwirtschaftender, selbständiger Pächter und landwirtschaftlicher Unternehmer. Der Herr stellt das Inventar, der *villicus* kontrolliert den Betrieb. Von Anfang an ist es ferner offenbar häufig gewesen, daß ihm *Arbeits*leistungen, insbesondere wohl Erntehilfe, auferlegt wurden. Die Vergebung des Ackers an *coloni* gilt als eine Form der Bewirtschaftung seitens des Herrn »vermittels« der Parzellisten (»*per*« *colonos*).

Die *Absatz*produktion des *Gutes* in »eigener Regie« umfaßt dagegen in erster Linie hochwertige Produkte: – Öl und Wein, daneben Gartengewächse, sowie Viehmast, Geflügelzucht und Spezialkulturen für Tafelbedürfnisse der allein kaufkräftigen obersten Schicht der römischen Gesellschaft. Diese Kulturen haben das Getreide zurück- | gedrängt auf das minder *65*
ergiebige Land, welches die *coloni* innehaben. Der Gutsbetrieb ist plantagenartig, und die Gutsarbeiter sind *Sklaven*. Sklaven-*familia* und *coloni* nebeneinander sind auch in der Kaiserzeit die regelmäßigen Insassen der großen Güter.

Uns interessieren hier zunächst die Sklaven. Wie finden wir sie?

Sehen wir uns das Idealschema an, welches die landwirtschaftlichen Schriftsteller uns überliefern. Die Behausung für das »sprechende Inventar« (*instrumentum vocale*), den Skla-

venstall also, finden wir bei dem des Viehs (*instrumentum »semivocale«*). Er enthält die Schlafsäle, wir finden ein Lazarett (*valetudinarium*), ein Arrestlokal (*carcer*), eine Werkstatt der »Ökonomiehandwerker« (*ergastulum*), und alsbald steigt vor dem inneren Auge eines jeden, der den bunten Rock getragen hat, ein wohlvertrautes Bild auf: die *Kaserne*. Und in der Tat: die Existenz des Sklaven ist normalerweise eine *Kasernenexistenz*. Geschlafen und gegessen wird gemeinsam unter Aufsicht des *villicus*; die bessere Garnitur der Kleidung ist »auf Kammer« abgegeben an die als »Kammerunteroffizier« funktionierende Inspektorsfrau (*villica*); monatlich findet Appell statt zur Revision der Bekleidung. Die Arbeit ist streng militärisch diszipliniert: in Korporalschaften (*decuriae*) wird des Morgens angetreten und unter Aufsicht der »Treiber« (*monitores*) abmarschiert. Das war auch unentbehrlich. Mit unfreier Arbeit für den Markt zu produzieren ist ohne die Peitsche noch niemals dauernd möglich gewesen. – Für uns wichtig aber ist vor allem ein Moment, welches sich aus dieser Form der Kasernenexistenz ergibt: der kasernierte Sklave ist nicht nur *eigentumslos*, sondern auch *familienlos*. Nur der *villicus* lebt in seiner Sonderzelle dauernd mit einem Weibe zusammen in Sklavenehe (*contubernium*), entsprechend etwa dem verheirateten Feldwebel und Unteroffizier in der modernen Kaserne, – ja es soll nach den Agrarschriftstellern dies im Interesse des Herrn für den *villicus* sogar »Vorschrift« sein. Und wie stets Eigentum und Einzelfamilie einander korrespondieren, so auch hier: der Sklavenehe entspricht das Sklaveneigentum. Der *villicus* – nach den Agrarschriftstellern offenbar er allein – hat ein *peculium*, – ursprünglich, wie der Name zeigt, einen eigenen Viehbesitz, den er auf die herrschaftliche Weide treibt, wie heute noch im deutschen Osten der Gutstagelöhner. Der breiten Masse der Sklaven fehlt, wie das *peculium*, so auch das monogamische Geschlechtsverhältnis. Der Geschlechtsverkehr ist eine Art beaufsichtigter Prostitution mit *Prämien* an die Sklavinnen für die Aufzucht von
66 Kindern – bei | drei auferzogenen Kindern gaben manche

Herren die Freiheit. – Schon dies letztere Verfahren zeigt, *welche Folgen* das Fehlen der monogamischen Familie zeitigte. Nur im Schoße der Familie gedeiht der Mensch. Die Sklavenkaserne vermochte sich nicht aus sich selbst zu reproduzieren, sie war auf den *fortwährenden Zukauf* von Sklaven zur Ergänzung angewiesen, und tatsächlich wird von den Agrarschriftstellern dieser Zukauf auch als regelmäßig stattfindend vorausgesetzt. Der antike Sklavenbetrieb ist gefräßig an Menschen, wie der moderne Hochofen an Kohlen. Der *Sklavenmarkt* und dessen regelmäßige und auskömmliche Versorgung mit Menschenmaterial ist *unentbehrliche Voraussetzung* der für den Markt produzierenden Sklavenkaserne. Man kaufte billig: Verbrecher und ähnliches billige Material solle man nehmen, empfiehlt Varro mit der charakteristischen Motivierung: – solches Gesindel sei meist »gerissener« (»*velocior est animus hominum improgorum*«). – Damit ist dieser Betrieb abhängig von regelmäßiger *Menschenzufuhr* auf dem Sklavenmarkt. Wie, wenn diese einmal versagte? Das mußte auf die Sklavenkasernen wirken, wie die Erschöpfung der Kohlenlager auf die Hochofen wirken würde. – Und dieser Moment trat ein. Wir kommen damit zu dem Wendepunkt in der Entwicklung der antiken Kultur.

Fragt man, welcher Zeitpunkt es ist, von dem anfangend man den zunächst latenten, bald offensichtlichen Niedergang der römischen Macht und Kultur datieren soll, so wird aus keinem deutschen Kopf die unwillkürliche Vorstellung zu verbannen sein: die Teutoburger Schlacht. Und in der Tat, ein Kern von Berechtigung steckt in dieser populären Vorstellung, trotzdem ihr der Augenschein zuwiderläuft, welcher uns das Römerreich unter Trajan auf der Höhe seiner Macht zeigt. Freilich nicht die Schlacht selbst – eine Schlappe, wie sie jede Nation im Vordringen gegen Barbaren erleidet – war das Entscheidende, sondern was sich ihr anschloß: die *Einstellung der Eroberungskriege* am Rhein durch Tiberius, welche durch die Aufgabe Daciens unter Hadrian an der Donau ihre Parallele fand. Damit wurde der expansiven Tendenz des Römerreichs ein Ende bereitet; und mit der inneren und – in der Hauptsache auch – äußern Befriedung des antiken Kulturkreises schrumpft die regelmäßige Versorgung der Sklavenmärkte mit Menschenmaterial. [...] Wichtiger war die langsam, aber mächtig sich vollziehende *chronische* Wirkung: die Unmöglichkeit des Fortschreitens der Produktion auf Grundlage der Sklavenkasernen. Diese setzten die fortgesetzte Sklavenzufuhr voraus, sie vermochten sich nicht selbst zu tragen. Sie mußten verfallen, wenn die Zufuhr dauernd stockte. [...]

Daß und wie dies tatsächlich geschah, lehrt uns die Vergleichung der Zustände der Sklaven in den landwirtschaftlichen Großbetrieben, wie sie uns die *römischen* Schriftsteller erkennen lassen, mit ihrer Lage auf den Gütern der *Karolingerzeit*, die wir aus Karls des Großen Domäneninstruktion (*capitulare de villis imperialibus*) und den Klosterinventarien jener Zeit kennen lernen. Hier wie dort finden wir den Sklaven als landwirtschaftlichen Arbeiter und zwar hier wie dort gleich rechtlos und insbesondere der gleich schrankenlosen Disposition des Herrn über seine Arbeitskraft unterworfen. Darin also ist kein Unterschied eingetreten. [...] Aber *Eines* ist von Grund aus geändert: die römischen Sklaven finden wir in der »kommunistischen« Sklavenkaserne, – den *servus* der Karolingerzeit aber in der Kate (*mansus servilis*) auf dem vom Herrn ihm geliehenen Lande als fronpflichtigen Kleinbauern. Er ist der *Familie zurückgegeben*, und mit der Familie hat sich auch der *Eigenbesitz* eingestellt. – Diese *Abschichtung des Sklaven aus dem »Oikos«* hat sich in der spätrömischen Zeit vollzogen, und in der Tat: sie mußte ja die Folge der mangelnden Selbstergänzung der Sklavenkasernen sein. Der Herr sicherte, indem er den Sklaven als Erbuntertanen wieder in den Kreis der Einzelfamilie stellte, sich den Nachwuchs und dadurch die dauernde Versorgung mit Arbeitskräften, welche durch Zukauf auf dem zusammenschrumpfenden Sklavenmarkt, dessen
68 letzte Reste in der Karo- | lingerzeit verschwanden, nicht mehr beschafft werden konnten. Er wälzte das Risiko der Unterhaltung des Sklaven, welches in den Plantagen er – der

Herr – trug, auf den Sklaven selbst ab. Die Bedeutung dieser langsam, aber sicher fortschreitenden Entwicklung war tiefgreifend. Es handelt sich um einen gewaltigen Wandlungsprozeß in den untersten Schichten der Gesellschaft: Familie und Eigenbesitz wurden ihnen zurückgegeben. Und ich möchte hier nur andeuten, wie dies der siegreichen Entwicklung des Christentums parallel geht: in den Sklavenkasernen hätte es schwerlich Boden gefunden, die unfreien afrikanischen Bauern der Zeit Augustins aber waren bereits Träger einer Sektenbewegung.

Während so der Sklave sozial zum unfreien Fronbauern emporsteigt, steigt gleichzeitig der Kolonus zum hörigen Bauern hinab.[1] Das geschah, indem sein Verhältnis zum Gutsherrn immer mehr den Charakter eines *Arbeits*verhältnisses annahm. Ursprünglich ist die *Rente*, die er zahlt, dasjenige, worauf es dem Herrn hauptsächlich ankommt, wennschon, wie gesagt, von Anfang an daneben Arbeitsleistungen für das Gut vorgekommen sein werden. Schon in frühkaiserlicher Zeit aber wird von den Agrarschriftstellern auf die *Arbeit* des Kolonus der Hauptnachdruck gelegt, und je mehr die Sklavenarbeit knapp wurde, desto mehr mußte dies der Fall sein. [...]

Die römische Verwaltungsorganisation ruhte zu Ende der Republik und zu Beginn der Kaiserzeit auf der *Stadtgemeinde*, dem *municipium*, als administrativer Unterlage, ganz ebenso wie die antike Kultur auf der Stadt als ökonomischem Untergrund. Systematisch hatte man die in den Reichsverband einbezogenen Gebiete als Stadtgemeinden – in den verschiedensten Abstufungen staatsrechtlicher Abhängigkeit – organisiert, die verwaltungsrechtliche Form des *municipium* über das Gebiet des Reichs verbreitet. Die Stadt ist der normale, unterste Verwaltungsbezirk. Die Stadtmagistrate haften dem Staat für Steuern und Rekrutenkontingente. – Im Verlaufe

1 Coloni, Kleinpächter, die in der späteren Kaiserzeit Roms gegen eine Abgabe in Geld oder Naturalien Land von einem Latifundienbesitzer pachten.

der Kaiserzeit finden wir aber ein Umschwenken der Ent-
69 wicklung. Die | großen Güter suchen sich mit Erfolg der Einbeziehung in die Gemeinden zu *entziehen*; je mehr der Schwerpunkt des Reichs mit zunehmender Bevölkerung des Binnenlandes ins Innere rückt, desto mehr stellt die agrarische Binnenbevölkerung die Rekruten; desto bestimmender werden aber auch die Interessen der »Agrarier« des Altertums, der großen Grundherrn, für die Politik des Staates. Wenn wir heute Widerstand finden bei dem Versuch, die großen Güter des deutschen Ostens in die Landgemeinden zu *»inkommunalisieren«*, so widerstand der römische Kaiserstaat der *Exkommunalisierungstendenz* der Güter nur wenig. Massenhaft erscheinen die *»saltus«* und *»territoria«* neben den Städten, Verwaltungsbezirke, in denen der Gutsherr die Ortsobrigkeit ist, ähnlich wie die deutschen Rittergutsbesitzer des Ostens in den »Gutsbezirken«. Der Gutsbesitzer war es hier, an den sich der Staat wegen der Steuern des territorium hielt – er verauslagte sie eventuell für die »Hintersassen« und zog sie wieder von ihnen ein – und der das Rekrutenkontingent der Grundherrschaft stellte: die Rekrutengestellung galt infolgedessen bald ebenso wie irgendeine andere öffentliche Leistung für eine Last des Gutes, dessen Arbeitskräfte – die Colonen – sie ja dezimierte.

Damit waren die Wege geebnet für die rechtliche Bindung des gutsherrlichen Kolonus an die Scholle. Im Römischen Reich war – von bestimmten staatsrechtlichen Verhältnissen abgesehen – eine allgemeine Freizügigkeit unter rechtlichen Garantien niemals vorhanden. Erinnern wir uns z.B. nur, wie dem Verfasser des Lukas-Evangeliums die Vorstellung geläufig ist, daß zu Zwecken der Schatzung jedermann in seine Heimatgemeinde (*origo*) – wir würden sagen: an seinen Unterstützungswohnsitz – abgeschoben werden konnte, – so die Eltern Christi nach Bethlehem. Die *origo* des *Colonus* ist aber der *Gutsbezirk* seines Herrn.

Wir finden nun ferner schon früh das Institut der Zwangsrückführung zur Erfüllung öffentlich-rechtlicher Pflichten.

Den Senator zwar, der dauernd die Sitzung schwänzte, pfändete man nur. Mit dem Provinzialstadtrat, dem Decurio, der sich seiner Pflicht entzog, machte man weniger Umstände: er wurde auf Requisition der Gemeinde zurückgeholt. Oft genug wurde das nötig, denn das Stadtratsamt des römischen Altertums mit seiner Haftung für das Steuersoll der Gemeinde bot geringe Reize. Und als später mit Verfall und Verwischung aller juristischen Formen diese Rückführungsansprüche bald in dem einen Begriff des Anspruchs auf Herausgabe, der alten | dinglichen Klage (*vindicatio*), aufgingen, da jagten *70*
die Gemeinden mit dieser Klage hinter ihren entlaufenen Stadträten her ebenso wie etwa hinter einem entlaufenen Gemeindebullen.

Was dem Decurio recht war, war dem Kolonus billig. Seine Fronpflicht gegenüber dem Gutsherrn wurde, da dieser Fronberechtigter und Obrigkeit in einer Person war, von öffentlichen Lasten nicht unterschieden und er zur Pflicht zurückgeführt, wenn er sich ihr entzog. So wurde er tatsächlich auf dem Wege der Verwaltungspraxis ein dauernd in den Gutsbezirk und damit unter die Gutsherrschaft des Besitzers gebannter, schollenfester Fronbauer. Er wurde dem Staate gegenüber gewissermaßen »mediatisiert«. Und darüber erhob sich nun der »reichsunmittelbare« Stand der Grundherrn, der »*possessores*«, den wir in der späteren Kaiserzeit ebenso wie im ostgotischen und Merowingerreich als feststehenden Typus finden. Die *ständische Gliederung* hatte an Stelle des alten einfachen Gegensatzes von Freien und Unfreien begonnen. Eine in ihren einzelnen Stadien fast unmerkliche Entwicklung führte dazu, weil die ökonomischen Verhältnisse dahin drängten. Die Entwicklung der *feudalen Gesellschaft* lag in der Luft schon des spätrömischen Reiches.

Denn es ist offenbar, daß wir in dieser spätkaiserlichen Grundherrschaft mit dem Nebeneinanderstehen der beiden Kategorien fronpflichtiger Bauern: unfreier (*servi*) mit »ungemessener« Dienstpflicht und persönlich freier (*coloni*, *tributarii*) mit fest bestimmten Leistungen in Geld, Naturalabgaben, später mehr und mehr auch Natural*quoten*, und daneben – nicht immer, aber regelmäßig – festen Fronpflichten, bereits den Typus des *mittelalterlichen Fronhofs* vor uns haben.

Mit Fronarbeit aber unter den Verkehrsverhältnissen des Altertums für den *Absatz* zu produzieren, war eine Unmöglichkeit. Für die Absatzproduktion war die disziplinierte Sklavenkaserne Vorbedingung. Zumal im Binnenland mußte mit ihrer Zergliederung in Bauernkaten die Absatzproduktion wegfallen, die dünnen Fäden des Verkehrs, die über die naturalwirtschaftliche Unterlage gesponnen waren, sich allmählich weiter lockern und zerreißen. [...] Damit aber trat die dünne Schicht von *freien*, meist gegen Lohn und Kost arbeitenden, gewerblichen Arbeitern der Städte in ihrer relativen Bedeutung noch weiter zurück: die ökonomisch obenanstehenden Wirtschaften der Grundherren deckten ihren Bedarf *natural*wirtschaftlich.

Arbeitsteilige Deckung des Eigenbedarfs des Gutsherrn wird in stets zunehmendem Maße der den »Oikos« beherrschende ökonomische Zweck. Die großen Güter lösen sich vom Markte der Stadt. Die Masse der mittleren und kleineren Städte büßen damit ihren wirtschaftlichen Nährboden: den stadtwirtschaftlichen Arbeits- und Güter*austausch* mit dem umliegenden Lande, immer mehr ein. Sichtbar für uns, selbst durch das trübe, zerbrochene Glas der spätkaiserlichen Rechtsquellen, verfallen daher die Städte. Stets von neuem eifern die Kaiser gegen die Flucht aus der Stadt, dagegen insbesondere, daß die *Possessoren* ihre Behausungen in der Stadt aufgeben und abreißen, Getäfel und Einrichtung auf ihre Landsitze übertragen.

Auf dies Zusammensinken der Städte wirkt verstärkend hin die *staatliche Finanzpolitik*. Auch sie wird zunehmend *naturalwirtschaftlich*, der Fiskus ein »Oikos«, der seinen Bedarf so wenig wie möglich am Markte und so viel wie möglich aus eignen Mitteln deckt – damit aber die Bildung von *Geld*vermögen hemmt. Eine Wohltat war es vom Standpunkt der Untertanen, daß ein Hauptspekulationsgeschäft: die Steuerpacht,

beseitigt wurde, und die eigene Abgabenerhebung an die Stelle trat. Rationeller war vielleicht die Besorgung der staatlichen Getreidezufuhr durch Schiffe, deren Herstellung der Staat durch Landanweisung belohnte, statt durch Vergebung an Unternehmer. Finanziell vorteilhaft war auch die offenbar zunehmende Monopolisierung zahlreicher einträglicher Zweige des Handels und der staatliche Bergbaubetrieb. Aber alles dies hemmte naturgemäß die Bildung privater Kapitalien und jeden Ansatz zur Entwicklung einer Schicht, die unseren modernen bürgerlichen Klassen entsprochen hätte. Und die Entwicklung dieses naturalwirtschaftlichen Finanzwesens vollzog sich zunehmend, je mehr das Reich aus einem das Land ausbeutenden Städtekonglomerat, welches seinen wirtschaftlichen Schwerpunkt an der Küste und in ihrem Verkehr fand, zu einem Staatswesen wurde, welches naturalwirtschaftliche Binnen- | länder politisch sich einzuverleiben und zu 72
organisieren suchte. Die damit ungeheuer anschwellenden Staatsbedürfnisse geldwirtschaftlich zu decken, gestattete die dazu viel zu dünne Schale des Verkehrs nicht. Mit Notwendigkeit schwoll vielmehr der *naturalwirtschaftliche Faktor* im staatlichen Finanzwesen an.

Die Abgaben der Provinzen an den Staat waren von jeher zum guten Teil Natural-, zumal Getreideabgaben, aus denen die staatlichen Magazine gespeist wurden. In der Kaiserzeit wurde auch alles dasjenige, was die Verwaltung an gewerblichen Produkten bedurfte, immer weniger durch Kauf auf dem Markt oder Submission und immer mehr dadurch aufgebracht, daß man die Lieferung dem städtischen Gewerbe *in natura* auferlegte, welches zu diesem Behuf oft in Zwangszünften vereinigt wurde. Das drängte den kümmerlichen, freien Handwerker in die Situation eines faktisch erblichen Zunfthörigen. – Jene Naturaleinnahmen verbrauchte der Fiskus durch entsprechende Naturalausgaben. So suchte er namentlich die beiden Hauptposten seines Ausgabebudgets naturalwirtschaftlich zu decken: das *Beamtentum* und die *Armee*. Allein hier hatte die Naturalwirtschaft ihre Schranke.

Einen großen Binnenstaat regiert man dauernd nur durch ein besoldetes Berufsbeamtentum, welches die Stadtstaaten des Altertums zu entbehren vermochten. Die Gehälter der Staatsbeamten der diokletianischen Monarchie sind in sehr starkem Maße *Natural*gehalte; sie sehen aus etwa wie ein stark vergrößertes Deputat eines heutigen mecklenburgischen Gutstagelöhners: einige Tausend Scheffel Getreide, eine bestimmte Kopfzahl Vieh, entsprechende Quantitäten Salz, Öl usw., kurz alle die Gegenstände, die der Beamte zu seiner Nahrung, Bekleidung und sonstigen Unterhaltung bedarf, werden auf die kaiserlichen Magazine angewiesen, daneben ein relativ recht mäßiges Taschengeld in bar. Aber trotz dieser offensichtlichen Tendenz zur Naturaldeckung zwang die Unterhaltung einer bedeutenden Beamtenhierarchie zu erheblichen Bargeldausgaben. Und in noch höherem Grade war dies der Fall mit der Deckung der militärischen Bedürfnisse des Reichs.

Ein Binnenstaat mit bedrohter Grenze bedarf eines *stehenden Heeres*. Das alte, auf Wehrpflicht und Selbstequipierung der Grundbesitzer ruhende Bürgerheer war schon zu Ende der Republik in ein vom Staat ausgerüstetes Heer mit proletarischer Rekrutierung verwandelt, – die Stütze der Cäsaren. Die Kaiserzeit schuf dann das nicht nur faktisch, sondern auch
73 rechtlich, stehende *Berufs*heer. Um ein | solches zu halten, braucht man zweierlei: *Rekruten* und *Geld*. Das Rekrutenbedürfnis war der Grund, weshalb die merkantilistischen Herrscher im Zeitalter des »aufgeklärten« Despotismus, so Friedrich II. und Maria Theresia, den Großbetrieb in der Landwirtschaft niederhielten, indem sie das Bauernlegen[2] verboten. Nicht aus Humanitätsgründen und Liebe für die Bauern ge-

2 Prozesse der Vertreibung von Bauern von dem von ihnen bewirtschafteten Land durch die feudalen Grundherren, vor allem in Europa im 16.–18. Jahrhundert, zumeist verbunden mit der erzwungenen Umwandlung der bäuerlichen Familien in erbuntertänige »Häusler«, die den Grundherren zu Diensten zu stehen hatten.

schah dies. Nicht der einzelne Bauer wurde geschützt, – ihn durfte der Gutsherr getrost fortjagen, sofern er nur einen an die Stelle setzte. Vielmehr war der Grund: wenn, nach Friedrich Wilhelm I., »überflüssige Bauernkerls« eine Quelle der Rekrutierung sein sollten, mußten solche *da sein*. Deshalb wurde die Verminderung des vorhandenen Bauern*quantums* durch Einziehung von Bauernstellen verboten, weil sie die Rekrutierung gefährdete und das Land entvölkerte. [...] Andrerseits beförderten die merkantilistischen Herrscher kräftig die großen Manufakturen, weil sie das Staatsgebiet »peuplierten« und – zweitens – *Geld* ins Land brachten. Friedrich der Große verfolgte mit Steckbriefen nicht nur seine desertierenden Soldaten, sondern auch seine desertierenden Arbeiter und – Fabrikanten. *Dies* war den Cäsaren *verschlossen*, da eine für den Absatz produzierende Großindustrie mit freier Arbeit nicht existierte und nicht entstehen konnte. Vielmehr ging mit dem Sinken der Städte und des Verkehrs und mit dem Rückfall in die Naturalwirtschaft umgekehrt die Möglichkeit, steigende *Geld*steuern zu erschwingen, für das Land immer mehr *verloren*. Und bei dem Arbeitermangel, den das Versiegen des Sklavenmarktes brachte, war die Rekrutierung aus den Kolonen eine für die Güter ruinöse Last, der sie sich mit allen Mitteln zu entziehen suchten. Aus der verfallenden Stadt flieht der Kantonpflichtige auf das Land in die Kolonenhörigkeit, weil der unter dem Druck des Arbeitermangels stehende Possessor das Interesse hat, ihn der Rekrutierung zu entziehen. Die späteren Cäsaren kämpfen ebenso gegen die Flucht der Bürger aufs Land, wie die späteren Hohenstaufen gegen die Flucht der Hörigen in die Städte. [...]

Der Zerfall des Reichs war die notwendige politische Folge des allmählichen Schwindens des Verkehrs und der Zunahme der Naturalwirtschaft. Er bedeutete im wesentlichen nur den Wegfall jenes Verwaltungsapparats und damit des geldwirtschaftlichen politischen Überbaus, der dem naturalwirtschaftlichen ökonomischen Unterbau nicht mehr angepaßt war.

Als dann nach einem halben Jahrtausend der späte Testamentsvollstrecker Diokletians, Karl der Große, die politische Einheit des Okzidents wieder erweckte, da geschah dies auf streng naturalwirtschaftlicher Grundlage. Wer die Instruktion für die Domänenverwalter (*villici*) liest – das berühmte *capitulare de villis*, durch seine Sachkunde und Barschheit an Verfügungen Friedrich Wilhelms I. erinnernd –, findet die deutlichste Illustration dazu. Neben dem König figuriert auch die Königin als Oberinstanz: die *Hausfrau* des Königs ist sein Finanzminister. Und das mit Recht: es handelt sich bei dieser »Finanzverwaltung« vornehmlich um die Bedürfnisse des königlichen Küchenzettels und Haushalts, der mit dem »Staatshaushalt« identisch ist. Es wird verfügt, was von den Inspektoren an den Hof des Königs zu liefern ist: – z. B. Getreide, Fleisch, Gewebe, merkwürdig große Quantitäten Seife usw., kurz was der König verbraucht für sich, für seine Haus- und Tischgenossen, und für den politischen Dienst, z. B. Pferde und Fuhrwerke für den Krieg. *Verschwunden* ist das *stehende Heer* und das *besoldete Beamtentum* und damit – selbst dem Begriff nach – die Steuer. Seine Beamten speist der König am ei-
76 genen Tisch oder stattet sie mit | Land aus; das sich selbst ausrüstende Heer aber ist im Begriff, endgültig ein Reiterheer und damit ein Wehrstand ritterlicher Grundherren zu werden. *Verschwunden* ist aber auch der *interlokale Güteraustausch:* die Fäden des Verkehrs zwischen den eigenwirtschaftlichen Zellen des Wirtschaftslebens sind gerissen, der Handel auf die Stufe des Wandergewerbes in den Händen Stammfremder – Griechen und Juden – zurückentwickelt.

Verschwunden ist die *Stadt*, – die Karolingerzeit kennt sie als spezifischen verwaltungsrechtlichen Begriff überhaupt nicht. Die *Grund*herrschaften sind die Träger der Kultur – auch die Unterlage der Klöster –; Grundherren die politischen Funktionäre; ein Grundherr, der größte, der König selbst, – ein überaus ländlicher Analphabet. Auf dem Lande liegen seine Pfalzen, deshalb hat er keine Residenz: er ist ein Herrscher, der, um seines Lebensunterhalts willen, mehr reist, als selbst moderne Monarchen – denn er lebt, indem er von Pfalz zu Pfalz zieht und verzehrt, was für ihn aufgespeichert ist. – *Die Kultur ist ländlich geworden.*

Der Kreislauf der ökonomischen Entwicklung des Altertums hat sich vollendet. Scheinbar völlig vernichtet ist seine Geistesarbeit. Versunken ist mit dem Verkehr die Marmorpracht der antiken Städte und damit alles das, was von geistigen Gütern auf ihnen ruhte: Kunst und Literatur, die Wissenschaft und die feinen Formen des antiken Verkehrsrechts. Und an den Gutshöfen der Possessoren und Senioren ertönt noch nicht der Minnesang. Unwillkürlich wehmütig berührt uns das Schauspiel, wie eine scheinbar dem Höchsten zustrebende Entwicklung ihre materielle Unterlage verliert und in sich selbst zusammenbricht. Allein was ist es denn, was wir in diesem gewaltigen Vorgang vor uns sehen? In den Tiefen der Gesellschaft vollzogen sich und mußten sich vollziehen organische Strukturänderungen, die im ganzen doch einen gewaltigen Gesundungsprozeß bedeuteten. Die Einzelfamilie und der Privatbesitz wurden den Massen der Unfreien zurückgegeben; diese selbst aus der Situation des »sprechenden Inventars« langsam wieder in den Kreis der Menschen hinaufgehoben, deren Familienexistenz das emporwachsende Christentum dann mit zähen moralischen Garantien umgab: schon die spätkaiserlichen Bauernschutzgesetze erkennen den Zusammenhalt der unfreien Familie in einem vorher nicht gekannten Maße an. Freilich sank zugleich ein Teil der freien Bevölkerung zu faktischer Hörigkeit, und die raffiniert gebildete Aristokratie des Altertums zur Barbarei herab. Der naturalwirtschaftliche Untergrund, den das Anschwellen der unfreien | Arbeit der antiken Kulturentwicklung untergeschoben 77
hatte, war zunächst immer weiter gewuchert, je mehr der Sklavenbesitz die Vermögen differenzierte, und hatte nach dem Übergang des politischen Schwergewichts von der Küste auf das Binnenland und nach dem Versiegen der Menschenzufuhr seine zum Feudalismus drängende Struktur auch dem ursprünglich verkehrswirtschaftlichen Oberbau aufgezwun-

gen. So schwand die dünn gewordene Hülle der antiken Kultur, und das Geistesleben der okzidentalen Menschheit sank in lange Nacht. Sein Niedersinken gemahnt aber an jenen Riesen der hellenischen Mythe, der neue Kraft gewann, wenn er am Busen der Mutter Erde ruhte. Fremdartig wäre freilich den alten Klassikern ihre Umgebung erschienen, wäre etwa einer von ihnen in der Karolingerzeit in seinen Pergamenten erwacht und hätte er die Welt aus seiner Klosterzelle gemustert: die Düngerluft des Fronhofes hätte ihn angeweht. Allein sie schliefen nun den Winterschlaf, wie die Kultur überhaupt, im Schoße des wieder ländlich gewordenen Wirtschaftslebens. Und es weckte sie auch nicht Minnesang und Turnier der feudalen Gesellschaft. Erst als auf der Grundlage der freien Arbeitsteilung und des Verkehrs die *Stadt* im Mittelalter wieder erstanden war, als dann der Übergang zur Volkswirtschaft die bürgerliche Freiheit vorbereitete und die Gebundenheit unter den äußern und innern Autoritäten des Feudalzeitalters sprengte, da erhob sich der alte Riese in neuer Kraft und hob auch das geistige Vermächtnis des Altertums empor an das Licht der modernen bürgerlichen Kultur.

Geleitwort
[1904]

Als das »Archiv«[1] vor nunmehr einem halben Menschenalter[2] ins Leben trat, übte es, besonders auf uns Jüngere, eine außerordentliche Anziehungskraft aus. Daß diese Empfindung tatsächlich in weiten Kreisen geteilt wurde, zeigte der Erfolg des »Archivs«, das sich – obwohl von einem »Außenseiter« herausgegeben und neben alte und bewährte Zeitschriften unseres Faches tretend, – doch binnen kurzem eine angesehene wissenschaftliche Stellung und einen immerhin beachtenswerten Einfluß auf das praktische sozialpolitische Streben zu erobern vermochte. Wie kam das? Wenn wir diese Frage mit dem Hinweis auf das Herausgebertalent des Begründers der Zeitschrift[3] beantworten wollten, so wäre damit eine befriedigende Erklärung noch nicht gegeben. Denn so zweifellos dieses Talent war, so konnte es sich doch nur darin äußern, daß es die Eigenart des »Archivs« bestimmte. Und es drängt sich uns die andere Frage auf: worin diese Eigenart bestand?

Will man ihr gerecht werden, so wird man vor allem feststellen müssen, daß es in gewisser Hinsicht einen neuen Typus in der sozialwissenschaftlichen Zeitschriftenliteratur geschaffen hat oder zu schaffen wenigstens beabsichtigte. Das »Archiv« wurde als eine »Spezialzeitschrift« gegründet: Die

1 Archiv für soziale Gesetzgebung und Statistik. Vierteljahrsschrift zur Erforschung der gesellschaftlichen Zustände aller Länder.

2 1888.

3 Heinrich Braun (1854–1927), deutscher Sozialpolitiker (MdR für die SPD 1903/04) und Publizist, zusammen mit Karl Kautsky und Wilhelm Liebknecht Begründer der »Neuen Zeit«, war von 1888–1903 Herausgeber des »Archivs für soziale Gesetzgebung..., das er 1903 für 60 000 Mark an Edgar Jaffé verkaufte.

»Spezialität«, die es pflegen sollte, war die »Arbeiterfrage« im weitesten Verstande.

Die »Arbeiterfrage« hatten nun auch vorher schon zahlreiche Zeitschriften in Deutschland und im Auslande gepflegt, aber der Schritt, den das »Archiv« über seine Vorgänger hinaustat, war der, daß es die mit dem Namen der »Arbeiterfrage« bezeichneten Probleme in einen allgemeinsten Zusammenhang stellte, daß es die »Arbeiterfrage« in ihrer *Kulturbedeutung* erfaß-
II te, als den | äußerlich am deutlichsten wahrnehmbaren Ausdruck eines viel größeren Erscheinungskomplexes: des grundstürzenden Umgestaltungsprozesses, den unser Wirtschaftsleben und damit unser Kulturdasein überhaupt durch das Vordringen des Kapitalismus erlebten. Den aus dieser weltgeschichtlichen Tatsache sich ergebenden praktischen Problemen die Dienste der Wissenschaft zur Verfügung zu stellen, sollte die Aufgabe der neuen Zeitschrift bilden. Damit aber war im wesentlichen die Eigenart des »Archivs« bestimmt.

Die neue Zeitschrift wurde eine »Spezialzeitschrift« nicht dem Stoffe nach (wie etwa das »Finanzarchiv«), sondern dem Gesichtspunkte nach. Als ihr Arbeitsgebiet ergab sich die Behandlung aller Phänomene des wirtschaftlichen und gesamt-gesellschaftlichen Lebens unter dem Gesichtspunkt der Revolutionierung durch den Kapitalismus, wobei naturgemäß die Wirkungen der sich vollziehenden Neugestaltungen auf die Lage der arbeitenden Klassen und die Rückwirkungen, die von diesen selbst oder von der Gesetzgebung ausgingen, in erster Linie Berücksichtigung finden mußten.

Wenn die neue Zeitschrift das vieldeutige und oft mißbrauchte Wort »sozial« im Wappen führte, so geschah dies angesichts der eigenartigen Problemstellung ganz zu recht, vorausgesetzt, daß man das Wort »sozial« in dem scharf umgrenzten Sinne gebraucht, der allein die Gewähr der Eindeutigkeit und Präzision enthält. In diesem Sinne bedeutet auch dies Wort nicht sowohl die Abgrenzung eines bestimmten Kreises von Phänomenen, als vielmehr den *Gesichtspunkt*, unter dem die Erscheinungen des wirtschaftlichen, wie des übrigen gesellschaftlichen Lebens betrachtet werden: das ist die Ausrichtung aller ökonomischen Einzelphänomene auf ein bestimmtes Wirtschaftssystem, also ihre Betrachtung unter dem Gesichtspunkte der historischen Bedingtheit; das ist die Aufdeckung der ursächlichen Zusammenhänge zwischen der wirtschaftlichen Entwicklung und allen übrigen gesellschaftlichen Erscheinungen: beides unter bewußter Beschränkung auf die Gegenwart, das heißt die durch das Vordringen des Kapitalismus gekennzeichnete Geschichtsepoche.

Die eigenartige Problemstellung des »Archivs« brachte andere Eigenarten von selbst mit sich. Offenbar mußte die Zeitschrift, wenn sie ihre Aufgaben erfüllen wollte, ohne alle Rücksicht auf nationale Schranken den Kapitalismus überall dort aufsuchen, wo er sich fand. Von Anfang an wurden deshalb sämtliche Länder | mit kapitalistischer Entwicklung in *III*
die Beobachtung einbezogen. Diese systematische Ausdehnung auf ein räumlich möglichst weites Gebiet verlieh dem »Archiv«, in stärkerem Maße als anderen Organen dieses Faches, einen »internationalen« Charakter. Die sachliche Internationalität wurde aus praktischen Gründen von selbst zu einer persönlichen Internationalität. Der Mitarbeiterkreis umfaßte von den ersten Heften an die gesamte Kulturwelt, teilweise sogar unter auffälliger Bevorzugung des Auslandes.

Weil aber der *wissenschaftliche* Charakter der Zeitschrift von vornherein betont wurde (mag sein, daß daneben die Person des Begründers von starkem Einfluß war), so rekrutierten sich die Mitarbeiter von Anfang an nicht nur aus aller Herren Länder, sondern auch aus aller Parteien Lager. Das »Archiv« war nicht international, sondern auch die erste *wirklich* »interfraktionelle« Zeitschrift unseres Faches. –

Das »Archiv« hatte nun als eines seiner vornehmsten Arbeitsgebiete von Anfang an, neben der rein wissenschaftlichen Erkenntnis der Tatsachen, sich die *kritische* Verfolgung des Ganges der Gesetzgebung zur Aufgabe gemacht. In diese *praktisch-kritische* Arbeit aber spielen unvermeidlich Werturteile hinein, es wird neben der Sozial*wissenschaft* wenigstens dem

Ergebnis nach auch Sozial*politik* getrieben, und es entsteht die Frage: Hatte das »Archiv« bei dieser »*praktischen*« Kritik auch eine bestimmte »Tendenz«, d.h. vertraten die maßgebenden Mitarbeiter einen bestimmten »sozialpolitischen« Standpunkt? vereinigte sie, abgesehen von ihren gemeinsamen wissenschaftlichen Interessen, auch ein gewisses Maß übereinstimmender Ideale oder doch grundsätzlicher Gesichtspunkte, aus denen praktische Maximen ableitbar waren?

Das war in der Tat der Fall, und in gewissem Sinn beruhte gerade auf diesem einheitlichem Charakter der Erfolg der Zeitschrift. Deshalb nämlich, weil diese praktische »Tendenz« in den entscheidenden Punkten nichts anderes als das Resultat bestimmter *Einsichten* in die historische sozialpolitische Situation war, mit der gerechnet werden mußte. Sie war, mit anderen Worten, begründet in gemeinsamen theoretischen Anschauungen über die tatsächlichen Voraussetzungen, von denen bei jedem Versuch praktischer sozialpolitischer Arbeit, bei der nun einmal unabänderlich gegebenen historischen Lage, ausgegangen werden *müsse*. Sie beruhte also auf Überzeugungen, die von persönlichen Wünschen ganz und gar unabhän-
IV gig waren. Diese Einsichten, aus denen | sich die »Tendenz« der Zeitschrift ergab, betrafen vornehmlich folgende Punkte:

1. daß der Kapitalismus ein nicht mehr aus der Welt zu schaffendes, also schlechthin hinzunehmendes Ergebnis der geschichtlichen Entwicklung sei, hinter das zurück, zu den patriarchalen Grundlagen der alten Gesellschaft, heute kein Weg mehr führt;

2. daß daher die alten Formen der gesellschaftlichen Ordnungen, die jenen patriarchalen Grundlagen entsprochen hatten, ob wir es nun wünschen oder nicht, neuen Platz machen werden, die den veränderten Bedingungen des Wirtschaftslebens sich anzupassen vermögen. Daraus ergab sich insbesondere, daß die Eingliederung des Proletariats, nachdem dies als Klasse durch den Kapitalismus einmal geschaffen und zum Be-

wußtsein seiner historischen Eigenart gelangt war, in die Kulturgemeinschaft der modernen Staaten als neues selbständiges Element, ein unabweisliches Problem aller staatlichen Politik geworden sei;

3. daß die gesellschaftliche Neugestaltung, soweit sie die Form gesetzgeberischer Eingriffe annehmen will, nur das Ergebnis einer schrittweisen, »organischen« Umbildung historisch überkommener Zustände und Einrichtungen sein könne, bei der die Mithilfe der wissenschaftlichen Erkenntnis der historisch gegebenen Lage nicht zu entbehren sei.

Diese Grundanschauungen sind auch den neuen Herausgebern des »Archivs« gemeinsam.[4] Wenn dies hier ausdrücklich ausgesprochen wird, so bedeutet das natürlich *nicht* etwa, daß diese Ansichten in den Spalten unserer Zeitschrift außerhalb oder oberhalb der Kritik stehen werden. Sondern es besagt lediglich, daß *wir* bei der *praktischen Kritik*, welche in der Zeitschrift neben der wissenschaftlichen Arbeit zur Aussprache gelangt, durch jene Einsichten geleitet sind, und daß wir uns mit den bisherigen Mitarbeitern des »Archivs« darin einig wissen. Soweit im »Archiv« überhaupt Sozial*politik* getrieben wird, wird dies auch künftig »*Real*politik« auf dem Boden des nun einmal unabänderlich Gegebenen sein.

Die neuen Herausgeber sind nun aber der Überzeugung, daß die heutige Lage, gegenüber der Art wie das »Archiv« in den ersten Jahren seines Bestehens seiner Aufgabe gerecht zu werden suchte, eine Änderung in doppelter Hinsicht erfordert, und beabsichtigen, dieser veränderten Situation bei der Gestaltung der Zeitschrift Rechnung zu tragen. |

Zunächst muß heute das Arbeitsgebiet des »Archivs«, was V
bisher nur tastend und von Fall zu Fall geschah, grundsätzlich

4 Edgar Jaffé, Werner Sombart und Max Weber, welcher eindeutig die zentrale Person in diesem Herausgebergremium war und aus dessen Feder dieses »Geleitwort« bei Übernahme der Zeitschrift stammt.

erweitert werden. Unsere Zeitschrift wird heute die historische und theoretische Erkenntnis der *allgemeinen Kulturbedeutung der kapitalistischen Entwicklung* als dasjenige wissenschaftliche Problem ansehen müssen, in dessen Dienst sie steht. Und gerade weil sie selbst von einem durchaus spezifischen Gesichtspunkt ausgeht und ausgehen muß: dem der ökonomischen Bedingtheit der Kulturerscheinungen, kann sie nicht umhin, sich in engem Kontakt mit den Nachbardisziplinen der allgemeinen Staatslehre, der Rechtsphilosophie, der Sozialethik, mit den sozial-psychologischen und den gewöhnlich unter dem Namen Soziologie zusammengefaßten Untersuchungen zu halten. Wir werden die wissenschaftliche Bewegung auf diesen Gebieten namentlich in unseren systematischen Literaturübersichten eingehend verfolgen. Wir werden besondere Aufmerksamkeit denjenigen Problemen zuwenden müssen, die gewöhnlich als sozialanthropologische bezeichnet werden, den Fragen also nach der Rückwirkung der ökonomischen Verhältnisse auf die Gestaltung der Rassenauslese einerseits, nach der Beeinflussung des ökonomischen Daseinskampfes und der ökonomischen Institutionen durch ererbte physische und psychische Qualitäten andererseits. Dazu, daß der dilettantische Charakter, den die Behandlung dieser Grenzfragen zwischen Biologie und Sozialwissenschaft bisher an sich trug, in Zukunft überwunden werde, möchten auch wir unseren Teil beitragen.

Die zweite Änderung betrifft eine Verschiebung in der *Form* der Behandlung.

Als das »Archiv« begründet wurde, schwebte dem Herausgeber als wichtigste Aufgabe, die es zu erfüllen haben sollte, die Materialsammlung vor. Und dem lag zweifellos ein für jene Zeit durchaus richtiger Gedanke zugrunde: es müsse ein Organ geschaffen werden, das die zerstreuten sozialstatistischen Daten, ebenso wie die sich immer mehr häufenden sozialen Gesetze sammelte und in übersichtlicher Anordnung veröffentlichte. Das war für Wissenschaft und Praxis damals das erste und dringendste Bedürfnis, denn ein derartiges Sammelor-

gan fehlte. Aber unsere Zeit schreitet rasch weiter. Seit der Begründung des »Archivs« im Jahre 1888 sind fast ein Dutzend Zeitschriften ins Leben getreten, deren ausschließliche Funktion jene Materialsammlung ist. Vor allem haben die Regierungen fast aller Kulturländer amtliche Organe zur Veröffentlichung | sozialstatistischer Tatsachen geschaffen: England die *VI*
Labour Gazette (seit 1893), Frankreich das Bulletin de l'office du Travail (seit 1894), Belgien die Revue du Travail (seit 1896), Österreich die Soziale Rundschau (seit 1900), Deutschland das Reichsarbeitsblatt (seit 1903). Daneben besitzen die meisten Länder private Sammlungen: Deutschland die Soziale Praxis (seit 1892), den Arbeitsmarkt (seit 1897), Frankreich die »Questions pratiques de legislation ouvrière« (seit 1900) usw. Und für eine fast lückenlose Veröffentlichung des gesetzgeberischen Materials sorgen das Bulletin der Internationalen Vereinigung für gesetzlichen Arbeiterschutz (seit 1902), das Annuaire de la Legislation du Travail (publié par l'Office du Travail de Belgique, seit 1897) und wiederum andere.

Damit ist die Situation vollständig verändert. Auf der einen Seite entfällt das Bedürfnis, neben jeden mit reichen Mitteln ausgestatteten und vorzüglich arbeitenden Blättern, eine wissenschaftliche Zeitschrift wie das »Archiv« in den Dienst der reinen *Stoff*sammlung zu stellen. Wir werden – was übrigens schon bisher in zunehmenden Maß geschehen ist – die sozial*statistischen* Berichte einschränken und den wörtlichen Abdruck der Gesetzes*texte*, die bisher einen breiten Raum einnahmen, zugunsten eingehender *kritischer Referate* über Sinn und Bedeutung der Gesetze und ganz besonders der Gesetzes-*Entwürfe*, vielfach verkürzen können. Auf der anderen Seite ist eine wichtige Aufgabe neu erwachsen: den ins Grenzenlose anwachsenden und in den genannten Sammelorganen aufgespeicherten Stoff durch wissenschaftliche Synthese gleichsam zu beseelen. Dem Hunger nach sozialen Tatsachen, der noch vor einem halben Menschenalter die Besten erfüllte, ist, mit dem Wiedererwachen des philosophischen Interesses überhaupt, auch ein Hunger nach sozialen Theorien gefolgt, den nach Kräften zu befriedigen eine der künftigen Hauptaufgaben des »Archivs« bilden wird. Wir werden sowohl die Erörterung sozialer Probleme unter *philosophischen* Gesichtspunkten im wesentlich verstärktem Maße zu berücksichtigen haben, wie die im engeren Sinn »*Theorie*« genannte Form der Forschung auf unserem Spezialgebiet: die Bildung klarer Begriffe. Denn soweit wir von der Meinung entfernt sind, daß es gelte, den Reichtum des historischen Lebens in Formeln zu zwängen, so entschieden sind wir davon überzeugt, daß nur klare eindeutige Begriffe, einer Forschung, welche die spezifische Bedeutung sozialer Kulturerscheinungen ergründen will, die Wege ebnen. |

VII Kein Organ aber würde heute die soziale Theorie in einer den Anforderungen strenger Wissenschaftlichkeit entsprechenden Weise pflegen können, das sich nicht durch erkenntniskritisch-methodologische Erörterungen über das Verhältnis zwischen den theoretischen Begriffsgebilden und der Wirklichkeit auch *grundsätzliche* Klarheit schafft. Wir werden daher die wissenschaftliche Arbeit der Erkenntniskritik und Methodenlehre ständig verfolgen. Und indem wir die Neue Folge des »Archivs« mit einem Aufsatz eines der Herausgeber eröffnen, der in ausführlicher Weise diese Probleme behandelt[5], wollen wir unsere Absicht bekunden, uns an diesen prinzipiellen Erörterungen auch unsererseits dauernd zu beteiligen.

Die Herausgeber.

5 Gemeint ist der nachfolgende Aufsatz Max Webers »Die ›Objektivität‹ sozialwissenschaftlicher und sozialpolitischer Erkenntnis«.

Die »Objektivität« sozialwissenschaftlicher und sozialpolitischer Erkenntnis [1904]

[Auslassung der einleitenden Bemerkungen Webers zur »Tendenz« der Neuen Folge des »Archivs für Sozialwissenschaft und Sozialpolitik«, die mit dem »Geleitwort« und diesem Aufsatz beginnt.]

I.

Wir alle wissen, daß unsere Wissenschaft, wie mit Ausnahme vielleicht der politischen Geschichte jede Wissenschaft, deren Objekt menschliche Kulturinstitutionen und Kulturvorgänge sind, geschichtlich zuerst von *praktischen* Gesichtspunkten ausging. Werturteile über bestimmte wirtschaftspolitische Maßnahmen des Staates zu produzieren, war ihr nächster und zunächst einziger Zweck. Sie war »Technik« etwa in dem Sinne, in welchem es auch die klinischen Disziplinen der medizinischen Wissenschaften sind. Es ist nun bekannt, wie diese Stellung sich allmählich veränderte, ohne daß doch eine *prinzipielle* Scheidung von Erkenntnis des »Seienden« und des »Seinsollenden« vollzogen wurde. Gegen diese Scheidung wirkte zunächst die Meinung, daß unabänderlich gleiche Naturgesetze, sodann die andere, daß ein eindeutiges Entwicklungsprinzip die wirtschaftlichen Vorgänge beherrsche und daß also das *Seinsollende* entweder – im ersten Falle – mit dem unabänderlich *Seienden*, oder – im zweiten Falle – mit dem unvermeidlich *Werdenden* zusammenfalle. Mit dem Erwachen des historischen Sinnes gewann dann in unserer Wissenschaft eine Kombination von ethischem Evolutionismus und historischem Relativismus die Herrschaft, welche versuchte, die ethischen Normen ihres formalen Charakters zu entkleiden,

durch Hineinbeziehung der Gesamtheit der Kulturwerte in den Bereich des »Sittlichen« dies letztere *inhaltlich* zu bestimmen und so die Nationalökonomie zur Dignität einer »ethischen Wissenschaft« auf empirischer Grundlage zu erheben. Indem man die Gesamtheit aller möglichen Kulturideale mit dem Stempel des »Sittlichen« versah, verflüchtigte man die
25 spezifische Dignität der ethischen Im- | perative, ohne doch für die »Objektivität« der Geltung jener Ideale irgend etwas zu gewinnen. Indessen kann und muß eine prinzipielle Auseinandersetzung damit hier beiseite bleiben: wir halten uns lediglich an die Tatsache, daß noch heute die unklare Ansicht nicht geschwunden, sondern besonders den Praktikern ganz begreiflicherweise geläufig ist, daß die Nationalökonomie *Werturteile* aus einer spezifisch »wirtschaftlichen Weltanschauung« heraus produziere und zu produzieren habe.

Unsere Zeitschrift als Vertreterin einer empirischen Fachdisziplin muß, wie wir gleich vorweg feststellen wollen, diese Ansicht *grundsätzlich ablehnen*, denn wir sind der Meinung, daß es *niemals* Aufgabe einer Erfahrungswissenschaft sein kann, bindende Normen und Ideale zu ermitteln, um daraus für die Praxis Rezepte ableiten zu können.

Was folgt aber aus diesem Satze? Keineswegs, daß Werturteile deshalb, weil sie in letzter Instanz auf bestimmten Idealen fußen und daher »subjektiven« Ursprungs sind, der wissenschaftlichen Diskussion überhaupt *entzogen* seien. Die Praxis und der Zweck unserer Zeitschrift würde einen solchen Satz ja immer wieder desavouieren. Die Kritik macht vor den Werturteilen nicht Halt. Die Frage ist vielmehr: Was *bedeutet* und bezweckt wissenschaftliche Kritik von Idealen und Werturteilen? Sie erfordert eine etwas eingehendere Betrachtung.

Jede denkende Besinnung auf die letzten Elemente sinnvollen menschlichen Handelns ist zunächst gebunden an die Kategorien »Zweck« und »Mittel«. Wir wollen etwas in concreto entweder »um seines eigenen Wertes willen« oder als Mittel im Dienste des in letzter Linie Gewollten. Der wissenschaftlichen Betrachtung zugänglich ist nun zunächst unbe-

dingt die Frage der Geeignetheit der Mittel bei gegebenem Zwecke. Da wir (innerhalb der jeweiligen Grenzen unseres Wissens) gültig festzustellen vermögen, *welche* Mittel zu einem vorgestellten Zwecke zu führen geeignet oder ungeeignet sind, so können wir auf diesem Wege die Chancen, mit bestimmten zur Verfügung stehenden Mitteln einen bestimmten Zweck überhaupt zu erreichen, abwägen und mithin indirekt die Zwecksetzung selbst, auf Grund der jeweiligen historischen Situation, als praktisch sinnvoll oder aber als nach Lage der gegebenen Verhältnisse sinnlos kritisieren. Wir können weiter, *wenn* die Möglichkeit der Erreichung eines vorgestellten Zweckes gegeben erscheint, natürlich immer innerhalb der Grenzen unseres jeweiligen | Wissens, die *Folgen* 26
feststellen, welche die Anwendung der erforderlichen Mittel *neben* der eventuellen Erreichung des beabsichtigten Zweckes, infolge des Allzusammenhanges alles Geschehens, haben würde. Wir bieten alsdann dem Handelnden die Möglichkeit der Abwägung dieser *ungewollten* gegen die *gewollten* Folgen seines Handelns und damit die Antwort auf die Frage: was *»kostet«* die Erreichung des gewollten Zweckes in Gestalt der voraussichtlich eintretenden Verletzung *anderer* Werte? Da in der großen Überzahl aller Fälle *jeder* erstrebte Zweck in diesem Sinne etwas »kostet« oder doch kosten kann, so kann an der Abwägung von Zweck und Folgen des Handelns gegeneinander keine Selbstbesinnung verantwortlich handelnder Menschen vorbeigehen, und sie zu ermöglichen, ist eine der wesentlichsten Funktionen der *technischen* Kritik, welche wir bisher betrachtet haben. Jene Abwägung selbst nun aber zur Entscheidung zu bringen ist freilich *nicht* mehr eine mögliche Aufgabe der Wissenschaft, sondern des wollenden Menschen: er wägt und wählt nach seinem eigenen Gewissen und seiner persönlichen Weltanschauung zwischen den Werten, um die es sich handelt. Die Wissenschaft kann ihm zu dem *Bewußtsein* verhelfen, daß *alles* Handeln, und natürlich auch, je nach den Umständen, das *Nicht*-Handeln, in seinen Konsequenzen eine *Parteinahme* zugunsten bestimmter Werte bedeutet, und

damit – was heute so besonders gern verkannt wird – regelmäßig *gegen andere.* Die Wahl zu treffen ist seine Sache.

Was wir ihm für diesen Entschluß nun noch weiter bieten können ist: *Kenntnis* der *Bedeutung* des Gewollten selbst. Wir können ihn die Zwecke nach Zusammenhang und Bedeutung kennen lehren, die er will, und zwischen denen er wählt, zunächst durch Aufzeigung und logisch zusammenhängende Entwicklung der »Ideen«, die dem konkreten Zweck zugrunde liegen oder liegen können. Denn es ist selbstverständlich eine der wesentlichsten Aufgaben einer jeden Wissenschaft vom menschlichen Kulturleben, diese »Ideen«, für welche teils wirklich, teils vermeintlich gekämpft worden ist und gekämpft wird, dem geistigen Verständnis zu erschließen. Das überschreitet nicht die Grenzen einer Wissenschaft, welche »denkende Ordnung der empirischen Wirklichkeit« erstrebt, so wenig die Mittel, die dieser Deutung geistiger Werte dienen, »Induktionen« im gewöhnlichen Sinne des Wortes sind. Allerdings fällt diese Aufgabe wenigstens teilweise aus dem Rahmen der ökonomischen Fachdisziplin in ihrer üblichen
27 arbeitsteiligen Spezialisation heraus; | es handelt sich um Aufgaben der *Sozialphilosophie.* Allein die historische Macht der Ideen ist für die Entwicklung des Soziallebens eine so gewaltige gewesen und ist es noch, daß unsere Zeitschrift sich dieser Aufgabe niemals entziehen, deren Pflege vielmehr in den Kreis ihrer wichtigsten Pflichten einbeziehen wird.

Aber die wissenschaftliche Behandlung der Werturteile möchte nun weiter die gewollten Zwecke und die ihnen zugrunde liegenden Ideale nicht nur verstehen und nacherleben lassen, sondern vor allem auch kritisch »beurteilen« lehren. *Diese* Kritik freilich kann nur dialektischen Charakter haben, d.h. sie kann nur eine formal-logische Beurteilung des in den geschichtlich gegebenen Werturteilen und Ideen vorliegenden Materials, eine Prüfung der Ideale an dem Postulat der inneren *Widerspruchslosigkeit* des Gewollten sein. Sie kann, indem sie sich diesen Zweck setzt, dem Wollenden verhelfen zur Selbstbesinnung auf diejenigen letzten Axiome, welche dem Inhalt seines Wollens zugrunde liegen, auf die letzten Wertmaßstäbe, von denen er unbewußt ausgeht oder – um konsequent zu sein – ausgehen müßte. Diese letzten Maßstäbe, welche sich in dem konkreten Werturteil manifestieren, zum *Bewußtsein* zu bringen, ist nun allerdings das *letzte*, was sie, ohne den Boden der Spekulation zu betreten, leisten kann. Ob sich das urteilende Subjekt zu diesen letzten Maßstäben bekennen *soll*, ist seine persönliche Angelegenheit und eine Frage seines Wollens und Gewissens, nicht des Erfahrungswissens.

Eine empirische Wissenschaft vermag niemanden zu lehren, was er *soll*, sondern nur was er *kann* und – unter Umständen – was er *will*. Richtig ist, daß die persönlichen Weltanschauungen auf dem Gebiet unserer Wissenschaften unausgesetzt hineinzuspielen pflegen auch in die wissenschaftliche Argumentation, sie immer wieder trüben, das Gewicht wissenschaftlicher Argumente auch auf dem Gebiet der Ermittlung einfacher kausaler Zusammenhänge von Tatsachen verschieden einschätzen lassen, je nachdem das Resultat die Chancen der persönlichen Ideale: die Möglichkeit, etwas Bestimmtes zu wollen, mindert oder steigert. Auch die Herausgeber und Mitarbeiter unserer Zeitschrift werden in dieser Hinsicht sicherlich »nichts Menschliches von sich fern glauben«. Aber von diesem Bekenntnis menschlicher Schwäche ist es ein weiter Weg bis zu dem Glauben an eine »ethische« Wissenschaft der Nationalökonomie, welche aus ihrem Stoff Ideale oder durch Anwendung allgemeiner ethischer Imperative auf ihren | Stoff 28
konkrete Normen zu produzieren hätte. – Richtig ist noch etwas weiteres: gerade jene innersten Elemente der »Persönlichkeit«, die höchsten und letzten Werturteile, die unser Handeln bestimmen und unserem Leben Sinn und Bedeutung geben, werden von uns als etwas *»objektiv«* Wertvolles empfunden. Wir können sie ja nur vertreten, wenn sie uns als geltend, als aus unseren höchsten Lebenswerten fließend, sich darstellen und so, im Kampfe gegen die Widerstände des Lebens, entwickelt werden. Und sicherlich liegt die Würde der »Persönlichkeit« darin beschlossen, daß es für sie Werte gibt, auf die sie ihr eige-

nes Leben bezieht, – und lägen diese Werte auch im einzelnen Falle ausschließlich *innerhalb* der Sphäre der eigenen Individualität: dann gilt ihr eben das »Sichausleben« in *denjenigen* ihrer Interessen, für welche sie die *Geltung als Werte* beansprucht, als die Idee, auf welche sie sich bezieht. Nur unter der Voraussetzung des Glaubens an Werte jedenfalls hat der Versuch Sinn, Werturteile nach außen zu vertreten. *Aber:* die *Geltung* solcher Werte zu *beurteilen*, ist Sache des *Glaubens,* daneben *vielleicht* eine Aufgabe spekulativer Betrachtung und Deutung des Lebens und der Welt auf ihren Sinn hin, sicherlich aber *nicht* Gegenstand einer Erfahrungswissenschaft in dem Sinne, in welchem sie an dieser Stelle gepflegt werden soll. Für diese Scheidung fällt *nicht* – wie oft geglaubt wird – entscheidend ins Gewicht die empirisch erweisliche Tatsache, daß jene letzten Ziele historisch wandelbar und streitig sind. Denn auch die Erkenntnis der sichersten Sätze unseres theoretischen – etwa des exakt naturwissenschaftlichen oder mathematischen – Wissens ist, ebenso wie die Schärfung und Verfeinerung des Gewissens, erst Produkt der Kultur. Allein wenn wir speziell an die praktischen Probleme der Wirtschafts- und Sozialpolitik (im üblichen Wortsinn) denken, so zeigt sich zwar, daß es zahlreiche, ja unzählige praktische *Einzel*fragen gibt, bei deren Erörterung man in allseitiger Übereinstimmung von gewissen Zwecken als *selbstverständlich* gegeben ausgeht – man denke etwa an Notstandskredite, an konkrete Aufgaben der sozialen Hygiene, der Armenpflege, an Maßregeln wie die Fabrikinspektionen, die Gewerbegerichte, die Arbeitsnachweise, große Teile der Arbeiterschutzgesetzgebung, – bei denen also, wenigstens scheinbar, nur nach den *Mitteln* zur Erreichung des Zweckes gefragt wird. Aber selbst wenn wir hier – was die Wissenschaft niemals ungestraft tun würde – den Schein der
29 Selbstverständlichkeit für Wahrheit nehmen und die | Konflikte, in welche der Versuch der praktischen Durchführung alsbald hinein führt, für rein technische Fragen der Zweckmäßigkeit ansehen wollten – was recht oft irrig wäre –, so müßten wir doch bemerken, daß auch dieser *Schein* der Selbstverständ-

lichkeit der regulativen Wertmaßstäbe sofort verschwindet, wenn wir von den konkreten Problemen karitativ-polizeilicher Wohlfahrts- und Wirtschaftspflege aufsteigen zu den Fragen der Wirtschafts- und Sozial*politik*. Das Kennzeichen des sozial*politischen* Charakters eines Problems ist es ja geradezu, daß es *nicht* auf Grund bloß technischer Erwägungen aus feststehenden Zwecken heraus zu erledigen ist, daß um die regulativen Wertmaßstäbe selbst *gestritten* werden kann und *muß*, weil das Problem in die Region der allgemeinen *Kultur*fragen hineinragt. Und es wird gestritten nicht nur, wie wir heute so gern glauben, zwischen »Klasseninteressen«, sondern auch *zwischen Weltanschauungen*, – wobei die Wahrheit natürlich vollkommen bestehen bleibt, daß dafür, *welche* Weltanschauung der Einzelne vertritt, neben manchem anderen auch und sicherlich in ganz hervorragendem Maße der Grad von Wahlverwandtschaft entscheidend zu werden pflegt, der sie mit seinem »Klasseninteresse« – wenn wir diesen nur scheinbar eindeutigen Begriff hier einmal akzeptieren – verbindet. Sicher ist unter allen Umständen Eines: je »allgemeiner« das Problem ist, um das es sich handelt, d.h. aber hier: je weittragender seine Kultur*bedeutung*, desto *weniger* ist es einer eindeutigen Beantwortung aus dem Material des Erfahrungswissens heraus zugänglich, desto mehr spielen die letzten höchst persönlichen Axiome des Glaubens und der Wertideen hinein. Es ist einfach eine Naivität, wenn auch von Fachmännern gelegentlich immer noch geglaubt wird, es gelte, für die praktische Sozialwissenschaft vor allem »ein Prinzip« aufzustellen und wissenschaftlich als gültig zu erhärten, aus welchem alsdann die Normen für die Lösung der praktischen Einzelprobleme eindeutig deduzierbar seien. So sehr »prinzipielle« Erörterungen praktischer Probleme, d.h. die Zurückführung der unreflektiert sich aufdrängenden Werturteile auf ihren Ideengehalt, in der Sozialwissenschaft vonnöten sind, und so sehr unsere Zeitschrift speziell sich gerade auch ihnen zu widmen beabsichtigt, – die Schaffung eines praktischen Generalnenners für unsere Probleme in Gestalt allgemein gültiger letzter Ideale kann sicher-

lich weder ihre Aufgabe noch überhaupt die irgendeiner Erfahrungswissenschaft sein: sie wäre als solche nicht etwa nur |
30 praktisch unlösbar, sondern in sich widersinnig. Und wie immer Grund und Art der Verbindlichkeit ethischer Imperative gedeutet werden mag, sicher ist, daß aus ihnen, als aus Normen für das konkret bedingte Handeln des *Einzelnen,* nicht *Kulturinhalte* als gesollt eindeutig *deduzierbar* sind, und zwar um so weniger, je umfassender die Inhalte sind, um die es sich handelt. Nur positive Religionen – präziser ausgedrückt: dogmatisch gebundene *Sekten* – vermögen dem Inhalt von *Kulturwerten* die Dignität unbedingt gültiger *ethischer* Gebote zu verleihen. *Außerhalb* ihrer sind Kulturideale, die der einzelne verwirklichen *will*, und ethische Pflichten, die er erfüllen *soll*, von prinzipiell verschiedener Dignität. Das Schicksal einer Kulturepoche, die vom Baum der Erkenntnis gegessen hat, ist es, wissen zu müssen, daß wir den *Sinn* des Weltgeschehens nicht aus dem noch so sehr vervollkommneten Ergebnis seiner Durchforschung ablesen können, sondern ihn selbst zu schaffen imstande sein müssen, daß »Weltanschauungen« niemals *Produkt* fortschreitenden Erfahrungswissens sein können, und daß also die höchsten Ideale, die uns am mächtigsten bewegen, für alle Zeit nur im Kampf mit anderen Idealen sich auswirken, die anderen ebenso heilig sind, wie uns die unseren.

Nur ein optimistischer Synkretismus[1], wie er zuweilen das Ergebnis des entwicklungsgeschichtlichen Relativismus ist, kann sich über den gewaltigen Ernst dieser Sachlage entweder theoretisch hinwegtäuschen oder ihren Konsequenzen praktisch ausweichen. Es kann selbstverständlich subjektiv im einzelnen Falle genau ebenso pflichtgemäß für den praktischen Politiker sein, zwischen vorhandenen Gegensätzen der Meinungen zu vermitteln, als für eine von ihnen Partei zu ergreifen. Aber mit *wissenschaftlicher* »Objektivität« hat das nicht das Allermindeste zu tun. Die »mittlere Linie« ist *um kein*

1 Vermischung verschiedener Religionen, Konfessionen oder philosophischer Lehren ohne innere Einheit.

Haarbreit mehr wissenschaftliche Wahrheit, als die extremsten Parteiideale von rechts oder links. *Nirgends* ist das Interesse der Wissenschaft auf die Dauer schlechter aufgehoben als da, wo man unbequeme Tatsachen und die Realitäten des Lebens in ihrer Härte nicht sehen will. Das Archiv wird die schwere Selbsttäuschung, man könne durch Synthese von mehreren oder auf der Diagonale zwischen mehreren Parteiansichten praktische Normen von *wissenschaftlicher Gültigkeit* gewinnen, unbedingt bekämpfen, denn sie ist, weil sie ihre eigenen Wertmaßstäbe relativistisch zu verhüllen liebt, weit gefährlicher für die Unbefangenheit der Forschung | als der alte naive *31*
Glaube der Parteien an die wissenschaftliche »Beweisbarkeit« ihrer Dogmen. Die Fähigkeit der *Unterscheidung* zwischen Erkennen und Beurteilen und die Erfüllung *sowohl* der wissenschaftlichen Pflicht, die Wahrheit der Tatsachen zu sehen, als der praktischen, für die eigenen Ideale einzutreten, ist das, woran wir uns wieder stärker gewöhnen wollen.

Es ist und bleibt – *darauf* kommt es für uns an – für alle Zeit ein unüberbrückbarer Unterschied, ob eine Argumentation sich an unser Gefühl und unsere Fähigkeit für konkrete praktische Ziele oder für Kulturformen und Kulturinhalte uns zu begeistern wendet, oder, wo einmal die Geltung ethischer Normen in Frage steht, an unser Gewissen, *oder* endlich an unser Vermögen und Bedürfnis, die empirische Wirklichkeit in einer Weise *denkend zu ordnen,* welche den Anspruch auf *Geltung* als Erfahrungswahrheit erhebt. Und dieser Satz bleibt richtig, trotzdem, wie sich noch zeigen wird, jene höchsten »Werte« des *praktischen* Interesses für die *Richtung,* welche die ordnende Tätigkeit des Denkens auf dem Gebiete der Kulturwissenschaften jeweils einschlägt, von entscheidender Bedeutung sind und immer bleiben werden. Denn es ist und bleibt wahr, daß eine methodisch korrekte wissenschaftliche Beweisführung auf dem Gebiete der Sozialwissenschaften, wenn sie ihren Zweck erreicht haben will, auch von einem Chinesen als richtig anerkannt werden muß oder – richtiger gesagt – daß sie dieses, vielleicht wegen Materialmangels nicht voll er-

reichbare Ziel jedenfalls *erstreben* muß, daß ferner auch die *logische* Analyse eines Ideals auf seinen Gehalt und auf seine letzten Axiome hin und die Aufzeigung der aus seiner Verfolgung sich logischer und praktischer Weise ergebenden Konsequenzen, wenn sie als gelungen gelten soll, auch für ihn gültig sein muß, – während ihm für unsere ethischen Imperative das »Gehör« fehlen kann, und während er das Ideal selbst und die daraus fließenden konkreten *Wertungen* ablehnen kann und sicherlich oft ablehnen wird, ohne dadurch dem wissenschaftlichen Wert jener denkenden *Analyse* irgend zu nahe zu treten. Sicherlich wird unsere Zeitschrift die immer und unvermeidlich sich wiederholenden Versuche, den *Sinn* des Kulturlebens eindeutig zu bestimmen, nicht etwa ignorieren. Im Gegenteil: sie gehören ja selbst zu den wichtigsten Erzeugnissen eben dieses Kulturlebens und unter Umständen auch zu seinen mächtigsten treibenden Kräften. Wir werden daher den Verlauf auch der in *diesem* Sinne »sozialphilosophischen«
32 Erörterungen jederzeit sorg- | sam verfolgen. Ja, noch mehr: es liegt hier das Vorurteil durchaus fern, als ob Betrachtungen des Kulturlebens, die über die denkende Ordnung des empirisch Gegebenen hinausgehend die Welt metaphysisch zu deuten versuchen, etwa schon um dieses ihres Charakters willen keine Aufgabe im Dienste der Erkenntnis erfüllen *könnten. Wo* diese Aufgaben etwa liegen würden, ist freilich ein Problem zunächst der Erkenntnislehre, dessen Beantwortung hier für unsere Zwecke dahingestellt bleiben muß und auch kann. Denn eines halten wir für *unsere* Arbeit fest: eine sozial*wissenschaftliche* Zeitschrift in unserem Sinne soll, soweit sie *Wissenschaft* treibt, ein Ort sein, wo Wahrheit gesucht wird, die – um im Beispiel zu bleiben – auch für den Chinesen die Geltung einer denkenden Ordnung der empirischen Wirklichkeit beansprucht.

Freilich können die Herausgeber weder sich selbst noch ihren Mitarbeitern ein für allemal verbieten, die Ideale, die sie beseelen, auch in Werturteilen zum Ausdruck zu bringen. Nur erwachsen daraus zwei wichtige Pflichten. Zunächst die:

in jedem Augenblick den Lesern und sich selbst scharf zum Bewußtsein zu bringen, *welches* die Maßstäbe sind, an denen die Wirklichkeit gemessen und aus denen das Werturteil abgeleitet wird, anstatt, wie es nur allzuoft geschieht, durch unpräzises Ineinanderschieben von Werten verschiedenster Art sich um die Konflikte zwischen den Idealen herumzutäuschen und »jedem etwas bieten« zu wollen. Wird dieser Pflicht streng genügt, dann kann die praktisch urteilende Stellungnahme im rein wissenschaftlichen Interesse nicht nur unschädlich, sondern direkt nützlich, ja, geboten sein: in der wissenschaftlichen Kritik von gesetzgeberischen und anderen praktischen Vorschlägen ist die Aufklärung der Motive des Gesetzgebers und der Ideale des kritisierten Schriftstellers in ihrer Tragweite sehr oft gar nicht anders in anschaulich-verständliche Form zu bringen, als durch *Konfrontierung* der von ihnen zugrunde gelegten Wertmaßstäbe mit anderen, und dann natürlich am besten: mit den eigenen. Jede sinnvolle *Wertung* fremden *Wollens* kann nur Kritik aus einer eigenen »Weltanschauung« heraus, Bekämpfung des *fremden* Ideals vom Boden eines *eigenen* Ideals aus sein. *Soll* also im einzelnen Fall das letzte Wertaxiom, welches einem praktischen Wollen zugrunde liegt, nicht nur festgestellt und wissenschaftlich analysiert, sondern in seinen Beziehungen zu *anderen* Wertaxiomen veranschaulicht werden, so ist eben »positive« Kritik durch zusammenhängende Darlegung der letzteren unvermeidlich. |

Es wird also in den Spalten der Zeitschrift – speziell bei der *33*
Besprechung von Gesetzen – neben der Sozial*wissenschaft* – der denkenden Ordnung der Tatsachen – unvermeidlich auch die Sozial*politik* – die Darlegung von Idealen – zu Worte kommen. Aber: wir *denken nicht daran*, derartige Auseinandersetzungen für *»Wissenschaft«* auszugeben und werden uns nach besten Kräften hüten, sie damit vermischen und verwechseln zu lassen. Die *Wissenschaft* ist es dann *nicht* mehr, welche spricht, und das zweite fundamentale Gebot wissenschaftlicher Unbefangenheit ist es deshalb: in solchen Fällen den Lesern (und – sa-

gen wir wiederum – vor allem sich selbst!) jederzeit deutlich zu machen, *daß* und *wo* der denkende Forscher aufhört und der wollende Mensch anfängt zu sprechen, *wo* die Argumente sich an den Verstand und *wo* sie sich an das Gefühl wenden. Die stete *Vermischung* wissenschaftlicher Erörterung der Tatsachen und wertender Raisonnements ist eine der zwar noch immer verbreitetsten, aber auch schädlichsten Eigenarten von Arbeiten unseres Faches. Gegen diese *Vermischung, nicht* etwa gegen das Eintreten für die eigenen Ideale richten sich die vorstehenden Ausführungen. *Gesinnungslosigkeit* und *wissenschaftliche* »Objektivität« haben keinerlei innere Verwandtschaft. – Das Archiv ist, wenigstens seiner *Absicht* nach, niemals ein Ort gewesen und soll es auch nicht werden, an welchem Polemik gegen bestimmte politische oder sozialpolitische Parteien getrieben wird, ebensowenig eine Stelle, an der für oder gegen politische oder sozialpolitische Ideale geworben wird; dafür gibt es andere Organe. Die Eigenart der Zeitschrift hat vielmehr von Anfang an gerade darin bestanden und soll, soviel an den Herausgebern liegt, auch fernerhin darin bestehen, daß in ihr scharfe politische Gegner sich zu wissenschaftlicher Arbeit zusammenfinden. Sie war bisher kein »sozialistisches« und wird künftig kein »bürgerliches« Organ sein. Sie schließt von ihrem Mitarbeiterkreise niemand aus, der sich auf den Boden wissenschaftlicher Diskussion stellen *will.* Sie kann kein Tummelplatz von »Erwiderungen«, Repliken und Dupliken sein, aber sie schützt niemand, auch nicht ihre Mitarbeiter und *ebensowenig ihre Herausgeber* dagegen, in ihren Spalten der denkbar schärfsten sachlich-wissenschaftlichen Kritik ausgesetzt zu sein. Wer das nicht ertragen kann, oder wer auf dem Standpunkt steht, mit Leuten, die im Dienste anderer Ideale arbei-
34 ten als er selbst, auch im Dienste wissenschaftlicher | Erkenntnis nicht zusammenwirken zu wollen, der mag ihr fern bleiben.

Nun ist aber freilich – wir wollen uns darüber nicht täuschen – mit diesem letzten Satze praktisch zurzeit leider mehr gesagt, als es auf den ersten Blick scheint. Zunächst hat, wie schon angedeutet, die Möglichkeit, mit politischen Gegnern sich auf neutralem Boden – geselligem oder ideellem – unbefangen zusammenzufinden, leider erfahrungsgemäß überall und zumal unter deutschen Verhältnissen ihre psychologischen Schranken. An sich als ein Zeichen parteifanatischer Beschränktheit und unentwickelter politischer Kultur unbedingt bekämpfenswert, gewinnt dieses Moment für eine Zeitschrift wie die unsrige eine ganz wesentliche Verstärkung durch den Umstand, daß auf dem Gebiet der Sozialwissenschaften der Anstoß zur Aufrollung *wissenschaftlicher* Probleme erfahrungsgemäß regelmäßig durch *praktische* »Fragen« gegeben wird, so daß die bloße Anerkennung des Bestehens eines wissenschaftlichen Problems in Personalunion steht mit einem bestimmt gerichteten Wollen lebendiger Menschen. In den Spalten einer Zeitschrift, welche unter dem Einflusse des allgemeinen Interesses für ein konkretes Problem ins Leben tritt, werden sich daher als Mitarbeiter regelmäßig Menschen zusammenfinden, die ihr persönliches Interesse diesem Problem deshalb zuwenden, weil bestimmte konkrete Zustände ihnen im Widerspruch mit idealen Werten, an die sie glauben, zu stehen, jene Werte zu gefährden scheinen. Die Wahlverwandtschaft ähnlicher Ideale wird alsdann diesen Mitarbeiterkreis zusammenhalten und sich neu rekrutieren lassen, und dies wird der Zeitschrift wenigstens bei der Behandlung praktisch-sozial*politischer* Probleme einen bestimmten *»Charakter«* aufprägen, wie er die unvermeidliche Begleiterscheinung jedes Zusammenwirkens lebendig empfindender Menschen ist, deren wertende Stellungnahme zu den Problemen auch bei der rein theoretischen Arbeit nicht immer ganz unterdrückt wird und bei der Kritik *praktischer* Vorschläge und Maßnahmen auch – unter den oben erörterten Voraussetzungen – ganz legitimerweise zum Ausdruck kommt. Das Archiv nun trat in einem Zeitraum ins Leben, als bestimmte praktische Probleme der »Arbeiterfrage« im überkommenen Sinne des Wortes, im Vordergrund der sozialwissenschaftlichen Erörterungen standen. Diejenigen Persönlichkeiten, für wel-

che mit den Problemen, die es behandeln wollte, die höch-
35 sten und entscheidenden Wertideen sich verknüpften, | und welche deshalb seine regelmäßigsten Mitarbeiter wurden, waren eben daher zugleich auch Vertreter einer durch jene Wertideen gleich oder doch ähnlich gefärbten Kulturauffassung. Jedermann weiß denn auch, daß, wenn die Zeitschrift den Gedanken, eine »Tendenz« zu verfolgen, durch die ausdrückliche Beschränkung auf »wissenschaftliche« Erörterungen und durch die ausdrückliche Einladung an »Angehörige aller politischen Lager« bestimmt ablehnte, sie trotzdem sicherlich einen »Charakter« im obigen Sinn besaß. Er wurde durch den Kreis ihrer regelmäßigen Mitarbeiter geschaffen. Es waren im allgemeinen Männer, denen, bei aller sonstigen Verschiedenheit der Ansichten, der Schutz der physischen Gesundheit der Arbeitermassen und die Ermöglichung steigender Anteilnahme an den materiellen und geistigen Gütern unserer Kultur für sie, als Ziel – als Mittel aber die Verbindung staatlichen Eingreifens in die materielle Interessensphäre mit freiheitlicher Fortentwicklung der bestehenden Staats- und Rechtsordnung vorschwebten, und die welches immer ihre Ansicht über die Gestaltung der Gesellschaftsordnung in der ferneren Zukunft sein mochte – für die *Gegenwart* die kapitalistische Entwicklung bejahten, nicht weil sie ihnen, gegenüber den älteren Formen gesellschaftlicher Gliederung als die bessere, sondern weil sie ihnen als praktisch unvermeidlich und der Versuch grundsätzlichen Kampfes gegen sie, nicht als Förderung, sondern als Hemmung des Emporsteigens der Arbeiterklasse an das Licht der Kultur erschien. Unter den in Deutschland heute bestehenden Verhältnissen – sie bedürfen hier nicht der näheren Klarlegung – war dies und wäre es auch heute nicht zu vermeiden. Ja, es kam im tatsächlichen Erfolg der Allseitigkeit der Beteiligung an der wissenschaftlichen Diskussion direkt zugute und war für die Zeitschrift eher ein Moment der Stärke, ja – unter den gegebenen Verhältnissen – sogar vielleicht einer der Titel ihrer Existenzberechtigung.

Unzweifelhaft ist es nun, daß die Entwicklung eines »Charakters« in diesem Sinne bei einer wissenschaftlichen Zeitschrift eine Gefahr für die Unbefangenheit der wissenschaftlichen Arbeit bedeuten *kann* und dann wirklich bedeuten *müßte,* wenn die Auswahl der Mitarbeiter eine planvoll einseitige würde: in diesem Falle bedeutete die Züchtung jenes »Charakters« praktisch dasselbe wie das Bestehen einer »Tendenz«. Die Herausgeber sind sich der Verantwortung, die ihnen diese Sachlage auferlegt, durchaus bewußt. Sie beabsichtigen weder, den Charakter | des Archivs planvoll zu ändern, noch *36*
etwa ihn durch geflissentliche Beschränkung des Mitarbeiterkreises auf Gelehrte mit bestimmten Parteimeinungen, künstlich zu konservieren. Sie nehmen ihn als gegeben hin und warten seine weitere »Entwicklung« ab. *Wie* er sich in Zukunft gestaltet und vielleicht, infolge der unvermeidlichen Erweiterung unseres Mitarbeiterkreises, *um*gestaltet, das wird zunächst von der Eigenart derjenigen Persönlichkeiten abhängen, die mit der Absicht, wissenschaftlicher Arbeit zu dienen, in diesen Kreis eintreten und in den Spalten der Zeitschrift heimisch werden oder bleiben. Und es wird weiter durch die Erweiterung der *Probleme* bedingt sein, deren Förderung sich die Zeitschrift zum Ziel setzt.

Mit dieser Bemerkung gelangen wir zu der bisher noch nicht erörterten Frage der *sachlichen Abgrenzung* unseres Arbeitsgebietes. Hierauf kann aber eine Antwort nicht gegeben werden, ohne auch hier die Frage nach der Natur des Zieles sozialwissenschaftlicher Erkenntnis überhaupt aufzurollen. Wir haben bisher, indem wir »Werturteile« und »Erfahrungswissen« prinzipiell schieden, vorausgesetzt, daß es eine unbedingt gültige Art der Erkenntnis, d. h. der denkenden Ordnung der empirischen Wirklichkeit auf dem Gebiet der Sozialwissenschaften tatsächlich gebe. Diese Annahme wird jetzt insofern zum Problem, als wir erörtern müssen, was objektive »Geltung« der Wahrheit, die wir erstreben, auf unserem Gebiet bedeuten *kann.* Daß das Problem als solches besteht und hier nicht spintisierend geschaffen wird, kann niemanden entgehen, der den Kampf um Methode, »Grundbegriffe« und Voraussetzungen, den steten Wechsel der »Gesichtspunkte« und die stete Neubestimmung der »Begriffe«, die verwendet werden, beobachtet und sieht, wie theoretische und historische Betrachtungsform noch immer durch eine scheinbar unüberbrückbare Kluft getrennt sind: »*zwei* Nationalökonomien«, wie ein verzweifelnder Wiener Examinand seinerzeit jammernd klagte. Was heißt hier Objektivität? Lediglich *diese* Frage wollen die nachfolgenden Ausführungen erörtern.

II.

Die Zeitschrift hat von Anfang an die Gegenstände, mit denen
37 sie sich befaßte, als sozial-*ökonomische* behandelt. So | wenig Sinn es nun hätte, hier Begriffsbestimmungen und Abgrenzungen von Wissenschaften vorzunehmen, so müssen wir uns doch darüber summarisch ins klare setzen, was das bedeutet.

Daß unsere physische Existenz ebenso wie die Befriedigung unserer idealsten Bedürfnisse überall auf die quantitative Begrenztheit und qualitative Unzulänglichkeit der dafür benötigten äußeren Mittel stößt, daß es zu ihrer Befriedigung der planvollen Vorsorge und der Arbeit, des Kampfes mit der Natur und der Vergesellschaftung mit Menschen bedarf, das ist, möglichst unpräzis ausgedrückt, der grundlegende Tatbestand, an den sich alle jene Erscheinungen knüpfen, die wir im weitesten Sinne als »sozialökonomische« bezeichnen. Die Qualität eines Vorganges als »sozialökonomischer« Erscheinung ist nun nicht etwas, was ihm als solchem »objektiv« anhaftet. Sie ist vielmehr bedingt durch die Richtung unseres Erkenntnis*interesses,* wie sie sich aus der spezifischen Kulturbedeutung ergibt, die wir dem betreffenden Vorgange im einzelnen Fall beilegen. Wo immer ein Vorgang des Kulturlebens in denjenigen Teilen seiner Eigenart, in welchen für uns seine spezifische *Bedeutung* beruht, direkt oder in noch so vermittelter Weise an jenem Tatbestand verankert ist, da enthält er oder kann er wenigstens, *so weit* dies der Fall, ein sozialwissenschaftliches *Problem* enthalten, d. h. eine Aufgabe für eine Disziplin, welche die Aufklärung der Tragweite jenes grundlegenden Tatbestandes zu ihrem Gegenstande macht.

Wir können nun innerhalb der sozialökonomischen Probleme unterscheiden: Vorgänge und Komplexe von solchen Normen, Institutionen usw., deren Kulturbedeutung für uns wesentlich auf ihrer ökonomischen Seite beruht, die uns – wie z.B. etwa Vorgänge des Börsen- und Banklebens – zunächst wesentlich nur unter *diesem* Gesichtspunkt interessieren. Dies wird regelmäßig (aber nicht etwa ausschließlich) dann der Fall sein, wenn es sich um Institutionen handelt, welche *bewußt* zu ökonomischen Zwecken geschaffen wurden oder benutzt werden. Solche Objekte unseres Erkennens können wir i.e.S. »wirtschaftliche« Vorgänge bzw. Institutionen nennen. Dazu treten andere, die – wie z.B. etwa Vorgänge des *religiösen* Lebens – uns nicht oder doch sicherlich nicht in erster Linie unter dem Gesichtspunkt ihrer ökonomischen Bedeutung und um dieser willen interessieren, die aber unter Umständen unter diesem Gesichtspunkt Bedeutung gewinnen, weil von ihnen *Wirkungen* ausgehen, die uns unter ökonomischen Gesichtspunkten
interessieren: | »ökonomisch relevante« Erscheinungen. Und 38
endlich gibt es unter den *nicht* in unserem Sinne »wirtschaftlichen« Erscheinungen solche, deren ökonomische Wirkungen für uns von keinem oder doch nicht erheblichem Interesse sind: etwa die Richtung des künstlerischen Geschmacks einer Zeit, – die aber ihrerseits im Einzelfalle in gewissen bedeutsamen Seiten ihrer Eigenart durch ökonomische Motive, also z.B. in unserem Fall etwa durch die Art der sozialen Gliederung des künstlerisch interessierten Publikums mehr oder minder stark mit *beeinflußt* sind: ökonomisch *bedingte* Erscheinungen. Jener Komplex menschlicher Beziehungen, Normen und normbestimmter Verhältnisse, die wir »Staat« nennen, ist beispielsweise bezüglich der staatlichen Finanzwirtschaft eine »wirtschaftliche« Erscheinung; – insofern er gesetzgeberisch oder sonst auf das Wirtschaftsleben einwirkt (und zwar auch da, wo ganz andere als ökonomische Gesichtspunkte sein Ver-

halten bewußt bestimmen) ist er »ökonomisch relevant«; – sofern endlich sein Verhalten und seine Eigenart auch in anderen als in seinen »wirtschaftlichen« Beziehungen durch ökonomische Motive mitbestimmt wird, ist er »ökonomisch bedingt«. Es versteht sich nach dem Gesagten von selbst, daß einerseits der Umkreis der »wirtschaftlichen« Erscheinungen ein flüssiger und nicht scharf abzugrenzender ist, und daß andererseits natürlich keineswegs etwa die »wirtschaftlichen« Seiten einer Erscheinung *nur* »wirtschaftlich bedingt« oder *nur* »wirtschaftlich wirksam« sind, und daß eine Erscheinung überhaupt die Qualität einer »wirtschaftlichen« nur insoweit und *nur so* lange behält, als unser *Interesse* sich der *Bedeutung,* die sie für den materiellen Kampf ums Dasein besitzt, ausschließlich zuwendet.

Unsere Zeitschrift nun befaßt sich wie die sozialökonomische Wissenschaft seit Marx und Roscher[2] nicht nur mit »wirtschaftlichen« sondern auch mit »wirtschaftlich relevanten« und »wirtschaftlich bedingten« Erscheinungen. Der Umkreis derartiger Objekte erstreckt sich natürlich, – flüssig, wie er je nach der jeweiligen Richtung unseres Interesses ist, – offenbar durch die Gesamtheit aller Kulturvorgänge. Spezifisch ökonomische Motive – d. h. Motive, die in ihrer für uns bedeutsamen Eigenart an jenem grundlegenden Tatbestand verankert sind – werden überall da wirksam, wo die Befriedigung eines noch so immateriellen Bedürfnisses an die Verwendung *begrenzter* äußerer Mittel gebunden ist. Ihre Wucht hat deshalb überall nicht nur die Form der Befriedigung, sondern auch
39 den Inhalt von Kulturbedürfnissen | auch der innerlichsten Art mitbestimmt und umgestaltet. Der indirekte Einfluß, der unter dem Drucke »materieller« Interessen stehenden sozialen Beziehungen, Institutionen und Gruppierungen der Menschen, erstreckt sich (oft unbewußt) auf alle Kulturgebie-

2 Wilhelm Roscher (1817–94), deutscher Nationalökonom, Universitäten Göttingen und Leipzig, zusammen mit Bruno Hildebrand und Karl Knies Begründer der Historischen Schule der deutschen Nationalökonomie.

te ohne Ausnahme, bis in die feinsten Nuancierungen des ästhetischen und religiösen Empfindens hinein. Die Vorgänge des alltäglichen Lebens nicht minder wie die »historischen« Ereignisse der hohen Politik, Kollektiv- und Massenerscheinungen ebenso wie »singuläre« Handlungen von Staatsmännern oder individuelle literarische und künstlerische Leistungen sind durch sie mitbeeinflußt, – »ökonomisch bedingt«. Andererseits wirkt die Gesamtheit aller Lebenserscheinungen und Lebensbedingungen einer historisch gegebenen Kultur auf die Gestaltung der materiellen Bedürfnisse, auf die Art ihrer Befriedigung, auf die Bildung der materiellen Interessengruppen und auf die Art ihrer Machtmittel und damit auf die Art des Verlaufes der »ökonomischen Entwicklung« ein, – wird »ökonomisch relevant«. Soweit unsere Wissenschaft *wirtschaftliche* Kulturerscheinungen im kausalen Regressus individuellen Ursachen – ökonomischen oder nicht ökonomischen Charakters – zurechnet, erstrebt sie »historische« Erkenntnis. Soweit sie *ein* spezifisches Element der Kulturerscheinungen: das ökonomische, in seiner Kulturbedeutung durch die verschiedensten Kulturzusammenhänge hindurch verfolgt, erstrebt sie *Geschichtsinterpretation* unter einem spezifischen Gesichtspunkt und bietet ein Teilbild, eine *Vorarbeit* für die volle historische Kulturerkenntnis.

Wenn nun auch nicht überall, wo ein Hineinspielen ökonomischer Momente als Folge oder Ursache stattfindet, ein sozialökonomisches *Problem* vorliegt – denn ein solches entsteht nur da, wo die Bedeutung jener Faktoren eben *problematisch* und nur durch die Anwendung der Methoden der sozial-ökonomischen Wissenschaft sicher feststellbar ist – so ergibt sich doch der schier unübersehbare Umkreis des Arbeitsgebietes der sozial-ökonomischen Betrachtungsweise.

Unsere Zeitschrift hat nun schon bisher in wohlerwogener Selbstbeschränkung auf die Pflege einer ganzen Reihe höchst wichtiger Spezialgebiete unserer Disziplin, wie namentlich der deskriptiven Wirtschaftskunde, der Wirtschaftsgeschichte im engeren Sinne und der Statistik, im allgemei-

nen verzichtet. Ebenso hat sie die Erörterung der finanztech-
nischen Fragen und die technisch-ökonomischen Probleme
40 der Markt- und Preisbildung in der modernen | Tauschwirt-
schaft anderen Organen überlassen. Ihr Arbeitsgebiet waren
gewisse Interessenkonstellationen und Konflikte, welche
durch die führende Rolle des Verwertung suchenden Kapitals
in der Wirtschaft der modernen Kulturländer entstanden sind,
in ihrer heutigen Bedeutung und ihrem geschichtlichen Ge-
wordensein. Sie hat sich dabei nicht auf die im engsten Sinne
»soziale Frage« genannten praktischen und entwicklungsge-
schichtlichen Probleme: die Beziehungen der modernen
Lohnarbeiterklasse zu der bestehenden Gesellschaftsord-
nung, beschränkt. Freilich mußte die wissenschaftliche Ver-
tiefung des im Laufe der 80er Jahre bei uns sich verbreitenden
Interesses gerade an dieser Spezialfrage, zunächst eine ihrer
wesentlichsten Aufgaben sein. Allein je mehr die praktische
Behandlung der Arbeiterverhältnisse auch bei uns dauernder
Gegenstand der gesetzgebenden Tätigkeit und der öffentli-
chen Erörterung geworden ist, um so mehr mußte der
Schwerpunkt der wissenschaftlichen Arbeit sich auf die Fest-
stellung der universelleren Zusammenhänge, in welche diese
Probleme hineingehören, verschieben und damit in die Auf-
gabe einer Analyse *aller,* durch die Eigenart der ökonomischen
Grundlagen unserer Kultur geschaffenen und insofern spezi-
fisch modernen Kulturprobleme ausmünden. Die Zeitschrift
hat denn auch schon sehr bald die verschiedensten, teils »öko-
nomisch relevanten«, teils »ökonomisch bedingten« Lebens-
verhältnisse auch der übrigen großen Klassen der modernen
Kulturnationen und deren Beziehungen zueinander histo-
risch, statistisch und theoretisch zu behandeln begonnen. Wir
ziehen nur die Konsequenzen dieses Verhaltens, wenn wir
jetzt als eigenstes Arbeitsgebiet unserer Zeitschrift die wissen-
schaftliche Erforschung der *allgemeinen Kulturbedeutung der so-
zialökonomischen Struktur des menschlichen Gemeinschaftslebens*
und seiner historischen Organisationsformen bezeichnen. –
Dies und nichts anderes meinen wir, wenn wir unsere Zeit-

schrift »Archiv für Sozialwissenschaft« genannt haben. Das Wort soll hier die geschichtliche und theoretische Beschäftigung mit den gleichen Problemen umfassen, deren praktische Lösung Gegenstand der »Sozial*politik*« im weitesten Sinne dieses Wortes ist. Wir machen dabei von dem Rechte Gebrauch, den Ausdruck »sozial« in seiner durch konkrete Gegenwartsprobleme bestimmten Bedeutung zu verwenden. Will man solche Disziplinen, welche die Vorgänge des menschlichen Lebens unter dem Gesichtspunkt ihrer *Kulturbedeutung* betrachten, »Kulturwissenschaften« nennen, so gehört die So-
zial- | wissenschaft in unserem Sinne in diese Kategorie hin- 41
ein. Wir werden bald sehen, welche prinzipiellen Konsequenzen das hat.

Unzweifelhaft bedeutet die Heraushebung der *sozialökonomischen* Seite des Kulturlebens eine sehr fühlbare Begrenzung unserer Themata. Man wird sagen, daß der ökonomische oder, wie man unpräzis gesagt hat, der »materialistische« Gesichtspunkt, von dem aus das Kulturleben hier betrachtet wird, »einseitig« sei. Sicherlich, und diese Einseitigkeit ist beabsichtigt. Der Glaube, es sei die Aufgabe fortschreitender wissenschaftlicher Arbeit, die »Einseitigkeit« der ökonomischen Betrachtungsweise dadurch zu heilen, daß sie zu einer *allgemeinen* Sozialwissenschaft erweitert werde, krankt zunächst an dem Fehler, daß der Gesichtspunkt des »Sozialen«, also der Beziehung zwischen Menschen, nur dann irgend welche zur Abgrenzung wissenschaftlicher Probleme ausreichende Bestimmtheit besitzt, wenn er mit irgend einem speziellen inhaltlichen Prädikat versehen ist. Sonst umfaßte er, als Objekt einer Wissenschaft gedacht, natürlich z. B. die Philologie ebensowohl wie die Kirchengeschichte und namentlich alle jene Disziplinen, die mit dem wichtigsten konstitutiven Elemente jedes Kulturlebens: dem Staat, und mit der wichtigsten Form seiner normativen Regelung: dem Recht, sich beschäftigen. Daß die Sozialökonomik sich mit »sozialen« Beziehungen befaßt ist so wenig ein Grund, sie als notwendigen Vorläufer einer »allgemeinen Sozialwissenschaft« zu denken, wie etwa der Umstand, daß sie sich mit Lebenserscheinungen befaßt, dazu nötigt, sie als Teil der Biologie, oder der andere, daß sie es mit Vorgängen auf einem Himmelskörper zu tun hat, dazu, sie als Teil einer künftigen vermehrten und verbesserten Astronomie anzusehen. Nicht die *»sachlichen«* Zusammenhänge der *»Dinge«,* sondern die *gedanklichen* Zusammenhänge der *Probleme* liegen den Arbeitsgebieten der Wissenschaften zugrunde: wo mit neuer Methode einem neuen Problem nachgegangen wird und dadurch Wahrheiten entdeckt werden, welche neue bedeutsame Gesichtspunkte eröffnen, da entsteht eine neue »Wissenschaft«.

Es ist nun kein Zufall, daß der Begriff des »Sozialen«, der einen ganz allgemeinen Sinn zu haben scheint, sobald man ihn auf seine Verwendung hin kontrolliert, stets eine durchaus besondere, spezifisch gefärbte, wenn auch meist unbestimmte, Bedeutung an sich trägt; das »allgemeine« beruht bei ihm tatsächlich in nichts anderem als eben in seiner Unbestimmtheit. Er bietet eben, wenn man ihn in seiner »allgemeinen« Bedeu-
42 tung nimmt, keinerlei spezifische *Gesichts- | punkte,* unter denen man die *Bedeutung* bestimmter Kulturelemente beleuchten könnte.

Frei von dem veralteten Glauben, daß die Gesamtheit der Kulturerscheinungen sich als Produkt oder als Funktion »materieller« Interessenkonstellationen *deduzieren* lasse, glauben wir unsrerseits doch, daß die Analyse der sozialen *Erscheinungen und Kulturvorgänge* unter dem speziellen Gesichtspunkte ihrer *ökonomischen* Bedingtheit und Tragweite ein wissenschaftliches Prinzip von schöpferischer Fruchtbarkeit war und, bei umsichtiger Anwendung und Freiheit von dogmatischer Befangenheit, auch in aller absehbarer Zeit noch bleiben wird. Die sogenannte »materialistische Geschichtsauffassung« als *»Weltanschauung«* oder als Generalnenner kausaler Erklärung der historischen Wirklichkeit ist auf das Bestimmteste abzulehnen, – die Pflege der ökonomischen Geschichts*interpretation* ist einer der wesentlichsten Zwecke unserer Zeitschrift. Das bedarf der näheren Erläuterung.

Die sogenannte »materialistische Geschichtsauffassung« in dem *alten* genial-primitiven Sinne etwa des kommunistischen Manifests beherrscht heute wohl nur noch die Köpfe von Laien und Dilettanten. Bei ihnen findet sich allerdings noch immer die eigentümliche Erscheinung verbreitet, daß ihrem Kausalbedürfnis bei der Erklärung einer historischen Erscheinung so lange nicht Genüge geschehen ist, als nicht irgendwie und irgendwo ökonomische Ursachen als mitspielend nachgewiesen sind (oder zu sein scheinen): ist dies aber der Fall, dann begnügen sie sich wiederum mit der fadenscheinigsten Hypothese und den allgemeinsten Redewendungen, weil nunmehr ihrem dogmatischen Bedürfnis, daß die ökonomischen »Triebkräfte« die »eigentlichen«, einzig »wahren«, in »letzter Instanz überall Ausschlag gebenden« seien, Genüge geschehen ist. Die Erscheinung ist ja nichts Einzigartiges. Es haben fast alle Wissenschaften, von der Philologie bis zur Biologie, gelegentlich den Anspruch erhoben, Produzenten nicht nur von Fachwissen, sondern auch von »Weltanschauungen« zu sein. Und unter dem Eindruck der gewaltigen Kulturbedeutung der *modernen* ökonomischen Umwälzungen und speziell der überragenden Tragweite der »Arbeiterfrage« glitt der unausrottbare monistische Zug jedes gegen sich selbst unkritischen Erkennens naturgemäß auf diesen Weg. Der gleiche Zug kommt jetzt, wo in zunehmender Schärfe der politische und handelspolitische Kampf der Nationen untereinander um die Welt gekämpft wird, der Anthropologie zugute: ist | doch der *43*
Glaube weit verbreitet, daß »in letzter Linie« alles historische Geschehen Ausfluß des Spiels angeborener »Rassenqualitäten« gegeneinander sei. An die Stelle der kritiklosen bloßen Beschreibung von »Volkscharakteren« trat die noch kritiklosere Aufstellung von eigenen »Gesellschaftstheorien« auf »naturwissenschaftlicher« Grundlage. Wir werden in unserer Zeitschrift die Entwicklung der anthropologischen Forschung, soweit sie für unsere Gesichtspunkte Bedeutung gewinnt, sorgsam verfolgen. Es steht zu hoffen, daß der Zustand, in welchem die kausale Zurückführung von Kulturvorgängen auf

die »Rasse« lediglich unser *Nicht*wissen dokumentierte, – ähnlich wie etwa die Bezugnahme auf das »Milieu« oder, früher, auf die »Zeitumstände«, – allmählich durch methodisch geschulte Arbeit überwunden wird. Wenn etwas dieser Forschung bisher geschadet hat, so ist es die Vorstellung eifriger Dilettanten, daß sie für die Erkenntnis der *Kultur* etwas spezifisch Anderes und Erheblicheres leisten könnte, als die Erweiterung der Möglichkeit sicherer Zurechnung einzelner *konkreter* Kulturvorgänge der historischen Wirklichkeit zu *konkreten historisch* gegebenen Ursachen durch Gewinnung *exakten,* unter spezifischen Gesichtspunkten erhobenen Beobachtungsmaterials. Ausschließlich soweit sie uns *dies* zu bieten vermögen, haben ihre Ergebnisse für uns Interesse und qualifizieren sie die »Rassenbiologie« als etwas *mehr* als ein Produkt des modernen wissenschaftlichen Gründungsfiebers.

Nicht anders steht es um die Bedeutung der ökonomischen Interpretation des Geschichtlichen. Wenn nach einer Periode grenzenloser Überschätzung heute beinahe die Gefahr besteht, daß sie in ihrer wissenschaftlichen Leistungsfähigkeit *unter*wertet werde, so ist das die Folge der beispielslosen Unkritik, mit welcher die ökonomische Deutung der Wirklichkeit als »universelle« Methode in dem Sinne einer Deduktion aller Kulturerscheinungen – d. h. alles an ihnen für uns Wesentlichen, – als in letzter Instanz ökonomisch bedingt verwendet wurde. Heute ist die logische Form, in der sie auftritt, nicht ganz einheitlich. Wo für die rein ökonomische Erklärung sich Schwierigkeiten ergeben, stehen verschiedene Mittel zur Verfügung, um ihre Allgemeingültigkeit als entscheidendes ursächliches Moment aufrecht zu erhalten. Entweder man behandelt alles das, was in der historischen Wirklichkeit *nicht* aus ökonomischen Motiven deduzierbar ist, als eben *deshalb* wissenschaftlich *bedeutungslose* »Zufälligkeit«. Oder man dehnt den Begriff des Ökonomischen bis zur Unkenntlichkeit, so
44 daß alle mensch- | lichen Interessen, welche irgend wie an äußere Mittel gebunden sind, in jenen Begriff einbezogen werden. Steht historisch fest, daß auf zwei in ökonomischer Hin-

sicht *gleiche* Situationen dennoch *verschieden* reagiert wurde, – infolge der Differenzen der politischen und religiösen, klimatischen und der zahllosen anderen *nicht* ökonomischen Determinanten –, dann degradiert man, um die Suprematie des Ökonomischen zu erhalten, alle diese Momente zu den historisch zufälligen »Bedingungen«, *unter* denen die ökonomischen Motive als »Ursachen« wirken. Es versteht sich aber, daß alle jene für die ökonomische Betrachtung »zufälligen« Momente ganz in demselben Sinne wie die ökonomischen je ihren eigenen Gesetzen folgen, und daß für eine Betrachtungsweise, welche ihre spezifische Bedeutung verfolgt, die jeweiligen *ökonomischen* »Bedingungen« ganz in dem gleichen Sinne »historisch zufällig« sind, wie umgekehrt. Ein beliebter Versuch, demgegenüber die überragende Bedeutung des Ökonomischen zu retten, besteht endlich darin, daß man das konstante Mit- und Aufeinanderwirken der einzelnen Elemente des Kulturlebens in eine kausale oder funktionelle *Abhängigkeit* des einen von den anderen oder vielmehr aller übrigen von einem: dem ökonomischen, deutet. Wo eine bestimmte einzelne *nicht* wirtschaftliche Institution historisch auch eine bestimmte »Funktion« im Dienste von ökonomischen Klasseninteressen versehen hat, d. h. diesen dienstbar geworden ist, wo z.B. etwa bestimmte religiöse Institutionen als »schwarze Polizei« sich verwenden lassen und verwendet werden, wird dann die ganze Institution entweder als für diese Funktion geschaffen oder, – ganz metaphysisch, – als durch eine vom Ökonomischen ausgehende »Entwicklungstendenz« geprägt, vorgestellt.

Es bedarf heute für keinen Fachmann mehr der Ausführung, daß *diese* Deutung des Zweckes der ökonomischen Kulturanalyse der Ausfluß teils einer bestimmten geschichtlichen Konstellation, die das wissenschaftliche Interesse bestimmten ökonomisch bedingten Kulturproblemen zuwendete, teils eines rabiaten wissenschaftlichen Ressortpatriotismus war und daß sie heute mindestens veraltet ist. Die Reduktion auf ökonomische Ursachen *allein* ist auf *keinem* Gebiete der Kulturer-

scheinungen je in irgend einem Sinn erschöpfend, auch nicht auf demjenigen der »wirtschaftlichen« Vorgänge. Prinzipiell ist eine *Bank*geschichte irgend eines Volkes, die nur die ökonomischen Motive zur Erklärung heranziehen wollte, natürlich ganz ebenso unmöglich, wie es etwa eine »Erklärung« der
45 Sixtinischen | Madonna aus den sozial-ökonomischen Grundlagen des Kulturlebens zur Zeit ihrer Entstehung sein würde, und sie ist in keiner Weise prinzipiell erschöpfender als es etwa die Ableitung des Kapitalismus aus gewissen Umgestaltungen religiöser Bewußtseinsinhalte, die bei der Genesis des kapitalistischen Geistes mitspielten, oder etwa irgend eines politischen Gebildes aus geographischen Bedingungen sein würden. In *allen* diesen Fällen ist für das Maß der Bedeutung, die wir ökonomischen Bedingungen beizumessen haben, entscheidend, welcher Klasse von Ursachen *diejenigen* spezifischen Elemente der betreffenden Erscheinung, denen wir im einzelnen Falle *Bedeutung* beilegen, auf die es uns ankommt, *zuzurechnen* sind. Das Recht der *einseitigen* Analyse der Kulturwirklichkeit unter spezifischen »Gesichtspunkten« aber – in unserem Falle dem ihrer ökonomischen Bedingtheit, – ergibt sich zunächst rein methodisch aus dem Umstande, daß die Einschulung des Auges auf die Beobachtung der Wirkung qualitativ gleichartiger Ursachenkategorien und die stete Verwendung des gleichen begrifflich-methodischen Apparates alle Vorteile der *Arbeitsteilung* bietet. Sie ist so lange nicht »willkürlich«, als der Erfolg für sie spricht, d. h. als sie Erkenntnis von Zusammenhängen liefert, welche für die kausale Zurechnung konkreter historischer Vorgänge sich *wertvoll* erweisen. *Aber:* die *»Einseitigkeit«* und Unwirklichkeit der rein ökonomischen Interpretation des Geschichtlichen ist überhaupt nur ein Spezialfall eines ganz allgemein für die wissenschaftliche Erkenntnis der Kulturwirklichkeit geltenden Prinzips. Dies in seinen logischen Grundlagen und in seinen allgemeinen methodischen Konsequenzen uns zu verdeutlichen, ist der wesentliche Zweck der weiteren Auseinandersetzungen.

Es gibt keine schlechthin »objektive« wissenschaftliche Analyse des Kulturlebens oder, – was vielleicht etwas Engeres, *für unsern* Zweck aber sicher nichts wesentlich anderes bedeutet, – der »sozialen Erscheinungen« *unabhängig* von speziellen und »einseitigen« Gesichtspunkten, nach denen sie – ausdrücklich oder stillschweigend, bewußt oder unbewußt – als Forschungsobjekt ausgewählt, analysiert und darstellend gegliedert werden. Der Grund liegt in der Eigenart des Erkenntnisziels einer jeden sozialwissenschaftlichen Arbeit, die über eine rein *formale* Betrachtung der *Normen* – rechtlichen oder konventionellen – des sozialen Beieinanderseins hinausgehen will. |

Die Sozialwissenschaft, die *wir* treiben wollen, ist eine 46
Wirklichkeitswissenschaft. Wir wollen die uns umgebende Wirklichkeit des Lebens, in welches wir hineingestellt sind, *in ihrer Eigenart* verstehen – den Zusammenhang und die Kultur*bedeutung* ihrer einzelnen Erscheinungen in ihrer heutigen Gestaltung einerseits, die Gründe ihres geschichtlichen So-und-nicht-anders-Gewordenseins andererseits. Nun bietet uns das Leben, sobald wir uns auf die Art, in der es uns unmittelbar entgegentritt, zu besinnen suchen, eine schlechthin unendliche Mannigfaltigkeit von nach- und nebeneinander auftauchenden und vergehenden Vorgängen, »in« uns und »außer« uns. Und die absolute Unendlichkeit dieser Mannigfaltigkeit bleibt intensiv durchaus ungemindert auch dann bestehen, wenn wir ein einzelnes »Objekt« – etwa einen konkreten Tauschakt – isoliert ins Auge fassen, – sobald wir nämlich ernstlich versuchen wollen, dies »Einzelne« *erschöpfend* in *allen* seinen individuellen Bestandteilen auch nur zu beschreiben, geschweige denn es in seiner kausalen Bedingtheit zu erfassen. Alle denkende Erkenntnis der unendlichen Wirklichkeit durch den endlichen Menschengeist beruht daher auf der stillschweigenden Voraussetzung, daß jeweils nur ein endlicher *Teil* derselben den Gegenstand wissenschaftlicher Erfassung bilden, daß nur er »wesentlich« im Sinne von »wissenswert« sein solle. Nach welchen Prinzipien aber wird dieser Teil aus-

gesondert? Immer wieder hat man geglaubt, das entscheidende Merkmal auch in den Kulturwissenschaften in letzter Linie in der »gesetzmäßigen« Wiederkehr bestimmter ursächlicher Verknüpfungen finden zu können. Das, was die »Gesetze«, die wir in dem unübersehbar mannigfaltigen Ablauf der Erscheinungen zu erkennen vermögen, in sich enthalten, muß, – nach dieser Auffassung, – das allein wissenschaftlich »Wesentliche« an ihnen sein: sobald wir die »Gesetzlichkeit« einer ursächlichen Verknüpfung, sei es mit den Mitteln umfassender historischer Induktion als ausnahmslos geltend nachgewiesen, sei es für die innere Erfahrung zur unmittelbaren anschaulichen Evidenz gebracht haben, ordnet sich ja jeder so gefundenen Formel jede noch so groß gedachte Zahl gleichartiger Fälle unter. Was nach dieser Heraushebung des »Gesetzmäßigen« jeweils von der individuellen Wirklichkeit unbegriffen verbleibt, gilt entweder als wissenschaftlich noch unverarbeiteter Rückstand, der durch immer weitere Vervollkommnung des »Gesetzes«-Systems in dies hineinzuarbeiten sei, oder aber es
47 bleibt als »zufällig« und eben *deshalb* wissenschaft- | lich unwesentlich überhaupt beiseite, eben *weil* es nicht »gesetzlich begreifbar« ist, *also* nicht zum »Typus« des Vorgangs gehört und daher nur Gegenstand »müßiger Neugier« sein kann. Immer wieder taucht demgemäß – selbst bei Vertretern der historischen Schule – die Vorstellung auf, das Ideal, dem alle, also auch die Kulturerkenntnis zustrebe und, wenn auch für eine ferne Zukunft, zustreben könne, sei ein System von Lehrsätzen, aus dem die Wirklichkeit »deduziert« werden könnte. Ein Führer der Naturwissenschaft hat bekanntlich geglaubt, als das (faktisch unerreichbare) ideale Ziel einer solchen Verarbeitung der Kulturwirklichkeit eine *»astronomische«* Erkenntnis der Lebensvorgänge bezeichnen zu können. Lassen wir uns, so oft diese Dinge nun auch schon erörtert sind, die Mühe nicht verdrießen auch unsererseits hier etwas näher zuzusehen. Zunächst fällt in die Augen, daß diejenige »astronomische« Erkenntnis, an welche dabei gedacht wird, *keine* Erkenntnis *von Gesetzen* ist, sondern vielmehr die »Gesetze«, mit denen sie ar-

beitet, als *Voraussetzungen* ihrer Arbeit anderen Disziplinen, wie der Mechanik, entnimmt. Sie selbst aber interessiert sich für die Frage: welches *individuelle* Ergebnis die Wirkung jener Gesetze auf eine *individuell* gestaltete *Konstellation* erzeugt, da diese individuellen Konstellationen für uns *Bedeutung* haben. Jede individuelle Konstellation, die sie uns »erklärt« oder voraussagt, ist natürlich kausal nur erklärbar als Folge einer anderen gleich individuellen ihr vorhergehenden, und soweit wir zurückgreifen in den grauen Nebel der fernsten Vergangenheit – stets bleibt die Wirklichkeit, *für* welche die Gesetze gelten, gleich individuell, gleich wenig *aus* den Gesetzen *deduzierbar.* Ein kosmischer »Urzustand«, der einen nicht oder weniger *individuellen* Charakter an sich trüge als die kosmische Wirklichkeit der Gegenwart ist, wäre natürlich ein *sinnloser* Gedanke: – aber spukt nicht ein Rest ähnlicher Vorstellungen auf unserm Gebiet in jenen bald naturrechtlich erschlossenen, bald durch Beobachtung an »Naturvölkern« verifizierten Annahmen ökonomisch-sozialer »Urzustände« ohne historische »Zufälligkeiten«, – so des »primitiven Agrarkommunismus«, der sexuellen »Promiskuität« usw., – aus denen heraus alsdann durch eine Art von Sündenfall ins Konkrete die individuelle historische Entwicklung entsteht?

Ausgangspunkt des sozialwissenschaftlichen Interesses ist nun zweifellos die *wirkliche,* also individuelle Gestaltung des uns umgebenden sozialen Kulturlebens in seinem *universellen,* aber | deshalb natürlich nicht minder *individuell* gestalteten, 48
Zusammenhange und in seinem Gewordensein aus anderen, selbstverständlich wiederum individuell gearteten, sozialen Kulturzuständen heraus. Offenbar liegt hier der Sachverhalt, den wir eben an der Astronomie als einem (auch von den Logikern regelmäßig zum gleichen Behufe herangezogenen) Grenzfalle erläuterten, in spezifisch gesteigertem Maße vor. Während für die Astronomie die Weltkörper nur in ihren *quantitativen,* exakter Messung zugänglichen Beziehungen für unser Interesse in Betracht kommen, ist die *qualitative* Färbung der Vorgänge das, worauf es uns in der Sozialwissenschaft an-

kommt. Dazu tritt, daß es sich in den Sozialwissenschaften um die Mitwirkung *geistiger* Vorgänge handelt, welche nacherlebend zu *»verstehen«* natürlich eine Aufgabe spezifisch anderer Art ist, als sie die Formeln der exakten Naturerkenntnis überhaupt lösen können oder wollen. Immerhin sind diese Unterschiede nicht an sich derart prinzipielle, wie es auf den ersten Blick scheint. Ohne Qualitäten kommen – von der reinen Mechanik abgesehen – auch die exakten Naturwissenschaften nicht aus; wir stoßen ferner auf unserem Spezialgebiet auf die – freilich schiefe – Meinung, daß wenigstens die für unsere Kultur fundamentale Erscheinung des geldwirtschaftlichen Verkehrs quantifizierbar und *eben deshalb* »gesetzlich« erfaßbar sei; und endlich hängt es von der engeren oder weiteren Fassung des Begriffs »Gesetz« ab, ob man auch Regelmäßigkeiten, die, weil nicht quantifizierbar, keiner zahlenmäßigen Erfassung zugänglich sind, darunter verstehen will. Was speziell die Mitwirkung »geistiger« Motive anlangt, so schließt sie jedenfalls die Aufstellung von *Regeln* rationalen Handelns nicht aus, und vor allem ist die Ansicht noch heute nicht ganz verschwunden, daß es eben die Aufgabe der *Psychologie* sei, eine der Mathematik vergleichbare Rolle für die einzelnen *»Geisteswissenschaften«* zu spielen, indem sie die komplizierten Erscheinungen des Soziallebens auf ihre psychischen Bedingungen und Wirkungen hin zu zergliedern, diese auf möglichst einfache psychische Faktoren zurückzuführen, letztere wieder gattungsmäßig zu klassifizieren und in ihren funktionellen Zusammenhängen zu untersuchen habe. Damit wäre dann, wenn auch keine »Mechanik«, so doch eine Art von »Chemie« des Soziallebens in seinen psychischen Grundlagen geschaffen. Ob derartige Untersuchungen jemals wertvolle und – was davon verschieden ist – für die *Kultur*wissenschaften brauch- |
49 bare *Einzel*ergebnisse liefern würden, können wir hier nicht entscheiden wollen. Für die Frage aber, ob das *Ziel* sozialökonomischer Erkenntnis in unserem Sinn: Erkenntnis der *Wirklichkeit* in ihrer Kultur*bedeutung* und ihrem kausalen Zusammenhang durch die Aufsuchung des sich gesetzmäßig Wieder-

holenden erreicht werden kann, wäre dies ohne allen Belang. Gesetzt den Fall, es gelänge einmal, sei es mittels der Psychologie, sei es auf anderem Wege, alle jemals beobachteten und weiterhin auch alle in irgend einer Zukunft denkbaren ursächlichen Verknüpfungen von Vorgängen des menschlichen Zusammenlebens auf irgend welche einfache letzte »Faktoren« hin zu analysieren, und dann in einer ungeheuren Kasuistik von Begriffen und streng gesetzlich geltenden Regeln erschöpfend zu erfassen – was würde das Resultat für die Erkenntnis der *geschichtlich* gegebenen Kulturwelt, oder auch nur irgend einer Einzelerscheinung daraus, – etwa des Kapitalismus in seinem Gewordensein und seiner Kulturbedeutung, – besagen? Als Erkenntnis*mittel* ebensoviel und ebensowenig wie etwa ein Lexikon der organischen chemischen Verbindungen für die *biogenetische* Erkenntnis der Tier- und Pflanzenwelt. Im einen Falle wie im andern würde eine sicherlich wichtige und nützliche Vorarbeit geleistet sein. Im einen Fall so wenig wie im andern ließe sich aber aus jenen »Gesetzen« und »Faktoren« die Wirklichkeit des Lebens jemals *deduzieren* – nicht etwa deshalb nicht, weil noch irgend welche höhere und geheimnisvolle »Kräfte« (»Dominanten«, »Entelechien« oder wie man sie sonst genannt hat) in den Lebenserscheinungen stekken müßten – das ist eine Frage ganz für sich – sondern schon einfach deswegen, weil es uns für die Erkenntnis der Wirklichkeit auf die *Konstellation* ankommt, in der sich jene *(hypothetischen!)* »Faktoren«, zu einer geschichtlich für uns *bedeutsamen* Kulturerscheinung gruppiert, vorfinden, und weil, *wenn* wir nun diese individuelle Gruppierung »kausal erklären« wollen, wir immer auf andere, ganz ebenso individuelle Gruppierungen zurückgreifen müßten, aus denen wir sie, natürlich unter Benutzung jener (hypothetischen!) »Gesetzes«-Begriffe »erklären« würden. Jene (hypothetischen) »Gesetze« und »Faktoren« festzustellen, wäre für uns also jedenfalls nur die *erste* der mehreren Arbeiten, die zu der von uns erstrebten Erkenntnis führen würden. Die Analyse und ordnende Darstellung der jeweils historisch gegebenen, individuellen Gruppierung jener

»Faktoren« und ihres dadurch bedingten konkreten, in seiner
50 Art *bedeut-* | *samen* Zusammenwirkens und vor allem die *Verständlichmachung* des Grundes und der Art dieser *Bedeutsamkeit,* wäre die nächste, zwar unter Verwendung jener Vorarbeit zu lösende, aber ihr gegenüber völlig neue und *selbständige* Aufgabe. Die Zurückverfolgung der einzelnen, für die *Gegenwart* bedeutsamen, individuellen Eigentümlichkeiten dieser Gruppierungen in ihrem Gewordensein soweit in die Vergangenheit als möglich und ihre historische Erklärung aus früheren wiederum individuellen Konstellationen wäre die dritte, – die Abschätzung möglicher Zukunftskonstellationen endlich eine denkbare vierte Aufgabe.

Für alle diese Zwecke wäre das Vorhandensein klarer Begriffe und die Kenntnis jener (hypothetischen) »Gesetze« offenbar als Erkenntnis*mittel* – aber auch *nur* als solches – von großem Werte, ja sie wäre zu diesem Zwecke schlechthin unentbehrlich. Aber selbst in *dieser* Funktion zeigt sich an *einem* entscheidenden Punkte sofort die Grenze ihrer Tragweite, und mit deren Feststellung gelangen wir zu der entscheidenden Eigenart kulturwissenschaftlicher Betrachtungsweise. Wir haben als »Kulturwissenschaften« solche Disziplinen bezeichnet, welche die Lebenserscheinungen in ihrer Kultur*bedeutung* zu erkennen strebten. Die *Bedeutung* der Gestaltung einer Kulturerscheinung und der *Grund* dieser Bedeutung kann aber aus *keinem* noch so vollkommenen System von Gesetzesbegriffen entnommen, begründet und verständlich gemacht werden, denn sie setzt die Beziehung der Kulturerscheinungen auf *Wertideen* voraus. Der Begriff der Kultur ist ein *Wertbegriff.* Die empirische Wirklichkeit *ist* für uns »Kultur«, weil und sofern wir sie mit Wertideen in Beziehung setzen, sie umfaßt diejenigen Bestandteile der Wirklichkeit, welche durch jene Beziehung für uns *bedeutsam* werden, und *nur* diese. Ein winziger Teil der jeweils betrachteten individuellen Wirklichkeit wird von unserm durch jene Wertideen bedingten Interesse gefärbt, er allein hat Bedeutung für uns, er hat sie, weil er Beziehungen aufweist, die für uns infolge ihrer Verknüpfung mit Wertideen

wichtig sind; nur weil und soweit dies der Fall, ist er in seiner individuellen Eigenart für uns wissenswert. *Was* aber für uns Bedeutung hat, das ist natürlich durch keine »voraussetzungslose« Untersuchung des empirisch Gegebenen zu erschließen, sondern seine Feststellung ist Voraussetzung dafür, daß etwas *Gegenstand* der Untersuchung wird. Das *Bedeutsame* koinzidiert natürlich auch als solches mit keinem *Gesetze* als solchem, und zwar um so weniger, je allgemein- | gültiger jenes Gesetz 51
ist. Denn die spezifische *Bedeutung,* die ein Bestandteil der Wirklichkeit für uns hat, findet sich natürlich gerade *nicht* in denjenigen seiner Beziehungen, die er mit möglichst vielen anderen teilt. Die Beziehung der Wirklichkeit auf Wertideen, die ihr Bedeutung verleihen und die Heraushebung und Ordnung der dadurch gefärbten Bestandteile des Wirklichen unter dem Gesichtspunkt ihrer Kultur*bedeutung* ist ein gänzlich heterogener und disparater Gesichtspunkt gegenüber der Analyse der Wirklichkeit auf *Gesetze* und ihrer Ordnung in generellen Begriffen. Beide Arten der denkenden Ordnung des Wirklichen haben keinerlei notwendige logische Beziehungen zueinander. Sie können in einem Einzelfall einmal koinzidieren, aber es ist von den verhängnisvollsten Folgen, wenn dies zufällige Zusammentreffen über ihr *prinzipielles* Auseinanderfallen täuscht. Es *kann* die Kultur*bedeutung* einer Erscheinung, z.B. des geldwirtschaftlichen Tausches, darin bestehen, daß er als *Massen*erscheinung auftritt, wie dies eine fundamentale Komponente des heutigen Kulturlebens ist. Alsdann ist aber eben die *historische* Tatsache, daß er diese Rolle spielt, das, was in seiner Kultur*bedeutung* verständlich zu machen, in seiner historischen Entstehung kausal zu erklären ist. Die Untersuchung des *generellen* Wesens des Tausches und der *Technik* des Marktverkehrs ist eine – höchst wichtige und unentbehrliche! – *Vor*arbeit. Aber nicht nur ist damit die Frage nicht beantwortet, wie denn *historisch* der Tausch zu seiner heutigen fundamentalen Bedeutung gekommen ist, sondern vor allen Dingen: das, worauf es uns in letzter Linie doch *ankommt:* die *Kulturbedeutung* der Geldwirtschaft, um derentwillen wir uns für jene

Schilderung der Verkehrstechnik ja allein interessieren, um derentwillen allein es heute eine Wissenschaft gibt, welche sich mit jener Technik befaßt, – sie folgt aus *keinem* jener »Gesetze«. Die *gattungsmäßigen Merkmale* des Tausches, Kaufs usw. interessieren den Juristen, – was uns angeht, ist die Aufgabe, eben jene *Kulturbedeutung* der *historischen* Tatsache, daß der Tausch heute Massenerscheinung ist, zu analysieren. Wo sie erklärt werden soll, wo wir verstehen wollen, was unsere sozialökonomische Kultur etwa von der des Altertums, in welcher der Tausch ja genau die gleichen gattungsmäßigen Qualitäten aufwies wie heute, *unterscheidet*, worin also die *Bedeutung* der »Geldwirtschaft« liegt, da ragen logische Prinzipien durchaus heterogener Herkunft in die Untersuchung hinein: wir
52 werden jene Begriffe, welche die | Untersuchung der gattungsmäßigen Elemente der ökonomischen Massenerscheinungen uns liefert, zwar, *soweit* in ihnen *bedeutungsvolle* Bestandteile unserer Kultur enthalten sind, als Darstellungs*mittel* verwenden: – nicht nur aber ist das *Ziel* unserer Arbeit durch die noch so genaue Darstellung jener Begriffe und Gesetze nicht erreicht, sondern die Frage, *was* zum Gegenstand der gattungsmäßigen Begriffsbildung *gemacht* werden soll, ist gar nicht »voraussetzungslos«, sondern eben im Hinblick auf die *Bedeutung* entschieden worden, welche bestimmte Bestandteile jener unendlichen Mannigfaltigkeit die wir »Verkehr« nennen, für die Kultur besitzen. Wir erstreben eben die Erkenntnis einer *historischen,* d. h. einer in ihrer *Eigenart bedeutungsvollen,* Erscheinung. Und das entscheidende dabei ist: *nur* durch die Voraussetzung, daß ein *endlicher* Teil der unendlichen Fülle der Erscheinungen allein *bedeutungsvoll* sei, wird der Gedanke einer Erkenntnis *individueller* Erscheinungen überhaupt logisch sinnvoll. Wir ständen, selbst mit der denkbar umfassendsten Kenntnis *aller* »Gesetze« des Geschehens, ratlos vor der Frage: wie ist *kausale Erklärung* einer *individuellen* Tatsache überhaupt *möglich,* – da schon eine *Beschreibung* selbst des kleinsten Ausschnittes der Wirklichkeit ja niemals erschöpfend denkbar ist? Die Zahl und Art der Ursachen, die irgend ein in-

dividuelles Ereignis bestimmt haben, ist ja stets *unendlich,* und es gibt keinerlei in den Dingen selbst liegendes Merkmal, einen Teil von ihnen als allein in Betracht kommend, auszusondern. Ein Chaos von »Existentialurteilen« über unzählige einzelne Wahrnehmungen wäre das einzige, was der Versuch eines ernstlich »voraussetzungslosen« Erkennens der Wirklichkeit erzielen würde. Und selbst dieses Ergebnis wäre nur scheinbar möglich, denn die Wirklichkeit jeder einzelnen Wahrnehmung zeigt bei näherem Zusehen ja stets unendlich viele einzelne Bestandteile, die nie erschöpfend in Wahrnehmungsurteilen ausgesprochen werden können. In dieses Chaos bringt nur der Umstand Ordnung, daß in jedem Fall nur *ein Teil* der individuellen Wirklichkeit für uns Interesse und *Bedeutung* hat, weil nur er in Beziehung steht zu den *Kulturwertideen,* mit welchen wir an die Wirklichkeit herantreten. Nur bestimmte *Seiten* der stets unendlich mannigfaltigen Einzelerscheinungen: diejenigen, welchen wir eine allgemeine *Kulturbedeutung* beimessen – sind daher wissenswert, sie *allein* sind
Gegenstand der kausalen Er- | klärung. Auch diese kausale Er- 53
klärung selbst weist dann wiederum die gleiche Erscheinung auf: ein *erschöpfender* kausaler Regressus von irgend einer konkreten Erscheinung in ihrer *vollen* Wirklichkeit aus ist nicht nur praktisch unmöglich sondern einfach ein Unding. Nur diejenigen Ursachen, welchen die im Einzelfalle *»wesentlichen«* Bestandteile eines Geschehens *zuzurechnen* sind, greifen wir heraus: die Kausalfrage ist, wo es sich um die *Individualität* einer Erscheinung handelt, nicht eine Frage nach *Gesetzen,* sondern nach konkreten kausalen *Zusammenhängen,* nicht eine Frage, welcher Formel die Erscheinung als Exemplar unterzuordnen, sondern die Frage, welcher individuellen Konstellation sie als Ergebnis *zuzurechnen* ist: sie ist *Zurechnungsfrage.* Wo immer die kausale Erklärung einer »Kulturerscheinung« – eines *»historischen Individuums«,* wie wir im Anschluß an einen in der Methodologie unserer Disziplin schon gelegentlich gebrauchten und jetzt in der Logik in präziser Formulierung üblich werdenden Ausdruck sagen wollen – in Betracht kommt, da

kann die Kenntnis von *Gesetzen* der Verursachung nicht *Zweck,* sondern nur *Mittel* der Untersuchung sein. Sie erleichtert und ermöglicht uns die kausale Zurechnung der in ihrer Individualität kulturbedeutsamen Bestandteile der Erscheinungen zu ihren konkreten Ursachen. Soweit, und *nur* soweit, als sie dies leistet, ist sie für die Erkenntnis individueller Zusammenhänge wertvoll. Und je »allgemeiner«, d. h. abstrakter, die Gesetze, desto *weniger* leisten sie für die Bedürfnisse der kausalen Zurechnung *individueller* Erscheinungen und damit indirekt für das Verständnis der Bedeutung der Kulturvorgänge.

Was folgt nun aus alledem?

Natürlich *nicht* etwa, daß auf dem Gebiet der Kulturwissenschaften die Erkenntnis des *Generellen,* die Bildung abstrakter Gattungsbegriffe, die Erkenntnis von Regelmäßigkeiten und der Versuch der Formulierung von *»gesetzlichen«* Zusammenhängen keine wissenschaftliche Berechtigung hätte. Im geraden Gegenteil: wenn die kausale Erkenntnis des Historikers *Zurechnung* konkreter Erfolge zu konkreten Ursachen ist, so ist eine *gültige* Zurechnung irgend eines individuellen Erfolges ohne die Verwendung »nomologischer« Kenntnis – Kenntnis der Regelmäßigkeiten der kausalen Zusammenhänge – überhaupt nicht *möglich.* Ob einem einzelnen individuellen Bestandteil eines Zusammenhanges in der Wirklichkeit in concreto kausale Bedeutung für den Erfolg, um dessen kausale
54 Erklärung es sich handelt, beizumessen ist, kann ja im | Zweifelsfalle *nur* durch Abschätzung der Einwirkungen, welche wir von ihm und den *anderen* für die Erklärung mit in Betracht kommenden Bestandteilen des gleichen Komplexes *generell* zu erwarten pflegen: welche *»adäquate«* Wirkungen der betreffenden ursächlichen Elemente sind, bestimmt werden. Inwieweit der Historiker (im weitesten Sinne des Wortes) mit seiner aus der persönlichen Lebenserfahrung gespeisten und methodisch geschulten Phantasie diese Zurechnung sicher vollziehen kann und inwieweit er auf die Hilfe spezieller Wissenschaften angewiesen ist, welche sie ihm ermöglichen, das hängt vom

Einzelfalle ab. Überall aber und so auch auf dem Gebiet komplizierter wirtschaftlicher Vorgänge ist die *Sicherheit* der Zurechnung um so größer, je gesicherter und umfassender unsere generelle Erkenntnis ist. Daß es sich dabei stets, *auch* bei allen sog. »wirtschaftlichen Gesetzen« ohne Ausnahme, nicht um im engeren, exakt naturwissenschaftlichen Sinne »gesetzliche«, sondern um in Regeln ausgedrückte *adäquate* ursächliche Zusammenhänge, um eine hier nicht näher zu analysierende Anwendung der Kategorie der »objektiven Möglichkeit« handelt, tut diesem Satz nicht den mindesten Eintrag. Nur ist eben die Aufstellung solcher Regelmäßigkeiten nicht *Ziel,* sondern *Mittel* der Erkenntnis, und ob es Sinn hat, eine aus der Alltagserfahrung bekannte Regelmäßigkeit ursächlicher Verknüpfung als »Gesetz« in eine Formel zu bringen, ist in jedem einzelnen Fall eine Zweckmäßigkeitsfrage. Für die exakte Naturwissenschaft sind die »Gesetze« um so wichtiger und wertvoller, je *allgemeingültiger* sie sind, für die Erkenntnis der historischen Erscheinungen in ihrer konkreten Voraussetzung sind die *allgemeinsten* Gesetze, weil die inhaltleersten, regelmäßig auch die wertlosesten. Denn je umfassender die Geltung eines *Gattungs*begriffes – sein *Umfang* – ist, desto mehr führt er uns von der Fülle der Wirklichkeit *ab,* da er ja um das Gemeinsame möglichst vieler Erscheinungen zu enthalten, möglichst abstrakt, also inhalts*arm* sein muß. Die Erkenntnis des *Generellen* ist uns in den Kulturwissenschaften nie um ihrer selbst willen wertvoll.

Was sich nun als Resultat des bisher Gesagten ergibt, ist, daß eine »objektive« Behandlung der Kulturvorgänge in dem Sinne, daß als idealer Zweck der wissenschaftlichen Arbeit die Reduktion des Empirischen auf »Gesetze« zu gelten hätte, sinnlos ist. Sie ist dies *nicht* etwa, wie oft behauptet worden ist, deshalb weil die Kulturvorgänge oder etwa die geistigen Vorgänge »objektiv« weniger | gesetzlich abliefen, sondern weil 55
1) Erkenntnis von sozialen Gesetzen keine Erkenntnis des sozial Wirklichen ist, sondern nur eins von den verschiedenen Hilfsmitteln, die unser Denken zu diesem Behufe braucht,

und weil 2) keine Erkenntnis von *Kultur*vorgängen anders denkbar ist, als auf der Grundlage der *Bedeutung,* welche die stets individuell geartete Wirklichkeit des Lebens in bestimmten *einzelnen* Beziehungen für uns hat. In *welchem* Sinn und in *welchen* Beziehungen dies der Fall ist, enthüllt uns aber kein Gesetz, denn das entscheidet sich nach den *Wertideen,* unter denen wir die »Kultur« jeweils im einzelnen Falle betrachten. »Kultur« ist ein vom Standpunkt des *Menschen* aus mit Sinn und Bedeutung bedachter endlicher Ausschnitt aus der sinnlosen Unendlichkeit des Weltgeschehens. Sie ist es für den Menschen auch dann, wenn er einer *konkreten* Kultur als Todfeind sich entgegenstellt und »Rückkehr zur Natur« verlangt. Denn auch zu dieser Stellungnahme kann er nur gelangen, *indem* er die konkrete Kultur auf seine Wertideen *bezieht* und »zu leicht« befindet. Dieser *rein logisch-formale* Tatbestand ist gemeint, wenn hier von der logisch notwendigen Verankerung aller historischen Individuen an »Wertideen« gesprochen wird. Transzendentale Voraussetzung jeder *Kulturwissenschaft* ist *nicht* etwa, daß wir eine bestimmte oder überhaupt irgend eine »Kultur« *wertvoll* finden, sondern daß wir Kultur*menschen sind,* begabt mit der Fähigkeit und dem Willen, bewußt zur Welt *Stellung* zu nehmen und ihr einen *Sinn* zu verleihen. Welches immer dieser Sinn sein mag, er wird dazu führen, daß wir im Leben bestimmte Erscheinungen des menschlichen Zusammenseins aus ihm heraus *beurteilen,* zu ihnen als *bedeutsam* (positiv oder negativ) Stellung nehmen. Welches immer der Inhalt dieser Stellungnahme sei, – *diese* Erscheinungen haben für uns Kultur*bedeutung*, auf dieser Bedeutung beruht allein ihr wissenschaftliches Interesse. Wenn also hier im Anschluß an den Sprachgebrauch moderner Logiker von der Bedingtheit der Kulturerkenntnis durch *Wert*ideen gesprochen wird, so ist das hoffentlich Mißverständnissen so grober Art, wie der Meinung, Kultur*bedeutung* solle nur *wertvollen* Erscheinungen zugesprochen werden, nicht ausgesetzt. Eine *Kultur*erscheinung ist die Prostitution so gut wie die Religion oder das Geld, alle drei deshalb und nur deshalb und nur soweit, als ihre Existenz

und die Form, die sie *historisch* annehmen, unsere Kultur*inter-
essen* direkt oder indirekt berühren, als sie unseren | Erkennt- 56
nistrieb unter Gesichtspunkten erregen, die hergeleitet sind
aus den Wertideen, welche das Stück Wirklichkeit, welches in
jenen Begriffen gedacht wird, für uns *bedeutsam* machen.

Alle Erkenntnis der Kulturwirklichkeit ist, wie sich daraus
ergibt, stets eine Erkenntnis unter spezifisch *besonderen Ge-
sichtspunkten.* Wenn wir von dem Historiker und Sozialfor-
scher als elementare Voraussetzung verlangen, daß er Wichti-
ges von Unwichtigem unterscheiden könne, und daß er für
diese Unterscheidung die erforderlichen »Gesichtspunkte«
habe, so heißt das lediglich, daß er verstehen müsse, die Vor-
gänge der Wirklichkeit, – bewußt oder unbewußt – auf uni-
verselle »Kulturwerte« zu beziehen und danach *die* Zusam-
menhänge herauszuheben, welche für uns bedeutsam sind.
Wenn immer wieder die Meinung auftritt, jene Gesichts-
punkte könnten dem »Stoff selbst entnommen« werden, so
entspringt das der naiven Selbsttäuschung des Fachgelehrten,
der nicht beachtet, daß er von vornherein kraft der Wertideen,
mit denen er unbewußt an den Stoff herangegangen ist, aus ei-
ner absoluten Unendlichkeit einen winzigen Bestandteil als
das herausgehoben hat, auf dessen Betrachtung es ihm allein
ankommt. In dieser immer und überall bewußt oder unbewußt
erfolgenden Auswahl *einzelner* spezieller »Seiten« des Gesche-
hens waltet auch dasjenige Element kulturwissenschaftlicher
Arbeit, welches jener oft gehörten Behauptung zugrunde
liegt, daß das »Persönliche« eines wissenschaftlichen Werkes
das eigentlich Wertvolle an ihm sei, daß sich in jedem Werk,
solle es anders zu existieren wert sein, »eine Persönlichkeit«
aussprechen müsse. Gewiß: ohne Wertideen des Forschers
gäbe es kein Prinzip der Stoffauswahl und keine sinnvolle Er-
kenntnis des individuell Wirklichen, und wie ohne den *Glau-
ben* des Forschers an die *Bedeutung* irgendwelcher Kulturinhal-
te jede Arbeit an der Erkenntnis der *individuellen* Wirklichkeit
schlechthin sinnlos ist, so wird die Richtung seines persönli-
chen Glaubens, die Farbenbrechung der Werte im Spiegel sei-

ner Seele, seiner Arbeit die Richtung weisen. Und die Werte, auf welche der wissenschaftliche Genius die Objekte seiner Forschung bezieht, werden die »Auffassung« einer ganzen Epoche zu bestimmen, d. h. entscheidend zu sein vermögen nicht nur für das, was als »wertvoll«, sondern auch für das, was als bedeutsam oder bedeutungslos, als »wichtig« und »unwichtig« an den Erscheinungen gilt.

Die kulturwissenschaftliche Erkenntnis in unserem Sinn ist also insofern an »subjektive« Voraussetzungen *gebunden,* als
57 sie sich | nur um diejenigen Bestandteile der Wirklichkeit kümmert, welche irgend eine – noch so indirekte – Beziehung zu Vorgängen haben, denen wir Kultur*bedeutung* beilegen. Sie ist trotzdem natürlich rein *kausale* Erkenntnis genau in dem gleichen Sinn wie die Erkenntnis bedeutsamer individueller Naturvorgänge, welche qualitativen Charakter haben. Neben die mancherlei Verirrungen, welche das Hinübergreifen formal-juristischen Denkens in die Sphäre der Kulturwissenschaften gezeitigt hat, ist neuerdings u. a. der Versuch getreten, die »materialistische Geschichtsauffassung« durch eine Reihe geistreicher Trugschlüsse prinzipiell zu »widerlegen«, indem ausgeführt wurde, daß, da alles Wirtschaftsleben sich in rechtlich oder konventionell *geregelten Formen* abspielen müsse, alle ökonomische »Entwicklung« die Form von Bestrebungen zur Schaffung neuer *Rechtsformen* annehmen müsse, also nur aus *sittlichen* Maximen verständlich und *aus diesem Grunde* von jeder »natürlichen« Entwicklung dem Wesen nach verschieden sei. Die Erkenntnis der wirtschaftlichen Entwicklung sei daher »teleologischen« Charakters. Ohne hier die Bedeutung des vieldeutigeren Begriffs der »Entwicklung« für die Sozialwissenschaft oder auch den logisch nicht minder vieldeutigen Begriff des »Teleologischen« erörtern zu wollen, sei demgegenüber hier nur festgestellt, daß sie jedenfalls nicht in *dem* Sinn »teleologisch« zu sein genötigt ist, wie diese Ansicht voraussetzt. Bei völliger formaler Identität der geltenden Rechtsnormen kann die Kultur*bedeutung* der normierten Rechts*verhältnisse* und damit auch der Normen selbst sich grundstürzend

ändern. Ja, will man sich denn einmal in Zukunftsphantasien spintisierend vertiefen, so könnte jemand sich z. B. eine »Vergesellschaftung der Produktionsmittel« theoretisch als vollzogen denken, ohne daß irgend eine auf *diesen* Erfolg *bewußt* abzielende »Bestrebung« entstanden wäre und ohne daß irgend ein Paragraph unserer Gesetzgebung verschwände oder neu hinzuträte: das statistische Vorkommen der einzelnen rechtlich normierten Beziehungen freilich wäre von Grund aus geändert, bei vielen auf Null gesunken, ein großer Teil der Rechtsnormen *praktisch* bedeutunglos, ihre ganze Kulturbedeutung bis zur Unkenntlichkeit verändert. Erörterungen de lege ferenda konnte daher die »materialistische« Geschichtstheorie mit Recht ausscheiden, denn ihr zentraler Gesichtspunkt war gerade der unvermeidliche *Bedeutungs*wandel der Rechtsinstitutionen. Wem die schlichte Arbeit *kausalen* Verständnisses der historischen Wirklichkeit subaltern erscheint, der mag sie meiden, – sie durch | irgend eine »Teleologie« zu 58
ersetzen ist unmöglich. »Zweck« ist für *unsere* Betrachtung die Vorstellung eines *Erfolges,* welche *Ursache* einer Handlung wird; wie *jede* Ursache, welche zu einem *bedeutungsvollen* Erfolg beiträgt oder beitragen kann, so berücksichtigen wir auch diese. Und ihre *spezifische* Bedeutung beruht nur darauf, daß wir menschliches Handeln nicht nur *konstatieren,* sondern *verstehen* können und wollen.

Ohne alle Frage sind nun jene Wertideen »subjektiv«. Zwischen dem »historischen« Interesse an einer Familienchronik und demjenigen an der Entwicklung der denkbar größten Kulturerscheinungen, welche einer Nation oder der Menschheit in langen Epochen gemeinsam waren und sind, besteht eine unendliche Stufenleiter der »Bedeutungen«, deren Staffeln für jeden einzelnen von uns eine andere Reihenfolge haben werden. Und ebenso sind sie natürlich historisch wandelbar mit dem Charakter der Kultur und der die Menschen beherrschenden Gedanken selbst. Daraus folgt nun aber selbstverständlich *nicht,* daß auch die kulturwissenschaftliche *Forschung* nur *Ergebnisse* haben könne, die »subjektiv« in *dem* Sinne seien, daß sie für den einen *gelten* und für den andern nicht. Was wechselt ist vielmehr der Grad, in dem sie den einen *interessieren* und den andern nicht. Mit anderen Worten: *was* Gegenstand der Untersuchung wird, und wie weit diese Untersuchung sich in die Unendlichkeit der Kausalzusammenhänge erstreckt, das bestimmen die den Forscher und seine Zeit beherrschenden Wertideen; – im Wie? In der Methode der Forschung ist der leitende »Gesichtspunkt« zwar – wie wir noch sehen werden – für die Bildung der begrifflichen Hilfsmittel, die er verwendet, bestimmend, in der Art ihrer Verwendung aber ist der Forscher selbstverständlich hier wie überall an die Normen unseres Denkens gebunden. Denn wissenschaftliche Wahrheit ist nur, was für alle gelten *will,* die Wahrheit *wollen.*

Aber allerdings folgt daraus eins: Die Sinnlosigkeit des selbst die Historiker unseres Faches gelegentlich beherrschenden Gedankens, daß es das, wenn auch noch so ferne, Ziel der Kulturwissenschaften sein könne, ein geschlossenes System von Begriffen zu bilden, in dem die Wirklichkeit in einer in irgendeinem Sinne *endgültigen Gliederung* zusammengefaßt und *aus* dem heraus sie dann wieder deduziert werden könnte. Endlos wälzt sich der Strom des unermeßlichen Geschehens der Ewigkeit entgegen. Immer neu und anders ge-
59 färbt bilden sich die Kulturprobleme, welche die | Menschen bewegen, flüssig bleibt damit der Umkreis dessen, was aus jenem stets gleich unendlichen Strome des Individuellen Sinn und Bedeutung für uns erhält, »historisches Individuum« wird. Es wechseln die Gedankenzusammenhänge, unter denen es betrachtet und wissenschaftlich erfaßt wird. Die Ausgangspunkte der Kulturwissenschaften bleiben damit wandelbar in die grenzenlose Zukunft hinein, solange nicht chinesische Erstarrung des Geisteslebens die Menschheit entwöhnt, neue Fragen an das immer gleich unerschöpfliche Leben zu stellen. Ein System der Kulturwissenschaften auch nur in dem Sinne einer definitiven, objektiv gültigen, systematisierenden Fixierung der *Fragen* und *Gebiete,* von denen sie zu handeln berufen sein sollen, wäre ein Unsinn in sich: stets kann bei ei-

nem solchen Versuch nur eine Aneinanderreihung von mehreren, spezifisch besonderten, untereinander vielfach heterogenen und disparaten Gesichtspunkten herauskommen, unter denen die Wirklichkeit für uns jeweils »Kultur«, d. h. in ihrer Eigenart bedeutungsvoll war oder ist.

Nach diesen langwierigen Auseinandersetzungen können wir uns nun endlich der Frage zuwenden, die uns bei einer Betrachtung der »Objektivität« der Kulturerkenntnis *methodisch* interessiert: welches ist die logische Funktion und Struktur der *Begriffe,* mit der unsere, wie jede, Wissenschaft arbeitet, oder spezieller mit Rücksicht auf das entscheidende Problem gewendet: welches ist die Bedeutung der *Theorie* und der theoretischen Begriffsbildung für die Erkenntnis der Kulturwirklichkeit?

Die Nationalökonomie war, – wir sahen es schon – ursprünglich wenigstens dem Schwerpunkt ihrer Erörterungen nach »Technik«, d. h. sie betrachtete die Erscheinungen der Wirklichkeit von einem, wenigstens scheinbar, eindeutigen, feststehenden praktischen Wertgesichtspunkt aus: dem der Vermehrung des »Reichtums« der Staatsangehörigen. Sie war andererseits von Anfang an nicht *nur* »Technik«, denn sie wurde eingegliedert in die mächtige Einheit der naturrechtlichen und rationalistischen Weltanschauung des achtzehnten Jahrhunderts. Aber die Eigenart jener Weltanschauung mit ihrem optimistischen Glauben an die theoretische und praktische Rationalisierbarkeit des Wirklichen wirkte wesentlich insofern, als sie *hinderte,* daß der *problematische* Charakter jenes als selbstverständlich vorausgesetzten Gesichtspunktes entdeckt wurde. Wie die rationale Betrachtung der sozialen Wirklichkeit im engen Zusammenhalt mit der modernen Entwicklung
| der Naturwissenschaft entstanden war, so blieb sie in der *60*
ganzen Art ihrer Betrachtung ihr verwandt. In den naturwissenschaftlichen Disziplinen nun war der praktische Wertgesichtspunkt des unmittelbar technisch Nützlichen von Anfang an mit der als Erbteil der Antike überkommenen und weiter entwickelten Hoffnung eng verbunden, auf dem Wege der ge-

neralisierenden Abstraktion und der Analyse des Empirischen auf gesetzliche Zusammenhänge hin zu einer rein »objektiven«, d.h. hier: von allen Werten losgelösten, und zugleich durchaus rationalen, d.h. von allen individuellen »Zufälligkeiten« befreiten monistischen Erkenntnis der gesamten Wirklichkeit in Gestalt eines *Begriffs*systems von metaphysischer *Geltung* und von mathematischer Form zu gelangen. Die an Wertgesichtspunkte geketteten naturwissenschaftlichen Disziplinen, wie die klinische Medizin und noch mehr die gewöhnlich sogenannte »Technologie«, wurden rein praktische »Kunstlehren«. Die Werte, denen sie zu dienen hatten: Gesundheit des Patienten, technische Vervollkommnung eines konkreten Produktionsprozesses etc. standen für jede von ihnen jeweils fest. Die Mittel, die sie anwendeten, waren und konnten nur sein die Verwertung der durch die theoretischen Disziplinen gefundenen Gesetzesbegriffe. Jeder prinzipielle Fortschritt in der Bildung dieser war oder konnte doch sein auch ein Fortschritt der praktischen Disziplin. Bei feststehendem Zweck war ja die fortschreitende Reduktion der einzelnen praktischen Fragen (eines Krankheitsfalles, eines technischen Problems) als Spezialfall auf generell geltende Gesetze, also die Erweiterung des theoretischen Erkennens, unmittelbar mit der Ausweitung der technisch-praktischen Möglichkeiten verknüpft und identisch. Als dann die moderne Biologie auch diejenigen Bestandteile der Wirklichkeit, die uns *historisch*, d. h. in der Art ihres So-und-nicht-anders-gewordenseins interessieren, unter den Begriff eines allgemeingültigen Entwicklungsprinzips gebracht hatte, welches wenigstens dem Anschein nach – aber freilich nicht in Wahrheit – alles an jenen Objekten Wesentliche in ein Schema generell geltender Gesetze einzuordnen gestattete, da schien die Götterdämmerung aller Wertgesichtspunkte in allen Wissenschaften heraufzuziehen. Denn da ja doch auch das sogenannte historische Geschehen ein Teil der gesamten Wirklichkeit war, und das Kausalprinzip, die Voraussetzung aller wissenschaftlichen Arbeit, die Auflösung alles Geschehens in generell geltende »Ge-

setze« zu fordern schien, da endlich der ungeheure Erfolg der Naturwissenschaften, die mit diesem | Gedanken ernst ge- 61
macht hatten, zutage lag, so schien ein anderer Sinn des wissenschaftlichen Arbeitens als die Auffindung der *Gesetze* des Geschehens überhaupt nicht vorstellbar. Nur das »Gesetzmäßige« konnte das wissenschaftlich Wesentliche an den Erscheinungen sein, »individuelle« Vorgänge nur als »Typen«, d. h. hier: als illustrative Repräsentanten der Gesetze in Betracht kommen; ein Interesse an ihnen um ihrer selbst willen schien »kein wissenschaftliches« Interesse.

Die mächtigen Rückwirkungen dieser glaubensfrohen Stimmung des naturalistischen Monismus auf die ökonomischen Disziplinen hier zu verfolgen, ist unmöglich. Als die sozialistische Kritik und die Arbeit der Historiker die ursprünglichen Wertgesichtspunkte in Probleme zu verwandeln begannen, hielt die mächtige Entwicklung der biologischen Forschung auf der einen Seite, der Einfluß des Hegelschen Panlogismus auf der anderen Seite die Nationalökonomie davon ab, das Verhältnis von Begriff und Wirklichkeit in vollem Umfang deutlich zu erkennen. Das Resultat, soweit es uns hier interessiert, ist, daß trotz des gewaltigen Dammes, welchen die deutsche idealistische Philosophie seit Fichte, die Leistungen der deutschen historischen Rechtsschule und die Arbeit der historischen Schule der deutschen Nationalökonomie, dem Eindringen naturalistischer Dogmen entgegenbaute, dennoch und zum Teil *infolge* dieser Arbeit an entscheidenden Stellen die Gesichtspunkte des Naturalismus noch immer unüberwunden sind. Dahin gehört insbesondere das noch immer problematisch gebliebene Verhältnis zwischen »theoretischer« und »historischer« Arbeit in unserem Fache.

In unvermittelter und anscheinend unüberbrückbarer Schroffheit steht noch heute die »abstrakt«-theoretische Methode der empirisch-historischen Forschung gegenüber. Sie erkennt durchaus richtig die methodische Unmöglichkeit, durch Formulierung von »Gesetzen« die geschichtliche Erkenntnis der Wirklichkeit zu ersetzen oder umgekehrt durch

bloßes Aneinanderreihen historischer Beobachtungen zu »Gesetzen« im strengen Sinne zu gelangen. Um nun solche zu gewinnen, – denn daß dies die Wissenschaft als höchstes Ziel zu erstreben habe, steht ihr fest –, geht sie von der Tatsache aus, daß wir die Zusammenhänge menschlichen Handelns beständig selbst in ihrer Realität unmittelbar erleben, daher – so meint sie – dessen Ablauf mit axiomatischer Evidenz direkt verständlich machen und so in seinen »Gesetzen« erschließen können. Die einzig exakte Form der Erkenntnis, die Formu-
62 |lierung unmittelbar anschaulich *evidenter* Gesetze, sei aber, zugleich die einzige, welche den Schluß auf die nicht unmittelbar beobachteten Vorgänge zulasse, daher sei mindestens für die fundamentalen Phänomene des wirtschaftlichen Lebens die Aufstellung eines Systems von abstrakten und – und infolgedessen – rein formalen Lehrsätzen nach Analogie derjenigen der exakten Naturwissenschaften das einzige Mittel geistiger Beherrschung der gesellschaftlichen Mannigfaltigkeit. Trotz der prinzipiellen methodischen Scheidung gesetzlicher und historischer Erkenntnis, welche der Schöpfer der Theorie als *Erster* und *Einziger* vollzogen hatte, wird nun aber für die Lehrsätze der abstrakten Theorie von ihm empirische *Geltung* im Sinne der *Deduzierbarkeit* der Wirklichkeit aus den »Gesetzen« in Anspruch genommen. Zwar nicht im Sinne der empirischen Geltung der abstrakten ökonomischen Lehrsätze für sich allein, sondern in der Art, daß, wenn man entsprechende »exakte« Theorien von allen *übrigen* in Betracht kommenden Faktoren gebildet haben werde, diese sämtlichen abstrakten Theorien *zusammen* dann die wahre Realität der Dinge – d. h.: das, was von der Wirklichkeit wissenswert sei – in sich enthalten müßten. Die exakte ökonomische Theorie stelle die Wirkung *eines* psychischen Motivs fest, andere Theorien hätten die Aufgabe, alle übrigen Motive in ähnlicher Art in Lehrsätzen von hypothetischer Geltung zu entwickeln. Für das Ergebnis der theoretischen Arbeit, die abstrakten Preisbildungs-, Zins-, Renten- usw.- Theorien, wurde demgemäß hie und da phantastischerweise in Anspruch genommen: sie könnten, nach –

angeblicher – Analogie physikalischer Lehrsätze, dazu verwendet werden, aus gegebenen realen Prämissen *quantitativ bestimmte* Resultate – also Gesetze im strengsten Sinne – mit Gültigkeit für die Wirklichkeit des Lebens *deduzieren,* da die Wirtschaft des Menschen bei gegebenem Zweck in bezug auf die Mittel eindeutig »determiniert« sei. Es wurde nicht beachtet, daß, um dies Resultat in irgendeinem noch so einfachen Falle erzielen zu können, die *Gesamtheit* der jeweiligen historischen Wirklichkeit einschließlich aller ihrer kausalen Zusammenhänge als »gegeben« gesetzt und als *bekannt* vorausgesetzt werden müßte und daß, wenn dem endlichen Geist *diese* Kenntnis zugänglich würde, irgendein Erkenntniswert einer abstrakten Theorie nicht vorstellbar wäre. Das naturalistische Vorurteil daß in jenen Begriffen etwas den exakten Naturwissenschaften Verwandtes geschaffen werden solle, hatte | eben dahin ge- *63*
führt, daß man den Sinn dieser theoretischen Gedankengebilde falsch verstand. Man glaubte, es handele sich um die psychologische Isolierung eines spezifischen »Triebes«, des Erwerbstriebes, im Menschen, oder aber um die isolierte Beobachtung einer spezifischen Maxime menschlichen Handelns, des sogenannten wirtschaftlichen Prinzipes. Die abstrakte Theorie meinte, sich auf psychologische *Axiome* stützen zu können und die Folge war, daß die Historiker nach einer *empirischen* Psychologie riefen, um die Nichtgeltung jener Axiome beweisen und den Verlauf der wirtschaftlichen Vorgänge psychologisch ableiten zu können. Wir wollen nun an dieser Stelle den Glauben an die Bedeutung einer – erst zu schaffenden – systematischen Wissenschaft der »Sozialpsychologie« als künftiger *Grundlage* der Kulturwissenschaften, speziell der Sozialökonomik nicht eingehend kritisieren. Gerade die bisher vorliegenden, zum Teil glänzenden Ansätze psychologischer Interpretation ökonomischer Erscheinungen zeigen jedenfalls, daß *nicht* von der Analyse psychologischer Qualitäten des Menschen zur Analyse der gesellschaftlichen Institutionen fortgeschritten wird, sondern gerade umgekehrt die Aufhellung der psychologischen Voraussetzungen und Wirkungen

der Institutionen die genaue Bekanntschaft mit diesen letzteren und die wissenschaftliche Analyse ihrer Zusammenhänge *voraussetzt*. Die psychologische Analyse bedeutet alsdann lediglich eine im konkreten Fall höchst wertvolle Vertiefung der Erkenntnis ihrer historischen Kultur*bedingtheit* und Kultur*bedeutung*. Das, was uns an dem psychischen Verhalten des Menschen in seinen sozialen Beziehungen interessiert, ist eben in jedem Falle je nach der spezifischen Kulturbedeutung der Beziehung, um die es sich handelt, spezifisch besondert. Es handelt sich dabei um untereinander höchst heterogene und höchst konkret komponierte psychische Motive und Einflüsse. Die sozial-psychologische Forschung bedeutet eine Durchmusterung verschiedener *einzelner,* untereinander vielfach disparater Gattungen von Kulturelementen auf ihre Deutungsfähigkeit für unser nacherlebendes Verständnis hin. Wir werden durch sie, von der Kenntnis der einzelnen Institutionen ausgehend, deren Kulturbedingtheit und Kulturbedeutung in steigendem Maße geistig *verstehen* lernen, nicht aber die Institutionen *aus* psychologischen Gesetzen deduzieren oder aus psychologischen Elementarerscheinungen *erklären* wollen.

So ist denn auch die weitschichtige Polemik, welche sich um die Frage der psychologischen Berechtigung der abstrakt
64 theore- | tischen Aufstellungen, um die Tragweite des »Erwerbstriebes« und des »wirtschaftlichen Prinzips« usw. gedreht hat, wenig fruchtbar gewesen.

Es handelt sich bei den Aufstellungen der abstrakten Theorie nur scheinbar um »Deduktionen« aus psychologischen Grundmotiven, in Wahrheit vielmehr um einen Spezialfall einer Form der Begriffsbildung, welche den Wissenschaften von der menschlichen Kultur eigentümlich und in gewissem Umfange unentbehrlich ist. Es lohnt sich, sie an dieser Stelle etwas eingehender zu charakterisieren, da wir dadurch der prinzipiellen Frage nach der Bedeutung der Theorie für die sozialwissenschaftliche Erkenntnis näher kommen. Dabei lassen wir es ein für allemal unerörtert, ob *die* theoretischen Gebilde, welche wir als Beispiele heranziehen, oder auf die wir anspielen, so wie sie sind, dem Zwecke entsprechen, dem sie dienen wollen, ob sie also sachlich *zweckmäßig* gebildet sind. Die Frage, wie weit z. B. die heutige »abstrakte Theorie« noch ausgesponnen werden soll, ist schließlich auch eine Frage der Ökonomie der wissenschaftlichen Arbeit, deren doch auch andere Probleme harren. Auch die »Grenznutztheorie« untersteht dem »Gesetz des Grenznutzens«.

Wir haben in der abstrakten Wirtschaftstheorie ein Beispiel jener Synthesen vor uns, welche man als »*Ideen*« historischer Erscheinungen zu bezeichnen pflegt. Sie bietet uns ein *Ideal*bild der Vorgänge auf dem Gütermarkt bei tauschwirtschaftlicher Gesellschaftsorganisation, freier Konkurrenz und streng rationalem Handeln. Dieses Gedankenbild vereinigt bestimmte Beziehungen und Vorgänge des historischen Lebens zu einem in sich widerspruchslosen Kosmos *gedachter* Zusammenhänge. Inhaltlich trägt diese Konstruktion den Charakter einer *Utopie* an sich, die durch *gedankliche* Steigerung bestimmter Elemente der Wirklichkeit gewonnen ist. Ihr Verhältnis zu den empirisch gegebenen Tatsachen des Lebens besteht lediglich darin, daß da, wo Zusammenhänge der in jener Konstruktion abstrakt dargestellten Art, also vom »Markt« abhängige Vorgänge, in der Wirklichkeit als in irgend einem Grade wirksam *festgestellt* sind oder *vermutet* werden, wir uns die *Eigenart* dieses Zusammenhangs an einem *Idealtypus* pragmatisch *veranschaulichen* und verständlich machen können. Diese Möglichkeit kann sowohl heuristisch, wie für die Darstellung von Wert, ja unentbehrlich sein. Für die *Forschung* will der idealtypische Begriff das Zurechnungsurteil schulen: er ist keine »Hypo- | these«, aber er will der Hypothesenbildung die Rich- 65
tung weisen. Er *ist* nicht eine *Darstellung* des Wirklichen, aber er will der Darstellung eindeutige Ausdrucksmittel verleihen. Es ist also die »Idee« der *historisch* gegebenen modernen verkehrswirtschaftlichen Organisation der Gesellschaft, die uns da nach ganz denselben logischen Prinzipien entwickelt wird, wie man z.B. die Idee der »Stadtwirtschaft« des Mittelalters als »genetischen« Begriff konstruiert hat. Tut man dies, so bildet

man den Begriff »Stadtwirtschaft« *nicht* etwa als einen *Durchschnitt* der in sämtlichen beobachteten Städten *tatsächlich* bestehenden Wirtschaftsprinzipien, sondern ebenfalls als einen *Idealtypus*. Er wird gewonnen durch einseitige *Steigerung eines* oder *einiger* Gesichtspunkte und durch Zusammenschluß einer Fülle von diffus und diskret, hier mehr, dort weniger, stellenweise gar nicht, vorhandenen *Einzel*erscheinungen, die sich jenen einseitig herausgehobenen Gesichtspunkten fügen, zu einem in sich einheitlichen *Gedanken* bilde. In seiner begrifflichen Reinheit ist dieses Gedankenbild nirgends in der Wirklichkeit empirisch vorfindbar, es ist eine *Utopie*, und für die *historische* Arbeit erwächst die Aufgabe, in *jedem einzelnen Falle* festzustellen, wie nahe oder wie fern die Wirklichkeit jenem Idealbilde steht, inwieweit also der ökonomische Charakter der Verhältnisse einer bestimmten Stadt als »stadtwirtschaftlich« im begrifflichen Sinn anzusprechen ist. Für den Zweck der Erforschung und Veranschaulichung aber leistet jener Begriff, vorsichtig angewendet seine spezifischen Dienste. – Ganz in der gleichen Art kann man, um noch ein weiteres Beispiel zu analysieren, die »Idee« des »Handwerks« in einer Utopie zeichnen, indem man bestimmte Züge, die sich diffus bei Gewerbetreibenden der verschiedensten Zeiten und Länder vorfinden, einseitig in ihren Konsequenzen gesteigert zu einem in sich widerspruchslosen Idealbilde zusammenfügt und auf einen *Gedanken*ausdruck bezieht, den man darin manifestiert findet. Man kann dann ferner den Versuch machen, eine Gesellschaft zu zeichnen, in der alle Zweige wirtschaftlicher, ja selbst geistiger Tätigkeit von Maximen beherrscht werden, die uns als Anwendung des gleichen Prinzips erscheinen, welches dem zum Idealtypus erhobenen »Handwerk« charakteristisch ist. Man kann nun weiter jenem Idealtypus des Handwerks als Antithese einen entsprechenden Idealtypus einer kapitalistischen Gewerbeverfassung, aus gewissen Zügen der modernen Großindustrie abstrahiert, entgegensetzen und daran anschließend den Versuch machen, die Utopie einer
66 »kapitalistischen« | d. h. allein durch das Verwertungsinteresse

privater Kapitalien beherrschten Kultur zu zeichnen. Sie hätte einzelne diffus vorhandene Züge des modernen materiellen und geistigen Kulturlebens in ihrer Eigenart gesteigert zu einem für unsere Betrachtung widerspruchslosen Idealbilde zusammenzuschließen. Das wäre dann ein Versuch der Zeichnung einer *»Idee« der kapitalistischen Kultur* – ob und wie er etwa gelingen könnte, müssen wir hier ganz dahingestellt sein lassen. Nun ist es möglich oder vielmehr es muß als sicher angesehen werden, daß mehrere, ja sicherlich jeweils sehr zahlreiche Utopien dieser Art sich entwerfen lassen, von denen *keine* der anderen gleicht, von denen erst recht *keine* in der empirischen Wirklichkeit als tatsächlich geltende Ordnung der gesellschaftlichen Zustände zu beobachten ist, von denen aber doch *jede* den Anspruch erhebt, eine Darstellung der »Idee« der kapitalistischen Kultur zu sein, und von denen auch *jede* diesen Anspruch insofern erheben *kann*, als jede tatsächlich gewisse, in ihrer *Eigenart bedeutungsvolle* Züge unserer Kultur der Wirklichkeit entnommen und in ein einheitliches Idealbild gebracht hat. Denn diejenigen Phänomene, die uns als Kulturerscheinungen interessieren, leiten regelmäßig dies unser Interesse – ihre »Kultur*bedeutung*« – aus sehr verschiedenen Wertideen ab, zu denen wir sie in Beziehung setzen können. Wie es deshalb die verschiedensten »Gesichtspunkte« gibt, unter denen wir sie als für uns bedeutsam betrachten können, so lassen sich die allerverschiedensten Prinzipien der Auswahl der in einen Idealtypus einer bestimmten Kultur aufzunehmenden Zusammenhänge zur Anwendung bringen.

Was ist nun aber die Bedeutung solcher idealtypischen Begriffe für eine *Erfahrungs*wissenschaft, wie wir sie treiben wollen? Vorweg sei hervorgehoben, daß der Gedanke des Sein*sollenden,* »Vorbildlichen« von diesen in rein *logischem* Sinn »idealen« Gedankengebilden, die wir besprechen, hier zunächst sorgsam fernzuhalten ist. Es handelt sich um die Konstruktion von Zusammenhängen, welche unserer *Phantasie* als zulänglich motiviert und also »objektiv möglich«, unserem nomologischen Wissen als *adäquat* erscheinen.

Wer auf dem Standpunkt steht, daß die Erkenntnis der historischen Wirklichkeit »voraussetzungslose« Abbildung »objektiver« Tatsachen sein solle oder könne, wird ihnen jeden Wert absprechen. Und selbst wer erkannt hat, daß es eine »Voraussetzungslosigkeit« im logischen Sinn auf dem Boden der
67 Wirklichkeit nicht | gibt und auch das einfachste Aktenexzerpt oder Urkundenregest nur durch Bezugnahme auf »Bedeutungen«, und damit auf Wertideen als letzte Instanz, irgend welchen wissenschaftlichen Sinn haben kann, wird doch die Konstruktion irgend welcher historischer »Utopien« als ein für die Unbefangenheit der historischen Arbeit gefährliches Veranschaulichungsmittel, überwiegend aber einfach als Spielerei ansehen. Und in der Tat: *ob* es sich um reines Gedankenspiel oder um eine wissenschaftlich fruchtbare Begriffsbildung handelt, kann a priori niemals entschieden werden: es gibt auch hier nur einen Maßstab: den des Erfolges für die Erkenntnis konkreter Kulturerscheinungen in ihrem Zusammenhang, ihrer ursächlichen Bedingtheit und ihrer *Bedeutung*. Nicht als Ziel, sondern als *Mittel* kommt mithin die Bildung abstrakter Idealtypen in Betracht. Jede aufmerksame Beobachtung der begrifflichen Elemente historischer Darstellung zeigt nun aber, daß der Historiker, sobald er den Versuch unternimmt, über das bloße Konstatieren konkreter Zusammenhänge hinaus die *Kulturbedeutung* eines noch so einfachen individuellen Vorgangs festzustellen, ihn zu »charakterisieren«, mit Begriffen arbeitet und arbeiten *muß*, welche regelmäßig nur in Idealtypen scharf und eindeutig bestimmbar sind. Oder sind Begriffe wie etwa: »Individualismus«, »Imperialismus«, »Feudalismus«, »Merkantilismus« »konventionell« und die zahllosen Begriffsbildungen ähnlicher Art, mittels deren wir uns der Wirklichkeit denkend und verstehend zu bemächtigen suchen, ihrem Inhalt nach durch »voraussetzungslose« *Beschreibung* irgend *einer* konkreten Erscheinung oder aber durch abstrahierende Zusammenfassung dessen, was *mehreren* konkreten Erscheinungen *gemeinsam* ist, zu bestimmen? Die Sprache, die der Historiker spricht, enthält in hunderten von Wor-

ten solche unbestimmten, dem unreflektiert waltenden Bedürfnis des Ausdrucks entnommenen Gedankenbilder, deren Bedeutung zunächst nur anschaulich empfunden, nicht klar gedacht wird. In unendlich vielen Fällen, zumal auf dem Gebiet der darstellenden *politischen* Geschichte, tut nun die Unbestimmtheit ihres Inhaltes der Klarheit der Darstellung sicherlich keinen Eintrag. Es genügt dann, daß im einzelnen Falle *empfunden* wird, was dem Historiker vorschwebt, oder aber man kann sich damit begnügen, daß eine *partikuläre* Bestimmtheit des Begriffsinhaltes von *relativer* Bedeutung für den einzelnen Fall als gedacht vorschwebt. Je schärfer aber die Bedeutsamkeit einer Kulturerscheinung zum klaren | Bewußt- 68
sein gebracht werden soll, desto unabweislicher wird das Bedürfnis, mit klaren und nicht nur partikulär sondern allseitig bestimmten Begriffen zu arbeiten. Eine »Definition« jener Synthesen des historischen Denkens nach dem Schema: genus proximum und differentia specifica[3] ist natürlich ein Unding: man mache doch die Probe. Eine solche Form der Feststellung der Wortbedeutung gibt es nur auf dem Boden dogmatischer Disziplinen, welche mit Syllogismen arbeiten. Eine einfach »schildernde Auflösung« jener Begriffe in ihre Bestandteile gibt es ebenfalls nicht oder nur scheinbar, denn es kommt eben darauf an, *welche* dieser Bestandteile denn als wesentlich gelten sollen. Es bleibt, wenn eine genetische Definition des Begriffsinhaltes versucht werden soll, nur die Form des Idealtypus im oben fixierten Sinn. Er ist ein Gedankenbild, welches nicht die historische Wirklichkeit oder gar die »eigentliche« Wirklichkeit *ist,* welches noch viel weniger dazu da ist, als ein Schema zu dienen, in welches die Wirklichkeit als *Exemplar* eingeordnet werden sollte, sondern welches die Bedeutung eines rein idealen *Grenz*begriffes hat, an welchem die Wirklichkeit zur Verdeutlichung bestimmter bedeutsamer Bestandteile ihres em-

3 Die beiden Formen schulmäßiger Definition in der Logik des Aristoteles: die nächsthöhere Gattung, artbildender Unterschied, der die Art von der Gattung unterscheidet.

pirischen Gehaltes *gemessen,* mit dem sie *verglichen* wird. Solche Begriffe sind Gebilde, in welchen wir Zusammenhänge unter Verwendung der Kategorie der objektiven Möglichkeit konstruieren, die unsere, an der Wirklichkeit orientierte und geschulte *Phantasie* als adäquat *beurteilt*.

Der Idealtypus ist in dieser Funktion insbesondere der Versuch, historische Individuen oder deren Einzelbestandteile in *genetische* Begriffe zu fassen. Man nehme etwa die Begriffe: »Kirche« und »Sekte«. Sie lassen sich rein klassifizierend in Merkmalskomplexe auflösen, wobei dann nicht nur die Grenze zwischen beiden, sondern auch der Begriffsinhalt stets flüssig bleiben muß. Will ich aber den Begriff der »Sekte« *genetisch*, z. B. in bezug auf gewisse wichtige Kulturbedeutungen, die der »Sektengeist« für die moderne Kultur gehabt hat, erfassen, so werden bestimmte Merkmale beider *wesentlich,* weil sie in adäquater ursächlicher Beziehung zu jenen Wirkungen stehen. Die Begriffe werden aber alsdann zugleich *ideal*typisch, d. h. in voller begrifflicher *Reinheit* sind sie nicht oder nur vereinzelt vertreten. Hier wie überall führt eben jeder nicht *rein* klassifikatorische Begriff von der Wirklichkeit *ab*. Aber die diskursive Natur unseres Erkennens: der Umstand, daß wir die Wirklichkeit nur durch eine Kette von Vorstellungsveränderungen |
69 hindurch erfassen, postuliert eine solche Begriffsstenographie. Unsere Phantasie kann ihre ausdrückliche begriffliche Formulierung sicherlich oft als Mittel der *Forschung* entbehren, – für die die *Darstellung* ist, soweit sie eindeutig sein will, ihre Verwendung auf dem Boden der Kulturanalyse in zahlreichen Fällen ganz unvermeidlich. Wer sie grundsätzlich verwirft, muß sich auf die formale, etwa die rechtshistorische Seite der Kulturerscheinungen beschränken. Der Kosmos der *rechtlichen* Normen ist natürlich zugleich begrifflich klar bestimmbar *und* (im *rechtlichen* Sinn!) für die historische Wirklichkeit *geltend*. Aber ihre praktische *Bedeutung* ist es, mit der die Arbeit der Sozialwissenschaft in unserem Sinn zu tun hat. Diese Bedeutung aber ist sehr oft nur durch Beziehung des empirisch Gegebenen auf einen idealen Grenzfall eindeutig zum Bewußtsein zu

bringen. Lehnt der Historiker (im weitesten Sinne des Wortes) *einen* Formulierungsversuch eines solchen Idealtypus als »theoretische Konstruktion«, d. h. als für seinen konkreten Erkenntniszweck nicht tauglich oder entbehrlich, ab, so ist die Folge regelmäßig entweder, daß er, bewußt oder unbewußt, andere ähnliche *ohne* sprachliche Formulierung und logische Bearbeitung verwendet, oder daß er im Gebiet des unbestimmt »Empfundenen« stecken bleibt.

Nichts aber ist allerdings gefährlicher, als die, naturalistischen Vorurteilen entstammende, *Vermischung* von Theorie und Geschichte, sei es in der Form, daß man glaubt, in jenen theoretischen Begriffsbildern den »eigentlichen« Gehalt, das »Wesen« der geschichtlichen Wirklichkeit fixiert zu haben, oder daß man sie als ein Prokrustesbett benutzt, in welches die Geschichte hineingezwängt werden soll, oder daß man gar die »Ideen« als eine hinter der Flucht der Erscheinungen stehende »eigentliche« Wirklichkeit, als reale »Kräfte« hypostasiert, die sich in der Geschichte auswirkten.

Speziell diese letztere Gefahr liegt nun um so näher, als wir unter »Ideen« einer Epoche auch und sogar in erster Linie Gedanken oder Ideale zu verstehen gewohnt sind, welche die Masse oder einen geschichtlich ins Gewicht fallenden Teil der Menschen jener Epoche selbst *beherrscht haben* und dadurch für deren Kultureigenart als Komponenten bedeutsam gewesen sind. Und es kommt noch zweierlei hinzu: Zunächst der Umstand, daß zwischen der »Idee« im Sinn von praktischer oder theoretischer Gedankenrichtung und der »Idee« im Sinn eines von uns als begriffliches Hilfsmittel konstruierten *Ideal*typus einer Epoche regelmäßig be- | stimmte Beziehun- 70
gen bestehen. Ein Idealtypus bestimmter gesellschaftlicher Zustände, welcher sich aus gewissen charakteristischen sozialen Erscheinungen einer Epoche abstrahieren läßt, kann – und dies ist sogar recht häufig der Fall – den Zeitgenossen selbst als praktisch zu erstrebendes Ideal oder doch als Maxime für die Regelung bestimmter sozialer Beziehungen vorgeschwebt haben. So steht es schon mit der »Idee« des »Nahrungsschutzes«

und manchen Theorien der Kanonisten, speziell des heiligen Thomas, im Verhältnis zu dem heute verwendeten idealtypischen Begriff der »Stadtwirtschaft« des Mittelalters, den wir oben besprachen. Erst recht steht es so mit dem berüchtigten »Grundbegriff« der Nationalökonomie: dem des »wirtschaftlichen *Werts*«. Von der Scholastik an bis in die Marxsche Theorie hinein verquickt sich hier der Gedanke von etwas »objektiv« Geltendem, d.h. also: Sein*sollenden*, mit einer Abstraktion aus dem empirischen Verlauf der Preisbildung. Und jener Gedanke, daß der »Wert« der Güter nach bestimmten »naturrechtlichen« Prinzipien reguliert sein *solle,* hat unermeßliche Bedeutung für die Kulturentwicklung – und zwar nicht nur des Mittelalters – gehabt und hat sie noch. Und er hat speziell auch die empirische Preisbildung intensiv beeinflußt. Was aber unter jenem *theoretischen* Begriff gedacht *wird* und gedacht werden kann, das ist nur durch scharfe, das heißt idealtypische Begriffsbildung wirklich eindeutig klar zu machen, – das sollte der Spott über die »Robinsonaden« der abstrakten Theorie jedenfalls so lange bedenken, als er nichts besseres, d. h. hier: *Klareres* an die Stelle zu setzen vermag.

Das Kausalverhältnis zwischen der historisch konstatierbaren, die Menschen beherrschenden, *Idee* und denjenigen Bestandteilen der historischen Wirklichkeit, aus welchen der ihr korrespondierende Ideal*typus* sich abstrahieren läßt, kann dabei natürlich höchst verschieden gestaltet sein. Festzuhalten ist prinzipiell nur, daß beides selbstverständlich grundverschiedene Dinge sind. Nun aber tritt noch etwas weiteres hinzu: Jene die Menschen einer Epoche beherrschenden, d. h. diffus in ihnen wirksamen »Ideen« *selbst* können wir, sobald es sich dabei um irgend kompliziertere Gedankengebilde handelt, mit begrifflicher Schärfe wiederum nur *in Gestalt eines Idealtypus* erfassen, weil sie empirisch ja in den Köpfen einer unbestimmten und wechselnden Vielzahl von Individuen leben und in ihnen die mannigfachsten Abschattierungen nach Form und Inhalt, Klarheit und Sinn erfahren. Diejenigen Be-
71 | standteile des Geisteslebens der einzelnen Individuen in ei-

ner bestimmten Epoche des Mittelalters z. B., die wir als »das Christentum« der betreffenden Individuen ansprechen dürfen, würden, *wenn* wir sie vollständig zur Darstellung zu bringen vermöchten, natürlich ein Chaos unendlich differenzierter und höchst widerspruchsvoller Gedanken- und Gefühlszusammenhänge aller Art sein, trotzdem die Kirche des Mittelalters die Einheit des Glaubens und der Sitten sicherlich in besonders hohem Maße durchzusetzen vermocht hat. Wirft man nun die Frage auf, was denn in diesem Chaos *das* »Christentum« des Mittelalters, mit dem man doch fortwährend als mit einem feststehenden Begriff operieren muß, gewesen sei, worin *das* »Christliche«, welches wir in den Institutionen des Mittelalters finden, denn liege, so zeigt sich alsbald, daß auch hier in jedem einzelnen Fall ein von uns geschaffenes reines Gedankengebilde verwendet wird. Es ist eine Verbindung von Glaubenssätzen, Kirchenrechts- und sittlichen Normen, Maximen der Lebensführung und zahllosen Einzelzusammenhängen, die wir zu einer »Idee« verbinden: eine Synthese, zu der wir ohne die Verwendung idealtypischer Begriffe gar nicht widerspruchslos zu gelangen vermöchten.

Die logische Struktur der Begriffssysteme, in denen wir solche »Ideen« zur Darstellung bringen, und ihr Verhältnis zu dem, was uns in der empirischen Wirklichkeit unmittelbar gegeben ist, sind nun natürlich höchst verschieden. Verhältnismäßig einfach gestaltet sich die Sache noch, wenn es sich um Fälle handelt, in denen ein oder einige wenige leicht in Formeln zu fassende theoretische Leitsätze – etwa der Prädestinationsglaube Calvins – oder klar formulierbare sittliche Postulate es sind, welche sich der Menschen bemächtigen und historische Wirkungen erzeugt haben, so daß wir die »Idee« in eine Hierarchie von Gedanken gliedern können, welche logisch aus jenen Leitsätzen sich entwickeln. Schon dann wird freilich leicht übersehen, daß, so gewaltig die Bedeutung auch der rein *logisch* zwingenden Macht des Gedankens in der Geschichte gewesen ist, – der Marxismus ist ein hervorragendes Beispiel dafür – doch der empirisch-historische Vorgang in den Köpfen

der Menschen regelmäßig als ein *psycho*logisch, nicht als ein logisch bedingter verstanden werden muß. Deutlicher noch zeigt sich der idealtypische Charakter solcher Synthesen von historisch wirksamen Ideen dann, wenn jene grundlegenden Leitsätze und Postulate gar nicht oder nicht mehr in den Köp-
72 fen derjenigen Einzelnen leben, die von den | aus ihnen logisch folgenden oder von ihnen durch Assoziation ausgelösten Gedanken beherrscht sind, weil die historisch ursprünglich zugrunde liegende »Idee« entweder abgestorben ist, oder überhaupt nur in ihren Konsequenzen in die Breite gedrungen war. Und noch entschiedener tritt der Charakter der Synthese als einer »Idee«, die *wir* schaffen, dann hervor, wenn jene grundlegenden Leitsätze von Anfang an nur unvollkommen oder gar nicht zum deutlichen Bewußtsein gekommen sind oder wenigstens nicht die Form klarer Gedankenzusammenhänge angenommen haben. Wenn alsdann diese Prozedur von uns vorgenommen wird, wie es unendlich oft geschieht und auch geschehen muß, so handelt es sich bei dieser »Idee« – etwa des »Liberalismus« einer bestimmten Periode oder des »Methodismus« oder irgendeiner gedanklich unentwickelten Spielart des »Sozialismus«, – um einen *reinen* Idealtypus ganz des gleichen Charakters wie die Synthesen von »Prinzipien« einer Wirtschaftsepoche, von denen wir ausgingen. Je umfassender die Zusammenhänge sind, um deren Darstellung es sich handelt, und je vielseitiger ihre Kultur*bedeutung* gewesen ist, desto *mehr* nähert sich ihre zusammenfassende systematische Darstellung in einem Begriffs- und Gedankensystem dem Charakter des Idealtypus, desto *weniger* ist es möglich, mit *einem* derartigen Begriffe auszukommen, desto natürlicher und unumgänglicher daher die immer wiederholten Versuche, immer *neue* Seiten der Bedeutsamkeit durch neue Bildung idealtypischer Begriffe zum Bewußtsein zu bringen. Alle Darstellungen eines »*Wesens*« des Christentums z.B. sind Idealtypen von stets und notwendig nur sehr relativer und problematischer Gültigkeit, wenn sie als historische Darstellung des *empirisch* Vorhandenen angesehen sein wollen, dagegen von hohem heuristischen

Wert für die Forschung und hohem systematischen Wert für die Darstellung, wenn sie lediglich als begriffliche Mittel zur *Vergleichung* und *Messung* der Wirklichkeit an ihnen verwendet werden. In dieser Funktion sind sie geradezu unentbehrlich. Nun aber haftet solchen idealtypischen Darstellungen regelmäßig noch ein anderes, ihre Bedeutung noch weiter komplizierendes Moment an. Sie wollen sein, oder sind unbewußt, regelmäßig Idealtypen nicht nur im *logischen,* sondern auch im *praktischen* Sinne: *vorbildliche* Typen, welche – in unserem Beispiel – das enthalten, was das Christentum nach der Ansicht des Darstellers sein *soll*, was das an ihm *für ihn* »Wesentliche«, *weil dauernd Wertvolle* ist. Ist dies aber bewußt oder häu- | figer – 73
unbewußt der Fall, dann enthalten sie Ideale, *auf* welche der Darsteller das Christentum *wertend* bezieht: Aufgaben und Ziele, auf die hin er seine »Idee« des Christentums ausrichtet und welche natürlich von den Werten, auf welche die Zeitgenossen, etwa die Urchristen, das Christentum bezogen, höchst verschieden sein können, ja zweifellos immer sein werden. In dieser Bedeutung sind die »Ideen« dann aber natürlich nicht mehr rein *logische* Hilfsmittel, nicht mehr Begriffe, an welchen die Wirklichkeit vergleichend *gemessen*, sondern Ideale, aus denen sie wertend *beurteilt* wird. Es handelt sich hier *nicht* mehr um den rein theoretischen Vorgang der *Beziehung* des Empirischen auf Werte, sondern um Wert*urteile*, welche in den »Begriff« des Christentums aufgenommen sind. *Weil* hier der Idealtypus empirische *Geltung* beansprucht, ragt er in die Region der wertenden *Deutung* des Christentums hinein: der Boden der Erfahrungswissenschaft ist *verlassen:* es liegt ein persönliches Bekenntnis vor, *nicht* eine ideal-typische Begriffsbildung. So prinzipiell dieser Unterschied ist, so tritt die *Vermischung* jener beiden grundverschiedenen Bedeutungen der »Idee« im Verlauf der historischen Arbeit doch außerordentlich häufig ein. Sie liegt immer sehr nahe, sobald der darstellende Historiker seine »Auffassung« einer Persönlichkeit oder Epoche zu entwickeln beginnt. Im Gegensatz zu den konstant bleibenden ethischen Maßstäben, die Schlosser im Geiste des

Rationalismus verwendete, hat der moderne relativistisch eingeschulte Historiker, der die Epoche, von der er spricht, einerseits »aus ihr selbst verstehen«, andererseits doch auch »beurteilen« will, das Bedürfnis, die Maßstäbe seines Urteils »dem Stoff« zu entnehmen, d.h. die »Idee« im Sinne des *Ideals* aus der »Idee« im Sinne des »Ideal*typus*« herauswachsen zu lassen. Und das ästhetisch Reizvolle eines solchen Verfahrens verlockt ihn fortwährend dazu, die Linie, wo beide sich scheiden, zu verwischen – eine Halbheit, welche einerseits das wertende Urteilen nicht lassen kann, andererseits die Verantwortung für ihre Urteile von sich abzulehnen trachtet. Demgegenüber ist es aber eine elementare *Pflicht der wissenschaftlichen Selbstkontrolle* und das einzige Mittel zur Verhütung von Erschleichungen, die logisch *vergleichende* Beziehung der Wirklichkeit auf Ideal*typen* im logischen Sinne von der wertenden *Beurteilung* der Wirklichkeit aus *Idealen* heraus scharf zu scheiden. Ein »Idealtypus« in unserem Sinne ist, wie noch einmal wiederholt sein mag, et-
74 was gegenüber der *wertenden* Beurteilung | völlig indifferentes, er hat mit irgend einer anderen als einer rein *logischen* »Vollkommenheit« nichts zu tun. Es gibt Idealtypen von Bordellen so gut wie von Religionen, und es gibt von den ersteren sowohl Idealtypen von solchen, die vom Standpunkt der heutigen Polizeiethik aus technisch »zweckmäßig« erscheinen würden, wie von solchen, bei denen das gerade Gegenteil der Fall ist.

[Auslassung der erläuternden Passage über den Begriff des Staates]

Wir hatten oben absichtlich den »Idealtypus« wesentlich – |
75 wenn auch nicht ausschließlich – als gedankliche Konstruktion zur Messung und systematischen Charakterisierung von *individuellen,* d. h. in ihrer Einzigartigkeit bedeutsamen Zusammenhängen – wie Christentum, Kapitalismus usw. – betrachtet. Dies geschah, um die landläufige Vorstellung zu beseitigen, als ob auf dem Gebiet der Kulturerscheinungen das abstrakt *Typische* mit dem abstrakt *Gattungsmäßigen* identisch sei. Das ist nicht der Fall. Ohne den viel erörterten und durch

Mißbrauch stark diskreditierten Begriff des »typischen« hier prinzipiell analysieren zu können, entnehmen wir doch schon unserer bisherigen Erörterung, daß die Bildung von Typenbegriffen im Sinn der Ausscheidung des »Zufälligen« auch und gerade bei *historischen Individuen* ihre Stätte findet. Nun aber können natürlich auch diejenigen *Gattungs*begriffe, die wir fortwährend als Bestandteile historischer Darstellungen und konkreter historischer Begriffe finden, durch Abstraktion und Steigerung bestimmter ihnen begriffswesentlicher Elemente als Idealtypen geformt werden. Dies ist sogar ein praktisch besonders häufiger und wichtiger Anwendungsfall der idealtypischen Begriffe und jeder *individuelle* Idealtypus setzt sich aus begrifflichen *Elementen* zusammen, die gattungsmäßig sind und als Idealtypen geformt worden sind. Auch in diesem Falle zeigt sich aber die spezifische logische Funktion der idealtypischen Begriffe. Ein einfacher Gattungsbegriff im Sinne eines Komplexes von Merkmalen, die an mehreren Erscheinungen gemeinsam sich vorfinden, ist z. B. der Begriff des »Tausches«, so lange ich von der *Bedeutung* der Begriffsbestandteile absehe, also einfach den Sprachgebrauch des Alltags analysiere. Setze ich diesen Begriff nun aber etwa zu dem »Grenznutzgesetz« in Beziehung und bilde den Begriff des »ökonomischen Tausches« als eines ökonomisch *rationalen* Vorgangs, dann enthält dieser, wie *jeder* logisch voll entwickelte Begriff ein *Urteil* über die »typischen« *Bedingungen* des Tausches in sich. Er nimmt *genetischen* Charakter an und wird *damit zugleich* im logischen Sinn idealtypisch, d. h. er entfernt sich von der empirischen Wirklichkeit, die nur mit ihm *verglichen,* auf ihn bezogen werden kann. Ähnliches gilt von allen sogenannten »Grundbegriffen« der Nationalökonomie: sie sind in *genetischer* Form nur als Idealtypen zu entwickeln. Der Gegensatz zwischen einfachen Gattungsbegriffen, welche lediglich das *empirischen* Erscheinungen Gemeinsame zusammenfassen, und gattungsmäßigen
*Ideal*typen – wie etwa eines ideal- | typischen Begriffs des »We- 76
sens« des Handwerks – ist natürlich im *einzelnen* flüssig. Aber *kein* Gattungsbegriff hat als *solcher* »typischen« Charakter und

einen reinen gattungsmäßigen »Durchschnitts«-*Typus* gibt es nicht. Wo immer wir – z. B. in der Statistik – von *»typischen«* Größen reden, liegt *mehr* als ein bloßer Durchschnitt vor. Je mehr es sich um einfache *Klassifikation* von Vorgängen handelt, die als Massenerscheinungen in der Wirklichkeit auftreten, desto mehr handelt es sich um *Gattungs*begriffe, je mehr dagegen komplizierte historische Zusammenhänge in denjenigen ihrer Bestandteile, auf welchen ihre spezifische *Kulturbedeutung* ruht, begrifflich geformt werden, desto mehr wird der Begriff – oder das Begriffs*system* – den Charakter des *Ideal*typus an sich tragen. Denn *Zweck* der *ideal*typischen Begriffsbildung ist es *überall, nicht* das Gattungsmäßige, sondern umgekehrt die *Eigenart* von Kulturerscheinungen scharf zum Bewußtsein zu bringen.

Die Tatsache, daß Idealtypen, auch gattungsmäßige, verwendet werden können und verwendet werden, bietet *methodisches* Interesse erst im Zusammenhang mit einem anderen Tatbestand.

Bisher haben wir die Idealtypen wesentlich nur als abstrakte Begriffe von Zusammenhängen kennen gelernt, welche, als im Fluß des Geschehens verharrend, als historische Individuen, an denen sich Entwicklungen vollziehen, von uns vorgestellt werden. Nun aber tritt eine Komplikation ein, welche das naturalistische Vorurteil, daß das Ziel der Sozialwissenschaften die Reduktion der Wirklichkeit auf »*Gesetze*« sein müsse, mit Hilfe des Begriffes des »Typischen« außerordentlich leicht wieder hereinpraktiziert. Auch *Entwicklungen* lassen sich nämlich als Idealtypen konstruieren und diese Konstruktionen können ganz erheblichen heuristischen Wert haben. Aber es entsteht dabei in ganz besonders hohem Maße die Gefahr, daß Idealtypus und Wirklichkeit ineinander geschoben werden. Man kann z.B. zu dem theoretischen Ergebnis gelangen, daß in einer *streng* »handwerksmäßig« organisierten Gesellschaft die einzige Quelle der Kapitalakkumulation die Grundrente sein könne. Daraus kann man dann vielleicht – denn die Richtigkeit der Konstruktion wäre hier nicht zu untersuchen – ein

rein durch bestimmte einfache Faktoren: – begrenzter Boden, steigende Volkszahl, Edelmetallzufluß, Rationalisierung der Lebensführung, – bedingtes Idealbild einer Umbildung der handwerksmäßigen in die kapitalistische Wirtschaftsform konstruieren. Ob der empirisch- | historische Verlauf der Ent- 77
wicklung tatsächlich der konstruierte gewesen ist, wäre nun erst mit Hilfe dieser Konstruktion als heuristischem Mittel zu untersuchen im Wege der Vergleichung zwischen Idealtypus und »Tatsachen«. War der Idealtypus »richtig« konstruiert und entspricht der tatsächliche Verlauf dem idealtypischen *nicht,* so wäre damit der Beweis geliefert, daß die mittelalterliche Gesellschaft eben in bestimmten Beziehungen *keine* streng »handwerksmäßige« war. Und wenn der Idealtypus in heuristisch *»idealer«* Weise konstruiert war, – ob und wie dies in unserem Beispiel der Fall sein könnte, bleibt hier gänzlich außer Betracht, – *dann* wird er zugleich die Forschung auf den Weg lenken, der zu einer schärferen Erfassung jener *nicht* handwerksmäßigen Bestandteile der mittelalterlichen Gesellschaft in ihrer Eigenart und historischen Bedeutung führt. Er hat, *wenn* er zu diesem Ergebnis führt, seinen logischen Zweck erfüllt, gerade *indem* er seine eigene *Un*wirklichkeit manifestierte. Es war – in diesem Fall – die Erprobung einer Hypothese. Der Vorgang bietet keinerlei methodologische Bedenken, *so lange* man sich stets gegenwärtig hält, daß idealtypische Entwicklungs*konstruktion* und *Geschichte* zwei streng zu scheidende Dinge sind und daß die Konstruktion hier lediglich das Mittel war, *planvoll* die *gültige* Zurechnung eines historischen Vorganges zu seinen wirklichen Ursachen aus dem Kreise der nach Lage unserer Erkenntnis *möglichen* zu vollziehen.

Diese Scheidung streng aufrecht zu erhalten wird nun erfahrungsgemäß durch einen Umstand oft ungemein erschwert. Im Interesse der anschaulichen Demonstration des Idealtypus oder der idealtypischen Entwicklung wird man sie durch Anschauungsmaterial aus der empirisch-historischen Wirklichkeit zu *verdeutlichen* suchen. Die Gefahr dieses an sich ganz legitimen Verfahrens liegt darin, daß das geschichtliche

Wissen hier einmal als *Diener* der Theorie erscheint statt umgekehrt. Die Versuchung liegt für den Theoretiker recht nahe, dieses Verhältnis entweder als das normale anzusehen, oder, was schlimmer ist, Theorie und Geschichte ineinander zu schieben und geradezu miteinander zu verwechseln. In noch gesteigertem Maße liegt dieser Fall dann vor, wenn die Idealkonstruktion einer Entwicklung mit der begrifflichen Klassifikation von Idealtypen bestimmter Kulturgebilde [...] zu einer
78 *genetischen* Klassifikation ineinander | gearbeitet wird. Die nach den gewählten Begriffsmerkmalen sich ergebende Reihenfolge der Typen erscheint dann als eine gesetzlich notwendige historische Aufeinanderfolge derselben. Logische Ordnung der Begriffe einerseits und empirische Anordnung des Begriffenen in Raum, Zeit und ursächlicher Verknüpfung andererseits erscheinen dann so miteinander verkittet, daß die Versuchung, der Wirklichkeit Gewalt anzutun, um die reale Geltung der Konstruktion in der Wirklichkeit zu erhärten, fast unwiderstehlich wird.

Absichtlich ist es vermieden worden, an dem für uns weitaus wichtigsten Fall idealtypischer Konstruktionen zu demonstrieren: an *Marx*. Es geschah, um die Darstellung nicht durch Hineinziehen von Marx-Interpretationen noch zu komplizieren und um den Erörterungen in unserer Zeitschrift, welche die Literatur, die über und im Anschluß an den großen Denker erwächst, zum regelmäßigen Gegenstand kritischer Analyse machen wird, nicht vorzugreifen. Daher sei hier nur konstatiert, daß natürlich *alle* spezifisch-marxistischen »Gesetze« und Entwicklungskonstruktionen – soweit sie *theoretisch* fehlerfrei sind, idealtypischen Charakter haben. Die eminente, ja einzigartige *heuristische* Bedeutung dieser Idealtypen, wenn man sie zur *Vergleichung* der Wirklichkeit mit ihnen benutzt und ebenso ihre Gefährlichkeit, sobald sie als empirisch geltend oder gar als *reale* (d. h. in Wahrheit metaphysische) »wirkende *Kräfte*«, »Tendenzen« usw. vorgestellt werden, kennt jeder, der je mit marxistischen Begriffen gearbeitet hat.

Gattungsbegriffe – Idealtypen – idealtypische Gattungsbegriffe, – Ideen im Sinne von empirisch in historischen Menschen wirksamen Gedankenverbindungen – Idealtypen solcher Ideen – Ideale, welche historische Menschen beherrschen – Idealtypen solcher Ideale – Ideale, auf welche der Historiker die Geschichte bezieht; – *theoretische* Konstruktionen unter *illustrativer* Benutzung des Empirischen – *geschichtliche* Untersuchung unter Benutzung der theoretischen Begriffe als idealer Grenzfälle, – dazu dann die verschiedenen möglichen Komplikationen, die hier nur angedeutet werden konnten: lauter gedankliche Bildungen, deren Verhältnis zur empirischen Wirklichkeit des unmittelbar Gegebenen in jedem einzelnen Fall problematisch ist: – diese Musterkarte allein zeigt schon die unendliche Verschlungenheit der begrifflich-methodischen Probleme, welche auf dem Gebiet der Kulturwissenschaften fortwährend lebendig bleiben. Und wir mußten uns schlechthin versagen, auf die praktisch methodologischen
Fragen hier, wo die Pro- | bleme nur *gezeigt* werden sollten, 79
ernstlich einzugehen, die Beziehungen der idealtypischen zur »gesetzlichen« Erkenntnis, der idealtypischen Begriffe zu den Kollektivbegriffen usw. eingehender zu erörtern.

Der Historiker wird nach allen diesen Auseinandersetzungen doch immer wieder darauf beharren, daß die Herrschaft der idealtypischen Form der Begriffsbildung und Konstruktion spezifische Symptome der *Jugendlichkeit* einer Disziplin seien. Und darin ist ihm in gewissem Sinne recht zu geben, freilich mit anderen Konsequenzen, als er sie ziehen wird. [...] es gibt Wissenschaften, denen ewige Jugendlichkeit beschieden ist, und das sind alle *historischen* Disziplinen, alle die, denen der ewig fortschreitende Fluß der Kultur stets neue
| Problemstellungen zuführt. Bei ihnen liegt die Vergänglich- 80
keit *aller, aber* zugleich die Unvermeidlichkeit immer *neuer* idealtypischer Konstruktionen im Wesen der Aufgabe.

Stets wiederholen sich die Versuche, den »eigentlichen«, »wahren« Sinn historischer Begriffe festzustellen, und niemals gelangen sie zu Ende. Ganz regelmäßig bleiben infolgedessen die Synthesen, mit denen die Geschichte fortwährend arbeitet, entweder nur relativ bestimmte Begriffe, oder, sobald Eindeutigkeit des Begriffsinhaltes erzwungen werden soll, wird der Begriff zum abstrakten Idealtypus und enthüllt sich damit als ein theoretischer, also »einseitiger« Gesichtspunkt, unter dem die Wirklichkeit beleuchtet, auf den sie bezogen werden kann, der aber zum Schema, in das sie restlos *eingeordnet* werden könnte, sich selbstverständlich als ungeeignet erweist. Denn keines jener Gedankensysteme, deren wir zur Erfassung der jeweils bedeutsamen Bestandteile der Wirklichkeit nicht entraten können, kann ja ihren unendlichen Reichtum erschöpfen. Keins ist etwas anderes als der Versuch, auf Grund des jeweiligen Standes unseres Wissens und der uns jeweils zur Verfügung stehenden begrifflichen Gebilde, Ordnung in das Chaos derjenigen Tatsachen zu bringen, welche wir in den Kreis unseres *Interesses* jeweils einbezogen haben. Der Gedankenapparat, welchen die Vergangenheit durch denkende Bearbeitung, das heißt aber in Wahrheit: denkende *Umbildung* der unmittelbar gegebenen Wirklichkeit und durch Einordnung in diejenigen Begriffe, die dem Stande ihrer Erkenntnis und der Richtung ihres Interesses entsprachen, entwickelt hat, steht in steter Auseinandersetzung mit dem, was wir an neuer Erkenntnis aus der Wirklichkeit gewinnen können und *wollen.* In diesem Kampf vollzieht sich der Fortschritt der kulturwissenschaftlichen Arbeit. Ihr Ergebnis ist ein steter Umbildungsprozeß jener Begriffe, in denen wir die Wirklichkeit zu erfassen suchen. Die Geschichte der Wissenschaften vom sozialen Leben ist und bleibt daher ein steter Wechsel zwischen dem Versuch, durch Begriffsbildung Tatsachen gedanklich zu ordnen, – der Auflösung der so gewonnenen Gedankenbilder durch Erweiterung und Verschiebung des wissenschaftlichen Horizontes, – und der Neubildung von Begriffen auf der so veränderten Grundlage. Nicht etwa das Fehlerhafte des Versuchs, Begriffssysteme *überhaupt* zu bilden, spricht sich darin aus: – eine jede Wissenschaft, auch die einfach darstellende Geschichte, arbeitet mit dem Begriffsvorrat ihrer Zeit, son-

dern *der* Umstand kommt | darin zum Ausdruck – daß in den 81
Wissenschaften von der menschlichen Kultur die Bildung der Begriffe von der Stellung der Probleme abhängt, und daß diese letztere wandelbar ist mit dem Inhalt der Kultur selbst. Das Verhältnis von Begriff und Begriffenen in den Kulturwissenschaften bringt die Vergänglichkeit jeder solchen Synthese mit sich. Große begriffliche Konstruktionsversuche haben auf dem Gebiet unserer Wissenschaft ihren Wert regelmäßig gerade darin gehabt, daß sie die *Schranken* der Bedeutung desjenigen Gesichtspunktes, der ihnen zugrunde lag, enthüllten. Die weittragendsten Fortschritte auf dem Gebiet der Sozialwissenschaften knüpfen sich *sachlich* an die Verschiebung der praktischen Kulturprobleme und kleiden sich in die Form einer Kritik der Begriffsbildung. Es wird zu den vornehmsten Aufgaben unserer Zeitschrift gehören, dem Zweck dieser Kritik und damit der Untersuchung der *Prinzipien der Synthese* auf dem Gebiet der Sozialwissenschaft zu dienen.

Bei den Konsequenzen, die aus dem Gesagten zu ziehen sind, gelangen wir nun an einen Punkt, wo unsere Ansichten sich vielleicht hier und da von denen mancher, auch hervorragender, Vertreter der historischen Schule, zu deren Kindern wir ja selbst gehören, scheiden. Diese letzteren nämlich verharren vielfach ausdrücklich oder stillschweigend in der Meinung, es sei das Endziel, der Zweck jeder Wissenschaft ihren Stoff in einem System von Begriffen zu ordnen, deren Inhalt durch Beobachtung empirischer Regelmäßigkeiten, Hypothesenbildung und Verifikation derselben zu gewinnen und langsam zu vervollkommnen sei, bis irgend wann eine »vollendete« und *deshalb* deduktive Wissenschaft daraus entstanden sei. Für dieses Ziel sei die historisch-induktive Arbeit der Gegenwart eine durch die Unvollkommenheit unserer Disziplin bedingte Vorarbeit: nichts muß naturgemäß vom Standpunkt dieser Betrachtungsweise aus bedenklicher erscheinen, als die Bildung und Verwendung scharfer Begriffe, die ja jenes Ziel einer fernen Zukunft voreilig vorwegzunehmen trachten müßte. – Prinzipiell unanfechtbar wäre diese Auffassung auf dem Bo-

den der antik-scholastischen Erkenntnislehre, welche denn auch der Masse der Spezialarbeiter der historischen Schule noch tief im Blute steckt: Als Zweck der Begriffe wird vorausgesetzt, vorstellungsmäßige *Abbilder* der »objektiven« Wirklichkeit zu sein: daher der immer wiederkehrende Hinweis auf die *Unwirklichkeit* aller scharfen Begriffe. Wer den Grundgedanken der auf Kant zurückgehenden modernen Erkenntnis-
82 |lehre: daß die Begriffe vielmehr gedankliche Mittel zum Zweck der geistigen Beherrschung des empirisch Gegebenen sind und allein sein können, zu Ende denkt, dem wird der Umstand, daß scharfe genetische Begriffe notwendig Idealtypen sind, nicht gegen die Bildung von solchen sprechen können. Ihm kehrt sich das Verhältnis von Begriff und historischer Arbeit um: Jenes Endziel erscheint ihm logisch unmöglich, die Begriffe nicht *Ziel,* sondern *Mittel* zum Zweck der Erkenntnis der unter individuellen Gesichtspunkten bedeutsamen Zusammenhänge: gerade *weil* die Inhalte der historischen Begriffe notwendig wandelbar sind, müssen sie jeweils notwendig scharf formuliert werden. Er wird nur das Verlangen stellen, daß bei ihrer *Verwendung* stets ihr Charakter als idealer Gedankengebilde sorgsam festgehalten, Idealtypus und Geschichte nicht verwechselt werde. Er wird, da wirklich definitive historische Begriffe bei dem unvermeidlichen Wechsel der leitenden Wertideen als generelles Endziel nicht in Betracht kommen, glauben, daß eben dadurch, daß für den *einzelnen,* jeweils leitenden Gesichtspunkt, scharfe und eindeutige Begriffe gebildet werden, die Möglichkeit gegeben sei, die *Schranken* ihrer Geltung jeweils klar im Bewußtsein zu behalten.

Man wird nun darauf hinweisen, und wir haben es selbst zugegeben, daß ein konkreter historischer Zusammenhang im einzelnen Fall sehr wohl in seinem Ablauf anschaulich gemacht werden könne, ohne daß er fortwährend mit definierten Begriffen in Beziehung gesetzt werde. Und man wird demgemäß für den Historiker unserer Disziplin in Anspruch nehmen, daß er ebenso, wie man dies von dem politischen Histo-

riker gesagt hat, die »Sprache des Lebens« reden dürfe. Gewiß! Nur ist dazu zu sagen, daß es bei diesem Verfahren bis zu einem oft *sehr* hohen Grade notwendig Zufall bleibt, ob der Gesichtspunkt, unter welchem der behandelte Vorgang Bedeutung gewinnt, zu klarem Bewußtsein gelangt. Wir sind im allgemeinen nicht in der günstigen Lage des politischen Historikers, bei welchem die Kulturinhalte, auf die er seine Darstellung bezieht, regelmäßig eindeutig sind – oder zu sein scheinen. Jeder nur anschaulichen Schilderung haftet die Eigenart der Bedeutung *künstlerischer* Darstellung an: »Ein jeder sieht, was er im Herzen trägt«, – gültige *Urteile* setzen überall die *logische* Bearbeitung des Anschaulichen, das heißt die Verwendung von *Begriffen* voraus, und es ist zwar möglich und oft ästhetisch reizvoll, diese in petto zu behalten, aber es gefährdet |
stets die Sicherheit der Orientierung des Lesers, oft die des 83
Schriftstellers selbst, über Inhalt und Tragweite seiner Urteile.

Ganz hervorragend gefährlich aber kann nun die Unterlassung scharfer Begriffsbildung für praktische, wirtschafts- und sozial*politische* Erörterungen werden. Was hier z. B. die Verwendung des Terminus »*Wert*« – jenes Schmerzenskindes unserer Disziplin, welchem eben *nur* idealtypisch irgendein eindeutiger Sinn gegeben werden kann –, oder Worte wie »produktiv«, »vom volkswirtschaftlichen Standpunkt aus« usw., die überhaupt keiner begrifflich klaren Analyse standhalten, für Verwirrung gestiftet haben, ist für den Außenstehenden geradezu unglaublich. Und zwar sind es hier vornehmlich die der Sprache des Lebens entnommenen *Kollektiv*begriffe, welche Unsegen stiften.

[Auslassung der illustrierenden Passagen über den Begriff der »Landwirtschaft«]

Der Laie möge sich nun einmal etwa den Begriff »Klasseninteresse der Arbeiter« ähnlich (und gründlicher) analysieren, um zu sehen, welch widerspruchsvoller Knäuel teils von Interessen und Idealen der Arbeiter, teils von Idealen, unter denen *wir* die Arbeiter betrachten, dahintersteckt. Es ist unmöglich, die Schlagworte des Interessenkampfes durch rein empiristische Betonung ihrer »Relativität« zu überwinden: klare, scharfe, begriffliche Feststellung der verschiedenen *möglichen* Gesichtspunkte ist der einzige Weg, der hier über die Unklarheit der Phrase hinausführt. Das »Freihandelsargument« als *Weltanschauung* oder gültige *Norm* ist eine Lächerlichkeit, aber schweren Schaden hat es für unsere handelspolitischen Erörterungen mit sich gebracht – und zwar ganz gleichgültig, *welche* handelspolitischen Ideale der Einzelne vertreten will – daß wir die in solchen idealtypischen Formeln niedergelegte alte Lebensweisheit der größten Kaufleute der Erde in ihrem heuristischen Wert unterschätzt haben. Nur durch idealtypische Begriffsformeln werden die Gesichtspunkte, die im Einzelfalle in Betracht kommen, in ihrer Eigenart im Wege der *Konfrontierung* des Empirischen mit dem Idealtypus wirklich deutlich. Der Gebrauch der undifferenzierten Kollektivbegriffe, mit denen die Sprache des Alltags arbeitet, ist stets Deckmantel von Unklarheiten des Denkens oder Wollens, oft genug das Werkzeug bedenklicher Erschleichungen, *immer* aber ein Mittel, die Entwicklung der richtigen Problemstellung zu hemmen.

Wir sind am Ende dieser Ausführungen, die lediglich den Zweck verfolgen, die oft haarfeine Linie, welche Wissenschaft und Glauben scheidet, hervortreten und den *Sinn* sozialökonomischen Erkenntnisstrebens erkennen zu lassen. Die *objek-*
86 *tive* Gültigkeit alles | Erfahrungswissens beruht darauf und nur darauf, daß die gegebene Wirklichkeit nach Kategorien geordnet wird, welche in einem spezifischen Sinn *subjektiv*, nämlich die *Voraussetzung* unserer Erkenntnis darstellend, und an die Voraussetzung des *Wertes* derjenigen Wahrheit gebunden sind, die das Erfahrungswissen allein uns zu geben vermag. Wem diese Wahrheit nicht wertvoll ist, – und der Glaube an den Wert wissenschaftlicher Wahrheit ist Produkt bestimmter Kulturen und nichts Naturgegebenes – dem haben wir mit den Mitteln unserer Wissenschaft nichts zu bieten. Freilich wird er vergeblich nach einer anderen Wahrheit suchen, die ihm die

Wissenschaft in demjenigen ersetzt, was *sie* allein leisten kann: Begriffe und Urteile, die nicht die empirische Wirklichkeit sind, auch nicht sie abbilden, aber sie in gültiger Weise *denkend ordnen* lassen. Auf dem Gebiet der empirischen sozialen Kulturwissenschaften ist, so sahen wir, die Möglichkeit sinnvoller Erkenntnis des für uns Wesentlichen in der unendlichen Fülle des Geschehens gebunden an die unausgesetzte Verwendung von Gesichtspunkten spezifisch besonderten Charakters, welche alle in letzter Instanz ausgerichtet sind auf Wertideen, die ihrerseits zwar empirisch als Elemente alles sinnvollen menschlichen Handelns konstatierbar und erlebbar, *nicht* aber aus dem empirischen Stoff als geltend begründbar sind. Die »Objektivität« sozialwissenschaftlicher Erkenntis hängt vielmehr davon ab, daß das empirisch Gegebene zwar stets auf jene Wertideen, die ihr allein Erkenntnis*wert* verleihen, ausgerichtet, in ihrer Bedeutung aus ihnen verstanden, dennoch aber *niemals* zum Piedestal für den empirisch unmöglichen Nachweis ihrer Geltung gemacht wird. Und der uns allen in irgendeiner Form innewohnende *Glaube* an die überempirische Geltung letzter und höchster Wertideen, an denen wir den Sinn unseres Daseins verankern, schließt die unausgesetzte Wandelbarkeit der konkreten Gesichtspunkte, unter denen die empirische Wirklichkeit Bedeutung erhält, nicht etwa aus, sondern ein: das Leben in seiner irrationalen Wirklichkeit, und sein Gehalt an *möglichen* Bedeutungen sind unausschöpfbar, die *konkrete* Gestaltung der Wertbeziehung bleibt daher fließend, dem Wandel unterworfen in die dunkle Zukunft der menschlichen Kultur hinein. Das Licht, welches jene höchsten Wertideen spenden, fällt jeweilig auf einen stets wechselnden endlichen Teil des ungeheuren chaotischen Stromes von Geschehnissen, der sich durch die Zeit dahinwälzt.

Das alles möge nun nicht dahin mißverstanden werden, daß | die eigentliche Aufgabe der Sozialwissenschaft eine stete *87*
Hetzjagd nach neuen Gesichtspunkten und begrifflichen Konstruktionen sein solle. *Im Gegenteil:* nichts sollte hier schärfer betont werden als der Satz, daß der Dienst an der Er-

kenntnis der *Kulturbedeutung konkreter historischer Zusammenhänge* ausschließlich und allein das letzte Ziel ist, dem, neben anderen Mitteln, *auch* die begriffsbildende und begriffskritische Arbeit dienen will. – Es gibt, um mit F. Th. Vischer[4] zu reden, auch auf unserem Gebiete »Stoffhuber« und »Sinnhuber«. Der tatsachengierige Schlund der ersteren ist nur durch Aktenmaterial, statistische Folianten und Enqueten zu stopfen, für die Feinheit des neuen Gedankens ist er unempfindlich. Die Gourmandise der letzteren verdirbt sich den Geschmack an den Tatsachen durch immer neue Gedankendestillate. Jene echte Künstlerschaft, wie sie z. B. unter den Historikern Ranke[5] in so grandiosem Maße besaß, pflegt sich darin gerade zu manifestieren, daß sie durch Beziehung *bekannter* Tatsachen auf *bekannte* Gesichtspunkte dennoch ein Neues zu schaffen weiß.

Alle kulturwissenschaftliche Arbeit in einer Zeit der Spezialisierung wird, nachdem sie durch bestimmte Problemstellungen einmal auf einen bestimmten Stoff hin ausgerichtet ist und sich ihre methodischen Prinzipien geschaffen hat, die Bearbeitung dieses Stoffes als Selbstzweck betrachten, ohne den Erkenntniswert der einzelnen Tatsachen stets bewußt an den letzten Wertideen zu kontrollieren, ja ohne sich ihrer Verankerung an diesen Wertideen überhaupt bewußt zu bleiben. Und es ist gut so. Aber irgendwann wechselt die Farbe: die Bedeutung der unreflektiert verwerteten Gesichtspunkte wird unsicher, der Weg verliert sich in die Dämmerung. Das Licht der

4 Friedrich Theodor Fischer (1807–87), deutscher protestantischer Theologe, Literatur-, Kunst- und Kulturkritiker, Philosoph und Publizist, Linkshegelianer; Verfasser der Parodie »Faust. Der Tragödie Dritter Theil. Treu im Geiste des zweiten Theils des Götheschen Faust.« (1886).

5 Leopold von Ranke (1795–1886), deutscher Historiker, Professor an der Universität Berlin, offizieller Historiograph des preußischen Staates, Begründer der historisch-kritischen Methode in der Geschichtswissenschaft, legendär für seine Forderung nach einem kritischen Quellenstudium (»ad fontes«: zu den Quellen).

großen Kulturprobleme ist weiter gezogen. Dann rüstet sich auch die Wissenschaft, ihren Standort und ihren Begriffsapparat zu wechseln und aus der Höhe des Gedankens auf den Strom des Geschehens zu blicken. Sie zieht jenen Gestirnen nach, welche allein ihrer Arbeit Sinn und Richtung zu weisen vermögen:

> »... der neue Trieb erwacht,
> Ich eile fort, ihr ew'ges Licht zu trinken,
> Vor mir den Tag und hinter mir die Nacht,
> Den Himmel über mir und unter mir die Wellen.«[6]

6 Goethe, Faust I, Verse 1085–1088.

Die protestantische Ethik und der »Geist« des Kapitalismus
[1904/05;1920]

I. Das Problem

1. Konfession und Schichtung

Ein Blick in die Berufsstatistik eines konfessionell gemischten
Landes pflegt mit auffallender Häufigkeit eine Erscheinung zu
zeigen, welche mehrfach in der katholischen Presse und Lite-
ratur und auf den Katholikentagen Deutschlands lebhaft erör-
18 tert | worden ist: den ganz vorwiegend *protestantischen* Charak-
ter des Kapitalbesitzes und Unternehmertums sowohl, wie der
oberen gelernten Schichten der Arbeiterschaft, namentlich
aber des höheren technisch oder kaufmännisch vorgebildeten
19 Personals der modernen Unternehmungen. Nicht nur | da,
wo die Differenz der Konfession mit einem Unterschied der
Nationalität und damit des Grades der Kulturentwicklung zu-
sammenfällt, wie im deutschen Osten zwischen Deutschen
und Polen, sondern fast überall da, wo überhaupt die kapitali-
stische Entwicklung in der Zeit ihres Aufblühens freie Hand
hatte, die Bevölkerung nach ihren Bedürfnissen sozial umzu-
schichten und beruflich zu gliedern, – und je mehr dies der
Fall war, desto deutlicher, – finden wir jene Erscheinung in den
Zahlen der Konfessionsstatistik ausgeprägt. Nun ist freilich
die relativ weit stärkere, d.h. ihren Prozentanteil an der Ge-
samtbevölkerung überragende Beteiligung der Protestanten
am Kapitalbesitz, an der Leitung und den oberen Stufen der
Arbeit in den großen modernen gewerblichen und Handels-
unternehmungen, zum Teil auf historische Gründe zurückzu-
führen, die weit in der Vergangenheit liegen und bei denen die
konfessionelle Zugehörigkeit nicht als *Ursache* ökonomischer

Erscheinungen, sondern, bis zu einem gewissen Grade, als *Folge* von solchen erscheint. Die Beteiligung an jenen ökonomischen Funktionen setzt teils Kapitalbesitz, teils kostspielige Erziehung, teils, und meist, beides voraus, ist heute an den Besitz ererbten Reichtums oder doch einer gewissen Wohlhabenheit gebunden. Gerade eine große Zahl der reichsten, durch Natur oder Verkehrslage begünstigten und wirtschaftlich entwickeltsten Gebiete des Reiches, insbesondere aber die Mehrzahl der reichen *Städte,* hatten sich aber im 16. Jahrhundert dem Protestantismus zugewendet und die Nachwirkungen davon kommen den Protestanten noch heute im ökonomischen Kampf ums Dasein zugute. Es entsteht aber alsdann die historische Frage: welchen Grund | hatte diese besonders 20
starke Prädisposition der ökonomisch entwickeltsten Gebiete für eine kirchliche Revolution? Und da ist die Antwort keineswegs so einfach wie man zunächst glauben könnte. Gewiß erscheint die Abstreifung des ökonomischen Traditionalismus als ein Moment, welches die Neigung zum Zweifel auch an der religiösen Tradition und zur Auflehnung gegen die traditionellen Autoritäten überhaupt ganz wesentlich unterstützen mußte. Aber dabei ist zu berücksichtigen, was heute oft vergessen wird: daß die Reformation ja nicht sowohl die *Beseitigung* der kirchlichen Herrschaft über das Leben überhaupt, als vielmehr die Ersetzung der bisherigen Form derselben durch eine *andere* bedeutete. Und zwar die Ersetzung einer höchst bequemen, praktisch damals wenig fühlbaren, vielfach fast nur noch formalen Herrschaft durch eine im denkbar weitgehendsten Maße in alle Sphären des häuslichen und öffentlichen Lebens eindringende, unendlich lästige und ernstgemeinte Reglementierung der ganzen Lebensführung. Die Herrschaft der katholischen Kirche, – »die Ketzer strafend, doch den Sündern mild«, wie sie früher noch mehr als heute war, – ertragen in der Gegenwart auch Völker von durchaus moderner wirtschaftlicher Physiognomie und ebenso ertrugen sie die reichsten, ökonomisch entwickelsten Gebiete, welche um die Wende des 15. Jahrhunderts die Erde kannte. Die Herrschaft des Calvi-

nismus, so wie sie im 16. Jahrhundert in Genf und Schottland, um die Wende des 16. und 17. in großen Teilen der Niederlande, im 17. in Neuengland und zeitweise in England selbst in Kraft stand, wäre für uns die schlechthin unerträglichste Form der kirchlichen Kontrolle des einzelnen, die es geben könnte. Ganz ebenso wurde sie auch von breiten Schichten des alten Patriziats der damaligen Zeit, in Genf sowohl wie in Holland und England, empfunden. Nicht ein Zuviel, sondern ein Zuwenig von kirchlich-religiöser Beherrschung des Lebens war es ja, was gerade diejenigen Reformatoren, welche in den ökonomisch entwickeltsten Ländern erstanden, zu tadeln fanden. Wie kommt es nun, daß damals gerade diese ökonomisch entwickeltsten Länder, und, wie wir noch sehen werden, innerhalb ihrer grade die damals ökonomisch aufsteigenden »bürgerlichen« Mittelklassen jene ihnen bis dahin unbekannte puritanische Tyrannei nicht etwa nur über sich ergehen ließen, sondern in ihrer Verteidigung ein Heldentum entwickelten,
21 wie gerade *bürgerliche* Klassen *als* | *solche* es selten vorher und niemals nachher gekannt haben [...]

Aber weiter und namentlich: mag, wie gesagt, die stärkere Beteiligung der Protestanten am Kapitalbesitz und den leitenden Stellungen innerhalb der modernen Wirtschaft heute zum Teil einfach als Folge ihrer geschichtlich überkommenen durchschnittlich besseren Vermögensausstattung zu verstehen sein, so zeigen sich andererseits Erscheinungen, bei welchen das Kausalverhältnis unzweifelhaft so *nicht* liegt. Dahin gehören, um nur einiges anzuführen, u.a. die folgenden: Zunächst der ganz allgemein, in Baden ebenso wie in Bayern und z.B. in Ungarn, nachweisbare Unterschied in der *Art* des höheren Unterrichts, den katholische Eltern im Gegensatz zu protestantischen ihren Kindern zuzuwenden pflegen. Daß der Prozentsatz der Katholiken unter den Schülern und Abiturienten der »höheren« Lehranstalten im ganzen hinter ihrem Gesamtanteil an der Bevölkerung beträchtlich zurückbleibt, wird man zwar zum erheblichen Teile den erwähnten überkommenen Vermögensunterschieden zurechnen. Daß aber auch *innerhalb*

der katholischen Abiturienten der Prozentsatz derjenigen, welche aus den modernen, speziell für die Vorbereitung zu technischen Studien und gewerblich-kaufmännischen Berufen, überhaupt für ein bürgerliches Erwerbsleben bestimmten und geeigneten Anstalten: Realgymnasien, Realschulen, höheren Bürgerschulen usw. hervorgehen, wiederum auffallend *stärker* hinter dem der Protestanten zurückbleibt, während diejenige Vorbildung, | welche die humanistischen Gymnasien 22
bieten, von ihnen bevorzugt wird, – das ist eine Erscheinung, die damit nicht erklärt ist, die vielmehr umgekehrt ihrerseits zur Erklärung der geringen Anteilnahme der Katholiken am kapitalistischen Erwerb herangezogen werden muß. Noch auffallender aber ist eine Beobachtung, welche die geringere Anteilnahme der Katholiken an der gelernten *Arbeiter*schaft der modernen Großindustrie verstehen hilft. Die bekannte Erscheinung, daß die Fabrik ihre gelernten Arbeitskräfte in starkem Maße dem Nachwuchs des Handwerks entnimmt, diesem also die Vorbildung ihrer Arbeitskräfte überläßt und sie ihm nach vollendeter Vorbildung entzieht, zeigt sich in wesentlich stärkerem Maße bei den protestantischen als bei den katholischen Handwerksgesellen. Von den Handwerksgesellen zeigen m.a.W. die Katholiken die stärkere Neigung zum Verbleiben im Handwerk, werden also relativ häufiger Handwerks*meister*, während die Protestanten in relativ stärkerem Maße in die Fabriken abströmen, um hier die oberen Staffeln der gelernten Arbeiterschaft und des gewerblichen Beamtentums zu füllen. In diesen Fällen liegt zweifellos das Kausalverhältnis so, daß die *anerzogene geistige Eigenart,* und zwar hier die durch die religiöse Atmosphäre der Heimat und des Elternhauses bedingte Richtung der Erziehung, die Berufswahl und die weiteren beruflichen Schicksale bestimmt hat.

Die geringere Beteiligung der Katholiken am modernen Erwerbsleben in Deutschland ist nun aber um so auffallender, als sie der sonst von jeher und auch in der Gegenwart gemachten Erfahrung zuwiderläuft: daß nationale oder religiöse Minderheiten, welche als »Beherrschte« einer anderen Gruppe als

der »herrschenden« gegenüberstehen, *durch* ihren freiwilligen oder unfreiwilligen Ausschluß von politisch einflußreichen Stellungen gerade in besonders starkem Maße auf die Bahn des Erwerbes getrieben zu werden pflegen, daß ihre begabtesten Angehörigen hier den Ehrgeiz, der auf dem Boden des Staats-
23 dienstes keine | Verwertung finden kann, zu befriedigen suchen. So verhielt es sich unverkennbar mit den in zweifellosem ökonomischen Fortschreiten begriffenen Polen in Rußland und im östlichen Preußen – im Gegensatz zu dem von ihnen beherrschten Galizien –, so früher mit den Hugenotten in Frankreich unter Ludwig XIV., den Nonkonformisten und Quäkern in England und – last not least – mit den Juden seit zwei Jahrtausenden. Aber bei den Katholiken in Deutschland sehen wir von einer solchen Wirkung nichts oder wenigstens nichts in die Augen Fallendes, und auch in der Vergangenheit hatten sie im Gegensatz zu den Protestanten weder in Holland noch in England in den Zeiten, wo sie entweder verfolgt oder nur toleriert waren, irgendeine besonders hervortretende *ökonomische* Entwicklung aufzuweisen. Vielmehr besteht die Tatsache: daß die Protestanten (insbesondere gewisse später besonders zu behandelnde Richtungen unter ihnen) *sowohl* als herrschende *wie* als beherrschte Schicht, *sowohl* als Majorität *wie* als Minorität eine spezifische Neigung zum ökonomischen Rationalismus gezeigt haben, welche bei den Katholiken *weder* in der einen *noch* in der anderen Lage in gleicher Weise zu beobachten war und ist. Der Grund des verschiedenen Verhaltens muß also der Hauptsache nach in der dauernden inneren Eigenart und *nicht* nur in der jeweiligen äußeren historisch-politischen Lage der Konfessionen gesucht werden. |

24 Es würde also darauf ankommen, zunächst einmal zu untersuchen, welches diejenigen Elemente jener Eigenart der Konfessionen sind oder waren, die in der vorstehend geschilderten Richtung gewirkt haben und teilweise noch wirken. Man könnte nun bei oberflächlicher Betrachtung und aus gewissen modernen Eindrücken heraus versucht sein, den Gegensatz so zu formulieren: daß die größere »Weltfremdheit«

des Katholizismus, die asketischen Züge, welche seine höchsten Ideale aufweisen, seine Bekenner zu einer größeren Indifferenz gegenüber den Gütern dieser Welt erziehen müßten. Diese Begründung entspricht denn auch in der Tat dem heute üblichen populären Schema der Beurteilung beider Konfessionen. Von protestantischer Seite benutzt man diese Auffassung zur Kritik jener (wirklichen oder angeblichen) asketischen Ideale der katholischen Lebensführung, von katholischer antwortet man mit dem Vorwurf des »Materialismus«, welcher die Folge der Säkularisation aller Lebensinhalte durch den Protestantismus sei. [...] Aber nicht nur lagen die Dinge in der Vergangenheit sehr anders: für die englischen, holländischen und amerikanischen | Puritaner war bekanntlich das ge- 25
rade Gegenteil von »Weltfreude« charakteristisch und zwar, wie wir noch sehen werden, grade einer ihrer für uns wichtigsten Charakterzüge. Sondern z.B. der französische Protestantismus hat den Charakter, der den calvinistischen Kirchen überhaupt und zumal denen »unter dem Kreuz« in der Zeit der Glaubenskämpfe überall aufgeprägt wurde, sehr lange und in gewissem Maße bis heute bewahrt. Er ist dennoch – oder, so werden wir weiterhin zu fragen haben: vielleicht gerade deshalb? – bekanntlich einer der wichtigsten Träger der gewerblichen und kapitalistischen Entwicklung Frankreichs gewesen und in dem kleinen Maßstabe, in welchem die Verfolgung es zuließ, geblieben. Wenn man diesen Ernst und das starke Vorwalten religiöser Interessen in der Lebensführung »Weltfremdheit« nennen will, *dann* waren und sind die französischen *Calvinisten* mindestens ebenso weltfremd wie z. B. die norddeutschen *Katholiken,* denen ihr Katholizismus unzweifelhaft in einem Maße Herzenssache ist, wie keinem anderen Volke der Erde. Und *beide* unterscheiden sich dann nach der gleichen Richtung von der vorherrschenden Religionspartei: den in ihren unteren Schichten höchst lebensfrohen, in ihren oberen direkt religionsfeindlichen Katholiken Frankreichs und den heute im weltlichen Erwerbsleben aufgehenden und in ihren oberen Schichten vorwiegend religiös indifferenten

Protestanten Deutschlands. Kaum etwas zeigt so deutlich, wie diese Parallele, daß mit so vagen Vorstellungen, wie der (angeblichen!) »Weltfremdheit« des Katholizismus, der (angeblichen!) materialistischen »Weltfreude« des Protestantismus und vielen ähnlichen hier nichts anzufangen ist, schon weil sie in dieser Allgemeinheit teils auch heute noch, teils wenigstens für die Vergangenheit gar nicht zutreffen. Wollte man aber mit ihnen operieren, *dann* müßten außer den schon gemachten Bemerkungen noch manche andere Beobachtungen, die sich ohne weiteres aufdrängen, sogar den Gedanken nahelegen, ob nicht der ganze Gegensatz zwischen Weltfremdheit, Askese und kirchlicher Frömmigkeit auf der einen Seite, Beteiligung
26 am kapitalistischen | Erwerbsleben auf der anderen Seite geradezu in eine innere *Verwandtschaft* umzukehren sei.

In der Tat ist nun schon auffallend – um mit einigen ganz äußerlichen Momenten zu beginnen – wie groß die Zahl der Vertreter gerade der innerlichsten Formen christlicher Frömmigkeit gewesen ist, die aus kaufmännischen Kreisen stammen. Speziell der Pietismus verdankt eine auffallend große Zahl seiner ernstesten Bekenner dieser Abstammung. Man könnte da an eine Art Kontrastwirkung des »Mammonismus« auf innerliche und dem Kaufmannsberuf nicht angepaßte Naturen denken, und sicherlich hat, wie bei Franz von Assisi, so auch bei vielen jener Pietisten, sich der Hergang der »Bekehrung« subjektiv dem Bekehrten selbst sehr oft so dargestellt. Und ähnlich könnte man dann die gleichfalls [...] so auffallend häufige Erscheinung, daß aus Pfarrhäusern kapitalistische Unternehmer größten Stils hervorgehen, als eine Reaktion gegen asketische Jugenderziehung zu erklären suchen. Indessen diese Erklärungsweise versagt da, wo ein virtuoser kapitalistischer Geschäftssinn mit den intensivsten Formen einer das ganze Leben durchdringenden und regelnden Frömmigkeit in denselben Personen und Menschengruppen *zusammentrifft,* und diese Fälle sind nicht etwa vereinzelt, sondern sie sind geradezu bezeichnendes Merkmal für ganze Gruppen der historisch wichtigsten protestantischen Kirchen und Sekten. Speziell der

Calvinismus zeigt, wo *immer er aufgetreten ist,* diese Kombination. So wenig er in der Zeit der Ausbreitung der Reformation in irgendeinem Lande (wie überhaupt irgendeine der protestantischen Konfessionen) an eine bestimmte einzelne Klasse gebunden war, so charakteristisch und in gewissem Sinn »typisch« ist es doch z. B., daß in französischen Hugenottenkirchen alsbald Mönche und Industrielle (Kaufleute, Handwerker) numerisch besonders stark unter den Proselyten vertreten waren und, namentlich in den Zeiten der Verfolgung, vertreten blieben. [...] Man könnte ja hier die Überlegenheit der französischen und holländischen wirtschaftlichen Kultur, welcher diese Diaspora überwiegend entstammte, für das Entscheidende ansehen, oder auch den gewaltigen Einfluß des Exils und der Herausreißung aus den traditionellen Lebensbeziehungen. [...] Nicht alle protestantischen Denominationen scheinen aber gleich stark in dieser Richtung zu wirken. Der Calvinismus tat dies anscheinend auch in Deutschland; die »reformierte« Konfession scheint, im Wuppertal ebenso wie anderwärts, im Vergleich mit anderen Bekenntnissen der Entwicklung kapitalistischen Geistes förderlich gewesen zu sein. Förderlicher als z.B. das Luthertum, wie der Vergleich im großen ebenso wie im einzelnen, insbesondere im Wuppertal, zu lehren scheint. [...] Noch eklatanter ist, woran ebenfalls nur erinnert zu werden braucht, der Zusammenhang religiöser Lebensreglementierung mit intensivster Entwicklung des geschäftlichen Sinnes bei einer ganzen Anzahl gerade derjenigen Sekten, deren »Lebensfremdheit« ebenso sprichwörtlich geworden ist, wie ihr Reichtum: insbesondere den *Quäkern* und *Mennoniten.* Die Rolle, welche die ersteren in England und Nordamerika spielten, fiel den letzteren in den Niederlanden und Deutschland zu. Daß in Ostpreußen selbst Friedrich Wilhelm I. die Mennoniten trotz ihrer absoluten Weigerung, Militärdienst zu tun, als unentbehrliche Träger der Industrie gewähren ließ, ist nur eine, aber allerdings bei der Eigenart dieses Königs wohl eine der stärksten, von den zahlreichen wohlbekannten Tatsachen, die das illustrieren. Daß endlich für die

Pietisten die Kombination von intensiver Frömmigkeit mit
29 ebenso stark entwickeltem geschäftlichen | Sinn und Erfolg
ebenfalls galt, ist bekannt genug: [...] es mögen daher in diesen
ja nur ganz provisorischen Ausführungen die Beispiele nicht
weiter gehäuft werden. Denn schon diese wenigen zeigen alle
das eine: der »Geist der Arbeit«, des »Fortschritts« oder wie er
sonst bezeichnet wird, dessen Weckung man dem Protestan-
tismus zuzuschreiben neigt, darf nicht, wie es heute zu gesche-
hen pflegt, als »Weltfreude« oder irgendwie sonst im »aufkläre-
rischen« Sinn verstanden werden. Der alte Protestantismus
der Luther, Calvin, Knox, Voët hatte mit dem, was man heute
»Fortschritt« nennt, herzlich wenig zu schaffen. Zu ganzen
Seiten des modernen Lebens, die heute der extremste Konfes-
sionelle nicht mehr entbehren möchte, stand er direkt feind-
lich. Soll also überhaupt eine innere Verwandtschaft bestimm-
ter Ausprägungen des altprotestantischen Geistes und moder-
ner kapitalistischer Kultur gefunden werden, so müssen wir
wohl oder übel versuchen, sie *nicht* in dessen (angeblicher)
mehr oder minder materialistischer oder doch anti-asketischer
»Weltfreude«, sondern vielmehr in seinen rein *religiösen* Zügen
zu suchen. – Montesquieu sagt (Esprit des lois Buch XX cap. 7)
von den Engländern, sie hätten es »in drei wichtigen Dingen
von allen Völkern der Welt am weitesten gebracht: in der
Frömmigkeit, im Handel und in der Freiheit«. Sollte ihre
Überlegenheit auf dem Gebiet des Erwerbs – und, was in ei-
nen anderen Zusammenhang gehört, ihre Eignung für frei-
heitliche politische Institutionen – vielleicht mit jenem Fröm-
migkeitsrekord, den Montesquieu ihnen zuerkennt, zusam-
menhängen?

Eine ganze Anzahl möglicher Beziehungen steigen, dunkel
empfunden, alsbald vor uns auf, wenn wir die Frage so stellen.
Es wird nun eben die Aufgabe sein müssen, das, was uns hier
undeutlich vorschwebt, so deutlich zu *formulieren,* als dies bei
30 der unausschöpfbaren Mannigfaltigkeit, die in jeder | histori-
schen Erscheinung steckt, überhaupt möglich ist. Um dies
aber zu können, muß das Gebiet der vagen Allgemeinvorstel-

lungen, mit dem wir bisher operiert haben, notgedrungen verlassen und in die charakteristische Eigenart und die Unterschiede jener großen religiösen Gedankenwelten einzudringen versucht werden, die in den verschiedenen Ausprägungen der christlichen Religion uns geschichtlich gegeben sind.

Vorher aber sind noch einige Bemerkungen erforderlich: zunächst über die Eigenart des Objektes, um dessen geschichtliche Erklärung es sich handelt; dann über den Sinn, in welchem eine solche Erklärung überhaupt im Rahmen dieser Untersuchungen möglich ist.

2. Der »Geist« des Kapitalismus

In der Überschrift dieser Studie ist der etwas anspruchsvoll klingende Begriff: »*Geist* des Kapitalismus« verwendet. Was soll darunter verstanden werden? Bei dem Versuch, so etwas wie eine »Definition« davon zu geben, zeigen sich sofort gewisse, im Wesen des Untersuchungszwecks liegende Schwierigkeiten.

Wenn überhaupt ein Objekt auffindbar ist, für welches der Verwendung jener Bezeichnung irgendein Sinn zukommen kann, so kann es nur ein *»historisches Individuum«* sein, d. h. ein Komplex von Zusammenhängen in der geschichtlichen Wirklichkeit, die wir unter dem Gesichtspunkte ihrer *Kulturbedeutung* begrifflich zu einem Ganzen zusammenschließen.

Ein solcher historischer Begriff aber kann, da er inhaltlich sich auf eine in ihrer individuellen *Eigenart* bedeutungsvolle Erscheinung bezieht, nicht nach dem Schema: »genus proximum, differentia specifica« definiert (zu deutsch: »abgegrenzt«), sondern er muß aus seinen einzelnen der geschichtlichen Wirklichkeit zu entnehmenden Bestandteilen allmählich *komponiert* werden. Die endgültige begriffliche Erfassung kann daher nicht am Anfang, sondern muß am *Schluß* der Untersuchung stehen: es wird sich m.a.W. erst im Lauf der Erörterung und als deren wesentliches Ergebnis zu zeigen haben, wie das, was wir hier unter dem »Geist« des Kapitalismus ver-

stehen, am besten – d.h. für die uns hier interessierenden Gesichtspunkte adäquatesten – zu formulieren sei. Diese Gesichtspunkte wiederum (von denen noch zu reden sein wird)
31 sind nun nicht etwa die | einzig möglichen, unter denen jene historischen Erscheinungen, die wir betrachten, analysiert werden können. Andere Gesichtspunkte der Betrachtung würden hier, wie bei jeder historischen Erscheinung, andere Züge als die »wesentlichen« ergeben: – woraus ohne weiteres folgt, daß man unter dem »Geist« des Kapitalismus durchaus nicht notwendig *nur* das verstehen könne oder müsse, was sich *uns* als das für unsere Auffassung Wesentliche daran darstellen wird. Das liegt eben im Wesen der »historischen Begriffsbildung«, welche für ihre methodischen Zwecke die Wirklichkeit nicht in abstrakte Gattungsbegriffe einzuschachteln, sondern in konkrete genetische Zusammenhänge von stets und unvermeidlich spezifisch *individueller* Färbung einzugliedern strebt.

Soll gleichwohl eine Feststellung des Objektes, um dessen Analyse und historische Erklärung es sich handelt, erfolgen, so kann es sich also nicht um eine begriffliche Definition, sondern vorerst wenigstens nur um eine provisorische *Veranschaulichung* dessen handeln, was hier mit dem »Geist« des Kapitalismus gemeint ist. Eine solche ist nun in der Tat zum Zwecke einer Verständigung über den Gegenstand der Untersuchung unentbehrlich, und wir halten uns zu diesem Behufe an ein Dokument jenes »Geistes«, welches das, worauf es hier zunächst ankommt, in nahezu klassischer Reinheit enthält und doch zugleich den Vorteil bietet, von *aller* direkten Beziehung zum Religiösen losgelöst, also – für unser Thema – »voraussetzungslos« zu sein:

> »Bedenke, daß die *Zeit Geld* ist; wer täglich zehn Schillinge durch seine Arbeit erwerben könnte und den halben Tag spazieren geht, oder auf seinem Zimmer faulenzt, der darf, auch wenn er nur sechs Pence für sein Vergnügen ausgibt, nicht dies allein berechnen, er hat nebendem noch fünf Schillinge ausgegeben oder vielmehr weggeworfen.

Bedenke, daß *Kredit Geld* ist. Läßt jemand sein Geld, nachdem es zahlbar ist, bei mir stehen, so schenkt er mir die Interessen, oder so viel als ich während dieser Zeit damit anfangen kann. Dies beläuft sich auf eine beträchtliche Summe, wenn ein Mann guten und großen Kredit hat und guten Gebrauch davon macht.

Bedenke, daß Geld von einer *zeugungskräftigen und fruchtbaren Natur* ist. Geld kann Geld erzeugen und die Sprößlinge können noch mehr erzeugen und so fort. Fünf Schillinge umgeschlagen sind sechs, wieder umgetrieben sieben Schilling drei Pence und so fort bis es hundert Pfund Sterling sind. Je mehr davon vorhanden ist, desto mehr erzeugt das Geld beim Umschlag, so daß der Nutzen schneller und immer schneller steigt. Wer ein Mutterschwein tötet, vernichtet dessen ganze Nachkommenschaft bis ins tausendste Glied. Wer ein Fünfschillingstück umbringt, *mordet* (!) alles, was damit hatte produziert werden können: ganze Kolonnen von Pfunden Sterling. |

Bedenke, daß – nach dem Sprichwort – ein *guter Zahler* der 32
Herr von jedermanns Beutel ist. Wer dafür bekannt ist, pünktlich zur versprochenen Zeit zu zahlen, der kann zu jeder Zeit alles Geld entlehnen, was seine Freunde gerade nicht brauchen.

Dies ist bisweilen von großem Nutzen. Neben Fleiß und Mäßigkeit trägt nichts so sehr dazu bei, einen jungen Mann in der Welt *vorwärts* zu bringen, als Pünktlichkeit und Gerechtigkeit bei allen seinen Geschäften. Deshalb behalte niemals erborgtes Geld eine Stunde länger als du versprachst, damit nicht der Ärger darüber deines Freundes Börse dir auf immer verschließe.

Die unbedeutendsten Handlungen, die den *Kredit* eines Mannes beeinflussen, müssen von ihm beachtet werden. Der Schlag deines Hammers, den dein Gläubiger um 5 Uhr morgens oder um 8 Uhr abends vernimmt, stellt ihn auf sechs Monate zufrieden; sieht er dich aber am Billardtisch oder hört er deine Stimme im Wirtshause, wenn du bei der Arbeit sein solltest, so läßt er dich am nächsten Morgen um die Zahlung mahnen, und fordert sein Geld, bevor du es zur Verfügung hast.

Außerdem zeigt dies, daß du ein Gedächtnis für deine Schulden hast, es läßt dich als einen ebenso sorgfältigen wie *ehrlichen Mann erscheinen* und das vermehrt deinen *Kredit*.
Hüte dich, daß du alles was du besitzest, für dein Eigentum hältst und demgemäß lebst. In diese Täuschung geraten viele Leute, die Kredit haben. Um dies zu verhüten, halte eine genaue Rechnung über deine Ausgaben und dein Einkommen. Machst du dir die Mühe, einmal auf die Einzelheiten zu achten, so hat das folgende gute Wirkung: Du entdeckst, was für wunderbar kleine Ausgaben zu großen Summen anschwellen und du wirst bemerken, was hätte gespart werden können und was in Zukunft gespart werden kann...
Für 6 £ jährlich kannst du den Gebrauch von 100£ haben, vorausgesetzt, daß du ein Mann von bekannter Klugheit und Ehrlichkeit bist. Wer täglich einen Groschen nutzlos ausgibt, gibt an 6£ jährlich nutzlos aus, und das ist der Preis für den Gebrauch von 100£. Wer täglich einen Teil seiner Zeit zum Werte eines Groschen verschwendet (und das mögen nur ein paar Minuten sein), verliert, einen Tag in den andern gerechnet, das Vorrecht 100£ jährlich zu gebrauchen. Wer nutzlos Zeit im Wert von 5 Schillingen vergeudet, verliert 5 Schillinge und könnte ebensogut 5 Schillinge ins Meer werfen. Wer 5 Schillinge verliert, verliert nicht nur die Summe, sondern alles, was damit bei Verwendung im Gewerbe hätte verdient werden können, – was, wenn ein junger Mann ein höheres Alter erreicht, zu einer ganz bedeutenden Summe aufläuft.«

Es ist Benjamin Franklin[1], der in diesen Sätzen [...] zu uns predigt. Daß es »Geist des Kapitalismus« ist, der aus ihm in charakteristischer Weise redet, wird niemand bezweifeln, so wenig etwa behauptet werden soll, daß nun *alles,* was man unter diesem »Geist« verstehen kann, darin enthalten sei. Verweilen wir noch etwas bei dieser Stelle, [...] so fällt als das Eigentümliche in dieser »Philosophie des Geizes« das Ideal des *kreditwürdigen*

1 Benjamin Franklin (1706–90), amerikanischer Politiker, Schriftsteller und Naturwissenschaftler, Mitunterzeichner der Unabhängigkeitserklärung von 1776, Gesandter der USA in Frankreich, Gouverneur von Pennsylvania.

Ehrenmannes und vor allem: der Gedanke der *Verpflichtung* des einzelnen gegenüber dem als Selbstzweck vorausgesetzten Interesse an der Vergrößerung seines Kapitals auf. In der Tat: daß hier nicht einfach Lebenstechnik, sondern eine eigentümliche »Ethik« gepredigt wird, deren Verletzung nicht nur als Torheit, sondern als eine Art von Pflichtvergessenheit behandelt wird: dies vor Allem gehört zum Wesen der Sache. Es ist nicht *nur* »Geschäftsklugheit«, was da gelehrt wird – dergleichen findet sich auch sonst oft genug: – es ist ein *Ethos,* welches sich äußert, und in eben *dieser* Qualität interessiert es uns.

Wenn Jakob Fugger einem Geschäftskollegen, der sich zur Ruhe gesetzt hat und ihm zuredet, das gleiche zu tun, da er nun doch genug gewonnen habe und andere auch gewinnen lassen solle, dies als »Kleinmut« verweist und antwortet: »er (Fugger) hätte viel einen andern Sinn, wollte gewinnen dieweil er könnte«, so *unterscheidet* sich der »Geist« dieser Äußerung offensichtlich von Franklin: was dort als Ausfluß kaufmännischen Wagemuts und einer persönlichen, sittlich indifferenten, Neigung geäußert wird, nimmt hier den Charakter einer *ethisch* gefärbten Maxime der Lebensführung an. In diesem spezifischen |
Sinne wird hier der Begriff »Geist des Kapitalismus« ge- 34
braucht. Natürlich: des *modernen* Kapitalismus. Denn daß hier nur von diesem westeuropäisch-amerikanischem Kapitalismus die Rede ist, versteht sich angesichts der Fragestellung von selbst. »Kapitalismus« hat es in China, Indien, Babylon, in der Antike und im Mittelalter gegeben. *Aber eben jenes eigentümliche Ethos fehlte ihm, wie wir sehen werden.*

Allerdings sind nun alle moralischen Vorhaltungen Franklins utilitarisch gewendet: die Ehrlichkeit ist *nützlich,* weil sie Kredit bringt, die Pünktlichkeit, der Fleiß, die Mäßigkeit ebenso, und *deshalb sind* sie Tugenden: – woraus u. a. folgen würde, daß, wo z. B. der *Schein* der Ehrlichkeit den gleichen Dienst tut, dieser genügen und ein unnötiges Surplus an dieser Tugend als unproduktive Verschwendung in den Augen Franklins verwerflich erscheinen müßte. Und in der Tat: wer in seiner Selbstbiographie die Erzählung von seiner »Bekehrung« zu

jenen Tugenden oder vollends die Ausführungen über den Nutzen, den die strikte Aufrechterhaltung des *Scheines* der Bescheidenheit, des geflissentlichen Zurückstellens der eigenen Verdienste für die Erreichung allgemeiner Anerkennung habe,
35 | liest, muß notwendig zu dem Schluß kommen, daß nach Franklin jene wie alle Tugenden auch *nur soweit* Tugenden sind, als sie in concreto dem einzelnen nützlich sind und das Surrogat des bloßen Scheins überall da genügt, wo es den gleichen Dienst leistet: – eine für den strikten Utilitarismus in der Tat unentrinnbare Konsequenz. Das, was Deutsche an den Tugenden des Amerikanismus als »Heuchelei« zu empfinden gewohnt sind, scheint hier in flagranti zu ertappen. – Allein so einfach liegen die Dinge in Wahrheit keineswegs. Nicht nur Benjamin Franklins eigener Charakter, wie er gerade in der immerhin seltenen Ehrlichkeit seiner Selbstbiographie zutage tritt, und der Umstand, daß er die Tatsache selbst, daß ihm die »Nützlichkeit« der Tugend aufgegangen sei, auf eine Offenbarung Gottes zurückführt, der ihn dadurch zur Tugend bestimmen wollte, zeigen, daß hier doch noch etwas anderes als eine Verbrämung rein egozentrischer Maximen vorliegt. Sondern vor allem ist das »summum bonum« dieser »Ethik«: der Erwerb von Geld und immer mehr Geld, unter strengster Vermeidung alles unbefangenen Genießens, so gänzlich aller eudämonistischen oder gar hedonistischen Gesichtspunkte entkleidet, so rein als Selbstzweck gedacht, daß es als etwas gegenüber dem »Glück« oder dem »Nutzen« des einzelnen Individuums jedenfalls gänzlich Transzendentes und schlechthin Ir-
36 rationales erscheint. Der Mensch ist auf das | Erwerben als Zweck seines Lebens, nicht mehr das Erwerben auf den Menschen als Mittel zum Zweck der Befriedigung seiner materiellen Lebensbedürfnisse bezogen. Diese für das unbefangene Empfinden schlechthin sinnlose Umkehrung des wie wir sagen würden, »natürlichen« Sachverhalts ist nun ganz offenbar ebenso unbedingt ein Leitmotiv des Kapitalismus, wie sie dem von seinem Hauche nicht berührten Menschen fremd ist. Aber sie enthält zugleich eine Empfindungsreihe, welche sich

mit gewissen religiösen Vorstellungen eng berührt. Fragt man nämlich: *warum* denn »aus Menschen Geld gemacht« werden soll, so antwortet Benjamin Franklin, obwohl selbst konfessionell farbloser Deist, in seiner Autobiographie darauf mit einem Bibelspruch, den, wie er sagt, sein streng calvinistischer Vater ihm in der Jugend immer wieder eingeprägt habe: »Siehst du einen Mann rüstig *in seinem Beruf,* so soll er vor Königen stehen«. Der Gelderwerb ist – sofern er in legaler Weise erfolgt – innerhalb der modernen Wirtschaftsordnung das Resultat und der Ausdruck der Tüchtigkeit im *Beruf* und *diese Tüchtigkeit* ist, wie nun unschwer zu erkennen ist, das wirkliche A und O der Moral Franklins, wie sie in der zitierten Stelle ebenso wie in allen seinen Schriften ohne Ausnahme uns entgegentritt.

In der Tat: jener eigentümliche, uns heute so geläufige und in Wahrheit doch so wenig selbstverständliche Gedanke der *Berufspflicht:* einer Verpflichtung, die der Einzelne empfinden soll und empfindet gegenüber dem Inhalt seiner »beruflichen« Tätigkeit, gleichviel worin sie besteht, gleichviel insbesondere ob sie dem unbefangenen Empfinden als reine Verwertung seiner Arbeitskraft oder gar nur seines Sachgüterbesitzes (als »Kapital«) erscheinen muß: – dieser Gedanke ist es, welcher der »Sozialethik« der kapitalistischen Kultur charakteristisch, ja in gewissem Sinne für sie von konstitutiver Bedeutung ist. Nicht als ob er *nur* auf dem Boden des Kapitalismus gewachsen wäre: wir werden ihn vielmehr später in die Vergangenheit zurück zu verfolgen suchen. Und noch weniger soll natürlich behauptet werden, daß für den *heutigen* Kapitalismus die subjektive | Aneignung dieser ethischen Maxime durch seine 37
einzelnen Träger, etwa die Unternehmer oder die Arbeiter der modernen kapitalistischen Betriebe, Bedingung der Fortexistenz sei. Die heutige kapitalistische Wirtschaftsordnung ist ein ungeheurer Kosmos, in den der einzelne hineingeboren wird und der für ihn, wenigstens als einzelnen, als faktisch unabänderliches Gehäuse, in dem er zu leben hat, gegeben ist. Er zwingt dem einzelnen, soweit er in den Zusammenhang des Marktes verflochten ist, die Normen seines wirtschaftlichen

Handelns auf. Der Fabrikant, welcher diesen Normen dauernd entgegenhandelt, wird ökonomisch ebenso unfehlbar eliminiert, wie der Arbeiter, der sich ihnen nicht anpassen kann oder will, als Arbeitsloser auf die Straße gesetzt wird.

Der heutige, zur Herrschaft im Wirtschaftsleben gelangte Kapitalismus also erzieht und schafft sich im Wege der ökonomischen *Auslese* die Wirtschaftssubjekte – Unternehmer und Arbeiter – deren er bedarf. Allein gerade hier kann man die Schranken des »Auslese«-Begriffes als Mittel der Erklärung historischer Erscheinungen mit Händen greifen. Damit jene der Eigenart des Kapitalismus angepaßte Art der Lebensführung und Berufsauffassung »ausgelesen« werden, d.h.: über andere den Sieg davontragen konnte, mußte sie offenbar zunächst entstanden sein, und zwar nicht in einzelnen isolierten Individuen, sondern als eine Anschauungsweise, die von Menschen*gruppen* getragen wurde. Diese Entstehung ist also das eigentlich zu Erklärende. Auf die Vorstellung des naiven Geschichtsmaterialismus, daß derartige »Ideen« als »Wiederspiegelung« oder »Überbau« ökonomischer Situationen ins Leben treten, werden wir eingehender erst später zu sprechen kommen. An dieser Stelle genügt es für unseren Zweck wohl, darauf hinzuweisen, daß jedenfalls ohne Zweifel im Geburtslande Benjamin Franklins (Massachusetts) der »kapitalistische Geist« (in unserem hier angenommenen Sinn) *vor* der »kapitalistischen Entwicklung« da war (es wird über die spezifischen Erscheinungen profitsüchtiger Rechenhaftigkeit in Neuengland – im Gegensatz zu anderen Gebieten Amerikas – schon 1632 geklagt), daß er z. B. in den Nachbarkolonien – den späteren Südstaaten der Union – ungleich unentwickelter geblieben war, und zwar trotzdem diese letzteren von großen Kapitalisten zu *Geschäfts*zwecken, die Neuengland-Kolonien aber
38 von Predigern und Graduates in | Verbindung mit Kleinbürgern, Handwerkern und Yeomen aus *religiösen* Gründen ins Leben gerufen wurden. In *diesem* Falle liegt also das Kausalverhältnis jedenfalls umgekehrt als vom »materialistischen« Standpunkt aus zu postulieren wäre. Aber die Jugend solcher

Ideen ist überhaupt dornenvoller, als die Theoretiker des
»Überbaues« annehmen und ihre Entwicklung vollzieht sich
nicht wie die einer Blume. Der kapitalistische Geist in dem
Sinne, den wir für diesen Begriff bisher gewonnen haben, hat
sich in schwerem Kampf gegen eine Welt feindlicher Mächte
durchzusetzen gehabt. Eine Gesinnung wie sie in den zitierten
Ausführungen Benjamin Franklins zum Ausdruck kam und
den Beifall eines ganzen Volkes fand, wäre im Altertum wie im
Mittelalter ebenso als Ausdruck des schmutzigsten Geizes und
einer | schlechthin würdelosen Gesinnung proskribiert wor- *39*
den, wie dies noch heute von allen denjenigen sozialen Grup-
pen regelmäßig | geschieht, welche in die spezifisch moderne *40*
kapitalistische Wirtschaft am wenigsten verflochten oder ihr
am wenigsten angepaßt | sind. Nicht etwa deshalb, weil »der *41*
Erwerbstrieb« in den präkapitalistischen Epochen noch etwas
Unbekanntes oder Unentwickeltes gewesen wäre – wie man
so oft gesagt hat – oder weil die »auri sacra fames«, die Geldgier,
damals – oder auch heute – außerhalb des bürgerlichen Kapita-
lismus *geringer* wäre als innerhalb der spezifisch kapitalisti-
schen Sphäre, wie die Illusion moderner Romantiker sich die
Sache vorstellt. An diesem Punkt liegt der Unterschied kapita-
listischen und präkapitalistischen »Geistes« nicht: Die *Habgier*
des chinesischen Mandarinen, des altrömischen Aristokraten,
des modernen Agrariers hält jeden Vergleich aus. Und die
»auri sacra fames« des neapolitanischen Kutschers oder Barca-
jolo oder vollends des asiatischen Vertreters ähnlicher Gewer-
be, ebenso aber auch des Handwerkers südeuropäischer oder
asiatischer Länder äußert sich, wie jeder an sich erfahren kann,
sogar außerordentlich viel *penetranter,* und insbesondere: skru-
pelloser, als | diejenige etwa eines Engländers im gleichen Fal- *42*
le. Die universelle Herrschaft *absoluter* Skrupellosigkeit der
Geltendmachung des Eigeninteresses beim Gelderwerb war
gerade ein ganz spezifisches Charakteristikum solcher Länder,
deren bürgerlich-kapitalistische Entfaltung – an den Maßstä-
ben der okzidentalen Entwicklung gemessen – »rückständig«
geblieben war. Wie jeder Fabrikant weiß, ist die mangelnde

»coscienziosità« der Arbeiter solcher Länder, etwa Italiens im Gegensatz zu Deutschland, eines der Haupthemmnisse ihrer kapitalistischen Entfaltung gewesen und in gewissem Maße noch immer. Der Kapitalismus kann den praktischen Vertreter des undisziplinierten »liberum arbitrium« als Arbeiter nicht brauchen, so wenig er, wie wir schon von Franklin lernen konnten, den in seiner äußern Gebarung schlechthin skrupellosen Geschäftsmann brauchen kann. In der verschieden starken Entwicklung irgendeines »Triebes« nach dem Gelde also liegt der Unterschied nicht. Die auri sacra fames ist so alt wie die uns bekannte Geschichte der Menschheit; wir werden aber sehen, daß diejenigen, die ihr als *Trieb* sich vorbehaltlos hingaben – wie etwa jener holländische Kapitän, der »Gewinnes halber durch die Hölle fahren wollte, und wenn er sich die Segel ansengte« – *keineswegs* die Vertreter derjenigen Gesinnung waren, aus welcher der spezifisch moderne kapitalistische »Geist« als *Massenerscheinung* – und darauf kommt es an – hervorbrach. Den rücksichtslosen, an keine Norm innerlich sich bindenden
43 Erwerb hat es zu allen | Zeiten der Geschichte gegeben, wo und wie immer er tatsächlich überhaupt möglich war. Wie Krieg und Seeraub, so war auch der freie, nicht normgebundene Handel in den Beziehungen zu Stammfremden, Ungenossen, unbehindert; es gestattete die »Außenmoral« hier, was im Verhältnis »unter Brüdern« verpönt war. Und wie, äußerlich, der kapitalistische Erwerb als »Abenteuer« in allen Wirtschaftsverfassungen heimisch war, welche geldartige Vermögensobjekte kannten und Chancen boten, sie gewinnbringend zu verwerten: – durch Kommenda, Abgabenpacht, Staatsdarlehen, Finanzierung von Kriegen, Fürstenhöfen, Beamten, – so fand sich auch jene innerliche Abenteurer-Gesinnung, welche der Schranken der Ethik spottet, überall. Die absolute und bewußte Rücksichtslosigkeit des Gewinnstrebens stand oft ganz hart gerade neben strengster Traditionsgebundenheit. Und mit dem Zerbröckeln der Tradition und dem mehr oder minder durchgreifenden Eindringen des freien Erwerbes auch in das Innere der sozialen Verbände pflegte nicht eine ethische Beja-

hung und Prägung dieses Neuen zu erfolgen, sondern es pflegte nur faktisch *toleriert,* entweder als ethisch indifferent oder als zwar unerfreulich, aber leider unvermeidlich, behandelt zu werden. Dies war nicht nur die normale Stellungnahme aller ethischen Lehre, sondern – worauf es wesentlich mehr ankommt – auch des praktischen Verhaltens der Durchschnittsmenschen der präkapitalistischen Epoche: – »präkapitalistisch« in dem Sinn: daß die rationale *betriebs*mäßige Kapitalverwertung und die rationale kapitalistische *Arbeits*organisation noch nicht beherrschende Mächte für die Orientierung des wirtschaftlichen Handelns geworden waren. Eben dies Verhalten aber war eines der stärksten innerlichen Hemmnisse, auf welche die Anpassung der Menschen an die Voraussetzungen geordneter bürgerlich-kapitalistischer Wirtschaft überall stieß.

Der Gegner, mit welchem der »Geist« des Kapitalismus im Sinne eines bestimmten, im Gewande einer »Ethik« auftretenden, normgebundenen Lebensstils in erster Linie zu ringen hatte, blieb jene Art des Empfindens und der Gebarung, die man als *Traditionalismus* bezeichnen kann. Auch hier muß jeder Versuch einer abschließenden »Definition« suspendiert werden, vielmehr machen wir uns – natürlich auch hier lediglich provisorisch – an einigen Spezialfällen deutlich, was damit gemeint ist, dabei von unten: bei den Arbeitern, beginnend. |

Eins der technischen Mittel, welches der moderne Unter- *44*
nehmer anzuwenden pflegt, um von »seinen« Arbeitern ein möglichstes Maximum von Arbeitsleistung zu erlangen, die Intensität der Arbeit zu steigern, ist der *Akkord*lohn. In der Landwirtschaft z. B. pflegt ein Fall, der die möglichste Steigerung der Arbeitsintensität gebieterisch fordert, die Einbringung der Ernte zu sein, da, zumal bei unsicherem Wetter, an der denkbar größten Beschleunigung derselben oft ganz außerordentlich hohe Gewinn- oder Verlustchancen hängen. Demgemäß pflegt hier durchweg das Akkordlohnsystem verwendet zu werden. Und da mit Steigerung der Erträge und der Betriebsintensität das Interesse des Unternehmers an Be-

schleunigung der Ernte im allgemeinen immer größer zu werden pflegt, so hat man natürlich immer wieder versucht, durch *Erhöhung* der Akkordsätze die Arbeiter, denen so sich Gelegenheit bot, innerhalb einer kurzen Zeitspanne einen für sie außergewöhnlich hohen Verdienst zu machen, an der Steigerung ihrer Arbeitsleistung zu interessieren. Allein hier zeigten sich nun eigentümliche Schwierigkeiten: Die Heraufsetzung der Akkordsätze bewirkte auffallend oft nicht etwa, daß mehr, sondern: daß weniger an Arbeitsleistung in der gleichen Zeitspanne erzielt wurde, weil die Arbeiter die Akkorderhöhung nicht mit Herauf-, sondern mit Herabsetzung der Tagesleistung beantworteten. Der Mann, der z. B. bei 1 Mark für den Morgen Getreidemähen bisher 2½ Morgen täglich gemäht und so 2½ Mk. am Tag verdient hatte, mähte nach Erhöhung des Akkordsatzes für den Morgen um 25 Pfg. nicht wie gehofft wurde, angesichts der hohen Verdienstgelegenheit etwa 3 Morgen, um so 3,75 Mk. zu verdienen – wie dies sehr wohl möglich gewesen wäre – sondern nur noch 2 Morgen am Tag, weil er so ebenfalls 2½ Mk., wie bisher, verdiente und damit, nach biblischem Wort, »ihm genügen« ließ. Der Mehrverdienst reizte ihn weniger als die Minderarbeit; er fragte nicht: wieviel kann ich am Tag verdienen, wenn ich das mögliche Maximum an Arbeit leiste, sondern: wieviel muß ich arbeiten, um denjenigen Betrag – 2½ Mk. – zu verdienen, den ich bisher einnahm und der meine *traditionellen* Bedürfnisse deckt? Dies ist eben ein Beispiel desjenigen Verhaltens, welches als »Traditionalismus« bezeichnet werden soll: der Mensch will »von Natur« nicht Geld und mehr Geld verdienen, sondern einfach leben, so leben wie er zu leben gewohnt ist und soviel erwerben, wie dazu erforderlich ist. Überall, wo
45 der | moderne Kapitalismus sein Werk der Steigerung der »Produktivität« der menschlichen Arbeit durch Steigerung ihrer Intensität begann, stieß er auf den unendlich zähen Widerstand dieses Leitmotivs präkapitalistischer wirtschaftlicher Arbeit, und er stößt noch heute überall um so mehr darauf, je »rückständiger« (vom kapitalistischen Standpunkt aus) die Ar-

beiterschaft ist, auf die er sich angewiesen sieht. Es lag nun – um wieder zu unserem Beispiel zurückzukehren – sehr nahe, da der Appell an den »Erwerbsinn« durch höhere Lohnsätze versagte, es mit dem gerade umgekehrten Mittel zu versuchen: durch *Herabsetzung* der Lohnsätze den Arbeiter zu zwingen, zur Erhaltung seines bisherigen Verdienstes *mehr* zu leisten als bisher. Ohnehin schien ja und scheint noch heute der unbefangenen Betrachtung niederer Lohn und hoher Profit in Korrelation zu stehen, alles, was an Lohn mehr gezahlt wurde, eine entsprechende Minderung des Profits bedeuten zu müssen. Jenen Weg hat denn auch der Kapitalismus von Anfang an wieder und immer wieder beschritten, und Jahrhunderte lang galt es als Glaubenssatz, daß niedere Löhne »produktiv« seien, d. h. daß sie die Arbeitsleistung steigerten, daß, [...] das Volk nur arbeitet, weil und so lange es arm ist.

Allein die Wirksamkeit dieses anscheinend so probaten Mittels hat Schranken. Gewiß verlangt der Kapitalismus zu seiner Entfaltung das Vorhandensein von Bevölkerungsüberschüssen, die er zu billigem Preis auf dem Arbeitsmarkt mieten kann. Allein ein Zuviel von »Reservearmee« begünstigt zwar unter Umständen sein quantitatives Umsichgreifen, hemmt aber seine qualitative Entwicklung, namentlich den Übergang zu | Betriebsformen, welche die Arbeit intensiv 46
ausnützen. Niederer Lohn ist mit billiger Arbeit keineswegs identisch. Schon rein quantitativ betrachtet, sinkt die Arbeitsleistung unter allen Umständen mit physiologisch ungenügendem Lohn und bedeutet ein solcher auf die Dauer oft geradezu eine »Auslese der Untauglichsten«. Der heutige durchschnittliche Schlesier mäht bei voller Anstrengung wenig mehr als zwei Drittel soviel Land in der gleichen Zeit wie der besser gelohnte und genährte Pommer oder Mecklenburger, der Pole leistet physisch, je weiter östlich er her ist, desto weniger im Vergleich zum Deutschen. Und auch rein geschäftlich versagt der niedere Lohn als Stütze kapitalistischer Entwicklung überall da, wo es sich um die Herstellung von Produkten handelt, welche irgendwelche qualifizierte (gelernte)

Arbeit oder etwa die Bedienung kostspieliger und leicht zu beschädigender Maschinen oder überhaupt ein irgend erhebliches Maß scharfer Aufmerksamkeit und Initiative erfordern. Hier rentiert der niedere Lohn nicht und schlägt in seiner Wirkung in das Gegenteil des Beabsichtigten um. Denn hier ist nicht nur ein entwickeltes Verantwortlichkeitsgefühl schlechthin unentbehrlich, sondern überhaupt eine Gesinnung, welche mindestens *während* der Arbeit von der steten Frage: wie bei einem Maximum von Bequemlichkeit und einem Minimum von Leistung dennoch der gewohnte Lohn zu gewinnen sei, sich loslöst und die Arbeit so betreibt, als ob sie absoluter Selbstzweck – »Beruf« – wäre. Eine solche Gesinnung aber ist nichts Naturgegebenes. Sie kann auch weder durch hohe noch durch niedere Löhne unmittelbar hervorgebracht werden, sondern nur das Produkt eines lang andauernden Erziehungsprozesses sein. *Heute* gelingt dem einmal im Sattel sitzenden Kapitalismus die Rekrutierung seiner Arbeiter in allen Industrieländern und innerhalb der einzelnen Länder in allen Industriegebieten verhältnismäßig leicht. In der Vergangenheit war sie in jedem einzelnen Fall ein äußerst schwieriges Problem. Und selbst heute kommt er wenigstens
47 | nicht immer ohne die Unterstützung eines mächtigen Helfers zum Ziele, der, wie wir weiter sehen werden, ihm in der Zeit seines Werdens zur Seite stand. Was gemeint ist, kann man sich wieder an einem Beispiel klar machen. Ein Bild rückständiger traditionalistischer Form der Arbeit bieten heute besonders oft die Arbeiter*innen*, besonders die unverheirateten. Insbesondere ihr absoluter Mangel an Fähigkeit und Willigkeit, überkommene und einmal erlernte Arten des Arbeitens zugunsten anderer, praktischerer, aufzugeben, sich neuen Arbeitsformen anzupassen, zu lernen und den Verstand zu konzentrieren oder nur überhaupt zu brauchen, ist eine fast allgemeine Klage von Arbeitgebern, die Mädchen, zumal deutsche Mädchen, beschäftigen. Auseinandersetzungen über die Möglichkeit, sich die Arbeit leichter, vor allem einträglicher, zu gestalten, pflegen bei ihnen auf völliges Un-

verständnis zu stoßen, Erhöhung der Akkordsätze prallt wirkungslos an der Mauer der Gewöhnung ab. Anders – und das ist ein für unsere Betrachtung nicht unwichtiger Punkt – pflegt es regelmäßig nur mit spezifisch religiös erzogenen, namentlich mit Mädchen pietistischer Provenienz zu stehen. Man kann es oft hören, und gelegentliche rechnerische Nachprüfungen bestätigen es, daß weitaus die günstigsten Chancen wirtschaftlicher Erziehung sich bei dieser Kategorie eröffnen. Die Fähigkeit der Konzentration der Gedanken sowohl als die absolut zentrale Haltung: sich »der Arbeit gegenüber verpflichtet« zu führen, finden sich hier besonders oft vereinigt mit strenger Wirtschaftlichkeit, die mit dem Verdienst und seiner Höhe überhaupt *rechnet* und mit einer nüchternen Selbstbeherrschung und Mäßigkeit, welche die Leistungsfähigkeit ungemein steigert. Der Boden für jene Auffassung der Arbeit als Selbstzweck, als »Beruf«, wie sie der Kapitalismus fordert, ist hier am günstigsten, die Chance, den traditionalistischen Schlendrian zu überwinden, *infolge* der religiösen Erziehung | am größten. Schon diese Betrachtung aus der Ge- 48
genwart des Kapitalismus zeigt uns wieder, daß es sich jedenfalls verlohnt, einmal zu *fragen,* wie diese Zusammenhänge kapitalistischer Anpassungsfähigkeit mit religiösen Momenten sich denn in der Zeit seiner Jugend gestaltet haben mögen. Denn daß sie auch damals in ähnlicher Art bestanden, ist aus vielen Einzelerscheinungen zu schließen. Der Abscheu und die Verfolgung, welchen z. B. die methodistischen Arbeiter im 18. Jahrhundert von seiten ihrer Arbeitsgenossen begegneten, bezog sich, wie schon die in den Berichten so oft wiederkehrende Zerstörung ihres Handwerkszeuges andeutet, keineswegs nur oder vorwiegend auf ihre religiösen Exzentrizitäten: – davon hatte England viel, und Auffallenderes, gesehen –, sondern auf ihre spezifische »Arbeitswilligkeit«, wie man heute sagen würde.

Doch wenden wir uns zunächst wieder der Gegenwart und zwar nunmehr den Unternehmern zu, um auch hier die Bedeutung des »Traditionalismus« uns zu verdeutlichen.

Sombart[2] hat in seinen Erörterungen über die Genesis des Kapitalismus als die beiden großen »Leitmotive«, zwischen denen sich die ökonomische Geschichte bewegt habe, »Bedarfsdeckung« und »Erwerb« geschieden, je nachdem das Ausmaß des persönlichen *Bedarfs* oder das von den Schranken des letzteren unabhängige Streben nach *Gewinn* und die *Möglichkeit* der Gewinnerzielung für die Art und Richtung der wirtschaftlichen Tätigkeit maßgebend werden. Was er als »System der Bedarfsdeckungswirtschaft« bezeichnet, scheint sich auf den ersten Blick mit dem, was hier als »ökonomischer Traditionalismus« umschrieben wurde, zu decken. Das ist *dann* in der Tat der Fall, wenn man den Begriff »Bedarf« mit *»traditionellem Be-*
49 *darf«* gleichsetzt. Wenn aber nicht, dann fallen breite | Massen von Wirtschaften, welche nach der Form ihrer Organisation als »kapitalistische« auch im Sinne der von Sombart an einer anderen Stelle seines Werkes gegebenen Definition des »Kapitals« zu betrachten sind, aus dem Bereich der »Erwerbs«-Wirtschaften heraus und gehören zum Bereich der »Bedarfsdeckungswirtschaften«. Auch Wirtschaften nämlich, die von privaten Unternehmern in der Form eines Umschlags von Kapital (= Geld oder geldwerten Gütern) zu Gewinnzwecken durch Ankauf von Produktionsmitteln und Verkauf der Produkte, also zweifellos als »kapitalistische Unternehmungen« geleitet werden, können gleichwohl »traditionalistischen« Charakter an sich tragen. Dies ist im Lauf auch der neueren Wirtschaftsgeschichte nicht nur ausnahmsweise, sondern – mit stets wiederkehrenden Unterbrechungen durch immer neue und immer gewaltigere Einbrüche des »kapitalistischen Geistes« – geradezu regelmäßig der Fall gewesen. Die »kapitalistische« Form einer Wirtschaft und der Geist, in dem sie ge-

2 Werner Sombart (1863–1941), deutscher Nationalökonom an den Universitäten Breslau, Handelshochschule Berlin, Universität Berlin, seit den späten 1880er Jahren freundschaftliche Beziehung zu Max Weber, Mitherausgeber des Archivs für Sozialwissenschaft und Sozialpolitik.

führt wird, stehen zwar generell im Verhältnis »adäquater« Beziehung, nicht aber in dem einer »gesetzlichen« Abhängigkeit voneinander. Und wenn wir trotzdem für diejenige Gesinnung, welche *berufsmäßig* systematisch und rational legitimen Gewinn in der Art, wie dies an dem Beispiel Benjamin Franklins verdeutlicht wurde, erstrebt, hier provisorisch den Ausdruck »Geist des (modernen) *Kapitalismus*« gebrauchen, so geschieht dies aus dem historischen Grunde, weil jene Gesinnung in der modernen kapitalistischen Unternehmung ihre adäquateste Form, die kapitalistische Unternehmung andererseits in ihr die adäquateste geistige Triebkraft gefunden hat.

Aber an sich kann beides sehr wohl auseinanderfallen. Benjamin Franklin war mit »kapitalistischem Geist« erfüllt zu einer Zeit, wo sein Buchdruckereibetrieb der Form nach sich in nichts von irgendeinem Handwerkerbetrieb unterschied. Und wir werden sehen, daß überhaupt an der Schwelle der Neuzeit keineswegs allein oder vorwiegend die kapitalistischen Unternehmer des Handelspatriziates, sondern weit mehr die aufstrebenden | Schichten des gewerblichen Mittel- 50
standes die Träger derjenigen Gesinnung waren, die wir hier als »Geist des Kapitalismus« bezeichnet haben. Auch im 19. Jahrhundert sind nicht die vornehmen Gentlemen von Liverpool und Hamburg mit ihrem altererbten Kaufmannsvermögen, sondern die aus oft recht kleinen Verhältnissen aufsteigenden Parvenüs von Manchester oder Rheinland-Westfalen ihre klassischen Repräsentanten. Und ähnlich stand es schon im 16. Jahrhundert: die damals neu entstehenden *Industrien* sind meist dem Schwerpunkt nach von Parvenüs geschaffen.

Der Betrieb etwa einer Bank, oder des Exportgroßhandels, oder auch eines größeren Detailgeschäfts, oder endlich eines großen Verlages hausindustriell hergestellter Waren sind zwar sicherlich nur in der Form der kapitalistischen Unternehmung möglich. Gleichwohl können sie alle in streng traditionalistischem Geiste geführt werden: die Geschäfte der großen Notenbanken *dürfen* gar nicht anders betrieben werden; der überseeische Handel ganzer Epochen hat auf der Basis von

Monopolen und Reglements streng traditionellen Charakters
geruht; im Detailhandel – und es ist hier nicht von den klei-
nen kapitallosen Tagedieben die Rede, welche heute nach
Staatshilfe schreien – ist die Revolutionierung, welche dem al-
ten Traditionalismus ein Ende macht, noch in vollem Gange:
– dieselbe Umwälzung, welche die alten Formen des Verlags-
systems gesprengt hat, mit dem ja die moderne Heimarbeit
nur der Form nach Verwandtschaft besitzt. Wie diese Revolu-
51 tionierung verläuft und was sie | bedeutet, mag – so bekannt ja
diese Dinge sind – wiederum an einem Spezialfall veran-
schaulicht werden.

Bis gegen die Mitte des vorigen Jahrhunderts war das Leben eines Verlegers wenigstens in manchen Branchen der kontinentalen Textilindustrie ein für unsere heutigen Begriffe ziemlich gemächliches. Man mag sich seinen Verlauf etwa so vorstellen: Die Bauern kamen mit ihren Geweben – oft (bei Leinen) noch vorwiegend oder ganz aus selbstproduziertem Rohstoff hergestellt – in die Stadt, in der die Verleger wohnten und erhielten nach sorgsamer, oft amtlicher, Prüfung der Qualität die üblichen Preise dafür gezahlt. Die Kunden der Verleger waren für den Absatz auf alle weiteren Entfernungen Zwischenhändler, die ebenfalls hergereist kamen, meist noch nicht nach Mustern, sondern nach herkömmlichen Qualitäten und vom Lager kauften oder, und dann lange vorher, bestellten, woraufhin dann eventuell weiter bei den Bauern bestellt wurde. Eigenes Bereisen der Kundschaft geschah, wenn überhaupt, dann selten einmal in großen Perioden, sonst genügte Korrespondenz und, langsam zunehmend, Musterversendung. Mäßiger Umfang der Kontorstunden – vielleicht 5–6 am Tage, zeitweise erheblich weniger, in der Kampagnezeit, wo es eine solche gab, mehr, – leidlicher, zur anständigen Lebensführung und in guten Zeiten zur Rücklage eines kleinen Vermögens ausreichender Verdienst, im ganzen relativ große Verträglichkeit der Konkurrenten untereinander bei großer Übereinstimmung der Geschäftsgrundsätze, ausgiebiger täglicher Besuch der »Ressource«, daneben je nachdem noch Dämmerschoppen, Kränzchen und gemächliches Lebenstempo überhaupt.

Es war eine in jeder Hinsicht »kapitalistische« *Form* der Organisation, wenn man auf den rein kaufmännisch-geschäftlichen Charakter der Unternehmer, ebenso wenn man auf die Tatsache der Unentbehrlichkeit des Dazwischentretens von Kapitalien, welche in dem Geschäft umgeschlagen wurden, ebenso endlich, wenn man auf die objektive Seite des ökonomischen Hergangs oder auf die Art der Buchführung sieht.
Aber es war | »traditionalistische« Wirtschaft, wenn man auf 52
den *Geist* sieht, der die Unternehmer beseelte: die traditionelle Lebenshaltung, die traditionelle Höhe des Profits, das traditionelle Maß von Arbeit, die traditionelle Art der Geschäftsführung und der Beziehungen zu den Arbeitern und dem wesentlich traditionellen Kundenkreise, der Art der Kundengewinnung und des Absatzes beherrschten den Geschäftsbetrieb, lagen – so kann man geradezu sagen – dem »Ethos« dieses Kreises von Unternehmern zugrunde.

Irgendwann nun wurde diese Behaglichkeit plötzlich gestört, und zwar oft ganz ohne daß dabei irgendeine prinzipielle Änderung der Organisations*form* – etwa Übergang zum geschlossenen Betrieb, zum Maschinenstuhl und dgl. – stattgefunden hätte. Was geschah, war vielmehr oft lediglich dies: daß irgendein junger Mann aus einer der beteiligten Verlegerfamilien aus der Stadt auf das Land zog, die Weber für seinen Bedarf sorgfältig auswählte, ihre Abhängigkeit und Kontrolle zunehmend verschärfte, sie so aus Bauern zu Arbeitern erzog, andererseits aber den Absatz durch möglichst direktes Herangehen an die letzten Abnehmer: die Detailgeschäfte, ganz in die eigene Hand nahm, Kunden persönlich warb, sie regelmäßig jährlich bereiste, vor allem aber die Qualität der Produkte ausschließlich ihren Bedürfnissen und Wünschen anzupassen, ihnen »mundgerecht« zu machen wußte und zugleich den Grundsatz »billiger Preis, großer Umsatz« durchzuführen begann. Alsdann nun wiederholte sich, was immer und überall die Folge eines solchen »Rationalisierungs«-Prozesses ist: wer

nicht hinaufstieg, mußte hinabsteigen. Die Idylle brach unter dem beginnenden erbitterten Konkurrenzkampf zusammen, ansehnliche Vermögen wurden gewonnen und nicht auf Zinsen gelegt, sondern immer wieder im Geschäft investiert, die alte behäbige und behagliche Lebenshaltung wich harter Nüchternheit, bei denen, die mitmachten und hochkamen, weil sie nicht verbrauchen, sondern erwerben *wollten,* bei denen, die bei der alten Art blieben, weil sie sich einschränken *mußten.* Und – worauf es hier vor allem ankommt – es war in
53 solchen Fällen in der Regel *nicht* etwa ein Zustrom | neuen *Geldes,* welcher diese Umwälzung hervorbrachte – mit wenigen Tausenden von Verwandten hergeliehenen Kapitals wurde in manchen mir bekannten Fällen der ganze Revolutionierungs-Prozeß ins Werk gesetzt –, sondern der neue *Geist,* eben der »Geist des modernen Kapitalismus«, der eingezogen war. Die Frage nach den Triebkräften der Expansion des modernen Kapitalismus ist nicht in erster Linie eine Frage nach der Herkunft der kapitalistisch verwertbaren Geldvorräte, sondern vor allem nach der Entwicklung des kapitalistischen Geistes. Wo er auflebt und sich auszuwirken vermag, *verschafft* er sich die Geldvorräte als Mittel seines Wirkens, nicht aber umgekehrt. Aber sein Einzug pflegte kein friedlicher zu sein. Eine Flut von Mißtrauen, gelegentlich von Haß, vor allem von moralischer Entrüstung stemmte sich regelmäßig dem ersten Neuerer entgegen, oft – mir sind mehrere Fälle derart bekannt – begann eine förmliche Legendenbildung über geheimnisvolle Schatten in seinem Vorleben. Es ist so leicht niemand unbefangen genug zu bemerken, daß gerade einen solchen Unternehmer »neuen Stils« nur ein ungewöhnlich fester Charakter vor dem Verlust der nüchternen Selbstbeherrschung und vor moralischem wie ökonomischem Schiffbruch bewahren können, daß, neben Klarheit des Blickes und Tatkraft, vor allem doch auch ganz bestimmte und sehr ausgeprägte »ethische« Qualitäten es sind, welche bei solchen Neuerungen ihm das schlechthin unentbehrliche Vertrauen der Kunden und der Arbeiter gewinnen und ihm die Spannkraft zur Überwindung der un-

gezählten Widerstände erhalten, vor allem aber die so unendlich viel intensivere Arbeitsleistung, welche nunmehr von dem Unternehmer gefordert wird und die mit bequemem Lebensgenuß unvereinbar ist, überhaupt ermöglicht haben: – nur eben ethische Qualitäten spezifisch anderer *Art* als die dem Traditionalismus der Vergangenheit adäquaten.

Und ebenso waren es in der Regel nicht waghalsige und skrupellose Spekulanten, ökonomische Abenteurernaturen, wie sie in allen Epochen der Wirtschaftsgeschichte begegnen, oder einfach »große Geldleute«, welche diese äußerlich unscheinbare und doch für die Durchsetzung des ökonomischen Lebens mit diesem neuen Geist entscheidende Wendung schufen, sondern in harter Lebensschule aufgewachsene, wägend und wagend zugleich, | vor allem aber *nüchtern* 54
und *stetig,* scharf und völlig der Sache hingegebene Männer mit streng bürgerlichen Anschauungen und »Grundsätzen«.

Man wird zu glauben geneigt sein, daß diese *persönlichen* moralischen Qualitäten mit irgendwelchen ethischen Maximen oder gar religiösen Gedanken an sich nicht das geringste zu schaffen haben, daß nach dieser Richtung wesentlich etwas Negatives: die Fähigkeit, sich der überkommenen Tradition zu *entziehen,* also am ehesten liberale »Aufklärung« die adäquate Grundlage einer solchen geschäftlichen Lebensführung sei. Und in der Tat ist dies *heute* im allgemeinen durchaus der Fall. Nicht nur fehlt regelmäßig eine Beziehung der Lebensführung auf religiöse Ausgangspunkte, sondern wo eine Beziehung besteht, pflegt sie wenigstens in Deutschland negativer Art zu sein. Solche vom »kapitalistischen Geist« erfüllte Naturen pflegen *heute,* wenn nicht gerade kirchenfeindlich, so doch indifferent zu sein. Der Gedanke an die fromme Langeweile des Paradieses hat für ihre tatenfrohe Natur wenig Verlockendes, die Religion erscheint ihnen als ein Mittel, die Menschen vom Arbeiten auf dem Boden dieser Erde abzuziehen. Würde man sie selbst nach dem »Sinn« ihres rastlosen Jagens fragen, welches des eigenen Besitzes niemals froh wird, und deshalb gerade bei rein diesseitiger Orientierung des Lebens

so sinnlos erscheinen muß, so würden sie, falls sie überhaupt eine Antwort wissen, zuweilen antworten: »die Sorge für Kinder und Enkel«, häufiger aber und – da jenes Motiv ja offenbar kein ihnen eigentümliches ist, sondern bei den »traditionalistischen« Menschen ganz ebenso wirkte, – richtiger ganz einfach: daß ihnen das Geschäft mit seiner steten Arbeit »zum Leben unentbehrlich« geworden sei. Das ist in der Tat die einzig zutreffende Motivierung und sie bringt zugleich das, vom persönlichen Glücksstandpunkt aus angesehen, so *Irrationale* dieser Lebensführung, bei welcher der Mensch für sein Geschäft da ist, nicht umgekehrt, zum Ausdruck. Selbstverständlich spielt die Empfindung für die Macht und das Ansehen, welches die bloße Tatsache des Besitzes gewährt, dabei ihre Rolle: wo einmal die Phantasie eines ganzen Volkes in der Richtung auf das rein quantitativ Große gelenkt ist, wie in den Vereinigten Staaten, da wirkt diese Zahlenromantik mit unwiderstehlichem Zauber auf die »Dichter« unter den Kaufleuten. Aber sonst sind es im ganzen nicht die eigentlich führen-
55 den | und namentlich nicht die dauernd erfolgreichen Unternehmer, die sich davon einnehmen lassen. Und vollends das Einlaufen in den Hafen des Fideikommißbesitzes[3] und Briefadels mit Söhnen, deren Gebarung auf der Universität und im Offizierkorps ihre Abstammung vergessen zu machen sucht, wie es der übliche Lebenslauf deutscher kapitalistischer Parvenü-Familien war, stellt ein epigonenhaftes Décadencepro-

3 Vermögen (zu lat. fideicomissum = zu treuen Händen), bestehend aus einem einzelnen Gegenstand oder einer Mehrzahl von Sachen und/oder Rechten (insbes. Landbesitz), das einer Familie dauernd erhalten bleiben soll und daher ungeteilt einer (männlichen) Einzelperson zugewandt wird, die Nutzungsrechte, aber keine Verfügungsrechte (z. B. Veräußerung) hat. Die Rechtsfigur des Fideikommiß entstand im Hoch-Mittelalter, als zunächst der Adel durch Familienverträge bzw. Hausgesetze Erbteilungen ausschloß. Später auch dem Bürgertum zugänglich, wurde der Fideikommiß seit der Französischen Revolution bekämpft, endgültige Auflösung in Deutschland erst 1919.

dukt dar. Der »Idealtypus« des kapitalistischen Unternehmers, wie er auch bei uns in einzelnen hervorragenden Beispielen vertreten war, hat mit solchem gröberen oder feineren Protzentum nichts Verwandtes. Er scheut die Ostentation und den unnötigen Aufwand ebenso wie den bewußten Genuß seiner Macht und die ihm eher unbequeme Entgegennahme von äußeren Zeichen der gesellschaftlichen Achtung, die er genießt. Seine Lebensführung trägt m.a.W. oft – und es wird gerade auf die geschichtliche Bedeutung dieser für uns wichtigen Erscheinung einzugehen sein – einen gewissen asketischen Zug an sich, wie er ja in der früher zitierten »Predigt« Franklins deutlich zutage tritt. Es ist namentlich keineswegs selten, sondern recht häufig bei ihm ein Maß von kühler Bescheidenheit zu finden, welches wesentlich aufrichtiger ist als jene Reserve, die Benjamin Franklin so klug zu empfehlen weiß. Er »hat nichts« von seinem Reichtum für seine Person, – außer: der irrationalen Empfindung guter »Berufserfüllung«.

Das aber ist es eben, was dem präkapitalistischen Menschen so unfaßlich und rätselhaft, so schmutzig und verächtlich erscheint. Daß jemand zum Zweck seiner Lebensarbeit ausschließlich den Gedanken machen könne, dereinst mit hohem materiellen Gewicht an Geld und Gut belastet ins Grab zu sinken, scheint ihm nur als Produkt perverser Triebe: der »auri sacra fames«, erklärlich.

In der Gegenwart, unter unseren politischen, privatrechtlichen und Verkehrsinstitutionen, bei den Betriebsformen und der Struktur, die unserer Wirtschaft eigen ist, könnte nun dieser »Geist« des Kapitalismus, wie gesagt, als ein reines Anpassungsprodukt verständlich sein. Die kapitalistische Wirtschaftsordnung braucht diese Hingabe an den »Beruf« des
Geldverdienens: | sie ist eine Art des Sichverhaltens zu den äu- 56
ßeren Gütern, welche jener Struktur so sehr adäquat, so sehr mit den Bedingungen des Sieges im ökonomischen Daseinskampfe verknüpft ist, daß von einem notwendigen Zusammenhange jener »chrematistischen« Lebensführung mit irgendeiner einheitlichen »Weltanschauung« *heute* in der Tat gar

keine Rede mehr sein kann. Sie hat es namentlich nicht mehr nötig, sich von der Billigung irgendwelcher religiöser Potenzen tragen zu lassen und empfindet die Beeinflussung des Wirtschaftslebens durch die kirchlichen Normen, soweit sie überhaupt noch fühlbar ist, ebenso als Hemmnis, wie dessen staatliche Reglementierung. Die handelspolitische und sozialpolitische Interessenlage pflegen dann die »Weltanschauung« zu bestimmen. Wer sich in seiner Lebensführung den Bedingungen kapitalistischen Erfolges nicht anpaßt, geht unter oder kommt nicht hoch. Aber das sind Erscheinungen einer Zeit, in welcher der moderne Kapitalismus, zum Siege gelangt, sich von den alten Stützen emanzipiert hat. Wie er dereinst nur im Bunde mit der werdenden modernen Staatsgewalt die alten Formen mittelalterlicher Wirtschaftsregulierung sprengte, so könnte – wollen wir vorläufig sagen – das gleiche auch für seine Beziehungen zu den religiösen Mächten der Fall gewesen sein. Ob und in welchem Sinne es etwa der Fall gewesen *ist,* das eben soll hier untersucht werden. Denn daß jene Auffassung des Gelderwerbs als eines den Menschen sich verpflichtenden Selbstzweckes, als »Beruf«, dem sittlichen Empfinden ganzer Epochen zuwiderlief, bedarf kaum des Beweises. [...] Eine »sittliche« Anschauung wie die Benjamin Franklins wäre einfach undenkbar gewesen. Dies war vor allem die Auffassung der beteiligten kapitalistischen Kreise selbst: ihre Lebensarbeit war, wenn sie auf dem Boden der kirchlichen Tradition standen, günstigenfalls, etwas sittlich Indifferentes, Toleriertes, aber immerhin schon wegen der steten Gefahr, mit dem kirchlichen Wucherverbot zu kollidieren, für die Seligkeit Bedenkliches: ganz erhebliche Summen flossen, wie die Quellen zeigen, beim Tode reicher Leute als »Gewissensgelder« an kirchliche Institute, unter Umständen auch zurück an frühere Schuldner als zu Unrecht ihnen abgenommene »usura«. Anders standen – neben häretischen oder als bedenklich angesehenen Richtungen – nur die innerlich von der Tradition schon losgelösten patrizischen Kreise. Aber auch skeptische und unkirchliche Naturen pflegten, weil es zur Versicherung gegen

die Ungewißheiten des Zustandes nach dem Tode immerhin besser so war und weil ja (wenigstens nach der sehr verbreiteten laxeren Auffassung) die äußere Unterwerfung unter die Gebote der | Kirche zur Seligkeit genügte, sich durch Pausch- 60
summen mit ihr für alle Fälle abzufinden. Gerade hierin tritt das entweder *Außer*sittliche oder geradezu *Wider*sittliche, welches nach der *eigenen* Auffassung der Beteiligten ihrem Tun anhaftete, deutlich zutage. Wie ist nun aus diesem, im günstigen Fall, sittlich tolerierten Gebaren ein »Beruf« im Sinne Benjamin Franklins geworden? Wie ist es historisch erklärlich, daß im Zentrum der kapitalistischen Entwicklung der damaligen Welt, in Florenz im 14. und 15. Jahrhundert, dem Geld- und Kapitalmarkt aller politischen Großmächte, als sittlich bedenklich oder allenfalls tolerabel galt, was in den hinterwäldlerisch-kleinbürgerlichen Verhältnissen von Pennsylvanien im 18. Jahrhundert, wo die Wirtschaft aus purem Geldmangel stets in Naturaltausch zu kollabieren drohte, von größeren gewerblichen Unternehmungen kaum eine Spur, von Banken nur die ersten Anfänge zu bemerken waren, als Inhalt einer sittlich löblichen, ja gebotenen Lebensführung gelten konnte? – *Hier* von einer »Wiederspiegelung« der »materiellen« Verhältnisse in dem »ideellen Überbau« reden zu wollen, wäre ja barer Unsinn. – Welchem Gedankenkreise entstammte also die Einordnung einer äußerlich rein auf Gewinn gerichteten Tätigkeit unter die Kategorie des »Berufs«, demgegenüber sich der einzelne *verpflichtet* fühlte? Denn dieser Gedanke war es, welcher der Lebensführung des Unternehmers »neuen Stils« den ethischen Unterbau und Halt gewährte.

Man hat – so namentlich Sombart in oft glücklichen und wirkungsvollen Ausführungen – als das Grundmotiv der modernen Wirtschaft überhaupt den »ökonomischen Rationalismus« bezeichnet. Mit unzweifelhaftem Recht, wenn darunter jene Ausweitung der Produktivität der Arbeit verstanden wird, welche | durch die Gliederung des Produktionsprozes- 61
ses unter *wissenschaftlichen* Gesichtspunkten dessen Gebundenheit an die natürlich gegebenen »organischen« Schranken

der menschlichen Person beseitigt hat. Dieser Rationalisierungsprozeß auf dem Gebiete der Technik und Ökonomik bedingt nun unzweifelhaft auch einen wichtigen Teil der »Lebensideale« der modernen bürgerlichen Gesellschaft: die Arbeit im Dienste einer rationalen Gestaltung der materiellen Güterversorgung der Menschheit hat den Vertretern des »kapitalistischen Geistes« zweifellos immer auch als einer der richtungweisenden Zwecke ihrer Lebensarbeit vorgeschwebt. Man braucht z. B. Franklins Schilderung seiner Bestrebungen im Dienst der kommunalen improvements von Philadelphia nur zu lesen, um diese sehr selbstverständliche Wahrheit mit Händen zu greifen. Und die Freude und der Stolz, zahlreichen Menschen »Arbeit gegeben«, mitgeschaffen zu haben am ökonomischen »Aufblühens« der Heimatsstadt in jenem, an Volks- und Handelszahlen orientierten, Sinn des Worts, den der Kapitalismus nun einmal damit verbindet, – dies alles gehört selbstverständlich zu der spezifischen und unzweifelhaft »idealistisch« gemeinten Lebensfreude des modernen Unternehmertums. Und ebenso ist es natürlich eine der fundamentalen Eigenschaften der kapitalistischen Privatwirtschaft, daß sie auf der Basis streng *rechnerischen* Kalküls rationalisiert, planvoll und nüchtern auf den erstrebten wirtschaftlichen Erfolg ausgerichtet ist, im Gegensatz zu dem von der Hand in den Mund Leben des Bauern, dem privilegierten Schlendrian des alten Zunfthandwerkers und dem »Abenteuerkapitalismus«, der an politischer Chance und irrationaler Spekulation orientiert war.

Es scheint also, als sei die Entwicklung des »kapitalistischen Geistes« am einfachsten als Teilerscheinung in der Gesamtentwicklung des Rationalismus zu verstehen und müsse aus dessen prinzipieller Stellung zu den letzten Lebensproblemen ableitbar sein. Dabei käme also der Protestantismus nur insoweit historisch in Betracht, als er etwa als »Vorfrucht« rein rationalistischer Lebensanschauungen eine Rolle gespielt hätte. Allein sobald man ernstlich den Versuch macht, zeigt sich, daß eine so einfache Problemstellung schon um deswillen

nicht angeht, weil die Geschichte des Rationalismus *keineswegs*
eine auf den einzelnen Lebensgebieten *parallel* fortschreitende
Entwicklung zeigt. Die Rationalisierung des Privatrechts z. B.
ist, wenn man | sie als begriffliche Vereinfachung und Gliede- *62*
rung des Rechtsstoffes auffaßt, in ihrer bisher höchsten Form
im römischen Recht des späteren Altertums erreicht, sie blieb
am rückständigsten in einigen der ökonomisch am meisten ra-
tionalisierten Länder, speziell in England, wo die Renaissance
des römischen Rechts seinerzeit an der Macht der großen Ju-
ristenzünfte scheiterte, während seine Herrschaft in den ka-
tholischen Gebieten Südeuropas stets fortbestanden hat. Die
rein diesseitige rationale Philosophie hat im 18. Jahrhundert
ihre Stätte durchaus nicht allein oder auch nur vorzugsweise
in den kapitalistisch höchstentwickelten Ländern gefunden.
Der Voltairianismus ist noch heute Gemeingut breiter oberer
und – was praktisch wichtiger ist – mittlerer Schichten gerade
in den romanisch-katholischen Ländern. Versteht man vol-
lends unter »praktischem Rationalismus« jene Art Lebensfüh-
rung, welche die Welt bewußt auf die diesseitigen Interessen
des *einzelnen Ich* bezieht und von hier aus beurteilt, so war und
ist noch heute dieser Lebensstil erst recht typische Eigenart
der Völker des »liberum arbitrium«, wie es dem Italiener und
Franzosen in Fleisch und Blut steckt; und wir konnten uns
bereits überzeugen, daß dies keineswegs der Boden ist, auf
welchem jene Beziehung des Menschen auf seinen »Beruf« als
Aufgabe, wie sie der Kapitalismus braucht, vorzugsweise ge-
diehen ist. Man kann eben – dieser einfache Satz, der oft ver-
gessen wird, sollte an der Spitze jeder Studie stehen, die sich
mit »Rationalismus« befaßt – das Leben unter höchst verschie-
denen letzten Gesichtspunkten und nach sehr verschiedenen
Richtungen hin »rationalisieren«. Der »Rationalismus« ist ein
historischer Begriff, der eine Welt von Gegensätzen in sich
schließt, und wir werden gerade zu untersuchen haben, wes
Geistes Kind diejenige konkrete Form »rationalen« Denkens
und Lebens war, aus welcher jener »Berufs«-Gedanke und je-
nes, – wie wir sahen, vom Standpunkt der rein eudämonisti-

schen Eigeninteressen aus so irrationale – Sichhingeben an die Berufs*arbeit* erwachsen ist, welches einer der charakteristischsten Bestandteile unserer kapitalistischen Kultur war und noch immer ist. *Uns* interessiert hier gerade die Herkunft jenes *irrationalen* Elements, welches in diesem wie in jedem »Berufs«-Begriff liegt. |

63 3. Luthers Berufskonzeption. Aufgabe der Untersuchung

Nun ist unverkennbar, daß schon in dem deutschen *Worte* »Beruf« ebenso wie in vielleicht noch deutlicherer Weise in dem englischen »calling«, eine religiöse Vorstellung: – die einer von Gott gestellten *Aufgabe* – wenigstens *mit*klingt und, je nachdrücklicher wir auf das Wort im konkreten Fall den Ton legen, desto fühlbarer wird. Und verfolgen wir nun das Wort geschichtlich und durch die Kultursprachen hindurch, so zeigt sich zunächst, daß die vorwiegend katholischen Völker für das, was wir »Beruf« (im Sinne von Lebensstellung, umgrenztes Arbeitsgebiet) nennen, einen Ausdruck ähnlicher Färbung ebensowenig kennen wie das klassische Altertum,
64 während es bei | *allen* vorwiegend protestantischen Völkern existiert. Es zeigt sich ferner, daß nicht irgendeine ethnisch
65 bedingte Eigenart der | betreffenden Sprachen, etwa der Ausdruck eines »germanischen Volksgeistes« dabei beteiligt ist, sondern daß das Wort in seinem heutigen Sinn aus den *Bibelübersetzungen* stammt und zwar aus dem Geist der Übersetzer, nicht aus dem Geist des Originals. Es scheint in der lutherischen Bibelübersetzung zuerst an einer Stelle des Jesus Sirach (11, 20 u. 21) ganz in unserem heutigen Sinn verwendet zu
66 sein. Es hat dann sehr | bald in der Profansprache aller protestantischen Völker seine heutige Bedeutung angenommen,
67 während vorher in der profanen | Literatur *keines* derselben irgendein Ansatz zu einem derartigen Wortsinn zu bemerken
68 war und auch in der Predigtliteratur, | soviel ersichtlich, nur bei einem der deutschen Mystiker, deren Einfluß auf Luther bekannt ist. |

Und wie die Wortbedeutung so ist auch – das dürfte im 69
ganzen ja bekannt sein – der *Gedanke* neu und ein Produkt der Reformation. Nicht als ob gewisse Ansätze zu jener Schätzung der weltlichen Alltagsarbeit, welche in diesem Berufsbegriff vorliegt, nicht schon im Mittelalter, ja selbst im (*spät*hellenistischen) Altertum, vorhanden gewesen wären: – davon wird später zu reden sein. Unbedingt neu war jedenfalls zunächst eins: die Schätzung der Pflichterfüllung innerhalb der weltlichen Berufe als des höchsten Inhaltes, den die sittliche Selbstbetätigung überhaupt annehmen könne. Dies war es, was die Vorstellung von der religiösen Bedeutung der weltlichen Alltagsarbeit zur unvermeidlichen Folge hatte und den Berufsbegriff in diesem Sinn erstmalig erzeugte. Es kommt also in dem Begriff »Beruf« jenes Zentraldogma aller protestantischen Denominationen zum Ausdruck, welches die katholische Unterscheidung der christlichen Sittlichkeitsgebote in »praecepta« und »consilia« verwirft und als das einzige Mittel, Gott wohlgefällig zu leben, nicht eine Überbietung der inner-weltlichen Sittlichkeit durch mönchische Askese, sondern ausschließlich die Erfüllung der innerweltlichen Pflichten kennt, wie sie sich aus der Lebensstellung des einzelnen ergeben, die dadurch eben sein »Beruf« wird.

Bei Luther entwickelt dieser Gedanke sich im Laufe des ersten Jahrzehntes seiner reformatorischen Tätigkeit. Anfangs
| gehört ihm, durchaus im Sinne der vorwiegenden mittelal- 70
terlichen Tradition, wie sie z. B. Thomas von Aquino repräsentiert, die weltliche Arbeit, obwohl von Gott gewollt, zum Kreatürlichen, sie ist die unentbehrliche Naturgrundlage des Glaubenslebens, sittlich an sich indifferent wie Essen und
Trinken. Aber mit | der klareren Durchführung des »sola- 71
fide«-Gedankens in seinen Konsequenzen und mit dem dadurch gegebenen, mit steigender Schärfe betonten Gegensatz gegen die »vom Teufel diktierten« katholischen »evangelischen Ratschläge« des Mönchtums steigt die Bedeutung des Berufs. Die mönchische Lebensführung ist nun nicht nur zur Rechtfertigung vor Gott selbstverständlich gänzlich wertlos,

sondern sie gilt ihm auch als Produkt egoistischer, den Weltpflichten sich entziehender Lieblosigkeit. Im Kontrast dazu erscheint die weltliche Berufsarbeit als äußerer Ausdruck der Nächstenliebe und dies wird in allerdings höchst weltfremder Art und in einem fast grotesken Gegensatz zu Adam Smiths[4] bekannten Sätzen insbesondere durch den Hinweis darauf begründet, daß die Arbeitsteilung jeden einzelnen zwinge, für *andere* zu arbeiten. Indessen diese, wie man sieht, wesentlich scholastische Begründung verschwindet bald wieder und es bleibt, mit steigendem Nachdruck betont, der Hinweis darauf, daß die Erfüllung der innerweltlichen Pflichten unter allen Umständen der einzige Weg sei, Gott wohlzugefallen, daß sie und nur sie Gottes Wille sei und daß deshalb jeder erlaubte Beruf vor Gott schlechterdings gleich viel gelte. |

72 Daß diese sittliche Qualifizierung des weltlichen Berufslebens eine der folgenschwersten Leistungen der Reformation und also speziell Luthers war, ist in der Tat zweifellos und darf nachgerade als ein Gemeinplatz gelten. Weltenfern steht diese Auffassung dem tiefen Haß, mit welchem Pascals[5] kontemplative Stimmung die, nach seiner tiefsten Überzeugung, nur aus Eitelkeit oder Schlauheit überhaupt erklärbare, Schätzung des Wirkens in der Welt von sich wies, – noch ferner freilich der weitherzigen utilitarischen *Anpassung* an die Welt, welche der jesuitische Probabilismus vollzog. Aber wie nun im einzelnen die praktische Bedeutung jener Leistung des Protestantismus vorzustellen sei, das wird im allgemeinen wohl mehr dunkel empfunden als klar erkannt.

4 Adam Smith (1723–90), britischer Nationalökonom und Moralphilosoph, Begründer der klassischen Nationalökonomie, die die Forderung nach Freihandel, voller Handels- und Gewerbefreiheit sowie weitgehende Zurückhaltung des Staates von der Wirtschaft forderte.

5 Blaise Pascal (1623–62), französischer Philosoph, Mathematiker und Physiker.

Zunächst ist kaum nötig zu konstatieren, daß nicht etwa Luther als mit dem »kapitalistischen Geist« in dem Sinne, den wir hier bisher mit diesem Wort verbunden haben, – oder, übrigens: in irgendeinem Sinn überhaupt – innerlich verwandt angesprochen werden darf. Schon diejenigen kirchlichen Kreise, welche jene »Tat« der Reformation am eifrigsten zu rühmen pflegen, sind im ganzen heute keineswegs Freunde des Kapitalismus in irgendeinem Sinne. Erst recht aber würde Luther selbst ohne allen Zweifel jede Verwandtschaft mit einer Gesinnung, wie sie bei Franklin zutage tritt, schroff abgelehnt haben. Natürlich darf man hier nicht seine Klagen über die großen Kaufleute, die Fugger u. dgl. als Symptom heranziehen. Denn
der Kampf | gegen die rechtlich oder faktisch *privilegierte* Stel- 73
lung einzelner großer Handelskompagnien im 16. und 17. Jahrhundert kann am ehesten dem modernen Feldzug gegen die Trusts verglichen werden und ist ebensowenig wie dieser schon an sich Ausdruck traditionalistischer Gesinnung. [...]
Unzweideutig tritt dagegen | in Luthers zahlreichen Äußerun- 74
gen gegen den Wucher und das Zinsennehmen überhaupt seine, gegenüber der Spätscholastik, direkt (vom kapitalistischen Standpunkt aus) »rückständige« Vorstellungsweise vom Wesen des kapitalistischen Erwerbes hervor. Speziell das z. B. bei Antonin von Florenz bereits überwundene Argument von der Unproduktivität des Geldes gehört natürlich dahin. Doch brauchen wir hier in Einzelheiten gar nicht einzugehen, – denn vor allem: der Gedanke des »Berufes« im *religiösen* Sinn war in seinen Konsequenzen für die innerweltliche Lebensführung sehr verschiedener Gestaltung fähig. – Die Leistung der Reformation als solcher war zunächst nur, daß, im Kontrast gegen die katholische Auffassung, der sittliche Akzent und die religiöse *Prämie* für die innerweltliche, beruflich geordnete Arbeit mächtig schwoll. Wie der »Berufs«-Gedanke, der dies zum Ausdruck brachte, weiter entwickelt wurde, das hing von der näheren Ausprägung der Frömmigkeit ab, wie sie nunmehr in den einzelnen Reformationskirchen sich entfaltete. Die Autorität der Bibel, aus der Luther den Berufsgedanken zu entneh-

men glaubte, war nun an sich im ganzen einer traditionalistischen Wendung günstiger. Speziell das Alte Testament, welches eine Überbietung der innenweltlichen Sittlichkeit in der genuinen Prophetie gar nicht und auch sonst nur in ganz vereinzelten Rudimenten und Ansätzen kannte, hat einen ganz ähnlichen religiösen Gedanken streng in diesem Sinn gestaltet: ein jeder bleibe bei seiner »Nahrung« und lasse die Gottlosen nach Gewinn streben: das ist der Sinn aller der Stellen, welche direkt von weltlicher Hantierung handeln. Erst der Talmud steht darin teilweise – aber auch nicht grundsätzlich – auf anderem Boden. Die persönliche Stellung von *Jesus* ist mit der typisch antik-orientalischen Bitte: »Unser täglich Brot gib uns *heute*« in klassischer Reinheit gekennzeichnet und [...] schloß
75 jede *direkte* Anknüpfung des | modernen Berufsgedankens an
ihn persönlich aus. Das im Neuen Testament zum Wort gelangende apostolische Zeitalter des Christentums, speziell auch Paulus, steht dem weltlichen Berufsleben, infolge der eschatologischen Erwartungen, die jene ersten Generationen von Christen erfüllten, entweder indifferent oder ebenfalls wesentlich traditionalistisch gegenüber: da alles auf das Kommen des Herrn wartet, so mag jeder in dem Stande und in der weltlichen Hantierung bleiben, in der ihn der »Ruf« des Herrn gefunden hat und arbeiten, wie bisher: so fällt er den Brüdern nicht als Armer lästig, – und es ist ja nur noch eine kurze Weile. Luther las die Bibel durch die Brille seiner jeweiligen Gesamtstimmung und diese ist im Lauf seiner Entwicklung zwischen etwa 1518 und etwa 1530 nicht nur traditionalistisch geblieben, sondern immer traditionalistischer geworden.

In den ersten Jahren seiner reformatorischen Tätigkeit herrschte bei ihm, infolge der wesentlich kreatürlichen Schätzung des Berufes, in bezug auf die *Art* der innerweltlichen Tätigkeit eine der paulinischen eschatologischen Indifferenz, wie sie 1 Kor. 7 zum Ausdruck kommt, innerlich verwandte An-
76 schauung vor: | man kann in jedem Stande selig werden, es ist
auf der kurzen Pilgerfahrt des Lebens sinnlos, auf die *Art* des Berufes Gewicht zu legen. Und das Streben nach materiellem

Gewinn, der den eigenen Bedarf übersteigt, muß deshalb als
Symptom mangelnden Gnadenstandes und, da es ja nur auf
Kosten anderer möglich erscheint, direkt als verwerflich gel-
ten. Mit steigender Verflechtung in die Händel der Welt geht
steigende Schätzung der Bedeutung der Berufsarbeit Hand in
Hand. Damit zugleich wird ihm aber nun der konkrete Beruf
des einzelnen zunehmend zu einem speziellen Befehl Gottes
an ihn, *diese* konkrete Stellung, in die ihn göttliche Fügung ge-
wiesen hat, zu erfüllen. Und als nach den Kämpfen mit den
»Schwarmgeistern« und den Bauernunruhen die objektive hi-
storische Ordnung, in die der einzelne von Gott hineingestellt
ist, für Luther immer mehr zum direkten Ausfluß göttlichen
Willens wird, führt die nunmehr immer stärkere Betonung
des Providentiellen auch in den Einzelvorgängen des Lebens
zunehmend zu einer dem »Schickungs«-Gedanken entspre-
chenden traditionalistischen Färbung: der einzelne soll grund-
sätzlich in dem Beruf und Stand *bleiben,* in den ihn Gott einmal
gestellt hat, und sein irdisches Streben in den Schranken dieser
seiner gegebenen Lebensstellung halten. War der ökonomi-
sche Traditionalismus anfangs Ergebnis paulinischer Indiffe-
renz, so ist er also später Ausfluß des immer intensiver gewor-
denen Vorsehungsglaubens, der | den bedingungslosen Ge- *77*
horsam gegen Gott mit der bedingungslosen Fügung in die ge-
gebene Lage identifiziert. Zu einer auf grundsätzlich neuer
oder überhaupt prinzipieller Grundlage ruhenden Verknüp-
fung der Berufsarbeit mit *religiösen* Prinzipien ist Luther auf
diese Art überhaupt nicht gelangt. Die Reinheit der *Lehre* als
einzig unfehlbares Kriterium der Kirche, wie sie nach den
Kämpfen der 20er Jahre bei ihm immer unverrückbarer fest-
stand, hemmte an sich schon die Entwicklung neuer Gesichts-
punkte auf dem ethischen Gebiet.

So blieb also bei Luther der Berufsbegriff traditionalistisch
gebunden. Der Beruf ist das, was der Mensch als göttliche |
Fügung *hinzunehmen,* worein er sich »zu schicken« hat: – diese *78*
Färbung übertönt den auch vorhandenen anderen Gedanken,
daß die Berufsarbeit eine oder vielmehr die von Gott gestellte

Aufgabe sei. Und die Entwicklung des orthodoxen Luthertums unterstrich diesen Zug noch weiter. Etwas Negatives: Wegfall der Überbietung der innerweltlichen durch asketische Pflichten, verbunden aber mit Predigt des Gehorsams gegen die Obrigkeit und der Schickung in die gegebene Lebenslage, war hier also zunächst der einzige ethische Ertrag. [...] Das Luthertum bedeutet sogar in einem bestimmten Sinne gegenüber den Mystikern einen Rückschritt, insofern bei Luther – und mehr noch bei seiner Kirche – die psychologischen Unterlagen für eine rationale Berufsethik gegenüber den Mystikern (deren Anschauungen über diesen Punkt mehrfach teils an die pietistische, teils an die quäkerische Glaubenspsychologie erinnern) ziemlich unsichere geworden sind und zwar, wie noch zu zeigen sein wird, gerade *weil* der Zug zur asketischen Selbstdisziplinierung ihm als Werkheiligkeit verdächtig war und daher in seiner Kirche immer mehr in den Hintergrund treten mußte.

Der bloße Gedanke des »Berufes« im lutherischen Sinn also – das allein sollte schon hier festgestellt werden – war, soviel wir bisher sehen können, von jedenfalls nur problematischer Tragweite für das, was wir suchen. Damit ist nun nicht im mindesten gesagt, daß eine praktische Bedeutung auch der lutherischen Form der Neuordnung des religiösen Lebens für die Gegenstände unserer Betrachtung nicht bestanden hätte. Ganz im Gegenteil. Nur ist sie offenbar nicht *unmittelbar* aus der Stellung *Luthers* und seiner Kirche zum weltlichen Beruf ableitbar und überhaupt nicht so leicht greifbar wie dies vielleicht bei anderen Ausprägungen des Protestantismus der Fall sein könnte. Es empfiehlt sich daher für uns, zunächst solche Formen desselben zu betrachten, bei denen ein Zusammenhang der Lebenspraxis mit dem religiösen Ausgangspunkt leichter als beim Luthertum zu ermitteln ist. Schon früher wurde nun die auffällige Rolle des *Calvinismus* und der protestantischen *Sekten* in der Geschichte der kapitalistischen Entwicklung erwähnt. Wie Luther in Zwingli einen »anderen Geist« lebendig fand als bei sich selbst, so seine geistigen Nach-

fahren speziell im Calvinismus. Und erst recht hat der Katholizismus von jeher, und bis in die Gegenwart, den Calvinismus als den eigentlichen Gegner betrachtet. Zunächst hat das ja nun rein politische Gründe: wenn die Reformation ohne Luthers ganz persönliche religiöse Entwicklung nicht vorstellbar und geistig dauernd von seiner | Persönlichkeit bestimmt *80*
worden ist, so wäre ohne den Calvinismus doch sein Werk nicht von äußerer Dauer gewesen. – Aber der Grund des, Katholiken und Lutheranern gemeinsamen, Abscheues liegt doch auch in der ethischen Eigenart des Calvinismus begründet. Schon der oberflächlichste Blick lehrt, daß hier eine ganz andersartige Beziehung zwischen religiösem Leben und irdischem Handeln hergestellt ist, als sowohl im Katholizismus wie im Luthertum. Selbst in der nur spezifisch religiöse Motive verwendenden Literatur tritt das hervor. Man nehme etwa den Schluß der Divina Commedia, wo dem Dichter im Paradiese im wunschlosen Schauen der Geheimnisse Gottes die Sprache versagt, und halte daneben den Schluß jenes Gedichtes, welches man die »Göttliche Komödie des Puritanismus« zu nennen sich gewöhnt hat. Milton schließt den letzten Gesang des »Paradise lost« nach der Schilderung der *Ausstoßung* aus dem Paradiese wie folgt:

> »Sie wandten sich und sah'n des Paradieses
> Östlichen Teil, – noch jüngst ihr sel'ger Sitz –
> Von Flammengluten furchtbar überwallt,
> Die Pforte selbst von riesigen Gestalten,
> Mit Feuerwaffen im der Hand, umschart.
> Sie fühlten langsam Tränen niederperlen, –
> Jedoch sie trockneten die Wangen bald:
> *Vor ihnen lag die große weite Welt,*
> *Wo sie den Ruheplatz sich wählen konnten,*
> *Die Vorsehung des Herrn als Führerin.*
> Sie wanderten mit langsam zagem Schritt
> Und Hand in Hand aus Eden ihres Weges.«

> Und wenig vorher hatte Michael zu Adam gesagt:
> »..... Nur füge zu dem Wissen auch die Tat;

> Dann füge Glauben, Tugend und Geduld
> Und Mäßigkeit hinzu und jene Liebe,
> Die einst als christliche gepriesen wird,
> Und Seele wird von allen Tugenden.
> *Dann läßt du ungern nicht dies Paradies,*
> *Du trägst in dir ja ein viel sel'geres.«*

Jeder empfindet sofort, daß dieser mächtigste Ausdruck der ernsten puritanischen Weltzugewendetheit, das heißt: Wertung des innerweltlichen Lebens als *Aufgabe,* im Munde eines mittelalterlichen Schriftstellers unmöglich gewesen wäre. Aber auch dem Luthertum, wie es etwa in Luthers und Paul Gerhards Chorälen sich gibt, ist er ganz ebenso wenig kongenial. An die Stelle dieser unbestimmten Empfindung gilt es nun hier eine etwas genauere gedankliche *Formulierung* zu set-
81 zen und | nach den inneren Gründen dieser Unterschiede zu fragen. Die Berufung auf den »Volkscharakter« ist nicht nur überhaupt lediglich das Bekenntnis des *Nicht*wissens, sondern in unserem Fall auch gänzlich hinfällig. Den Engländern des 17. Jahrhunderts einen einheitlichen »Volkscharakter« zuzuschreiben wäre einfach historisch unrichtig. »Kavaliere« und »Rundköpfe« empfanden sich nicht einfach als zwei Parteien, sondern als radikal verschiedene Menschengattungen, und wer aufmerksam zusieht, muß ihnen darin recht geben. Und andrerseits: ein charakterologischer Gegensatz der englischen merchant adventurers gegen die alten Hanseaten ist ebensowenig auffindbar, wie überhaupt ein anderer tiefergehender Unterschied englischer von deutscher Eigenart am Ende des Mittelalters zu konstatieren ist, als er sich durch die verschiedenen politischen Schicksale unmittelbar erklären läßt. Erst die Macht religiöser Bewegungen – nicht sie allein, aber sie zuerst – hat hier jene Unterschiede geschaffen, die wir heute empfinden.

Wenn wir demgemäß bei der Untersuchung der Beziehungen zwischen der altprotestantischen Ethik und der Entwicklung des kapitalistischen Geistes von den Schöpfungen Calvins, des Calvinismus und der andern »puritanischen«

Sekten ausgehen, so darf das nun aber nicht dahin verstanden werden, als erwarteten wir, daß bei einem der Gründer oder Vertreter dieser Religionsgemeinschaften die Erweckung dessen, was wir hier »kapitalistischen Geist« nennen, in irgendeinem Sinn als *Ziel* seiner Lebensarbeit vorzufinden. Daß das Streben nach weltlichen Gütern, als Selbstzweck gedacht, irgendeinem von ihnen | geradezu als ethischer Wert gegolten 82
hätte, werden wir nicht wohl glauben können. Und es ist überhaupt vor allem eins ein für allemal festzuhalten: ethische Reformprogramme sind bei keinem der Reformatoren [...] jemals der zentrale Gesichtspunkt gewesen. Sie waren keine Gründer von Gesellschaften für »ethische Kultur« oder Vertreter humanitärer sozialer Reformbestrebungen oder Kulturideale. Das Seelenheil und dies allein war der Angelpunkt ihres Lebens und Wirkens. Ihre ethischen Ziele und die praktischen Wirkungen ihrer Lehre waren alle hier verankert und nur *Konsequenzen* rein religiöser Motive. Und wir werden deshalb darauf gefaßt sein müssen, daß die Kulturwirkungen der Reformation zum guten Teil – vielleicht sogar für unsere speziellen Gesichtspunkte überwiegend – unvorhergesehene und geradezu *ungewollte* Folgen der Arbeit der Reformatoren waren, oft weit abliegend oder geradezu im Gegensatz stehend zu allem, was ihnen selbst vorschwebte.

So könnte die nachfolgende Studie an ihrem freilich bescheidenen Teil vielleicht auch einen Beitrag bilden zur Veranschaulichung der Art, in der überhaupt die »Ideen« in der Geschichte wirksam werden. Damit aber nicht schon von vornherein Mißverständnisse über den Sinn, in dem hier ein solches Wirksamwerden rein ideeller Motive überhaupt behauptet wird, entstehen, mögen darüber als Abschluß dieser einleitenden Erörterungen noch einige wenige Andeutungen gestattet sein.

Es handelt sich bei solchen Studien – wie vor allem ausdrücklich bemerkt sein mag – in keiner Weise um den Versuch, den Gedankengehalt der Reformation in irgendeinem Sinn, sei es sozialpolitisch, sei es religiös zu *werten.* Wir haben

es für unsere Zwecke stets mit Seiten der Reformation zu tun, welche dem eigentlich religiösen Bewußtsein als peripherisch und geradezu äußerlich erscheinen müssen. Denn es soll ja lediglich unternommen werden, den Einschlag, welchen religiöse Motive in das Gewebe der Entwicklung unserer aus zahllosen historischen Einzelmotiven erwachsenen modernen spezifisch »diesseitig« gerichteten Kultur geliefert haben, etwas deutlicher zu machen. Wir fragen also lediglich, was von gewissen charakteristischen Inhalten dieser Kultur dem Einfluß der Reformation als historischer Ursache etwa *zuzurech-*
83 *nen* sein möchte. Dabei | müssen wir uns freilich von der Ansicht emanzipieren: man könne aus ökonomischen Verschiebungen die Reformation als »entwicklungsgeschichtlich notwendig« deduzieren. Ungezählte historische Konstellationen, die nicht nur in kein »ökonomisches Gesetz«, sondern überhaupt in keinen ökonomischen Gesichtspunkt irgendwelcher Art sich einfügen, namentlich rein politische Vorgänge, mußten zusammenwirken, damit die neu geschaffenen Kirchen überhaupt fortzubestehen vermochten. Aber andererseits soll ganz und gar nicht eine so töricht-doktrinäre These verfochten werden wie etwa die: daß der »kapitalistische Geist« (immer in dem provisorisch hier verwendeten Sinn dieses Wortes) *nur* als Ausfluß bestimmter Einflüsse der Reformation habe entstehen *können* oder wohl gar: daß der Kapitalismus als *Wirtschaftssystem* ein Erzeugnis der Reformation sei. Schon daß gewisse wichtige *Formen* kapitalistischen Geschäftsbetriebs notorisch erheblich *älter* sind als die Reformation, stände einer solchen Ansicht ein für allemal im Wege. Sondern es soll nur festgestellt werden: ob und wieweit religiöse Einflüsse bei der qualitativen Prägung und quantitativen Expansion jenes »Geistes« über die Welt hin *mit*beteiligt gewesen sind und welche konkreten *Seiten* der auf kapitalistischer Basis ruhenden *Kultur* auf sie zurückgehen. Dabei kann nun angesichts des ungeheuren Gewirrs gegenseitiger Beeinflussungen zwischen den materiellen Unterlagen, den sozialen und politischen Organisationsformen und dem geistigen Gehalte der reformatorischen

Kulturepochen nur so verfahren werden, daß zunächst untersucht wird, ob und in welchen Punkten bestimmte »Wahlverwandtschaften« zwischen gewissen Formen des religiösen Glaubens und der Berufsethik erkennbar sind. Damit wird zugleich die Art und allgemeine *Richtung*, in welcher infolge solcher Wahlverwandtschaften die religiöse Bewegung auf die Entwicklung der materiellen Kultur einwirkte, nach Möglichkeit verdeutlicht. *Alsdann* erst, wenn dies leidlich eindeutig feststeht, könnte der Versuch gemacht werden, abzuschätzen, in welchem Maße moderne Kulturinhalte in ihrer geschichtlichen Entstehung jenen religiösen Motiven und inwieweit anderen zuzurechnen sind.

II. Die Berufsethik des asketischen Protestantismus *84*

1. Die religiösen Grundlagen der innerweltlichen Askese

Die geschichtlichen Träger des asketischen Protestantismus (im hier gebrauchten Sinn des Ausdrucks) sind in der Hauptsache viererlei: 1. der Calvinismus *in der Gestalt*, welche er in den westeuropäischen Hauptgebieten seiner Herrschaft im Lauf insbesondere des 17. Jahrhunderts annahm; 2. der Pietismus; 3. der Methodismus; 4. die aus der täuferischen Bewegung hervorgewachsenen Sekten. Keine dieser Bewegungen stand der anderen absolut gesondert gegenüber und auch die Absonderung von den nicht asketischen Reformationskirchen ist keine streng durchgeführte. Der Methodismus ist erst in der Mitte des 18. Jahrhunderts innerhalb der englischen Staatskirche entstanden, wollte nach der Absicht seiner Begründer nicht sowohl eine neue Kirche, als eine Neuerweckung des asketischen Geistes innerhalb der alten sein, und wurde erst im Lauf seiner Entwicklung, insbesondere beim Übergreifen nach Amerika, von der anglikanischen Kirche getrennt. Der Pietismus ist auf dem Boden des Calvinismus in England und besonders Holland zuerst erwachsen, blieb durch ganz unmerkliche Übergänge mit der Orthodoxie ver-

knüpft, und vollzog dann gegen Ende des 17. Jahrhunderts in der Wirksamkeit Speners[6] seinen Eintritt in das Luthertum, teilweise dogmatisch umfundamentiert. Er blieb eine Bewegung *»innerhalb«* der Kirche und nur die an Zinzendorf[7] anknüpfende durch Nachklänge hussitischer und calvinistischer
85 Einflüsse in | der mährischen Brüdergemeinde mitbestimmte Richtung (»Herrnhuter«) wurde, wie der Methodismus, gegen ihren Willen zu einer eigentümlichen Art von Sektenbildung gedrängt. Calvinismus und Täufertum standen im Anfang ihrer Entwicklung sich schroff getrennt gegenüber, aber im Baptismus des späteren 17. Jahrhunderts berührten sie einander dicht, und schon in den indepedentischen Sekten Englands und Hollands zu Anfang desselben war der Übergang ein stufenweiser. Wie der Pietismus zeigt, ist auch der Übergang zum Luthertum ein allmählicher, und ebenso steht es zwischen dem Calvinismus und der in ihrem äußeren Charakter und dem Geist ihrer konsequentesten Bekenner dem Katholizismus verwandten anglikanischen Kirche. Jene asketische Bewegung, welche im weitesten Sinn dieses vieldeutigen Wortes als »Puritanismus« bezeichnet wurde, griff zwar in der Masse ihrer Anhänger und namentlich in ihren konsequenten Verfechtern die Grundlagen des Anglikanismus an, aber auch hier verschärften sich die Gegensätze erst allmählich im Kampf. Und auch wenn wir die hier zunächst nicht interessierenden Fragen der Verfassung und Organisation vorerst gänzlich beiseite lassen – ja dann erst recht – bleibt der Sachverhalt der gleiche. Die dogmatischen Differenzen, selbst die wichtigsten, wie die über die Prädestinations- und Rechtfertigungslehre, gingen in den mannigfaltigsten Kombinationen ineinander

6 Philipp Jakob Spener (1635–1705), deutscher evangelischer Theologe, bedeutender Denker des Reformprogramms des lutherischen Pietismus.

7 Nikolaus Ludwig Graf von Zinzendorf (1700–60), deutscher evangelischer Theologe, Gründer der Herrnhuter Brüdergemeinde.

über und hinderten schon zu Anfang des 17. Jahrhunderts die
Aufrechterhaltung kirchlicher Gemeinschaft zwar regelmä-
ßig, aber doch nicht ausnahmslos. Und vor allem: die für uns
wichtigen Erscheinungen der *sittlichen* Lebensführung finden
sich bei den Anhängern der verschiedensten, aus einer der
oben verzeichneten vier Quellen oder einer Kombination
mehrerer von ihnen hervorgegangenen Denominationen in
gleichartiger Weise. Wir werden sehen, daß ähnliche ethische
Maximen mit verschiedenen dogmatischen Unterlagen ver-
knüpft sein konnten. Auch die für den Betrieb der Seelsorge
bestimmten einflußreichen literarischen Hilfsmittel, vor al-
lem die casuistischen | Kompendien der verschiedenen Kon- *86*
fessionen, beeinflußten sich im Lauf der Zeit gegenseitig, und
man findet in ihnen große Ähnlichkeiten trotz notorisch sehr
verschiedener Praxis der Lebensführung. Es könnte also fast
scheinen, als täten wir am besten, die dogmatischen Unterla-
gen ebenso wie die ethische Theorie ganz zu ignorieren und
uns rein an die sittliche Praxis zu halten, soweit sie feststellbar
ist. – Allein dem ist eben dennoch nicht so. Die untereinander
verschiedenen dogmatischen Wurzeln der asketischen Sitt-
lichkeit starben freilich, nach fürchterlichen Kämpfen, ab.
Aber die ursprüngliche Verankerung an jenen Dogmen hat
nicht nur in der »undogmatischen« späteren Ethik mächtige
Spuren hinterlassen, sondern *nur* die Kenntnis des ursprüngli-
chen Gedankengehalts lehrt verstehen, wie jene Sittlichkeit
mit dem die innerlichsten Menschen jener Zeit absolut be-
herrschenden Gedanken an das *Jenseits* verknüpft war, ohne
dessen alles überragende Macht damals *keinerlei* die Lebenspra-
xis ernstlich beeinflussende sittliche Erneuerung ins Werk ge-
setzt worden ist. Denn selbstverständlich nicht auf das, was
etwa in ethischen Kompendien der Zeit theoretisch und offi-
ziell gelehrt wurde – so gewiß auch dies durch den Einfluß von
Kirchenzucht, Seelsorge und Predigt praktische Bedeutung
hatte, – kommt es für uns an, sondern auf etwas ganz anderes:
auf die Ermittelung derjenigen durch den religiösen Glauben
und die Praxis des religiösen Lebens geschaffenen psychologi-

schen *Antriebe,* welche der Lebensführung die Richtung wiesen und das Individuum in ihr festhielten. Diese Antriebe aber entsprangen nun einmal in hohem Maß auch der Eigenart der religiösen Glaubensvorstellungen. Der damalige Mensch grübelte über scheinbar abstrakte Dogmen in einem Maße, welches seinerseits wieder nur verständlich wird, wenn wir deren Zusammenhang mit praktisch-religiösen Interessen durchschauen. Der Weg durch einige dogmatische Betrachtungen,
87 welcher dem nicht theologischen | Leser ebenso mühsam wie dem theologisch Gebildeten hastig und oberflächlich erscheinen muß, ist unvermeidlich. Dabei können wir freilich nur so verfahren, daß wir die religiösen Gedanken in einer »idealtypisch« kompilierten Konsequenz vorführen, wie sie in der historischen Realität nur selten anzutreffen war. Denn gerade *wegen* der Unmöglichkeit, in der historischen Wirklichkeit scharfe Grenzen zu ziehen, können wir nur bei Untersuchung ihrer *konsequentesten* Formen hoffen, auf ihre spezifischen Wirkungen zu stoßen.

[Auslassung der überaus detaillierten Passagen über den Kalvinismus, den deutschen Pietismus, den angloamerikanischen Methodismus, das Täufertum mit seinen sektenhaften Ausprägungen der Baptisten, Mennoniten, Quäker]

Wir haben nunmehr die puritanische Berufsidee in ihrer Wirkung auf das *Erwerbs*leben zu verfolgen, nachdem die vorstehende Skizze ihre religiöse Fundamentierung zu entwickeln versucht hat. Bei allen Abweichungen im einzelnen und bei aller Verschiedenheit in dem Nachdruck, welcher bei den verschiedenen asketischen Religionsgemeinschaften auf den für uns entscheidenden Gesichtspunkten liegt, zeigten sich diese letzteren doch bei ihnen allen vorhanden und wirksam. Entscheidend aber für unsere Betrachtung war immer wieder, um es zu rekapitulieren, die bei allen Denominationen wiederkehrende Auffassung des religiösen »Gnadenstandes« eben als eines Standes (status), welcher den Menschen von der Verworfenheit des Kreatürlichen, von der »Welt«, abscheidet, des-

sen Besitz aber – wie immer er nach der Dogmatik der betreffenden Denomination erlangt wurde – *nicht* durch irgendwelche magisch-sakramentalen Mittel oder durch Entlastung in der Beichte oder durch einzelne fromme Leistungen garantiert werden konnte, sondern nur durch die *Bewährung* in einem spezifisch gearteten von dem Lebensstil | des »natürli- 163
chen« Menschen unzweideutig verschiedenen Wandel. Daraus folgte für den einzelnen der *Antrieb* zur *methodischen Kontrolle* seines Gnadenstandes in der Lebensführung und damit zu deren *asketischer* Durchdringung. Dieser asketische Lebensstil aber bedeutete eben, wie wir sahen, eine an Gottes Willen orientierte *rationale* Gestaltung des ganzen Daseins. Und diese Askese war *nicht* mehr ein opus supererogationis, sondern eine Leistung, die jedem zugemutet wurde, der seiner Seligkeit gewiß sein wollte. Jenes religiös geforderte, vom »natürlichen« Leben verschiedene Sonderleben der Heiligen spielte sich – das ist das Entscheidende – nicht mehr außerhalb der Welt in Mönchsgemeinschaften, sondern *innerhalb* der Welt und ihrer Ordnungen ab. Diese *Rationalisierung* der Lebensführung innerhalb der Welt im Hinblick auf das Jenseits war die Wirkung der *Berufskonzeption* des asketischen Protestantismus.

Die christliche Askese, anfangs aus der Welt in die Einsamkeit flüchtend, hatte bereits aus dem Kloster heraus, indem sie der Welt entsagte, die Welt kirchlich beherrscht. Aber dabei hatte sie im ganzen dem weltlichen *Alltags*leben seinen natürlich unbefangenen Charakter gelassen. Jetzt trat sie auf den Markt des Lebens, schlug die Türe des Klosters hinter sich zu und unternahm es, gerade das weltliche *Alltags*leben mit ihrer Methodik zu durchtränken, es zu einem rationalen Leben *in* der Welt und doch *nicht von* dieser Welt oder *für* diese Welt umzugestalten. Mit welchem Ergebnis, wollen unsere weiteren Darlegungen zu zeigen versuchen.

2. Askese und kapitalistischer Geist

Um die Zusammenhänge der religiösen Grundvorstellungen des asketischen Protestantismus mit den Maximen des öko-

nomischen Alltagslebens zu durchschauen, ist es nötig, vor allem solche theologischen Schriften heranzuziehen, die sich als aus der seelsorgerischen Praxis herausgewachsen erkennen lassen. Denn in einer Zeit, in welcher das Jenseits alles war, an der Zulassung zum Abendmahl die soziale Position des Christen hing, die Einwirkung des Geistlichen in Seelsorge, Kirchenzucht und Predigt einen Einfluß übte, von dem – wie jeder Blick in die gesammelten »consilia«, »casus conscientiae«
164 usw. ergibt – wir | modernen Menschen uns *einfach keine Vorstellung mehr* zu machen vermögen, sind die in *dieser Praxis* sich geltend machenden religiösen Mächte die entscheidenden Bildner des »Volkscharakters«.

Wir können nun für die Erörterungen *dieses* Abschnittes, im Gegensatz zu späteren Erörterungen, den asketischen Protestantismus als *eine* Gesamtmasse behandeln. Da aber der aus dem Calvinismus hervorgewachsene englische Puritanismus die konsequenteste Fundamentierung der Berufsidee bietet, stellen wir unserem Prinzip gemäß einen seiner Vertreter in den Mittelpunkt. Richard Baxter[8] zeichnet sich vor vielen anderen literarischen Vertretern der puritanischen Ethik durch seine eminent praktische und irenische Stellung zugleich auch durch die universelle Anerkennung seiner immer wieder neu aufgelegten und übersetzten Arbeiten aus. Presbyterianer und Apologet der Westminster-Synode, dabei aber – wie so viele der besten Geister der Zeit – dogmatisch allmählich dem Hochcalvinismus entwachsend, innerlich ein Gegner der Usurpation Cromwells, weil jeder Revolution, dem Sektentum und zumal dem fanatischen Eifer der »Heiligen« abhold, aber von großer Weitherzigkeit gegenüber äußerlichen Sonderheiten und objektiv gegenüber dem Gegner, suchte er sein Arbeitsfeld ganz wesentlich in der Richtung der praktischen Förderung des kirchlich-sittlichen Lebens, und hat sich – ei-

8 Richard Baxter (1615–91), anglikanischer Theologe, Begründer der »Worcester Association«, einer gemäßigten Form des Puritanismus.

ner der erfolgreichsten Seelsorger, welche die Geschichte kennt – im Dienst dieser Arbeit der Parlamentsregierung ebenso wie Cromwell und der Restauration zur Verfügung gestellt, bis er unter der letzteren – schon vor dem »Bartholomäustage« – aus dem Amte wich. Sein »Christian Directory« ist das umfassendste Kompendium der puritanischen Moraltheologie und dabei überall an den praktischen Erfahrungen der eigenen Seelsorge orientiert. [...]

Nimmt man nun Baxters »Ewige Ruhe der Heiligen« und sein »Christian Directory« oder auch verwandte Arbeiten anderer zur Hand, so fällt auf den ersten Blick in den Urteilen über den Reichtum und seinen Erwerb die Betonung gerade der ebionitischen Elemente der neutestamentlichen Verkündigung auf. Der Reichtum als solcher ist eine schwere Gefahr,
seine | Versuchungen sind unausgesetzte, das Streben danach 166
nicht nur sinnlos gegenüber der überragenden Bedeutung des Gottesreichs, sondern auch sittlich bedenklich. Weit schärfer als bei Calvin, der in dem Reichtum der Geistlichen kein Hindernis für ihre Wirksamkeit, im Gegenteil eine durchaus erwünschte Steigerung ihres Ansehens erblickte, ihnen gestattete, ihr Vermögen gewinnbringend anzulegen, nur unter Vermeidung von Ärgernis, scheint hier die Askese *gegen* jedes Streben nach Erwerb zeitlicher Güter gerichtet. Man kann die Beispiele der Verdammung des Strebens nach Geld und Gut aus puritanischen Schriften ganz beliebig häufen und mit der darin viel unbefangeneren spätmittelalterlichen ethischen Literatur kontrastieren. Und es ist mit diesen Bedenken auch durchaus ernst gemeint, – nur bedarf es etwas näheren Zusehens, um ihren entscheidenden ethischen Sinn und Zusammenhang zu bemerken. Das sittlich wirklich Verwerfliche ist nämlich das *Ausruhen* auf dem Besitz, der *Genuß* des Reichtums mit
seiner Konsequenz | von Müßigkeit und Fleischeslust, vor al- 167
lem von Ablenkung von dem Streben nach »heiligem« Leben. Und *nur weil* der Besitz die Gefahr dieses Ausruhens mit sich bringt, ist er bedenklich. Denn die »ewige Ruhe der Heiligen« liegt im Jenseits, auf Erden aber muß auch der Mensch, um

seines Gnadenstands sicher zu werden, »wirken die Werke dessen, der ihn gesandt hat, solange es Tag ist«. Nicht Muße und Genuß, sondern *nur Handeln* dient nach dem unzweideutig geoffenbarten Willen Gottes zur Mehrung seines Ruhms. *Zeitvergeudung* ist also die erste und prinzipiell schwerste aller Sünden. Die Zeitspanne des Lebens ist unendlich kurz und kostbar, um die eigene Berufung »festzumachen«. Zeitverlust durch Geselligkeit, »faules Gerede«, Luxus, selbst durch mehr als der Gesundheit nötigen Schlaf – 6 bis höchstens 8 Stunden – ist sittlich absolut verwerflich. Es heißt noch nicht wie bei
168 Franklin: | »Zeit ist Geld«, aber der Satz gilt gewissermaßen im spirituellen Sinn: sie ist unendlich wertvoll, weil jede verlorene Stunde der Arbeit im Dienst des Ruhmes Gottes entzogen ist. Wertlos und eventuell direkt verwerflich ist daher auch untätige Kontemplation, mindestens wenn sie auf Kosten der Berufsarbeit erfolgt. Denn sie ist Gott *minder* wohlgefällig als das aktive Tun seines Willens im Beruf. Überdies ist für sie der Sonntag da, und es sind nach Baxter immer diejenigen, die in ihrem Berufe müßig sind, welche auch für Gott keine Zeit haben, wenn die Stunde dafür da ist. |

169 Demgemäß zieht sich eine immer wiederholte, zuweilen fast leidenschaftliche Predigt harter, stetiger, körperlicher oder geistiger *Arbeit* durch Baxters Hauptwerk. Zwei Motive wirken hier zusammen. Die Arbeit ist zunächst das alterprobte *asketische Mittel,* als welches sie in der Kirche des Abendlandes, in scharfem Gegensatz nicht nur gegen den Orient, sondern gegen fast alle Mönchsregeln der ganzen Welt, von jeher geschätzt war. Sie ist namentlich das spezifische Präventiv gegen alle jene Anfechtungen, welche der Puritanismus unter dem Begriff »unclean life« zusammenfaßt, – und deren Rolle ist keine geringe. Die sexuelle Askese ist ja im Puritanismus nur
170 dem Grade, nicht dem zugrundeliegenden Prinzip | nach von der mönchischen verschieden und infolge der Erfassung auch des ehelichen Lebens weitreichender als jene. Denn der Geschlechtsverkehr ist auch in der Ehe *nur* als das von Gott gewollte Mittel zur Mehrung seines Ruhmes, entsprechend

dem Gebot: »Seid fruchtbar und mehret euch«, zulässig. Wie |
gegen religiöse Zweifel und skrupulöse Selbstquälerei so wird 171
auch gegen alle sexuellen Anfechtungen – neben nüchterner Diät, Pflanzenkost und kalten Bädern – verschrieben: »Arbeite hart in deinem Beruf«.

Aber die Arbeit ist darüber hinaus, und vor allem, von Gott vorgeschriebener *Selbst*zweck des Lebens überhaupt. Der paulinische Satz: »Wer nicht arbeitet, soll nicht essen«, gilt bedingungslos und für jedermann. Die Arbeitsunlust ist Symptom fehlenden Gnadenstandes.

Deutlich zeigt sich hier die Abweichung von der mittelalterlichen Haltung. Auch Thomas von Aquin hatte jenen Satz interpretiert. Aber nach ihm ist die Arbeit nur naturali ratione notwendig zur Erhaltung des Lebens des einzelnen und der Gesamtheit. Wo dieser Zweck wegfällt, zessiert auch die Geltung der Vorschrift. Sie trifft nur die Gattung, nicht jeden einzelnen. Wer ohne Arbeit von seinem Besitz leben kann, auf
den bezieht | sie sich nicht, und ebenso steht natürlich die 172
Kontemplation als eine geistliche Form des Wirkens im Gottesreich über dem Gebot in seiner wörtlichen Auslegung. Für die Populartheologie vollends lag ja die höchste Form mönchischer »Produktivität« in der Mehrung des »thesaurus ecclesiae« durch Gebet und Chordienst. Nicht nur diese Durchbrechungen der ethischen Arbeitspflicht aber fallen bei Baxter selbstverständlich fort, sondern mit größtem Nachdruck schärft er den Grundsatz ein, daß auch der Reichtum von jener bedingungslosen Vorschrift nicht entbindet. Auch der Besitzende soll nicht essen ohne zu arbeiten, denn wenn er auch zur Deckung seines Bedarfs der Arbeit nicht benötigt, so besteht doch Gottes Gebot, dem er ebenso zu gehorchen hat wie der Arme. Denn für jeden ohne Unterschied hält Gottes Vorsehung einen Beruf (calling) bereit, den er erkennen und in dem er arbeiten soll, und dieser Beruf ist nicht wie im Luthertum eine Schickung, in die man sich zu fügen und mit der man sich zu bescheiden hat, sondern ein Befehl Gottes an den einzelnen, zu seiner Ehre zu wirken. Diese scheinbar leichte

Nuance hatte weittragende psychologische Konsequenzen und hing mit einer Weiterbildung jener *providentiellen* Deutung des ökonomischen Kosmos zusammen, welche schon der Scholastik geläufig war.

Das Phänomen der Arbeitsteilung und Berufsgliederung der Gesellschaft hatte, wie andere, schon Thomas von Aquin, an den wir wieder am bequemsten anknüpfen, als direkten Ausfluß des göttlichen Weltplanes aufgefaßt. Aber die Eingliederung der Menschen in diesen Kosmos erfolgt ex causis natu-
173 ralibus und ist | zufällig (»contingent«, nach dem scholastischen Sprachgebrauch). Für Luther wurde, wie wir sahen, die aus der objektiven historischen Ordnung folgende Eingliederung der Menschen in die gegebenen Stände und Berufe zum direkten Ausfluß göttlichen Willens und also das *Verharren* des einzelnen in der Stellung und in den Schranken, die Gott ihm zugewiesen hat, religiöse Pflicht. Dies um so mehr, als eben die Beziehungen der lutherischen Frömmigkeit zur »Welt« überhaupt von Anfang an unsichere waren und blieben. Ethische Prinzipien waren von Luthers, die paulinische Weltindifferenz niemals ganz abstreifenden, Gedankenkreisen aus für die Gestaltung der Welt nicht zu gewinnen und man mußte sie deshalb eben nehmen wie sie war und konnte nur *dies* zur religiösen Pflicht stempeln. – Wiederum anders nuanciert sich der providentielle Charakter des Ineinanderspielens der privatwirtschaftlichen Interessen in der puritanischen Anschauung. Welches der providentielle Zweck der Berufsgliederung ist, erkennt man, getreu dem puritanischen Schema pragmatischer Deutung, an ihren *Früchten.* Über diese nun läßt sich Baxter in Ausführungen aus, welche in mehr als einem Punkte direkt an Adam Smiths bekannte Apotheose der Arbeitsteilung erinnern. Die Spezialisierung der Berufe führt, weil sie die Übung (skill) des Arbeiters ermöglicht, zur quantitativen und qualitativen Steigerung der Arbeitsleistung und dient also dem allgemeinen Wohl (common best), welches mit dem Wohl möglichst vieler identisch ist. Ist soweit die Motivierung rein utilitarisch und durchaus verwandt mit manchen in der weltli-

chen Literatur der Zeit bereits üblichen Gesichtspunkten, so
tritt der charakteristisch puritanische Einschlag | alsbald her- 174
vor, wenn Baxter an die Spitze seiner Auseinandersetzungen
das Motiv stellt: »Außerhalb eines festen Berufs sind die Ar-
beitsleistungen eines Menschen nur unstete Gelegenheitsar-
beit und er verbringt mehr Zeit in Faulheit als in Arbeit«, und
wenn er sie folgendermaßen beschließt: »und er (der Berufsar-
beiter) wird seine Arbeit *in Ordnung* vollbringen, während ein
anderer in ewiger Verwirrung steckt und sein Geschäft nicht
Ort noch Zeit kennt .... darum ist ein fester Beruf (»certain cal-
ling«, an anderen Stellen heißt es »stated calling«) für jeder-
mann das beste.« Die unstete Arbeit, zu welcher der gewöhnli-
che Tagelöhner gezwungen ist, ist ein oft unvermeidlicher,
aber stets unerwünschter Zwischenzustand. Es fehlt eben dem
Leben des »Beruflosen« der systematisch-methodische Cha-
rakter, den, wie wir sahen, die innerweltliche Askese verlangt.
Auch nach der Quäkerethik soll das Berufsleben des Men-
schen eine konsequente asketische Tugendübung, eine Be-
währung seines Gnadenstandes an seiner *Gewissen*haftigkeit
sein, die in der Sorgfalt und Methode, mit welcher er seinem
Beruf nachgeht, sich auswirkt. Nicht Arbeit an sich, sondern
rationale Berufsarbeit ist eben das von Gott Verlangte. Auf die-
sem methodischen Charakter der Berufsaskese liegt bei der
puritanischen | Berufsidee stets der Nachdruck, nicht, wie bei 175
Luther, auf dem Sichbescheiden mit dem einmal von Gott zu-
gemessenen Los. Daher wird nicht nur die Frage, ob jemand
mehrere callings kombinieren dürfe, unbedingt bejaht – wenn
es für das allgemeine Wohl oder das eigene zuträglich und nie-
mandem sonst abträglich ist und wenn es nicht dazu führt, daß
man in einem der kombinierten Berufe ungewissenhaft (»un-
faithful«) wird. Sondern es wird auch der *Wechsel* des Berufs als
keineswegs an sich verwerflich angesehen, wenn er nicht
leichtfertig, sondern um einen Gott wohlgefälligeren und das
heißt dem allgemeinen Prinzip entsprechend: nützlicheren
Beruf zu ergreifen erfolgt. Und vor allem: die Nützlichkeit ei-
nes Berufs und seine entsprechende Gottwohlgefälligkeit

richtet sich zwar in erster Linie nach sittlichen und demnächst nach Maßstäben der Wichtigkeit der darin zu produzierenden Güter für die »»Gesamtheit«, aber alsdann folgt als dritter und natürlich praktisch wichtigster Gesichtspunkt: die privatwirtschaftliche *»Profitlichkeit«*. Denn wenn jener Gott, den der Pu-
176 ritaner in allen | Fügungen des Lebens wirksam sieht, einem der Seinigen eine Gewinnchance zeigt, so hat er seine Absichten dabei. Und mithin hat der gläubige Christ diesem Rufe zu folgen, indem er sie sich zunutze macht. »Wenn Gott Euch einen Weg zeigt, auf dem Ihr ohne Schaden für Eure Seele oder für andere in gesetzmäßiger Weise *mehr gewinnen könnt* als auf einem anderen Wege und Ihr dies zurückweist und den minder gewinnbringenden Weg verfolgt, dann *kreuzt Ihr einen der Zwecke Eurer Berufung* (calling), *Ihr weigert Euch, Gottes Verwalter* (stewart) zu sein und seine Gaben anzunehmen, um sie für ihn gebrauchen zu können, wenn er es verlangen sollte. Nicht freilich für Zwecke der Fleischeslust und Sünde, *wohl aber für Gott dürft Ihr arbeiten, um reich zu sein*.« Der Reichtum ist eben nur als Versuchung zu faulem Ausruhen und sündlichem Lebensgenuß bedenklich und das Streben danach nur dann, wenn es geschieht, um später sorglos und lustig leben zu können. Als Ausübung der Berufspflicht aber ist es sittlich nicht nur gestattet, sondern geradezu geboten. Das Gleichnis von je-
177 nem Knecht, der verworfen | wurde, weil er mit dem ihm anvertrauten Pfunde nicht gewuchert hatte, schien das ja auch direkt auszusprechen. Arm sein wollen hieße, wie häufig argumentiert wurde, dasselbe wie krank sein *wollen,* es wäre als Werkheiligkeit verwerflich und Gottes Ruhm abträglich. Und vollends das Betteln eines zur Arbeit Befähigten ist nicht nur als Trägheit sündlich, sondern auch nach des Apostels Wort gegen die Nächstenliebe. |

178 Wie die Einschärfung der asketischen Bedeutung des festen Berufs das moderne *Fachmenschentum* ethisch verklärt, so die providentielle Deutung der Profitchancen den *Geschäfts*menschen. Die vornehme Läßlichkeit des Seigneurs und die parvenumäßige Ostentation des Protzen sind der Askese

gleichermaßen verhaßt. Dagegen trifft ein voller Strahl ethischer Billigung den nüchternen bürgerlichen Selfmademan: »God blesseth his trade« ist eine stehende Wendung für diejenigen Heiligen, welche mit Erfolg jenen göttlichen Fügungen gefolgt waren, und die ganze Wucht des *alttestamentlichen Gottes,* der den Seinen gerade in *diesem* Leben ihre Frömmigkeit entgilt, mußte ja für den Puritaner, | der, nach Baxters Rat, den ei- 179
genen Gnadenstand durch Vergleich mit der Seelenverfassung der biblischen Helden kontrollierte und dabei die Aussprüche der Bibel »wie die Paragraphen eines Gesetzbuches« interpretierte, in der gleichen Richtung wirken. – Ganz eindeutig waren die Aussprüche des Alten Testaments an sich ja nicht. Wir sahen, daß Luther sprachlich den Begriff »Beruf« im weltlichen Sinn zuerst bei der Übersetzung einer Sirachstelle anwendete. Das Buch Jesus Sirach gehört aber nach der ganzen Stimmung, die darin lebt, trotz seiner hellenistischen Beeinflussung doch zu den traditionalistisch wirkenden Bestandteilen des (erweiterten) Alten Testaments. Es ist charakteristisch, daß bei den lutherischen deutschen Bauern noch bis in die Gegenwart dies Buch sich oft besonderer Beliebtheit zu erfreuen scheint, wie auch der lutherisch gebundene Charakter breiter Strömungen im deutschen Pietismus sich in der Vorliebe für Jesus Sirach zu äußern pflegte. Die Puritaner verwarfen die Apokryphen als nicht inspiriert, gemäß | ihrem schroffen Ent- 180
weder-Oder zwischen Göttlichem und Kreatürlichem. Um so stärker wirkte unter den kanonischen Büchern das Buch Hiob mit seiner Kombination einerseits einer großartigen Verherrlichung von Gottes absolut souveräner, menschlichen Maßstäben entzogener Majestät, die ja calvinistischen Anschauungen so höchst kongenial war, mit der im Schluß doch wieder hervorbrechenden, für Calvin ebenso nebensächlichen, wie für den Puritanismus wichtigen, Gewißheit, daß Gott die Seinigen auch und gerade – im Buch Hiob: nur! – in diesem Leben und auch in materieller Hinsicht zu segnen pflege. Der orientalische Quietismus, welcher in manchen der stimmungsvollsten Verse der Psalmen und der Sprüche Salomos hervortritt,

wurde ebenso weggedeutet, wie Baxter dies mit der traditionalistischen Färbung der für den Berufsbegriff konstitutiven Stelle des 1. Korintherbriefes tat. Dafür legte man um so mehr den Nachdruck auf jene Stellen des Alten Testaments, welche die *formale Rechtlichkeit* als Kennzeichen gottwohlgefälligen Wandels rühmen. Die Theorie, daß das mosaische Gesetz durch den neuen Bund nur soweit seiner Geltung entkleidet sei, als es zeremonielle oder geschichtlich bedingte Vorschriften für das jüdische Volk enthalte, im übrigen aber als Ausdruck der »lex naturae« seine Geltung von jeher besessen und daher auch behalten habe, ermöglichte einerseits die Eliminierung solcher Vorschriften, welche in das moderne Leben schlechterdings nicht einzufügen waren, und ließ doch der mächtigen Verstärkung jenes Geistes selbstgerechter und nüchterner Legalität, welcher der innerweltlichen Askese dieses Protestantismus eigen war, durch die zahlreichen verwandten Züge der alttestamentlichen Sittlichkeit freie Bahn.
181 Wenn also, wie | mehrfach schon die Zeitgenossen, so auch neuere Schriftsteller die ethische Grundstimmung speziell des englischen Puritanismus als »English Hebraism« bezeichnen, so ist dies, richtig verstanden, durchaus zutreffend. Man darf dabei nur nicht an das palästinensische Judentum aus der Zeit der Entstehung der alttestamentlichen Schriften, sondern an das Judentum, wie es unter dem Einfluß der vielen Jahrhunderte formalistisch-gesetzlicher und talmudischer Erziehung allmählich wurde, denken und muß auch dann äußerst vorsichtig mit Parallelen sein. Die im ganzen der unbefangenen Schätzung des Lebens als solchen zugewendete Stimmung des alten Judentums lag weit ab von der spezifischen Eigenart des Puritanismus. Ebenso fern lag ihm – und auch das darf nicht übersehen werden – die Wirtschaftsethik des mittelalterlichen und neuzeitlichen Judentums in den Zügen, welche für die Stellung beider innerhalb der Entwicklung des kapitalistischen *Ethos* entscheidend waren. Das Judentum stand auf der Seite des politisch oder spekulativ orientierten »Abenteurer«-Kapitalismus: sein Ethos war, mit einem Wort, das des *Pa-*

ria-Kapitalismus, – der Puritanismus trug das Ethos des rationalen bürgerlichen *Betriebs* und der rationalen Organisation der *Arbeit.* Er entnahm der jüdischen Ethik nur, was in diesen Rahmen paßte.

Die charakterologischen Folgen der Durchdringung des Lebens mit alttestamentlichen Normen aufzuzeigen – eine reizvolle Aufgabe, die aber bisher nicht einmal für das Judentum selbst wirklich gelöst ist – wäre im Rahmen | dieser Skiz- 182
ze unmöglich. Neben den angedeuteten Beziehungen kommt für den inneren Gesamthabitus des Puritaners vor allem auch in Betracht, daß der Glaube, das auserwählte Volk Gottes zu sein, in ihm eine grandiose Renaissance erlebte. Wie selbst der milde Baxter Gott dafür dankt, daß er ihn in England und in der wahren Kirche habe zur Welt kommen lassen und nicht anderswo, so durchdrang dieser Dank für die eigene durch Gottes Gnade gewirkte Tadellosigkeit die Lebensstimmung |
des puritanischen Bürgertums und bedingte jenen formali- 183
stisch korrekten harten Charakter, wie er den Vertretern jener heroischen Epoche des Kapitalismus eigen war.

Wir suchen uns nun noch speziell die Punkte zu verdeutlichen, in welchen die puritanische Auffassung des Berufs und die Forderung asketischer Lebensführung *direkt* die Entwicklung des kapitalistischen Lebensstils beeinflussen mußte. Mit voller Gewalt wendet sich die Askese, wie wir sahen, vor allem gegen eins: das *unbefangene Genießen* des Daseins und dessen, was es an Freuden zu bieten hat. Am charakteristischsten kommt dieser Zug wohl in dem Kampf um das »Book of sports«, welches Jacob I. und Karl I. zu dem ausgesprochenen Zweck der Bekämpfung des Puritanismus zum Gesetz erhoben und dessen Verlesung von allen Kanzeln der letztere anbefahl, zum Ausdruck. Wenn die Puritaner die Verfügung des Königs, daß am Sonntag gewisse volkstümliche Vergnügungen außerhalb der Kirchzeit gesetzlich erlaubt sein sollten, wie rasend bekämpften, so war es *nicht* nur die Störung der Sabbatruhe, sondern die ganze geflissentliche Ablenkung von der geordneten Lebensführung des Heiligen, was sie aufbrachte.

Und wenn der König jeden Angriff auf die Gesetzlichkeit jener Sports mit schwerer Strafe bedrohte, so war der Zweck gerade, jenen dem Staat gefährlichen, weil *antiautoritären asketischen* Zug zu brechen. Die monarchisch-feudale Gesellschaft
184 schützte | die »Vergnügungswilligen« gegen die entstehende bürgerliche Moral und das autoritätsfeindliche asketische Konventikel ebenso, wie heute die kapitalistische Gesellschaft die »Arbeitswilligen« gegen die Klassenmoral der Arbeiter und den autoritätsfeindlichen Gewerkverein zu schützen pflegt. Die Puritaner vertraten demgegenüber ihre entscheidendste Eigenart: das Prinzip asketischer Lebensführung. Denn im übrigen war die Abneigung des Puritanismus gegen den Sport, selbst bei den Quäkern, keine schlechthin grundsätzliche. Nur mußte er einem rationalen Zweck: der für die physische Leistungsfähigkeit erforderlichen Erholung, dienen. Als Mittel rein unbefangenen Sich-Auslebens ungebändigter Triebe dagegen war er ihm verdächtig, und soweit er zum reinen Genußmittel wurde oder gar den agonalen Ehrgeiz, rohe Instinkte oder die irrationale Lust zum Wetten weckte, war er selbstverständlich schlechthin verwerflich. Der *trieb*hafte Lebensgenuß, der von der Berufsarbeit wie von der Frömmigkeit gleichermaßen abzieht, war eben als solcher der Feind der rationalen Askese, mochte er sich als »seigneurialer« Sport oder als Tanzboden- und Kneipenbesuch des gemeinen Mannes darstellen.

Mißtrauisch und vielfach feindlich ist demgemäß auch die Stellung zu den nicht direkt religiös zu wertenden Kulturgütern. Nicht als ob ein düsteres kulturverachtendes Banausentum im Lebensideal des Puritanismus enthalten gewesen wäre. Das gerade Gegenteil ist wenigstens für die Wissenschaft – mit Ausnahme der verabscheuten Scholastik – richtig. Und die größten Vertreter der puritanischen Bewegung sind überdies tief in die Bildung der Renaissance getaucht: die Predigten des presbyterianischen Flügels der Bewegung triefen von
185 Klassizismen | und selbst diejenigen der Radikalen verschmähen, trotzdem sie allerdings gerade daran Anstoß nahmen, der-

artige Gelehrsamkeit doch in der theologischen Polemik nicht. Nie vielleicht ist ein Land so überreich an »graduates« gewesen, wie Neu-England in der ersten Generation seines Bestehens. Die Satire der Gegner, wie z.B. Butlers »Hudibras«, setzt ebenfalls gerade bei der Stubengelehrsamkeit und geschulten Dialektik der Puritaner ein: dies hängt *teil*weise mit der religiösen Schätzung des Wissens zusammen, welche aus der Stellung zur katholischen »fides implicita« folgte. – Schon anders steht es, sobald man das Gebiet der nicht wissenschaftlichen Literatur und weiterhin der Sinnenkunst betritt. Hier freilich legte sich die Askese wie ein Reif auf das Leben des fröhlichen alten England. Und nicht nur die weltlichen Feste wurden davon betroffen. Der zornige Haß der Puritaner gegen alles, was nach »superstition« roch, gegen alle Reminiszenzen von magischer oder hierurgischer Gnadenspendung verfolgte das christliche Weihnachtsfest ganz ebenso wie den Maibaum und die unbefangene kirchliche Kunstübung. Daß in Holland für die Entwicklung einer großen, oft derb realistischen, Kunst
Raum blieb, beweist lediglich, wie wenig exklusiv die | dortige 186
autoritär gehandhabte Sittenreglementierung nach diesen Richtungen gegenüber dem Einfluß des Hofes und des Regentenstandes (einer *Rentner*schicht), aber auch der Lebenslust reich gewordener Kleinbürger zu wirken vermochte, nachdem die kurze Herrschaft der calvinistischen Theokratie sich in ein nüchternes Staatskirchentum aufgelöst und damit der Calvinismus an asketischer Werbekraft merklich verloren hat-
te. Das | Theater war dem Puritaner verwerflich, und bei der 187
strikten Ausscheidung des Erotischen und der Nuditäten aus dem Kreise des Möglichen blieb in Literatur wie Kunst die radikalere Auffassung nicht stehen. Die Begriffe des »idle talk«, der »superfluities«, der »vain ostentation« – alles Bezeichnungen eines irrationalen, ziellosen, daher nicht asketischen und überdies nicht zum Ruhme Gottes, sondern des Menschen dienenden Gebarens – waren schnell bei der Hand, um gegen jede Verwendung künstlerischer Motive die nüchterne Zweckmäßigkeit entschieden zu begünstigen. Vollends galt

dies da, wo es sich um den direkten Schmuck der Person, z.B. die Tracht, handelte. Jene mächtige Tendenz zur Uniformierung des Lebensstils, welcher heute das kapitalistische Interes-
188 se an der »standardization« der Produktion | zur Seite steht, hatte in der Ablehnung der »Kreaturvergötterung« ihre ideelle Grundlage. Gewiß darf man dabei nicht vergessen, daß der Puritanismus eine Welt von Gegensätzen in sich schloß, daß der instinktive Sinn für das zeitlos Große in der Kunst bei seinen Führern sicher höher stand als in der Lebensluft der »Kavaliere«, und daß ein einzigartiger Genius wie Rembrandt, so wenig sein »Wandel« durchweg vor den Augen des puritanischen Gottes Gnade gefunden hätte, doch in der Richtung seines Schaffens durch sein sektiererisches Milieu ganz wesentlich mitbestimmt wurde. Aber am Gesamtbild ändert das insofern nichts, als die mächtige Verinnerlichung der Persönlichkeit, welche die weitere Fortbildung der puritanischen Lebensluft mit sich bringen konnte und tatsächlich mitbestimmt hat, doch vorwiegend der Literatur und auch da erst späteren Geschlechtern zugute gekommen ist. |

189 Ohne auf die Erörterung der Einflüsse des Puritanismus nach all diesen Richtungen hier näher eingehen zu können, vergegenwärtigen wir uns nur, daß die Statthaftigkeit der Freude an den rein dem ästhetischen oder sportlichen Genuß dienenden Kulturgütern jedenfalls immer eine charakteristische Schranke findet: sie *dürfen nichts kosten.* Der Mensch ist ja nur Verwalter der durch Gottes Gnade ihm zugewendeten Güter, er hat, wie der Knecht der Bibel, von jedem anvertrauten Pfennig Rechenschaft abzulegen, und es ist zum mindesten bedenklich, davon etwas zu verausgaben zu einem Zweck, der nicht Gottes Ruhm, sondern dem eigenen Genuß gilt. Wem, der die Augen offen hat, wären Repräsentanten dieser Auffassung nicht bis in die Gegenwart hinein begegnet? Der Gedanke der *Verpflichtung* des Menschen gegenüber seinem anvertrauten Besitz, dem er sich als dienender Verwalter oder geradezu als »Erwerbsmaschine« unterordnet, legt sich mit seiner erkältenden Schwere auf das Leben. Je größer der Besitz wird,

desto schwerer wird – *wenn* die asketische Lebensstimmung die Probe besteht – das Gefühl der Verantwortung dafür, ihn zu Gottes Ruhm ungeschmälert zu erhalten und durch rastlose Arbeit zu vermehren. Auch die Genesis dieses Lebensstils reicht in einzelnen Wurzeln, wie so viele Bestandteile des modernen kapitalistischen Geistes, in das Mittelalter zurück, aber erst | in der Ethik des asketischen Protestantismus fand er sei- 190
ne konsequente ethische Unterlage. Seine Bedeutung für die Entwicklung des Kapitalismus liegt auf der Hand.

Die innerweltliche protestantische Askese – so können wir das bisher Gesagte wohl zusammenfassen – wirkte also mit voller Wucht gegen den unbefangenen *Genuß* des Besitzes, sie schnürte die *Konsumtion,* speziell die Luxuskonsumtion, ein. Dagegen *entlastete* sie im psychologischen Effekt den *Gütererwerb* von den Hemmungen der traditionalistischen Ethik, sie sprengt die Fesseln des Gewinnstrebens, indem sie es nicht nur legalisierte, sondern (in dem dargestellten Sinn) direkt als gottgewollt ansah. Der Kampf gegen Fleischeslust und das Hängen an äußeren Gütern war, wie neben den Puritanern auch der große Apologet des Quäkertums, Barclay, ausdrücklich bezeugt, *kein* Kampf gegen rationalen *Erwerb,* sondern gegen irrationale Verwendung des Besitzes. Diese aber lag vor allem in der Wertschätzung der als Kreaturvergötterung | ver- 191
dammlichen *ostensiblen* Formen des Luxus, wie sie dem feudalen Empfinden so nahe lagen, anstatt der von Gott gewollten rationalen und utilitarischen Verwendung für die Lebenszwecke des einzelnen und der Gesamtheit. *Nicht Kasteiung* wollte sie dem Besitzenden aufzwingen, sondern Gebrauch seines Besitzes für notwendige und *praktisch nützliche* Dinge. Der Begriff des *»comfort«* umspannt in charakteristischer Weise den Kreis der ethisch statthaften Verwendungszwecke, und es ist natürlich kein Zufall, daß man die Entwicklung des Lebensstils, der sich an jenen Begriff heftet, gerade bei den konsequentesten Vertretern dieser ganzen Lebensanschauung: den Quäkern, am frühesten und deutlichsten beobachtet hat. Dem Flitter und Schein chevaleresken Prunkes, der, auf unsolider

ökonomischer Basis ruhend, die schäbige Eleganz der nüchternen Einfachheit vorzieht, setzten sie die saubere und solide Bequemlichkeit des bürgerlichen »home« als Ideal entgegen.

Auf der *Seite der Produktion* des privatwirtschaftlichen Reichtums kämpfte die Askese gegen Unrechtlichkeit ebenso wie gegen rein *trieb*hafte Habgier, – denn diese war es, welche sie als »covetousness«, als »Mammonismus« usw. verwarf: das Streben nach Reichtum zu dem Endzweck, reich zu *sein.* Denn der Besitz als solcher war Versuchung. Aber hier war nun die Askese die Kraft, »die stets das Gute will und stets das Böse« – das in ihrem Sinn Böse: den Besitz und seine Versu-
192 chungen | »schafft«. Denn nicht nur sah sie, mit dem Alten Testament und in voller Analogie zu der ethischen Wertung der »guten Werke«, zwar in dem Streben nach Reichtum als *Zweck* den Gipfel des Verwerflichen, in der Erlangung des Reichtums als *Frucht* der Berufsarbeit aber den Segen Gottes. Sondern, was noch wichtiger war: die religiöse Wertung der rastlosen, stetigen, systematischen, weltlichen Berufsarbeit als schlechthin höchsten asketischen Mittels und zugleich sicherster und sichtbarster Bewährung des wiedergeborenen Menschen und seiner Glaubensechtheit mußte ja der denkbar mächtigste Hebel der Expansion jener Lebensauffassung sein, die wir hier als »Geist« des Kapitalismus bezeichnet haben. Und halten wir nun noch jene Einschnürung der Konsumtion mit dieser Entfesselung des Erwerbsstrebens *zusammen,* so ist das äußere Ergebnis naheliegend: *Kapitalbildung* durch *asketischen Sparzwang*. Die Hemmungen, welche dem kon-
193 sumtiven | Verbrauch des Erworbenen entgegenstanden, mußten ja seiner produktiven Verwendung: als *Anlage*kapital, zugute kommen. Wie stark diese Wirkung gewesen ist, entzieht sich ziffernmäßig naturgemäß jeder exakten Bestimmung. [...] Aber auch in dem vom strikten Calvinismus nur 7 Jahre wirklich beherrschten Holland führte die in den religiös ernsteren Kreisen herrschende größere Einfachheit des Lebens bei enormen Reichtümern zu einer exzessiven Kapitalaufsammlungssucht. Daß ferner die zu allen Zeiten und über-

all vorhanden gewesene, auch bei uns heute recht wirksame, Tendenz zur »Veradligung« bürgerlicher Vermögen durch die Antipathie des Puritanismus gegen feudale Lebensformen fühlbar gehemmt werden mußte, liegt auf der Hand. Englische merkantilistische Schriftsteller des 17. Jahrhunderts führten die Überlegenheit der holländischen Kapitalmacht gegenüber England darauf zurück, daß dort nicht wie hier neu erworbene Vermögen regelmäßig durch Anlage in Land und – denn darauf, nicht auf den Landankauf allein kommt es an – den Übergang zu feudalen Lebensgewohnheiten Nobilitierung suchten und dadurch | der kapitalistischen Verwertung *194*
entzogen würden]. Die auch bei den Puritanern nicht fehlende Schätzung der *Landwirtschaft* als eines besonders wichtigen, auch der Frömmigkeit besonders zuträglichen Erwerbszweigs galt (z. B. bei Baxter) nicht dem Landlord, sondern dem Yeoman und Farmer, und im 18. Jahrhundert nicht dem Junker, sondern dem »rationellen« *Landwirt.* Durch die englische Gesellschaft der Zeit seit dem 17. Jahrhundert zieht sich der Zwiespalt zwischen der »Squirearchie«, der Trägerin des »fröhlichen alten England«, und den in ihrer gesellschaftlichen Macht stark schwankenden puritanischen Kreisen. Beide Züge: der einer ungebrochenen naiven Lebensfreude und der einer streng geregelten und reservierten Selbstbeherrschung und konventionellen ethischen Bindung stehen noch heute im Bilde des englischen »Volkscharakters« nebeneinander. Und ebenso zieht sich durch die älteste Geschichte der nordamerikanischen Kolonisation der scharfe Gegensatz der »adventurers«, die mit der Arbeitskraft von indented | servants *195*
Plantagen einrichten und seigneurial leben wollten, gegen die spezifisch bürgerliche Gesinnung der Puritaner.

Soweit die Macht puritanischer Lebensauffassung reichte, kam sie unter allen Umständen – und dies ist natürlich weit wichtiger als die bloße Begünstigung der Kapitalbildung – der Tendenz zu bürgerlicher, ökonomisch *rationaler* Lebensführung zugute; sie war ihr wesentlichster und vor allem: ihr einzig konsequenter Träger. Sie stand an der Wiege des modernen

»Wirtschaftsmenschen«. Gewiß: diese puritanischen Lebensideale versagten bei einer allzu starken Belastungsprobe durch die den Puritanern selbst ja sehr wohlbekannten »Versuchungen« des Reichtums. Sehr regelmäßig finden wir die genuinsten Anhänger puritanischen Geistes in den Reihen der erst im *Aufsteigen begriffenen* Schichten der Kleinbürger und Farmer und die »beati possidentes«, selbst bei den Quäkern, recht oft zur Verleugnung der alten Ideale bereit. Es war das ja das gleiche Schicksal, welchem die Vorgängerin der innerweltlichen
196 Askese: die klösterliche Askese des Mittelalters, | immer wieder erlag: wenn die rationelle Wirtschaftsführung hier, an der Stätte streng geregelten Lebens und gehemmter Konsumtion, ihre Wirkung voll entfaltet hatte, so verfiel der gewonnene Besitz entweder direkt – wie in der Zeit vor der Glaubensspaltung – der Veradligung oder es drohte doch die klösterliche Zucht in die Brüche zu gehen und eine der zahlreichen »Reformationen« mußte eingreifen. Ist doch die ganze Geschichte der Ordensregeln in gewissem Sinne ein stets erneutes Ringen mit dem Problem der säkularisierenden Wirkung des Besitzes. Das gleiche gilt in grandiosem Maßstabe auch für die innerweltliche Askese des Puritanismus. Der mächtige »revival« des Methodismus, welcher dem Aufblühen der englischen Industrie gegen Ende des 18. Jahrhunderts vorangeht, kann mit einer solchen Klosterreformation recht wohl verglichen werden. Von John Wesley[9] selbst möge nun hier eine Stelle Platz finden, welche wohl geeignet wäre, als Motto über allem bisher Gesagten zu stehen. Denn sie zeigt, wie die Häupter der asketischen Richtungen selbst sich über die hier dargelegten scheinbar so paradoxen Zusammenhänge vollkommen, und zwar durchaus in dem hier entwickelten Sinn klar waren. Er schreibt:

»Ich fürchte: wo immer der Reichtum sich vermehrt hat, da hat der Gehalt an Religion in gleichem Maße abgenommen.

9 John Wesley (1703–91), englischer Theologe, zusammen mit seinem Bruder Charles (1707–88) Begründer des Methodismus.

Daher sehe ich nicht, wie es, nach der Natur der Dinge, möglich sein soll, daß irgendeine Wiedererweckung echter Religiosität lange Dauer haben kann. Denn Religion *muß notwendig* sowohl Arbeitsamkeit (industry) als Sparsamkeit (frugality) erzeugen, | und diese können nichts anderes als Reichtum 197
hervorbringen. Aber wenn Reichtum zunimmt, so nimmt Stolz, Leidenschaft und Weltliebe in all ihren Formen zu. Wie soll es also möglich sein, daß der Methodismus, das heißt eine Religion des Herzens, mag sie jetzt auch wie ein grünender Baum blühen, in diesem Zustand verharrt? Die Methodisten werden überall fleißig und sparsam; folglich vermehrt sich ihr Güterbesitz. Daher wachsen sie entsprechend an Stolz, Leidenschaft, an fleischlichen und weltlichen Gelüsten und Lebenshochmut. So bleibt zwar die Form der Religion, der Geist aber schwindet allmählich. Gibt es keinen Weg, diesen fortgesetzten Verfall der reinen Religion zu hindern? Wir dürfen die Leute nicht hindern, fleißig und sparsam zu sein. *Wir müssen alle Christen ermahnen, zu gewinnen was sie können und zu sparen was sie können, das heißt im Ergebnis: reich zu werden.«* (Folgt die Ermahnung, daß die, die »alles gewinnen was sie können und alles sparen was sie können« auch »alles was sie können, geben« sollen, um so in der Gnade zu wachsen und einen Schatz im Himmel zu sammeln.) – Man sieht, es ist das bis in alle Einzelheiten der hier beleuchtete Zusammenhang.

Ihre volle *ökonomische* Wirkung entfalteten, ganz wie es hier Wesley sagt, jene mächtigen religiösen Bewegungen, deren Bedeutung für die wirtschaftliche Entwicklung ja in erster Linie in ihren asketischen *Erziehungs*wirkungen lag, regelmäßig erst, nachdem die Akme des *rein* religiösen Enthusiasmus bereits überstiegen war, der Krampf des Suchens nach dem Gottesreich sich allmählich in nüchterne Berufstugend aufzulösen begann, die religiöse Wurzel langsam abstarb und utilitarischer Diesseitigkeit Platz machte, – wenn, um mit Dowden zu reden, in der populären Phantasie »Robinson Crusoë«, der *isolierte Wirtschaftsmensch,* welcher nebenher Missionsarbeit treibt, an die Stelle des in innerlich einsamem Streben nach dem

198 Himmelreich durch den »Jahrmarkt der | Eitelkeit« eilenden
Bunyanschen »Pilgers« getreten war. Wenn dann weiterhin
der Grundsatz herrschend wurde: »to make the best of *both*
worlds«, so mußte schließlich – wie ebenfalls schon Dowden
bemerkt hat – das gute Gewissen einfach in die Reihe der Mit-
tel komfortablen bürgerlichen Lebens eingereiht werden, wie
dies ja auch das deutsche Sprichwort vom »sanften Ruhekis-
sen« recht hübsch zum Ausdruck bringt. Was jene religiös le-
bendige Epoche des 17. Jahrhunderts ihrer utilitarischen Erbin
vermachte, war aber eben vor allem ein ungeheuer gutes – sa-
gen wir getrost: ein *pharisäisch* gutes – Gewissen beim Gelder-
werb, wenn anders er sich nur in legalen Formen vollzog. Je-
der Rest des »Deo placere vix potest« war verschwunden. Ein
spezifisch *bürgerliches Berufsethos* war entstanden. Mit dem Be-
wußtsein, in Gottes voller Gnade zu stehen und von ihm sicht-
bar gesegnet zu werden, vermochte der bürgerliche Unter-
nehmer, wenn er sich innerhalb der Schranken formaler Kor-
rektheit hielt, sein sittlicher Wandel untadelig und der Ge-
brauch, den er von seinem Reichtum machte, kein anstößiger
war, seinen Erwerbsinteressen zu folgen und *sollte* dies tun.
Die Macht der religiösen Askese stellte ihm überdies nüchter-
ne, gewissenhafte, ungemein arbeitsfähige und an der Arbeit
als gottgewolltem Lebenszweck klebende Arbeiter zur Verfü-
gung. Sie gab ihm dazu die beruhigende Versicherung, daß |
199 die ungleiche Verteilung der Güter dieser Welt ganz spezielles
Werk von Gottes Vorsehung sei, der mit diesen Unterschieden
ebenso wie mit der nur partikulären Gnade seine geheimen,
uns unbekannten Ziele verfolge. Schon Calvin hatte den oft zi-
tierten Ausspruch getan, daß nur wenn das »Volk«, d.h. die
Masse der Arbeiter und Handwerker, arm erhalten werde, es
Gott gehorsam bleibe. Die Niederländer (Pieter de la Court
und andere) hatten dies dahin »säkularisiert«: daß die Masse
der Menschen nur *arbeite,* wenn die Not sie dazu treibe, und
diese Formulierung eines Leitmotivs kapitalistischer Wirt-
schaft mündete dann weiterhin in den Strom der Theorie von
der »Produktivität« niederer Löhne. Auch hier schob sich die

utilitarische Wendung dem Gedanken unvermerkt mit dem Absterben seiner religiösen Wurzel unter, ganz nach dem Entwicklungsschema, welches wir immer wieder beobachtet haben. Die mittelalterliche Ethik hatte den Bettel nicht nur geduldet, sondern in den Bettelorden geradezu glorifiziert. Auch die weltlichen Bettler wurden, da sie ja dem Besitzenden Gelegenheit zu guten Werken durch Almosen gaben, gelegentlich geradezu als »Stand« bezeichnet und gewertet. Noch die anglikanische Sozialethik der Stuarts stand dieser Haltung innerlich sehr nahe. Es war der puritanischen Askese vorbehalten, an jener harten englischen Armengesetzgebung mitzuarbeiten, welche hierin grundsätzlichen Wandel schuf. Und sie konnte das, weil die protestantischen Sekten und die streng puritanischen Gemeinschaften | überhaupt in ihrer eigenen 200
Mitte den Bettel tatsächlich *nicht kannten.*

Denn andererseits: Von der anderen Seite, derjenigen der Arbeiter, gesehen, glorifizierte z. B. die Zinzendorfsche Spielart des Pietismus den berufstreuen Arbeiter, der nicht nach Erwerb trachtet, als nach dem Vorbild der Apostel lebend und also mit dem Charisma der Jüngerschaft begabt. Noch radikaler waren ähnliche Anschauungen anfangs bei den Täufern verbreitet gewesen. Nun ist natürlich die gesamte asketische Literatur fast *aller* Konfessionen von dem Gesichtspunkt durchtränkt, daß treue Arbeit auch bei niederen Löhnen seitens dessen, dem das Leben sonst keine Chancen zugeteilt hat, etwas Gott höchst Wohlgefälliges sei. *Darin* brachte die protestantische Askese an sich keine Neuerung. Aber: sie vertiefte nicht nur diesen Gesichtspunkt aufs mächtigste, sondern sie erschuf jener Norm das, worauf es ja schließlich doch für deren Wirkung *allein ankam:* den psychologischen *Antrieb* durch die Auffassung dieser Arbeit als *Beruf,* als vorzüglichsten, ja letztlich oft als *einzigen* Mittels, des Gnadenstandes sicher zu werden. Und sie legalisierte auf der anderen Seite die Ausbeutung dieser spezifischen Arbeitswilligkeit, indem sie auch den Gelderwerb des Unternehmers als »Beruf« deutete. Es liegt |
auf der Hand, wie mächtig das *ausschließliche* Streben nach dem 201

Gottesreich durch Erfüllung der Arbeitspflicht als Beruf und die strenge Askese, welche die Kirchenzucht naturgemäß gerade den besitzlosen Klassen aufnötigte, die »Produktivität« der Arbeit im kapitalistischen Sinn des Wortes fördern mußte. Die Behandlung der Arbeit als »Beruf« wurde für den modernen Arbeiter ebenso charakteristisch wie für den Unternehmer die entsprechende Auffassung des Erwerbes. Es war eine Wiedergabe dieses damals neuen Tatbestandes, wenn ein so scharfer anglikanischer Beobachter wie Sir William Petty die holländische Wirtschaftsmacht des 17. Jahrhunderts darauf zurückführte, daß die dort besonders zahlreichen »Dissenters« (Calvinisten und Baptisten) Leute seien, welche *»Arbeit und Gewerbfleiß für ihre Pflicht gegen Gott«* ansahen. Der »organischen« Sozialverfassung in jener fiskalisch-monopolistischen Wendung, welche sie im Anglikanismus unter den Stuarts, namentlich in den Konzeptionen Lauds annahm: – diesem Bündnis von Staat und Kirche mit den »Monopolisten« auf dem Boden eines christlich-sozialen Unterbaus stellte der Puritanismus, dessen Vertreter durchweg zu den leidenschaftlichen Gegnern *dieser* Art von staatlich privilegiertem Händler-, Verleger- und Kolonialkapitalismus gehörten, die individualistischen *Antriebe* des rationalen legalen Erwerbs kraft eigener Tüchtigkeit und Initiative gegenüber, welche – während die staatlich privilegierten Monopolindustrien in England bald sämtlich wieder verschwanden – am Aufbau der ohne, zum Teil trotz und gegen die obrigkeitlichen Gewalten entstehenden Industrien entscheidend mitbeteiligt waren. Die Puritaner [...] lehnten jede Gemeinschaft mit den »Höflingen und Projektenmachern« großkapitalistischen Gepräges als mit einer ethisch verdächtigen Klasse ab, im Stolz auf ihre eigne überlegene bürgerliche Geschäftsmoral, welche den wahren Grund der Verfolgungen bilde, denen sie von jenen Kreisen ausgesetzt seien. Den Kampf gegen den Dissent schlug noch Defoe vor, durch Boykott gegen die Bankwechsel und durch Depotkündigungen zu gewinnen. Der Gegensatz der beiden Arten kapitalistischer Gebarung ging sehr weitgehend mit den religiösen Gegensätzen Hand in Hand. Die Gegner der Nonkonformisten haben auch im 18. Jahrhundert immer wieder diese als die Träger des »spirit of shopkeepers« verhöhnt und als den Verderb der altenglischen Ideale verfolgt. *Hier* lag auch der Gegensatz des puritanischen gegen das jüdische Wirtschaftsethos verankert und schon die Zeitgenossen [...] wußten, daß das erstere, nicht das letztere, das *bürgerliche* Wirtschaftsethos war.

Einer der konstitutiven Bestandteile des modernen kapitalistischen Geistes, und nicht nur dieses, sondern der modernen Kultur: die rationale Lebensführung auf Grundlage der *Berufsidee,* ist – das sollten diese Darlegungen erweisen – geboren aus dem Geist der *christlichen Askese.* Man lese jetzt noch einmal den im Eingang dieses Aufsatzes zitierten Traktat Franklins nach, um zu sehen, daß die wesentlichen Elemente der dort als »Geist des Kapitalismus« bezeichneten Gesinnung eben die sind, die wir vorstehend als Inhalt der puritanischen Berufsaskese ermittelten, nur ohne die religiöse | Fundamen- 203
tierung, die eben bei Franklin schon abgestorben war. – Der Gedanke, daß die moderne Berufsarbeit ein *asketisches* Gepräge trage, ist ja auch nicht neu. Daß die Beschränkung auf Facharbeit, mit dem Verzicht auf die faustische Allseitigkeit des Menschentums, welchen sie bedingt, in der heutigen Welt Voraussetzung wertvollen Handelns überhaupt ist, daß also »Tat« und »Entsagung« einander heute unabwendbar bedingen: dies asketische Grundmotiv des bürgerlichen Lebensstils – wenn er eben Stil und nicht Stillosigkeit sein will – hat auf der Höhe seiner Lebensweisheit, in den »Wanderjahren« und in dem Lebensabschluß, den er seinem Faust gab, auch *Goethe* uns lehren wollen. Für ihn bedeutete diese Erkenntnis einen entsagenden Abschied von einer Zeit vollen und schönen Menschentums, welche im Verlauf unserer Kulturentwicklung ebensowenig sich wiederholen wird, wie die Zeit der Hochblüte Athens im Altertum. Der Puritaner *wollte* Berufsmensch sein, – wir *müssen* es sein. Denn indem die Askese aus den Mönchszellen heraus in das Berufsleben übertragen wurde und die innerweltli-

che Sittlichkeit zu beherrschen begann, half sie an ihrem Teile mit daran, jenen mächtigen Kosmos der modernen, an die technischen und ökonomischen Voraussetzungen mechanisch-maschineller Produktion gebundenen, Wirtschaftsordnung erbauen, der heute den Lebensstil aller einzelnen, die in dies Triebwerk hineingeboren werden – *nicht* nur der direkt ökonomisch Erwerbstätigen –, mit überwältigendem Zwange bestimmt und vielleicht bestimmen wird, bis der letzte Zentner fossilen Brennstoffs verglüht ist. Nur wie »ein dünner Mantel, den man jederzeit abwerfen könnte«, sollte nach Baxters Ansicht die Sorge um die äußeren Güter um die Schultern seiner Heiligen liegen. Aber aus dem Mantel ließ das Verhängnis ein stahlhartes Gehäuse werden. Indem die Askese die Welt umzubauen und in der Welt sich auszuwirken unternahm, ge-
204 wannen die äußeren Güter | dieser Welt zunehmende und schließlich unentrinnbare Macht über den Menschen, wie niemals zuvor in der Geschichte. Heute ist ihr Geist – ob endgültig, wer weiß es? – aus diesem Gehäuse entwichen. Der siegreiche Kapitalismus jedenfalls bedarf, seit er auf mechanischer Grundlage ruht, dieser Stütze nicht mehr. Auch die rosige Stimmung ihrer lachenden Erbin: der Aufklärung, scheint endgültig im Verbleichen und als ein Gespenst ehemals religiöser Glaubensinhalte geht der Gedanke der »Berufspflicht« in unserm Leben um. Wo die »Berufserfüllung« nicht direkt zu den höchsten geistigen Kulturwerten in Beziehung gesetzt werden kann – oder wo nicht umgekehrt sie auch subjektiv einfach als ökonomischer Zwang empfunden werden muß, – da verzichtet der einzelne heute meist auf ihre Ausdeutung überhaupt. Auf dem Gebiet seiner höchsten Entfesselung, in den Vereinigten Staaten, neigt das seines religiös-ethischen Sinnes entkleidete Erwerbsstreben heute dazu, sich mit rein agonalen Leidenschaften zu assoziieren, die ihm nicht selten geradezu den Charakter des Sports aufprägen. Niemand weiß noch, wer künftig in jenem Gehäuse wohnen wird und ob am Ende dieser ungeheuren Entwicklung ganz neue Propheten oder eine mächtige Wiedergeburt alter Gedanken und Ideale

stehen werden, *oder* aber – wenn keins von beiden – mechanisierte Versteinerung, mit einer Art von krampfhaftem Sich-wichtig-nehmen verbrämt. Dann allerdings könnte für die »letzten Menschen« dieser Kulturentwicklung das Wort zur Wahrheit werden: »Fachmenschen ohne Geist, Genußmenschen ohne Herz: dies Nichts bildet sich ein, eine nie vorher erreichte Stufe des Menschentums erstiegen zu haben.«

Doch wir geraten damit auf das Gebiet der Wert- und Glaubensurteile, mit welchen diese rein historische Darstellung nicht belastet werden soll. Die Aufgabe wäre vielmehr: die in der vorstehenden Skizze ja nur angeschnittene Bedeutung des asketischen | Rationalismus nun auch für den Inhalt 205
der *sozialpolitischen* Ethik, also für die Art der Organisation und der Funktionen der sozialen Gemeinschaften vom Konventikel bis zum Staat aufzuzeigen. Alsdann müßte seine Beziehung zu dem humanistischen Rationalismus und dessen Lebensidealen und Kultureinflüssen, ferner zur Entwicklung des philosophischen und wissenschaftlichen Empirismus, zu der technischen Entwicklung und zu den geistigen Kulturgütern analysiert werden. Dann endlich wäre sein geschichtliches Werden von den mittelalterlichen Ansätzen einer innerweltlichen Askese aus und seine Auflösung in den reinen Utilitarismus *historisch* und durch die einzelnen Verbreitungsgebiete der asketischen Religiosität hindurch zu verfolgen. Daraus erst könnte sich das *Maß* der Kulturbedeutung des asketischen Protestantismus im Verhältnis zu anderen plastischen Elementen der modernen Kultur ergeben. Hier ist ja erst Tatsache und *Art* seiner Einwirkung in einem, wenn auch wichtigen, Punkt auf ihre Motive zurückzuführen versucht worden. Weiter aber müßte dann auch die Art, wie die protestantische Askese ihrerseits durch die Gesamtheit der gesellschaftlichen Kulturbedingungen, insbesondere auch der *ökonomischen*, in ihrem Werden und ihrer Eigenart beeinflußt worden ist, zutage treten. Denn obwohl der moderne Mensch im ganzen selbst beim besten Willen nicht imstande zu sein pflegt, sich die Bedeutung, welche religiöse Bewußtseinsinhalte auf die

Lebensführung, die Kultur und die Volkscharaktere gehabt haben, so groß vorzustellen, wie sie tatsächlich gewesen ist, – so kann es dennoch natürlich nicht die Absicht sein, an Stelle einer einseitig »materialistischen« eine ebenso einseitig spiritualistische kausale Kultur- und Geschichtsdeutung zu setzen.
206 *Beide* sind *gleich möglich* | aber mit beiden ist, wenn sie nicht Vorarbeit, sondern Abschluß der Untersuchung zu sein beanspruchen, der historischen Wahrheit gleich wenig gedient.

»Kirchen« und »Sekten«
[1906]

Die starke Entwicklung des kirchlichen Gemeinschaftslebens in den *Vereinigten Staaten* ist eine Erscheinung, die jedem nicht ganz oberflächlichen Besucher des Landes in die Augen fällt. Allerdings, die rapide Europäisierung drängt heute die kirchliche Durchdringung des ganzen Lebens, die dem genuinen »Amerikanismus« spezifisch war, überall zurück. Man kann die wunderlichen Kompromisse, in denen sich dies äußert, z. B. aus anfolgender statuarischen Bestimmungen an einer der beiden Chikagoer Universitäten kennen lernen: Der bei Strafe der Relegation obligatorische Besuch der *»chapel«* seitens der Studenten kann 1. durch Belegen bestimmter Vorlesungen über die vorgeschriebene Mindestzahl hinaus »abgelöst« werden, 2. aber werden jedem, der den vorgeschriebenen *»chapel record«* (sic!) *in natura* oder durch Ablösung in einer Studienperiode nachweislich überschritten hat, die so aufgespeicherten *»opera supererogationis«* auf die folgenden Perioden *gutgeschrieben!* – Der »moderne« oder modern sein wollende Amerikaner beginnt allmählich im Gespräch mit Europäern verlegen zu werden, wenn auf die kirchliche Eigenart des Landes die Rede kommt. Aber für das genuine Yankeetum ist das eine junge Erscheinung, und in die Tiefe ist diese Säkularisation des Lebens noch immer nicht gedrungen, soweit es sich eben um anglo-amerikanische Kreise handelt. Ihre Exklusivität einerseits und - wie hier gezeigt werden soll - ein Teil ihrer Überlegenheit im Kampf ums Dasein beruht auf diesen »Rückständen«. Und in Wahrheit ist es fast eine Hyperbel, von »Rückständen« zu sprechen, wo es sich um einen der noch immer kräftigsten Komponenten der ganzen Lebensführung handelt.

Deutsch-amerikanische Familien, die seit mehr als einem Menschenalter in dem im Gegensatz zu *»New-York proper«* –

als fromm geltenden Brooklyn ansässig sind, führen unter den Schwierigkeiten der Anknüpfung von intimeren Beziehungen zu den alteingeborenen Kreisen noch heute die Notwendigkeit an, auf die unumgängliche Frage: *»to what church do you belong«* eine befriedigende, und zwar nicht bloß »formale« Antwort zu geben. Noch heute ist es etwas durchaus Normales, daß ein Grundstücks-Spekulant, welcher seine Baustellen besetzt zu sehen wünscht, vor allem inmitten derselben eine »Kirche« d. h. eine Holzscheuer mit Türe, nach Art der entsprechenden Gebilde in unseren Spielzeugschachteln, erbaut und alsdann einen eben dem Seminar entsprungenen Kandidaten irgend einer *»Denomination«* für 500 Dollars engagiert, mit der, sei es ausdrücklichen, sei es stillschweigenden, Zusage, daß diese Position sich zu einer Lebensstellung auswachsen werde, falls es dem Betreffenden nur gelinge, die Baustelle recht schnell »voll« zu predigen. Und es gelingt zumeist. Die privaten statistischen Erhebungen, welche uns zur Verfügung stehen, zeigt noch jetzt im Durchschnitt weit unter ein Zehntel (etwa 1/13) der Bevölkerung als formell »konfessionslos«, in einem Lande, welches das verfassungsmäßige Verbot der offiziellen Anerkennung irgend einer Kirche so weit auslegt, daß wir aus diesem Grunde keine offizielle Konfessionsstatistik haben, weil eben schon die amtliche *Frage* nach der Konfession, die bei uns jeder als Zeuge Vorgeladene beantworten muß, als verfassungswidrig gilt. Und dies ferner unter Verhältnissen, wo der Begriff der »Zugehörigkeit« zu einer kirchlichen Gemeinschaft etwas ganz anderes als bei uns, schon in rein materieller Hinsicht, bedeutet: ungelernte Holz- und Hafenarbeiter einer evangelischen Gemeinde in der Gegend von Buffalo z. B. lassen sich ihre Kirche jährlich über 80 Mk. an festen Abgaben pro Mitglied kosten, umgerechnet die äußerst zahlreichen und für den Unterhalt des Pfarrers und der Kirche unentbehrlichen *»collections«*. Und wie sehr jene amtlich verpönte, privatim aber, wie gesagt, noch immer bedeutungsvolle Frage nach der Kirchenzugehörigkeit, der homerischen Erkundigung nach Heimatsort und Eltern entspricht, erfuhr ein deutscher Nasenspezialist, der sich in Cincinnati niedergelassen hatte, zu seinem nicht geringen Erstaunen, als er von Seiten seines ersten Patienten auf die Frage nach der Natur seiner Beschwerde vor allem Weiteren als *erste* Angabe die Mitteilung gemacht erhielt: »*I am from the 2d Baptist Church in the X-Street.*« Ätiologisch stand dieser Umstand, wie sich für den verblüfften Arzt weiterhin ergab, natürlich mit dem Nasenleiden nicht in Verbindung, sollte er etwas Anderes, für ihn nicht Gleichgültiges besagen, nämlich: »Sei wegen deines *Honorars* unbesorgt!«

Die Zugehörigkeit zu einer »reputierlichen« Kirchengemeinschaft garantiert die Reputierlichkeit des Individuums, die gesellschaftliche nicht nur, sondern auch und vor allem die geschäftliche. »Herr,« – sagte mir ein schon älterer Gentleman, der in »*Undertakers Hardware*« (eisernen Leichenstein-Aufschriften) reiste und mit dem ich in Oklahoma einige Zeit zusammen war – »meinethalben mag Jedermann glauben was ihm beliebt, – aber wenn ich von einem Kunden in Erfahrung bringe, daß er seine Kirche nicht besucht, dann ist er mir nicht für 50 Cts. gut: *why pay me, if he doesn't believe in anything*?« In einem so ungeheuer ausgedehnten Lande mit dünner Besiedelung und unstäter Bevölkerung, wo überdies das Gerichtsverfahren z. Zt. noch in anglo-normannischen Formalismus steckt, das Exekutionsrecht lax und zu Gunsten der Masse der Farmer des Westens durch die *homestead*-Privilegien so gut wie ausgeschaltet ist, konnte der *Personalkredit* eben zunächst nur auf den Krücken einer solchen kirchlichen Garantie der Kreditwürdigkeit fußen. So waren im Mittelalter bekanntlich die Bischöfe die ersten voll kreditwürdigen Schuldner, weil die päpstliche Exkommunikation im Fall leichtfertiger Nichtzahlung über ihnen schwebte. Und das ungeheure Pumpsystem, welches zu meiner Studentenzeit für die Existenz eines Heidelberger Couleurstudenten nahezu die Notwendigkeit eines eigenen »Barvorrats« ausschaltete, – sobald der Fuchs »das Band erhielt«, zogen damals die Kreditoren die (nach damaligen Recht zulässige) Pfändung seiner Matrikel zurück, – oder jener so bedenkliche Kredit, den der deutsche Leutnant genießt, weil eventuell sein Oberst gegen ihn einschreitet, – sie beruhen ebenfalls auf jener (wirklichen oder vermeintlichen) Bedeutung sozialer Bürgschaften: die ganze gesellschaftliche Existenz des Kreditnehmers ruht auf der Zugehörigkeit zu jener Gemeinschaft, die deshalb seine Kreditwürdigkeit garantiert. So steht es auch mit dem amerikanischen Kirchengemeindemitglied, und zwar in der höchsten Potenz: entsprechend der noch geringen Differenzierung der sozialen Zweckverbände umschließt in den Vereinigten Staaten, da, wo die alten Verhältnisse noch in Kraft stehen, die ursprünglichste und universellste Gemeinschaft: die religiöse Gemeinde, noch fast alle »sozialen« Interessen, welche das Individuum über die Schwelle des eigenen Heims überhaupt hinausführen. Nicht nur belehrende Vorträge, Tee-Abende, Sonntagsschule, alle denkbaren Veranstaltungen, sondern auch die verschiedensten *»athletics«*, Football-Training und dergl. bietet die Kirchengemeinde und läßt die Zeiten dafür am Schluß des Gottesdienstes ankündigen: ein Mann, der wegen *dishonourable conduct*, von ihr – wie dies früher geschah – öffentlich exkludiert oder – wie auch jetzt – stillschweigend aus ihren Listen gestrichen wird, verfällt damit *eo ipso* dem sozialen Boykott, wer außerhalb ihrer steht hat keinerlei gesellschaftlichen »Anschluß«. Trotz der Abschwächung, welche, ganz abgesehen von der modernen Entwickelung, schon die, im Gefolge der scharfen Konkurrenz der Denominationen unter einander grassierende Seelenfängerei naturgemäß mit sich bringt, ist die Garantie, welche für die *geschäftlichen* Qualitäten in der Kirchenmitgliedschaft liegt, dennoch eine bedeutende.

Massenhafte »Orden« und Klubs der allerentschiedensten Art haben heute begonnen, der religiösen Gemeinschaft diese Funktion teilweise abzunehmen: Fast jeder kleine Geschäftsmann, der etwas auf sich hält, trägt irgend eine *»badge«* im Knopfloch. Aber das Urbild dieser Gebilde, welche alle dazu dienen, die »Honorigkeit« des Individuums zu gewährleisten, ist eben die kirchliche Gemeinschaft. Am vollkommensten aber ist – und auf diesen Punkt sollte hier mit einigen Worten hingewiesen werden – diese Funktion entwickelt bei denjenigen Gemeinschaften, welche *»Sekten«* in dem gleich zu erörternden spezifischen Sinn des Wortes sind. Mir persönlich wurde dies besonders deutlich, als ich, an einem kalten Oktobersonntag, im Vorlande der Blue Ridge Mountains in Nord Carolina einer Baptistentaufe beiwohnte: etwa 10 Personen beiderlei Geschlechts, in *»full dress«*, stiegen nach einander in das eisige Wasser des Gebirgsbaches, in welchem während der ganzen Prozedur der schwarz bekleidete Reverend bis zur Hälfte des Körpers stand, lehnten sich nach umfangreichen Verpflichtungsformeln in seinem Arm, in den Knien einknickend, rückwärts bis zum Verschwinden des Gesichtes unter Wasser, stiegen pustend und schlotternd heraus und wurden von den massenhaft zu Pferd und zu Wagen gekommenen Farmern *»congratulated«* und schleunigst – aber zum Teil stundenweit – nach Hause gefahren (*»Faith«* schützt sie vor Erkältung, hieß es). Einer meiner Vettern, der mich von seiner Farm aus hinbegleitet hatte, und – er bewahrt als Zeichen seiner deutschen Abkunft die Unkirchlichkeit – den Vorgang unter despektierlichen Ausspucken über die Achsel hin ansah, zeigte ein gewisses Interesse, als ein intelligent aussehender junger Mann sich der Prozedur unterzog: *»Oh see: Mr.X! – I told you so!«* Zur Rede gestellt, erwiderte er zunächst nur: Mr. X beabsichtige, in Mt. Airy eine Bank aufzumachen und brauche bedeutenden Kredit. Die weitere Erörterung ergab, daß hierfür die Aufnahme in die Baptistengemeinde nicht in erster Linie wegen der Baptisten-Kundschaft, sondern vielmehr gerade auch für die *nicht* baptistischen Kunden deshalb von entscheidendem Werte sein müßte, weil die eingehenden Recherchen, über sittliche und geschäftliche Lebensführung, welche ihr vorangingen – ich gedachte unwillkürlich unserer Recherchen bei Reserve-Offiziers-Aspiranten – für die weitaus strengsten und verläßlichsten gelten: jede Unpünktlichkeit in Zahlung einer Schuld, leichtfertige Ausgaben, Wirtshausbesuch, kurz alles, was auf die geschäftliche Qualifikation des Betreffenden ein irgend zweifelhaftes Licht fallen ließ, bedeutete – bei der dortigen Gemeinde – Abweisung. Ist er hineinballotiert, so begleitet den Einzelnen die Sekte sein Leben lang bei allen seinen Schritten: verzieht er an einen anderen Ort, so stellt sie ihm das Attest aus, ohne welches er in die dortige Gemeinde seiner »Denomination« nicht aufgenommen wird. Kommt er ohne Schuld in Zahlungsschwierigkeiten, dann – dieser Punkt ist heute bei den Sekten im Verfall, findet sich aber bei zahlreichen »Orden«, – sucht sie ihn zu »sanieren«.

Wir können die rücksichtslose Schärfe der *Kontrolle*, welche alle auf der Grundlage des »Büßertums« erwachsenen Sekten, besonders auch die *Quäker*, über die Lebensführung, vor allem über die *geschäftliche* Rechtlichkeit ihrer Zugehörigen ausübten, durch den ganzen Verlauf ihrer Geschichte hindurch verfolgen: die puritanische innerweltliche Askese gipfelte bei ihnen ja geradezu in der Wendung ihrer »Kirchenzucht« speziell nach dieser Seite: unbedingte Rechtlichkeit, daher z.B. System der festen Preise im Detailhandel, streng solide Kreditgebarung, Vermeidung alles »weltlichen« Aufwands und jeder Art von *»debauchery«*, kurz, nüchterne Arbeitsamkeit im »Beruf« das ganze Leben hindurch, erscheint als die spezifische, ja im Grunde geradezu als die *einzige* Form, in der man seine Qualifikation als Christ und damit seine moralische Legitimation für die Zugehörigkeit zur Sekte erweisen konnte. Wenn in Amerika die Berührung dogmatischer Dinge, speziell der sog. »Unterscheidungslehre« in den Predigten durchaus verpönt, oder *»pulpit exchange«* (zeitweiliger Austausch von beliebten Predigern zwischen den Sekten) häufig und die Neigung, internominationelle Kartelle zur Abstellung des »unlauteren Wettbewerbs« in der Akquisition von Mitgliedern zu schließen, zur Zeit ziemlich fühlbar ist, so ist dies heute zwar zum Teil Symptom des mit der Europäisierung zunehmenden Indifferentismus. Aber auch in der Vergangenheit finden sich solche spezifisch undogmatischen Epochen und die (relative) Indifferenz gegenüber dem Dogma ist geradezu Merkmal des (im weitesten Sinn des Wortes) »pietistischen« Christentums. Die Grundthese *aller* Spielarten des »asketischen« Protestantismus: – radikaler Baptismus, Mennonitentum, Quäkertum, Methodismus und die asketischen Zweige des kontinentalen Pietismus: – daß nur die *Bewährung* im Leben, spezifisch aber in der Berufsarbeit, die Versicherung der Wiedergeburt und Rechtfertigung enthalte, drängte immer wieder in die Bahn: Der »bewährte« Christ ist der bewährte »Berufsmensch«, spezifisch der vom kapitalistischen Standpunkt aus tüchtige *Geschäftsmann*. Das Christentum dieses Gepräges war einer der Haupterzieher des »kapitalistischen« Menschen, und schon im 17. Jahrhundert jubeln die Quäker-Schriftsteller über den sittlichen Segen Gottes, der auch die »Kinder der Welt« in ihre (der Quäker) Geschäfte als Kunden bringe, weil sie hier die zuverlässigste Bedienung, feste Preise u.s.w. zu finden sicher seien. Und bei dieser »pädagogischen« Leistung wirkte nun und wirkt, wie gesagt, in gewissem Maß noch heute eben die Konstitution dieser religiösen Gemeinschaften als »*Sekten*« im spezifischen Sinne des Wortes.

Welches ist denn nun dieser Sinn? und was ist also, auf dem Boden des abendländischen Christentums, eine »Sekte« im Gegensatz zu einer »Kirche«? Weder die bloße Beschränktheit der Bekennerzahl – Methodisten und Baptisten sind mit die stärksten aller protestantischen Denominationen – noch das staatskirchenrechtliche Merkmal der fehlenden »Anerkennung«, d.h. Privilegierung durch den Staat – die in Amerika ja allen Denominationen gemeinsam ist – können schon an sich entscheidend sein. Allerdings aber wissen wir, daß der *Umfang* einer sozialen Gruppe auf ihre innere Struktur den entscheidensten Einfluß zu haben pflegt. Und die Beschränkung der Größe der kirchenrechtlichen Einheit: der *Gemeinde*, auf einen solchen Umfang, daß alle Mitglieder einander *persönlich kennen*, und also ihre »Bewährung« gegenseitig beurteilen und kontrollieren können, gehört von jeher zu den Fundamentalprinzipien des Täufertums und, in Form der Bildung der sog. *»class meetings«*, in denen die Mitglieder, ursprünglich wöchentlich, eine Art gegenseitiger Beicht-Kontrolle ausübten, auch der genuine Methodismus, ebenso der Pietismus. Man braucht den Berliner Dom nur anzusehen, um zu wissen, daß jedenfalls nicht in diesem cäsaropapistischen Prunksaal, sondern weit eher in den kleinen, jeden mystischen Schmuckes entbehrenden, Betsälen der Quäker und Baptisten der »Geist« des Protestantismus in seiner konsequentesten Ausprägung lebendig ist. Die starke Ausdehnung der Anhängerschaft des Methodismus, der, in seinen verschiedenen Ausprägungen, eine eigenartige Mischung »kirchen«- und »sekten«hafter Prinzipien darstellt, hat andererseits das heute zweifellose Überwiegen der ersteren sichtlich begünstigt. Allein die bloße Tatsache der kleinen Zahl an sich steht zwar in engem Zusammenhang mit dem inneren »Wesen« des Sektentums, ist aber dieses selbst noch nicht. Was aber das Verhältnis zum Staat anlangt, so kann die »Kirche« natürlich das *faktische* Fehlen der staatlichen »Anerkennung« mit der »Sekte« teilen, – der wirkliche Unterschied beider liegt auch hier darin, daß, was für die »Kirche«, die lutherische und reformierte ebenso wie die katholische, »Zufall« und ihrer ganzen rechtlichen Struktur nach Prinzip*widrigkeiten*, für die »Sekten« umgekehrt Ausfluß eines religiösen Gedankens ist. Für alle aus der großartigen volkstümlichen Bewegung des Täufertums hervorgegangenen Sekten ist die »Trennung von Staat und Kirche« dogmatischer Grundsatz, bei den radikal pietistischen Gemeinschaften (calvinistische Independenten und radikale Methodisten) wenigstens Strukturprinzip.

Eine *»Kirche«* will eine Anstalt sein, eine Art göttlicher Fideikommißstiftung zur Seelenrettung des Einzelnen, die in sie *hineingeboren* werden und für sie prinzipiell *Objekt* ihrer an das »Amt« gebundenen Leistung sind. Eine *»Sekte«* – nach der hier *ad hoc* geschaffenen Terminologie, die selbstredend von den »Sekten« selbst nicht verwendet werden würde – ist dagegen eine freie Gemeinschaft *lediglich* religiös *qualifizierter* Individuen, in welche der einzelne kraft beiderseits freier Entschließung *aufgenommen* wird. Die geschichtlich gegebenen Ausprägungen des religiösen Gemeinschaftslebens fügen sich – wie immer, so auch hier – dem begrifflichen Gegensatz durchaus nicht einfach als Exemplare ein. Man kann immer nur fragen, in welchen Hinsichten eine konkrete Denomination dem einen oder dem anderen »Typus« entspricht oder nahesteht. Aber der prinzipielle Gegensatz des Grundgedankens macht sich immer wieder fühlbar. Während die Taufe ausschließlich auf Grund eines freien Entschlusses *erwachsener* Bekenner das adäquate Symbol des spezifischen »Sekten«-Charakters des Täufertums war, zeugt z. B. die innere Unwahrheit der »Konfirmation«, deren Verlegung in das Kindheitsalter bekanntlich auch Stöcker[1] befürwortet, den inneren Widerspruch dieses nur formal »spontanen« Bekenntnisses gegen die Struktur unserer »Kirchen«, die, eben als solche, nie prinzipiell über die keineswegs so sehr »naive« bäuerliche Vorstellung hinausgelangen können, wonach der Pfarrer, der Verwalter jenes göttlichen Fideikommisses, *mehr* glauben müsse als die Gemeinde und, kraft besonderer Gnadengaben, dazu imstande sei. Der »Universalismus« der »Kirchen« läßt ihr Licht über Gerechte und Ungerechte scheinen: nur die offene Auflehnung gegen ihre Autorität, wie sie auch in notorischer und hartnäckiger Sündhaftigkeit sich äußert, führt zur »Bannung«. Die Gemeinschaft der »wenigen, die auserwählt« sind, bleibt, als die »unsichtbare Kirche«, in ihrem Bestande und Gott bekannt. Für die genuine »Sekte« ist dagegen die »Reinheit« ihres Personalbestandes Lebensfrage: in der Periode der Bildung der pietistischen Sekten war das treibende Motiv stets das tiefe Grauen davor, mit einem »Verworfenen« das Abendmahl zu teilen oder gar es aus der Hand eines Verworfenen, eines beamteten »Mietlings«, dessen »Wandel«

1 Adolf Stoecker (1835–1909), deutscher protestantischer Theologe, Hof- und Domprediger in Berlin, Gründer der »Christlich-sozialen Arbeiterpartei« und des »Evangelisch-sozialen Kongresses«, MdR 1881–93, 1898–1908.

nicht die Zeichen der »Erwählung« an sich trug, zu empfangen. Die »Sekte« will religiöse »Elite« sein, die »unsichtbare Kirche« sichtbar in der Gemeinschaft der »bewährten« Mitglieder dargestellt sehen. Unerträglich muß ihr die Einmischung nicht *religiös* Qualifizierter in ihr inneres Leben, überhaupt jede Beziehung zu irdischen Gewalthabern sein: – der Satz: »man muß Gott mehr gehorchen als dem Menschen«, dessen verschiedene Ausprägungen und Andeutungen, in gewissem Sinn, die ganze Kulturmission des westeuropäischen Christentums in sich schließen, gewinnt hier überhaupt seine spezifisch anti-autoritative Note. Die ausschließliche Schätzung des Menschen *lediglich* nach den religiösen Qualitäten, die er in seiner Lebensführung sittlich bewährt, schneidet notwendig jeder dynastischen Romantik die Wurzel ab. Der Abscheu vor jeder Art von »Kreaturvergötterung« war zwar weder auf die »Sekten« in unserem technischen Sinn beschränkt, noch ist er *allen* sektenartig konstituierten Gemeinschaften ohne weiteres eigen. Er ist vielmehr Attribut jeder dem Wesen nach *asketischen* Religiosität, bei den calvinistischen Puritanern aber direkte Konsequenz des Prädestinationsgedankens, vor dessen fürchterlichem Ernst alles »Gottesgnadentum« irdischer Instanzen als blasphemischer Schwindel in nichts zerfallen mußte. Aber allerdings gewann er auf dem seiner Natur nach anti-autoritären Boden des Sektentums erst seine vollste Ausprägung. Wenn der Quäker um der strikten Versagung aller höfischen oder dem Hofleben entstammenden Ehrfurchtsformen willen nicht nur die Märtyrerkrone, sondern die so viel schwierigere Last der alltäglichen Verspottung auf sich nahm, so geschah dies aus der Überzeugung, daß jene Erfurchtsbezeugungen Gott allein gebührten und es eine Beleidigung seiner Majestät sei, sie einem Menschen zu gewähren. Die unbedingte Ablehnung aller solcher Anforderungen des Staats, welche »gegen das Gewissen« gehen, und die Forderung der »Gewissensfreiheit« als absolut gültiges Recht des Einzelnen *gegen* den Staat war nur auf dem Boden des Sektentums konsequent als eine positiv *religiöse*

Forderung denkbar. Sie war am folgerichtigsten in der Quäker-Ethik fundamentiert, zu deren Fundamentalsätzen es gehörte, daß, was für die einen Pflicht, für die andern verboten sein kann, wenn bei jenem das Tun, bei diesem aber das Unterlassen der Stimme seines sorgsam erforschten *Geistes* entspricht.

Die Autonomie des Individuums erhielt so einen nicht im Indifferentismus, sondern in religiösen Positionen ruhenden Ankergrund, und der Kampf gegen alle Arten »autoritärer« Willkür wuchs zur Höhe einer religiösen Pflicht empor. Und zugleich gewann so der Individualismus in der Zeit seiner heroischen Jugend eine eminente gemeinschaftsbildende Macht. Dem leicht mit ethischer Genügsamkeit sich verkoppelnden Universalismus der »Kirche« tritt bei der Sekte ein ganz anders gearteter, mit ethischem Rigorismus gepaarter Universalismus gegenüber: am folgerichtigsten wiederum in der Ethik der Quäker entwickelt in dem Gedanken, daß Gott sein »inneres Licht« auch denen mitteilen könne, zu welchen die Evangelien nie gedrungen seien: nicht objektivierte Urkunden und Individuen, sondern das religiös qualifizierte Individuum gilt eben als Träger der ewig sich fortsetzenden, nie vollendeten Offenbarung. Die »unsichtbare« Kirche ist also hier *größer* als die »sichtbare« Sekte, und es gilt, ihre Angehörigen zu sammeln: die protestantische *Mission* ist dem Schwerpunkt nach nicht aus den Kreisen der korrekten, an die parochiale Fixierung ihres »Amts« gebundenen »Kirchen«, sondern von seiten des Pietismus und der Sekten aufgenommen worden. Welche mächtige ökonomische Interessen dabei die sektenmäßige Form der Gemeinschaftsbildung in ihren Dienst nahm, zeigten wohl die Beispiele, welche eingangs dieser Zeilen angeführt wurden. Die Sekte selbst ist ein ihrer Natur nach »partikularistisches« Gebilde, – aber die Sekten-Religiosität ist eine der spezifischsten Formen lebendiger, nicht nur traditioneller »Volks«-Religiosität. Die Sekten allein haben es fertig gebracht, positive Religiosität und politischen Radikalismus zu verknüpfen, sie allein haben vermocht, auf dem Boden protestantischer Religiosität breite Massen und namentlich: moderne Arbeiter, mit einer Intensität kirchlichen Interesses zu erfüllen, wie sie außerhalb ihrer nur in Form eines bigotten Fanatismus rückständiger Bauern gefunden wird. Und darin ragt ihre Bedeutung über das religiöse Gebiet hinaus. Nur sie gaben z. B. der *amerikanischen Demokratie* die ihr eigene elastische Gliederung und ihr individualistisches Gepräge. Einerseits stellte der Gedanke, daß die von Gott dem Individuum verliehenen religiösen Qualifikationen allein lediglich über sein Seelenheil entscheiden, daß keinerlei sakramentale Magie ihm darin nützen könne, daß nur sein praktisches Verhalten seiner »Bewährung« ihm ein *Symptom* dafür sein könne, daß er auf dem Wege des Heils sei, den einzelnen in der ihm wichtigsten Angelegenheit absolut auf sich selbst allein: andererseits wurde ausschließlich diese sich »bewährende« Qualifikation des Individuums Grundlage des sozialen Zusammenschlusses der Gemeinde. Und nach dem Schema der »Sekte« ist die ungeheure Flut sozialer Gebilde konstituiert, welche alle Winkel des amerikanischen Lebens durchdringen.

Wer sich unter »Demokratie«, wie unsere Romantiker es lieben, eine zu Atomen zerriebene Menschenmasse vorstellt, der irrt sich, soweit wenigstens die amerikanische Demokratie in Betracht kommt, gründlich: nicht die Demokratie, sondern der bürokratische Rationalismus pflegt diese Konsequenz des »Atomisierens« zu haben, die alsdann durch die beliebte Oktroyierung von »Gliederungen« von oben herab nicht beseitigt wird. Die genuine amerikanische Gesellschaft – und es ist hier gerade auch von den »mittleren« und »unteren« Schichten der Bevölkerung die Rede – war niemals ein solcher Sandhaufen, niemals auch ein Gebäude, wo jeder, der da kommt, unterschiedslos offene Türen findet: sie war und ist durchsetzt mit »Exklusivitäten« aller Art. Nirgends bekommt – wo die alten Verhältnisse noch bestehen – der einzelne endgültig Boden unter die Füße, weder auf der Universität noch im Geschäftsleben, wenn es ihm nicht gelingt, in einem *sozialen Verband,* früher fast stets kirchlicher, heute irgendwelcher anderer Art, hineinballotiert zu werden und sich darin zu behaupten. Und in der inneren Eigenart dieser Verbände waltet der alte »Sektengeist« mit schonungsloser Konsequenz. Stets sind sie »Artefakte«, in der Terminologie von F. Tönnies[2] gesprochen: »Gesellschaften« und nicht »Gemeinschaften«. Das heißt: sie ruhen weder auf »Gemüts«-Bedürfnissen noch erstreben sie »Gemütswerte«; der einzelne sucht *sich selbst* zu behaupten, indem er sich der sozialen Gruppe eingliedert; es fehlt jene indifferenzierte bäurisch-vegetative »Gemütlichkeit«, ohne die der Deutsche keine Gemeinschaft pflegen zu können glaubt. Die kühle *Sachlichkeit* der Vergesellschaftung fördert die präzise Einordnung des Individuums in die Zwecktätigkeit der Gruppe – seit diese Football-Club oder politische Partei –, aber sie bedeutet keinerlei Abschwächung der Notwendigkeit für den einzelnen, für seine Selbstbehauptung konstant besorgt zu sein: im Gegenteil, gerade *innerhalb* der Gruppe, im Kreise der Genossen, tritt diese Aufgabe, sich zu »*bewähren*«, erst recht an ihn heran. Und nie ist der soziale Verband, dem der einzelne zugehört, für ihn etwas »Organisches«, ein mystisch über ihm schwebendes und ihn umschließendes Gesamtwesen, *stets* vielmehr ganz bewußt ein Mechanismus für seine eigenen materiellen oder ideellen *Zwecke*. So auch die höchsten sozialen Körper, im Verhältnis zu denen sich die typische »Respektlosigkeit« des modernen Amerikaners so energisch manifestiert: Wechsel diskontieren ist ein »*business*«, und Verfügungen in staatliche Akten schreiben ist auch ein »*business*« und das letztere ist durch keinerlei »Weihe« von dem ersten unterschieden. Und: »es geht auch so«! – wie unbefangene deutsche Beamte, wenn sie die ausgezeichnete Arbeit, von amerikanischen Officers geleistet wird und für unser Auge unter der dicken Kruste von großstädtischer Korruption, Parteigetriebe und »*bluff*« verborgen sich vollzieht, kennen lernen,

2 Ferdinand Tönnies (1855–1936), deutscher Soziologe, berühmt als Autor von »Gemeinschaft und Gesellschaft« (Erstauflage 1887).

sehr regelmäßig mit großem Erstaunen zuzugestehen pflegen. Gewiß: der demokratische Charakter Nordamerikas ist durch den *kolonialen* Charakter seiner Kultur bedingt und zeigt daher die Neigung, gemeinsam mit diesem sich abzuschwächen. Und ferner: auch von jenen speziellen amerikanischen Eigentümlichkeiten, die hier besprochen wurden, ist ein Teil durch die »nüchterne« pessimistische Beurteilung der Menschen und alles Menschenwerks, die allen, auch den »kirchlichen« Ausprägungen des Puritanismus eignet, bestimmt. Aber jene Verbindung der innerlichen Isolierung des Individuums, die ein Maximum von Entfaltung seiner Tatkraft nach außen bedeutet, mit seiner Befähigung zur Bildung von sozialen Gruppen von festestem Zusammenhalt und einem Maximum von Stoßkraft ist, in ihrer höchsten Potenz, auf dem Boden der *Sekten*bildung gewachsen.

Wir modernen, religiös »unmusikalischen«, Menschen sind schwer imstande, uns vorzustellen oder auch nur einfach zu *glauben*, welche gewaltige Rolle in jenen Epochen, wo die Charaktere der modernen Kulturnationen geprägt wurden, diesen religiösen Momenten zufiel, die damals, als die Sorge für das »Jenseits« den Menschen das Realste von allem war, was es gab, alles überschattete. Es ist und bleibt unser Schicksal, daß, aus zahlreichen historischen Ursachen, die religiöse Revolution damals für uns Deutsche eine Entwicklung bedeutete, die nicht der Tatkraft der Individuen, sondern dem Nimbus des »Amts« zu gute kam, und daß Hand in Hand damit jene Situation entstand, welche, weil die religiöse Gemeinschaft nach wie vor nur als »Kirche«, als Anstalt, bestand, alles Streben nach Emanzipation des einzelnen von der »Autorität«, allen »Liberalismus« im weitesten Sinne des Wortes, in die Bahn der *Feindschaft* gegen die religiösen Gemeinschaften treiben *mußte* und ihm selbst zugleich jene Schulung der gemeinschaftsbildenden Kraft vorenthielt, welche – neben anderen historischen Faktoren! – *auch* die Schule des »Sektentums« der in all diesen Beziehungen so ganz andersartigen angelsächsischen Welt gewährt hat. Diese Entwicklung ist *heute* auf dem Gebiet des religiösen Gemeinschaftslebens selbstverständlich nicht »nachzuholen«, auch wenn jemand es wollte. Heutige »Freikirchen« würden keine »Sekten« werden wollen und können. Eine an *Goethe* sich orientierende »Bildungsreligion« vollends ist dem genuinen Sektentum ebenso absolut entgegengesetzt, wie jede, und gerade eine liberale, *Theologie*. Gewiß, auch die Sekten sind der Entwicklung einer eigenen Theologie nicht entgangen. Aber gegen nichts protestiert die genuine und konsequente »Sekte« leidenschaftlicher als gegen die gelehrte Analyse des Religiösen. Die religiöse Qualifikation der *Persönlichkeit*, und nicht irgendwelches gelehrte Wissen, legitimiert zur Leitung der Gemeinde, – für diesen Grundsatz haben alle Spielarten des spezifischen protestantischen Sektentums gestritten; deshalb spitzte sich z. B. der Kampf der »Heiligen« Cromwells zuletzt direkt zu einem Kampf gegen die Theologie, gegen das »Amt«, gegen den »Zehnten«, der das »Amt« trägt, und damit gegen die ökonomischen und ideellen Grundlagen der politisch und geistig gebildeten *leisured classes* und speziell der Universitäten zu. Es war der tragische innere Bruch in Cromwells Lebensarbeit, daß er an diesem Punkte sich, als »Realpolitiker«, von den Seinen trennen mußte. Denn es bedeutete, daß er die religiösen Postulate an *außerreligiösen* politischen und geistigen *Kulturwerten* maß. Daher der Ausspruch auf seinem Totenbett: daß er *einst* »in der Gnade gestanden« habe. Aber über eins ist keine Täuschung zulässig: auch alle heutigen Argumentationen gegen die »Enge« und »Abstrusität« des Sektentums, die wir von den besten und »modernsten«, dogmatischen ungebundenen Vertretern des Ideals der universalistischen evangelischen »Kirche« hören, bedeuten ganz das nämliche: *Kulturwerte* und nicht genuine religiöse Bedürfnisse sind für sie das Ausschlaggebende.

Ein »Werturteil« über die »Sekten«-Religiosität liegt nun hier fern. Die eingangs gebrachten Beispiele sind, wie jeder zugeben wird, keineswegs so gewählt, daß sie an und für sich ihr Sympathie erwecken mußten. Sie würden den in Deutschland dem Puritanismus gegenüber landesüblichen Glauben, daß er im Grunde eitel »Heuchelei« gewesen sei und noch sei, eher verstärken können. Nun, – diese törichte Vorstellung bei dieser Gelegenheit zu bekämpfen war eben nicht meine Absicht, – meine persönliche Ansicht aber ist, daß überall, *wo* und *wie* immer intensive religiöse Bewußtseinsinhalte äußere soziale Gestaltung gefunden haben und finden und sich nun – mit oder ohne ihr Wissen und Wollen – mit den politischen, ökonomischen und »gesellschaftlichen« Interessen verquickt haben, in jener Hinsicht in ganz dem gleichen Maße »mit Wasser gekocht« worden ist und wird, – nur eben, was heute gern vergessen wird, nicht *nur* mit Wasser. Käme es auf »Bewertung« an, dann wäre doch sehr die Frage, ob für den, der »religiöse« *Inhalte* nicht mit dem formalen solcher ästhetischer Dämmer-Stimmung verwechselt, wie sie durch musikalische und optische Mystifizierung erzielt werden kann, nicht z. B. das »nüchterne« Meeting der Quäker, welches das »Gemachte« und »Gewollte« des religiösen Miteinander immerhin auf ein Minimum reduziert, oft nur in tiefem Schweigen und Sinnen besteht, die adäquateste Form des »Gottesdienstes« sein müßte. Müßte! – denn im allgemeinen gilt doch, daß, auch wo der »moderne« Mensch im konkreten Fall wirklich (oder, zuweilen nur vermeintlich) religiöses »Gehör« besitzt, er doch jedenfalls absolut kein »religiöses Gemeinschaftswesen« und *deshalb* für die »Kirche« – von der er nichts bemerkt, wenn er nicht will –, nicht aber für irgend welche Art von »Sekte« prädestiniert zu sein pflegt. Aber einer Täuschung darüber, daß es eben dies Moment in Verbindung mit dem absoluten Indifferentismus, also die *Schwäche* der religiösen Motive ist, was die »Landeskirche« und nicht nur sie, sondern die »Kirche« überhaupt für alle absehbare Zukunft begünstigt, sollte er sich nicht hingeben.

Agrarverhältnisse im Altertum
[1909]

I. Einleitung. Zur ökonomischen Theorie der antiken Staatenwelt

Den Siedelungen des europäischen Okzidents ist im Gegensatz zu denjenigen der ostasiatischen Kulturvölker gemeinsam, daß – wenn man eine kurze und daher nicht ganz genaue Formel anwenden will –, bei *jenen* der Übergang zur endgültigen Seßhaftigkeit ein Übergang von einem starken Vorwalten der *Vieh*-, spezieller noch: der Milchviehzucht, gegenüber dem Bodenanbau zum Überwiegen der Bedeutung des Bodenanbaues über die mit ihm kombinierte Viehhaltung, – bei *diesen* dagegen von extensiver und deshalb nomadisierender *Acker*nutzung zum gartenmäßigen Ackerbau *ohne* Milchviehhaltung ist. Der Gegensatz ist ein relativer und gilt vielleicht für prähistorische Zeiten nicht. Aber so wie er geschichtlich bestanden hat, ist seine Tragweite groß genug. Er hat die Konsequenz, daß die Bodenappropriation bei den europäischen Völkern stets mit der Ausscheidung und ausschließlichen Zuweisung von *Weide*revieren auf dem von einer Gemeinschaft okkupierten Gebiet an kleinere Gemeinschaften verknüpft ist, bei den Asiaten dagegen *dieser* Ausgangspunkt und damit die *darauf* beruhenden Erscheinungen primitiver »Flurgemeinschaft«, z. B. der okzidentale Begriff von Mark und Allmende, fehlen oder doch einen anderen ökonomischen Sinn haben. Die Flurgemeinschaftselemente in den ost- | asiatischen 53
Dorfverfassungen zeigen daher, soweit sie nicht überhaupt modernen Ursprungs [...], ein von den europäischen stark abweichendes Gepräge. Und auch der »Individualismus« des Herdenbesitzes mit seinen Folgen fehlt den ostasiatischen Völkern. Bei den Okzidentalen dagegen (hauptsächlich, aber nicht nur, in Europa) können wir auf gewisse Ausgangspunkte

der Entwicklung fast überall zurückgreifen. Normalerweise ist hier [...] der endgültig *seßhafte* Ackerbau mit der Verengung des Nahrungsspielraums entstanden durch zunehmende Verschiebung des Schwerpunkts der Ernährung vom Ertrage der Milchviehhaltung auf den Ertrag der Felder. Dies gilt nicht nur für das nordwesteuropäische, sondern im wesentlichen auch für das südeuropäische und vorderasiatische Gebiet. Aber allerdings wird in Vorderasien (Mesopotamien) und ebenso bei dem einzigen großen afrikanischen Kulturvolk, den Ägyptern, jener Entwicklungsgang schon in vorhistorischer Zeit sehr stark alteriert durch die einschneidende Bedeutung der Stromufer- und Bewässerungskultur, welche wenigstens denkbarerweise sich direkt aus ursprünglichem, vor der Zähmung der Haustiere liegendem, reinem Bodenanbau zu ihrem späteren gartenmäßigen Charakter entwickelt haben *könnte,* jedenfalls aber auch in historischer Zeit der ganzen Wirtschaft ein sehr spezifisches Gepräge gab.

Dagegen zeigen die hellenischen und [...] auch das römische Gemeinwesen in ihrer agrarischen Unterlage wesentlich mehr Verwandtschaft mit unsern mittelalterlichen Zuständen. Die entscheidenden *Unterschiede* gegenüber den letzteren haben sich im Altertum herausgebildet auf derjenigen Entwicklungsstufe, auf welcher, bei vollzogener fester Siedelung, die Masse der Bevölkerung durch die Notwendigkeit intensiverer Arbeit an den Boden gefesselt und für *militärische* Zwekke ökonomisch nicht mehr disponibel war, so daß im Wege der Arbeitsteilung eine *Berufskriegerschaft* sich herausdifferenzierte und nun die wehrlose Masse für ihre Sustentation auszubeuten suchte. Die Entwicklung der militärischen *Technik* zu einer nur berufsmäßig zu betreibenden, weil ständige Ausbildung und Übung voraussetzenden Kunst ging damit teils als Begleiterscheinung, teils als die wirkende Ursache parallel. Im europäischen frühen Mittelalter führte ein solcher Prozeß bekanntlich zur Entstehung des »Feudalismus«. *In der* Form, wie dies dort und damals geschah, hat das Altertum ihn nur in Ansätzen gekannt: die Kombination von Vasallität und Benefizium und die Ausgestaltung des romanisch-germanischen Lehnrechts hat in historischer Zeit im Altertum keine volle Analogie. Allein es erscheint nicht nötig und nicht richtig, den Begriff des »Feudalismus« auf diese spezielle Ausprägung zu beschränken. Sowohl die ostasiatischen wie die altamerikanischen Kulturvölker kannten Einrichtungen, die wir ihrer Funktion nach als ganz zweifellos »feudalen« Charakters betrachten, und es ist nicht einzusehen, warum nicht *alle* jene sozialen Institutionen, welchen die Herausdifferenzierung einer für den Krieg oder den Königsdienst lebenden Herrenschicht und ihre Sustentation durch privilegierten Landbesitz, Renten oder Fronden der abhängigen waffenlosen Bevölkerung zugrunde liegt, in den Begriff einbezogen werden sollten, die Amtslehen in Ägypten und Babylon ebensogut wie die spartanische Verfassung. Der Unterschied liegt in der verschiedenen *Art,* wie die Kriegerklasse gegliedert und ökonomisch gesichert ist. Unter den verschiedenen Möglichkeiten ist die Dislokation des Herrenstandes als *Grundherren* über das Land hin diejenige »individualistische« Form des Feudalismus, welche uns im okzidentalen *Mittelalter* [...] scharf analysierbar entgegentritt. Das mittelländische, und zwar speziell das hellenische, *Altertum* hat dagegen in der Frühzeit seiner Kulturentwicklung den *»Stadtfeudalismus«* in befestigten Orten zusammengesiedelter Berufskrieger gekannt. Nicht daß der »Stadtfeudalismus« die ausschließliche Form des Feudalismus im Altertum gewesen wäre, – aber er hat die späteren Zentren der »klassischen« politischen Kultur in den Anfängen ihrer spezifischen politischen Entwicklung direkt beherrscht. Er bedeutete daher für sie doch noch etwas *mehr* als etwa die zwangsweise Einsiedlung des Landadels in manche Städte des italienischen Mittelalters.

Der Import einer fremden und überlegenen militärischen Technik vollzog sich im Altertum in *Süd*europa auf dem *Seewege* und unter gleichzeitiger Verflechtung der zuerst ergriffenen Küstenorte in einen immerhin, wenigstens seiner geographischen Ausdehnung nach, umfassenden *Verkehr.* Die feudale

herrschende Klasse war zuerst regelmäßig zugleich diejenige,
welche von jenem Verkehr Gewinn zog. Es führte deshalb die
spezifisch antike feudale Entwicklung zur Bildung feudaler
*Stadtstaaten. Zentral*europa wurde dagegen im frühen Mittelal-
ter auf dem *Landwege* von einer der Sache nach gleichartigen
militär-technischen Entwicklung ergriffen. Als es zum Feuda-
lismus reif wurde, *fehlte* ihm ein so stark wie im Altertum ent-
54 wickelter Verkehr, es baute sich hier der Feuda- | lismus weit
stärker auf ländlicher Unterlage auf und erzeugte die *Grund-
herrschaft.* Das Band, welches die herrschende militärische
Schicht zusammenhielt, war deshalb hier das wesentlich per-
sönliche der Lehnstreue, im Altertum das sehr viel festere des
Stadtbürgerrechts.

Das Verhältnis jenes *antiken* Stadtfeudalismus zur *Verkehrs*wirtschaft erinnert nun an das Emporwachsen des freien Gewerbes in unseren mittelalterlichen Städten, den Niedergang der Geschlechterherrschaft, den latenten Kampf zwischen »Stadtwirtschaft« und »Grundherrschaft« und die Zersetzung des feudalen Staates durch die Geldwirtschaft im späten Mittelalter und der Neuzeit. Aber diese Analogien mit mittelalterlichen und modernen Erscheinungen, scheinbar auf Schritt und Tritt vorhanden, sind zum nicht geringen Teile höchst unverläßlich und oft direkt schädlich für die unbefangene Erkenntnis. Denn jene Ähnlichkeiten können leicht trügerische sein und sind es tatsächlich nicht selten. Die antike Kultur hat spezifische Eigentümlichkeiten, welche sie von der mittelalterlichen wie von der neuzeitlichen scharf unterscheiden. Sie ist ihrem ökonomischen Schwerpunkt nach, bis an den Beginn der Kaiserzeit, im Okzident *Küstenkultur,* im Orient und Ägypten *Stromuferkultur,* mit einem geographisch extensiven und hohen Gewinn abwerfenden, interlokalen und internationalen Handel, der aber in der relativen Bedeutung der umgesetzten Güterquanta [...] hinter dem späten Mittelalter *zurück*bleibt. Zweifellos: die Objekte des Handels sind sehr mannigfaltig und umfassen auch die unedlen Metalle und zahlreichere Rohstoffe, als man a priori voraussetzen würde.

Aber einerseits ist der Landhandel mit dem spätmittelalterli-
chen nur an einzelnen Punkten und auch dort nur in einzel-
nen Perioden vergleichbar, und die Mehrzahl der Massenbe-
darfsartikel spielen auch im Seehandel nur in gewissen Höhe-
punkten politischer oder ökonomischer Machtentfaltung, vor
allem in Fällen der Stapelmonopolisierung, eine wirklich be-
herrschende Rolle: in Athen, später in Rhodos, Ägypten und
Rom. [...] Man muß bei allen antiken Zahlen überdies immer
bedenken, daß nicht nur Sachgüter, sondern auch *Menschen*
(Sklaven) ein, seiner Transportfähigkeit wegen, in Zeiten der
Handelsblüte sehr stark ins Gewicht fallendes und, in *Frie-
dens*zeiten, bei guter Qualität oft hoch im Preise stehendes
Handelsobjekt darstellten. Abhängigkeit von fremder *Getrei-
de*zufuhr ist, wo sie im Altertum als dauernde Erscheinung be-
steht, *stets* ein Tatbestand, der die öffentliche Gewalt in Bewe-
gung setzt und institutionelle und politische Konsequenzen
der weittragendsten Art nach sich zieht, weil der Privathandel
nicht als zulänglich gilt, die Versorgung zu sichern [...]. Nun
kennt bekanntlich nicht nur das Mittelalter, sondern auch der
Merkantilismus und heute noch Rußland eine Getreidehan-
delspolitik mit verwandten Zielen. Aber mit | der politischen 55
Bedeutung etwa des babylonischen und ägyptischen Magazin-
systems oder gar des römischen Annonarsystems kann sich die
Magazinpolitik der absoluten Staaten, selbst diejenige Ruß-
lands (wo sie am entwickeltsten ist), nur sehr von fern verglei-
chen. Zudem sind (selbst in Rußland) Ziele und Mittel ande-
re. Die *Eigenart* der antiken Getreidepolitik gegenüber der mo-
dernen ist wesentlich begründet durch den, gegenüber dem
heutigen Proletariat gänzlich anderen Charakter des *antiken*
sogenannten »Proletariats«. Denn dieses war ein *Konsumen-
ten*-Proletariat, ein Haufen deklassierter Kleinbürger, nicht
aber, wie heute, eine Arbeiterklasse, welche die *Produktion* auf
ihren Schultern trägt. Das moderne Proletariat, als Klasse, *fehl-
te*. – Denn die antike Kultur ruhte, teils infolge der geringen
Unterhaltskosten des Menschen auf den Schauplätzen ihrer
Blüte, teils aber aus historisch-politischen Gründen, entweder

geradezu dem Schwerpunkt nach auf *Sklaverei* – so in Rom in spätrepublikanischer Zeit –, oder sie war wenigstens, wo privatrechtlich »freie« Arbeit vorwog: im Hellenismus und in der Kaiserzeit, doch in einem solchen Grade von Sklavenarbeit durchsetzt, wie es im europäischen Mittelalter nicht vorkam. Gewiß zeigen die Ostraka und Papyri der Ptolemäerzeit und des Kaiserreichs, ebenso wie z. B. der Talmud, auch außerhalb des gelernten Handwerks die Bedeutung *freier* Arbeit im hellenistischen Orient, und auch in den Inschriften tritt sie sehr klar hervor. Der spezifisch kapitalistische Begriff des »Arbeitgebers« [...] scheint entwickelt. Aber, charakteristisch genug, wo es sich um die Beschaffung von sicheren Arbeitskräften in *größerer* Zahl für feste Fristen handelt [...] muß sofort mit indirekten oder direkten Beschränkungen der Freizügigkeit eingegriffen werden. Und es trat die *Sklaverei* gerade in den Zeiten und an den Orten der »klassischen« Hochblüte der »freien« Gemeinwesen besonders *stark* in den Vordergrund. Daß zweifellos die Quantität der Sklaven ebenso wie ihre soziale Bedeutung für erhebliche Teile und Zeiträume der Antike [...] ziemlich stark überschätzt worden sind [...], ändert an der prinzipiellen Bedeutung des Unterschiedes doch nicht allzu viel. – Jedenfalls aber ist nach alledem die Frage unumgänglich, ob nicht in der ökonomischen Konstitution der Antike überhaupt Züge erscheinen, welche die Benutzung der Kategorien, mit welchen wir in der Wirtschaftsgeschichte des Mittelalters und vollends der Neuzeit arbeiten, ausschließen. Um diese Frage ist in dem letzten Jahrhundert lebhaft, teilweise leidenschaftlich, gestritten worden.

[Auslassung der detaillierten Diskussion]

Die Frage ist nun: kennt das Altertum (in einem kulturhistorisch relevanten Maß) *kapitalistische* Wirtschaft? – Zunächst: im allgemeinen ist die ursprüngliche Grundlage des Nahrungs- |
58 spielraums der antiken Stadt (der orientalischen wie der mittelländischen Polis der Frühzeit) in einem so hohen Maße der *Renten*bezug der stadtsässigen Fürsten und vornehmen Ge-

schlechter aus Grundbesitz und eventuell Abgaben der Untertanen, wie dies heute nur noch in spezifischen Residenzstädten der Fall ist, oder – ein näherliegendes Beispiel – in dem Moskau der russischen Leibeigenschaftsperiode der Fall war. Die Bedeutung dieser Erwerbsquellen und damit die spezifisch *politische* Bedingtheit der ökonomischen »Blüte« der Städte, die sich in den schroffen Peripetien derselben äußert, ist auch weiterhin durch das ganze Altertum hin eine sehr große geblieben. Die antiken Städte waren *stets* in weit höherem Maße als die mittelalterlichen *Konsum-,* in weit geringerem dagegen *Produktions*zentren. Der Verlauf der antiken Städteentwicklung hat trotz zahlreicher ausgeprägt »stadtwirtschaftlicher« Erscheinungen [...] nirgends zu einer »Stadtwirtschaft« von so stark dem begrifflichen »Idealtypus« angenähertem Gepräge geführt, wie in zahlreichen Städten des Mittelalters: eine Folge des *Küsten*kulturcharakters der Antike. Wenn nun im Altertum 1. die Entstehung von städtischen Exportgewerben in gewissen Artikeln von hoher Intensität und Qualität der Arbeit, 2. dauernde Abhängigkeit von fernher kommenden Getreidezufuhren, 3. Kaufsklaverei, 4. starkes Vorwalten spezifischer Handelsinteressen in der Politik sich zeigt, so fragt es sich: sind diese stoßweise auf- und abschwellenden »chrematistischen« Epochen solche mit *»kapitalistischer«* Struktur?

Es kommt auf die Abgrenzung des Begriffs »kapitalistisch« an, – die naturgemäß sehr verschieden erfolgen kann. Nur das eine wird man jedenfalls festhalten dürfen, daß unter »Kapital« stets *privat*wirtschaftliches *»Erwerbs*kapital« verstanden werden muß, wenn überhaupt die Terminologie irgendwelchen klassifikatorischen Wert behalten soll: Güter also, welche der Erzielung von »Gewinn« im Güter*verkehr* dienen. *Jedenfalls* ist also »verkehrswirtschaftliche« Basis des Betriebs zu fordern. Einerseits also: daß die *Produkte* (mindestens zum Teil) Verkehrsobjekte werden. Andererseits aber auch: daß die *Produktionsmittel* Verkehrsobjekte waren. *Nicht* unter den Begriff fällt mithin auf *agrarischem* Gebiet jede grundherrliche Verwertung der *personen*rechtlich Beherrschten als eines bloßen Renten-, Abgaben-

und Gebührenfonds wie im früheren Mittelalter, wo die Bauern durch Besitz-, Erbschafts-, Verkehrs- und Personalabgaben in natura und in Geld genützt wurden: – da hier weder der besessene Boden noch die beherrschten Menschen »Kapital« sind, weil die Herrschaft über beide (im Prinzip) nicht auf Erwerb im freien Verkehr, sondern auf *traditioneller* Bindung, meist *beider* Teile, aneinander beruht. Auch das Altertum kennt diese Form der Grundherrschaft. Es kennt andererseits die *verkehrs*wirtschaftliche Parzellen*verpachtung* des Grundbesitzes: dann ist der Grundbesitz *Renten*fonds, und »kapitalistischer« *Betrieb* fehlt. Die Ausnutzung der Beherrschten als *Arbeitskraft* im eigenen *Betrieb* des *Herrn* kommt im Altertum sowohl als Fronhofsbetrieb mit Kolonen[1] (Pharaonenreich, Domänen der Kaiserzeit) wie als Großbetrieb mit Kaufsklavenarbeit, wie in Kombinationen beider vor. Der erstere Fall (Fronhof) macht klassifikatorische Schwierigkeiten, weil hier die verschiedensten Abstufungen von formell »freiem« Bodenverkehr und »freier« Pacht der Kolonen (also verkehrswirtschaftlicher Basis) bis zu gänzlicher traditioneller sozialer Gebundenheit der arbeitspflichtigen Kolonen an den Herrn und des Herrn an sie möglich sind. Immerhin ist das letztere durchaus die Regel, wo immer Kolonenbetrieb besteht. Die Kolonen sind dann zwar für ihre *Person* nicht »Kapital«, sie sind dem *selbständigen* freien Verkehr entzogen, aber ihre Dienste können, *zusammen* mit dem Boden, Verkehrsobjekt sein und sind es (Orient und Spätkaiserzeit) auch. Der Betrieb ist in diesen Fällen ein Mittelding; er ist »kapitalistisch«, sofern für den Markt produziert wird und der *Boden* Verkehrsgegenstand ist, – *nicht* kapitalistisch, sofern die Arbeitskräfte als Produktionsmittel sowohl dem Kauf wie der Miete im *freien* Verkehr entzogen sind. In der Regel ist das Bestehen des Fronhofsbetriebs aber eine Übergangserscheinung, sei es vom »Oikos« zum Kapita-

1 Coloni, Kleinpächter, die in der späteren Kaiserzeit Roms gegen eine Abgabe in Geld oder Naturalien Land von einem Latifundienbesitzer pachten.

lismus, sei es umgekehrt: zur Naturalwirtschaft. Denn immer ist es ja ein Symptom von (relativer) Kapital*schwäche*, speziell Betriebskapitalschwäche, welche ihren Ausdruck in der Abwälzung des Betriebsmittelbedarfs auf die abhängigen Wirtschaften und der *Ersparnis* 1. von Inventarkapital, 2. entweder von Sklavenkaufkapital oder von Lohnfonds durch die Ausnutzung der Zwangsarbeit, findet, die ihren Grund (regelmäßig) in (relativ) unentwickelter Intensität des Güterverkehrs hat. Der Kaufsklavenbetrieb (d. h. der Betrieb unter *Verhältnissen*, in denen die Sklaven normale Verkehrsobjekte sind [...]) auf eigenem oder gepachtetem Boden ist, ökonomisch angesehen, natürlich »kapitalistischer« Betrieb: Boden und Sklaven sind Gegenstand freien Verkehrs und zweifellos »Kapital«, die Arbeitskraft | wird, anders als im Betrieb mit »freier Arbeit«, 59
gekauft und nicht gemietet, oder, *wenn* (ausnahmsweise) gemietet, dann nicht von ihrem Träger (dem Arbeiter), sondern von dessen Herrn. Der Kapital*bedarf* für das gleiche Quantum Arbeitskraft ist [...] also ein wesentlich größerer als bei Verwendung »freier« Arbeit, – ebenso wie der Boden*käufer* [...] mehr Kapital aufzuwenden hat als der Boden*pächter*. Der kapitalistische Großbetrieb mit »freier« Arbeit endlich, welcher bei gleichem Grade der Kapitalakkumulation die weitaus größere Kapitalintensität des Betriebs an *sachlichen* Produktionsmitteln ermöglicht, ist dem Altertum *normaler*weise auf dem Gebiet der Privatwirtschaft *nicht* als Dauererscheinung bekannt, weder außerhalb noch innerhalb der Landwirtschaft. [...]

Man ist nun heute gewohnt, den Begriff des »kapitalistischen Betriebs« gerade an dieser Betriebsform zu orientieren, weil sie es ist, welche die eigenartigen *sozialen* Probleme des *modernen* »Kapitalismus« gebiert. Und man hat daher von diesem Standpunkt aus für das Altertum die Existenz und beherrschende Bedeutung »kapitalistischer Wirtschaft« in Abrede stellen wollen.

Wenn man indessen den Begriff der »kapitalistischen Wirtschaft« nicht unmotivierterweise auf eine bestimmte Kapital*verwertungs*art: die Ausnutzung fremder Arbeit durch Vertrag mit dem »freien« Arbeiter, beschränkt – also *soziale* Merkmale hineinträgt –, sondern ihn, als rein ökonomischen Inhalts, überall da gelten läßt, wo Besitzobjekte, die Gegenstand des *Verkehrs* sind, von Privaten zum Zweck verkehrswirtschaftlichen *Erwerbes* benutzt werden, – dann steht nichts fester als ein recht weitgehend »kapitalistisches« Gepräge ganzer – und gerade der »größten« – Epochen der antiken Geschichte. Nur muß man sich auch hier vor Übertreibungen hüten [...] und ferner zeigen die Bestandteile des Kapitalbesitzes sowohl wie die Art seiner Verwertung charakteristische, für den Gang der antiken Wirtschaftsgeschichte bestimmend wichtige, Eigenheiten. Unter den *Bestandteilen* des Kapitalbesitzes *fehlen* natürlich alle jene Produktionsmittel, welche durch die technische Entwicklung der letzten beiden Jahrhunderte geschaffen sind und das heutige »stehende Kapital« ausmachen; auf der anderen Seite tritt ein wichtiger Bestandteil hinzu: Schuld- und Kaufsklaven. Unter den Arten der Kapital*verwertung* tritt die Anlage im Gewerbe überhaupt, speziell aber in gewerblichen »Großbetrieben« zurück; dagegen besitzt im Altertum eine heute nach Art und Maß der Bedeutung ganz in den Hintergrund getretene Kapitalsverwertungsart eine geradezu dominierende Tragweite: die Staatspacht. Die klassischen antiken Richtungen der Kapitalanlage sind: 1. Übernahme von oder Beteiligung an Steuerpachten und öffentlichen Arbeiten, 2. Bergwerke, 3. Seehandel (mit eigenem Schiffsbesitz oder Beteiligung daran, speziell durch Seedarlehen), 4. Plantagenbetrieb, 5. Bank- und bankartige Geschäfte, 6. Bodenpfand, 7. Überlandhandel (nur sporadisch als kontinuierlicher Großbetrieb [...], 8. Vermietung von (ev[entuell] ausgebildeten) Sklaven oder ihre Ausstattung als selbständige Handwerker oder Händler [...], endlich 9. kapitalistische Ausnutzung von gelernten *gewerblichen* Sklaven, die zu Eigentum oder pfandweise besessen wurden, mit oder ohne »Werkstätten« [...]. Die Häufigkeit der Verwendung von Sklavenarbeit im eigenen *privaten gewerblichen* Betrieb ist nicht zu bezweifeln. Selbstmitarbeitende Handwerker mit einigen Sklaven werden vorgekommen

sein. [...] Für die »klassische« Zeit ist die Ausnutzung der eigenen Sklaven in Form der »unfreien Hausindustrie« (Hingabe der Rohstoffe und Arbeitsgerätschaften seitens des Herrn, Ablieferung der im *Familien*haushalt des Sklaven daraus gefertigten Produkte), welche im Orient zweifellos, in Altägypten vorherrschend ist, nicht sicher nachzuweisen, obwohl gewiß vorhanden. Wenn dagegen die exportierten attischen Vasen in größerer Zahl (Maximum bisher ca. 80) den gleichen Namen aufweisen, so ist dies natürlich ein »*Künstler*« (nicht aber: ein »Fabrikant« oder »Verleger«), dessen Namen dann ev[entuell] eine Familie von Töpfern, in der das technische Können, als Geheimnis, erblich sich fortpflanzt [...]. | Die Existenz von *60*
Handwerker*dörfern* [...] in Attika ist für diesen familienhaften Handwerksbetrieb hier, wie sonst, charakteristisch.

Für die quantitative wie qualitative Bedeutung kapitalistischer Erwerbswirtschaft im Altertum waren nun jeweils eine Reihe von Einzelmomenten maßgebend, die in sehr verschiedener Kombination miteinander aufgetreten sind.

1. Die Bedeutung der *Edelmetallvorräte* muß für das *Tempo* kapitalistischer Entwicklung zweifellos hoch angeschlagen werden. Allein heute besteht vielfach die Neigung, ihre Bedeutung für die *Struktur* der Wirtschaft selbst zu überschätzen. Die Wirtschaft Babylons, bei fehlenden Minen und offenbar [...] sehr geringem Metallvorrat, ist schon in ältester Zeit tauschwirtschaftlich so entwickelt wie die irgendeines anderen orientalischen Landes, entwickelter als die des goldbesitzenden Ägypten; die [...] kolossalen Edelmetallvorräte des ptolemäischen Ägypten andererseits haben, trotz voll durchgeführter *Geld*wirtschaft, den »Kapitalismus« als *Struktur*prinzip der Wirtschaft nicht zu irgendwelcher besonders bemerkenswerten Höhe, insbesondere nicht zu einer Entwicklung wie im gleichzeitigen Rom, gedeihen lassen; die wunderliche Ansicht endlich, daß das Hereinbrechen der Naturalwirtschaft in spätrömischer Zeit *Folge* der beginnenden Unergiebigkeit der Bergwerke gewesen sei, stellt den Sachverhalt vermutlich genau auf den Kopf: wo damals eine Unergiebigkeit

der Minen sich überhaupt eingestellt hat, dürfte sie ihrerseits Folge der, aus ganz anderen Gründen, im Bergbau an Stelle des in klassischer Zeit gerade hier heimischen kapitalistischen Sklavenbetriebes getretenen *Klein*pächterwirtschaft gewesen sein. Die mächtige Rolle, welche die Verfügung über große Edelmetallvorräte und ganz besonders die *plötzliche* Erschließung solcher kulturhistorisch gespielt haben, soll damit nicht im geringsten geleugnet werden [...]. Aber die Bedingungen dafür, daß jene Edelmetallvorräte damals in der *Art* ihrer Nutzbarmachung [...] verwendet wurden, mußten *vorher* vorhanden sein: – »schöpferisch« in dem Sinne der Erzeugung qualitativ *neuer* Wirtschaftsformen haben auch im Altertum Edelmetallquanta als solche nicht gewirkt.

2. Die *ökonomische Eigenart* des kapitalistisch verwendeten *Sklavenbesitzes* liegt, verglichen mit dem System der »freien« Arbeit, zunächst in der gewaltigen *Steigerung* des zur Beschaffung der lebendigen Arbeitskraft aufzuwendenden und durch Ankauf in ihr festzulegenden Kapitals; – bei Nichtbeschäftigung des Sklaven im Fall flauen Geschäftes bringt dieses Kapital nicht nur – wie die Maschine – keine Zinsen, sondern es »frißt« überdies (im wörtlichen Sinne) kontinuierliche Zuschüsse. Daraus allein schon folgt: Verlangsamung 1. des Kapitalumschlags, 2. des Kapitalbildungsprozesses überhaupt. Sodann: in dem damit zusammenhängenden, großen *Risiko*, welches gerade diese Form von Kapital trägt. Dies Risiko liegt nicht nur in dem Umstand begründet, daß die bei kapitalistischer Ausnutzung sehr hohe und dabei überdies ganz unberechenbare Mortalität der Sklaven ökonomisch ein Kapitalsverlust ihres *Besitzer* ist, auch nicht nur darin, daß jede politische Schlappe die Sklavenkapitalien gänzlich vernichten konnte, sondern außerdem und namentlich in den kolossalen Schwankungen der Sklaven*preise* [...] welche die stete Gefahr der Entwertung des angelegten Kapitals mit sich brachte. Die Basis eines sicheren Kosten*kalküls*, die unumgängliche Voraussetzung differenzierter »Großbetriebe«, fehlte. Dazu tritt ein ferneres Moment: die patriarchale Sklaverei, wie sie im Orient über-

wog, gab dem Sklaven entweder die Stellung eines Hausgenossen des Herrn oder sie konzedierte ihm den Besitz einer eigenen Familie. Im letzteren Fall war auf eine Herauswirtschaftung des möglichen Maximums von Profit von vornherein verzichtet. Der Sklave leistete dann entweder Abgaben: dann war er Rentenfonds, nicht Arbeitskraft, oder, wo er – eventuell mit seiner Familie – als Arbeitskraft diente, war er Fronarbeiter oder unfreier Heimarbeiter mit allen Schranken der Einträglichkeit eines solchen. Eine wirklich »kapitalistische« Behandlung des Sklaven nach Art eines sachlichen Produktionsmittels fand dagegen ihre Schranke in der Abhängigkeit von stetiger Versorgung des Sklavenmarktes, und das heißt: von erfolgreichen Kriegen. | Denn eine volle kapitalistische Ausnutzung 61
seiner Arbeitskraft war nur bei nicht nur rechtlicher, sondern auch faktischer Familien*losigkeit* der Sklaven möglich: bei einem Kasernensystem, welches aber dann die Ergänzung der Sklavenklasse aus der eigenen Mitte unmöglich machte. Anderenfalls wären Kosten und Unterhalt der Weiber und der Aufzucht der Kinder dem Anlagekapital als toter Ballast mit zur Last gefallen. Dies ließ sich zwar bezüglich der Weiber unter Umständen – aber bei der Eigenart der antiken Bedarfsdeckung und der Bedeutung der Hausspinnerei und -weberei keineswegs regelmäßig – durch textilgewerbliche Ausnutzung vermeiden. Bezüglich der Kinder kann [...] Appian[2] [...] dahin verstanden werden, daß wenigstens in gewissen Perioden des römischen Altertums spekulative Sklavenaufzucht *massenhaft* vorgekommen sei, also, wie in den nordamerikanischen Südstaaten, eine Arbeitsteilung zwischen Produktion und Verwertung wenigstens für einen Teil des Sklavenkapitals stattgefunden habe. Diese Deutung bleibt jedoch etwas fraglich. Die schroff schwankende Preisbildung des Sklavenmarkts mußte den Aufzuchtsgewinn unsicher machen. Für die Hauptverschleißgebiete der Sklavenarbeit: Plantagenbau, Seefahrt,

2 Appian, griechischer Geschichtsschreiber des 2. Jh. n. Chr., der eine römische Geschichte schrieb.

Bergbau, Steuereintreibungsgeschäft, war ferner weibliche Arbeitskraft ungeeignet. Und in der *Erwerbs*wirtschaft war es denn auch die Regel, daß man sich in der Hauptsache auf den Verbrauch männlicher Sklaven [...] beschränkte, *wenn* man dies tun konnte, d. h.: wenn der chronische Kriegszustand die stetige Versorgung des Marktes übernahm. Die weiblichen Sklaven dienten der Prostitution oder der Hausarbeit. Fand eine kontinuierliche Versorgung längere Zeit nicht statt, so konnte der Nachwuchs nur durch Zerfall der Sklavenkasernen und Herstellung des Familienlebens des Sklaven, d. h. Abwälzung des Interesses an der Reproduktion des Sklavenkapitals auf den Sklaven selbst, damit aber wiederum: Verzicht auf die schrankenlose Ausnutzung seiner Arbeitskraft, garantiert werden. Ein solcher Verzicht mußte aber, gegenüber dem System der gefesselt unter der Peitsche arbeitenden Plantagensklaven, überall da eine reine Einbuße an Profit bedeuten, wo nicht gleichzeitig eine Form gefunden wurde, ökonomisches *Eigen*interesse des Sklaven für den Herrn nutzbar zu machen. Denn neben der Labilität des Sklavenkapitals und dem unkalkulierbaren Risiko, mit dem es belastet war, wirkte im Fall der direkten Verwertung des Sklaven als Arbeitskraft im Großbetrieb natürlich vor allem das fehlende Eigeninteresse des Sklaven jedem technischen Fortschritt und jeder Intensivierung und Qualitätssteigerung entgegen. Die für die Arbeitsleistung entscheidenden »ethischen« Qualitäten der Sklaven sind bei ihrer Benutzung im Großbetrieb die denkbar schlechtesten. Dem Verschleiß des Sklavenkapitals selbst trat dabei der Verschleiß sowohl des Arbeitsvieh- als des Werkzeugkapitals und der Stillstand der Werkzeugtechnik (z. B. der Pflüge) zur Seite. Über ersteren Punkt wird ausdrücklich geklagt: die Verwendung der Sklavenarbeit zur *Getreide*produktion im großen wurde dadurch – wegen der Arbeitsintensität der antiken Getreideanbautechnik – unmöglich, aber überhaupt waren die Sklaven nur auf gutem Boden und bei niedrigem Preisstand des Sklavenmarktes im Großbetrieb mit wirklich beträchtlichem Gewinn verwertbar und wirkte ihre Verwendung regel-

mäßig in der Richtung der Extensität. Und – was noch wichtiger war – diese Eigenart der Sklavenarbeit hinderte auf *gewerblichem* Gebiet nicht nur die Verfeinerung der *Werkzeug*technik, sondern überhaupt jene Kombination von präzis ineinandergreifenden differenzierten Arbeitskräften, welche gerade das *Wesen* der spezifisch modernen Betriebsformen ausmacht, für welche ja doch nicht die bloße Arbeiterzahl charakteristisch ist. *Gelernte* gewerbliche Arbeit in Gestalt eines *arbeitsteiligen* Kaufsklavenbetriebes im *großen* zu verwerten, konnte aus dem gleichen Grunde zweifellos als eine *normale* Erscheinung [...] im Altertum so wenig in Frage kommen, wie es sonst irgendwo geschehen ist. Selbst [...] eine Anhäufung von *Einzel*arbeitern [...] fand wesentlich an den ökonomisch stark begünstigten Plätzen, wie Athen, Rhodos, Alexandreia usw., seine Stätte, und auch da stets als Annex kaufmännischer Betriebe oder eines Rentenvermögens. Denn wenn Überschüsse gewerblicher Fronleistungen oder unfreier Heimarbeit oder der Erzeugnisse von großen Hauswirtschaften fürstlicher oder halbfürstlicher »Oiken« auch nicht selten auf dem Markt erscheinen, so muß man sich natürlich sehr hüten, dies mit der Existenz von Sklaven»fabriken« auf der Basis der *Kauf*sklaverei zu verwechseln. Selbst halbkapitalistische Gebilde, wie sie die Verwendung von Zwangsarbeit zur Schaffung von gewerblichen »Nebenbetrieben« seitens ganz großer Sklavenbesitzer oder des Monarchen darstellen, und welche ihren Typus in der Neuzeit in vielen russischen »Fabriken« des 18. und des ersten Drittels des 19. Jahrh. finden, können nur auf (*faktisch*) monopolistischer Basis bestehen und haben bestimmte | Vor- 62
aussetzungen. Diese Voraussetzungen: billige *Nahrung*, Monopolpreise der Produkte, *außer ihnen* aber noch: *billiger Sklavenpreis*, und folglich sehr hohe, das Todesrisiko deckende Exploitationsrate [...] mußten auch vorhanden sein, wenn die Verwendung von gewerblichen *Kaufsklaven* [...] dauernd möglich sein sollte: Auch dann blieben aber diese »Betriebe« meist auf höchstens einige Dutzende von Arbeitern beschränkt. Es *fehlte* das *»stehende Kapital«*, welches zur »Fabrik« gehört. Belie-

hen wurden die *Sklaven, nicht* die »Werkstatt«. Die Sklaven sind die Werkstatt, ihre *Verpflegung* durch den Herrn, *nicht* ihre Verwendung im konzentrierten »*Betriebe*« ist das Entscheidende. Die »Werkstatt« ihrerseits war Teil des »Oikos«, und alle jene so folgenschweren Rechtsentwicklungen, welche – viele Jahrhunderte vor Entstehung unserer »Fabriken« – die Trennung von Familienhaushalt und »Werkstatt«, von Privat- und Geschäftsvermögen schon im 13./14. Jahrh. begleiteten, blieben daher dem Altertum gänzlich unbekannt. [...] Die großbetriebliche Massenverwendung von Sklaven in Bergwerken, Steinbrüchen und bei öffentlichen Arbeiten ist fast gänzlich Verwertung *un*gelernter Arbeit. Die »unfreie Heimarbeit« trägt [...] die ökonomischen Schwächen desselben an sich und es scheint fraglich, wie weit sie Zwecke der Marktproduktion diente. Pharaonen und Tempel verwendeten sie wohl wesentlich für Zwecke des Tempel-, Hof- und Staatsbedarfs, besonders natürlich, wenn das Rohmaterial vom Pharao (bzw. Tempel) importiert oder bergbaulich gewonnen war; daneben mag Marktverwertung des Produktes vorgekommen sein. Jedenfalls bedeutet auch sie, wo sie vorkam, eben Arbeit im eigenen *kleinen* (Familien-) Betrieb des Sklaven. *Qualifizierte* Sklavenarbeit im *Groß*betriebe ist etwas dauernd (auch außerhalb der wenigen großen Handelszentren) Normales nur in leitenden Stellungen, als Vorarbeiter oder Inspektor im Bergwerk oder in der Plantage, im Kontor, speziell bei der Kassen- und Rechnungsführung (der Möglichkeit der Tortur wegen) usw. Dieser Sklavenaristokratie pflegte aber dann, im eigensten Interesse des Herrn, die eigene (Quasi-) Familie [...] und eigenes (Quasi-) Vermögen [...] konzediert zu werden; unter Umständen wurde ihnen selbst [...] die Respektierung ihrer Testamente gewährt und überdies fast immer die Chance des Loskaufs gegeben. Damit bildet *diese* Art der Sklavennutzung schon den Übergang zu der Verwertung des gelernten, d.h. entweder schon vor seiner Versklavung (durch Krieg oder Bankerott) gelernt gewesenen, oder aber auf Kosten des Herrn in die Lehre gegebenen, Sklaven lediglich als *Renten*fonds. Diese konnte entweder durch Vermietung als »Lohnwerker« geschehen, was massenhaft, oft unter Abwälzung des Risikos des Todes auf den Mieter, vorkam. [...] Das Risiko des Kapitalverlustes durch Tod verminderte sich ja bei selbständiger Etablierung des Sklaven stark, wenn dieser eine *Familie* gründete und seine Kinder selbst gewerblich anlernte. Eine Haftung für die Geschäfte des Sklaven legte das Sklavenrecht dem Herrn regelmäßig nur [...] auf, während er dem Sklaven gegenüber natürlich formell auch zu dessen gänzlicher Einziehung befugt blieb. [...] Die zu allen Zeiten des Altertums sehr reichlichen, oft das Einschreiten des Gesetzgebers hervorrufenden Freilassungen, die doch natürlich keinesfalls auch nur überwiegend auf Kosten der Eitelkeit und des politischen Klientelbedürfnisses zu setzen sind, zeigen, wie gut jenes Eigeninteresse des Sklaven funktionierte. Diese so überaus viel sicherere | Art, *63* vom Sklavenbesitz Vorteil zu ziehen, schob aber dessen Ausnutzung offenbar vom Geleise der kapitalistischen Verwertung als Produktionsmittel zur Erzielung von »*Gewinn*« auf das Geleise des Bezugs von »*Rente*« und Loskaufgeld. Der »Kampf zwischen freier und unfreier Arbeit« spielte sich alsdann dem Schwerpunkt nach in der Sphäre des Kleinbetriebes in Gewerbe und Handel, nicht aber als ein Kampf zwischen Sklaven*groß*betrieb und freiem Kleinhandwerk ab. Die mächtigen ökonomischen und politischen Risiken, welche alle direkt als Produktionsmittel verwerteten Sklavenvermögen belastet hätten, fielen dann fort. Dieser Zustand ist im Altertum weit verbreitet. Neben den ganz besitzlosen freien Bauern, Kleinpächtern, Krämern und Lohnwerkern stand 1. eine Schicht von *freien* Kleinbesitzern als Händler, gewerbliche Kleinproduzenten [...], die neben sich, auf dem Acker oder in der Werkstatt, einen oder einige, vielleicht im Kriege erbeutete oder aus Ersparnissen gekaufte Sklaven als »Gesellen« haben mochten, und stand ferner 2. die Schicht der unfreien gelernten Handwerker und Krämer, der leibeigenen Bauern oder *un*freien Kleinpächter. Nur als Tributherr stand dann, wie ev[entuell] über dem Bauern und freien Krämer oder Handwerker sein Gläubiger und über dem freien Kolonen sein Verpächter, so über dem selbst wirtschaftenden Unfreien sein Leibherr. Diese Art der Ausnutzung des Sklaven als »Rentenfonds« setzte nun selbstredend, um dem Herrn Gewinn zu bringen, eine weitgehende *lokale* geldwirtschaftliche Arbeitsteilung voraus; war diese jedoch gegeben, dann mußte sie aus den angegebenen Gründen die Tendenz haben, sich gegenüber der Nutzung des Sklaven als Produktionsmittel nicht nur zu behaupten, sondern normalerweise auch auszudehnen, namentlich überall da, wo der Herr [...] stark politisch in Anspruch genommen war und also nicht selbst wirtschaften konnte, und zumal, wenn überdies der Sklavenpreis anhaltend hoch stand. – Was die Konkurrenz freier und unfreier Arbeit gegeneinander anlangt, so war bei dichter Besiedelung, hohen Bodenpreisen und der daraus sich ergebenden Nötigung zu intensiver Kultur, bei freiem Verkehr, und in Ermangelung von Hörigkeitsverhältnissen, die Verwertung *ländlichen* Grundbesitzes in Form der Parzellenpacht im Altertum wie in der Gegenwart ökonomisch zweifellos am meisten begünstigt. Der Kleinbetrieb ist in der Landwirtschaft des Altertums ja überhaupt die Regel, und nur die Plantagenkulturen – wozu im Altertum Öl- und Weinbau gehörten – trugen normalerweise den Sklavengroßbetrieb. Der Getreidebau erforderte, zumal bei der Technik des Altertums, zu starkes Eigeninteresse des Arbeiters, um (normalerweise) dem Sklavenbetrieb zugänglich zu sein. Nur wo Billigkeit der Sklaven und hoher Preis der Plantagenprodukte zusammenwirken, war in der *Landwirtschaft* der Sklavenbetrieb im *Großen* begünstigt. Im Gewerbe und Kleinhandel konnte die Prämie, welche die Loskaufschance auf das Eigeninteresse des Sklaven setzte, immerhin wirksam sein und seine Konkurrenz überall da stärken, wo die Möglichkeit, Rücklagen zu machen, überhaupt gegeben war. Es war kein Zufall, daß die Freigelassenen, welche als Sklaven zu arbeiten und zu sparen gelernt hatten, ökonomisch prosperierten: – zum Teil freilich auch einfach die Konsequenz ihres Ausschlusses von politischer Betätigung. Wenn

die Inschriften der Kaiserzeit es wahrscheinlich machen, daß die Sklavenarbeit 1. auch im Gewerbe im Orient schwächer als im Okzident vertreten war, 2. die Sklaven häufiger in den gröberen Arbeiten auftreten, – so folgt *ersteres* zum Teil aus der weiterhin zu erörternden historisch überkommenen Kultur des Orients, zum anderen Teil zeigt es, wie die aus politischen Gründen folgende stärkere Versorgung des *römischen* Sklavenmarktes ihre Wirkung übte; das *letztere* aber ist die Folge davon, daß natürlich die Herren das Risiko und die Kosten, die Sklaven eine lange Lehrzeit durchmachen zu lassen, nicht allzuoft übernahmen. Man darf deshalb die Wirkung der Konkurrenz der Sklavenarbeit nicht ausschließlich, nicht einmal immer vornehmlich, in einer direkten *Verdrängung* freier Arbeit sehen. Allerdings ging, neben der Beförderung der ohnehin [...] dem Altertum naheliegenden sozialen Diskreditierung der Arbeit durch die Konkurrenz landfremder Kaufsklaven, auch eine solche Verdrängungstendenz überall da her, wo nicht (wie im späteren Orient) die Kriegslast auf die Schultern von Berufskriegern, Söldnern oder fremden Herrenvölkern abgewälzt war: Anhaltende schwere Kriege von wechselndem Erfolge, welche die freie Bevölkerung jahraus, jahrein im Felde hielten und ökonomisch ruinierten, mußten [...] der Sklavenarbeit in ihrer Gesamtheit gegenüber der freien Arbeit, und zwar *allen* Formen der Sklavennutzung, zugute kommen. Kriegerische Expansion und große Siege werden dagegen regelmäßig die Expansion des Sklavenbesitzes, die Billigkeit der Sklaven und damit den Anreiz zu *kapitalistischer* Verwertung derselben im Eigenbetrieb [...] gefördert haben. Für die kapitalistische Sklavennutzung | in der *Landwirtschaft* speziell mußte aber ferner 64
vor allem auch das Vorhandensein billigen und dabei ergiebigen *Bodens* ausschlaggebend sein, wie sie *zeitweilig* im Gefolge kriegerischer oder revolutionärer Konfiskationen und, *chronisch*, da und solange gegeben war, als dünne Besiedelung großer Strecken fruchtbaren Bodens mit schneller Entwicklung städtischer kaufkräftiger Verbrauchszentren Hand in Hand ging [...]

3. die *politischen Schicksale und Eigenarten* der einzelnen Länder auf das Maß der relativen Entwicklung freier und unfreier Arbeit, auf das Maß »kapitalistischer« Verwertung der letzteren und auf deren Richtung Einfluß haben mußten. Die von L. M. Hartmann[3] scharf in ihrer Bedeutung betonte militärische Belastung der freien Bevölkerung war als Prämie auf Sklavenarbeit da am stärksten, wo ein die sich selbst equipierenden Bauern und Kleinbürger mitumfassendes Aufgebot einer freien Bürgerschaft chronische Kriege großen Stils zu führen hatte, wie in der Blütezeit der hellenischen Demokratie und im republikanischen Rom. Umgekehrt lagen die Verhältnisse, wenn das Heer, mindestens zum Teil, sei es feudales, sei es autokratisches Berufs- oder Fronheer, oder aber Soldheer war, wie in Ägypten, vielen hellenistischen Staaten, der spätgriechischen Polis, dem spätkaiserlichen Weltreiche. Allein die Verschiedenheit der Arbeitsverfassungen der letzteren Staatengruppen untereinander zeigt, daß jedenfalls die Militärverfassung allein, als solche, weder für das Maß der Entwicklung der Sklaverei entscheidend war, noch, folglich, den antiken »Kapitalismus« in Maß und Richtung seiner Entfaltung endgültig bestimmte. Dagegen wirkten hier in hohem Grade die allgemeinen politischen Grundlagen des antiken Lebens und besonders die, letztlich von der politischen Verfassung her bestimmte, Art der Staats*verwaltung*, speziell der Finanzverwaltung.

[Auslassung detaillierter historischer Ausführungen.]

Alles in allem findet also die Entfaltung des Kapitalismus im Altertum ihre vornehmsten Hemmnisse: 1. an der *politischen* Eigenart der antiken Gemeinwesen [...], 2. an der früher erörterten *ökonomischen* Eigenart der Antike, nämlich, um es zu rekapitulieren: an den Schranken der *Markt*produktion infolge der verkehrstechnisch gegebenen Grenzen der (ökonomi-

3 Ludo Moritz Hartmann (1865–1924), österreichischer Historiker und Politiker, mit Max Weber befreundet.

schen) Transportfähigkeit der Güter von und in das Binnenland, – an der, in der *Sache* liegenden, ökonomisch bedingten Labilität des Kapitalbestandes und der Kapitalbildung, – an der technischen Schranke der Ausnutzbarkeit von Sklavenarbeit im Großbetrieb, – endlich auch an den Schranken der »Rechenhaftigkeit«, welche in erster Linie gegeben sind durch die Unmöglichkeit strengen Kalkuls bei Verwendung von Sklavenarbeit. [...] Die Sklaven-»Großbetriebe« des Altertums sind nicht durch *sachliche* Nötigung: die arbeitszerlegende und arbeitsvereinigende *Produktions*weise, zusammengehalten, sondern rein *persönlich:* durch die *zufällige* Anhäufung von Menschenbesitz im *Vermögen* eines Einzelnen [...] *Daher* [...] bleibt aller »Großbetrieb« etwas so spezifisch *Labiles*. Der »Zöllner«, Kleinhandwerker, Kleinkrämer sind im Orient und im Hellenismus das letzte Wort der Geldwirtschaft, und gerade mit der zunehmenden *Stabilität* von Politik und Ökonomik des Okzidents und dem gleichzeitigen Rückgang der Kapitalbildung behaupten sie auch hier schließlich das Feld. Immer wieder kollabiert, gerade in den Perioden »gesättigter« *Ordnung* – die eben mit ökonomischer *Stabilität* identisch ist – der Flug des Kapitalismus. Der antike kapitalistische *Unternehmer* – wohl zu unterscheiden vom Kapital*rentner* – ist in seiner sozialen Position [...] fast immer ziemlich prekär gestellt: Metöken[4] und Freigelassene stellen in den klassischen Zeiten das Hauptkontingent. Der Gewerbetreibende ist auch (und gerade) im demokratischen Gemeinwesen oft amtsunfähig. Der politische Vollbürger ist dagegen, dem *Ideal* nach, »*Nicht*interessent«, d. h. aber: Rentner[5] oder doch dem Typus des Rentners nahestehend und in den »freien« Gemeinwesen immer vor allem (sozusagen) »übungspflichtiger Heeresreservist«. Der »Antichrematismus«[6] der Staatstheorie des Altertums ist, dem Schwer-

4 Fremdling ohne politische Rechte in altgriechischen Städten.
5 Bezieher von Einkünften aus Kapitalanlagen, z.B. Grundbesitz, oder aus Besitzrechten, z.B. Verpachtung.
6 Opposition gegen jede Art gewerbsmäßiger Erwerbswirtschaft.

punkt nach wenigstens, nicht, jedenfalls entfernt nicht in dem Sinn und Maß wie der der mittelalterlichen Kirche, *ethisch* – durch die Antipathie gegen den unpersönlichen und deshalb der ethischen Normierung nicht zugänglichen Charakter rein »geschäftlicher« Beziehungen – bedingt, sondern in erster Linie politisch: 1. durch [...] Erwägungen der »Staatsraison«, daneben 2. durch die Ideale der Bürgergleichheit und der »Autarkie« der Polis und 3. sozial: als Bestandteil des Antibanausentums der herrschenden Rentnerklassen. Andererseits fehlte jede ethische Verklärung der Erwerbsarbeit, zu der sich nur im Kynismus und in dem hellenistisch-orientalischen Kleinbürgertum leise Ansätze finden. Die Stütze, welche die Rationalisierung und Ökonomisierung des Lebens an der wesentlich religiös motivierten »Berufsethik« der beginnenden Neuzeit fand, mangelte dem antiken »Wirtschaftsmenschen«. Er bleibt im Empfinden seines Milieus und in seinem eigenen ein »Krämer« und »Banause«. [...]

[Auslassung der historischen Details des Weberschen Arguments.]

Daß die vorstehenden »Typen« des »Bauerngemeinwesens«, der »Adelspolis«, des »bürokratischen Stadtkönigtums«, der »Hopliten«- und »Bürgerpolis«, der »Leiturgiemonarchie«, selten reinlich geschieden neben- oder nacheinander existierten, braucht kaum bemerkt zu werden. Diese »idealtypischen« Begriffe dienen hier nur dazu, den einzelnen Staat danach orientierend zu klassifizieren: ob er sich, im ganzen oder in bestimmten einzelnen Beziehungen, zu einem gegebenen Zeitpunkt dem einen oder dem anderen jener begrifflichen Typen mehr oder minder *annähert*. Denn die realen Staatswesen spotten naturgemäß in den historisch wichtigsten Bestandteilen ihrer Eigenart meist *jeder* so einfachen Klassifikation. [...]

Immerhin kann die [...] Klassifikation außer dem terminologischen wohl auch den Nutzen haben, uns gegenwärtig zu halten, wie grundverschieden die Entwicklungs*stadien* sind, in denen uns der Zufall des Beginns historischer Quellen die einzelnen antiken Nationen antreffen läßt. Die mesopotamischen und das ägyptische Staatswesen haben zahlreiche Jahrtausende *städtischer* oder (Ägypten) stadt*artiger* Entwicklung schon hinter sich, als die ältesten für uns erreichbaren Quellen zu fließen beginnen. Sie sind bereits »Leiturgiekönigtümer«. Die Römer haben in der Zeit *sicher* beglaubigter Überlieferung das Stadium der »Bürgerpolis« der *Sache* nach schon überschritten. Für die Hellenen lassen sich manche ziemlich sichere Schlüsse noch für das Stadium der »Adelspolis«, ja selbst des »Burgenkönigtums« machen. Die unsicheren Nachrichten über die Kelten [...] zeigen diese in allen drei ersten »Stadien«. Dabei sind aber, ferner, die Entwicklungsvorgänge von Sparta, der attischen Demokratie in der Hegemoniezeit, und Roms durchaus »einzigartige« in den historisch relevantesten Punkten, und es schließen sich überhaupt oft Einzelzüge aus *verschiedenen* jener begrifflich geschiedenen »Stadien« zu einem spezifisch gearteten konkreten Ganzen zusammen.

Schließlich und vor allem kreuzt der offene oder latente Kampf weltlich-politischer mit *theokratischen* Gewalten, die ganze Struktur des sozialen Lebens beeinflussend, jene nach rein militärischen Konstituenzien geschiedenen »Typen«. Wohl überall besteht ursprünglich eine Kombination von fürstlicher und priesterlicher Funktion. Allein eine Funktionsspezialisierung war mit ausgebildeterer Priestermacht und theologischer Entwicklung unvermeidlich. Die Machtstellung der Priesterschaft beruhte, neben dem materiellen Schwergewicht ihres Besitzes an Stiftungsgut und Einnahmen und der Beherrschung der Massen durch die Angst vor den Folgen von Sakrilegien, auch darauf, daß alle ursprüngliche »Wissenschaft« in ihrer Hand lag. Daraus folgte zweierlei: 1. allgemein: ihre Kenntnis des Rechts, welche, solange dasselbe nicht kodifiziert war, den im Besitz der Priestertümer befindlichen *Geschlechtern* überall eine unerschütterliche Machtstellung gab, – 2. speziell in den *bürokratisch* regierten Königsstaaten: daß alle *Bildung*, welche Vorbedingung der Verwendung in den königlichen Ämtern war, fast nur durch die

Unterweisung der Priester zugänglich wurde. Überall hat die orientalische Priesterschaft sich den Unterricht anzueignen gesucht: so ist sie als die Bildungsstätte in Ägypten im »neuen Reich« an die Stelle der profanen »Lehre« beim weltlichen Beamten getreten. – Kämpfe der Tempelpriesterschaften mit dem Militäradel und der Königsgewalt in den bürokratischen Königsstaaten, und Kämpfe der nichtadligen Bürger gegen das Rechtsmonopol der adligen Priester in den Geschlechterstaaten durchziehen daher – in den verschiedensten Frontstellungen – die Frühzeit der Antike und beeinflussen auch die materielle Kulturentwicklung: Säkularisationen und Restaurationen (durch Usurpatoren, welche die Legitimität erstreben) wechseln ab. Auf die wichtigen Unterschiede orientalischer und okzidentaler Kultur in dieser Hinsicht wird weiter unten einzugehen sein.

Es kann hier weder der Versuch einer Klassifikation noch einer Geschichte *aller* bekannten Agrarverfassungen gemacht, sondern nur eine Skizze des über die Agrargeschichte der *historisch* wichtigsten Staaten Bekannten versucht werden. [...] Denn das im letzten Jahrzehnt publizierte Material *spottet* nach
73 Umfang und Anforderungen an die Beherr- | schung des kulturhistorischen Gesamtmaterials der Kräfte eines jeden nicht spezialistisch (und das heißt: philologisch-archäologisch) geschulten Bearbeiters.

II. Die Agrargeschichte der Hauptgebiete der alten Kultur. Grundlagen der Entwicklung der Kaiserzeit

[Auslassung der überaus detaillierten Ausführungen Webers über die Agrargeschichte Mesopotamiens, Ägyptens, Altisraels, Griechenlands, im Hellenismus und im Römischen Reich.]

Das Kaiserreich brachte, vorläufig unter Tiberius, endgültig seit Hadrian, den Frieden und das Aufhören der Boden- und Menschenraubkriege, und zugleich die Einbeziehung großer Binnenlandflächen: Galliens, der Rhein- und Donauländer, Illyriens und (zu der alten Provinz Mazedonien) auch des ganzen Innern der Balkanhalbinsel, in das Reich. Der Friede bedeutete das allmähliche Versiegen der Sklavenzufuhr: für einen Menschenverschleiß, wie ihn die Plantagen [...] betreiben sollten, und wie ihn die Bergwerke bedurften, war die spekulative Sklavenaufzucht und der friedliche Sklavenhandel nicht ausreichend. Der Sklavenpreis *stieg* anfangs rapide, – weil die Versorgung des Marktes mangelte, – in der Spätzeit des Reiches steht er umgekehrt außerordentlich *niedrig,* – weil inzwischen der *Bedarf* durch Umgestaltungen in der Wirtschaftsorganisation tief gesunken war. Ich habe dies Moment der Sklavenmarktverhältnisse früher etwas exklusiv überschätzt, – man möge es aber nicht unterschätzen. Der Zerfall der Sklavenkasernen, die Herstellung des Familienlebens des Sklaven, damit das Schrumpfen des *Kapitalismus* in den landwirtschaftlichen Großbetrieben, ist Tatsache und hängt auch und sicher in starkem Maß (die Quellen lassen die »Leutenot« erkennen) mit jenen Verschiebungen zusammen. Die großen Besitzungen der riesigen verkehrsschwachen Binnenlandflächen des Nordens konnten ohnehin nicht nach dem Muster der karthagisch-römischen Plantage bewirtschaftet werden. Schon Tacitus (oder sein Gewährsmann) hat, wahrscheinlich bei den Fürsten der Ubier an der Rheingrenze, die Naturalrentengrundherrschaft gesehen, wie sie in der Frankenzeit das Feld behauptet, und stellt sie zu den römischen Sklavenkasernen mit ihrer militärischen Robotordnung in Gegensatz. – Langsam begann die römische villa mit ihrer immerhin hohen
| Kultur nach Norden, schließlich bis an die Grenze Schott- *180*
lands, vorzudringen. Diese villa ruht dabei [...] auf einer immer breiteren Grundlage und muß dies tun, weil das, was für eine »herrschaftliche« Existenz nötig wird, ein immer größeres Areal erfordert. Der Prozeß der Vergrößerung der Groß-

grundbesitzungen, der schon in der Republik im Gange war, setzt sich fort, und damit zugleich ihre allmähliche Loslösung vom Markt, der für ihre Bedarfsdeckung immer entbehrlicher wird [...]. Die Aristokratie wird in starkem Maße *land*sässig, und das heißt: das Mittelalter bereitet sich vor, die Bedeutung der Städte sinkt, sozial wie ökonomisch. *Absolut* hat der Güterverkehr [...] im Gebiet des in der Kaiserzeit vom Römerreich umspannten orbis terrarum sicherlich ganz gewaltig zugenommen. *Relativ* aber, bei Vergleich seiner Umsätze mit dem Ausmaß der in den spezifischen antiken *Kultur*kreis als Bürger oder Untertanen *einbezogenen* Gebiete und Menschen dürfte das gleiche *nicht* der Fall sein. Denn dieser Kreis hatte sich riesig erweitert. Die antike Kultur begann aus einer Küstenkultur eine Binnenlandkultur zu werden und, nach Maßgabe der gegebenen Verkehrsmittel, *mußte* das eine *relative* Abnahme der Verkehrs*intensität* bedeuten. In den Küstengebieten wurde der Unterhalt und die Kleidung der Sklaven in den großen Oikoi ganz oder teilweise auf dem *Markt* gedeckt. Die Sklaven oder Kolonen des Possessors im Binnenlande leben selbstredend naturalwirtschaftlich: nur die dünne Herrenschicht hat hier Bedürfnisse, die zum Einkauf Anlaß geben, und durch Verkauf von Überschüssen des Guts gedeckt werden. Dieser Verkehr ist ein dünnes Fadennetz über der naturalwirtschaftlichen Unterlage. Die Massen der großen Hauptstädte andererseits versorgt nicht der Privatverkehr, sondern die staatliche Annona[7] Diese Entwicklung schloß natürlich durchaus nicht etwa eine absolute Zunahme der Besiedelung und des Anbaus des Bodens in den neuangegliederten Binnengebieten aus: nichts ist vielmehr sicherer, als daß beides in starkem Maße stattfand. Aber eben dies *steigerte* die Wirkung der Kulturverschiebung. Der Binnenkulturcharakter tritt in zweierlei am markantesten hervor: – in der Entwaffnung der Polis, der endgültigen Beseitigung ihrer selbständigen Politik, damit aber auch all der *kapitalistischen* Interessen und Gewinnchan-

7 Naturalsteuer im spätrömischen Reich.

cen, die an ihr gehangen hatten, – und in dem Hervortreten des *binnen*ländischen *Großgrundbesitzerstandes* und seiner Interessen in der Reichspolitik. Dies letztere hat gewichtige auch rein politische Konsequenzen. Die Abnahme der Offensivkraft des römischen Heeres [...] hat jedenfalls *auch* ihren Grund in der Zunahme des *Kultur*standes der provinziellen *land*sässigen Possessoren, welche von dem Heere vor allem *Schutz* und Bewachung ihres Besitzes, also *defensive* Aufgaben verlangen. Damit verbindet sich der *monarchische* Charakter des Staates, der alle typischen Konsequenzen der Monarchien des Altertums mit sich führt. Der italische Städtebund hatte seinerzeit mit seinem Bürgeraufgebot die Kelten zu Boden geworfen, [...], und hatte im hannibalischen Kriege eine Heeresmacht auf die Beine gebracht, für welche die Bewältigung der sog. »Völkerwanderung« eine Bagatelle gewesen wäre. Aber [...], solche jeweils ad hoc erfolgende Bürgeraufgebote waren nicht fähig, einen ständigen Verteidigungsdienst einer quer durch ganz Europa laufenden Landesgrenze zu übernehmen, wie es das Interesse der binnenländischen Possessoren und der Domänenpächter verlangte. Das konnte nur ein stehendes, und also, nach den Verhältnissen des Altertums: ein Berufsheer. Und mit diesen Interessen des jetzt der Kultur erschlossenen Binnenlandes begegnete sich das *dynastische* Interesse des Monarchen, hier wie überall. Dynastisches Berufsheer und dynastische Bürokratie traten nun, nach hellenistisch-ägyptischem Vorbild, an die Stelle der für ein Weltreich ganz unzulänglichen Polisverwaltung, und es war nur das konsequente Schlußglied der Entwicklung, als der monarchische Staat sich mit Verlegung der Residenz in den Osten auch ausdrücklich als Erbe des *Hellenismus* bekannte. Gewiß: Augustus und alle hervorragenden Gestalten der ersten beiden Jahrhunderte waren Römerkaiser, vorsichtig in der Ausdehnung des Bürgerrechts, zumal nach Osten hin, und auf die Erhaltung der Privilegien des Römertums bedacht. Aber: um die herrschende Nation ihrerseits zu beherrschen, | entwaffneten 181
sie sie allmählich, wie die Heimatsangaben der Veteranen in

den Militärdiplomen deutlich genug zeigen. Und so war es möglich, daß durch einen einfachen Staatsstreich, ohne Lärm und Widerstand, die Herrschaft der Römer unter den Severen *gebrochen* wurde, und ein, jeder Kulturtradition barer Stamm, wie die Illyrier, abwechselnd mit Orientalen, sich der Beherrschung des Reichs bemächtigte. Das Ausscheiden der Römergeschlechter aus den Offizier- und Beamtenstellen, das Schwinden der alten festen Verwaltungs*tradition* des Römeradels (nicht »Rassen«-Einflüsse, für die auch hier gar kein greifbarer Beweis vorliegt) mußte den Staat in seinen Grundfesten erschüttern, und in der Tat folgte [...] der Staatsbankerott, damit eine Generationen lang dauernder Zusammenbruch der antiken Geldwirtschaft [...] und ein Zerfall des Reiches, welches nun auf ganz neuer Basis wieder zusammengefügt wurde. Auch die römische Monarchie wurde nun ein *Leiturgiestaat* nach hellenistisch ägyptischem Muster. Die Ansätze dazu reichen weit in das zweite Jahrhundert zurück. Die ständische Schichtung, wie sie die Kaiserzeit vornahm, vom höchst privilegierten Senatorenstand bis zu der, in einer Art von Hoflieferantenkult [...] zusammengeschlossenen, kleinstädtischen Freigelassenenbourgeoisie, und die Dekurionatsverfassung, die Organisation der exterritorialen Domänen und Grundherrschaften [...] bildeten die soziale Grundlage für die Ausdehnung des Bürgerrechts [...] auf alle diese privilegierten Schichten des Reichs, denen die kopfsteuerpflichtigen [...] plebs, coloni, tributarii, gegenüberstanden. [...] Schon dieser Zustand, – die Fortbildung der Lage der Untertanen unter der Republik, – trägt hellenistisches Gepräge, gleichviel wieviel davon direkt als entlehnt zu gelten hat: die Bedingungen der antiken Monarchie brachten diese Gestaltungen mit sich. Die Art der Deckung der Heeresverpflegung und der Landversorgung der Legionen, die nun ein faktisch erblicher Stand verheirateter Grenzer wurden, ist zweifellos vom Osten, speziell Ägypten entlehnt, erst recht natürlich Monopole, Staatswerkstätten, Zwangszünfte, Solidarhaft der Dekurionen für die Steuern und alle die anderen

Leiturgien[8], die, wie ein festes Netz, den einzelnen umstricken und an seine Funktion binden. – In diesem Netz hat der antike Staat auch, langsam aber sicher, den *Kapitalismus* erstickt. Denn wie kommt es doch, daß nicht wenigstens die ersten 2 Jahrhunderte der Kaiserzeit, und daß nicht, nach Wiederherstellung der Ordnung und des *Friedens,* das 4. Jahrhundert, Zeiträume (relativ) tiefen Friedens, wie sie die ganze »klassische« Zeit des Altertums nicht kannte, Blütezeiten kapitalistischer Wirtschaft waren? Zunahme der *Geld*wirtschaft steht, mindestens bis in die Zeit Mark Aurels etwa, fest, – aber »Geldwirtschaft« ist eben nicht gleich »Kapitalismus«. Große *Grund*herrschaften entstehen und wachsen, – auf der anderen Seite dringen die Kleinhändler und Kleinhandwerker des Ostens während der ganzen, auch noch der letzten, Kaiserzeit in den Okzident vor (hier sind sie ja die Träger des Christentums). Aber von Fortschritten *kapitalistischer* Wirtschaftsorganisation hören wir weder im Handel noch in der Landwirtschaft noch vollends im Gewerbe etwas. Im Gegenteil: die »königlichen Kaufleute« der ersten Kaiserzeit, die nach dem Norden hin handelten, schwinden, - Kleinkrämervolk rückt vor, – die Verkehrssteuern versiegen in der Zeit des großen Zusammenbruchs im 3. Jahrh. so völlig, daß [...] selbst die Erhebungsbeamten wegfallen. Und die flaue Lage, der Druck nach unten, datiert schon aus Mark Aurels Zeiten [...] Das Altertum hatte wahrlich härtere Kriegszustände erlebt als die Verwirrungsperiode des 3. Jahrh., – warum erholte es sich nicht wieder davon? – Weil der Kapitalismus des Altertums *politisch* verankert war, an der *privaten* Ausbeutung politischer Herrschaftsverhältnisse in einem expansiven Stadtstaat hing und mit dem Wegfall dieser Quelle der Kapitalbildung diese letztere stockte. Es war das erste Werk der Kaiser, daß sie die *Steuern* regulierten und die Willkür der Staatspächter ein-

8 Leiturgie, griechisch »Dienst«, die Verpflichtung von Bürgern zur Übernahme öffentlicher Aufgaben, entweder direkt oder durch Finanzierung.

schränkten. [...] so konnten auch sie zunächst das Kapital und die Geschäftserfahrung des Staatspächters nicht entbehren. Aber sie sahen begreiflicherweise, je mehr ihre eigene Bürokratie die erforderliche Übersicht gewann, desto weniger ein, weshalb sie dem Staatspächter ohne Not privaten Profit gönnen sollten, sie gingen auf der Bahn der »Verstaatlichung« des Erhebungswesens immer weiter, [...] – der Staats*pächter* endet als Staats*beamter*. Durch den Schutz ihrer *Untertanen* einerseits, durch die *Befriedung* der Welt andererseits, setzte das Kaiser-
182 reich den Kapitalismus auf den | Aussterbeetat. Schrumpfen des Sklavenmarktes, Schwinden all jener Chancen, die der Kampf zwischen Polis und Polis bot, Schwinden der gewaltsamen Monopolisierungen von Handelswegen durch die einzelnen Poleis, Verstopfung überhaupt der *privaten* Ausbeutung von Domänen und Untertanen, das bedeutete für den Kapitalismus des Altertums die Entziehung seines Nährbodens. Daß er vollends im diokletianischen Leiturgiestaat keinen archimedischen Punkt für die Verankerung seines Gewinnstrebens fand, ist selbstverständlich. Die bürokratische Ordnung tötete, wie jede politische Initiative der Untertanen, so auch die *ökonomische,* für welche ja die entsprechenden Chancen fehlten. Jeder Kapitalismus verwandelt *»Vermögen«* der besitzenden Schichten in *»Kapital«,* – das Kaiserreich schaltete *»Kapital«* aus und hielt sich, wie der ptolemäische Staat, an das *»Vermögen«* der besitzenden Schichten. Mit ihrem *Besitz,* nicht mehr, wie in der antiken Polis, mit Speer und Panzer, hatten die besitzenden Klassen ihm jetzt, als Garanten seiner Einkünfte und Staatsbedürfnisse, zu dienen. – Damit an Stelle dieser *direkten* Benutzung der bemittelten Untertanen in Form des Leiturgiestaates die *indirekte,* in Form des Bündnisses zwischen Monarchie und Kapital im *merkantilistischen* Staat der Neuzeit, trete, bedurfte es der Entwicklung des *gewerblichen* Kapitalismus und des Beispiels des privaten kapitalistischen Reichtums der Niederlande und Englands. – Die Unterbindung der privaten ökonomischen Initiative durch die Bürokratie ist nichts der Antike Spezifisches.

Jede Bürokratie hat die *Tendenz,* durch Umsichgreifen die gleiche Wirkung zu erreichen. Auch die unsrige. Und während im Altertum die Politik der Polis den »Schrittmacher« für den Kapitalismus bilden mußte, ist *heute* der Kapitalismus Schrittmacher der *Bürokratisierung* der *Wirtschaft.* Denken wir uns Kohlen, Eisen und alle Bergprodukte, alle Teile der Hüttenindustrie, ferner Sprit, Zucker, Tabak, Zündhölzer und überhaupt möglichst alle heute schon hochgradig kartellierten Massenprodukte in Staats- oder de facto staatlich kontrollierte Betriebe übernommen, den Domänenbesitz und die Fideikommisse[9] und staatlich kontrollierte Rentengüter vervielfacht [...] für den Heeresbedarf und den Bedarf der Staatsbeamten staatlich geleitete Werkstätten und Konsumvereine, die Binnenschiffahrt an staatliche Schlepperei gebunden, die Seeschiffahrt staatlich kontrolliert, alle Eisenbahnen usw. verstaatlicht, dazu etwa noch die Baumwolleinfuhr durch Staatsverträge geregelt und staatlich geleitet und alle diese Betriebe in bürokratischer »Ordnung« geführt, staatlich »kontrollierte« Syndikate, alles Übrige zünftig, durch zahllose Befähigungsnachweise akademischer und anderer Art, reguliert, den Typus des »rentier paisible« verallgemeinert, – so wäre, unter einem militaristisch-dynastischen Regime, der Zustand der späteren Kaiserzeit, nur auf technisch vollkommenerer Grundlage, erreicht. Von der Qualität seiner Vorfahren in der Zeit der Städtebünde hat der heutige deutsche »Bürger«

9 Vermögen (zu lat. fideicomissum = zu treuen Händen), bestehend aus einem einzelnen Gegenstand oder einer Mehrzahl von Sachen und/oder Rechten (insbes. Landbesitz), das einer Familie dauernd erhalten bleiben soll und daher ungeteilt einer (männlichen) Einzelperson zugewandt wird, die Nutzungsrechte, aber keine Verfügungsrechte (z.B. Veräußerung) hat. Die Rechtsfigur des Fideikommiß entstand im Hoch-Mittelalter, als zunächst der Adel durch Familienverträge bzw. Hausgesetze Erbteilungen ausschloß. Später auch dem Bürgertum zugänglich, wurde der Fideikommiß seit der Französischen Revolution bekämpft, endgültige Auflösung in Deutschland erst 1919.

schließlich nicht sehr viel mehr als der Athener in der Zeit der Cäsaren von denjenigen der Marathonkämpfer. Die »Ordnung« ist sein Panier, – meist auch wenn er »Sozialdemokrat« ist. Die Bürokratisierung der Gesellschaft wird bei uns des Kapitalismus aller Voraussicht nach *irgendwann* ebenso Herr werden, wie im Altertum. Auch bei uns wird dann an Stelle der »Anarchie der Produktion« jene »Ordnung« treten, welche, im Prinzip ähnlich, die römische Kaiserzeit und, noch mehr, das »neue Reich« in Ägypten und die Ptolemäerherrschaft auszeichnet. Und man glaube nur ja nicht, daß der Waffendienst in einem bürokratisch mit Kriegsmaschinen versehenen, gekleideten, sustentierten, gedrillten, kommandierten Kasernenheer ein »Gegengewicht« bieten könne, und daß überhaupt die moderne militärische Zwangsrobott in *dynastischen* Staaten mit der bürgerlichen Wehrhaftigkeit der fernen Vergangenheit innere Verwandtschaft habe. – Doch diese Perspektiven gehören nicht hierher. Das Kontinuum der mittelländisch-europäischen Kulturentwicklung kannte *bisher* weder abgeschlossene »Kreisläufe« *noch* eine eindeutig orientierte »gradlinige« Entwicklung. Zeitweise gänzlich versunkene Erscheinungen der antiken Kultur sind später in einer ihnen fremden Welt wieder aufgetaucht. Andererseits sind, wie die Städte der Spätantike, speziell des Hellenismus, auf dem Gebiet des Gewerbes, so die spätantiken *Grundherrschaften* auf agrarischem Gebiet *Vorstufen* des Mittelalters gewesen. Daß und in welchem Sinn dies gilt, ist an andrer Stelle [...] zu erörtern.

Über einige Kategorien der verstehenden Soziologie [1913]

I. Sinn einer »verstehenden« Soziologie

Menschliches (»äußeres« oder »inneres«) Verhalten zeigt sowohl Zusammenhänge wie Regelmäßigkeiten des Verlaufs wie alles Geschehen. Was aber, wenigstens im vollen Sinne,
nur | menschlichem Verhalten eignet, sind Zusammenhänge 404
und Regelmäßigkeiten, deren Ablauf *verständlich* deutbar ist. Ein durch Deutung gewonnenes »Verständnis« menschlichen Verhaltens enthält zunächst eine spezifische, sehr verschieden große, qualitative »Evidenz«. Daß eine Deutung diese Evidenz in besonders hohem Maße besitzt, beweist an sich noch nichts für ihre empirische Gültigkeit. Denn ein in seinem äußeren Ablauf und Resultat gleiches Sichverhalten kann auf unter sich höchst verschiedenartigen Konstellationen von Motiven beruhen, deren verständlich-evidenteste nicht immer auch die wirklich im Spiel gewesene ist. Immer muß vielmehr das »Verstehen« des Zusammenhangs noch mit den sonst gewöhnlichen Methoden kausaler Zurechnung, soweit möglich, kontrolliert werden, ehe eine noch so evidente Deutung zur gültigen »verständlichen Erklärung« wird. Das Höchstmaß an »Evidenz« besitzt nun die zweckrationale Deutung. Zweckrationales Sichverhalten soll ein solches heißen, welches ausschließlich orientiert ist an *(subjektiv)* als adäquat vorgestellten Mitteln für (subjektiv) eindeutig erfaßte Zwecke. Keineswegs nur zweckrationales Handeln ist uns verständlich: wir »verstehen« auch den typischen Ablauf der Affekte und ihre typischen Konsequenzen für das Verhalten. Das »Verständliche« hat für die empirischen Disziplinen flüssige Grenzen. Die Ekstase und das mystische Erlebnis sind ebenso wie vor allem gewisse Arten psychopathischer Zusammenhänge

oder das Verhalten kleiner Kinder (oder etwa: der uns hier nichts angehenden Tiere) unserem Verstehen und verstehenden Erklären nicht in gleichem Maße wie andere Vorgänge zugänglich. Nicht etwa das »Abnorme« als solches entzieht sich dem verstehenden Erklären. Im Gegenteil: das, als einem »Richtigkeitstypus« (im bald zu erörternden Wortsinn) entsprechend absolut »Verständliche« und zugleich »Einfachste« zu erfassen kann gerade die Tat des aus dem Durchschnitt weit Hervorragenden sein. Man muß, wie oft gesagt worden ist, »nicht Cäsar sein, um Cäsar zu verstehen«. Sonst wäre alle Geschichtsschreibung sinnlos. Umgekehrt gibt es Hergänge, die wir als »eigene« und zwar »psychische« ganz alltägliche Leistungen eines Menschen ansehen, die aber in ihrem Zusammenhang jene qualitativ spezifische Evidenz, welche das Verständliche auszeichnet, überhaupt nicht besitzen. Ganz ebenso wie viele psychopathischen Vorgänge ist z.B. der Ablauf der
405 Gedächtnis- und intellektuellen | Übungserscheinungen nur teilweise »verstehbar«. Feststellbare Regelmäßigkeiten solcher psychischen Vorgänge behandeln die verstehenden Wissenschaften daher ganz wie die Gesetzlichkeiten der physischen Natur.

Die spezifische Evidenz des zweckrationalen Sichverhaltens hat natürlich nicht zur Folge, daß etwa speziell die rationale Deutung als Ziel soziologischer Erklärung anzusehen wäre. Bei der Rolle, welche »zweckirrationale« Affekte und »Gefühlslagen« im Handeln des Menschen spielen, und da auch jede zweckrational verstehende Betrachtung fortgesetzt auf Zwecke stößt, die ihrerseits *nicht* mehr wieder als rationale »Mittel« für andere Zwecke gedeutet, sondern nur als nicht weiter rational deutbare Zielrichtungen hingenommen werden müssen, – mag ihre Entstehung als solche dann auch weiterhin Gegenstand »psychologisch« verstehender Erklärung sein, – könnte man ebensogut das gerade Gegenteil behaupten. Allerdings aber bildet das rational deutbare Sichverhalten bei der soziologischen Analyse verständlicher Zusammenhänge sehr oft den geeignetsten »Idealtypus«: Die Soziologie

wie die Geschichte deuten zunächst »pragmatisch«, aus rational verständlichen Zusammenhängen des Handelns. Derart verfährt z.B. die Sozialökonomik mit ihrer rationalen Konstruktion des »Wirtschaftsmenschen«. Ebenso aber überhaupt die verstehende Soziologie. Denn als ihr spezifisches Objekt gilt uns nicht jede beliebige Art von »innerer Lage« oder äußerem Sichverhalten, sondern: *Handeln*. »Handeln« aber (mit Einschluß des gewollten Unterlassens und Duldens) heißt uns stets ein verständliches, und das heißt ein durch irgendeinen, sei es auch mehr oder minder unbemerkt, »gehabten« oder »gemeinten« (*subjektiven*) Sinn spezifiziertes Sichverhalten zu »Objekten«. Die buddhistische Kontemplation und die christliche Askese der Gesinnung sind subjektiv sinnhaft auf für die Handelnden »innere«, das rationale ökonomische Schalten eines Menschen mit Sachgütern auf »äußere« Objekte bezogen. Das für die verstehende Soziologie spezifisch wichtige Handeln nun ist im speziellen ein Verhalten, welches 1. dem subjektiv gemeinten Sinn des Handelnden nach auf das *Verhalten anderer* bezogen, 2. durch diese seine sinnhafte Bezogenheit in seinem Verlauf *mitbestimmt* und also 3. aus diesem (subjektiv) gemeinten Sinn heraus verständlich *erklärbar*
ist. Subjektiv sinnhaft auf die Außen- | welt und speziell auf 406
das Handeln anderer bezogen sind nun auch die Affekthandlungen und die für den Ablauf des Handelns, also indirekt, relevanten »Gefühlslagen«, wie etwa: »Würdegefühl«, »Stolz«, »Neid«, »Eifersucht«. Die verstehende Soziologie interessieren daran aber nicht die physiologisch en und früher sogenannten »psychophysischen« Erscheinungsformen: Pulskurven z. B. oder Verschiebungen des Reaktionstempos und dergleichen, auch nicht die nackt psychischen Gegebenheiten, z. B. die Kombination der Spannungs-, Lust- und Unlustgefühle, durch die sie charakterisiert werden können. Sondern sie differenziert ihrerseits nach den typischen *sinn*haften (vor allem: Außen-) Bezogenheiten des Handelns und deshalb dient ihr – wie wir sehen werden – das Zweckrationale als Idealtypus, gerade um die Tragweite des Zweckirrationalen abschät-

zen zu können. Wenn man den (subjektiv gemeinten) Sinn seiner Bezogenheit als die »Innenseite« des menschlichen Verhaltens bezeichnen wollte – ein nicht unbedenklicher Sprachgebrauch! – *nur* dann würde man sagen können: daß die verstehende Soziologie jene Erscheinungen ausschließlich »von innen heraus« d. h. aber dann: nicht durch Aufzählung ihrer physischen *oder psychischen* Phänomene, betrachtet. Unterschiede der psychologischen Qualitäten eines Verhaltens sind also nicht schon als solche für uns relevant. Gleichheit der sinnhaften Bezogenheit ist nicht gebunden an Gleichheit der im Spiel befindlichen »psychischen« Konstellationen, so sicher es ist, daß Unterschiede auf jeder Seite durch solche auf der andern bedingt sein können. Aber z. B. eine Kategorie wie »Gewinnstreben« gehört schlechterdings in keine »Psychologie«. Denn das »gleiche« Streben nach »Rentabilität« des »gleichen« geschäftlichen Unternehmens kann bei zwei aufeinanderfolgenden Inhabern nicht nur mit absolut heterogenen »Charakterqualitäten« Hand in Hand gehen, sondern direkt in seinem ganz gleichen Verlauf und Enderfolge durch gerade entgegengesetzte letzte »psychische« Konstellationen und Charakterqualitäten bedingt sein und auch die (für die Psychologie) letzten dabei maßgebenden »Zielrichtungen« brauchen keinerlei Verwandtschaft miteinander zu haben. Vorgänge, welche *nicht* einen auf das Verhalten anderer subjektiv bezogenen Sinn haben, sind um deswillen nicht etwa soziologisch *gleichgültig*. Im Gegenteil können gerade sie die entschei-
407 denden Bedingungen, und also: Bestimmungsgründe, | des Handelns in sich schließen. Auf die in sich sinnfremde »Außenwelt«, auf Dinge und Vorgänge der Natur, ist ja das Handeln zu einem für die verstehenden Wissenschaften sehr wesentlichen Teil sinnhaft bezogen: das theoretisch konstruierte Handeln des isolierten Wirtschaftsmenschen z. B. ganz ausschließlich. Aber die Relevanz von Vorgängen ohne subjektive »Sinnbezogenheit«, wie etwa des Ablaufs der Geburten- und Sterbeziffern, der Ausleseprozesse der anthropologischen Typen, ebenso aber die nackt psychischen Tatbestände besteht

für die verstehende Soziologie ganz ebenso lediglich in ihrer Rolle als »Bedingungen« und »Folgen«, an denen sinnhaftes Handeln orientiert wird, wie etwa für die Wirtschaftslehre diejenige von klimatischen oder pflanzenphysiologischen Sachverhalten.

Die Vorgänge der Vererbung z. B. sind nicht aus einem subjektiv gemeinten Sinn verständlich und sie sind es natürlich nur um so weniger, je exakter die naturwissenschaftlichen Feststellungen ihrer Bedingungen werden. Gesetzt z. B., es gelänge einmal – wir drücken uns hier bewußt »unfachmäßig« aus – das Maß von Vorhandensein bestimmter soziologisch relevanter Qualitäten und Triebe, z. B. solcher, welche entweder die Entstehung des Strebens nach bestimmten Arten von sozialer Macht oder die Chance, diese zu erlangen, begünstigen: – etwa die Fähigkeit zur rationalen Orientierung des Handelns im allgemeinen oder bestimmte andere angebbare intellektuelle Qualitäten im besonderen, – irgendwie mit einem Schädelindex oder mit der Herkunft aus bestimmten durch irgendwelche Merkmale bezeichenbaren Menschengruppen in annähernd eindeutigen Zusammenhang zu bringen. Dann hätte die verstehende Soziologie diese speziellen Tatsachen bei ihrer Arbeit selbstverständlich ganz ebenso in Anschlag zu bringen, wie z. B. die Tatsache des Aufeinanderfolgens der typischen Altersstufen oder etwa der Sterblichkeit der Menschen im allgemeinen. Ihre eigene Aufgabe aber begänne erst genau da, wo deutend zu erklären wäre: 1. durch welches sinnhaft auf Objekte, sei es der Außenwelt oder sei es der eigenen Innenwelt bezogene Handeln die mit jenen spezifischen ererbten Qualitäten begabten Menschen nun die dadurch mitbedingten oder begünstigten Inhalte ihres Strebens durchzusetzen suchten, wieweit und warum dies gelang oder warum nicht? – 2. welche verständlichen Folgen dieses (erbgutbedingte) Streben wiederum für das sinnhaft bezogene Verhalten *anderer* Menschen gehabt hat. |

II. Das Verhältnis zur »Psychologie«

408 Die verstehende Soziologie ist nach allem Gesagten nicht Teil einer »Psychologie«. Die unmittelbar »verständlichste Art« der sinnhaften Struktur eines Handelns ist ja das subjektiv streng rational orientierte Handeln nach Mitteln, welche (subjektiv) für eindeutig adäquat zur Erreichung von (subjektiv) eindeutig und klar erfaßten Zwecken gehalten werden. Und zwar am meisten dann, wenn auch dem Forscher jene Mittel für diese Zwecke geeignet scheinen. Wenn man ein solches Handeln »erklärt«, so heißt das aber gewiß nicht: daß man es aus »psychischen« Sachverhalten, sondern offenbar gerade umgekehrt: daß man es aus den Erwartungen, welche subjektiv über das Verhalten der *Objekte* gehegt wurden (subjektive Zweckrationalität), und nach gültigen Erfahrungen gehegt werden durften (objektive Richtigkeitsrationalität), und ganz ausschließlich aus diesen, ableiten will. Je eindeutiger ein Handeln dem Typus der Richtigkeitsrationalität entsprechend orientiert ist, desto weniger wird sein Ablauf durch irgendwelche psychologischen Erwägungen überhaupt sinnhaft verständlicher. Umgekehrt bedarf jede Erklärung von »irrationalen« Vorgängen, d. h. solchen, bei welchen entweder die »objektiv« richtigen Bedingungen des zweckrationalen Handelns unbeachtet oder (was zweierlei ist) auch subjektiv die zweckrationalen Erwägungen des Handelnden relativ weitgehend ausgeschaltet waren, eine »Börsenpanik« z. B., vor allen Dingen der Feststellung: wie denn im rationalen idealtypischen Grenzfall absoluter Zweck- und Richtigkeitsrationalität gehandelt worden *wäre*. Denn erst wenn dies feststeht, kann, wie die einfachste Erwägung lehrt, die kausale Zurechnung des Verlaufs sowohl zu objektiv wie zu subjektiv »irrationalen« Komponenten überhaupt vollzogen werden, weil man erst dann weiß: was denn überhaupt an dem Handeln – wie man sich charakteristisch auszudrücken pflegt: – »nur psychologisch« erklärlich, d. h. aber: Zusammenhängen zuzurechnen ist, welche auf objektiv irrtümlicher Orientiertheit oder auch auf subjektiver Zwe-

ckirrationalität und im letzten Fall entweder auf nur in Erfah-
rungsregeln erfaßbaren, aber ganz unverständlichen oder auf
verständlich, aber nicht zweckrational, deutbaren Motiven
ruht. Ein andres Mittel gibt es also auch für die Feststellung
nicht: was denn an dem – nehmen wir einmal an: vollständig
bekannten – »psychischen« Befund | für den Verlauf des Han- *409*
delns relevant geworden ist. Dies gilt absolut ausnahmslos für
schlechthin alle historische und soziologische Zurechnung.
Die letzten mit »Evidenz« erfaßbaren und in *diesem* Sinne »ver-
stehbaren« (»einfühlungsmäßig nacherlebbaren«) »Zielrich-
tungen« aber, auf welche eine verstehende Psychologie stößt,
(etwa: der »Geschlechtstrieb«) sind nur noch Gegebenheiten,
welche im Prinzip ganz ebenso wie jede andere, auch eine ganz
sinnfremde, Konstellation von Faktizitäten einfach hinzuneh-
men sind. Zwischen dem absolut (subjektiv) zweckrational
orientierten Handeln und den absolut unverständlichen psy-
chischen Gegebenheiten in der Mitte liegen nun, in der Reali-
tät durch gleitende Übergänge verbunden, die üblicherweise
so genannten »psychologisch« verständlichen (zweckirra-
tionalen) Zusammenhänge, auf deren höchst schwierige Ka-
suistik hier auch nicht einmal andeutend eingegangen werden
könnte. – Subjektiv zweckrational orientiertes und am objek-
tiv Gültigen »richtig« orientiertes (»richtigkeitsrationales«)
Handeln sind an sich gänzlich zweierlei. Dem Forscher kann
ein von ihm zu erklärendes Handeln im höchsten Grade
zweckrational, dabei aber an für ihn ganz ungültigen Annah-
men des Handelnden orientiert erscheinen. An magischen
Vorstellungen orientiertes Handeln beispielsweise ist subjek-
tiv oft weit zweckrationaleren Charakters als irgendein nicht
magisches »religiöses« Sichverhalten, da die Religiosität ja ge-
rade mit zunehmender Entzauberung der Welt zunehmend
(subjektiv) zweckirrationalere Sinnbezogenheiten (»gesin-
nungshafte« oder mystische z. B.) anzunehmen genötigt ist.
Auch abgesehen von der Zurechnung (s. o.) haben aber Ge-
schichtsschreibung und Soziologie immer wieder *auch* mit den
Beziehungen des tatsächlichen Ablaufs eines sinnhaft ver-

ständlichen Handelns zu demjenigen Typus zu tun, den dies Handeln annehmen »müßte«, *wenn* es dem (für den Forscher selbst) »Gültigen«, wir wollen sagen: dem »Richtigkeitstypus«, entsprechen sollte. Denn es kann für bestimmte (*nicht:* alle) Zwecke der Geschichtsschreibung und Soziologie die Tatsache: daß ein subjektiv sinnhaft orientiertes Sichverhalten (Denken und Tun) sich einem Richtigkeitstypus entsprechend, widersprechend oder mehr oder minder ihm sich annähernd orientiert, ein »um seiner selbst willen«, d. h. infolge der leitenden Wertbeziehungen höchst wichtiger Sachverhalt sein. Und ferner wird dies meist für den äußeren Ablauf – den
410 »Erfolg« – des | Handelns ein höchst entscheidendes kausales Moment sein. Ein Sachverhalt also, für welchen die konkret historischen oder typisch soziologischen Vorbedingungen in jedem Fall soweit aufzudecken sind, daß das Maß von Identität, Abweichung oder Widerspruch des empirischen Ablaufs gegenüber dem Richtigkeitstypus als verständlich *und dadurch* als durch die Kategorie der »sinnhaft adäquaten Verursachung« erklärt erscheint. Koinzidenz mit dem »Richtigkeitstypus« ist der »verständlichste«, weil »sinnhaft adäquateste« Kausalzusammenhang. »Sinnhaft adäquat verursacht« erscheint es der Geschichte der Logik, daß einem Denker bei einem bestimmt gearteten subjektiv sinnhaften Zusammenhang von Erörterungen über logische Fragen (»Problemlage«) ein dem Richtigkeitstypus der »Lösung« sich annähernder Gedanke »einfällt«. Im Prinzip ebenso, wie die Orientierung eines Handelns am »erfahrungsgemäß« Wirklichen uns spezifisch »sinnhaft adäquat verursacht« erscheint. Eine faktisch weitgehende Annäherung des realen Ablaufs eines Handelns an den Richtigkeitstypus, also *fakt*ische *objektive* Richtigkeitsrationalität, ist aber sehr weit davon entfernt, notwendig zusammenzufallen mit subjektiv zweckrationalem, d. h. nach eindeutig vollbewußten Zwecken und vollbewußt als »adäquat« gewählten Mitteln orientiertem Handeln. Ganz wesentliche Teile der verstehend psychologischen Arbeit bestehen ja zurzeit gerade in der Aufdeckung ungenügend oder garnicht bemerkter und

also in diesem Sinne nicht subjektiv rational orientierter Zusammenhänge, die aber dennoch tatsächlich in der Richtung eines weitgehend objektiv »rational« verständlichen Zusammenhanges verlaufen. Sehen wir von gewissen Teilen der Arbeit der sog. Psychoanalyse hier ganz ab, welche diesen Charakter haben, so enthält z. B. auch eine Konstruktion wie Nietzsches Theorie des Ressentiment eine Deutung, welche aus dem Pragma einer Interessenlage eine – ungenügend oder gar nicht bemerkte, weil aus verständlichen Gründen »uneingestandene« – objektive Rationalität des äußeren oder inneren Sichverhaltens ableitet. Übrigens ganz genau im (methodisch) gleichen Sinne, wie die ihr darin um Jahrzehnte vorangegangene Theorie des ökonomischen Materialismus es ebenfalls tut. In solchen Fällen geraten nun freilich sehr leicht das subjektiv, wenn auch unbemerkt, Zweckrationale und das objektiv Richtigrationale in eine nicht immer ganz geklärte Beziehung zueinander, | die uns jedoch hier nicht weiter angehen 411
soll. Es kam nur darauf an, das jederzeit Problematische und Begrenzte gerade des »nur Psychologischen« am »Verstehen« skizzenhaft (und notwendig ungenau) anzudeuten. Auf der einen Seite steht eine unbemerkte (»uneingestandene«) relativ weitgehende Rationalität des scheinbar gänzlich zweckirrationalen Verhaltens: »verständlich« ist es wegen jener Rationalität. Auf der andern Seite die hundertfach (namentlich in der Kulturgeschichte) zu belegende Tatsache: daß scheinbar direkt zweckrational bedingte Erscheinungen in Wahrheit durch ganz irrationale Motive historisch ins Leben gerufen waren und nachher, weil veränderte Lebensbedingungen ihnen ein hohes Maß von technischer »*Richtigkeits*rationalität« zuwachsen ließen, als »angepaßt« überlebten und sich zuweilen universell verbreiteten.

Die Soziologie nimmt natürlich Notiz nicht nur von der Existenz »vorgeschobener Motive« des Handelns, von »stellvertretenden Befriedigungen« von Triebrichtungen und dergleichen, sondern erst recht davon: daß auch schlechthin »unverständliche« qualitative Bestandteile eines Motivationsablaufs diesen in der eingreifendsten Weise auch in seiner sinnhaften Bezogenheit und in der Art seiner Auswirkung mitbestimmen. Das in seiner sinnhaften Bezogenheit »gleiche« Handeln nimmt schon bei rein quantitativ verschiedenem »Reaktionstempo« der handelnd Beteiligten zuweilen einen im schließlichen Effekt radikal verschiedenen Verlauf. Eben solche Unterschiede und erst recht qualitative Stimmungslagen lenken die ihrer »sinnhaften« Bezogenheit nach ursprünglich »gleich« angesponnenen Motivationsketten im Effekt oft in auch sinnhaft heterogene Bahnen.

Es sind für die Soziologie 1. der mehr oder minder annähernd erreichte Richtigkeitstypus, 2. der (subjektiv) zweckrational orientierte Typus, 3. das nur mehr oder minder bewußt oder bemerkt, und mehr oder minder eindeutig zweckrational orientierte, 4. das nicht zweckrational aber in sinnhaft verständlichem Zusammenhang, 5. das in mehr oder minder sinnhaft verständlichem, durch unverständliche Elemente mehr oder minder stark unterbrochenem oder mitbestimmtem Zusammenhang motivierte Sichverhalten, und endlich 6. die ganz unverständlichen psychischen oder physischen Tatbestände »in« und »an« einem Menschen durch völlig gleitende Übergänge verbunden. Daß nicht jedes »richtigkeitsratio-
412 nal« ablaufende Handeln subjektiv zweck-rational | bedingt war, weiß sie und daß insbesondere nicht die logisch rational erschließbaren, sondern die – wie man sagt – »psychologischen« Zusammenhänge das reale Handeln bestimmen, ist ihr selbstverständlich. [...] Genug: die Beziehungen zur »Psychologie« sind für die verstehende Soziologie in jedem Einzelfall verschieden gelagert. Die objektive Richtigkeitsrationalität dient ihr gegenüber dem empirischen Handeln, die Zweckrationalität gegenüber dem psychologisch sinnhaft Verständlichen, das sinnhaft verständliche gegenüber dem unverstehbar motivierten Handeln als Idealtypus, durch Vergleichung mit welchem die kausal relevanten Irrationalitäten (im jeweils verschiedenen Sinn des Worts) zum Zweck der kausalen Zurechnung festgestellt werden.

Wogegen sich die Soziologie aber auflehnen würde, wäre die Annahme: daß »Verstehen« und kausales »Erklären« *keine* Beziehung zueinander hätten, so richtig es ist, daß sie durchaus am entgegengesetzten Pol des Geschehens mit ihrer Arbeit beginnen, insbesondere die statistische Häufigkeit eines Sichverhaltens dieses um keine Spur sinnhaft »verständlicher« macht | und optimale »Verständlichkeit« als solche gar nichts *413*
für die Häufigkeit besagt, bei absoluter subjektiver Zweckrationalität sogar meist gegen sie spricht. Denn dessen ungeachtet sind sinnhaft verstandene seelische Zusammenhänge und speziell zweckrational orientierte Motivationsabläufe für die Soziologie durchaus dazu qualifiziert, als Glieder einer Kausalkette zu figurieren, welche z. B. mit »äußeren« Verumständungen beginnt und im Endpunkt wieder auf »äußeres« Sichverhalten führt. »Sinnhafte« Deutungen konkreten Verhaltens rein als solche sind natürlich auch für sie, selbst bei größter »Evidenz«, zunächst nur Hypothesen der Zurechnung. Sie bedürfen also der tunlichsten Verifikation mit prinzipiell genau den gleichen Mitteln wie jede andere Hypothese. Sie gelten uns als brauchbare Hypothesen dann, wenn wir ein, im Einzelfall höchst verschieden großes, Maß von »Chance« dafür annehmen dürfen, daß (subjektiv) »sinnhafte« Motivationsverkettungen vorliegen. Kausalketten, in welche zweckrational orientierte Motivationen durch deutende Hypothesen eingeschaltet sind, sind ja unter bestimmten dafür günstigen Umständen, und zwar gerade auch in bezug auf eben jene Rationalität, direkt der statistischen Nachprüfung und in diesen Fällen also einem (relativ) optimalen Beweise ihrer Gültigkeit als »Erklärungen« zugänglich. Und umgekehrt sind statistische Daten [...] wo immer sie den Ablauf oder die Folgen eines Verhaltens angeben, welches irgend etwas verständlich Deutbares in sich schließt, für uns erst dann »erklärt«, wenn sie auch wirklich im konkreten Fall sinnhaft gedeutet sind.

Der Grad der *Richtigkeits*rationalität eines Handelns endlich ist für eine empirische Disziplin eine *empirische* Frage. Denn empirische Disziplinen arbeiten, wo immer es sich um

die realen Beziehungen zwischen ihren *Objekten* (und nicht: um ihre eigenen logischen Voraussetzungen) handelt, unvermeidlich mit dem »naiven Realismus«, nur je nach der qualitativen Art des Objekts in verschiedenen Formen. Auch die mathematischen und logischen Sätze und Normen sind daher, wo sie Objekt soziologischer Forschung sind, z. B. wenn der Grad ihrer richtigkeitsrationalen »Anwendung« zum Ziel statistischer Untersuchung wird, für uns gerade »logisch« gar nichts als: konventionelle Gepflogenheiten eines praktischen Sichverhaltens – obwohl ihre Geltung doch andrerseits »Vor-
414 aussetzung« der | Arbeit des Forschers ist. Gewiß gibt es jene wichtigen Problematiken innerhalb unserer Arbeit, in welchen grade das Verhältnis des empirischen Verhaltens zum Richtigkeitstypus auch reales kausales *Entwicklungsmoment* empirischer Vorgänge wird. Aber diesen Sachverhalt als solchen aufzuzeigen, ist nicht etwa eine das Objekt des empirischen Charakters beraubende, sondern eine durch Wertbeziehungen bestimmte, die Art der verwendeten Idealtypen und ihre Funktion bedingende Zielrichtung der Arbeit. Die wichtige und selbst in ihrem Sinn schwierige allgemeine Problematik des »Rationalen« in der Geschichte braucht hier nicht nebenher erledigt zu werden. Denn für die allgemeinen Begriffe der *Soziologie* jedenfalls ist, logisch betrachtet, die Verwendung des »Richtigkeitstypus« prinzipiell nur *ein* Fall der Bildung von Idealtypen, wenn auch oft ein höchst wichtiger Fall. Gerade dem logischen Prinzip nach versieht er diese Rolle prinzipiell nicht anders wie, unter Umständen, ein zweckmäßig gewählter »Irrtumstypus« sie, je nach dem Zweck der Untersuchung, auch versehen kann. Für einen solchen ist freilich noch immer die Distanz gegen das »Gültige« maßgebend. Aber *logisch* ist es auch kein Unterschied: ob ein Idealtypus aus sinnhaft verständlichen oder aus spezifisch sinnfremden Zusammenhängen gebildet wird. Wie im ersten Fall die gültige »Norm«, so bildet im zweiten Fall eine empirisch zum »reinen« Typus sublimierte Faktizität den Idealtypus. Auch im ersten Fall ist aber nicht das empirische *Material* geformt

durch Kategorien der »Geltungssphäre«. Sondern es ist eben nur der konstruierte Idealtypus dieser entnommen. Und es hängt durchaus von den Wertbeziehungen ab, inwieweit gerade ein Richtigkeitstypus als Idealtypus zweckmäßig wird.

III. Verhältnis zur Rechtsdogmatik

Das Ziel der Betrachtung: »Verstehen«, ist schließlich auch der Grund, weshalb die verstehende Soziologie (in unserem Sinne) das Einzelindividuum und sein Handeln als unterste Einheit, als ihr »Atom« – wenn der an sich bedenkliche Vergleich hier einmal erlaubt ist – behandelt. Die Aufgabe anderer Betrachtungsweisen kann es sehr wohl mit sich bringen, das Einzelindividuum vielleicht als einen Komplex psychischer, chemischer oder anderer »Prozesse« irgendwelcher Art zu behandeln. Für die Soziologie aber kommt alles die Schwelle eines sinnhaft deutbaren Sichverhaltens zu »Objekten« (inneren oder äußeren) Unterschreitende nur ebenso in Betracht, wie die Vorgänge der »sinnfremden« Natur: als Bedingung oder subjektiver Bezogenheitsgegenstand des ersteren. Aus dem gleichen Grunde ist aber für diese Betrachtungsweise der Einzelne auch nach oben zu die Grenze und der einzige Träger sinnhaften Sichverhaltens. Keine scheinbar abweichende Ausdrucksform darf dies verschleiern. Es liegt in der Eigenart nicht nur der Sprache, sondern auch unseres Denkens, daß die Begriffe, in denen Handeln erfaßt wird, dieses im Gewande eines beharrenden Seins, eines dinghaften oder ein Eigenleben führenden »personenhaften« Gebildes, erscheinen lassen. So auch und ganz besonders in der Soziologie. Begriffe wie »Staat«, »Genossenschaft«, »Feudalismus« und ähnliche bezeichnen für die Soziologie, allgemein gesagt, Kategorien für bestimmte Arten menschlichen Zusammenhandelns und es ist also ihre Aufgabe, sie auf »verständliches« Handeln und das heißt ausnahmslos: auf Handeln der beteiligten Einzelmenschen, zu reduzieren. Dies ist bei anderen Betrachtungsweisen

keineswegs notwendig der Fall. Vor allem ist darin die soziologische von der juristischen Betrachtungsweise geschieden. Die Jurisprudenz behandelt z. B. unter Umständen den »Staat« ebenso als »Rechtspersönlichkeit« wie einen Einzelmenschen, weil ihre auf objektive Sinndeutung und das heißt: den gelten*sollenden* Inhalt von Rechtssätzen gerichtete Arbeit jenes begriffliche Hilfsmittel nützlich, vielleicht unentbehrlich, erscheinen läßt. Ganz ebenso wie ein Rechtssatz Embryonen als »Rechtspersönlichkeiten« behandelt, während für empirisch verstehende Disziplinen auch beim Kinde der Übergang von reinen Faktizitäten des praktisch relevanten Verhaltens zum
416 sinnhaft verständlichen »Handeln« | durchaus flüssig ist. Die Soziologie hat es dagegen, soweit für sie das »Recht« als Objekt in Betracht kommt, nicht mit der Ermittlung des logisch richtigen *»objektiven«* Sinngehaltes von »Rechtssätzen« zu tun, sondern mit einem *Handeln*, als dessen Determinanten und Resultanten natürlich unter anderem auch *Vorstellungen* von Menschen über den »Sinn« und das »Gelten« bestimmter Rechtssätze eine bedeutsame Rolle spielen. Darüber, also über das Konstatieren des tatsächlichen Vorhandenseins einer solchen Geltungsvorstellung, geht sie nur in der Weise hinaus, daß sie 1. auch die *Wahrscheinlichkeit* des Verbreitetseins solcher Vorstellungen in Betracht zieht, und 2. durch folgende Überlegung: daß empirisch jeweilig bestimmte Vorstellungen über den »Sinn« eines als geltend vorgestellten »Rechtssatzes« in den Köpfen bestimmter Menschen herrschen, hat unter bestimmten angebbaren Umständen die Konsequenz, daß das Handeln rational an bestimmten »Erwartungen« orientiert werden kann, gibt also konkreten Individuen bestimmte »Chancen«. Dadurch kann deren Verhalten erheblich beeinflußt werden. Dies ist die begriffliche soziologische Bedeutung der empirischen »Geltung« eines »Rechtssatzes«. Für die soziologische Betrachtung steht daher auch hinter dem Worte »Staat« – wenn sie es überhaupt verwendet – *nur* ein Ablauf von menschlichem Handeln besonderer Art. Wenn sie nun genötigt ist, hier wie oft das gleiche Wort wie die juristische Wissenschaft zu ge-

brauchen, so ist doch dessen juristisch »richtiger« Sinn dabei nicht der von ihr gemeinte. Es ist aber allerdings das unvermeidliche Schicksal aller Soziologie: daß sie für die Betrachtung des überall stetige Übergänge zwischen den »typischen« Fällen zeigenden realen Handelns sehr oft die scharfen, weil auf syllogistischer Interpretation von Normen ruhenden, juristischen Ausdrücke verwenden muß, um ihnen dann ihren eigenen, von dem juristischen der Wurzel nach verschiedenen, Sinn unterzuschieben. Und dazu kommt noch, daß, der Natur des Objekts entsprechend, fortwährend so verfahren werden muß: daß »eingelebte« und aus dem Alltag bekannte sinnhafte Zusammenhänge zur Definition anderer verwendet und dann nachträglich ihrerseits wieder mit Hilfe dieser letzteren definiert werden müssen. Wir gehen einige solche Definitionen durch. | 417

[Auslassung von: IV. »Gemeinschaftshandeln« und V. »Vergesellschaftung« und »Gesellschaftshandeln«, da Max Weber in der späteren Fassung des Ersten Teils von »Wirtschaft und Gesellschaft« von 1919/20, wie er weiter unten abgedruckt wird, diese Begrifflichkeit durch das Konzept des »Sozialen Handelns« ersetzt und präzisiert hat. |

VI. »Einverständnis«

Es gibt Komplexe von Gemeinschaftshandeln, welche *ohne* 428
eine zweckrational vereinbarte Ordnung dennoch 1. im Effekt so ablaufen, als ob eine solche stattgefunden hätte, und bei welchen 2. dieser spezifische Effekt durch die Art der Sinnbezogenheit | des Handelns der Einzelnen mitbestimmt ist. – 429
Jedes zweckrationale Eintauschen von »Geld« z. B. enthält, neben dem Einzelakt der Vergesellschaftung mit dem Tauschpartner, die sinnhafte Bezogenheit auf künftiges Handeln eines nur unbestimmt vorgestellten und vorstellbaren Umkreises von aktuellen und potentiellen Geldbesitzern, Geldliebhabern und Geldtauschreflektanten. Denn an der Erwartung:

daß auch andere Geld »nehmen« werden, welche den Geldgebrauch erst möglich macht, wird das eigene Handeln orientiert. Die sinnhafte Orientierung ist dabei zwar, im allgemeinen, eine solche an den eigenen und indirekt auch an vorgestellten fremden individuellen Interessen an der eigenen bzw. der fremden Güterbedarfsdeckung. Aber sie ist keine Orientierung an einer gesatzten Ordnung über die Art der Güterbedarfsdeckung der vorgestellten Beteiligten. Vielmehr ist das, mindestens relative, Fehlen einer solchen (»gemeinwirtschaftlichen«) Ordnung der Bedarfsdeckung der am Geldgebrauch Beteiligten ja gerade Voraussetzung des Geldgebrauchs. Dennoch ist nun dessen Gesamtresultat normalerweise in vieler Hinsicht so geartet, »als ob« es durch Orientierung an einer Ordnung der Bedarfsdeckung aller Beteiligten erreicht worden sei. Und zwar ist dies der Fall *infolge* der sinnhaften Bezogenheit des Handelns des Geldgebrauchers, dessen Lage, wie die jedes Tauschenden beim Tausch, innerhalb gewisser Grenzen durchschnittlich so gestaltet ist, daß sein Interesse ihm ein gewisses Maß von Rücksichtnahme auf die Interessen anderer normalerweise auferlegen wird, weil diese die normalen Bestimmungsgründe für diejenigen »Erwartungen« sind, die er seinerseits von ihrem Handeln hegen darf. Der »Markt«, als idealtypischer Komplex derartigen Handelns, zeigt also das oben mit »als ob« eingeführte Merkmal.

Eine *Sprach*gemeinschaft wird im idealtypischen »zweckrationalen« Grenzfall dargestellt durch zahlreiche einzelne Akte von Gemeinschaftshandeln, die orientiert sind an der Erwartung, bei einem Anderen »Verständnis« eines gemeinten Sinns zu erreichen. Daß dies massenhaft zwischen einer Vielheit von Menschen durch sinnhaft ähnlichen Gebrauch bestimmter äußerlich ähnlicher Symbole irgendwie annähernd so abläuft, »als ob« die Sprechenden ihr Verhalten an grammatischen zweckvoll vereinbarten Regeln orientierten, stellt, da es durch jene Sinnbezogenheit der Akte der individuellen Sprechenden determiniert ist, ebenfalls einen Fall dar, der dem eingangs erwähnten Merkmale entspricht. |

Gemeinsam ist beiden aber fast ausschließlich jenes Merkmal. Denn die Art, wie jener Gesamteffekt entsteht, läßt sich zwar für beide Fälle in einigen äußerlichen Parallelen illustrieren, die aber keinen erheblichen Erkenntniswert haben. Auf das »als ob« läßt sich also hier nur eine beidemale vorhandene *Problem*stellung für die Soziologie begründen, die aber sofort auf inhaltlich ganz verschiedene Begriffsreihen führt. Alle Analogien mit dem »Organismus« und ähnlichen Begriffen der Biologie sind zur Unfruchtbarkeit verurteilt. Dazu tritt nun, daß keineswegs *nur* durch Gemeinschaftshandeln von Menschen ein Gesamteffekt hervorgebracht werden kann, welcher so aussieht, »als ob« das Handeln durch vereinbarte Ordnung determiniert sei, sondern ebenso und noch weit drastischer durch die verschiedenen Formen »gleichartigen« und »Massen«handelns, welche dem Gemeinschaftshandeln nicht zugehören. 430

Denn zum »Gemeinschaftshandeln« soll ja nach der gewählten Definition sinnhafte Bezogenheit des Handelns der einen »auf« das der andern gehören. »Gleichartigkeit« des Verhaltens mehrerer genügt also nicht. Auch nicht jede Art von »Wechselwirkung«. Auch nicht die »Nachahmung« rein als solche. [...] Wenn in einer Straße eine Masse von Passanten auf einen Regenschauer durch Aufspannen des Schirms reagieren, so ist das kein Gemeinschaftshandeln (sondern: ein »massenhaft gleichartiges« Handeln). Auch nicht dasjenige Handeln, welches durch den bloßen, nicht mit sinnhafter Bezogenheit verbundenen »Einfluß« des Verhaltens Anderer hervorgerufen wird. Beispielsweise bei einer Panik. Oder wenn eine Masse von Straßenpassanten im Fall eines Gedränges irgendeiner »Massensuggestion« unterliegt. In solchen Fällen einer Beeinflussung des Verhaltens der Einzelnen durch die bloße Tatsache, daß auch andere Situationsbeteiligte sich in bestimmter Art verhalten, wollen wir von »massenbedingtem Sichverhalten« sprechen. Denn es ist kein Zweifel, daß die *bloße Tatsache*
der simultan und | selbst der örtlich getrennt handelnden, 431
aber (z. B. durch die Presse) zueinander in Beziehung gesetz-

ten »Masse« die Art des Verhaltens aller Einzelnen in einer hier nicht zu erörternden Art, deren Analyse den Gegenstand »massenpsychologischer« Untersuchung bildet, beeinflussen kann. Der Übergang vom »massenbedingten Handeln« zum Gemeinschaftshandeln ist natürlich in der Realität vollkommen flüssig. Schon die Panik enthält selbstverständlich neben rein massenbedingtem auch Elemente von Gemeinschaftshandeln. Das Verhalten jener Straßenpassanten entwickelt sich dazu, wenn etwa bei Bedrohung durch einen bewaffneten Trunkenbold eine Vielzahl von ihnen sich auf diesen stürzt und ihn durch gemeinsames, eventuell »arbeitsteiliges«, Zugreifen festhält. Oder wenn das gleiche geschieht, um einem schwer Verletzten gemeinsame Nothilfe angedeihen zu lassen. Da hier »arbeitsteilig« gehandelt wird, zeigt sich die Selbstverständlichkeit: daß Gemeinschaftshandeln nichts mit »gleichartigem« Handeln als solchem zu tun hat, sondern oft das Gegenteil bedeutet. Darin liegt auch die Verschiedenheit vom »nachahmenden« Handeln. »Nachahmung« kann bloßes »massenbedingtes« Sichverhalten oder mehr ein am Verhalten des Nachgeahmten im Sinn der »Nachbildung« orientiertes Handeln sein. Und dies wiederum mehr wegen einer – zweckrationalen oder andern – Schätzung des Wertes des nachgeahmten Handelns an sich, oder nur in sinnhafter Bezogenheit auf Erwartungen: z. B. aus »Konkurrenz«-Notwendigkeiten. Es führt eine umfassende Skala von Übergängen bis zu jenem Fall eines sehr spezifischen Gemeinschaftshandelns: wo ein Sichverhalten um deswillen nachgebildet wird, weil es als Merkmal der Zugehörigkeit zu einem Kreise von Menschen gilt, welche – gleichviel aus welchem Grunde – eine spezifische »soziale Ehre« beanspruchen und, in gewissem Umfang, auch genießen. Dieser letztere Fall aber überschreitet offenbar schon den Bereich des nur »nachahmenden« Handelns und wird durch diese Kategorie nicht erschöpfend charakterisiert.

Das Bestehen einer »Sprachgemeinschaft« bedeutet für uns nicht: daß massenbedingte Gleichartigkeit bei der Hervorbringung bestimmter Lautkomplexe existiere (das ist gar nicht

erforderlich), auch nicht nur: daß der eine »nachahmt«, was andere tun, sondern vielmehr ein Verhalten bei »Äußerungen«, welches an bestimmten, innerhalb eines Menschenkreises durchschnittlich | bestehenden Chancen sich »verständ- 432
lich« zu machen, sinnhaft orientiert ist und daher diesen sinnhaften Effekt im Durchschnitt auch erwarten »darf«. Ebenso wie »Herrschaft« nicht bedeutet: daß eine stärkere Naturkraft sich irgendwie Bahn bricht, sondern: ein sinnhaftes Bezogensein des Handelns der einen (»Befehl«) auf das der anderen (»Gehorsam«) und entsprechend umgekehrt, derart, daß im Durchschnitt auf das Eintreffen der Erwartungen, an welchen das Handeln beiderseits orientiert ist, gezählt werden *darf*.

Eine durch brauchbare Merkmale ausgezeichnete Kategorie von Erscheinungen gibt also jenes durch »als ob« gekennzeichnete Phänomen nicht ab. Wir wollen statt dessen im Anschluß an das über die »Nachahmung« und die »Herrschaft« soeben Gesagte eine andere Unterscheidung in dies Vielerlei von Sachverhalten hineintragen: Unter *»Einverständnis«* nämlich wollen wir den Tatbestand verstehen: daß ein an Erwartungen des Verhaltens Anderer orientiertes Handeln um deswillen eine empirisch »geltende« Chance hat, diese Erwartungen erfüllt zu sehen, weil die Wahrscheinlichkeit objektiv besteht: daß diese andern jene Erwartungen trotz des Fehlens einer Vereinbarung als sinnhaft »gültig« für ihr Verhalten praktisch behandeln werden. Begrifflich gleichgültig sind die Motive, aus welchen dieses Verhalten der anderen erwartet werden darf. Der Inbegriff von Gemeinschaftshandeln, welcher und soweit er in einer durch Orientierung an solchen »Einverständnis«-Chancen bedingten Art abläuft, soll »Einverständnishandeln« heißen.

Das objektiv – im Sinn der abschätzbaren Chancen – »geltende« Einverständnis ist natürlich nicht zu verwechseln mit dem subjektiven Zählen des einzelnen Handelnden darauf: daß andere die von ihm gehegten Erwartungen als sinnhaft gültig behandeln werden. Ebensowenig wie die empirische Geltung einer vereinbarten Ordnung mit der subjektiven Er-

wartung der Innehaltung ihres subjektiv gemeinten Sinnes. In beiden Fällen besteht aber zwischen dem (logisch unter der Kategorie der »objektiven Möglichkeit« erfaßten) *durchschnittlichen* objektiven Gelten der Chance und den jeweils *durchschnittlichen* subjektiven Erwartungen gegenseitig die Beziehung der verständlich adäquaten Verursachtheit. – Das subjektive Orientieren des Handelns am Einverständnis kann, ebenso wie bei der Vereinbarung, im Einzelfall nur scheinbar
433 oder nur annähernd | vorliegen und das wird auf den Grad und die Eindeutigkeit der empirischen Geltungschancen nicht ohne Wirkung bleiben. Die einzelnen durch Einverständnis Vergemeinschafteten können absichtsvoll einverständniswidrig, ganz ebenso wie die Vergesellschafteten vereinbarungswidrig handeln. Wie bei der Vergesellschaftung der »Dieb« unseres Beispiels, so kann z. B. beim Herrschafts-Einverständnis der »Ungehorsame« dennoch an dessen, subjektiv erfaßten, Sinngehalt sein Handeln (durch Verhehlung) orientieren. Der Begriff »Einverständnis« darf daher auch in subjektiver Hinsicht nicht etwa verwechselt werden mit der »Zufriedenheit« der Beteiligten über dessen empirische Geltung. Furcht vor üblen Folgen kann das »Sichfügen« in den durchschnittlichen Sinngehalt einer Gewaltherrschaftsbeziehung ganz ebenso bedingen wie das Eingehen einer dem einzelnen unerwünschten »freien« Vereinbarung. Dauernde Unzufriedenheit gefährdet freilich die Chancen des empirischen Bestandes, hebt aber das Einverständnis so lange nicht auf, als der Gewaltherrscher auf eine (dem durchschnittlich erfaßten Sinn entsprechende) Befolgung seiner Befehle zählen zu können objektiv eine relevante Chance hat. Warum? ist insofern wichtig, als – ganz wie bei der Vergesellschaftung – die *bloße* Orientiertheit an den »Erwartungen« des Verhaltens des oder der *Anderen* (z. B. bloße »Furcht« der »Gehorchenden« vor dem »Herrn«) den Grenzfall und ein hohes Maß von Labilität bedeutet, da die »Erwartungen« auch hier um so mehr objektiv »begründet« sind, je mehr mit Wahrscheinlichkeit darauf gezählt werden kann, daß die »Einverstandenen« durchschnittlich ein (subjektiv) »ein-

verständnisgemäßes« Handeln als für sie (gleichviel warum) »verbindlich« *ansehen* werden. Auch Vereinbarungen »gelten« letztlich kraft dieses (Legalitäts-) Einverständnisses. Geltendes Einverständnis darf dabei nicht mit »stillschweigender Vereinbarung« identifiziert werden. Natürlich führt von der explicite vereinbarten Ordnung zum Einverständnis eine Skala von Übergängen, auf welcher sich *auch* ein solches Verhalten findet, welches die Beteiligten durchschnittlich gegenseitig als eine stillschweigend vereinbarte Ordnung praktisch behandeln. Dies bietet aber prinzipiell gegenüber der ausdrücklichen Vereinbarung keine Besonderheit. Und eine »undeutliche« Vereinbarung ist empirisch eine nach den jeweils verbreiteten Deutungsgewohnheiten der *Chance* verschiedener praktischer Konse- | quenzen besonders stark ausgesetzte Ord- 434
nung. Dagegen das »geltende« Einverständnis in seinem reinen Typus enthält nichts mehr von Satzung oder, speziell, von Vereinbarung. Die durch Einverständnis Vergemeinschafteten können unter Umständen persönlich nie etwas voneinander gewußt haben und dabei kann dennoch das Einverständnis sogar eine empirisch fast unverbrüchlich geltende »Norm« darstellen: so beim sexuellen Verhalten zwischen erstmalig zusammentreffenden Mitgliedern einer exogamen Sippe, die sich ja oft weithin durch politische und selbst sprachverschiedene Gemeinschaften hindurch erstreckt. Ebenso beim Geldgebrauch, wo das Einverständnis in der Chance des nach dem gemeinten Sinn bei dem betreffenden Tauschakt als Geld behandelten Gutes besteht, von einer unbekannten Vielzahl als »gültiges« Mittel zur Zahlung von Schulden, d. h. zur Ableistung eines als »verbindlich« geltenden Gemeinschaftshandelns behandelt zu werden.

Es gehört *nicht jedes* Gemeinschaftshandeln zur Kategorie des Einverständnishandelns, sondern erst jenes, welches durchschnittlich seine Orientierung eben auf die Chance des Einverständnisses gründet. Die soziale Absonderung von Rassegenossen also z. B. dann, wenn in irgendeinem relevanten Grade darauf gezählt werden darf, daß die Beteiligten sie im

Durchschnitt wie ein *verbindliches* Verhalten praktisch behandeln werden. Sonst liegt, je nachdem, massenbedingtes oder einfaches Gemeinschaftshandeln der Einzelnen ohne Einverständnis vor. Die Flüssigkeit des Übergangs liegt auf der Hand. Besonders stark ist sie in Fällen wie bei der Festhaltung des Trunkenbolds oder der Nothilfe. Mehr als bloß faktisches Zusammen*wirken* durch einfaches Gemeinschaftshandeln liegt da bei den einzelnen Mithandelnden subjektiv nur dann vor, wenn das Handeln an irgendeinem als empirisch »geltend« vorausgesetzten Einverständnis orientiert ist, also etwa: daß jeder Einzelne bei jenem aktuellen Zusammenhandeln so weit und so lange beteiligt zu bleiben sich verbunden halten werde, wie dies dem durchschnittlich erfaßten »Sinn« desselben entspreche. Jene beiden Beispiele verhalten sich dabei graduell durchschnittlich verschieden: Nothilfehandeln mehr im Sinn des Bestehens einer Einverständnischance, also eines Einverständnishandelns, das andere mehr als bloß faktisch zusammenwirkendes Gemeinschaftshandeln. Und natürlich ist
435 nicht jedes äußerlich als ein »Zusammenwirken« | sich präsentierende Verhalten mehrerer schon ein Gemeinschafts- oder gar ein Einverständnishandeln. Und ein äußerliches Zusammenhandeln gehört seinerseits andererseits keineswegs zum Begriff des Einverständnishandelns. Es fehlt z. B. in allen Fällen der sinnhaften Bezogenheit auf das Handeln unbekannter Dritter ganz. In ähnlicher Art wie in jenen beiden Beispielen unterscheidet sich graduell auch das Einverständnishandeln der Sippegenossen von dem auf das potentielle Handeln anderer Tauschreflektanten bezogenen Gemeinschaftshandeln. Nur soweit, als im letzteren Fall die Erwartungen sich auf Chancen der durchschnittlichen Orientiertheit des fremden Handelns an angenommenen *Gültig*keiten gründet, also normalerweise nur soweit sie »Legalitätserwartungen« sind, konstituieren sie hier Einverständnis. Und nur insoweit ist also das Handeln Einverständnishandeln. Im übrigen nur: einverständnis*bedingtes* Gemeinschaftshandeln. Andererseits zeigt schon das Beispiel der Nothilfe, daß das »Einverständnis« zum

Inhalt auch eine ganz konkrete Zweckbezogenheit ohne abstrakten »Regel«-Charakter haben kann. Es kann aber auch in Fällen, wo wir ein »Perennieren« einer und derselben Einverständnisvergemeinschaftung, etwa einer »Freundschaft«, annehmen, ein fortwährend inhaltlich wechselnder und nur durch Bezugnahme auf einen idealtypisch konstruierbaren, von dem jeweils Handelnden irgendwie als geltend behandelten, perennierenden *Sinn*gehalt angebbarer Inhalt sein. Auch dieser kann bei bleibender Identität der Personen wechseln: dann ist es auch hier durchaus Frage der Zweckmäßigkeit, ob man die nunmehrige Beziehung als veränderte »Fortsetzung« oder als »neu« bezeichnen will. Dies Beispiel, und erst recht etwa das einer erotischen Beziehung, zeigt ferner, daß selbstverständlich die das Einverständnis konstituierenden Sinnbezogenheiten und »Erwartungen« nicht im mindesten den Charakter eines zweckrationalen Kalküls und einer Orientierung an rational konstruierbaren »Ordnungen« haben müssen. Die »geltende« Orientiertheit an »Erwartungen« besagt beim Einverständnis vielmehr lediglich: daß der eine durchschnittlich sein eigenes Verhalten auf einen bestimmten mehr oder minder häufig als »gültig« angenommenen, aber dabei vielleicht höchst irrationalen Sinngehalt des (inneren oder äußeren) Verhaltens des anderen einstellen zu können die *Chance* hat. Durchaus eine Frage des Einzelfalls ist es daher auch, ganz ebenso wie bei der | Vergesellschaftung: inwieweit aus dem 436
durchschnittlich etwa in »Regeln« angebbaren Sinngehalt des Einverständnisses durchschnittlich generelle Regelmäßig*keiten* des praktischen Verhaltens folgen. Denn auch hier ist das einverständnis*bedingte* Handeln nicht mit dem Einverständnishandeln identisch. »Standeskonvention« z. B. ist ein Einverständnishandeln, konstituiert durch dasjenige Verhalten, welches jeweils durchschnittlich als obligatorisch empirisch »gilt«: Durch das »Geltungs«-Einverständnis unterscheidet sich die »Konvention« von der bloßen, auf irgendeiner »Eingeübtheit« und gewohnten »Eingestelltheit« beruhenden »Sitte«, wie durch das Fehlen des Zwangsapparats vom »Recht«, – na-

türlich nach beiden Seiten flüssig. Eine Standeskonvention kann nun aber faktische Konsequenzen für das Verhalten der Teilhaber herbeizuführen geeignet sein, welche empirisch nicht als einverständnismäßig obligatorisch gelten. Feudale Konventionen z. B. können die Auffassung des Handels als widersittlich bedingen und infolgedessen eine Herabsetzung des Maßes der eigenen Legalität im Verkehr mit Händlern herbeiführen.

Gänzlich verschiedene subjektive Motive, Zwecke und »innere Lagen«, zweckrational oder »nur psychologisch« verständliche, können als Resultante ein seiner subjektiven Sinnbezogenheit nach gleiches Gemeinschaftshandeln, und ebenso ein seiner empirischen Geltung nach gleiches »Einverständnis« erzeugen. Reale Grundlage des Einverständnishandelns ist lediglich eine auf die je nachdem verschieden eindeutige Geltung des »Einverständnisses« und nichts anderes hinwirkende Konstellation »äußerlicher« oder »innerlicher« Interessen, deren Bestand durch untereinander im übrigen sehr heterogene inneren Lagen und Zwecke der Einzelnen bedingt sein kann. Damit ist natürlich nicht etwa geleugnet, daß für die einzelnen nach der vorwaltenden subjektiven »Sinnrichtung« zu scheidenden Arten von Gemeinschaftshandeln sowohl wie speziell von Einverständnishandeln sich recht wohl Motive, Interessen und »innere Lagen« inhaltlich angeben lassen, welche durchschnittlich am häufigsten deren Entstehung und Fortbestand begründen. Eben diese Feststellung ist ja eine der Aufgaben jeder inhaltlichen Soziologie. Solche ganz allgemeine Begriffe aber, wie sie hier zu definieren waren, sind notwendig inhaltsarm. Flüssig ist natürlich der Übergang vom Einverständnishandeln zum Gesellschaftshandeln - wel-
437 ches ja | lediglich den durch Satzung geordneten Spezialfall darstellt. So geht das Einverständnishandeln von Trambahnpassagieren, welche in einem Konflikt eines anderen Passagiers mit dem Schaffner für jenen »Partei ergreifen«, in Gesellschaftshandeln über, wenn sie sich nachher etwa zu einer gemeinsamen »Beschwerde« verbinden. Und vollends wo im-

mer zweckrational eine Ordnung geschaffen wird, ist »Vergesellschaftung« vorhanden, wenn auch in höchst verschiedenem Umfang und Sinn. [...] Und umgekehrt pflegt fast jeder Vergesellschaftung ein über den Umkreis ihrer rationalen Zwecke hinaus übergreifendes (»vergesellschaftungs*bedingtes*«) Einverständnishandeln zwischen den Vergesellschafteten zu entspringen. Jeder Kegelklub hat für das Verhalten der Teilnehmer zueinander »konventionelle« Konsequenzen, d.h. er stiftet außerhalb der Vergesellschaftung liegendes an »Einverständnis« orientiertes Gemeinschaftshandeln.

Der einzelne Mensch ist nun bei seinem Handeln fortwährend an zahlreichem und immer anderem Gemeinschaftshandeln, Einverständnishandeln und Gesellschaftshandeln beteiligt. Sein Gemeinschaftshandeln kann denkbarerweise in jedem einzelnen Akt auf einen anderen Umkreis fremden Handelns und auf andere Einverständnisse und Vergesellschaftungen sinnhaft bezogen sein. Je zahlreicher und mannigfaltiger nach der Art der für sie konstitutiven Chancen nun die Umkreise sind, an denen der Einzelne sein Handeln *rational* orientiert, desto weiter ist die »rationale gesellschaftliche *Differenzierung*« vorgeschritten, je mehr es den Charakter der *Vergesellschaftung* annimmt, desto weiter die »rationale gesellschaftliche *Organisation*«. An einer Vielzahl von Arten des Gemeinschaftshandeln kann dabei der Einzelne natürlich auch durch ein und denselben Akt seines Handelns beteiligt sein. Ein Tauschakt, | den jemand mit X, dem Bevollmächtig- *438*
ten von Y, vollzieht, der etwa seinerseits »Organ« eines Zweckvereins ist, enthält 1. eine Sprach- und 2. Schriftvergesellschaftung, 3. eine Tauschvergesellschaftung mit X persönlich, 4. eine solche mit Y persönlich, 5. eine solche mit dem Gesellschaftshandeln der an jenem Zweckverein Beteiligten; 6. ist der Tauschakt in seinen Bedingungen an den Erwartungen des potentiellen Handelns anderer Tauschreflektanten (Konkurrenten von beiden Seiten) und an den entsprechenden Legalitätseinverständnissen mit orientiert usw. Eine Handlung muß zwar Gemeinschaftshandeln darstellen, um

Einverständnis*handeln* zu sein, nicht aber um einverständnis*orientiert* zu sein. Jede Disposition über Vorräte und Besitztümer eines Menschen ist, ganz abgesehen davon, daß sie normalerweise erst durch die Chance des Schutzes, welchen der Zwangsapparat der politischen Gemeinschaft gewährt, möglich wird, auch dann und soweit einverständnisorientiert, als sie im Hinblick auf die Möglichkeit der Veränderung der eigenen Vorräte durch Tausch nach außen erfolgt. Vollends eine geldwirtschaftliche »Privatwirtschaft« umschließt eitel Gesellschafts-, Einverständnis- und Gemeinschaftshandeln. Nur der rein theoretische Grenzfall: die Robinsonade, ist von allem Gemeinschaftshandeln und daher auch von allem einverständnisorientierten Handeln völlig frei. Denn sie ist sinnhaft lediglich auf die Erwartungen des Verhaltens der Naturobjekte bezogen. Ihre bloße Denkbarkeit genügt daher, um deutlich zu illustrieren: daß nicht alles *»wirtschaftliche«* Handeln schon begrifflich *Gemeinschafts*handeln in sich schließt. Der Sachverhalt ist vielmehr ganz generell der: daß gerade die begrifflich »reinsten« Typen in den einzelnen Sphären des Handeln jenseits des Gemeinschaftshandelns und der Einverständnisse liegen, auf dem Gebiet des Religiösen ebenso wie in der Wirtschaft, der wissenschaftlichen und künstlerischen Konzeption. Der Weg der »Objektivation« führt nicht notwendig, freilich aber der Regel nach schnell zum Gemeinschaftshandeln und, wenn auch nicht notwendig immer, so doch in aller Regel speziell zum Einverständnishandeln.

Ganz und gar nicht darf man, nach allem Gesagten, Gemeinschaftshandeln, Einverständnis und Vergesellschaftung etwa mit der Vorstellung eines »Mit- und Füreinander« im Gegensatz zu einem »Gegeneinander« identifizieren. Nicht nur selbstverständlich die ganz amorphe Vergemeinschaftung,
439 sondern auch | »Einverständnis« ist für uns durchaus nicht identisch mit »Exklusivität« gegen andere. Ob ein Einverständnishandeln »offen« ist, d. h. jederzeit jedem, der da will, die Beteiligung möglich ist, oder ob und in welchem Maße es »geschlossen« ist, d.h. die Beteiligten die Teilnahme daran für

Dritte, rein einverständnismäßig oder durch Vergesellschaftung, unmöglich machen, ist Frage des Einzelfalles. Eine konkrete Sprachgemeinschaft oder Marktgemeinschaft haben jeweils irgendwo (meist: flüssige) Grenzen. D.h. jeweils kann normalerweise nicht jeder überhaupt existierende Mensch bei den »Erwartungen« als – aktueller und potentieller – Teilhaber des Einverständnisses in Betracht gezogen werden, sondern nur eine, oft höchst unbestimmt zu begrenzende, Vielheit. Aber die Sprachgemeinschaftsbeteiligten z. B. haben normalerweise kein Interesse am Ausschluß Dritter vom Einverständnis (wohl natürlich, je nach Umständen, an einer konkreten Konversation), und auch die Marktinteressenten sind oft gerade an der »Erweiterung« des Marktes interessiert. Dennoch können sowohl eine Sprache (als sakrale, ständische oder Geheimsprache) wie ein Markt monopolistisch durch Einverständnis und Vergesellschaftung »geschlossen« werden. Und andererseits kann selbst die normalerweise durch Vergesellschaftung geschlossene Beteiligung am spezifischen Gemeinschaftshandeln konkreter politischer Machtgebilde, gerade im Machtinteresse, weitgehend (für »Einwanderer«) offengehalten werden.

Die am Einverständnishandeln Beteiligten *können* mit diesem ein gemeinsames gegen außen gerichtetes Interesse verfolgen. Aber dies ist nicht nötig. Einverständnishandeln ist nicht gleich »Solidarität« und auch Gesellschaftshandeln ist keineswegs ein exklusiver Gegensatz zu demjenigen Gemeinschaftshandeln von Menschen, welches wir »*Kampf*« nennen, d. h. – ganz allgemein – dem Streben, den eigenen Willen gegen einen widerstrebenden anderen, unter Orientierung an den Erwartungen des Verhaltens des andern, durchzusetzen. Der Kampf durchzieht vielmehr potentiell alle Arten von Gemeinschaftshandeln überhaupt. Inwieweit z. B. ein Akt der Vergesellschaftung den Ausdruck der Solidarität gegen Dritte oder ein Interessenkompromiß oder nur eine aus irgendwelchen Gründen den Beteiligten erwünscht gewesene Verschiebung der Kampfformen und Kampfgegenstände dem durch-

schnittlich (aber vielleicht individuell verschieden) subjektiv
440 gemeinten Zweck nach praktisch | bedeutet, ist Sache des Einzelfalls. Oft von jedem etwas. Es gibt keinerlei Einverständnisgemeinschaft, einschließlich der mit schrankenlosestem Hingabegefühl verknüpften, wie etwa erotischer oder karitativer Beziehungen, welche nicht, jenem Gefühl zum Trotz, rücksichtsloseste Vergewaltigung des anderen in sich schließen könnte. Und die Mehrzahl aller »Kämpfe« schließt andererseits irgendein Maß von Vergesellschaftung oder Einverständnis ein. Es liegt hier der bei soziologischen Begriffen häufige Fall vor, daß deren Tatbestände sich teilweise überdecken, und zwar vermöge der gleichen, nur von verschiedenen Gesichtspunkten aus angesehenen, Merkmale. Der von jeglicher Art von Vergemeinschaftung mit dem Gegner ganz freie Kampf ist nur ein Grenzfall. Von einem Mongolensturm etwa ausgehend, über die heutige, »völkerrechtlich«, sei es noch so prekär, mitbedingte Art der Kriegsführung, weiter über die ritterliche Fehde, wo die zulässigen Waffen und Kampfmittel geregelt werden (»Messieurs les Anglais, tirez les premiers«), zum geregelten gerichtlichen Zweikampf und zur freundschaftlichen »Bestimmungsmensur«, die schon dem sportlichen »Wettkampf« zugehört, finden wir stufenweise zunehmende Fragmente einer Einverständnis-Vergemeinschaftung der Kämpfer, und wo der gewaltsame Kampf in »Konkurrenz«, sei es um olympische Kränze oder Wahlstimmen oder sonstige Machtmittel oder um soziale Ehre oder Gewinn übergeht, vollzieht er sich durchaus auf dem Boden einer rationalen Vergesellschaftung, deren Ordnungen dabei als »Spielregeln« dienen, welche die Kampfformen bestimmen, damit aber auch die Kampfchancen verschieben. Die von Stufe zu Stufe zunehmende »Befriedung« im Sinn des Zurücktretens physischer Gewaltanwendung schiebt diese nur zurück, ohne jemals den Appell an sie ganz auszuschalten. Nur ist im Verlauf der historischen Entwicklung ihre Anwendung zunehmend von dem Zwangsapparat *einer* bestimmten Art von Vergesellschaftung oder Einverständnis-Gemeinschaft: der politischen, monopo-

lisiert und in die Form der geordneten Zwangsandrohung durch die Mächtigen und schließlich durch eine formell sich neutral gebärdende Gewalt verwandelt worden. Der Umstand, daß »Zwang« physischer oder psychischer Art, irgendwie fast allen Vergemeinschaftungen zugrunde liegt, hat uns nun noch kurz, aber nur soweit als es zur Ergänzung der bisherigen idealtypischen Begriffe erforderlich ist, zu beschäftigen.

VII. »Anstalt« und »Verband«

Ein Sachverhalt ist uns in den gelegentlich verwerteten Bei- 441
spielen schon mehrfach begegnet und jetzt noch spezieller herauszuheben: der Fall nämlich, daß jemand »ohne sein Zutun« an einer Einverständnisgemeinschaft beteiligt wird und bleibt. Das ist bei einem amorphen Einverständnishandeln - etwa des »Sprechens« – etwas keiner weiteren Erörterung Bedürftiges. Denn jeder ist jeweilig an ihm »beteiligt«, dessen jeweiliges Handeln der von uns als Merkmal angenommenen Voraussetzung (Einverständnis) entspricht. Aber nicht immer so einfach liegt es im übrigen. Es wurde oben als Idealtypus der »Vergesellschaftung« der auf einer ausdrücklichen Vereinbarung von Mitteln, Zwecken, Ordnungen beruhende rationale »Zweckverein« hingestellt. Dabei wurde nun schon festgestellt: daß und in welchem Sinn ein solcher als ein trotz des Wechsels der Beteiligten perennierendes Gebilde angesehen werden kann. Immerhin war noch vorausgesetzt, daß die »Beteiligung« der Einzelnen: die im Durchschnitt begründete Erwartung, daß jeder sein Handeln an der Ordnung orientiere, auf besonderer rationaler Vereinbarung mit allen Einzelnen beruhe. Es gibt aber sehr wichtige Vergesellschaftungsformen, bei denen das Gesellschaftshandeln in weitgehendem Maße wie beim Zweckverein rational durch von Menschen geschaffene Satzungen nach Mitteln und Zwecken geordnet, also »vergesellschaftet« ist und innerhalb deren dennoch geradezu als Grundvoraussetzung ihres Bestandes gilt: daß der Einzelne

normalerweise in die Beteiligung am Gesellschaftshandeln und also in die Mitbetroffenheit von jenen Erwartungen der Orientiertheit seines Handelns an jenen von Menschen geschaffenen Ordnungen *ohne* sein Zutun hineingerät. Das für sie konstitutive Gemeinschaftshandeln ist gerade dadurch charakterisiert: daß beim Vorliegen gewisser objektiver Tatbestände bei einer Person von dieser die Beteiligung am Gemeinschaftshandeln, insbesondere also die Orientierung ihres Handelns an den Ordnungen erwartet, und zwar im Durchschnitt deshalb mit Recht erwartet wird, weil die betreffenden Einzelnen empirisch als zur Teilnahme an dem für die Gemeinschaft konstitutiven Gemeinschaftshandeln »verpflichtet« gelten und weil die Chance besteht, daß sie eventuell auch gegen ihren Widerstand dazu (sei es auch in noch so gelinder |
442 Form) angehalten werden durch einen »Zwangsapparat«. Die Tatbestände, an welche jene Erwartung in einem besonders wichtigen Fall: der politischen Gemeinschaft, sich knüpft, sind z. B. vor allem: Abstammung von bestimmten Personen oder Geburt und unter Umständen sogar bloßer Aufenthalt oder doch schon bestimmte Handlungen innerhalb eines bestimmten Gebietes. Die normale Art des Eintritts des Einzelnen in die Gemeinschaft ist dann: daß er in die Beteiligung »hineingeboren« und »hineinerzogen« wird. Wir wollen solche Gemeinschaften, bei denen dieser Sachverhalt, also: 1. im Gegensatz zum freiwilligen »Zweckverein«: die Zurechnung auf Grund rein objektiver Tatbestände unabhängig von Erklärungen der Zugerechneten, – 2. im Gegensatz zu den einer absichtsvollen rationalen Ordnung entbehrenden, in dieser Hinsicht also amorphen Einverständnisvergemeinschaftungen, die Existenz solcher rationaler von Menschen geschaffener Ordnungen und eines Zwangsapparates als einer das Handeln *mit*bestimmenden Tatsache, als »*Anstalten*« bezeichnen. Nicht jede Gemeinschaft also, in die man normalerweise hineingeboren und -erzogen wird, ist »Anstalt«: nicht z. B. die Sprachgemeinschaft oder die Hausgemeinschaft. Denn beide entbehren derartiger rationaler Satzungen. Wohl aber diejenige

Strukturform der politischen Gemeinschaft, welche man als »Staat« und z. B. diejenige der religiösen, welche man im strengen technischen Sinn als »Kirche« zu bezeichnen pflegt.

Wie das an einer rationalen Vereinbarung orientierte Gesellschafthandeln zum Einverständnishandeln, so verhält sich die Anstalt mit ihren rationalen Satzungen zum »*Verband*«. Als Verbandshandeln gilt uns ein nicht an Satzung, sondern an Einverständnis orientiertes, also: ein Einverständnishandeln, bei welchem 1. die Zurechnung des Einzelnen zur Teilnahme einverständnismäßig ohne sein eigenes darauf zweckrational gerichtetes Zutun erfolgt und bei welchem ferner 2. trotz des Fehlens einer darauf abgezweckten gesatzten Ordnung dennoch jeweils bestimmte Personen (Gewalthaber) einverständnismäßig *wirksame* Ordnungen für das Handeln der einverständnismäßig zum Verband gerechneten Beteiligten erlassen, wenn ferner 3. sie selbst oder andere Personen sich zur eventuellen Ausübung von physischem oder psychischem, wie immer geartetem, Zwang gegen einverständniswidrig sich verhaltende Teilnehmer bereit halten. | Stets handelt es sich na- 443
türlich, wie bei allem »Einverständnis«, um *durchschnittlich* eindeutig verstandenen Sinngehalt und wandelbare *Durchschnitts*chancen der empirischen Geltung. Die urwüchsige »Hausgemeinschaft«, bei welcher der »Hausherr« – ebenso ein der rationalen Satzung entbehrendes »patrimoniales« politisches Gebilde, bei welchem der »Fürst«, – ebenso die Gemeinschaft eines »Propheten« mit »Jüngern«, bei welcher der erstere, – eine nur einverständnismäßig bestehende religiöse »Gemeinde«, bei welcher etwa ein erblicher »Hierarch« der Gewalthaber ist, – sind »Verbände« von leidlich reinem Typus. Der Fall bietet prinzipiell sonst gegenüber dem anderweiten »Einverständnishandeln« keine Besonderheiten, und dessen ganze Kasuistik ist sinngemäß darauf anwendbar. In der modernen Zivilisation ist nun fast alles Verbandshandeln mindestens partiell durch rationale Ordnungen – die »Hausgemeinschaft« z. B. heteronom durch das von der Staatsanstalt gesatzte »Familienrecht« – irgendwie geordnet. Der Übergang zur

»Anstalt« ist also flüssig. Dies um so mehr, als es andrerseits nur sehr wenige »reine« Typen von Anstalten gibt. Denn je vielseitiger das sie konstituierende Anstaltshandeln ist, desto regelmäßiger ist jeweils nicht dessen Gesamtheit zweckrational durch Satzung geordnet. Diejenigen Satzungen z. B., welche für das Gesellschaftshandeln politischer Anstalten – wir nehmen ad hoc an: durchweg zweckrational – geschaffen werden und den Namen »Gesetze« führen, greifen, in aller Regel wenigstens, zunächst nur fragmentarisch Tatbestände heraus, deren rationale Ordnung von irgendwelchen Interessenten jeweils erstrebt wird. Das tatsächlich den Bestand des Gebildes konstituierende Einverständnishandeln übergreift also nicht nur normalerweise ihr an zweckrationalen Satzungen orientierbares Gesellschaftshandeln, wie dies ja auch bei den meisten Zweckvereinen der Fall ist, sondern es ist auch normalerweise dem letzteren gegenüber das ältere. Das »Anstaltshandeln« ist der rational geordnete Teil eines »Verbandshandelns«, die Anstalt ein partiell rational geordneter Verband. – Oder der Übergang ist soziologisch angesehen durchaus flüssig - die Anstalt ist zwar eine völlig rationale »Neuschöpfung«, aber doch nicht in einem gänzlich »verbandsleeren« Geltungsbereich. Sondern es wird schon vorher bestehendes Verbandshandeln oder verbandsgeregeltes Handeln, z. B. unter »Annexion« oder Vereinigung der bisherigen Verbände zur
444 neuen | Gesamtanstalt, vermittels einer Serie von darauf gerichteten Satzungen entweder gänzlich neuen Ordnungen für das verbandsbezogene oder aber für das verbandsgeregelte Handeln oder für beides unterstellt; oder es wird nur ein Wechsel des Verbandes, auf den das Handeln nunmehr zu beziehen bzw. als durch dessen Ordnungen betroffen es anzusehen ist, oder nur ein Wechsel des Personals der Anstaltsorgane und speziell des Zwangsapparates vorgenommen.

Die Entstehung neuer *Anstalts*-Satzungen jeder Art nun vollzieht sich durchweg, mag sie mit einem als »Neuschöpfung« einer Anstalt zu betrachtenden Hergang verbunden sein oder im normalen Verlauf des Anstaltshandelns geschehen,

nur in den allerseltensten Fällen durch autonome »Vereinbarung« aller Beteiligten an demjenigen künftigen Handeln, für welches nach dem durchschnittlich gemeinten Sinn Loyalität gegenüber der Satzung erwartet wird. Sondern fast ausschließlich durch »*Oktroyierung*«. Diese bedeutet: Bestimmte Menschen proklamieren eine Satzung als für das verbandsbezogene oder verbandsgeregelte Handeln geltend und die Anstaltsgenossen (oder der Anstaltsmacht Unterworfenen) fügen sich dem tatsächlich mehr oder minder vollständig durch mehr oder minder eindeutige sinnhaft loyale Orientierung ihres Handelns daran. Das besagt: die gesatzte Ordnung tritt bei den Anstalten in empirische Geltung in Gestalt von »Einverständnis«. Dies ist auch hier wohl zu unterscheiden von »Einverstandensein« oder so etwas wie »stillschweigender Vereinbarung«. Vielmehr ist es auch hier zu verstehen als die Durchschnitts*chance*, daß die nach (durchschnittlichem) Sinnverständnis als von der oktroyierten Satzung betroffen »Gemeinten« sie auch tatsächlich – begrifflich einerlei, ob aus Furcht, religiösem Glauben, Pietät gegen den Herrscher, oder rein zweckrationaler Erwägung oder welchen Motiven auch immer – praktisch als »gültig« für ihr Verhalten *behandeln*, ihr Handeln also daran, im Durchschnitt im Sinn der Satzungsgemäßheit, orientieren werden. – Die Oktroyierung kann von »Anstaltsorganen« durch ihr spezifisches, kraft Einverständnisses empirisch geltendes, satzungsgemäßes Anstaltshandeln geschaffen werden (autonome Oktroyierung), wie etwa die Gesetze einer nach außen ganz oder teilweise autonomen Anstalt (z. B. eines »Staats«). Oder sie kann »heteronom«, von außen her, z. B. etwa für das Gesellschaftshandeln der Genossen
| einer Kirche oder Gemeinde oder eines sonstigen anstalts- 445
mäßigen Verbandes durch Oktroyierung seitens eines anderen, z. B. eines politischen Verbandes, erfolgen, der sich die an der heteronom geordneten Gemeinschaft Beteiligten in ihrem Gemeinschaftshandeln fügen.

Die ganz überwältigende Mehrzahl aller Satzungen *sowohl* von Anstalten *wie* von Vereinen ist dem Ursprung nach nicht vereinbart, sondern oktroyiert, das heißt: von Menschen und Menschengruppen, welche aus irgendwelchem Grunde faktisch das Gemeinschaftshandeln nach ihrem Willen zu beeinflussen vermochten, diesem auf Grund von »Einverständniserwartung« auferlegt. Diese faktische Macht der Oktroyierung kann nun ihrerseits als gewissen, persönlich oder nach Merkmalen bestimmten oder nach Regeln (z. B. durch Wahl) auszulesenden, Menschen zukommend einverständnismäßig empirisch »gelten«. Dann kann man diese empirisch geltenden, weil im faktischen Durchschnitt hinlänglich das Handeln der Beteiligten bestimmenden, Prätensionen und Vorstellungen von einer »geltenden« Oktroyierungsgewalt die »Verfassung« der betreffenden Anstalt nennen. Sie ist in sehr verschiedenem Umfang in rationalen ausdrücklichen Satzungen niedergelegt. Oft gerade die praktisch wichtigsten Fragen nicht, und zwar zuweilen auch, aus hier nicht zu erörternden Gründen, absichtlich nicht. Satzungen geben daher über die empirisch geltende, letztlich stets auf verbandsmäßigem »Einverständnis« ruhende, Oktroyierungsgewalt nur unsicheren Aufschluß. Denn in Wahrheit ist natürlich die jeweils nur abschätzbare *Chance:* welchen Menschen, inwieweit und in welchen Hinsichten, sich letztlich die nach der üblichen Deutung jeweils gemeinten Zwangsbeteiligten praktisch durchschnittlich *»fügen«* würden, der entscheidende Inhalt desjenigen »Einverständnisses«, welches die *wirklich* empirisch geltende »Verfassung« darstellt. Die Urheber zweckrationaler Verfassungen können durch diese die Oktroyierung von bindenden Satzungen auch z. B. an die Zustimmung der Mehrheit der Genossen oder der Mehrheit gewisser nach bestimmten Merkmalen bezeichneter oder nach Regeln auszulesender Personen knüpfen. Auch das bleibt der Minderheit gegenüber natürlich durchaus eine »Oktroyierung« [...]

Der Sache nach aber beruht jegliche Oktroyierungsmacht auf einem spezifischen, in seinem Umfang und seiner Art jeweils wechselnden Einfluß – der *»Herrschaft«* – konkreter Menschen (Propheten, Könige, Patrimonialherren, Hausväter, Älteste oder anderer Honoratioren, Beamten, Partei- oder anderer »Führer« von höchst wichtig *verschiedenem* soziologischem Charakter) auf das Verbandshandeln der andern. Dieser Einfluß ruht wiederum auf charakteristisch verschiedenen Motiven, darunter *auch* auf der Chance der Anwendung von physischem oder psychischem Zwang irgendwelcher Art. Aber auch hier gilt: daß das bloß an Erwartungen (insbesondere: »Furcht« der Gehorchenden) orientierte Einverständnishandeln nur den relativ labilen Grenzfall bildet. Die Chance der empirischen Geltung des Einverständnisses wird auch hier unter sonst gleichen Umständen um so höher zu veranschlagen sein, je mehr im Durchschnitt darauf gezählt werden kann, daß die Gehorchenden aus dem Grunde gehorchen, weil sie die Herrschaftsbeziehung als für sich *»verbindlich«* auch *subjektiv* ansehen. Soweit dies durchschnittlich oder annähernd der Fall ist, so weit ruht »Herrschaft« auf dem *»Legitimitäts«*-Einverständnis. Die Herrschaft als wichtigste Grundlage fast alles Verbandshandelns, deren Problematik hier einsetzt, ist notwendig ein Objekt gesonderter hier nicht zu erledigender Betrachtung. Denn für ihre soziologische Analyse kommt es entscheidend auf die verschiedenen möglichen, subjektiv sinnhaften, Grundlagen jenes *»Legitimitäts«*-Einverständnisses an, welches überall da, wo nicht nackte Furcht vor direkt drohender Gewalt die Fügsamkeit bedingt, in grundlegend wichtiger Art ihren spezifischen Charakter bestimmt. Dies Problem kann aber nicht nebenbei erörtert werden, und daher muß hier der naheliegende Versuch, nun den hier beginnenden »eigentlichen« Problemen der soziologischen Verbands- und Anstaltstheorie nahezutreten, unterbleiben.

Der Weg der Entwicklung führt zwar im einzelnen immer wieder – wie wir dies früher sahen – auch von konkreten rationalen zweckverbandsmäßigen Ordnungen zur Stiftung von »übergreifendem« Einverständnishandeln. Aber im ganzen ist, im Verlauf | der für uns übersehbaren geschichtlichen Ent- *447*
wicklung, zwar nicht eindeutig ein »Ersatz« von Einverständnishandeln durch Vergesellschaftung, wohl aber eine immer

weitergreifende zweckrationale Ordnung des Einverständnishandelns durch Satzung und insbesondere eine immer weitere Umwandlung von Verbänden in zweckrational geordnete Anstalten zu konstatieren.

Was bedeutet nun aber die Rationalisierung der Ordnungen einer Gemeinschaft praktisch? Damit ein Kontorist oder selbst der Leiter eines Kontors die Vorschriften der Buchführung »kenne« und sein Handeln an ihnen durch richtige – oder auch im Einzelfall, infolge von Irrtum oder Betrug, falsche – Anwendung orientiere, ist offenbar nicht erfordert, daß er die rationalen Prinzipien, an deren Hand jene Normen *erdacht* worden sind, gegenwärtig habe. Damit wir das Einmaleins »richtig« anwenden, ist nicht notwendig, daß wir die algebraischen Sätze, welche z. B. der Subtraktions-Maxime: »9 von 2 geht nicht, da borge ich mir 1« zugrunde liegen, rational eingesehen haben. Die empirische »Geltung« des Einmaleins ist ein Fall der »Einverständnisgeltung«. »Einverständnis« und »Verständnis« sind aber nicht identisch. Das Einmaleins wird uns als Kindern ganz ebenso »oktroyiert« wie einem Untertan eine rationale Anordnung eines Despoten. Und zwar im innerlichsten Sinn, als etwas von uns in seinen Gründen und selbst Zwecken zunächst ganz Unverstandenes, dennoch aber verbindlich »Geltendes«. Das »Einverständnis« ist zunächst also schlichte »Fügung« in das Gewohnte, *weil* es gewohnt ist. Mehr oder minder bleibt es so. Nicht an der Hand rationaler Erwägungen, sondern an der Hand eingeübter (oktroyierter) empirischer Gegenproben stellt man fest, ob man einverständnismäßig »richtig« gerechnet hat. Dies findet sich auf allen Gebieten wieder: so wenn wir einen elektrischen Trambahnwagen oder einen hydraulischen Lift oder eine Flinte sachgemäß benutzen, ohne von den naturwissenschaftlichen Regeln, auf denen ihre Konstruktion beruht, irgend etwas zu wissen, in welche selbst der Tramwagenführer und Büchsenmacher nur unvollkommen eingeweiht sein können. Kein normaler Konsument weiß heute auch nur ungefähr um die Herstellungstechnik seiner Alltagsgebrauchsgüter, meist

nicht einmal darum, aus welchen Stoffen und von welcher Industrie sie produziert werden. Ihn interessieren eben nur die für ihn praktisch wichtigen Erwartungen des Verhaltens dieser Artefakte. Nicht anders steht es | aber mit sozialen Institu- 448
tionen, wie etwa dem Gelde. Wie dieses eigentlich zu seinen merkwürdigen Sonderqualitäten kommt, weiß der Geldgebraucher nicht, – da sich ja selbst die Fachgelehrten darüber heftig streiten. Ähnlich bei den zweckrational geschaffenen Ordnungen. Solange die Schaffung eines neues »Gesetzes« oder eines neuen Paragraphen der »Vereinsstatuten« diskutiert wird, pflegen wenigstens die praktisch besonders stark davon berührten Interessenten den wirklich gemeinten »Sinn« einer Neuordnung zu durchschauen. Ist sie praktisch »eingelebt«, so kann dieser ursprünglich von den Schöpfern, mehr oder minder einheitlich, gemeinte Sinn so völlig vergessen oder durch Bedeutungswandel verdeckt werden, daß der Bruchteil der Richter und Anwälte, welche den »Zweck«, zu welchem verwickelte Rechtsnormen seinerzeit vereinbart oder oktroyiert worden sind, wirklich durchschauen, winzig ist, das »Publikum« aber selbst die Tatsache des Geschaffenseins und der empirischen »Geltung« der Rechtsformen und also der daraus folgenden »Chancen« gerade soweit kennt, als zur Vermeidung der allerdrastischsten Unannehmlichkeiten erforderlich ist. Mit steigender Kompliziertheit der Ordnungen und fortschreitender Differenzierung des gesellschaftlichen Lebens wird dieser Tatbestand immer universeller. Am besten kennen zweifellos den empirisch geltenden Sinn von gesatzten Ordnungen, d. h. die durchschnittlich daraus, daß sie einmal geschaffen wurden und nun in einer bestimmten Art durchschnittlich interpretiert und durch den Zwangsapparat garantiert sind, mit Wahrscheinlichkeit folgenden »Erwartungen« gerade diejenigen, welche planvoll einverständnis*widrig* zu handeln, sie also zu »verletzen« oder zu »umgehen« beabsichtigen. Die rationalen Ordnungen einer Vergesellschaftung, sei sie Anstalt oder Verein werden also von den Einen zu bestimmten unter sich wieder vielleicht sehr verschieden ge-

dachten Zwecken oktroyiert oder »suggeriert«. Von den Zweiten, den »Organen« der Vergesellschaftung, werden sie – jedoch *nicht* notwendig in Kenntnis jener Zwecke ihrer Schaffung – mehr oder minder gleichartig subjektiv gedeutet und aktiv durchgeführt. Von den Dritten werden sie, soweit für ihre Privatzwecke absolut nötig, subjektiv in verschiedener Annäherung an jene Art der üblichen Durchführung gekannt und zum Mittel der Orientierung ihres (legalen oder illegalen) Handelns gemacht, weil sie bestimmte Erwartungen bezüglich des Verhaltens anderer (der »Organe« sowohl wie der
449 Anstalts- oder Vereinsgenossen) | erwecken. Von den Vierten aber, und das ist die »Masse« wird ein dem durchschnittlich verstandenen Sinn in irgendeiner Annäherung entsprechendes Handeln »traditionell« wie wir sagen – eingeübt und meist ohne alle Kenntnis von Zweck und Sinn, ja selbst Existenz, der Ordnungen innegehalten. Die empirische »Geltung« *gerade* einer »rationalen« Ordnung ruht also dem Schwerpunkt nach ihrerseits wieder auf dem Einverständnis der Fügsamkeit in das Gewohnte, Eingelebte, Anerzogene, immer sich Wiederholende. Auf seine subjektive Struktur hin angesehen, hat das Verhalten oft sogar überwiegend den Typus eines mehr oder minder annähernd gleichmäßigen Massenhandelns ohne jede Sinnbezogenheit. Der Fortschritt der gesellschaftlichen Differenzierung und Rationalisierung bedeutet also, wenn auch nicht absolut immer, so im Resultat durchaus normalerweise, ein im ganzen immer weiteres Distanzieren der durch die rationalen Techniken und Ordnungen praktisch Betroffenen von deren rationaler Basis, die ihnen, im ganzen, verborgener zu sein pflegt wie dem »Wilden« der Sinn der magischen Prozeduren seines Zauberers. Ganz und gar nicht eine Universalisierung des Wissens um die Bedingtheiten und Zusammenhänge des Gemeinschaftshandelns bewirkt also dessen Rationalisierung, sondern meist das gerade Gegenteil. Der »Wilde« weiß von den ökonomischen und sozialen Bedingungen seiner eigenen Existenz unendlich viel mehr als der im üblichen Sinn »Zivilisierte«. Und es trifft dabei auch nicht

universell zu, daß das Handeln des »Zivilisierten« durchweg subjektiv zweckrationaler ablaufe. Dies liegt vielmehr für die einzelnen Sphären des Handelns verschieden: ein Problem für sich. Was der Lage des »Zivilisierten« in dieser Hinsicht ihre spezifisch »rationale« Note gibt, im Gegensatz zu der des »Wilden«, ist vielmehr: 1. der generell eingelebte *Glaube* daran, daß die Bedingungen seines Alltagslebens, heißen sie nun: Trambahn oder Lift oder Geld oder Gericht oder Militär oder Medizin, *prinzipiell* rationalen Wesens, d. h. der rationalen Kenntnis, Schaffung und Kontrolle zugängliche menschliche Artefakte seien, – was für den Charakter des »Einverständnisses« gewisse gewichtige Konsequenzen hat, – 2. die Zuversicht darauf, daß sie rational, d. h. nach bekannten Regeln und nicht, wie die Gewalten, welche der Wilde durch seinen Zauberer beeinflussen will, irrational funktionieren, daß man, im Prinzip wenigstens, mit ihnen »rechnen«, ihr Verhalten *»kalkulieren«*, sein eigenes | Handeln an eindeutigen, durch sie ge- 450
schaffenen Erwartungen orientieren könne. Und hier liegt das spezifische Interesse des rationalen kapitalistischen »Betriebes« an »rationalen« Ordnungen, deren praktisches Funktionieren er in seinen Chancen ebenso berechnen kann wie das einer Maschine. Davon an anderer Stelle.

Die Stadt. Eine soziologische Untersuchung. [1913–14]

1. Begriff und Kategorien der Stadt

Eine »Stadt« kann man in sehr verschiedener Art zu definieren versuchen. Allen gemeinsam ist nur: daß sie jedenfalls eine (mindestens relativ) geschlossene Siedelung, eine »Ortschaft« ist, nicht eine oder mehrere einzeln liegende Behausungen. Im Gegenteil pflegen in den Städten (aber freilich nicht nur in ihnen) die Häuser besonders dicht, heute in der Regel Wand an Wand zu stehen. Die übliche Vorstellung verbindet nun mit dem Wort »Stadt« darüber hinaus rein *quantitative* Merkmale: sie ist eine *große* Ortschaft. Das Merkmal ist nicht an sich unpräzis. Es würde, soziologisch angesehen, bedeuten: eine Ortschaft, also eine Siedelung in dicht aneinandergrenzenden Häusern, welche eine so umfangreiche zusammenhängende Ansiedelung darstellen, daß die sonst dem Nachbarverband spezifische, persönliche gegenseitige Bekanntschaft der Einwohner miteinander *fehlt*. Dann wären nur ziemlich große Ortschaften Städte, und es hängt von den allgemeinen Kulturbedingungen ab, bei welcher Größe etwa dies Merkmal beginnt. Für diejenigen Ortschaften, welche in der Vergangenheit den *Recht*scharakter von Städten hatten, traf dieses Merkmal bei weitem nicht immer zu. Und es gibt im heutigen Rußland »Dörfer«, welche, mit vielen Tausenden von Einwohnern, weit größer sind als manche alte »Städte« (z. B. im polnischen Siedlungsgebiet unseres Ostens), welche etwa nur einige Hundert zählten. Die Größe allein kann jedenfalls
622 nicht entscheiden. | Versucht man, die Stadt rein ökonomisch zu definieren, so wäre sie eine Ansiedelung, deren Insassen zum überwiegenden Teil von dem Ertrag nicht landwirtschaftlichen, sondern gewerblichen oder händlerischen Erwerbs leben. Aber es wäre nicht zweckmäßig alle Ortschaften

dieser Art »Städte« zu nennen. Jene Art von Ansiedelungen, welche aus Sippenangehörigen mit einem einzelnen faktisch erblichen Gewerbebetrieb bestehen [...], wird man nicht unter den Begriff »Stadt« bringen wollen. Als weiteres Merkmal wäre das einer gewissen »Vielseitigkeit« der betriebenen Gewerbe hinzuzufügen. Aber auch dieses an sich scheint nicht geeignet, für sich allein ein entscheidendes Merkmal zu bilden. Sie kann grundsätzlich in zweierlei Art begründet sein. Nämlich entweder a) in dem Vorhandensein eines grundherrlichen, vor allem eines Fürstensitzes als Mittelpunkts, für dessen ökonomischen oder politischen Bedarf unter Produktionsspezialisierung gewerblich gearbeitet und Güter eingehandelt werden. Einen grundherrlichen oder fürstlichen Oikos[1] aber mit einer noch so großen Ansiedelung fron- und abgabenpflichtiger Handwerker und Kleinhändler pflegt man nicht »Stadt« zu nennen, obwohl historisch ein sehr großer Bruchteil der wichtigsten »Städte« aus solchen Siedelungen hervorgegangen ist, und die Produktion für einen Fürstenhof für sehr viele von ihnen (die »*Fürstenstädte*«) eine höchst wichtige, oft die vorzugsweise Erwerbsquelle der Ansiedler blieb. Das weitere Merkmal, welches hinzutreten muß, damit wir von »Stadt« sprechen, ist: das Bestehen eines nicht nur gelegentlichen, sondern regelmäßigen *Güteraustausches* am Ort der Siedelung als eines *wesentlichen* Bestandteils des Erwerbs und der Bedarfsdeckung der Siedler: eines *Marktes*. Nicht jeder »Markt« aber macht den Ort, wo er stattfindet, schon zur« Stadt«. Die periodischen Messen und *Fern*handelsmärkte (Jahrmärkte), auf welchen sich zu festen Zeiten zureisende Händler zusammenfinden, um ihre Waren im großen oder im einzelnen untereinander oder an Konsumenten abzusetzen, hatten sehr oft in Orten ihre Stätte, welche wir »Dörfer« nennen. Wir wollen von »Stadt« im *ökonomischen* Sinn erst da spre-

1 Griechisch für Haus, Haushalt, im Sinne des selbständigen Großhaushalts eines Herrschers, der seinen Bedarf durch abhängige Arbeitskräfte deckt.

chen, wo die *ortsansässige* Bevölkerung einen ökonomisch wesentlichen Teil ihres Alltagsbedarfs auf dem örtlichen Markt befriedigt, und zwar zu einem wesentlichen Teil durch Erzeugnisse, welche die *ortsansässige* und die Bevölkerung des |
623 nächsten Umlandes *für den Absatz* auf dem Markt erzeugt oder sonst erworben hat. Jede Stadt im hier gebrauchten Sinn des Wortes ist »Marktort«, d. h. hat einen *Lokal*markt als ökonomischen Mittelpunkt der Ansiedelung, auf welchem, infolge einer bestehenden ökonomischen Produktionsspezialisierung, auch die nicht städtische Bevölkerung ihren Bedarf an gewerblichen Erzeugnissen oder Handelsartikeln oder an beiden deckt, und auf welchem natürlich auch die Städter selbst die Spezialprodukte und den Konsumbedarf ihrer Wirtschaften gegenseitig aus- und eintauschen. Es ist ursprünglich durchaus das Normale, daß die Stadt, wo sie überhaupt als ein vom Lande unterschiedenes Gebilde auftritt, sowohl Grundherren- oder Fürstensitz wie Marktort ist, ökonomische Mittelpunkte beider Art – Oikos und Markt – nebeneinander besitzt, und es ist häufig, daß neben dem regelmäßigen Lokalmarkt Fernmärkte zureisender Händler im Ort periodisch stattfinden. Aber die Stadt (im hier gebrauchten Sinn des Worts) ist Markt*ansiedelung*. Die Existenz des Markts beruht sehr oft auf einer Konzession und Schutzzusage des Grundherrn oder Fürsten, welcher einerseits an dem regelmäßigen Angebot fremder Handelsartikel und Gewerbeprodukte des Fernmarkts und an den Zöllen, Geleits- und anderen Schutzgeldern, Marktgebühren, Prozeßgefällen, die er einbringt, ein Interesse hat, außerdem aber an der lokalen Ansiedelung von steuerfähigen Gewerbetreibenden und Händlern und, sobald an dem Markt eine Marktansiedlung entsteht, auch an den dadurch erwachsenden Grundrenten zu verdienen hoffen darf, – Chancen, welche für ihn um so größere Bedeutung haben, als es sich hier um geldwirtschaftliche, seinen Edelmetallschatz vermehrende Einnahmen handelt. Daß einer Stadt die Anlehnung, auch die räumliche, an einen Grundherren- oder Fürstensitz völlig fehlt, daß sie entweder an einem geeigneten

Umschlagsplatz kraft Konzession nicht ortsansässiger Grundherren oder Fürsten oder auch kraft eigener Usurpation[2] der Interessenten als reine Marktansiedelung entsteht, kommt vor. Entweder so, daß einem Unternehmer eine Konzession gegeben wird, einen Markt anzulegen und Siedler zu gewinnen. Dies war im mittelalterlichen, und zwar speziell im ost-, nord- und mitteleuropäischen Städtegründungsgebiet etwas besonders häufiges und kam in der ganzen Welt und Geschichte vor, wenn es auch nicht das Normale war. Dagegen konnte die Stadt auch ohne alle | Anlehnung an Fürstenhöfe *624*
oder Fürstenkonzessionen durch Zusammenschluß von fremden Eindringlingen, Seekriegsfahrern oder kaufmännischen Siedlern oder endlich auch von einheimischen Zwischenhandelsinteressenten entstehen, und dies ist an den Mittelmeerküsten im frühen Altertum und gelegentlich im frühen Mittelalter ziemlich häufig gewesen. Eine solche Stadt konnte dann reiner Marktort sein. Aber immerhin war noch häufiger: das Miteinander großer fürstlicher oder grundherrlicher Patrimonialhaushaltungen einerseits und eines Marktes andererseits. Der grundherrliche oder fürstliche Hofhalt als der eine Anlehnungspunkt der Stadt konnte dann seinen Bedarf entweder vornehmlich naturalwirtschaftlich, durch Fronden oder Naturaldienste oder Naturalabgaben der von ihm abhängenden ansässigen Handwerker oder Händler decken, oder er konnte auch seinerseits mehr oder minder vorwiegend durch Eintausch auf dem städtischen Markt, als dessen kaufkräftigster Kunde, sich versorgen. Je mehr das letztere geschieht, desto stärker trat die Marktbasis der Stadt in den Vordergrund, hörte die Stadt auf, ein bloßes Anhängsel, eine bloße Marktansiedelung neben dem Oikos zu sein, wurde sie also trotz der Anlehnung an die großen Haushalte eine Marktstadt. In aller Regel ist die quantitative Ausdehnung ursprünglicher Fürstenstädte und ihre ökonomische Bedeutsamkeit Hand in Hand gegangen mit einer Zunahme der Marktbe-

2 Widerrechtliche Inbesitznahme.

darfsdeckung des fürstlichen und der an ihn, als Höfe der Vasallen oder Großbeamten, angegliederten anderen städtischen Großhaushalte.

Dem Typus der Fürstenstadt, also einer solchen, deren Einwohner in ihren Erwerbschancen vorwiegend direkt oder indirekt von der Kaufkraft des fürstlichen und der anderen Großhaushalte abhängen, stehen solche Städte nahe, in welchen die Kaufkraft anderer Großkonsumenten, also: Rentner[3], ausschlaggebend die Erwerbschancen der ansässigen Gewerbetreibenden und Händler bestimmt. Diese Großkonsumenten können aber sehr verschiedenen Typus haben, je nach Art und Herkunft ihrer Einnahmen. Sie können 1. Beamte sein, die ihre legalen oder illegalen Einkünfte, oder 2. Grundherren und politische Machthaber, welche ihre außerstädtischen Grundrenten oder andere, speziell politisch bedingte, Einnahmen dort verausgaben. Beide Male steht die Stadt dem Typus der Fürstenstadt sehr nahe: sie ruht auf patrimonialen
625 und politischen Ein- | nahmen als Basis der Kaufkraft der Großkonsumenten [...] Von diesen Fällen ist der scheinbar ähnliche Fall prinzipiell zu scheiden, daß *städtische* Grundrenten, die durch monopolistische »Verkehrslage« von Stadtgrundstücken bedingt sind, ihre Quelle also indirekt gerade in städtischem Gewerbe und Handel haben, in der Hand einer Stadtaristokratie zusammenfließen (zu allen Zeiten, speziell auch in der Antike, von der Frühzeit bis zu Byzanz und ebenso im Mittelalter verbreitet). Die Stadt ist dann ökonomisch nicht Rentnerstadt, sondern, je nachdem, Händler- oder Gewerbestadt, jene Renten Tribut der Erwerbenden an den Hausbesitz. Die begriffliche Scheidung dieses Falles von den nicht durch Tributpflicht des städtischen Erwerbs, sondern außerstädtisch bedingten Renten kann nicht hindern, daß in der Realität beides in der Vergangenheit sehr stark ineinander überging. Oder die Großkonsumenten können Rentner sein,

3 Bezieher von Einkünften aus Kapitalanlagen, z. B. Grundbesitz, oder aus Besitzrechten, z. B. Verpachtung.

welche geschäftliche Einnahmen, heute vor allem Wertpapierzinsen und Dividenden oder Tantiemen dort verzehren: die Kaufkraft ruht dann hauptsächlich auf geldwirtschaftlich, vornehmlich kapitalistisch bedingten Rentenquellen [...] Oder sie ruht auf staatlichen Geldpensionen oder anderen Staatsrenten (etwa ein »Pensionopolis« wie Wiesbaden). In all diesen und zahlreichen ähnlichen Fällen ist die Stadt, je nachdem, mehr oder weniger, Konsumentenstadt. Denn für die Erwerbschancen ihrer Gewerbetreibenden und Händler ist die Ansässigkeit jener, untereinander ökonomisch verschieden gearteten, Großkonsumenten an Ort und Stelle ausschlaggebend.

Oder gerade umgekehrt: die Stadt ist *Produzentenstadt,* das Anschwellen ihrer Bevölkerung und deren Kaufkraft beruht also darauf, daß – wie etwa in Essen oder Bochum – Fabriken, Manufakturen oder Heimarbeitsindustrien in ihnen ansässig sind, welche auswärtige Gebiete versorgen: der moderne Typus, oder daß in Form des Handwerks Gewerbe am Ort bestehen, deren Waren nach auswärts versendet werden: der asiatische, antike und mittelalterliche Typus. Die Konsumenten für den örtlichen Markt stellen teils, als Großkonsumenten, die Unternehmer – wenn sie, was nicht immer der Fall, ortsansässig sind –, teils und namentlich, als Massenkonsumenten, die Arbeiter und Handwerker und, teilweise als Großkonsumenten, die | durch sie indirekt gespeisten Händler und Grund- 626
rentenbezieher. Wie diese *Gewerbestadt,* so stellt sich schließlich der Konsumentenstadt auch die *Händlerstadt* gegenüber, eine Stadt also, bei welcher die Kaufkraft ihrer Großkonsumenten darauf beruht, daß sie entweder fremde Produkte am örtlichen Markt mit Gewinn detaillieren (wie die Gewandschneider im Mittelalter) oder heimische oder doch (wie bei den Heringen der Hansa) von heimischen Produzenten gewonnene Waren mit Gewinn nach außen absetzen, oder fremde Produkte erwerben und mit oder ohne Stapelung am Orte selbst nach auswärts absetzen (Zwischenhandelsstädte). Oder – und das ist natürlich sehr oft der Fall – daß sie alles dies kombinieren: die

»Commenda«[4] und »Societas maris«[5] der Mittelmeerländer bedeuteten zum erheblichen Teil, daß ein »tractator« (reisender Kaufmann) mit dem von ortsansässigen Kapitalisten ganz oder teilweise ihm kommanditierten Kapital einheimische oder auf dem einheimischen Markt gekaufte Produkte nach den Märkten der Levante fuhr – oft genug dürfte er auch ganz in Ballast dorthin gefahren sein –, jene dort verkaufte, mit dem Erlös orientalische Waren kaufte und auf den heimischen Markt brachte, wo sie verkauft, der Erlös aber nach vereinbartem Schlüssel zwischen dem tractator und dem Kapitalisten geteilt wurde. Auch die Kaufkraft und Steuerkraft der Handelsstadt beruht also jedenfalls, wie bei der Produzentenstadt, und im Gegensatz zur Konsumentenstadt, auf ortsansässigen *Erwerbs*betrieben. An diejenigen der Händler lehnen sich die Speditions- und Transportgewerbe- und die zahlreichen sekundären Groß- und Kleinerwerbschancen an. Jedoch vollziehen sich bei ihr die Erwerbsgeschäfte, welche diese Betriebe konstituieren, nur beim örtlichen Detaillieren gänzlich am örtlichen Markt, beim Fernhandel dagegen zum erheblichen oder größeren Teil auswärts. Etwas prinzipiell Ähnliches bedeutet es, wenn eine moderne Stadt (London, Paris, Berlin) Sitz der nationalen oder internationalen Geldgeber und Großbanken oder (Düsseldorf) Sitz großer Aktiengesellschaften oder Kartellzentralen ist. Überwiegende Teile der Gewinnste aus Betrieben fließen ja heute überhaupt, mehr wie je, an andere Orte als die, in denen der sie abwerfende Betrieb liegt. Und andererseits wieder werden stetig wachsende Teile von Gewinnsten von den Bezugsberechtigten nicht an dem großstädtischen Ort ihres geschäftlichen Sitzes konsumiert, sondern

4 Seehandelsgesellschaft, bei der die Verwertung von Waren, auf Risiko des Eigentümers, von einem Dritten gegen Gewinnanteil übernommen wird.

5 Seehandelsgesellschaft, bei der Risiken und Gewinn von Eigentümern und mit einer Einlage beteiligten Gesellschaftern gemeinsam getragen werden.

auswärts, teils in Villen- | vororten, teils aber und noch mehr 627
in ländlichen Villeggiaturen[6], internationalen Hotels usw. verzehrt. Parallel damit entstehen die nur oder doch fast nur aus Geschäftshäusern bestehenden »Citystädte« oder (und meist) Stadtbezirke. Es ist hier nicht die Absicht, eine weitere Spezialisierung und Kasuistik, wie sie eine streng ökonomische Städtetheorie zu leisten hätte, vorzuführen. Es braucht kaum gesagt zu werden, daß die empirischen Städte fast durchweg Mischtypen darstellen und daher nur nach ihren jeweils vorwiegenden ökonomischen Komponenten klassifiziert werden können.

Die Beziehung der Städte zur *Landwirtschaft* war keineswegs eindeutig. Es gab und gibt »Ackerbürgerstädte«, d. h. Orte, welche als Stätten des Marktverkehrs und Sitz der typischen städtischen Gewerbe sich von dem Durchschnitt der Dörfer weit entfernen, in denen aber eine breite Schicht ansässiger Bürger ihren Bedarf an Nahrungsmitteln eigenwirtschaftlich decken und sogar auch für den Absatz produzieren. Gewiß ist das Normale, daß die Stadteinwohner, je größer die Stadt ist, um so weniger über eine irgendwie im Verhältnis zu ihrem Nahrungsbedarf stehende und ihnen zur Nahrungsmittelproduktion vorbehaltene Ackerflur, meist auch: daß sie über keine hinlängliche, ihnen vorbehaltene Weide- und Waldnutzung zu verfügen pflegen, in der Art, wie ein »Dorf« sie besitzt. Der größten deutschen Stadt des Mittelalters: Köln, fehlte z. B. auch die bei keinem normalen damaligen Dorf fehlende »Allmende« fast gänzlich und offenbar von Anfang an. Allein andere deutsche und ausländische mittelalterliche Städte hatten zum mindesten beträchtliche Viehweiden und Waldungen, die ihren Bürgern als solchen zu Gebote standen. Und sehr große Ackerfluren als Zubehör des städtischen Weichbildes sind, und zwar in der Vergangenheit, je mehr wir nach Süden und rückwärts in die Antike gehen, desto mehr, vorgekommen. Wenn wir heute den typischen«

6 Zeitgenössische Bezeichnung für Landaufenthalt, »Sommerfrische«.

Städter« im ganzen mit Recht als einen Menschen ansehen, der seinen eigenen Nahrungsmittelbedarf *nicht* auf eigenem Ackerboden deckt, so gilt für die Masse der typischen Städte (Poleis) des Altertums ursprünglich geradezu das Gegenteil. Wir werden sehen, daß der antike Stadt*bürger* vollen Rechts, im Gegensatz zum mittelalterlichen, ursprünglich geradezu dadurch charakterisiert war: daß er einen Kleros, fundus (in Israel: chelek), ein volles Ackerlos, welches ihn ernährte, sein eigen nannte: der antike Vollbürger ist »Ackerbürger«. |

628 Und erst recht fand sich landwirtschaftlicher Besitz in den Händen der Großverbandschichten der Städte, sowohl des Mittelalters – auch hier freilich im Süden weit mehr als im Norden – wie der Antike. Landbesitz von gelegentlich ganz exorbitanter Größe findet sich weithin zerstreut in den mittelalterlichen oder antiken Stadtstaaten, entweder von der Stadtobrigkeit mächtiger Städte als solcher politisch oder auch grundherrlich beherrscht oder im grundherrlichen Besitz einzelner vornehmer Stadtbürger [...] Indessen diese interlokalen Besitzungen und Herrschaftsrechte einzelner Stadt*bürger* waren in aller Regel kein Gegenstand der städtischen Wirtschaftspolitik als solcher, obwohl ein eigentümliches Mischverhältnis überall da entsteht, wo der Sache nach jener Besitz den einzelnen von der Stadt, zu deren mächtigsten Honoratioren sie gehörten, garantiert wird, er mit indirekter Hilfe der Stadtmacht erworben und behauptet, die Stadtherrschaft an seiner ökonomischen oder politischen Nutzung beteiligt ist, – wie dies in der Vergangenheit häufig war.

Die Art der Beziehung der Stadt als Träger des Gewerbes und Handels zum platten Land als Lieferanten der Nahrungsmittel bildet nun einen Teil eines Komplexes von Erscheinungen, welche man »Stadtwirtschaft« genannt und als eine besondere »Wirtschaftsstufe« der »Eigenwirtschaft« einerseits, der »Volkswirtschaft« andererseits (oder einer Mehrheit von in ähnlicher Art gebildeten Stufen) entgegengestellt hat. Bei diesem Begriff sind aber wirtschafts*politische* Maßregeln mit rein wirtschaftlichen Kategorien in eins gedacht. Der Grund liegt

darin, daß die bloße Tatsache des zusammengedrängten Wohnens von Händlern und Gewerbetreibenden und die regelmäßige Deckung von Alltagsbedürfnissen auf dem Markt *allein* den Begriff der »Stadt« nicht erschöpfen. Wo dies der Fall ist, wo also innerhalb der geschlossenen Siedelungen nur das Maß der landwirtschaftlichen Eigenbedarfsdeckung oder – was damit nicht identisch ist – der landwirtschaftlichen Produktion im Verhältnis zum nicht landwirtschaftlichen Erwerb und das Fehlen und Bestehen von Märkten Unterschiede konstituiert, da werden wir von Gewerbe- und Händlerortschaften und
von | »Marktflecken« reden, aber nicht von einer »Stadt«. Daß 629
die Stadt nicht nur eine Anhäufung von Wohnstätten, sondern außerdem ein *Wirtschaftsverband* ist, mit eigenem Grundbesitz, Einnahmen- und Ausgabenwirtschaft, unterscheidet sie ebenfalls noch nicht vom Dorf, welches das gleiche kennt, so groß der qualitative Unterschied sein kann. Endlich war es auch an sich nicht der Stadt eigentümlich, daß sie, in der Vergangenheit wenigstens, nicht nur Wirtschaftsverband, sondern auch wirtschafts*regulierender* Verband war. Denn auch das Dorf kennt Flurzwang, Weideregulierung, Verbot des Exports von Holz und Streu und ähnliche Wirtschaftsregulierungen: eine Wirtschafts*politik* des Verbandes als solche also. Eigentümlich war nur die in den Städten der Vergangenheit vorkommende Art und vor allem: die Gegenstände dieser wirtschaftspolitischen Regulierung von Verbands wegen und der Umfang von charakteristischen Maßregeln, welche sie umschloß. Diese »Stadtwirtschaftspolitik« nun rechnete allerdings in einem erheblichen Teil ihrer Maßnahmen mit der Tatsache, daß unter den Verkehrsbedingungen der Vergangenheit die Mehrzahl aller *Binnen*städte – denn von den Seestädten galt das gleiche nicht, wie die Getreidepolitik von Athen und Rom beweisen – auf die Versorgung der Stadt durch die Landwirtschaft des unmittelbaren Umlandes angewiesen war, daß eben dies Gebiet der naturgemäße Absatzspielraum der Mehrzahl der städtischen Gewerbe – nicht etwa: aller – darstellte und daß der dadurch als naturgemäß gegebene lokale Austauschprozeß auf

dem städtischen *Markt* nicht die einzige, aber eine seiner normalen Stätten fand, insbesondere für den Einkauf der Nahrungsmittel. Sie rechnete ferner damit, daß der weit überwiegende Teil der gewerblichen Produktion technisch als Handwerk, organisatorisch als spezialisierter kapitalloser oder kapitalschwacher Kleinbetrieb mit eng begrenzter Zahl der in längerer Lehrzeit geschulten Gehilfen, ökonomisch endlich entweder als Lohnwerk oder als preiswerkliche Kundenproduktion verlief und daß auch der Absatz der ortsansässigen Detaillisten in hohem Maße Kundenabsatz war. Die im spezifischen Sinn sogenannte »Stadtwirtschaftspolitik« nun war wesentlich dadurch gekennzeichnet, daß sie im Interesse der Sicherung der Stetigkeit und Billigkeit der Massenernährung und der Stabilität der Erwerbschancen der Gewerbetreibenden und
630 Händler diese damals in weitgehendem | Maß naturgegebenen Bedingungen der stadtsässigen Wirtschaft durch Wirtschaftsregulierung zu fixieren suchte. Aber weder hat, wie wir sehen werden, diese Wirtschaftsregulierung den einzigen Gegenstand und Sinn städtischer Wirtschaftspolitik gebildet, noch hat sie da, wo wir sie geschichtlich finden, zu *allen* Zeiten, sondern wenigstens in ihrer vollen Ausprägung nur in bestimmten Epochen: unter der politischen Zunftherrschaft, bestanden, noch endlich läßt sie sich schlechthin allgemein als Durchgangsstadium aller Städte nachweisen. In jedem Fall aber repräsentiert nicht diese Wirtschafts*politik* eine universelle Stufe der *Wirtschaft*. Sondern es läßt sich nur sagen: daß der städtische lokale Markt mit seinem Austausch zwischen landwirtschaftlichen und nicht landwirtschaftlichen Produzenten und ansässigen Händlern auf der Grundlage der Kundenbeziehung und des kapitallosen spezialisierten Kleinbetriebs eine Art von tauschwirtschaftlichem Gegenbild darstellt, gegen die auf planmäßig umgelegten Arbeits- und Abgabenleistungen spezialisierten abhängigen Wirtschaften, in Verbindung mit dem auf Kumulation und Kooperation von Arbeit im Herrenhof ruhenden, im Inneren tauschlosen *Oikos,* und daß die *Regulierung* der Tausch- und Produktionsverhältnisse in der Stadt

das Gegenbild darstellt für die *Organisation* der Leistungen der im Oikos vereinigten Wirtschaften.

Dadurch, daß wir bei diesen Betrachtungen von einer »städtischen Wirtschaftspolitik«, einem »Stadtgebiet«, einer »Stadtobrigkeit« sprechen mußten, zeigt sich schon, daß der Begriff der »Stadt« noch in eine andere Reihe von Begriffen eingegliedert werden kann und muß, als in die bisher allein besprochenen ökonomischen Kategorien: in die *politischen*. Träger der städtischen Wirtschaftspolitik kann zwar auch ein Fürst sein, zu dessen politischem Herrschaftsgebiet die Stadt mit ihren Einwohnern als Objekt gehört. Dann wird Stadtwirtschafts*politik,* wenn überhaupt, nur *für* die Stadt und ihre Einwohner, nicht *von* ihr getrieben. Aber das muß nicht der Fall sein. Und auch wenn es der Fall ist, muß dabei dennoch die Stadt als ein in irgendeinem Umfang autonomer Verband: eine »Gemeinde« mit besonderen politischen und Verwaltungseinrichtungen in Betracht kommen.

Festzuhalten ist jedenfalls: daß man den bisher erörterten *ökonomischen* von dem *politisch-administra-* | *tiven* Begriff der *631*
Stadt durchaus scheiden muß. Nur im letzteren Sinn gehört zu ihr ein besonderes Stadt*gebiet*. – Im politisch-administrativen Sinn kann dabei eine Ortschaft als Stadt gelten, welche diesen Namen ökonomisch nicht beanspruchen könnte. Es gab im Mittelalter im Rechtssinn »Städte«, deren Insassen zu 9/10 oder mehr, jedenfalls aber zu einem weit größeren Bruchteile als sehr viele im Rechtssinn als »Dörfer« geltende Orte, nur von eigener Landwirtschaft lebten. Der Übergang von einer solchen »Ackerbürgerstadt« zur Konsumenten-, Produzenten- oder Handelsstadt ist natürlich völlig flüssig. Nur pflegt allerdings in jeder, vom Dorf administrativ unterschiedenen und als »Stadt« behandelten Ansiedelung ein Punkt: die Art der Regelung der Grundbesitzverhältnisse, sich von der ländlichen Grundbesitzverfassung zu unterscheiden. Bei den Städten im ökonomischen Sinne des Worts ist dies durch die besondere Art von Rentabilitätsgrundlage bedingt, welche städtischer Grundbesitz darbietet: Hausbesitz also, bei

dem das sonstige Land nur Zubehör ist. Administrativ aber hängt die Sonderstellung des städtischen Grundbesitzes vor allem mit abweichenden Besteuerungsgrundsätzen, meist aber zugleich mit einem für den politisch administrativen Begriff der Stadt entscheidenden Merkmal zusammen, welches ganz jenseits einer rein ökonomischen Analyse steht: daß die Stadt im Sinn der Vergangenheit, der Antike wie des Mittelalters, innerhalb wie außerhalb Europas, eine besondere Art von *Festung* und *Garnisonsort* war. Der Gegenwart ist dieses Merkmal der Stadt gänzlich abhanden gekommen. Aber auch in der Vergangenheit bestand es nicht überall. [...] Normalerweise gehört jedenfalls zur orientalischen wie zur antik-mittelländischen Stadt und ebenso zum normalen mittelalterlichen Stadtbegriff die Burg oder Mauer.

Die Stadt war weder die einzige noch die älteste Festung. Im umstrittenen Grenzgebiet oder bei chronischem Kriegszustand befestigt sich jedes Dorf. So haben die Slavensiedelungen, deren nationale Form schon früh das Straßendorf gewesen zu sein scheint, offenbar unter dem Druck der ständigen Kriegsgefahr im Elbe- und Odergebiet die Form des heckenumzogenen Rundlings mit nur einem verschließbaren Eingang, durch welchen nachts das Vieh in die Mitte getrieben wurde, angenommen. Oder man hat jene überall in der Welt, im israelitischen Ostjordanland wie in Deutschland, verbreiteten Höhenumwallungen angelegt, in welche Waffenlose sich und das Vieh flüchteten. Die sog. »Städte« Heinrichs I. im deutschen Osten waren lediglich systematische Befestigungen dieser Art. In England gehörte zu jeder Grafschaft in angelsächsischer Zeit eine »burgh« (borough), nach der sie ihren Namen führte und hafteten die Wacht- und Garnisondienste als älteste spezifisch »bürgerliche« Last an bestimmten Personen und Grundstücken. Falls sie nicht in normalen Zeiten ganz leer lagen, sondern Wächter oder Burgmannen als ständige Garnison gegen Lohn oder Land erhielten, führen von diesem Zustand gleitende Übergänge zur angelsächsischen burgh, einer »Garnisonsstadt« [...] mit »burgenses« als Ein-

wohnern, deren Name hier wie sonst davon herrührt, daß ihre politische Rechtsstellung, ebenso wie die damit zusammenhängende rechtliche Natur ihres – also des spezifisch bürgerlichen – Grund- und Hausbesitzes durch die Pflicht der Erhaltung und Bewachung der Befestigung determiniert war. Historisch sind aber in aller Regel nicht pallisadierte Dörfer oder Notbefestigungen die wichtigsten Vorläufer der Stadtfestung, sondern etwas anderes. Nämlich: die herrschaftliche Burg, eine Festung, die von einem Herrn mit den entweder | ihm, 633
als Beamten unterstellten oder ihm persönlich als Gefolge, zugehörenden Kriegern, zusammen mit seiner und deren Familie und dem zugehörigen Gesinde, bewohnt wurde.

Der militärische Burgenbau ist sehr alt, zweifellos älter als der Kriegswagen und auch als die militärische Benutzung des Pferdes. Wie der Kriegswagen überall einmal [...] die Entwicklung der ritterlichen und königlichen Kriegsführung bestimmt hat, so ist auch der Burgenbau und das Burgfürstentum universell verbreitet gewesen. [...] Die Ver- | fügung 634
über die Burg bedeutete eben militärische Beherrschung des Landes, und es fragte sich nur: wer sie in der Hand hatte, ob der einzelne Burgherr für sich selbst, oder eine Konföderation von Rittern, oder ein Herrscher, der sich auf die Zuverlässigkeit seines darin sitzenden Lehensmannes oder Ministerialen oder Offiziers verlassen durfte.

Die Festungsstadt nun, in dem ersten Stadium ihrer Entwicklung zu einem *politischen* Sondergebilde, war oder enthielt in sich oder lehnte sich an eine Burg, die Festung eines Königs oder adligen Herrn oder eines Verbandes von solchen, die oder der entweder selbst dort residierten oder eine Garnison von Söldnern oder Vasallen oder Dienstleuten dort hielten. [...] Dem militärischen Stadtherrn sind die Inwohner oder Anwohner der Burg, seien es alle oder bestimmte Schichten, als Bürger (burgenses) zu bestimmten militärischen Leistungen, vor allem zu Bau und Reparatur der Mauern, Wachtdienst und Verteidigung, zuweilen auch noch zu anderen militärisch wichtigen Diensten (Botendienst z. B.) oder Lieferungen verpflichtet. Weil und soweit er am Wehrverbande der Stadt teilnimmt, ist in diesem letzteren Fall der Bürger Mitglied seines Standes. [...] Neben dem königlich oder herrschaftlich garantierten Marktfrieden, der dem Markt der Stadt zukommt, steht der militärische Burgfrieden. Die befriedete Burg und der militärisch politische Markt der Stadt: Exerzierplatz und Versammlungsort des Heeres und deshalb der Bürgerversammlung auf der einen Seite, und andererseits der befriedete ökonomische Markt der Stadt, stehen oft in plastischem Dualismus nebeneinander. Nicht überall örtlich geschieden. [...] Die Frage der Beziehung zwischen der Garnison, der politischen Festungsbürgerschaft einerseits und der ökonomischen, bürgerlich erwerbenden Bevölkerung andererseits ist nun eine oft höchst komplizierte, immer aber *entscheidend* wichtige Grundfrage der städtischen Verfassungsgeschichte. Daß, wo eine Burg ist, sich auch Handwerker für die Deckung der Bedürfnisse des Herrenhaushalts und der Kriegerschaft ansiedeln oder angesiedelt werden, daß die Konsumkraft eines kriegerischen Hofhalts und der Schutz, den er gewährt, die Händler anlockt, daß andererseits der Herr selbst ein Interesse an der Heranziehung dieser Klassen hat, weil er dann in der Lage ist, sich Geldeinnahmen zu verschaffen, entweder indem er den Handel und das Gewerbe besteuert oder indem er durch Kapitalvorschuß daran teilnimmt oder den Handel auf eigene Rechnung betreibt oder gar monopolisiert, daß er ferner von Küstenburgen aus als Schiffsbesitzer oder als Beherrscher des Hafens am gewaltsamen und friedlichen Seegewinn sich Anteil schaffen kann, ist klar. Ebenso sind seine im Ort ansässigen Gefolgen und Vasallen dazu in der Lage, wenn er es ihnen freiwillig oder, weil er auf ihre Gutwilligkeit angewiesen ist, gezwungen gestattet. [...] Weit über die Erde verbreitet, namentlich, wenn auch nicht ganz ausschließlich, in Küstenorten (nicht nur: in »Städten«), wo der Zwischenhandel besonders leicht kontrolliert werden konnte, war nun der Vorgang: daß neben dem Monopol des Häuptlings oder Burgfürsten das Interesse der am Ort ansässigen Kriegerge-

schlechter an eigener Teilnahme am Handelsgewinn und ihre Macht, sich eine solche zu sichern, wuchs und das Monopol des Fürsten (wenn es bestanden hatte) sprengte. Geschah dies, dann pflegte überall der Fürst nur noch als primus inter pares zu gelten oder schließlich gänzlich in den gleich- | berechtig- 636
ten Kreis der in irgendeiner Form, sei es nur mit Kapital, im Mittelalter besonders mit Kommendakapital, am friedlichen Handel, sei es mit ihrer Person am Seeraub und Seekrieg sich beteiligenden, mit Grundbesitz ansässigen Stadtsippen eingegliedert, oft nur kurzfristig gewählt, jedenfalls in seiner Macht einschneidend beschränkt zu werden. [...] Dabei sind nun die städtischen kapitalistischen Handelsinteressenten, die Geldgeber des Handels, die spezifischen Honoratioren der Stadt in der Frühzeit der Antike wie des Mittelalters, prinzipiell von den ansässigen oder ansässig gewordenen Trägern des Handels-«Betriebs«, den eigentlichen Händlern zu sondern, so oft natürlich beide Schichten ineinander übergingen. [...]

Im Binnenlande können Anfangs- oder End- oder Kreuzungspunkte von Fluß- oder Karawanenstraßen (wie z. B. Babylon) Standorte ähnlicher Entwicklungen werden. Eine Konkurrenz macht dem weltlichen Burg- und Stadtfürsten dabei zuweilen der Tempelpriester und der priesterliche Stadtherr. Denn die Tempelbezirke weithin bekannter Götter bieten dem interethnischen also politisch ungeschützten Handel sakralen Schutz und an sie kann sich daher eine stadtartige Ansiedelung anlehnen, welche ökonomisch durch die Tempeleinnahmen ähnlich gespeist wird wie die Fürstenstadt durch die Tribute an den Fürsten.

Ob und wieweit nun das Interesse des Fürsten an Geldeinnahmen durch die Erteilung von Privilegien für Gewerbetreibende und Händler, welche einem vom Herrenhof *unabhängigen,* vom Herrn besteuerten, Erwerbe nachgingen, überwog, oder ob umgekehrt sein Interesse an der Deckung seines Bedarfs durch möglichst *eigene* Arbeitskräfte und an der Monopolisierung des Handels in eigener Hand stärker war und welcher Art im ersten Fall jene Privilegien waren, lag im Ein-

zelfall sehr verschieden: bei der Heranziehung Fremder durch solche Privilegien hatte der Herr ja auch auf die Interes-
637 sen und | die für ihn selbst wichtige ökonomische Prästationsfähigkeit[7] der schon ansässigen, von ihm politisch oder grundherrlich Abhängigen in sehr verschiedenem Sinn und Grade Rücksicht zu nehmen. Zu allen diesen Verschiedenheiten der möglichen Entwicklung trat aber noch die sehr verschiedene *politisch-militärische* Struktur desjenigen Herrschaftsverbandes, innerhalb dessen die Stadtgründung oder Stadtentwicklung sich vollzog. Wir müssen die daraus folgenden Hauptgegensätze der Städteentwicklung betrachten.

Nicht jede »Stadt« im ökonomischen und nicht jede, im politisch-administrativem Sinn einem Sonderrecht der Einwohner unterstellte, Festung war eine »*Gemeinde*«. Eine Stadtgemeinde im vollen Sinn des Wortes hat als Massenerscheinung vielmehr nur der Okzident gekannt. Daneben ein Teil des vorderasiatischen Orients (Syrien und Phönizien, vielleicht Mesopotamien) und dieser nur zeitweise und sonst in Ansätzen. Denn dazu gehörte, daß es sich um Siedelungen mindestens relativ stark gewerblich-händlerischen Charakters handelte, auf welche folgende Merkmale zutrafen: 1. die Befestigung – 2. der Markt – 3. eigenes Gericht und mindestens teilweise eigenes Recht – 4. Verbandscharakter und damit verbunden 5. mindestens teilweise Autonomie und Autokephalie[8], also auch Verwaltung durch Behörden, an deren Bestellung die Bürger als solche irgendwie beteiligt waren. Solche Rechte pflegen sich in der Vergangenheit durchweg in die Form von *ständischen Privilegien* zu kleiden. Ein gesonderter Bürger*stand* als ihr Träger, war daher das Charakteristikum der Stadt im politischen Sinn. An diesem Maßstab in seinem vollen Umfang gemessen waren freilich auch die Städte des okzidentalen Mit-

7 Abgabe- oder Leistungsfähigkeit.

8 Autokephalie: Mit eigenem Oberhaupt, ursprünglich bezogen auf die kirchliche Unabhängigkeit der orthodoxen Nationalkirchen.

telalters nur teilweise und diejenigen des 18. Jahrhunderts so-
gar nur zum ganz geringen Teil wirklich »Stadtgemeinden«.
Aber diejenigen Asiens waren es, vereinzelte mögliche Aus-
nahmen abgerechnet, soviel heute bekannt, überhaupt nicht
oder nur in Ansätzen. Zwar Märkte hatten sie alle und Festun-
gen waren sie ebenfalls. Die chinesischen großen Sitze des Ge-
werbes und Handels waren sämtlich, die kleinen meist, befe-
stigt, im Gegensatz zu Japan. Die ägyptischen, vorderasiati-
schen, indischen Sitze von Handel und Gewerbe waren es
ebenfalls. Gesonderte Gerichts*bezirke* waren die großen Han-
dels- und Gewerbesitze jener Länder gleichfalls nicht selten.
Sitz der Behörden | der großen politischen Verbände waren sie 638
in China, Ägypten, Vorderasien, Indien immer, – während ge-
rade dies der charakteristische Typus der okzidentalen Städte
des frühen Mittelalters namentlich im Norden *nicht* war. Ein
besonderes den Stadtbürgern *als solchen* eignendes materielles
oder Prozeßrecht aber oder autonom von ihnen bestellte Ge-
richte waren den asiatischen Städten unbekannt. Sie kannten es
nur insofern, als die Gilden und (in Indien) Kasten, welche tat-
sächlich vorzugsweise oder allein in einer Stadt ihren Sitz hat-
ten, Träger von solchen Sonderrechtsbildungen und Sonder-
gerichten waren. Aber dieser städtische Sitz jener Verbände
war *rechtlich* zufällig. Unbekannt oder nur in Ansätzen bekannt
war ihnen die autonome Verwaltung, vor allem aber – das ist
das Wichtigste, – der *Verbands*charakter der Stadt und der Be-
griff des Stadtbürgers im Gegensatz zum Landmann. Auch da-
für waren nur Ansätze vorhanden. Der chinesische Stadtinsas-
se gehörte rechtlich seiner Sippe und durch diese seinem Hei-
matsdorf an, in welchem der Ahnentempel stand und zu dem
er die Verbindung sorgfältig aufrechterhielt, ebenso wie der
russische, in der Stadt erwerbende, Dorfgenosse rechtlich
»Bauer« blieb. Der indische Stadtinsasse außerdem: Mitglied
seiner Kaste. Die Stadteinwohner waren freilich eventuell, und
zwar der Regel nach, Mitglieder auch lokaler Berufsverbände,
Gilden und Zünfte, spezifisch städtischen Sitzes. Sie gehörten
schließlich als Mitglieder den Verwaltungsbezirken: Stadtvier-

teln, Straßenbezirken an, in welche die obrigkeitliche Polizei die Stadt zerlegte und hatten innerhalb dieser bestimmte Pflichten und zuweilen auch Befugnisse. Der Stadt- oder Straßenbezirk konnte insbesondere leiturgisch[9] im Wege der Friedensbürgschaft für die Sicherheit der Personen oder anderer polizeilicher Zwecke kollektiv haftbar gemacht werden. Aus diesem Grunde konnten sie zu Gemeinden mit gewählten Beamten oder mit erblichen Ältesten zusammengeschlossen sein: so in Japan, wo über den Straßengemeinden mit ihrer Selbstverwaltung als höchste Instanz ein oder mehrere Zivilverwaltungskörper (Mashi-Bugyo) standen. Ein Stadt*bürger*recht aber im Sinne der Antike und des Mittelalters gab es nicht, und ein Korporationscharakter der Stadt als solcher war unbekannt. Sie war freilich eventuell auch als Ganzes ein gesonderter Verwaltungsbezirk, so, wie dies auch im Merowinger- und Karolingerreiche der Fall war. Weit entfernt aber, daß
639 etwa, | wie im mittelalterlichen und antiken Okzident, die Autonomie und die Beteiligung der Einwohner an den Angelegenheiten der lokalen Verwaltung in der Stadt, also in einem gewerblich-kommerziell gearteten, relativ großen Ort, stärker entwickelt gewesen wäre als auf dem Lande, traf vielmehr regelmäßig das gerade Umgekehrte zu. [...] In Israel kann man den Dualismus der Beamten und Ältesten in der Königszeit deutlich verfolgen. In dem bürokratischen Königreich siegte überall der königliche Beamte. Gewiß war er nicht allmächtig. Er mußte vielmehr mit der Stimmung der Bevölkerung in einem oft erstaunlichen Maß rechnen. Der chinesische Beamte vor allem war gegenüber den lokalen Verbänden: den Sippen und Berufsverbänden, *wenn* sie sich im Einzelfalle zusammenschlossen, regelmäßig völlig machtlos und verlor bei jeder ernstlichen gemeinsamen Gegenwehr sein Amt. Obstruktion, Boykott, Ladenschließen und Arbeitsniederlegungen der

9 Leiturgie, griechisch »Dienst«, die Verpflichtung von Bürgern zur Übernahme öffentlicher Aufgaben, entweder direkt oder durch Finanzierung.

Handwerker und Kaufleute im Fall konkreter Bedrückung waren schon alltäglich und setzten der Beamtenmacht Schranken. Aber diese waren völlig unbestimmter Art. Andererseits finden sich in China wie in Indien bestimmte Kompetenzen der *Gilden* oder andrer Berufsverbände oder doch die faktische Notwendigkeit für die Beamten, mit ihnen sich ins Einvernehmen zu setzen. Es kam vor, daß die Vorstände dieser Verbände weitgehende Zwangs- | gewalten auch gegen Dritte ausübten. 640
Bei alledem aber handelt es sich – normalerweise – lediglich um Befugnisse oder faktische Macht einzelner bestimmter Verbände bei einzelnen bestimmten Fragen, die ihre konkreten Gruppeninteressen berühren. Nicht aber – normalerweise – existiert irgendein gemeinsamer Verband mit Vertretung einer Gemeinde der Stadt*bürger* als solcher. Dieser Begriff fehlt eben gänzlich. Es fehlen vor allem spezifisch *ständische* Qualitäten der ständischen Bürger. Davon findet sich in China, Japan, Indien überhaupt nichts und nur in Vorderasien Ansätze.

[Auslassung ausführlicher Passagen zu Japan, China, Indien, Vorderasien]

Soweit die gesicherte Kenntnis asiatischer und orientalischer Siedelungen, welche ökonomischen Stadtcharakter trugen, reicht, war jedenfalls der normale Zustand der: daß nur die Geschlechtersippen und eventuell neben ihnen die Berufsverbände, nicht aber die Stadtbürgerschaften als solche, Träger eines Verbandshandelns sind. Natürlich sind die Übergänge auch hier flüssige. Aber gerade die allergrößten, Hunderttausende und zuweilen Millionen von Einwohnern umfassende, Siedelungszentren zeigen diese Erscheinung. [...]

II. Die Stadt des Okzidents

Im auffallendsten Gegensatz namentlich zu den asiatischen Zuständen stand nun die Stadt des mittelalterlichen Okzidents, und zwar ganz speziell die Stadt des Gebiets nördlich

der Alpen da, wo sie in idealtypischer Reinheit entwickelt
646 war. Sie war ein | Marktort, wie die asiatische und orientalische Stadt, Sitz von Handel und Gewerbe, wie jene, Festung wie jene. Kaufmannsgilden und Handwerkerzünfte fanden sich hier wie dort und daß diese autonome Satzungen für ihre Mitglieder schufen, war durch die ganze Welt, nur gradweise verschieden, verbreitet. Ebenso enthielt die antike wie die mittelalterliche Stadt des Okzidents – in letzterer allerdings mit einigen später zu machenden Vorbehalten – in sich Fronhöfe und Sitze von Geschlechtern mit außerstädtischem grundherrlichen und daneben oft mit großem städtischen Bodenbesitz, der aus den Erträgnissen der Teilnahme der Geschlechter an den städtischen Gewinnchancen der Stadt vergrößert wurde. Ebenso kannte die okzidentale Stadt des Mittelalters überwiegend Schutzherren und Beamte eines politischen Herrn, welche in ihren Mauern Befugnisse verschiedenen Umfangs ausübten. Ebenso wich hier, wie fast in der ganzen Welt, das Recht, welches für Hausgrundstücke galt, von dem des landwirtschaftlichen Bodens natürlich irgendwie ab. Aber wenigstens für die mittelalterliche Stadt des Okzidents war der Unterschied des Bodenrechts ein, von Übergangserscheinungen abgesehen, kaum je fehlendes Essentiale: prinzipiell frei veräußerliches, ganz zinsfreies oder nur mit festem Zins belastetes vererbliches Bodeneigentum in der Stadt, in der mannigfachsten Weise grundherrliches oder der Dorf- oder Marktgemeinde gegenüber oder nach beiden Richtungen gebundenes Bauernland draußen. Das war in Asien und in der Antike nicht in gleicher Regelmäßigkeit der Fall. Diesem immerhin nur relativen Gegensatz des Bodenrechts entsprach aber ein absoluter Gegensatz der persönlichen Rechtslage.

Überall, im frühen Mittelalter, der Antike, dem vorderasiatischen und dem ferneren Osten war die Stadt eine durch Zuzug und Zusammenfluß von außen entstandene und, bei den sanitären Verhältnissen der Unterschichten, nur durch fortwährend neuen Zustrom vom Lande sich erhaltende Zu-

sammensiedelung. Überall enthält sie daher Elemente gänzlich verschiedener ständischer Stellung. Examinierte Amtsanwärter und Mandarinen neben den als Banausen verachteten Illiteraten und den (wenigen) unreinen Berufen in Ostasien, alle Arten von Kasten in Indien, sippenmäßig organisierte Geschlechtergenossen neben landlosen Handwerkern in Vorderasien und der Antike, Freigelassene, Hörige und Sklaven neben adeligen Grundherren | und deren Hofbeamten und 647
Dienstleuten, Ministerialen oder Soldkriegern, Priestern und Mönchen in der frühmittelalterlichen Stadt. Herrenhöfe aller Art konnten in der Stadt liegen oder auch das Stadtgebiet als Ganzes zur Grundherrschaft eines Herrn gehören, innerhalb der Stadt selbst Reparatur und Bewachung der Mauern einer Schicht von Burgmannen oder anderen durch Burglehen oder andere Rechte Privilegierten anvertraut sein. Die schärfsten ständischen Unterschiede gliederten namentlich die Stadtinsassen der mittelländischen Antike. In geringem Maße aber auch noch die des frühen Mittelalters und ebenso Rußlands bis an die Schwelle der Gegenwart, auch noch nach der Aufhebung der Leibeigenschaft: der aus Dörfern stammende Stadtinsasse war dem Dorfe schollenpflichtig und konnte vom Mir[10] durch Entziehung des Passes zur Rückkehr genötigt werden. Freilich weist die sonstige, außerstädtische, ständische Schichtung innerhalb der Stadt fast überall gewisse Modifikationen auf. [...] Der Umstand, daß die Stadt ein Markt war, mit relativ ständiger Gelegenheit durch Handel oder Handwerk Geld zu verdienen, veranlaßte eben zahlreiche Herren, ihre Sklaven und Hörigen nicht im eigenen Haus oder Betrieb als Arbeitskräfte, sondern als Rentenfonds auszunützen, sie also als Handwerker oder Kleinhändler anzulernen und dann, eventuell (so in der Antike) mit Betriebsmitteln ausgestattet, gegen Leibzins in der Stadt dem Erwerb nachgehen zu lassen. [...] Die Chance, sich frei- | kaufen zu können, 648
steigerte die ökonomische Leistung speziell der unfreien

10 Russische Dorfgemeinde.

Kleinbürger, und es ist daher kein Zufall, daß in der Antike und in Rußland gerade in den Händen von Freigelassenen sich ein großer Teil der ersten, durch rationalen Dauerbetrieb gewerblicher oder kommerzieller Art erworbenen Vermögen ansammelte. Die okzidentale Stadt war so schon in der Antike wie in Rußland ein Ort des Aufstiegs aus der Unfreiheit in die Freiheit durch das Mittel geldwirtschaftlichen Erwerbs. Noch wesentlich stärker nun gilt das gleiche für die mittelalterliche Stadt, zumal die Binnenstadt, und zwar je länger desto mehr. Denn hier verfolgte, im Unterschied von fast allen andern uns bekannten Entwicklungen, die Bürgerschaft der Städte in aller Regel ganz bewußt eine darauf gerichtete Stände*politik*. Bei reichlichem Erwerbsspielraum bestand in der Frühzeit dieser Städte ein gemeinsames Interesse ihrer Insassen an der Ausnutzung derselben zwecks Erweiterung der Absatz- und Erwerbschancen jedes Einzelnen durch Erleichterung des Zuzugs von außen und deshalb auch ein solidarisches Interesse daran, daß nicht jeder soeben in der Stadt wohlhabend gewordene Hörige von seinem Herrn [...] etwa zu Hausknechts- oder Stalldiensten requiriert wurde, sei es auch nur, um so ein Loskaufsgeld von ihm zu erpressen. Die Stadtbürgerschaft usurpierte daher – und dies war die eine große, der Sache nach *revolutionäre* Neuerung der mittelalterlich-okzidentalen gegenüber allen anderen Städten – die Durchbrechung des Herrenrechts. In den mittel- und nordeuropäischen Städten entstand der bekannte Grundsatz: »Stadtluft macht frei«, – d. h. nach einer verschieden großen, stets aber relativ kurzen Frist verlor der Herr eines Sklaven oder Hörigen das Recht, ihn als Gewaltunterworfenen in Anspruch zu nehmen. Der Satz ist in sehr verschiedenem Grade durchgedrungen. Sehr oft mußten sich andererseits Städte zu dem Versprechen bequemen, Unfreie nicht aufzunehmen, und mit Engerwerden des Nahrungsspielraums ist diese Schranke ihnen auch oft willkommen gewesen. Allein als Regel setzte jener Grundsatz sich dennoch durch. Die ständischen Unterschiede schwanden also in der Stadt, wenigstens soweit sie Verschiedenheit von gewöhn-

licher Freiheit und Unfreiheit bedeuteten. Andererseits entwickelte sich innerhalb | zahlreicher, ursprünglich auf politi- 649
scher Gleichstellung der Ansiedler untereinander und freier Wahl der Stadtbeamten ruhender Stadtansiedelungen im europäischen Norden vielfach eine Honoratiorenschicht: die ständische Differenzierung der kraft ihrer ökonomischen Unabhängigkeit und Macht die Ämter monopolisierenden Ratsgeschlechter gegen die andern Bürger. Und ferner finden wir in zahlreichen, besonders südlichen, aber auch nördlichen reichen Städten (auch deutschen) von Anfang an – wie in der Antike – das Nebeneinander von »Reitern«, Leuten, die einen Stall halten (einen »Rennstall« würden wir heute sagen, denn an die Turnierzwecke ist dabei gedacht), den »Constaffeln«, als einem spezifischen Stadtadel und den gemeinen Bürgern, also: in ständischer Scheidung. Dem aber steht nun eine andere Entwicklung gegenüber, welche die ständische Gemeinsamkeit der Stadtbürger als solchen, galten sie nun als Adel oder Nichtadel, gegenüber dem Adel außerhalb der Stadt steigerten. Mindestens in Nordeuropa wurde gegen Ende des Mittelalters die Adelsqualität des stadtsässigen, am Erwerb beteiligten und – was vor allem geltend gemacht wurde – mit den Zünften im Stadtregiment zusammensitzenden Patriziats von seiten des ritterlichen Landadels nicht mehr anerkannt, dem Patriziat also Turnier- und Stiftsfähigkeit, Konnubium[11] und Lehensfähigkeit abgesprochen (die letztere in Deutschland mit den nur zeitweiligen Ausnahmen der privilegierten Reichsstadtbürger). Von diesen beiden Tendenzen zu einer relativen ständischen Nivellierung und umgekehrt zu einer stärkeren Differenzierung in der Stadt haben im allgemeinen die letzteren das Übergewicht behalten. Am Ende des Mittelalters und bei Beginn der Neuzeit werden fast alle Städte, italienische, englische und französische ebenso wie deutsche, soweit sie nicht – wie in Italien – monarchische Stadtstaaten geworden waren, durch einen Ratspatriziat oder eine Bürgerkor-

11 Heirat.

poration beherrscht, welche nach außen exklusiv war, nach innen eine Honoratiorenherrschaft bedeutete, selbst dort, wo aus der Zeit des Zunftregiments die Pflicht für diese Honoratioren, formell einer Zunft zuzugehören, noch fortbestand.

Die Abschneidung der ständischen Zusammenhänge nach außen hin zum außerstädtischen Adel wurde nur in den Stadtkorporationen Nordeuropas ziemlich rein durchgeführt, während im Süden, zumal in Italien, umgekehrt mit aufstei-
650 gender Macht | der Städte fast aller Adel stadtsässig wurde, wie wir dies wesentlich verstärkt auch in der Antike finden, wo die Stadt ja ursprünglich gerade als Sitz des Adels entstand. Antike und, in geringerem Maß, südeuropäisch-mittelalterliche Städte bilden hierin also gewissermaßen Übergangsstadien von der asiatischen zur nordeuropäischen Stadt.

Zu diesen Unterschieden tritt nun aber als entscheidend hinzu die Qualität der antiken sowohl wie der typischen mittelalterlichen Stadt als eines *anstaltsmäßig vergesellschafteten,* mit besonderen und charakteristischen Organen ausgestatteten Verbandes von »Bürgern«, welche in dieser ihrer Qualität einem nur ihnen zugänglichen *gemeinsamen Recht* unterstehen, also ständische »Rechtsgenossen« sind. Diese Eigenschaft als einer ständisch gesonderten »Polis« oder »Commune« war, soviel bekannt, in allen anderen Rechtsgebieten, außer den mittelländischen und okzidentalen, nur in den Anfängen vorhanden. Am ehesten wohl noch in Mesopotamien, Phönizien und in Palästina in der Zeit der Kämpfe der israelitischen Eidgenossen mit dem kanaanäischen Stadtadel und vielleicht noch in manchen Seestädten anderer Gebiete und Zeiten. [...] Vorstufen der Polis- oder Communekonstitution dürften sich in Asien und Afrika mehrfach gefunden haben. Aber von einem ständischen »Stadtbürgerrecht« verlautet nichts.

Dagegen war die vollentwickelte antike und mittelalterliche Stadt vor allem ein als *Verbrüderung* konstituierter oder so gedeuteter Verband, dem daher auch das entsprechende religiöse Symbol: ein Verbandskult der Bürger als solcher, also ein Stadtgott oder Stadtheiliger, der für die Bürger als solcher da

ist, nicht zu fehlen pflegt. Ein solcher fehlt zwar auch in |
China nicht (oft ein apotheosierter Mandarin). Aber er behielt 651
dort den Charakter eines Funktionsgottes im Pantheon. Der Verband der Stadtgemeinde im Okzident als solcher hatte ferner: *Besitz,* über den ihre Organe verfügten. [...] Allmenden von städtischen Siedelungen mögen anderwärts ebenso existiert haben, wie für Dorfgemeinden. Ebenso gab es spezifisch städtische Steuerquellen der Fürsten. Aber ein Finanzwesen einer Stadtgemeinde nach Art der antiken oder mittelalterlichen Stadt ist von anderwärts nicht bekannt, höchstens Ansätze dazu mag es gegeben haben.

Für die gemeinsamen Eigentümlichkeiten der mittelländischen Städte zum Unterschied von den asiatischen war zunächst und vor allem das Fehlen der magisch-animistischen Kasten- und Sippengebundenheit der freien Stadtinsassen mit ihren Tabuierungen grundlegend. [...] Die Insassen einer indischen Stadt haben als solche gar keine Möglichkeit gemeinsamer Kultmahle, die chinesischen infolge ihrer Sippenorganisation und der alles überwiegenden Bedeutung des Ahnenkults keinen Anlaß dazu. Soweit, daß auch die private Speisegemeinschaft ganz ausgeschlossen ist, gehen allerdings nur tabuistisch gebundene Völker wie die Inder und (in weitbegrenztem Umfang) die Juden. Bei den Indern wirkt schon jeder Blick eines Kastenfremden in die Küche verunreinigend.
Aber noch | in der Antike waren die sakralen Handlungen der 652
Sippe für Nichtsippengenossen ebenso schlechthin unzugänglich wie der chinesische Ahnenkult. Demgegenüber war schon für die antike Polis nach der Überlieferung eine Komponente des (realen oder fiktiven) Akts der »Zusammenhausung« (Synoikismos) der Ersatz der für die Kultmahle der eingemeindeten Verbände [...], des Symbols der Tischgemeinschaft der Stadtbürgersippen als Folge von deren Verbrüderung. Freilich lag der antiken Polis offiziell zunächst die Gliederung in Sippen und ihnen übergeordneten rein personalen und oft (mindestens der Fiktion nach) auf Abstammungsgemeinschaft ruhenden, je einen nach außen wiederum streng

exklusiven Kultverband bildenden Gemeinschaften zugrunde. Die antiken Städte waren in der, praktisch keineswegs bedeutungslosen, Anschauung ihrer Zugehörigen zunächst gewillkürte Vergesellschaftungen und Konföderationen von Personenverbänden teils primär sippenhaften, teils, wie wahrscheinlich die Phratrien[12], primär militärischen Charakters, die dann in den späteren Einteilungen der Städte nach verwaltungstechnischen Gesichtspunkten schematisiert wurden. Daher waren die Städte der Antike sakral exklusiv nicht nur nach außen, sondern auch nach innen, gegen jeden, der keiner der konföderierten Sippen zugehörte: den Plebejer; und eben deshalb blieben sie eben immerhin doch auch in sich selbst in zunächst weitgehend exklusive Kultverbände gegliedert. In diesem Charakter als adlige Sippenkonföderationen glichen den antiken Städten noch ziemlich weitgehend auch die südeuropäischen Städte im frühen Mittelalter, vor allem Seestädte (aber nicht nur solche). Innerhalb ihrer Mauern hatte jede adlige Sippe ihre eigene Festung für sich oder auch gemeinsam mit andern, in welchem Fall deren Benutzung (wie in Siena) eingehend geregelt war, die Geschlechterfehden wüteten in der Stadt mindestens ebenso heftig wie draußen und manche der ältesten Stadteinteilungen (z. B. in »alberghi«) waren vermutlich solche in feudale Machtbezirke. Dagegen fehlte – und dies war höchst wichtig – hier jeder noch in der Antike vorhandene Rest von *sakraler* Exklusivität der Sippen gegeneinander und nach außen: eine Folge des historisch denkwürdigen, von Paulus im Galaterbrief mit Recht in den Vordergrund gerückten Vorgangs in Antiochien, wo Petrus mit den unbeschnitte-
653 nen Brüdern | (rituelle) Speisegemeinschaft pflegte.[13] Diese

12 Bruderschaften, die vor allem als Rechtshilfe- und Wehrverband gegründet wurden, Unterabteilung der Phyle, einer auf (zumeist fiktiver) Abstammung beruhenden Abteilung der Bürgerschaften der antiken Polis.

13 Hinweis auf den Brief des Apostel Paulus an die Galater (Galater 2, 11–21), in dem dieser die von Petrus praktizierte Trennung der

rituelle Exklusivität hatte sich schon in den antiken Städten bis zu völligem Schwinden abgeschwächt. Die sippenlose Plebs setzte die rituelle Gleichstellung im Prinzip durch. In den mittelalterlichen, zumal in den mittel- und nordeuropäischen Städten bestand diese Abschwächung von Anfang an und verloren die Sippen sehr bald alle Bedeutung als Konstituenzien der Stadt. Diese wurde eine Konföderation der *einzelnen* Bürger (Hausväter), so daß auch die Einbezogenheit des Stadtbürgers in außerstädtische Gemeinschaften hier praktisch jede Bedeutung gegenüber der Stadtgemeinde einbüßte. Schon die antike Polis wurde so in der Vorstellung ihrer Bürger zunehmend eine anstaltsmäßige »*Gemeinde*«. Endgültig entstand der »Gemeinde«-Begriff in der Antike im Gegensatz zum »Staat« allerdings erst durch ihre Eingliederung in den hellenistischen oder römischen Großstaat, welche ihr auf der anderen Seite die politische Selbständigkeit nahm. Die mittelalterliche Stadt dagegen war ein »commune« von Anfang ihres Bestehens an, einerlei, wieweit man sich dabei den Rechtsbegriff der »Korporation« als solchen sofort zum klaren Bewußtsein brachte.

Im Okzident fehlten eben die Tabuschranken des indisch-äquatorialen Gebiets und die totemistischen, ahnenkultischen und kastenmäßigen magischen Klammern der Sippenverbände, welche in Asien die Verbrüderung zu einer einheitlichen Körperschaft hemmten. Der konsequente Totemismus und die kasuistische Durchführung der Sippenexogamie sind gerade dort und sicherlich als ziemlich späte Produkte entstanden, wo es zu großen politisch-militärischen und vor allem städtischen Verbandsbildungen nie kam. Die antiken Religionen kennen höchstens Spuren davon, sei es nun als »Reste« oder auch als verkümmerte »Ansätze«. Die Gründe dafür lassen sich, soweit sie nicht intern religiös waren, nur unbestimmt vermuten. [...] Und mochte man sie auch in der Antike überall, der Tradition gemäß, künstlich durch Eintei-

Judenchristen von den unbeschnittenen Heidenchristen als unchristlich kritisiert.

654 lung der neugegründeten Ge- | meinden in gentilizische Verbände und Phratrien wieder herstellen, – nicht der Gentilverband, sondern der Militärverband der Polis war jetzt doch die grundlegende Einheit. Die jahrhundertelangen Wanderungen erobernder Kriegerverbände der Germanen vor und in der Völkerwanderungszeit, ihr Reislaufen[14] und ihre Aventiurenzüge unter selbstgewählten Führern waren ebensoviele Hemmungen gegen das Aufkommen tabuistischer und totemistischer Bindungen. Mochte man auch bei ihnen die Siedelung, wie überliefert wird, tunlichst nach realen oder fiktiven Sippen vornehmen, – der Ding- und Militärverband der Hundertschaft, die Hufenverfassung als Grundlage der Lastenumlegung, später die Beziehung zum Fürsten: Gefolgschaft und Vasallentum blieben das Entscheidende, nicht irgendwelche, vielleicht gerade infolge jener Umstände niemals zur Entwicklung gelangten, magischen Bande der Sippe. Und das Christentum, welches nun die Religion dieser in allen ihren Traditionen tief erschütterten Völker wurde und wohl gerade infolge der Schwäche oder des Fehlens der magischen und tabuistischen Schranken bei ihnen dazu werden konnte, entwertete und zerbrach alle solche Sippenbande in ihrer religiösen Bedeutsamkeit endgültig. Die oft recht bedeutende Rolle, welche die kirchliche Gemeinde bei der verwaltungstechnischen Einrichtung der mittelalterlichen Städte gespielt hat, ist nur eines von vielen Symptomen für das starke Mitspielen dieser, die Sippenbande auflösenden und dadurch für die Bildung der mittelalterlichen Stadt grundlegend wichtigen Eigenschaften der christlichen Religion. Der Islam hat die Landsmannschaften der arabischen Stämme und die Sippenbande, wie die ganze Geschichte der inneren Konflikte des älteren Kalifats zeigt, nicht wirklich überwunden, weil er zunächst eine Religion eines erobernden, nach Stämmen und Sippen gegliederten Heeres blieb.

14 Söldnerdienst.

Machen wir uns die praktischen Unterschiede nochmals ganz klar. Die Stadt war zwar überall in der Welt in starkem Maß Zusammensiedelung von bisher Orts*fremden*. Der chinesische wie der mesopotamische und ägyptische und gelegentlich sogar noch der hellenistische Kriegsfürst legt die Stadt an und verlegt sie wieder, siedelt nicht nur darin an, wer sich ihm freiwillig bietet, sondern raubt nach Bedarf und Möglichkeit das Menschenmaterial zusammen. Am stärksten in Mesopotamien, wo die Zwangssiedler zunächst den Kanal zu graben haben, der | die Entstehung der Stadt in der Wüste ermöglicht. 655
Weil er dabei mit seinem Amtsapparat und seiner Beamtenverwaltung ihr absoluter Herr bleibt, entsteht entweder gar kein Gemeinde*verband* oder nur dürftige Ansätze eines solchen. Die Zusammengesiedelten bleiben oft konnubial getrennte Sonderstämme. Oder, wo dies nicht der Fall ist, bleiben die Zuzügler Mitglieder ihrer bisherigen Orts- und Sippenverbände. Nicht nur der chinesische Stadtinsasse gehörte normalerweise zu seiner ländlichen Heimatsgemeinde, sondern auch breite Schichten der nicht hellenischen Bevölkerung des hellenistischen Orients, wie ja noch die neutestamentliche Legende die Geburt des Nazareners in Bethlehem damit motiviert, daß die Sippe des Vaters dort, in der deutschen Übersetzung des Heliand gesprochen: ihr »Hantgemal« gehabt habe, also – meint die Legende – auch dort zu schätzen gewesen sei. Die Lage des in die russischen Städte zuwandernden Bauern war bis vor kurzem keine andere: sie behielten ihr Recht auf Land sowohl wie ihre Pflicht, auf Verlangen der Dorfgemeinde dort an den Lasten teilzunehmen, in ihrem Heimatort. Es entstand also kein Stadt*bürgerrecht,* sondern nur ein Lasten- und Privilegienverband der jeweils Stadtsässigen. Auf Sippenverbänden ruhte auch der hellenische Synoikismos: Die Rekonstitution der Polis Jerusalem durch Esra und Nehemia läßt die Überlieferung sippschaftsweise, und zwar durch Zusammensiedelung von Delegationen jeder politisch vollberechtigten landsässigen Sippe erfolgen. Nur die sippenlose und politisch rechtlose Plebs wird nach Ortsangehörigkeit gegliedert. Auch in der an-

tiken Polis war zwar der Einzelne Bürger, aber ursprünglich immerhin nur als Glied seiner Sippe. Jeder hellenische und römische Synoikismos und jede kolonisatorische Eroberung verlief in der Frühantike mindestens der Fiktion nach ähnlich wie die Neukonstituierung von Jerusalem und selbst die Demokratie konnte an dem Schema der Zusammensetzung der Bürgerschaft durch Sippen (gentes), aus diesen zusammengesetzten Phratrien und durch diese gebildeten Phylen[15], lauter rein personalen kultischen Verbänden also, zunächst nicht rütteln, sondern diese tatsächlich vom gesippten Adel beherrschten Verbände nur durch indirekte Mittel politisch unschädlich zu machen suchen. Einen Kultmittelpunkt seiner Sippe [...] mußte in Athen nachweisen können, wer amtsfähig
656 für die legitimen Ämter sein wollte. Daß Städte | durch Zusammensiedelung Einheimischer mit Stammfremden entstehen, wußte auch die römische Legende sehr gut; sie werden dann durch rituale Akte zu einer religiösen Gemeinde mit einem eigenen Gemeindeherd und einem Gott als Gemeindeheiligen auf der Burg verbrüdert, aber dabei in gentes, curiae (= Phratrien), tribus (= Phylen) gegliedert. Diese für jede antike Stadt ursprünglich selbstverständliche Zusammensetzung wurde sehr früh – wie schon die runden Zahlen der Verbände (aus 3, 30 oder 12 gebildet) zeigen – rein künstlich zum Zweck der Lastenumlegung hergestellt. Immerhin blieb die Zugehörigkeit Kennzeichen des zur Teilnahme am Kult und allen denjenigen Ämtern, welche die Qualifikation zum Verkehr mit den Göttern, in Rom der »auspicia«, bedurften, berechtigten Vollbürgers. Sie war eben *rituell* unentbehrlich. Denn ein *legitimer* Verband mußte auf der rituellen Grundlage der überlieferten, rituell gerichteten Verbandsformen: Sippe, Wehrverband (Phratrie), politischer Stammesverband (Phyle) beruhen oder dies doch fingieren. – Das war nun bei den mittelalterlichen Stadtgründungen namentlich des Nordens

15 Bruderschaften, auf (zumeist fiktiver) Abstammung beruhende Abteilung der Bürgerschaften der antiken Polis.

durchaus anders. Der Bürger trat wenigstens bei Neuschöpfungen als Einzelner in die Bürgerschaft ein. Als Einzelner schwur er den Bürgereid. Die persönliche Zugehörigkeit zum örtlichen Verband der Stadt, und nicht die Sippe oder der Stamm, garantierte ihm seine persönliche Rechtsstellung als Bürger. Die Stadtgründung schloß auch hier oft nicht nur ursprünglich orts- sondern eventuell auch stammfremde Händler mit ein. Jedenfalls bei Neugründungen kraft Privilegs für Zuwanderer. – In geringerem Maß natürlich bei der Umwandlung alter Ansiedelungen in Stadtgemeinden. Dann natürlich traten z. B. nicht etwa die in Köln erwähnten, aus dem ganzen Umkreis des Okzidents von Rom bis Polen stammenden Kaufleute in die dortige städtische Schwurgemeinschaft ein, deren Gründung vielmehr gerade von den einheimischen besitzenden Schichten ausging. Aber auch solche Einbürgerungen ganz Fremder kamen vor. Eine prinzipielle, den asiatischen Gastvolksverhältnissen entsprechende Sonderstellung innerhalb der mittelalterlichen Städte nahmen hier höchst charakteristischerweise nur die Juden ein. Denn obwohl z. B. in oberrheinischen Urkunden der Bischof hervorhebt, daß er »um des größeren Glanzes der Stadt willen« Juden herbeigerufen habe, und obwohl die Juden in den Kölner Schreinsurkunden | als Grundbesitzer im Gemenge mit Christen auftraten, 657
hinderte schon der dem Okzident fremde rituelle Ausschluß der konnubialen und die tatsächliche Behinderung der Tischgemeinschaft der Juden mit Nichtjuden, vor allem aber: das Fehlen der Abendmahlsgemeinschaft, die Verbrüderung. Auch die mittelalterliche Stadt war ein Kultverband. Die Stadtkirche, der Stadtheilige, die Teilnahme der Bürger am Abendmahl, die offiziellen kirchlichen Feiern der Stadt verstanden sich von selbst. Aber das Christentum hatte der *Sippe* jegliche rituelle Bedeutung genommen. Die Christengemeinde war ihrem innersten Wesen nach ein konfessioneller Verband der gläubigen Einzelnen, nicht ein ritueller Verband von Sippen. Daher blieben die Juden von Anfang an außerhalb des Bürgerverbands. Wenn so auch die Stadt des Mittelalters des

kultischen Bandes bedurfte und zu ihren Konstituierungen oft (vielleicht: immer) kirchliche Parochien[16] gehörten, so war sie dennoch, wie die antike Stadt auch, eine weltliche Gründung. Nicht *als* kirchliche Verbände wirkten die Parochien mit und nicht durch ihre kirchlichen Vertreter, sondern neben der rein weltlichen städtischen Schöffenbank waren es die *Laien*vorstände der kirchlichen Parochialgemeinden und eventuell die Gilden der Kaufleute, welche auf seiten der Bürger die *formal*rechtlich entscheidenden Akte vornehmen. Kirchengemeindliche Vollwertigkeit statt der, wie in der Antike, rituell vollwertigen Sippe war Voraussetzung der Qualifikation zum Bürger. Der Unterschied gegen asiatische Verhältnisse war im Anfang der Entwicklung noch kein grundsätzlicher. Der dem Ortsheiligen des Mittelalters entsprechende Lokalgott und die rituelle Gemeinschaft der Vollbürger war als unumgänglicher Bestandteil jeder Stadt den vorderasiatischen Städten der Antike bekannt. Aber die Verpflanzungspolitik der Menschen erobernden Großkönige hat das offenbar durchbrochen und die Stadt zu einem reinen Verwaltungsbezirk gemacht, in welchem alle Insassen ohne Unterschied der Stammes- und rituellen Zusammengehörigkeit die gleichen Lebenschancen hatten. Dies geht aus den Schicksalen der ins Exil verschleppten Juden hervor: nur die staatlichen Ämter, welche Schriftbildung und offenbar auch rituelle Qualifikation erforderten, scheinen ihnen verschlossen gewesen zu sein. »Gemeindebeamte« gab es in den Städten offenbar nicht. Die einzelnen Fremdstämmigen hatten, wie die exilierten Juden, ihre Älte-
658 sten und Priester, waren also | »Gaststämme«. In Israel vor dem Exil standen die Metöken (gerim) außerhalb der rituellen Gemeinschaft (sie waren ursprünglich unbeschnitten) und zu ihnen gehörten fast alle Handwerker. Sie waren also Gaststämme wie in Indien. In Indien war die rituelle Verbrüderung der Stadtinsassen durch das Kastentabu ausgeschlossen. In China gehörte zu jeder Stadt ein Stadtgott (oft ein kultisch verehrter

16 Kirchengemeinde, »Kirchspiel«, Amtsbezirk eines Pfarrers.

früherer Mandarin der Stadt). Bei allen asiatischen, auch den vorderasiatischen, Städten fehlte aber die *Gemeinde* oder war nur in Ansätzen vorhanden und stets nur als Verband von Sippen, der über die Stadt hinausreicht. Die konfessionelle Gemeinde der Juden aber nach dem Exil war rein theokratisch regiert.

Die Stadt des Okzidents, in speziellem Sinn aber die mittelalterliche, mit der wir uns vorerst allein befassen wollen, war nicht nur ökonomisch Sitz des Handels und Gewerbes, politisch (normalerweise) Festung und eventuell Garnisonort, administrativ ein Gerichtsbezirk, und im übrigen eine schwurgemeinschaftliche *Verbrüderung*. In der Antike galt als ihr Symbol die gemeinsame Wahl der Prytaneen. Im Mittelalter war sie ein beschworenes »commune« und galt als »*Korporation*« im Rechtssinne. Zwar galt dies nicht sofort. Noch 1313 konnten [...] englische Städte keine »franchise« erwerben, weil sie, modern gesprochen, keine »Rechtspersönlichkeit« hatten, und erst unter Eduard I. erscheinen Städte als Korporationen. Die Bürgerschaften der entstehenden Städte wurden überall, nicht nur in England, rechtlich von der politischen Gewalt, den Stadtherren, zunächst als eine Art von passivem leiturgischen Zweckverband behandelt, dessen durch Anteil am städtischen Grundbesitz qualifizierte Glieder spezifische Lasten und Pflichten und spezifische Privilegien genossen: Marktmonopole und Stapelrechte, Gewerbeprivilegien und Gewerbebannrechte, Anteilnahme am Stadtgericht, militärische und steuerliche Sonderstellung. Und überdies stellte sich der ökonomisch wichtigste Teil all dieser Privilegien dabei formalrechtlich zunächst meist gar nicht als ein Erwerb eines Verbandes der Bürgerschaft, sondern als ein solcher des politischen oder grundherrlichen Stadtherrn ein. Er, nicht der Bürger, erwirbt formell jene wichtigen Rechte, die tatsächlich den Bürgern direkt ökonomisch – ihm, dem Stadtherrn, aber indirekt finanziell, durch Abgaben der Bürger – zugute kommen.
Denn sie sind z. B. in Deutschland | in den ältesten Fällen Pri- *659*
vilegien des Königs an einen Bischof, auf Grund deren dieser

nun seinerseits seine stadtsässigen Untertanen als privilegiert behandeln durfte und behandelte. Zuweilen – so im angelsächsischen England – galt die Zulassung zur Ansiedelung am Markt als ein exklusives Privileg der benachbarten Grundherrn für ihre und nur ihre Hörigen, deren Erwerb sie ihrerseits besteuerten. Das Stadtgericht war entweder Königgericht oder herrschaftliches Gericht, die Schöffen und andere Funktionäre nicht Repräsentanten der Bürger, sondern, auch wo die Bürger sie wählten, Beamte des Herrn, das Stadtrecht für diese Funktionäre des Herrn maßgebendes Statut des letzteren. Die »universitas civium«,[17] von der überall sehr bald geredet wird, war also zunächst heteronom und heterokephal, sowohl anderen politischen als (häufig) grundherrlichen Verbänden eingegliedert. Allein dies blieb nicht so. Die Stadt wurde eine, wenn auch in verschiedenem Maße, autonome und autokephale anstaltsmäßige Vergesellschaftung, eine aktive »Gebietskörperschaft«, die städtischen Beamten gänzlich oder teilweise Organe dieser Anstalt. Für diese Entwicklung der mittelalterlichen Städte war nun aber allerdings wichtig, daß von Anfang an die privilegierte Stellung der Bürger als ein Recht auch des einzelnen unter ihnen im Verkehr mit Dritten galt. Dies war eine Konsequenz nicht nur der dem Mittelalter ebenso wie der Antike ursprünglich eigenen personalrechtlichen Auffassung der Unterstellung unter ein gemeinsames »objektives« Recht als eines »subjektiven« Rechts, einer *ständischen* Qualität also der Betroffenen, sondern speziell im Mittelalter [...] eine Konsequenz der in der germanischen Gerichtsverfassung noch nicht abgestorbenen Auffassung jedes Rechtsgenossen als eines »Dinggenossen« und das heißt eben: als eines aktiven Teilhabers an der Dinggemeinde, in welcher das dem Bürger zukommende objektive Recht als Urteiler im Gericht selbst mitschafft [...]. Dies Recht *fehlte* den Gerichtseingesessenen in dem weitaus größten Teil der Städte der ganzen Weit. [...] Entscheidend war für die Entwicklung der mit-

17 Gesamtheit der Bürger.

telalterlichen Stadt zum Verband aber, daß die Bürger in einer Zeit, als ihre ökonomischen Interessen zur anstaltsmäßigen Ver- | gesellschaftung drängten, einerseits daran *nicht* durch 660
magische oder religiöse Schranken gehindert waren, und daß andererseits auch *keine* rationale Verwaltung eines politischen Verbandes über ihnen stand. Denn wo auch nur einer von diesen Umständen vorlag, wie in Asien, da haben selbst sehr starke gemeinsame ökonomische Interessen die Stadtinsassen nicht zu mehr als nur transitorischem Zusammenschluß befähigt. Die Entstehung des autonomen und autokephalen mittelalterlichen Stadtverbandes aber im Mittelalter mit seinem verwaltenden Rat und ihrem »Konsul« oder »Majer« oder »Bürgermeister« an der Spitze ist ein Vorgang, der sich von aller nicht nur asiatischen, sondern auch antiken Stadtentwicklung wesenhaft unterscheidet. In der Polis war [...] die spezifisch städtische Verfassung zunächst, und zwar am meisten da, wo die Polis ihre charakteristischsten Züge entfaltete, eine Umbildung der Gewalt einerseits des Stadtkönigs, andererseits der Sippenältesten zu einer Honoratiorenherrschaft der voll wehrhaften »Geschlechter«. Gerade in denjenigen mittelalterlichen Städten dagegen, welche den spezifischen Typus der Zeit repräsentierten, war dies durchaus anders. Man muß freilich bei der Analyse des Vorgangs die formalrechtlich und die soziologisch und politisch entscheidenden Vorgänge auseinanderhalten, was bei dem Kampf der »Städtetheorien« nicht immer geschehen ist. Formalrechtlich wurde die Korporation der Bürger als solche und ihre Behörden durch (wirkliche und fiktive) Privilegien der politischen und eventuell auch der grundherrlichen Gewalten »legitim« konstituiert. Diesem formalrechtlichen Schema entsprach der faktische Hergang allerdings teilweise. Aber oft und zwar grade in den wichtigsten Fällen handelte es sich um etwas ganz anderes: eine, formalrechtlich angesehen, revolutionäre Usurpation. Freilich nicht überall. Man kann zwischen originärer und abgeleiteter Entstehung des mittelalterlichen Stadtverbandes unterscheiden. Bei originärer Entstehung war der Bürgerverband das Ergeb-

nis einer politischen Vergesellschaftung der Bürger trotz der und *gegen* die »legitimen« Gewalten, richtiger: das Ergebnis einer ganzen Serie von solchen Vorgängen. Die formalrechtlich entscheidende Bestätigung dieses Zustandes durch die legitimen Gewalten trat dann später – übrigens nicht einmal immer – hinzu. Abgeleitet entstand der Bürgerverband durch eine vertragsmäßige oder oktroyierte Satzung eines mehr oder
661 minder weiten oder begrenzten Rechts | der Autonomie und Autokephalie seitens des Stadtgründers oder seiner Nachfolger, besonders häufig bei der Neugründung von Städten zugunsten der Neusiedler und deren Rechtsnachfolger. Die originäre Usurpierung durch einen akuten Vergesellschaftungsakt, eine Eidverbrüderung (Conjuratio), der Bürger war namentlich in den großen und alten Städten, wie etwa Genua und Köln das Primäre. Im ganzen war eine Kombination von Hergängen der einen und der anderen Art die Regel. Die urkundlichen Quellen der Stadtgeschichte aber, welche naturgemäß die legitime Kontinuität stärker erscheinen lassen als sie war, erwähnen diese usurpatorischen Verbrüderungen regelmäßig gar nicht; es ist jedenfalls Zufall, wenn ihr Hergang urkundlich überliefert wird, so daß die abgeleitete Entstehung den wirklichen Tatsachen gegenüber wenigstens in schon bestehenden Städten sicherlich zu häufig erscheint. [...]

[Auslassung der historischen Belege Webers an den Beispielen der Stadt Köln und insbesondere der italienischen Stadtverfassungen.]

Ohne mit der »conjuratio« identisch zu sein, haben bei der Entstehung diese doch, speziell im Norden, in andern Einungen, eine bedeutende Rolle gespielt. Die Schwurbrüderschaften des germanischen Nordens weisen, entsprechend der noch geringeren Entwicklung des Rittertums ganz besonders archaische Züge auf, die den südeuropäischen Ländern im ganzen fehlten. Die Schwurbrüderschaften konnten für den Zweck der politischen Vergesellschaftung und Usurpation von Macht gegenüber den Stadtherrn neu geschaffen werden.

Aber es konnte die Bewegung auch an die im Norden und in England massenhaft entstandenen Schutzgilden anknüpfen. Diese waren keineswegs primär zum Zweck der Einflußnahme auf politische Verhältnisse geschaffen worden. Sie ersetzten vielmehr ihren Mitgliedern zunächst das, was ihnen in der frühmittelalterlichen Stadt besonders häufig abging: den Anhalt an einer Sippe und deren Garantie. Wie diese dem Versippten, so gewährten sie ihm Hilfe bei persönlicher Verletzung oder Bedrohung und oft auch in ökonomischer Not, schlossen Streit und Fehde zwischen den Verbrüderten aus, und machten deren friedliche Schlichtung zu ihrer Aufgabe, übernahmen für den Genossen die Wehrgeldpflicht (in einem englischen Fall) und sorgten für seine Geselligkeitsbedürfnisse durch Pflege der noch aus heidnischer Zeit stammenden periodischen Gelage (ursprünglich Kultakte), ferner für sein Begräbnis unter Beteiligung der Brüderschaft, garantierten sein Seelenheil durch gute Werke, verschafften ihm auf gemeinsame Kosten Ablässe | und die Gunst mächtiger Heiliger *668*
und suchten im übrigen natürlich gegebenenfalls gemeinsame, auch ökonomische, Interessen zu vertreten. Während die nordfranzösischen Stadteinungen vorwiegend als beschworene Friedenseinungen ohne die sonstigen Gildenattribute ins Leben traten, hatten die englischen und nordischen Stadteinungen regelmäßig Gildecharakter. In England war die Handelsgilde mit dem Monopol des Kleinverkaufs innerhalb der Stadt die typische Form der Stadteinung. Die deutschen Händlergilden waren der Mehrzahl nach spezialisiert nach Branchen (so die meist mächtige Gewandschneidergilde, die Krämergilde u.a.). Von da aus ist dann die Gilde als Organisationsform auf den Fernhandel übertragen worden [...]

Die Städte sind *nicht,* wie man vielfach geglaubt hat, »aus den Gilden entstanden«, sondern – in aller Regel – umgekehrt die Gilden in den Städten. Die Gilden haben ferner auch nur zum kleinen Teil (namentlich im Norden, speziell in England, als »summa convivia«) die Herrschaft in den Städten erlangt; die Regel war vielmehr, daß zunächst die mit den Gilden keineswegs identischen »Geschlechter« in den Städten die Herrschaft an sich zogen. Denn die Gilden waren auch nicht mit der conjuratio, der Stadteinung, identisch.

Die Gilden waren endlich niemals die einzigen Arten von Einung in den Städten. Neben ihnen standen einerseits die in ihrer beruflichen Zusammensetzung uneinheitlichen religiösen Einungen, andrerseits aber rein ökonomische, beruflich gegliederte Einungen: Zünfte. Die religiöse Einungsbewegung, die Schaffung von »confraternitates«,[18] ging das ganze Mittelalter hindurch neben den politischen, den gildenmäßigen und den berufsständischen Einungen her und kreuzte sich mit ihnen in mannigfachster Art. Sie spielten namentlich bei den Handwerkern eine bedeutende, mit der Zeit wechselnde Rolle. Daß zufällig die älteste urkundlich nachweisbar eigentliche fraternitas von Handwerkern, in Deutschland: die der Bettziechenweber in Köln (1180), jünger ist als die entsprechende gewerbliche Einung, beweist an sich zwar nicht, daß zeitlich die berufliche Einung, richtiger; der spezifisch berufliche Zweck der Einung, überall der frühere und ursprüngliche gewesen sei. Allerdings scheint dies aber bei den gewerblichen Zünften die Regel gewesen zu sein, und dies erklärt sich vermutlich daraus, daß die Einungen der freien
669 Handwerker, | wenigstens außerhalb Italiens, ihr erstes Vorbild an der grundherrschaftlichen Einteilung der abgabepflichtigen Handwerker in Abteilungen mit Meistern an der Spitze fanden. Aber in andern Fällen bildete wohl auch die fraternitas den Ausgangspunkt der späteren beruflichen Einung. Wie noch in der letzten Generation die Entstehung jüdischer Arbeitergewerkschaften in Rußland mit dem Ankauf des dringendsten Bedarfsartikels für einen religiös vollwertigen Juden: einer Thorarolle, zu beginnen pflegten, so pflegten auch zahlreiche, der Sache nach berufliche Verbände gesellige und religiöse Interessen an die Spitze zu stellen oder doch, wenn sie ausgesprochene Berufseinungen waren, religiöse

18 Bruderschaften.

Anerkennung zu suchen, wie dies auch die meisten Gilden und überhaupt alle Einungen im Laufe des Mittelalters in der Regel getan haben. Das war keineswegs nur ein Schleier für massive materielle Interessen. Daß z. B. die ältesten Konflikte der späteren Gesellenverbände nicht über Arbeitsbedingungen, sondern über religiöse Etikettenfragen (Rangfolge bei Prozessionen und ähnliches) entstanden, zeigt vielmehr, wie stark religiös bedingt auch damals die soziale Bewertung des sippenlosen Bürgers war. Nur tritt gerade dabei sofort auch das, worauf es hier ankommt, der ungeheure Gegensatz gegen jeden tabuistischen kastenartigen Abschluß hervor, welcher die Verbrüderung zu einer Gemeinde ausgeschlossen hätte.

Im ganzen standen diese religiösen und geselligen Bruderschaften, einerlei ob sie im Einzelfall die älteren oder die jüngeren waren, oft nur in faktisch annähernder Personalunion mit den offiziellen Berufsverbänden – Kaufmannsgilden und Handwerkerzünften, – von denen späterhin noch die Rede sein muß. Diese ihrerseits wieder waren weder, wie man wohl geglaubt hat, immer Abspaltungen aus einer ursprünglich einheitlichen Bürgergilde – das kam vor, aber andrerseits waren z. B. Handwerkereinungen zum Teil wesentlich älter als die ältesten conjurationes. Noch waren sie umgekehrt ihre Vorläufer – denn sie finden sich in der ganzen Welt, auch wo nie eine Bürgergemeinde entstanden ist. Sondern alle diese Einungen wirkten in der Regel wesentlich indirekt: durch jene Erleichterung des Zusammenschlusses der Bürger, welche aus der Gewöhnung an die Wahrnehmung gemeinsamer Interessen durch freie Einungen überhaupt entstehen mußte: durch Beispiel und Personalunion der führenden Stellung in den Händen der in der Leitung solcher Schwurverbände erfahrenen und durch sie sozial einflußreichen Persönlichkeiten. | In jedem Fall war es an sich das Na- *670*
türliche und der weitere Verlauf bestätigt es, daß auch im Norden überall die reichen, an der Selbständigkeit der Verkehrspolitik interessierten Bürger es waren, welche außer den adligen Geschlechtern an der Schaffung der conjuratio aktiv

partizipierten, das Geld hergaben, die Bewegung in Gang hielten und die mit den Geschlechtern gemeinsam die Masse der übrigen in Eid und Pflicht nahmen [...]. Wo überhaupt außer den Geschlechtern auch Verbände von erwerbenden Bürgern an der Bewegung beteiligt waren, kamen dafür von allen Einungen allerdings meist nur die Gilden der Kaufleute für die Stadteinung in Betracht. Noch unter Eduard II. wurde in England von den damals gegen die Kaufmannschaft aufsässigen Kleinbürgern geklagt: daß die »potentes« Gehorsamseide von den ärmeren Bürgern, speziell auch den Zünften, verlangen und kraft dieser usurpierten Macht Steuern auferlegten. Ähnlich hat sich der Vorgang sicher bei den meisten originär-usurpatorischen Stadtverbrüderungen abgespielt. Nachdem nun die sukzessiven Usurpationen in einigen großen Städten Erfolg gehabt hatten, beeilten sich aus »Konkurrenzrücksichten« diejenigen politischen Grundherren, welche neue Städte gründeten oder bestehenden neue Stadtprivilegien verliehen, einen allerdings sehr verschieden großen Teil jener Errungenschaften ihren Bürgern freiwillig und ohne erst die Entstehung einer formalen Einung abzuwarten, zuzusichern, so daß die Erfolge der Einungen die Tendenz hatten, sich universell zu verbreiten. Dies wurde namentlich dadurch befördert, daß die Siedlungsunternehmer oder auch die Siedlungsreflektanten, wo immer sie, durch Vermögensbesitz und soziales Ansehen, dem Stadtgründer gegenüber das nötige Gewicht dazu hatten, sich die Gewährung eines bestimmten Stadtrechtes [...] in Bausch und Bogen kompetieren ließen und nun bei Streitigkeiten die Stadt, deren Recht gewährt worden war, als kompetent für die Auslegung des letzteren angerufen wurde. Auf je wohlhabendere Siedler der Stadtgründer reflektierte, desto erheblichere Konzessionen mußte er machen. [...]

Zu den durch Verleihung bei der Gründung und Privilegierung der Städte durch Fürsten und Grundherrn verbreiteten Errungenschaften aber gehört vor allem überall: daß die Bürgerschaft als eine »Gemeinde« mit eigenem Verwaltungsorgan, in Deutschland dem »Rat« an der Spitze konstituiert wurde. Der »Rat« vor allem gilt in Deutschland als ein notwendiges Freiheitsrecht der Stadt, und die Bürger beanspruchten, ihn autonom zu besetzen. Zwar ist dies keineswegs kampflos durchgesetzt worden. [...] In zahlreichen süddeutschen Städten aber blieb der herrschaftlich ernannte oder doch herrschaftlich bestätigte Schultheiß lange Zeit der eigentliche Chef der Stadt und die Bürgerschaft konnte dieser Kontrolle nur ledig werden, indem sie das Amt käuflich erwarb. Allein fast überall finden wir dort, daß neben dem Schultheiß in den Urkunden der Stadt zunehmend der »Bürgermeister« hervortritt und schließlich meist den Vorrang gewinnt. Er aber war dort im Gegensatz zum Schultheiß in aller Regel ein Vertreter der Bürgereinung, also ein ursprünglich usurpatorisch entstandener und nicht ein ursprünglich herrschaftlicher Beamter. Freilich aber war, entsprechend der andersartigen sozialen Zusammensetzung sehr vieler deutscher Städte, dieser im 14. Jahrhundert aufsteigende »Bürgermeister« oft schon nicht mehr ein Vertreter der »Geschlechter« [...] sondern vielmehr ein Vertrauensmann der Berufseinung, gehörte also hier einem späteren Entwicklungsstadium an. |

Die aktive Mitgliedschaft des Bürgerverbandes war zu- 672
nächst überall an städtischen Grundbesitz geknüpft, der erblich und veräußerlich, fronfrei, zinsfrei oder nur mit festem Zins belastet, dagegen für städtische Zwecke schoßpflichtig[19] – diese Pflicht wurde in Deutschland geradezu Merkmal des bürgerlichen Grundbesitzes – besessen wurde. Später traten andere schoßpflichtige Vermögensstücke, vor allem Geld oder Geldstoffbesitz daneben. Ursprünglich war überall der nicht mit jener Art von Grundbesitz angesessene Stadtinsasse nur Schutzgenosse der Stadt, mochte im übrigen seine ständische Stellung sein welche immer. Die Berechtigung zur Teilnahme an den städtischen Ämtern und am Rat hat Wandlungen durchgemacht. Und zwar in verschiedenem Sinne. [...]

19 Steuerpflichtig.

Es erübrigt vorher nur noch, vorläufig ganz allgemein, die Frage zu stellen: worauf denn nun es letztlich beruhte, daß im Gegensatz zu Asien die Städteentwicklung im Mittelmeerbecken und dann in Europa einsetzte. Darauf ist insofern bereits eine Antwort gegeben, als die Hemmung der Entstehung einer Stadt*verbrüderung*, einer städtischen *Gemeinde* also, durch die magische Verklammerung der Sippen und, in Indien, der Kasten gehemmt war. Die Sippen waren in China Träger der entscheidend wichtigen religiösen Angelegenheiten: des Ahnenkults, und deshalb unzerbrechlich; die Kasten in Indien aber waren Träger spezifischer Lebensführung, an deren Innehaltung das Heil bei der Wiedergeburt hing und die daher gegeneinander rituell exklusiv waren. Aber wenn dies Hindernis in Indien in der Tat absolut war, so die Sippengebundenheit in China und vollends in Vorderasien doch nur relativ. Und in der Tat tritt gerade für diese Gebiete etwas ganz anderes hinzu: der Unterschied der *Militär*verfassung, vor allem: ihrer ökonomisch-soziologischen Unterlagen. Die Notwendigkeit der Stromregulierung und Bewässerungspolitik hatte in Vorderasien (einschließlich Ägyptens) und (in nicht ganz so starkem, aber doch entscheidendem Maß) auch in China eine königliche *Bürokratie* entstehen lassen – zunächst reine Baubürokratie, von der aus dann aber die Bürokratisierung der gesamten Verwaltung sich durchsetzte –, welche den König befähigte, mit Hilfe des Personals und der Einnahmen, die sie ihm verschafften, die Heeresverwaltung in eigene, bürokratische Be-
673 wirtschaftung zu nehmen: | der »Offizier« und der »Soldat«, die ausgehobene, aus Magazinen ausgerüstete und verpflegte Armee wurde hier die Grundlage der militärischen Macht. Die Trennung des Soldaten von den Kriegsmitteln und die militärische Wehrlosigkeit der Untertanen war die Folge. Auf diesem Boden konnte keine politische, der Königsmacht gegenüber selbständige Bürgergemeinde erwachsen. Denn der Bürger war der Nichtmilitär. Ganz anders im Okzident. Hier erhielt sich, bis in die Zeit der römischen Kaiser, das Prinzip der *Selbstequipierung* der Heere, mochten sie nun bäuerlicher

Heerbann, Ritterheer oder Bürgermilizen sein. Das aber bedeutete die militärische *Eigen*ständigkeit des einzelnen Heerfolgepflichtigen. In einem Heer mit Selbstequipierung gilt der [...] Grundsatz: daß der Herr sehr weitgehend auf den guten Willen der Heeresteilnehmer angewiesen ist, auf deren Obödienz[20] seine politische Macht ganz und gar beruht. Er ist jedem einzelnen von ihnen, auch kleinen Gruppen gegenüber, der Mächtigere. Aber allen oder größeren Verbänden einer Vielzahl von ihnen gegenüber, wenn solche entstehen, ist er machtlos. Es fehlt dem Herren dann der bürokratische, ihm blind gehorchende, weil ganz von ihm abhängige Zwangsapparat, um ohne Einvernehmen mit den militärisch und ökonomisch eigenständigen Honoratioren, aus deren Reihen er ja seine eigenen Verwaltungsorgane: seine Würdenträger und Lokalbeamten rekrutieren muß, seinen Willen durchzusetzen, sobald die in Anspruch genommenen Schichten sich zusammenschließen. Solche Verbände aber bildeten sich stets, sobald der Herr mit neuen *ökonomischen* Forderungen, Forderungen von *Geld*zahlungen zumal, an die eigenständig wehrhaften Heerfolgepflichtigen herantrat. Die Entstehung der »Stände« im Okzident, und nur hier, erklärt sich daraus. Ebenso aber die Entstehung der korporativen und der autonomen Stadtgemeinden. Die Finanzmacht der Stadtinsassen nötigte den Herren, sich im Bedarfsfall an sie zu wenden und mit ihnen zu paktieren. Aber Finanzmacht hatten auch die Gilden in China und Indien und die »Geldleute« Babylons. Das legte dem König, um sie nicht zu verscheuchen, auch dort gewisse Rücksichten auf. Aber es befähigte die Stadtinsassen, und waren sie noch so reich, nicht, sich zusammenzuschließen und *militärisch* dem Stadtherren Widerpart zu halten. Alle conjurationes und Einungen des Okzidents aber, von der frühen | Antike angefangen, waren Zusammenschlüsse der *wehrhaften* 674
Schichten der Städte. Das war das positiv Entscheidende.

20 Gehorsam.

Der Sinn der »Wertfreiheit« der soziologischen und ökonomischen Wissenschaften
[1917]

Unter »Wertungen« sollen nachstehend, wo nicht ein anderes gesagt oder von selbst ersichtlich ist, *»praktische«* Bewertungen einer durch unser Handeln beeinflußbaren Erscheinung als verwerflich oder billigenswert verstanden sein. Mit dem Problem der »Freiheit« einer bestimmten Wissenschaft von Wertungen dieser Art, mit der Geltung und dem Sinn dieses logischen Prinzips also, in keiner Art identisch ist die ganz andere, kurz vorweg zu besprechende Frage: Ob man im *akademischen Unterricht* sich zu seinen ethischen oder durch Kulturideale oder sonst weltanschauungsmäßig begründeten praktischen Wertungen »bekennen« *solle* oder nicht. Wissenschaftlich diskutierbar ist sie nicht. Denn sie ist selbst eine gänzlich von praktischen Wertungen abhängige und eben deshalb unaustragbare Frage. Vertreten sind, um nur die Extreme zu zitieren, sowohl: a) der Standpunkt, daß zwar die Trennung rein logisch erschließbarer und rein empirischer Sachverhalte einerseits, von den praktischen, ethischen oder weltanschauungsmäßigen, Wertungen andererseits, zu Recht bestehe, daß aber dennoch (oder vielleicht sogar: eben deshalb) beide Kategorien von Problemen auf das Katheder gehören, – wie b) der
452 Standpunkt, daß, auch wenn | jene Trennung logisch *nicht* konsequent durchführbar sei, dennoch es sich empfehle, alle praktischen Wertfragen im Unterricht möglichst zurücktreten zu lassen.

Der Standpunkt »b« scheint mir unannehmbar. – Insbesondere scheint mir die für unsere Disziplinen nicht selten gemachte Unterscheidung praktischer Wertungen in solche *»partei*politischen« und solche anderen Charakters schlechterdings undurchführbar und nur geeignet, die praktische Tragweite der den Hörern suggerierten Stellungnahme zu verhüllen. Die Ansicht vollends: daß dem Katheder die »Leidenschaftslosigkeit« eignen müsse, folglich Dinge auszuscheiden seien, welche die Gefahr »temperamentvoller« Erörterungen mit sich brächten, wäre, wenn man überhaupt einmal auf dem Katheder wertet, eine Bürokratenmeinung, die jeder unabhängige Lehrer zurückweisen müßte. Von denjenigen Gelehrten, welche sich die praktischen Wertungen bei empirischen Erörterungen *nicht* versagen zu sollen glaubten, waren gerade die leidenschaftlichsten – wie etwa Treitschke[1], in seiner Art auch Mommsen[2] – am ehesten zu ertragen. Denn gerade durch die Stärke der Affektbetontheit wird der Hörer wenigstens in die Lage versetzt, *seinerseits* die Subjektivität der Wertung des Lehrers in ihrem Einfluß auf eine etwaige Trübung seiner Feststellungen abzuschätzen und also für sich das zu tun, was dem Temperament des Lehrers versagt blieb. Dem echten Pathos bliebe so diejenige Wirkung auf die Seelen der Jugend gewahrt, welche – wie ich annehme – die Anhänger der praktischen Kathederwertungen ihnen gern sichern möchten, ohne daß der Hörer dabei zur Konfusion verschiedener Sphären miteinander verbildet würde, wie es geschehen muß, wenn die Feststellung empirischer Tatsachen und die Aufforderung zur praktischen Stellungnahme zu großen Lebensproblemen beide in die gleiche kühle Temperamentlosigkeit getaucht werden.

Der Standpunkt »a« scheint mir, und zwar vom eigenen subjektiven Standpunkt seiner etwaigen Anhänger aus, dann und nur dann akzeptabel, *wenn* der akademische Lehrer sich

1 Heinrich von Treitschke (1834–96), deutscher Historiker und Politiker, gehörte zum Bekanntenkreis von Max Weber sen.

2 Theodor Mommsen (1817–1903), deutscher Historiker und Jurist, gehörte zum Bekanntenkreis von Max Weber sen., akademischer Lehrer von Max Weber und Schwiegervater von Max Webers Schwester Clara.

zur unbedingten Pflicht setzt, in jedem einzelnen Falle, auch auf die Gefahr hin, seinen Vortrag dadurch reizloser zu gestalten, seinen Hörern und, was die Hauptsache, *sich selbst* unerbittlich klar zu machen: *was* von seinen jeweiligen Ausführungen entweder rein logisch erschlossen oder rein empirische Tatsachenfeststellung und *was* praktische Wertung ist. Dies zu
453 | tun allerdings scheint mir direkt ein Gebot der intellektuellen Rechtschaffenheit, wenn man einmal die Fremdheit der Sphären zugibt; in diesem Falle ist es das absolute Minimum des zu Fordernden.

Die Frage dagegen: ob man auf dem Katheder *überhaupt* (auch unter dieser Kautel) praktisch werten solle oder nicht, ist ihrerseits eine solche der praktischen Universitätspolitik und deshalb letztlich nur vom Standpunkt jener Aufgaben aus entscheidbar, welche der Einzelne von *seinen* Wertungen aus den Universitäten zuweisen möchte. Wer für sie, und damit für sich selbst, *kraft* seiner Qualifikation zum akademischen Lehrer heute noch die universelle Rolle: Menschen zu prägen, politische, ethische, künstlerische, kulturliche oder andere Gesinnung zu propagieren, in Anspruch nimmt, wird zu ihr anders stehen, als derjenige, welcher die Tatsache (und ihre Konsequenzen) bejahen zu müssen glaubt: daß die akademischen Hörsäle heute ihre wirklich wertvollen Wirkungen nun einmal nur durch *fach*mäßige Schulung seitens *fach*mäßig Qualifizierter entfalten und daß deshalb die »intellektuelle Rechtschaffenheit« die einzige spezifische Tugend sei, zu der sie zu erziehen haben. Man kann den ersten Standpunkt aus ebensoviel verschiedenen letzten Positionen heraus vertreten wie den zweiten. Diesen letzteren insbesondere (den ich persönlich einnehme) kann man ableiten sowohl aus einer höchst überschwenglichen wie gerade umgekehrt auch aus einer durchaus bescheidenen Einschätzung der Bedeutung der »Fach«bildung. Z. B. nicht, weil man etwa wünschte, daß alle Menschen, im innerlichen Sinne, zu möglichst reinen »Fachmenschen« werden möchten. Sondern gerade umgekehrt, weil man die letzten höchst persönlichen Lebensentscheidungen, die ein Mensch aus sich heraus zu treffen hat, *nicht* mit Fachschulung – wie hoch deren Bedeutung für die allgemeine Denkschulung nicht nur, sondern indirekt auch für die Selbstdisziplin und sittliche Einstellung des jungen Menschen gewertet werden möge – in denselben Topf geworfen und ihre Lösung aus eigenem Gewissen heraus dem Hörer *nicht* durch eine Kathedersuggestion abgenommen zu sehen wünscht.

Das günstige Vorurteil Professor v. Schmollers[3] für die Kathederwertung ist mir persönlich als Nachhall einer großen Epoche, die er und seine Freunde mit schaffen halfen, durchaus verständlich. Aber ich meine: es könne auch ihm doch
schon | der Umstand nicht entgehen, daß zunächst die rein 454
tatsächlichen Verhältnisse sich für die jüngere Generation in einem wichtigen Punkt erheblich geändert haben. Es war vor 40 Jahren in den Kreisen der Gelehrtenwelt unserer Disziplinen der Glaube weit verbreitet: daß auf dem Gebiet der praktisch-politischen Wertungen letztlich eine der möglichen Stellungnahmen die *ethisch* allein richtige sein müsse. (Schmoller selbst hat freilich diesen Standpunkt stets nur sehr eingeschränkt vertreten.) Dies nun ist heute gerade unter den Anhängern der Kathederwertungen, wie leicht festzustellen ist, nicht mehr der Fall. Nicht mehr die ethische Forderung, deren (relativ) schlichte Gerechtigkeitspostulate sowohl in der Art ihrer letzten Begründung wie in ihren Konsequenzen (relativ) einfach und vor allem (relativ) unpersönlich, weil unzweideutig spezifisch *über*persönlich, geartet teils waren teils zu sein schienen, ist es, in deren Namen heute die Legitimität der Kathederwertungen gefordert wird. Sondern (kraft einer unvermeidlichen Entwicklung) ein bunter Strauß von »Kulturwertungen«, in Wahrheit: von subjektiven *Ansprüchen* an die Kultur, oder ganz offen: das angebliche »Recht der Persönlichkeit« des Lehrers. Man mag sich nun über den Standpunkt entrü-

3 Gustav von Schmoller (1838–1917), deutscher Nationalökonom und Politiker, Mitbegründer und ab 1890 Vorsitzender des Vereins für Sozialpolitik.

sten, aber man wird ihn – und zwar deshalb, weil auch er eben eine »praktische Wertung« enthält – wohl nicht widerlegen können: daß von allen Arten der Prophetie die in diesem Sinne »persönlich« gefärbte *Professoren-Prophetie* die einzige ganz und gar unerträgliche ist. Es ist doch ein beispielloser Zustand, wenn zahlreiche staatlich beglaubigte Propheten, welche nicht auf den Gassen oder in den Kirchen oder sonst in der Öffentlichkeit, oder, wenn privatim, dann in persönlich ausgelesenen Glaubenskonventikeln, die sich als solche bekennen, predigen, sondern in der angeblich objektiven, unkontrollierbaren, diskussionslosen und also vor allem Widerspruch sorgsam geschützten Stille des vom Staat privilegierten Hörsaals »im Namen der Wissenschaft« maßgebende Kathederentscheidungen über Weltanschauungsfragen zum besten zu geben sich herausnehmen. Es ist ein alter, von Schmoller bei einer gegebenen Gelegenheit scharf vertretener Grundsatz: daß die Vorgänge in den Hörsälen der öffentlichen Erörterung entzogen bleiben sollen. Obwohl nun die Ansicht möglich ist, daß dies gelegentlich, auch auf empirisch-wissenschaftlichem Gebiet, gewisse Nachteile haben könne, nimmt man offenbar und nehme
455 auch ich an: daß die »Vor- | lesung« eben etwas anderes als ein »Vortrag« sein *solle,* daß die unbefangene Strenge, Sachlichkeit, Nüchternheit der Kollegdarlegung unter dem Hineinreden der Öffentlichkeit, z. B. der Presse-Öffentlichkeit, zum Schaden des pädagogischen Zweckes leiden könne. Allein ein solches Privileg der Unkontrolliertheit scheint doch jedenfalls nur für den Bereich der rein *fachlichen* Qualifikation des Professors angemessen. Für persönliche Prophetie aber gibt es keine Fachqualifikation und darf es daher auch nicht jenes Privileg geben. Vor allem aber darf sie nicht die bestehende *Zwangslage* des Studenten, um seines Fortkommens im Leben willen bestimmte Lehranstalten und also: deren Lehrer, aufsuchen zu müssen, dazu ausbeuten, um ihm neben dem, was er hierzu braucht: Weckung und Schulung seiner Auffassungsgabe und seines Denkens, und daneben: Kenntnisse, auch noch, vor jedem Widerspruch sicher, die eigene zuweilen ge-

wiß ganz interessante (oft auch recht gleichgültige) sogenannte »Weltanschauung« einzuflößen.

Für die Propaganda seiner praktischen Ideale stehen dem Professor, ebenso wie jedermann sonst, andere Gelegenheiten zu Gebote, und wenn nicht, so kann er sie sich in geeigneter Form leicht schaffen, wie bei jedem ehrlichen Versuch dazu die Erfahrung beweist. Aber der Professor sollte nicht den Anspruch erheben, *als Professor* den Marschallstab des Staatsmanns (oder des Kulturreformers) im Tornister zu tragen, wie er tut, wenn er die Sturmfreiheit des Katheders für staatsmännische (oder kulturpolitische) Sentiments benutzt. In der Presse, in Versammlungen, Vereinen, Essays, in jeder jedem anderen Staatsbürger ebenfalls zugänglichen Form mag (und: soll) er tun, was sein Gott oder Dämon ihn heißt. Was aber heute der Student im *Hörsaal* doch vor allen Dingen von seinem Lehrer lernen sollte, ist: 1. die Fähigkeit, sich mit der schlichten Erfüllung einer gegebenen Aufgabe zu bescheiden; 2. Tatsachen, auch und gerade persönlich unbequeme Tatsachen, zunächst einmal anzuerkennen und ihre Feststellung von der bewertenden Stellungnahme dazu zu scheiden; 3. seine eigene Person hinter die Sache zurückzustellen und also vor allem das Bedürfnis zu unterdrücken: seine persönlichen Geschmacks- und sonstigen Empfindungen ungebeten zur Schau zu stellen. Es scheint mir, daß dies heute ganz ungleich dringlicher ist, als es etwa vor 40 Jahren war, wo gerade dies
Problem eigentlich gar nicht in dieser Form | existierte. Es ist *456*
ja *nicht wahr,* – wie man behauptet hat –, daß die »Persönlichkeit« in dem Sinn eine »Einheit« sei und sein solle, daß sie sozusagen in Verlust geraten müßte, wenn man ihrer nicht bei jeder Gelegenheit ansichtig wird. Bei jeder *beruflichen* Aufgabe verlangt die *Sache* als solche ihr Recht und will nach ihren eigenen Gesetzen erledigt sein. Bei jeder beruflichen Aufgabe hat der, welchem sie gestellt ist, sich zu beschränken und das auszuscheiden, was nicht streng zur *Sache* gehört, am meisten aber: eigene Liebe und Haß. Und es ist *nicht wahr,* daß eine starke Persönlichkeit sich darin dokumentiere, daß sie bei je-

der Gelegenheit zuerst nach einer nur ihr eigenen ganz »persönlichen Note« fragt. Sondern es ist zu wünschen, daß gerade die jetzt heranwachsende Generation sich vor allen Dingen wieder an den Gedanken gewöhne: daß »eine Persönlichkeit zu sein« etwas ist, was man nicht absichtsvoll wollen kann und daß es nur einen einzigen Weg gibt, um es (vielleicht!) zu werden: die rückhaltlose Hingabe an eine »Sache«, möge diese und die von ihr ausgehende »Forderung des Tages« nun im Einzelfall aussehen wie sie wolle. Es ist stilwidrig, in sachliche Facherörterungen persönliche Angelegenheiten zu mischen. Und es heißt den »Beruf« seines einzigen heute wirklich noch bedeutsam gebliebenen Sinnes entkleiden, wenn man diejenige spezifische Art von Selbstbegrenzung, die er verlangt, nicht vollzieht. Ob aber der modische Persönlichkeitskult auf dem Thron, in der Amtsstube oder auf dem Katheder sich auszuleben trachtet, – er wirkt äußerlich fast immer effektvoll, im innerlichsten Sinn aber überall gleich kleinlich, und er schädigt überall die Sache. Nun hoffe ich nicht besonders sagen zu müssen: daß mit *dieser* Art von Kultus des Persönlichen, nur weil es »persönlich« ist, gerade die Gegner, mit denen sich diese Darlegungen befassen, ganz gewiß am allerwenigsten zu schaffen haben. Sie sehen teils die Kathederaufgabe in anderem Lichte, teils haben sie andere Erziehungsideale, die ich achte, aber nicht teile. Indessen nicht nur was sie wollen, sondern wie das, was sie mit ihrer Autorität legitimieren, auf eine Generation mit einer ohnehin unvermeidlichen stark entwickelten Prädisposition zum Sichwichtignehmen *wirken* muß, ist zu erwägen.

Schließlich, daß manche angebliche *Gegner* der (politischen) Kathederwertungen gewiß am allerwenigsten dazu legitimiert sind, sich, zur Diskreditierung von *außerhalb* der |
457 Hörsäle in voller Öffentlichkeit sich vollziehenden kultur- und sozialpolitischen Erörterungen, auf den von ihnen noch dazu oft arg mißverstandenen Grundsatz der Ausscheidung der »Werturteile« zu berufen, bedarf wohl kaum der besonderen Feststellung. Die unbezweifelbare Existenz dieser pseu-

dowertfreien, tendenziösen, dabei in unserem Fach durch die zähe und zielbewußte Parteinahme starker Interessentenkreise getragenen Elemente macht es unzweifelhaft verständlich, daß eine bedeutende Anzahl gerade innerlich unabhängiger Gelehrter zur Zeit bei der Kathederwertung beharren, weil sie jenes Mimikry einer nur scheinbaren »Wertfreiheit« mitzumachen zu stolz sind. Persönlich glaube ich, daß trotzdem das (nach meiner Meinung) Richtige geschehen sollte, und daß das Gewicht der praktischen Wertungen eines Gelehrten dadurch, daß er ihre Vertretung auf die adäquaten Gelegenheiten außerhalb des Hörsaals beschränkt, nur wachsen würde, wenn man weiß, daß er die Strenge besitzt, innerhalb des Hörsaals zu tun, nur das, was »seines Amtes« ist. Indessen dies alles sind ja eben ihrerseits praktische Wertungsfragen und deshalb unaustragbar.

Jedenfalls wäre aber die *prinzipielle* Inanspruchnahme des Rechtes der Kathederwertung m. E. nur dann konsequent, wenn zugleich Gewähr dafür geschaffen würde, daß *alle* Parteiwertungen Gelegenheit hätten, sich auf dem Katheder Geltung zu verschaffen. Bei uns pflegt aber mit der Betonung des Rechts auf Kathederwertung geradezu das Gegenteil jenes Prinzips der gleichmäßigen Vertretung aller (auch der denkbar »extremsten«) Richtungen vertreten zu werden. Es war z. B. natürlich von Schmollers persönlichem Standpunkt aus konsequent, wenn er »Marxisten und Manchesterleute« für disqualifiziert zur Innehabung von akademischen Lehrstühlen erklärte, obwohl gerade er nie die Ungerechtigkeit besessen hat, die *wissenschaftlichen* Leistungen zu ignorieren, welche gerade diesen Kreisen ent- | stammen. Allein eben hier liegen die 458
Punkte, in denen ich persönlich unserem verehrten Meister niemals folgen konnte. Man darf doch offenbar nicht in einem Atem die Zulassung der Kathederwertung verlangen und – wenn die Konsequenzen gezogen werden sollen – darauf hinweisen, daß die Universität eine staatliche Anstalt für die Vorbildung »staatstreu« gesonnener Beamter sei. Damit würde man die Universität nicht etwa zu einer »Fachschule« (was vie-

len Dozenten so degradierend erscheint), sondern zu einem Priesterseminar machen, – nur ohne ihr dessen religiöse Würde geben zu können. Nun hat man freilich gewisse Schranken rein »logisch« erschließen wollen. Einer unserer allerersten Juristen erklärte gelegentlich, indem er sich *gegen* den Ausschluß von Sozialisten von den Kathedern aussprach: wenigstens einen »Anarchisten« würde auch er als Rechtslehrer nicht akzeptieren können, da der ja die Geltung des Rechts als solchen überhaupt negiere, – und er hielt dies Argument offenbar für durchschlagend. Ich bin der genau gegenteiligen Ansicht. Der Anarchist kann sicherlich ein guter Rechtskundiger sein. Und ist er das, dann kann gerade jener sozusagen archimedische Punkt *außerhalb* der uns so selbstverständlichen Konventionen und Voraussetzungen, auf den ihn seine objektive Überzeugung – wenn sie echt ist – stellt, ihn befähigen, in den Grundanschauungen der üblichen Rechtslehre eine Problematik zu erkennen, die allen denjenigen entgeht, welchen jene allzu selbstverständlich sind. Denn der radikalste Zweifel ist der Vater der Erkenntnis. Der Jurist hat so wenig die Aufgabe, den Wert jener Kulturgüter, deren Existenz an den Bestand von »Recht« gebunden ist, zu »beweisen«, wie der Mediziner die Aufgabe hat, »nachzuweisen«, daß die Verlängerung des Lebens unter allen Umständen erstrebenswert sei. Beide sind dazu auch, mit ihren Mitteln, gar nicht imstande. Wollte man aber das Katheder zur Stätte praktischer Werterörterungen machen, dann wäre es offenbar Pflicht, gerade die prinzipiellsten Grundfragen der ungehemmten Freiheit der Erörterung von allen Standpunkten aus freizugeben. Kann dies geschehen? Gerade die entscheidendsten und wichtigsten praktisch-politischen Wertfragen sind heute von den Kathedern deutscher Universitäten durch die Natur der politischen Verhältnisse *ausgeschlossen.* Wem die Interessen der Nation über ausnahmslos *allen* ihren konkreten Institutionen stehen, für
459 den | bildet es z. B. eine zentral wichtige Frage: ob die heute maßgebende Auffassung von der Stellung des Monarchen in Deutschland vereinbar ist mit den Weltinteressen der Nation

und mit denjenigen Mitteln: Krieg und Diplomatie, durch welche diese wahrgenommen werden? Es sind nicht immer die schlechtesten Patrioten und auch keineswegs Gegner der Monarchie, welche heute geneigt sind, diese Frage zu verneinen und an dauernde Erfolge auf jenen beiden Gebieten nicht zu glauben, solange hier nicht sehr tiefgehende Änderungen eingetreten sind. Jedermann aber weiß, daß diese Lebensfragen der Nation auf deutschen Kathedern nicht in voller Freiheit diskutiert werden können. Angesichts dieser Tatsache aber, daß gerade die praktisch-politisch entscheidenden Wertungsfragen der freien Kathedererörterung dauernd entzogen sind, scheint es mir der Würde der Vertreter der Wissenschaft allein zu entsprechen: auch über solche Wertprobleme, die man ihnen zu behandeln freundlichst erlaubt, zu *schweigen*.

Auf keinen Fall darf aber die – unaustragbare, weil durch Wertung bedingte – Frage: ob man im *Unterricht* praktische Wertungen vertreten dürfe, müsse, solle, irgendwie mit der rein *logischen* Erörterung der Rolle verquickt werden, welche Wertungen für empirische Disziplinen, wie die Soziologie und Nationalökonomie es sind, spielen. Darunter müßte sonst die Unbefangenheit der Diskussion des eigentlichen logischen Sachverhalts leiden, dessen Entscheidung an sich für jene Frage noch gar keine Anweisung gibt, außer der einen rein logisch geforderten: Klarheit und deutliche Trennung der heterogenen Problemsphären durch den Dozenten.

Nicht diskutieren möchte ich ferner, ob die Scheidung von empirischer Feststellung und praktischer Wertung »schwierig« sei. Sie ist es. Wir alle [...] verstoßen immer wieder einmal dagegen. Aber wenigstens die Anhänger der sogenannten *ethischen* Nationalökonomie könnten wissen: daß auch das Sittengesetz unerfüllbar ist, dennoch aber als »aufgegeben« gilt. Und eine Gewissenserforschung könnte vielleicht zeigen, daß die Erfüllung des Postulats vor allem deshalb schwierig ist, weil wir | es uns ungern *versagen,* auch das so interes- 460
sante Gebiet der Wertungen, zumal mit der so anregenden »persönlichen Note«, zu betreten. Jeder Dozent wird natür-

lich die Beobachtung machen, daß die Gesichter der Studenten sich aufhellen und ihre Mienen sich spannen, wenn er persönlich zu »bekennen« anfängt, und ebenso, daß die Besuchsziffer seiner Vorlesungen durch die Erwartung, daß er dies tun werde, höchst vorteilhaft beeinflußt wird. Jeder weiß ferner, daß die Frequenzkonkurrenz der Universitäten oft einem noch so kleinen Propheten, der die Hörsäle füllt, bei Vorschlägen gegenüber einem noch so erheblichen Gelehrten und *sachlichen* Lehrer die Vorhand gibt, – es sei denn, daß die Prophetie den, politisch oder konventionell, jeweils als normal angesehenen Wertungen allzu entlegen wäre. Nur der *pseudo*wertfreie Prophet der materiellen Interessenten ist, kraft des Einflusses dieser auf die politischen Gewalten, auch ihm an Chance überlegen. Ich halte dies alles für unerfreulich und möchte daher auch auf die Behauptung: daß die Forderung der Ausscheidung von praktischen Wertungen »kleinlich« sei, daß sie die Vorlesungen »langweilig« machen würde, nicht eingehen. Ich lasse dahingestellt, ob Vorlesungen über ein empirisches Fachgebiet vor allen Dingen »interessant« zu sein bestrebt sein müsse, fürchte aber meinerseits, daß jedenfalls ein durch allzu interessante persönliche Noten erzielter Reiz den Studenten auf die Dauer den Geschmack an schlichter sachlicher Arbeit abgewöhnen würde.

Nicht diskutieren ferner, sondern ausdrücklich anerkennen möchte ich: daß man gerade unter dem *Schein* der Ausmerzung aller praktischen Wertungen ganz besonders stark, nach dem bekannten Schema: »die Tatsachen sprechen zu lassen«, suggestiv solche hervorrufen kann. Die bessere Qualität unserer parlamentarischen und Wahlberedsamkeit wirkt ja gerade mit diesem Mittel, – und für ihre Zwecke ganz legitim. Darüber, daß dies auf dem Katheder, gerade vom Standpunkt der Forderung jener Scheidung aus, von allen Mißbräuchen der allerverwerflichste wäre, ist kein Wort zu verlieren. Daß aber ein illoyal erweckter Schein der Erfüllung eines Gebotes sich für die Wirklichkeit ausgeben kann, bedeutet doch keine Kritik des Gebotes selbst. Dieses aber geht gerade dahin: daß, wenn der Lehrer praktische Wertungen sich nicht versagen zu sollen glaubt, er diese als solche den Schülern *und sich selbst* absolut *deutlich* mache. |

Was schließlich am allerentschiedensten bekämpft werden 461
muß, ist die nicht seltene Vorstellung: der Weg zur wissenschaftlichen »Objektivität« werde durch ein Abwägen der verschiedenen Wertungen gegeneinander und ein »staatsmännisches« Kompromiß zwischen ihnen betreten. Die »mittlere Linie« ist nicht nur mit den Mitteln empirischer Disziplinen *genau ebenso*wenig wissenschaftlich beweisbar, wie die »extremsten« Wertungen. Sondern in der *Wertungs*sphäre wäre gerade sie *normativ* am allerwenigsten eindeutig. Auf das Katheder gehört sie nicht, – sondern in die politischen Programme, Büros und Parlamente. Die Wissenschaften, normative und empirische, können den politisch Handelnden und den streitenden Parteien nur *einen* unschätzbaren Dienst leisten, nämlich ihnen zu sagen: 1. es sind die und die verschiedenen »letzten« Stellungnahmen zu diesem praktischen Problem *denkbar;* 2. so und so liegen die Tatsachen, mit denen ihr bei eurer Wahl zwischen diesen Stellungnahmen zu rechnen habt. – Damit sind wir bei unserer »Sache«.

Unendliches Mißverständnis und vor allem terminologischer, daher gänzlich steriler, Streit hat sich an das Wort »Werturteil« geknüpft, welches zur Sache offenbar gar nichts austrägt. Es ist, wie eingangs gesagt, ganz unzweideutig, daß es sich bei diesen Erörterungen für unsere Disziplinen um *praktische* Wertungen sozialer Tatsachen als, unter ethischen oder unter Kulturgesichtspunkten oder aus anderen Gründen, praktisch wünschenswert oder unerwünscht, handelt. Daß die Wissenschaft 1. »wertvolle«, d. h. logisch und sachlich gewertet, *richtige* und 2. »wertvolle«, d.h. im Sinne des wissenschaftlichen Interesses *wichtige* Resultate zu erzielen wünscht, daß ferner schon die Auswahl des Stoffes eine »Wertung« enthält – solche Dinge sind trotz alles darüber Gesagten allen Ernstes als »Einwände« aufgetaucht. Nicht minder ist das fast unbegreiflich starke Mißverständnis immer wieder entstanden: als

462 ob behauptet würde, | daß die empirische Wissenschaft »subjektive« Wertungen von Menschen nicht als *Objekt* behandeln könne (während doch die Soziologie, in der Nationalökonomie aber die gesamte Grenznutzenlehre auf der gegenteiligen Voraussetzung beruht). Aber es handelt sich doch ausschließlich um die an sich höchst triviale Forderung: daß der Forscher und Darsteller die Feststellung empirischer Tatsachen (einschließlich des von ihm festgestellten »wertenden« Verhaltens der von ihm untersuchten empirischen Menschen) und *seine* praktisch wertende, d. h. diese Tatsachen (einschließlich etwaiger zum Objekt einer Untersuchung gemachter »Wertungen« von empirischen Menschen) als erfreulich oder unerfreulich *beurteilende,* in diesem Sinn: »bewertende« Stellungnahme unbedingt *auseinanderhalten* solle, weil es sich da nun einmal um heterogene Probleme handelt. [...] Denn daß man von einem bestimmten Zweck als gemeinsam
463 ge- | wollt ausgehen und nur die Mittel, ihn zu erreichen, diskutieren *kann* und daß dies dann eine rein empirisch zu erledigende Diskussion ergeben *kann* – das ist wohl noch nie jemandem zu bestreiten eingefallen. Aber gerade um die Wahl der Zwecke (und nicht: der »Mittel« bei fest gegebenem Zweck), gerade darum also, in welchem Sinn die Wertung, die der Einzelne zugrunde legt, eben *nicht* als »Tatsache« hingenommen, sondern zum Gegenstand einer wissenschaftlichen *Kritik* gemacht werden könne, dreht sich ja die ganze Erörterung. Wenn dies nicht festgehalten wird, so ist alle weitere Auseinandersetzung vergeblich.

Gar nicht zur Diskussion steht eigentlich die Frage: inwieweit praktische Wertungen, insbesondere also: ethische, ihrerseits *normative* Dignität beanspruchen dürfen, also anderen Charakter haben, als z. B. die als Beispiel angeführte Frage: ob Blondinen den Brünetten vorzuziehen seien, oder als ähnlich subjektive Geschmacksurteile. Das sind Probleme der Wertphilosophie, nicht der Methodik der empirischen Disziplinen. Worauf allein es für diese ankommt, ist: daß einerseits die Geltung eines praktischen Imperativs als Norm und andrerseits die Wahrheitsgeltung einer empirischen Tatsachenfeststellung in absolut heterogenen Ebenen der Problematik liegen und daß der spezifischen Dignität *jeder* von beiden Abbruch getan wird, wenn man dies verkennt und beide Sphären zusammenzuzwingen sucht. Dies ist meines Erachtens in starkem Maße geschehen, insbesondere durch Professor von *Schmoller*. Gerade die Verehrung für unseren Meister verbietet es, diese Punkte, wo ich glaube ihm nicht beipflichten zu dürfen, zu übergehen.

[Auslassung der Passagen der detaillierten Auseinandersetzung mit der Position Schmollers.]

Aber auch auf dem Gebiet des persönlichen Handelns gibt es ganz spezifisch ethische Grundprobleme, welche die Ethik aus eigenen Voraussetzungen nicht austragen kann. Dahin gehört vor allem die Grundfrage: ob der Eigenwert des ethischen Handelns – der »reine Wille« oder die »Gesinnung«, pflegt man das auszudrücken – allein zu seiner Rechtfertigung genügen soll, nach der Maxime: »der Christ handelt recht und stellt den Erfolg Gott anheim«, wie christliche Ethiker sie formuliert haben. Oder ob die Verantwortung für die als möglich oder wahrscheinlich vorauszusehenden *Folgen* des Handelns, wie sie dessen Verflochtenheit in die ethisch irrationale Welt bedingt, mit in Betracht zu ziehen ist. Auf sozialem Gebiet geht alle radikal revolutionäre politische Haltung, der sog. »Syndikalismus« vor allem, von dem ersten, alle »Realpolitik« von dem letzten Postulat aus. Beide berufen sich auf ethische Maximen. Aber diese Maximen liegen untereinander in ewigem Zwist, der mit den Mitteln einer rein in sich selbst beruhenden Ethik schlechthin unaustragbar ist.

Diese beiden ethischen Maximen sind solche von streng »formalem« Charakter, darin ähnlich den bekannten Axiomen der »Kritik der praktischen Vernunft«. Von letzteren wird um dieses Charakters willen vielfach geglaubt, sie enthielten inhaltliche Weisungen zur Bewertung des Handelns überhaupt nicht. Das trifft, wie gesagt, keineswegs zu. Nehmen wir ab-

468 sichtlich ein | möglichst weit von aller »Politik« abliegendes Beispiel, welches vielleicht verdeutlichen kann, welchen Sinn dieser vielberedete »nur formale« Charakter jener Ethik eigentlich hat. Angenommen, ein Mann sagt mit Bezug auf seine erotische Beziehung zu einer Frau: »Anfänglich war unser beider Verhältnis nur eine Leidenschaft, jetzt ist es ein Wert«, – so würde die kühl temperierte Sachlichkeit der Kantischen Ethik die erste Hälfte dieses Satzes so ausdrücken: »Anfänglich waren wir beide einander *nur Mittel*« – und damit den ganzen Satz als einen Sonderfall jenes bekannten Prinzips in Anspruch nehmen, welches man seltsamerweise gern als einen rein zeitgeschichtlich bedingten Ausdruck des »Individualismus« hingestellt hat, während es in Wahrheit eine überaus geniale Formulierung einer unermeßlichen Vielheit ethischer Sachverhalte bedeutet, die man nur eben richtig verstehen muß. In ihrer negativen Fassung und in der Ausschaltung jeglicher Aussage darüber: was denn das positive Gegenteil der ethisch abzulehnenden Behandlung des anderen »nur als Mittel« sei, enthält sie offensichtlich 1. die Anerkennung außerethischer selbständiger Wertsphären, 2. die Begrenzung der ethischen Sphäre diesen gegenüber, endlich 3. die Feststellung, daß und in welchem Sinn dem Handeln im Dienst außerethischer Werte dennoch Unterschiede der ethischen Dignität anzuhaften vermögen. Tatsächlich sind jene Sphären von Werten, welche die Behandlung des andern »nur als Mittel« gestatten oder vorschreiben, der Ethik gegenüber heterogen. Es kann das hier nicht weiter verfolgt werden: jedenfalls aber zeigt sich, daß der »formale« Charakter selbst jenes höchst abstrakten ethischen Satzes gegen den *Inhalt* des Handelns nicht etwa indifferent bleibt. – Nun aber kompliziert sich das Problem weiter. Jenes negative Prädikat selbst, welches mit den Worten »nur eine Leidenschaft« ausgesprochen wurde, kann von einem bestimmten Standpunkt aus als eine Lästerung des innerlich Echtesten und Eigentlichsten des Lebens hingestellt werden, des einzigen oder doch des königlichsten Weges hinaus aus den unpersönlichen oder überpersönlichen

und daher lebensfeindlichen »Wert«-Mechanismen, aus dem Angeschmiedetsein an das leblose Gestein des Alltagsdaseins und aus den Prätensionen »aufgegebener« Unwirklichkeiten. Es läßt sich jedenfalls eine Konzeption dieser Auffassung denken, welche – obwohl sie für das von ihr gemeinte Konkretissimum des Erlebens den Ausdruck »Wert« wohl ver- | schmä- 469
hen würde – eben doch eine Sphäre konstituieren würde, welche jeder Heiligkeit oder Güte, jeder ethischen oder ästhetischen Gesetzlichkeit, jeder Kulturbedeutsamkeit oder Persönlichkeitswertung gleich fremd und feindlich gegenüberstehend, dennoch und eben deshalb ihre eigene in einem alleräußersten Sinn des Worts »immanente« Dignität in Anspruch nähme. Welches immer nun unsere Stellungnahme zu diesem Anspruch sein mag, jedenfalls ist sie mit den Mitteln keiner »Wissenschaft« beweisbar oder »widerlegbar«.

Jede empirische Betrachtung dieser Sachverhalte würde, wie der alte Mill[4] bemerkt hat, zur Anerkennung des absoluten Polytheismus als der einzigen ihnen entsprechenden Metaphysik führen. Eine nicht empirische, sondern sinndeutende Betrachtung: eine echte Wertphilosophie also, würde ferner, darüber hinausgehend, nicht verkennen dürfen, daß ein noch so wohlgeordnetes Begriffsschema der »Werte« gerade dem entscheidendsten Punkt des Tatbestandes nicht gerecht würde. Es handelt sich nämlich zwischen den Werten letztlich überall und immer wieder nicht nur um Alternativen, sondern um unüberbrückbar tödlichen Kampf, so wie zwischen »Gott« und »Teufel«. Zwischen diesen gibt es keine Relativierungen und Kompromisse. Wohlgemerkt: dem *Sinn* nach nicht. Denn es gibt sie, wie jedermann im Leben erfährt, der Tatsache und folglich dem äußeren Schein nach, und zwar auf Schritt und Tritt. In fast jeder einzelnen wichtigen Stellungnahme realer Menschen kreuzen und verschlingen sich ja die Wertsphären. Das Verflachende des »Alltags« in diesem eigent-

4 John Stuart Mill (1806–73), britischer Philosoph und Nationalökonom, Hauptvertreter des Utilitarismus.

lichsten Sinn des Wortes besteht ja gerade darin: daß der in ihm dahinlebende Mensch sich dieser teils psychologisch, teils pragmatisch bedingten Vermengung todfeindlicher Werte nicht bewußt wird und vor allem: auch gar nicht bewußt werden *will,* daß er sich vielmehr der Wahl zwischen »Gott« und »Teufel« und der eigenen letzten Entscheidung darüber: welcher der kollidierenden Werte von dem einen und welcher von dem andern regiert werde, entzieht. Die aller menschlichen Bequemlichkeit unwillkommene, aber unvermeidliche Frucht vom Baum der Erkenntnis ist gar keine andere als eben die: um jene Gegensätze wissen und also sehen zu müssen, daß jede einzelne wichtige Handlung und daß vollends das Leben als Ganzes, wenn es nicht wie ein Naturereignis dahingleiten, sondern bewußt geführt werden soll, eine Kette
470 letzter Ent- | scheidungen bedeutet, durch welche die Seele, wie bei Platon, ihr eigenes Schicksal: – den Sinn ihres Tuns und Seins heißt das – *wählt.* Wohl das gröblichste Mißverständnis, welches den Absichten der Vertreter der Wertkollision gelegentlich immer wieder zuteil geworden ist, enthält daher die Deutung dieses Standpunkts als »Relativismus«, – als einer Lebensanschauung also, die gerade auf der radikal entgegengesetzten Ansicht vom Verhältnis der Wertsphären zueinander beruht und (in konsequenter Form) nur auf dem Boden einer sehr besonders gearteten (»organischen«) Metaphysik sinnvoll durchführbar ist.

Kehren wir zu unserem Spezialfall zurück, so scheint mir ohne die Möglichkeit eines Zweifels feststellbar: daß auf dem Gebiet der praktisch-politischen (speziell also auch der wirtschafts- und sozialpolitischen) Wertungen, sobald daraus Direktiven für ein wertvolles Handeln abgeleitet werden sollen: 1. die unvermeidlichen Mittel und 2. die unvermeidlichen Nebenerfolge, 3. die dadurch bedingte Konkurrenz mehrerer *möglicher* Wertungen miteinander in ihren *praktischen* Konsequenzen das einzige sind, was eine *empirische* Disziplin mit ihren Mitteln aufzeigen kann. *Philosophische* Disziplinen können darüber hinaus mit ihren Denkmitteln den »Sinn« der Wertungen, also ihre letzte sinnhafte Struktur und ihre *sinnhaften* Konsequenzen ermitteln, ihnen also den »Ort« innerhalb der Gesamtheit der überhaupt möglichen »letzten« Werte anweisen und ihre sinnhaften Geltungssphären abgrenzen. Schon so einfache Fragen aber, wie die: inwieweit ein Zweck die unvermeidlichen Mittel heiligen solle, wie auch die andere: inwieweit die nicht gewollten Nebenerfolge in den Kauf genommen werden sollen, wie vollends die dritte, wie Konflikte zwischen mehreren in concreto kollidierenden, gewollten oder gesollten Zwecken zu schlichten seien, sind ganz und gar Sache der Wahl oder des Kompromisses. Es gibt keinerlei (rationales oder empirisches) wissenschaftliches Verfahren irgendwelcher Art, welches hier eine Entscheidung geben könnte. Am allerwenigsten kann diese Wahl *unsere* streng empirische Wissenschaft dem Einzelnen zu ersparen sich anmaßen, und sie sollte daher auch nicht den Anschein erwecken, es zu können.

Ausdrücklich sei schließlich aber noch bemerkt: daß die Anerkennung *dieses* Sachverhalts *für unsere Disziplinen* von der Stellungnahme zu den vorstehend in größter | Kürze ange- 471
deuteten werttheoretischen Ausführungen vollständig unabhängig ist. Denn es gibt eben überhaupt keinen logisch haltbaren Standpunkt, von dem aus man ihn ablehnen könnte, außer dem einer durch *kirchliche* Dogmen eindeutig vorgeschriebenen Rangfolge der Werte. Ich muß abwarten, ob sich wirklich Leute finden, welche behaupten, daß die Fragen: ob eine konkrete Tatsache sich so oder anders verhält? warum der betreffende konkrete Sachverhalt so und nicht anders geworden ist? ob auf einen gegebenen Sachverhalt nach einer Regel des faktischen Geschehens ein anderer Sachverhalt, und mit welchem Grunde von Wahrscheinlichkeit, zu folgen pflegt? dem Sinn nach *nicht* grundverschieden seien von den Fragen: was man in einer konkreten Situation praktisch *tun* solle? unter welchen Gesichtspunkten jene Situation praktisch erfreulich oder unerfreulich erscheinen könne? ob es – wie immer geartete – allgemein formulierbare Sätze (Axiome) gebe, auf welche sich diese Gesichtspunkte reduzieren

lassen? – ferner: daß einerseits die Frage: in welcher Richtung sich eine konkret gegebene tatsächliche Situation (oder generell: eine Situation eines bestimmten, irgendwie hinlänglich bestimmten Typus) mit Wahrscheinlichkeit, und mit wie großer Wahrscheinlichkeit sie in jener Richtung sich entwickeln *werde* (bzw. typisch zu entwickeln *pflege*)? und die andere Frage: ob man dazu *beitragen* solle, daß eine bestimmte Situation sich in einer bestimmten Richtung – sei es der an sich wahrscheinlichen, sei es der gerade entgegengesetzten oder irgendeiner anderen – entwickelt? endlich, daß einerseits die Frage: welche Ansicht sich bestimmte Personen unter konkreten, oder eine unbestimmte Vielheit von Personen sich unter gleichen Umständen über ein Problem welcher Art immer mit Wahrscheinlichkeit (oder selbst mit Sicherheit) bilden *werden*? und andererseits die Frage: ob diese mit Wahrscheinlichkeit oder Sicherheit entstehende Ansicht *richtig* sei? – daß die Fragen jedes dieser Gegensatzpaare miteinander dem Sinn nach auch nur das mindeste zu tun haben? daß sie wirklich, wie immer einmal wieder behauptet wird, »voneinander nicht zu trennen« seien? daß diese letztere Behauptung *nicht* mit den Anforderungen des wissenschaftlichen Denkens im Widerspruche stehe? Ob dagegen jemand, der die absolute Heterogenität beider Arten von Fragen zugibt, dennoch für sich in Anspruch nimmt: in einem und demselben Buch, auf
472 | einer und derselben Seite, ja in einem Haupt- und Nebensatz einer und derselben syntaktischen Einheit sich einerseits über das eine und andererseits über das andere der beiden heterogenen Probleme zu äußern, – das ist seine Sache. Was von ihm zu verlangen ist, ist lediglich: daß er seine Leser über die absolute Heterogenität der Probleme nicht unabsichtlich (oder auch aus absichtsvoller Pikanterie) *täusche.* Persönlich bin ich der Ansicht, daß kein Mittel der Welt zu »pedantisch« ist, um nicht zur Vermeidung von Konfusionen am Platze zu sein.

Der Sinn von Diskussionen über *praktische Wertungen* (der an der Diskussion *Beteiligten* selbst) kann also nur sein:

a) Die Herausarbeitung der letzten, innerlich »konsequenten« Wertaxiome, von denen die einander entgegengesetzten Meinungen ausgehen. Nicht nur über die der Gegner, sondern auch über die eigenen täuscht man sich oft genug. Diese Prozedur ist dem Wesen nach eine von der Einzelwertung und ihrer sinnhaften Analyse ausgehende, immer höher zu immer prinzipielleren wertenden Stellungnahmen aufsteigende Operation. Sie operiert nicht mit den Mitteln einer empirischen Disziplin und zeitigt keine Tatsachenerkenntnis. Sie »gilt« in gleicher Art wie die Logik.

b) Die Deduktion der »Konsequenzen« für die *wertende* Stellungnahme, welche aus bestimmten letzten Wertaxiomen folgen würden, wenn man sie, und nur sie, der praktischen Bewertung von faktischen Sachverhalten zugrunde legte. Sie ist rein sinnhaft in bezug auf die Argumentation, dagegen an empirische Feststellungen gebunden für die möglichst erschöpfende Kasuistik derjenigen empirischen Sachverhalte, welche für eine praktische Bewertung überhaupt in Betracht kommen *können.*

c) Die Feststellung der *faktischen* Folgen, welche die praktische Durchführung einer bestimmten praktisch wertenden Stellungnahme zu einem Problem haben müßte: 1. infolge der Gebundenheit an bestimmte unvermeidliche *Mittel,* 2. infolge der Unvermeidlichkeit bestimmter, nicht direkt gewollter Nebenerfolge. Diese rein empirische Feststellung kann u.a. als Ergebnis haben: 1. die absolute Unmöglichkeit irgendeiner auch noch so entfernt annährungsweisen Durchführung des Wertpostulates, weil keinerlei Wege seiner Durchführung zu ermitteln sind; 2. die mehr oder minder große *Unwahrscheinlichkeit* seiner vollen oder auch nur annäherungs- |
weisen Durchführung, entweder aus dem gleichen Grunde 473
oder weil die Wahrscheinlichkeit des Eintretens ungewollter Nebenerfolge besteht, welche direkt oder indirekt die Durchführung illusorisch zu machen geeignet sind; 3. die Notwendigkeit, solche Mittel oder solche Nebenerfolge mit in Kauf zu nehmen, welche der Vertreter des betreffenden praktischen

Postulats nicht in Betracht gezogen hatte, so, daß seine Wertentscheidung zwischen Zweck, Mittel und Nebenerfolg ihm selbst zu einem neuen Problem wird und an zwingender Gewalt auf andere einbüßt. – Endlich können dabei

d) *neue* Wertaxiome und daraus zu folgernde Postulate vertreten werden, welche der Vertreter eines praktischen Postulats nicht beachtet und zu denen er infolgedessen nicht Stellung genommen hatte, obwohl die Durchführung seines eignen Postulats mit jenen anderen entweder 1. prinzipiell oder 2. infolge der praktischen Konsequenzen, also: sinnhaft oder praktisch, kollidiert. Im Fall 1 handelt es sich bei der weiteren Erörterung um Probleme des Typus a, im Falle 2 des Typus c.

Sehr weit entfernt davon also, »sinnlos« zu sein, haben Wertungsdiskussionen dieses Typus, gerade wenn sie in ihren Zwecken richtig verstanden werden, und m.E. nur dann, ihren sehr erheblichen Sinn.

Der *Nutzen* einer Diskussion praktischer Wertungen, an der richtigen Stelle und im richtigen Sinne ist aber mit solchen direkten »Ergebnissen«, die sie zeitigen kann, keineswegs erschöpft. Sie befruchtet vielmehr, wenn richtig geführt, die empirische Arbeit auf das Nachhaltigste, indem sie ihr die *Fragestellungen* für ihre Arbeit liefert.

Die Problemstellungen der empirischen Disziplinen sind zwar ihrerseits »wertfrei« zu beantworten. Sie sind keine »Wertprobleme«. Aber sie stehen im Bereich unserer Disziplinen unter dem Einfluß der Beziehung von Realitäten »auf« Werte. Über die Bedeutung des Ausdruckes »Wertbeziehung« muß ich mich auf eigene frühere Äußerungen und vor allem auf die bekannten Arbeiten von H. Rickert[5] beziehen. Es wäre unmöglich, das hier nochmals vorzutragen. Es sei daher nur daran erinnert, daß der Ausdruck »Wertbeziehung« lediglich die philosophische Deutung desjenigen spezifisch wissen-

5 Heinrich Rickert (1863–1936), deutscher Philosoph, Professor in Freiburg und Heidelberg, seit gemeinsamer Gymnasialzeit befreundet mit Max Weber.

schaftlichen *»Interesses«* meint, welches die Auslese und Formung des Objektes einer empirischen Untersuchung beherrscht. |

Innerhalb der empirischen Untersuchung werden durch diesen rein logischen Sachverhalt jedenfalls keinerlei »praktische Wertungen« legitimiert. Wohl aber ergibt jener Sachverhalt in Übereinstimmung mit der geschichtlichen Erfahrung, daß Kultur- und das heißt *Wert*interessen es sind, welche auch der rein empirisch-wissenschaftlichen Arbeit die *Richtung* weisen. Es ist nun klar, daß diese Wertinteressen durch Wertdiskussionen in ihrer Kasuistik sich entfalten können. Diese können dem wissenschaftlich, insbesondere dem historisch arbeitenden, Forscher vor allem die Aufgabe der »*Wertinterpretation*«: für ihn eine höchst wichtige Vorarbeit seiner eigentlich empirischen Arbeit, weitgehend abnehmen oder doch erleichtern. [...] *474*

Statt einer nochmaligen Erörterung dieser methodologischen Grundprobleme möchte ich einige für unsere Disziplinen praktisch wichtige Einzelpunkte näher besprechen.

Der Glaube ist noch immer verbreitet, daß man Weisungen für praktische Wertungen aus »Entwicklungstendenzen« ableiten solle, müsse oder doch: könne. Allein aus noch so eindeutigen »Entwicklungstendenzen« sind eindeutige Imperative des Handelns doch nur bezüglich der voraussichtlich geeignetsten Mittel bei gegebener Stellungnahme, nicht aber bezüglich jener Stellungnahme selbst zu gewinnen. Dabei ist freilich der Begriff des »Mittels« der denkbar weiteste. Wem etwa staatliche Machtinteressen ein letztes Ziel wären, der müßte je nach der gegebenen Situation sowohl eine absolutistische wie eine radikal-demokratische Staatsverfassung für das (relativ) geeignetere Mittel ansehen, und es wäre höchst lächerlich, einen etwaigen Wechsel in der Bewertung dieser staatlichen Zweckapparate als Mittel für einen Wechsel in der »letzten« Stellungnahme selbst anzusehen. Selbstverständlich aber ist es nun ferner, wie früher schon gesagt, für den Einzelnen ein stets erneut auftauchendes Problem: | ob er die Hoff- *475* nung auf Realisierbarkeit seiner praktischen Wertungen aufzugeben habe angesichts seiner Erkenntnis des Bestehens einer eindeutigen Entwicklungstendenz, welche die Durchsetzung des von ihm Erstrebten an die Bedingung der Verwendung neuer, eventuell ihm sittlich oder sonst bedenklich erscheinender Mittel oder an das Inkaufnehmen von ihm perhorreszierter Nebenerfolge knüpft, oder sie derart unwahrscheinlich macht, daß seine Arbeit daran, an der Chance des Erfolgs bewertet, als sterile »Donquixoterie« erscheinen müßte. – Aber die Erkenntnis von solchen mehr oder minder schwer abänderlichen »Entwicklungstendenzen« nimmt darin schlechterdings keine Sonderstellung ein. *Jede* einzelne neue Tatsache kann ebensogut die Konsequenz haben, daß der Ausgleich zwischen Zweck und unvermeidlichem Mittel, gewolltem Ziel und unvermeidlichem Nebenerfolg neu zu vollziehen ist. Allein ob und mit welchen praktischen Schlußfolgerungen dies zu geschehen habe, ist nicht nur keine Frage einer empirischen, sondern, wie gesagt, überhaupt *keiner* wie immer gearteten Wissenschaft. Man mag z. B. dem überzeugten Syndikalisten noch so handgreiflich beweisen, daß sein Tun nicht nur sozial »nutzlos« sei, d. h. daß es keinen Erfolg für die Änderung der äußeren Klassenlage des Proletariats verspreche, ja daß es diese durch Erzeugung »reaktionärer« Stimmungen unweigerlich verschlechtere, so ist damit für ihn - wenn er sich wirklich zu den letzteren Konsequenzen seiner Ansicht bekennt – *gar nichts* bewiesen. Und zwar nicht, weil er ein Irrsinniger wäre, sondern weil er von seinem Standpunkt aus »recht« haben kann – wie gleich zu erörtern. Im ganzen neigen die Menschen hinlänglich stark dazu, sich dem Erfolg oder dem jeweilig Erfolg Versprechenden innerlich anzupassen, nicht nur – was selbstverständlich ist – in den Mitteln oder in dem Maße, wie sie ihre letzten Ideale jeweils zu realisieren trachten, sondern in der Preisgabe dieser selbst. In Deutschland glaubt man dies mit dem Namen »Realpolitik« schmücken zu dürfen. Es ist jedenfalls nicht einzusehen, warum gerade die Vertreter einer empirischen Wissenschaft das

Bedürfnis fühlen sollten, dies noch zu unterstützen, indem sie sich als Beifallssalve der jeweiligen »Entwicklungstendenz« konstituieren und die »Anpassung« an diese aus einem letzten, nur vom Einzelnen im Einzelfall zu lösenden, also auch dem Einzelnen ins Gewissen zu schiebenden *Wertungs-* | problem 476
zu einem durch die Autorität einer »Wissenschaft« angeblich gedeckten Prinzip machen.

Es ist – richtig verstanden – zutreffend, daß eine erfolgreiche Politik stets die »Kunst des Möglichen« ist. Nicht minder richtig aber ist, daß das Mögliche sehr oft nur dadurch erreicht wurde, daß man nach dem jenseits seiner liegenden Unmöglichen griff. Es ist schließlich doch nicht die einzige wirklich konsequente Ethik der »Anpassung« an das Mögliche: die Bürokratenmoral des Konfuzianismus, gewesen, welche die vermutlich von uns allen trotz aller sonstigen Differenzen (subjektiv) mehr oder minder positiv geschätzten spezifischen Qualitäten gerade unserer Kultur geschaffen hat. Daß [...] neben dem »Erfolgswert« einer Handlung ihr »Gesinnungswert« stehe, möchte wenigstens ich der Nation nicht gerade im Namen der Wissenschaft systematisch aberzogen wissen. Jedenfalls aber hindert die Verkennung dieses Sachverhalts das Verständnis der Realitäten. Denn um bei dem vorhin als Beispiel angezogenen Syndikalisten zu bleiben: es ist auch logisch eine Sinnlosigkeit, ein Verhalten, welches – wenn konsequent – als Richtschnur den »Gesinnungswert« nehmen muß, zum Zweck der »Kritik« lediglich mit seinem »Erfolgswert« zu konfrontieren. Der wirklich konsequente Syndikalist will ja *lediglich* eine bestimmte, ihm schlechthin wertvoll und heilig scheinende Gesinnung sowohl in sich selbst erhalten als, wenn möglich, in Anderen wecken. Seine äußeren, gerade die von vornherein zu noch so absoluter Erfolglosigkeit verurteilten, Handlungen haben letztlich den Zweck, ihm selbst vor seinem eigenen Forum die Gewißheit zu geben, daß diese Gesinnung echt ist, d.h. die Kraft hat, sich in Handlungen zu »bewähren«, und nicht ein bloßes Bramarbasieren. Dafür gibt es (vielleicht) in der Tat *nur* das Mittel solcher Handlungen. Im übrigen ist –

wenn er konsequent ist – sein Reich, wie das Reich jeder Gesinnungsethik, nicht von dieser Welt. »Wissenschaftlich« läßt sich lediglich feststellen, daß diese Auffassung seiner eigenen Ideale die einzig innerlich folgerichtige, durch äußere »Tatsachen« nicht widerlegbare ist. Ich möchte glauben, daß damit sowohl Anhängern wie Gegnern des Syndikalismus ein Dienst, und zwar genau der geleistet wäre, den sie mit Recht von der Wissenschaft verlangen. Mit dem »einerseits – andrerseits« von sieben Gründen »für« und sechs Gründen »gegen«
477 eine bestimmte Erscheinung (etwa: | den Generalstreik) und deren Abwägung gegeneinander nach Art der alten Kameralistik und etwa moderner chinesischer Denkschriften scheint mir dagegen im Sinn *keiner* wie immer gearteten Wissenschaft etwas gewonnen. Mit jener Reduktion des syndikalistischen Standpunkts auf seine möglichst rationale und innerlich konsequente Form und mit der Feststellung seiner empirischen Entstehungsbedingungen, Chancen und erfahrungsgemäßen praktischen Folgen ist vielmehr die Aufgabe jedenfalls der *wertungsfreien* Wissenschaft ihm gegenüber erschöpft. Daß man ein Syndikalist sein solle oder nicht sein solle, läßt sich ohne sehr bestimmte metaphysische Prämissen, welche nicht, und zwar in diesem Fall durch keine *wie immer* geartete Wissenschaft demonstrabel sind, niemals beweisen. Auch daß ein Offizier sich mit seiner Schanze lieber in die Luft sprengt, als sich zu ergeben, *kann* im Einzelfall recht gut in *jeder* Hinsicht, am Erfolg gemessen, absolut nutzlos sein. Nicht gleichgültig aber dürfte sein, ob die Gesinnung, die das, ohne nach dem Nutzen zu fragen, tut, überhaupt existiert oder nicht. »Sinnlos« muß jedenfalls sie so wenig sein wie die des konsequenten Syndikalisten. Wenn der Professor von der gemächlichen Höhe des Katheders herab einen solchen Catonismus empfehlen wollte, so würde sich das freilich nicht besonders stilgerecht ausnehmen. Aber es ist doch schließlich auch nicht geboten, daß er das Gegenteil preise und aus der Anpassung der Ideale an die gerade durch die jeweiligen Entwicklungstendenzen und Situationen gegebenen Chancen eine Pflicht mache.

Es ist hier soeben wiederholt der Ausdruck »Anpassung« gebraucht worden, der im gegebenen Fall bei der gewählten Ausdrucksweise wohl auch hinlänglich unmißverständlich ist. Aber es zeigt sich, daß er an sich doppelsinnig ist: Anpassung der Mittel einer letzten Stellungnahme an gegebene Situationen (»Realpolitik« im engeren Sinn) oder: Anpassung in der Auswahl aus den überhaupt möglichen letzten Stellungnahmen selbst an die jeweiligen wirklichen oder scheinbaren Augenblickschancen einer von ihnen (jene Art der »Realpolitik«, mit der unsere Politik seit 27 Jahren so merkwürdige Erfolge erzielte). Aber damit ist die Zahl seiner möglichen Bedeutungen bei weitem nicht erschöpft. Darum wäre es bei jeder Diskussion unserer Probleme, sowohl von »Wertungs-« wie von anderen Fragen, meines Erachtens gut, diesen viel mißbrauchten Begriff lieber gänzlich | auszuscheiden. Denn ganz *478*
und gar mißverständlich ist er als Ausdruck eines wissenschaftlichen *Arguments,* als welches er sowohl für die »Erklärung« (etwa des empirischen Bestehens gewisser ethischer Anschauungen bei gewissen Menschengruppen zu bestimmten Zeiten) wie für die »Bewertung« (z. B. jener faktisch bestehenden ethischen Anschauungen als objektiv »passend« *und daher* objektiv »richtig« und wertvoll) immer erneut auftaucht. In keiner dieser Hinsichten leistet er aber etwas, da er stets seinerseits erst der Interpretation bedarf. Er hat seine Heimat in der Biologie. Würde er wirklich im biologischen Sinn, also als durch die Umstände gegebene, relativ bestimmbare Chance einer Menschengruppe, das eigene psychophysische *Erb*gut durch reichliche Fortpflanzung zu erhalten, gefaßt, dann wären z. B. die ökonomisch am reichlichsten ausgestatteten und ihr Leben am rationellsten regulierenden Volksschichten nach bekannten Erfahrungen der Geburtenstatistik die »unangepaßtesten«.

[Auslassung illustrativer Darstellung der Ansiedlung der Mormonen im Staat Utah.]

Nur wo bei einem absolut eindeutig gegebenen Zweck nach dem dafür geeigneten Mittel gefragt wird, handelt es sich um eine wirklich empirisch entscheidbare Frage. Der Satz: x ist das einzige Mittel für y, ist in der Tat die bloße Umkehrung des Satzes: auf x folgt y. Der Begriff der »Angepaßtheit« aber (und alle ihm verwandten) gibt – und das ist die Hauptsache - jedenfalls nicht die geringste Auskunft über die letztlich zugrunde liegenden Wertungen, die er vielmehr – ebenso wie z. B. der m. E. grundkonfuse neuerdings beliebte Begriff der »Menschenökonomie« – lediglich verhüllt. »Angepaßt« ist auf dem Gebiet der »Kultur«, je nachdem, wie man den Begriff meint, entweder alles oder: nichts. Denn nicht auszuscheiden ist aus allem Kulturleben der *Kampf.* Man kann seine Mittel, seinen Gegenstand, sogar seine Grundrichtung und seine Träger ändern, aber nicht ihn selbst beseitigen. Er kann statt eines äußeren Ringens von feindlichen Menschen um äußere Dinge ein inneres Ringen sich liebender Menschen um innere Güter und damit statt äußeren Zwangs eine innere Vergewaltigung (gerade auch in Form erotischer oder karitativer Hingabe) sein oder endlich ein inneres Ringen innerhalb der Seele des Einzelnen selbst mit sich selbst bedeuten – stets ist er da, und oft um so folgenreicher, je weniger er bemerkt wird, je mehr sein Verlauf die Form stumpfen oder bequemen Geschehenlassens oder illusionistischen Selbstbetrugs annimmt oder sich in der Form der »Auslese« vollzieht. »Friede« bedeutet Verschiebung der Kampfformen oder der Kampfgegner oder der Kampfgegenstände oder endlich der Auslesechancen und nicht anderes. Ob und wann solche Verschiebungen vor einem ethischen oder einem anderen bewertenden Urteil die Probe bestehen, darüber läßt sich offenbar generell schlechthin nichts aussagen. *Nur* eines ergibt sich zweifellos: Ausnahmslos jede, wie immer geartete Ordnung der gesellschaftlichen Beziehungen ist, wenn man sie *bewerten* will, letztlich auch daraufhin zu prüfen, *welchem menschlichen Typus* sie, im Wege äußerer oder innerer (Motiv-) Auslese, die optimalen Chancen gibt, zum herrschenden zu werden. Denn weder ist

sonst die empirische Untersuchung wirklich erschöpfend, noch ist auch die nötige tatsächliche Basis für eine, sei es bewußt subjektive, sei es eine objektive Geltung in Anspruch nehmende, Bewertung | überhaupt vorhanden. Wenigstens 480
denjenigen zahlreichen Kollegen sei dieser Sachverhalt in Erinnerung gebracht, welche glauben, es ließe sich mit eindeutigen »*Fortschritts*«begriffen bei der Feststellung von gesellschaftlichen Entwicklungen operieren. Das führt nun zu einer näheren Betrachtung dieses wichtigen Begriffs.

Man kann natürlich den Begriff des »Fortschritts« absolut wertfrei brauchen, wenn man ihn mit dem »Fortschreiten« irgendeines konkreten, isoliert betrachteten Entwicklungs-Prozesses identifiziert. Aber in den meisten Fällen ist der Sachverhalt wesentlich komplizierter. Wir betrachten hier einige Fälle, wo die Verquickung mit Wertfragen am intimsten ist, aus heterogenen Gebieten.

[Auslassung der sehr detaillierten Illustrationen Webers zum Begriff des »Fortschritts« auf den Gebieten eines psychisch-seelischen »Fortschritts«, eines »Fortschritts« auf dem Gebiet der Kunst, des »Fortschritts« auf dem Gebiet technischer Richtigkeit, des »Fortschritts« im Bereich der Wirtschaft.]

Ich halte nach allem Gesagten die Verwendung des Ausdrucks »Fortschritt« selbst auf dem begrenzten Gebiet seiner empirisch unbedenklichen Anwendbarkeit: für sehr *inopportun.* Aber Ausdrücke läßt sich niemand verbieten, und man kann schließlich die möglichen Mißverständnisse vermeiden.

Es bleibt, ehe wir abschließen, noch eine letzte Problemgruppe über die Stellung des Rationalen innerhalb empirischer Disziplinen zu erörtern. |

Wenn das normativ Gültige Objekt *empirischer* Untersu- 493
chung wird, so verliert es, als Objekt, den Norm-Charakter: es wird – als »seiend«, nicht als »gültig«, behandelt. Beispielsweise: Wenn eine Statistik die Zahl der »Rechenfehler« innerhalb einer bestimmten Sphäre berufsmäßigen Rechnens feststellen wollte, was recht wohl wissenschaftlichen Sinn haben

könnte –, so würden für sie die Grundsätze des Einmaleins in zweierlei gänzlich verschiedenem Sinn »gelten«. Einmal ist ihre normative Gültigkeit natürlich absolute Voraussetzung ihrer *eigenen* rechnerischen Arbeit. Das andere Mal aber, wo der Grad der »richtigen« Anwendung des Einmaleins als *Objekt* der Untersuchung in Frage kommt, steht es, rein logisch angesehen, durchaus anders. Hier wird die Anwendung des Einmaleins von seiten jener Personen, deren Rechnungen Gegenstand der statistischen Prüfung sind, als eine ihnen durch Erziehung *gewohnt* gewordene faktische Maxime des Sichverhaltens behandelt, deren tatsächliche Anwendung auf ihre Häufigkeit hin festgestellt werden soll, ganz ebenso wie etwa bestimmte Irrsinnserscheinungen das Objekt einer statistischen Feststellung sein können. Daß das Einmaleins normativ »gelte«, d. h. »richtig« sei, ist in diesem Fall, wo seine Anwendung »Objekt« ist, gar kein Gegenstand der Erörterung und logisch vollkommen gleichgültig. Der Statistiker muß bei der statistischen Nachprüfung der Rechnungen der Untersuchungspersonen sich auch seinerseits natürlich dieser Konvention, »nach dem Einmaleins« nachzurechnen, fügen. Aber er müßte ja ganz ebenso auch ein, normativ gewertet, »falsches« Rechenverfahren anwenden, falls etwa ein solches einmal in einer Menschengruppe für »richtig« gehalten worden wäre und wenn er dann die Häufigkeit von dessen tatsächlicher, vom Standpunkt jener Gruppe aus »richtiger«, Anwendung statistisch zu untersuchen hätte. Für jede empirische, soziologische oder historische Betrachtung ist unser Einmaleins also, wo es als *Objekt* der Untersuchung auftritt, eine *konventionell* in einem Menschenkreise geltende und in mehr oder minder großer Annäherung befolgte Maxime des praktischen Verhaltens und nichts anderes. Jede Darstellung der pythagoreischen Musiklehre muß die – für unser Wissen – »falsche« Rechnung zunächst einmal hinnehmen: daß 12 Quinten = 7 Oktaven seien. Jede Geschichte der Logik ebenso die histori-
494 sche Existenz von (für uns) widerspruchsvollen logi- | schen Aufstellungen – und es ist menschlich begreiflich, gehört aber

nicht mehr zur wissenschaftlichen Leistung, wenn man solche »Absurditäten« mit derartigen Explosionen des Zorns begleitet, wie ein ganz besonders verdienstlicher Historiker der mittelalterlichen Logik es getan hat.

Diese Metamorphose normativ gültiger Wahrheiten in konventionell geltende Meinungen, welcher sämtliche geistigen Gebilde, auch logische oder mathematische Gedanken, unterliegen, sobald sie Objekte einer auf ihr empirisches *Sein,* nicht ihren *(normativ)* richtigen *Sinn* reflektierenden Betrachtung werden, besteht durchaus unabhängig von dem Tatbestand, daß die normative Geltung logischer und mathematischer Wahrheiten andererseits das Apriori aller und jeder empirischen Wissenschaft ist. – Weniger einfach ist ihre logische Struktur bei einer schon oben berührten Funktion, die ihnen bei der empirischen Untersuchung geistiger Zusammenhänge zukommt und die von jenen beiden: der Stellung als Objekt der Untersuchung und der Stellung als deren Apriori wiederum sorgfältig zu scheiden ist. Jede Wissenschaft von geistigen oder gesellschaftlichen Zusammenhängen ist eine Wissenschaft vom *menschlichen* Sichverhalten (wobei in diesem Fall jeder geistige Denkakt und jeder psychische Habitus mit unter diesen Begriff fällt). Sie will dies Sichverhalten »verstehen« und kraft dessen seinen Ablauf »erklärend deuten«. Nun kann hier der schwierige Begriff des »Verstehens« nicht abgehandelt werden. Uns interessiert in diesem Zusammenhang nur eine besondere Art davon: die »rationale« Deutung. Wir »verstehen« es offenbar ohne weiteres, daß ein Denker ein bestimmtes »Problem« so »löst«, wie wir selbst es für normativ »richtig« halten, daß ein Mensch z. B. »richtig« rechnet, daß er für einen beabsichtigten Zweck die – nach unserer eignen Einsicht – »richtigen« Mittel anwendet. Und unser Verständnis für diese Vorgänge ist deshalb so besonders evident, *weil* es sich eben um die Realisation von objektiv »Gültigem« handelt. Und dennoch muß man sich hüten zu glauben, in diesem Fall erscheine das normativ Richtige, logisch angesehen, in der gleichen Struktur wie sie in seiner allgemeinen Stellung als

das Apriori aller wissenschaftlichen Untersuchung. Vielmehr ist seine Funktion als Mittel des »Verstehens« genau die gleiche, wie sie das rein *psychologische* »Einfühlen« in logisch irrationale Gefühls- und Affekt-Zusammenhänge da versieht, wo
495 es | sich um deren verstehende Erkenntnis handelt. Nicht die *normative* Richtigkeit, sondern einerseits die *konventionellen* Gepflogenheiten des Forschers und Lehrers, so und nicht anders zu denken, andererseits aber auch erforderlichenfalls seine Fähigkeit, sich in ein davon abweichendes, ihm, nach seinen Gepflogenheiten, als normativ »falsch« erscheinendes Denken verstehend »einfühlen« zu können, ist hier das Mittel der verstehenden Erklärung. Schon daß das »falsche« Denken, der »Irrtum«, dem Verständnis im Prinzip ganz ebenso zugänglich ist, wie das »richtige«, beweist ja, daß das als normativ »richtig« Geltende hier *nicht als solches,* sondern nur als ein besonders leicht verständlicher *konventioneller* Typus in Betracht kommt. Und das führt nun zu einer letzten Feststellung über die Rolle des normativ Richtigen innerhalb der soziologischen Erkenntnis.

Schon um eine »falsche« Rechnung oder logische Feststellung zu »verstehen« und ihren Einfluß in denjenigen faktischen Konsequenzen, welche sie gehabt hat, feststellen und darlegen zu können, wird man offenbar nicht nur selbstverständlich seinerseits sie »richtig« rechnend, bzw. logisch denkend nachprüfen, sondern auch gerade *denjenigen* Punkt mit den Mitteln des »richtigen« Rechnens bzw. der »richtigen« Logik ausdrücklich bezeichnen müssen, an welchem die untersuchte Rechnung oder logische Aufstellung von dem, was der darstellende Schriftsteller seinerseits als normativ »richtig« ansieht, *abweicht.* Nicht notwendig nur zu dem praktisch-pädagogischen Zweck, den z. B. Windelband[6] in der Einleitung zu seiner Geschichte der Philosophie in den Vordergrund stellt

6 Wilhelm Windelband (1848–1915), deutscher Philosoph, Professor in Freiburg, Straßburg und Heidelberg, kollegiale Beziehungen zu Max Weber.

(»Warnungstafeln« vor »Holzwegen« aufzustellen), der doch
nur einen erwünschten Nebenerfolg der historischen Arbeit
bedeutet. Und auch nicht, weil jeder geschichtlichen Proble-
matik, zu deren Objekt irgendwelche logische oder mathema-
tische oder andere wissenschaftliche Erkenntnisse gehören,
unvermeidlich *nur* der von uns als gültig anerkannte »Wahr-
heitswert« – und also der »Fortschritt« in der Richtung auf die-
sen – als einzig mögliche, für die Auslese maßgebende letzte
Wertbeziehung zugrunde liegen könnte. (Obwohl selbst
dann, wenn dies tatsächlich der Fall wäre, trotzdem der gerade
von Windelband so oft festgestellte Sachverhalt zu beachten
bliebe: daß der »Fortschritt« in diesem Sinne sehr oft statt des
direkten Weges den – ökonomisch ausgedrückt – »er- | giebi- 496
gen Produktionsumweg« über »Irrtümer«: Problemverschlin-
gungen, eingeschlagen hat.) Sondern deshalb, weil (und also
auch nur soweit, als) diejenigen Stellen, an welchen das als
Objekt untersuchte geistige Gedankengebilde von demjeni-
gen abweicht, welches der Schriftsteller selbst für »richtig«
halten muß, regelmäßig zu den in seinen Augen ihm spezi-
fisch »charakteristischen«, d. h. zu den, von ihm aus gesehen,
entweder direkt wertbezogenen oder kausal unter dem Ge-
sichtspunkt andrer wertbezogener Sachverhalte *wichtigen* ge-
hören werden. Das wird nun allerdings normalerweise um so
mehr der Fall sein, je mehr der Wahrheitswert von Gedanken
der leitende Wert einer historischen Darstellung ist, also na-
mentlich bei einer Geschichte einer bestimmten »Wissen-
schaft« (etwa der Philosophie, oder der theoretischen Natio-
nalökonomie). Aber es ist keineswegs notwendig nur dann der
Fall. Sondern es tritt ein wenigstens ähnlicher Sachverhalt
überall da ein, wo ein subjektiv, der Absicht nach, rationales
Handeln überhaupt den Gegenstand einer Darstellung bildet,
und wo also »Denk«- oder »Rechen-Fehler« *kausale* Kompo-
nenten des Ablaufes des Handelns bilden können. Um z. B.
die Führung eines Krieges zu »verstehen«, muß unvermeid-
lich – wenn auch nicht notwendig ausdrücklich oder in ausge-
führter Form – beiderseits ein idealer Feldherr vorgestellt

werden, dem die Gesamtsituation und Dislokation der beiderseitigen militärischen Machtmittel und die sämtlichen daraus sich ergebenden Möglichkeiten, das in concreto eindeutige Ziel: Zertrümmerung der gegnerischen Militärmacht, zu erreichen, bekannt und stets gegenwärtig gewesen wären, und der auf Grund dieser Kenntnis irrtumslos und auch logisch »fehlerfrei« gehandelt hätte. Denn nur dann kann eindeutig festgestellt werden, welchen kausalen Einfluß der Umstand, daß die wirklichen Feldherrn weder jene Kenntnis noch diese Irrtumslosigkeit besaßen und daß sie überhaupt keine bloß rationalen Denkmaschinen waren, auf den Gang der Dinge gehabt hat. Die rationale Konstruktion hat also hier den Wert, als Mittel richtiger kausaler »Zurechnung« zu fungieren. Ganz den gleichen Sinn haben nun diejenigen utopischen Konstruktionen streng und irrtumslos rationalen Handelns, welche die »reine« ökonomische Theorie schafft.

Zum Zweck der kausalen *Zurechnung* empirischer Vorgänge bedürfen wir eben rationaler, je nachdem empirisch- |
497 technischer oder auch logischer Konstruktionen, welche auf die Frage antworten: wie bei absoluter rationaler, empirischer und logischer »Richtigkeit« und »Widerspruchslosigkeit« ein Sachverhalt, möge er einen äußeren Zusammenhang des Handelns oder etwa ein Gedankengebilde (z. B. ein philosophisches System) darstellen, aussehen (oder ausgesehen haben) *würde.* Logisch betrachtet, ist nun aber die Konstruktion einer rational »richtigen« solchen Utopie dabei nur *eine* der verschiedenen möglichen Gestaltungen eines »Idealtypus« – wie ich (in einer mir für jeden anderen Ausdruck feilen Terminologie) solche Begriffsbildungen genannt habe. Denn nicht nur lassen sich, wie gesagt, Fälle denken, wo als Idealtypus gerade ein in charakteristischer Art *falsches* Schlußverfahren oder ein bestimmtes typisch zweck*widriges* Verhalten einen besseren Dienst tun könnte. Sondern es gibt vor allem ganze Sphären des Verhaltens (die Sphäre des »Irrationalen«), wo nicht das Maximum von logischer Rationalität, sondern lediglich die durch isolierende Abstraktion gewonnene Ein-

deutigkeit jenen Dienst am besten leistet. *Faktisch* zwar verwendet der Forscher besonders häufig normativ »richtig« konstruierte »Idealtypen«. *Logisch* betrachtet aber ist gerade dies: die normative »Richtigkeit« dieser Typen, kein Essentiale. Sondern es kann ein Forscher, um z. B. eine spezifische Art von typischer Gesinnung der Menschen einer Epoche zu charakterisieren, sowohl einen ihm persönlich ethisch normgemäß und in diesem Sinn objektiv »richtig«, wie einen ihm ethisch durchaus normwidrig erscheinenden Typus von Gesinnung konstruieren und dann das Verhalten der zu untersuchenden Menschen damit vergleichen, oder endlich auch einen Gesinnungstypus, für den er persönlich gar kein positives oder negatives Prädikat irgendeiner Art in Anspruch nimmt. Das normativ »Richtige« hat für diesen Zweck also keinerlei Monopol. Denn welchen Inhalt immer der rationale Idealtypus hat: ob er eine ethische, rechtsdogmatische, ästhetische oder religiöse Glaubensnorm oder eine technische oder ökonomische oder eine rechtspolitische oder sozialpolitische oder kulturpolitische Maxime oder eine in eine möglichst rationale Form gebrachte »Wertung« welcher Art immer darstellt, stets hat seine Konstruktion innerhalb empirischer Untersuchungen nur den Zweck: die empirische Wirklichkeit mit ihm zu »vergleichen«, ihren Kontrast oder ihren Abstand von ihm oder ihre relative Annäherung an ihn festzu | stellen, um sie 498
so mit *möglichst eindeutig verständlichen Begriffen* beschreiben und kausal zurechnend verstehen und erklären zu können. Diese Funktionen versieht die rationale rechtsdogmatische Begriffsbildung z. B. für die empirische Disziplin der Rechtsgeschichte [...] und die rationale Kalkulationslehre für die Analyse des realen Verhaltens der Einzelwirtschaften in der Erwerbswirtschaft. Beide eben genannten dogmatischen Disziplinen haben nun natürlich außerdem noch als »Kunstlehren« eminente normativ-praktische Zwecke. Und beide Disziplinen sind in dieser ihrer Eigenschaft, als dogmatische Wissenschaften, ebensowenig empirische Disziplinen im hier erörterten Sinn wie etwa Mathematik, Logik, normative Ethik, Ästhetik, von

denen sie im übrigen aus anderen Gründen so völlig verschieden sind wie diese untereinander es auch sind.

Die ökonomische Theorie endlich ist offensichtlich eine Dogmatik in einem logisch sehr anderen Sinn als etwa die Rechtsdogmatik. Ihre Begriffe verhalten sich zur ökonomischen Realität spezifisch anders als diejenigen der Rechtsdogmatik zur Realität des Objekts der empirischen Rechtsgeschichte und Rechtssoziologie. Aber wie die dogmatischen Rechtsbegriffe als »Idealtypen« für die letzteren verwertet werden können und müssen, so ist diese Art der Verwendung für die Erkenntnis der sozialen Wirklichkeit der Gegenwart und Vergangenheit der geradezu *ausschließliche* Sinn der reinen ökonomischen Theorie. Sie macht bestimmte, in der Realität kaum jemals rein erfüllte, aber in verschieden starker Annäherung an sie anzutreffende Voraussetzungen und fragt: wie sich das soziale Handeln von Menschen, wenn es strikt rational verliefe, unter diesen Voraussetzungen gestalten würde. Sie unterstellt insbesondere das Walten rein ökonomischer Interessen und schaltet also den Einfluß machtpolitischer ebenso wie anderer außerökonomischer Orientierungen des Handelns aus.

[Auslassung von Passagen, die sich auf die zeitgenössische Nationalökonomie, insbesondere die »Freihandelsschule« beziehen.]

Und nur auf eins soll zum Schluß in diesem Zusammenhang noch hingewiesen werden. Die Entwicklung der letzten Jahrzehnte und vollends die beispiellosen Geschehnisse, deren Zeugen wir jetzt sind, haben das Prestige gerade des *Staates* gewaltig gesteigert. Ihm allein von allen sozialen Gemeinschaften wird heute »legitime« Macht über Leben, Tod und Freiheit zugeschrieben und seine Organe machen davon Gebrauch: im Krieg gegen äußere Feinde, im Frieden und Krieg gegen innere Widerstände. Er ist im Frieden der größte Wirtschaftsunternehmer und machtvollste Tributherr der Bürger, im Krieg aber der Träger schrankenlosester Verfügung über alle ihm zu-

gänglichen Wirtschaftsgüter. Seine moderne, rationalisierte, Betriebsform hat auf zahlreichen Gebieten Leistungen ermöglicht, welche zweifellos von gar keinem andersartig vergesellschafteten Zusammenhandeln auch nur annähernd ähnlich vollbracht werden könnten. Es konnte kaum ausbleiben, daß daraus die Folgerung gezogen würde: er müsse auch – zumal für Wertungen, die sich auf dem Gebiet der »Politik« bewegen – der letzte »*Wert*« sein, an dessen Daseinsinteressen alles gesellschaftliche Handeln letztlich zu messen sei. Allein auch dies ist eine durchaus unzulässige Umdeutung von Tatsachen der Seinssphäre in Normen der Wertungssphäre, wobei hier von der fehlenden Eindeutigkeit der Konsequenzen aus jener Wertung, die sich bei jeder Erörterung der »Mittel« (der »Erhaltung« oder »Förderung« des »Staats«) bald zeigt, ganz abgesehen werden soll. Innerhalb der Sphäre des rein Tatsächlichen ist zunächst gerade gegenüber jenem Prestige die Feststellung zu treffen: daß der Staat gewisse Dinge *nicht kann.* Und zwar sogar auf den Gebieten, welche als seine eigenste Domäne gelten: den militärischen. Die Beobachtung mancher Erscheinungen, welche der jetzige Krieg bei den Armeen *national* gemischter Staaten hat hervortreten lassen,
lehrt, daß die vom | Staat nicht erzwingbare freie Hingabe des 502
einzelnen an die Sache, welche sein Staat vertritt, auch für den militärischen Erfolg nicht gleichgültig ist. Und auf wirtschaftlichem Gebiet sei nur angedeutet: daß die Übertragung der Kriegsformen und Kriegsprinzipien der Wirtschaft auf den Frieden als *dauernder* Erscheinungen sehr schnell Folgen haben könnte, welche gerade den Vertretern expansiver Staatsideale das Konzept verderben würden. Dies ist indessen hier nicht weiter zu besprechen. In der *Wertungs*sphäre aber ist ein Standpunkt sehr wohl sinnvoll vertretbar, der die Macht des Staates im Interesse seiner Verwertbarkeit als Zwangsmittel gegen Widerstände auf das denkbar äußerste gesteigert sehen möchte, andererseits aber ihm jeglichen *Eigenwert* abspricht und ihn zu einem bloßen technischen Hilfsmittel für die Verwirklichung ganz anderer Werte stempelt, von denen allein er

seine Würde zu Lehen tragen und also auch nur so lange bewahren könne, als er sich dieses seines Handlangerberufs nicht zu entschlagen versuche.

Hier soll natürlich weder dieser noch überhaupt irgendeiner der möglichen Wertungsstandpunkte entwickelt oder gar vertreten werden. Sondern es soll nur daran erinnert werden: daß wenn irgend etwas, dann wohl dies eine berufsmäßigen »Denkern« besonders nahezulegende Obliegenheit ist: sich gegenüber den jeweilig herrschenden Idealen, auch den majestätischsten, einen kühlen Kopf im Sinn der persönlichen Fähigkeit zu bewahren, nötigenfalls »gegen den Strom zu schwimmen«. Die »deutschen Ideen von 1914« waren ein Literatenprodukt. Der Sozialismus der Zukunft ist eine Phrase für die Rationalisierung der Wirtschaft durch eine Kombination von weiterer Bürokratisierung und Zweckverbandsverwaltung durch Interessenten. Wenn der Fanatismus wirtschaftspolitischer Ressortpatrioten für diese rein-technischen Maßnahmen, statt sachlicher Erörterung ihrer Zweckmäßigkeit, die zum guten Teil ganz nüchtern finanzpolitisch bedingt ist, die Weihe nicht nur der deutschen Philosophie, sondern auch der Religion herabbeschwört, – wie es heute massenhaft geschieht –, so ist das nichts als eine widerwärtige Geschmacksentgleisung sich wichtig nehmender Literaten. Wie die realen »deutschen Ideen von 1918«, bei deren Formung die heimkehrenden Krieger das Wort haben werden, aussehen könnten oder sollten, kann heut vorweg wohl noch niemand sagen. Auf diese aber wird es wohl für die Zukunft ankommen.

Parlament und Regierung im neugeordneten Deutschland. Zur politischen Kritik des Beamtentums und Parteiwesens [1918]

Vorbemerkung

Diese politische Abhandlung ist eine Umgestaltung und Erweiterung von Artikeln, welche im Sommer 1917 in der »Frankfurter Zeitung« veröffentlicht wurden. Sie sagt keinem staatsrechtlichen Fachmann etwas Neues, deckt sich aber auch nicht mit der Autorität einer Wissenschaft. Denn die letzten Stellungnahmen des Wollens können mit den Mitteln der Wissenschaft nicht entschieden werden. Wem die geschichtlichen Aufgaben der deutschen Nation nicht grundsätzlich über *allen Fragen* ihrer Staats*form* stehen, oder wer jene Aufgaben grundsätzlich anders ansieht, auf den wirken die vorgebrachten Argumente nicht. Denn in dieser Hinsicht gehen sie von bestimmten Voraussetzungen aus. Von ihnen aus wenden sie sich gegen diejenigen, welche die Zeitlage auch jetzt noch für geeignet halten, zugunsten anderer politischer Gewalten gerade die Volksvertretung zu diskreditieren. Dies ist leider namentlich in ziemlich breiten akademischen und akademisch gebildeten *Literaten*kreisen seit nun 40 Jahren und noch während des Krieges geschehen. Sehr oft in der überheblichsten und maßlosesten Form, mit wegwerfender Gehässigkeit und ohne jede Spur von gutem Willen, die Existenzbedingungen leistungsfähiger Parlamente überhaupt auch nur verstehen zu wollen. In ihren politischen Leistungen sind die deutschen Volksvertretungen ganz gewiß nicht über die Kritik erhaben. Aber: was dem Reichstag recht ist, ist anderen Staatsorganen billig, welche von jenen Literaten stets sorgsam geschont und oft geradezu umschmeichelt worden sind. Wenn es aber von Dilettanten zum wohlfeilen Sport gemacht wird, eine Lanze

gegen den Parlamentarismus zu brechen, so ist es füglich an der Zeit, auch einmal ohne besondere Schonung die politische Einsicht dieser Kritiker zu prüfen. Mit sachlichen und vornehmen Gegnern – und auch solche gibt es zweifellos – wäre es ge-
VI wiß eine | Freude, sachlich zu streiten. Aber es widerspräche deutscher Ehrlichkeit Respekt zu bekunden vor Kreisen, aus deren Mitte ebenso wie viele andere auch der Verfasser wieder und wieder bald als »Demagoge«, bald als »undeutsch« oder als »Agent des Auslandes« verlästert wurde. Die zweifellose Gutgläubigkeit der meisten daran beteiligten Literaten war vielleicht das Beschämendste an solchen Exzessen.

Man hat gesagt: es sei jetzt nicht die Zeit, innerpolitische Probleme anzurühren, wir hätten jetzt anderes zu tun. »Wir?« – Wer? Doch wohl: die Daheimgebliebenen. Und was hätten diese zu tun? Auf die Feinde zu schelten? Damit gewinnt man keinen Krieg. Die Krieger draußen tun es nicht, und dies mit zunehmender Entfernung von den Schützengräben sich steigernde Schelten ist einer stolzen Nation schwerlich würdig. Oder: Reden und Resolutionen über das, was »wir« zuerst alles annektieren müssen, ehe »wir« Frieden schließen können? Dazu sei grundsätzlich bemerkt: Würde das Heer, welches die deutschen Schlachten schlägt, sich auf den Standpunkt stellen: »Was *wir* mit unserem Blut gewonnen haben, soll deutsch bleiben«, – nun, so würden »wir«, die Daheimgebliebenen, wohl noch das Recht haben, zu sagen: »Bedenkt, das wäre vielleicht politisch nicht klug.« Aber blieben sie trotzdem dabei, dann hätten »wir« zu schweigen. Daß jedoch »wir«, die Daheimgebliebenen, uns nicht scheuen, unsern Kriegern die Freude an ihren Leistungen zu vergiften, indem wir - wie es wieder und wieder geschehen ist – ihnen zurufen: »Wenn das und das von uns ausgedachte Kriegsziel nicht erreicht wird, dann *habt ihr umsonst geblutet*«, – das scheint mir schon rein menschlich schlechthin unerträglich, für den Willen zum Durchhalten aber ausschließlich schädlich. Dafür wäre es besser, stets erneut nichts anderes zu sagen als: daß Deutschland nach wie vor für seine Existenz ficht gegen ein Heer, in welchem Neger, Gurkas[1] und allerhand | andere Barbaren aus allen Schlupfwinkeln der Erde an der Grenze bereitstehen, unser Land zur Wüste zu machen. Das ist die Wahrheit, das versteht jeder und das hätte die Einigkeit erhalten. Statt dessen haben es sich die Literaten zum Geschäft gemacht, allerhand »Ideen« zu fabrizieren, für welche, ihrer Ansicht nach, die Männer da draußen bluten und sterben. Ich glaube nicht, daß dies eitle Treiben irgendeinem unserer Kämpfer seine schwere Pflicht erleichtert hat. Der Sachlichkeit der politischen Erörterung hat es schwer geschadet. *VII*

Mir scheint, *unsere* Aufgabe daheim ist vor allem die: dafür zu sorgen, daß die heimkehrenden Krieger die *Möglichkeit vorfinden*, ihrerseits mit dem Stimmzettel in der Hand durch ihre gewählten Vertreter jenes Deutschland neu aufzubauen, dessen Bestand sie gerettet haben, und also: die Hindernisse, welche die jetzigen Zustände ihnen dabei in den Weg stellen, fortzuräumen, damit sie nicht nach der Heimkehr, statt an den Aufbau zu gehen, zunächst gegen jene Hemmnisse sterile Kämpfe zu führen haben. Wahlrecht und Parlamentsmacht sind dafür aber nun einmal – das kann keine Sophistik fortdisputieren – die einzigen Mittel, und es ist wenig offen und ein starkes Stück, wenn man allen Ernstes geklagt hat: eine Reform, welche den Kriegern überhaupt erst die *Möglichkeit* entscheidender Mitbestimmung gibt, werde »ohne ihre Befragung« gemacht.

Man sagt ferner: jede Kritik an unserer Staatsform liefere den Feinden Waffen. Damit hat man uns 20 Jahre lang den Mund verbunden, bis es zu spät war. Was haben wir jetzt noch durch solche Kritik im Ausland zu verlieren? Die Feinde könnten sich beglückwünschen, wenn die alten schweren Schäden auch weiter bestehen blieben! Und gerade jetzt, wo der große Krieg in das Stadium getreten ist, in welchem wieder die Diplomatie das Wort | ergreift, ist es hohe Zeit, alles *VIII*

1 Bergvölker Nepals, aus denen vorzugsweise britische und indische Elitetruppen rekrutiert wurden.

dafür zu tun, daß nicht abermals die alten Fehler begangen werden. Dafür spricht vorerst leider wenig. Daß die deutsche Demokratie, wenn sie nicht ihre Zukunft verscherzen will, keinen schlechten Frieden schließt, wissen die Feinde, oder sie werden es erfahren.

Wer aus letzten Gründen des Glaubens *jede* Form autoritativer Herrschaft um ihrer selbst willen über *alle* politischen Interessen der Nation stellt, der mag sich dazu bekennen. Er ist unwiderlegbar. Aber man komme uns statt dessen nicht mit dem eitlen Gerede von dem Gegensatz der »westeuropäischen« und der »deutschen Staatsidee«. In den einfachen Fragen der Technik der Bildung des Staatswillens, von denen hier gehandelt wird, gibt es nicht beliebig viele, sondern, für einen Massenstaat, nur eine begrenzte Zahl von Formen. Für einen *sachlichen* Politiker ist es eine sachliche, je nach den politischen Aufgaben der Nation zu beantwortende Frage: welche davon für seinen Staat jeweils zweckmäßig ist. Nur ein beklagenswerter Kleinglaube an die Eigenkraft des Deutschtums kann vermeinen, das deutsche Wesen werde in Frage gestellt, wenn wir zweckmäßige staatstechnische Institutionen mit anderen Völkern teilen. Ganz abgesehen davon, daß weder der Parlamentarismus der deutschen Geschichte fremd, noch irgendeines der ihm entgegengesetzten Systeme nur Deutschland eigen gewesen ist. Daß auch ein parlamentarisierter deutscher Staat *anders* aussehen wird als jeder andere, dafür sorgen völlig zwingende sachliche Umstände. Daraus aber einen Gegenstand der *Eitelkeit* für die Nation zu machen, wäre nicht sachliche, sondern eben: Literatenpolitik. Ob eine wirklich brauchbare parlamentarische Neuordnung in Deutschland kommt, wissen wir heute nicht. Sie kann sowohl von rechts her hintertrieben wie von links her verscherzt werden. Auch das letztere.
IX Denn auch über Demo- | kratie und Parlamentarismus stehen selbstverständlich die Lebensinteressen der Nation. Würde aber das Parlament versagen und käme infolgedessen das alte System wieder, so hätte das allerdings weittragende Folgen. Auch dann würde man das Schicksal dafür segnen

dürfen, ein Deutscher zu sein. Aber auf große Hoffnungen für Deutschlands Zukunft würde man dann endgültig verzichten müssen, *ganz einerlei*, wie der Frieden aussieht.

Der Verfasser, der vor bald drei Jahrzehnten konservativ wählte und später demokratisch, dem damals die »Kreuzzeitung«[2] und jetzt liberale Blätter Gastrecht gewährten, ist weder aktiver Politiker, noch wird er es sein. Er verfügt – auch das sei vorsichtshalber bemerkt – über keinerlei Beziehungen gleichviel welcher Art zu irgendwelchen deutschen Staatsmännern. Er hat allen Anlaß zu dem Glauben, daß keine Partei, auch nicht auf der Linken, sich mit dem, was er sagt, identifizieren werde, vor allem mit dem ihm persönlich Wichtigsten (Kap. IV),[3] welches zugleich das ist, worüber parteipolitische Meinungsverschiedenheiten überhaupt *nicht* bestehen. Er hat seinen politischen Standpunkt so wie jetzt gewählt deshalb, weil die Erfahrungen der letzten Jahrzehnte ihn seit langem zu der festen Überzeugung gebracht hatten: daß die bisherige Art der staatlichen Willensbildung und des politischen Betriebes bei uns *jede* deutsche Politik, gleichviel welches ihre Ziele seien, zum Scheitern verurteilen müsse, daß dies bei gleichbleibenden Verhältnissen künftig immer wieder genau so sein werde, und daß keinerlei Wahrscheinlichkeit dafür bestehe, daß auch dann immer wieder Heerführer erstehen werden, die unter unerhörten Blutopfern der Nation uns aus der politischen Katastrophe militärisch heraushauen können.

Staatstechnische Änderungen machen an sich eine Nation weder tüchtig noch glücklich, noch wertvoll. Sie können nur mechanische Hemmnisse dafür forträumen, und sind also ledig- | lich Mittel zum Zweck. Und man mag es vielleicht be- X
klagen, daß so bürgerlich nüchterne Dinge, wie sie hier, unter absichtlicher Selbstbescheidung und Ausschaltung aller der

2 Die »Neue Preußische Zeitung« (»Kreuzzeitung«) war das Organ der konservativen Kräfte im Königreich Preußen. Vgl. die Publikationen Webers Nummern 33 und 34 des Schriftenverzeichnis.

3 Vgl. das Inhaltsverzeichnis unten; in der Originalquelle S. 80–99.

großen *inhaltlichen* Kulturprobleme, die uns bevorstehen, erörtert werden, überhaupt wichtig sein *können*. Aber es ist nun einmal so. Im großen lehrt es die Politik der letzten Jahrzehnte. Im kleinen war in allerjüngster Zeit das völlige Scheitern der politischen Leitung des Reichs durch einen selten tüchtigen und sympathischen Beamten[4] eine Art von Probe auf die in den kurz vorher publizierten Artikeln aufgemachte Rechnung. Wem alle diese Erfahrungen nicht genügen, dem genügt überhaupt kein Beweis. Der Politiker rechnet bei staatstechnischen Fragen mit den nächsten Generationen. Und diese kleine Gelegenheitsschrift will durchaus nur der Zeit dienen.

Die lange Verzögerung der von ähnlich gesinnten Freunden angeregten Veröffentlichung in dieser Form hatte zunächst in anderweitiger Inanspruchnahme, dann, seit November, in den üblichen technischen Schwierigkeiten des Drucks ihren Grund.

Der Verfasser

Inhaltsübersicht

4 Hinweis auf die Kanzlerschaft von Georg Michaelis vom Juli bis November 1917.

V. Parlamentarisierung und Demokratisierung

Nicht das Problem der sozialen Demokratisierung, sondern nur dasjenige des demokratischen, also des gleichen *Wahlrechts* soll uns hier in seiner Beziehung zum Parlamentarismus angehen. Und auch nicht die Frage, ob es für das Deutsche Reich seinerzeit staatspolitisch ratsam *war*, dies Wahlrecht unter Bismarcks scharfem Druck einzuführen, wird erörtert. Sondern dieser Tatbestand wird hier als fest gegeben und ohne furchtbare Erschütterungen nicht rückgängig zu machen, vorbehaltlos angenommen und nur gefragt: wie sich die Parlamentarisierung zu diesem demokratischen Wahlrecht verhält.

Parlamentarisierung und Demokratisierung stehen durchaus nicht notwendig in Wechselbeziehung, sondern oft im Gegensatz zueinander. Man hat neuerdings sogar nicht selten geglaubt: in notwendigem Gegensatz. Denn wirklicher Parlamentarismus sei nur bei einem Zweiparteiensystem und dies nur bei einer aristokratischen Honoratiorenherrschaft innerhalb der Parteien möglich. Der althistorische Parlamentarismus Englands war in der Tat, seinem ständischen Ursprung gemäß, auch nach der Reformbill und bis in den Krieg hinein, nicht wirklich in kontinentalem Sinn »demokratisch«. Schon im Wahlrecht.[5] Der Wohnungszensus und die tatsächlichen Mehrstimmrechte hatten immerhin eine solche Tragweite, daß bei Übernahme auf unsere Verhältnisse wohl nur die Hälfte der jetzigen Sozialdemokraten und auch bedeutend weniger Zentrumsabgeordnete als jetzt im Reichstag sitzen würden. (Allerdings fällt dafür die Rolle der Iren im englischen Parlament bei uns fort.) | Und bis zu Chamberlains Caucussystem *100*
waren beide Parteien durchaus von Honoratiorenklubs be-

5 Hinweis auf die britische Gesetzgebung der sogenannten dritten »Reformbill« von 1884, die allen männlichen Personen das Wahlrecht gewährte, soweit sie Hauseigentümer waren oder Mieter einer Wohnung ab einem Mindestmietwert von 10 Pfund Sterling.

herrscht. Falls jetzt wirklich die zuerst in Cromwells Heerlager von den Levellers erhobene Forderung des universellen Einstimmrechts und sogar des (vorerst begrenzten) Frauenstimmrechts durchgeführt wird, so muß der Charakter des englischen Parlaments sich sicherlich stark ändern. Das Zweiparteiensystem, schon durch die Iren durchlöchert, wird mit Anwachsen der Sozialisten weiter zerfallen und die Bürokratisierung der Parteien noch weiter fortschreiten. – Das bekannte spanische Zweiparteiensystem, beruhend auf der festen Konvention der Parteihonoratioren, daß die Wahlen im Sinn eines periodischen Wechsels der beiderseitigen Amtsreflektanten in der Macht erledigt werden, scheint soeben dem ersten Anlauf zu ernstlichen Wahlen zu erliegen. Aber werden solche Änderungen den Parlamentarismus beseitigen? Der Bestand und die formale Machtstellung der Parlamente ist durch Wahlrechtsdemokratie an sich nicht bedroht. Das zeigen Frankreich und andere Staaten mit gleichem Wahlrecht, wo die Ministerien durchweg aus den Parlamenten hervorgehen und sich auf deren Mehrheiten stützen. Aber freilich ist der Geist des französischen Parlaments ein sehr anderer als der des englischen. Nur ist gerade Frankreich kein Land, an welchem man die *typischen* Folgen der Demokratie für den Parlamentarismus studieren könnte. Der stark kleinbürgerliche und vor allem: Kleinrentner-Charakter seiner stabilen Bevölkerung schafft Bedingungen für eine spezifische Art von Honoratiorenherrschaft in den Parteien und einen besondersartigen Einfluß der *haute finance*, wie sie unter den Verhältnissen eines vorwiegenden Industriestaats nicht bestehen. Die französische Parteistruktur ist in einem solchen ebenso undenkbar, wie allerdings auch das historische Zweiparteiensystem Englands. |

101 Ein Zweiparteiensystem ist in Industriestaaten schon infolge der Spaltung der modernen ökonomischen Schichten in Bürgertum und Proletariat und der Bedeutung des Sozialismus als Massenevangelium unmöglich. Das gibt eine sozusagen »konfessionelle« Schranke. So vor allem bei uns. Die Organisation des Katholizismus ferner als Minderheitsschutz-

partei, folgend aus den Konfessionsverhältnissen in Deutschland, wird bei uns, wenn sie auch im Zentrum nur infolge der Wahlkreiseinteilung ihre jetzige Abgeordnetenzahl besitzt, schwerlich ausgeschaltet werden. Mindestens vier, wahrscheinlich aber fünf große Parteien werden also bei uns dauernd nebeneinanderstehen, Koalitionsregierungen eine Notwendigkeit bleiben und die Macht einer klug operierenden Krone stets bedeutend bleiben.

Die Honoratiorenherrschaft aber in den Parteien ist außerhalb verkehrsentlegener agrarischer Gebiete mit patriarchalem Großgrundbesitz überall deshalb unhaltbar, weil die moderne Massenpropaganda die Rationalisierung des Parteibetriebs: den Parteibeamten, die Parteidisziplin, die Parteikasse, die Parteipresse und Parteireklame zur Grundlage der Wahlerfolge macht. Die Parteien organisieren sich zunehmend straffer. Sie bemühen sich, schon die Jugend auf ihre Gefolgschaft festzulegen. Automatisch besorgt das bei der Zentrumspartei der kirchliche Apparat, bei den Konservativen die gesellschaftliche Umwelt. Andere Parteien haben ihre besonderen Jugendorganisationen: so die »nationalliberale Jugend« und die Jugendveranstaltungen der Sozialdemokraten. Und ebenso stellen die Parteien alle ökonomischen Interessen in ihren Dienst. Sie organisieren Genossenschaften, Konsumvereine, Gewerkschaften und schieben ihre Vertrauensmänner als Beamte in die so geschaffenen Parteistellen ein. Sie schaffen sich Rednerschulen und andere Institute für die Einschulung von Agitatoren, Redakteuren | und Angestellten, teilweise mit Millionen- *102*
fonds. Eine ganze Parteiliteratur entsteht, gespeist aus den gleichen, von Interessenten gestifteten Kapitalien, welche Zeitungen aufkaufen, Annoncenbüros gründen u.dgl. mehr. Die Parteibudgets schwellen an, denn die Kosten der Wahlen und die Anzahl der notwendigen entgeltlichen Agitationskräfte steigen. Unter 20 000 Mark Kosten ist ein hart umstrittener größerer Wahlkreis keinesfalls zu erobern. (Zur Zeit werden die Kriegsgewinne der Interessenten in größtem Umfang in sogenannten »patriotischen« Parteizeitungen aller Art und Vorbe-

reitungen für die ersten Wahlen nach dem Kriege angelegt.) Der Parteiapparat steigt an Bedeutung, und entsprechend sinkt die Bedeutung der Honoratioren.

Die Verhältnisse sind noch im Fluß. Bei bürgerlichen Parteien gibt ein Durchschnitt durch die, wie früher bemerkt, sehr verschieden straffe Organisation zur Zeit etwa folgendes Bild: Der aktive lokale Betrieb wird meist nebenamtlich von Honoratioren betrieben, nur in Großstädten von Beamten. Zeitungsredaktionen oder Anwälte stellen in den mittleren Orten die Büros. Erst größere Bezirke haben fest besoldete Sekretäre, die das Land bereisen. Die Kandidatenaufstellung und die Feststellung der Wahlparolen erfolgt durch ein im Einzelfall sehr verschiedenartig verlaufendes Zusammenwirken örtlicher und regionaler Verbände; die Mitwirkung der letzteren ist namentlich durch die Erfordernisse der Wahlbündnisse und Stichwahlabkommen bedingt. Die örtlichen Leiter sammeln um sich durch eine sehr verschieden intensive Werbung die ständigen Mitglieder der örtlichen Parteiorganisationen. Hauptwerbemittel sind öffentliche Versammlungen. Die Aktivität der Mitglieder ist gering. Oft tun sie wenig mehr, als daß sie Beiträge zahlen, die Parteiblätter halten, allenfalls leidlich regelmäßig die Versammlungen, zu denen
103 Parteiredner erscheinen, füllen und in | mäßigem Umfang sich an der Gelegenheitsarbeit bei den Wahlen beteiligen. Dafür nehmen sie, wenigstens der Form nach, an der Beschlußfassung über die Wahlen des Ortsvorstands und der Vertrauensmänner und, je nach Größe des Orts, direkt oder indirekt der Delegierten zu den Parteitagen teil. Alle zu wählenden Persönlichkeiten werden aber in der Regel von jenem Kern von ständigen Leitern und Beamten designiert, meist ihm entnommen, ergänzt durch einige wegen bekannten Namens, persönlichen gesellschaftlichen Einflusses oder besonderer materieller Opferbereitschaft nützliche oder verdiente Honoratioren. Die Aktivität jener zweiten Klasse der Mitglieder beschränkt sich also auf die Assistenz und Abstimmung bei diesen in größeren Zwischenräumen stattfindenden Wahlen und

Aussprachen mit Resolutionen, deren Resultat stets weitgehend von den Leitern vorbereitet ist. Ein gänzlicher Wechsel des Personals, der örtlichen Leiter und der Bezirksbeamten ist selten und fast stets die Folge einer, meist persönlich bedingten, inneren Revolte. Jeder Aktivität entbehrt schließlich der einfache, nicht zur Organisation gehörige, von den Parteien umworbene Stimmgeber, von welchem persönlich nur bei den Wahlen, sonst nur durch öffentliche auf ihn gemünzte Reklame Notiz genommen wird. – Wesentlich straffer und auch einen relativ größeren Bruchteil der als Stimmgeber in Betracht kommenden Wähler umfassend, dabei unter demokratischen Formen diszipliniert und zentralisiert ist die oft geschilderte Organisation der sozialdemokratischen Partei. Lockerer, mehr an lokale Honoratiorenkreise anknüpfend, war diejenige der Parteien der Rechten, denen aber jetzt im Bunde der Landwirte eine sehr straffe Massenorganisation zur Seite steht. In der Zentrumspartei ist formal der Zentralismus und die autoritative Leitung am stärksten entwickelt, obwohl die
Macht des Klerus, wie sich | mehrfach gezeigt hat, für alle 104
nicht kirchenpolitische Dinge ihre Grenze hat.

Schon durch den jetzt erreichten Entwicklungsgrad ist jedenfalls der alte Zustand: daß Wahlen auf Grund von Ideen und Parolen erfolgten, welche vorher von Ideologen aufgestellt, in der Presse und in freien Versammlungen propagiert und diskutiert waren, daß die Kandidaten von *ad hoc* gebildeten Komitees vorgeschlagen wurden, daß die Gewählten dann zu Parteien zusammentraten und daß diese im Personalbestand flüssigen parlamentarischen Gruppen nun die Führer der im Lande verstreuten Gesinnungsgenossen blieben, insbesondere die Parole für die nächsten Wahlen formulierten, endgültig verschwunden. Überall, nur in verschieden schnellem Tempo, tritt der Partei*beamte* als treibendes Element der Parteitaktik in den Vordergrund. Und neben ihm: die Geldbeschaffung. Die Finanzsorgen rufen neben den regelmäßigen Steuern, welche naturgemäß in klassenbedingten Massenorganisationen, wie der sozialdemokratischen Partei, die relativ

größte Rolle spielen, stets erneut das früher alleinherrschende Parteimäzenatentum auf den Plan. Es hat auch in der sozialdemokratischen Partei nie ganz gefehlt. In der Zentrumspartei nimmt jetzt ein Einzelmäzenat, wie Herr A. Thyssen[6], mindestens die gesellschaftliche Rolle eines Erzbischofs in Anspruch - und mit Erfolg. Eine mittlere Bedeutung hat das Mäzenatentum als Finanzquelle in der bürgerlichen Linken, eine wesentlich stärkere auf der Rechten. Die größte aber, der Natur der Sache nach, bei bürgerlichen Mittelparteien von der Art der Nationalliberalen und der alten Freikonservativen. Die jetzige bescheidene Stärke dieser Mittelparteien ist daher am ehesten ein ungefährer Maßstab für die Bedeutung des Geldes an sich, d.h. des individuell von Interessenten gegebenen Geldes, bei
105 Wahlen auf Grund des gleichen Wahl- | rechts. Und auch bei ihnen ist gar keine Rede davon, daß das für sie selbstverständlich besonders unentbehrliche Geld allein die Wahlziffern zustande brächte. Diese Parteien leben vielmehr von einer eigentümlichen Mischehe der Geldmächte mit jenem breiten Teil des Literatentums, vor allem der akademischen und außerakademischen Lehrerschaft, welche gefühlsmäßig an den Reminiszenzen der Bismarckschen Ära hängen. Auf sie reflektiert als Abonnenten ein im Verhältnis zu den Wählerzahlen unverhältnismäßig großer Teil der bürgerlichen Presse, deren Haltung, in verwässerter Form, auch von der gänzlich gesinnungslosen Inseratenpresse nachgeahmt wird, weil sie amtlichen und geschäftlichen Kreisen bequem ist.

So verschieden danach die innere soziale Struktur der deutschen Parteien ist, so sind doch hier wie überall Bürokratisierung und rationale Finanzwirtschaft Begleiterscheinungen der Demokratisierung. Dies bedingt aber ein weit kontinuierlicheres und angespannteres Arbeiten für die Stimmwerbung, als den alten Honoratiorenparteien je bekannt war. Die Zahl

6 Hinweis auf die maßgebliche Rolle von August Thyssen (1842–1926), Gründer der Thyssen & Co KG, der enge Verbindungen zu Matthias Erzberger und zur Zentrumspartei unterhielt.

der Wahlreden, die ein Kandidat heute, tunlichst in jedem kleinen Ort seines Bezirks, halten muß, seiner Besuche und Rechenschaftsberichte dort, der Bedarf nach Parteikorrespondenzen und Klischees für die Parteipresse und nach Reklamen aller Art steigert sich ständig. Ebenso die Schärfe und Rücksichtslosigkeit der Kampfmittel. Dies ist oft beklagt und als Besonderkeit der Parteien ihnen zur Last gelegt worden. Allein nicht nur die Parteiapparate, sondern ganz ebenso der im Besitz der Macht befindliche Apparat der Regierung nimmt daran teil. Die aus dem sogenannten »Welfenfonds« gespeiste Bismarcksche Presse stand besonders seit 1878 an Unbedenklichkeit der Mittel und der Tonart durchaus an der Spitze. Die Versuche, eine völlig von dem herrschenden | Amtsapparat 106
abhängige Lokalpresse zu schaffen, haben nicht aufgehört. Mit dem Maß der *Parlamentarisierung* hat also die Existenz und Qualität dieser Kampfmittel nichts zu tun. Auch nicht mit der Art der Abstufung des Wahlrechts. [...] Sondern sie ist Folge der Massenwahlen rein als solcher, ganz einerlei, ob die Wahlkörperschaften die Auslesestätte der politisch verantwortlichen Führer sind oder ob sie nur eine negative Interessen- und Trinkgelderpolitik treiben können, wie es bei uns der Fall ist. Gerade im letzteren Fall pflegt der Parteikampf ganz besonders subalterne Formen anzunehmen, weil dann rein materielle und persönliche Interessen dahinterstehen. Man kann (und soll) durch scharfen strafrechtlichen Schutz die Wendung des politischen Kampfs gegen die persönliche Ehre und vor allem das Privatleben des Gegners und die leichtfertige Verbreitung unwahrer sensationeller Behauptungen bekämpfen. Aber Art und Charakter des Kampfes als solchen kann man, solange es überhaupt Wahlkörperschaften, welche über materielle Interessen entscheiden, gibt, nicht ändern. Am allerwenigsten aber durch Herabschrauben der Bedeutung und des Niveaus des Parlaments. Damit hat man sich zunächst einmal rückhaltslos abzufinden. Alles ästhetische oder moralisierende Naserümpfen ist für die Frage der inner- | politischen 107
Zukunftsgestaltung völlig steril. Die politische Frage ist viel-

mehr lediglich die: was hat diese fortschreitende Demokratisierung der politischen Kampfmittel und Kampforganisationen für Konsequenzen für die Gestaltung des politischen Betriebs, des außerparlamentarischen sowohl wie des parlamentarischen? Denn die zuletzt geschilderten Entwicklungen gehen Hand in Hand mit der früher erörterten Gestaltung der parlamentarischen Arbeit.

Beide aber rufen nach einer charakteristischen Figur: nach dem *Berufspolitiker*, d. h. einem Mann, der mindestens ideell, in der Masse der Fälle aber materiell, den politischen Betrieb innerhalb einer Partei zum Inhalt seiner Existenz macht. Man mag diese Figur nun lieben oder hassen – sie ist in ihrer heutigen Gestalt das unvermeidliche Produkt der Nationalisierung und Spezialisierung der parteipolitischen Arbeit auf dem Boden der Massenwahlen. Auch hier wieder: *ganz einerlei*, welcher Grad von politischem Einfluß und Verantwortlichkeit durch Parlamentarisierung in die Hände der Parteien gelegt wird.

Berufspolitiker gibt es von zweierlei Art: solche, die materiell *»von«* der Partei und dem politischen Treiben leben: unter amerikanischen Verhältnissen die großen und kleinen politischen »Unternehmer«: die Bosse, unter unseren Verhältnissen aber: die politischen »Arbeiter«: die bezahlten *Parteibeamten*. Oder solche, die *»für«* die Politik zu leben durch ihre Vermögenslage instandgesetzt und durch ihre Überzeugung getrieben sind, also ideell ihr Leben daraus bestreiten, wie etwa Paul Singer in der Sozialdemokratie es tat, der zugleich ein Parteimäzenat großen Stils war.[7] Wohlgemerkt: es soll hier nicht etwa dem Parteibeamtentum der »Idealismus« bestritten werden. Mindestens auf der Linken haben umgekehrt gerade die Parteibeamten ganze Scharen von tadellosen politischen Cha-
108 rakteren | gestellt, wie man sie in andern Schichten wenig zu finden vermöchte. *Weit* entfernt also, daß der Idealismus etwa

7 Paul Singer (1844–1911), deutscher Fabrikbesitzer und SPD-Politiker, in den Jahren 1884–1911 MdR und Fraktionsvorsitzender.

Funktion der Vermögenslage wäre, ist eben doch das Leben »für« die Politik billiger für den besitzenden Parteifreund. Gerade dies nach oben und unten ökonomisch unabhängige Element ist innerhalb des Parteilebens höchst erwünscht und wird hoffentlich auch in Zukunft speziell den radikalen Parteien nicht ganz fehlen. Der eigentliche Parteibetrieb ist freilich heute damit allein nie zu bestreiten: die Masse der Arbeit außerhalb des Parlaments wird immer auf den Parteibeamten ruhen. Schon wegen ihrer Inanspruchnahme durch den Betrieb sind aber diese Beamten keineswegs immer die gegebenen Kandidaten für das Parlament selbst. Das trifft in verhältnismäßig großem Umfang nur für die Sozialdemokratie zu. In den meisten bürgerlichen Parteien ist dagegen der durch sein Amt gebundene Parteisekretär keineswegs immer der geeignetste Kandidat. Innerhalb des Parlaments würde das Parteibeamtentum, so dringend erwünscht und nützlich die Vertretung dieses Elementes ist, nicht günstig wirken, wenn es *allein* vorherrschte. Aber eine solche Vorherrschaft besteht selbst innerhalb der am stärksten bürokratisierten Partei: der Sozialdemokratie, nicht. Die Gefahr einer Herrschaft des Beamtengeistes zuungunsten wirklicher Führernaturen würde überdies das Parteibeamtentum noch relativ am wenigsten heraufbeschwören. Diese Gefahr bedeutet weit eher die Nötigung, auf moderne Interessentenorganisationen bei der Stimmwerbung Rücksicht zu nehmen: das Eindringen der Angestellten dieser Organisationen in die Kandidatenlisten der Parteien also, welches sich sehr wesentlich steigern würde, wenn ein Proportionalwahlrecht in Form der allgemeinen Listenwahl durchgeführt würde. Ein aus lauter solchen Angestellten zusammengesetztes Parlament wäre politisch steril. | Immerhin ist der 109
Geist der Angestellten solcher Organisationen, wie es die Parteien selbst und etwa die Gewerkschaften sind, infolge der Schulung im *Kampf* mit der Öffentlichkeit ein wesentlich anderer, als der Geist des friedlich in der Aktenstube arbeitenden Staatsangestellten. Gerade bei den radikalen Parteien, vor allem den Sozialdemokraten, wäre daher jene Gefahr relativ am

geringsten, weil die Heftigkeit des Kampfes dem immerhin auch dort nicht seltenen Verknöchern zu einer Parteipfründnerschicht verhältnismäßig stark entgegenwirkt. ennoch waren auch dort die eigentlichen Führer nur zum kleinen Teil *Parteibeamte*.

Die Natur der heutigen Anforderungen an den politischen Betrieb bringt es vielmehr mit sich, daß in allen demokratisierten Parlamenten und Parteien *ein* Beruf eine besonders starke Rolle für die Rekrutierung der Parlamentarier spielt: die *Advokaten*. Neben der Rechtskenntnis als solcher und neben der weit wichtigeren Schulung für den Kampf, welche dieser Beruf im Gegensatz zu den Ämtern der angestellten Juristen bietet, ist dafür auch ein rein materielles Moment maßgebend: der Besitz eines eigenen *Büros*, wie es der heutige Berufspolitiker unbedingt benötigt. Und während jeder andere freie Unternehmer durch die Arbeit für seinen Betrieb spezifisch »unabkömmlich« ist für die steigenden Anforderungen regelmäßiger politischer Arbeit und auf seinen Beruf verzichten müßte, um Berufspolitiker zu werden, ist für den Advokaten das Hinüberwechseln von seinem Beruf in die berufspolitische Tätigkeit technisch und nach den inneren Vorbedingungen verhältnismäßig besonders leicht. Der viel und übrigens im ganzen mit Unrecht beklagten »Advokatenherrschaft« der parlamentarischen Demokratien wird nur in die Hände gearbeitet, wenn die Parlamentarier in derart unzulänglicher Weise Arbeitsräume, sachliche Informationsmittel
110 und | Büropersonal vorfinden, wie dies in den deutschen Parlamenten noch heute der Fall ist. Indessen diese technischen Seiten des Parlamentsbetriebes sollen hier nicht besprochen werden. Wir fragen vielmehr: in welcher Richtung entwickelt sich die *Führerschaft* in den Parteien unter dem Druck der Demokratisierung und der zunehmenden Bedeutung der Berufspolitiker, Partei- und Interessenten-Beamten, und welche Rückwirkung hat das auf das parlamentarische Leben?

Die bei uns populäre Literatenauffassung ist mit der Frage der Wirkung der »Demokratisierung« schnell fertig: der *Dem-*

agoge kommt oben auf, und der erfolgreiche Demagoge ist der Mann, der in den Mitteln der Umwerbung der Massen am unbedenklichsten ist. Eine Idealisierung der Realitäten des Lebens wäre zweckloser Selbstbetrug. Der Satz von der steigenden Bedeutung des Demagogen ist in diesem üblen Sinn nicht selten zutreffend gewesen und ist im *richtigen* Sinn tatsächlich zutreffend. Im üblen Sinn trifft er für die Demokratie zu in etwa demselben Umfang wie für die Wirkung der Monarchie jene Bemerkung, die vor einigen Jahrzehnten ein bekannter General einem selbstregierenden Monarchen machte: »Euer Majestät werden bald nur noch Kanaillen um sich sehen.« Eine nüchterne Betrachtung der demokratischen Auslese wird stets den *Vergleich* mit anderen menschlichen Organisationen und ihrem Auslesesystem heranziehen. Nun genügt jeder Blick in die Personalien bürokratischer Organisationen, mit Einschluß selbst der besten Offizierkorps, um zu erkennen, daß die innere Anerkennung der Untergebenen: der Vorgesetzte, vor allem der schnell avancierte Neuvorgesetzte, »verdiene« seine Stellung, nicht etwa die Regel, sondern die *Ausnahme* ist. Tiefste Skepsis in betreff der Weisheit der Stellenbesetzung, sowohl der Motive, welche | die besetzenden Stellen leiteten, wie der 111
Mittel, durch welche besonders glückliche Stellenbesitzer ihre Stellen erlangt haben, beherrschen (von allem kleinlichen Klatsch ganz abgesehen) die Meinung der großen Mehrzahl gerade der ernsthaften, im Innern dieses Getriebes stehenden Persönlichkeiten. Nur vollzieht sich diese meist stumme Kritik abseits vom Licht der Öffentlichkeit, die davon nichts ahnt. Ungezählte Erfahrungen, die jeder rundum machen kann, lehren aber, daß das Maß der *Fügsamkeit* gegenüber dem Apparat: der Grad der »Bequemlichkeit« des Untergebenen für den Vorgesetzten, diejenigen Qualitäten sind, welche den Aufstieg am sichersten garantieren. Die Auslese ist, durchschnittlich gesprochen, ganz gewiß keine solche von geborenen Führern. Bei den akademischen Stellenbesetzungen ist die Skepsis der Eingeweihten in einem doch recht großen Bruchteil der Fälle die gleiche, obwohl doch hier die Kontrolle der Öffentlichkeit

angesichts der vorliegenden Leistungen sich fühlbar machen könnte, was beim Beamten im allgemeinen überhaupt nicht der Fall ist. Der zur öffentlichen Macht gelangende *Politiker* und zumal Parteiführer ist dagegen der Beleuchtung durch die Kritik der Feinde und Konkurrenten in der Presse ausgesetzt und kann sich darauf verlassen, daß im Kampf gegen ihn die Motive und Mittel, welche seinen Aufstieg bedingten, rücksichtslos ans Licht gezogen werden. Nüchterne Beobachtung dürfte also ergeben, daß die Auslese innerhalb der Parteidemagogie auf die Dauer und aufs Große gesehen, keineswegs nach unbrauchbareren Merkmalen erfolgt als hinter den verschlossenen Türen der Bürokratie. Man muß für den Beweis des Gegenteils schon zu politischen Neuländern wie den Vereinigten Staaten greifen. Für die germanischen Staaten in Europa träfe die Behauptung einfach nicht zu. Wenn aber sogar ein gänzlich
112 ungeeigneter General- | stabschef zu Beginn des Weltkriegs[8] nicht als Gegenargument gegen den Wert der Auslese durch die Monarchie gelten soll, dann auch nicht Fehlgriffe der Demokratien in ihrer Führerauslese gegen diese.

Indessen diese politisch sterilen Vergleiche und Rekriminationen sollen hier nicht weiter verfolgt werden. Entscheidend wichtig ist: daß für die politische Führerschaft jedenfalls nur Persönlichkeiten geschult sind, welche im politischen *Kampf* ausgelesen sind, weil alle Politik dem Wesen nach Kampf ist. Das leistet nun einmal das vielgeschmähte »Demagogenhandwerk« im Durchschnitt besser als die Aktenstube, die freilich für sachliche *Verwaltung* die unendlich überlegene Schulung bietet. Gewiß nicht ohne auffällige Mißverhältnisse. Daß ein bloßer Redetechniker ohne Geist und politischen Charakter starke politische Macht gewinnt, kommt vor. Aber z.B. auf August Bebel[9] träfe die Charakterisierung schon nicht

8 Anspielung auf den General Erich von Falkenhayn, der 1914 Helmuth Graf von Moltke ersetzte.

9 August Bebel (1840–1913), deutscher Politiker, Mitbegründer und Vorsitzender der SPD.

zu. Er war: ein Charakter, gewiß: kein Geist. Die Märtyrerzeit und der Zufall, einer der Ersten gewesen zu sein, daneben aber jene persönliche Qualität gaben ihm das rückhaltlose Vertrauen der Massen, welches geistig weit bedeutendere Parteigenossen ihm nicht streitig zu machen vermochten. Eugen Richter[10], Lieber[11], Erzberger[12] gehören alle einem qualitativ ähnlichen Typus an. Sie waren erfolgreiche »Demagogen« - im Gegensatz zu weit stärkeren Geistern und Temperamenten, die trotz stärkster Massenerfolge als Redner doch keine *Partei*macht gewannen. Das ist *kein* Zufall – aber es ist nicht die Folge der Demokratisierung, sondern erzwungener Beschränkung auf »negative Politik«. Demokratisierung und Demagogie gehören zusammen. Aber: *ganz unabhängig* – das sei wiederholt – von der Art der Staatsverfassung, sofern nur die Massen nicht mehr rein als passives Verwaltungsobjekt behandelt werden können, sondern in | ihrer Stellungnahme 113
aktiv irgendwie ins Gewicht fallen. Den Weg der Demagogie haben ja in ihrer Art auch die modernen Monarchien beschritten. Reden, Telegramme, Stimmungsmittel aller Art setzen sie für ihr Prestige in Bewegung, und man kann nicht behaupten, daß diese Art politischer Propaganda sich etwa *staats*politisch als ungefährlicher erwiesen hätte als die denkbar leidenschaftlichste Wahldemagogie. Sondern umgekehrt. [...] Man wird also jedenfalls nicht behaupten dürfen: daß Demagogie eine Eigentümlichkeit einer im politischen Sinn demokratischen Staatsform sei. [...] Wir haben in Deutschland *Demagogie und Pöbeleinfluß ohne Demokratie*, vielmehr: *wegen des Fehlens einer geordneten Demokratie*.

Hier soll indes lediglich die Folge der tatsächlichen Bedeutung der Demagogie für die Struktur der politischen Füh-

10 Eugen Richter (1838–1906), deutscher linksliberaler Politiker.

11 Ernst Lieber (1838–1902), deutscher Jurist und Zentrumspolitiker.

12 Matthias Erzberger (1875–1921), deutscher Zentrumspolitiker und Publizist.

rerstellen erörtert, also die Frage aufgeworfen werden: wie sich infolgedessen Demokratie und Parlamentarismus zueinander verhalten. |

114 Die Bedeutung der aktiven Massendemokratisierung ist: daß der politische Führer nicht mehr auf Grund der Anerkennung seiner Bewährung im Kreise einer Honoratiorenschicht zum Kandidaten proklamiert, dann kraft seines Hervortretens im Parlament zum Führer wird, sondern daß er das Vertrauen und den Glauben der Massen an sich und also seine Macht mit *massen*demagogischen Mitteln gewinnt. Dem Wesen der Sache nach bedeutet dies eine *cäsaristische* Wendung der Führerauslese. Und in der Tat neigt jede Demokratie dazu. Das spezifisch cäsaristische Mittel ist ja: das Plebiszit. Es ist keine gewöhnliche »Abstimmung« oder »Wahl«, sondern die Bekennung eines »Glaubens« an den Führerberuf dessen, der für sich diese Akklamation in Anspruch nimmt. Entweder der Führer kommt auf militaristischem Wege in die Höhe: als Militärdiktator wie Napoleon I., der sich seine Stellung durch Plebiszit bestätigen läßt. Oder auf bürgerlichem Wege: durch plebiszitäre Bestätigung des Herrschaftsanspruches eines nichtmilitärischen Politikers wie Napoleon III., der sich das Heer fügt. Beide Wege der Führerauslese leben mit dem parlamentarischen Prinzip ganz ebenso in Spannung, wie (selbstverständlich) mit dem erbmonarchischen Legitimismus. Jede Art von direkter *Volkswahl* des höchsten Gewaltträgers, darüber hinaus aber jede Art von politischer Machtstellung, welche auf der Tatsache des Vertrauens der Massen, nicht der Parlamente, beruht – auch die Machtstellung eines kriegerischen Volkshelden wie Hindenburg[13] – liegt auf dem Wege zu jenen reinen Formen cäsaristischer Akklamation. Insbesondere natürlich die durch (formell) »demokratische« Nomination und Wahl legitimierte Machtstellung des Präsidenten der Vereinigten Staaten, dessen Überlegenheit gegenüber dem Parlament

13 Paul von Beneckendorff und von Hindenburg (1847–1934), deutscher Generalfeldmarschall, 1925–34 Reichspräsident.

eben hierauf beruht. Die Hoffnungen, welche eine so cäsari-
sche Gestalt | wie Bismarck an das gleiche Wahlrecht knüpfte 115
und die Art seiner antiparlamentarischen Demagogie lagen,
nur in ihrer Formulierung und Phrase den nun einmal legiti-
mistischen Bedingungen seiner Ministerstellung angepaßt, in
der gleichen Richtung. Wie der Erblegitimismus der Monar-
chien gegen diese cäsaristischen Gewalten reagiert, zeigte die
Art von Bismarcks Scheiden aus dem Amt. Jede parlamentari-
sche Demokratie sucht auch ihrerseits die der Parlaments-
macht gefährlichen plebiszitären Methoden der Führerwahl
geflissentlich auszuschalten, wie dies namentlich die jetzt gel-
tende französische Verfassung und das französische Wahl-
recht [...] getan haben. Sie bezahlte dies freilich mit jenem
Mangel an Autorität der höchsten Gewalten bei der Masse,
welcher für Frankreich typisch ist und so charakteristisch ge-
gen die Machtstellung des amerikanischen Präsidenten ab-
sticht. In demokratisierten Erbmonarchien andererseits ist das
cäsaristisch-plebiszitäre Moment stets stark temperiert. Aber
es fehlt nicht. Die Stellung des jetzigen englischen Premier-
ministers ruht der Sache nach durchaus *nicht* auf dem Vertrau-
en des Parlaments und seiner Parteien, sondern auf dem der
Massen im Lande und des kämpfenden Heeres. Das Parla-
ment aber fügt sich (innerlich widerwillig genug) der Lage.
Der Gegensatz zwischen plebiszitärer und parlamentarischer
Auslese der Führer besteht also. Aber die *Existenz* des Parla-
ments ist deshalb nicht etwa wertlos. Denn gegenüber dem
(der Sache nach) cäsaristischen Vertrauensmann der Massen
gewährleistet sie in England 1. die *Stetigkeit* und 2. die *Kontrol-
liertheit* seiner Machtstellung; 3. die Erhaltung der bürgerli-
chen *Rechtsgarantien* gegen ihn; 4. eine geordnete Form der po-
litischen *Bewährung* der um das Vertrauen der Massen wer-
benden Politiker inner- | halb der Parlamentsarbeit, und 5. 116
eine friedliche Form der *Ausschaltung* des cäsaristischen Dikta-
tors, wenn er das Massenvertrauen *verloren* hat. Aber daß gera-
de die großen Entscheidungen der Politik, auch und gerade in
der Demokratie, von *Einzelnen* gemacht werden: *dieser* unver-

meidliche Umstand bedingt es, daß die Massendemokratie ihre positiven Erfolge seit den Zeiten des Perikles[14] stets erkauft durch starke Konzessionen an das cäsaristische Prinzip der Führerauslese. In den amerikanischen großen Kommunen z.B. ist die Korruption nur durch plebiszitäre Munizipaldiktatoren, welchen das Vertrauen der Massen das Recht einräumte, sich selbst ihre Verwaltungskomitees zusammenzusetzen, gebändigt worden. Und überall haben massendemokratische Parteien, wenn sie sich vor große Aufgaben gestellt sahen, sich Führern, welche das Vertrauen der Massen besaßen, mehr oder minder bedingungslos unterordnen müssen.

Welche Bedeutung angesichts dieses Umstandes in einer Massendemokratie dem *Parlament* zukommt, wurde an dem Beispiel Englands schon erläutert. Es gibt aber nicht nur gefühlsehrliche Sozialisten, sondern auch gefühlsehrliche Demokraten, welche das parlamentarische Getriebe derart hassen, daß sie »parlamentslosen Sozialismus« oder »parlamentslose Demokratie« auf ihre Fahne schreiben. Widerlegen lassen sich übermächtige Gefühlsantipathien natürlich nicht. Nur muß man sich klarmachen, was sie, in ihre praktischen Konsequenzen getrieben, heute bedeuten würden. Und zwar natürlich unter den Bedingungen unserer monarchischen Staatsordnung. Was würde innerhalb dieser Verfassung mit ihrer obrigkeitlichen Beamtenmacht eine Demokratie ohne allen Parlamentarismus darstellen? Eine solche rein *passive Demokratisierung* wäre eine gänzlich reine Form der uns wohlbekannten
117 *kon- | trollfreien Beamtenherrschaft,* die sich »monarchisches Regiment« nennen würde. Oder, wenn in Verbindung gesetzt mit der von diesen »Sozialisten« erhofften Organisation der Wirtschaft, ein modernes rationales Gegenbild des antiken »Leiturgiestaates«. Durch die Staatsbürokratie legitimierte und (angeblich!) kontrollierte Interessentenverbände wären aktiv die Träger der Syndikats-Selbstverwaltung und passiv Träger der

14 Perikles (ca. 500 v.Chr.–429 v.Chr., athenischer Staatsmann, seit 461 Führer Athens.

staatlichen Lasten. Die Beamten würden dann durch diese syndizierten *Erwerbs-* und *Profit*-Interessenten, aber weder durch den dazu gar nicht fähigen Monarchen noch durch die vertretungslosen Staatsbürger kontrolliert werden.

Sehen wir uns diese Zukunftsperspektive etwas näher an. Eine Ausschaltung des privatwirtschaftlichen Unternehmers würde ihre Durchführung für alle absehbare Zukunft, auch bei weitgehenden Verstaatlichungen, nicht bedeuten. Sondern eine Organisation von Groß- und Kleinkapitalisten, besitzlosen Kleinproduzenten und Lohnarbeitern, mit irgendwie reglementierter und – die Hauptsache! – monopolistisch *garantierter Erwerbs*chance für jede Kategorie. Sozialismus wäre das etwa im gleichen Sinn, wie es der Staat des altägyptischen »Neuen Reiches« war. Demokratie wäre es nur dann, wenn Sorge getragen würde, daß für die Art der Leitung dieser syndizierten Wirtschaft der Wille der *Masse* ausschlaggebend ist. Wie dies ohne eine deren Macht sichernde, die Syndikate ständig kontrollierende Vertretung: ein demokratisiertes Parlament also, welches in die sachlichen und personalen Verhältnisse dieser Verwaltung eingriffe, geschehen könnte, ist nicht abzusehen. *Ohne* eine Volksvertretung des jetzigen Typus wäre von der syndizierten Wirtschaft die Entwicklung zu einer zünftigen Politik der *gesicherten Nahrung*, also: zur stationären Wirtschaft und zur Ausschaltung des ökonomischen Rationalisierungsinter- | esses, zu erwarten. Denn überall ist dies Interesse 118
an der zünftigen Nahrungs*garantie* für die kapitallosen und kapitalschwachen Erwerbsinteressenten ausschlaggebend gewesen, sobald sie einmal monopolistisch organisiert waren. Dies mag nun als »demokratisches« oder »sozialistisches« Zukunftsideal ansehen, wer da will. Aber es gehört der ganze leichtfertige Literatendilettantismus dazu, eine solche Kartellierung der Profit- und Lohninteressen mit dem jetzt sooft vertretenen Ideal zu verwechseln: daß in Zukunft die Richtung der Gütererzeugung dem *Bedarf* und nicht, wie jetzt, dem *Profit*interesse angepaßt sein solle, wie es immer wieder geschieht. Denn für die Realisierung dieses letzten Ideals wäre ja ganz offenbar ge-

rade nicht ein Ausgehen von der Syndizierung und Monopolisierung der *Erwerbs*interessen, sondern das genau Umgekehrte: ein Ausgehen von der Organisation der *Verbraucher*interessen der Weg. Die Zukunftsorganisation dürfte dann nicht nach Art staatlich organisierter Zwangskartelle, Zwangsinnungen, Zwangsgewerkschaften, sondern müßte nach Art einer riesenhaften, staatlich organisierten Zwangs*konsumgenossenschaft* erfolgen, welche dann ihrerseits die Richtung der Produktion der Nachfrage entsprechend zu bestimmen hätte, so wie es Konsumvereine vereinzelt schon jetzt (durch Eigenproduktion) versuchen. Wie dabei die »demokratischen« Interessen, also diejenigen der Masse der Verbraucher, anders garantiert werden sollten, als durch ein Parlament, welches auch die Gütererzeugung fortlaufend maßgeblich kontrollierte, ist wiederum nicht abzusehen.

Doch genug dieser Zukunftsmusik. Im Ernst ist die wirklich völlige Beseitigung der Parlamente ja noch von keinem noch so sehr gegen ihre heutige Gestalt eingenommenen Demokraten verlangt worden. Als die Instanz zur Erzwingung
119 der *Verwaltungsöffentlichkeit*, der *Budget-* | feststellung und endlich der Beratung und Verabschiedung von *Gesetz*entwürfen – Funktionen, in denen sie in der Tat in jeder Demokratie unersetzlich sind –: will man sie wohl allseitig bestehen lassen. Die Opposition gegen sie, soweit sie ehrlich demokratisch und nicht, wie in aller Regel, eine unehrliche Verhüllung *bürokratischer* Machtinteressen ist, wünscht vielmehr im wesentlichen wohl zweierlei: 1. daß nicht die Parlamentsbeschlüsse, sondern die obligatorische *Volksabstimmung* für die Schaffung von Gesetzen maßgeblich sein sollen, – 2. daß nicht das parlamentarische System bestehen, die Parlamente also nicht Auslesestätte für die leitenden Politiker und ihr Vertrauen oder Mißtrauen nicht entscheidend sein solle für deren Verbleiben im Amt. Dies ist nun bekanntlich in der amerikanischen Demokratie geltendes Recht. Es folgt dort teils aus der Volkswahl des Staatshaupts und andrer Beamter, teils aus dem sogenannten Prinzip der »Gewaltenteilung«. Die Erfahrungen der amerika-

nischen Demokratie lehren aber mit hinlänglicher Klarheit: daß diese Art der Beseitigung des Parlamentarismus ebenfalls, gegenüber dem parlamentarischen System, nicht die mindeste Gewähr für eine sachlichere und unbestechliche Verwaltung bietet: das gerade Gegenteil ist der Fall. Zwar hat man mit der Volkswahl des Staatsoberhauptes im großen Durchschnitt keine schlechten Erfahrungen gemacht. Jedenfalls ist in den letzten Jahrzehnten die Zahl der wirklich ungeeigneten Präsidenten zum mindesten nicht größer gewesen als in den Erbmonarchien die Zahl der ungeeigneten Monarchen. Dagegen sind die Amerikaner selbst mit dem Prinzip der Volkswahl der Beamten im großen und ganzen nur in sehr begrenztem Umfang zufrieden. Nicht nur beseitigt es, wenn man es sich verallgemeinert denkt, das, was die bürokratische Maschinerie
technisch auszeichnet: die Amtsdisziplin. Sondern es | ge- *120*
währt gerade bei massenhafter Anwendung in einem modernen Großstaat auch keine Garantie für die Qualität der Beamten. Es legt dann die Auslese der Amtskandidaten im Gegensatz zum parlamentarischen System in die Hände unsichtbarer und der Öffentlichkeit gegenüber, im Vergleich mit einer parlamentarischen Partei und ihrem Führer, in hohem Grade unverantwortlicher Cliquen, welche die Kandidaten den fachlich ungeschulten Wählern präsentieren: bei Verwaltungsbeamten mit dem Erfordernis technischer Fachqualifikation ein höchst ungeeigneter Weg der Besetzung. Gerade für die modernsten Verwaltungsbedürfnisse, aber auch im Richteramt, funktionieren in Amerika notorisch die vom gewählten Staatsoberhaupt *ernannten* fachgeschulten Beamten technisch und in bezug auf ihre Unbestechlichkeit unvergleichlich besser. Auslese von Fachbeamten und Auslese *politischer Führer* sind eben *zweierlei*. – Dagegen hat das Mißtrauen gegen die machtlosen *und deshalb* so korrupten Parlamente in amerikanischen Einzelstaaten zur Erweiterung der direkten Volks*gesetzgebung* geführt.

Die *Volksabstimmung* hat als Mittel sowohl der Wahl wie der Gesetzgebung innere Schranken, die aus ihrer techni-

schen Eigenart folgen. Sie antwortet nur mit »Ja« oder »Nein«. Nirgends ist ihr in Massenstaaten die wichtigste Funktion des Parlaments: die Feststellung des Budgets, zugewiesen. Aber auch das Zustandekommen aller solcher Gesetze, welche auf einem Ausgleich widerstreitender Interessen beruhen, würde sie in einem großen Massenstaat in der bedenklichsten Weise obstruieren. Denn die entgegengesetztesten Gründe können ein »Nein« bedingen, wenn kein Mittel besteht, vorhandene Interessengegensätze auf dem Boden der Verhandlung auszugleichen. Das Referendum kennt eben nicht: das Kompromiß, auf welchem in jedem Massenstaat mit starken, regiona-
121 len, sozialen, konfessionellen | und anderen Gegensätzen der inneren Struktur unvermeidlich die Mehrzahl aller Gesetze beruht. Wie bei Volksabstimmungen Steuergesetze anderer Art als etwa progressive Einkommens- und Vermögenskonfiskationen und »Verstaatlichungen« in einem Massenstaat mit starken Klassengegensätzen überhaupt zur Annahme gelangen sollten, ist nicht abzusehen. Nun würde einem Sozialisten gerade diese Konsequenz vielleicht nicht schreckhaft erscheinen. Nur ist kein Beispiel bekannt, – auch nicht in Amerika und sogar nicht unter den sehr günstigen Bedingungen der Schweizer Kantone mit ihrer, kraft alter Tradition, sachlich denkenden und politisch geschulten Bevölkerung –, daß ein unter dem Druck des Referendums stehender Staatsapparat solche oft nominell sehr hohen, teilweise konfiskatorischen, Vermögenssteuern auch *effektiv* durchgeführt hätte. Und die plebiszitären Prinzipien schwächen das Eigengewicht der Parteiführer und die Verantwortlichkeit der Beamten. Eine Desavouierung der leitenden Beamten durch eine ihre Vorschläge ablehnende Volksabstimmung hat *nicht*, wie in parlamentarischen Staaten ein Mißtrauensvotum, ihren Rücktritt zur Folge, – und kann diese Folge auch gar nicht haben. Denn das negative Votum läßt seine Gründe nicht erkennen und belastet die negativ abstimmende Masse nicht, wie eine gegen die Regierung stimmende parlamentarische Parteimehrheit, mit der Pflicht, nun ihrerseits die desavouier-

ten Beamten durch eigene verantwortliche Führer zu ersetzen.

Je mehr vollends die eigene Wirtschaftsregie der staatlichen Bürokratie wüchse, desto fataler würde sich der Mangel eines selbständigen Kontrollorgans fühlbar machen, welches, wie die Parlamente es tun, von den allmächtigen Beamten öffentlich Rede und Antwort verlangt und sie zur Rechenschaft zu ziehen die Macht hat. Als Mittel | sowohl der Auslese von 122
Fachbeamten wie der Kritik ihrer Leistung ist im Massenstaat das spezifische Mittel der rein plebiszitären Demokratie: die unmittelbaren Volkswahlen und Abstimmungen und vollends das Absetzungs-Referendum, durchaus ungeeignet. Und wenn schon für den Parteibetrieb der parlamentarischen Wahlen die Bedeutung des Geldes der Interessenten keine kleine ist, so würde seine Macht und die Stoßkraft der von ihm gestützten demagogischen Apparate unter den Verhältnissen eines Massenstaates bei ausschließlicher Herrschaft von Volkswahlen und Volksabstimmungen ins Kolossale anwachsen.

Die obligatorische Volkswahl und Volksabstimmung bildet freilich den radikalen Gegenpol zu dem oft beklagten Zustand: daß der Staatsbürger im parlamentarischen Staat politisch nichts anderes leiste, als daß er alle paar Jahre einen der ihm von den Parteiorganisationen vorgedruckt gelieferten Wahlzettel in eine Urne stecke. Man hat gefragt: ob dies ein Mittel politischer Erziehung sei. Das ist es zweifellos nur unter den früher erörterten Bedingungen einer Verwaltungsöffentlichkeit und Verwaltungskontrolle, welche die Staatsbürger an die ständige Verfolgung der Art gewöhnt, wie ihre Angelegenheiten verwaltet werden. Die obligatorische Volksabstimmung aber ruft den Staatsbürger unter Umständen in wenigen Monaten Dutzende von Malen an die Abstimmungsurne über Gesetze. Und die obligatorische Volkswahl erlegt ihm die Abstimmung über lange Listen ihm persönlich vollkommen unbekannter, von ihm in ihrer *fachlichen* Qualifikation nicht zu beurteilender Amtskandidaten auf. Nun ist das Fehlen der Fachqualifikation (die ja auch der Monarch nicht besitzt) an

sich gewiß kein Argument gegen die demokratische Auslese der Beamten. Denn man braucht sicherlich selbst kein Schuster zu sein, um zu wissen, ob der Schuh drückt, den der Schu-
123 ster hergestellt | hat. Allein nicht nur die Gefahr der Abstumpfung, sondern auch die Gefahr der Irreleitung hinsichtlich der Person des wirklich an der Mißverwaltung Schuldigen ist bei der Volkswahl der Fachbeamten übergroß, im Gegensatz zum parlamentarischen System, bei welchem der Wähler sich an die Führer der für die Beamtenbestellung verantwortlichen *Partei* hält. Und für das Zustandekommen aller technisch komplizierten Gesetze kann gerade die Volksabstimmung das Ergebnis allzu leicht in die Hand kluger, aber verborgener Interessenten legen. In dieser Hinsicht liegen die Bedingungen in europäischen Ländern mit entwickeltem Fachbeamtentum wesentlich anders als in Amerika, wo man die Volksabstimmung als einzige Korrektur gegen die Korruption der dort unvermeidlich subalternen Legislaturen bewertet.

Gegen die Anwendung der Volksabstimmung als *ultima ratio* in geeigneten Fällen ist damit, trotz der von den Bedingungen der Schweiz abweichenden Verhältnisse der Massenstaaten, nichts gesagt. Aber machtvolle Parlamente macht sie für Großstaaten nicht überflüssig. Als Organ der Beamtenkontrolle und Verwaltungspublizität, als Mittel der Ausschaltung ungeeigneter leitender Beamter, als Stätte der Budgetfeststellung und als Mittel der Herbeiführung von Parteikompromissen ist das Parlament auch in den Wahldemokratien unentbehrlich. Vollends unentbehrlich in Erbmonarchien, da der Erbmonarch weder mit reinen Wahlbeamten arbeiten noch, wenn er die Beamten ernennt, selbst Partei ergreifen darf, wenn seine spezifische innerpolitische Funktion: bei fehlender Eindeutigkeit der politischen Stimmung und Machtlage eine konfliktlose Lösung zu ermöglichen, nicht kompromittiert werden soll. Neben »cäsaristischen« Führern aber ist schon infolge des Umstandes: daß es lange Perioden geben kann, in welchen einigermaßen allgemein anerkannte Ver-
124 trauensmänner der | Massen *fehlen*, die Parlamentsmacht in

Erbmonarchien unentbehrlich. Das Nachfolgerproblem ist überall die Achillesferse aller rein cäsaristischen Herrschaft gewesen. Ohne innere Katastrophengefahr vollzieht sich Aufstieg, Ausschaltung und Fortfall eines cäsaristischen Führers am ehesten da, wo die effektive Mitherrschaft machtvoller Vertretungskörperschaften die politische Kontinuität und die staatsrechtlichen Garantien der bürgerlichen Ordnung in ungebrochenem Bestand aufrecht erhält.

Der Punkt, welcher den parlamentsfeindlichen Demokraten in Wirklichkeit letztlich Anstoß gibt, ist offenbar: der weitgehend *voluntaristische* Charakter des parteimäßigen Betriebs der Politik und dadurch auch der parlamentarischen Parteimacht selbst. In der Tat stehen sich [...] bei diesem System »aktive« und »passive« Teilnehmer am politischen Leben gegenüber. Der politische Betrieb ist *Interessenten*betrieb. (Unter Interessenten sind dabei nicht jene materiellen Interessenten gemeint, die, in verschieden starkem Maße, bei jeder Form der Staatsordnung die Politik beeinflussen, sondern jene politischen Interessenten, welche politische Macht und Verantwortung zum Zweck der Realisierung bestimmter politischer Gedanken erstreben.) Allein eben dieser Interessentenbetrieb ist das wesentliche der Sache. Denn nicht die politisch passive »Masse« gebiert aus sich den Führer, sondern der politische Führer wirbt sich die Gefolgschaft und gewinnt durch »Demagogie« die Masse. Das ist in jeder noch so demokratischen Staatsordnung so. Und daher ist die gerade umgekehrte Frage weit näherliegend: gestatten die Parteien in einer voll entwickelten Massendemokratie denn überhaupt Führernaturen den Aufstieg? Sind sie imstande, neue Ideen überhaupt zu rezipieren? Sie verfallen ja der Bürokratisierung ganz ähnlich
wie der staatliche Apparat. Ganz neue Parteien | mit dem zu- 125
gehörigen Apparat an Organisation und Presseunternehmungen zu schaffen, erfordert heute einen solchen pekuniären und Arbeitsaufwand und ist gegenüber der festen Machtstellung der bestehenden Presse so schwer, daß es praktisch fast nicht in Betracht kommt. [...] Die bestehenden Parteien aber

sind stereotypiert. Ihre Beamtenposten bilden die »Nahrung« ihrer Inhaber. Ihr Ideenschatz ist weitgehend in Propagandaschriften und in der Parteipresse festgelegt. Materielle Interessen der beteiligten Verleger und Autoren stellen sich der Entwertung dieses Schriftwerks durch Umformung der Ideen in den Weg. Und vollends wünscht der Berufspolitiker, der von der Partei leben muß, den »ideellen« Besitz an Gedanken und Schlagworten: sein geistiges Handwerkszeug, nicht entwertet zu sehen. Daher vollzieht sich die Rezeption neuer Ideen durch die Parteien nur da verhältnismäßig schnell, wo gänzlich gesinnungslose reine Amtspatronageparteien, wie in Amerika, für jede Wahl diejenigen »Planken« neu in ihre »Plattformen« einfügen, von denen sie sich jeweils bei der Stimmenwerbung Zugkraft versprechen. Noch schwieriger scheint das Hochkommen neuer Führer. An der Spitze unserer Parteien erblickt man seit langen Zeiten dieselben, meist persönlich höchst achtungswerten, aber ebensooft weder geistig noch durch starkes politisches Temperament hervorragenden Leiter. Von dem zünftlerischen Ressentiment gegen neue Männer war schon die Rede: es liegt in der Natur der Dinge. Auch hier liegen die Verhältnisse gerade in solchen Parteien, wie es die amerikanischen sind, teilweise anders. In hohem Grade stabil sind dort die Machthaber *inner*halb der Parteien: die Bosse. Sie erstreben nur Macht, nicht Ehre oder
126 | Verantwortung. Und gerade im Interesse der Erhaltung ihrer Machtstellung setzen sie sich nicht den Peripetien einer eigenen Kandidatur aus, bei der ihre politischen Praktiken öffentlich erörtert würden und daher ihre Person die Chancen der Partei kompromittieren könnte. Als Kandidaten präsentieren sie daher nicht selten, wenn auch nicht immer, gern »neue Männer«. Gern dann, wenn sie in ihrem Sinne »verläßlich« sind. Ungern, aber notgedrungen, dann, wenn sie in irgendeiner Art durch ihre Neuheit, durch irgendeine spezifische notorische Leistung also, derart zugkräftig sind, daß im Interesse des Wahlsieges ihre Aufstellung erforderlich erscheint. Diese durch die Bedingungen der Volkswahl geschaf-

fenen Verhältnisse sind für uns ganz unübertragbar und auch schwerlich wünschenswert. Ebenso unübertragbar sind die französischen und italienischen Zustände, welche sich dadurch auszeichnen, daß eine von Zeit zu Zeit durch Neulinge ergänzte, aber ziemlich begrenzte Zahl »ministrabler« politischer Persönlichkeiten in stets anderer Zusammenstellung in den leitenden Stellen wechselt: eine Folge der dortigen Parteienstruktur. Die englischen Verhältnisse dagegen weichen davon stark ab. Es zeigt sich, daß innerhalb der Parlamentslaufbahn (die hier nicht näher geschildert werden kann) und auch innerhalb der durch das Caucussystem[15] straff organisierten Parteien dort politische Temperamente und Führernaturen in genügender Zahl aufgetreten sind und hochkommen. Einerseits eröffnet die Parlamentslaufbahn dem politischen Ehrgeiz und dem Macht- und Verantwortungswillen die reichsten Chancen, und andererseits sind die Parteien infolge des cäsaristischen Zugs der Massendemokratie gezwungen, sich wirklichen politischen Temperamenten und Begabungen als Führern zu fügen, sobald diese sich imstande zeigen, das Vertrauen der Massen zu gewinnen. Die Chance, daß Führernaturen
an die Spitze | gelangen, ist eben, wie sich immer wieder zeigt, *127*
Funktion der *Machtchancen* der Parteien. Weder der cäsaristische Charakter und die Massendemagogie noch die Bürokratisierung und Stereotypierung der Parteien sind jedenfalls als solche ein starres Hindernis für den Aufstieg von Führern. Gerade straff organisierte Parteien, welche sich wirklich in der Staatsmacht behaupten wollen, müssen sich den Vertrauensmännern der Massen, *wenn* sie Führernaturen sind, *unterord-*

15 Nach der englischen Wahlrechtsreform von 1867 galt, daß die großen Industriestädte jeweils drei Unterhausmandate erhielten, wenn jeder Wähler zwei Stimmen für nur einen Wahlkreis hat. Durch seinen zentral gesteuerten Parteiapparat (»caucus«) gelang es dem Liberalen Joseph Chamberlain, das Wahlergebnis für Birmingham so zu steuern, daß den Liberalen alle drei Mandate zufielen.

nen, während die lockere Gefolgschaft des französischen Parlaments bekanntlich die recht eigentliche Heimat der reinen Parlamentsintrigen ist. Die feste Organisation der Parteien und vor allem der Zwang für den Massenführer, in der konventionell fest geregelten Teilnahme an den Komiteearbeiten des Parlaments sich zu schulen und sich dort zu bewähren, bietet andererseits ein immerhin starkes Maß von Gewähr dafür: daß diese cäsaristischen Vertrauensleute der Massen sich den festen Rechtsformen des Staatslebens einfügen und daß sie nicht rein emotional, also lediglich nach den im üblen Sinne des Worts »demagogischen« Qualitäten, ausgelesen werden. Gerade unter den heutigen Bedingungen der Führerauslese sind ein starkes Parlament, verantwortliche Parlamentsparteien, und das heißt: deren Funktion als Stätte der Auslese und Bewährung der Massenführer als Staatsleiter, Grundbedingungen stetiger Politik.

Denn die staatspolitische *Gefahr* der Massendemokratie liegt ja in allererster Linie in der Möglichkeit starken Vorwiegens *emotionaler* Elemente in der Politik. Die »Masse« als solche (einerlei welche sozialen Schichten sie im Einzelfall zusammensetzen) »denkt nur bis übermorgen«. Denn sie ist, wie jede Erfahrung lehrt, stets der aktuellen rein emotionalen und irrationalen Beeinflussung ausgesetzt. (Sie teilt das übrigens
128 wiederum mit der modernen »selbst- | regierenden« Monarchie, welche ganz die gleichen Erscheinungen zeigt.) Der kühle und klare Kopf – und erfolgreiche Politik, gerade auch erfolgreiche demokratische Politik, wird nun einmal mit dem Kopf gemacht – herrscht bei verantwortlichen Entschlüssen um so mehr: 1. je kleiner die Zahl der an der Erwägung Beteiligten ist, – 2. je eindeutiger die Verantwortlichkeiten jedem einzelnen von ihnen selbst und den von ihnen Geleiteten vor Augen stehen. Die Überlegenheit des amerikanischen Senats über das Repräsentantenhaus z.B. ist ganz wesentlich Funktion der kleineren Zahl der Senatoren, die besten politischen Leistungen des englischen Parlaments sind Produkte eindeutiger Verantwortlichkeit. Wo diese versagt, versagt auch die

Leistung der Parteiherrschaft, wie jede andere. Und auf dem gleichen Grunde beruht die staatspolitische Zweckmäßigkeit des Parteibetriebs durch festorganisierte politische Interessentengruppen. Staatspolitisch völlig irrational ist andererseits die *un*organisierte Masse: die Demokratie der Straße. Sie ist am mächtigsten in Ländern mit einem entweder machtlosen oder mit einem politisch diskreditierten Parlament, und das heißt vor allem: beim Fehlen *rational organisierter Parteien*. Bei uns sind, abgesehen von dem Fehlen der romanischen Kaffeehauskultur und von der größeren Ruhe des Temperaments, Organisationen wie die Gewerkschaften, aber auch wie die sozialdemokratische Partei ein sehr wichtiges Gegengewicht gegen die für rein plebiszitäre Völker typische aktuelle und irrationale Straßenherrschaft. Von der Hamburger Choleraepidemie[16] angefangen bis jetzt hat man immer wieder in Fällen der Unzulänglichkeit des staatlichen Apparates an sie appellieren müssen. Das darf nicht vergessen werden, wenn die Zeiten der Not einmal vorüber sind.

Die schweren ersten Jahre nach dem Kriege werden natür-
| lich auch bei uns alle Elemente der Massendisziplin in Frage *129*
stellen. Vor allem die Gewerkschaften werden zweifellos vor Schwierigkeiten stehen wie nie zuvor. Denn dem Nachwuchs der Halberwachsenen, der jetzt Kriegslöhne bis zum zehnfachen Betrag der Friedenszeit verdient und eine verhängnisvolle Ungebundenheit genießt wie niemals wieder, wird jedes Solidaritätsgefühl und jede Brauchbarkeit und Anpassungsfähigkeit an den geordneten wirtschaftlichen Kampf aberzogen. Ein »Syndikalismus der Unreife« wird aufflammen, wenn diese Jugend vor die Realitäten der normalen Friedensordnung gestellt wird. Von rein emotionalem Radikalismus dieser Art werden wir zweifellos reichlich erleben. Syndikalistische Putschversuche liegen in den Massenzentren natürlich durchaus im Bereich des Möglichen. Ebenso ein zunächst

16 Im August 1892 starben in Hamburg etwa 8000 Menschen an den Folgen einer Choleraepidemie.

mächtiges Anschwellen der politischen Stimmung von der Art der »Gruppe Liebknecht«[17] infolge der ökonomisch schweren Lage. Die Frage ist: ob es in den Massen bei der zu erwartenden sterilen Staatsverneinung *bleibt*. Das aber ist eine Frage der *Nerven*. Es hängt zunächst davon ab, ob das stolze Wort: »Der Appell *an die Furcht* findet in deutschen Herzen keinen Widerhall«,[18] sich auch auf den Thronen bewährt. Und weiterhin davon: ob solche Explosionen wieder die bekannte und übliche Angst der Besitzenden entfesseln, ob also die emotionale Wirkung der planlosen Massenwut die ebenso emotionale und ebenso planlose Feigheit des Bürgertums zur Folge hat, wie die Interessenten der kontrollfreien Beamtenherrschaft erhoffen.

Gegen Putsche, Sabotage und ähnliche politisch sterile Ausbrüche, wie sie in allen Ländern – bei uns seltener als anderwärts – vorkommen, würde jede, auch die demokratischste und sozialistischste Regierung, das Standrecht anwenden
130 müssen, wenn sie nicht Konsequenzen wie jetzt in | Rußland riskieren will. Darüber ist kein weiteres Wort zu verlieren. *Aber:* die stolzen Traditionen politisch reifer und der *Feigheit* unzugänglicher Völker haben sich dann immer und überall darin bewährt: daß sie ihre Nerven und ihren kühlen Kopf behielten, zwar die Gewalt durch Gewalt niederschlugen, dann jedoch rein sachlich die in dem Ausbruch sich äußernden Spannungen zu lösen suchten, vor allem aber sofort die *Garantien der freiheitlichen Ordnung* wiederherstellten und in der Art ihrer politischen Entschließungen sich überhaupt durch Derartiges nicht beirren ließen. Bei uns ist mit voller Sicher-

17 Im Januar 1916 gründeten Karl Liebknecht und Rosa Luxemburg die »Gruppe Internationale«, die später innerhalb der Unabhängigen Sozialdemokratischen Partei (gegründet 1917) als eigenständige Organisation fortbestand; aus dieser Gruppe ging 1918 der Spartakusbund hervor.

18 Hinweis auf eine dementsprechende Äußerung Bismarcks im Deutschen Zollparlament vom Mai 1868.

heit zu gewärtigen, daß die Interessenten der alten Ordnung und der kontrollfreien Beamtenherrschaft jeden Ausbruch syndikalistischen Putschismus, sei er auch noch so unbedeutend, zu einem Druck auf die leider noch immer recht schwachen Nerven des Spießbürgertums ausbeuten werden. Zu den beschämendsten Erfahrungen der Ära Michaelis[19] gehörte ja jene *Spekulation auf die Feigheit* des Bürgertums, welche in dem Versuch einer rein sensationellen Ausnutzung des Verhaltens von ein paar Dutzend pazifistischen Fanatikern zu rein parteipolitischen Zwecken zutage trat, ohne Rücksicht auf die Wirkung bei Feinden und auch – bei den Bundesgenossen. Nach dem Krieg werden sich ähnliche Spekulationen in größerem Umfang wiederholen. Ob die deutsche Nation zur politischen Reife gelangt ist, wird sich dann darin zeigen: wie darauf reagiert wird. Man müßte an unserer politischen Zukunft verzweifeln, wenn sie gelängen, so zweifellos dies leider nach manchen Erfahrungen möglich ist.

Die Demokratisierung des Parteibetriebes auf der Linken wie auf der Rechten [...] ist bei uns *Tatsache* und nicht wieder zu beseitigen. Die | Demokratisierung des *Wahlrechts* aber ist 131
ein zwingendes und politisch unaufschiebbares Gebot der Stunde, vor allem für den deutschen Hegemoniestaat. Von allem anderen abgesehen, ist staatspolitisch entscheidend dafür: 1. daß heute nur das gleiche Wahlrecht *am Ende* von Wahlrechtskämpfen stehen kann und daß deren furchtbar verbitternde Sterilität aus dem politischen Leben ausgeschaltet sein muß, *ehe* die Krieger aus dem Felde zum Neubau des Staates heimkehren, – 2. daß es eine politische Unmöglichkeit ist, die heimkehrenden Krieger im Wahlrecht zurückzusetzen gegenüber denjenigen Schichten, welche inzwischen daheim ihre soziale Stellung, ihren Besitz und ihre Kundschaft behaupten oder gar vermehren konnten, während jene draußen für deren

19 Georg Michaelis (1857–1936), diente – als Nachfolger von Theobald von Bethmann Hollweg – vom Juli bis zum Oktober 1917 als deutscher Reichskanzler und preußischer Ministerpräsident.

Erhaltung sich verbluteten. Gewiß: rein tatsächlich möglich ist die Verhinderung auch dieser staatspolitischen Notwendigkeit. Aber sie würde sich furchtbar rächen. *Nie wieder* würde die Nation so wie im August 1914 gegen irgendeine Bedrohung von außen zusammenstehen. Wir wären dazu verurteilt, ein kleines, vielleicht rein technisch recht gut verwaltetes, konservatives Binnenvolk zu bleiben, ohne die Möglichkeit – und übrigens auch ohne den *inneren Anspruch* auf weltpolitische Geltung.

[Auslassung des größten Teils von Kapitel VI]

In welcher Art die parlamentarische Machtverteilung sich in der Realität künftig gestalten wird, das wird davon abhängen: an welcher Stelle und in welcher Rolle politische *Persönlichkeiten* mit *Führerqualitäten* auftreten. Es ist unzweifelhaft nötig, vor allem Geduld zu haben und warten zu können, bis die unvermeidlichen Kinderkrankheiten überwunden sind. Für Führernaturen war bisher in den Parlamenten einfach kein Platz. Es ist das sterile und billige Vergnügen des Ressentiments akademischer Literaten gegen alles nicht von ihnen *examinierte* Menschentum, über alle Fehlschritte, die der, nach dreißigjähriger Unterbrechung, langsam wieder neu in Gang kommende parlamentarische Betrieb in seiner »Regie« tut und noch tun wird, zu jubeln: »Man sieht, die Nation ist nicht reif dafür.« Das werden wir noch oft erleben, und darauf ist zu erwidern: 1. wer den deutschen Parlamenten das Machtmittel, sich die Kenntnis der Tatsachen zu verschaffen und das erforderliche Fachwissen zugänglich zu machen: das *Enqueterecht* also, verweigert, und dann doch über Dilettantismus und schlechte Arbeit eben dieser Parlamente schilt, – oder wer 2. die nur negative Politik der Parlamente benörgelt, ihnen aber den Weg versperrt, überhaupt Führernaturen zu verantwortlicher, auf Parlamentsgefolgschaft gestützter Macht und positiver Arbeit gelangen zu lassen: – der ist *politisch unehrlich*. Über die politische Reife aber sind wahrlich die heutigen deutschen Literaten die allerletzten, denen ein Urteil zustände. *Fast alle*

Fehler der deutschen Politik vor dem Kriege und allen Mangel an Augenmaß, den während des Kriegs eine verantwortungslose Demagogie | nährte, haben sie beifallspendend mitgemacht. 178 *Wo waren sie denn, als die schweren Fehler des alten Regimes gemacht wurden?* so offenkundig schwere Fehler, daß, wie erinnerlich, die *konservativen* Vertrauensmänner Preußens an den Monarchen gemeinsam öffentlich die Bitte richteten: er möge die Politik in Übereinstimmung mit den Ratschlägen seiner berufenen Ratgeber führen? *Damals* war es an der Zeit: Jeder sah, was geschah und wo die Fehler lagen. Ohne allen Unterschied der Parteimeinung waren darüber alle einig. *Wo also blieben sie?* Eine öffentliche Erklärung von einigen tausend akademischen Lehrern wäre damals wohl am Platz und sie wäre zweifellos eindrucksvoll und auch, den alten Traditionen entsprechend gewesen. Gewiß: für Staatspfründner ist es weit billiger, auf die Parteien des Reichstags zu schelten, wie jetzt. Alle die Herren haben damals geschwiegen. Also mögen sie gefälligst auch fortan schweigen: »Du hast ausgeläutet, herunter vom Glockenturm.« Andere Schichten werden die politische Zukunft Deutschlands in ihre Obhut nehmen müssen. Das Examensdiplom oder die Würde des Professors der Physik oder Biologie oder welches wissenschaftlichen Fachs auch immer verleiht keinerlei politische Qualifikation, und noch weniger garantiert sie politischen Charakter. Und wo die Angst um das Prestige der eigenen Schicht: des Diplom-Menschentums, hineinspielt – und *sie* steckt hinter allem Gezeter gegen »Demokratie« und »Parlamentsdilettantismus« –, da war und ist diese Schicht ewig blind, von ihren Instinkten statt von sachlichen Erwägungen geleitet und wird es bei uns, ihrer Masse nach, immer bleiben.

Kehrt das alte Regime nach dem Krieg zurück – und von selbst kommt die Parlamentarisierung nicht, es gehört allseitiger *guter Wille dazu* –, dann möge man auch | die Erwartung 179 begraben, daß die oft beklagte Haltung der Deutschen draußen in der Welt sich ändern werde. Nationaler Stolz ist nun einmal Funktion des Maßes, in welchem die Angehörigen einer Nation, wenigstens der Möglichkeit nach, *aktiv* an der Gestaltung der Politik ihres Landes mitbeteiligt sind.

Daß der Deutsche draußen, wenn er das gewohnte Gehäuse bürokratischer Bevormundung um sich herum vermißt, meist jede Steuerung und jedes Sicherheitsgefühl verliert, – eine Folge davon, daß er zu Hause sich lediglich als Objekt, nicht aber als Träger der eigenen Lebensordnungen zu fühlen gewohnt ist –, dies eben bedingt ja jene unsichere Befangenheit seines Auftretens, welche die entscheidende Quelle seiner so viel beklagten »Fremdbrüderlichkeit« ist. Und seine politische Unreife ist, soweit sie besteht, Folge der Unkontrolliertheit der Beamtenherrschaft und der Gewöhnung der Beherrschten daran, sich ohne eigene Anteilnahme an der Verantwortlichkeit und folglich ohne Interesse an den Bedingungen und Hergängen der Beamtenarbeit ihr zu fügen. *Nur ein politisch reifes Volk* ist ein »Herrenvolk«: ein Volk heißt das, welches die Kontrolle der Verwaltung seiner Angelegenheiten in eigener Hand hält und durch seine gewählten Vertreter die Auslese seiner politischen Führer entscheidend mitbestimmt. Das hatte sich die Nation durch die Art, wie sie auf die politische Herrschergröße Bismarcks reagierte, verscherzt. Ein einmal herabgewirtschaftetes Parlament ist nicht von einem zum anderen Tage wieder emporzubringen, auch nicht durch einige Verfassungsparagraphen. Es ist natürlich gar nicht daran zu denken, daß irgendein solcher Paragraph, welcher etwa die Berufung und Entlassung des Reichskanzlers an ein Parlamentsvotum knüpfen würde, plötzlich Führer aus der Erde
180 stampfen würde, deren jahrzehntelange Ausschaltung | aus dem Parlament durch dessen Machtlosigkeit bedingt war. Wohl aber lassen sich die unerläßlichen *Vorbedingungen* dafür organisatorisch schaffen, und davon, daß dies geschieht, hängt jetzt in der Tat alles ab.

Nur Herrenvölker haben den Beruf, in die Speichen der Weltentwicklung einzugreifen. Versuchen das Völker, die diese Qualität nicht besitzen, dann lehnt sich nicht nur der sichere Instinkt der anderen Nationen dagegen auf, sondern sie scheitern an dem Versuch auch innerlich. Unter einem Herrenvolk verstehen wir dabei nicht jenes häßliche Parvenügesicht, welches Leute daraus machen, deren nationales Würdegefühl ihnen gestattet, von einem englischen Überläufer, wie Herrn H.St. Chamberlain[20], sich und die Nation darüber unterrichten zu lassen: was »Deutschtum« ist. Aber freilich: eine Nation, die *nur* gute Beamte, schätzbare Bürokräfte, ehrliche Kaufleute, tüchtige Gelehrte und Techniker und – treue Diener hervorbrächte und im übrigen eine *kontrollfreie Beamtenherrschaft* unter pseudomonarchischen Phrasen über sich ergehen ließe, - die wäre *kein* Herrenvolk und täte besser, ihren Alltagsgeschäften nachzugehen, anstatt die Eitelkeit zu haben, sich um Weltschicksale zu kümmern. Von »*Weltpolitik*« möge man uns, wenn die alten Zustände wiederkehren, *nicht mehr reden*. Und vergebens werden Literaten, welche *konservativen Phrasen* verfallen sind, darauf warten, daß Deutsche im Ausland echtes Würdegefühl entwickeln, wenn sie im Inland ausschließlich das Betätigungsfeld einer, sei es auch rein technisch noch so tüchtigen, reinen *Beamten*herrschaft bleiben und sich sogar gefallen lassen, daß satte gelehrte Pfründner darüber diskutieren, ob die Nation für diese oder jene Regierungsform »reif« genug sei.

Der *Wille zur Ohnmacht* im Innern, den die Literaten predigen, ist mit dem »Willen zur Macht« in der | Welt, den man in *181*
so lärmender Weise hinausgeschrien hat, nicht zu vereinigen. Die Frage, ob die Nation sich reif fühlt, die Verantwortung eines Siebzigmillionenvolkes vor den Nachfahren zu tragen, beantwortet sich in gleichem Sinn und Schritt mit der Frage der inneren Neuordnung Deutschlands. Wagt sie das Eine nicht, so mag sie auch das andere von sich ablehnen. Denn es führt dann politisch zu nichts. *Dann* in der Tat wäre dieser Krieg: ein Kampf um die Teilnahme auch *unserer* Nation an

20 Houston Stewart Chamberlain (1855–1927), ursprünglich englischer Schriftsteller, der in zahlreichen Schriften einen deutschvölkischen Nationalismus propagierte.

der Verantwortung für die Zukunft der Erde, »sinnlos« und ein bloßes Gemetzel gewesen, und jeder künftige deutsche Krieg wäre es erst recht. Wir müßten unsere Aufgaben anderwärts suchen und uns in *diesem* Sinne umorientieren.

Der typische Snobismus vieler Literaten freilich (auch ganz intelligenter Literaten) findet diese nüchternen Probleme der Parlaments- und Parteireform unendlich subaltern: »technische Eintagsfragen« seien das im Verhältnis zu allerhand Spekulationen über die »Ideen von 1914«[21] oder über den »wahren Sozialismus«[22] und ähnliche Literateninteressen. Nun: eine Eintagsfrage, die in kurzem erledigt sein wird, ist auch die nach dem Ausgang dieses Krieges. Die Umgestaltung der Wirtschaftsordnung wird ja, wer auch immer der Sieger sei, ihren Gang gehen. Dafür bedarf es weder des deutschen Sieges noch der freiheitlichen politischen Neuordnung des Reiches. Ein nationaler Politiker wird den Blick gewiß auch auf jene universellen Entwicklungstendenzen gerichtet halten, die über die äußere Ordnung des Lebensschicksals der Massen in Zukunft Gewalt haben werden. Aber wie ihn als Politiker das politische Schicksal *seines* Volkes bewegt (demgegenüber jene universellen Entwicklungstendenzen sich ja völlig gleichgültig verhalten), so rechnet er auch für politische Neugestaltungen mit den nächsten zwei bis drei Generatio-
182 nen: denen, die über das | entscheiden, was aus *seinem* Volk wird. Verfährt er anders, so ist er ein Literat und kein Politiker. Er möge sich dann für die ewigen Wahrheiten interessieren und bei seinen Büchern bleiben, nicht aber auf den Kampfplatz der Gegenwartsprobleme treten. Auf diesem wird darum gerungen: ob *unsere* Nation innerhalb jenes ganz universellen Prozesses entscheidend mitspricht. Der Aufgabe, dies zu kön-

21 Schlagwort konservativ-nationalistischer Strömungen, die sich am gleichnamigen Buch von Rudolf Kjellén (1916) orientierten.

22 Vermutlich Anspielung auf die Schrift von 1889 von Friedrich Naumann: »Arbeiter-Katechismus oder der wahre Sozialismus: seinen arbeitenden Brüdern überbracht.«

nen, hat sich die innere Struktur, auch die politische, anzupassen. Die bisherige war dafür nicht geeignet, sondern nur: für eine technisch gute *Verwaltung* und für vorzügliche *militärische* Leistungen. Daß diese für eine rein *defensive* Politik ausreichen, nicht aber für politische Weltaufgaben – *das* hat uns das ungeheure Geschick lehren können, welches über uns hereinbrach.

Der Sozialismus
[1918]

Meine hochverehrten Herren!

Wenn ich das erstemal die Ehre habe, im Kreise des Offizierskorps der k.u.k. Armee zu sprechen, so werden Sie verstehen, daß das für mich eine etwas verlegene Situation ist. Vor allem deshalb, weil ich die Vorbedingungen: die inneren Verhältnisse des Betriebes der k.u.k. Armee in gar keiner Weise kenne, diejenigen Vorbedingungen, die auch für eine Einflußnahme des Offizierskorps auf die Mannschaft maßgebend sind. Es ist ja selbstverständlich, daß der Offizier in der Reserve und in der Landwehr immer ein Dilettant ist, nicht nur deshalb, weil ihm die wissenschaftliche Kriegsschulvorbildung, sondern auch deshalb, weil ihm die ständige Fühlung mit dem ganzen inneren Nervensystem des Betriebes fehlt. Aber immerhin, wenn man, so wie es bei mir der Fall war, jahrelang immer wieder einige Zeit innerhalb der deutschen Armee in sehr verschiedenen Gebieten Deutschlands war, so glaube ich, so viel Anschauung von der Art der Beziehungen zwischen Offizierskorps, Unteroffizierskorps und Mannschaften zu haben, um wenigstens sehen zu können: diese und jene Art der Einflußnahme ist *möglich,* diese und jene Art ist schwierig oder unmöglich. Davon habe ich selbstverständlich für die k.u.k. Armee auch nicht die geringste Vorstellung. Wenn ich überhaupt irgendeine Vorstellung von den inneren Verhältnissen der k.u.k. Armee habe, so ist es nur die von ganz ungeheuren sachlichen Schwierigkeiten, die für mich schon einfach aus den sprachlichen Verhältnissen folgen. Es ist von Reserveoffizieren der k.u.k. Armee mehrfach versucht worden, mir auseinanderzusetzen, wie es gelingt, ohne wirkliche Kenntnis der
2 Sprache der Mannschaft | doch jenen Kontakt mit ihr aufrechtzuerhalten, der eben erforderlich ist, um eine Einfluß-

nahme irgendwelcher Art über das Dienstliche hinaus auszuüben. Ich selbst kann nur aus deutschen Vorstellungen heraus sprechen und möchte mir zunächst erlauben, einige Bemerkungen über die Art, wie diese Einflußnahme bei uns verlaufen ist, vorauszuschicken.

Diese Bemerkungen sind »aus der Froschperspektive« gemacht. D.h.: ich hatte es mir bei zeitweise häufigen Reisen in Deutschland zum Grundsatze gemacht, wenn es sich nicht um sehr lange Fahrten handelte und wenn ich nicht sehr anstrengende Tätigkeit vor mir hatte, stets dritte Klasse zu fahren, und bin so im Laufe der Zeit mit vielen Hunderten von Leuten, die von der Front kamen oder nach der Front reisten, zusammengekommen, gerade in jener Epoche, wo bei uns das, was man unter Aufklärungsarbeit durch die Offiziere verstand, eingesetzt hat. Da habe ich, ohne daß ich irgendwelchen Anlaß genommen hätte, die Leute auszufragen oder meinerseits zum Sprechen zu bringen, außerordentlich vielfältige Äußerungen darüber von seiten der Leute gehört. Und zwar handelte es sich da stets um sehr zuverlässige Leute, für welche die Autorität des Offiziers felsenfest stand, nur selten auch um solche, die eine etwas andere Haltung innerlich einnahmen. Die Sache war nun immer die: daß man sehr bald die große Schwierigkeit jeder Aufklärungsarbeit erkennen mußte. Es war namentlich eines: sobald bei den Leuten irgendwie der Verdacht rege wurde, daß es sich um *Partei*politik handle, die direkt oder indirekt gefördert werden solle, gleichviel, welcher Art sie war, so war bei einem großen Teile von ihnen immer das Mißtrauen da. Sie hatten eben, wenn sie auf Urlaub kamen, Beziehungen zu ihren Parteileuten und es wurde dann natürlich schwierig, ein wirkliches Vertrauensverhältnis zu ihnen aufrecht zu erhalten. Es war ferner die große Schwierigkeit vorhanden: die Leute erkannten zwar die militärische Fachkunde des Offiziers ganz bedingungslos an – das ist mir nie anders vorgekommen, so selbstverständlich auch in Deutschland gelegentlich geschimpft wurde, bald über die Stäbe, bald über sonst etwas, aber die militärische Autorität ist nie grundsätzlich bezweifelt

worden; – dagegen stieß man auf das Empfinden: ja, wenn wir von seiten des Offiziers über unsere privaten Lebensverhältnisse und das, was daraus folgt, belehrt werden, so liegt die |
3 Tatsache vor, daß das Offizierskorps doch einer anderen ständischen Schicht angehört als wir und daß es dem Offizier beim besten Willen nicht möglich ist, sich in unsere Lage, die wir hinter der Maschine oder hinter dem Pfluge stehen, so vollständig hineinzuversetzen, wie wir selbst das tun. Das kam in einer Anzahl teilweise naiver Äußerungen immer wieder zum Ausdruck und ich hatte das Gefühl, daß vielleicht durch eine falsch betriebene Art der Aufklärung die Autorität des Offiziers auch auf dem militärischen Gebiete, wo sie ganz unerschüttert steht, leiden könnte, weil die Leute die Autorität auf jenen Gebieten, wo sie beanspruchen, zu Hause zu sein, nicht unbedingt anerkennen. – Nun ein weiterer, nicht jetzt, aber früher bei Auseinandersetzungen mit dem Sozialismus oft gemachter Fehler. Man ist schon lange mit gutem Grunde davon abgegangen, was man früher auf Seite der parteipolitischen Gegner der Sozialdemokratie getan hat, bezüglich der Gewerkschaftsbeamten und der Parteibeamten den Arbeitern vorzuhalten: »Das sind eigentlich die Leute, die von den Arbeitergroschen im wörtlichen Sinne leben, viel mehr als die Unternehmer.« Denn darauf antwortet selbstverständlich jeder Arbeiter: »Gewiß leben die Leute von meinen Groschen. Ich bezahle sie. Aber eben deshalb sind sie mir zuverlässig, sie sind von mir abhängig, ich weiß, daß sie meine Interessen vertreten müssen. Da lasse ich mir nichts dreinreden. Das ist mir die paar Groschen wert.« Man ist jetzt mit Recht davon abgegangen, jene Intellektuellenschicht, die nun einmal überall die Parolen, die Schlagworte und – sagen Sie getrost: die Phrasen prägt, mit denen in allen Parteien ohne Ausnahme gearbeitet wird, und so auch innerhalb der Parteien der Linken und der sozialdemokratischen Partei, in jener Art diskreditieren zu wollen. Insbesondere aber ist es meiner Meinung nach zu begrüßen, daß man in Deutschland sich mit den Gewerkschaften gut gestellt hat. Man mag zu den Gewerkschaften sonst stehen,

wie man will. Sie machen auch ihre Torheiten. Dennoch war diese Haltung gegenüber den Gewerkschaften gerade vom militärischen Standpunkt klug. Denn sie repräsentieren immerhin etwas, was auch den militärischen Körperschaften eigen ist. Man mag über den Streik denken, wie man will. Er ist meist ein Kampf um Interessen, um Löhne. Sehr oft aber doch nicht nur um Löhne, sondern auch um ideelle Dinge: um Ehre, so wie sie die Arbeiter nun einmal verstehen – und was darunter zu ver- | stehen sei, das beansprucht eben jedermann selbst zu 4
wissen. Das Gefühl der Ehre, der Kameradschaft der Genossen in einer Fabrik oder in ein und derselben Branche hält sie zusammen, und das ist schließlich ein Gefühl, auf welchem, nur in anderer Richtung, auch der Zusammenhalt militärischer Körper beruht. Und da es nun einmal gar kein Mittel gibt, die Streiks aus der Welt zu schaffen – man kann nur wählen zwischen offen anerkannten und geheimen Verbänden dieser Art – so halte ich es für auch vom militärischen Standpunkt klug, wenn man sich auf den Boden dieser Tatsache stellt: Das ist einmal so und, solange man mit den Leuten auskommt und sie nicht *militärische* Interessen gefährden, paktiert man mit ihnen, wie es tatsächlich in Deutschland geschehen ist. Das sind meine subjektiven Eindrücke.

Nun möchte ich mich aber dem Thema zuwenden, zu welchem Sie mir die Ehre gegeben haben, mich hierher zu laden, und welches ja freilich derart ist, daß man ein halbes Jahr ausführlich darüber sprechen müßte (denn in diesem Umfange pflegt man geschulten akademischen Hörern diese Dinge vorzutragen): der Stellung des Sozialismus und der Stellungnahme zu ihm. Zunächst mache ich darauf aufmerksam, daß es »Sozialisten« der allerverschiedensten Art gibt. Es gibt Leute, die sich Sozialisten nennen und die kein einziger Parteisozialist welcher Richtung immer als solche anerkennen würde. Alle *Parteien,* die rein sozialistischen Charakter haben, sind heute *demokratische* Parteien. Auf diesen demokratischen Charakter möchte ich zunächst kurz eingehen. Was ist denn heute Demokratie? Der Punkt gehört durchaus zur Sache. Freilich

kann ich ihn heute nur kurz berühren. Demokratie kann unermeßlich Verschiedenes bedeuten. Sie bedeutet an sich nur: daß keine formelle Ungleichheit der politischen Rechte zwischen den einzelnen Klassen der Bevölkerung besteht. Aber welche verschiedenen Konsequenzen hat das! Bei dem alten Typus der Demokratie, in den Schweizer Kantonen Uri, Schwyz, Unterwalden, Appenzell und Glarus versammeln sich noch heute sämtliche Bürger – in Appenzell sind das 12 000 stimmfähige Leute, sonst sind es 3000 bis 5000 – auf einem großen Platz und stimmen dort über alles, von der Wahl des Landammannes[1] angefangen bis zur Beschlußfassung über ein neues Steuergesetz oder irgendeine Frage der Verwaltung nach erfolgter Diskussion durch Händeaufheben ab. Wenn Sie
5 nun aber | die Listen der Landammänner verfolgen, die da in einer solchen Schweizer Demokratie alten Stils durch fünfzig oder sechzig Jahre hindurch gewählt wurden, so werden Sie finden, daß es auffallend häufig dieselben waren oder daß doch bestimmte Familien diese Ämter von alters her in der Hand hatten, daß also zwar eine Demokratie im Rechte bestand, diese Demokratie aber tatsächlich aristokratisch verwaltet wurde. Und zwar aus dem ganz einfachen Grunde, weil das Amt etwa eines Landammannes nicht jeder Gewerbetreibende übernehmen konnte, ohne sich in seinem Gewerbe zu ruinieren. Er mußte im wirtschaftlichen Sinne »abkömmlich« sein, und das ist in der Regel nur ein Mann von einigem Vermögen. Oder man muß ihn hoch bezahlen und durch Pension versorgen. Die Demokratie hat nur die Wahl: entweder billig durch reiche Leute im Ehrenamt verwaltet zu werden oder teuer durch bezahlte Berufsbeamte. Dieses letzte: die Entwicklung eines Berufsbeamtentums, ist nun aber das Schicksal aller modernen Demokratien da geworden, wo das Ehrenamt nicht ausreichte: in den großen Massenstaaten. Das ist die augenblickliche Situation Amerikas. Der Theorie nach ist dort die Sache

1 Amtsbezeichnung des Regierungspräsidenten einiger schweizerischer Kantone.

ähnlich wie in der Schweiz. Gewählt wird, wenn auch nicht durch Landesversammlungen, so doch nach direktem oder indirektem *gleichen* Wahlrechte, ein großer Teil der einzelstaatlichen Beamten und für die ganze Union: der Präsident. Der Präsident ernennt die anderen Beamten der Union. Man hat dabei die Erfahrung gemacht, daß die vom gewählten Präsidenten *ernannten* Beamten an Qualität der Leistung und vor allen Dingen an Unbestechlichkeit im ganzen hoch über denjenigen Beamten stehen, die aus den Volkswahlen hervorgehen, weil der Präsident und die hinter ihm stehende Partei selbstverständlich von den Wählern dafür verantwortlich gemacht werden, daß die Beamten, die sie ernennen, wenigstens irgendwie auch die Qualitäten haben, die der Wähler erwartet.

Diese amerikanische Demokratie nun, die auf dem Grundsatze beruht, daß alle vier Jahre, wenn der Präsident wechselt, auch die über 300 000 Beamten, die er zu ernennen hat, wechseln und daß alle vier Jahre alle governors jedes einzelnen Staates und mit ihnen wiederum viele Tausende von Beamten wechseln – diese Demokratie geht ihrem Ende entgegen. Das war eine Verwaltung durch Dilettanten; denn diese Beamten, die da von der Partei bestellt | wurden, wurden 6
nach dem Prinzipe ernannt: sie haben der Partei Dienste geleistet und dafür werden sie Beamte. Nach ihrer Fachqualifikation fragte man wenig, eine Prüfung, ein Examen oder etwas derartiges war bis vor einiger Zeit der amerikanischen Demokratie formell unbekannt. Im Gegenteile stand man oft auf dem Standpunkte, daß das Amt gewissermaßen im Turnus von einem zum anderen herumzugehen hätte, damit jeder einmal an die Krippe gelange.

Ich habe nun darüber mehrfach mit amerikanischen Arbeitern gesprochen. Der echte amerikanische Yankeearbeiter steht auf einer hohen Stufe der Löhne und der Bildung. Der Lohn eines amerikanischen Arbeiters ist höher als derjenige manches außerordentlichen Professors einer amerikanischen Universität. Diese Leute haben vollständig die Formen der bürgerlichen Gesellschaft, sie erscheinen in ihrem Zylinder und mit ihrer Frau, die vielleicht etwas weniger Gewandtheit und Eleganz hat, aber im übrigen genau so sich benimmt wie eine andere Lady, während die Einwanderer, die aus Europa kommen, in die Unterschichten einströmen. Wenn ich also mit einem solchen Arbeiter zusammensaß und ihm sagte: Wie könnt ihr euch eigentlich von diesen Leuten regieren lassen, die euch da in die Ämter hineingesetzt werden und die selbstverständlich, da sie der Partei ihr Amt verdanken, da sie von diesem Gehalt, das sie beziehen, soundsoviel als Steuer an die Partei abführen und dann nach vier Jahren aus dem Amte gehen müssen, ohne eine Pensionsberechtigung zu haben, die also doch selbstverständlich aus dem Amte so viel Geld machen, als nur möglich ist, wie könnt ihr euch von dieser korrupten Gesellschaft, die euch notorisch Hunderte von Millionen stiehlt, regieren lassen?, so bekam ich gelegentlich die charakteristische Antwort, die ich wörtlich in ihrer Drastik wiedergeben darf: »Das tut nichts, es ist genug Geld für das Stehlen da und es bleibt noch immer genug übrig zum Verdienen für andere - auch für uns. Auf diese »professionels«, auf diese Beamten speien wir, die verachten wir. Wenn aber eine examinierte studierte Klasse die Ämter einnimmt wie bei euch drüben – die speit auf uns.«

Das war bei diesen Leuten das Entscheidende. Die Furcht vor dem Entstehen eines solchen Beamtentums, wie es in Eu-
7 ropa tat- | sächlich besteht, eines ständischen, durch die Universitäten gebildeten, fachgeschulten Beamtenstandes.

Nun ist selbstverständlich längst die Zeit gekommen, wo man auch in Amerika nicht mehr durch Dilettanten verwalten kann. Mit riesiger Geschwindigkeit dehnt sich das Fachbeamtentum aus. Das Fachexamen wurde eingeführt. Formell zunächst obligatorisch nur bei gewissen, mehr technischen Beamten, aber es griff rasch weiter um sich. Es sind jetzt schon ungefähr hunderttausend von den vom Präsidenten zu ernennenden Beamten, die nur nach abgelegten Examen ernannt werden können. Damit ist der erste und wichtigste Schritt getan zur Umgestaltung der alten Demokratie. Und damit hat

auch die Universität in Amerika eine ganz andere Rolle zu spielen begonnen und hat sich auch der Geist der Universitäten grundsätzlich gewandelt. Denn, was außerhalb Amerikas nicht immer gewußt wird, die amerikanischen Universitäten und die von ihnen gebildeten Schichten, nicht die Kriegslieferanten, die es in allen Ländern gibt, sind die Urheber des Kriegs gewesen. Als ich im Jahre 1904 drüben war, wurde ich von den amerikanischen Studenten nach nichts so viel gefragt wie darnach: wie eigentlich in Deutschland Mensuren arrangiert werden, wie man das mache, um zu Schmissen zu kommen. Sie hielten das für eine ritterliche Einrichtung: diesen Sport mußten sie auch haben. Das Ernste an der Sache war, daß auf solche Stimmungen die Literatur namentlich in meinem Fache zugeschnitten wurde: gerade bei den damals besten Werken fand ich am Schluß folgende Konklusion: »Es ist ein Glück, daß sich die Weltwirtschaft dahin bewegt, daß der Moment kommt, wo es rentabel (»a sound business view«) wird, durch den *Krieg* einander den Welthandel abzunehmen; denn dann hört endlich das Zeitalter für uns Amerikaner auf, wo wir würdelose Dollarverdiener sind, dann wird wieder kriegerischer Geist und Ritterlichkeit die Welt beherrschen.« Sie stellten sich den modernen Krieg wohl ähnlich vor, wie es in der Schlacht von Fontenoy war, wo der Herold der Franzosen den Feinden zurief: »Meine Herren Engländer, schießen Sie zuerst!« Sie dachten sich den Krieg als eine Art ritterlichen Sports, der wieder ständisches Empfinden, vornehmes Empfinden anstatt dieser schmutzigen Jagd nach dem Gelde setzen würde. Sie sehen: diese Kaste beurteilt Amerika genau so, wie
in Deutschland nach meinen Kenntnissen Amerika | vielfach 8
beurteilt wird und – zieht ihrerseits die Konsequenzen. Aus dieser Kaste sind die entscheidenden Staatsmänner hervorgegangen. Dieser Krieg wird für Amerika die Konsequenz haben, daß es als ein Staat mit einer großen Armee, einem Offizierskorps und einer Bürokratie daraus hervorgeht. Ich habe schon damals amerikanische Offiziere gesprochen, die sehr wenig mit den Zumutungen einverstanden waren, die die amerikani-

sche Demokratie an sie stellt. Es passierte z. B. einmal, daß ich in der Familie einer Tochter eines Kollegen war und daß eben das Dienstmädchen weg war – sie hatten ja drüben bei den Dienstmädchen eine zweistündige Kündigungsfrist. Es kamen gerade die beiden Söhne, die Marinekadetten waren, und die Mutter sagte: »Ihr müßt jetzt hinausgehen, Schnee fegen, sonst kostet mich das täglich 100 Dollar Strafe.« Die Söhne – sie waren gerade mit deutschen Seeoffizieren zusammen gewesen – meinten: das schicke sich nicht für sie – worauf die Mutter sagte: »Wenn ihr es nicht tut, so muß ich es tun.«

Dieser Krieg wird für Amerika die Entwicklung einer Bürokratie und damit Avancementschancen für die Universitätskreise zur Folge haben – das steckt selbstverständlich auch dahinter – kurz, er wird eine Europäisierung Amerikas in mindestens dem gleichen Tempo zur Folge haben, wie man von einer Amerikanisierung Europas gesprochen hat. Die moderne Demokratie wird überall, wo sie Großstaatdemokratie ist, eine bürokratisierte Demokratie. Und es muß so sein; denn sie ersetzt die vornehmen adeligen oder anderen Ehrenbeamten durch ein bezahltes Beamtentum. Das geht überall so, das geht auch innerhalb der Parteien so. Das ist unentrinnbar, und diese Tatsache ist die erste, mit der auch der Sozialismus zu rechnen hat: die Notwendigkeit langjähriger fachlicher Schulung, immer weitergehender fachlicher Spezialisierung und einer Leitung durch ein derart gebildetes Fachbeamtentum. Anders ist die moderne Wirtschaft nicht zu leiten.

Insbesondere aber ist diese unentrinnbare universelle Bürokratisierung dasjenige, was sich hinter einem der am häufigsten zitierten sozialistischen Schlagworte verbirgt – dem Schlagwort von der »Trennung des Arbeiters vom Arbeitsmittel«. Was heißt das? Der Arbeiter sei – wird uns gesagt – »getrennt« von den sachlichen Mitteln, mit denen er produziere,
9 und auf dieser Trennung | beruhe die Lohnsklaverei, in der er sich befinde. Gedacht ist dabei an die Tatsache: daß im Mittelalter der Arbeiter Eigentümer der technischen Werkzeuge war, mit denen er produzierte, während ein moderner Lohn-

arbeiter das selbstverständlich weder ist noch sein kann, mag es nun ein Unternehmer oder der Staat sein, der das Bergwerk oder die betreffende Fabrik betreibt. Gedacht ist ferner daran: daß der Handwerker die Rohstoffe, die er verarbeitete, selbst einkaufte, während das heute beim Lohnarbeiter nicht der Fall ist und sein kann, und daß dementsprechend das Erzeugnis zwar im Mittelalter und jetzt noch überall dort, wo das Handwerk noch fortbesteht, zur freien Verfügung des einzelnen Handwerkers steht, der es auf dem Markte verkaufen und zu seinem eigenen Gewinn verwerten kann, während es bei der großen Unternehmung nicht zur Verfügung des Arbeiters, sondern desjenigen steht, der das Eigentum an diesen Betriebsmitteln hat, wiederum: mag das der Staat sein oder ein privater Unternehmer. Das ist wahr, aber eine Tatsache, die keineswegs nur dem wirtschaftlichen Produktionsprozeß eigentümlich ist. Es ist dasselbe, was wir z. B. auch innerhalb der Universität erleben. Der alte Dozent und Universitätsprofessor arbeiteten mit der Bibliothek und den technischen Mitteln, die sie selbst sich anschafften und machen ließen, und produzierten damit, z. B. die Chemiker, diejenigen Dinge, die zum wissenschaftlichen Betriebe erforderlich waren. Die Masse der heutigen Arbeitskräfte innerhalb des modernen Universitätsbetriebes, insbesondere die Assistenten der großen Institute, sind in dieser Hinsicht dagegen genau in der gleichen Lage wie irgendein Arbeiter. Sie können jederzeit gekündigt werden. Sie haben in den Räumen des Institutes kein anderes Recht als der Arbeiter in den Räumen der Fabrik. Sie müssen sich geradeso wie diese nach dem bestehenden Reglement halten. Sie haben kein Eigentum an den Stoffen oder Apparaten, Maschinen usw., die in einem chemischen oder physikalischen Institut, einer Anatomie oder Klinik gebraucht werden; diese sind vielmehr Staatseigentum, werden aber von dem Leiter des Institutes bewirtschaftet, der dafür die Gebühren bezieht, während der Assistent ein Einkommen erhält, das nicht wesentlich anders bemessen ist als das eines gelernten Arbeiters. Ganz das gleiche finden wir auf dem Gebiete des

Heerwesens. Der Ritter der Vergangenheit war Eigentümer
10 seines Pferdes und seiner Rüstung. Er hatte sich | auszurüsten und zu verpflegen. Die damalige Heeresverfassung beruhte auf dem Prinzip der Selbstequipierung. Sowohl in den antiken Städten als auch in den Ritterheeren des Mittelalters mußte man seinen Panzer, seine Lanze und sein Pferd selbst stellen und Proviant mitbringen. Das moderne Heer ist in dem Augenblick entstanden, wo die fürstliche Menage[2] einsetzte, wo also der Soldat und der Offizier (der ja etwas anderes als ein anderer Beamter ist, der aber in diesem Sinne dem Beamten durchaus entspricht) nicht mehr Eigentümer der Kriegsbetriebsmittel waren. Darauf beruht ja der Zusammenhalt des modernen Heeres. Deshalb war es ja den russischen Soldaten so lange nicht möglich, aus den Schützengräben zu entkommen, weil dieser Apparat des Offizierskorps, der Intendantur- und der sonstigen Beamten vorhanden war und jedermann im Heere wußte, daß seine ganze Existenz, auch seine Ernährung, davon abhängig war, daß dieser Apparat funktionierte. Sie alle waren »getrennt« von den Kriegsbetriebsmitteln, ganz ebenso, wie der Arbeiter es von den Arbeitsmitteln ist. Ebenso wie ein Ritter stand ein Beamter der Lehenszeit, ein Vasall also, der mit der Verwaltungs- und Gerichtshoheit belehnt war. Er trug die Kosten der Verwaltung und Gerichtsbarkeit aus eigener Tasche und bezog dafür die Gebühren. Er war also im Besitze der Verwaltungsbetriebsmittel. Der moderne Staat entsteht, indem der Fürst das in die eigene Menage nimmt, besoldete Beamte anstellt und damit die »Trennung« der Beamten von den Betriebsmitteln vollzieht. Überall also dasselbe: die Betriebsmittel sind innerhalb der Fabrik, der Staatsverwaltung, des Heeres und der Universitätsinstitute mittels eines bürokratisch gegliederten Menschenapparates konzentriert in den Händen dessen, der diesen Menschenapparat beherrscht. Das ist teils rein technisch, durch die Art der modernen Betriebsmittel: Maschinen, Geschütze usw. be-

2 Haushaltung, Haushalt, im Militärischen: Truppenverpflegung.

dingt, teils aber einfach durch die größere Leistungsfähigkeit dieser Art des Zusammenwirkens von Menschen: durch die Entwicklung der »Disziplin«, Heeres-, Amts-, Werkstatt- und Betriebsdisziplin. Jedenfalls aber ist es ein schwerer Irrtum, wenn diese Trennung des Arbeiters vom Betriebsmittel für etwas nur der Wirtschaft und vollends der *privaten* Wirtschaft Eigentümliches gehalten wird. An dem Grundtatbestand ändert sich ja gar nichts, wenn die Person des Herrn jenes Apparates geändert wird, wenn etwa ein staatlicher Präsident oder Minister | statt eines privaten Fabrikanten über ihn verfügt. 11
Die »Trennung« vom Betriebsmittel besteht in jedem Fall weiter. Solange es Bergwerke, Hochöfen, Eisenbahnen, Fabriken und Maschinen gibt, werden sie nie in dem Sinne Eigentum eines einzelnen oder mehrerer einzelner Arbeiter sein, wie die Betriebsmittel eines Handwerks im Mittelalter Eigentum eines einzelnen Zunftmeisters oder einer örtlichen Werkgenossenschaft oder Zunft waren. Das ist durch die Natur der heutigen Technik ausgeschlossen.

Was heißt nun gegenüber dieser Tatsache *Sozialismus?* Das Wort ist, wie schon erwähnt, vieldeutig. Aber der Gegensatz zu Sozialismus, an den man gewöhnlich denkt, ist: privatwirtschaftliche Ordnung, d. h. ein Zustand, bei welchem die wirtschaftliche Bedarfsversorgung in den Händen privater Unternehmer liegt, sich also so vollzieht, daß diese Unternehmer sich durch Kaufverträge und Lohnverträge die sachlichen Betriebsmittel, Beamten und Arbeitskräfte beschaffen und daß sie dann auf eigene ökonomische Gefahr und in Erwartung eigenen Gewinns die Güter herstellen lassen und sie auf dem Markte verkaufen.

Diese Privatwirtschaftsordnung hat die sozialistische Theorie mit dem Schlagworte von der »Anarchie der Produktion« belegt, weil sie es darauf ankommen läßt, ob das Eigeninteresse der einzelnen Unternehmer an dem Absatze ihrer Produkte: das Interesse daran, Gewinn zu machen, so funktioniert, daß dadurch eine Versorgung derjenigen, die dieser Güter bedürfen, gewährleistet ist.

Die Frage nun, was innerhalb einer Gesellschaft unternehmungsmäßig, also privatwirtschaftlich und was nicht privatwirtschaftlich, sondern – in diesem weitesten Sinne des Wortes – sozialistisch, das heißt: planvoll organisiert, an Bedarf gedeckt wird, hat geschichtlich gewechselt.

[Auslassung der historischen Illustrationen Webers.]

Das Charakteristische unserer heutigen Situation ist nun, daß die Privatwirtschaft, verbunden mit privater bürokratischer Organisation und also mit Trennung des Arbeiters von den Betriebsmitteln, ein Gebiet beherrscht, welches diese beiden Züge gemeinsam noch niemals in diesem Umfange in der Weltgeschichte getragen hat: das ist die *gewerbliche* Produktion, und daß dieser Prozeß zusammenfällt mit der Schaffung der maschinellen Produktion innerhalb der Fabrik, also mit einer örtlichen Zusammenhäufung von Arbeitskräften innerhalb einer und derselben Räumlichkeit, Gebundenheit an die Maschine und gemeinsamer Arbeits*disziplin* innerhalb des Maschinensaales oder Bergwerkes. Die Disziplin erst gibt der heutigen Art der »Trennung« des Arbeiters von den Arbeitsmitteln ihre spezifische Note.

Aus dieser Lebenslage, aus der Fabriks*disziplin* heraus, ist |
13 der moderne Sozialismus geboren. Überall, zu allen Zeiten und in allen Ländern der Erde hat es Sozialismus von den verschiedensten Arten gegeben. Der moderne Sozialismus in seiner Eigenart ist nur auf diesem Boden möglich.

Diese Unterworfenheit unter die Arbeitsdisziplin ist für die gewerblichen Arbeiter deshalb so außerordentlich fühlbar, weil im Gegensatz etwa zu einer Sklavenplantage oder einem Fronhof der moderne gewerbliche Betrieb auf einem außerordentlich scharfen *Auslese*prozeß ruht. Ein heutiger Fabrikant stellt nicht jeden beliebigen Arbeiter, nur weil er etwa zu einem billigen Lohne arbeiten wollte, ein. Sondern er stellt den Mann im Akkordlohn an die Maschine und sagt: »So, jetzt arbeite, ich werde sehen, wieviel du verdienst«; und wenn der Mann sich nicht imstande zeigt, einen bestimmten Mindestlohn zu verdienen, so wird ihm gesagt: »Es tut uns leid, Sie sind für diesen Beruf nicht begabt, wir können Sie nicht brauchen.« Er wird ausgeschieden, weil die Maschine nicht voll ausgenützt wird, wenn an ihr nicht ein Mann steht, der sie voll auszunützen versteht. So oder ähnlich verläuft das überall. Jeder moderne gewerbliche Betrieb im Gegensatze zu jedem Sklavenbetrieb der Antike, wo der Herr an die Sklaven gebunden war, die er hatte, – wenn einer von ihnen starb, so war das ein Kapitalsverlust für ihn – beruht auf diesem Prinzip der Auslese, und diese Auslese wird auf der andern Seite auf das außerordentlichste verschärft durch die Konkurrenz der Unternehmer untereinander, welche den einzelnen Unternehmer an bestimmte Lohnmaxima bindet: der Zwangsläufigkeit der Disziplin entspricht die Zwangsläufigkeit des Verdienstes der Arbeiter.

Wenn heute der Arbeiter zu dem Unternehmer kommt und sagt: »Wir können mit diesen Löhnen nicht existieren und du könntest uns mehr zahlen«, so ist der Unternehmer in neun von zehn Fällen – ich meine in Friedenszeiten und in den Branchen, in denen wirklich scharf konkurriert wird – in der Lage, den Arbeitern aus seinen Büchern nachzuweisen: das geht nicht; der Konkurrent zahlt die und die Löhne; zahle ich euch auf den Kopf nur so und so viel mehr, so verschwindet aus meinen Büchern jeder Gewinn, den ich den Aktionären zahlen könnte, ich könnte den Betrieb nicht fortführen, denn ich bekäme keinen Kredit von der Bank. Damit sagt er recht oft nur die nackte Wahrheit. Dazu tritt schließlich noch,
| daß unter dem Drucke der Konkurrenz die Rentabilität da- 14
von abhängt, daß möglichst viel Menschenarbeit und möglichst solche der höchstgelohnten, für den Betrieb teuersten Art durch neue, arbeitsparende Maschinen ausgeschaltet, also »gelernte« Arbeiter durch »ungelernte« oder durch unmittelbar an der Maschine »angelernte« Arbeiter ersetzt werden. Das ist unvermeidlich und vollzieht sich fortwährend.

Das alles ist nun das, was der Sozialismus als »Herrschaft der Dinge über den Menschen«, das soll heißen: der Mittel über den Zweck (die Bedarfsdeckung) auffaßt. Er sieht, daß, während man in der Vergangenheit Einzelpersonen hatte, die man für das Schicksal des Klienten, Hörigen oder Sklaven verantwortlich machen konnte, man das heute nicht kann. Deshalb wendet er sich nicht gegen Personen, sondern gegen die Ordnung der Produktion als solche. Ein jeder wissenschaftlich geschulte Sozialist wird es bedingungslos ablehnen, einen einzelnen Unternehmer für das Lebensschicksal, welches dem Arbeiter bereitet wird, verantwortlich zu machen, und wird sagen: das liegt an dem System, an der Zwangslage, in die alle Beteiligten, der Unternehmer wie der Arbeiter, sich gestellt finden.

Was wäre denn nun aber, positiv gewendet, gegenüber diesem System der Sozialismus? Im weitesten Sinne des Wortes das, was man auch mit »Gemeinwirtschaft« zu bezeichnen pflegt. Also eine Wirtschaft, bei der, erstens, der Profit fehlte: der Zustand also, daß die privaten Unternehmer auf ihre eigene Rechnung und Gefahr die Produktion leiten. Statt dessen läge sie in der Hand von Beamten eines Volksverbandes, der die Leitung übernähme, nach Gesichtspunkten, von denen gleich die Rede sein wird. Zweitens fehlte infolgedessen die sogenannte Anarchie der Produktion, d. h. die Konkurrenz der Unternehmer untereinander. Es ist nun jetzt, namentlich in Deutschland, sehr viel davon die Rede, daß man eigentlich infolge des Krieges schon mitten in der Entwicklung einer solchen »Gemeinwirtschaft« stecke. Angesichts dessen sei nun in Kürze darauf hingewiesen, daß eine organisierte Wirtschaft eines Einzelvolkes in der Art ihrer Organisation zwei prinzipiell verschiedene Prinzipien zugrundelegen könnte. Erstens dasjenige, was man heute als »Durchstaatlichung« bezeichnet und was allen Herren, die in Kriegsbetrieben arbeiten, zweifellos
15 bekannt ist. Sie | beruht auf einem Zusammenwirken der zusammengeschlossenen Unternehmerschaft einer Branche mit staatlichen, sei es nun militärischen oder zivilen Beamten. Rohstoffbeschaffung, Kreditbeschaffung, Preise, Kundschaft können dabei weitgehend planvoll reguliert werden, es kann

Beteiligung des Staates am Gewinn und an der Beschlußfassung dieser Syndikate stattfinden. Man glaubt nun: der Unternehmer werde dann von diesen Beamten beaufsichtigt und die Produktion vom Staate beherrscht. Man habe also damit schon den »wahren«, »eigentlichen« Sozialismus oder sei auf dem Wege zu ihm. In Deutschland besteht aber gegen diese Theorie ein weitgehender Skeptizismus. Ich will es dahingestellt sein lassen, wie es während des Krieges ist. Jedermann aber, der rechnen kann, weiß, daß im Frieden nicht so weitergewirtschaftet werden könnte wie jetzt, wenn wir nicht dem Ruin entgegengehen sollen, und daß im Frieden eine solche Durchstaatlichung, d.h. eine Zwangskartellierung der Unternehmer jeder Branche und die Teilnahme des Staates an diesen Kartellen mit einem Gewinnanteil gegen Einräumung eines weitgehenden Kontrollrechtes in Wirklichkeit nicht etwa die Beherrschung der Industrie durch den Staat, sondern die Beherrschung des Staates durch die Industrie bedeuten würde. Und zwar in einer sehr unangenehmen Art. Innerhalb der Syndikate säßen die Staatsvertreter mit den Fabrikherren an einem Tisch, die ihnen an Branchenkunde, kaufmännischer Schulung und Eigeninteressiertheit weit überlegen wären. Innerhalb des Parlamentes aber säßen die Arbeitervertreter und würden das Verlangen stellen, daß jene Staatsvertreter für hohe Löhne einerseits, für billige Preise andererseits sorgen müßten: die Macht, es zu tun, – würden sie sagen – hätten sie ja. Anderseits wieder: um seine Finanzen nicht zu ruinieren, wäre der Staat, der am Gewinn und Verlust eines solchen Syndikats beteiligt wäre, natürlich interessiert an hohen Preisen und niedrigen Löhnen. Und die privaten Mitglieder der Syndikate schließlich würden von ihm erwarten: daß er ihnen die Rentabilität ihrer Betriebe garantiert. In den Augen der Arbeiterschaft würde ein solcher Staat also als ein Klassenstaat im eigentlichsten Sinn des Wortes erscheinen und ich zweifle, ob das politisch wünschenswert ist; noch mehr aber zweifle ich, ob man klug täte, jetzt den Arbeitern diesen Zustand als den eigentlich »wahren« Sozialismus hinzustellen, was ja gewiß ver-

16 führerisch | nahe zu liegen scheint. Denn die Arbeiter würden sehr bald die Erfahrung machen: das Schicksal des Arbeiters, der in einem Bergwerk arbeitet, ändert sich in gar keiner Weise, ob nun dieses Bergwerk ein privates oder ein staatliches ist. In den Saarkohlengruben ist der Lebensgang eines Arbeiters ganz derselbe wie auf einer privaten Zeche: wenn die Zeche schlecht geleitet ist, also sich schlecht rentiert, dann geht es auch den Leuten schlecht. Aber der Unterschied ist, daß gegen den Staat kein Streik möglich ist, daß also die Abhängigkeit des Arbeiters bei dieser Art von Staatssozialismus ganz wesentlich gesteigert ist. Das ist einer der Gründe, warum die Sozialdemokratie dieser »Durchstaatlichung« der Wirtschaft, dieser Form des Sozialismus im allgemeinen ablehnend gegenübersteht. Sie ist eine Kartellierungsgemeinschaft. Maßgebend ist nach wie vor der Profit; die Frage: was verdienen die einzelnen Unternehmer, die zu dem Kartell zusammengeschlossen sind und deren einer nun der Staatsfiskus geworden ist, bleibt bestimmend für die Richtung, in der die Wirtschaft betrieben wird. Und das Peinliche wäre: während jetzt das staatlich-politische und privatwirtschaftliche Beamtentum (der Kartelle, Banken, Riesenbetriebe) als getrennte Körper nebeneinander stehen und man daher durch die politische Gewalt die wirtschaftliche immerhin im Zaum halten kann, wären dann beide Beamtenschaften ein einziger Körper mit solidarischen Interessen und gar nicht mehr zu kontrollieren. Jedenfalls aber: der Profit als Wegweiser der Produktion wäre nicht beseitigt. Der Staat aber als solcher würde nun den Haß der Arbeiter, der heut den Unternehmern gilt, mit zu tragen haben.

Den prinzipiellen Gegensatz dazu könnte in der letztgenannten Hinsicht nur etwa eine Konsumentenorganisation bilden, welche fragte: welche *Bedürfnisse* sollen innerhalb dieses staatlichen Wirtschaftsgebietes gedeckt werden? Sie wissen wohl, daß zahlreiche Konsumvereine, namentlich in Belgien, dazu übergegangen sind, eigene Fabriken zu gründen. Dächte man sich das verallgemeinert und in die Hand einer staatlichen Organisation gelegt, so wäre das eine vollständig und

grundsätzlich andere Art: ein Konsumentensozialismus – von
dem man heute nur noch nicht im geringsten weiß, wo man
die Leiter hernehmen sollte, und von dem es ganz im Dunk-
len liegt, wo die Interessenten sein sollten, um ihn jemals ins
Leben zu rufen. Denn die Konsumenten als solche sind |
nach allen Erfahrungen nur sehr beschränkt organisationsfä- 17
hig. Leute, die ein bestimmtes Erwerbsinteresse haben, sind
sehr leicht zusammenzuschließen, wenn man ihnen zeigt, daß
sie durch diesen Zusammenschluß einen Profit erzielen oder
die Rentabilität garantiert bekommen; darauf beruht die Mög-
lichkeit, einen solchen Unternehmersozialismus, wie ihn die
»Durchstaatlichung« darstellt, zu schaffen. Es ist dagegen au-
ßerordentlich schwer, Leute, die weiter nichts miteinander
gemeinsam haben, als daß sie eben einkaufen oder sich versor-
gen wollen, zusammenzuschließen, weil die ganze Situation
des Einkäufers der Sozialisierung im Wege steht; hat doch
selbst die Aushungerung jetzt, in Deutschland wenigstens, die
Hausfrauen der Masse der Bevölkerung nicht oder nur sehr
schwer dazu vermocht, Kriegsküchen-Essen, welches jeder
vorzüglich zubereitet und schmackhaft fand, an Stelle ihrer
dilettantischen Einzelkocherei anzunehmen, obwohl es un-
gleich billiger war.

Dies vorausgeschickt, komme ich schließlich zu der Art von Sozialismus, mit der heute die sozialistischen Massenparteien, so wie sie sind, also die sozialdemokratischen Parteien, programmatisch verbunden sind. Das grundlegende Dokument dieses Sozialismus ist das Kommunistische Manifest vom Jahre 1847, publiziert und verbreitet im Jänner [Januar] 1848, von Karl Marx und Friedrich Engels. Dieses Dokument ist in seiner Art, so sehr wir es in entscheidenden Thesen ablehnen (wenigstens tue ich das) eine wissenschaftliche Leistung ersten Ranges. Das läßt sich nicht leugnen, das darf auch nicht geleugnet werden, weil es einem niemand glaubt und weil es mit gutem Gewissen nicht geleugnet werden kann. Es ist selbst in den Thesen, die wir heute ablehnen, ein geistvoller Irrtum, der politisch sehr weitgehende und vielleicht nicht im-

mer angenehme Folgen gehabt hat, der aber für die Wissenschaft sehr befruchtende Folgen gebracht hat, befruchtendere Folgen als oft eine geistlose Korrektheit. Vom Kommunistischen Manifest ist nun von vornherein eines zu sagen: es enthält sich, wenigstens der Absicht, nicht immer der Ausführung nach, des Moralisierens. Es fällt den Urhebern des Kommunistischen Manifestes, wenigstens ihrer Behauptung nach – in Wirklichkeit sind es Menschen gewesen, die sehr leidenschaftlich waren und die sich keineswegs immer daran gehalten haben – gar nicht ein, über die Schlechtigkeit und Niedertracht der Welt zu zetern. Sie sind auch nicht der Meinung, daß es
18 ihre | Aufgabe sei, zu sagen: Das und das ist in der Welt so eingerichtet, es müßte anders, und zwar so und so eingerichtet sein. Sondern das Kommunistische Manifest ist ein prophetisches Dokument; es *prophezeit* den Untergang der privatwirtschaftlichen, wie man zu sagen pflegt: der kapitalistischen Organisation der Gesellschaft und prophezeit den Ersatz dieser Gesellschaft zunächst – als Übergangsstadium – durch eine Diktatur des Proletariats. Hinter diesem Übergangszustand aber steht dann die eigentliche Endhoffnung: das Proletariat *kann* sich selbst aus der Knechtschaft nicht befreien, ohne *aller* Herrschaft des Menschen über den Menschen ein Ende zu machen. Das ist die eigentliche Prophezeiung, der Kernsatz des Manifestes, ohne den es nie geschrieben wäre: das Proletariat, die Masse der Arbeiterschaft wird sich durch ihre Führer zunächst der politischen Macht bemächtigen. Aber das ist ein Übergangszustand, der zu einer »Assoziation der Individuen«, wie es heißt, überführen wird: diese ist also der Endzustand.

Wie diese Assoziation aussehen wird, darüber schweigt das Kommunistische Manifest, darüber schweigen sämtliche Programme sämtlicher sozialistischer Parteien. Wir erhalten die Auskunft, daß man das nicht wissen könne. Man könne nur sagen: diese jetzige Gesellschaft ist zum Untergange verurteilt, sie wird untergehen kraft Naturgesetzes, sie wird abgelöst werden, zunächst durch die Diktatur des Proletariats. Aber das, was dann komme, darüber lasse sich noch nichts voraussagen, außer: Fehlen der Herrschaft von Mensch über Mensch.

Welche Gründe werden nun für den naturgesetzlich unvermeidlichen Untergang der gegenwärtigen Gesellschaft angeführt? Denn streng naturgesetzlich vollzieht sie sich: das war der zweite Kernsatz dieser pathetischen Prophetie, welcher ihr den jubelnden Glauben der Massen zuführte. Engels gebraucht einmal das Bild: daß ebenso, wie seinerzeit der Planet Erde in die Sonne stürzen werde, ebenso diese kapitalistische Gesellschaft zum Untergange verurteilt sei. Welche Gründe werden dafür angeführt?

Der erste ist: Eine Gesellschaftsklasse wie das Bürgertum, worunter in erster Linie immer die Unternehmer und alle
diejenigen, | die mit ihnen direkt oder indirekt in Interessen- 19
gemeinschaft leben, verstanden werden, eine solche herrschende Klasse kann nur dann ihre Herrschaft behaupten, wenn sie der unterworfenen Klasse – das sind die Lohnarbeiter – wenigstens die nackte Existenz garantieren kann. Das war bei der Sklaverei der Fall, meinen die Verfasser, das war so auch bei der Fronhofverfassung usw. Da hatten die Leute wenigstens die nackte Existenz gesichert und deshalb konnte sich die Herrschaft halten. Das kann aber die moderne Bourgeoisie nicht leisten. Und zwar kann sie es deshalb nicht, weil die Konkurrenz der Unternehmer sie zwingt, sich immer weiter zu unterbieten und immer wieder durch Schaffung neuer Maschinen Arbeiter brotlos auf das Pflaster zu werfen. Sie müssen eine breite Schicht von Arbeitslosen – die sogenannte »industrielle Reservearmee« – zur Verfügung haben, aus der sie die geeigneten Arbeiter in jedem Augenblicke in beliebig großer Zahl für ihre Betriebe auslesen können, und eben diese Schicht schafft die zunehmende maschinelle Automatisierung. Die Folge ist aber – so glaubte noch das Kommunistische Manifest – daß eine stetig wachsende Klasse von ständig Arbeitslosen, von »paupers« erscheint und das Existenzminimum unterbietet, so daß die Proletarierschicht nicht einmal die nackte Lebensexistenz von dieser Gesellschaftsordnung

gewährleistet bekommt. Wo das aber der Fall ist, wird eine Gesellschaft unhaltbar, d. h. irgendwann bricht sie im Wege einer Revolution zusammen.

Diese sogenannte Verelendungstheorie ist in *dieser* Form heute ausdrücklich und ausnahmslos von allen Schichten der Sozialdemokratie als unrichtig aufgegeben. Es ist bei der Jubiläumsausgabe des Kommunistischen Manifests von ihrem Herausgeber Karl Kautsky[3] ausdrücklich zugestanden worden, daß die Entwicklung einen anderen Weg und nicht diesen gegangen sei. Die These wird in anderer, umgedeuteter Form aufrechterhalten, die, beiläufig bemerkt, ebenfalls nicht unbestritten ist, jedenfalls aber den früheren pathetischen Charakter abgestreift hat. – Aber wie dem sei, worauf beruhen die Chancen des *Gelingens* der Revolution? Könnte sie nicht zu stets neuem Mißerfolg verurteilt sein?

Damit kommen wir zu dem zweiten Argument: Die Konkurrenz der Unternehmer untereinander bedeutet den Sieg des durch Kapital und durch kaufmännische Fähigkeiten, vor
20 allem aber: durch Kapi- | tal Stärkeren. Das bedeutet eine immer kleiner werdende Zahl von Unternehmern, da die schwächeren eliminiert werden. Je kleiner diese Zahl der Unternehmer wird, desto größer wird, relativ und absolut, die Zahl des Proletariates. Irgendwann aber ist die Zahl dieser Unternehmer so zusammengeschrumpft, daß es für sie unmöglich ist, ihre Herrschaft aufrecht zu erhalten, und dann wird man diese »Expropriateure« vielleicht ganz friedlich und in aller Höflichkeit – sagen wir: gegen eine Leibrente – expropriieren können, denn sie werden sehen, daß der Boden unter ihren Füßen so heiß geworden ist, daß sie so wenige geworden sind, daß sie ihre Herrschaft nicht behaupten können.

Diese These wird auch heute, wenn schon in modifizierter Form, aufrechterhalten. Es hat sich aber gezeigt, daß sie,

3 Karl Kautsky (1854–1938), österreichischer Sozialist, lebte 1885–90 als enger Mitarbeiter von Friedrich Engels in London, bestimmte maßgeblich das Erfurter Programm der SPD von 1891.

wenigstens heute, in keiner Form *allgemein* richtig ist. Erstens ist sie nicht richtig für die Landwirtschaft, wo im Gegenteil sehr vielfach eine stärkere Zunahme des Bauerntums eingetreten ist. Und ferner: nicht unrichtig, aber in ihren Konsequenzen anders als erwartet, erweist sie sich für breite Zweige des Gewerbes, wo es sich zeigt, daß das einfache Zusammenschrumpfen der Unternehmer auf eine kleinere Zahl den Vorgang nicht erschöpft. Die Eliminierung der Kapitalschwachen vollzieht sich in der Form ihrer Unterwerfung unter Finanzierungskapital, Kartell- oder Trustorganisationen. Begleiterscheinung dieser sehr verwickelten Vorgänge ist aber zunächst die rapide Zunahme der »Angestellten«, also der privatwirtschaftlichen *Bürokratie* – sie nimmt statistisch vielfach schneller zu als die Arbeiter – deren Interessen durchaus nicht eindeutig nach der Seite einer proletarischen Diktatur hin liegen. Dann aber: die Schaffung höchst mannigfacher Interessenbeteiligungen von so komplizierter Art, daß man zur Zeit durchaus nicht behaupten kann: die Zahl und Macht der direkten und indirekten Interessenten der bürgerlichen Ordnung sei im Abnehmen begriffen. Jedenfalls stehen die Dinge vorerst nicht so, daß man bestimmt versichern könnte: künftig wird nur ein halbes Dutzend oder ein paar Hundert oder Tausend von Kapitalsmagnaten isoliert Millionen und Abermillionen von Proletariern gegenüberstehen.

Das Dritte endlich war die Rechnung auf die Wirkungen der Krisen. Weil die Unternehmer miteinander konkurrieren – und nun kommt eine wichtige, aber verwickelte Auseinandersetzung in den | klassischen sozialistischen Schriften, die 21
ich Ihnen hier ersparen muß – so sei es unvermeidlich, daß immer wieder Zeiten der Überproduktion eintreten, die abgelöst werden von Bankerotten, Zusammenbrüchen und sogenannten »Depressionen«. Diese Zeiten folgen – das hat Marx im Kommunistischen Manifest nur angedeutet, später aber ist es zu einer eingehend ausgebauten Theorie geworden – in fester Periodizität gesetzmäßig aufeinander. Tatsächlich hat während fast eines Jahrhunderts eine annähernde Periodi-

zität solcher Krisen bestanden. Woher das kam, darüber sind selbst die ersten Gelehrten unseres Faches noch nicht vollständig einig, deshalb wäre es ganz ausgeschlossen, das jetzt hier zu besprechen.

Auf diese Krisen baute nun der klassische Sozialismus seine Hoffnung. Vor allem darauf, daß diese Krisen naturgesetzlich an Intensität und an zerstörender, beängstigende Revolutionsstimmung hervorbringender Gewalt zunehmen, sich häufen und vermehren und irgendwann eine solche Stimmung erzeugen würden, daß die Aufrechterhaltung dieser Wirtschaftsordnung selbst innerhalb der nicht proletarischen Kreise nicht mehr versucht werden würde.

Diese Hoffnung ist heute im wesentlichen aufgegeben. Denn die Krisengefahr ist zwar durchaus nicht geschwunden, hat sich aber an relativer Bedeutung vermindert, seit die Unternehmer von rücksichtsloser Konkurrenz zur Kartellierung geschritten sind, seit sie also dazu übergegangen sind, durch Regulierung der Preise und des Absatzes die Konkurrenz weitgehend auszuschalten und seitdem ferner die großen Banken, z. B. auch die deutsche Reichsbank, dazu geschritten sind, durch Regulierung der Kreditgewährung dafür zu sorgen, daß auch die Überspekulationsperioden in wesentlich schwächerem Maße als früher eintreten. Also auch diese dritte Hoffnung des Kommunistischen Manifestes und seiner Nachfolger hat sich – man kann nicht sagen: »nicht bewährt«, wohl aber in ihren Voraussetzungen ziemlich stark verschoben.

Die sehr pathetischen Hoffnungen, die im Kommunistischen Manifest auf einen Zusammenbruch der bürgerlichen Gesellschaft gesetzt waren, sind daher durch sehr viel nüchternere Erwartungen ersetzt worden. Dahin gehört erstens die Theorie, daß der Sozialismus ganz von selbst im Wege der Evolution komme, weil sich die Produktion der Wirtschaft zu-
22 nehmend »sozialisiere«. | Darunter wird dann verstanden: daß an Stelle der Person des einzelnen Unternehmers die Aktiengesellschaft mit den angestellten Leitern tritt, daß Staatsbetriebe, Kommunalbetriebe, Betriebe von Zweckverbänden er-

richtet werden, die nicht mehr auf dem Risiko und Profit eines einzelnen oder überhaupt eines privaten Unternehmers ruhen wie früher. Das ist zutreffend, wenn schon hinzugefügt werden muß, daß hinter der Aktiengesellschaft sich sehr oft ein Finanzmagnat oder mehrere verbergen, die die Generalversammlung beherrschen: jeder Aktienbesitzer weiß, daß er kurz vor der Generalversammlung eine Zuschrift seiner Bank bekommt, worin sie ihn bittet, ihr das Stimmrecht dieser Aktie zu übertragen, wenn er nicht selbst kommen und abstimmen will, was für ihn gegenüber einem Kapital von Millionen von Kronen ja gar keinen Zweck hat. Vor allem aber bedeutet diese Art der Sozialisierung einerseits eine Vermehrung des *Beamten*tums, der spezialistisch kaufmännisch oder technisch vorgebildeten Angestellten, andererseits aber eine Vermehrung des *Rentner*tums, der Schicht also, die nur Dividenden und Zinsen bezieht, nicht, wie der Unternehmer, geistige Arbeit dafür leistet, die aber mit all ihren Einkommensinteressen an der kapitalistischen Ordnung engagiert ist. In den öffentlichen und Zweckverbandsbetrieben aber herrscht erst recht und ganz ausschließlich der *Beamte,* nicht der Arbeiter, der hier ja mit einem Streik schwerer etwas ausrichtet als gegen Privatunternehmer. Die Diktatur des Beamten, nicht die des Arbeiters, ist es, die – vorläufig jedenfalls – im Vormarsch begriffen ist.

Das Zweite ist die Hoffnung, daß die Maschine, indem sie das alte Spezialistentum, den gelernten Handwerker und jene hochgelernten Arbeiter, wie sie die alten englischen Gewerkschaften, die Trade Unions, füllten, durch ungelernte Arbeiter ersetze und also jeden Beliebigen fähig mache, an jeder Maschine zu arbeiten, eine solche Einheit der Arbeiterklasse herbeiführen werde, daß die alte Spaltung in verschiedene Berufe aufhören, das Bewußtsein dieser Einheit übermächtig werden und dem Kampf gegen die Klasse der Besitzenden zugutekommen würde. Darauf ist die Antwort nicht ganz einheitlich. Es ist richtig, daß die Maschine in sehr weitgehendem Maße gerade die hochbezahlten und gelernten Arbeiter zu ersetzen trachtet, denn selbstverständlich sucht jede Industrie

gerade solche Maschinen einzuführen, welche die am |
23 schwersten zu beschaffenden Arbeiter ersetzt. Die am häufigsten zunehmende Schicht innerhalb der heutigen Industrie sind die sogenannten »angelernten« Arbeiter, also nicht die im alten Wege durch besonderen Lehrgang eingeschulten gelernten Arbeiter, sondern diejenigen Arbeiter, die unmittelbar an die Maschine gestellt und dort angelernt werden. Immerhin sind auch sie oft noch in weitem Maß Spezialisten. Bis z. B. ein angelernter Weber das Höchstmaß der Gelerntheit erreicht, also die Maschine im Höchstmaß für den Unternehmer ausnützt und selbst den Höchstlohn verdient, vergehen immerhin einige Jahre. Gewiß: bei anderen Kategorien von Arbeitern ist die typische normale Anlernezeit ganz wesentlich geringer als bei der hier angezogenen. Immerhin bedeutet diese Zunahme der angelernten Arbeiter zwar eine fühlbare Abschwächung, aber doch noch keine Beseitigung der Berufsspezialisierung. Und auf der anderen Seite steigert sich die Berufsspezialisierung und das Erfordernis der Fachschulung bei allen innerhalb der Produktion *über* der Arbeiterschicht stehenden Schichten bis hinab zum Vorarbeiter und Werkführer und es steigert sich zugleich die relative Zahl der zu dieser Schicht gehörenden Personen. Richtig ist: auch sie sind »Lohnsklaven«. Aber meist nicht im Akkord- oder Wochenlohn, sondern im festen Gehalt. Und vor allem: selbstverständlich haßt der Arbeiter den Werkmeister, der ihm stets auf dem Leder kniet, viel mehr als den Fabrikanten und den Fabrikanten wieder mehr als den Aktionär, obwohl doch der Aktionär derjenige ist, der wirklich arbeits*loses* Einkommen bezieht, während der Fabrikant sehr starke geistige Arbeit zu leisten hat und der Werkmeister dem Arbeiter noch weit näher steht. Das ist eine Sache, die auch beim Militär vorkommt: im allgemeinen ist der Korporal derjenige, der die stärksten Antipathien auf sich zieht, mindestens die Chancen dazu hat, soviel ich habe beobachten können. Jedenfalls ist die Entwicklung der Gesamtschichtung weit davon entfernt, eindeutig proletarisch zu sein.

Und endlich argumentiert man mit der zunehmenden Standardisierung, d. h. Vergleichmäßigung der Produktion. Überall scheint alles – und namentlich der Krieg fördert das ungemein – einer immer größeren Gleichmäßigkeit und Auswechselbarkeit der Produkte und einer immer weitergehenden Schematisierung der Geschäfte zuzustreben. Nur in der obersten Schicht der Unternehmer, | aber auch hier stetig ab- 24
nehmend, herrscht – sagt man – noch der alte freie Pioniergeist des bürgerlichen Unternehmertums der Vergangenheit. Folglich steigt ständig – so wird weiter argumentiert – die Möglichkeit, diese Produktion zu lenken, auch ohne die spezifischen Unternehmerqualitäten zu besitzen, von denen die bürgerliche Gesellschaft behauptet, daß sie für den Betrieb unentbehrlich seien. Das gelte namentlich für die Kartelle und Trusts, die ein riesiges Beamtenpersonal an die Stelle von Einzelunternehmern gesetzt haben. Das ist wieder ganz richtig. Aber wieder nur mit dem gleichen Vorbehalte, daß auch durch diese Standardisierung die Bedeutung einer Schicht gefördert wird, eben: der schon oft erwähnten Beamtenschicht, die in ganz bestimmter Art *gebildet* sein muß und die deshalb – das ist nun ergänzend hinzuzufügen – einen ganz bestimmten *ständischen* Charakter trägt. Es ist kein Zufall, daß wir überall die Handelshochschulen, die Gewerbeschulen, die technischen Fachschulen wie Pilze aus der Erde sprießen sehen. Dabei spielt, zum mindesten in Deutschland, der Wunsch mit, auf diesen Schulen in eine Couleur[4] einzutreten, sich Schmisse ins Gesicht hauen zu lassen, satisfaktionsfähig und damit reserveoffiziersfähig zu werden und nachher im Kontor eine Vorzugschance auf die Hand der Tochter des Chefs zu haben: also sich zu assimilieren mit den Schichten der sogenannten »Gesellschaft«. Nichts liegt dieser Schicht ferner als die Solidarität mit dem Proletariat, von dem sie sich ja vielmehr gerade zunehmend zu unterscheiden trachtet. In verschieden starkem, aber in sichtbarem Maße gilt Ähnliches auch von vielen

4 Bezeichnung für Studentenverbindung.

Unterschichten dieser Angestellten. Alle streben nach mindestens ähnlichen *ständischen* Qualitäten, sei es für sich selbst oder für ihre Kinder. Eine *eindeutige* Tendenz zur Proletarisierung ist heute nicht festzustellen.

Wie dem nun aber sei, jedenfalls zeigen schon diese Argumente, daß die alte revolutionäre Katastrophenhoffnung, die dem Kommunistischen Manifest seine hinreißende Gewalt verlieh, einer evolutionistischen Auffassung gewichen ist, einer Auffassung also von dem allmählichen Hineinwachsen der alten Wirtschaft mit ihren massenhaften konkurrierenden Unternehmern in eine regulierte Wirtschaft, sei es, daß diese von Beamten des Staates oder durch Kartelle unter Beteiligung von Beamten reguliert ist. Dies, nicht mehr die durch |
25 Konkurrenz und Krisen zusammenschmelzenden Einzelunternehmer, erscheint jetzt als die Vorstufe der eigentlichen sozialistischen, herrschaftslosen Gesellschaft. Diese evolutionistische Stimmung, die von dieser langsamen Umbildung die Entwicklung zur sozialistischen Zukunftsgesellschaft erwartet, war vor dem Krieg tatsächlich in der Meinung der Gewerkschaften und auch bei vielen Intellektuellen unter den Sozialisten an die Stelle der alten Katastrophentheorie getreten. Daraus sind die bekannten Konsequenzen gezogen worden. Der sogenannte »Revisionismus« entstand. Seine eigenen Führer sind sich wenigstens zum Teil bewußt gewesen, wie schwerwiegend der Schritt war, den Massen jenen Glauben an die plötzlich hereinbrechende glückliche Zukunft zu nehmen, den ihnen ein solches Evangelium gab, welches ihnen wie den alten Christen sagte: Heute Nacht noch kann das Heil kommen. Man kann ein Glaubensbekenntnis, wie es das Kommunistische Manifest und die spätere Katastrophentheorie war, wohl entthronen, aber es ist dann schwer möglich, es durch ein anderes zu ersetzen. Indessen über diese Auseinandersetzung in diesem aus Gewissensbedenken gegen den orthodoxen Glauben mit der alten Orthodoxie entstandenen Streit ist die Entwicklung längst hinweggegangen. Er verquickte sich mit der Frage: ob und wieweit die Sozial-

demokratie als Partei »praktische Politik« in dem Sinne treiben sollte, daß sie Koalitionen mit bürgerlichen Parteien einginge, an der politisch verantwortlichen Leitung durch Übernahme von Ministerstellen sich beteiligte und so die jetzige Lebenslage der Arbeiter zu verbessern trachtete – oder ob das ein »Verrat an der Klasse« und eine politische Ketzerei sei, wie der überzeugte Katastrophenpolitiker selbstverständlich es ansehen mußte. Aber inzwischen sind andere prinzipielle Fragen aufgetaucht und an diesen spalten sich die Geister. Nehmen wir einmal an, daß im Wege einer allmählichen Evolutionierung, also der allgemeinen Durchkartellierung, Standardisierung und Verbeamtung die Wirtschaft sich so gestaltete, daß irgendwann die technische Möglichkeit gegeben wäre, daß an die Stelle der heutigen unternehmungsweisen Privatwirtschaft und also des Privateigentums an den Produktionsmitteln eine den Unternehmer ganz ausschaltende Regulierung treten könnte. *Wer* soll es dann sein, der diese neue Wirtschaft übernehmen und kommandieren würde? Darüber hat sich das Kommunistische Manifest ausge- |
schwiegen oder es hat sich vielmehr sehr vieldeutig ausge- 26
drückt.

Wie soll jene »Assoziation« aussehen, von der es spricht? Was hat insbesondere der Sozialismus an Keimzellen solcher Organisationen aufzuweisen, für den Fall, daß ihm tatsächlich die Chance in die Hand fiele, einmal die Macht an sich zu reißen und nun nach seinem Belieben zu schalten? Im Deutschen Reiche und wohl überall hat er zwei Kategorien von Organisationen. Erstens die politische Partei der Sozialdemokratie mit ihren Abgeordneten, angestellten Redakteuren, Parteibeamten und Vertrauensmännern und den lokalen und zentralen Verbänden, von denen diese gewählt oder angestellt werden. Zweitens die Gewerkschaften. Jede dieser beiden Organisationen kann nun *sowohl* revolutionären wie evolutionistischen Charakter annehmen. Und darnach, welchen Charakter sie haben und welcher ihnen für die Zukunft zugedacht und gewünscht wird, scheiden sich die Geister.

Gehen wir von der revolutionären Hoffnung aus, so stehen sich da zwei Ansichten gegenüber. Die erste war die des normalen Marxismus, die auf der alten Tradition des Kommunistischen Manifestes stand. Sie erwartete alles von der *politischen* Diktatur des Proletariates und glaubte als dessen Träger meist die unvermeidlich auf den *Wahl*kampf zugeschnittene politische *Partei*organisation ansehen zu müssen. Die Partei oder ein auf sie gestützter politischer Diktator sollte die politische Gewalt an sich reißen und von daher sollte die neue Organisation der Gesellschaft erfolgen.

Die Gegner, gegen die sich diese revolutionäre Richtung wendete, waren erstens diejenigen Gewerkschaften, welche nichts als Gewerkschaften im älteren englischen Sinne waren, welche sich also gar nicht für diese Zukunftspläne interessierten, weil sie in weiter Ferne zu liegen schienen, sondern vor allem solche Arbeitsbedingungen, welche ihnen und ihren Kindern die Existenz ermöglichten: hohe Löhne, kurze Arbeitszeit, Arbeiterschutz usw. erstreiten wollten. Gegen dieses Gewerkschaftlertum wendete sich jener radikale politische Marxismus auf der einen Seite. Auf der anderen Seite gegen die ausschließlich parlamentarische Form der Kompromißpolitik des Sozialismus, gegen das, was man »Millerandismus« genannt hat, seitdem Millerand[5] in Frankreich Minister wurde. Das sei eine Politik, die dazu führe, daß sich die Führer für ihre
27 | Ministerportefeuilles interessieren und die Unterführer dafür, daß sie Beamtenstellen bekommen, weit mehr als für die Revolution; der revolutionäre Geist werde dadurch ertötet. Jener im alten Sinne »radikalen« und »orthodoxen« Richtung ist nun im Laufe der letzten Jahrzehnte eine zweite zur Seite getreten, die man als »Syndikalismus« zu bezeichnen pflegt, von Syndikat, dem französischen Ausdruck für die Gewerkschaft. Wie der alte Radikalismus die revolutionäre Deutung des Zweckes der politischen Parteiorganisation will, so der Syndi-

5 Alexandre Millerand (1859–1943), französischer Jurist und Politiker, sozialistischer Abgeordneter.

kalismus die revolutionäre Deutung der Gewerkschaften. Er geht davon aus: nicht die politische Diktatur, nicht die politischen Führer und nicht die Beamten, die von diesen politischen Führern angestellt werden, sondern die Gewerkschaften und ihr Bund sollen es sein, die, wenn der große Moment gekommen ist, die Macht über die Wirtschaft in die Hand nehmen im Wege der sogenannten »action directe«. Der Syndikalismus geht auf eine strengere Auffassung des Klassencharakters der Bewegung zurück. Die Arbeiter*klasse* soll ja der Träger der endgültigen Befreiung sein. Alle die Politiker aber, die sich da in den Hauptstädten herumtreiben und nur darnach fragen, wie es mit diesem und jenem Ministerium steht, was für eine Chance diese und jene parlamentarische Konjunktur hat, sind politische Interessenten und nicht Klassengenossen. Hinter ihren Wahlkreisinteressen stehen immer die Interessen von Redakteuren und Privatbeamten, die an der Zahl der gewonnenen Wählerstimmen verdienen wollen. Alle diese Interessen, die mit dem modernen parlamentarischen Wahlsystem verknüpft sind, weist der Syndikalismus zurück. Nur die wirkliche Arbeiterschaft, die in den Gewerkschaften organisiert ist, kann die neue Gesellschaft schaffen. Fort mit den Berufspolitikern, die für die – und das heißt in Wahrheit: *von* – der Politik leben und nicht für die Schaffung der neuen wirtschaftlichen Gesellschaft. Das typische Mittel der Syndikalisten ist der Generalstreik und der Terror. Der Generalstreik, von dem sie hoffen, daß durch eine plötzliche Lahmlegung der ganzen Produktion die Beteiligten, insbesondere die Unternehmer, veranlaßt würden, auf die eigene Leitung der Fabriken zu verzichten und sie in die Hand der von den Gewerkschaften zu bildenden Ausschüsse zu legen. Der Terror, den sie teils offen, teils versteckt verkünden, teils auch ablehnen – darin gehen die Meinungen auseinander – den diese Organisation | in die Reihen der maßgebenden herrschenden Schich- *28*
ten tragen soll, um sie auch politisch lahmzulegen. Selbstverständlich ist dieser Syndikalismus derjenige Sozialismus, der wirklich ein ganz rücksichtsloser Gegner jeder Art von Hee-

resorganisation ist, da jede Art von Heeresorganisation Interessenten schafft, bis zum Unteroffizier, selbst bis zum Soldaten hinunter, der augenblicklich mindestens in seiner Ernährung davon abhängig ist, daß die militärische und staatliche Maschine funktioniert, also teils geradezu an dem Mißlingen des Generalstreiks interessiert, zum mindesten aber Hemmnis für den Generalstreik ist. Seine Gegner sind erstens alle politischen, sozialistischen Parteien, die sich im Parlament betätigen. Das Parlament dürfte von Syndikalisten höchstens als Tribüne benützt werden, um von da aus immer erneut unter dem Schutz der parlamentarischen Immunität zu verkünden, daß der Generalstreik kommen wird und kommen muß, um die revolutionären Leidenschaften der Massen aufzustacheln. Selbst das lenkt ihn aber von der eigentlichen Aufgabe ab und ist deshalb bedenklich. Im Parlament aber ernsthaft Politik zu treiben, das ist nicht nur Unsinn, sondern von diesem Standpunkt aus einfach verwerflich. Ihre Gegner sind selbstverständlich auch alle Evolutionisten jeder Art. Mögen es nun Gewerkschaftler sein, die nur Kämpfe zur Verbesserung der Arbeitsbedingungen führen wollen: im Gegenteil, müssen die Syndikalisten argumentieren, je schlechter die Löhne, je länger die Arbeitszeit, je übler überhaupt die Verhältnisse, desto größer ist die Chance für den Generalstreik. Oder die Evolutionisten der Parteipolitik, welche sagen: der Staat wächst heute durch die zunehmende Demokratisierung – vor der die Syndikalisten den größten Abscheu haben: der Zarismus ist ihnen lieber, – in den Sozialismus hinein. Das ist für die Syndikalisten natürlich zum mindesten grober Selbstbetrug. Die kritische Frage ist nun die: woher die Syndikalisten die Kräfte zu nehmen hoffen, um die Leitung der Produktion in die Hand zu nehmen. Denn es wäre selbstverständlich ein schwerer Irrtum zu glauben, daß ein noch so geschulter Gewerkschaftler, wenn er auch jahrelang tätig ist und ganz genau die Bedingungen der *Arbeit* kennt, deshalb den Fabriks*betrieb* als solchen kenne, sintemal jeder moderne Fabriksbetrieb ganz und gar auf der Kalkulation, der Warenkunde, der Kunde der

Bedarfslage, der technischen Schulung beruht, Dinge, die alle
zunehmend spezia- | listisch geübt sein wollen und die die 29
Gewerkschaftler, die wirklichen Arbeiter, kennenzulernen schlechterdings keine Gelegenheit haben. Sie werden also, ob sie wollen oder nicht, auch ihrerseits auf *Nicht*-Arbeiter, auf Ideologen aus den Intellektuellenschichten angewiesen sein. Und in der Tat ist es auffallend, daß im vollen Gegensatze zu der Parole: das Heil kann nur von den wirklichen Arbeitern kommen, die sich im Gewerkschaftsbund zusammentun, und nicht von den Politikern oder irgendwelchen Außenseitern, gerade innerhalb der syndikalistischen Bewegung, die vor dem Krieg in Frankreich und Italien ihre Hauptherde hatte, eine Unmasse von studierten Intellektuellen sich befindet. Was suchen sie darin? Die *Romantik* des Generalstreiks und die *Romantik* der revolutionären Hoffnung als solche ist es, die diese Intellektuellen bezaubert. Wenn man sie ansieht, weiß man, daß sie Romantiker sind, dem Alltag des Lebens und seinen Anforderungen seelisch nicht gewachsen oder abgeneigt und daher nach dem großen revolutionären Wunder und – nach Gelegenheit, selbst einmal sich in der Macht zu fühlen, lechzend. Natürlich gibt es unter ihnen auch Männer mit organisatorischen Qualitäten. Die Frage ist nur, ob sich die Arbeiterschaft gerade ihrer Diktatur unterwerfen wird. Gewiß: in einem Kriege kann bei den fabelhaften Umwälzungen, die er mit sich bringt, vermöge der Schicksale, die die Arbeiterschaft da erlebt, zumal unter der Wirkung des Hungers, auch die Masse der Arbeiterschaft von syndikalistischen Vorstellungen ergriffen werden und, wenn sie Waffen zur Hand hat, sich unter der Führung solcher Intellektuellen der Gewalt bemächtigen, wenn ihr der politische und militärische Zusammenbruch eines Staates die Möglichkeit bietet. Aber die Kräfte für die Leitung der Produktion in Friedenszeiten sehe ich nicht, weder bei den Gewerkschaftsmitgliedern selbst noch bei den syndikalistischen Intellektuellen. Das große Experiment ist jetzt: Rußland. Die Schwierigkeit ist die, daß wir heute nicht über die Grenze dort hineinsehen können, um zu erfahren,

wie sich darin die Leitung der Produktion in Wirklichkeit vollzieht. Nach dem, was man hört, verläuft die Sache so, daß die Bolschewiki-Regierung, die ja bekanntlich aus Intellektuellen besteht, die zum Teil hier in Wien und in Deutschland studiert haben, unter denen sich überhaupt nur wenige Russen befinden, jetzt dazu übergegangen ist, innerhalb derjenigen Fabri-
30 ken, die über- | haupt funktionieren – nach sozialdemokratischen Nachrichten 10 Prozent der Friedensproduktion – das Akkordlohnsystem wieder einzuführen, mit der Begründung: sonst leide die Leistung. Sie lassen die Unternehmer an der Spitze der Betriebe – weil sie allein die Sachkunde besitzen – und zahlen ihnen sehr erhebliche Subventionen. Sie sind ferner dazu übergegangen, wieder Offiziersgehälter an Offiziere aus dem alten Regime zu zahlen, weil sie ein Heer brauchen und gesehen haben: ohne geschulte Offiziere geht das nicht. Ob diese Offiziere, wenn sie einmal die Mannschaft wieder in der Hand haben, sich dauernd die Leitung durch diese Intellektuellen werden gefallen lassen, scheint mir fraglich; im Augenblicke haben sie das freilich tun müssen. Und schließlich haben sie durch den Entzug der Brotkarte auch einen Teil der Bürokratie gezwungen, für sie zu arbeiten. Aber auf die Dauer läßt sich in dieser Art eine Staatsmaschinerie und Wirtschaft nicht leiten und sehr ermutigend ist das Experiment bisher nicht.

Das Erstaunliche ist lediglich, daß diese Organisation überhaupt so lange funktioniert. Sie kann dies deshalb, weil sie eine Militärdiktatur, zwar nicht der Generäle, aber der Korporäle ist und weil die kriegsmüden, aus der Front zurückkehrenden Soldaten mit den landhungrigen, an Agrarkommunismus gewöhnten Bauern zusammengingen – oder die Soldaten mit ihren Waffen sich in gewaltsamen Besitz der Dörfer setzten und dort Kontribution erhoben und jeden niederschossen, der ihnen zu nahe kam. Es ist das einzige ganz große Experiment einer »Diktatur des Proletariats«, das bisher gemacht wurde, und man kann mit voller Aufrichtigkeit versichern: Die Auseinandersetzungen in Brest-Litowsk wurden von deutscher Seite in loyalster Weise geführt, in der Hoffnung, wir bekämen mit diesen Leuten einen wirklichen Frieden. Das geschah aus verschiedenen Gründen: diejenigen, die als Interessenten auf dem Boden der bürgerlichen Gesellschaft standen, waren deshalb dafür, weil sie sich sagten: laßt ums Himmelswillen die Leute ihr Experiment machen, es wird sicher ins Wasser fallen und dann ist es ein abschreckendes Exempel; wir anderen deshalb, weil wir sagten: wenn dieses Experiment gelänge und wir sehen sollten, daß auf diesem Boden Kultur möglich ist, dann – wären wir bekehrt.

Derjenige, der das verhindert hat, war Herr Trotzkij[6], der sich nicht damit begnügen wollte, im eigenen Hause dieses
Experiment | zu machen und seine Hoffnung darauf zu set- *31*
zen, daß, wenn es gelang, das eine Propaganda ohnegleichen in der ganzen Welt für den Sozialismus bedeutete, sondern der in der typisch russischen Literateneitelkeit noch mehr wollte und darauf hoffte, durch Redegefechte und Mißbrauch solcher Worte wie »Friede« und »Selbstbestimmung« den Bürgerkrieg in Deutschland zu entfesseln, dabei aber so schlecht informiert war, nicht zu wissen, daß das deutsche Heer zumindest zu zwei Dritteln vom Lande und zu einem weiteren Sechstel aus Kleinbürgern sich rekrutiert, denen es ein wahres Vergnügen sein würde, den Arbeitern, oder wer sonst solche Revolutionen machen wollte, eins auf den Mund zu geben. Mit Glaubenskämpfern ist kein Friede zu schließen, man kann sie nur unschädlich machen und das war der Sinn des Ultimatums und des erzwungenen Brester Friedens. Das muß jeder Sozialist einsehen und mir ist auch keiner, gleichviel welcher Richtung, bekannt, der es nicht – innerlich wenigstens – einsähe.

Wenn man nun in Auseinandersetzungen mit heutigen Sozialisten gerät und dabei *loyal* verfahren will – und das allein ist auch klug – so sind ihnen nach der heutigen Lage zwei Fragen zu stellen: Wie verhalten sie sich zum Evolutionismus?

6 Leo (Lew) Trotzki (1879–1940), russischer Revolutionär und Politiker, Schöpfer der Roten Armee.

d.h. zu dem Gedanken, der ein Grunddogma des heute als orthodox geltenden Marxismus ist, daß sich die Gesellschaft und ihre Wirtschaftsordnung streng naturgesetzlich, in Altersstadien sozusagen, entwickelt und daß also eine sozialistische Gesellschaft niemals und nirgends entstehen kann, bevor die bürgerliche Gesellschaft voll zur Ausreife gekommen ist, – und das ist selbst nach sozialistischer Meinung noch nirgends der Fall, denn es gibt noch Kleinbauern und Kleinhandwerker, – wie also verhalten sich die betreffenden Sozialisten zu diesem evolutionistischen Grunddogma? Und dann wird sich herausstellen, daß zum mindesten außerhalb Rußlands sie *alle* auf seinem Boden stehen, d. h. also, daß sie alle, auch die radikalsten von ihnen, als einzig mögliche Folge einer Revolution die Entstehung einer *bürgerlichen, nicht* aber einer proletarisch geleiteten Gesellschaftsordnung erwarten, weil für diese noch nirgends die Zeiten reif seien. Diese Gesellschaftsordnung, hofft man nur, werde in einigen Zügen um einige Schritte näher jenem Endstadium stehen, von dem aus, wie gehofft wird, der Übergang zur sozialistischen Zukunftsordnung dereinst erfolgen soll. |

32 Auf das Gewissen gefragt, wird jeder ehrliche sozialistische Intellektuelle das antworten müssen. Es gibt ja infolgedessen eine breite Schicht von Sozialdemokraten innerhalb Rußlands, die sogenannten Menschewiki, welche auf dem Standpunkte stehen: dieses bolschewistische Experiment, auf den heutigen Status der bürgerlichen Gesellschaft bereits eine sozialistische Ordnung von oben aufzupfropfen, ist nicht nur ein Unsinn, es ist ein Frevel gegen das marxistische Dogma. Der furchtbare Haß beider Richtungen gegeneinander hat in dieser dogmatischen Verketzerung seinen Grund.

Wenn nun die überwältigende Mehrzahl der Führer, jedenfalls alle, die ich jemals kennengelernt habe, auf diesem evolutionistischen Boden steht, so ist natürlich die Frage berechtigt: was soll eigentlich unter diesen Verhältnissen eine Revolution, vollends während des Krieges, von ihrem eigenen Standpunkt aus, leisten? Den Bürgerkrieg kann sie bringen und damit vielleicht den Sieg der Entente[7], aber doch keine sozialistische Gesellschaft; sie kann und wird ferner herbeiführen innerhalb des etwa zusammengebrochenen Staates ein Regiment bäuerlicher und kleinbürgerlicher Interessenten, also der radikalsten Gegner *jedes* Sozialismus. Und sie brächte doch vor allem eine ungeheure Kapitalszerstörung und Desorganisation, also ein Zurückschrauben der vom Marxismus geforderten gesellschaftlichen Entwicklung, die ja eine immer weitere Sättigung der Wirtschaft mit Kapital voraussetzt. Es ist doch zu berücksichtigen, daß der westeuropäische *Bauer* anders geartet ist als der russische Bauer, der innerhalb seines Agrarkommunismus lebt. Dort ist das Entscheidende die Landfrage, die bei uns gar keine Rolle spielt. Der deutsche Bauer zum mindesten ist heute Individualist und hängt am Erbeigentum und an seinem Boden. Er wird sich davon kaum abbringen lassen. Er verbündet sich weit eher mit dem Großgrundbesitzer als mit dem radikal-sozialistischen Arbeiter, wenn er sich darin bedroht glaubt.

Vom Standpunkt der sozialistischen Zukunftshoffnungen aus sind also die Perspektiven einer Revolution während des Krieges jetzt die denkbar übelsten auch dann, wenn sie gelingen sollte. Was sie allergünstigstenfalles brächte: eine Annäherung der *politischen* Verfassung an die von der Demokratie gewünschte Form, das entzöge sie dem Sozialismus durch die
wirtschaftlich | reaktionären Folgen, die sie haben müßte. Auch 33
das darf kein Sozialist loyalerweise leugnen.

Das Zweite ist das Verhältnis zum *Frieden.* Wir wissen alle, daß sich heute der radikale Sozialismus bei den Massen mit pazifistischen Neigungen, mit dem Wunsche verquickt: daß schleunigst Friede geschlossen werde. Nun steht aber fest und ein jeder Führer der radikalen, also der wirklich revolutionären Sozialdemokratie wird es, wenn gefragt, ehrlich zugeben

7 Im Ersten Weltkrieg Bezeichnung für die Gegner der »Mittelmächte« (Deutsches Reich und Österreich-Ungarn), vor allem Großbritannien und Frankreich.

müssen: Der Friede ist ihm, dem *Führer, nicht* das Entscheidende, worauf es ihm ankommt. Wenn wir die Wahl haben – wird er, wenn er rückhaltlos offen ist, sagen müssen – zwischen einem noch drei Jahre dauernden Kriege und dann der Revolution einerseits und sofortigem Frieden *ohne* Revolution anderseits, dann sind wir natürlich für die drei Jahre Krieg. Mag er das mit seinem Glaubenseifer und seinem Gewissen ausmachen. Die Frage ist doch, ob die Mehrzahl der Truppen, die draußen im Felde zu stehen haben, auch die sozialistischen, der gleichen Meinung sind wie diese Führer, die ihnen etwas Derartiges diktieren. Und es ist selbstverständlich durchaus loyal und nur in der Ordnung, wenn man sie zwingt, Farbe zu bekennen. Fest steht und zugegeben ist, daß Trotzkij den Frieden *nicht* gewollt hat. Das bestreitet heute kein mir bekannter Sozialist mehr. Aber das gleiche gilt auch für die radikalen Führer aller Länder. Vor die Wahl gestellt, würden auch sie *nicht* vor allem den Frieden wollen, sondern, wenn er der Revolution, das heißt: dem Bürgerkrieg, zugute käme, den Krieg. Den Krieg im Interesse der Revolution, *obwohl* diese Revolution nach ihrer eigenen Meinung - ich wiederhole das – zur sozialistischen Gesellschaft *nicht* führen kann, sondern höchstens – das ist die einzige Hoffnung – zu einer vom sozialistischen Standpunkt »höheren Entwicklungsform« der bürgerlichen Gesellschaft, die also der künftig irgendwann einmal eintretenden sozialistischen Gesellschaft um etwas näher steht – um wieviel, läßt sich gar nicht sagen – als die heutige. Gerade diese Hoffnung freilich ist aus dem angegebenen Grunde äußerst zweifelhaft.

Eine Auseinandersetzung mit überzeugten Sozialisten und Revolutionären ist immer eine mißliche Sache. Man überzeugt sie nach meiner Erfahrung nie. Man kann nur die Leute nötigen, vor ihren eigenen Anhängern *Farbe* zu beken-
34 nen, einerseits zur Frage | des Friedens und andererseits zu der Frage, was die Revolution eigentlich bringen soll, zur Frage der stufenweisen Evolution also, die bis heute ein Dogma des echten Marxismus ist und nur in Rußland von einer dort

bodenständigen Sekte abgelehnt wurde, welche glaubte, Rußland könne diese Entwicklungsstufen Westeuropas überspringen. Das ist eine durchaus loyale Art und auch die einzig wirksame oder mögliche. Denn ich bin der Meinung: ein Mittel, die sozialistische Überzeugung und die sozialistischen Hoffnungen aus der Welt zu schaffen, gibt es nicht. Jede Arbeiterschaft wird immer wieder in irgendeinem Sinne sozialistisch sein. Die Frage ist nur, ob dieser Sozialismus ein solcher sein wird, daß er vom Standpunkt der Staatsinteressen aus und zur Zeit insbesondere vom Standpunkt der militärischen Interessen aus erträglich ist. Es ist bisher noch keine, auch noch keine proletarische, Herrschaft, wie etwa die der Kommune in Paris oder jetzt die der Bolschewiki, ohne das Standrecht ausgekommen in Fällen, wo die Grundlagen ihrer Disziplin gefährdet waren. Das hat Herr Trotzkij in dankenswerter Aufrichtigkeit zugegeben. Aber je sicherer die Mannschaft das Gefühl hat: daß nur die *sachlichen* Interessen an der Erhaltung der Disziplin und *keine* Partei- oder Klasseninteressen das Verhalten der militärischen Instanzen bestimmen, daß also nur das *sachlich* im Kriege Unvermeidliche geschieht, desto unerschütterter wird die militärische Autorität bleiben.

Wissenschaft als Beruf
[1919]

Ich soll nach Ihrem Wunsch über »Wissenschaft als Beruf« sprechen. Nun ist es eine gewisse Pedanterie von uns Nationalökonomen, an der ich festhalten möchte: daß wir stets von den äußeren Verhältnissen ausgehen, hier also von der Frage: Wie gestaltet sich Wissenschaft als Beruf im materiellen Sinne des Wortes? Das bedeutet aber praktisch heute im wesentlichen: Wie gestaltet sich die Lage eines absolvierten Studenten, der entschlossen ist, der Wissenschaft innerhalb des akademischen Lebens sich berufsmäßig hinzugeben? Um zu verstehen, worin da die Besonderheit unserer deutschen Verhältnisse besteht, ist es zweckmäßig, vergleichend zu verfahren und sich zu vergegenwärtigen, wie es im Auslande dort aussieht, wo in dieser Hinsicht der schärfste Gegensatz gegen uns besteht: in den Vereinigten Staaten.

Bei uns – das weiß jeder – beginnt normalerweise die Laufbahn eines jungen Mannes, der sich der Wissenschaft als Beruf hingibt, als »Privatdozent«. Er habilitiert sich nach Rücksprache und mit Zustimmung des betreffenden Fachvertreters, auf Grund eines Buches und eines meist mehr formellen Examens vor der Fakultät, an einer Universität und hält nun, unbesoldet, entgolten nur durch das Kolleggeld der Studenten, Vorlesungen, deren Gegenstand er innerhalb seiner venia legendi[1] selbst bestimmt. In Amerika beginnt die Laufbahn normalerweise ganz anders, nämlich durch Anstellung als »assistant«. In ähnlicher Art etwa, wie das bei uns an den großen Instituten der naturwissenschaftlichen und medizinischen Fakultäten vor sich zu gehen pflegt, wo die förmli-

1 Die Erlaubnis, ein bestimmtes Fach selbständig an einer Universität zu lehren.

che Habilitation als Privatdozent nur von einem Bruchteil der
Assistenten und oft erst spät erstrebt wird. Der Gegensatz be-
deutet praktisch: daß bei uns die Laufbahn eines Mannes der
Wissenschaft im ganzen auf plutokratischen Voraussetzungen
aufgebaut ist. Denn es ist außerordentlich gewagt für einen
jungen Gelehrten, der keinerlei Vermögen hat, überhaupt den
Bedingungen der akademischen Laufbahn sich auszusetzen.
Er muß es mindestens eine Anzahl Jahre aushalten können,
ohne irgendwie zu | wissen, ob er nachher die Chancen hat, 4
einzurücken in eine Stellung, die für den Unterhalt ausreicht.
In den Vereinigten Staaten dagegen besteht das bürokratische
System. Da wird der junge Mann von Anfang an besoldet. Be-
scheiden freilich. Das Gehalt entspricht meist kaum der Höhe
der Entlohnung eines nicht völlig ungelernten Arbeiters. Im-
merhin: er beginnt mit einer scheinbar sicheren Stellung,
denn er ist fest besoldet. Allein die Regel ist, daß ihm, wie un-
seren Assistenten, gekündigt werden kann, und das hat er viel-
fach rücksichtslos zu gewärtigen, wenn er den Erwartungen
nicht entspricht. Diese Erwartungen aber gehen dahin, daß er
»volle Häuser« macht. Das kann einem deutschen Privatdo-
zenten nicht passieren. Hat man ihn einmal, so wird man ihn
nicht mehr los. Zwar »Ansprüche« hat er nicht. Aber er hat
doch die begreifliche Vorstellung: daß er, wenn er jahrelang
tätig war, eine Art moralisches Recht habe, daß man auf ihn
Rücksicht nimmt. Auch – das ist oft wichtig – bei der Frage
der eventuellen Habilitierung anderer Privatdozenten. Die
Frage: ob man grundsätzlich jeden, als tüchtig legitimierten,
Gelehrten habilitieren oder ob man auf den »Lehrbedarf«
Rücksicht nehmen, also den einmal vorhandenen Dozenten
ein Monopol des Lehrens geben solle, ist ein peinliches Di-
lemma, welches mit dem bald zu erwähnenden Doppelge-
sicht des akademischen Berufes zusammenhängt. Meist ent-
scheidet man sich für das zweite. Das bedeutet aber eine Stei-
gerung der Gefahr, daß der betreffende Fachordinarius, bei
subjektiv größter Gewissenhaftigkeit, doch seine eigenen
Schüler bevorzugt. Persönlich habe ich – um das zu sagen –

den Grundsatz befolgt: daß ein bei mir promovierter Gelehrter sich bei einem *andern* als mir und anderswo legitimieren und habilitieren müsse. Aber das Resultat war: daß einer meiner tüchtigsten Schüler anderwärts abgewiesen wurde, weil niemand ihm *glaubte,* daß dies der Grund sei.

Ein weiterer Unterschied gegenüber Amerika ist der: Bei uns hat im allgemeinen der Privatdozent *weniger* mit Vorlesungen zu tun, als er wünscht. Er kann zwar dem Rechte nach alle
5 Vorlesungen seines Faches lesen. Das gilt aber | als ungehörige Rücksichtslosigkeit gegenüber den älteren vorhandenen Dozenten, und in der Regel hält die »großen« Vorlesungen der Fachvertreter, und der Dozent begnügt sich mit Nebenvorlesungen. Der Vorteil ist: er hat, wennschon etwas unfreiwillig, seine jungen Jahre für die wissenschaftliche Arbeit frei.

In Amerika ist das prinzipiell anders geordnet. Gerade in seinen jungen Jahren ist der Dozent absolut überlastet, weil er eben *bezahlt* ist. In einer germanistischen Abteilung z. B. wird der ordentliche Professor etwa ein dreistündiges Kolleg über Goethe lesen und damit: genug –, während der jüngere assistant froh ist, wenn er, bei zwölf Stunden die Woche, neben dem Einbläuen der deutschen Sprache etwa bis zu Dichtern vom Range Uhlands hinauf etwas zugewiesen bekommt. Denn den Lehrplan schreiben die amtlichen Fachinstanzen vor, und darin ist der assistant ebenso wie bei uns der Institutsassistent abhängig.

Nun können wir bei uns mit Deutlichkeit beobachten: daß die neueste Entwicklung des Universitätswesens auf breiten Gebieten der Wissenschaft in der Richtung des amerikanischen verläuft. Die großen Institute medizinischer oder naturwissenschaftlicher Art sind »staatskapitalistische« Unternehmungen. Sie können nicht verwaltet werden ohne Betriebsmittel größten Umfangs. Und es tritt da der gleiche Umstand ein wie überall, wo der kapitalistische Betrieb einsetzt: die »Trennung des Arbeiters von den Produktionsmitteln«. Der Arbeiter, der Assistent also, ist angewiesen auf die Arbeitsmittel, die vom Staat zur Verfügung gestellt werden; er ist infolgedessen vom Institutsdirektor ebenso abhängig wie ein Angestellter in einer Fabrik: – denn der Institutsdirektor stellt sich ganz gutgläubig vor, daß dies Institut *»sein«* Institut sei und schaltet darin, – und er steht häufig ähnlich prekär wie jede »proletaroide« Existenz und wie der assistant der amerikanischen Universität.

Unser deutsches Universitätsleben amerikanisiert sich, wie unser Leben überhaupt, in sehr wichtigen Punkten, und diese Entwicklung, das bin ich überzeugt, wird weiter übergreifen | auch auf die Fächer, wo, wie es heute noch in mei- *6*
nem Fache in starkem Maße der Fall ist, der Handwerker das Arbeitsmittel (im wesentlichen: die Bibliothek) selbst besitzt, ganz entsprechend, wie es der alte Handwerker in der Vergangenheit innerhalb des Gewerbes auch tat. Die Entwicklung ist in vollem Gange.

Die technischen Vorzüge sind ganz unzweifelhaft, wie bei allen kapitalistischen und zugleich bürokratisierten Betrieben. Aber der »Geist«, der in ihnen herrscht, ist ein anderer als die althistorische Atmosphäre der deutschen Universitäten. Es besteht eine außerordentlich starke Kluft, äußerlich und innerlich, zwischen dem Chef eines solchen großen kapitalistischen Universitätsunternehmens und dem gewöhnlichen Ordinarius alten Stils. Auch in der inneren Haltung. Ich möchte das hier nicht weiter ausführen. Innerlich ebenso wie äußerlich ist die alte Universitäts*verfassung* fiktiv geworden. Geblieben aber und wesentlich gesteigert ist ein der Universitäts*laufbahn* eigenes Moment: Ob es einem solchen Privatdozenten, vollends einem Assistenten, jemals gelingt, in die Stelle eines vollen Ordinarius und gar eines Institutsvorstandes einzurücken, ist eine Angelegenheit, die einfach Hazard[2] ist. Gewiß: nicht nur der Zufall herrscht, aber er herrscht doch in ungewöhnlich hohem Grade. Ich kenne kaum eine Laufbahn auf Erden, wo er eine solche Rolle spielt. Ich darf das um so

2 Glücksspiel, bei dem ohne Rücksicht auf andere oder sich selbst alles riskiert wird, z. B. Roulette.

mehr sagen, als ich persönlich es einigen absoluten Zufälligkeiten zu verdanken habe, daß ich seinerzeit in sehr jungen Jahren in eine ordentliche Professur eines Faches berufen wurde, in welchem damals Altersgenossen unzweifelhaft mehr als ich geleistet hatten. Und ich bilde mir allerdings ein, auf Grund dieser Erfahrung ein geschärftes Auge für das unverdiente Schicksal der vielen zu haben, bei denen der Zufall gerade umgekehrt gespielt hat und noch spielt, und die trotz aller Tüchtigkeit innerhalb dieses Ausleseapparates nicht an die Stelle gelangen, die ihnen gebühren würde.

Daß nun der Hazard und nicht die Tüchtigkeit als solche eine so große Rolle spielt, liegt nicht allein und nicht einmal vorzugsweise an den Menschlichkeiten, die natürlich bei die-
7 ser | Auslese ganz ebenso vorkommen wie bei jeder anderen. Es wäre unrecht, für den Umstand, daß zweifellos so viele Mittelmäßigkeiten an den Universitäten eine hervorragende Rolle spielen, persönliche Minderwertigkeiten von Fakultäten oder Ministerien verantwortlich zu machen. Sondern das liegt an den Gesetzen menschlichen Zusammenwirkens, zumal eines Zusammenwirkens mehrerer Körperschaften, hier: der vorschlagenden Fakultäten mit den Ministerien, an sich. Ein Gegenstück: wir können durch viele Jahrhunderte die Vorgänge bei den Papstwahlen verfolgen: das wichtigste kontrollierbare Beispiel gleichartiger Personenauslese. Nur selten hat der Kardinal, von dem man sagt: er ist »Favorit«, die Chance, durchzukommen. Sondern in der Regel der Kandidat Nummer zwei oder drei. Das gleiche beim Präsidenten der Vereinigten Staaten: nur ausnahmsweise der allererste, aber: prononcierteste, Mann, sondern meist Nummer zwei, oft Nummer drei, kommt in die »Nomination« der Parteikonvente hinein und nachher in den Wahlgang: die Amerikaner haben für diese Kategorien schon technisch soziologische Ausdrücke gebildet, und es wäre ganz interessant, an diesen Beispielen die Gesetze einer Auslese durch Kollektivwillensbildung zu untersuchen. Das tun wir heute hier nicht. Aber sie gelten auch für Universitätskollegien, und zu wundern hat man sich

nicht darüber, daß da öfter Fehlgriffe erfolgen, sondern daß eben doch, verhältnismäßig angesehen, immerhin die Zahl der *richtigen* Besetzungen eine trotz allem sehr bedeutende ist. Nur wo, wie in einzelnen Ländern, die Parlamente oder, wie bei uns bisher, die Monarchen (beides wirkt ganz gleichartig) oder jetzt revolutionäre Gewalthaber aus *politischen* Gründen eingreifen, kann man sicher sein, daß bequeme Mittelmäßigkeiten oder Streber allein die Chancen für sich haben.

Kein Universitätslehrer denkt gern an Besetzungserörterungen zurück, denn sie sind selten angenehm. Und doch darf ich sagen: der gute *Wille,* rein sachliche Gründe entscheiden zu lassen, war in den mir bekannten zahlreichen Fällen ohne Ausnahme da.

Denn man muß sich weiter verdeutlichen: es liegt nicht
nur | an der Unzulänglichkeit der Auslese durch kollektive *8*
Willensbildung, daß die Entscheidung der akademischen Schicksale so weitgehend »Hazard« ist. Jeder junge Mann, der sich zum Gelehrten berufen fühlt, muß sich vielmehr klarmachen, daß die Aufgabe, die ihn erwartet, ein Doppelgesicht hat. Er soll qualifiziert sein als Gelehrter nicht nur, sondern auch: als Lehrer. Und beides fällt ganz und gar nicht zusammen. Es kann jemand ein ganz hervorragender Gelehrter und ein geradezu entsetzlich schlechter Lehrer sein. Ich erinnere an die Lehrtätigkeit von Männern wie Helmholtz[3] oder wie Ranke[4]. Und das sind nicht etwa seltene Ausnahmen. Nun liegen aber die Dinge so, daß unsere Universitäten, zumal die kleinen Universitäten, untereinander in einer Frequenzkon-

3 Hermann von Helmholtz (1821–94), deutscher Physiker und Physiologe, ab 1871 Professor für Physik in Berlin, ab 1888 Präsident der Physikalisch-Technischen Reichsanstalt in Charlottenburg.

4 Leopold von Ranke (1795–1886), deutscher Historiker, Professor an der Universität Berlin, offizieller Historiograph des preußischen Staates, Begründer der historisch-kritischen Methode in der Geschichtswissenschaft, legendär für seine Forderung nach einem kritischen Quellenstudium (»ad fontes«: zu den Quellen).

kurrenz lächerlichster Art sich befinden. Die Hausagrarier der Universitätsstädte feiern den tausendsten Studenten durch eine Festlichkeit, den zweitausendsten Studenten aber am liebsten durch einen Fackelzug. Die Kolleggeldinteressen – man soll das doch offen zugeben – werden durch eine »zugkräftige« Besetzung der nächstbenachbarten Fächer mitberührt, und auch abgesehen davon ist nun einmal die Hörerzahl ein ziffernmäßig greifbares Bewährungsmerkmal, während die Gelehrtenqualität unwägbar und gerade bei kühnen Neuerern oft (und ganz natürlicherweise) umstritten ist. Unter dieser Suggestion von dem unermeßlichen Segen und Wert der großen Hörerzahl steht daher meist alles. Wenn es von einem Dozenten heißt: er ist ein schlechter Lehrer, so ist das für ihn meist das akademische Todesurteil, mag er der allererste Gelehrte der Welt sein. Die Frage aber: ob einer ein guter oder ein schlechter Lehrer ist, wird beantwortet durch die Frequenz, mit der ihn die Herren Studenten beehren. Nun ist es aber eine Tatsache, daß der Umstand, daß die Studenten einem Lehrer zuströmen, in weitgehendstem Maße von reinen Äußerlichkeiten bestimmt ist: Temperament, sogar Stimmfall, - in einem Grade, wie man es nicht für möglich halten sollte. Ich habe nach immerhin ziemlich ausgiebigen Erfahrungen und nüchterner Überlegung ein tiefes Mißtrauen gegen die Massenkollegien, so unvermeidbar gewiß auch sie sind. Die Demokratie da, wo sie hingehört. Wissenschaftli-
9 che | Schulung aber, wie wir sie nach der Tradition der deutschen Universitäten an diesen betreiben sollen, ist eine *geistesaristokratische* Angelegenheit, das sollten wir uns nicht verhehlen. Nun ist es freilich andererseits wahr: die Darlegung wissenschaftlicher Probleme so, daß ein ungeschulter, aber aufnahmefähiger Kopf sie versteht, und daß er – was für uns das allein Entscheidende ist – zum selbständigen Denken darüber gelangt, ist vielleicht die pädagogisch schwierigste Aufgabe von allen. Gewiß: aber darüber, ob sie gelöst wird, entscheiden nicht die Hörerzahlen. Und – um wieder auf unser Thema zu kommen – eben diese Kunst ist eine persönliche Gabe

und fällt mit den wissenschaftlichen Qualitäten eines Gelehrten ganz und gar nicht zusammen. Im Gegensatz zu Frankreich aber haben wir keine Körperschaft der »Unsterblichen« der Wissenschaft[5], sondern es sollen unserer Tradition gemäß die Universitäten beiden Anforderungen: der Forschung und der Lehre, gerecht werden. Ob die Fähigkeiten dazu sich aber in einem Menschen zusammenfinden, ist absoluter Zufall.

Das akademische Leben ist also ein wilder Hazard. Wenn junge Gelehrte um Rat fragen kommen wegen Habilitation, so ist die Verantwortung des Zuredens fast nicht zu tragen. Ist er ein Jude, so sagt man ihm natürlich: lasciate ogni speranza[6]. Aber auch jeden anderen muß man auf das Gewissen fragen: Glauben Sie, daß Sie es aushalten, daß Jahr um Jahr Mittelmäßigkeit nach Mittelmäßigkeit über Sie hinaussteigt, ohne innerlich zu verbittern und zu verderben? Dann bekommt man selbstverständlich jedesmal die Antwort: Natürlich, ich lebe nur meinem »Beruf«; – aber ich wenigstens habe es nur von sehr wenigen erlebt, daß sie das ohne inneren Schaden für sich aushielten.

Soviel schien nötig über die äußeren Bedingungen des Gelehrtenberufs zu sagen.

Ich glaube nun aber, Sie wollen in Wirklichkeit von etwas anderem: von dem *inneren* Berufe zur Wissenschaft, hören. In der heutigen Zeit ist die innere Lage gegenüber dem Betrieb der Wissenschaft als Beruf bedingt zunächst dadurch, daß die Wissenschaft in ein Stadium der Spezialisierung einge- | treten 10
ist, wie es früher unbekannt war, und daß dies in alle Zukunft so bleiben wird. Nicht nur äußerlich, nein, gerade innerlich liegt die Sache so: daß der Einzelne das sichere Bewußtsein, etwas wirklich ganz Vollkommenes auf wissenschaftlichem Ge-

5 Anspielung an die »Académie française«, deren gewählte Mitglieder als »die Unsterblichen« bezeichnet werden.

6 Anspielung an die Inschrift über der »Höllenpforte« in der »Göttlichen Komödie« von Dante Alighieri (Inferno III/9): »Ihr, die ihr hier eintretet, lasset alle Hoffnung fahren.«

biet zu leisten, nur im Falle strengster Spezialisierung sich verschaffen kann. Alle Arbeiten, welche auf Nachbargebiete übergreifen, wie wir sie gelegentlich machen, wie gerade z.B. die Soziologen sie notwendig immer wieder machen müssen, sind mit dem resignierten Bewußtsein belastet: daß man allenfalls dem Fachmann nützliche *Fragestellungen* liefert, auf die dieser von seinen Fachgesichtspunkten aus nicht so leicht verfällt, daß aber die eigene Arbeit unvermeidlich höchst unvollkommen bleiben muß. Nur durch strenge Spezialisierung kann der wissenschaftliche Arbeiter tatsächlich das Vollgefühl, einmal und vielleicht nie wieder im Leben, sich zu eigen machen: hier habe ich etwas geleistet, was *dauern* wird. Eine wirklich endgültige und tüchtige Leistung ist heute stets: eine spezialistische Leistung. Und wer also nicht die Fähigkeit besitzt, sich einmal sozusagen Scheuklappen anzuziehen und sich hineinzusteigern in die Vorstellung, daß das Schicksal seiner Seele davon abhängt: ob er diese, gerade diese Konjektur[7] an dieser Stelle dieser Handschrift richtig macht, der bleibe der Wissenschaft nur ja fern. Niemals wird er in sich das durchmachen, was man das »Erlebnis« der Wissenschaft nennen kann. Ohne diesen seltsamen, von jedem Draußenstehenden belächelten Rausch, diese Leidenschaft, dieses: »Jahrtausende mußten vergehen, ehe du ins Leben tratest, und andere Jahrtausende warten schweigend«: – darauf ob dir diese Konjektur gelingt, hat einer den Beruf zur Wissenschaft *nicht* und tue etwas anderes. Denn nichts ist für den Menschen als Menschen etwas wert, was er nicht mit *Leidenschaft* tun *kann.*

Nun ist es aber Tatsache: daß mit noch so viel von solcher Leidenschaft, so echt und tief sie sein mag, das Resultat sich noch lange nicht erzwingen läßt. Freilich ist sie eine Vorbedingung des Entscheidenden: der »Eingebung«. Es ist ja wohl heute in den Kreisen der Jugend die Vorstellung sehr verbreitet, die Wissenschaft sei ein Rechenexempel geworden, das |

7 Mutmaßlich richtige Lesart, Textverbesserung bei schlecht überlieferten Texten.

in Laboratorien oder statistischen Kartotheken mit dem küh- 11
len Verstand allein und nicht mit der ganzen »Seele« fabriziert werde, so wie »in einer Fabrik«. Wobei vor allem zu bemerken ist: daß dabei meist weder über das, was in einer Fabrik noch was in einem Laboratorium vorgeht, irgendwelche Klarheit besteht. Hier wie dort muß dem Menschen etwas – und zwar das richtige – *einfallen,* damit er irgend etwas Wertvolles leistet. Dieser Einfall aber läßt sich nicht erzwingen. Mit irgendwelchem kalten Rechnen hat er nichts zu tun. Gewiß: auch das ist unumgängliche Vorbedingung. Jeder Soziologe z. B. darf sich nun einmal nicht zu schade dafür sein, auch noch auf seine alten Tage vielleicht monatelang viele zehntausende ganz trivialer Rechenexempel im Kopfe zu machen. Man versucht nicht ungestraft, das auf mechanische Hilfskräfte ganz und gar abzuwälzen, wenn man etwas herausbekommen will, – und was schließlich herauskommt, ist oft blutwenig. Aber, wenn ihm nicht doch etwas Bestimmtes über die Richtung seines Rechnens und, während des Rechnens, über die Tragweite der entstehenden Einzelresultate »einfällt«, dann kommt selbst dies Blutwenige nicht heraus. Nur auf dem Boden ganz harter Arbeit bereitet sich normalerweise der Einfall vor. Gewiß: nicht immer. Der Einfall eines Dilettanten kann wissenschaftlich genau die gleiche oder größere Tragweite haben wie der des Fachmanns. Viele unserer allerbesten Problemstellungen und Erkenntnisse verdanken wir gerade Dilettanten. Der Dilettant unterscheidet sich vom Fachmann – wie Helmholtz über Robert Mayer[8] gesagt hat – nur dadurch, daß ihm die feste Sicherheit der Arbeitsmethode fehlt, und daß er daher den Einfall meist nicht in seiner Tragweite nachzukontrollieren und abzuschätzen oder durchzuführen in der Lage ist. Der Einfall ersetzt nicht die Arbeit. Und die Arbeit ihrerseits kann den Einfall nicht ersetzen oder erzwingen, so wenig wie die Leidenschaft es tut. Beide – vor allem: beide *zusammen* – locken

8 Julius Robert von Mayer (1814–78), deutscher Mediziner, entwickelte das Gesetz von der Erhaltung der Energie.

ihn. Aber er kommt, wenn es ihm, nicht, wenn es uns beliebt. Es ist in der Tat richtig, daß die besten Dinge einem so, wie Ihering[9] es schildert: bei der Zigarre auf dem Kanapee, oder |
12 wie Helmholtz mit naturwissenschaftlicher Genauigkeit für sich angibt: beim Spaziergang auf langsam steigender Straße, oder ähnlich, jedenfalls aber dann, wenn man sie nicht erwartet, einfallen, und nicht während des Grübelns und Suchens am Schreibtisch. Sie wären einem nur freilich nicht eingefallen, wenn man jenes Grübeln am Schreibtisch und wenn man das leidenschaftliche Fragen nicht hinter sich gehabt hätte. Wie dem aber sei: – diesen Hazard, der bei jeder wissenschaftlichen Arbeit mit unterläuft: kommt die »Eingebung« oder nicht? auch den muß der wissenschaftliche Arbeiter in Kauf nehmen. Es kann einer ein vorzüglicher Arbeiter sein und doch nie einen eigenen wertvollen Einfall gehabt haben. Nur ist es ein schwerer Irrtum, zu glauben, das sei nur in der Wissenschaft so und z. B. in einem Kontor gehe es etwa anders zu wie in einem Laboratorium. Ein Kaufmann oder Großindustrieller ohne »kaufmännische Phantasie«, d. h. ohne Einfälle, geniale Einfälle, der ist sein Leben lang nur ein Mann, der am besten Kommis[10] oder technischer Beamter bliebe: nie wird er organisatorische Neuschöpfungen gestalten. Die Eingebung spielt auf dem Gebiete der Wissenschaft ganz und gar nicht – wie sich der Gelehrtendünkel einbildet – eine größere Rolle als auf dem Gebiete der Bewältigung von Problemen des praktischen Lebens durch einen modernen Unternehmer. Und sie spielt andererseits – was auch oft verkannt wird – keine geringere Rolle als auf dem Gebiete der Kunst. Es ist eine kindliche Vorstellung, daß ein Mathematiker an einem Schreibtisch mit einem Lineal oder mit anderen mechanischen Mitteln oder Rechenmaschinen zu irgendwelchem wissenschaftlich wertvollen Resultat käme: die mathemati-

9 Rudolf von Ihering (1818–92), deutscher Jurist, Professor in Basel, Rostock, Kiel, Gießen, Wien und Göttingen.

10 Handlungsgehilfe.

sche Phantasie eines Weierstraß[11] ist natürlich dem Sinn und Resultat nach ganz anders ausgerichtet als die eines Künstlers und qualitativ von ihr grundverschieden. Aber nicht dem psychologischen Vorgang nach. Beide sind: Rausch (im Sinne von Platons »Mania«) und »Eingebung«.

Nun: ob jemand wissenschaftliche Eingebungen hat, das hängt ab von uns verborgenen Schicksalen, außerdem aber von »Gabe«. Nicht zuletzt auf Grund jener zweifellosen Wahrheit hat nun eine ganz begreiflicherweise gerade bei der |
Jugend sehr populäre Einstellung sich in den Dienst einiger 13
Götzen gestellt, deren Kult wir heute an allen Straßenecken und in allen Zeitschriften sich breit machen finden. Jene Götzen sind: die »Persönlichkeit« und das »Erleben«. Beide sind eng verbunden: die Vorstellung herrscht, das letztere mache die erstere aus und gehöre zu ihr. Man quält sich ab, zu »erleben«, – denn das gehört ja zur standesgemäßen Lebensführung einer Persönlichkeit, – und gelingt es nicht, dann muß man wenigstens so tun, als habe man diese Gnadengabe. Früher nannte man dies »Erlebnis« auf deutsch: »Sensation«. Und von dem, was »Persönlichkeit« sei und bedeute, hatte man eine – ich glaube – zutreffendere Vorstellung.

Verehrte Anwesende! »Persönlichkeit« auf wissenschaftlichem Gebiet hat nur der, der *rein der Sache* dient. Und nicht nur auf wissenschaftlichem Gebiet ist es so. Wir kennen keinen großen Künstler, der je etwas anderes getan hätte, als seiner Sache und nur ihr zu dienen. Es hat sich, soweit seine Kunst in Betracht kommt, selbst bei einer Persönlichkeit vom Range Goethes gerächt, daß er sich die Freiheit nahm: sein »Leben« zum Kunstwerk machen zu wollen. Aber mag man das bezweifeln, – jedenfalls muß man eben ein Goethe sein, um sich das überhaupt erlauben zu dürfen, und wenigstens das wird jeder zugeben: unbezahlt ist es auch bei jemand wie

11 Karl Weierstraß (1815–97), deutscher Mathematiker, ab 1864 Professor an der Universität Berlin, prägte die moderne Funktionentheorie.

ihm, der alle Jahrtausende einmal erscheint, nicht geblieben. Es steht in der Politik nicht anders. Davon heute nichts. Auf dem Gebiet der Wissenschaft aber ist derjenige ganz gewiß keine »Persönlichkeit«, der als Impresario der Sache, der er sich hingeben sollte, mit auf die Bühne tritt, sich durch »Erleben« legitimieren möchte und fragt: Wie beweise ich, daß ich etwas anderes bin als nur ein »Fachmann«, wie mache ich es, daß ich, in der Form oder in der Sache, etwas sage, das so noch keiner gesagt hat wie ich: – eine heute massenhaft auftretende Erscheinung, die überall kleinlich wirkt, und die denjenigen herabsetzt, der so fragt, statt daß ihn die innere Hingabe an die Aufgabe und nur an sie auf die Höhe und zu der Würde der Sache emporhöbe, der er zu dienen vorgibt. Auch das ist beim Künstler nicht anders. |

14 Diesen mit der Kunst gemeinsamen Vorbedingungen unserer Arbeit steht nun gegenüber ein Schicksal, das sie von der künstlerischen Arbeit tief unterscheidet. Die wissenschaftliche Arbeit ist eingespannt in den Ablauf des *Fortschritts.* Auf dem Gebiete der Kunst dagegen gibt es – in diesem Sinne – keinen Fortschritt. Es ist nicht wahr, daß ein Kunstwerk einer Zeit, welche neue technische Mittel oder etwa die Gesetze der Perspektive sich erarbeitet hatte, um deswillen rein künstlerisch höher stehe als ein aller Kenntnis jener Mittel und Gesetze entblößtes Kunstwerk, – *wenn* es nur material- und formgerecht war, das heißt: wenn es seinen Gegenstand so wählte und formte, wie dies ohne Anwendung jener Bedingungen und Mittel kunstgerecht zu leisten war. Ein Kunstwerk, das wirklich »Erfüllung« ist, wird nie überboten, es wird nie veralten; der Einzelne kann seine Bedeutsamkeit für sich persönlich verschieden einschätzen; aber niemand wird von einem Werk, das wirklich im künstlerischen Sinne »Erfüllung« ist, jemals sagen können, daß es durch ein anderes, das ebenfalls »Erfüllung« ist, »überholt« sei. Jeder von uns dagegen in der Wissenschaft weiß, daß das, was er gearbeitet hat, in 10, 20, 50 Jahren veraltet ist. Das ist das Schicksal, ja: das ist der *Sinn* der Arbeit der Wissenschaft, dem sie, in ganz spezifischem Sinne gegen-

über allen anderen Kulturelementen, für die es sonst noch gilt, unterworfen und hingegeben ist: jede wissenschaftliche »Erfüllung« bedeutet neue »Fragen« und *will* »überboten« werden und veralten. Damit hat sich jeder abzufinden, der der Wissenschaft dienen will. Wissenschaftliche Arbeiten können gewiß dauernd, als »Genußmittel« ihrer künstlerischen Qualität wegen, oder als Mittel der Schulung zur Arbeit, wichtig bleiben. Wissenschaftlich aber überholt zu werden, ist – es sei wiederholt – nicht nur unser aller Schicksal, sondern unser aller Zweck. Wir können nicht arbeiten, ohne zu hoffen, daß andere weiter kommen werden als wir. Prinzipiell geht dieser Fortschritt in das Unendliche. Und damit kommen wir zu dem *Sinnproblem* der Wissenschaft. Denn das versteht sich ja doch nicht so von selbst, daß etwas, das einem solchen Gesetz unterstellt ist, Sinn und Verstand | in sich selbst hat. Warum betreibt *15*
man etwas, das in der Wirklichkeit nie zu Ende kommt und kommen kann? Nun zunächst: zu rein praktischen, im weiteren Wortsinn: technischen Zwecken: um unser praktisches Handeln an den Erwartungen orientieren zu können, welche die wissenschaftliche Erfahrung uns an die Hand gibt. Gut. Aber das bedeutet nur etwas für den Praktiker. Welches aber ist die innere Stellung des Mannes der Wissenschaft selbst zu seinem Beruf? - wenn er nämlich nach einer solchen überhaupt sucht. Er behauptet: die Wissenschaft »um ihrer selbst willen« und nicht nur dazu zu betreiben, weil andere damit geschäftliche oder technische Erfolge herbeiführen, sich besser nähren, kleiden, beleuchten, regieren können. Was glaubt er denn aber Sinnvolles damit, mit diesen stets zum Veralten bestimmten Schöpfungen, zu leisten, damit also, daß er sich in diesen fachgeteilten, ins Unendliche laufenden Betrieb einspannen läßt? Das erfordert einige allgemeine Erwägungen.

Der wissenschaftliche Fortschritt ist ein Bruchteil und zwar der wichtigste Bruchteil, jenes Intellektualisierungsprozesses, dem wir seit Jahrtausenden unterliegen, und zu dem heute üblicherweise in so außerordentlich negativer Art Stellung genommen wird.

Machen wir uns zunächst klar, was denn eigentlich diese intellektualistische Rationalisierung durch Wissenschaft und wissenschaftlich orientierte Technik praktisch bedeutet. Etwa, daß wir heute, jeder z. B., der hier im Saale sitzt, eine größere Kenntnis der Lebensbedingungen hat, unter denen er existiert, als ein Indianer oder ein Hottentotte? Schwerlich. Wer von uns auf der Straßenbahn fährt, hat – wenn er nicht Fachphysiker ist – keine Ahnung, wie sie das macht, sich in Bewegung zu setzen. Er braucht auch nichts davon zu wissen. Es genügt ihm, daß er auf das Verhalten des Straßenbahnwagens »rechnen« kann, er orientiert sein Verhalten daran; aber wie man eine Trambahn so herstellt, daß sie sich bewegt, davon weiß er nichts. Der Wilde weiß das von seinen Werkzeugen ungleich besser. Wenn wir heute Geld ausgeben, so wette ich, daß, sogar wenn nationalökonomische Fachkollegen im Saale
16 | sind, fast jeder eine andere Antwort bereit halten wird auf die Frage: Wie macht das Geld es, daß man dafür etwas – bald viel, bald wenig – kaufen kann? Wie der Wilde es macht, um zu seiner täglichen Nahrung zu kommen, und welche Institutionen ihm dabei dienen, das weiß er. Die zunehmende Intellektualisierung und Rationalisierung bedeutet also *nicht* eine zunehmende allgemeine Kenntnis der Lebensbedingungen, unter denen man steht. Sondern sie bedeutet etwas anderes: das Wissen davon oder den Glauben daran: daß man, wenn man *nur wollte,* es jederzeit erfahren *könnte,* daß es also prinzipiell keine geheimnisvollen unberechenbaren Mächte gebe, die da hineinspielen, daß man vielmehr alle Dinge – im Prinzip – durch *Berechnen beherrschen* könne. Das aber bedeutet: die Entzauberung der Welt. Nicht mehr, wie der Wilde, für den es solche Mächte gab, muß man zu magischen Mitteln greifen, um die Geister zu beherrschen oder zu erbitten. Sondern technische Mittel und Berechnung leisten das. Dies vor allem bedeutet die Intellektualisierung als solche.

Hat denn aber nun dieser in der okzidentalen Kultur durch Jahrtausende fortgesetzte Entzauberungsprozeß und überhaupt: dieser »Fortschritt«, dem die Wissenschaft als Glied und

Triebkraft mit angehört, irgendeinen über dies rein Praktische und Technische hinausgehenden Sinn? Aufgeworfen finden Sie diese Frage am prinzipiellsten in den Werken Leo Tolstois. Auf einem eigentümlichen Wege kam er dazu. Das ganze Problem seines Grübelns drehte sich zunehmend um die Frage: ob der *Tod* eine sinnvolle Erscheinung sei oder nicht. Und die Antwort lautet bei ihm: für den Kulturmenschen – nein. Und zwar deshalb nicht, weil ja das zivilisierte, in den »Fortschritt«, in das Unendliche hineingestellte einzelne Leben seinem eigenen immanenten Sinn nach kein Ende haben dürfte. Denn es liegt ja immer noch ein weiterer Fortschritt vor dem, der darin steht; niemand, der stirbt, steht auf der Höhe, welche in der Unendlichkeit liegt. Abraham oder irgendein Bauer der alten Zeit starb »alt und lebensgesättigt«, weil er im organischen Kreislauf des Lebens stand, weil sein Leben auch | seinem 17
Sinn nach ihm am Abend seiner Tage gebracht hatte, was es bieten konnte, weil für ihn keine Rätsel, die er zu lösen wünschte, übrig blieben und er deshalb »genug« daran haben konnte. Ein Kulturmensch aber, hineingestellt in die fortwährende Anreicherung der Zivilisation mit Gedanken, Wissen, Problemen, der kann »lebensmüde« werden, aber nicht: lebensgesättigt. Denn er erhascht von dem, was das Leben des Geistes stets neu gebiert, ja nur den winzigsten Teil, und immer nur etwas Vorläufiges, nichts Endgültiges, und deshalb ist der Tod für ihn eine sinnlose Begebenheit. Und weil der Tod sinnlos ist, ist es auch das Kulturleben als solches, welches ja eben durch seine sinnlose »Fortschrittlichkeit« den Tod zur Sinnlosigkeit stempelt. Überall in seinen späten Romanen findet sich dieser Gedanke als Grundton der Tolstoischen Kunst.

Wie stellt man sich dazu? Hat der »Fortschritt« als solcher einen erkennbaren, über das Technische hinausreichenden Sinn, so daß dadurch der Dienst an ihm ein sinnvoller Beruf würde? Die Frage muß aufgeworfen werden. Das ist nun aber nicht mehr nur die Frage des Berufs *für* die Wissenschaft, das Problem also: Was bedeutet die Wissenschaft als Beruf für den, der sich ihr hingibt, sondern schon die andere: Welches ist der *Beruf der Wissenschaft* innerhalb des Gesamtlebens der Menschheit? und welches ihr Wert?

Ungeheuer ist da nun der Gegensatz zwischen Vergangenheit und Gegenwart. Wenn Sie sich erinnern an das wundervolle Bild zu Anfang des siebenten Buches von Platons Politeia: jene gefesselten Höhlenmenschen, deren Gesicht gerichtet ist auf die Felswand vor ihnen, hinter ihnen liegt die Lichtquelle, die sie nicht sehen können, sie befassen sich daher nur mit den Schattenbildern, die sie auf die Wand wirft, und suchen ihren Zusammenhang zu ergründen. Bis es einem von ihnen gelingt, die Fesseln zu sprengen und er dreht sich um und erblickt: die Sonne. Geblendet tappt er umher und stammelt von dem, was er sah. Die anderen sagen, er sei irre. Aber allmählich lernt er in das Licht zu schauen, und dann ist seine Aufgabe, hinabzusteigen zu den Höhlenmenschen und sie
18 empor- | zuführen an das Licht. Er ist der Philosoph, die Sonne aber ist die Wahrheit der Wissenschaft, die allein nicht nach Scheingebilden und Schatten hascht, sondern nach dem wahren Sein.

Ja, wer steht heute so zur Wissenschaft? Heute ist die Empfindung gerade der Jugend wohl eher die umgekehrte: Die Gedankengebilde der Wissenschaft sind ein hinterweltliches Reich von künstlichen Abstraktionen, die mit ihren dürren Händen Blut und Saft des wirklichen Lebens einzufangen trachten, ohne es doch je zu erhaschen. Hier im Leben aber, in dem, was für Platon das Schattenspiel an den Wänden der Höhle war, pulsiert die wirkliche Realität: das andere sind von ihr abgeleitete und leblose Gespenster und sonst nichts. Wie vollzog sich diese Wandlung? Die leidenschaftliche Begeisterung Platons in der Politeia erklärt sich letztlich daraus, daß damals zuerst der Sinn eines der großen Mittel alles wissenschaftlichen Erkennens bewußt gefunden war: des *Begriffs.* Von Sokrates ist er in seiner Tragweite entdeckt. Nicht von ihm allein in der Welt. Sie können in Indien ganz ähnliche Ansätze einer Logik finden, wie die des Aristoteles ist. Aber nirgends mit diesem Bewußtsein der Bedeutung. Hier zum erstenmal schien ein Mittel zur Hand, womit man jemanden in den logischen Schraubstock setzen konnte, so daß er nicht herauskam, ohne zuzugeben: entweder daß er nichts wisse: oder daß dies und nichts anderes die Wahrheit sei, die *ewige* Wahrheit, die nie vergehen würde, wie das Tun und Treiben der blinden Menschen. Das war das ungeheure Erlebnis, das den Schülern des Sokrates aufging. Und daraus schien zu folgen, daß, wenn man nur den rechten Begriff des Schönen, des Guten, oder auch etwa der Tapferkeit, der Seele – und was es sei – gefunden habe, daß man dann auch ihr wahres Sein erfassen könne, und das wieder schien den Weg an die Hand zu geben, zu wissen und zu lehren: wie man im Leben, vor allem: als Staatsbürger, richtig handle. Denn auf diese Frage kam den durch und durch politisch denkenden Hellenen alles an. Deshalb betrieb man Wissenschaft.

Neben diese Entdeckung des hellenischen Geistes trat nun als Kind der Renaissancezeit das zweite große Werkzeug | wissenschaftlicher Arbeit: das rationale Experiment, als Mittel *19*
zuverlässig kontrollierter Erfahrung, ohne welches die heutige empirische Wissenschaft unmöglich wäre. Experimentiert hatte man auch früher: physiologisch z. B. in Indien im Dienst der asketischen Technik des Yogi, in der hellenischen Antike mathematisch zu kriegstechnischen Zwecken, im Mittelalter z. B. zum Zwecke des Bergbaus. Aber das Experiment zum Prinzip der Forschung als solcher erhoben zu haben, ist die Leistung der Renaissance. Und zwar bildeten die Bahnbrecher die großen Neuerer auf dem Gebiete der *Kunst:* Lionardo[12] und seinesgleichen, vor allem charakteristisch die Experimentatoren in der Musik des 16. Jahrhunderts mit ihren Versuchsklavieren. Von ihnen wanderte das Experiment in die Wissenschaft vor allem durch Galilei[13], in die Theorie durch

12 Leonardo da Vinci (1452–1519), italienischer Künstler und Naturforscher.

13 Galileo Galilei (1564–1642), italienischer Mathematiker, Physiker und Philosoph, Vorkämpfer der heliozentrischen Weltsicht.

Bacon[14]; und dann übernahmen es die exakten Einzeldisziplinen an den Universitäten des Kontinents, zunächst vor allem in Italien und den Niederlanden.

Was bedeutete nun die Wissenschaft diesen Menschen an der Schwelle der Neuzeit? Den künstlerischen Experimentatoren von der Art Lionardos und den musikalischen Neuerern bedeutete sie den Weg zur *wahren* Kunst, und das hieß für sie zugleich: zur *wahren Natur.* Die Kunst sollte zum Rang einer Wissenschaft, und das hieß zugleich und vor allem: der Künstler zum Rang eines Doktors, sozial und dem Sinne seines Lebens nach, erhoben werden. Das ist der Ehrgeiz, der z. B. auch Lionardos Malerbuch zugrunde liegt. Und heute? »Die Wissenschaft als der Weg zur Natur« – das würde der Jugend klingen wie eine Blasphemie. Nein, umgekehrt: Erlösung vom Intellektualismus der Wissenschaft, um zur eigenen Natur und damit zur Natur überhaupt zurückzukommen! Als Weg zur Kunst vollends? Da bedarf es keiner Kritik. – Aber man erwartete von der Wissenschaft im Zeitalter der Entstehung der exakten Naturwissenschaften noch mehr. Wenn Sie sich an den Ausspruch Swammerdams[15] erinnern: »ich bringe Ihnen hier den Nachweis der Vorsehung Gottes in der Anatomie einer Laus«, so sehen Sie, was die (indirekt) protestantisch und puritanisch beeinflußte wissenschaftliche Arbeit damals sich als
20 ihre eigene Aufgabe dachte: den | Weg zu Gott. Den fand man damals nicht mehr bei den Philosophen und ihren Begriffen und Deduktionen: – daß Gott auf diesem Weg nicht zu finden sei, auf dem ihn das Mittelalter gesucht hatte, das wußte die ganze pietistische Theologie der damaligen Zeit, Spener[16] vor

14 Francis Bacon (1561–1626), britischer Philosoph, Schriftsteller und Politiker.

15 Jan Swammerdam (1637–80), niederländischer Naturforscher, Autor bedeutender Arbeiten zur Systematik der Insekten.

16 Philipp Jakob Spener (1635–1705), deutscher evangelischer Theologe, bedeutender Denker des Reformprogramms des lutherischen Pietismus.

allem. Gott ist verborgen, seine Wege sind nicht unsere Wege, seine Gedanken nicht unsere Gedanken. In den exakten Naturwissenschaften aber, wo man seine Werke physisch greifen konnte, da hoffte man, seinen Absichten mit der Welt auf die Spur zu kommen. Und heute? Wer – außer einigen großen Kindern, wie sie sich gerade in den Naturwissenschaften finden – glaubt heute noch, daß Erkenntnisse der Astronomie oder der Biologie oder der Physik oder Chemie uns etwas über den *Sinn* der Welt, ja auch nur etwas darüber lehren könnten: auf welchem Weg man einem solchen »Sinn« – wenn es ihn gibt – auf die Spur kommen könnte? Wenn irgend etwas, so sind sie geeignet, den Glauben daran: *daß* es so etwas wie einen »Sinn« der Welt gebe, in der Wurzel absterben zu lassen! Und vollends: die Wissenschaft als Weg »zu Gott«? Sie, die spezifisch gottfremde Macht? Daß sie das ist, darüber wird – mag er es sich zugestehen oder nicht – in seinem letzten Innern heute niemand im Zweifel sein. Erlösung von dem Rationalismus und Intellektualismus der Wissenschaft ist die Grundvoraussetzung des Lebens in der Gemeinschaft mit dem Göttlichen: dies oder etwas dem Sinn nach Gleiches ist eine der Grundparolen, die man aus allem Empfinden unserer religiös gestimmten oder nach religiösem Erlebnis strebenden Jugend heraushört. Und nicht nur für das religiöse, nein für das Erlebnis überhaupt. Befremdlich ist nur der Weg, der nun eingeschlagen wird: daß nämlich das einzige, was bis dahin der Intellektualismus noch nicht berührt hatte: eben jene Sphären des Irrationalen, jetzt ins Bewußtsein erhoben und unter seine Lupe genommen werden. Denn darauf kommt die moderne intellektualistische Romantik des Irrationalen praktisch hinaus. Dieser Weg zur Befreiung vom Intellektualismus bringt wohl das gerade Gegenteil von dem, was diejenigen, die ihn beschreiten, als Ziel darunter sich vorstellen. – Daß man schließ-
| lich in naivem Optimismus die Wissenschaft, das heißt: die *21*
auf sie gegründete Technik der Beherrschung des Lebens, als Weg zum *Glück* gefeiert hat – dies darf ich wohl, nach Nietzsches vernichtender Kritik an jenen »letzten Menschen«, die

»das Glück erfunden haben«, ganz beiseite lassen. Wer glaubt daran? – außer einigen großen Kindern auf dem Katheder oder in Redaktionsstuben?

Kehren wir zurück. Was ist unter diesen inneren Voraussetzungen der Sinn der Wissenschaft als Beruf, da alle diese früheren Illusionen: »Weg zum wahren Sein«, »Weg zur wahren Kunst«, »Weg zur wahren Natur«, »Weg zum wahren Gott«, »Weg zum wahren Glück«, versunken sind. Die einfachste Antwort hat Tolstoi gegeben mit den Worten: »Sie ist sinnlos, weil sie auf die allein für uns wichtige Frage: ›Was sollen wir tun? Wie sollen wir leben?‹ keine Antwort gibt.« Die Tatsache, daß sie diese Antwort nicht gibt, ist schlechthin unbestreitbar. Die Frage ist nur, in welchem Sinne sie »keine« Antwort gibt, und ob sie statt dessen nicht doch vielleicht dem, der die Frage richtig stellt, etwas leisten könnte. – Man pflegt heute häufig von »voraussetzungsloser« Wissenschaft zu sprechen. Gibt es das? Es kommt darauf an, was man darunter versteht. Vorausgesetzt ist bei jeder wissenschaftlichen Arbeit immer die Geltung der Regeln der Logik und Methodik: dieser allgemeinen Grundlagen unserer Orientierung in der Welt. Nun, diese Voraussetzungen sind, wenigstens für unsere besondere Frage, am wenigsten problematisch. Vorausgesetzt ist aber ferner: daß das, was bei wissenschaftlicher Arbeit herauskommt, *wichtig* im Sinn von »wissenswert« sei. Und da stecken nun offenbar alle unsere Probleme darin. Denn diese Voraussetzung ist nicht wieder ihrerseits mit den Mitteln der Wissenschaft beweisbar. Sie läßt sich nur auf ihren letzten Sinn *deuten,* den man dann ablehnen oder annehmen muß, je nach der eigenen letzten Stellungnahme zum Leben.

Sehr verschieden ist ferner die Art der Beziehung der wissenschaftlichen Arbeit zu diesen ihren Voraussetzungen, je nach deren Struktur. Naturwissenschaften wie etwa die |
22 Physik, Chemie, Astronomie setzen als selbstverständlich voraus, daß die – soweit die Wissenschaft reicht, konstruierbaren – letzten Gesetze des kosmischen Geschehens wert sind, gekannt zu werden. Nicht nur, weil man mit diesen

Kenntnissen technische Erfolge erzielen kann, sondern, wenn sie »Beruf« sein sollen, »um ihrer selbst willen«. Diese Voraussetzung ist selbst schlechthin nicht beweisbar. Und ob diese Welt, die sie beschreiben, wert ist, zu existieren: ob sie einen »Sinn« hat, und ob es einen Sinn hat: in ihr zu existieren, erst recht nicht. Danach fragen sie nicht. Oder nehmen Sie eine wissenschaftlich so hoch entwickelte praktische Kunstlehre wie die moderne Medizin. Die allgemeine »Voraussetzung« des medizinischen Betriebs ist, trivial ausgedrückt: daß die Aufgabe der Erhaltung des Lebens rein als solche und die möglichste Verminderung des Leidens rein als solche bejaht werde. Und das ist problematisch. Der Mediziner erhält mit seinen Mitteln den Todkranken, auch wenn er um Erlösung vom Leben fleht, auch wenn die Angehörigen, denen dies Leben wertlos ist, die ihm die Erlösung vom Leiden gönnen, denen die Kosten der Erhaltung des wertlosen Lebens unerträglich werden – es handelt sich vielleicht um einen armseligen Irren – seinen Tod, eingestandener- oder uneingestandenermaßen, wünschen und wünschen müssen. Allein die Voraussetzungen der Medizin und das Strafgesetzbuch hindern den Arzt, davon abzugehen. Ob das Leben lebenswert ist und wann? – danach fragt sie nicht. Alle Naturwissenschaften geben uns Antwort auf die Frage: Was sollen wir tun, *wenn* wir das Leben *technisch* beherrschen wollen? Ob wir es aber technisch beherrschen sollen und wollen, und ob das letztlich eigentlich Sinn hat: – das lassen sie ganz dahingestellt oder setzen es für ihre Zwecke voraus. Oder nehmen Sie eine Disziplin wie die Kunstwissenschaft. Die Tatsache, daß es Kunstwerke gibt, ist der Ästhetik gegeben. Sie sucht zu ergründen, unter welchen Bedingungen dieser Sachverhalt vorliegt. Aber sie wirft die Frage nicht auf, ob das Reich der Kunst nicht vielleicht ein Reich diabolischer Herrlichkeit sei, ein Reich von dieser Welt, deshalb widergöttlich im tiefsten Innern und in seinem tiefinnerlichst aristokratischen | Geist widerbrüderlich. Danach also fragt sie nicht: 23
ob es Kunstwerke geben *solle.* – Oder die Jurisprudenz: – sie

stellt fest, was, nach den Regeln des teils zwingend logisch, teils durch konventionell gegebene Schemata gebundenen juristischen Denkens gilt, also: *wenn* bestimmte Rechtsregeln und bestimmte Methoden ihrer Deutung als verbindlich anerkannt sind. Ob es Recht geben solle, und *ob* man gerade diese Regeln aufstellen solle, darauf antwortet sie nicht; sondern sie kann nur angeben: wenn man den Erfolg will, so ist diese Rechtsregel nach den Normen unseres Rechtsdenkens das geeignete Mittel, ihn zu erreichen. Oder nehmen Sie die historischen Kulturwissenschaften. Sie lehren politische, künstlerische, literarische und soziale Kulturerscheinungen aus den Bedingungen ihres Entstehens verstehen. Weder aber geben sie von sich aus Antwort auf die Frage: ob diese Kulturerscheinungen es *wert* waren und sind, zu bestehen. Noch antworten sie auf die andere Frage: ob es der Mühe wert ist, sie zu kennen. Sie setzen voraus, daß es ein Interesse habe, durch dies Verfahren teilzuhaben an der Gemeinschaft der »Kulturmenschen«. Aber daß dies der Fall sei, vermögen sie »wissenschaftlich« niemandem zu beweisen, und daß sie es voraussetzen, beweist durchaus nicht, daß es selbstverständlich sei. Das ist es in der Tat ganz und gar nicht.

Bleiben wir nun einmal bei den mir nächstliegenden Disziplinen, also bei der Soziologie, Geschichte, Nationalökonomie und Staatslehre und jenen Arten von Kulturphilosophie, welche sich ihre Deutung zur Aufgabe machen. Man sagt und ich unterschreibe das: Politik gehört nicht in den Hörsaal. Sie gehört nicht dahin von seiten der Studenten. Ich würde es z. B. ganz ebenso beklagen, wenn etwa im Hörsaal meines früheren Kollegen Dietrich Schäfer[17] in Berlin pazifistische Studenten sich um das Katheder stellten und Lärm von der Art machten, wie es antipazifistische Studenten gegenüber dem Professor

17 Dietrich Schäfer (1845–1929), deutscher Historiker, Professor in Jena, Breslau, Tübingen, Heidelberg, ab 1903 in Berlin, Mitbegründer der »Vaterlandspartei«.

Foerster[18], dem ich in meinen Anschauungen in vielem so fern wie möglich stehe, getan haben sollen. Aber Politik gehört allerdings auch nicht dahin von seiten des Dozenten. Gerade
dann nicht, wenn er sich wissenschaftlich mit Politik | befaßt, 24
und dann am allerwenigsten. Denn praktisch-politische Stellungnahme und wissenschaftliche Analyse politischer Gebilde und Parteistellung ist zweierlei. Wenn man in einer Volksversammlung über Demokratie spricht, so macht man aus seiner persönlichen Stellungnahme kein Hehl: gerade das: deutlich erkennbar Partei zu nehmen, ist da die verdammte Pflicht und Schuldigkeit. Die Worte, die man braucht, sind dann nicht Mittel wissenschaftlicher Analyse, sondern politischen Werbens um die Stellungnahme der Anderen. Sie sind nicht Pflugscharen zur Lockerung des Erdreiches des kontemplativen Denkens, sondern Schwerter gegen die Gegner: Kampfmittel. In einer Vorlesung oder im Hörsaal dagegen wäre es Frevel, das Wort in dieser Art zu gebrauchen. Da wird man, wenn etwa von »Demokratie« die Rede ist, deren verschiedene Formen vornehmen, sie analysieren in der Art, wie sie funktionieren, feststellen, welche einzelne Folgen für die Lebensverhältnisse die eine oder andere hat, dann die anderen nicht demokratischen Formen der politischen Ordnung ihnen gegenüberstellen und versuchen, so weit zu gelangen, daß der Hörer in der Lage ist, den Punkt zu finden, von dem aus *er* von *seinen* letzten Idealen aus Stellung dazu nehmen kann. Aber der echte Lehrer wird sich sehr hüten, vom Katheder herunter ihm irgendeine Stellungnahme, sei es ausdrücklich, sei es durch Suggestion – denn das ist natürlich die illoyalste Art, wenn man »die Tatsachen sprechen läßt« – aufzudrängen.

Warum sollen wir das nun eigentlich nicht tun? Ich schicke voraus, daß manche sehr geschätzte Kollegen der Meinung sind, diese Selbstbescheidung durchzuführen ginge

18 Friedrich Wilhelm Foerster (1869–1966), deutscher Philosoph und Pädagoge, Professor in Wien und München, Gesandter des Freistaats Bayern in der Schweiz.

überhaupt nicht, und wenn es ginge, wäre es eine Marotte, das zu vermeiden. Nun kann man niemandem wissenschaftlich vordemonstrieren, was seine Pflicht als akademischer Lehrer sei. Verlangen kann man von ihm nur die intellektuelle Rechtschaffenheit: einzusehen, daß Tatsachenfeststellung, Feststellung mathematischer oder logischer Sachverhalte oder der inneren Struktur von Kulturgütern einerseits, und andererseits die Beantwortung der Frage nach dem *Wert* der Kultur und ihrer einzelnen Inhalte und danach: wie man innerhalb der Kul-
25 tur- | gemeinschaft und der politischen Verbände *handeln* solle – daß dies beides ganz und gar *heterogene* Probleme sind. Fragt er dann weiter, warum er nicht beide im Hörsaale behandeln solle, so ist darauf zu antworten: weil der Prophet und der Demagoge nicht auf den Katheder eines Hörsaals gehören. Dem Propheten wie dem Demagogen ist gesagt: »Gehe hinaus auf die Gassen und rede öffentlich.« Da, heißt das, wo Kritik möglich ist. Im Hörsaal, wo man seinen Zuhörern gegenübersitzt, haben sie zu schweigen und der Lehrer zu reden, und ich halte es für unverantwortlich, diesen Umstand, daß die Studenten um ihres Fortkommens willen das Kolleg eines Lehrers besuchen müssen, und daß dort niemand zugegen ist, der diesem mit Kritik entgegentritt, auszunützen, um den Hörern nicht, wie es seine Aufgabe ist, mit seinen Kenntnissen und wissenschaftlichen Erfahrungen nützlich zu sein, sondern sie zu stempeln nach seiner persönlichen politischen Anschauung. Es ist gewiß möglich, daß es dem Einzelnen nur ungenügend gelingt, seine subjektive Sympathie auszuschalten. Dann setzt er sich der schärfsten Kritik vor dem Forum seines eigenen Gewissens aus. Und es beweist nichts, denn auch andere, rein tatsächliche Irrtümer sind möglich und beweisen doch nichts gegen die Pflicht: die Wahrheit zu suchen. Auch und gerade im rein wissenschaftlichen Interesse lehne ich es ab. Ich erbiete mich, an den Werken unserer Historiker den Nachweis zu führen, daß, wo immer der Mann der Wissenschaft mit seinem eigenen Werturteil kommt, das volle Verstehen der Tatsachen *aufhört.* Doch geht das über das The-

ma des heutigen Abends hinaus und würde lange Auseinandersetzungen erfordern.

Ich frage nur: Wie soll auf der einen Seite ein gläubiger Katholik, auf der anderen Seite ein Freimaurer in einem Kolleg über die Kirchen- und Staatsformen oder über Religionsgeschichte, – wie sollen sie jemals über diese Dinge zur gleichen *Wertung* gebracht werden! Das ist ausgeschlossen. Und doch muß der akademische Lehrer den Wunsch haben und die Forderung an sich selbst stellen, dem einen wie dem andern durch seine Kenntnisse und Methoden nützlich zu sein. Nun werden Sie mit Recht sagen: der gläubige Katholik wird auch
| über die Tatsachen des Herganges bei der Entstehung des 26
Christentums niemals die Ansicht annehmen, die ein von seinen dogmatischen Voraussetzungen freier Lehrer ihm vorträgt. Gewiß! Der Unterschied aber liegt in folgendem: Die im Sinne der Ablehnung religiöser Gebundenheit »voraussetzungslose« Wissenschaft kennt in der Tat ihrerseits das »Wunder« und die »Offenbarung« nicht. Sie würde ihren eigenen »Voraussetzungen« damit untreu. Der Gläubige kennt beides. Und jene »voraussetzungslose« Wissenschaft mutet ihm nicht weniger – aber: auch *nicht mehr* – zu als das Anerkenntnis: daß, *wenn* der Hergang ohne jene übernatürlichen, für eine empirische Erklärung als ursächliche Momente ausscheidenden Eingriffe erklärt werden solle, er so, wie sie es versucht, erklärt werden müsse. Das aber kann er, ohne seinem Glauben untreu zu werden.

Aber hat denn nun die Leistung der Wissenschaft gar keinen Sinn für jemanden, dem die Tatsache als solche gleichgültig und nur die praktische Stellungnahme wichtig ist? Vielleicht doch. Zunächst schon eins. Wenn jemand ein brauchbarer Lehrer ist, dann ist es seine erste Aufgabe, seine Schüler unbequeme Tatsachen anerkennen zu lehren, solche, meine ich, die für seine Parteimeinung unbequem sind; und es gibt für jede Parteimeinung – z. B. auch für die meinige – solche äußerst *unbequeme* Tatsachen. Ich glaube, wenn der akademische Lehrer seine Zuhörer nötigt, sich daran zu gewöhnen, daß er dann mehr als eine nur intellektuelle Leistung vollbringt, ich würde so unbescheiden sein, sogar den Ausdruck »sittliche Leistung« darauf anzuwenden, wenn das auch vielleicht etwas zu pathetisch für eine so schlichte Selbstverständlichkeit klingen mag.

Bisher sprach ich nur von *praktischen* Gründen der Vermeidung eines Aufdrängens persönlicher Stellungnahme. Aber dabei bleibt es nicht. Die Unmöglichkeit »wissenschaftlicher« Vertretung von praktischen Stellungnahmen – außer im Falle der Erörterung der Mittel für einen als fest *gegeben* vorausgesetzten Zweck – folgt aus weit tiefer liegenden Gründen. Sie ist prinzipiell deshalb sinnlos, weil die verschiedenen Wertordnungen der Welt in unlöslichem Kampf untereinander stehen.
27 | Der alte Mill[19], dessen Philosophie ich sonst nicht loben will, aber in diesem Punkt hat er recht, sagt einmal: wenn man von der reinen Erfahrung ausgehe, komme man zum Polytheismus. Das ist flach formuliert und klingt paradox, und doch steckt Wahrheit darin. Wenn irgend etwas, so wissen wir es heute wieder: daß etwas heilig sein kann nicht nur: obwohl es nicht schön ist, sondern: *weil* und *insofern* es nicht schön ist, – in dem 53. Kapitel des Jesajasbuches und im 21. Psalm können Sie die Belege dafür finden, – und daß etwas schön sein kann nicht nur: obwohl, sondern: in dem, worin es nicht gut ist, das wissen wir seit Nietzsche wieder, und vorher finden Sie es gestaltet in den *»fleurs du mal«*, wie Baudelaire[20] seinen Gedichtband nannte, – und eine Alltagsweisheit ist es, daß etwas wahr sein kann, obwohl und indem es nicht schön und nicht heilig und nicht gut ist. Aber das sind nur die elementarsten Fälle dieses Kampfes der Götter der einzelnen Ordnungen und Werte. Wie man es machen will, »wissenschaftlich« zu ent-

19 John Stuart Mill (1806–73), britischer Philosoph und Nationalökonom, Hauptvertreter des Utilitarismus.

20 Charles Baudelaire (1821–67), französischer Dichter, Autor einer Gedichtsammlung mit dem Titel »Les fleurs du mal« (1857, deutscher Titel »Die Blumen des Bösen«.)

scheiden zwischen dem *Wert* der französischen und deutschen
Kultur, weiß ich nicht. Hier streiten eben auch verschiedene
Götter miteinander, und zwar für alle Zeit. Es ist wie in der al-
ten, noch nicht von ihren Göttern und Dämonen entzauber-
ten Welt, nur in anderem Sinne: wie der Hellene einmal der
Aphrodite opferte, und dann dem Apollon und vor allem jeder
den Göttern seiner Stadt, so ist es, entzaubert und entkleidet
der mythischen, aber innerlich wahren Plastik jenes Verhal-
tens, noch heute. Und über diesen Göttern und in ihrem
Kampf waltet das Schicksal, aber ganz gewiß keine »Wissen-
schaft«. Es läßt sich nur verstehen, *was* das Göttliche für die
eine und für die andere oder: in der einen und der anderen
Ordnung ist. Damit ist aber die Sache für jede Erörterung in
einem Hörsaal und durch einen Professor schlechterdings zu
Ende, so wenig natürlich das darin steckende gewaltige *Le-
bens*problem selbst damit zu Ende ist. Aber andere Mächte als
die Katheder der Universitäten haben da das Wort. Welcher
Mensch wird sich vermessen, die Ethik der Bergpredigt, etwa
den Satz: »Widerstehe nicht dem Übel« oder das Bild von der
einen oder der anderen Backe, »wissenschaft- | lich widerle- 28
gen« zu wollen? Und doch ist klar: es ist, innerweltlich angese-
hen, eine Ethik der Würdelosigkeit, die hier gepredigt wird:
man hat zu wählen zwischen der religiösen Würde, die diese
Ethik bringt, und der Manneswürde, die etwas ganz anderes
predigt: »Widerstehe dem Übel, – sonst bist du für seine Über-
gewalt mitverantwortlich.« je nach der letzten Stellungnahme
ist für den Einzelnen das eine der Teufel und das andere der
Gott, und der Einzelne hat sich zu entscheiden, welches *für ihn*
der Gott und welches der Teufel ist. Und so geht es durch alle
Ordnungen des Lebens hindurch. Der großartige Rationalis-
mus der ethisch-methodischen Lebensführung, der aus jeder
religiösen Prophetie quillt, hatte diese Vielgötterei entthront
zugunsten des »Einen, das not tut« – und hat dann, angesichts
der Realitäten des äußeren und inneren Lebens, sich zu jenen
Kompromissen und Relativierungen genötigt gesehen, die wir
alle aus der Geschichte des Christentums kennen. Heute aber

ist es religiöser »Alltag«. Die alten vielen Götter, entzaubert und daher in Gestalt unpersönlicher Mächte, entsteigen ihren Gräbern, streben nach Gewalt über unser Leben und beginnen untereinander wieder ihren ewigen Kampf. Das aber, was gerade dem modernen Menschen so schwer wird, und der jungen Generation am schwersten, ist: einem solchen *Alltag* gewachsen zu sein. Alles Jagen nach dem »Erlebnis« stammt aus dieser Schwäche. Denn Schwäche ist es: dem Schicksal der Zeit nicht in sein ernstes Antlitz blicken zu können.

Schicksal unserer Kultur aber ist, daß wir uns dessen wieder deutlicher bewußt werden, nachdem durch ein Jahrtausend die angeblich oder vermeintlich ausschließliche Orientierung an dem großartigen Pathos der christlichen Ethik die Augen dafür geblendet hatte.

Doch genug von diesen sehr ins Weite führenden Fragen. Denn der Irrtum, den ein Teil unserer Jugend begeht, wenn er auf all das antworten würde: »Ja, aber wir kommen nun einmal in die Vorlesung, um etwas anderes zu erleben als nur Analysen und Tatsachenfeststellungen«, – der Irrtum ist der, daß sie in
29 dem Professor etwas anderes suchen, als ihnen | dort gegenübersteht, – einen *Führer* und nicht: einen *Lehrer.* Aber nur als *Lehrer* sind wir auf das Katheder gestellt. Das ist zweierlei, und daß es das ist, davon kann man sich leicht überzeugen. Erlauben Sie, daß ich Sie noch einmal nach Amerika führe, weil man dort solche Dinge oft in ihrer massivsten Ursprünglichkeit sehen kann. Der amerikanische Knabe lernt unsagbar viel weniger als der unsrige. Er ist trotz unglaublich vielen Examinierens doch dem *Sinn* seines Schullebens nach noch nicht jener absolute Examensmensch geworden, wie es der deutsche ist. Denn die Bürokratie, die das Examensdiplom als Eintrittsbillet ins Reich der Amtspfründen voraussetzt, ist dort erst in den Anfängen. Der junge Amerikaner hat vor nichts und niemand, vor keiner Tradition und keinem Amt Respekt, es sei denn vor der persönlich eigenen Leistung des Betreffenden: *das* nennt der Amerikaner »Demokratie«. Wie verzerrt auch immer die Realität diesem Sinngehalt gegenüber sich verhalten möge, der

Sinngehalt ist dieser, und darauf kommt es hier an. Der Lehrer, der ihm gegenübersteht, von dem hat er die Vorstellung: er verkauft mir seine Kenntnisse und Methoden für meines Vaters Geld, ganz ebenso wie die Gemüsefrau meiner Mutter den Kohl. Damit fertig. Allerdings: wenn der Lehrer etwa ein *football*-Meister ist, dann ist er auf diesem Gebiet sein Führer. Ist er das (oder etwas Ähnliches auf anderem Sportgebiet) aber nicht, so ist er eben nur Lehrer und weiter nichts, und keinem amerikanischen jungen Manne wird es einfallen, sich von ihm »Weltanschauungen« oder maßgebliche Regeln für seine Lebensführung verkaufen zu lassen. Nun, in dieser Formulierung werden wir das ablehnen. Aber es fragt sich, ob hier in dieser von mir absichtlich noch etwas ins Extreme gesteigerten Empfindungsweise nicht doch ein Korn Wahrheit steckt.

Kommilitonen und Kommilitoninnen! Sie kommen mit diesen Ansprüchen an unsere Führerqualitäten in die Vorlesungen zu uns und sagen sich vorher nicht: daß von hundert Professoren mindestens neunundneunzig nicht nur keine *football*-Meister des Lebens, sondern überhaupt nicht »Führer« in Angelegenheiten der Lebensführung zu sein in Anspruch nehmen | und nehmen dürfen. Bedenken Sie: es hängt der Wert 30
des Menschen ja nicht davon ab, ob er Führerqualitäten besitzt. Und jedenfalls sind es nicht die Qualitäten, die jemanden zu einem ausgezeichneten Gelehrten und akademischen Lehrer machen, die ihn zum Führer auf dem Gebiet der praktischen Lebensorientierung oder, spezieller, der Politik machen. Es ist der reine Zufall, wenn jemand auch diese Qualität besitzt, und sehr bedenklich ist es, wenn jeder, der auf dem Katheder steht, sich vor die Zumutung gestellt fühlt, sie in Anspruch zu nehmen. Noch bedenklicher, wenn es jedem akademischen Lehrer überlassen bleibt, sich im Hörsaal als Führer aufzuspielen. Denn die, welche sich am meisten dafür halten, sind es oft am wenigsten, und vor allem: ob sie es sind oder nicht, dafür bietet die Situation auf dem Katheder schlechterdings keine Möglichkeit der *Bewährung.* Der Professor, der sich zum Berater der Jugend berufen fühlt und ihr Vertrauen

genießt, möge im persönlichen Verkehr von Mensch zu Mensch mit ihr seinen Mann stehen. Und fühlt er sich zum Eingreifen in die Kämpfe der Weltanschauungen und Parteimeinungen berufen, so möge er das draußen auf dem Markt des Lebens tun: in der Presse, in Versammlungen, in Vereinen, wo immer er will. Aber es ist doch etwas allzu bequem, seinen Bekennermut da zu zeigen, wo die Anwesenden und vielleicht Andersdenkenden zum Schweigen verurteilt sind.

Sie werden schließlich die Frage stellen: wenn dem so ist, was leistet denn nun eigentlich die Wissenschaft Positives für das praktische und persönliche »Leben?« Und damit sind wir wieder bei dem Problem ihres »Berufs«. Zunächst natürlich: Kenntnisse über die Technik, wie man das Leben, die äußeren Dinge sowohl wie das Handeln der Menschen, durch Berechnung beherrscht: – nun, das ist aber doch nur die Gemüsefrau des amerikanischen Knaben, werden Sie sagen. Ganz meine Meinung. Zweitens, was diese Gemüsefrau schon immerhin nicht tut: Methoden des Denkens, das Handwerkszeug und die Schulung dazu. Sie werden vielleicht sagen: nun, das ist nicht Gemüse, aber es ist auch nicht mehr als das Mittel, sich
31 Gemüse zu verschaffen. Gut, lassen wir das | heute dahingestellt. Aber damit ist die Leistung der Wissenschaft glücklicherweise auch noch nicht zu Ende, sondern wir sind in der Lage, Ihnen zu einem Dritten zu verhelfen: zur *Klarheit.* Vorausgesetzt natürlich, daß wir sie selbst besitzen. Soweit dies der Fall ist, können wir Ihnen deutlich machen: man kann zu dem Wertproblem, um das es sich jeweils handelt – ich bitte Sie der Einfachheit halber an soziale Erscheinungen als Beispiel zu denken – praktisch die und die verschiedene Stellung einnehmen. Wenn man die und die Stellung einnimmt, so muß man nach den Erfahrungen der Wissenschaft die und die *Mittel* anwenden, um sie praktisch zur Durchführung zu bringen. Diese Mittel sind nun vielleicht schon an sich solche, die Sie ablehnen zu müssen glauben. Dann muß man zwischen dem Zweck und den unvermeidlichen Mitteln eben wählen. »Heiligt« der Zweck diese Mittel oder nicht? Der Lehrer kann

die Notwendigkeit dieser Wahl vor Sie hinstellen, mehr kann er, solange er Lehrer bleiben und nicht Demagoge werden will, nicht. Er kann Ihnen ferner natürlich sagen: wenn Sie den und den Zweck wollen, dann müssen Sie die und die Nebenerfolge, die dann erfahrungsgemäß eintreten, mit in Kauf nehmen: wieder die gleiche Lage. Indessen das sind alles noch Probleme, wie sie für jeden Techniker auch entstehen können, der ja auch in zahlreichen Fällen nach dem Prinzip des kleineren Übels oder des relativ Besten sich entscheiden muß. Nur daß für ihn eins, die Hauptsache, gegeben zu sein pflegt: der *Zweck*. Aber eben dies ist nun für uns, sobald es sich um wirklich »letzte« Probleme handelt, *nicht* der Fall. Und damit erst gelangen wir zu der letzten Leistung, welche die Wissenschaft als solche im Dienste der Klarheit vollbringen kann, und zugleich zu ihren Grenzen: wir können – und sollen – Ihnen auch sagen: die und die praktische Stellungnahme läßt sich mit innerer Konsequenz und also: Ehrlichkeit ihrem *Sinn* nach ableiten aus der und der letzten weltanschauungsmäßigen Grundposition – es kann sein, aus nur einer, oder es können vielleicht verschiedene sein –, aber aus den und den anderen nicht. Ihr dient, bildlich geredet, diesem Gott *und kränkt jenen anderen*, wenn Ihr Euch für diese Stellungnahme entschließt. | Denn Ihr kommt notwendig zu diesen und diesen 32
letzten inneren sinnhaften *Konsequenzen,* wenn Ihr Euch treu bleibt. Das läßt sich, im Prinzip wenigstens, leisten. Die Fachdisziplin der Philosophie und die dem Wesen nach philosophischen prinzipiellen Erörterungen der Einzeldisziplinen versuchen das zu leisten. Wir können so, wenn wir unsere Sache verstehen (was hier einmal vorausgesetzt werden muß), den Einzelnen nötigen, oder wenigstens ihm dabei helfen, sich selbst *Rechenschaft zu geben über den letzten Sinn seines eigenen Tuns.* Es scheint mir das nicht so sehr wenig zu sein, auch für das rein persönliche Leben. Ich bin auch hier versucht, wenn einem Lehrer das gelingt, zu sagen: er stehe im Dienst »sittlicher« Mächte: der Pflicht, Klarheit und Verantwortungsgefühl zu schaffen, und ich glaube, er wird dieser Leistung um

so eher fähig sein, je gewissenhafter er es vermeidet, seinerseits dem Zuhörer eine Stellungnahme aufoktroyieren oder ansuggerieren zu wollen.

Überall freilich geht diese Annahme, die ich Ihnen hier vortrage, aus von dem einen Grundsachverhalt: daß das Leben, solange es in sich selbst beruht und aus sich selbst verstanden wird, nur den ewigen Kampf jener Götter miteinander kennt, – unbildlich gesprochen: die Unvereinbarkeit und also die Unaustragbarkeit des Kampfes der letzten überhaupt *möglichen* Standpunkte zum Leben, die Notwendigkeit also: zwischen ihnen sich zu *entscheiden.* Ob unter solchen Verhältnissen die Wissenschaft wert ist, für jemand ein »Beruf« zu werden und ob sie selbst einen objektiv wertvollen »Beruf« hat – das ist wieder ein Werturteil, über welches im Hörsaal nichts auszusagen ist. Denn für die Lehre dort ist die Bejahung *Voraussetzung.* Ich persönlich bejahe schon durch meine eigene Arbeit die Frage. Und zwar auch und gerade für den Standpunkt, der den Intellektualismus, wie es heute die Jugend tut oder – und meist – zu tun nur sich einbildet, als den schlimmsten Teufel haßt. Denn dann gilt für sie das Wort: »Bedenkt, der Teufel, der ist alt, so werdet alt ihn zu verstehen.«[21] Das ist nicht im Sinne der Geburtsurkunde gemeint, sondern in dem
33 Sinn: daß man auch vor diesem Teufel, wenn man | mit ihm fertig werden will, nicht – die Flucht ergreifen darf, wie es heute so gern geschieht, sondern daß man seine Wege erst einmal zu Ende überschauen muß, um seine Macht und seine Schranken zu sehen.

Daß Wissenschaft heute ein *fachlich* betriebener »Beruf« ist im Dienst der Selbstbesinnung und der Erkenntnis tatsächlicher Zusammenhänge, und nicht eine Heilsgüter und Offenbarungen spendende Gnadengabe von Sehern, Propheten oder ein Bestandteil des Nachdenkens von Weisen und Philosophen über den *Sinn* der Welt –, das freilich ist eine unentrinnbare Gegebenheit unserer historischen Situation, aus der

21 Anspielung auf Faust II, Verse 6817–8.

wir, wenn wir uns selbst treu bleiben, nicht herauskommen können. Und wenn nun wieder Tolstoi in Ihnen aufsteht und fragt: »Wer beantwortet, da es die Wissenschaft nicht tut, die Frage: was sollen wir denn tun? und: wie sollen wir unser Leben einrichten?« oder in der heute abend hier gebrauchten Sprache: »welchem der kämpfenden Götter sollen wir dienen? oder vielleicht einem ganz anderen, und wer ist das?« – dann ist zu sagen: nur ein Prophet oder ein Heiland. Wenn der nicht da ist oder wenn seiner Verkündigung nicht mehr geglaubt wird, dann werden Sie ihn ganz gewiß nicht dadurch auf die Erde zwingen, daß Tausende von Professoren als staatlich besoldete oder privilegierte kleine Propheten in ihren Hörsälen ihm seine Rolle abzunehmen versuchen. Sie werden damit nur das eine fertig bringen, daß das Wissen um den entscheidenden Sachverhalt: der Prophet, nach dem sich so viele unserer jüngsten Generation sehnen, ist eben *nicht* da, ihnen niemals in der ganzen Wucht seiner Bedeutung lebendig wird. Es kann, glaube ich, gerade dem inneren Interesse eines wirklich religiös »musikalischen« Menschen nun und nimmermehr gedient sein, wenn ihm und anderen diese Grundtatsache, daß er in einer gottfremden, prophetenlosen Zeit zu leben das Schicksal hat, durch ein Surrogat, wie es alle diese Kathederprophetien sind, verhüllt wird. Die Ehrlichkeit seines religiösen Organs müßte, scheint mir, dagegen sich auflehnen. Nun werden Sie geneigt sein, zu sagen: Aber wie stellt man sich denn zu der Tatsache der Existenz der »Theologie« und | ihrer Ansprüche *34*
darauf: »Wissenschaft« zu sein. Drücken wir uns um die Antwort nicht herum. »Theologie« und »Dogmen« gibt es zwar nicht universell, aber doch nicht gerade nur im Christentum. Sondern (rückwärtsschreitend in der Zeit) in stark entwickelter Form auch im Islam, im Manichäismus, in der Gnosis, in der Orphik, im Parsismus, im Buddhismus, in den hinduistischen Sekten, im Taoismus und in den Upanischaden und natürlich auch im Judentum. Nur freilich in höchst verschiedenem Maße systematisch entwickelt. Und es ist kein Zufall, daß das okzidentale Christentum nicht nur – im Gegensatz zu

dem, was z. B. das Judentum an Theologie besitzt – sie systematischer ausgebaut hat oder danach strebt, sondern daß hier ihre Entwicklung die weitaus stärkste historische Bedeutung gehabt hat. Der hellenische Geist hat das hervorgebracht, und alle Theologie des Westens geht auf ihn zurück, wie (offenbar) alle Theologie des Ostens auf das indische Denken. Alle Theologie ist intellektuelle *Rationalisierung* religiösen Heilsbesitzes. Keine Wissenschaft ist absolut voraussetzungslos, und keine kann für den, der diese Voraussetzungen ablehnt, ihren eigenen Wert begründen. Aber allerdings: jede Theologie fügt für ihre Arbeit und damit für die Rechtfertigung ihrer eigenen Existenz einige spezifische Voraussetzungen hinzu. In verschiedenem Sinn und Umfang. Für *jede* Theologie, z. B. auch für die hinduistische, gilt die Voraussetzung: die Welt müsse einen *Sinn* haben – und ihre Frage ist: wie muß man ihn deuten, damit dies denkmöglich sei? Ganz ebenso wie Kants Erkenntnistheorie von der Voraussetzung ausging: »Wissenschaftliche Wahrheit gibt es, und sie *gilt*« – und dann fragte: Unter welchen Denkvoraussetzungen ist das (sinnvoll) möglich? Oder wie die modernen Ästhetiker (ausdrücklich – wie z.B. G. v. Lukács[22] – oder tatsächlich) von der Voraussetzung ausgehen: »es *gibt* Kunstwerke« – und nun fragen: Wie ist das (sinnvoll) möglich? Allerdings begnügen sich die Theologien mit jener (wesentlich religions-philosophischen) Voraussetzung in aller Regel nicht. Sondern sie gehen regelmäßig von der ferneren Voraussetzung aus: daß bestimmte »Offenbarun-
35 gen« als | heilswichtige Tatsachen – als solche also, welche eine sinnvolle Lebensführung erst ermöglichen – schlechthin zu glauben sind und daß bestimmte Zuständlichkeiten und Handlungen die Qualität der Heiligkeit besitzen – das heißt: eine religiös-sinnvolle Lebensführung oder doch deren Bestandteile bilden. Und ihre Frage ist dann wiederum: Wie lassen sich diese schlechthin anzunehmenden Voraussetzungen

22 Georg (von) Lukács (1885–1971), ungarischer Philosoph und Politiker.

innerhalb eines Gesamtweltbildes sinnvoll deuten? Jene Voraussetzungen selbst liegen dabei für die Theologie jenseits dessen, was »Wissenschaft« ist. Sie sind kein »Wissen« im gewöhnlich verstandenen Sinn, sondern ein »Haben«. Wer sie – den Glauben oder die sonstigen heiligen Zuständlichkeiten – nicht »hat«, dem kann sie keine Theologie ersetzen. Erst recht nicht eine andere Wissenschaft. Im Gegenteil: in jeder »positiven« Theologie gelangt der Gläubige an den Punkt, wo der Augustinische Satz gilt: credo non quod, sed quia absurdum est[23]. Die Fähigkeit zu dieser Virtuosenleistung des »Opfers des Intellekts« ist das entscheidende Merkmal des positiv religiösen Menschen. Und daß dem so ist: – dieser Sachverhalt zeigt, daß trotz (vielmehr infolge) der Theologie (die ihn ja enthüllt) die Spannung zwischen der Wertsphäre der »Wissenschaft« und der des religiösen Heils unüberbrückbar ist.

Das »Opfer des Intellekts« bringt rechtmäßigerweise nur der Jünger dem Propheten, der Gläubige der Kirche. Noch nie ist aber eine neue Prophetie dadurch entstanden (ich wiederhole dieses Bild, das manchen anstößig gewesen ist, hier absichtlich:) daß manche moderne Intellektuelle das Bedürfnis haben, sich in ihrer Seele sozusagen mit garantiert echten, alten Sachen auszumöblieren und sich dabei dann noch daran erinnern, daß dazu auch die Religion gehört hat, die sie nun einmal nicht haben, für die sie nun aber eine Art von spielerisch mit Heiligenbildchen aus aller Herren Länder möblierter Hauskapelle als Ersatz sich aufputzen oder ein Surrogat schaffen in allerhand Arten des Erlebens, denen sie die Würde mystischen Heiligkeitsbesitzes zuschreiben und mit dem sie - auf dem Büchermarkt hausieren gehen. Das ist einfach: Schwindel oder Selbstbetrug. Durchaus kein Schwindel, son-

23 Weber nennt diese Position (»Ich glaube nicht, obwohl es absurd ist, sondern *weil* es absurd ist.«) mehrfach in seinen Arbeiten; er schreibt sie irrtümlicherweise Augustinus zu, obwohl diese wahrscheinlich – zumindest dem Sinne nach – auf den lateinischen Kirchenschriftsteller Tertullian zurückgeht.

36 |dern etwas sehr Ernstes und Wahrhaftes, aber vielleicht zuweilen sich selbst in seinem Sinn Mißdeutendes ist es dagegen, wenn manche jener Jugendgemeinschaften, die in der Stille in den letzten Jahren gewachsen sind, ihrer eigenen menschlichen Gemeinschaftsbeziehung die Deutung einer religiösen, kosmischen oder mystischen Beziehung geben. So wahr es ist, daß jeder Akt echter Brüderlichkeit sich mit dem Wissen darum zu verknüpfen vermag, daß dadurch einem überpersönlichen Reich etwas hinzugefügt wird, was unverlierbar bleibt, so zweifelhaft scheint mir, ob die Würde rein menschlicher Gemeinschaftsbeziehungen durch jene religiösen Deutungen gesteigert wird. – Indessen, das gehört nicht mehr hierher.

Es ist das Schicksal unserer Zeit, mit der ihr eigenen Rationalisierung und Intellektualisierung, vor allem: Entzauberung der Welt, daß gerade die letzten und sublimsten Werte zurückgetreten sind aus der Öffentlichkeit, entweder in das hinterweltliche Reich mystischen Lebens oder in die Brüderlichkeit unmittelbarer Beziehungen der Einzelnen zueinander. Es ist weder zufällig, daß unsere höchste Kunst eine intime und keine monumentale ist, noch daß heute nur innerhalb der kleinsten Gemeinschaftskreise, von Mensch zu Mensch, *im pianissimo,* jenes Etwas pulsiert, das dem entspricht, was früher als prophetisches Pneuma in stürmischem Feuer durch die großen Gemeinden ging und sie zusammenschweißte. Versuchen wir, monumentale Kunstgesinnung zu erzwingen und zu »erfinden«, dann entsteht ein so jämmerliches Mißgebilde wie in den vielen Denkmälern der letzten 20 Jahre. Versucht man religiöse Neubildungen zu ergrübeln ohne neue, echte Prophetie, so entsteht im innerlichen Sinn etwas Ähnliches, was noch übler wirken muß. Und die Kathederprophetie wird vollends nur fanatische Sekten, aber nie eine echte Gemeinschaft schaffen. Wer dies Schicksal der Zeit nicht männlich ertragen kann, dem muß man sagen: Er kehre lieber, schweigend, ohne die übliche öffentliche Renegatenreklame, sondern schlicht und einfach, in die weit und erbarmend geöffneten Arme der

alten Kirchen zurück. Sie machen es ihm ja nicht schwer. Irgendwie hat er dabei – das ist unvermeid- | lich – das »Opfer 37
des Intellektes« zu bringen, so oder so. Wir werden ihn darum nicht schelten, wenn er es wirklich vermag. Denn ein solches Opfer des Intellekts zugunsten einer bedingungslosen religiösen Hingabe ist sittlich immerhin doch etwas anderes als jene Umgehung der schlichten intellektuellen Rechtschaffenheitspflicht, die eintritt, wenn man sich selbst nicht klar zu werden den Mut hat über die eigene letzte Stellungnahme, sondern diese Pflicht durch schwächliche Relativierung sich erleichtert. Und mir steht sie auch höher als jene Katheder-prophetie, die sich darüber nicht klar ist, daß innerhalb der Räume des Hörsaals nun einmal keine andere Tugend gilt als eben: schlichte intellektuelle Rechtschaffenheit. Sie aber gebietet uns, festzustellen, daß heute für alle jene vielen, die auf neue Propheten und Heilande harren, die Lage die gleiche ist, wie sie aus jenem schönen, unter die Jesaja-Orakel aufgenommenen edomitischen Wächterlied in der Exilszeit klingt: »Es kommt ein Ruf aus Seir in Edom: Wächter, wie lang noch die Nacht? Der Wächter spricht: Es kommt der Morgen, aber noch ist es Nacht. Wenn ihr fragen wollt, kommt ein ander Mal wieder.«[24] Das Volk, dem das gesagt wurde, hat gefragt und geharrt durch weit mehr als zwei Jahrtausende, und wir kennen sein erschütterndes Schicksal. Daraus wollen wir die Lehre ziehen: daß es mit dem Sehnen und Harren allein nicht getan ist, und es anders machen: an unsere Arbeit gehen und der »Forderung des Tages« gerecht werden – menschlich sowohl wie beruflich. Die aber ist schlicht und einfach, wenn jeder den Dämon findet und ihm gehorcht, der *seines* Lebens Fäden hält.

24 Zitat aus Jesaja 21, 11/12.

Politik als Beruf
[1919]

Der Vortrag, den ich auf Ihren Wunsch zu halten habe, wird Sie nach verschiedenen Richtungen notwendig enttäuschen. In einer *Rede* über Politik als Beruf werden Sie unwillkürlich eine Stellungnahme zu aktuellen Tagesfragen erwarten. Das wird aber nur in einer rein formalen Art am Schlusse geschehen anläßlich bestimmter Fragen der Bedeutung des politischen Tuns innerhalb der gesamten Lebensführung. Ganz ausgeschaltet werden müssen dagegen in dem heutigen Vortrag alle Fragen, die sich darauf beziehen: *welche* Politik man treiben, welche *Inhalte,* heißt das, man seinem politischen Tun geben *soll.* Denn das hat mit der allgemeinen *Frage:* was Politik als Beruf ist und bedeuten kann, nichts zu tun. – Damit zur Sache!

Was verstehen wir unter Politik? Der Begriff ist außerordentlich weit und umfaßt jede Art selbständig *leitender* Tätigkeit. Man spricht von der Devisenpolitik der Banken, von der Diskontpolitik der Reichsbank, von der Politik einer Gewerkschaft in einem Streik, man kann sprechen von der Schulpolitik einer Stadt- oder Dorfgemeinde, von der Politik eines Vereinsvorstandes bei dessen Leitung, ja schließlich von der Politik einer klugen Frau, die ihren Mann zu lenken trachtet. Ein derartig weiter Begriff liegt unseren Betrachtungen vom heutigen Abend natürlich nicht zugrunde. Wir wollen heute darunter nur verstehen: die Leitung oder die Beeinflussung der Leitung eines *politischen* Verbandes, heute also: eines *Staates.*

Was ist nun aber vom Standpunkt der soziologischen Betrachtung aus ein »politischer« Verband? Was ist: ein »Staat«? Auch er läßt sich soziologisch nicht definieren aus dem Inhalt dessen, was er tut. Es gibt fast keine Aufgabe, die nicht ein politischer Verband hier und da in die Hand genommen hätte, andererseits auch keine, von der man sagen könnte, daß sie je-

derzeit, vollends: daß sie immer *ausschließlich* denjenigen Verbänden, die man als politische, heute: als Staaten, bezeichnet, oder welche geschichtlich die Vorfahren des modernen Staates waren, eigen gewesen wäre. Man kann vielmehr den modernen | Staat soziologisch letztlich nur definieren aus einem 4
spezifischen *Mittel,* das ihm, wie jedem politischen Verband, eignet: der physischen Gewaltsamkeit. »Jeder Staat wird auf Gewalt gegründet«, sagte seinerzeit Trotzki in Brest-Litowsk.[1] Das ist in der Tat richtig. Wenn nur soziale Gebilde beständen, denen die Gewaltsamkeit als Mittel unbekannt wäre, *dann* würde der Begriff »Staat« fortgefallen sein, *dann* wäre eingetreten, was man in diesem besonderen Sinne des Wortes als »Anarchie« bezeichnen würde. Gewaltsamkeit ist natürlich nicht etwa das normale oder einzige Mittel des Staates: – davon ist keine Rede –, wohl aber: das ihm spezifische. Gerade heute ist die Beziehung des Staates zur Gewaltsamkeit besonders intim. In der Vergangenheit haben die verschiedensten Verbände – von der Sippe angefangen – physische Gewaltsamkeit als ganz normales Mittel gekannt. Heute dagegen werden wir sagen müssen: Staat ist diejenige menschliche Gemeinschaft, welche innerhalb eines bestimmten Gebietes – dies: das »Gebiet« gehört zum Merkmal – das *Monopol legitimer physischer Gewaltsamkeit* für sich (mit Erfolg) beansprucht. Denn das der Gegenwart Spezifische ist: daß man allen anderen Verbänden oder Einzelpersonen das Recht zur physischen Gewaltsamkeit nur so weit zuschreibt, als der *Staat* sie von ihrer Seite zuläßt: er gilt als alleinige Quelle des »Rechts« auf Gewaltsamkeit. »Politik« würde für uns also heißen: Streben nach Machtanteil oder nach Beeinflussung der Machtverteilung, sei es zwischen Staaten, sei es

1 Leo (Lew) Trotzki (1879–1940), russischer Revolutionär und Politiker, Schöpfer der Roten Armee, hier Hinweis auf den Friedensschluß vom 3. März 1918 zwischen Sowjetrußland und den »Mittelmächten« (Deutschland, Österreich-Ungarn, Türkei und Bulgarien).

innerhalb eines Staates zwischen den Menschengruppen, die er umschließt.

Das entspricht im wesentlichen ja auch dem Sprachgebrauch. Wenn man von einer Frage sagt: sie sei eine »politische« | Frage, von einem Minister oder Beamten: er sei ein »politischer« Beamter, von einem Entschluß: er sei »politisch« bedingt, so ist damit immer gemeint: Machtverteilungs-, Machterhaltungs- oder Machtverschiebungsinteressen sind maßgebend für die Antwort auf jene Frage oder bedingen diesen Entschluß oder bestimmen die Tätigkeitssphäre des betreffenden Beamten. – Wer Politik treibt, erstrebt Macht, – Macht entweder als Mittel im Dienst anderer Ziele – idealer oder egoistischer – oder Macht »um ihrer selbst willen«: um das Prestigegefühl, das sie gibt, zu genießen.

Der Staat ist, ebenso wie die ihm geschichtlich vorausgehenden politischen Verbände, ein auf das Mittel der legitimen (das heißt: als legitim angesehenen) Gewaltsamkeit gestütztes *Herrschafts*verhältnis von Menschen über Menschen. Damit er bestehe, müssen sich also die beherrschten Menschen der beanspruchten Autorität der jeweils herrschenden *fügen.* Wann und warum tun sie das? Auf welche inneren Rechtfertigungsgründe und auf welche äußeren Mittel stützt sich diese Herrschaft?

Es gibt der inneren Rechtfertigungen, also: der *Legitimitäts*gründe einer Herrschaft – um mit ihnen zu beginnen – im Prinzip drei. Einmal die Autorität des »ewig Gestrigen«: der durch unvordenkliche Geltung und gewohnheitsmäßige Einstellung auf ihre Innehaltung geheiligten *Sitte:* »traditionale« Herrschaft, wie sie der Patriarch und der Patrimonialfürst alten Schlages übten. Dann: die Autorität der außeralltäglichen persönlichen *Gnadengabe* (Charisma), die ganz persönliche Hingabe und das persönliche Vertrauen zu Offenbarungen, Heldentum oder anderen Führereigenschaften eines einzelnen: »charismatische« Herrschaft, wie sie der Prophet oder – auf dem Gebiet des Politischen – der gekorene Kriegsfürst oder der plebiszitäre Herrscher, der große Demagoge und po-

litische Parteiführer ausüben. Endlich: Herrschaft kraft »Legalität«, kraft des Glaubens an die Geltung legaler *Satzung* und der durch rational geschaffene Regeln begründeten sachlichen »Kompetenz«, also: der Einstellung auf Gehorsam in der Erfüllung satzungsmäßiger Pflichten: eine | Herrschaft, wie 6
sie der moderne »Staatsdiener« und alle jene Träger von Macht ausüben, die ihm in dieser Hinsicht ähneln. – Es versteht sich, daß in der Realität höchst massive Motive der Furcht und der Hoffnung – Furcht vor der Rache magischer Mächte oder des Machthabers, Hoffnung auf jenseitigen oder diesseitigen Lohn – und daneben Interessen verschiedenster Art die Fügsamkeit bedingen. Davon sogleich. Aber wenn man nach den »Legitimitäts«gründen dieser Fügsamkeit fragt, dann allerdings stößt man auf diese drei »reinen« Typen. Und diese Legitimitätsvorstellungen und ihre innere Begründung sind für die Struktur der Herrschaft von sehr erheblicher Bedeutung. Die reinen Typen finden sich freilich in der Wirklichkeit selten. Aber es kann heute auf die höchst verwickelten Abwandlungen, Übergänge und Kombinationen dieser reinen Typen nicht eingegangen werden: das gehört zu dem Problem der »allgemeinen Staatslehre«. Uns interessiert hier vor allem der zweite von jenen Typen: die Herrschaft kraft Hingabe der Gehorchenden an das rein persönliche »Charisma« des »Führers«. Denn hier wurzelt der Gedanke des *Berufs* in seiner höchsten Ausprägung. Die Hingabe an das Charisma des Propheten oder des Führers im Kriege oder des ganz großen Demagogen in der Ekklesia oder im Parlament bedeutet ja, daß er persönlich als der innerlich »berufene« Leiter der Menschen gilt, daß diese sich ihm nicht kraft Sitte oder Satzung fügen, sondern weil sie an ihn glauben. Er selbst zwar lebt seiner Sache, »trachtet nach seinem Werk«, wenn er mehr ist als ein enger und eitler Emporkömmling des Augenblicks. Seiner Person und ihren Qualitäten aber gilt die Hingabe seines Anhanges: der Jüngerschaft, der Gefolgschaft, der ganz persönlichen Parteigängerschaft. In den beiden in der Vergangenheit wichtigsten Figuren: des Magiers und Propheten ei-

nerseits, des gekorenen Kriegsfürsten, Bandenführers, Condottiere anderseits, ist das Führertum in allen Gebieten und historischen Epochen aufgetreten. Dem Okzident eigentümlich ist aber, was uns näher angeht: das *politische* Führertum in der Gestalt zuerst des freien »Demagogen«, der auf dem Boden des nur dem Abendland, vor allem der mittelländischen
7 Kultur, eigenen | Stadtstaates, und dann des parlamentarischen »Parteiführers«, der auf dem Boden des ebenfalls nur im Abendland bodenständigen Verfassungsstaates gewachsen ist.

Diese Politiker kraft *»Berufes«* in des Wortes eigentlichster Bedeutung sind nun aber natürlich nirgends die allein maßgebenden Figuren im Getriebe des politischen Machtkampfes. Höchst entscheidend ist vielmehr die Art der Hilfsmittel, die ihnen zur Verfügung stehen. Wie fangen die politisch herrschenden Gewalten es an, sich in ihrer Herrschaft zu behaupten? Die Frage gilt für jede Art von Herrschaft, also auch für die politische Herrschaft in allen ihren Formen: für die traditionale ebenso wie für die legale und die charismatische.

Jeder Herrschaftsbetrieb, welcher kontinuierliche Verwaltung erheischt, braucht einerseits die Einstellung menschlichen Handelns auf den Gehorsam gegenüber jenen Herren, welche Träger der legitimen Gewalt zu sein beanspruchen, und andrerseits, vermittelst dieses Gehorsams, die Verfügung über diejenigen Sachgüter, welche gegebenenfalls zur Durchführung der physischen Gewaltanwendung erforderlich sind: den personalen Verwaltungsstab und die sachlichen Verwaltungsmittel.

Der Verwaltungsstab, der den politischen Herrschaftsbetrieb wie jeden anderen Betrieb in seiner äußeren Erscheinung darstellt, ist nun natürlich nicht nur durch jene Legitimitätsvorstellung, von der eben die Rede war, an den Gehorsam gegenüber dem Gewalthaber gekettet. Sondern durch zwei Mittel, welche an das persönliche Interesse appellieren: materielles Entgelt und soziale Ehre. Lehen der Vasallen, Pfründen der Patrimonialbeamten, Gehalt der modernen Staatsdiener, – Ritterehre, ständische Privilegien, Beamtenehre bilden den Lohn, und die Angst, sie zu verlieren, die letzte entscheidende Grundlage für die Solidarität des Verwaltungsstabes mit dem Gewalthaber. Auch für die charismatische Führerherrschaft gilt das: Kriegsehre und Beute für die kriegerische, die »*spoils*«: Ausbeutung der Beherrschten durch Ämtermonopol, politisch bedingte Profite und Eitelkeitsprämien für die demagogische Gefolgschaft.

Zur Aufrechterhaltung jeder gewaltsamen Herrschaft bedarf es gewisser materieller äußerer Sachgüter, ganz wie bei einem wirtschaftlichen Betrieb. Alle Staatsordnungen lassen sich nun danach gliedern, ob sie auf dem Prinzip beruhen, daß jener Stab von Menschen: – Beamte oder wer sie sonst sein mögen –, auf deren Gehorsam der Gewalthaber muß rechnen können, im *eigenen* Besitze der Verwaltungsmittel, mögen sie bestehen in Geld, Gebäuden, Kriegsmaterial, Wagenparks, |
Pferden, oder was sonst immer, sich befinden, oder ob der Ver- *8*
waltungsstab von den Verwaltungsmitteln »getrennt« ist, im gleichen Sinn, wie heute der Angestellte und Proletarier innerhalb des kapitalistischen Betriebes »getrennt« ist von den sachlichen Produktionsmitteln. Ob also der Gewalthaber die Verwaltung in *eigener* von ihm organisierter *Regie* hat und durch persönliche Diener oder angestellte Beamte oder persönliche Günstlinge und Vertraute verwalten läßt, welche nicht Eigentümer: Besitzer zu eigenem Recht, der sachlichen Betriebsmittel sind, sondern vom Herrn darin dirigiert werden, oder ob das Gegenteil der Fall ist. Der Unterschied geht durch alle Verwaltungsorganisationen der Vergangenheit hindurch.

Einen politischen Verband, bei dem die sachlichen Verwaltungsmittel ganz oder teilweise in der Eigenmacht des abhängigen Verwaltungsstabes sich befinden, wollen wir einen »*ständisch*« gegliederten Verband nennen. Der Vasall z. B. im Lehnsverband bestritt die Verwaltung und Rechtspflege des ihm verlehnten Bezirks aus eigener Tasche, equipierte und verproviantierte sich selbst für den Krieg; seine Untervasallen taten das gleiche. Das hatte natürlich Konsequenzen für die Machtstellung des Herrn, die nur auf dem persönlichen Treubund und darauf ruhte, daß der Lehnsbesitz und die soziale Ehre des Vasallen ihre »Legitimität« vom Herrn ableiteten.

Überall aber, bis in die frühesten politischen Bildungen zurück, finden wir auch die eigene Regie des Herrn: durch persönlich von ihm Abhängige: Sklaven, Hausbeamte, Dienstleute, persönliche »Günstlinge« und aus seinen Vorratskammern mit Natural- und Gelddeputaten entlehnte Pfründner sucht er die Verwaltung in eigene Hand zu bekommen, die Mittel aus eigener Tasche, aus Erträgnissen seines Patrimoniums zu bestreiten, ein rein persönlich von ihm abhängiges, weil aus seinen Speichern, Magazinen, Rüstkammern equipiertes und verproviantiertes Heer zu schaffen. Während im »ständischen« Verband der Herr mit Hilfe einer eigenständigen »Aristokratie« herrscht, also mit ihr die Herrschaft teilt, stützt er sich hier entweder auf Haushörige oder auf Plebejer: besitzlose, der eigenen sozialen Ehre entbehrende Schichten,
9 die materiell | gänzlich an ihn gekettet sind und keinerlei konkurrierende eigene Macht unter den Füßen haben. Alle Formen patriarchaler und patrimonialer Herrschaft, sultanistischer Despotie und bürokratischer Staatsordnung gehören zu diesem Typus. Insbesondere: die bürokratische Staatsordnung, also die, in ihrer rationalsten Ausbildung, auch und gerade dem modernen Staat charakteristische.

Überall kommt die Entwicklung des modernen Staates dadurch in Fluß, daß von seiten des Fürsten die Enteignung der neben ihm stehenden selbständigen »privaten« Träger von Verwaltungsmacht: jener Eigenbesitzer von Verwaltungs- und Kriegsbetriebsmitteln, Finanzbetriebsmitteln und politisch verwendbaren Gütern aller Art, in die Wege geleitet wird. Der ganze Prozeß ist eine vollständige Parallele zu der Entwicklung des kapitalistischen Betriebs durch allmähliche Enteignung der selbständigen Produzenten. Am Ende sehen wir, daß in dem modernen Staat tatsächlich in einer einzigen Spitze die Verfügung über die gesamten politischen Betriebsmittel zusammenläuft, kein einziger Beamter mehr persönlicher Eigentümer des Geldes ist, das er verausgabt, oder der Gebäude,

Vorräte, Werkzeuge, Kriegsmaschinen, über die er verfügt. Vollständig durchgeführt ist also im heutigen »Staat« – das ist ihm begriffswesentlich – die »Trennung« des Verwaltungsstabes: der Verwaltungsbeamten und Verwaltungsarbeiter, von den sachlichen Betriebsmitteln. Hier setzt nun die allermodernste Entwicklung ein und versucht vor unseren Augen die Expropriation dieses Expropriateurs der politischen Mittel und damit der politischen Macht in die Wege zu leiten. Das hat die Revolution[2] wenigstens insofern geleistet, als an die Stelle der gesatzten Obrigkeiten Führer getreten sind, welche durch Usurpation oder Wahl sich in die Verfügungsgewalt über den politischen Menschenstab und Sachgüterapparat gesetzt haben und ihre Legitimität – einerlei mit wieviel Recht – vom Willen der Beherrschten ableiten. Eine andere Frage ist, ob sie auf Grund dieses – wenigstens scheinbaren – Erfolges mit Recht die Hoffnung hegen kann: auch die Expropriation innerhalb der kapitalistischen Wirtschaftsbetriebe durch- |
zuführen, deren Leitung sich trotz weitgehender Analogien *10*
im Innersten nach ganz anderen Gesetzen richtet als die politische Verwaltung. Dazu nehmen wir heute nicht Stellung. Ich stelle für unsere Betrachtung nur das rein *Begriffliche* fest: daß der moderne Staat ein anstaltsmäßiger Herrschaftsverband ist, der innerhalb eines Gebietes die legitime physische Gewaltsamkeit als Mittel der Herrschaft zu monopolisieren mit Erfolg getrachtet hat und zu diesem Zweck die sachlichen Betriebsmittel in der Hand seiner Leiter vereinigt, die sämtlichen eigenberechtigten ständischen Funktionäre aber, die früher zu Eigenrecht darüber verfügten, enteignet und sich selbst in seiner höchsten Spitze an deren Stelle gesetzt hat.

Im Verlaufe dieses politischen Enteignungsprozesses nun, der in allen Ländern der Erde mit wechselndem Erfolge spielte, sind, und zwar zuerst im Dienste des Fürsten, die ersten

2 Hinweis auf die revolutionären Entwicklungen in Deutschland nach der Abdankung des Kaisers Wilhelm II. am 9. November 1918.

Kategorien von »Berufspolitikern« in einem *zweiten* Sinn aufgetreten, von Leuten, die nicht selbst Herren sein wollten, wie die charismatischen Führer, sondern *in den Dienst* von politischen Herren traten. Sie stellten sich in diesem Kampfe den Fürsten zur Verfügung und machten aus der Besorgung von dessen Politik einen materiellen Lebenserwerb einerseits, einen ideellen Lebensinhalt andrerseits. Wieder *nur* im Okzident finden wir *diese* Art von Berufspolitikern auch im Dienst anderer Mächte als nur der Fürsten. In der Vergangenheit waren sie deren wichtigstes Macht- und politisches Expropriationsinstrument.

Machen wir uns, ehe wir näher auf sie eingehen, den Sachverhalt, den die Existenz solcher »Berufspolitiker« darstellt, nach allen Seiten unzweideutig klar. Man kann »Politik« treiben – also: die Machtverteilung zwischen und innerhalb politischer Gebilde zu beeinflussen trachten – sowohl als »Gelegenheits«politiker wie als nebenberuflicher oder hauptberuflicher Politiker, genau wie beim ökonomischen Erwerb. »Gelegenheits«politiker sind wir alle, wenn wir unseren Wahlzettel abgeben oder eine ähnliche Willensäußerung: etwa Beifall oder Protest in einer »politischen« Versammlung, vollziehen, eine »politische« Rede halten usw., – und bei vielen Menschen be-
11 schränkt sich | ihre ganze Beziehung zur Politik darauf. »Nebenberufliche« Politiker sind heute z. B. alle jene Vertrauensmänner und Vorstände von parteipolitischen Vereinen, welche diese Tätigkeit – wie es durchaus die Regel ist – nur im Bedarfsfalle ausüben und weder materiell noch ideell in *erster* Linie daraus »ihr Leben machen«. Ebenso jene Mitglieder von Staatsräten und ähnlichen Beratungskörperschaften, die nur auf Anfordern in Funktion treten. Ebenso aber auch ziemlich breite Schichten unserer Parlamentarier, die nur in Zeiten der Session Politik treiben. In der Vergangenheit finden wir solche Schichten namentlich unter den Ständen. »Stände« sollen uns heißen die eigenberechtigten Besitzer militärischer oder für die Verwaltung wichtiger sachlicher Betriebsmittel oder persönlicher Herrengewalten. Ein großer Teil von ihnen war weit

davon entfernt, sein Leben ganz oder auch nur vorzugsweise
oder mehr als gelegentlich in den Dienst der Politik zu stellen.
Sie nützten vielmehr ihre Herrenmacht im Interesse der Erzie-
lung von Renten oder auch geradezu von Profit und wurden
politisch, im Dienst des politischen Verbandes, nur tätig, wenn
der Herr oder ihre Standesgenossen dies besonders verlangten.
Nicht anders auch ein Teil jener Hilfskräfte, die der Fürst im
Kampf um die Schaffung eines politischen Eigenbetriebes, der
nur ihm zur Verfügung stehen sollte, heranzog. Die »Räte von
Haus aus« und, noch weiter zurück, ein erheblicher Teil der in
der »Curia« und den anderen beratenden Körperschaften des
Fürsten zusammentretenden Ratgeber hatten diesen Charak-
ter. Aber mit diesen nur gelegentlichen oder nebenberuflichen
Hilfskräften kam der Fürst natürlich nicht aus. Er mußte sich
einen Stab von ganz und ausschließlich seinem Dienst gewid-
meten, also *haupt*beruflichen, Hilfskräften zu schaffen suchen.
Davon, woher er diese nahm, hing zum sehr wesentlichen Teil
die Struktur des entstehenden dynastischen politischen Gebil-
des und nicht nur sie, sondern das ganze Gepräge der betref-
fenden Kultur ab. Erst recht in die gleiche Notwendigkeit ver-
setzt waren diejenigen politischen Verbände, welche unter völ-
liger Beseitigung oder weitgehender Beschränkung der Für-
stenmacht sich als (sogenannte) »freie« | Gemeinwesen poli- 12
tisch konstituierten, – »frei« nicht im Sinne der Freiheit von ge-
waltsamer Herrschaft, sondern im Sinne von: Fehlen der kraft
Tradition legitimen (meist religiös geweihten) Fürstengewalt
als ausschließlicher Quelle aller Autorität. Sie haben geschicht-
lich ihre Heimstätte durchaus im Okzident, und ihr Keim war:
die Stadt als politischer Verband, als welche sie zuerst im mit-
telländischen Kulturkreis aufgetreten ist. Wie sahen in all die-
sen Fällen die »*haupt*beruflichen« Politiker aus?

Es gibt zwei Arten, aus der Politik seinen Beruf zu machen.
Entweder: man lebt »für« die Politik – oder aber: »von« der Po-
litik. Der Gegensatz ist keineswegs ein exklusiver. In aller Re-
gel vielmehr tut man, mindestens ideell, meist aber auch mate-
riell, beides: wer »für« die Politik lebt, macht im *inner*lichen

Sinne »sein Leben daraus«: er genießt entweder den nackten Besitz der Macht, die er ausübt, oder er speist sein inneres Gleichgewicht und Selbstgefühl aus dem Bewußtsein, durch Dienst an einer »Sache« seinem Leben einen *Sinn* zu verleihen. In diesem innerlichen Sinn lebt wohl jeder ernste Mensch, der für eine Sache lebt, auch von dieser Sache. Die Unterscheidung bezieht sich also auf eine viel massivere Seite des Sachverhaltes: auf die ökonomische. »Von« der Politik als Beruf lebt, wer danach strebt, daraus eine dauernde *Einnahme*quelle zu machen, – »für« die Politik der, bei dem dies nicht der Fall ist. Damit jemand in diesem ökonomischen Sinn »für« die Politik leben könne, müssen unter der Herrschaft der Privateigentumsordnung einige, wenn Sie wollen, sehr triviale Voraussetzungen vorliegen: er muß – unter normalen Verhältnissen – ökonomisch von den Einnahmen, welche die Politik ihm bringen kann, unabhängig sein. Das heißt ganz einfach: er muß vermögend oder in einer privaten Lebensstellung sein, welche ihm auskömmliche Einkünfte abwirft. So steht es wenigstens unter normalen Verhältnissen. Zwar die Gefolgschaft des Kriegsfürsten fragt ebensowenig nach den Bedingungen normaler Wirtschaft wie die Gefolgschaft des revolutionären Helden der Straße. Beide leben von Beute, Raub, Konfiskationen,
13 Kontributionen, Aufdrängung von wert- | losen Zwangszahlungsmitteln: – was dem Wesen nach alles das gleiche ist. Aber das sind notwendig außeralltägliche Erscheinungen: in der Alltagswirtschaft leistet nur eigenes Vermögen diesen Dienst. Aber damit allein nicht genug: er muß überdies wirtschaftlich »abkömmlich« sein, d. h. seine Einkünfte dürfen nicht davon abhängen, daß er ständig persönlich seine Arbeitskraft und sein Denken voll oder doch weit überwiegend in den Dienst ihres Erwerbes stellt. Abkömmlich in diesem Sinn ist nun am unbedingtesten: der Rentner, derjenige also, der vollkommen arbeitsloses Einkommen, sei es, wie die Grundherren der Vergangenheit, die Großgrundbesitzer und die Standesherren der Gegenwart, aus Grundrenten – in der Antike und im Mittelalter auch Sklaven- oder Hörigenrenten – sei es aus Wertpapier-

oder ähnlichen Rentenquellen bezieht. Weder der Arbeiter, *noch* – was sehr zu beachten ist – der Unternehmer –, auch *und gerade* der moderne Großunternehmer ist in diesem Sinn abkömmlich. Denn auch und *gerade* der Unternehmer – der gewerbliche sehr viel mehr als, bei dem Saisoncharakter der Landwirtschaft, der landwirtschaftliche Unternehmer – ist an seinen Betrieb gebunden und *nicht* abkömmlich. Es ist für ihn meist sehr schwer, sich auch nur zeitweilig vertreten zu lassen. Ebensowenig ist dies z. B. der Arzt, je hervorragender und beschäftigter er ist, desto weniger. Leichter schon, aus rein betriebstechnischen Gründen, der Advokat – der deshalb auch als Berufspolitiker eine ungleich größere, oft eine geradezu beherrschende Rolle gespielt hat. – Wir wollen diese Kasuistik nicht weiter verfolgen, sondern wir machen uns einige Konsequenzen klar.

Die Leitung eines Staates oder einer Partei durch Leute, welche (im ökonomischen Sinn des Wortes) ausschließlich für die Politik und nicht von der Politik leben, bedeutet notwendig eine »plutokratische« Rekrutierung der politisch führenden Schichten. Damit ist freilich nicht auch das Umgekehrte gesagt: daß eine solche plutokratische Leitung auch zugleich bedeutete, daß die politisch herrschende Schicht *nicht* auch »von« der Politik zu leben trachtete, also ihre politische Herrschaft | nicht auch für ihre privaten ökonomischen Interessen auszunutzen pflegte. Davon ist natürlich gar keine Rede. Es hat keine Schicht gegeben, die das nicht irgendwie getan hätte. Nur dies bedeutet es: daß die Berufspolitiker nicht unmittelbar *für* ihre politische Leistung Entgelt zu suchen genötigt sind, wie das jeder Mittellose schlechthin in Anspruch nehmen muß. Und andererseits bedeutet es nicht etwa, daß vermögenslose Politiker lediglich oder auch nur vornehmlich ihre privatwirtschaftliche Versorgung durch die Politik im Auge hätten, nicht oder doch nicht vornehmlich »an die Sache« dächten. Nichts wäre unrichtiger. Dem vermögenden Mann ist die Sorge um die ökonomische »Sekurität« seiner Existenz erfahrungsgemäß – bewußt oder unbewußt – ein Kardinalpunkt seiner ganzen

Lebensorientierung. Der ganz rücksichts- und voraussetzungslose politische Idealismus findet sich, wenn nicht ausschließlich, so doch wenigstens gerade bei den infolge ihrer Vermögenslosigkeit ganz außerhalb der an der Erhaltung der ökonomischen Ordnung einer bestimmten Gesellschaft stehenden Schichten: das gilt zumal in außeralltäglichen, also revolutionären, Epochen. Sondern nur dies bedeutet es: daß eine *nicht* plutokratische Rekrutierung der politischen Interessenten, der Führerschaft und ihrer Gefolgschaft, an die selbstverständliche Voraussetzung gebunden ist, daß diesen Interessenten aus dem Betrieb der Politik regelmäßige und verläßliche Einnahmen zufließen. Die Politik kann entweder »ehrenamtlich« und dann von, wie man zu sagen pflegt, »unabhängigen«, d. h. vermögenden Leuten, Rentnern vor allem, geführt werden. Oder aber ihre Führung wird Vermögenslosen zugänglich gemacht, und dann muß sie entgolten werden. Der *von* der Politik lebende Berufspolitiker kann sein: reiner »Pfründner« oder besoldeter »Beamter«. Entweder bezieht er dann Einnahmen aus Gebühren und Sporteln[3] für bestimmte Leistungen – Trinkgelder und Bestechungssummen sind nur eine regellose und formell illegale Abart dieser Kategorie von Einkünften –, oder er bezieht ein festes Naturaliendeputat oder Geldgehalt, oder beides nebeneinander. Er kann den Charakter eines »Unternehmers« annehmen, wie der Condottiere[4] oder der Amts-
15 | pächter oder Amtskäufer der Vergangenheit oder wie der amerikanische *Boss,* der seine Unkosten wie eine Kapitalanlage ansieht, die er durch Ausnutzung seines Einflusses Ertrag bringen läßt. Oder er kann einen festen Lohn beziehen, wie ein Redakteur oder Parteisekretär oder ein moderner Minister oder politischer Beamter. In der Vergangenheit waren Lehen, Bodenschenkungen, Pfründen aller Art, mit Entwicklung der Geldwirtschaft aber besonders Sportelpfründen der typische

3 Mittelalterliche Form des Beamteneinkommens für Amtshandlungen durch »Spenden«, Geschenke.

4 Söldnerführer im 14. und 15. Jahrhundert in Italien.

Entgelt von Fürsten, siegreichen Eroberern oder erfolgreichen Parteihäuptern für ihre Gefolgschaft; heute sind es Ämter aller Art in Parteien, Zeitungen, Genossenschaften, Krankenkassen, Gemeinden und Staaten, welche von den Parteiführern für treue Dienste vergeben wurden. *Alle* Parteikämpfe sind nicht nur Kämpfe um sachliche Ziele, sondern vor allem auch: um Ämterpatronage. Alle Kämpfe zwischen partikularistischen und zentralistischen Bestrebungen in Deutschland drehen sich vor allem auch darum, welche Gewalten, ob die Berliner oder die Münchener, Karlsruher, Dresdener, die Ämterpatronage in der Hand haben. Zurücksetzungen in der Anteilnahme an den Ämtern werden von Parteien schwerer empfunden als Zuwiderhandlungen gegen ihre sachlichen Ziele. Ein parteipolitischer Präfektenschub in Frankreich galt immer als eine größere Umwälzung und erregte mehr Lärm als eine Modifikation des Regierungsprogramms, welches fast rein phraseologische Bedeutung hatte. Manche Parteien, so namentlich die in Amerika, sind seit dem Schwinden der alten Gegensätze über die Auslegung der Verfassung reine Stellenjägerparteien, welche ihr sachliches Programm je nach den Chancen des Stimmenfangs abändern. In Spanien wechselten bis in die letzten Jahre in Gestalt der von obenher fabrizierten »Wahlen« die beiden großen Parteien in konventionell feststehendem Turnus ab, um ihre Gefolgschaft in Ämtern zu versorgen. In den spanischen Kolonialgebieten handelt es sich sowohl bei den sogenannten »Wahlen« wie den sogenannten »Revolutionen« stets um die Staatskrippe, an der die Sieger gefüttert zu werden wünschen. In der Schweiz repartieren die Parteien im Wege des Proporzes die Ämter friedlich unter- |
einander, und manche unserer »revolutionären« Verfassungs- 16
entwürfe, so z. B. der erste für Baden aufgestellte, wollte dies System auf die Ministerstellen ausdehnen und behandelte so den Staat und seine Ämter als reine Pfründnerversorgungsanstalt. Vor allem die Zentrumspartei begeisterte sich dafür und machte in Baden die proportionale Verteilung der Ämter nach Konfessionen, also ohne Rücksicht auf die Leistung, sogar zu

einem Programmpunkt. Mit steigender Zahl der Ämter infolge der allgemeinen Bürokratisierung und steigendem Begehr nach ihnen als einer Form spezifisch *gesicherter* Versorgung steigt für alle Parteien diese Tendenz und werden sie für ihre Gefolgschaft immer mehr Mittel zum Zweck, derart versorgt zu werden.

Dem steht nun aber gegenüber die Entwicklung des modernen Beamtentums zu einer spezialistisch durch langjährige Vorbildung fachgeschulten hochqualifizierten geistigen Arbeiterschaft mit einer im Interesse der Integrität hochentwickelten ständischen *Ehre,* ohne welche die Gefahr furchtbarer Korruption und gemeinen Banausentums als Schicksal über uns schweben und auch die rein technische Leistung des Staatsapparates bedrohen würde, dessen Bedeutung für die Wirtschaft, zumal mit zunehmender Sozialisierung, stetig gestiegen ist und weiter steigen wird. Die Dilettantenverwaltung durch Beutepolitiker, welche in den Vereinigten Staaten Hunderttausende von Beamten, bis zum Postboten hinunter, je nach dem Ausfall der Präsidentenwahl, wechseln ließ und den lebenslänglichen Berufsbeamten nicht kannte, ist längst durch die Civil Service Reform[5] durchlöchert. Rein technische, unabweisliche Bedürfnisse der Verwaltung bedingen diese Entwicklung. In Europa ist das arbeitsteilige Fachbeamtentum in einer Entwicklung von einem halben Jahrtausend allmählich entstanden. Die italienischen Städte und Signorien machten den Anfang; von den Monarchien die normannischen Eroberestaaten. Bei den *Finanzen* der Fürsten geschah der entscheidende Schritt. Bei den Verwaltungsreformen des Kaisers Max[6] kann man sehen, wie schwer selbst unter dem Druck der äußersten Not und Türkenherrschaft es den Beamten gelang,

5 Mit dieser Reform durch den sogenannten »Pendleton-Act« von 1883 wurde das »spoils system« allmählich durch das »merit system« ersetzt.

6 Anspielung auf die Schaffung kollegialer Finanzbehörden durch Kaiser Maximilian I.

auf diesem Gebiet, welches ja den | Dilettantismus eines 17
Herrschers, der damals noch vor allem: ein Ritter war, am wenigsten vertrug, den Fürsten zu depossedieren. Die Entwicklung der Kriegstechnik bedingte den Fachoffizier, die Verfeinerung des Rechtsganges den geschulten Juristen. Auf diesen drei Gebieten siegte das Fachbeamtentum in den entwickelteren Staaten endgültig im 16. Jahrhundert. Damit war gleichzeitig mit dem Aufstieg des Absolutismus der Fürsten gegenüber den Ständen die allmähliche Abdankung seiner Selbstherrschaft an die Fachbeamten, durch die ihm jener Sieg über die Stände erst ermöglicht wurde, eingeleitet.

Gleichzeitig mit dem Aufstieg des fachgeschulten *Beamtentums* vollzog sich auch – wennschon in weit unmerklicheren Übergängen – die Entwicklung der »leitenden *Politiker*«. Von jeher und in aller Welt hatte es, selbstverständlich, solche tatsächlich maßgeblichen Berater der Fürsten gegeben. Im Orient hat das Bedürfnis, den Sultan von der persönlichen Verantwortung für den Erfolg der Regierung möglichst zu entlasten, die typische Figur des »Großwesirs« geschaffen. Im Abendland wurde die Diplomatie, vor allem unter dem Einfluß der in diplomatischen Fachkreisen mit leidenschaftlichem Eifer gelesenen venezianischen Gesandtschaftsberichte, im Zeitalter Karls V. – der Zeit Machiavellis – zuerst eine *bewußt* gepflegte Kunst, deren meist humanistisch gebildete Adepten sich untereinander als eine geschulte Schicht von Eingeweihten behandelten, ähnlich den humanistischen chinesischen Staatsmännern der letzten Teilstaatenzeit[7]. Die Notwendigkeit einer formell einheitlichen Leitung der *gesamten* Politik, einschließlich der inneren, durch einen führenden Staatsmann entstand endgültig und zwingend erst durch die konstitutionelle Entwicklung. Bis dahin hatte es zwar selbstverständlich solche Einzelpersönlichkeiten als Berater oder vielmehr – der Sache nach – Leiter der Fürsten immer wieder

7 Anspielung auf die Epoche der »kämpfenden Staaten« (475–221 v. Chr.)

gegeben. Aber die Organisation der Behörden war zunächst, auch in den am weitesten vorgeschrittenen Staaten, andere Wege gegangen. *Kollegiale* höchste Verwaltungsbehörden waren entstanden. Der Theorie und, in allmählich abnehmendem Maße, der Tatsache nach tagten sie unter dem Vorsitz des
18 Fürsten persön- | lich, der die Entscheidung gab. Durch dieses kollegialische System, welches zu Gutachten, Gegengutachten und motivierten Voten der Mehrheit und Minderheit führte, und ferner dadurch, daß er neben den offiziellen höchsten Behörden sich mit rein persönlichen Vertrauten – dem »Kabinett« – umgab und durch diese seine Entscheidungen auf die Beschlüsse des Staatsrats – oder wie die höchste Staatsbehörde sonst hieß – abgab, suchte der Fürst, der zunehmend in die Lage eines Dilettanten geriet, dem unvermeidlich wachsenden Gewicht der Fachschulung der Beamten sich zu entziehen und die oberste Leitung in der Hand zu behalten: dieser latente Kampf zwischen dem Fachbeamtentum und der Selbstherrschaft bestand überall. Erst gegenüber den Parlamenten und den Machtaspirationen ihrer Parteiführer änderte sich die Lage. Sehr verschieden gelagerte Bedingungen führten doch zu dem äußerlich gleichen Ergebnis. Freilich mit gewissen Unterschieden. Wo immer die Dynastien reale Macht in der Hand behielten – wie namentlich in Deutschland –, waren nun die Interessen des Fürsten mit denen des Beamtentums solidarisch verknüpft *gegen* das Parlament und seine Machtansprüche. Die Beamten hatten das Interesse daran, daß auch die leitenden Stellen, also die Ministerposten, aus ihren Reihen besetzt, also Gegenstände des Beamtenavancements, wurden. Der Monarch seinerseits hatte das Interesse daran, die Minister nach seinem Ermessen auch aus den Reihen der ihm ergebenen Beamten ernennen zu können. Beide Teile aber waren daran interessiert, daß die politische Leitung dem Parlament einheitlich und geschlossen gegenübertrat, also: das Kollegialsystem durch einen einheitlichen Kabinettschef ersetzt wurde. Der Monarch bedurfte überdies, schon um dem Parteikampf und den Parteiangriffen rein formell

enthoben zu bleiben, einer ihn deckenden verantwortlichen, das heißt: dem Parlament Rede stehenden und ihm entgegentretenden, mit den Parteien verhandelnden Einzelpersönlichkeit. Alle diese Interessen wirkten hier zusammen in der gleichen Richtung: ein einheitlich führender Beamtenminister entstand. Noch stärker wirkte in der Richtung der Vereinheitlichung die Entwicklung der Parlamentsmacht da, | wo sie – 19
wie in England – die Oberhand gegenüber dem Monarchen gewann. Hier entwickelte sich das »Kabinett« mit dem einheitlichen Parlamentsführer, dem »*Leader*«, an der Spitze, als ein Ausschuß der von den offiziellen Gesetzen ignorierten, tatsächlich aber allein politisch entscheidenden Macht: der jeweils im Besitz der Mehrheit befindlichen *Partei*. Die offiziellen kollegialen Körperschaften waren eben als solche keine Organe der wirklich herrschenden Macht: der Partei, und konnten also nicht Träger der wirklichen Regierung sein. Eine herrschende Partei bedurfte vielmehr, um im Innern die Gewalt zu behaupten und nach außen große Politik treiben zu können, eines schlagkräftigen, nur aus ihren wirklich führenden Männern zusammengesetzten, vertraulich verhandelnden Organes: eben des Kabinetts, der Öffentlichkeit, vor allem der parlamentarischen Öffentlichkeit gegenüber aber eines für alle Entschließungen verantwortlichen Führers: des Kabinettschefs. Dies englische System ist dann in Gestalt der parlamentarischen Ministerien auf den Kontinent übernommen worden, und nur in Amerika und den von da aus beeinflußten Demokratien wurde ihm ein ganz heterogenes System gegenübergestellt, welches den erkorenen Führer der siegenden Partei durch direkte Volkswahl an die Spitze des von ihm ernannten Beamtenapparates stellte und ihn nur in Budget und Gesetzgebung an die Zustimmung des Parlaments band.

Die Entwicklung der Politik zu einem »Betrieb«, der eine Schulung im Kampf um die Macht und in dessen Methoden erforderte, so wie sie das moderne Parteiwesen entwickelte, bedingte nun die Scheidung der öffentlichen Funktionäre in zwei, allerdings keineswegs schroff, aber doch deutlich ge-

schiedene Kategorien: Fachbeamte einerseits, »politische Beamte« anderseits. Die im eigentlichen Wortsinn »politischen« Beamten sind äußerlich in der Regel daran kenntlich, daß sie jederzeit beliebig versetzt und entlassen oder doch »zur Disposition gestellt« werden können, wie die französischen Präfekten und die ihnen gleichartigen Beamten anderer Länder, im schroffsten Gegensatz gegen die »Unabhängigkeit« der Beamten mit richterlicher Funktion. In England gehören jene
20 Beamten | dazu, die nach fester Konvention bei einem Wechsel der Parlamentsmehrheit und also des Kabinetts aus den Ämtern scheiden. Besonders diejenigen pflegen dahin zu rechnen, deren Kompetenz die Besorgung der allgemeinen »inneren Verwaltung« umfaßt; und der »politische« Bestandteil daran ist vor allem die Aufgabe der Erhaltung der »Ordnung« im Lande, also: der bestehenden Herrschaftsverhältnisse. In Preußen hatten diese Beamten nach dem Puttkamerschen Erlaß[8] bei Vermeidung der Maßregelung, die Pflicht, »die Politik der Regierung zu vertreten«, und wurden, ebenso wie in Frankreich die Präfekten, als amtlicher Apparat zur Beeinflussung der Wahlen benutzt. Die meisten »politischen« Beamten teilten zwar nach deutschem System – im Gegensatz zu anderen Ländern – die Qualität aller anderen insofern, als die Erlangung auch dieser Ämter an akademisches Studium, Fachprüfungen und einen bestimmten Vorbereitungsdienst gebunden war. Dieses spezifische Merkmal des modernen Fachbeamtentums fehlt bei uns nur den Chefs des politischen Apparates: den Ministern. Preußischer Kultusminister konnte man schon unter dem alten Regime sein, ohne selbst jemals eine höhere Unterrichtsanstalt besucht zu haben, während man Vortragender Rat grundsätzlich nur auf Grund der vorgeschriebenen Prüfungen werden konnte. Der fachgeschulte Dezernent und Vortragende Rat war selbstverständlich – z. B.

8 Ab 1879 setzte sich der preußische Innenminister, Robert von Puttkamer, dafür ein, Liberale in der preußischen Beamtenschaft zu entlassen.

unter Althoff[9] im preußischen Unterrichtsministerium – unendlich viel informierter über die eigentlichen technischen Probleme des Faches als sein Chef. In England stand es damit nicht anders. Er war infolgedessen auch für alle Alltagsbedürfnisse der Mächtigere. Das war auch nichts an sich Widersinniges. Der Minister war eben der Repräsentant der *politischen* Machtkonstellation, hatte diese politischen Maßstäbe zu vertreten und an die Vorschläge seiner unterstellten Fachbeamten anzulegen oder ihnen die entsprechenden Direktiven politischer Art zu geben.

Ganz ähnlich steht es ja in einem privaten Wirtschaftsbetrieb: der eigentliche »Souverän«, die Aktionärversammlung, ist in der Betriebsführung ebenso einflußlos wie ein von Fach-
| beamten regiertes »Volk«, und die für die Politik des Betrie- 21
bes ausschlaggebenden Persönlichkeiten, der von Banken beherrschte »Aufsichtsrat«, geben nur die wirtschaftlichen Direktiven und lesen die Persönlichkeiten für die Verwaltung aus, ohne aber selbst imstande zu sein, den Betrieb technisch zu leiten. Insofern bedeutet auch die jetzige Struktur des Revolutionsstaates, welcher absoluten Dilettanten, kraft ihrer Verfügung über die Maschinengewehre, die Macht über die Verwaltung in die Hand gibt und die fachgeschulten Beamten nur als ausführende Köpfe und Hände benutzen möchte, keine grundsätzliche Neuerung. Die Schwierigkeiten dieses jetzigen Systems liegen anderswo als darin, sollen uns aber heute nichts angehen.

Wir fragen vielmehr nun nach der typischen Eigenart der Berufspolitiker, sowohl der »Führer« wie ihrer Gefolgschaft. Sie hat gewechselt und ist auch heute sehr verschieden.

»Berufspolitiker« haben sich in der Vergangenheit, wie wir sahen, im Kampf der Fürsten mit den Ständen entwickelt im Dienst der ersteren. Sehen wir uns ihre Haupttypen kurz an.

9 Friedrich Theodor Althoff (1839–1908), preußischer Ministerialbeamter und Jurist, einflußreicher Organisator des preußischen Hochschulwesens.

[Auslassung der historischen und komparativen Details der Weberschen Argumentation.]

In *Deutschland* waren die entscheidenden Bedingungen des politischen Betriebes bisher im wesentlichen folgende. Erstens: Machtlosigkeit der Parlamente. Die Folge war: daß kein Mensch, der Führerqualität hatte, dauernd hineinging. Gesetzt den Fall, man wollte hineingehen, – was konnte man dort tun? Wenn eine Kanzleistelle frei wurde, konnte man dem betreffenden Verwaltungschef sagen: ich habe in meinem Wahlkreis einen sehr tüchtigen Mann, der wäre geeignet, nehmen sie den doch. Und das geschah gern. Das war aber so ziemlich alles, was ein deutscher Parlamentarier für die Befriedigung seiner Machtinstinkte erreichen konnte, – wenn er solche hatte. Dazu trat – und dies zweite Moment bedingte das erste –: die ungeheure Bedeutung des geschulten Fachbe-
45 amtentums in Deutschland. | Wir waren darin die ersten der Welt. Diese Bedeutung brachte es mit sich, daß dies Fachbeamtentum nicht nur die Fachbeamtenstellen, sondern auch die Ministerposten für sich beanspruchte. Im bayerischen Landtag ist es gewesen, wo im vorigen Jahre, als die Parlamentarisierung zur Diskussion stand, gesagt wurde: die begabten Leute werden dann nicht mehr Beamte werden, wenn man die Parlamentarier in die Ministerien setzt. Die Beamtenverwaltung entzog sich überdies systematisch einer solchen Art von Kontrolle [...] und setzte so die Parlamente außerstand – von wenigen Ausnahmen abgesehen –, wirklich brauchbare Verwaltungschefs in ihrer Mitte heranzubilden.

Das dritte war, daß wir in Deutschland, im Gegensatz zu Amerika, gesinnungspolitische Parteien hatten, die zum mindesten mit subjektiver *bona fides* behaupteten, daß ihre Mitglieder »Weltanschauungen« vertraten. Die beiden wichtigsten dieser Parteien: das Zentrum einerseits, die Sozialdemokratie andererseits, waren nun aber geborene Minoritätsparteien und zwar nach ihrer eigenen Absicht. Die führenden Zentrumskreise im Reich haben nie ein Hehl daraus gemacht, daß sie deshalb gegen den Parlamentarismus seien, weil sie fürchteten, in die Minderheit zu kommen und ihnen dann die Unterbringung von Stellenjägern wie bisher, durch Druck auf die Regierung, erschwert würde. Die Sozialdemokratie war prinzipielle Minderheitspartei und ein Hemmnis der Parlamentarisierung, weil sie sich mit der gegebenen politisch-bürgerlichen Ordnung nicht beflecken wollte. Die Tatsache, daß beide Parteien sich ausschlossen vom parlamentarischen System, machte dieses unmöglich.

Was wurde dabei aus den deutschen Berufspolitikern? Sie hatten keine Macht, keine Verantwortung, konnten nur eine ziemlich subalterne Honoratiorenrolle spielen und waren infolgedessen neuerlich beseelt von den überall typischen Zunftinstinkten. Es war unmöglich, im Kreise dieser Honoratioren, die ihr Leben aus ihrem kleinen Pöstchen machten, hoch zu steigen für einen ihnen nicht gleichgearteten Mann. Ich könnte aus jeder Partei, selbstverständlich die Sozialdemokratie | nicht ausgenommen, zahlreiche Namen nennen, 46
die Tragödien der politischen Laufbahn bedeuteten, weil der Betreffende Führerqualitäten hatte und um eben deswillen von den Honoratioren nicht geduldet wurde. Diesen Weg der Entwicklung zur Honoratiorenzunft sind alle unsere Parteien gegangen. Bebel[10] z. B. war noch ein Führer, dem Temperament und der Lauterkeit des Charakters nach, so bescheiden sein Intellekt war. Die Tatsache, daß er Märtyrer war, daß er das Vertrauen der Massen niemals täuschte (in deren Augen), hatte zur Folge, daß er sie schlechthin hinter sich hatte und es keine Macht innerhalb der Partei gab, die ernsthaft gegen ihn hätte auftreten können. Nach seinem Tode hatte das ein Ende, und die Beamtenherrschaft begann. Gewerkschaftsbeamte, Parteisekretäre, Journalisten kamen in die Höhe, Beamteninstinkte beherrschten die Partei, ein höchst ehrenhaftes Beamtentum – selten ehrenhaft darf man, mit Rücksicht

10 August Bebel (1840–1913), deutscher Politiker, Mitbegründer und Vorsitzender der SPD.

auf die Verhältnisse anderer Länder, besonders im Hinblick auf die oft bestechlichen Gewerkschaftsbeamten in Amerika, sagen –, aber die früher erörterten Konsequenzen der Beamtenherrschaft traten auch in der Partei ein.

Die bürgerlichen Parteien wurden seit den achtziger Jahren vollends Honoratiorenzünfte. Gelegentlich zwar mußten die Parteien zu Reklamezwecken außerparteiliche Intelligenzen heranziehen, um sagen zu können: »diese und diese Namen haben wir«. Möglichst vermieden sie es, dieselben in die Wahl hineinkommen zu lassen, und nur wo es unvermeidlich war, der Betreffende es sich nicht anders gefallen ließ, geschah es. Im Parlamente war der gleiche Geist. Unsere Parlamentsparteien waren und sind Zünfte. Jede Rede, die gehalten wird im Plenum des Reichstages, ist vorher durchrezensiert in der Partei. Das merkt man ihrer unerhörten Langeweile an. Nur wer als Redner bestellt ist, kann zu Wort kommen. Ein stärkerer Gegensatz gegen die englische, aber auch – aus ganz entgegengesetzten Gründen – die französische Gepflogenheit ist kaum denkbar.

Jetzt ist infolge des gewaltigen Zusammenbruchs, den man Revolution zu nennen pflegt, vielleicht eine Umwandlung im
47 | Gange. Vielleicht – nicht sicher. Zunächst traten Ansätze zu neuen Arten von Parteiapparaten auf. Erstens Amateurapparate. Besonders oft vertreten durch Studenten der verschiedenen Hochschulen, die einen Mann, dem sie Führerqualitäten zuschreiben, sagen: wir wollen Sie für die nötige Arbeit versehen, führen Sie sie aus. Zweitens geschäftsmännische Apparate. Es kam vor, daß Leute zu Männern kamen, denen sie Führerqualitäten zuschrieben, und sich erboten, gegen feste Beträge für jede Wahlstimme die Werbung zu übernehmen. – Wenn Sie mich ehrlich fragen würden, welchen von diesen beiden Apparaten ich unter rein technisch-politischen Gesichtspunkten für verläßlicher halten wollte, so würde ich, glaube ich, den letzteren vorziehen. Aber beides waren schnell aufsteigende Blasen, die rasch wieder verschwanden. Die vorhandenen Apparate schichteten sich um, arbeiteten aber weiter. Jene Er-

scheinungen waren nur ein Symptom dafür, daß die neuen Apparate sich vielleicht schon einstellen würden, wenn nur – die Führer da wären. Aber schon die technische Eigentümlichkeit des Verhältniswahlrechts schloß deren Hochkommen aus. Nur ein paar Diktatoren der Straße entstanden und gingen wieder unter. Und nur die Gefolgschaft der Straßendiktatur ist in fester Disziplin organisiert: daher die Macht dieser verschwindenden Minderheiten.

Nehmen wir an, das änderte sich, so muß man sich nach dem früher Gesagten klarmachen: die Leitung der Parteien durch plebiszitäre Führer bedingt die »Entseelung« der Gefolgschaft, ihre geistige Proletarisierung, könnte man sagen. Um für den Führer als Apparat brauchbar zu sein, muß sie blind gehorchen, Maschine im amerikanischen Sinne sein, nicht gestört durch Honoratioreneitelkeit und Prätensionen eigener Ansichten. [...] Es ist das eben der Preis, womit man die Leitung durch Führer zahlt. Aber es gibt nur die Wahl: Führerdemokratie mit »Maschine« oder führerlose Demokratie, das heißt: die Herrschaft der »Berufspolitiker« ohne Beruf, ohne die inneren, charismatischen Qualitäten, die | eben zum *48*
Führer machen. Und das bedeutet dann das, was die jeweilige Parteifronde gewöhnlich als Herrschaft des »Klüngels« bezeichnet. Vorläufig haben wir nur dies letztere in Deutschland. Und für die Zukunft wird der Fortbestand, im Reich wenigstens, begünstigt einmal dadurch, daß doch wohl der Bundesrat wiedererstehen und notwendig die Macht des Reichstages und damit seine Bedeutung als Auslesestelle von Führern beschränken wird. Ferner durch das Verhältniswahlrecht, so, wie es jetzt gestaltet ist: eine typische Erscheinung der führerlosen Demokratie, nicht nur weil es den Kuhhandel der Honoratioren um die Plazierung begünstigt, sondern auch weil es künftig den Interessenverbänden die Möglichkeit gibt, die Aufnahme ihrer Beamten in die Listen zu erzwingen und so ein unpolitisches Parlament zu schaffen, in dem echtes Führertum keine Stätte findet. Das einzige Ventil für das Bedürfnis nach Führertum könnte der Reichspräsident werden,

wenn er plebiszitär, nicht parlamentarisch, gewählt wird. Führertum auf dem Boden der Arbeitsbewährung könnte entstehen und ausgelesen werden vor allem dann, wenn in den großen Kommunen, wie in den Vereinigten Staaten überall da, wo man der Korruption ernstlich zuleibe wollte, der plebiszitäre Stadtdirektor mit dem Recht, sich seine Büros selbständig zusammenzustellen, auf der Bildfläche erscheinen würde. Das würde eine auf solche Wahlen zugeschnittene Parteiorganisation bedingen. Aber die durchaus kleinbürgerliche Führerfeindschaft aller Parteien, mit Einschluß vor allem der Sozialdemokratie, läßt die künftige Art der Gestaltung der Parteien und damit all dieser Chancen noch ganz im Dunkel liegen.

Es ist daher heute noch in keiner Weise zu übersehen, wie sich äußerlich der Betrieb der Politik als »Beruf« gestalten wird, noch weniger infolgedessen: auf welchem Wege sich Chancen für politisch Begabte eröffnen, vor eine befriedigende politische Aufgabe gestellt zu werden. Für den, der »von« der Politik zu leben durch seine Vermögenslage genötigt ist, wird wohl immer die Alternative: Journalistik oder Parteibeamtenstellung als die typischen direkten Wege, oder eine der Interessenvertretungen: bei einer Gewerkschaft, Handels-
49 kammer, Land- | wirtschaftskammer, Handwerkskammer, Arbeitskammer, Arbeitgeberverbände usw., oder geeignete kommunale Stellungen in Betracht kommen. Weiteres läßt sich über die äußere Seite nichts sagen als nur dies: daß der Parteibeamte mit dem Journalisten das Odium der »Deklassiertheit« trägt. »Lohnschreiber« dort – »Lohnredner« hier wird es leider immer, sei es noch so unausgesprochen, in die Ohren klingen; wer dagegen innerlich wehrlos ist und sich selbst nicht die richtige Antwort zu geben vermag, bleibe dieser Laufbahn fern, die in jedem Falle neben schweren Versuchungen ein Weg ist, der fortwährende Enttäuschungen bringen kann. Was vermag sie nun an inneren Freuden zu bieten, und welche persönlichen Vorbedingungen setzt sie bei dem voraus, der sich ihr zuwendet?

Nun, sie gewährt zunächst: Machtgefühl. Selbst in den formell bescheidenen Stellungen vermag den Berufspolitiker das Bewußtsein von Einfluß auf Menschen, von Teilnahme an der Macht über sie, vor allem aber: das Gefühl, einen Nervenstrang historisch wichtigen Geschehens mit in Händen zu halten, über den Alltag hinauszuheben. Aber die Frage ist nun für ihn: durch welche Qualitäten kann er hoffen, dieser (sei es auch im Einzelfall noch so eng umschriebenen) Macht und also der Verantwortung, die sie auf ihn legt, gerecht zu werden? Damit betreten wir das Gebiet ethischer Fragen, denn dahin gehört die Frage: was für ein Mensch man sein muß, um seine Hand in die Speichen des Rades der Geschichte legen zu dürfen.

Man kann sagen, daß drei Qualitäten vornehmlich entscheidend sind für den Politiker: Leidenschaft – Verantwortungsgefühl – Augenmaß. Leidenschaft im Sinn von *Sachlichkeit*: leidenschaftliche Hingabe an eine »Sache«, an den Gott oder Dämon, der ihr Gebieter ist. Nicht im Sinne jenes inneren Gebarens, welches mein verstorbener Freund Georg Simmel als »sterile Aufgeregtheit« zu bezeichnen pflegte, wie sie einem bestimmten Typus vor allem russischer Intellektueller (nicht etwa: allen von ihnen!) eignete und welches jetzt in diesem Karneval, den man mit dem stolzen Namen einer »Revolution« | schmückt, eine so große Rolle auch bei unsern Intel- *50*
lektuellen spielt: eine ins Leere verlaufende »Romantik des intellektuell Interessanten« ohne alles sachliche Verantwortungsgefühl. Denn mit der bloßen, als noch so echt empfundenen, Leidenschaft ist es freilich nicht getan. Sie macht nicht zum Politiker, wenn sie nicht, als Dienst an einer »Sache«, auch die *Verantwortlichkeit* gegenüber ebendieser Sache zum entscheidenden Leitstern des Handelns macht. Und dazu bedarf es – und das ist die entscheidende psychologische Qualität des Politikers – des *Augenmaßes,* der Fähigkeit, die Realitäten mit innerer Sammlung und Ruhe auf sich wirken zu lassen, also: der *Distanz* zu den Dingen und Menschen. »Distanzlosigkeit«, rein als solche, ist eine der Todsünden jedes Politikers und eine

jener Qualitäten, deren Züchtung bei dem Nachwuchs unserer Intellektuellen sie zu politischer Unfähigkeit verurteilen wird. Denn das Problem ist eben: wie heiße Leidenschaft und kühles Augenmaß miteinander in derselben Seele zusammengezwungen werden können? Politik wird mit dem Kopfe gemacht, nicht mit anderen Teilen des Körpers oder der Seele. Und doch kann die Hingabe an sie, wenn sie nicht ein frivoles intellektuelles Spiel, sondern menschlich echtes Handeln sein soll, nur aus Leidenschaft geboren und gespeist werden. Jene starke Bändigung der Seele aber, die den leidenschaftlichen Politiker auszeichnet und ihn von den bloßen »steril aufgeregten« politischen Dilettanten unterscheidet, ist nur durch die Gewöhnung an Distanz – in jedem Sinn des Wortes – möglich. Die »Stärke« einer politischen »Persönlichkeit« bedeutet in allererster Linie den Besitz dieser Qualitäten.

Einen ganz trivialen, allzu menschlichen Feind hat daher der Politiker täglich und stündlich in sich zu überwinden: die ganz gemeine *Eitelkeit,* die Todfeindin aller sachlichen Hingabe und aller Distanz, in diesem Fall: der Distanz, sich selbst gegenüber.

Eitelkeit ist eine sehr verbreitete Eigenschaft, und vielleicht ist niemand ganz frei davon. Und in akademischen und Gelehrtenkreisen ist sie eine Art von Berufskrankheit. Aber
51 gerade beim | Gelehrten ist sie, so antipathisch sie sich äußern mag, relativ harmlos in dem Sinn: daß sie in aller Regel den wissenschaftlichen Betrieb nicht stört. Ganz anders beim Politiker. Er arbeitet mit dem Streben nach *Macht* als unvermeidlichem Mittel. »Machtinstinkt« – wie man sich auszudrücken pflegt – gehört daher in der Tat zu seinen normalen Qualitäten. – Die Sünde gegen den heiligen Geist seines Berufs aber beginnt da, wo dieses Machtstreben *unsachlich* und ein Gegenstand rein persönlicher Selbstberauschung wird, anstatt ausschließlich in den Dienst der »Sache« zu treten. Denn es gibt letztlich nur zwei Arten von Todsünden auf dem Gebiet der Politik: Unsachlichkeit und – oft, aber nicht immer, damit identisch – Verantwortungslosigkeit. Die Eitelkeit: das Be-

dürfnis, selbst möglichst sichtbar in den Vordergrund zu treten, führt den Politiker am stärksten in Versuchung, eine von beiden, oder beide zu begehen. Um so mehr, als der Demagoge auf »Wirkung« zu rechnen gezwungen ist, – er ist eben deshalb stets in Gefahr, sowohl zum Schauspieler zu werden wie die Verantwortung für die Folgen seines Tuns leicht zu nehmen und nur nach dem »Eindruck« zu fragen, den er macht. Seine Unsachlichkeit legt ihm nahe, den glänzenden Schein der Macht statt der wirklichen Macht zu erstreben, seine Verantwortungslosigkeit aber: die Macht lediglich um ihrer selbst willen, ohne inhaltlichen Zweck, zu genießen. Denn obwohl, oder vielmehr: gerade *weil* Macht das unvermeidliche Mittel und Machtstreben daher eine der treibenden Kräfte aller Politik ist, gibt es keine verderblichere Verzerrung der politischen Kraft, als das parvenümäßige Bramarbasieren mit Macht und die eitle Selbstbespiegelung in dem Gefühl der Macht, überhaupt jede Anbetung der Macht rein als solcher. Der bloße »Machtpolitiker«, wie ihn ein auch bei uns eifrig betriebener Kult zu verklären sucht, mag stark wirken, aber er wirkt in der Tat ins Leere und Sinnlose. Darin haben die Kritiker der »Machtpolitik« vollkommen recht. An dem plötzlichen inneren Zusammenbruch typischer Träger dieser Gesinnung haben wir erleben können, welche innere Schwäche und Ohnmacht sich hinter dieser protzigen, aber gänzlich leeren Geste
verbirgt. Sie ist Produkt | einer höchst dürftigen und ober- *52*
flächlichen Blasiertheit gegenüber dem *Sinn* menschlichen Handelns, welche keinerlei Verwandtschaft hat mit dem Wissen um die Tragik, in die alles Tun, zumal aber das politische Tun, in Wahrheit verflochten ist.

Es ist durchaus wahr und eine – jetzt hier nicht näher zu begründende – Grundtatsache aller Geschichte, daß das schließliche Resultat politischen Handelns oft, nein: geradezu regelmäßig, in völlig unadäquatem, oft in geradezu paradoxem Verhältnis zu seinem ursprünglichen Sinn steht. Aber deshalb darf dieser Sinn: der Dienst an einer *Sache,* doch nicht etwa fehlen, wenn anders das Handeln inneren Halt haben soll. *Wie* die Sache auszusehen hat, in deren Dienst der Politiker Macht erstrebt und Macht verwendet, ist Glaubenssache. Er kann nationalen oder menschheitlichen, sozialen und ethischen oder kulturlichen, innerweltlichen oder religiösen Zielen dienen, er kann getragen sein von starkem Glauben an den »Fortschritt« – gleichviel in welchem Sinn – oder aber diese Art von Glauben kühl ablehnen, kann im Dienst einer »Idee« zu stehen beanspruchen oder unter prinzipieller Ablehnung dieses Anspruches äußeren Zielen des Alltagslebens dienen wollen, – immer muß irgendein Glaube *da* sein. Sonst lastet in der Tat – das ist völlig richtig – der Fluch kreatürlicher Nichtigkeit auch auf den äußerlich stärksten politischen Erfolgen.

Mit dem Gesagten sind wir schon in der Erörterung des letzten uns heute abend angehenden Problems begriffen: des *Ethos* der Politik als »Sache«. Welchen Beruf kann sie selbst, ganz unabhängig von ihren Zielen, innerhalb der sittlichen Gesamtökonomie der Lebensführung ausfüllen? Welches ist, sozusagen, der ethische Ort, an dem sie beheimatet ist? Da stoßen nun freilich letzte Weltanschauungen aufeinander, zwischen denen schließlich *gewählt* werden muß. Gehen wir resolut an das neuerdings wieder – nach meiner Ansicht in recht verkehrter Art – aufgerollte Problem heran.

Befreien wir es aber zunächst von einer ganz trivialen Verfälschung. Es kann nämlich zunächst die Ethik auftreten in einer sittlich höchst fatalen Rolle. Nehmen wir Beispiele. Sie werden selten finden, daß ein Mann, dessen Liebe sich
53 von | einer Frau ab- und einer anderen zuwendet, nicht das Bedürfnis empfindet, dies dadurch vor sich selbst zu legitimieren, daß er sagt: sie war meiner Liebe nicht wert, oder sie hat mich enttäuscht, oder was dergleichen »Gründe« mehr sind. Eine Unritterlichkeit, die zu dem schlichten Schicksal: daß er sie nicht mehr liebt, und daß die Frau das tragen muß, in tiefer Unritterlichkeit sich eine »Legitimität« hinzudichtet, kraft deren er für sich ein Recht in Anspruch nimmt und zu dem Unglück noch das Unrecht auf sie zu wälzen trachtet.

Ganz ebenso verfährt der erfolgreiche erotische Konkurrent: der Gegner muß der wertlosere sein, sonst wäre er nicht unterlegen. Nichts anderes ist es aber selbstverständlich, wenn nach irgendeinem siegreichen Krieg der Sieger in würdeloser Rechthaberei beansprucht: ich siegte, denn ich hatte recht. Oder, wenn jemand unter den Fürchterlichkeiten des Krieges seelisch zusammenbricht und nun, anstatt schlicht zu sagen: es war eben zu viel, jetzt das Bedürfnis empfindet, seine Kriegsmüdigkeit vor sich selbst zu legitimieren, indem er die Empfindung substituiert: ich konnte das deshalb nicht ertragen, weil ich für eine sittlich schlechte Sache fechten mußte. Und ebenso bei dem im Kriege Besiegten. Statt nach alter Weiber Art nach einem Kriege nach dem »Schuldigen« zu suchen – wo doch die Struktur der Gesellschaft den Krieg erzeugte –, wird jede männliche und herbe Haltung dem Feinde sagen: »Wir verloren den Krieg – ihr habt ihn gewonnen. Das ist nun erledigt: nun laßt uns darüber reden, welche Konsequenzen zu ziehen sind entsprechend den *sachlichen* Interessen, die im Spiel waren, und – die Hauptsache – angesichts der Verantwortung vor der *Zukunft,* die vor allem den Sieger belastet.« Alles andere ist würdelos und rächt sich. Verletzung ihrer Interessen verzeiht eine Nation, nicht aber Verletzung ihrer Ehre, am wenigsten eine solche durch pfäffische Rechthaberei. Jedes neue Dokument, das nach Jahrzehnten ans Licht kommt, läßt das würdelose Gezeter, den Haß und Zorn wieder aufleben, statt daß der Krieg mit seinem Ende wenigstens *sittlich* begraben würde. Das ist nur durch Sachlichkeit und Ritterlichkeit, vor allem nur: durch *Würde* möglich. Nie aber durch eine »Ethik«, die in Wahrheit
eine | Würdelosigkeit beider Seiten bedeutet. Anstatt sich *54*
um das zu kümmern, was den Politiker angeht: die Zukunft und die Verantwortung vor ihr, befaßt sie sich mit politisch sterilen, weil unaustragbaren Fragen der Schuld in der Vergangenheit. *Dies* zu tun, ist politische Schuld, wenn es irgendeine gibt. Und dabei wird überdies die unvermeidliche Verfälschung des ganzen Problems durch sehr materielle In-

teressen übersehen: Interessen des Siegers am höchstmöglichen Gewinn – moralischen und materiellen –, Hoffnungen des Besiegten darauf, durch Schuldbekenntnisse Vorteile einzuhandeln: wenn es irgend etwas gibt, was *»gemein«* ist, dann dies, und das ist die Folge dieser Art von Benutzung der »Ethik« als Mittel des »Rechthabens«.

Wie steht es denn aber mit der wirklichen Beziehung zwischen Ethik und Politik? Haben sie, wie man gelegentlich gesagt hat, gar nichts miteinander zu tun? Oder ist es umgekehrt richtig, daß »dieselbe« Ethik für das politische Handeln wie für jedes andere gelte? Man hat zuweilen geglaubt, zwischen diesen beiden Behauptungen bestehe eine ausschließliche Alternative; entweder die eine oder die andere sei richtig. Aber ist es denn wahr: daß für erotische und geschäftliche, familiäre und amtliche Beziehungen, für die Beziehungen zu Ehefrau, Gemüsefrau, Sohn, Konkurrenten, Freund, Angeklagten die inhaltlich *gleichen* Gebote von irgendeiner Ethik der Welt aufgestellt werden könnten? Sollte es wirklich für die ethischen Anforderungen an die Politik so gleichgültig sein, daß diese mit einem sehr spezifischen Mittel: Macht, hinter der *Gewaltsamkeit* steht, arbeitet? Sehen wir nicht, daß die bolschewistischen und spartakistischen Ideologen, eben weil sie dieses Mittel der Politik anwenden, genau die *gleichen* Resultate herbeiführen wie irgendein militaristischer Diktator? Wodurch als eben durch die Person der Gewalthaber und ihren Dilettantismus unterscheidet sich die Herrschaft der Arbeiter- und Soldatenräte von der eines beliebigen Machthabers des alten Regimes? Wodurch die Polemik der meisten Vertreter der vermeintlich neuen Ethik selbst gegen die von ihnen kritisierten Gegner von der irgendwelcher anderer Demagogen? Durch die edle Absicht! wird gesagt wer-
55 den. Gut. | Aber das Mittel ist es, wovon hier die Rede ist, und den Adel ihrer letzten Absichten nehmen die befehdeten Gegner mit voller subjektiver Ehrlichkeit ganz ebenso für sich in Anspruch. »Wer zum Schwert greift, wird durch das Schwert umkommen,« und Kampf ist überall Kampf. Also: –

die Ethik der *Bergpredigt?* Mit der Bergpredigt[11] – gemeint ist: die absolute Ethik des Evangeliums – ist es eine ernstere Sache, als die glauben, die diese Gebote heute gern zitieren. Mit ihr ist nicht zu spaßen. Von ihr gilt, was man von der Kausalität in der Wissenschaft gesagt hat: sie ist kein Fiaker[12], den man beliebig halten lassen kann, um nach Befinden ein- und auszusteigen. Sondern: ganz *oder* gar nicht, *das* gerade ist ihr Sinn, wenn etwas anderes als Trivialitäten herauskommen soll. Also z. B.: der reiche Jüngling: »er aber ging traurig davon, denn er hatte viele Güter«. Das evangelische Gebot ist unbedingt und eindeutig: gib her, was du hast – *alles*, schlechthin. Der Politiker wird sagen: eine sozial sinnlose Zumutung, solange es nicht für *alle* durchgesetzt wird. Also: Besteuerung, Wegsteuerung, Konfiskation, – mit einem Wort: Zwang und Ordnung gegen *alle*. Das ethische Gebot aber fragt danach *gar nicht,* das ist sein Wesen. Oder: »halte den anderen Backen hin!« Unbedingt, ohne zu fragen, wieso es dem anderen zukommt, zu schlagen. Eine Ethik der Würdelosigkeit – außer: für einen Heiligen. Das ist es: man muß ein Heiliger sein in *allem*, zum mindesten dem Wollen nach, muß leben wie Jesus, die Apostel, der heilige Franz und seinesgleichen, *dann* ist diese Ethik sinnvoll und Ausdruck einer Würde. *Sonst nicht.* Denn wenn es in Konsequenz der akosmistischen Liebesethik heißt: »dem Übel nicht widerstehen mit Gewalt«, – so gilt für den Politiker umgekehrt der Satz: du *sollst* dem Übel gewaltsam widerstehen, sonst – bist du für seine Überhandnahme *verantwortlich*. Wer nach der Ethik des Evangeliums handeln will, der enthalte sich der Streiks – denn sie sind: Zwang – und gehe in die gelben Gewerkschaften[13]. Er rede aber vor allen Dingen nicht von »Revolution«.

11 Hinweis auf eine programmatische Jesus-Predigt, inbesondere Matthäus-Evangelium, Kapitel 5–7.

12 Österreichische Bezeichnung für zweispännige Kutsche.

13 Zeitgenössische Bezeichnung für die als »wirtschaftsfriedlich« eingeschätzten Gewerkschaften, die nach 1905 als »Werkvereine«

Denn jene Ethik will doch wohl nicht lehren: daß gerade der
56 Bürgerkrieg der einzig legitime Krieg sei. Der | nach dem Evangelium handelnde Pazifist wird die Waffen ablehnen oder fortwerfen, wie es in Deutschland empfohlen wurde, als ethische Pflicht, um dem Krieg und damit: jedem Krieg, ein Ende zu machen. Der Politiker wird sagen: das einzig sichere Mittel, den Krieg für alle *absehbare* Zeit zu diskreditieren, wäre ein status-quo-Friede gewesen. Dann hätten sich die Völker gefragt: wozu war der Krieg? Er wäre ad absurdum geführt gewesen, – was jetzt nicht möglich ist. Denn für die Sieger – mindestens für einen Teil von ihnen – wird er sich politisch rentiert haben. Und dafür ist jenes Verhalten verantwortlich, das uns jeden Widerstand unmöglich machte. Nun wird – wenn die Ermattungsepoche vorbei sein wird – *der Frieden diskreditiert sein, nicht der Krieg:* eine Folge der absoluten Ethik.

Endlich: die Wahrheitspflicht. Sie ist für die absolute Ethik unbedingt. Also, hat man gefolgert: Publikationen aller, vor allem der das eigne Land belastenden Dokumente und auf Grund dieser einseitigen Publikation: Schuldbekenntnis, einseitig, bedingungslos, ohne Rücksicht auf die Folgen. Der Politiker wird finden, daß im Erfolg dadurch die Wahrheit nicht gefördert, sondern durch Mißbrauch und Entfesselung von Leidenschaft sicher verdunkelt wird; daß nur eine allseitige planmäßige Feststellung durch Unparteiische Frucht bringen könnte, jedes andere Vorgehen für die Nation, die derartig verfährt, Folgen haben kann, die in Jahrzehnten nicht wieder gutzumachen sind. Aber nach »Folgen« *fragt* eben die absolute Ethik nicht.

Da liegt der entscheidende Punkt. Wir müssen uns klarmachen, daß alles ethisch orientierte Handeln unter *zwei* voneinander grundverschiedenen, unaustragbar gegensätzlichen Maximen stehen kann: es kann »gesinnungsethisch« oder

gegründet wurden, im Gegensatz zu den »roten«, sozialistischen Gewerkschaften.

»veranwortungsethisch« orientiert sein. Nicht daß Gesinnungsethik mit Verantwortungslosigkeit und Verantwortungsethik mit Gesinnungslosigkeit identisch wäre. Davon ist natürlich keine Rede. Aber es ist ein abgrundtiefer Gegensatz, ob man unter der gesinnungsethischen Maxime handelt – religiös geredet –: »der Christ tut recht und stellt den Erfolg Gott | anheim«, *oder* unter der verantwortungsethischen: daß 57
man für die (voraussehbaren) *Folgen* seines Handelns aufzukommen hat. Sie mögen einem überzeugten gesinnungsethischen Syndikalisten noch so überzeugend darlegen: daß die Folgen seines Tuns die Steigerung der Chancen der Reaktion, gesteigerte Bedrückung seiner Klasse, Hemmung ihres Aufstiegs sein werden, – und es wird auf ihn gar keinen Eindruck machen. Wenn die Folgen einer aus reiner Gesinnung fließenden Handlung üble sind, so gilt ihm nicht der Handelnde, sondern die Welt dafür verantwortlich, die Dummheit der anderen Menschen oder – der Wille des Gottes, der sie so schuf. Der Verantwortungsethiker dagegen rechnet mit eben jenen durchschnittlichen Defekten der Menschen, – er hat, wie Fichte[14] richtig gesagt hat, gar kein Recht, ihre Güte und Vollkommenheit vorauszusetzen, er fühlt sich nicht in der Lage, die Folgen eigenen Tuns, soweit er sie voraussehen konnte, auf andere abzuwälzen. Er wird sagen: diese Folgen werden meinem Tun zugerechnet. »Verantwortlich« fühlt sich der Gesinnungsethiker nur dafür, daß die Flamme der reinen Gesinnung, die Flamme z. B. des Protestes gegen die Ungerechtigkeit der sozialen Ordnung, nicht erlischt. Sie stets neu anzufachen, ist der Zweck seiner, vom möglichen Erfolg her beurteilt, ganz irrationalen Taten, die nur exemplarischen Wert haben können und sollen.

Aber auch damit ist das Problem noch nicht zu Ende. Keine Ethik der Welt kommt um die Tatsache herum, daß die Erreichung »guter« Zwecke in zahlreichen Fällen daran gebun-

14 Johann Gottlieb Fichte (1762–1814), deutscher Philosoph, bedeutender Vertreter des deutschen »Idealismus«.

den ist, daß man sittlich bedenkliche oder mindestens gefährliche Mittel und die Möglichkeit oder auch die Wahrscheinlichkeit übler Nebenerfolge mit in den Kauf nimmt, und keine Ethik der Welt kann ergeben: wann und in welchem Umfang der ethisch gute Zweck die ethisch gefährlichen Mittel und Nebenerfolge »heiligt«.

Für die Politik ist das entscheidende Mittel: die Gewaltsamkeit, und wie groß die Tragweite der Spannung zwischen Mittel und Zweck, ethisch angesehen, ist, mögen Sie daraus entnehmen, daß, wie jedermann weiß, sich die revolutionären
58 | Sozialisten [...] schon während des Krieges zu dem Prinzip bekannten, welches man dahin prägnant formulieren konnte: »Wenn wir vor der Wahl stehen, entweder noch einige Jahre Krieg und dann Revolution oder jetzt Friede und keine Revolution, so wählen wir noch: einige Jahre Krieg!« Auf die weitere Frage: »Was kann diese Revolution mit sich bringen?« würde jeder wissenschaftlich geschulte Sozialist geantwortet haben: daß von einem Übergang zu einer Wirtschaft, die man sozialistisch nennen könnte in *seinem* Sinne, keine Rede sei, sondern daß eben wieder eine Bourgeoisiewirtschaft entstehen würde, die nur die feudalen Elemente und dynastischen Reste abgestreift haben könnte. – Für dies bescheidene Resultat also: »noch einige Jahre Krieg!« Man wird doch wohl sagen dürfen, daß man hier auch bei sehr handfest sozialistischer Überzeugung den Zweck ablehnen könne, der derartige Mittel erfordert. Beim Bolschewismus und Spartakismus, überhaupt bei jeder Art von revolutionärem Sozialismus, liegt aber die Sache genau ebenso, und es ist natürlich höchst lächerlich, wenn von dieser Seite die »Gewaltpolitiker« des alten Regimes wegen der Anwendung des gleichen Mittels *sittlich* verworfen werden, – so durchaus berechtigt die Ablehnung ihrer *Ziele* sein mag.

Hier, an diesem Problem der Heiligung der Mittel durch den Zweck, scheint nun auch die Gesinnungsethik überhaupt scheitern zu müssen. Und in der Tat hat sie logischerweise nur die Möglichkeit: *jedes* Handeln, welches sittlich gefährliche Mittel anwendet, zu *verwerfen*. Logischerweise. In der Welt der

Realitäten machen wir freilich stets erneut die Erfahrung, daß der Gesinnungsethiker plötzlich umschlägt in den chiliastischen Propheten, daß z. B. diejenigen, die soeben »Liebe gegen Gewalt« gepredigt haben, im nächsten Augenblick zur Gewalt aufrufen, – zur *letzten* Gewalt, die dann den Zustand der Vernichtung *aller* Gewaltsamkeit bringen würde, – wie unsere Militärs den Soldaten bei jeder Offensive sagten: es sei die letzte, sie werde den Sieg und dann den Frieden bringen. Der Gesinnungsethiker erträgt die ethische Irrationalität der Welt nicht.
Er ist kosmisch-ethischer »Ratio- | nalist«. Sie erinnern sich, *59*
jeder von Ihnen, der Dostojewski kennt, der Szene mit dem Großinquisitor, wo das Problem treffend auseinandergelegt ist.[15] Es ist nicht möglich, Gesinnungsethik und Verantwortungsethik unter einen Hut zu bringen oder ethisch zu dekretieren: welcher Zweck *welches* Mittel heiligen solle, wenn man diesem Prinzip überhaupt irgendwelche Konzessionen macht.

Der von mir der zweifellosen Lauterkeit seiner Gesinnung nach persönlich hochgeschätzte, als Politiker freilich unbedingt abgelehnte Kollege F.W. Foerster[16] glaubt in seinem Buche um die Schwierigkeit herumzukommen durch die einfache These: aus Gutem kann nur Gutes, aus Bösem nur Böses folgen. Dann existierte freilich diese ganze Problematik nicht. Aber es ist doch erstaunlich, daß 2500 Jahre nach den Upanischaden[17] eine solche These noch das Licht der Welt erblicken konnte. Nicht nur der ganze Verlauf der Weltgeschichte, sondern jede rückhaltlose Prüfung der Alltagserfahrung sagt ja das Gegenteil. Die Entwicklung aller Religionen der Erde beruht ja darauf, daß das Gegenteil wahr ist. Das uralte Problem

15 Hinweis auf den Roman »Die Brüder Karamasow«.

16 Friedrich Wilhelm Foerster (1869–1966), deutscher Philosoph und Pädadoge, ab 1917 Professor an der Universität München, unter der Revolutions-Regierung von Kurt Eisner bayerischer Gesandter in der Schweiz; hier Anspielung auf dessen Buch »Politische Ethik und politische Pädadogik« (3.Aufl. 1918).

17 Altindische philosophisch-theologische Abhandlungen der vedischen Literatur.

der Theodizee ist ja die Frage: Wie kommt es, daß eine Macht, die als zugleich allmächtig und gütig hingestellt wird, eine derartig irrationale Welt des unverdienten Leidens, des ungestraften Unrechts und der unverbesserlichen Dummheit hat erschaffen können. Entweder ist sie das eine nicht oder das andere nicht, oder es regieren gänzlich andere Ausgleichs- und Vergeltungsprinzipien das Leben, solche, die wir metaphysisch deuten können oder auch solche, die unserer Deutung für immer entzogen sind. Dies Problem: die Erfahrung von der Irrationalität der Welt war ja die treibende Kraft aller Religionsentwicklung. Die indische Karmanlehre und der persische Dualismus, die Erbsünde, die Prädestination und der Deus absconditus[18] sind alle aus dieser Erfahrung herausgewachsen. Auch die alten Christen wußten sehr genau, daß die Welt von Dämonen regiert sei, und daß, wer mit der Politik, das heißt: mit Macht und Gewaltsamkeit als Mitteln, sich einläßt, mit diabolischen Mächten einen Pakt schließt, und daß für sein Handeln es *nicht* wahr ist: daß aus Gutem nur Gutes,
60 aus Bösem nur | Böses kommen könne, sondern oft das Gegenteil. Wer das nicht sieht, ist in der Tat politisch ein Kind.

Die religiöse Ethik hat sich mit der Tatsache, daß wir in verschiedene, untereinander verschiedenen Gesetzen unterstehende Lebensordnungen hineingestellt sind, verschieden abgefunden. Der hellenische Polytheismus opferte der Aphrodite ebenso wie der Hera, dem Dionysos wie dem Apollon und wußte: sie lagen untereinander nicht selten im Streit. Die hinduistische Lebensordnung machte jeden der verschiedenen Berufe zum Gegenstand eines besonderen ethischen Gesetzes, eines *Dharma,* und schied sie kastenmäßig für immer voneinander, stellte sie dabei in eine feste Ranghierarchie, aus der es für den Hieringeborenen kein Entrinnen gab, außer in der

18 Ausgehend von Jesaja 45,15 (»Wahrhaftig, du bist ein verborgener Gott.«), jüdisch-christliche Vorstellung des »verborgenen Gottes«, dem insbesondere Martin Luther den »offenbarten Gott« (Deus revelatus), Jesus Christus, an die Seite stellte.

Wiedergeburt im nächsten Leben, und stellte sie dadurch in verschieden große Distanz zu den höchsten religiösen Heilsgütern. So war es ihr möglich, das *Dharma* jeder einzelnen Kaste, von den Asketen und Brahmanen bis zu den Spitzbuben und Dirnen, den immanenten Eigengesetzlichkeiten des Berufs entsprechend auszubauen. Darunter auch Krieg und Politik. Die Einordnung des Krieges in die Gesamtheit der Lebensordnungen finden Sie vollzogen im *Bhagavadgita,* in der Unterredung zwischen *Krischna* und *Arjuna*. »Tue das notwendige« – d. h. das nach dem *Dharma* der Kriegerkaste und ihren Regeln pflichtmäßige, dem Kriegszweck entsprechend sachlich notwendige – »Werk«: das schädigt das religiöse Heil nach diesem Glauben nicht, sondern dient ihm. Indras Himmel war dem indischen Krieger beim Heldentod von jeher ebenso sicher wie Walhall dem Germanen. Nirwana aber hätte jener ebenso verschmäht, wie dieser das christliche Paradies mit seinen Engelchören. Diese Spezialisierung der Ethik ermöglichte der indischen Ethik eine gänzlich ungebrochene, nur den Eigengesetzen der Politik folgende, ja diese radikal steigernde Behandlung dieser königlichen Kunst. Der wirklich radikale »Machiavellismus« im populären Sinn dieses Wortes ist in der indischen Literatur im *Kautaliya Arthasastra* (lange vorchristlich, angeblich aus *Tschandra-guptas* Zeit) klassisch vertreten; dagegen ist Machiavellis »*Principe*« harmlos. In der katholischen Ethik, der Pro- | fessor Foerster sonst nahesteht, sind bekanntlich die 61
»*consilia evangelica*« eine Sonderethik für die mit dem Charisma des heiligen Lebens Begabten.[19] Da steht neben dem Mönch, der kein Blut vergießen und keinen Erwerb suchen darf, der fromme Ritter und Bürger, die, der eine dies, der andere jenes, dürfen. Die Abstufung der Ethik und ihre Einfügung in einen Organismus der Heilslehre ist minder konsequent als in Indien, mußte und durfte dies auch nach den christlichen Glaubensvoraussetzungen sein. Die erbsündliche Verderbtheit der

19 Anweisungen für ein christliches Leben in der Nachfolge Jesu Christi, insbesondere Armut, Gehorsam und Ehelosigkeit.

Welt gestattete eine Einfügung der Gewaltsamkeit in die Ethik als Zuchtmittel gegen die Sünde und die seelengefährdenden Ketzer relativ leicht. – Die rein gesinnungsethischen, akosmistischen Forderungen der Bergpredigt aber und das darauf ruhende religiöse Naturrecht als absolute Forderung behielten ihre revolutionierende Gewalt und traten in fast allen Zeiten sozialer Erschütterung mit elementarer Wucht auf den Plan. Sie schufen insbesondere die radikal-pazifistischen Sekten, deren eine in Pennsylvanien das Experiment eines nach außen gewaltlosen Staatswesens machte, – tragisch in seinem Verlauf insofern, als die Quäker, als der Unabhängigkeitskrieg ausbrach, für ihre Ideale, die er vertrat, nicht mit der Waffe eintreten konnten. – Der normale Protestantismus dagegen legitimierte den Staat, also: das Mittel der Gewaltsamkeit, als göttliche Einrichtung absolut und den legitimen Obrigkeitsstaat insbesondere. Die ethische Verantwortung für den Krieg nahm Luther dem einzelnen ab und wälzte sie auf die Obrigkeit, der zu gehorchen in anderen Dingen als Glaubenssachen niemals schuldhaft sein konnte. Der Calvinismus wieder kannte prinzipiell die Gewalt als Mittel der Glaubensverteidigung, also den Glaubenskrieg, der im Islam von Anfang an Lebenselement war. Man sieht: es ist durchaus *nicht* moderner, aus dem Heroenkult der Renaissance geborener Unglaube, der das Problem der politischen Ethik aufwirft. Alle Religionen haben damit gerungen, mit höchst verschiedenem Erfolg, – und nach dem Gesagten konnte es auch nicht anders sein. Das spezifische Mittel der *legitimen Gewaltsamkeit* rein als sol-
62 ches in der Hand | menschlicher Verbände ist es, was die Besonderheit aller ethischen Probleme der Politik bedingt.

Wer immer mit diesem Mittel paktiert, zu welchen Zwecken immer – und jeder Politiker tut das –, der ist seinen spezifischen Konsequenzen ausgeliefert. In besonders hohem Maß ist es der Glaubenskämpfer, der religiöse wie der revolutionäre. Nehmen wir getrost die Gegenwart als Beispiel an. Wer die absolute Gerechtigkeit auf Erden mit *Gewalt* herstellen will, der bedarf dazu der Gefolgschaft: des menschlichen

»Apparates«. Diesem muß er die nötigen inneren und äußeren Prämien – himmlischen oder irdischen Lohn – in Aussicht stellen, sonst funktioniert er nicht. Also innere: unter der Bedingung des modernen Klassenkampfes, Befriedigung des Hasses und der Rachsucht, vor allem: des Ressentiments und des Bedürfnisses nach pseudoethischer Rechthaberei, also des Verlästerungs- und Verketzerungsbedürfnisses gegen die Gegner. Äußere: Abenteuer, Sieg, Beute, Macht und Pfründen. Von dem Funktionieren dieses seines Apparates ist der Führer in seinem Erfolg völlig abhängig. Daher auch von *dessen* – nicht: von seinen eigenen – Motiven. Davon also, daß der Gefolgschaft: der roten Garde, den Spitzeln, den Agitatoren, deren er bedarf, jene Prämien *dauernd* gewährt werden können. Was er unter solchen Bedingungen seines Wirkens tatsächlich erreicht, steht daher nicht in seiner Hand, sondern ist ihm vorgeschrieben durch jene ethisch überwiegend gemeinen Motive des Handelns seiner Gefolgschaft, die nur im Zaum gehalten werden, solange ehrlicher Glaube an seine Person und seine Sache wenigstens einen Teil der Genossenschaft: wohl nie auf Erden auch nur die Mehrzahl, beseelt. Aber nicht nur ist dieser Glaube, auch wo er subjektiv ehrlich ist, in einem sehr großen Teil der Fälle in Wahrheit nur die ethische »Legitimierung« der Rache-, Macht-, Beute- und Pfründensucht: – darüber lassen wir uns nichts vorreden, denn die materialistische Geschichtsdeutung ist auch kein beliebig zu besteigender Fiaker und macht vor den Trägern von Revolutionen nicht halt! – sondern vor allem: der traditionalistische *Alltag* kommt nach der emotionalen Revolution, der
Glaubensheld und vor allem der Glaube selbst | schwindet *63*
oder wird – was noch wirksamer ist – Bestandteil der konventionellen Phrase der politischen Banausen und Techniker. Diese Entwicklung vollzieht sich gerade beim Glaubenskampf besonders schnell, weil er von echten *Führern:* Propheten der Revolution, geleitet oder inspiriert zu werden pflegt. Denn wie bei jedem Führerapparat, so auch hier ist die Entleerung und Versachlichung, die seelische Proletarisierung im

Interesse der »Disziplin«, eine der Bedingungen des Erfolges. Die herrschend gewordene Gefolgschaft eines Glaubenskämpfers pflegt daher besonders leicht in eine ganz gewöhnliche Pfründnerschicht zu entarten.

Wer Politik überhaupt und wer vollends Politik als Beruf betreiben will, hat sich jener ethischen Paradoxien und seiner Verantwortung für das, was aus *ihm selbst* unter ihrem Druck werden kann, bewußt zu sein. Er läßt sich, ich wiederhole es, mit den diabolischen Mächten ein, die in jeder Gewaltsamkeit lauern. Die großen Virtuosen der akosmistischen Menschenliebe und Güte, mochten sie aus Nazareth oder aus Assisi oder aus indischen Königsschlössern stammen, haben nicht mit dem politischen Mittel: der Gewalt, gearbeitet, ihr Reich war »nicht von dieser Welt«, und doch wirkten und wirken sie in dieser Welt, und die Figuren des Platon Karatajew[20] und der Dostojewskischen Heiligen sind immer noch ihre adäquatesten Nachkonstruktionen. Wer das Heil seiner Seele und die Rettung anderer Seelen sucht, der sucht das nicht auf dem Wege der Politik, die ganz andere Aufgaben hat: solche, die nur mit Gewalt zu lösen sind. Der Genius oder Dämon der Politik lebt mit dem Gott der Liebe, auch mit dem Christengott in seiner kirchlichen Ausprägung, in einer inneren Spannung, die jederzeit in unaustragbarem Konflikt ausbrechen kann. Das wußten die Menschen auch in den Zeiten der Kirchenherrschaft. Wieder und wieder lag das Interdikt – und das bedeutete damals eine für die Menschen und ihr Seelenheil weit massivere Macht als die (mit Fichte zu reden) »kalte Billigung« des kantianischen ethischen Urteils – auf Florenz, die Bürger aber fochten gegen den Kirchenstaat. Und mit Bezug
64 auf solche Situationen läßt Machiavelli in einer | schönen Stelle, irre ich nicht: der Florentiner Geschichten, einen seiner Helden jene Bürger preisen, denen die Größe der Vaterstadt höher stand als das Heil ihrer Seele.

20 Hinweis auf die gleichnamige (Neben-)Figur in dem Roman »Krieg und Frieden« von Leo N. Tolstoj.

Wenn Sie statt Vaterstadt oder »Vaterland«, was ja zur Zeit nicht jedem ein eindeutiger Wert sein mag, sagen: »die Zukunft des Sozialismus« oder auch der »internationalen Befriedung«, – dann haben Sie das Problem in der Art, wie es jetzt liegt. Denn das alles, erstrebt durch *politisches* Handeln, welches mit gewaltsamen Mitteln und auf dem Wege der Verantwortungsethik arbeitet, gefährdet das »Heil der Seele«. Wenn ihm aber mit reiner Gesinnungsethik im Glaubenskampf nachgejagt wird, dann kann es Schaden leiden und diskreditiert werden auf Generationen hinaus, weil die Verantwortung für die *Folgen* fehlt. Denn dann bleiben dem Handelnden jene diabolischen Mächte, die im Spiel sind, unbewußt. Sie sind unerbittlich und schaffen Konsequenzen für sein Handeln, auch für ihn selbst innerlich, denen er hilflos preisgegeben ist, wenn er sie nicht sieht. »Der Teufel, der ist alt.« Und nicht die Jahre, nicht das Lebensalter ist bei dem Satz gemeint: »so werdet alt, ihn zu verstehen«.[21] Mit dem Datum des Geburtsscheines bei Diskussionen überstochen zu werden, habe auch ich mir nie gefallen lassen; aber die bloße Tatsache, daß einer 20 Jahre zählt und ich über 50 bin, kann mich schließlich auch nicht veranlassen, zu meinen, das allein wäre eine Leistung, vor der ich in Ehrfurcht ersterbe. Nicht das Alter macht es. Aber allerdings: die geschulte Rücksichtslosigkeit des Blickes in die Realitäten des Lebens, und die Fähigkeit, sie zu ertragen und ihnen innerlich gewachsen zu sein.

Wahrlich: Politik wird zwar mit dem Kopf, aber ganz gewiß nicht *nur* mit dem Kopf gemacht. Darin haben die Gesinnungsethiker durchaus recht. Ob man aber als Gesinnungsethiker oder als Verantwortungsethiker handeln *soll,* und wann das eine und das andere, darüber kann man niemandem Vorschriften machen. Nur eins kann man sagen: wenn jetzt in diesen Zeiten einer, wie Sie glauben, *nicht* »sterilen« Aufgeregtheit – aber Aufgeregtheit ist eben doch und durchaus |
nicht immer echte Leidenschaft –, wenn da *plötzlich* die Gesin- 65

21 Hinweis auf Goethe, Faust, Teil 2, Verse 6817–8.

nungspolitiker massenhaft in das Kraut schießen mit der Parole: »die Welt ist dumm und gemein, nicht ich, die Verantwortung für die Folgen trifft mich nicht, sondern die andern, in deren Dienst ich arbeite, und deren Dummheit oder Gemeinheit ich ausrotten werde«, so sage ich offen: daß ich zunächst einmal nach dem Maße des *inneren Schwergewichts* frage, was hinter dieser Gesinnungsethik steht, und den Eindruck habe: daß ich es in neun von zehn Fällen mit Windbeuteln zu tun habe, die nicht real fühlen, was sie auf sich nehmen, sondern sich an romantischen Sensationen berauschen. Das interessiert mich menschlich nicht sehr und erschüttert mich ganz und gar nicht. Während es unermeßlich erschütternd ist, wenn ein *reifer* Mensch – einerlei ob alt oder jung an Jahren –, der diese Verantwortung für die Folgen real und mit voller Seele empfindet und verantwortungsethisch handelt, an irgendeinem Punkte sagt: »ich kann nicht anders, hier stehe ich«. Das ist etwas, was menschlich echt ist und ergreift. Denn diese Lage muß freilich für *jeden* von uns, der nicht innerlich tot ist, irgendwann eintreten *können*. Insofern sind Gesinnungsethik und Verantwortungsethik nicht absolute Gegensätze, sondern Ergänzungen, die zusammen erst den echten Menschen ausmachen, den, der den »Beruf zur Politik« haben *kann*.

Und nun, verehrte Anwesende, wollen wir uns nach *zehn Jahren* über diesen Punkt einmal wieder sprechen. Wenn dann, wie ich leider befürchten muß, aus einer ganzen Reihe von Gründen, die Zeit der Reaktion längst hereingebrochen und von dem, was gewiß viele von Ihnen und, wie ich offen gestehe, auch ich gewünscht und gehofft haben, wenig, vielleicht nicht gerade nichts, aber wenigstens dem Scheine nach wenig in Erfüllung gegangen ist – das ist sehr wahrscheinlich, es wird mich nicht zerbrechen, aber es ist freilich eine innerliche Belastung, das zu wissen –, dann wünschte ich wohl zu sehen, was aus denjenigen von Ihnen, die jetzt sich als echte »Gesinnungspolitiker« fühlen und an dem Rausch teilnehmen, den diese Revolution bedeutet, – was aus denen im inneren Sinne

| des Wortes »geworden« ist. Es wäre ja schön, wenn die Sache so wäre, daß dann Shakespeares 102. Sonett gelten würde: 66

> Damals war Lenz und unsere Liebe grün,
> Da grüßt' ich täglich sie mit meinem Sang,
> So schlägt die Nachtigall in Sommers Blühn –
> Und schweigt den Ton in reifrer Tage Gang.

Aber so ist die Sache nicht. Nicht das Blühen des Sommers liegt vor uns, sondern zunächst eine Polarnacht von eisiger Finsternis und Härte, mag äußerlich jetzt siegen welche Gruppe auch immer. Denn: wo nichts ist, da hat nicht nur der Kaiser, sondern auch der Proletarier sein Recht verloren. Wenn diese Nacht langsam weichen wird, wer wird dann von denen noch leben, deren Lenz jetzt scheinbar so üppig geblüht hat? Und was wird aus Ihnen allen dann innerlich geworden sein? Verbitterung oder Banausentum, einfaches stumpfes Hinnehmen der Welt und des Berufes oder, das dritte und nicht Seltenste: mystische Weltflucht bei denen, welche die Gabe dafür haben, oder – oft und übel – sie als Mode sich anquälen? In jedem solchen Fall werde ich die Konsequenz ziehen: die sind ihrem eigenen Tun *nicht* gewachsen gewesen, *nicht* gewachsen auch der Welt, so wie sie wirklich ist, und ihrem Alltag: sie haben den Beruf zur Politik, den sie für sich in sich glaubten, objektiv und tatsächlich im innerlichsten Sinn nicht gehabt. Sie hätten besser getan, die Brüderlichkeit schlicht und einfach von Mensch zu Mensch zu pflegen und im übrigen rein sachlich an ihres Tages Arbeit zu wirken.

Die Politik bedeutet ein starkes langsames Bohren von harten Brettern mit Leidenschaft und Augenmaß zugleich. Es ist ja durchaus richtig, und alle geschichtliche Erfahrung bestätigt es, daß man das Mögliche nicht erreichte, wenn nicht immer wieder in der Welt nach dem Unmöglichen gegriffen worden wäre. Aber der, der das tun kann, muß ein Führer und nicht nur das, sondern auch – in einem sehr schlichten Wortsinn – ein Held sein. Und auch die, welche beides nicht sind, müssen sich wappnen mit jener Festigkeit des | Herzens, die 67 auch dem Scheitern aller Hoffnungen gewachsen ist, jetzt schon, sonst werden sie nicht imstande sein, auch nur durchzusetzen, was heute möglich ist. Nur wer sicher ist, daß er daran nicht zerbricht, wenn die Welt, von seinem Standpunkt aus gesehen, zu dumm oder zu gemein ist für das, was er ihr bieten will, daß er all dem gegenüber: »dennoch!« zu sagen vermag, nur der hat den »Beruf« zur Politik.

Vorbemerkung
[zu den Gesammelten Aufsätzen zur Religionssoziologie]
[1920]

Universalgeschichtliche Probleme wird der Sohn der modernen europäischen Kulturwelt unvermeidlicher- und berechtigterweise unter der Fragestellung behandeln: welche Verkettung von Umständen hat dazu geführt, daß gerade auf dem Boden des Okzidents, und nur hier, Kulturerscheinungen auftraten, welche doch – wie wenigstens wir uns gern vorstellen – in einer Entwicklungsrichtung von *universeller* Bedeutung und Gültigkeit lagen?

Nur im Okzident gibt es »*Wissenschaft*« in dem Entwicklungsstadium, welches wir heute als »gültig« anerkennen. Empirische Kenntnisse, Nachdenken über Welt- und Lebensprobleme, philosophische und auch – obwohl die Vollentwicklung einer systematischen Theologie dem hellenistisch beeinflußten Christentum eignet (Ansätze nur im Islam und bei einigen indischen Sekten) – theologische Lebensweisheit tiefster Art, Wissen und Beobachtung von außerordentlicher Sublimierung hat es auch anderwärts, vor allem: in Indien, China, Babylon, Ägypten, gegeben. Aber: der babylonischen und jeder anderen Astronomie fehlte – was ja die Entwicklung namentlich der babylonischen Sternkunde nur um so erstaunlicher macht – die mathematische Fundamentierung, die erst die Hellenen ihr gaben. Der indischen Geometrie fehlte der rationale »Beweis«: wiederum ein Produkt hellenischen Geistes, der auch die Mechanik und Physik zuerst geschaffen hat. Den nach der Seite der Beobachtung überaus entwickelten indischen Naturwissenschaften fehlte das rationale Experiment: nach antiken Ansätzen wesentlich ein Produkt

der Renaissance, und das moderne Laboratorium, daher der namentlich in Indien empirisch-technisch hochentwickelten Medizin die biologische und insbesondere biochemische
2 Grundlage. Eine rationale Chemie fehlt allen Kultur- | gebieten außer dem Okzident. Der hochentwickelten chinesischen Geschichtsschreibung fehlt das thukydideische Pragma.[1] Machiavelli[2] hat Vorläufer in Indien. Aber aller asiatischen Staatslehre fehlt eine der aristotelischen gleichartigen Systematik und die rationalen Begriffe überhaupt. Für eine rationale Rechtslehre fehlen anderwärts trotz aller Ansätze in Indien (Mimamsa-Schule), trotz umfassender Kodifikationen besonders in Vorderasien und trotz aller indischen und sonstigen Rechtsbücher, die streng juristischen Schemata und Denkformen des römischen und des daran geschulten okzidentalen Rechtes. Ein Gebilde ferner wie das kanonische Recht kennt nur der Okzident.

Ähnlich in der Kunst. Das musikalische Gehör war bei anderen Völkern anscheinend eher feiner entwickelt als heute bei uns; jedenfalls nicht minder fein. Polyphonie verschiedener Art war weithin über die Erde verbreitet, Zusammenwirken einer Mehrheit von Instrumenten und auch das Diskantieren findet sich anderwärts. Alle unsere rationalen Tonintervalle waren auch anderwärts berechnet und bekannt. Aber rationale harmonische Musik: – sowohl Kontrapunktik wie Akkordharmonik, – Bildung des Tonmaterials auf der Basis der drei Dreiklänge mit der harmonischen Terz, unsre, nicht distanzmäßig, sondern in rationaler Form seit der Renaissance

1 Verweis auf Thukydides (ca. 460 – nach 399 v.Chr.), athenischer Geschichtsschreiber, der für seine Beschreibungen (z.B. »Der Peloponnesische Krieg«) in Anspruch nahm, sich allein auf exakt ermittelte Tatsachen und deren objektive Beschreibung zu beschränken; gilt als Begründer der wissenschaftlichen Geschichtsschreibung.

2 Niccolò Machiavelli (1469–1527), italienischer politischer Schriftsteller und florentinischer Staatsdiener, Verfasser u. a. von »Il Principe« (Der Fürst).

harmonisch gedeutete Chromatik und Enharmonik, unser Orchester mit seinem Streichquartett als Kern und der Organisation des Ensembles der Bläser, der Generalbaß, unsre Notenschrift (die erst das Komponieren und Üben moderner Tonwerke, also ihre ganze Dauerexistenz überhaupt, ermöglicht), unsre Sonaten, Symphonien, Opern, – obwohl es Programmusik, Tonmalerei, Tonalteration und Chromatik als Ausdrucksmittel in den verschiedensten Musiken gab, – und als Mittel zu dem alle unsre Grundinstrumente: Orgel, Klavier, Violine: dies alles gab es nur im Okzident.

Spitzbogen hat es als Dekorationsmittel auch anderwärts, in der Antike und in Asien, gegeben; angeblich war auch das Spitzbogen-Kreuzgewölbe im Orient nicht unbekannt. Aber die rationale Verwendung des gotischen Gewölbes als Mittel der Schubverteilung und der Überwölbung beliebig geformter Räume und, vor allem, als konstruktives Prinzip großer Monumentalbauten und Grundlage eines die Skulptur und Malerei einbeziehenden *Stils,* wie sie das Mittelalter schuf,
fehlen | anderweitig. Ebenso aber fehlt, obwohl die techni- 3
schen Grundlagen dem Orient entnommen waren, jene Lösung des Kuppelproblems und jene Art von »klassischer« Rationalisierung der gesamten Kunst – in der Malerei durch rationale Verwendung der Linear- und Luftperspektive – welche die Renaissance bei uns schuf. Produkte der Druckerkunst gab es in China. Aber eine gedruckte: eine *nur* für den Druck berechnete, nur durch ihn lebensmögliche Literatur: »Presse« und »Zeitschriften« vor allem, sind nur im Okzident entstanden. Hochschulen aller möglichen Art, auch solche, die unsern Universitäten oder doch unsern Akademien äußerlich ähnlich sahen, gab es auch anderwärts (China, Islam). Aber rationalen und systematischen Fachbetrieb der Wissenschaft: das eingeschulte *Fachmenschentum,* gab es in irgendeinem an seine heutige kulturbeherrschende Bedeutung heranreichenden Sinn nur im Okzident. Vor allem: den Fach*beamten,* den Eckpfeiler des modernen Staats und der modernen Wirtschaft des Okzidents. Für ihn finden sich nur Ansätze, die nirgends

in irgendeinem Sinn so konstitutiv für die soziale Ordnung wurden wie im Okzident. Natürlich ist der »Beamte«, auch der arbeitsteilig spezialisierte Beamte, eine uralte Erscheinung der verschiedensten Kulturen. Aber die absolut unentrinnbare Gebanntheit unserer ganzen Existenz, der politischen, technischen und wirtschaftlichen Grundbedingungen unseres Daseins, in das Gehäuse einer fachgeschulten Beamten*organisation,* den technischen, kaufmännischen, vor allem aber den *juristisch* geschulten staatlichen Beamten als Träger der wichtigsten Alltagsfunktionen des sozialen Lebens, hat kein Land und keine Zeit in dem Sinn gekannt, wie der moderne Okzident. *Ständische* Organisation der politischen und sozialen Verbände ist weit verbreitet gewesen. Aber schon den Stände*staat:* »rex et regnum«, kannte im okzidentalen Sinn nur der Okzident. Und vollends Parlamente von periodisch gewählten »Volksvertretern«, den Demagogen und die Herrschaft von Parteiführern als parlamentarisch verantwortliche »Minister« hat – obwohl es natürlich »Parteien« im Sinn von Organisationen zur Eroberung und Beeinflussung der politischen Macht in aller Welt gegeben hat – nur der Okzident hervorgebracht. Der »Staat« überhaupt im Sinn einer politischen *Anstalt,* mit rational gesetzter »Verfassung«, rational gesatztem Recht und einer
4 an rationalen, | gesatzten Regeln: »Gesetzen«, orientierten Verwaltung durch *Fach*beamte, kennt, in dieser für ihn wesentlichen Kombination der entscheidenden Merkmale, ungeachtet aller anderweitigen Ansätze dazu, nur der Okzident.

Und so steht es nun auch mit der schicksalsvollsten Macht unsres modernen Lebens: dem *Kapitalismus.*

»Erwerbstrieb«, »Streben nach Gewinn«, nach Geldgewinn, nach möglichst hohem Geldgewinn hat an sich mit Kapitalismus gar nichts zu schaffen. Dies Streben fand und findet sich bei Kellnern, Ärzten, Kutschern, Künstlern, Kokotten, bestechlichen Beamten, Soldaten, Räubern, Kreuzfahrern, Spielhöllenbesuchern, Bettlern: – man kann sagen: bei »all sorts and conditions of men«, zu allen Epochen aller Länder der Erde, wo die objektive Möglichkeit dafür irgendwie

gegeben war und ist. Es gehört in die kulturgeschichtliche
Kinderstube, daß man diese naive Begriffsbestimmung ein für
allemal aufgibt. Schrankenloseste Erwerbsgier ist nicht im
mindesten gleich Kapitalismus, noch weniger gleich dessen
»Geist«. Kapitalismus *kann* geradezu identisch sein mit *Bändi-
gung,* mindestens mit rationaler Temperierung, dieses irratio-
nalen Triebes. Allerdings ist Kapitalismus identisch mit dem
Streben nach *Gewinn,* im kontinuierlichen, rationalen kapita-
listischen Betrieb: nach immer *erneutem* Gewinn: nach »*Renta-
bilität*«. Denn er muß es sein. Innerhalb einer kapitalistischen
Ordnung der gesamten Wirtschaft würde ein kapitalistischer
Einzelbetrieb, der sich nicht an der Chance der Erzielung von
Rentabilität orientierte, zum Untergang verurteilt sein. – *Defi-
nieren* wir zunächst einmal etwas genauer als es oft geschieht.
Ein »kapitalistischer« Wirtschaftsakt soll uns heißen zunächst
ein solcher, der auf Erwartung von Gewinn durch Ausnüt-
zung von *Tausch*-Chancen ruht: auf (formell) *friedlichen* Er-
werbschancen also. Der (formell und aktuell) gewaltsame Er-
werb folgt seinen besonderen Gesetzen und es ist nicht
zweckmäßig (so wenig man es jemand verbieten kann) ihn
mit dem (letztlich) an Tauschgewinn-Chancen orientierten
Handeln unter die gleiche Kategorie zu stellen. Wo kapitalisti-
scher Erwerb ratio- | nal erstrebt wird, da ist das entsprechen- 5
de Handeln orientiert an Kapital*rechnung*. Das heißt: es ist ein-
geordnet in eine planmäßige Verwendung von sachlichen
oder persönlichen Nutzleistungen als Erwerbsmittel derart:
daß der *bilanz*mäßig errechnete Schlußertrag der Einzelunter-
nehmung an geldwertem Güterbesitz (oder der periodisch bi-
lanzmäßig errechnete Schätzungswert des geldwerten Güter-
besitzes eines kontinuierlichen Unternehmungsbetriebs)
beim Rechnungsabschluß das »Kapital«: d. h. den *bilanz*mäßi-
gen Schätzungswert der für den Erwerb durch Tausch ver-
wendeten sachlichen Erwerbsmittel *übersteigen* (bei der Dauer-
unternehmung also: *immer wieder* übersteigen) soll. [...] stets
ist das Entscheidende: daß eine Kapital*rechnung* in Geld aufge-
macht wird, sei es nun in modern buchmäßiger oder in noch

so primitiver und oberflächlicher Art. Sowohl bei Beginn des Unternehmens: Anfangsbilanz, wie vor jeder einzelnen Handlung: Kalkulation, wie bei der Kontrolle und Überprüfung der Zweckmäßigkeit: Nachkalkulation, wie beim Abschluß behufs Feststellung: was als »Gewinn« entstanden ist:
6 Abschlußbilanz. [...] Daß eine wirk- | lich genaue Rechnung und Schätzung ganz unterbleibt: rein schätzungsmäßig oder einfach traditionell und konventionell verfahren wird, kommt in jeder Form von kapitalistischer Unternehmung bis heute vor, wo immer die Umstände nicht zu genauer Rechnung drängen. Aber das sind Punkte, die nur den Grad der *Rationalität* des kapitalistischen Erwerbs betreffen.

Es kommt für den Begriff nur darauf an: daß die *tatsächliche* Orientierung an einer Vergleichung des Geldschätzungserfolges mit dem Geldschätzungseinsatz, in wie primitiver Form auch immer, das wirtschaftliche Handeln entscheidend bestimmt. In diesem Sinne nun hat es »Kapitalismus« und »kapitalistische« Unternehmungen, auch mit leidlicher Rationalisierung der Kapitalrechnung, in *allen* Kulturländern der Erde gegeben, soweit die ökonomischen Dokumente zurückreichen. In China, Indien, Babylon, Ägypten, der mittelländischen Antike, dem Mittelalter so gut wie in der Neuzeit. Nicht nur ganz isolierte Einzelunternehmungen, sondern auch Wirtschaften, welche gänzlich auf immer neue kapitalistische Einzelunternehmungen eingestellt waren und auch kontinuierliche »Betriebe«, – obwohl gerade der Handel lange Zeit nicht den Charakter unsrer Dauerbetriebe, sondern wesentlich den einer Serie von Einzelunternehmungen an sich trug und erst allmählich innerer (»branchenmäßig« orientierter) Zusammenhang in das Verhalten gerade der *Groß*händler hineinkam. Jedenfalls: die kapitalistische Unternehmung und auch der kapitalistische Unternehmer, nicht nur als Gelegenheits-, sondern auch als Dauerunternehmer, sind uralt und waren höchst universell verbreitet.

Nun hat aber der Okzident ein Maß von Bedeutung und, was dafür den Grund abgibt: Arten, Formen und Richtungen

von Kapitalismus hervorgebracht, die anderwärts niemals be-
standen haben. Es hat in aller Welt Händler: Groß- und De-
tailhändler, Platz- und Fernhändler, es hat Darlehensgeschäf-
te aller Art, es hat Banken mit höchst verschiedenen, aber
doch denjenigen wenigstens etwa unsres 16. Jahrhunderts im
Wesen ähnlichen Funktionen gegeben; Seedarlehen, Kom-
menden und kommanditeartige Geschäfte und Assoziationen,
sind auch betriebsmäßig, weit verbreitet gewesen. Wo immer
*Geld*finanzen der öffentlichen Körperschaften bestanden, da
erschien der Geldgeber: in Babylon, Hellas, Indien, China,
Rom: für die Finanzierung vor allem der Kriege und des See-
raubes, für Lieferungen und Bauten | aller Art, bei übersee- 7
ischer Politik als Kolonialunternehmer, als Plantagenerwer-
ber und -betreiber mit Sklaven oder direkt oder indirekt ge-
preßten Arbeitern, für Domänen-, Amts- und vor allem: für
Steuerpacht, für die Finanzierung von Parteichefs zum Zwe-
cke von Wahlen und von Kondottieren zum Zweck von Bür-
gerkriegen und schließlich: als »Spekulant« in geldwerten
Chancen aller Art. Diese Art von Unternehmerfiguren: die
kapitalistischen *Abenteurer,* hat es in aller Welt gegeben. Ihre
Chancen waren – mit Ausnahme des Handels und der Kredit-
und Bankgeschäfte – dem Schwerpunkt nach entweder rein
irrational-spekulativen Charakters oder aber sie waren an dem
Erwerb durch Gewaltsamkeit, vor allem dem Beuteerwerb:
aktuell-kriegerischer oder chronisch-fiskalischer Beute (Un-
tertanen-Ausplünderung), orientiert.

Der Gründer-, Großspekulanten-, Kolonial- und der moderne Finanzierungskapitalismus schon im Frieden, vor allem aber aller spezifisch *kriegs*orientierte Kapitalismus tragen auch in der okzidentalen Gegenwart noch oft dies Gepräge und einzelne – nur: einzelne – Teile des internationalen Großhandels stehen ihm, heute wie von jeher, nahe. Aber der Okzident kennt in der *Neuzeit* daneben eine ganz andere und nirgends sonst auf der Erde entwickelte Art des Kapitalismus: die rational-kapitalistische Organisation von (formell) *freier Arbeit.* Nur Vorstufen dafür finden sich anderwärts. Selbst die Orga-

nisation *unfreier* Arbeit hat ja nur in den Plantagen [...] eine gewisse Rationalitätsstufe erreicht, eine eher noch geringere in den Fronhöfen und Gutsfabriken oder grundherrlichen Hausindustrien mit Leibeigenen- oder Hörigenarbeit in der beginnenden Neuzeit. Für freie Arbeit finden sich selbst eigentliche »Hausindustrien« außerhalb des Okzidents nur vereinzelt sicher bezeugt und die natürlich überall sich findende Taglöhnerverwendung hat mit sehr wenigen und sehr besonders, jedenfalls aber: sehr abweichend von modernen Betriebsorganisationen gearteten Ausnahmen (besonders: Staatsmonopolbetrieben) nicht zu Manufakturen und nicht einmal zu einer rationalen Lehrorganisation des Handwerks vom Gepräge des okzidentalen Mittelalters geführt. Die an den Chancen des *Gütermarktes,* nicht an gewaltpolitischen oder an irrationalen Spekulationschancen, orientierte, ratio-
8 nale Betriebsorganisation ist aber nicht die ein- | zige Sondererscheinung des okzidentalen Kapitalismus. Die moderne rationale Organisation des kapitalistischen Betriebs wäre nicht möglich gewesen ohne zwei weitere wichtige Entwicklungselemente: die *Trennung von Haushalt und Betrieb,* welche das heutige Wirtschaftsleben schlechthin beherrscht und, damit eng zusammenhängend, die rationale *Buchführung.* Örtliche Trennung der Werk- oder Verkaufsstätten von der Behausung findet sich auch sonst (im orientalischen Bazar und in den Ergasterien[3] anderer Kulturgebiete). Und auch die Schaffung von kapitalistischen Assoziationen mit gesonderter Betriebsrechnung findet sich in Ostasien wie im Orient und in der Antike. Aber: gegenüber der modernen Verselbständigung der Erwerbsbetriebe sind das doch nur Ansätze. Vor allem aus dem Grunde, weil die *inneren* Mittel dieser Selbständigkeit: sowohl unsre rationale Betriebs*buchführung* wie unsre *rechtliche* Sonderung von Betriebsvermögen und persönlichem Vermögen ganz fehlen oder nur in Anfängen entwickelt sind. Die Entwicklung hat überall sonst dazu geneigt, Erwerbsbetriebe

3 Arbeitshäuser, mit Sklaven betriebene Werkstätten.

als Teile eines fürstlichen oder grundherrlichen *Großhaushalts* (des »Oikos«) entstehen zu lassen: eine [...] bei mancher scheinbaren Verwandtschaft doch höchst abweichende, geradezu entgegengesetzte, Entwicklung.

Ihre heutige Bedeutung aber haben alle diese Besonderheiten des abendländischen Kapitalismus letztlich erst durch den Zusammenhang mit der kapitalistischen Arbeitsorganisation er- | halten. Auch das, was man die »Kommerzialisie- 9
rung« zu nennen pflegt: die Wertpapierentwicklung und die Rationalisierung der Spekulation: die Börse, steht damit im Zusammenhang. Denn ohne kapitalistisch-rationale Arbeitsorganisation wäre dies alles, auch die Entwicklung zur »Kommerzialisierung«, soweit überhaupt möglich, nicht entfernt von der gleichen Tragweite. Vor allem für die soziale Struktur und alle mit ihr zusammenhängenden spezifisch modern-okzidentalen Probleme. Eine exakte Kalkulation: – die Grundlage alles andern, – ist eben nur auf dem Boden freier Arbeit möglich. Und wie – und weil – keine rationale Arbeitsorganisation, so – und deshalb – hat die Welt außerhalb des modernen Okzidents auch keinen rationalen *Sozialismus* gekannt. Gewiß: ebenso wie Stadtwirtschaft, städtische Nahrungspolitik, Merkantilismus und Wohlfahrtspolitik der Fürsten, Rationierungen, regulierte Wirtschaft, Protektionismus und Laissez-faire-Theorien (in China), so hat die Welt auch kommunistische und sozialistische Wirtschaften sehr verschiedener Gepräge gekannt: familiär, religiös oder militaristisch bedingten Kommunismus, staatssozialistische (in Ägypten), monopolkartellistische und auch Konsumentenorganisationen verschiedenster Art. Aber ebenso wie – trotzdem es doch überall einmal städtische Marktprivilegien, Zünfte, Gilden und allerhand rechtliche Scheidungen zwischen Stadt und Land in der verschiedensten Form gab, – doch der Begriff des »Bürgers« überall außer im Okzident und der Begriff der »Bourgeoisie« überall außer im modernen Okzident fehlte, so fehlte auch das »Proletariat« als *Klasse* und mußte fehlen, weil eben die rationale Organisation *freier Arbeit als Betrieb* fehlte.

»Klassenkämpfe« zwischen Gläubiger- und Schuldnerschichten, Grundbesitzern und Besitzlosen oder Fronknechten oder Pächtern, Handelsinteressenten und Konsumenten oder Grundbesitzern, hat es in verschiedener Konstellation überall längst gegeben. Aber schon die okzidental-mittelalterlichen Kämpfe zwischen Verlegern und Verlegten finden sich anderwärts nur in Ansätzen. Vollends fehlt der moderne Gegensatz: großindustrieller Unternehmer und freier Lohnarbeiter. Und daher konnte es auch eine Problematik von der Art, wie sie der moderne Sozialismus kennt, nicht geben. |

10 In einer Universalgeschichte der Kultur ist also für uns, rein wirtschaftlich, das zentrale Problem letztlich *nicht* die überall nur in der Form wechselnde Entfaltung kapitalistischer Betätigung als solcher: des Abenteurertypus oder des händlerischen oder des an Krieg, Politik, Verwaltung und ihren Gewinnchancen orientierten Kapitalismus. Sondern vielmehr die Entstehung des *bürgerlichen Betriebs*kapitalismus mit seiner rationalen Organisation der *freien Arbeit*. Oder, kulturgeschichtlich gewendet: die Entstehung des abendländischen *Bürgertums* und seiner Eigenart, die freilich mit der Entstehung kapitalistischer Arbeitsorganisation zwar im nahen Zusammenhang steht, aber natürlich doch nicht einfach identisch ist. Denn »Bürger« im ständischen Sinn gab es schon vor der Entwicklung des spezifisch abendländischen Kapitalismus. Aber freilich: *nur* im Abendlande. Der spezifisch moderne okzidentale Kapitalismus nun ist zunächst offenkundig in starkem Maße durch Entwicklungen von *technischen* Möglichkeiten mitbestimmt. Seine Rationalität ist heute wesenhaft bedingt durch *Berechenbarkeit* der technisch entscheidender Faktoren: der Unterlagen exakter Kalkulation. Das heißt aber in Wahrheit: durch die Eigenart der abendländischen Wissenschaft, insbesondere der mathematisch und experimentell exakt und rational fundamentierten Naturwissenschaften. Die Entwicklung dieser Wissenschaften und der auf ihnen beruhenden Technik erhielt und erhält nun andererseits ihrerseits entscheidende Impulse von den kapitalistischen Chancen, die

sich an ihre wirtschaftliche Verwertbarkeit als Prämien knüpfen. Zwar nicht die Entstehung der abendländischen Wissenschaft ist durch solche Chancen bestimmt worden. Gerechnet, mit Stellenzahlen gerechnet, Algebra getrieben haben auch die Inder, die Erfinder des Positionszahlensystems, welches erst in den *Dienst* des sich entwickelnden Kapitalismus im Abendland trat, in Indien aber keine moderne Kalkulation und Bilanzierung schuf. Auch die Entstehung der Mathematik und Mechanik war nicht durch kapitalistische Interessen bedingt. Wohl aber wurde die *technische* Verwendung wissenschaftlicher Erkenntnisse: dies für die Lebensordnung unsrer Massen Entscheidende, durch ökonomische Prämien bedingt, welche im Okzident gerade darauf gesetzt waren. Diese Prämien aber flossen aus der Eigenart der *Sozial*ordnung des Okzidents. Es wird also gefragt werden müssen: aus | *welchen* Bestandteilen 11
dieser Eigenart, da zweifellos nicht alle gleich wichtig gewesen sein werden. Zu den unzweifelhaft wichtigen gehört die rationale Struktur des *Rechts* und der Verwaltung. Denn der moderne rationale Betriebskapitalismus bedarf, wie der berechenbaren technischen Arbeitsmittel, so auch des berechenbaren Rechts und der Verwaltung nach formalen Regeln, ohne welche zwar Abenteurer- und spekulativer Händlerkapitalismus und alle möglichen Arten von politisch bedingtem Kapitalismus, aber kein rationaler privatwirtschaftlicher Betrieb mit stehendem Kapital und sicherer *Kalkulation* möglich ist. Ein solches Recht und eine solche Verwaltung nun stellte der Wirtschaftsführung in *dieser* rechtstechnischen und formalistischen Vollendung *nur* der Okzident zur Verfügung. Woher hat er jenes Recht? wird man also fragen müssen. Es haben, neben anderen Umständen, *auch* kapitalistische Interessen ihrerseits unzweifelhaft der Herrschaft des an rationalem Recht fachgeschultem Juristenstandes in Rechtspflege und Verwaltung die Wege geebnet, wie jede Untersuchung zeigt. Aber keineswegs nur oder vornehmlich sie. Und nicht sie haben jenes Recht aus sich *geschaffen*. Sondern noch ganz andre Mächte waren bei dieser Entwicklung tätig. Und warum taten die kapitalistischen

Interessen das gleiche nicht in China oder Indien? Warum lenkten dort überhaupt weder die wissenschaftliche noch die künstlerische noch die staatliche noch die wirtschaftliche Entwicklung in diejenigen Bahnen der *Rationalisierung* ein, welche dem Okzident eigen sind?

Denn es handelt sich ja in all den angeführten Fällen von Eigenart offenbar um einen spezifisch gearteten »Rationalismus« der okzidentalen Kultur. Nun kann unter diesem Wort höchst Verschiedenes verstanden werden, – wie die späteren Darlegungen wiederholt verdeutlichen werden. Es gibt z. B. »Rationalisierungen« der mystischen Kontemplation, also: von einem Verhalten, welches, von anderen Lebensgebieten her gesehen, spezifisch »irrational« ist, ganz ebenso gut wie Rationalisierungen der Wirtschaft, der Technik, des wissenschaftlichen Arbeitens, der Erziehung, des Krieges, der Rechtspflege und Verwaltung. Man kann ferner jedes dieser Gebiete unter höchst verschiedenen letzten Gesichtspunkten und Zielrichtungen »rationalisieren«, und was von einem aus »rational« ist, kann, vom andern aus betrachtet, »irrational«
12 sein. Rationalisierungen | hat es daher auf den verschiedenen Lebensgebieten in höchst verschiedener Art in allen Kulturkreisen gegeben. Charakteristisch für deren kulturgeschichtlichen Unterschied ist erst: *welche* Sphären und in welcher Richtung sie rationalisiert wurden. Es kommt also zunächst wieder darauf an: die besondere *Eigenart* des okzidentalen und, innerhalb dieses, des modernen okzidentalen, Rationalismus zu erkennen und in ihrer Entstehung zu erklären. Jeder solche Erklärungsversuch muß, der fundamentalen Bedeutung der Wirtschaft entsprechend, vor allem die ökonomischen Bedingungen berücksichtigen. Aber es darf auch der umgekehrte Kausalzusammenhang darüber nicht unbeachtet bleiben. Denn wie von rationaler Technik und rationalem Recht, so ist der ökonomische Rationalismus in seiner Entstehung auch von der Fähigkeit und Disposition der Menschen zu bestimmten Arten praktisch-rationaler *Lebensführung* überhaupt abhängig. Wo diese durch Hemmungen seelischer Art obstru-

iert war, da stieß auch die Entwicklung einer *wirtschaftlich* rationalen Lebensführung auf schwere innere Widerstände. Zu den wichtigsten formenden Elementen der Lebensführung nun gehörten in der Vergangenheit überall die magischen und religiösen Mächte und die am Glauben an sie verankerten ethischen Pflichtvorstellungen. Von *diesen* ist in den nachstehend gesammelten und ergänzten Aufsätzen die Rede.

Es sind dabei zwei ältere Aufsätze[4] an die Spitze gestellt, welche versuchen, in *einem* wichtigen Einzelpunkt der meist am schwierigsten zu fassenden Seite des Problems näher zu kommen: der Bedingtheit der Entstehung einer »Wirtschaftsgesinnung«: des »Ethos«, einer Wirtschaftsform, durch bestimmte religiöse Glaubensinhalte, und zwar an dem Beispiel der Zusammenhänge des modernen Wirtschaftsethos mit der rationalen Ethik des asketischen Protestantismus. Hier wird also nur der *einen* Seite der Kausalbeziehung nachgegangen. Die späteren Aufsätze über die »Wirtschaftsethik der Weltreligionen« versuchen, in einem Überblick über die Beziehungen der wichtigsten Kulturreligionen zur Wirtschaft und sozialen Schichtung ihrer Umwelt, *beiden* Kausalbeziehungen soweit nachzugehen, als notwendig ist, um die *Vergleichs*punkte mit der weiterhin zu analysierenden okzidentalen Entwicklung zu finden. Denn nur so läßt sich ja die einigermaßen eindeutige kausale *Zurech- | nung* derjenigen Elemente der okzidentalen 13
religiösen Wirtschaftsethik, welche ihr im Gegensatz zu andern eigentümlich sind, überhaupt in Angriff nehmen. Diese Aufsätze wollen also nicht etwa als – sei es auch noch so gedrängte – umfassende Kulturanalysen gelten. Sondern sie betonen in jedem Kulturgebiet ganz geflissentlich das, was im *Gegensatz* stand und steht zur okzidentalen Kulturentwicklung. Sie sind also durchaus orientiert an dem, was unter *diesem* Gesichtspunkt bei Gelegenheit der Darstellung der okzidentalen Entwicklung wichtig erscheint. Ein anderes Verfahren

4 Weber verweist hier auf seine Arbeiten zur Kulturbedeutung des Protestantismus.

schien bei dem gegebenen Zweck nicht wohl möglich. Aber es muß zur Vermeidung von Mißverständnissen hier auf diese Begrenztheit des Zweckes ausdrücklich hingewiesen werden. Und noch in einer anderen Hinsicht muß wenigstens der Unorientierte vor einer Überschätzung der Bedeutung dieser Darstellungen gewarnt werden. Der Sinologe, Indologe, Semitist, Ägyptologe wird in ihnen natürlich nichts ihm sachlich Neues finden. Wünschenswert wäre nur: daß er nichts zur Sache *Wesentliches* findet, was er als sachlich *falsch* beurteilen muß. Wie weit es gelungen ist, diesem Ideal wenigstens so nahezukommen, wie ein Nichtfachmann dazu überhaupt imstande ist, kann der Verfasser nicht wissen. Es ist ja ganz klar, daß jemand, der auf die Benützung von Übersetzungen und im übrigen darauf angewiesen ist, über die Art der Benutzung und Bewertung der monumentalen, dokumentarischen oder literarischen Quellen sich in der häufig sehr kontroversen Fachliteratur zu orientieren, die er seinerseits in ihrem Wert nicht selbständig beurteilen kann, allen Grund hat, über den Wert seiner Leistung sehr bescheiden zu denken. Um so mehr, als das Maß der vorliegenden Übersetzungen wirklicher »Quellen« (d. h. von Inschriften und Urkunden) teilweise (besonders für China) noch sehr klein ist im Verhältnis zu dem, was vorhanden und wichtig ist. Aus alledem folgt der vollkommen *provisorische* Charakter dieser Aufsätze, insbesondere der auf Asien sich beziehenden Teile. Nur den Fachmännern steht ein endgültiges Urteil zu. Und nur weil, begreiflicherweise, fachmännische Darstellungen mit diesem besonderen Ziel und unter diesen besonderen Gesichtspunkten bisher nicht vorlagen, sind sie überhaupt geschrieben worden. Sie sind in einem
14 un- | gleich stärkerem Maß und Sinn dazu bestimmt, bald »überholt« zu werden, als dies letztlich von aller wissenschaftlicher Arbeit gilt. Es läßt sich nun einmal, bei derartigen Arbeiten, ein solches vergleichendes Übergreifen auf andere Fachgebiete, so bedenklich es ist, nicht vermeiden; aber man hat dann eben die Konsequenz einer sehr starken Resignation in bezug auf das Maß des Gelingens zu ziehen. Mode oder Litera-

tensehnsucht glaubt heute gern den Fachmann entbehren oder zum Subalternarbeiter für den »Schauenden« degradieren zu können. Fast alle Wissenschaften verdanken Dilettanten irgend etwas, oft sehr wertvolle Gesichtspunkte. Aber der Dilettantismus als Prinzip der Wissenschaft wäre das Ende. Wer »Schau« wünscht, gehe ins Lichtspiel: – es wird ihm heut massenhaft auch in literarischer Form auf eben diesem Problemfeld geboten. Nichts liegt den überaus nüchternen Darlegungen dieser der Absicht nach streng empirischen Studien ferner als diese Gesinnung. Und – möchte ich hinzusetzen – wer »Predigt« wünscht, gehe ins Konventikel. Welches *Wert*verhältnis zwischen den hier vergleichend behandelten Kulturen besteht, wird hier mit keinem Wort erörtert. Daß der Gang von Menschheitsschicksalen dem, der einen Ausschnitt daraus überblickt, erschütternd an die Brust brandet, ist wahr. Aber er wird gut tun, seine kleinen persönlichen Kommentare für sich zu behalten, wie man es vor dem Anblick des Meeres und des Hochgebirges auch tut, – es sei denn, daß er sich zu künstlerischer Formung oder zu prophetischer Forderung berufen und begabt weiß. In den meisten andern Fällen verhüllt das viele Reden von »Intuition« nichts anders als eine Distanzlosigkeit zum Objekt, die ebenso zu beurteilen ist wie die gleiche Haltung zum Menschen.

Der Begründung bedarf es, daß für die hier verfolgten Ziele die *ethnographische* Forschung entfernt nicht so herangezogen ist, wie es bei deren heutigem Stand für eine | wirklich 15
eindringende Darstellung insbesondere der asiatischen Religiosität natürlich unumgänglich wäre. Es geschah dies nicht nur deshalb, weil menschliche Arbeitskraft ihre Grenzen hat. Sondern vornehmlich schien es deshalb erlaubt, weil es hier gerade auf die Zusammenhänge der religiös bestimmten Ethik jener Schichten ankommen mußte, welche »Kulturträger« des betreffenden Gebiets waren. Um die Einflüsse, welche *deren* Lebensführung geübt hat, handelt es sich ja. Es ist nun völlig richtig, daß auch diese in ihrer Eigenart nur wirklich zutreffend zu erfassen sind, wenn man den ethnogra-

phisch-volkskundlichen Tatbestand damit konfrontiert. Es sei also nachdrücklich zugestanden und betont: daß hier eine Lücke besteht, welche der Ethnograph mit gutem Recht beanstanden muß. Einiges zu ihrer Ausfüllung hoffe ich bei einer systematischen Bearbeitung der Religionssoziologie tun zu können. Den Rahmen dieser Darstellung mit ihren begrenzten Zwecken hätte ein solches Unternehmen aber überschritten. Sie mußte sich mit dem Versuch begnügen, die *Vergleichs*punkte zu unseren okzidentalen *Kultur*religionen tunlichst aufzudecken.

Schließlich sei auch der *anthropologischen* Seite der Probleme gedacht. Wenn wir immer wieder – auch auf (scheinbar) unabhängig voneinander sich entwickelnden Gebieten der Lebensführung – im Okzident, und *nur* dort, bestimmte *Arten* von Rationalisierungen sich entwickeln finden, so liegt die Annahme: daß hier *Erb*qualitäten die entscheidende Unterlage boten, natürlich nahe. Der Verfasser bekennt: daß er persönlich und subjektiv die Bedeutung des biologischen Erbgutes hoch einzuschätzen geneigt ist. Nur sehe ich, trotz der bedeutenden Leistungen der anthropologischen Arbeit, z. Z. noch keinerlei Weg, seinen Anteil an der *hier* untersuchten Entwicklung nach Maß und – vor allem – nach Art und Einsatzpunkten irgendwie exakt zu erfassen oder auch nur vermutungsweise anzudeuten. Es wird gerade eine der Aufgaben soziologischer und historischer Arbeit sein müssen, zunächst möglichst alle jene Einflüsse und Kausalketten aufzudecken, welche durch Reaktionen auf Schicksale und Umwelt befriedigend erklärbar sind. Dann erst, und wenn außerdem die vergleichende Rassen-Neurologie und -Psychologie über ihre heute vorliegenden, im einzelnen vielversprechenden, Anfän-
16 ge weiter | hinausgekommen sind, wird man *vielleicht* befriedigende Resultate auch für jenes Problem erhoffen dürfen. Vorerst scheint mir jene Voraussetzung zu fehlen und wäre die Verweisung auf »Erbgut« ein voreiliger Verzicht auf das *heute* vielleicht mögliche Maß der Erkenntnis und eine Verschiebung des Problems auf (derzeit noch) unbekannte Faktoren.

Einleitung.
Die Wirtschaftsethik der Weltreligionen.
Vergleichende religionssoziologische Versuche
[1920]

Unter »Weltreligionen« werden hier, in ganz wertfreier Art, jene fünf religiösen oder religiös bedingten Systeme der Lebensreglementierung verstanden, welche besonders große *Mengen* von Bekennern um sich zu scharen gewußt haben: die konfu- | zianische, hinduistische, buddhistische, christliche, 238
islamitische religiöse Ethik. Ihr tritt als sechste mitzubehandelnde Religion das Judentum hinzu, sowohl weil es für jedes Verständnis der beiden zuletzt genannten Weltreligionen entscheidende geschichtliche Voraussetzungen enthält, als wegen seiner teils wirklichen, teils angeblichen historischen Eigenbedeutung für die Entfaltung der modernen Wirtschaftsethik des Okzidentes, die in neuester Zeit mehrfach erörtert wurde. Andere Religionen werden nur soweit herangezogen, als für den historischen Zusammenhang unentbehrlich ist. Für das Christentum wird zunächst auf die früher erschienenen, in dieser Sammlung vorangestellten, Aufsätze Bezug genommen, deren Kenntnis vorausgesetzt werden muß.[1]

Was unter »Wirtschaftsethik« einer Religion verstanden ist, ergibt hoffentlich die Darstellung selbst in ihrem Verlaufe zunehmend deutlich. Nicht die ethische Theorie theologischer Kompendien, die nur als ein (unter Umständen allerdings wichtiges) Erkenntnismittel dient, sondern die in den psychologischen und pragmatischen Zusammenhängen der Religio-

1 Hinweis auf die Untersuchungen Max Webers zur Kulturbedeutung des Protestantismus.

nen gegründeten praktischen *Antriebe zum Handeln* sind das, was in Betracht kommt. So skizzenhaft die nachfolgende Darstellung ist, so wird sie doch erkennen lassen, welch ein kompliziertes Gebilde eine konkrete Wirtschaftsethik und wie überaus vielseitig sie bedingt zu sein pflegt. Es wird sich ferner auch hier zeigen, daß äußerlich ähnliche ökonomische Organisationsformen mit einer sehr verschiedenen Wirtschaftsethik vereinbar sind und je nach deren Eigenart dann sehr verschiedene historische Wirkungen zeitigen. Eine Wirtschaftsethik ist keine einfache »Funktion« wirtschaftlicher Organisationsformen, ebensowenig wie sie umgekehrt diese eindeutig aus sich heraus prägt.

Keine Wirtschaftsethik ist jemals nur religiös determiniert gewesen. Sie besitzt selbstverständlich ein im höchsten Maß durch wirtschaftsgeographische und geschichtliche Gegebenheiten bestimmtes Maß von reiner Eigengesetzlichkeit gegenüber allen durch religiöse oder andere (in diesem Sinn:) »innerliche« Momente bedingten Einstellungen des Menschen zur Welt. Aber allerdings: Zu den Determinanten der Wirtschaftsethik gehört als eine – wohlgemerkt: nur *eine* – auch die religiöse Bestimmtheit der Lebensführung. Diese selbst aber ist natürlich wiederum innerhalb gegebener geographischer,
239 politischer, sozialer, natio- | naler Grenzen durch ökonomische und politische Momente tief beeinflußt. Es wäre ein Steuern ins Uferlose, wollte man diese Abhängigkeiten in allen ihren Einzelheiten vorführen. In diesen Darlegungen kann es sich daher nur um den Versuch handeln, jeweils die richtunggebenden Elemente der Lebensführung derjenigen sozialen *Schichten* herauszuschälen, welche die praktische Ethik der betreffenden Religion am stärksten bestimmend beeinflußt und ihr die charakteristischen – d. h. hier: die sie von anderen unterscheidenden und zugleich für die Wirtschaftsethik wichtigen – Züge aufgeprägt haben. Das muß nun durchaus nicht immer eine Schicht allein sein. Auch können im Lauf der Geschichte die, in jenem Sinne: maßgebenden Schichten wechseln. Und nie ist dieser Einfluß einer einzel-

nen Schicht ein exklusiver. Aber es lassen sich für die einzelnen gegebenen Religionen doch meist Schichten angeben, deren Lebensführung wenigstens vornehmlich bestimmend gewesen ist. Um einige solche Beispiele vorwegzunehmen, so war der Konfuzianismus die Standesethik einer literarisch gebildeten weltlich-rationalistischen Pfründnerschaft. Wer nicht zu dieser *Bildungs*schicht gehörte, zählte nicht mit. Die religiöse (oder wenn man will: irreligiöse) Standesethik dieser Schicht hat die chinesische Lebensführung weit über jene selbst hinaus bestimmt. – Der ältere Hinduismus wurde dagegen getragen von einer erblichen Kaste literarisch Gebildeter, die, jedem Amt fremd, als eine Art ritualistischer Seelsorger der Einzelnen und der Gemeinschaften fungierten und, als fester Orientierungsmittelpunkt der ständischen Gliederung, die soziale Ordnung prägten. Nur vedisch *gebildete* Brahmanen waren als Träger der Tradition der vollwertige religiöse Stand. Erst später trat ein nicht brahmanischer Asketenstand ihnen konkurrierend zur Seite, und noch später, im indischen Mittelalter, trat im Hinduismus die inbrünstige sakramentale Heilands-Religiosität der unteren Schichten mit plebejischen Mystagogen auf den Plan. – Der Buddhismus wurde von heimatlos wandernden, streng kontemplativen und weltablehnenden Bettelmönchen propagiert. Im vollen Sinne waren nur sie Zugehörige der Gemeinde, alle andern blieben religiös minderwertige Laien: Objekte, nicht Subjekte der Religiosität. – Der Islam war in seiner ersten Zeit eine Religion welterobernder Krieger, eines Ritterordens von disziplinierten Glaubenskämpfern, nur ohne die sexuelle Askese der christlichen Nach- | bildungen in der Kreuzzugszeit. Im islamischen *240*
Mittelalter aber erlangte der kontemplativ-mystische Sufismus, und aus ihm hervorwachsend das Bruderschaftswesen des Kleinbürgertums nach Art der christlichen Tertiarier[2], nur weit universeller entwickelt, eine mindestens ebenbürtige

2 Ordensgemeinschaft von Männern, die nach einer anerkannten Regel, jedoch nicht im Kloster leben.

Rolle, unter der Führung von plebejischen Technikern der Orgiastik. – Das Judentum war, seit dem Exil, die Religion eines bürgerlichen »Pariavolkes« [...] und geriet im Mittelalter unter die Führung einer ihm eigentümlichen literarisch-ritualistisch geschulten Intellektuellenschicht, welche eine zunehmend proletaroide, rationalistische Kleinbürgerintelligenz repräsentierte. – Das Christentum endlich begann seinen Lauf als eine Lehre wandernder Handwerksburschen. Es war und blieb eine ganz spezifisch städtische, vor allem: bürgerliche, Religion in allen Zeiten seines äußeren und inneren Aufschwungs, in der Antike ebenso wie im Mittelalter und im Puritanismus. Die Stadt des Okzidentes in ihrer Einzigartigkeit gegenüber allen andern Städten und das Bürgertum in dem Sinne, in welchem es überhaupt nur dort in der Welt entstanden ist, war sein Hauptschauplatz, für die antike pneumatische Gemeindefrömmigkeit ebenso wie für die Bettelorden des hohen Mittelalters und für die Sekten der Reformationszeit bis zum Pietismus und Methodismus hin.

Nun ist es in gar keiner Weise etwa die These der nachfolgenden Darlegungen: daß die Eigenart einer Religiosität eine einfache Funktion der sozialen Lage derjenigen Schicht sei, welche als ihr charakteristischer Träger erscheine, etwa nur deren »Ideologie« oder eine »Widerspiegelung« ihrer materiellen oder ideellen Interessenlage darstelle. Im Gegenteil wäre ein gründlicheres Mißverständnis des Standpunktes dieser Erörterungen kaum möglich als gerade eine solche Deutung. Wie tiefgreifend auch immer die ökonomisch und politisch bedingten sozialen Einflüsse auf eine religiöse Ethik im Einzelfalle waren, – primär empfing diese ihr Gepräge doch aus religiösen Quellen. Zunächst: aus dem Inhalt ihrer Verkündigung und Verheißung. Und wenn diese nicht selten schon in der nächsten Generation grundstürzend umgedeutet, weil den Bedürfnissen der Gemeinde angepaßt wurden, so doch eben in aller Regel wiederum zunächst: deren *religiösen* Be-
241 dürfnissen. Erst sekundär konnten andere | Interessensphären, oft freilich recht nachdrücklich und zuweilen ausschlag-

gebend, einwirken. Wir werden uns überzeugen, daß zwar für jede Religion der Wandel der sozial ausschlaggebenden Schichten tiefgreifende Bedeutung zu haben pflegte, daß aber andrerseits der einmal geprägte Typus einer Religion seinen Einfluß ziemlich weitgehend auch auf die Lebensführung sehr heterogener Schichten auszuüben pflegte.

Man hat die Zusammenhänge zwischen religiöser Ethik und Interessenlage in verschiedener Art so zu interpretieren gesucht, daß die erstere nur als eine »Funktion« der letzteren erschien. Nicht nur im Sinn des sog. historischen Materialismus, – was wir hier nicht erörtern, – sondern auch rein psychologisch.

Eine ganz allgemeine, gewissermaßen abstrakte, Klassengebundenheit der religiösen Ethik könnte aus der seit Fr. Nietzsches glänzendem Essay bekannten, seitdem auch von Psychologen mit Geist behandelten Theorie vom »Ressentiment« abgeleitet werden.[3] Wenn die ethische Verklärung des Erbarmens und der Brüderlichkeit ein ethischer »Sklavenaufstand« der, sei es in ihren natürlichen Anlagen, sei es in ihren schicksalsbedingten Lebenschancen, Benachteiligten war, und also die Ethik der »Pflicht« ein Produkt »verdrängter«, weil ohnmächtiger, Rache-Empfindungen des zu Arbeit und Gelderwerb verdammten Banausen gegen die Lebensführung des pflichtfrei lebenden Herrenstandes, – dann ergäbe dies offensichtlich für die wichtigsten Probleme in der Typologie der religiösen Ethik eine sehr einfache Lösung. Allein so glücklich und fruchtbar die Aufdeckung der psychologischen Bedeutung des Ressentiment an sich war, so große Vorsicht ist bei der Abschätzung seiner sozialethischen Tragweite geboten.

Über die Motive, welche die verschiedenen Arten ethischer »Rationalisierung« der Lebensführung rein als solche bestimmten, wird später oft zu sprechen sein. Sie hat mit Ressentiment meist durchaus nichts zu tun.

3 Verweis auf die Publikation von Friedrich Nietzsche: Zur Genealogie der Moral. Eine Streitschrift. (1887).

Was aber die Wertung des *Leidens* in der religiösen Ethik betrifft, so ist diese unzweifelhaft einem typischen Wandel unterworfen gewesen, der, richtig verstanden, ein gewisses Recht jener von Nietzsche zuerst durchgeführten Theorie bedeutet. Die urwüchsige Stellungnahme zum Leiden äußerte sich plastisch vor allem in der Behandlung derer, die durch Krankheit oder andere hartnäckige Unglücksfälle verfolgt waren, bei den religiösen Feiern der Gemeinschaft. Der dauernd
242 Leidende, | Trauernde, Kranke oder sonst Unglückliche war, je nach der Art seines Leidens, entweder von einem Dämon besessen oder mit dem Zorn eines Gottes belastet, den er beleidigt hatte. Ihn in ihrer Mitte zu dulden konnte für die kultische Gemeinschaft Nachteile zur Folge haben. Jedenfalls durfte er an den Kultmahlen und Opfern nicht teilnehmen. Denn sein Anblick erfreute die Götter nicht und konnte ihren Zorn erregen. Die Opfermahle waren Stätten der Fröhlichen - selbst in Jerusalem in der Zeit der Belagerung.

Mit dieser Behandlung des Leidens als eines Symptoms des Gottverhaßtseins und geheimer Schuld kam die Religion psychologisch einem sehr allgemeinen Bedürfnis entgegen. Der Glückliche begnügt sich selten mit der Tatsache des Besitzes seines Glückes. Er hat darüber hinaus das Bedürfnis: auch noch ein *Recht* darauf zu haben. Er will überzeugt sein, daß er es auch »verdiene«; vor allem: im Vergleich mit andern verdiene. Und er will also auch glauben dürfen: daß dem minder Glücklichen durch den Nichtbesitz des gleichen Glückes ebenfalls nur geschehe, was ihm zukommt. Das Glück will »legitim« sein. Wenn man unter dem allgemeinen Ausdruck: »Glück« alle Güter der Ehre, der Macht, des Besitzes und Genusses begreift, so ist dies die allgemeinste Formel für jenen Dienst der Legitimierung, welchen die Religion dem äußeren und inneren Interesse aller Herrschenden, Besitzenden, Siegenden, Gesunden, kurz: Glücklichen, zu leisten hatte: die Theodizee[4]

4 Theodizee: Rechtfertigung Gottes angesichts des von ihm zugelassenen Bösen in der Welt, das mit dem Glauben an seine All-

des Glückes. Sie ist in höchst massiven (»pharisäischen«) Bedürfnissen der Menschen verankert und daher leicht verständlich, wenn auch in ihrer Wirkung oft nicht genügend beachtet.

Verschlungener sind dagegen die Wege, welche zur Umkehrung dieses Standpunktes: zur religiösen Verklärung des Leidens also, führten. Primär wirkte die Erfahrung, daß das Charisma ekstatischer, visionärer, hysterischer, kurz: aller jener außeralltäglichen Zuständlichkeiten, welche als »heilig« gewertet wurden und deren Hervorrufung deshalb Gegenstand der magischen Askese bildete, geweckt oder doch begünstigt wurde durch zahlreiche Arten von Kasteiungen und Enthaltungen sowohl von der normalen Ernährung und vom Schlaf wie vom Sexualverkehr. Das Prestige dieser Kasteiungen war Folge der Vorstellung, daß gewisse Arten von Leiden und durch Kasteiung provozierten abnormen Zuständen Wege zur Erlangung übermenschlicher: magischer, Kräfte |
seien. Die alten Tabu-Vorschriften und die Enthaltungen im 243
Interesse kultischer Reinheit: Konsequenzen des Dämonenglaubens, wirkten in gleicher Richtung. Dazu trat aber dann als selbständiges und neues die Entwicklung der »Erlösungs«-Kulte, welche dem individuellen Leiden gegenüber eine prinzipiell neue Stellung einnahmen. Der urwüchsige Gemeinschaftskult, vor allem derjenige der politischen Verbände, ließ alle individuellen Interessen aus dem Spiel. Der Stammesgott, Lokalgott, Stadtgott, Reichsgott kümmerte sich nur um Interessen, welche die Gesamtheit angingen: Regen und Sonnenschein, Jagdbeute, Sieg über die Feinde. An ihn wendete sich also die Gesamtheit als solche im Gemeinschaftskult. Zur Abwendung oder Beseitigung von Übeln, die den Einzelnen betrafen, – vor allem: Krankheit –, wendete dieser sich nicht an den Kult der Gemeinschaft, sondern als Einzelner an den Zauberer, den ältesten individuellen »Seelsorger«. Das Prestige

macht, Weiheit und Güte in Einklang gebracht werden muß. Weber spielt hier mit diesem Begriff, indem er ihn nicht nur auf das Unglück, sondern auch auf das Glück der Menschen anwendet.

einzelner Magier und jener Geister oder Götter, in deren Namen sie ihre Wunder taten, schuf ihnen Zulauf ohne Rücksicht auf die lokale oder Stammeszugehörigkeit und dies führte unter günstigen Umständen zu einer von den ethnischen Verbänden unabhängigen »Gemeinde«-Bildung. Manche – nicht: alle – »Mysterien« lenkten in diese Bahn ein. Errettung der Einzelnen als Einzelner aus Krankheit, Armut und allen Arten von Not und Gefahr war ihre Verheißung. Der Magier wandelte sich so zum Mystagogen: erbliche Dynastien von solchen oder aber eine Organisation geschulten Personals mit einem nach irgendwelchen Regeln bestimmten Haupt entwickelten sich, wobei dieses Haupt entweder selbst als Inkarnation eines übermenschlichen Wesens oder nur als Verkünder und Vollstrecker seines Gottes: als Prophet, gelten konnte. Damit war eine religiöse Gemeinschaftsveranstaltung für individuelles »Leiden« als solches und für »Erlösung« davon entstanden. Die Verkündigung und Verheißung wendete sich nun naturgemäß an die Massen derjenigen, welche der Erlösung *bedurften*. Sie und ihre Interessen traten in den Mittelpunkt des berufsmäßigen Betriebes der »Seelsorge«, welche erst damit recht eigentlich entstand. Feststellung, wodurch das Leiden verschuldet sei: Beichten von »Sünden«, d.h. zunächst: Verstößen gegen rituelle Gebote, und Beratung: durch welches Verhalten es beseitigt werden könne, wurden jetzt die ty-
244 pische Leistung von | Magiern und Priestern. Ihre materiellen und ideellen Interessen konnten damit in der Tat zunehmend in den Dienst spezifisch *plebejischer* Motive treten. Einen weiteren Schritt auf dieser Bahn bedeutete es, wenn daraus unter dem Druck typischer und immer wiederkehrender Not eine »Heilands«-Religiosität sich entwickelte. Sie setzte einen Erlöser-Mythos, also eine (mindestens: relativ) *rationale* Weltbetrachtung voraus, zu deren wichtigstem Gegenstand wiederum das Leiden wurde. Ansatzpunkte dazu bot sehr häufig die primitive Naturmythologie. Die Geister, welche das Kommen und Gehen der Vegetation und den Gang der für die Jahreszeiten wichtigen Gestirne beherrschten, wurden die bevorzugten

Träger der Mythen vom leidenden, sterbenden, wiederaufer-
stehenden Gott, welcher nun auch den Menschen in der Not
die Wiederkehr diesseitigen oder die Sicherheit jenseitigen
Glückes verbürgte. Oder eine volkstümlich gewordene Ge-
stalt aus der Heldensage – wie Krischna in Indien – wurde, aus-
gestattet mit Kindheits-, Liebes- und Kampfmythen, zum Ge-
genstand eines brünstigen Heilandskultes. Bei einem politisch
bedrängten Volk, wie den Israeliten, haftete der Heilands-
(Moschuach-)Name zuerst an den von der Heldensage über-
lieferten Rettern aus politischer Not (Gideon, Jephtha) und
bestimmte von da aus die »messianischen« Verheißungen. Bei
diesem Volk, und in dieser Konsequenz nur hier, wurde – un-
ter sehr besonderen Bedingungen – das Leiden einer Volks*ge-
meinschaft*, nicht das des Einzelnen, Gegenstand religiöser Er-
lösungshoffnungen. Die Regel war: daß der Heiland zugleich
individuellen und universellen Charakter trug: das Heil für
den *Einzelnen* und für *jeden* Einzelnen, der sich an ihn wendete,
zu verbürgen bereit war. – Die Gestalt des Heilands konnte
verschiedener Prägung sein. In der Spätform der zarathustri-
schen Religion, mit ihren zahlreichen Abstraktionen, über-
nahm eine rein konstruierte Figur in der Heilsökonomie die
Rolle des Mittlers und Retters. Oder gerade umgekehrt: eine
durch Wunder und visionäres Wiedererscheinen legitimierte
historische Person stieg zum Heiland auf. Für die Realisierung
der sehr verschiedenen Möglichkeiten waren rein historische
Momente maßgebend.

Fast immer entstand aber aus den Erlösungshoffnungen
irgend eine Theodizee des Leidens. |

Die Verheißungen der Erlösungsreligionen blieben zwar *245*
zunächst nicht an ethische, sondern an rituelle Vorbedingun-
gen geknüpft, wie etwa die diesseitigen und jenseitigen Vortei-
le der eleusinischen Mysten an rituelle Reinheit und das An-
hören der eleusinischen Messe. Aber die zunehmende Rolle,
welche jene Spezialgötter, in deren Obhut der Rechtsgang
stand, mit zunehmender Bedeutung des Rechts spielten, ver-
lieh diesen die Aufgabe des Schutzes der überlieferten Ord-

nung: der Bestrafung des Unrechtes und Belohnung des Gerechten. Und wo eine Prophetie die religiöse Entwicklung bestimmend beeinflußte, trat naturgemäß stets die »Sünde«, nicht mehr nur als magischer Verstoß, sondern vor allem als: Unglaube gegen den Propheten und seine Gebote, in der Rolle des Grundes von Unglück aller Art auf. Nun war der Prophet selbst zwar keineswegs regelmäßig ein Sprößling oder ein Repräsentant gedrückter Klassen. Wir werden sehen, daß das Gegenteil nahezu die Regel bildete. Und auch der Inhalt seiner Lehre entstammte keineswegs überwiegend ihrem Vorstellungskreis. Aber allerdings waren es in der Regel nicht die Glücklichen, Besitzenden, Herrschenden, welche eines Erlösers und Propheten *bedurften,* sondern die Bedrückten oder mindestens die von Not Bedrohten. Eine *prophetisch* verkündete Heilands-Religiosität hatte daher in der großen Mehrzahl der Fälle ihre dauernde Stätte vorzugsweise in den minder begünstigten sozialen Schichten, welchen sie die Magie entweder ganz ersetzte oder doch rational ergänzte. Und wo die Verheißungen des Propheten oder Heilandes selbst den Bedürfnissen der sozial minder Begünstigten nicht hinlänglich entgegenkamen, da entwickelte sich aus ihnen mit großer Regelmäßigkeit eine sekundäre Erlösungsreligiosität der Massen unterhalb der offiziellen Lehre. Der im Heilandsmythos im Keime vorgebildeten rationalen Weltbetrachtung aber fiel eben deshalb in aller Regel die Aufgabe zu, eine rationale Theodizee des Unglücks zu schaffen. Zugleich aber versah sie das Leiden als solches nicht selten mit einem ihm ursprünglich ganz fremden positiven Wertvorzeichen.

Das freiwillig, durch Selbstkasteiung, geschaffene Leid hatte bereits mit der Entwicklung der ethischen, strafenden und belohnenden, Gottheiten seinen Sinn gewechselt. Wenn ursprünglich der magische Geisterzwang der Gebetsformel durch die Selbstkasteiung – als Quelle charismatischer Zustän-
246 de – ge- | steigert wurde, so blieb dies in den Gebetskasteiungen und den kultischen Abstinenzvorschriften erhalten, auch nachdem aus der magischen Geisterzwangsformel eine Bitte

an einen Gott um Erhörung geworden war. Dazu trat nun die Bußkasteiung als ein Mittel, durch Reue den Zorn der Götter zu beschwichtigen und die verwirkten Strafen durch Selbstbestrafung abzuwenden. Auch jene zahlreichen Abstinenzen, welche der Totentrauer, anfänglich (besonders klar in China) zur Abwendung des Neides und Zornes des Toten, anhafteten, übertrugen sich nun leicht auf die Beziehungen zu den betreffenden Göttern überhaupt, und ließen Selbstkasteiung und schließlich auch die Tatsache des ungewollten Entbehrens rein als solche als gottwohlgefälliger erscheinen, als den unbefangenen Genuß der Güter der Erde, der die Genießenden dem Einfluß des Propheten oder Priesters unzugänglicher machte.

Eine gewaltige Steigerung aber erfuhr die Macht dieser Einzelmomente unter Umständen durch das mit zunehmender Rationalität der Weltbetrachtung zunehmende Bedürfnis nach einem ethischen »Sinn« der Verteilung der Glücksgüter unter den Menschen. Die Theodizee stieß dabei mit zunehmender Rationalisierung der religiös-ethischen Betrachtung und Ausschaltung der primitiven magischen Vorstellungen auf steigende Schwierigkeiten. Allzu häufig war individuell »unverdientes« Leid. Und keineswegs nur nach einer »Sklavenmoral«, sondern auch an den eigenen Maßstäben der Herrenschicht gemessen, waren es allzu oft nicht die Besten, sondern die »Schlechten«, denen es am besten geriet. Vorgetane individuelle Sünde des Einzelnen in einem früheren Leben (Seelenwanderung), oder Schuld der Vorfahren, die bis ins dritte und vierte Glied gerächt wird, oder – am prinzipiellsten – die Verderbtheit alles Kreatürlichen als solchen standen als Erklärungen des Leidens und der Ungerechtigkeit, Hoffnungen auf ein künftiges besseres Leben innerhalb der Welt für den Einzelnen (Seelenwanderung) oder für die Nachfahren (messianisches Reich) oder im Jenseits (Paradies) als Verheißungen zum Ausgleich zu Gebote. Die metaphysische Vorstellung über Gott und Welt, welche das unausrottbare Bedürfnis nach der Theodizee hervorrief, vermochte gleichfalls nur wenige, – im ganzen [...] nur drei – Gedankensysteme zu

erzeugen, welche rational befriedigende Antworten auf die
247 Frage nach dem Grunde der Inkongruenz zwischen | Schicksal und Verdienst gaben: die indische Karmanlehre, den zarathustrischen Dualismus und das Prädestinationsdekret des Deus absconditus.[5] Diese rational geschlossensten Lösungen aber traten nur ganz ausnahmsweise in reiner Form auf.

Das rationale Bedürfnis nach der Theodizee des Leidens - und: des Sterbens – hat außerordentlich stark gewirkt. Es hat Religionen wie den Hinduismus, den Zarathustrismus, das Judentum, in gewissem Umfang auch das paulinische und spätere Christentum in wichtigen Charakterzügen geradezu geprägt. Noch 1906 antwortete von einer gegebenen (recht beträchtlichen) Zahl [von] Proletariern auf die Frage nach dem Grunde ihres Unglaubens nur die Minderzahl mit Folgerungen aus modernen naturwissenschaftlichen Theorien, die Mehrzahl aber mit dem Hinweis auf die »Ungerechtigkeit« der diesseitigen Weltordnung, – freilich wohl wesentlich deshalb, weil sie an den innerweltlichen revolutionären Ausgleich glaubten.

Die Theodizee des Leidens konnte durch Ressentiment gefärbt sein. Aber das Bedürfnis nach dem Ausgleich der Unzulänglichkeit des Diesseits-Schicksales nahm nicht nur nicht immer, sondern nicht einmal der Regel nach die Färbung des Ressentiments als maßgebenden Grundzug an. Der Glaube, daß es dem Ungerechten gerade deshalb gut in der diesseitigen Welt gehe, weil ihm die Hölle, den Frommen aber die ewige Seligkeit vorbehalten sei, und daß deshalb die immerhin auch von diesen gelegentlich begangenen Sünden im Diesseits abgebüßt werden müßten, lag gewiß dem Rache-Bedürfnis besonders nahe. Aber man kann sich leicht überzeugen, daß selbst diese zuweilen auftretende Vorstellungsweise durchaus

5 Ausgehend von Jesaja 45,15 (»Wahrhaftig, du bist ein verborgener Gott.«), jüdisch-christliche Vorstellung des »verborgenen Gottes«, dem insbesondere Martin Luther den »offenbarten Gott« (Deus revelatus), Jesus Christus, an die Seite stellte.

nicht immer durch Ressentiment bedingt, und daß sie vor allem keineswegs immer das Produkt sozial bedrückter Schichten war. Wir werden sehen, daß es nur wenige, darunter nur ein voll ausgeprägtes Beispiel einer wirklich durch Ressentiment in *wesentlichen* Zügen mitbestimmten Religiosität gegeben hat. Richtig ist nur, daß allerdings das Ressentiment als ein Einschlag (neben anderen) in dem religiös bestimmten Rationalismus der sozial minder begünstigten Schichten überall Bedeutung gewinnen *konnte* und oft gewonnen hat. Aber auch das, je nach der Natur der Verheißungen der einzelnen Religion, in höchst verschiedenem, oft nur in verschwindendem, Grade. Gänzlich unrichtig wäre es jedenfalls, die »Askese« allgemein aus diesen Quel- | len ableiten zu wollen. Das in den *248*
eigentlichen Erlösungsreligionen in aller Regel vorhandene Mißtrauen gegen Reichtum und Macht hatte seinen natürlichen Grund vor allem in der Erfahrung der Heilande, Propheten und Priester: daß die in dieser Welt begünstigten und »satten« Schichten das Bedürfnis nach einer Erlösung – gleichviel welchen Charakters – im allgemeinen nur in geringem Maße besaßen, und daher minder »fromm« im Sinne jener Religionen waren. Und die Entwicklung rationaler religiöser *Ethik* gerade auf dem Boden der sozial minder gewerteten Schichten hatte ebenfalls zunächst positive Wurzeln in deren innerer Lage. Schichten im festbegründeten Besitz sozialer Ehre und Macht pflegen ihre ständische Legende in der Richtung einer ihnen innewohnenden besonderen Qualität, meist einer solchen des Blutes, zu bilden: ihr (wirkliches oder angebliches) *Sein* ist das, was ihrem Würdegefühl die Nahrung gibt. Sozial gedrückte oder ständisch negativ (oder doch: nicht positiv) gewertete Schichten speisen dagegen ihr Würdegefühl am leichtesten aus dem Glauben an eine ihnen anvertraute besondere »Mission«: ihr *Sollen* oder ihre (funktionale) *Leistung* verbürgt oder konstituiert ihnen den eignen Wert, der damit in ein Jenseits ihrer selbst, in eine ihnen von Gott gestellte »Aufgabe«, rückt. Schon in diesem Sachverhalt als solchem lag eine Quelle der ideellen Macht *ethischer* Prophetien zuerst bei den sozial

minder Begünstigten, ohne daß es dabei des Ressentiment als eines Hebels bedurfte. Das rationale Interesse an materiellem und ideellem Ausgleich an sich genügte vollkommen. Daß die Propaganda der Propheten und Priester daneben, absichtlich oder nicht, auch das Ressentiment der Massen in ihren Dienst gestellt hat, ist nicht zu bezweifeln, aber keineswegs universell zutreffend. Vor allem war diese wesentlich negative Macht nirgends, so viel bekannt, die Quelle jener dem Wesen nach metaphysischen Konzeptionen, welche einer jeden Erlösungsreligion ihre Eigenart verliehen. Und vor allem war die Art einer religiösen Verheißung, allgemein gesprochen, keineswegs notwendig oder auch nur überwiegend, lediglich Sprachrohr eines Klasseninteresses, sei es äußerlicher oder innerlicher Art. Von sich aus blieben die Massen [...] überall in der massiven Urwüchsigkeit der Magie befangen, wo nicht eine *Prophetie* sie, mit bestimmten Verheißungen, in eine reli-
249 giöse Bewegung ethischen Charakters | hineinriß. Im übrigen aber war die Eigenart der großen religiös-ethischen Systeme durch weit individuellere gesellschaftliche Bedingungen als durch den bloßen Gegensatz von herrschenden und beherrschten Schichten bestimmt.

Es mögen, zur Ersparnis mehrfacher Wiederholungen, hier über diese Verhältnisse noch einige Bemerkungen vorangeschickt werden. Die untereinander verschiedenen Heilsgüter, welche die Religionen verhießen und boten, sind für den empirischen Forscher keineswegs nur und nicht einmal vorzugsweise als »jenseitige« zu verstehen. Ganz abgesehen davon, daß ja durchaus nicht jede Religion, auch nicht jede Weltreligion, ein Jenseits als Stätte bestimmter Verheißungen überhaupt kannte. Mit der nur teilweisen Ausnahme des Christentums und weniger anderer spezifisch asketischer Bekenntnisse waren vielmehr die Heilsgüter aller, der urwüchsigen wie der kultivierten, prophetischen oder nicht prophetischen, Religionen zunächst ganz massiv diesseitige: Gesundheit, langes Leben, Reichtum waren Verheißungen der chinesischen, vedischen, zarathustrischen, altjüdischen, islamischen ganz in glei-

cher Art wie der phönikischen, ägyptischen, babylonischen und altgermanischen Religion und wie die Verheißungen für die frommen Laien des Hinduismus und Buddhismus. Nur der religiöse Virtuose: Asket, Mönch, Sufi, Derwisch erstrebte ein, an jenen massivsten Diesseitsgütern gemessen, »außerweltliches« Heilsgut. Auch dieses außerweltliche Heilsgut war nun aber keineswegs ein nur *jenseitiges*. Auch da nicht, wo es sich selbst als solches verstand. Vielmehr war, psychologisch betrachtet, gerade der gegenwärtige, *diesseitige,* Habitus dasjenige, worum es den Heilsuchenden primär zu tun war. Die puritanische certitudo salutis[6]: der unverlierbare Gnadenstand in dem Gefühl der »Bewährung« war das psychologisch allein Greifbare an den Heilsgütern dieser asketischen Religiosität. Das akosmistische Liebesgefühl des seines Eingangs in Nirwana sicheren buddhistischen Mönches, das Bhakti (gottinnige Liebesglut) oder die apathische Ekstase der hinduistischen Frommen, die orgiastische Ekstase bei der Radjenie des Chlüsten und beim tanzenden Derwisch, die Gottbesessenheit und der Gottbesitz, die Marien- und Heilandsminne, der jesuitische Herz-Jesu-Kult, die quietistische Andacht, die pietistische Zärtlichkeit für das Jesulein und dessen »Wundbrühe«, die sexuellen und halbsexuellen Orgien bei der Krischnaminne, die raffinierten Kultdiners | der Vallabhacharis, die gnosti- 250
schen onanistischen Kulthandlungen, die verschiedenen Formen der unio mystica und des kontemplativen Untergehens im All-einen: – alle diese Zustände wurden ja doch unzweifelhaft zunächst einmal um dessen willen gesucht, was *sie selbst* an Gefühlswert dem Gläubigen *unmittelbar* boten. Sie standen in dieser Hinsicht durchaus dem dionysischen oder im Somakult erzeugten religiösen Alkoholrausch, den totemistischen Fleischorgien, den kannibalistischen Mahlzeiten, dem alten religiös geweihten Haschisch-, Opium- und Nikotingebrauch und überhaupt allen Arten magischen Rausches gleich. Um der psychischen Außeralltäglichkeit und des dadurch beding-

6 Die glaubensmäßige Gewißheit der Erlösung.

ten *Eigen*wertes der betreffenden Zuständlichkeit halber galten sie als spezifisch geweiht und göttlich. Und wenn auch erst die rationalisierten Religionen in jene spezifisch-religiösen Handlungen neben der unmittelbaren Aneignung des Heilsgutes eine metaphysische Bedeutung hineinlegten und so die Orgie zum »Sakrament« sublimierten, so fehlte doch schon der primitivsten Orgie eine Sinndeutung keineswegs gänzlich. Nur war sie rein magisch-animistischen Charakters und enthielt nicht oder nur in leisen Ansätzen die allem religiösen Rationalismus eigene Einbeziehung in eine universelle kosmische Heilspragmatik. Jedoch blieb es, auch nachdem dies geschehen, natürlich dabei, daß das Heilsgut für den Frommen zunächst und vor allem psychologischen *Gegenwarts*charakter hatte. Das heißt: daß es vor allem in jenem Zustand, dem Gefühlshabitus rein als solchem, bestand, welchen der spezifisch religiöse (oder magische) Akt oder die methodische Askese oder Kontemplation unmittelbar hervorrief.

Dieser Zustand konnte seinem Sinn nach ebenso, wie er es äußerlich war, ein außeralltäglicher Habitus nur vorübergehenden Charakters sein. So ursprünglich naturgemäß durchweg. Es gibt keinerlei Scheidung von »religiösen« und »profanen« Zuständlichkeiten anders als durch die *Außer*alltäglichkeit der ersteren. Aber: ein durch religiöse Mittel erreichter Sonderzustand konnte auch als ein in seinen Folgen bleibender, als ein den ganzen Menschen und sein Schicksal erfassender »Heilszustand« erstrebt werden. Der Übergang war flüssig. Von den beiden höchsten Konzeptionen der sublimierten religiösen Heilslehre: »Wiedergeburt« und »Erlösung«, war die Wiedergeburt uraltes magisches Gut. Sie bedeutete die Erwerbung einer neuen Seele durch den orgiastischen Akt oder |
251 durch planvolle Askese. Man erwarb sie vorübergehend in der Ekstase, aber sie konnte auch als dauernder Habitus gesucht und durch die Mittel der magischen Askese erreicht werden. Eine neue Seele mußte der Jüngling haben, der als ein Held in die Gemeinschaft der Krieger treten oder als Mitglied der Kultgemeinschaft an deren magischen Tänzen oder Orgien teil-

nehmen oder im Kultmahl mit Göttern Gemeinschaft haben wollte. Uralt sind daher die Helden- und Magier-Askese, die Jünglingsweihe und die sakramentalen Wiedergeburts- Bräuche bei wichtigen Abschnitten des privaten und Gemeinschaftslebens. Verschieden aber waren außer den angewandten Mitteln vor allem die Zwecke dieser Handlungen, die Antwort auf die Frage also: »zu was« man wiedergeboren werden sollte.

Es lassen sich die verschiedenen religiös (oder magisch) gewerteten Zuständlichkeiten, welche einer Religion ihr psychologisches Gepräge gaben, unter sehr verschiedenen Gesichtspunkten systematisieren. Ein solcher Versuch soll an dieser Stelle nicht unternommen werden. Hier kommt es nur darauf an, in Anknüpfung an das oben Gesagte ganz allgemein anzudeuten: daß die Art des in einer Religion als höchstes Gut erstrebten (diesseitigen) Seligkeits- oder Wiedergeburtszustandes offenbar notwendig verschieden sein mußte je nach dem Charakter der Schicht, welche der wichtigste Träger der betreffenden Religiosität war. Kriegerische Ritterklassen, Bauern, Gewerbetreibende, literarisch geschulte Intellektuelle hatten darin naturgemäß verschiedene Tendenzen, welche zwar für sich allein [...] weit davon entfernt waren, eindeutig den psychologischen Charakter der Religion zu determinieren, ihn aber doch höchst nachhaltig beeinflußten. Und zwar war namentlich der Gegensatz der beiden ersten gegenüber den beiden letzten Schichten überaus wichtig. Denn von diesen letzteren waren die Intellektuellen stets, die Gewerbetreibenden (Kaufleute, Handwerker) wenigstens möglicherweise Träger eines im ersten Fall mehr theoretischen, im anderen mehr praktischen Rationalismus, der sehr verschiedenartiges Gepräge tragen konnte, stets aber auf die religiöse Haltung bedeutende Wirkung zu haben pflegte. Vor allem die Eigenart der *Intellektuellen*schichten war dabei von der größten Tragweite. So überaus gleichgültig es für die religiöse Entwicklung der Gegenwart ist, ob unsere modernen Intellektuellen das Bedürfnis empfinden, neben allerlei andern | Sensationen auch 252
die eines »religiösen« Zustandes als »Erlebnis« zu genießen,

gewissermaßen um ihr inneres Ameublement stilvoll mit garantiert echten alten Gerätschaften auszustatten: aus solcher Quelle ist noch nirgends eine religiöse Erneuerung erwachsen –, so überaus wichtig war die Eigenart der Intellektuellenschichten in der Vergangenheit für die Religionen. Ihr Werk vornehmlich war die Sublimierung des religiösen Heilsbesitzes zum »Erlösungs«-Glauben. Die Konzeption der Erlösungs-Idee war an sich uralt, wenn man die Befreiung von Not, Hunger, Dürre, Krankheit und – letztlich – Leid und Tod mit darunter begreift. Aber eine spezifische Bedeutung erlangte die Erlösung doch erst, wo sie Ausdruck eines systematisch-rationalisierten »Weltbildes« und der Stellungnahme dazu war. Denn was sie ihrem Sinn und ihrer psychologischen Qualität nach bedeuten wollte und konnte, hing dann eben von jenem Weltbild und dieser Stellungnahme ab. Interessen (materielle und ideelle), nicht: Ideen, beherrschen unmittelbar das Handeln der Menschen. Aber: die »Weltbilder«, welche durch »Ideen« geschaffen wurden, haben sehr oft als Weichensteller die Bahnen bestimmt, in denen die Dynamik der Interessen das Handeln fortbewegte. Nach dem Weltbild richtete es sich ja: »wovon« und »wozu« man »erlöst« sein wollte und – nicht zu vergessen: – konnte. Ob von politischer und sozialer Knechtschaft zu einem diesseitigen messianischen Zukunftsreich. Oder von der Befleckung durch das rituell Unreine oder von der Unreinheit der Einkerkerung in den Körper überhaupt zur Reinheit eines seelisch-leiblich-schönen oder eines rein geistigen Seins. Oder von dem ewigen sinnlosen Spiel menschlicher Leidenschaften und Begehrungen zur stillen Ruhe des reinen Schauens des Göttlichen. Oder von einem radikal Bösen und von der Knechtschaft unter der Sünde zur ewigen freien Güte im Schoß eines väterlichen Gottes. Oder von der Verknechtung unter die astrologisch gedachte Determiniertheit durch die Gestirnkonstellationen zur Würde der Freiheit und Teilhaftigkeit am Wesen der verborgenen Gottheit. Oder von den in Leiden, Not und Tod sich äußernden Schranken der Endlichkeit und

den drohenden Höllenstrafen zu einer ewigen Seligkeit in einem, irdischen oder paradiesischen, künftigen Dasein. Oder von dem Kreislauf der Wiedergeburten mit ihrer unerbittlichen Vergeltung von Handlungen abgelebter Zeiten zur ewigen Ruhe. Oder von der Sinnlosigkeit des Grübelns und Geschehens | zum traumlosen Schlaf. Der Möglichkeiten gab es 253
noch weit mehr. Stets steckte dahinter eine Stellungnahme zu etwas, was an der realen Welt als spezifisch »sinnlos« empfunden wurde und also die Forderung: daß das Weltgefüge in seiner Gesamtheit ein irgendwie sinnvoller »Kosmos« sei oder: werden könne und solle. Dies Verlangen aber, das Kernprodukt des eigentlich *religiösen Rationalismus,* wurde durchaus von Intellektuellenschichten getragen. Wege und Ergebnisse dieses metaphysischen Bedürfnisses und auch das Maß seiner Wirksamkeit waren dabei sehr verschieden. Immerhin läßt sich einiges Allgemeine darüber sagen.

Die moderne Form der zugleich theoretischen und praktischen intellektuellen und zweckhaften Durchrationalisierung des Weltbildes und der Lebensführung hat die allgemeine Folge gehabt: daß die Religion, je weiter diese besondere Art von Rationalisierung fortschritt, desto mehr ihrerseits in das - vom Standpunkt einer intellektuellen Formung des Weltbildes aus gesehen: – Irrationale geschoben wurde. Aus mehrfachen Gründen. Einerseits wollte die Rechnung des konsequenten Rationalismus nicht leicht glatt aufgehen. Wie in der Musik das pythagoreische »Komma«[7] der restlosen tonphysikalisch orientierten Rationalisierung sich widersetzte und wie daher die einzelnen großen Musiksysteme aller Völker und Zeiten sich vor allem durch die Art und Weise unterschieden, wie sie diese unentfliehbare Irrationalität entweder zu überdecken und zu umgehen oder umgekehrt in den Dienst des Reich-

7 In der musikalischen Akustik der geringe Intervallrest, der sich beim Vergleich zwischen der Tonfolgeeinteilung nach mathematisch errechneten Tonfortschritten und nach physikalischen Schwingungszahlen ergibt.

tums der Tonalitäten zu stellen wußten, so schien es dem theoretischen Weltbild, noch weit mehr aber und vor allem der praktischen Lebensrationalisierung, zu ergehen. Auch hier wurden die einzelnen großen Typen der rational methodischen Lebensführung vor allem durch diejenigen irrationalen, als schlechthin gegeben hingenommenen, Voraussetzungen charakterisiert, die sie in sich aufgenommen hatten. Welches diese waren, das gerade ist es nun, was in zum mindesten sehr starkem Maße rein historisch und sozial bestimmt wurde durch die Eigenart, das heißt aber hier: die äußere, sozial, und die innere, psychologisch, bedingte *Interessenlage* derjenigen Schichten, welche Träger der betreffenden Lebensmethodik in der entscheidenden Zeit ihrer Prägung waren.

Die irrationalen Einschläge in die Rationalisierung des Wirklichen waren ferner die Stätten, in welche das schwer un-
254 terdrück- | bare Bedürfnis des Intellektualismus nach dem Besitz überwirklicher Werte zurückzuziehen sich gezwungen sah, je mehr ihm die Welt von ihnen entkleidet erschien. Die Einheitlichkeit des primitiven Weltbildes, in welchem alles konkrete Magie war, zeigte dann die Tendenz zur Spaltung in ein rationales Erkennen und eine rationale Beherrschung der Natur einerseits, und andererseits »mystische« Erlebnisse, deren unaussagbare Inhalte als einziges neben dem entgotteten Mechanismus der Welt noch mögliches Jenseits: in Wahrheit als ein ungreifbares, hinterweltliches Reich gottinnigen, individuellen Heilsbesitzes, übrig bleiben. Der Einzelne kann sein Heil, wo diese Konsequenz restlos gezogen ist, nur als Einzelner suchen. Diese mit fortschreitendem intellektualistischem Rationalismus sich in irgend einer Form einstellende Erscheinung trat irgendwie überall da auf, wo Menschen die Rationalisierung des Weltbildes als eines von unpersönlichen Regeln beherrschten Kosmos unternahmen. Am stärksten aber naturgemäß in solchen Religionen und religiösen Ethiken, welche besonders stark durch vornehme, der rein *denkenden* Erfassung der Welt und ihres »Sinnes« hingegebene Intellektuellenschichten bestimmt wurden, wie die asiatischen, vor allem die

indischen, Weltreligionen. Ihnen allen wurde die Kontemplation: das Eingehen in die tiefe selige Ruhe und Unbewegtheit der Alleinheit, welche sie bietet, das höchste und letzte dem Menschen zugängliche religiöse Gut, alle anderen Formen religiöser Zuständlichkeiten aber ein höchstens relativ wertvolles Surrogat dafür. Für die Beziehung der Religion zum Leben, einschließlich der Wirtschaft, hatte dies [...] weittragende Folgen. Diese ergaben sich aus dem allgemeinen Charakter der in diesem, kontemplativen, Sinne »mystischen« Erlebnisse und aus psychologischen Vorbedingungen des Strebens nach ihnen.

Ganz anders, wo die für die Entwicklung einer Religion ausschlaggebenden Schichten praktisch handelnd im Leben standen, ritterliche Kriegshelden oder politische Beamte oder wirtschaftlich erwerbende Klassen waren, oder endlich, wo die Religion von einer organisierten Hierokratie[8] beherrscht wurde.

Der aus der berufsmäßigen Befassung mit Kult und Mythos oder und in noch weit höherem Grade: mit Seelsorge, das heißt: Beichte und Beratung von Sündern, erwachsende Rationalismus der *Hierokratie* suchte überall die Gewährung des
| religiösen Heilsgutes für sich zu monopolisieren, und also in 255
die Form der nur von ihr rituell zu spendenden, nicht vom Einzelnen erreichbaren, »Sakramentsgnade« oder »Anstaltsgnade« zu bringen und entsprechend zu temperieren. Die individuelle Heilssuche des Einzelnen oder freier Gemeinschaften durch Kontemplation, orgiastische oder asketische Mittel, war ihr, vom Standpunkt ihrer Machtinteressen aus ganz naturgemäß, höchst verdächtig und mußte rituell reglementiert und vor allem hierokratisch kontrolliert werden. – Jedes *politische* Beamtentum andrerseits mißtraute allen Arten von individueller Heilssuche oder freier Gemeinschaftsbildung als Quellen der Emanzipation von der Domestikation durch die Staatsanstalt, mißtraute ebenso auch der konkurrie-

8 Priesterherrschaft.

renden priesterlichen Gnadenanstalt, verachtete aber, vor allem, im letzten Grunde das Streben nach diesen unpraktischen Gütern jenseits von utilitarischen innerweltlichen Zwecken überhaupt. Religiöse Pflichten waren jeder Beamtenschaft letztlich einfach amtliche oder soziale Staatsbürger- und Standespflichten: das Ritual entsprach dem Reglement, und alle Religiosität nahm daher ritualistischen Charakter an, wo eine Bürokratie diesen bestimmte. – Auch eine *ritterliche* Kriegerschicht pflegte in ihren Interessen durchaus diesseitig gewendet und aller »Mystik« fremd zu sein. Doch fehlte ihr, wie dem Heldentum überhaupt, in aller Regel sowohl Bedürfnis wie Befähigung zu rationalistischer Bewältigung der Wirklichkeit: die Irrationalität des »Schicksals«, unter Umständen der Gedanke eines unbestimmt deterministisch gedachten »Verhängnisses« (der homerischen »Moira«) stand hinter und über den als leidenschaftliche, starke Helden gedachten Göttern und Dämonen, von welchen den menschlichen Helden Beistand und Feindschaft, Ruhm und Beute oder Tod zuteil wird. – Den *Bauern* lag, spezifisch naturgebunden und von den Elementargewalten abhängig, wie ihre ganze ökonomische Existenz war, die Magie: der zwingende Zauber gegen die über und in den Naturkräften waltenden Geister, oder das einfache Erkaufen göttlichen Wohlwollens, so nahe, daß nur gewaltige, von anderen Schichten oder von mächtigen als Zauberer durch die Macht des Wunders legitimierten Propheten ausgehende, Umwälzungen der Lebensorientierung sie aus dem Verharren in dieser überall urwüchsigen Form von Religiosität herauszureißen vermochten. Orgiastische und ekstatische »Besessenheits«-Zustände, durch
256 toxische | Rauschmittel oder durch Tanz erzeugt, – dem Standesgefühl des Rittertums, als würdelos, fremd, – vertraten bei ihnen die Stelle der »Mystik« der Intellektuellen. – Endlich die im westeuropäischen Sinne »*bürger*lichen« Schichten und was diesen anderwärts entsprach: Handwerker, Händler, hausindustrielle Unternehmer und ihre nur im modernen Okzident heimischen Derivate, waren – und das ist für

uns ganz besonders wichtig – die in den Möglichkeiten ihrer religiösen Stellungnahme scheinbar vieldeutigste Schicht. Die sakramentale Anstaltsgnade der römischen Kirche in den mittelalterlichen Städten, den Stützen der Päpste, die mystagogische Sakramentsgnade in den antiken Städten und in Indien, die orgiastische und kontemplative Sufi- und Derwisch-Religiosität des vorderasiatischen Orients, die taoistische Magie, die buddhistische Kontemplation und die ritualistische Gnadenaneignung unter der Seelendirektion von Mystagogen in Asien, alle Formen der Heilandsliebe und des Erlöserglaubens vom Krischna- bis zum Christuskult in der ganzen Welt, der rationale Gesetzesritualismus und die von aller Magie entblößte Synagogenpredigt der Juden, die pneumatischen antiken und die asketischen mittelalterlichen Sekten, die Prädestinationsgnade und ethische Wiedergeburt der Puritaner und Methodisten und alle Arten individueller Heilssuche wurzelten sämtlich besonders stark, stärker als in allen anderen, gerade in diesen Schichten. Gewiß war die Religiosität auch aller anderen Schichten natürlich sehr weit entfernt davon, eindeutig auf denjenigen Charakter angewiesen zu sein, der vorstehend als ihnen besonders wahlverwandt hingestellt wurde. Aber die »Bürgerschicht« scheint auf den ersten Blick in dieser Hinsicht im ganzen doch noch weit vielseitiger bestimmbar. Und dennoch treten Wahlverwandtschaften zu bestimmten Typen der Religiosität gerade bei ihr hervor. Gemeinsam und durch die Natur ihrer von der ökonomischen Naturgebundenheit stärker losgelösten Lebensführung bedingt war ihnen ja die Tendenz zum *praktischen* Rationalismus der Lebensführung. Auf technischer oder ökonomischer Berechnung und Beherrschung von Natur und Menschen – mit wie primitiven Mitteln auch immer – ruhte ihre ganze Existenz. Die überkommene Art der Lebenstechnik konnte auch bei ihr im Traditionalismus erstarren, – wie es überall stets wieder geschehen ist. Aber immer bestand, wenn auch in sehr verschiedenem Maße, gerade | bei ihr die *Möglichkeit,* an die Tendenz 257
zum technischen und ökonomischen Rationalismus anknüp-

fend eine *ethisch* rationale Lebensreglementierung erstehen zu lassen. Nicht überall vermochte sie sich gegen die (meist) magisch stereotypierte Tradition durchzusetzen. Wo ihr aber durch Prophetie ein religiöser Unterbau geschaffen wurde, da konnte dieser jedem der beiden öfter zu besprechenden Grundtypen des Prophetentums angehören: der »exemplarischen« Prophetie: – einer Prophetie, welche das zum Heil führende Leben, regelmäßig ein kontemplatives und apathisch-ekstatisches Leben, *vorlebte,* – oder der »Sendungs«-Prophetie, welche im Namen eines Gottes *Forderungen,* naturgemäß: ethischen und oft: aktiv asketischen Charakters, an die Welt richtete. Die letztere, zum aktiven Handeln innerhalb der Welt auffordernde Art fand begreiflicherweise gerade hier, und je mehr die bürgerlichen Schichten als solche sozial ins Gewicht fielen, je mehr sie ferner tabuistischer Gebundenheit und Gespaltenheit in Sippen und Kasten entrissen wurden, desto mehr einen spezifisch günstigen Boden. Die aktive Askese: nicht Gottesbesitz oder gottinnige kontemplative Hingegebenheit, wie sie den von vornehmen Intellektuellenschichten beeinflußten Religionen als höchstes Gut erschien, sondern: gottgewolltes *Handeln* mit dem Gefühl, Gottes »Werkzeug« zu sein, konnte hier der bevorzugte religiöse Habitus werden, wie er im Okzident immer wieder, gegenüber der dort ebenfalls wohlbekannten kontemplativen Mystik und orgiastischen oder apathischen Ekstase, das Übergewicht behielt. Nicht daß er auf diese Schichten beschränkt gewesen wäre. Eine solche eindeutige soziale Determiniertheit bestand auch hier in keiner Weise. Auch die an Adel und Bauern sich wendende zarathustrische und die an Krieger sich wendende islamische Prophetie hatten ganz ebenso wie die israelitische und altchristliche Prophetie und Predigt diesen aktiven Charakter im Gegensatz zu der buddhistischen, taoistischen, neupythagoreischen, gnostischen, sufistischen Propaganda. Aber gewisse spezifische Konsequenzen der Sendungs-Prophetie sind allerdings [...] gerade auf »bürgerlichem« Boden gezogen worden.

Die Sendungs-Prophetie, bei welcher die Frommen sich nicht als Gefäß des Göttlichen, sondern als Werkzeug des Gottes fühlten, hatte nun eine tiefe Wahlverwandtschaft zu einer bestimmten Gotteskonzeption: dem überweltlichen, per- | sönlichen, zürnenden, vergebenden, liebenden, fordernden, 258 strafenden Schöpfergott, im Gegensatz zu dem – keineswegs ausnahmslos, allerdings aber der Regel nach – unpersönlichen, weil nur kontemplativ, als Zuständlichkeit, zugänglichen höchsten Wesen der exemplarischen Prophetie. Die erste Konzeption beherrschte die iranische und vorderasiatische und die aus dieser abgeleitete okzidentale, die zweite die indische und chinesische Religiosität.

Diese Unterschiede waren nichts Primitives. Im Gegenteil läßt sich erkennen, daß sie erst bei weitgehender Sublimierung der überall sehr ähnlichen primitiven animistischen Geister- und heroistischen Götter-Vorstellungen sich eingestellt haben. Sicherlich unter starker Mitwirkung des eben erwähnten Zusammenhangs mit den als Heilsgut gewerteten und begehrten religiösen Zuständlichkeiten. Diese wurden eben in der Richtung einer verschiedenen Gotteskonzeption interpretiert, je nachdem das kontemplative mystische Erlebnis oder die apathische Ekstase oder der orgiastische Gottesbesitz oder visionäre Eingebungen und »Aufträge« die höchstgewerteten Heilszustände waren. Von dem heute verbreiteten und, natürlich, auch weitgehend berechtigten Standpunkt aus: daß die Gefühlsinhalte das allein Primäre und die Gedanken nur ihre sekundären Ausformungen seien, könnte man nun geneigt sein, dieses Kausalverhältnis: Primat der »psychologischen« gegenüber den »rationalen« Zusammenhängen, als ausschließlich maßgebend, diese also *nur* als Deutung jener anzusehen. Indessen das wäre nach Ausweis der Tatsachen viel zu weit gegangen. Die folgenschwere Entwicklung zur überweltlichen oder zur immanenten Gotteskonzeption wurde durch eine ganze Reihe auch rein historischer Motive bestimmt, und sie hat ihrerseits auf die Art der Gestaltung der Heilserlebnisse höchst nachhaltig eingewirkt. Vor allem [...]:

der überweltliche Gott. Wenn selbst Meister Eckhart[9] [gelegentlich ausdrücklich »Martha« über »Maria« stellte, so letztlich deshalb: weil für ihn das dem Mystiker eigene pantheistische Erlebnis Gottes unvollziehbar war ohne gänzliche Aufgabe aller entscheidenden Bestandteile des abendländischen Schöpfungs- und Gottesglaubens. Die rationalen Elemente einer Religion, ihre »Lehre«, – so die indische Karmanlehre, der calvinistische Prädestinationsglaube, die lutherische Rechtfertigung durch den Glauben, die katholische Sakra- |
259 mentslehre –, haben eben auch ihre Eigengesetzlichkeiten, und die aus der Art der Gottesvorstellungen und des »Weltbildes« folgende rationale religiöse Heilspragmatik hat unter Umständen weittragende Folgen für die Gestaltung der praktischen Lebensführung gewonnen.

Wenn, wie in den bisherigen Bemerkungen vorausgesetzt wurde, die Art der erstrebten Heilsgüter stark beeinflußt war durch die Art der äußeren Interessenlage und der ihr adäquaten Lebensführung der herrschenden Schichten und also durch die soziale Schichtung selbst, so war umgekehrt auch die Richtung der ganzen Lebensführung, wo immer sie planmäßig rationalisiert wurde, auf das tiefgreifendste bestimmt durch die letzten Werte, an denen sich diese Rationalisierung orientierte. Dies waren, gewiß nicht immer und noch weit weniger ausschließlich, aber allerdings, soweit eine *ethische* Rationalisierung eintrat und soweit ihr Einfluß reichte, in aller Regel *auch,* und oft ganz entscheidend, *religiös* bedingte Wertungen und Stellungnahmen.

Für die Art dieser gegenseitigen Zusammenhänge zwischen äußerer und innerer Interessenlage war nun Eines sehr wichtig. Die bisher aufgeführten »höchsten«, von einer Religion verheißenen Heilsgüter waren nicht auch die universellsten. Der Eingang in Nirwana, die kontemplative Vereinigung

9 Eckhart, genannt »Meister Eckhart«, (ca. 1260–1328), deutscher Dominikanerprediger insbesondere in Paris, Straßburg und Köln, spekulativer Mystiker.

mit dem Göttlichen, die orgiastisch oder asketisch gewonnene Gottbesessenheit waren keineswegs jedermann zugänglich. Und auch in der abgeschwächten Form, in welcher die Versetzung in den religiösen Rausch- oder Traum-Zustand Gegenstand eines universellen Volkskultes werden konnte, waren sie wenigstens nicht Bestandteile des Alltagslebens. Gleich am Beginn aller Religionsgeschichte steht für uns die wichtige Erfahrungstatsache der *ungleichen* religiösen *Qualifikation* der Menschen, wie sie in schroffster rationalistischer Fassung der »Gnadenpartikularismus« der Prädestinationslehre der Calvinisten dogmatisierte. Die höchstgewerteten religiösen Heilsgüter – die ekstatischen und visionären Fähigkeiten der Schamanen, Zauberer, Asketen und Pneumatiker aller Art – waren nicht jedem erreichbar, ihr Besitz war ein »Charisma«, welches zwar bei Manchen, aber nicht bei Allen geweckt werden konnte. Daraus ergab sich die Tendenz aller intensiven Religiosität zu einer Art von *ständischer* Gliederung gemäß den charismatischen Qualifikationsunterschieden. »Heroistische« | oder 260
»Virtuosen«-Religiosität stand gegen »Massen«-Religiosität, – wobei hier unter »Masse« natürlich keineswegs die in der weltlichen Ständeordnung sozial niedriger Gestellten verstanden sind, sondern die *religiös* »Unmusikalischen«. Die Bünde der Zauberer und heiligen Tänzer, der religiöse Stand der indischen Sramana, die ausdrücklich als besonderer »Stand« in der Gemeinde anerkannten altchristlichen »Asketen«, die paulinischen und erst recht die gnostischen »Pneumatiker«, die pietistische »ecclesiola«, alle eigentlichen »Sekten«, das heißt soziologisch: Verbände, welche nur die religiös *Qualifizierten* in sich aufnahmen, endlich alle Mönchsgemeinschaften der ganzen Erde waren in diesem Sinne ständische Träger einer Virtuosen-Religiosität. Jede Virtuosen-Religiosität wird nun in ihrer eigengesetzlichen Entfaltung grundsätzlich bekämpft von jeder hierokratischen Amtsgewalt einer »Kirche«, das heißt einer anstaltsmäßig mit Beamten organisierten gnadenspendenden Gemeinschaft. Denn als die Trägerin der Anstaltsgnade strebt diese die Massenreligiosität zu organisieren und ihre eigenen

amtlich monopolisierten und vermittelten Heilsgüter an Stelle der religiös-ständischen Eigen-Qualifikation der religiösen Virtuosen zu setzen. Sie muß ihrer Natur, d. h. der Interessenlage ihrer Amtsträger nach, in diesem Sinne der allgemeinen Zugänglichkeit der Heilsgüter »demokratisch« sein: d. h. Anhängerin des Gnadenuniversalismus und der ethischen Zulänglichkeit aller derer, die sich ihrer Anstaltsgewalt einordnen. Der Vorgang bildet soziologisch eine volle Parallele zu dem auf politischem Gebiet sich vollziehenden Kampf der Bürokratie gegen die politischen Eigenrechte der ständischen Aristokratie. Auch jede voll entwickelte politische Bürokratie ist ebenso notwendig und in einem ganz ähnlichen Sinne »demokratisch« im Sinne der Nivellierung und der ständischen, von ihr als Machtkonkurrenten bekämpften, Privilegien orientiert wie die Hierokratie. Die mannigfachsten Kompromisse entstanden als Resultat dieses nicht immer offiziellen, stets aber latent vorhandenen Kampfes (der Ulema- gegen die Derwisch-Religiosität, der altchristlichen Bischöfe gegen die
261 Pneumatiker und | heroistischen Sektierer und gegen die Schlüsselgewalt des asketischen Charisma, des lutherischen Predigeramts und der anglikanischen Priesterkirche gegen die Askese überhaupt, der russischen Staatskirche gegen die Sekten, der konfuzianischen amtlichen Kultversorgung gegen die buddhistische, taoistische und sektiererische Heilssuche aller Art). Wie nun diejenigen Konzessionen an die Möglichkeiten der Alltagsreligiosität aussahen, zu denen sich die Anforderungen des Virtuosentums genötigt fanden, um sich, ideell und materiell, die Massenkundschaft zu erwerben und zu erhalten, – *dies* wurde naturgemäß in erster Linie entscheidend für die Art der religiösen Beeinflussung des Alltags. Ließ sie die Massen in der magischen Tradition stecken, – wie in fast allen orientalischen Religionen, – so war ihr Einfluß unendlich viel geringer als wenn sie, mit noch so vielen Abstrichen von ihren idealen Forderungen, doch eine ethische Rationalisierung des Alltages vornahm und allgemein, auch oder gerade nur für die Massen, durchführte. Neben jenem Verhältnis von Virtuo-

sen- und Massenreligiosität nun, welches sich schließlich als Ergebnis dieses Kampfes einstellte, war aber eben deshalb auch die Eigenart der konkreten Virtuosenreligiosität selbst von einschneidender Bedeutung für die Entwicklung der Lebensführung auch der »Massen« und damit auch für die Wirtschaftsethik der betreffenden Religion. Denn nicht nur war sie die eigentlich »exemplarische« praktische Religiosität, sondern, je nach der Lebensführung, die sie den Virtuosen vorschrieb, waren die Möglichkeiten, überhaupt eine rationale Alltagsethik zu schaffen, sehr verschieden große.

Das Verhältnis der Virtuosen-Religiosität *zum Alltag,* der Stätte der Wirtschaft, war insbesondere je nach der Eigenart des von ihr erstrebten *Heilsgutes* sehr verschieden.

Wo die Heilsgüter und Erlösungsmittel der Virtuosen-Religiosität kontemplativen oder orgiastisch-ekstatischen Charakter trugen, führte von ihr keine Brücke zum praktischen Alltagshandeln innerhalb der Welt. Nicht nur war dann die Wirtschaft, wie alles Handeln in der Welt, etwas religiös Minderwertiges. Sondern es ließen sich auch indirekt keinerlei psychologische Motive dafür aus dem als höchstes Gut geschätzten Habitus entnehmen. Vielmehr war die kontemplative und die ekstatische Religiosität im innersten Wesen spezifisch wirtschafts- | feindlich. Das mystische, orgiastische, ek- 262
statische Erleben ist ja das spezifisch Außeralltägliche, vom Alltag und von allem rationalen Zweckhandeln Abführende, eben *deshalb* als »heilig« Geachtete. Eine tiefe Kluft schied daher bei derart orientierten Religionen die Lebensführung der »Laien« von jener der Virtuosen-Gemeinschaft. Die Herrschaft des religiösen Virtuosenstandes innerhalb der religiösen Gemeinschaft glitt dann gern in die Bahnen einer magischen Anthropolatrie[10]: der Virtuose wurde als Heiliger direkt angebetet, oder es wurden doch sein Segen und seine magischen Kräfte von den Laien als Mittel zur Förderung weltlichen oder religiösen Heils erkauft. Wie der Bauer für den Grundherrn, so

10 Vergötterung des Menschen.

war der Laie für den buddhistischen und jainistischen bhikkschu[11] letztlich doch lediglich die Tributquelle, welche ihm ermöglichte, ohne eigene, stets heilsgefährdende, weltliche Arbeit ganz dem Heil zu leben. Auch die Lebensführung der Laien selbst mochte dabei trotzdem eine gewisse ethische Reglementierung erfahren. Denn der Virtuose war der gegebene Seelsorger: Beichtvater und Directeur de l'âme[12], des Laien, also von oft mächtigem Einfluß. Aber er beeinflußte ihn, den religiös »Unmusikalischen«, entweder gar nicht oder nur in zeremonialen, rituellen und konventionellen Einzelheiten im Sinne *seiner* (des Virtuosen) religiöser Lebensführung. Denn immer blieb doch das Wirken innerhalb der Welt im Prinzip religiös unbedeutsam, lag gegenüber dem Streben nach dem religiösen Ziel in der gerade entgegengesetzten Richtung. Das Charisma des reinen »Mystikers« vollends diente nur ihm selbst, nicht, wie das des genuinen Magiers, Andern. – Ganz anders da, wo das Virtuosentum der religiös Qualifizierten sich zu einer asketischen, die Formung des Lebens in der Welt nach dem Willen eines Gottes erstrebenden *Sekte* zusammenschloß. Damit dies im eigentlichsten Sinne geschehen konnte, war freilich zweierlei nötig. Einmal durfte das höchste Heilsgut nicht kontemplativen Charakters sein, also nicht in einer Vereinigung mit einem im Gegensatz zur Welt ewig währenden überweltlichen Sein oder in einer orgiastisch oder apathisch-ekstatisch zu erfassenden unio mystica[13] bestehen. Denn diese liegt stets abseits des Alltagswirkens und jenseits der realen Welt, führt von ihr ab. Und ferner mußte die Religiosität den rein magischen oder sakramentalen Charakter der Gnaden*mittel* möglichst abgestreift haben. Denn auch diese
263 entwerten stets | das Handeln in der Welt als religiös höchstens relativ bedeutsam und knüpfen die Entscheidung über das

11 Indischer Bettelmönch.
12 Geistlicher Begleiter, z.B. bei Exerzitien.
13 Mystische Vereinigung des Menschen mit Gott: zentrales Konzept bei Meister Eckhart (s.o.).

Heil an den Erfolg *nicht* alltags-rationaler Vorgänge. Voll erreicht wurde beides: Entzauberung der Welt und Verlegung des Weges zum Heil von der kontemplativen »Weltflucht« hinweg in die aktiv asketische »Weltbearbeitung«, – wenn man von einigen kleinen rationalistischen Sekten, wie sie sich in aller Welt fanden, absieht, – nur in den großen Kirchen- und Sektenbildungen des asketischen Protestantismus im Okzident. Dabei haben ganz bestimmte, rein historisch bedingte Schicksale der okzidentalen Religiosität zusammengewirkt. Teils der Einfluß ihrer sozialen Umwelt, vor allen Dingen: der für ihre Entwicklung entscheidenden Schicht. Teils aber und ebenso stark ihr genuiner Charakter: der überweltliche Gott und die historisch erstmalig durch die israelitische Prophetie und Thoralehre bestimmte Besonderheit der Heilsmittel und Heilswege. [...] Wo der religiöse Virtuose als »Werkzeug« eines Gottes in die Welt gestellt und dabei von allen magischen Heilsmitteln abgeschnitten war, mit der Forderung, sich durch die ethische Qualität seines Handelns in ihren Ordnungen, und nur dadurch, als zum Heil berufen vor Gott – und das hieß der Sache nach: vor sich selbst – zu »bewähren«, da mochte die »Welt« als solche religiös noch so sehr: als kreatürlich und Gefäß der Sünde, entwertet und abgelehnt werden: sie wurde dadurch psychologisch nur um so mehr als Schauplatz des gottgewollten Wirkens im weltlichen »Beruf« bejaht. Denn dies innerweltliche Asketentum war zwar weltablehnend in dem Sinne, daß es die Güter der Würde und Schönheit, des schönen Rausches und Traumes, der rein weltlichen Macht und des rein weltlichen Heldenstolzes verachtete und verfehmte als Konkurrenten des Gottesreiches. Aber sie war eben deshalb nicht weltflüchtig wie die Kontemplation, sondern wollte nach Gottes Gebot die Welt ethisch rationalisieren und blieb daher in einem spezifisch penetranteren Sinne weltzugewendet als die naive »Weltbejahung« des ungebrochenen Menschentums etwa in der Antike und im Laien-Katholizismus. Gerade im Alltag bewährte sich die Gnade und Erwähltheit des religiös Qualifizierten. Freilich nicht im Alltag, wie er war, sondern in

dem im Dienste Gottes methodisch *rationalisierten* Alltagshan-
264 deln. Das rational zum Beruf gesteigerte Alltags- | handeln wurde Bewährung des Heils. Die Sekten der religiösen Virtuosen bildeten im Okzident die Fermente für die methodische Rationalisierung der Lebensführung einschließlich auch des Wirtschaftshandelns, nicht aber, wie die Gemeinschaften der kontemplativen oder orgiastischen oder apathischen Ekstatiker Asiens, Ventile für die Sehnsucht hinweg aus der Sinnlosigkeit des innerweltlichen Wirkens.

Zwischen diesen äußersten Gegenpolen bewegten sich nun die mannigfachsten Übergänge und Kombinationen. Denn die Religionen so wenig wie die Menschen waren ausgeklügelte Bücher. Sie waren historische, nicht logisch oder auch nur psychologisch widerspruchslos konstruierte, Gebilde. Sie ertrugen sehr oft in sich Motivenreihen, die, jede für sich konsequent verfolgt, den andern hätte in den Weg treten, oft ihnen schnurstracks zuwiderlaufen müssen. Die »Konsequenz« war hier die Ausnahme, und nicht die Regel. Die Heilswege und Heilsgüter waren aber auch in sich regelmäßig psychologisch nicht eindeutig. Auch der altchristliche Mönch und auch der Quäker hatten einen sehr starken kontemplativen Einschlag in ihrer Gottsuche: – aber der Gesamtinhalt ihrer Religiosität, vor allem der überweltliche Schöpfergott und die Art der Versicherung der Gnadengewißheit, wies sie immer wieder auf den Weg des Handelns. Und andrerseits: auch der buddhistische Mönch handelte: – nur wurde dies Handeln jeder konsequenten *inner*weltlichen Rationalisierung entzogen durch die letzte Orientierung des Heilsstrebens an der Flucht aus dem »Rad« der Wiedergeburten. Die Sektierer und andere Bruderschaften des okzidentalen Mittelalters: Träger der religiösen Durchdringung des Alltagslebens, fanden ihr Gegenbild in den eher noch universeller entwickelten Bruderschaften des Islam; auch die dafür typische Schicht: Kleinbürger und namentlich Handwerker, war beiderseits die gleiche, – aber der Geist der beiderseitigen Religiosität war sehr verschieden. Äußerlich betrachtet, erscheinen zahlreiche

hinduistische religiöse Gemeinschaften als »Sekten« ebensogut wie die des Okzidents, – aber das Heilsgut und die Art der Heilsvermittlung lagen nach radikal entgegengesetzter Richtung. – Die Beispiele sollen hier nicht weiter gehäuft werden, da wir ja die wichtigsten der großen Religionen individuell betrachten wollen. Diese sind untereinander weder in dieser noch in anderer Hinsicht einfach in eine Kette von Typen, deren jeder gegenüber dem andern eine neue »Stufe« be- | deu- 265
tet, einzugliedern. Sondern sie sind sämtlich historische Individuen höchst komplexer Art und erschöpfen, alle zusammen genommen, nur einen Bruchteil derjenigen möglichen Kombinationen, welche aus den sehr zahlreichen einzelnen dabei in Betracht kommenden Faktoren denkbarerweise gebildet werden könnten.

Es handelt sich beiden nachfolgenden Darlegungen also in keiner Art um eine *systematische* »Typologie« der Religionen. Andererseits freilich auch nicht um eine rein historische Arbeit. Sondern »typologisch« ist die nachstehende Darstellung in dem Sinne, daß sie das für den Zusammenhang mit den großen Gegensätzen der *Wirtschafts*gesinnung in typischer Art Wichtige an den historischen Realitäten der religiösen Ethiken betrachtet, und Anderes vernachlässigt. Nirgends beansprucht sie also ein voll abgerundetes Bild der dargestellten Religionen zu bieten. Sie muß diejenigen Züge, welche der einzelnen Religion *im Gegensatz* zu anderen eigen *und zugleich* für unsere Zusammenhänge wichtig sind, sehr stark herausheben. Eine von jenen besonderen Wichtigkeitsakzenten absehende Darstellung müßte diese gegenüber dem hier gezeichneten Bild oft mildern, fast immer aber noch andere hinzufügen und gelegentlich auch wohl nachdrücklicher, als es hier möglich wäre, zum Ausdruck bringen, daß – natürlich – alle qualitativen Gegensätze in der Realität letztlich sich irgendwie als rein quantitative Unterschiede der Mischungsverhältnisse von Einzelfaktoren auffassen lassen. Für uns hier wäre es aber höchst unfruchtbar, diese Selbstverständlichkeit immer neu betonen zu wollen.

Auch die für die Wirtschaftsethik wichtigen Züge der Religionen aber sollen uns hier wesentlich unter einem bestimmten Gesichtspunkt interessieren: in der Art ihrer Beziehung zum ökonomischen Rationalismus, und zwar – da auch dies noch nicht eindeutig ist – zum ökonomischen Rationalismus von demjenigen Typus, der den Okzident als eine Teilerscheinung der dort heimisch gewordenen Art der bürgerlichen Lebensrationalisierung seit dem 16. und 17. Jahrhundert zu beherrschen begann. Denn es ist hier vorweg noch einmal daran zu erinnern: daß »Rationalismus« etwas sehr Verschiedenes bedeuten kann. So schon: je nachdem dabei entweder an jene Art von Rationalisierung gedacht wird, wie sie etwa der denkende
266 Systematiker mit dem Weltbild vornimmt: zu- | nehmende theoretische Beherrschung der Realität durch zunehmend präzise abstrakte Begriffe, – oder vielmehr an die Rationalisierung im Sinne der methodischen Erreichung eines bestimmten gegebenen praktischen Zieles durch immer präzisere Berechnung der adäquaten Mittel. Beides sind sehr verschiedene Dinge trotz der letztlich untrennbaren Zusammengehörigkeit. Selbst innerhalb der denkenden Erfassung des Wirklichen scheiden sich ähnliche Typen: man hat die Unterschiede der englischen gegenüber der kontinentalen Physik auf sie zurückzuführen versucht. Jene Rationalisierung der Lebensführung aber, mit der wir es hier zu tun haben, kann ungemein verschiedene Formen annehmen. Der Konfuzianismus ist im Sinne des Fehlens jeder Metaphysik und fast aller Reste religiöser Verankerung: – so weitgehend, daß er an der äußersten Grenze dessen steht, was man überhaupt allenfalls noch eine »religiöse« Ethik nennen kann, – so rationalistisch und zugleich, im Sinne des Fehlens und der Verwerfung aller nicht utilitarischen Maßstäbe, so nüchtern, wie kein anderes der ethischen Systeme außer etwa demjenigen J. Benthams[14]. Aber

14 Jeremy Bentham (1748–1832), englischer Sozialphilosoph und Jurist, dessen vom Utilitarismus geprägten Gedanken erheblichen Einfluß auf die Wirtschaftswissenschaft hatten.

er ist von diesem und von allen okzidentalen Typen des praktischen Rationalismus ganz außerordentlich verschieden trotz fortwährender wirklicher und scheinbarer Analogien. »Rational« im Sinn des Glaubens an einen geltenden »Kanon« war das höchste Kunstideal der Renaissance, rationalistisch im Sinn der Ablehnung traditionaler Bindungen und des Glaubens an die Macht der naturalis ratio auch ihre Lebensbetrachtung trotz der Einschläge platonisierender Mystik. »Rational« in einem wieder ganz anderen Sinn: dem der »Planmäßigkeit«, war aber auch die Methode der Abtötungs- oder der magischen Askese oder Kontemplation in deren konsequentesten Formen, etwa im Yoga oder in den spätbuddhistischen Manipulationen mit Gebetsmaschinen. »Rational« teils im gleichen Sinn: der formalen Methodik, teils aber im Sinn der Unterscheidung von normativ »Geltendem« und empirisch Gegebenem, waren überhaupt alle Arten von praktischer Ethik, die systematisch und eindeutig an festen Heilszielen orientiert wurden. Diese, letztgenannte, Art von Rationalisierungsprozessen nun interessiert uns im folgenden. Der Versuch, ihre Kasuistik hier vorwegzunehmen, hätte keinen Sinn, da ja gerade diese Darstellung selbst einen Beitrag zu ihr liefern möchte. |

Um dies zu können, muß sie sich aber eine Freiheit her- *267*
ausnehmen: »unhistorisch« in dem Sinne zu sein, daß die Ethik der einzelnen Religionen systematisch wesentlich einheitlicher dargestellt wird, als sie es im Fluß der Entwicklung jemals war. Es müssen hier eine Fülle von Gegensätzen, die innerhalb der einzelnen Religionen lebten, von Entwicklungsansätzen und Zweigentwicklungen beiseite gelassen und also die für uns wichtigen Züge oft in einer größeren logischen Geschlossenheit und Entwicklungslosigkeit vorgeführt werden, als sie in der Realität sich vorfanden. Diese Vereinfachung würde historisch »Falsches« *dann* ergeben, wenn sie willkürlich vorgenommen würde. Das aber ist, wenigstens der Absicht nach, nicht der Fall. Es sind vielmehr stets diejenigen Züge im Gesamtbilde einer Religion unterstrichen, welche für die Gestaltung der *praktischen* Lebensführung in

ihren *Unterschieden* gegen andere Religionen die entscheidenden waren.

Theorie der Stufen und Richtungen religiöser Weltablehnung. Zwischenbetrachtung [1920]

Das Gebiet der *indischen* Religiosität [...] ist im stärksten Kontrast gegen China die Wiege der theoretisch und praktisch weltverneinendsten Formen von religiöser Ethik, welche die Erde hervorgebracht hat. Ebenso ist hier die entsprechende »Technik« am höchsten entwickelt. Das Mönchtum und die typischen Manipulationen der Askese und Kontemplation sind hier nicht nur am frühesten, sondern auch sehr konsequent durchgebildet worden und diese Rationalisierung hat vielleicht auch historisch von da aus ihren Weg durch die Welt gemacht. Ehe wir uns nun dieser Religiosität zuwenden, ist es wohl zweckmäßig, kurz in einer schematischen und theoretischen Konstruktion uns zu verdeutlichen, aus welchen Motiven heraus und in welchen Richtungen religiöse Ethiken der Weltverneinung überhaupt entstanden und verliefen: welches also ihr möglicher »Sinn« sein konnte.

Das konstruierte Schema hat natürlich nur den Zweck, ein idealtypisches *Orientierungsmittel* zu sein, nicht | aber eine ei- 537
gene Philosophie zu lehren. Seine gedanklich konstruierten Typen von Konflikten der »Lebensordnungen« besagen lediglich: an diesen Stellen sind diese innerlichen Konflikte *möglich* und »adäquat«, – *nicht* aber etwa: es gibt keinerlei Standpunkt, von dem aus sie als »aufgehoben« gelten könnten. Die einzelnen Wertsphären sind dabei wie man leicht sieht, in einer rationalen Geschlossenheit herauspräpariert, wie sie in der Realität *selten* auftreten, aber allerdings: auftreten können und in historisch wichtiger Art aufgetreten *sind*. Die Konstruktion ermöglicht es, da, wo sich eine historische Erscheinung einem von diesen Sachverhalten in Einzelzügen oder Gesamtcharak-

ter annähert, deren – sozusagen – typologischen Ort durch Ermittlung der Nähe oder des Abstandes vom theoretisch konstruierten Typus festzustellen. Insoweit ist die Konstruktion also lediglich ein technischer Behelf zur Erleichterung der Übersichtlichkeit und Terminologie. Aber daneben könnte sie allerdings unter Umständen noch etwas mehr sein. Auch das Rationale im Sinne der logischen oder teleologischen »Konsequenz« einer intellektuell-theoretischen oder praktisch-ethischen Stellungnahme hat nun einmal (und hatte von jeher) Gewalt über die Menschen, so begrenzt und labil diese Macht auch gegenüber andern Mächten des historischen Lebens überall war und ist. Gerade die der Absicht nach rationalen, von Intellektuellen geschaffenen, religiösen Weltdeutungen und Ethiken aber waren dem Gebot der Konsequenz stark ausgesetzt. So wenig sie sich auch im Einzelfalle der Forderung der »Widerspruchslosigkeit« fügten und so sehr sie rational *nicht* ableitbare Stellungnahmen in ihre ethischen Postulate einfügen mochten, so ist doch die Wirkung der ratio, speziell: der teleologischen Ableitung der praktischen Postulate, bei ihnen allen irgendwie und oft sehr stark bemerkbar. Wir dürfen auch aus diesem sachlichen Grunde hoffen, durch zweckmäßig konstruierte rationale Typen, also: durch Herauspräparierung der innerlich »konsequentesten« Formen eines aus fest gegebenen Voraussetzungen ableitbaren praktischen Verhaltens die Darstellung der sonst unübersehbaren Mannigfaltigkeit zu erleichtern. Und schließlich und vor allem muß und will ein religionssoziologischer Versuch dieser Art nun einmal zugleich ein Beitrag zur Typologie und Soziologie des Rationalismus selbst sein. Er geht daher von den ra-
538 tionalsten Formen aus, welche die Realität annehmen | *kann,* und sucht zu ermitteln, inwieweit gewisse theoretisch aufstellbare rationale Konsequenzen in der Realität gezogen wurden. Und eventuell: weshalb nicht.

In den einleitenden und auch manchen späteren Ausführungen wurde schon die große Bedeutung der Konzeption des überweltlichen Schöpfergottes für die religiöse Ethik berührt, insbesondere für die aktiv asketische im Gegensatz zur kontemplativ mystischen, mit der Verunpersönlichung und Immanenz der göttlichen Macht innerlich verwandten, Richtung der Heilssuche. Daß aber diese Zusammengehörigkeit keine unbedingte ist, und daß nicht der überweltliche Gott schon rein als solcher die Richtung der Askese des Okzidents bestimmt hat, ergibt die Überlegung: daß die christliche Trinität mit ihrem gottmenschlichen Heiland und den Heiligen eine im Grunde eher weniger überweltliche Gotteskonzeption darstellte, als der Gott des Judentums, insbesondere des Spätjudentums, oder als der islamische Allah.

Und doch hat das Judentum zwar Mystik, aber so gut wie keine Askese des okzidentalen Typus entwickelt und war im alten Islam die Askese direkt verworfen, während die Eigenart der Derwisch-Religiosität ganz anderen (mystisch-ekstatischen) Quellen entstammte als der Beziehung zum überweltlichen Schöpfergott und auch ihrem inneren Wesen nach der okzidentalen Askese fernstand. Die überweltliche Gotteskonzeption, so wichtig sie war, wirkte mithin offenbar, trotz ihrer Verwandtschaft mit der Sendungsprophetie und der Askese des Handelns, doch nicht allein, sondern nur in Verbindung mit anderen Umständen, vor allem wohl: der Art der religiösen Verheißungen und der dadurch bestimmten Heilswege. Dies wird im einzelnen immer wieder zu erörtern sein. Hier sollen zunächst, zur Klärung der Terminologie, die Ausdrücke »Askese« und »Mystik«, mit denen, als polaren Begriffen, schon vielfach operiert werden mußte, etwas weiter spezialisiert werden.

Als Gegensätze auf dem Gebiete der Weltablehnung wurden schon in den einleitenden Bemerkungen hingestellt: die aktive Askese: ein gottgewolltes *Handeln* als Werkzeug Gottes einerseits, andererseits: der kontemplative Heils*besitz* der Mystik, der ein »Haben«, nicht ein Handeln bedeuten will, und |
bei welchem der Einzelne nicht Werkzeug, sondern »Gefäß« 539
des Göttlichen ist, das Handeln in der Welt mithin als Gefährdung der durchaus irrationalen und außerweltlichen Heilszu-

ständlichkeit erscheinen muß. Radikal ist der Gegensatz, wenn auf der einen Seite die Askese des Handelns sich innerhalb der Welt als deren rationale Gestalterin zur Bändigung des kreatürlich Verderbten durch Arbeit im weltlichen »Beruf« auswirkt (innerweltliche Askese) und wenn die Mystik ihrerseits die volle Konsequenz der radikalen Weltflucht zieht (weltflüchtige Kontemplation). Der Gegensatz mildert sich, wenn auf der einen Seite die Askese des Handelns sich auf die Niederhaltung und Überwindung des kreatürlich Verderbten im eigenen Wesen beschränkt und infolgedessen die Konzentration auf die feststehendermaßen gottgewollten aktiven Erlösungsleistungen bis zur Meidung des Handelns in den Ordnungen der Welt steigert (weltflüchtige Askese), dadurch also dem äußeren Verhalten nach der weltflüchtigen Kontemplation sich annähert. Oder wenn andererseits der kontemplative Mystiker die Konsequenz der Weltflucht nicht zieht, sondern in den Ordnungen der Welt bleibt wie der innerweltliche Asket (innerweltliche Mystik). Der Gegensatz kann in beiden Fällen tatsächlich in der Praxis schwinden und irgendeine Kombination beider Arten der Heilssuche eintreten. Aber er kann auch unter der äußerlich ähnlichen Hülle weiterbestehen bleiben. Für den echten Mystiker bleibt der Grundsatz bestehen: daß die Kreatur schweigen muß, damit Gott sprechen könne. Er »ist« in der Welt und »schickt sich« äußerlich in ihre Ordnungen, aber, um sich: im Gegensatz gegen sie, dadurch seines Gnadenstandes zu versichern, daß er der Versuchung, ihr Treiben wichtig zu nehmen, widersteht. Wie wir bei Laotse sehen konnten, ist eine spezifisch gebrochene Demut, ein Minimisieren des Handelns, eine Art von religiösem Inkognito in der Welt, seine typische Haltung: er bewährt sich *gegen* die Welt, *gegen* sein Handeln in ihr. Während die innerweltliche Askese sich gerade umgekehrt *durch* Handeln bewährt. Für den innerweltlichen Asketen ist das Verhalten des Mystikers träger Selbstgenuß, für den Mystiker das des (innerweltlich handelnden) Asketen eine mit eitler Selbstgerechtigkeit verbundene Verflechtung in das gottfremde Treiben der Welt. Mit jener

»glücklichen Borniertheit«, welche man dem typischen Puritaner zuzuschreiben pflegt, vollstreckt die innerweltliche Askese die in ihrem letzten Sinne | ihr verborgenen positiven göttli- 540
chen Ratschlüsse, wie sie in den von Gott verfügten rationalen Ordnungen des Kreatürlichen vorliegen, während dem Mystiker gerade nur die Ergreifung jenes letzten, gänzlich irrationalen, Sinnes im mystischen Erlebnis allein heilsbedeutsam ist. Die weltflüchtigen Formen beider Verhaltungsweisen sind durch ähnliche Gegensätze unterscheidbar, deren Erörterung wir der Einzeldarstellung vorbehalten.

Wir wenden uns jetzt den Spannungsverhältnissen zwischen Welt und Religion im Einzelnen zu und knüpfen auch dabei an die Bemerkungen der Einleitung an, um sie etwas anders zu wenden.

Es wurde gesagt, daß diejenigen Arten von Verhaltungsweisen, welche, zu einer methodischen Lebensführung ausgestaltet, den Keim sowohl der Askese wie der Mystik bildeten, zunächst aus magischen Voraussetzungen erwuchsen. Entweder zur Erweckung charismatischer Qualitäten oder zur Verhütung bösen Zaubers wurden sie ausgeübt. Der erste Fall war natürlich der entwicklungsgeschichtlich wichtigere. Denn hier schon, an der Schwelle ihres Auftretens, zeigte die Askese das Doppelgesicht: Weltabwendung einerseits, Weltbeherrschung kraft der dadurch erlangten magischen Kräfte andererseits. Der Magier war der entwicklungsgeschichtliche Vorläufer des Propheten: des exemplarischen wie des Sendungspropheten und des Heilands. Der Prophet und der Heiland legitimierten sich in aller Regel durch den Besitz eines magischen Charisma. Nur daß dies bei ihnen lediglich Mittel war, der exemplarischen Bedeutung oder der Sendung oder der Heilandsqualität ihrer Persönlichkeit Anerkennung und Nachachtung zu verschaffen. Denn der Inhalt der Prophetie oder des Heilandsgebotes war: Orientierung der Lebensführung an dem Streben nach einem Heilsgut. In diesem Sinne also, mindestens relativ: rationale Systematisierung der Lebensführung. Entweder nur in Einzelpunkten oder im gan-

zen. Das letztere war die Regel bei allen eigentlichen »Erlö-
sungs«-Religionen, d.h. allen denen, welche ihren Anhängern
die Befreiung vom *Leiden* in Aussicht stellten. Und zwar, je
sublimierter, verinnerlichter, prinzipieller das Wesen des Lei-
dens gefaßt wurde, desto mehr. Denn dann galt es, den An-
hänger in einen *Dauer*zustand zu versetzen, welcher ihn gegen
das Leiden innerlich gefeit machte. Statt des durch Orgie oder
Askese oder Kontemplation akut und außeralltäglich, also:
541 vorüber- | gehend, erlangten heiligen Zustandes sollte ein
heiliger und deshalb des Heils versichernder Dauerhabitus
der Erlösten erreicht werden: dies war, abstrakt ausgedrückt,
das rationale Ziel der Erlösungsreligion. Entstand nun im Ge-
folge der Prophetie oder Heilandspropaganda eine religiöse
Gemeinschaft, so fiel die Pflege der Lebensreglementierung
zuerst in die Hände der charismatisch dazu qualifizierten
Nachfolger, Schüler, Jünger des Propheten oder Heilandes.
Weiterhin geriet sie unter bestimmten sehr regelmäßig wie-
derkehrenden Bedingungen [...] in die Hände einer priesterli-
chen, erblichen oder amtlichen, Hierokratie, – während der
Prophet oder Heiland selbst in aller Regel gerade im Gegen-
satz zu den überkommenen hierokratischen Mächten: Zaube-
rern oder Priestern, stand, deren traditionsgeweihter Würde
er ja sein persönliches Charisma entgegenstellte, um ihre
Macht zu brechen oder in seinen Dienst zu zwingen.

Prophetische und Heilands-Religionen lebten, wie alles
soeben Gesagte als selbstverständlich voraussetzt, in einem
großen und entwicklungsgeschichtlich besonders wichtigen
Bruchteil der Fälle in einem nicht nur (wie nach der ange-
nommenen Terminologie selbstverständlich ist) akuten, son-
dern in einem dauernden Spannungsverhältnis zur Welt und
ihren Ordnungen. Und zwar, je mehr sie eigentliche Erlö-
sungsreligionen waren, desto mehr. Dies folgte aus dem Sinn
der Erlösung und dem Wesen der prophetischen Heilslehre,
sobald diese sich, und um so mehr, je prinzipieller sie sich zu
einer rationalen und dabei an *innerlichen* religiösen Heilsgü-
tern als Erlösungsmitteln orientierten Ethik entwickelte. Je

mehr sie, heißt das im üblichen Sprachgebrauch, vom Ritualismus hinweg zur »Gesinnungsreligiosität« sublimiert wurde. Und zwar wurde die Spannung von ihrer Seite her um so stärker, je weiter auf der anderen Seite die Rationalisierung und Sublimierung des äußerlichen und innerlichen Besitzes der (im weitesten Sinne) »weltlichen« Güter auch ihrerseits fortschritt. Denn die Rationalisierung und bewußte Sublimierung der Beziehungen des Menschen zu den verschiedenen Sphären äußeren und inneren, religiösen und weltlichen, Güterbesitzes drängte dann dazu: *innere Eigengesetzlichkeiten* der einzelnen Sphären in ihren Konsequenzen *bewußt* werden und dadurch in jene Spannungen zueinander geraten zu lassen, welche der urwüchsigen Unbefangenheit der Beziehung
zur Außenwelt | verborgen blieben. Es ist dies eine ganz allge- 542
meine, für die Religionsgeschichte sehr wichtige Folge der Entwicklung des (inner- und außerweltlichen) Güterbesitzes zum Rationalen und bewußt Erstrebten, durch *Wissen* Sublimierten. Machen wir uns an einer Reihe dieser Güter die typischen Erscheinungen, die bei sehr verschiedenen religiösen Ethiken irgendwie wiederkehren, klar.

Wenn die Erlösungsprophetie Gemeinschaften auf rein religiöser Grundlage schuf, so war die erste Macht, mit welcher sie in Konflikt geriet, und welche durch sie Entwertung zu befürchten hatte, die naturgegebene *Sippen*gemeinschaft. Wer seinen Hausgenossen, Vater und Mutter, nicht feind sein kann, der kann kein Jesus-Jünger sein: »Ich bin nicht gekommen, den Frieden zu bringen, sondern das Schwert« heißt es (Matth. 10, 34) in diesem (und, wohlgemerkt: nur in diesem) Zusammenhang. Gewiß reglementierte die weit überwiegende Mehrzahl aller Religionen auch die innerweltlichen Pietätsbande. Aber daß der Heiland, Prophet, Priester, Beichtvater, Bruder im Glauben dem Gläubigen letztlich näher zu stehen habe, als die natürliche Anverwandtschaft und Ehegemeinschaft rein als solche, verstand sich um so mehr von selbst, je weitgreifender und innerlicher das Ziel der Erlösung gefaßt wurde. Unter mindestens relativer Entwertung jener

Beziehungen und unter Sprengung der magischen Gebundenheit und Exklusivität der Sippen schuf die Prophetie, vor allem, wo sie zur soteriologischen[1] Gemeindereligiosität wurde, eine neue soziale Gemeinschaft. Innerhalb dieser entwickelte sie nun eine religiöse Brüderlichkeitsethik. Zunächst meist unter einfacher Übernahme der urwüchsigen Grundsätze sozialethischen Verhaltens, welche der »Nachbarschaftsverband«: die Gemeinschaft der Dorf-, Sippen-, Zunft-, Schiffahrts-, Jagdzugs-, Heereszuges-Genossen, darbot. Diese aber kannten zwei elementare Grundsätze: 1. den Dualismus der Binnen- und Außenmoral, 2. für die Binnenmoral die einfache Reziprozität: »Wie du mir, so ich dir«. Als den ökonomischen Ausfluß dieser Grundsätze aber: das Prinzip der brüderlichen Nothilfepflicht, beschränkt auf die Binnenmoral: entgeltlose Gebrauchsleihe, zinsloses Darlehen, Gastfreiheits- und Unterstützungspflicht des Besitzenden und Vornehmen gegenüber dem Unbemittelten, unentgoltene Bittarbeit auf dem Nachbar- und ebenso auf dem Herrenhof
543 gegen bloßen Unterhalt. Alles nach dem – natürlich | nicht rational *erwogenen,* wohl aber im *Gefühl* mitschwingenden – Grundsatz: was heute dir mangelt, kann morgen mir mangeln. Dementsprechend die Beschränkung des Feilschens (bei Tausch und Leihe) und der dauernden Versklavung (z. B. als Folge von Schulden) auf die nur gegenüber dem Ungenossen geltende Außenmoral. Die Gemeindereligiosität übertrug diese alte ökonomische Nachbarschaftsethik auf die Beziehung zum Glaubensbruder. Die Nothilfepflicht der Vornehmen und Reichen für Witwen und Waisen, für den kranken und verarmten Glaubensbruder, das Almosen des Reichen zumal, von dem die heiligen Sänger und Magier ebenso wie die Asketen ökonomisch abhingen, wurden Grundgebote aller ethisch rationalisierten Religionen der Welt. Bei den Erlösungsprophetien im besonderen war nun das allen Bekennern gemeinsame, wirkliche oder stets drohende, äußere oder in-

1 Soteriologie: theologische Lehre vom Erlösungswerk Christi.

nere *Leiden* das konstitutive Prinzip ihrer Gemeinschaftsbeziehung. Je rationaler und gesinnungsethisch sublimierter die Idee der Erlösung gefaßt wurde, desto mehr steigerten sich daher jene aus der Reziprozitätsethik des Nachbarschaftsverbandes erwachsenen Gebote äußerlich und innerlich. Äußerlich bis zum brüderlichen Liebeskommunismus, innerlich aber zur Gesinnung der Caritas, der Liebe zum Leidenden als solchen, der Nächstenliebe, Menschenliebe und schließlich: der Feindesliebe. Die Schranke des Glaubensbandes und schließlich die Tatsache des Hasses erschienen angesichts der Konzeption der Welt als einer Stätte unverdienten Leidens nun als Folgen der gleichen Unvollkommenheiten und Verderbtheiten alles Empirischen, die auch das Leiden verschulden. Rein psychologisch wirkte dabei allgemein in der gleichen Richtung vor allem die eigentümliche Euphorie aller Arten von sublimierter religiöser Ekstase. Von der andächtigen Rührung bis zum Gefühl des unmittelbaren Besitzes der Gemeinschaft mit Gott neigten sie alle zum Ausströmen in einen objektlosen Liebesakosmismus. Die tiefe ruhige Seligkeit aller Helden akosmistischer Güte schmolz deshalb in den Erlösungsreligionen stets mit dem erbarmungsvollen Wissen um die natürliche Unvollkommenheit wie des eigenen, so alles menschlichen Wesens zusammen. Dabei konnte freilich die psychologische Färbung sowohl wie die rationale ethische Deutung dieser inneren Haltung im übrigen sehr verschiedenen Charakter haben. Stets aber lag ihre ethische Anforderung irgendwie in der Richtung einer universalistischen | Brüder- 544
lichkeit über alle Schranken der sozialen Verbände, oft einschließlich des eigenen Glaubensverbandes, hinweg. Immer stieß diese religiöse Brüderlichkeit, je mehr sie in ihren Konsequenzen durchgeführt wurde, desto härter mit den Ordnungen und Werten der Welt zusammen. Und zwar pflegte – und darauf kommt es hier an – je mehr diese ihrerseits nach ihren Eigengesetzlichkeiten rationalisiert und sublimiert wurden, desto unversöhnlicher dieser Zwiespalt sich geltend zu machen.

Am offensichtlichsten wurde dies in der *ökonomischen* Sphäre. Alle urwüchsige, sei es magische oder mystagogische Beeinflussung der Geister und Götter im Interesse von *Einzel*interessen erstrebte, neben langem Leben, Gesundheit, Ehre, Nachfahren und, eventuell, Besserung des Jenseitsschicksals, den Reichtum als selbstverständliches Ziel [...] Dagegen die sublimierte Erlösungsreligion und die rationalisierte Wirtschaft gerieten in zunehmende Spannung zueinander. Rationale Wirtschaft ist sachlicher *Betrieb.* Orientiert ist sie an *Geld*preisen, die im Interessenkampf der Menschen untereinander auf dem *Markt* entstehen. Ohne Schätzung in Geldpreisen, also: ohne jenen Kampf, ist keinerlei *Kalkulation* möglich. Geld ist das Abstrakteste und »Unpersönlichste«, was es im Menschenleben gibt. Der Kosmos der modernen rationalen kapitalistischen Wirtschaft wurde daher, je mehr er seinen immanenten Eigengesetzlichkeiten folgte, desto unzugänglicher jeglicher denkbaren Beziehung zu einer religiösen Brüderlichkeitsethik. Und zwar nur immer mehr, je rationaler und damit unpersönlicher er wurde. Denn man konnte zwar die persönliche Beziehung zwischen Herren und Sklaven ethisch restlos regulieren, eben weil sie persönlich war. Nicht aber – wenigstens nicht im gleichen *Sinn* und mit dem gleichen *Erfolg* – die zwischen den wechselnden Inhabern von Pfandbriefen und den ihnen unbekannten und ebenfalls wechselnden Schuldnern der Hypothekenbank, zwischen denen keinerlei persönliches Band bestand. Versuchte man es doch, so waren die Folgen die, welche wir in China kennen lernten: *Hemmung* der formalen Rationalität. Denn formale und materiale Rationalität standen hier im Konflikt miteinander. Gerade die Er- |
545 lösungsreligionen haben daher, – obwohl in ihnen, wie wir sahen, selbst die Tendenz zu einer eigenartigen Verunpersönlichung der Liebe im Sinne des Akosmismus[2] lag, – mit tiefem Mißtrauen die Entfaltung der in einem anderen Sinne eben-

2 Akosmismus: Lehre von der »Weltlosigkeit«, d. h. der Leugnung, Verneinung der Welt.

falls unpersönlichen, aber eben dadurch spezifisch brüderlichkeitsfeindlichen ökonomischen Mächte betrachtet. [...] Die Gebundenheit der religiösen Gemeinschaften selbst, ihrer Propaganda und Selbstbehauptung, an ökonomische Mittel und ihre Akkommodation an die Kulturbedürfnisse und Alltagsinteressen der Massen zwang sie zu jenen Kompromissen, für welche die Geschichte der Zinsverbote nur *ein* Beispiel ist. Die Spannung selbst aber war für eine echte Erlösungsethik letztlich kaum überwindlich.

Die religiöse Virtuosenethik hat auf das Spannungsverhältnis am äußerlich radikalsten durch Ablehnung des ökonomischen Güterbesitzes reagiert. Die weltflüchtige Askese durch Verbot des Individualbesitzes des Mönchs, Existenz durchweg von eigner Arbeit, und vor allem auch: entsprechende Einschränkung der Bedürfnisse auf das absolut Unentbehrliche. Die Paradoxie aller rationalen Askese: daß sie den Reichtum, den sie ablehnte, selbst schuf, hat dabei dem Mönchtum aller Zeiten in gleicher Art das Bein gestellt. Überall wurden Tempel und Klöster ihrerseits selbst Stätten rationaler Wirtschaft. – Die weltflüchtige Kontemplation konnte in prinzipieller Wendung nur den Grundsatz aufstellen: daß der besitzlose Mönch, für den die Arbeit ja etwas ihn von der Konzentration auf das kontemplative Heilsgut Abziehendes war, überhaupt nur das genießen dürfe, was ihm von der Natur und den Menschen freiwillig dargeboten werde: Beeren und Wurzeln und freie Almosen. [...] Der Spannung prinzipiell und *innerlich* zu entgehen, gab es nur zwei konsequente Wege. Einmal die Paradoxie der puritanischen Berufsethik, welche, als Virtuosenreligiosität, auf den Universalismus der Liebe verzichtete, alles Wirken in der Welt als Dienst in Gottes, in seinem letzten Sinn ganz unverständlichen, aber nun einmal allein erkennbaren positiven Willen und Erprobung des Gnadenstandes ratio-
nal versachlichte und damit | auch die Versachlichung des mit 546
der ganzen Welt als kreatürlich und verderbt entwerteten ökonomischen Kosmos als gottgewollt und Material der Pflichterfüllung hinnahm. Das war im letzten Grunde der prinzipielle

Verzicht auf Erlösung als ein durch Menschen und für jeden Menschen erreichbares Ziel zugunsten der grundlosen, aber stets nur partikulären Gnade. Eine eigentliche »Erlösungsreligion« war dieser Standpunkt der Unbrüderlichkeit in Wahrheit nicht mehr. Für eine solche gab es nur die Übersteigerung der Brüderlichkeit zu jener den Liebesakosmismus des Mystikers ganz rein darstellenden, nach dem Menschen, dem und für welchen sie sich opfert, überhaupt nicht mehr fragenden, an ihm im letzten Grunde kaum noch interessierten »Güte«, die ein für allemal das Hemd gibt, wo der Mantel gefordert wird, an jeden, der ihr zufällig in den Weg kommt, und nur, weil er ihr in den Weg kommt: – eine eigentümliche Weltflucht in Gestalt objektloser Hingabe an jeden Beliebigen, nicht um des Menschen, sondern rein um der Hingabe als solcher, mit Baudelaires[3] Worten: um der »heiligen Prostitution der Seele«, willen.

Die Spannung gegenüber den *politischen* Ordnungen der Welt mußte für die konsequente Brüderlichkeitsethik der Erlösungsreligionen ebenso scharf werden. Für die magische und Funktionsgötter-Religiosität bestand das Problem nicht. Der alte Kriegsgott und der Gott, der die Rechtsordnung garantierte, waren Funktionsgötter, welche unbezweifelte Alltagsgüter schützten. Den Lokal-, Stammes- und Reichsgott gingen nur die Interessen seiner Verbände an. Er hatte gegen andere seinesgleichen zu kämpfen wie die Gemeinschaft selbst und gerade im Kampf seine göttliche Macht zu bewähren. Das Problem entstand vielmehr erst mit Sprengung dieser Schranken durch universalistische Religionen, mit dem einheitlichen Welt-Gott also, und in voller Stärke da, wo dieser ein Gott der »Liebe« sein sollte: – für die Erlösungsreligion auf dem Boden der Brüderlichkeitsforderung. Und zwar auch hier, wie bei der ökonomischen Sphäre, je rationaler die politische Ordnung

3 Charles Baudelaire (1821–67), französischer Dichter, Autor einer Gedichtsammlung mit dem Titel »Les fleurs du mal« (1857, deutscher Titel »Die Blumen des Bösen«.)

wurde, desto mehr. Sachlich, »ohne Ansehen der Person«, »sine ira et studio«, ohne Haß und daher ohne Liebe, verrichtet der bürokratische Staatsapparat und der ihm eingegliederte rationale homo politicus, ebenso wie der homo oeconomicus, seine Geschäfte einschließlich der Bestrafung des Unrechtes gerade dann, wenn er | sie im idealsten Sinne der rationalen 547
Regeln staatlicher Gewaltordnung erledigt. Auch er ist daher kraft ihrer Verunpersönlichung einer materialen Ethisierung, so sehr der Anschein für das Gegenteil besteht, in wichtigen Punkten weniger zugänglich als die patriarchalen Ordnungen der Vergangenheit, welche auf persönlichen Pietätspflichten und konkreter persönlicher Würdigung des Einzelfalles gerade »unter Ansehung der Person« beruhten. Denn der gesamte Gang der innerpolitischen Funktionen des Staatsapparates in Rechtspflege und Verwaltung reguliert sich trotz aller »Sozialpolitik« letzten Endes unvermeidlich stets wieder an der sachlichen Pragmatik der Staatsräson: an dem absoluten – für jede universalistische Erlösungsreligion letztlich sinnlos erscheinenden – Selbstzweck der Erhaltung (oder Umgestaltung) der inneren und äußeren Gewaltverteilung. Erst recht galt und gilt dies für die Außenpolitik. Der Appell an die nackte Gewaltsamkeit der Zwangsmittel nach außen nicht nur, sondern auch nach innen ist jedem politischen Verband schlechthin wesentlich. Vielmehr: er ist das, was ihn für unsere Terminologie zum politischen Verband erst macht: der »Staat« ist derjenige Verband, der das Monopol *legitimer Gewaltsamkeit* in Anspruch nimmt, – anders ist er nicht zu definieren. Dem: »Widerstehet nicht dem Übel mit Gewalt« der Bergpredigt setzt er das: »Du *sollst* dem Recht auch mit *Gewalt* zum Siege verhelfen, – bei eigener Verantwortung für das Unrecht« entgegen. Wo das fehlte, da fehlte der »Staat«: der pazifistische »Anarchismus« wäre ins Leben getreten. Gewalt und Bedrohung mit Gewalt gebiert aber nach einem unentrinnbaren Pragma alles Handelns unvermeidlich stets erneut Gewaltsamkeit. Die Staatsräson folgt dabei, nach außen wie nach innen, ihren Eigengesetzlichkeiten. Und der *Erfolg* der Gewalt oder Gewaltandrohung selbst

hängt natürlich letztlich von Machtverhältnissen und *nicht* vom ethischen »*Recht*« ab, selbst wenn man objektive Kriterien eines solchen überhaupt als auffindbar ansieht. Jedenfalls muß jeder religiösen Rationalisierung bei konsequenter Besinnung die gerade für den rationalen Staat – im Gegensatz zum unbefangenen naturwüchsigen Heldentum – typische Erscheinung des völlig gutgläubigen »Rechthabens« einer jeden der im Gewaltkampf einander gegenübertretenden Gruppen oder Gewalthaber nur als eine Äffung der Ethik und vollends das Hin-
548 einziehen Gottes in den | politischen Gewaltkampf als ein Unnützlichführen seines Namens gelten, dem gegenüber die gänzliche Ausschaltung alles Ethischen aus dem politischen Räsonnement als das Reinlichere und allein Ehrliche erscheinen kann. Alle Politik muß ihr nur um so brüderlichkeitsfremder gelten, je »sachlicher« und berechnender, je freier von leidenschaftlichem Gefühl, Zorn und Liebe, sie ist.

Die Fremdheit beider Sphären gegeneinander bei voller Rationalisierung jeder von beiden wirkt sich nun aber besonders scharf noch darin aus, daß in entscheidenden Punkten die Politik, im Gegensatz zur Ökonomik, als direkte Konkurrentin der religiösen Ethik aufzutreten vermag. Der *Krieg* als die realisierte Gewaltandrohung schafft, gerade in den modernen politischen Gemeinschaften, ein Pathos und ein Gemeinschaftsgefühl und löst dabei eine Hingabe und bedingungslose Opfergemeinschaft der Kämpfenden und überdies eine Arbeit des Erbarmens und der alle Schranken der naturgegebenen Verbände sprengenden Liebe zum Bedürftigen als Massenerscheinung aus, welcher die Religionen im allgemeinen nur in Heroengemeinschaften der Brüderlichkeitsethik ähnliches zur Seite zu stellen haben. Und darüber hinaus leistet der Krieg dem Krieger selbst etwas, seiner konkreten Sinnhaftigkeit nach, Einzigartiges: in der Empfindung eines Sinnes und einer Weihe des Todes, die nur ihm eigen ist. Die Gemeinschaft des im Felde stehenden Heeres fühlt sich heute, wie in den Zeiten der Gefolgschaft, als eine Gemeinschaft bis zum Tode: die größte ihrer Art. Und von jenem Sterben, welches

gemeines Menschenlos ist und gar nichts weiter, ein Schicksal, welches jeden ereilt, ohne daß je gesagt werden könnte, warum gerade ihn und gerade jetzt, welches ein Ende setzt, wo doch gerade mit steigender Entfaltung und Sublimierung der Kulturgüter ins Unermeßliche hinein stets nur ein Anfang sinnvoll sein zu können scheint: – von diesem lediglich unvermeidlichen Sterben scheidet sich der Tod im Felde dadurch, daß hier, und in dieser Massenhaftigkeit *nur* hier, der Einzelne zu wissen *glauben* kann: daß er »für« etwas stirbt. Daß, warum und wofür er den Tod bestehen muß, kann ihm – und außer ihm nur dem, der »im Beruf« umkommt – in aller Regel so zweifellos sein, daß das Problem des »Sinnes« des Todes in jener allgemeinsten Bedeutung, in welchem sich die Erlösungsreligionen mit ihm zu befassen veranlaßt sind, gar keine Voraussetzungen seiner Entstehung findet. Diese | Leistung einer 549
Einstellung des Todes in die Reihe der sinnvollen und geweihten Geschehnisse liegt letztlich allen Versuchen, die Eigenwürde des politischen Gewaltsamkeitsverbandes zu stützen, zugrunde. Die Art aber, wie der Tod hier als sinnvoll erfaßt werden kann, liegt nach radikal anderen Richtungen als eine Theodizee des Todes in einer Brüderlichkeitsreligiosität. Dieser muß die Brüderlichkeit der kriegsverbundenen Menschengruppe als bloßer Reflex der technisch raffinierten Brutalität des Kampfes entwertet scheinen und jene innerweltliche Weihe des Kriegstodes als Verklärung des Brudermordes. Und gerade die Außeralltäglichkeit der Kriegsbrüderlichkeit und des Kriegstodes, welche er mit dem heiligen Charisma und dem Erlebnis der Gottesgemeinschaft teilt, steigert die Konkurrenz auf die äußerst mögliche Höhe. – Konsequente Lösungen gibt es auch hier nur einerseits: für den Gnadenpartikularismus der puritanischen Berufsaskese, welcher an feststehende offenbarte Gebote des im übrigen ganz unverständlichen Gottes glaubt und dessen Willen dahin versteht: daß diese Gebote dieser kreatürlichen und deshalb der Gewaltsamkeit und ethischen Barbarei unterworfenen Welt eben auch durch deren eigene Mittel: Gewalt, aufgezwungen werden sollen.

Das bedeutet aber dann mindestens Schranken der Brüderlichkeitspflicht im Interesse von Gottes »Sache«. Andererseits: für den radikalen Antipolitismus der mystischen Heilssuche mit ihrer akosmistischen Güte und Brüderlichkeit, welche mit dem Satz: »Widerstehe nicht dem Übel« und mit der in den Augen jeder selbstsicheren weltlichen Heldenethik notwendig ordinären und würdelosen Maxime vom »Hinhalten des andern Backens« dem für alles politische Handeln unentrinnbaren Gewaltsamkeitspragma sich entzieht. Alle anderen Lösungen sind mit Kompromissen oder der echten Brüderlichkeitsethik notwendig unehrlich erscheinenden oder unannehmbaren Voraussetzungen belastet. – Einige dieser Lösungen erwecken als Typen trotzdem ein prinzipielles Interesse.

Jede Organisation der Erlösung in einer universalistischen Gnaden*anstalt* wird sich für die Seelen aller, oder doch aller ihr anvertrauten, Menschen vor Gott verantwortlich und daher berechtigt und verpflichtet fühlen, auch mit rücksichtsloser Gewalt ihrer Gefährdung durch Irreleitung im Glauben entgegenzutreten und die Ausbreitung der rettenden Gnadenmittel zu fördern. Und auch der Heilsaristokratismus gebiert,
550 wo er, wie | im Calvinismus (in anderer Art im Islam), mit dem Gebot seines Gottes belastet ist: zu dessen Ruhm die Welt der Sünde zu bändigen, die Erscheinung des aktiven »Glaubenskämpfers«. Zugleich aber die Scheidung des »heiligen« oder »gerechten«, d. h. zur Vollstreckung von Gottes Gebot, um des Glaubens willen, unternommenen Krieges, der stets in irgendeinem Sinne ein Religionskrieg ist, von allen andern, rein weltlichen und daher tief entwerteten, Kriegsunternehmungen. Den Zwang, an solchen nicht als heilig und Gottes Willen entsprechend feststehenden, nicht vom eignen Gewissen bejahten, Kriegen der politischen Gewalten teilzunehmen, wird er daher – wie das siegreiche Cromwellsche[4] Heer

4 Oliver Cromwell (1599–1658), englischer Staatsmann und Heerführer, strenggläubiger Puritaner, ab 1653 Lordprotektor mit diktatorischen Vollmachten.

der Heiligen in seiner Stellungnahme gegen den Militärdienstzwang tat – ablehnen, das Söldnertum also dem Zwang zum Kriegsdienst vorziehen. Für den Fall der Vergewaltigung von Gottes Willen durch Menschen, insbesondere des Glaubens wegen, wird er kraft des Satzes: daß man Gott mehr gehorchen müsse als den Menschen, die Konsequenz der aktiven Glaubensrevolution ziehen. – Genau umgekehrt war die Stellungnahme z. B. der lutherischen Anstaltsreligiosität. Unter Ablehnung des Glaubenskrieges und des aktiven Widerstandsrechts gegen weltliche Vergewaltigung des Glaubens, als einer die Erlösung in das Gewaltpragma hineinverflechtenden Eigenmächtigkeit, kannte sie auf diesem Gebiet nur die passive Resistenz, bejahte dagegen die Unbedenklichkeit des Gehorsams gegen die Weltobrigkeit auch da, wo diese weltlichen Krieg befahl, weil sie, und nicht der Einzelne, die Verantwortung trage und weil die ethische Selbständigkeit der Ordnung der weltlichen Gewalt, im Gegensatz zur innerlich universalistischen (katholischen) Heilsanstalt, anerkannt wurde. Jener Einschlag mystischer Religiosität, der dem persönlichen Christentum Luthers eignete, zog hier halbe Konsequenzen. Denn die eigentlich mystische oder pneumatische, religiös charismatische, Heilssuche der religiösen Virtuosen ist naturgemäß überall apolitisch oder antipolitisch gewesen. Sie hat die Selbständigkeit der irdischen Ordnungen zwar bereitwillig anerkannt, aber nur um daraus konsequent auf ihren radikal diabolischen Charakter zu schließen oder, zum mindesten, jenen absoluten Indifferenzstandpunkt zu ihnen einzunehmen, dessen Ausdruck der Satz war: »Gebt dem Kaiser, was des Kaisers ist« (denn: was kommt auf diese Dinge für das Heil an?). |

Die eigene Verflochtenheit der religiösen Organisationen *551*
in Machtinteressen und Machtkämpfe, der stets unvermeidliche Kollaps auch der höchstgesteigerten Spannungsverhältnisse gegen die Welt in Kompromisse und Relativierungen, die Eignung und der Gebrauch der religiösen Organisationen zur politischen Domestikation der Massen, das Bedürfnis ins-

besondere nach religiöser Legitimitätsweihe der bestehenden Gewalten bedingten die untereinander überaus verschiedenen empirischen Stellungnahmen der Religionen zum politischen Handeln, welche die Geschichte aufweist. Fast alle waren Formen der Relativierung der religiösen Heilswerte und ihrer ethisch rationalen Eigengesetzlichkeit. Ihr praktisch bedeutendster Typus aber war die *»organische«* Sozialethik, welche in mannigfachen Formen verbreitet war und deren Berufskonzeptionen das prinzipiell wichtigste Gegenbild gegen den Berufsgedanken der innerweltlichen Askese bildeten.

Auch sie steht (wo sie religiös unterbaut ist) auf dem Boden der »Brüderlichkeit«. Aber im Gegensatz zum mystischen Liebesakosmismus ist es eine kosmische, rationale, Brüderlichkeitsforderung, die sie beherrscht. Die erfahrungsgemäße Ungleichheit des religiösen Charismas ist der Ausgangspunkt. Eben dies: daß darnach das Heil nur Einigen, nicht Allen, zugänglich sein soll, ist ihr das Unerträgliche. Ihre Sozialethik sucht daher eben diese Ungleichheit der charismatischen Qualifikationen in Verbindung mit der weltlichen ständischen Gliederung zu einem Kosmos berufsteilig geordneter gottgewollter Leistungen zusammenzubiegen, innerhalb dessen jedem Einzelnen und jeder Gruppe nach persönlichem Charisma und schicksalsbedingter sozialer und ökonomischer Lage bestimmte Aufgaben zufallen. In der Regel stehen sie im Dienste der zugleich sozialutilitarisch und providentiell interpretierten Verwirklichung eines bei allem Kompromißcharakter dennoch Gott wohlgefälligen Zustandes, welcher angesichts der Sündenverderbtheit der Welt wenigstens eine relative Bändigung der Sünde und des Leidens und die Bewahrung und Errettung wenigstens möglichst vieler gefährdeter Seelen für das Gottesreich ermöglicht. Die weit pathetischere Theodizee, welche die indische Karmanlehre gerade umgekehrt vom Standpunkt der rein an den Interessen des Individuums orientierten Heilspragmatik aus der organischen Gesellschaftslehre zuteil werden ließ, werden wir bald kennen lernen. Ohne | diese sehr besondersartige Verknüpfung bleibt jede organische 5

Gesellschaftsethik für den Standpunkt der radikalen, mystischen, religiösen Brüderlichkeitsethik unvermeidlich eine Akkommodation an die Interessen der weltlich privilegierten Schichten, während ihr, vom Standpunkt der innerweltlichen Askese aus gesehen, der innere Antrieb zu einer ethischen Durchrationalisierung des individuellen Lebens abgeht. Denn es fehlt ihr dann eine Prämie für die rationale *methodische* Gestaltung des Lebens des einzelnen durch diesen selbst im Interesse des eigenen Heils. Der organischen Heilspragmatik ihrerseits muß dagegen der Heilsaristokratismus der innerweltlichen Askese mit ihrer rationalen Versachlichung der Lebensordnungen als die härteste Form der Lieblosigkeit und Unbrüderlichkeit, derjenige der Mystik aber als sublimiertes, in Wahrheit unbrüderliches Genießen nur des eigenen Charisma gelten, dem der planlose Liebesakosmismus nur egoistisches Mittel eigener Heilssuche wird. Beide verdammen ja die soziale Welt letztlich zur absoluten Sinnlosigkeit oder mindestens Gottes Ziele mit ihr zur vollkommenen Unverständlichkeit. Der Rationalismus der religiösen organischen Gesellschaftslehre erträgt diesen Gedanken nicht und sucht seinerseits die Welt als einen in aller Sündenverderbtheit doch die Spuren des göttlichen Heilsplanes an sich tragenden, also mindestens relativ rationalen Kosmos zu erfassen. Eben diese Relativierung aber ist dem absoluten Charismatismus der Virtuosenreligiosität das eigentlich Verwerfliche und Heilsfremde.

Wie das ökonomische und das politische rationale Handeln seinen Eigengesetzlichkeiten folgt, so bleibt jedes andere rationale Handeln innerhalb der Welt unentrinnbar an die brüderlichkeitsfremden Bedingungen der Welt, die seine Mittel oder Zwecke sein müssen, gebunden und gerät daher irgendwie in Spannung zur Brüderlichkeitsethik. Es trägt aber eine tiefe Spannung auch in sich selbst. Denn es scheint kein Mittel zum Austrag schon der allerersten Frage zu geben: von woher im einzelnen Fall der ethische Wert eines Handelns bestimmt werden soll: ob vom *Erfolg* oder von einem – irgendwie ethisch zu bestimmenden – *Eigen*wert dieses Tuns an sich

aus. Ob und inwieweit also die Verantwortung des Handelnden für die Folgen die Mittel heiligen oder umgekehrt der Wert der Gesinnung, welche die Handlung trägt, ihn berech-
553 tigen soll, die Verant- | wortung für die Folgen abzulehnen, sie Gott oder der von Gott zugelassenen Verderbtheit und Torheit der Welt zuzuschieben. Die gesinnungsethische Sublimierung der religiösen Ethik wird der letzteren Alternative zuneigen: »der Christ tut recht und stellt den Erfolg Gott anheim«. Damit aber wird bei wirklich konsequenter Durchführung das eigene Handeln gegenüber den Eigengesetzlichkeiten der Welt zur Irrationalität der Wirkung verurteilt. Angesichts dessen kann die Konsequenz einer sublimierten Heilssuche zu einer Steigerung des Akosmismus bis dahin führen, das zweckrationale Handeln schon rein als solches, also alles Handeln unter den Kategorien: Mittel und Zweck, als weltgebunden und gottfremd abzulehnen [...].

Die organische Sozialethik ist überall eine eminent konservative, revolutionsfeindliche Macht. Aus der eigentlichen Virtuosenreligiosität dagegen können unter Umständen andere, *revolutionäre,* Konsequenzen folgen. Dies natürlich nur dann, wenn das Pragma der Gewaltsamkeit: daß sie ihrerseits Gewalt hervorruft und nur Personen und allenfalls Methoden des gewaltsamen Herrschens gewechselt werden, nicht als dauernde Qualität alles Kreatürlichen anerkannt wird. Je nach der Färbung der Virtuosenreligiosität kann aber ihre revolutionäre Wendung prinzipiell zweierlei Formen annehmen. Die eine entspringt der innerweltlichen Askese überall da, wo diese den kreatürlich verderbten empirischen Ordnungen der Welt ein absolutes göttliches »Naturrecht« entgegenzusetzen vermag, dessen Realisierung dann, nach dem in den rationalen Religionen überall in irgendeinem Sinne geltenden Satz: daß man Gott mehr gehorchen müsse als den Menschen, ihr zur religiösen Pflicht wird. Typus: die genuin puritanischen Revolutionen, zu denen sich Gegenstücke auch anderwärts finden. Diese Haltung entspricht durchaus der Pflicht zum Glaubenskrieg. – Anders da, wo, beim Mystiker, sich der psycholo-

gisch stets mögliche Umschlag vom Gottbesitz zur Gottbesessenheit vollzieht. Dies ist sinnvoll dann möglich, wenn eschatologische Erwartungen eines unmittel- | baren Anbru- *554*
ches des Weltalters der akosmistischen Brüderlichkeit aufflammen, wenn also der Glaube an die Ewigkeit der Spannung zwischen der Welt und dem irrationalen hinterweltlichen Reich der Erlösung ausfällt. Der Mystiker wird dann zum Heiland und Propheten. Aber die Gebote, die er verkündet, haben keinen rationalen Charakter. Sie sind als Produkte seines Charisma Offenbarungen konkreter Art und die radikale Weltablehnung schlägt leicht in radikalen *Anomismus* um. Die Gebote der Welt gelten nicht für den seiner Gottbesessenheit Versicherten [...] Alle Chiliastik[5] bis zu der Täuferrevolution ruht irgendwie auf diesem Untergrund. Die Art seines Handelns ist eben für den kraft seines »Gott-Habens« Erlösten ohne Heilsbedeutung. [...]

Wenn die religiöse Brüderlichkeitsethik mit den Eigengesetzlichkeiten des zweckrationalen Handelns in der Welt in Spannung lebt, so nicht minder mit jenen innerweltlichen Mächten des Lebens, deren Wesen von Grund aus arationalen oder antirationalen Charakters ist. Vor allem mit der ästhetischen und erotischen Sphäre.

Mit der ersteren steht die magische Religiosität in intimster Beziehung. Idole, Ikonen und andere religiöse Artefakte, magische Stereotypierung ihrer erprobten Formungen als erste Stufe der Überwindung des Naturalismus durch einen fixierten »Stil«, Musik als Mittel der Ekstase oder des Exorzismus oder apotropäischer[6] Magie, Zauberer als heilige Sänger und Tänzer, die magisch erprobten und daher magisch stereotypierten Tonverhältnisse als früheste Vorstufen von Tonalitäten, der magisch und als Mittel der Ekstase erprobte Tanz-

5 Üblicherweise Chiliasmus: Erwartung des Tausendjährigen Reiches Christi auf Erden nach seiner Wiederkunft vor dem Weltende (Vgl. Offenbarung 20, 4f.)

6 Zauberische Abwehr.

schritt als eine der Quellen der Rhythmik, Tempel und Kirchen als größte aller Bauten, unter stilbildender Stereotypierung der Bauaufgabe durch ein für allemal feststehende Zwecke und der Bauformen durch magische Erprobtheit, Paramente und Kirchengeräte aller Art als kunstgewerbliche Objekte in Verbindung mit dem durch religiösen Eifer bedingten Reichtum der Tempel und Kirchen: dies alles machte von jeher die Religion zu einer unerschöpflichen Quelle künstlerischer Entfaltungsmöglichkeiten einerseits, der Stilisierung durch Traditionsbindung andererseits. – Für die religiöse Brüderlichkeitsethik ebenso wie für den apriorischen Rigoris-
555 mus ist die Kunst als Trägerin magischer Wirkungen | nicht nur entwertet, sondern direkt verdächtig. Die Sublimierung der religiösen Ethik und Heilssuche einerseits und die Entfaltung der Eigengesetzlichkeit der Kunst andererseits neigen ja schon auch an sich zur Herausarbeitung eines zunehmenden Spannungsverhältnisses. Alle sublimierte Erlösungsreligiosität blickt allein auf den Sinn, nicht auf die Form, der für das Heil relevanten Dinge und Handlungen. Die Form entwertet sich ihr zum Zufälligen, Kreatürlichen, vom Sinn Ablenkenden. Von seiten der Kunst kann zwar das unbefangene Verhältnis gerade dann ungebrochen bleiben oder sich immer wieder herstellen, solange und so oft das bewußte Interesse des Rezipierenden naiv am Inhalt des Geformten, nicht an der Form rein als solcher haftet, und solange die Leistung des Schaffenden sich entweder als (ursprünglich: magisches) Charisma des »Könnens« oder als ein freies Spiel fühlt. Indessen die Entfaltung des Intellektualismus und die Rationalisierung des Lebens verschieben diese Lage. Die Kunst konstituiert sich nun als ein Kosmos immer bewußter erfaßter selbständiger Eigenwerte. Sie übernimmt die Funktion einer, gleichviel wie gedeuteten, innerweltlichen *Erlösung:* vom Alltag und, vor allem, auch von dem zunehmenden Druck des theoretischen und praktischen Rationalismus. Mit diesem Anspruch aber tritt sie in direkte Konkurrenz zur Erlösungsreligion. Gegen diese innerweltliche irrationale Erlösung muß

sich jede rationale religiöse Ethik wenden als gegen ein Reich des, von ihr aus gesehen, verantwortungslosen Genießens und: geheimer Lieblosigkeit. In der Tat neigt ja die Ablehnung der Verantwortung für ein ethisches Urteil, wie sie intellektualistischen Zeitaltern, infolge teils subjektivistischen Bedürfnisses, teils der Angst vor dem Anschein traditionell-philiströser Befangenheit, zu eignen pflegt, dazu: ethisch gemeinte Werturteile in Geschmacksurteile umzuformen (»geschmacklos« statt: »verwerflich«), deren Inappellabilität die Diskussion ausschließt. Gegenüber der »Allgemeingültigkeit« der ethischen Norm, welche wenigstens insofern Gemeinschaft stiftet, indem sich der einzelne, der einem Tun ethisch ablehnend aber menschlich mitlebend gegenübersteht, sich ihr selbst, um die eigene kreatürliche Bedürftigkeit wissend, mit unterstellt, *kann* diese Flucht vor der Notwendigkeit rationaler ethischer Stellungnahme sich der Erlösungsreligion sehr wohl als eine tiefste Form unbrüderlicher Gesinnung darstellen. Dem künstlerisch Schaffenden aber | wie dem ästhetisch erregten Rezipierenden andererseits wird die ethi- 556
sche Norm als solche leicht als Vergewaltigung des eigentlich Schöpferischen und Persönlichsten erscheinen können. Die irrationalste Form des religiösen Sichverhaltens aber, das mystische Erlebnis, ist in seinem innersten Wesen nicht nur formfremd, unformbar und unaussagbar, sondern formfeindlich, weil es gerade im Gefühl der Sprengung aller Formen das Eingehen in das jenseits jeder Art von Bedingtheit und Formung liegende All-Eine erhoffen zu können glaubt. Ihm kann die unzweifelhafte psychologische Verwandtschaft der künstlerischen mit der religiösen Erschütterung nur ein Symptom des diabolischen Charakters jener bedeuten. Gerade die Musik, die »innerlichste« der Künste, vermag in ihrer reinsten Form: der Instrumentalmusik, als eine durch die Eigengesetzlichkeit eines nicht im *Innern* lebenden Reiches vorgetäuschte, verantwortungslose Surrogatform des ersten religiösen Erlebens zu erscheinen [...] Die Kunst wird dann »Kreaturvergötterung«, konkurrierende Macht und täuschendes Blendwerk,

das Bildnis und Gleichnis religiöser Dinge rein als solches Blasphemie.

In der empirischen Realität der Geschichte freilich hat diese psychologische Verwandtschaft immer erneut zu jenen für die Kunstentwicklung bedeutsamen Bündnissen geführt, welche die große Mehrzahl aller Religionen irgendwie eingegangen sind, um so systematischer, je mehr sie universalistische Massenreligionen sein wollten und also auf Massenwirkung und emotionale Propaganda hingewiesen waren. Am sprödesten blieb gegenüber der Kunst, aus dem Pragma des inneren Gegensatzes heraus, alle eigentliche Virtuosenreligiosität, sowohl in ihrer aktiv asketischen wie in ihrer mystischen Wendung, und zwar um so schroffer, je mehr sie entweder die Überweltlichkeit ihres Gottes oder die Außerweltlichkeit der Erlösung betonte.

Wie zur ästhetischen Sphäre, so steht die religiöse Brüderlichkeitsethik der Erlösungsreligionen auch zu der größten irrationalen Lebensmacht: der geschlechtlichen Liebe, in einem tiefen Spannungsverhältnis. Und zwar auch hier um so schroffer, je sublimierter die Geschlechtlichkeit einerseits, je rücksichtsloser konsequent die Erlösungsethik der Brüderlichkeit andererseits entwickelt wird. Das ursprüngliche Ver-
557 hältnis war auch | hier sehr intim. Der Geschlechtsverkehr war sehr oft Bestandteil der magischen Orgiastik, die heilige Prostitution – die mit angeblicher »ursprünglicher Promiskuität« gar nichts zu schaffen hatte – meist ein Rest dieses Zustandes, in dem jede Ekstase als »heilig« galt. Die profane, heterosexuelle wie homosexuelle, Prostitution war uralt und oft ziemlich raffiniert (Züchtung von Tribaden[7] bei sog. Naturvölkern kommt vor). Der Übergang von ihr zur rechtlich geformten Ehe war durch die Existenz von allerhand Zwischenformen flüssig. Die Auffassung der Ehe als einer ökonomischen Angelegenheit zur Sicherung der Frau und des Erbrechtes des Kindes, und daneben als einer wegen der Totenopfer der Nach-

7 Lesben.

kommen auch für das Jenseitsschicksal wichtigen Institution zur Gewinnung von Kindern ist vorprophetisch und universell, hat daher mit Askese an sich noch nichts zu tun. Das Geschlechtsleben als solches hatte seine Geister und Götter, wie jede andere Funktion auch. Eine gewisse Spannung trat nur in der ziemlich alten temporären, kultischen, Keuschheit der Priester zutage, bedingt wohl dadurch, daß, von einem streng stereotypierten Ritual eines regulierten Gemeinschaftskultes her angesehen, die Sexualität doch bereits leicht als spezifisch dämonisch beherrscht galt. Aber weiterhin war es dann allerdings nicht zufällig, daß die Prophetien und ebenso die priesterlich kontrollierten Lebensordnungen fast ohne jede bemerkenswerte Ausnahme den Geschlechtsverkehr zugunsten der *Ehe* reglementiert haben. Der Gegensatz aller rationalen Lebensregulierung gegen die magische Orgiastik und alle Arten irrationaler Rauschformen drückt sich darin aus. Die weitere Steigerung der Spannung wurde dann durch Entwicklungsmomente bedingt, welche auf beiden Seiten lagen. Bei der Sexualität durch ihre Sublimierung zur »Erotik« und damit zu einer – im Gegensatz zu dem nüchternen Naturalismus der Bauern – *bewußt* gepflegten und dabei *außeralltäglichen* Sphäre. Außeralltäglich nicht nur und auch nicht notwendig im Sinne des Konventionsfremden. Die Ritterkonvention pflegt ja gerade die Erotik zum Gegenstand der Regelung zu machen. Allerdings charakteristischerweise unter Verhüllung | der natura- 558
len und organischen Basis der Geschlechtlichkeit. Die Außeralltäglichkeit lag eben in dieser Hinwegentwicklung vom unbefangenen Naturalismus des Geschlechtlichen. Diese war aber in ihren Gründen und in ihrer Bedeutung einbezogen in die universellen Zusammenhänge der Rationalisierung und Intellektualisierung der Kultur.

Wir vergegenwärtigen uns in wenigen Strichen die Stadien dieser Entwicklung und wählen dabei die Beispiele aus dem Okzident.

Das Heraustreten der Gesamtdaseinsinhalte des Menschen aus dem organischen Kreislauf des bäuerlichen Daseins, die zunehmende Anreicherung des Lebens mit, sei es intellektuellen, sei es sonstigen als überindividuell gewerteten Kulturinhalten wirkte durch die Entfernung der Lebensinhalte von dem nur naturhaft Gegebenen zugleich in der Richtung einer Steigerung der Sonderstellung der Erotik. Sie wurde in die Sphäre des bewußt (im sublimsten Sinne:) Genossenen erhoben. Sie erschien dennoch und eben dadurch als eine Pforte zum irrationalsten und dabei realsten Lebenskern gegenüber den Mechanismen der Rationalisierung. Grad und Art, in welchem dabei auf die Erotik als solche ein Wertakzent fiel, war historisch außerordentlich wandelbar. Dem ungebrochenen Empfinden einer Kriegerschaft stand Weiberbesitz und Kampf um Weiber mit dem um Schätze und um Machteroberung annähernd gleich. Beim vorklassischen Hellenentum in der Zeit der Ritterromantik konnte für Archilochos[8] eine erotische Enttäuschung ein Erlebnis von erheblicher und dauernder Tragweite sein und der Raub eines Weibes als Anlaß eines Heldenkrieges ohnegleichen gelten. Und auch die Nachklänge des Mythos kannten die Geschlechtsliebe noch bei den Tragikern als eine echte Schicksalsmacht. Aber im ganzen blieb ein Weib: Sappho, an erotischer Erlebnisfähigkeit von Männern unerreicht.[9] Die klassische hellenische Zeit aber, die Periode des Hoplitenheeres[10], dachte, wie alle Selbstzeugnisse beweisen, auf diesen Gebieten relativ ungemein nüchtern, eher nüchterner als die chinesische Bildungsschicht. Nicht, daß sie den Todesernst der Geschlechtsliebe gar nicht mehr gekannt hätte. *Aber:* nicht dies, sondern eher das Gegenteil war das ihr *Charakteristische:* man erinnere sich –

8 Archilochos, altgriechischer Ritter und Sänger um 650 v.Chr.

9 Sappho, altgriechische Dichterin in Mytilene auf der Insel Lesbos um 600 v.Chr., die im Kult der Aphrodite junge Frauen um sich sammelte.

10 Hopliten, schwerbewaffnete Fußsoldaten als Kern des griechischen Heeres seit dem 7. Jh. v.Chr.

trotz Aspasia[11] – der Rede des Perikles[12] und, vollends, des bekannten Ausspruchs des Demosthenes.[13] Dem exklusiv maskulinen Cha- | rakter dieser Epoche der »Demokratie« würde 559
die Behandlung erotischer Erlebnisse, mit Frauen, als »Lebensschicksale« – in unserem Sprachschatz ausgedrückt: – fast schülerhaft sentimental erschienen sein. Der »Kamerad«, der Knabe, war das mit allem Liebeszeremoniell begehrte Objekt gerade im Zentrum der hellenischen Kultur. Der Eros Platons ist infolgedessen, bei aller Herrlichkeit, doch ein stark *temperiertes* Fühlen: die Schönheit der *bacchantischen Leidenschaft* rein als solcher war in diese Beziehung offiziell nicht rezipiert.

Die Möglichkeit einer Problematik und Tragik prinzipieller Art wurde in die erotische Sphäre zunächst durch bestimmte Verantwortlichkeitsansprüche eingeschaltet, welche im Okzident christlicher Provenienz sind. Der Wertakzent der rein erotischen Sensation als solcher aber entfaltete sich dort primär vor allem unter den Kulturbedingungen feudaler Ehrbegriffe. Dadurch nämlich, daß ritterliche Vasallensymbolik in die erotisch sublimierten Sexualbeziehungen hineingetragen wurde. Am allermeisten dann, wenn dabei irgendwelche Kombinationen mit kryptoerotischer Religiosität oder direkt mit Askese eingegangen wurden, wie dies im Mittelalter der Fall war. Die Ritterminne des christlichen Mittelalters war bekanntlich ein erotischer Vasallendienst *nicht* gegenüber Mädchen, sondern ausschließlich gegenüber fremden Ehefrauen mit (in der Theorie!) enthaltsamen Liebesnächten und kasuistischem Pflichtenkodex. Es begann damit – darin lag ein schroffer Gegensatz zum Maskulinismus des Hellenentums –

11 Geliebte des Perikles, die er später ehelichte.

12 Perikles (ca. 500 v.Chr.–429 v.Chr., athenischer Staatsmann, seit 461 Führer Athens.

13 Demosthenes (384–322 v.Chr.), altgriechischer Staatsmann und Redner. Ihm zugeschrieben wird die Aussage: »Wir haben unsere Frauen, um ebenbürtige Kinder zu zeugen und eine treue Hüterin unseres häuslichen Besitzes zu haben; wir haben die Hetäre der Freude wegen.«

die »Bewährung« des Mannes nicht vor seinesgleichen, sondern vor der erotischen Interessiertheit der »Dame«, deren Begriff durch eben diese Funktion erst konstituiert wurde. Eine weitere Steigerung des spezifischen Sensationscharakters der Erotik entwickelte der Übergang von der, – in ihrer übrigens großen Unterschiedenheit, – doch wesentlich maskulin agonalen und insofern der Antike verwandteren, die christliche Ritteraskese abstreifenden Renaissancekonvention etwa noch des Cortigiano[14] und der Shakespeareschen Zeit zum zunehmend unmilitärischen Intellektualismus der Salonkultur. Diese ruhte auf der Überzeugung von der Werte schaffenden Macht der intersexuellen Konversation, für welche die offene oder latente erotische Sensation und die agonale Bewährung des Kavaliers vor der Dame unentbehrliches Anregungsmittel wurde. Seit den lettres Portugaises[15] wurde reale weibliche
560 Liebes- | problematik ein spezifisches geistiges Marktobjekt und weibliche Liebeskorrespondenz zur »Literatur«. Die letzte Steigerung des Akzents der erotischen Sphäre vollzog sich auf dem Boden intellektualistischer Kulturen schließlich da, wo sie mit dem unvermeidlich asketischen Einschlag des Berufsmenschentums zusammenstieß. Es konnte unter diesem Spannungsverhältnis zum rationalen Alltag das außeralltäglich gewordene, speziell also das ehefreie, Geschlechtsleben als das einzige Band erscheinen, welches den nunmehr völlig aus dem Kreislauf des alten einfachen organischen Bauerndaseins herausgetretenen Menschen noch mit der Naturquelle alles

14 Hinweis auf »Il Libro del Cortegiano« (1528) von Baldassar Castiglione (1478–1529); deutsche Übersetzung: »Der Hofmann. Lebensart in der Renaissance.« (1565, zuletzt 1999.

15 Hinweis auf »Lettres portugaises« (1669), Serie von Liebesbriefen an einen französischen Offizier, die der portugiesischen Nonne Marianna Alcoforado (1640–1723) als Autorin zugeschrieben wurden, in Wahrheit jedoch vom Vicomte de Guilleragues stammten, der sich als Übersetzer ausgab. Berühmte deutsche Übersetzung von Rainer Maria Rilke: »Portugiesische Briefe«, zuletzt 1995.

Lebens verband. Die so entstehende gewaltige Wertbetontheit dieser spezifischen Sensation einer innerweltlichen Erlösung vom Rationalen: eines seligen Triumphes darüber, entsprach in ihrem Radikalismus der unvermeidlich ebenso radikalen Ablehnung durch jede Art von außer- oder überweltlicher Erlösungsethik, für welche der Triumph des Geistes über den Körper gerade hier sich aufgipfeln sollte und der das Geschlechtsleben geradezu den Charakter der einzigen unausrottbaren Verbindung mit dem Animalischen gewinnen konnte. Diese Spannung aber mußte im Falle der systematischen Herauspräparierung der Sexualsphäre zu einer hochwertigen, alles rein Animalische der Beziehung verklärend umdeutenden erotischen Sensation am schärfsten und unvermeidbarsten gerade dann werden, wenn die Erlösungsreligiosität den Charakter der Liebesreligiosität: der Brüderlichkeit und Nächstenliebe, annahm. Gerade deshalb, weil die erotische Beziehung unter den angegebenen Bedingungen den unüberbietbaren Gipfel der Erfüllung der Liebesforderung: den direkten Durchbruch der Seelen von Mensch zu Mensch, zu gewähren scheint. Allem Sachlichen, Rationalen, Allgemeinen so radikal wie möglich entgegengesetzt, gilt die Grenzenlosigkeit der Hingabe hier dem einzigartigen Sinn, welchen dies Einzelwesen in seiner Irrationalität für diese, und nur dieses andere Einzelwesen hat. Dieser Sinn und damit der Wertgehalt der Beziehung selbst aber liegt, von der Erotik aus gesehen, in der Möglichkeit einer Gemeinschaft, welche als volle *Eins*werdung, als ein Schwinden des »Du« gefühlt wird und so überwältigend ist, daß sie »symbolisch«: – *sakramental* – gedeutet wird. Gerade darin: in der Unbegründbarkeit und Unausschöpfbarkeit des eigenen, durch kein Mittel kommunikablen, *darin* dem mystischen »Haben« gleich- | artigen Erlebnisses, 561
und nicht nur vermöge der Intensität seines Erlebens, sondern der unmittelbar besessenen Realität nach, weiß sich der Liebende in den jedem rationalen Bemühen ewig unzugänglichen Kern des wahrhaft Lebendigen eingepflanzt, den kalten Skeletthänden rationaler Ordnungen ebenso völlig entronnen

wie der Stumpfheit des Alltages. Den (für ihn) *objektlosen* Erlebnissen des Mystikers steht er, der »das Lebendigste« mit sich verbunden weiß, wie einem fahlen hinterweltlichen Reich gegenüber. Wie die wissende Liebe des reifen Mannes zu der leidenschaftlichen Schwärmerei des jugendlichen Menschen verhält sich der Todesernst dieser Erotik des Intellektualismus zur ritterlichen Minne, der gegenüber sie gerade das Naturhafte der Geschlechtssphäre wieder, aber: bewußt, als leibgewordene Schöpfermacht, bejaht. – Eine konsequente religiöse Brüderlichkeitsethik steht dem allem radikal feindlich gegenüber. Nicht nur macht diese – von ihr aus gesehen – innerirdische Erlösungssensation rein als solche der Hingabe an den überweltlichen Gott oder an eine ethisch rationale göttliche Ordnung oder an die – für sie allein »echte« – mystische Sprengung der Individuation die schärfste überhaupt mögliche Konkurrenz. Sondern gerade gewisse psychologische Verwandtschaftsbeziehungen beider Sphären verschärfen die Spannung. Die höchste Erotik steht mit gewissen sublimierten Formen heroischer Frömmigkeit im Verhältnis gegenseitiger psychologischer und physiologischer Vertretbarkeit. Im Gegensatz zur rationalen aktiven Askese, welche das Geschlechtliche schon um seiner Irrationalität willen ablehnt und von der Erotik als todfeindliche Macht empfunden wird, besteht jenes Vertretbarkeitsverhältnis speziell zur mystischen Gottinnigkeit. Mit der Konsequenz einer jederzeit drohenden tödlich raffinierten Rache des Animalischen oder eines unvermittelten Hinübergleitens aus dem mystischen Gottesreich in das Reich des Allzumenschlichen. Gerade diese psychologische Nähe steigert natürlich die innerliche Sinnfeindschaft. Die erotische Beziehung muß, von jeder religiösen Brüderlichkeitsethik aus angesehen, je sublimierter sie ist nur desto mehr, der Brutalität in ganz spezifisch raffiniertem Maße verhaftet bleiben. Sie gilt ihr unvermeidlich als ein Verhältnis des Kampfes, nicht etwa nur, und nicht einmal vornehmlich, der Eifersucht und des ausschließenden Besitzwillens gegen Drit-
562 te, sondern weit mehr der innerlichsten, weil | von den Betei-

ligten selbst niemals bemerkten Vergewaltigung der Seele des minder brutalen Teiles, als ein raffinierter, weil die menschlichste Hingabe vortäuschender Genuß seiner selbst im anderen. Keine volle erotische Gemeinschaft wird sich selbst anders als durch geheimnisvolle *Bestimmung* für einander: *Schicksal* in diesem höchsten Sinn des Wortes, gestiftet und dadurch (in einem gänzlich unethischen Sinn) »legitimiert« wissen. Aber für die Erlösungsreligion ist dies »Schicksal« nichts anderes als der reine Zufall des Entbrennens der Leidenschaft. Die so gestiftete pathologische Besessenheit, Idiosynkrasie und Verschiebung des Augenmaßes und jeder objektiven Gerechtigkeit muß ihr als die vollendetste Verleugnung aller Bruderliebe und Gottesknechtschaft erscheinen. Die sich als »Güte« fühlende Euphorie des glücklich Liebenden mit ihrem freundlichen Bedürfnis, nun auch aller Welt frohe Mienen anzudichten oder in naivem Beglückungseifer anzuzaubern, stößt daher stets (es gehören dahin z. B. die psychologisch konsequentesten Partien in Frühwerken Tolstois[16] auf den kühlen Spott der genuin religiös fundamentierten radikalen Brüderlichkeitsethik. Denn diese bleibt gerade die sublimierteste Erotik einer Beziehung, welche, als notwendig im Innersten exklusiv und im denkbar höchsten Sinne subjektiv, absolut inkommunikabel, in allen diesen Hinsichten der Gegenpol aller religiös orientierten Brüderlichkeit sein muß. Ganz abgesehen davon, daß ihr natürlich schon ihr Leidenschaftscharakter als solcher als unwürdiger Verlust der Selbstbeherrschung und der Orientierung, sei es an der rationalen Vernunft gottgewollter Normen, sei es an dem mystischen »Haben« des Göttlichen erscheint, – während für die Erotik die *echte* »Leidenschaft« rein an sich der Typus der *Schönheit* und eine Ablehnung ihrer eine Lästerung ist.

Im Einklang steht der erotische Rausch ebenso aus psychologischen Gründen wie dem Sinne nach nur mit der orgia-

16 Hinweis Webers insbesondere auf den Roman »Krieg und Frieden«.

stischen, außeralltäglichen, aber in einem besonderen Sinne innerweltlichen, Form der Religiosität. Die Anerkennung des Ehe*schlusses:* der »copula carnalis«[17], als »Sakrament« in der katholischen Kirche ist eine Konzession an dieses Fühlen. Mit
563 der zugleich | außerweltlichen und außeralltäglichen Mystik gerät die Erotik, bei schärfster innerer Spannung, vermöge der psychologischen Vertretbarkeit leicht in eine unbewußte und labile Surrogats- oder Zusammengeschmolzenheitsbeziehung, aus welcher dann sehr leicht der Kollaps in das Orgiastische erfolgt. Die innerweltliche rationale Askese (Berufsaskese) kann nur die rational reglementierte Ehe als eine der göttlichen Ordnungen für die durch »Konkupiscenz«[18] hoffnungslos verderbte Kreatur akzeptieren, innerhalb deren es gilt, ihren rationalen Zwecken: Kindererzeugung und -erziehung und gegenseitige Förderung im Gnadenstande, und nur in ihm, nachzuleben. Jegliche Raffinierung zu einer Erotik muß sie als Kreaturvergötterung schlimmster Art ablehnen. Ihrerseits bezieht sie gerade die urwüchsig naturale, bäuerlich unsublimierte Geschlechtlichkeit in eine rationale Ordnung des Kreatürlichen ein: alle »Leidenschafts«-Bestandteile aber gelten dann als Residuen des Sündenfalls, bei denen, nach Luther, Gott »durch die Finger sieht«, um Schlimmeres zu verhindern. Die außerweltliche rationale Askese (aktive Mönchsaskese) lehnt auch diese und damit alles Geschlechtliche als eine heilsgefährdende diabolische Macht ab.

Es ist am besten wohl der Quäkerethik (wie sie aus William Penn's[19] verfaßten Briefen an seine Frau spricht) gelungen, über die ziemlich grobe lutherische Deutung des Sinnes der

17 »Fleischliche Vereinigung«.

18 Begierde, Sündhaftigkeit.

19 William Penn (1644–1718), englischer Quäker, Autor theologischer und politischer Schriften, erwarb 1681 die Konzession für eine Kolonie in Nordamerika und schuf »Pennsylvania«, gedacht als christliches Gemeinwesen, mit einer von ihm erstellten Verfassung (gültig bis 1776).

Ehe hinaus zu einer echt menschlichen Interpretation ihrer innerlichen religiösen Werte zu gelangen. Rein innerweltlich angesehen, kann nur die Verknüpfung mit dem Gedanken ethischer Verantwortlichkeit für einander – also einer gegenüber der *rein* erotischen Sphäre heterogenen Kategorie der Beziehung – dem Empfinden dienen: daß in der Abwandlung des verantwortungsbewußten Liebesgefühls durch alle Nuancen des organischen Lebensganges hindurch: »bis zum Pianissimo des höchsten Alters«, in dem Einander-Gewähren und Einander-schuldig-werden (im Sinne Goethes) etwas Eigenartiges und Höchstes liegen könne. Selten gewährt es das Leben rein; wem es gewährt wird, der spreche von Glück und Gnade des Schicksals, – nicht: von eigenem »Verdienst«.

Die Ablehnung aller unbefangenen Hingabe an die intensivsten Erlebnisarten des Daseins: künstlerische und erotische, ist zwar an sich nur eine negative Haltung. Allein es liegt auf der Hand, daß sie die Macht steigern konnte, mit welcher Energien | in die Bahn rationaler Leistungen einströmten: *564*
ethischer sowohl wie auch rein intellektueller.

Aber freilich: am größten und prinzipiellsten wird schließlich die bewußte Spannung der Religiosität gerade zum Reich des denkenden Erkennens. Ungebrochene Einheit gibt es da im Bereich der Magie und des rein magischen Weltbildes, wie wir es in China kennen lernten. Weitgehende gegenseitige Anerkennung ist möglich auch für die rein metaphysische Spekulation. Obwohl diese leicht zur Skepsis zu führen pflegt. Nicht selten betrachtete daher die Religiosität die rein empirische, auch naturwissenschaftliche Forschung als besser mit ihren Interessen vereinbar als die Philosophie. So vor allem der asketische Protestantismus. Wo immer aber rational empirisches Erkennen die Entzauberung der Welt und deren Verwandlung in einen kausalen Mechanismus konsequent vollzogen hat, tritt die Spannung gegen die Ansprüche des ethischen Postulates: daß die Welt ein gottgeordneter, also irgendwie ethisch *sinnvoll* orientierter Kosmos sei, endgültig hervor. Denn die empirische und vollends die mathematisch

orientierte Weltbetrachtung entwickelt prinzipiell die Ablehnung jeder Betrachtungsweise, welche überhaupt nach einem »Sinn« des innerweltlichen Geschehens fragt. Mit jeder Zunahme des Rationalismus der empirischen Wissenschaft wird dadurch die Religion zunehmend aus dem Reich des Rationalen ins Irrationale verdrängt und nun erst: *die* irrationale oder antirationale überpersönliche Macht schlechthin. Das Maß von Bewußtheit oder doch von Konsequenz in der Empfindung dieses Gegensatzes ist freilich sehr verschieden. Es scheint nicht undenkbar, – was behauptet wird: – daß Athanasius seine, rational angesehen, schlechthin absurde Formel vielleicht wirklich auch deshalb im Kampf gegen die Mehrzahl der damaligen hellenischen Philosophen durchgesetzt hat, um das ausdrückliche Opfer des Intellekts und eine feste Grenze des rationalen Diskutierens zu erzwingen.[20] Alsbald aber wurde die Trinität selbst rational begründet und diskutiert. Und gerade wegen der unversöhnlich scheinenden Spannung steht die Religion, die prophetische wie die priesterliche, immer wieder in intimen Beziehungen zum rationalen Intellektualismus. Je weniger sie Magie oder bloße kontemplative Mystik und je mehr sie »Lehre« ist, desto mehr besteht für sie das Bedürfnis nach rationaler Apologetik. Von
565 den Zauberern, welche überall die | typischen Bewahrer der Mythen und Heldensage wurden, weil sie bei der Erziehung und Schulung der jungen Krieger zum Zwecke der Erweckung der Heldenekstase und Heldenwiedergeburt beteiligt waren, übernahm die Priesterschaft, als allein zur Erhaltung einer perennierenden Tradition fähig, die Schulung der Jugend im Gesetz und oft auch in rein verwaltungstechnischen

20 Hinweis auf Athanasios (ca. 295–373), griechischer Kirchenlehrer, Patriarch von Alexandria, Hauptverfechter der Lehre von der Wesensgleichheit (im Gegensatz zu: Wesensähnlichkeit) von Gott Vater und Sohn Gottes; diese Lehre wurde auf dem ersten Konzil von Nizäa von 325 zum Dogma des christlichen Glaubensbekenntnisses erhoben.

Kunstlehren, vor allem: in der Schrift und im Rechnen. Je mehr nun die Religion Buchreligion und Lehre wurde, desto literarischer und daher desto mehr ein priesterfreies rationales Laiendenken provozierend wirkte sie. Aus dem Laiendenken aber entstanden immer wieder sowohl die priesterfeindlichen Propheten, wie die ihr religiöses Heil priesterfrei suchenden Mystiker und Sektierer und schließlich die Skeptiker und glaubensfeindlichen Philosophen, gegen die dann wieder eine Rationalisierung der priesterlichen Apologetik reagierte. Die antireligiöse Skepsis als solche war in China, in Ägypten, in den Veden, in der nachexilischen jüdischen Literatur im Prinzip ganz ebenso vertreten wie heute. Es sind fast keine neuen Argumente hinzugetreten. Monopolisierung der Jugenderziehung wurde daher zentrale Machtfrage für die Priesterschaft. Deren Macht konnte mit zunehmender Rationalisierung der politischen Verwaltung steigen. Wie anfänglich sie allein in Ägypten und Babylonien dem Staat die Schreiber lieferte, so noch den mittelalterlichen Fürsten mit beginnender Schriftlichkeit der Verwaltung. Von den großen Systemen der Pädagogik haben nur der Konfuzianismus und die mittelländische Antike, der erstere durch die Macht seiner Staatsbürokratie, die letztere umgekehrt durch das absolute Fehlen bürokratischer Verwaltung, sich dieser Macht der Priesterschaft zu entziehen gewußt und damit auch die Priesterreligion ausgeschaltet. Die Priesterschaft war sonst regelmäßige Trägerin der Schule. Nicht nur diese eigentlichsten Priesterinteressen aber bedingten die immer neue Verbindung der Religion mit dem Intellektualismus, sondern auch die innerliche Nötigung durch den rationalen Charakter der religiösen Ethik und das spezifisch intellektualistische Erlösungsbedürfnis. Im Effekt stand dabei jede Religiosität in ihrem psychologischen und gedanklichen Unterbau und in ihren praktischen Konsequenzen verschieden zum Intellektualismus, ohne daß doch die Wirkung jener letzten inneren Spannung, welche in der unvermeidlichen Disparatheit der letzten Formungen des Weltbildes liegt, je | verschwände. Es gibt durchaus *keine* ungebro- 566 chene, als Lebensmacht wirkende, Religion, welche nicht an *irgend*einer Stelle das »credo non quod, sed *quia* absurdum«, – das »Opfer des Intellekts«, – fordern müßte.[21]

Es ist schwerlich nötig und wäre auch nicht möglich, die Stadien dieser Spannung zwischen Religion und intellektuellem Erkennen hier einzeln vorzuführen. Die Erlösungsreligion wehrt sich gegen den Angriff des selbstgenugsamen Intellektes am prinzipiellsten natürlich durch den Anspruch: daß ihr eignes Erkennen in einer anderen Sphäre sich vollziehe und nach Art und Sinn gänzlich heterogen und disparat sei gegenüber dem, was der Intellekt leiste. Nicht ein letztes intellektuelles Wissen über das Seiende oder normativ Geltende, sondern eine letzte Stellungnahme zur Welt kraft unmittelbaren Erfassens ihres »Sinnes« sei das, was sie darbiete. Und sie erschließe ihn nicht mit den Mitteln des Verstandes, sondern kraft des Charisma einer Erleuchtung, welche nur dem zuteil werde, der sich durch die dafür an die Hand gegebene Technik von den irreleitenden Scheinsurrogaten, welche der verworrene Eindruck der sinnlichen Welt und die in Wahrheit für das Heil gleichgültigen und leeren Abstraktionen des Verstandes als Erkenntnis liefern, befreie und so in sich für die Aufnahme der praktisch allein wichtigen Erfassung des Sinnes der Welt und des eigenen Daseins die Stätte zu bereiten wisse. In allen Unternehmungen der Philosophie, jenen letzten Sinn und die ihn erfassende (praktische) Stellungnahme demonstrabel zu machen, ebenso aber in dem Versuch, irgendwelche Intuitionserkenntnisse von prinzipiell anderer Dignität, die aber doch auch das »Sein« der Welt betreffen, zu gewinnen, wird sie nichts als das Bestreben des Intellekts sehen, seiner Eigengesetzlichkeit zu entrinnen. Und vor allem: ein ganz

21 Weber nennt diese Position (»Ich glaube nicht, obwohl es absurd ist, sondern *weil* es absurd ist.«) mehrfach in seinen Arbeiten; er schreibt sie irrtümlicherweise Augustinus zu, obwohl diese – dem Sinne nach – wahrscheinlich auf den lateinischen Kirchenschriftsteller Tertullian zurückgeht.

spezifisches Produkt eben jenes Rationalismus, dem der Intellektualismus dadurch so gern entgehen möchte. – Aber freilich wird sie selbst, von ihrer eignen Position aus gesehen, sich gleich unkonsequenter Übergriffe schuldig machen, sobald sie die unangreifbare Inkommunikabilität des mystischen Erlebnisses aufgibt, für welches es, konsequenter Weise, nur Mittel seiner Herbeiführung als *Ereignis,* nicht aber: der adäquaten Mitteilung und Demonstration geben könnte. Dies zu tun, muß jeder Versuch der Wirkung auf die Welt sie in Gefahr bringen, sobald er den Charakter der Propaganda annimmt. Ebenso aber | jeder Versuch einer rationalen Deu- 567
tung des Weltsinns, der dennoch immer erneut gemacht worden ist.

Die »Welt« kann, alles in allem, unter verschiedenen Gesichtspunkten mit religiösen Postulaten in Konflikt geraten. Immer ist der betreffende Gesichtspunkt zugleich der wichtigste inhaltliche Richtungspunkt für die Art des Strebens nach Erlösung.

Das bewußt als Inhalt einer Religiosität gepflegte Erlösungsbedürfnis ist stets und überall, nur in sehr verschieden stark festgehaltener Deutlichkeit des Zusammenhangs, entstanden als Konsequenz des Versuchs einer systematischen praktischen Rationalisierung der Realitäten des Lebens. Anders ausgedrückt: des Anspruchs, – der auf dieser Stufe zur spezifischen Voraussetzung aller Religion wird –, daß der Weltverlauf, wenigstens soweit er die Interessen der Menschen berührt, ein irgendwie *sinnvoller* Vorgang sei. Dieser Anspruch tauchte, wie wir sahen, naturgemäß zunächst als das landläufige Problem des ungerechten Leidens auf, also als das Postulat eines gerechten Ausgleichs für die ungleiche Verteilung des individuellen Glücks innerhalb der Welt. Er hatte die Tendenz, von da aus stufenweise zu einer immer weiteren Entwertung der Welt fortzuschreiten. Denn je intensiver das rationale Denken jenes Problem des gerechten vergeltenden Ausgleichs aufgriff, desto weniger konnte seine rein innerweltliche Lösung möglich und eine außerweltliche wahrscheinlich oder

sinnvoll scheinen. Der Gang der Welt, so wie er tatsächlich ist, kümmerte sich, soweit der Augenschein reichte, um jenes Postulat wenig. Denn nicht nur die ethisch unmotivierte Ungleichheit der Verteilung von Glück und Leid, für die ein Ausgleich denkbar schien, sondern schon die bloße Tatsache der Existenz des Leidens als solchen mußte ja irrational bleiben. Denn dessen universelle Verbreitung konnte ja nur durch das andere, noch irrationalere Problem der Herkunft der Sünde, – die nach der Lehre der Propheten und Priester das Leiden als Strafe oder Zuchtmittel erklären sollte, – ersetzt werden. Eine zum Sündigen geschaffene Welt mußte aber ethisch noch unvollkommener erscheinen als eine zum Leiden verurteilte. Fest stand jedenfalls für das ethische Postulat die absolute Unvollkommenheit dieser Welt. Nur durch diese Unvollkommenheit schien sich ja auch ihre Vergänglichkeit sinnvoll zu rechtfertigen. Allein diese Rechtfertigung konnte geeignet er-
568 scheinen, die Welt | noch weiter zu entwerten. Denn nicht nur das Wertlose, nicht einmal vornehmlich dies, zeigte sich als vergänglich. Daß aber Tod und Verfall die besten ebenso wie die schlechtesten Menschen und Dinge nivellierend ereilte, konnte als eine Entwertung gerade der höchsten innerweltlichen Güter als solcher erscheinen, sobald einmal die Vorstellung einer ewigen Dauer der Zeit, eines ewigen Gottes und einer ewigen Ordnung überhaupt konzipiert war. Wenn nun demgegenüber Werte, und gerade die am höchsten geschätzten, als »zeitlos« geltend verklärt und daher die Bedeutung ihrer Realisierung in der »Kultur« als von der zeitlichen Dauer der konkreten Realisierungserscheinung unabhängig hingestellt wurden, dann konnte sich die ethische Verwerfung der empirischen Welt wiederum weiter steigern. Denn nun konnte eine Gedankenreihe in den religiösen Horizont treten, welche von weit größerer Bedeutung war als Unvollkommenheit und Vergänglichkeit der Weltgüter im allgemeinen, weil sie geeignet war, gerade die üblicherweise höchstgestellten »Kulturgüter« unter Anklage zu bringen. Ihnen allen haftete ja die Todsünde einer unvermeidlichen spezifischen Schuldbela-

stetheit an. Sie zeigten sich an Geistes- oder Geschmacks-Charisma gebunden und ihre Pflege schien unvermeidlich Daseinsformen vorauszusetzen, welche der Brüderlichkeitsforderung zuwiderliefen und nur durch Selbsttäuschung sich ihr anpassen ließen. Bildungs- und Geschmackskultur-Schranken sind die innerlichsten und unübersteigbarsten aller ständischen Unterschiede. Religiöse Schuld konnte nun nicht nur als gelegentliches Akzidens, sondern als ein integrierender Bestandteil aller Kultur, alles Handelns in einer Kulturwelt und, schließlich, alles geformten Lebens überhaupt erscheinen. Gerade alles Höchste, was diese Welt an Gütern zu bieten hatte, schien dadurch mit der größten Schuld belastet. Die äußere Ordnung der sozialen Gemeinschaft, je mehr sie zur Kulturgemeinschaft des staatlichen Kosmos wurde, war offensichtlich überall nur mit brutaler, um Gerechtigkeit sich nur nominell und gelegentlich, jedenfalls nur soweit die eigene ratio es zuließ, kümmernder Gewalt aufrechtzuerhalten, die aus sich unvermeidlich immer neue Gewalttaten nach außen und innen und überdies noch unaufrichtige Vorwände für solche erzeugte, also: offene oder, was schlimmer scheinen mußte: pharisäisch verhüllte Lieblosigkeit bedeutete. Der versachlichte ökonomische Kosmos, also gerade die rational höchste |
Form der für jede innerweltliche Kultur unentbehrlichen ma- *569*
teriellen Güterversorgung, war ein Gebilde, dem die Lieblosigkeit von der Wurzel aus anhaftete. Alle Arten des Handelns in der geformten Welt schienen in die gleiche Schuld verstrickt. Verhüllte und sublimierte Brutalität, brüderlichkeitsfeindliche Idiosynkrasie und illusionistische Verschiebung des gerechten Augenmaßes begleiteten unvermeidlich die Geschlechtsliebe, und je machtvoller sie ihre Gewalt entfaltete, desto stärker und zugleich von den Beteiligten selbst unbemerkter oder auch: desto pharisäisch verhüllter. Das rationale Erkennen, an welches ja die ethische Religiosität selbst appelliert hatte, gestaltete, autonom und innerweltlich seinen eigenen Normen folgend, einen Kosmos von Wahrheiten, welcher nicht nur mit den systematischen Postulaten der rationalen re-

ligiösen Ethik: daß die Welt als Kosmos *ihren* Anforderungen genüge oder irgendeinen »Sinn« aufweise, gar nichts mehr zu schaffen hatte, diesen Anspruch vielmehr prinzipiell ablehnen mußte. Der Kosmos der Naturkausalität und der postulierte Kosmos der ethischen Ausgleichskausalität standen in unvereinbarem Gegensatz gegeneinander. Und obwohl die Wissenschaft, die jenen Kosmos schuf, über ihre eigenen letzten Voraussetzungen sicheren Aufschluß nicht geben zu können schien, trat sie im Namen der »intellektuellen Rechtschaffenheit« mit dem Anspruch auf: die einzig mögliche Form der denkenden Weltbetrachtung zu sein. Wie alle Kulturwerte, so schuf dabei auch der Intellekt eine von allen persönlichen ethischen Qualitäten der Menschen unabhängige, also unbrüderliche Aristokratie des rationalen Kulturbesitzes. Nun aber haftete diesem Kulturbesitz, und also: dem für den »innerweltlichen« Menschen Höchsten in dieser Welt, neben seiner ethischen Schuldbelastetheit auch etwas an, was ihn noch viel endgültiger entwerten mußte: die Sinnlosigkeit, wenn man ihn mit seinen eigenen Maßstäben bewertete. Die Sinnlosigkeit der rein innerweltlichen Selbstvervollkommnung zum Kulturmenschen, des letzten Wertes also, auf welchen die »Kultur« reduzierbar schien, folgte für das religiöse Denken ja schon aus der – von eben jenem innerweltlichen Standpunkt aus gesehen – offenbaren Sinnlosigkeit des Todes, welcher, gerade unter den Bedingungen der »Kultur«, der Sinnlosigkeit des Lebens erst den endgültigen Akzent aufzuprägen schien. Der Bauer konnte »lebenssatt« sterben wie Abraham. Der feu-
570 dale | Grundherr und Kriegsheld auch. Denn beide erfüllten einen Kreislauf ihres Seins, über den sie nicht hinausgriffen. Sie konnten so in ihrer Art zu einer innerirdischen Vollendung gelangen, wie sie aus der naiven Eindeutigkeit ihrer Lebensinhalte folgte. Aber der nach Selbstvervollkommnung im Sinne der Aneignung oder Schaffung von »Kulturinhalten« strebende »gebildete« Mensch nicht. Er konnte zwar »lebensmüde«, aber nicht im Sinne der Vollendung eines Kreislaufs »lebenssatt« werden. Denn seine Perfektibilität ging ja prinzipiell

ebenso ins Schrankenlose wie diejenige der Kulturgüter. Und je mehr sich die Kulturgüter und Selbstvervollkommnungsziele differenzierten und vervielfältigten, desto geringfügiger wurde der Bruchteil, den der einzelne, passiv als Aufnehmender, aktiv als Mitschöpfer, im Laufe eines endlichen Lebens umspannen konnte. Desto weniger konnte also die Hineingespanntheit in diesen äußeren und inneren Kulturkosmos die Wahrscheinlichkeit bieten: daß ein einzelner die Gesamtkultur, oder daß er das in irgendeinem Sinne »Wesentliche« an ihr, für welches es überdies keinen endgültigen Maßstab gab, in sich aufnehmen könne, und daß also die »Kultur« und das Streben nach ihr irgendeinen innerweltlichen Sinn für ihn haben könne. Gewiß bestand »Kultur« für den einzelnen nicht im *Quantum* des von ihm an »Kulturgütern« Errafften, sondern in einer geformten *Auslese* daraus. Aber dafür, daß diese – für ihn – ein *sinnvolles* Ende gerade mit dem »zufälligen« Zeitpunkt seines Todes erreicht habe, bestand keine Gewähr. Und wenn er sich gar vornehm vom Leben abwendete: – »ich habe genug, – es hat mir alles geboten (oder: versagt), was mir des Lebens wert war«, – so mußte diese stolze Haltung der Erlösungsreligion als ein blasphemisches Verschmähen der von Gott verordneten Lebenswege und Schicksale erscheinen: keine Erlösungsreligion *billigt* positiv den »Freitod«, den nur Philosophien verklärt haben.

Alle »Kultur« erschien, so angesehen, als ein Heraustreten des Menschen aus dem organisch vorgezeichneten Kreislauf des natürlichen Lebens, und eben deshalb dazu verdammt, mit jedem Schritt weiter eine nur immer vernichtendere Sinnlosigkeit, der Dienst an den Kulturgütern aber, je mehr er zu einer heiligen Aufgabe, einem »Beruf«, gemacht wurde, ein um so sinnloseres Hasten im Dienst wertloser und überdies in sich überall widerspruchsvoller und gegeneinander antagonistischer Ziele zu werden. |

Als Stätte der Unvollkommenheit, der Ungerechtigkeit, *571*
des Leidens, der Sünde, der Vergänglichkeit, der notwendig schuldbelasteten, notwendig mit immer weiterer Entfaltung

und Differenzierung immer sinnloser werdenden Kultur: in allen diesen Instanzen mußte so die Welt, rein ethisch angesehen, dem religiösen Postulat eines göttlichen »Sinnes« ihrer Existenz gleich brüchig und entwertet erscheinen. Auf diese Entwertung: eine Folge des Konfliktes zwischen rationalem Anspruch und Wirklichkeit, rationaler Ethik und teils rationalen, teils irrationalen Werten, der mit jeder Herauspräparierung der spezifischen Eigenart jeder in der Welt vorkommenden Sondersphäre immer schroffer und unlösbarer hervorzutreten schien, reagierte das Bedürfnis nach »Erlösung« derart, daß, je systematischer das Denken über den »Sinn« der Welt, je rationalisierter diese selbst in ihrer äußeren Organisation, je sublimierter das bewußte Erleben ihrer irrationalen Inhalte wurde, desto unweltlicher, allem geformten Leben fremder, genau parallel damit, das zu werden begann, was den spezifischen Inhalt des Religiösen ausmachte. Und nicht etwa nur das theoretische Denken, welches die Welt entzauberte, sondern gerade der Versuch der religiösen Ethik, sie praktisch ethisch zu rationalisieren, führte in diese Bahn.

Und schließlich: die spezifisch intellektualistische, mystische Erlösungssuche gegenüber diesen Spannungen fiel auch selbst der Weltherrschaft der Unbrüderlichkeit anheim. Einerseits war ja ihr Charisma *nicht* jedermann zugänglich. Sie war also, dem Sinne nach, Aristokratismus höchster Potenz: religiöser Heilsaristokratismus. Und inmitten einer rational zur Berufsarbeit organisierten Kultur blieb für die Pflege der akosmistischen Brüderlichkeit selbst – außerhalb der ökonomisch sorgenfreien Schichten – kaum noch Platz: das Leben des Buddha, Jesus, Franziskus[22] zu führen, scheint unter den technischen und sozialen Bedingungen rationaler Kultur rein äußerlich zum Mißerfolg verurteilt.

22 Hinweis auf den Heiligen Franz von Assisi (1181/82–1226), italienischer Stifter des nach ihm benannten Bettelordens der »Franziskaner«.

Die einzelnen weltablehnenden Erlösungsethiken der Vergangenheit setzten nun jede mit ihrer Weltablehnung an höchst verschiedenen Stellen dieser rein rational konstruierten Skala ein. Neben den zahlreichen konkreten Umständen, von welchen dies abhing, und welche zu ermitteln eine theoretische Kasuistik nicht ausreicht, spielte auch ein rationales Element dabei eine Rolle: die Struktur derjenigen *Theodizee,* durch welche das | metaphysische Bedürfnis: trotz allem in 572
diesen unüberbrückbaren Spannungen einen gemeinsamen Sinn zu finden, auf das Bewußtsein von deren Existenz reagierte. Von den drei in den einleitenden Ausführungen als allein konsequent bezeichneten Arten der Theodizee konnte der *Dualismus* jenem Bedürfnis nicht unerhebliche Dienste leisten. Das seit ewigen Zeiten und für ewige Zeiten bestehende Neben- und Gegeneinander einer Macht des Lichts, der Wahrheit, Reinheit und Güte und einer Macht der Finsternis, der Lüge, Unreinheit und Bosheit war letztlich nur eine unmittelbare Systematisierung des magischen Pluralismus der Geister mit ihrer Scheidung von guten (nützlichen) und bösen (schädlichen) Geistern, der Vorstufen des Gegensatzes von Göttern und Dämonen. In derjenigen prophetischen Religiosität, welche diese Konzeption am konsequentesten durchführte: dem Zarathustrismus, knüpfte der Dualismus direkt an den magischen Gegensatz von »rein« und »unrein« an, in den alle Tugenden und Laster eingegliedert wurden. Er bedeutet den Verzicht auf die Allmacht eines Gottes, welcher vielmehr an dem Bestehen der widergöttlichen Macht seine Schranke fand. Er ist von den heutigen Bekennern (den Parsen) tatsächlich aufgegeben worden, weil diese Schranke nicht ertragen wurde. Während in ihrer konsequentesten Eschatologie die Welt des Reinen und des Unreinen, aus deren Vermischung die brüchige empirische Welt hervorging, sich für immer wieder in zwei beziehungslose Reiche schied, läßt die modernere Endhoffnung den Gott der Reinheit und Güte ebenso siegen, wie das Christentum den Heiland über den Teufel. Diese inkonsequentere Form des Dua-

lismus ist die volkstümliche über die ganze Erde hin verbreitete Vorstellung von Himmel und Hölle. Sie stellt die Souveränität Gottes über den bösen Geist, der sein Geschöpf ist, wieder her, glaubt dadurch die göttliche Allmacht gerettet, muß dann aber, wohl oder übel, eingestandener- oder verhülltermaßen, etwas von der göttlichen Liebe opfern, der, wenn die Allwissenheit festgehalten wird, die Schaffung einer Macht des radikal Bösen und die Zulassung der Sünde, zumal in Gemeinschaft mit der Ewigkeit der Höllenstrafen an einem eigenen endlichen Geschöpf und für endliche Sünden, schlechterdings nicht entspricht. Konsequent ist alsdann nur ein Verzicht auf die Güte. Diesen vollzog, der Sache nach, in voller Konsequenz der *Prädestinations*glaube. Die anerkannte
573 Unmöglichkeit, Got- | tes Ratschlüsse mit menschlichen Maßstäben messen zu können, bedeutete in liebloser Klarheit den Verzicht auf die Zugänglichkeit eines Sinnes der Welt für menschliches Verstehen, welcher damit auch aller Problematik dieser Art ein Ende machte. Er ist in dieser Konsequenz außerhalb des Kreises eines hochgesteigerten Virtuosentums nicht dauernd ertragen worden. Gerade weil er, – im Gegensatz zum Glauben an die irrationale Macht des »Verhängnisses« –, die Annahme providentieller, also irgendwie rationaler, Bestimmtheit der Verdammten nicht nur zum Untergang, sondern zum Bösen, dennoch aber die »Strafe«, also die Anwendung einer ethischen Kategorie auf sie, fordert. [...]

Soziologische Grundbegriffe
[1920]

Vorbemerkung. Die Methode dieser einleitenden, nicht gut zu entbehrenden, aber unvermeidlich abstrakt und wirklichkeitsfremd wirkenden Begriffsdefinitionen beansprucht in keiner Art: neu zu sein. Im Gegenteil wünscht sie nur in – wie gehofft wird – zweckmäßigerer und etwas korrekterer (eben deshalb freilich vielleicht pedantisch wirkender) Ausdrucksweise zu formulieren, was jede empirische Soziologie tatsächlich meint, wenn sie von den gleichen Dingen spricht. Dies auch da, wo scheinbar ungewohnte oder neue Ausdrücke verwendet werden. Gegenüber dem Aufsatz im Logos (1913) [siehe den obigen Text *»Über einige Kategorien der verstehenden Soziologie«*] ist die Terminologie tunlichst vereinfacht und daher auch mehrfach verändert, um möglichst leicht verständlich zu sein. Das Bedürfnis nach unbedingter Popularisierung freilich wäre mit dem Bedürfnis nach größtmöglichster Begriffsschärfe nicht immer vereinbar und muß diesem gegebenenfalls weichen. [...]

§ 1. Soziologie (im hier verstandenen Sinn dieses sehr vieldeutig gebrauchten Wortes) soll heißen: eine Wissenschaft, welche soziales Handeln deutend verstehen und dadurch in seinem Ablauf und seinen Wirkungen ursächlich erklären will. »Handeln« soll dabei ein menschliches Verhalten (einerlei ob äußeres oder innerliches Tun, Unterlassen oder Dulden) heißen, wenn und insofern als der oder die Handelnden mit ihm einen subjektiven *Sinn* verbinden. »Soziales« Handeln aber soll ein solches Handeln heißen, welches seinem von dem oder den Handelnden gemeinten Sinn nach auf das Verhalten *anderer* bezogen wird und daran in seinem Ablauf orientiert ist.

I. Methodische Grundlagen

1. »Sinn« ist hier entweder a) der tatsächlich α. in einem historisch gegebenen Fall von einem Handelnden oder β. durchschnittlich und annähernd in einer gegebenen Masse von Fällen von den Handelnden oder b) in einem begrifflich konstruierten *reinen* Typus von dem oder den als Typus *gedachten* Handelnden subjektiv *gemeinte* Sinn. Nicht etwa irgendein objektiv »richtiger« oder ein metaphysisch ergründeter »wahrer« Sinn. Darin liegt der Unterschied der empirischen Wissen- |
2 schaften vom Handeln: der Soziologie und der Geschichte, gegenüber allen dogmatischen: Jurisprudenz, Logik, Ethik, Ästhetik, welche an ihren Objekten den »richtigen«, »gültigen«, Sinn erforschen wollen.

2. Die Grenze sinnhaften Handelns gegen ein bloß (wie wir hier sagen wollen:) reaktives, mit einem subjektiv gemeinten Sinn nicht verbundenes, Sichverhalten ist durchaus flüssig. Ein sehr bedeutender Teil alles soziologisch relevanten Sichverhaltens, insbesondere das rein traditionale Handeln (s. u.) steht auf der Grenze beider. [...] Sinnhaftes, d. h. verstehbares, Handeln liegt in manchen Fällen psychophysischer Vorgänge gar nicht, in andren nur für den Fachexperten vor; mystische und daher in Worten nicht adäquat kommunikable Vorgänge sind für den solchen Erlebnissen nicht Zugänglichen nicht voll verstehbar. Dagegen ist die Fähigkeit, aus Eignem ein gleichartiges Handeln zu produzieren, nicht Voraussetzung der Verstehbarkeit: »man braucht nicht Cäsar zu sein, um Cäsar zu verstehen.« Die volle »Nacherlebbarkeit« ist für die Evidenz des Verstehens wichtig, nicht aber absolute Bedingung der Sinndeutung. Verstehbare und nicht verstehbare Bestandteile eines Vorgangs sind oft untermischt und verbunden.

3. Alle Deutung strebt, wie alle Wissenschaft überhaupt, nach »Evidenz«. Evidenz des Verstehens kann entweder: rationalen (und alsdann entweder: logischen oder mathematischen) oder: einfühlend nacherlebenden: emotionalen, künstlerisch-rezeptiven Charakters sein. Rational evident ist

auf dem Gebiet des Handelns vor allem das in seinem gemeinten Sinnzusammenhang restlos und durchsichtig *intellektuell* Verstandene. Einfühlend evident ist am Handeln das in seinem erlebten *Gefühlzusammenhang* voll Nacherlebte. Rational verständlich, d. h. also hier: unmittelbar und eindeutig intellektuell sinnhaft erfaßbar sind im Höchstmaß vor allem die im Verhältnis mathematischer oder logischer Aussagen zueinander stehende Sinnzusammenhänge. Wir verstehen ganz eindeutig, was es sinnhaft bedeutet, wenn jemand den Satz 2 x 2 = 4 oder den pythagoreischen Lehrsatz denkend oder argumentierend verwertet, oder wenn er eine logische Schlußkette – nach unseren Denkgepflogenheiten: – »richtig« vollzieht. Ebenso, wenn er aus uns als »bekannt« geltenden »Erfahrungstatsachen« und aus gegebenen Zwecken die für die Art der anzuwendenden »Mittel« sich (nach unsern Erfahrungen) eindeutig ergebenden Konsequenzen in seinem Handeln zieht. Jede Deutung eines derart rational orientierten Zweckhandelns besitzt – für das Verständnis der angewendeten *Mittel* – das Höchstmaß von Evidenz. Mit nicht der gleichen, aber mit einer für unser Bedürfnis nach Erklärung hinlänglichen Evidenz verstehen wir aber auch solche »Irrtümer« (einschließlich der »Problemverschlingungen«), denen wir selbst zugänglich sind oder deren Entstehung einfühlend erlebbar gemacht werden kann. Hingegen manche letzten »Zwecke« und »Werte«, an denen das Handeln eines Menschen erfahrungsgemäß orientiert sein kann, vermögen wir sehr oft *nicht* voll evident zu verstehen, sondern unter Umständen zwar intellektuell zu erfassen, dabei aber andrerseits, je radikaler sie von unsren eigenen letzten Werten abweichen, desto schwieriger uns durch die einfühlende Phantasie *nacherlebend* verständlich zu machen. Je nach Lage des Falles müssen wir dann uns begnügen, sie nur *intellektuell* zu deuten, oder unter Umständen, wenn auch das mißlingt, geradezu: sie als Gegebenheiten einfach hinnehmen, und aus ihren soweit als möglich intellektuell gedeuteten oder soweit möglich einfühlend annäherungsweise nacherlebten Richtpunkten den Ablauf des durch sie motivierten Handelns uns verständlich machen. Dahin gehören z. B. viele religiöse und karitative Virtuosenleistungen für den dafür Unempfänglichen. Ebenso auch extrem rationalistische Fanatismen (»Menschenrechte«) für den, der diese Richtpunkte seinerseits radikal perhorresziert. – Aktuelle Affekte (Angst, Zorn, Ehrgeiz, Neid, Eifersucht, Liebe, Begeisterung, Stolz, Rachedurst, Pietät, Hingabe, Begierden aller Art) und die (vom rationalen Zweckhandeln aus angesehen:) irrationalen aus ihnen folgenden Reaktionen vermögen wir, je mehr wir ihnen selbst zugänglich sind, desto evidenter emotional nachzuerleben, in jedem Fall aber, auch wenn sie ihrem Grade nach unsre eignen Möglichkeiten absolut übersteigen, sinnhaft einfühlend zu verstehen und in ihrer Einwirkung auf die Richtung und Mittel des Handelns intellektuell in Rechnung zu stellen.

Für die *typen*bildende wissenschaftliche Betrachtung werden nun alle irrationalen, affektuell bedingten, Sinnzusammenhänge des Sichverhaltens, die das Handeln beeinflussen, am übersehbarsten als »Ablenkungen« von einem konstruierten rein zweckrationalen Verlauf desselben erforscht und dargestellt. Z. B. wird bei einer Erklärung einer »Börsenpanik« zweckmäßigerweise zunächst festgestellt: wie *ohne* Beeinflussung durch irrationale Affekte das Handeln abgelaufen *wäre* und dann werden jene irrationalen Komponenten als »Störungen« eingetragen. Ebenso wird bei einer politischen oder militärischen Aktion zunächst zweckmäßigerweise festgestellt: wie das Handeln bei Kenntnis aller Umstände und aller Absichten der Mitbeteiligten und bei streng zweckrationaler,
3 an der uns gültig scheinenden Erfahrung | orientierter, Wahl
der Mittel verlaufen *wäre*. Nur dadurch wird alsdann die kausale Zurechnung von Abweichungen davon zu den sie bedingenden Irrationalitäten möglich. Die Konstruktion eines streng zweckrationalen Handelns also dient in diesen Fällen der Soziologie, seiner evidenten Verständlichkeit und seiner – an der Rationalität haftenden – Eindeutigkeit wegen, als *Typus* (»Idealtypus«), um das reale, durch Irrationalitäten aller Art

(Affekte, Irrtümer), beeinflußte Handeln als »Abweichung« von dem bei rein rationalem Verhalten zu gewärtigenden Verlaufe zu verstehen.

Insofern und nur aus diesem methodischen Zweckmäßigkeitsgrunde ist die Methode der »verstehenden« Soziologie »rationalistisch«. Dies Verfahren darf aber natürlich nicht als ein rationalistisches Vorurteil der Soziologie, sondern nur als methodisches Mittel verstanden und also nicht etwa zu dem Glauben an die tatsächliche Vorherrschaft des Rationalen über das Leben umgedeutet werden. Denn darüber, inwieweit in der Realität rationale Zweckerwägungen das *tatsächliche* Handeln bestimmen und inwieweit nicht, soll es ja nicht das Mindeste aussagen. [...]

4. Sinnfremde Vorgänge und Gegenstände kommen für alle Wissenschaften vom Handeln als: Anlaß, Ergebnis, Förderung oder Hemmung menschlichen Handelns in Betracht. »Sinnfremd« ist nicht identisch mit »unbelebt« oder »nichtmenschlich«. Jedes Artefakt, z. B. eine »Maschine«, ist lediglich aus dem Sinn deutbar und verständlich, den menschliches Handeln (von möglicherweise sehr verschiedener Zielrichtung) der Herstellung und Verwendung dieses Artefakts verlieh (oder verleihen wollte); ohne Zurückgreifen auf ihn bleibt sie gänzlich unverständlich. Das Verständliche daran ist also die Bezogenheit menschlichen *Handelns* darauf, entweder als »Mittel« oder als »Zweck«, der dem oder den Handelnden vorschwebte und woran ihr Handeln orientiert wurde. *Nur* in diesen Kategorien findet ein Verstehen solcher Objekte statt. Sinnfremd bleiben dagegen alle – belebten, unbelebten, außermenschlichen, menschlichen – Vorgänge oder Zuständlichkeiten ohne *gemeinten* Sinngehalt, soweit sie *nicht* in die Beziehung vom »Mittel« und »Zweck« zum Handeln treten, sondern nur seinen Anlaß, seine Förderung oder Hemmung darstellen. [...] Die Absterbeordnung und der organische Kreislauf des Lebens überhaupt: von der Hilflosigkeit des Kindes bis zu der des Greises, hat natürlich erstklassige soziologische Tragweite durch die verschiedenen Arten, in welchen

menschliches Handeln sich an diesem Sachverhalt orientiert hat und orientiert. Eine wiederum andere Kategorie bilden die nicht verstehbaren Erfahrungssätze über den Ablauf psychischer oder psycho-physiologischer Erscheinungen (Ermüdung, Übung, Gedächtnis usw., ebenso aber z. B. typische Euphorien bei bestimmten Formen der Kasteiung, typische Unterschiede der Reaktionsweisen nach Tempo, Art, Eindeutigkeit usw.). Letztlich ist der Sachverhalt aber der gleiche wie bei andern unverstehbaren Gegebenheiten: wie der praktisch Handelnde, so nimmt die verstehende Betrachtung sie als »Daten« hin, mit denen zu rechnen ist.

Die Möglichkeit ist nun gegeben, daß künftige Forschung auch *un*verstehbare Regelmäßigkeiten für *sinn*haft besondertes Verhalten auffindet, so wenig dies bisher der Fall ist. Unterschiede des biologischen Erbguts (der »Rassen«) z. B. würden – wenn und soweit der statistisch schlüssige Nachweis des Einflusses auf die Art des soziologisch relevanten Sichverhaltens, also: insbesondre des sozialen Handelns in der Art seiner *Sinn*bezogenheit, erbracht würde, – für die Soziologie als Gegebenheiten ganz ebenso hinzunehmen sein, wie die physiologischen Tatsachen etwa der Art des Nahrungsbedarfs oder der Wirkung der Seneszenz[1] auf das Handeln. Und die Anerkenntnis ihrer kausalen Bedeutung würde natürlich die Aufgaben der Soziologie (und der Wissenschaften vom Handeln überhaupt): die sinnhaft orientierten Handlungen deutend zu verstehen, nicht im mindesten ändern. Sie würde in ihre verständlich deutbaren Motivationszusammenhänge an gewissen Punkten nur *un*verstehbare Tatsachen [...] einschalten, wie sie sich schon heute (s. o.) darin vorfinden.

5. Verstehen kann heißen: 1. das *aktuelle* Verstehen des gemeinten Sinnes einer Handlung (einschließlich: einer Äußerung). Wir »verstehen« z. B. aktuell den Sinn des Satzes 2 x 2 = 4, den wir hören oder lesen (rationales aktuelles Verstehen von

1 Das Altern und die dadurch bedingten körperlichen Veränderungen.

Gedanken) oder einen Zornausbruch, der sich in Gesichtsausdruck, Interjektionen, irrationalen Bewegungen manifestiert (irrationales aktuelles Ver- | stehen von Affekten), oder 4
das Verhalten eines Holzhackers oder jemandes, der nach der Klinke greift um die Tür zu schließen oder der auf ein Tier mit dem Gewehr anlegt (rationales aktuelles Verstehen von Handlungen). – Verstehen kann aber auch heißen: 2. *erklärendes* Verstehen. Wir »verstehen« *motivationsmäßig,* welchen Sinn derjenige, der den Satz 2 × 2 = 4 ausspricht, oder niedergeschrieben hat, damit verband, daß er dies gerade jetzt und in diesem Zusammenhang *tat,* wenn wir ihn mit einer kaufmännischen Kalkulation, einer wissenschaftlichen Demonstration, einer technischen Berechnung oder einer anderen Handlung befaßt sehen, in deren Zusammenhang nach ihrem uns verständlichen *Sinn* dieser Satz »hineingehört«, daß heißt: einen uns verständlichen Sinn*zusammenhang* gewinnt (rationales Motivationsverstehen). Wir verstehen das Holzhacken oder Gewehranlegen nicht nur aktuell, sondern auch motivationsmäßig, wenn wir wissen, daß der Holzhacker entweder gegen Lohn oder aber für seinen Eigenbedarf oder zu seiner Erholung (rational), oder etwa »weil er sich eine Erregung abreagierte« (irrational), oder wenn der Schießende auf Befehl zum Zweck der Hinrichtung oder der Bekämpfung von Feinden (rational) oder aus Rache (affektuell, also in diesem Sinn: irrational) diese Handlung vollzieht. Wir verstehen endlich motivationsmäßig den Zorn, wenn wir wissen, daß ihm Eifersucht, gekränkte Eitelkeit, verletzte Ehre zugrunde liegt (affektuell bedingt, also: irrational motivationsmäßig). All dies sind verständliche *Sinnzusammenhänge,* deren Verstehen wir als ein *Erklären* des tatsächlichen Ablaufs des Handelns ansehen. »Erklären« bedeutet also für eine mit dem Sinn des Handelns befaßte Wissenschaft soviel wie: Erfassung des Sinn*zusammenhangs,* in den, seinem subjektiv gemeinten Sinn nach, ein aktuell verständliches Handeln hineingehört. [...] In all diesen Fällen, auch bei affektuellen Vorgängen, wollen wir den subjektiven Sinn des Geschehens, auch des Sinnzusam-

menhanges als »gemeinten« Sinn bezeichnen (darin also über den üblichen Sprachgebrauch hinausgehend, der von »Meinen« in diesem Verstand nur bei rationalem und zweckhaft beabsichtigtem Handeln zu sprechen pflegt).

6. »Verstehen« heißt in all diesen Fällen: deutende Erfassung: a) des im Einzelfall real gemeinten (bei historischer Betrachtung) oder b) des durchschnittlich und annäherungsweise gemeinten (bei soziologischer Massenbetrachtung) oder c) des für den *reinen* Typus (Idealtypus) einer häufigen Erscheinung wissenschaftlich zu konstruierenden (»idealtypischen«) Sinnes oder Sinnzusammenhangs. Solche idealtypische Konstruktionen sind z. B. die von der reinen Theorie der Volkswirtschaftslehre aufgestellten Begriffe und »Gesetze«. Sie stellen dar, wie ein bestimmt geartetes, menschliches Handeln ablaufen *würde, wenn* es streng zweckrational, durch Irrtum und Affekte ungestört, und *wenn* es ferner ganz eindeutig nur an einem Zweck (Wirtschaft) orientiert wäre. Das reale Handeln verläuft nur in seltenen Fällen (Börse) und auch dann nur annäherungsweise, so wie im Idealtypus konstruiert. [...]

Jede Deutung strebt zwar nach Evidenz. Aber eine sinnhaft noch so evidente Deutung kann als solche und um dieses Evidenzcharakters willen noch nicht beanspruchen: auch die kausal *gültige* Deutung zu sein. Sie ist stets an sich nur eine besonders evidente kausale *Hypothese*. a) Es verhüllen vorgeschobene »Motive« und »Verdrängungen« (d. h. zunächst: nicht eingestandene Motive) oft genug gerade dem Handelnden selbst den wirklichen Zusammenhang der Ausrichtung seines Handelns derart, daß auch subjektiv aufrichtige Selbstzeugnisse nur relativen Wert haben. In diesem Fall steht die Soziologie vor der Aufgabe, diesen Zusammenhang zu ermitteln und deutend festzustellen, *obwohl* er nicht oder, meist: nicht voll als in concreto »gemeint« ins *Bewußtsein* gehoben wurde: ein Grenzfall der Sinndeutung. b) Äußeren Vorgängen des Handelns, die uns als »gleich« oder »ähnlich« gelten, können höchst verschiedene Sinnzusammenhänge bei dem oder den Handelnden zugrunde liegen und wir »verstehen« auch ein

sehr stark abweichendes, oft sinnhaft geradezu gegensätzliches Handeln gegenüber Situationen, die wir als unter sich »gleichartig« ansehen [...]. c) Die handelnden Menschen sind gegebenen Situationen gegenüber sehr oft gegensätzlichen, miteinander kämpfenden Antrieben ausgesetzt, die wir sämtlich »verstehen«. In welcher relativen *Stärke* aber die verschiedenen im »Motivenkampf« liegenden uns untereinander *gleich* verständlichen Sinnbezogenheiten im Handeln sich auszudrücken pflegen, läßt sich, nach aller Erfahrung, in äußerst vielen Fällen nicht einmal annähernd, durchaus regelmäßig aber nicht sicher, abschätzen. Der tatsächliche Ausschlag des Motivenkampfes allein gibt darüber Aufschluß. Kontrolle der verständlichen Sinndeutung durch den Erfolg: den Ausschlag im tatsächlichen Verlauf, ist also, wie bei jeder Hypothese, unentbehrlich. Sie kann mit relativer Genauigkeit nur in den leider
wenigen und sehr besondersartigen dafür ge- | eigneten 5
Fällen im psychologischen Experiment erreicht werden. Nur in höchst verschiedener Annäherung in den (ebenfalls begrenzten) Fällen zählbarer und in ihrer Zurechnung eindeutiger Massenerscheinungen durch die Statistik. Im übrigen gibt es nur die Möglichkeit der Vergleichung möglichst vieler Vorgänge des historischen oder Alltagslebens, welche sonst gleichartig, aber in dem entscheidenden *einen* Punkt: dem jeweils auf seine praktische Bedeutsamkeit hin untersuchten »Motiv« oder »Anlaß«, verschieden geartet sind: eine wichtige Aufgabe der vergleichenden Soziologie. Oft freilich bleibt leider nur das unsichere Mittel des »gedanklichen Experiments«, d. h. des Fort*denkens* einzelner Bestandteile der Motivationskette und der Konstruktion des *dann* wahrscheinlichen Verlaufs, um eine kausale Zurechnung zu erreichen. [...]

7. »Motiv« heißt ein Sinnzusammenhang, welcher dem Handelnden selbst oder dem Beobachtenden als sinnhafter »Grund« eines Verhaltens erscheint. »Sinnhaft adäquat« soll ein zusammenhängend ablaufendes Verhalten in dem Grade heißen, als die Beziehung seiner Bestandteile von uns nach den durchschnittlichen Denk- und Gefühlsgewohnheiten als

typischer (wir pflegen zu sagen: »richtiger«) Sinnzusammenhang bejaht wird. »Kausal adäquat« soll dagegen ein Aufeinanderfolgen von Vorgängen in dem Grade heißen, als nach Regeln der *Erfahrung* eine Chance besteht: daß sie stets in gleicher Art tatsächlich abläuft. *(Sinn*haft adäquat in diesem Wortverstand ist z. B. die nach den uns geläufigen *Normen* des Rechnens oder Denkens *richtige* Lösung eines Rechenexempels. *Kausal* adäquat ist – im Umfang des statistischen Vorkommens – die nach erprobten Regeln der Erfahrung stattfindende Wahrscheinlichkeit einer – von jenen uns heute geläufigen Normen aus gesehen – *»richtigen« oder »falschen«* Lösung, also auch eines typischen »Rechenfehlers« oder einer typischen »Problemverschlingung«). Kausale Erklärung bedeutet also die Feststellung: daß nach einer irgendwie abschätzbaren, im – seltenen – Idealfall: zahlenmäßig angebbaren, Wahrscheinlichkeits*regel* auf einen bestimmten beobachteten (inneren oder äußeren) Vorgang ein bestimmter anderer Vorgang folgt (oder: mit ihm gemeinsam auftritt).

Eine *richtige* kausale *Deutung* eines konkreten Handelns bedeutet: daß der äußere Ablauf und das Motiv *zutreffend* und zugleich in ihrem Zusammenhang sinnhaft *verständlich* erkannt sind. Eine richtige kausale Deutung *typischen* Handelns (verständlicher Handlungstypus) bedeutet: daß der als typisch behauptete Hergang sowohl (in irgendeinem Grade) sinnadäquat erscheint wie (in irgendeinem Grade) als kausal adäquat festgestellt werden kann. Fehlt die Sinnadäquanz, dann liegt selbst bei größter und zahlenmäßig in ihrer Wahrscheinlichkeit präzis angebbarer Regelmäßigkeit des Ablaufs (des äußeren sowohl wie des psychischen) nur eine *unverstehbare* (oder nur unvollkommen verstehbare) *statistische* Wahrscheinlichkeit vor. Andererseits bedeutet für die Tragweite soziologischer Erkenntnisse selbst die evidenteste Sinnadäquanz nur in dem Maß eine richtige *kausale* Aussage, als der Beweis für das Beste-
6 hen einer (irgendwie | angebbaren) *Chance* erbracht wird, daß das Handeln den sinnadäquat erscheinenden Verlauf *tatsächlich* mit angebbarer Häufigkeit oder Annäherung (durchschnitt-

lich oder im »reinen« Fall) zu nehmen *pflegt*. Nur solche statistische Regelmäßigkeiten, welche einem *verständlichen* gemeinten Sinn eines sozialen Handelns entsprechen, sind (im hier gebrauchten Wortsinn) verständliche Handlungstypen, also: »soziologische Regeln«. Nur solche rationalen Konstruktionen eines sinnhaft verständlichen Handelns sind soziologische Typen realen Geschehens, welche in der Realität wenigstens in irgendeiner Annäherung beobachtet werden können. Es ist bei weitem nicht an dem: daß parallel der erschließbaren Sinnadäquanz *immer* auch die tatsächliche Chance der Häufigkeit des ihr entsprechenden Ablaufs wächst. Sondern ob dies der Fall ist, kann in jedem Fall nur die äußere Erfahrung zeigen. – *Statistik* gibt es (Absterbestatistik, Ermüdungsstatistik, Maschinenleistungsstatistik, Regenfallstatistik) von sinn*fremden* Vorgängen genau im gleichen Sinn wie von sinnhaften. *Soziologische* Statistik aber (Kriminalstatistik, Berufsstatistik, Preisstatistik, Anbaustatistik) nur von den letzteren (Fälle, welche *beides* enthalten: etwa Erntestatistik, sind selbstredend häufig).

8. Vorgänge und Regelmäßigkeiten, welche, weil unverstehbar, im hier gebrauchten Sinn des Wortes nicht als »soziologische Tatbestände« oder Regeln bezeichnet werden, sind natürlich um deswillen nicht etwa weniger *wichtig*. Auch nicht etwa für die Soziologie im hier betriebenen Sinne des Wortes (der ja eine Begrenzung auf »*verstehende* Soziologie« enthält, welche niemandem aufgenötigt werden soll und kann). Sie rücken nur, und dies allerdings methodisch ganz unvermeidlich, in eine andere Stelle als das verstehbare Handeln: in die von »Bedingungen«, »Anlässen«, »Hemmungen«, »Förderungen« desselben.

9. Handeln im Sinn sinnhaft verständlicher Orientierung des eignen Verhaltens gibt es für uns stets nur als Verhalten von einer oder mehreren *einzelnen* Personen.

Für andre Erkenntniszwecke mag es nützlich oder nötig sein, das Einzelindividuum z. B. als eine Vergesellschaftung von »Zellen« oder einen Komplex biochemischer Reaktionen, oder sein »psychisches« Leben als durch (gleichviel wie qualifizierte) Einzelelemente konstituiert aufzufassen. Dadurch werden zweifellos wertvolle Erkenntnisse (Kausalregeln) gewonnen. Allein wir *verstehen* dies in Regeln ausgedrückte Verhalten dieser Elemente nicht. Auch nicht bei psychischen Elementen, und zwar: je naturwissenschaftlich exakter sie gefaßt werden, desto *weniger:* zu einer Deutung aus einem gemeinten *Sinn* ist gerade dies niemals der Weg. Für die Soziologie (im hier gebrauchten Wortsinn, ebenso wie für die Geschichte) ist aber gerade der *Sinn*zusammenhang des Handelns Objekt der Erfassung. Das Verhalten der physiologischen Einheiten, etwa: der Zellen oder irgendwelcher psychischer Elemente können wir (dem Prinzip nach wenigstens) zu beobachten oder aus Beobachtungen zu erschließen suchen, Regeln (»Gesetze«) dafür gewinnen und Einzelvorgänge mit deren Hilfe kausal »erklären«, d. h.: unter Regeln bringen. Die Deutung des Handelns nimmt jedoch von diesen Tatsachen und Regeln nur soweit und nur in dem Sinn Notiz, wie von irgendwelchen anderen (z. B. von physikalischen, astronomischen, geologischen, meteorologischen, geographischen, botanischen, zoologischen, physiologischen, anatomischen, von sinnfremden psychopathologischen oder von den naturwissenschaftlichen Bedingungen von technischen) Tatbeständen.

Für wiederum andere (z. B. juristische) Erkenntniszwecke oder für praktische Ziele kann es andererseits zweckmäßig und geradezu unvermeidlich sein: soziale Gebilde (»Staat«, »Genossenschaft«, »Aktiengesellschaft«, »Stiftung«) genau so zu behandeln, wie Einzelindividuen (z. B. als Träger von Rechten und Pflichten oder als Täter *rechtlich* relevanter Handlungen). Für die verstehende Deutung des Handelns durch die Soziologie sind dagegen diese Gebilde lediglich Abläufe und Zusammenhänge spezifischen Handelns *einzelner* Menschen, da diese allein für uns verständliche Träger von sinnhaft orientiertem Handeln sind. Trotzdem kann die Soziologie auch für ihre Zwecke jene kollektiven Gedankengebilde anderer Betrachtungsweisen nicht etwa *ignorieren*. Denn die Deutung des Handelns hat zu jenen Kollektivbegriffen

folgende beiden Beziehungen: a) Sie selbst ist oft genötigt, mit ganz ähnlichen (oft mit ganz gleichartig bezeichneten) Kollektivbegriffen zu arbeiten, um überhaupt eine verständliche *Terminologie* zu gewinnen. Die Juristen- sowohl wie die Alltagssprache bezeichnet z. B. als »Staat« sowohl den Rechts*begriff* wie jenen Tatbestand sozialen Handelns, *für* welchen die Rechtsregeln gelten wollen. Für die Soziologie besteht der Tatbestand »Staat« nicht notwendig nur oder gerade aus den *rechtlich* relevanten Bestandteilen. Und jedenfalls gibt es für sie keine »handelnde« Kollektivpersönlichkeit. Wenn sie von »Staat« oder von »Nation« oder von »Aktiengesellschaft« oder von »Familie« oder von »Armeekorps« oder von ähnlichen »Gebilden« spricht, so meint sie damit vielmehr *lediglich* einen bestimmt gearteten Ablauf tatsächlichen, oder als möglich | konstruierten sozialen Handelns einzelner, schiebt also dem 7
juristischen Begriff, den sie um seiner Präzision und Eingelebtheit willen verwendet, einen gänzlich anderen Sinn unter. – b) Die Deutung des Handelns muß von der grundlegend wichtigen Tatsache Notiz nehmen: daß jene dem Alltagsdenken oder dem juristischen (oder anderem Fach-) Denken angehörigen Kollektivgebilde *Vorstellungen* von etwas teils Seiendem, teils Geltensollendem in den Köpfen realer Menschen (der Richter und Beamten nicht nur, sondern auch des »Publikums«) sind, an denen sich deren Handeln *orientiert,* und daß sie als solche eine ganz gewaltige, oft geradezu beherrschende, kausale Bedeutung für die Art des Ablaufs des Handelns der realen Menschen haben. Vor allem als Vorstellungen von etwas Gelten- (oder auch: *Nicht*-Gelten-) *Sollendem.* [...] Während für die eigene Terminologie der Soziologie es möglich, wennschon äußerst pedantisch und weitläufig, wäre: diese von der üblichen Sprache nun einmal *nicht* nur für das juristische Geltensollen, sondern auch für das reale Geschehen gebrauchten Begriffe ganz zu eliminieren und durch ganz neu gebildete Worte zu ersetzen, wäre wenigstens für diesen wichtigen Sachverhalt natürlich selbst dies ausgeschlossen. [...] an diesem Punkt *beginnt* erst die Arbeit der Soziologie (im

hier verstandenen Wortsinn). Wir sind ja bei »sozialen Gebilden« (im Gegensatz zu »Organismen«) in der Lage: *über* die bloße Feststellung von funktionellen Zusammenhängen und Regeln (»Gesetzen«) *hinaus* etwas aller »Naturwissenschaft« (im Sinn der Aufstellung von Kausalregeln für Geschehnisse und Gebilde und der »Erklärung« der Einzelgeschehnisse daraus) ewig Unzugängliches zu leisten: eben das »*Verstehen*« des Verhaltens der beteiligten *Einzelnen,* während wir das Verhalten z. B. von Zellen *nicht* »verstehen«, sondern nur funktionell erfassen und dann nach *Regeln* seines Ablaufs feststellen können. Diese Mehrleistung der deutenden gegenüber der beobachtenden Erklärung ist freilich durch den wesentlich hypothetischeren und fragmentarischeren Charakter der durch Deutung zu gewinnenden Ergebnisse erkauft. Aber dennoch: *sie* ist gerade das dem soziologischen Erkennen Spezifische.

[Auslassung a) der Überlegungen Webers ob auch das Verhalten von Tieren »sinnhaft verständlich« sein könne und b) seiner Auseinandersetzung mit den Ansätzen von Othmar Spann.]

10. Die »Gesetze«, als welche man manche Lehrsätze der verstehenden Soziologie zu bezeichnen gewohnt ist [...] sind durch Beobachtung erhärtete typische *Chancen* eines bei Vorliegen gewisser Tatbestände zu *gewärtigenden* Ablaufes von sozialem Handeln, welche aus typischen Motiven und typisch gemeintem Sinn der Handelnden *verständlich* sind. Verständlich und eindeutig sind sie im Höchstmaß soweit, als rein zweckrationale Motive dem typisch beobachteten Ablauf zugrunde liegen (bzw. dem methodisch konstruierten Typus aus Zweckmäßigkeitsgründen zugrunde gelegt werden), und als dabei die Beziehung zwischen Mittel und Zweck nach Erfahrungssätzen eindeutig ist (beim »unvermeidlichen« Mittel). In diesem Fall ist die Aussage zulässig: daß, *wenn* streng zweckrational gehandelt *würde,* so *und nicht anders* gehandelt werden *müßte* (weil den Beteiligten im Dienste ihrer – eindeutig angebbaren – Zwecke aus »technischen« Gründen nur diese und

keine anderen Mittel zur Verfügung stehen). Gerade dieser Fall zeigt zugleich: wie irrig es ist, als *die* letzte »Grundlage« der verstehenden Soziologie irgendeine »Psychologie« anzusehen. Unter »Psychologie« versteht heute jeder etwas anderes. Ganz bestimmte methodische Zwecke rechtfertigen für eine naturwissenschaftliche Behandlung gewisser Vorgänge die Trennung von »Physischem« und »Psychischem«, welche in *diesem* Sinn den Disziplinen vom Handeln fremd ist. Die Ergebnisse einer wirklich *nur* das im Sinn naturwissenschaftlicher Methodik »Psychische« mit Mitteln der Naturwissenschaft erforschenden und also ihrerseits *nicht* – was etwas ganz andres ist – menschliches Verhalten auf seinen gemeinten *Sinn* hin deutenden psychologischen Wissenschaft, gleichviel wie sie methodisch geartet sein möge, können natürlich genau ebenso wie diejenigen irgendeiner anderen Wissenschaft, im Einzelfall Bedeutung für eine soziologische Feststellung gewinnen und haben sie oft in hohem Maße. Aber irgendwelche generell näheren Beziehungen als zu allen anderen Disziplinen hat die Soziologie zu ihr *nicht*. Der Irrtum liegt im Begriff des »Psychischen«: Was nicht »physisch« sei, sei »psychisch«. Aber der *Sinn* eines Rechenexempels, den jemand meint, ist doch nicht »psychisch«. Die rationale Überlegung eines Menschen: ob ein bestimmtes Handeln bestimmt gegebenen Interessen nach den zu erwartenden Folgen förderlich sei oder nicht und der entsprechend dem Resultat gefaßte Entschluß werden uns nicht um ein Haar verständlicher durch »psychologische« Erwägungen. Gerade auf solchen rationalen Voraussetzungen aber baut die Soziologie (einschließlich der Nationalökonomie) die meisten ihrer »Gesetze« auf. Bei der soziologischen Erklärung von *Irrationalitäten* des Handelns dagegen kann die *verstehende* Psychologie in der Tat unzweifelhaft entscheidend wichtige Dienste leisten. Aber das ändert an dem methodologischen Grundsachverhalt nichts.

11. Die Soziologie bildet – wie schon mehrfach als selbstverständlich vorausgesetzt – *Typen*-Begriffe und sucht *generelle* Regeln des Geschehens. Im Gegensatz zur Geschichte, welche

die kausale Analyse und Zurechnung *individueller, kultur*wichtiger, Handlungen, Gebilde, Persönlichkeiten erstrebt. Die Begriffsbildung der Soziologie entnimmt ihr *Material,* als Paradigmata, sehr wesentlich, wenn auch keineswegs ausschließlich, den *auch* unter den Gesichtspunkten der Geschichte relevanten Realitäten des Handelns. Sie bildet ihre Begriffe und sucht nach ihren Regeln vor allem auch unter dem Gesichtspunkt: ob sie damit der historischen kausalen Zurechnung der kulturwichtigen Erscheinungen einen Dienst leisten kann. Wie bei jeder generalisierenden Wissenschaft bedingt die Eigenart ihrer Abstraktionen es, daß ihre Begriffe gegenüber der konkreten Realität des Historischen relativ inhalts*leer* sein
10 müssen. Was sie dafür zu | bieten hat, ist gesteigerte *Eindeutigkeit* der Begriffe. Diese gesteigerte Eindeutigkeit ist durch ein möglichstes Optimum von *Sinn*adäquanz erreicht, wie es die soziologische Begriffsbildung erstrebt. Diese kann [...] bei *rationalen* (wert- oder zweckrationalen) Begriffen und Regeln besonders vollständig erreicht werden. Aber die Soziologie sucht auch irrationale (mystische, prophetische, pneumatische, affektuelle) Erscheinungen in theoretischen und zwar sinnadäquaten Begriffen zu erfassen. In *allen* Fällen, rationalen wie irrationalen, *entfernt* sie sich von der Wirklichkeit und dient der Erkenntnis dieser in der Form: daß durch Angabe des Maßes der *Annäherung* einer historischen Erscheinung an einen oder mehrere dieser Begriffe diese eingeordnet werden kann. Die gleiche historische Erscheinung kann z. B. in einem Teil ihrer Bestandteile »feudal«, im anderen »patrimonial«, in noch anderen »bürokratisch«, in wieder anderen »charismatisch« geartet sein. Damit mit diesen Worten etwas *Eindeutiges* gemeint sei, muß die Soziologie ihrerseits »reine« (»*Ideal*«-) Typen von Gebilden jener Arten entwerfen, welche je in sich die konsequente Einheit möglichst vollständiger *Sinn*adäquanz zeigen, eben deshalb aber in dieser absolut idealen *reinen* Form vielleicht ebensowenig je in der Realität auftreten, wie eine physikalische Reaktion, die unter Voraussetzung eines absolut leeren Raums errechnet ist. Nur vom *reinen* (»Ideal«-) Typus her

ist soziologische Kasuistik möglich. Daß die Soziologie außerdem nach Gelegenheit auch den *Durchschnitts*-Typus von der Art der empirisch-statistischen Typen verwendet: – ein Gebilde, welches der methodischen Erläuterung nicht besonders bedarf, versteht sich von selbst. Aber wenn sie von »*typischen*« Fällen spricht, meint sie im Zweifel stets den *Ideal*typus, der seinerseits rational oder irrational sein *kann,* zumeist (in der nationalökonomischen Theorie z. B. immer) rational ist, stets aber *sinn*adäquat konstruiert wird.

Man muß sich klar sein, daß auf soziologischem Gebiete »Durchschnitte« und also »Durchschnittstypen« sich *nur* da einigermaßen eindeutig bilden lassen, wo es sich nur um *Grad*unterschiede qualitativ *gleich*artigen sinnhaft bestimmten Verhaltens handelt. Das kommt vor. In der Mehrzahl der Fälle ist aber das historisch oder soziologisch relevante Handeln von qualitativ *heterogenen* Motiven beeinflußt, zwischen denen ein »Durchschnitt« im eigentlichen Sinn gar nicht zu ziehen ist. Jene idealtypischen Konstruktionen sozialen Handelns, welche z. B. die Wirtschaftstheorie vornimmt, sind also in dem Sinn »wirklichkeitsfremd«, als sie – in diesem Fall – durchweg fragen: wie *würde* im Fall idealer und dabei rein wirtschaftlich orientierter Zweckrationalität gehandelt *werden,* um so das reine, durch Traditionshemmungen, Affekte, Irrtümer, Hineinspielen nicht wirtschaftlicher Zwecke oder Rücksichtnahmen mindestens *mit*bestimmte Handeln 1. *insoweit* verstehen zu können, als es tatsächlich ökonomisch zweckrational im konkreten Falle *mit*bestimmt war, oder – bei Durchschnittsbetrachtung – zu sein pflegt, 2. aber auch: gerade durch den *Abstand* seines realen Verlaufes vom idealtypischen die Erkenntnis seiner *wirklichen* Motive zu erleichtern. Ganz entsprechend würde eine idealtypische Konstruktion einer konsequenten mystisch bedingten akosmistischen Haltung zum Leben (z. B. zur Politik und Wirtschaft) zu verfahren haben. Je schärfer und eindeutiger konstruiert die Idealtypen sind: je welt*fremder* sie also, in diesem Sinne, sind, desto besser leisten sie ihren Dienst, terminologisch und klassifikatorisch sowohl wie heuristisch. Die konkrete kausale Zurechnung von Einzelgeschehnissen durch die Arbeit der Geschichte verfährt der Sache nach nicht anders [...]

Idealtypisch sind aber die konstruktiven Begriffe der Soziologie nicht nur äußerlich, sondern auch innerlich. Das *reale* Handeln verläuft in der großen Masse seiner Fälle in dumpfer Halbbewußtheit oder Unbewußtheit seines »gemeinten Sinns«. Der Handelnde »fühlt« ihn mehr unbestimmt als daß er ihn wüßte oder »sich klar machte«, handelt in der Mehrzahl der Fälle triebhaft oder gewohnheitsmäßig. Nur gelegentlich, und bei massenhaft gleichartigem Handeln oft nur von Einzelnen, wird ein (sei es rationaler sei es irrationaler) Sinn des Handelns in das Bewußtsein gehoben. Wirklich effektiv, d. h. voll bewußt und klar, sinnhaftes Handeln ist in der Realität stets nur ein Grenzfall. Auf diesen Tatbestand wird jede historische und soziologische Betrachtung bei Analyse der *Realität*
11 stets Rück- | sicht zu nehmen haben. Aber das darf nicht hindern, daß die Soziologie ihre *Begriffe* durch Klassifikation des möglichen »gemeinten Sinns« bildet, also so, als ob das Handeln tatsächlich bewußt sinnorientiert verliefe. Den Abstand gegen die Realität hat sie jederzeit, wenn es sich um die Betrachtung dieser in ihrer Konkretheit handelt, in Betracht zu ziehen und nach Maß und Art festzustellen.

Man hat eben methodisch sehr oft nur die Wahl zwischen unklaren oder klaren, aber dann irrealen und »idealtypischen«, Termini. In diesem Fall aber sind die letzteren wissenschaftlich vorzuziehen. [...]

II. Begriff des sozialen Handelns

1. Soziales Handeln (einschließlich des Unterlassens oder Duldens) kann orientiert werden am vergangenen, gegenwärtigen oder für künftig erwarteten Verhalten anderer (Rache für frühere Angriffe, Abwehr gegenwärtigen Angriffs, Verteidigungsmaßregeln gegen künftige Angriffe). Die »anderen« können Einzelne und Bekannte oder unbestimmt Viele und

ganz Unbekannte sein (»Geld« z. B. bedeutet ein Tauschgut, welches der Handelnde beim Tausch deshalb annimmt, weil er sein Handeln an der Erwartung orientiert, daß sehr zahlreiche, aber unbekannte und unbestimmt viele Andre es ihrerseits künftig in Tausch zu nehmen bereit sein werden).

2. Nicht jede Art von Handeln – auch von äußerlichem Handeln – ist »soziales« Handeln im hier festgehaltenen Wortsinn. Äußeres Handeln dann nicht, wenn es sich lediglich an den Erwartungen des Verhaltens sachlicher Objekte orientiert. Das innere Sichverhalten ist soziales Handeln nur dann, wenn es sich am Verhalten anderer orientiert. Religiöses Verhalten z. B. dann nicht, wenn es Kontemplation, einsames Gebet usw. bleibt. Das Wirtschaften (eines einzelnen) erst dann und nur insofern, als es das Verhalten Dritter mit in Betracht zieht. Ganz allgemein und formal also schon: indem es auf die Respektierung der eignen faktischen Verfügungsgewalt über wirtschaftliche Güter durch Dritte reflektiert. In materialer Hinsicht: indem es z. B. beim Konsum den künftigen Begehr Dritter mitberücksichtigt und die Art des eignen »Sparens« daran mitorientiert. Oder indem es bei der Produktion einen künftigen Begehr Dritter zur Grundlage seiner Orientierung macht usw.

3. Nicht jede Art von Berührung von Menschen ist sozialen Charakters, sondern nur ein sinnhaft am Verhalten des andern orientiertes eignes Verhalten. Ein Zusammenprall zweier Radfahrer z. B. ist ein bloßes Ereignis wie ein Naturgeschehen. Wohl aber wäre ihr Versuch, dem andern auszuweichen und die auf den Zusammenprall folgende Schimpferei, Prügelei oder friedliche Erörterung »soziales Handeln«.

4. Soziales Handeln ist weder identisch a) mit einem *gleichmäßigen* Handeln mehrerer noch b) mit jedem durch das Verhalten anderer *beeinflußten* Handeln. a) Wenn auf der Straße eine Menge Menschen beim Beginn eines Regens gleichzeitig den Regenschirm aufspannen, so ist (normalerweise) das Handeln des einen nicht an dem des andern orientiert, sondern das Handeln aller gleichartig an dem Bedürfnis nach

Schutz gegen die Nässe. – b) Es ist bekannt, daß das Handeln des einzelnen durch die bloße Tatsache, daß er sich innerhalb einer örtlich zusammengedrängten »Masse« befindet, stark beeinflußt wird [...]: massen*bedingtes* Handeln. Und auch zerstreute Massen können durch ein simultan oder sukzessiv auf den einzelnen (z. B. durch Vermittlung der Presse) wirkendes und als solches empfundenes Verhalten Vieler das Verhalten der einzelnen massenbedingt werden lassen. Bestimmte Arten des Reagierens werden durch die bloße Tatsache, daß der Einzelne sich als Teil einer »Masse« fühlt, erst ermöglicht, andre erschwert. Infolgedessen kann dann ein bestimmtes Ereignis oder menschliches Verhalten Empfindungen der verschiedensten Art: Heiterkeit, Wut, Begeisterung, Verzweiflung und Leidenschaften aller Art hervorrufen, welche bei Vereinzelung nicht (oder nicht so leicht) als Folge eintreten würden, – ohne daß doch dabei (in vielen Fällen wenigstens) zwischen dem Verhalten des einzelnen und der Tatsache seiner Massenlage eine *sinnhafte* Beziehung bestände. Ein derart durch das Wirken der bloßen Tatsache der »Masse« rein als solcher in seinem Ablauf nur reaktiv verursachtes oder mitverursachtes, nicht auch darauf sinnhaft *bezogenes* Handeln würde begrifflich nicht »soziales Handeln« im hier festgehaltenen Wortsinn sein. Indessen ist der Unterschied natürlich höchst flüssig. [...] Die Grenze ist derart flüssig, daß eine Unterscheidung oft kaum möglich erscheint. Die bloße Tatsache
12 aber, daß jemand | eine ihm zweckmäßig scheinende Einrichtung, die er bei andren kennen lernte, nun auch bei sich trifft, ist nicht in unserem Sinn: soziales Handeln. Nicht *am* Verhalten des andern orientiert sich dies Handeln, sondern *durch* Beobachtung dieses Verhaltens hat der Handelnde bestimmte objektive Chancen kennen gelernt und an *diesen* orientiert er sich. Sein Handeln ist *kausal,* nicht aber sinnhaft, durch fremdes Handeln bestimmt. Wird dagegen z. B. fremdes Handeln nachgeahmt, weil es »Mode« ist, als traditional, mustergültig oder als ständisch »vornehm« gilt oder aus ähnlichen Gründen, so liegt die Sinnbezogenheit – entweder: auf das Verhal-

ten der Nachgeahmten, oder: Dritter, oder: beider – vor. Dazwischen liegen naturgemäß Übergänge. Beide Fälle: Massenbedingtheit und Nachahmung sind flüssig und Grenzfälle sozialen Handelns, wie sie noch oft, z. B. beim traditionalen Handeln (§ 2) begegnen werden. Der Grund der Flüssigkeit liegt in diesen wie andren Fällen darin, daß die Orientierung an fremdem Verhalten und der Sinn des eigenen Handelns ja keineswegs immer eindeutig feststellbar oder auch nur *bewußt* und noch seltener: vollständig bewußt ist. Bloße »Beeinflussung« und sinnhafte »Orientierung« sind schon um deswillen nicht immer sicher zu scheiden. Aber begrifflich sind sie zu trennen, obwohl, selbstredend, die nur »reaktive« Nachahmung *mindestens* die gleiche soziologische *Tragweite* hat wie diejenige, welche »soziales Handeln« im eigentlichen Sinn darstellt. Die Soziologie hat es eben keineswegs *nur* mit »sozialem Handeln« zu tun, sondern dieses bildet nur (für die hier betriebene Art von Soziologie) ihren zentralen Tatbestand, denjenigen, der für sie als Wissenschaft sozusagen *konstitutiv* ist. Keineswegs aber ist damit über die *Wichtigkeit* dieses im Verhältnis zu anderen Tatbeständen etwas ausgesagt.

§ 2. Wie jedes Handeln kann auch das soziale Handeln bestimmt sein 1. *zweckrational:* durch Erwartungen des Verhaltens von Gegenständen der Außenwelt und von andren Menschen und unter Benutzung dieser Erwartungen als »Bedingungen« oder als »Mittel« für rational, als Erfolg, erstrebte und abgewogene eigne *Zwecke,* – 2. *wertrational:* durch bewußten Glauben an den – ethischen, ästhetischen, religiösen oder wie immer sonst zu deutenden – unbedingten *Eigen*wert eines bestimmten Sichverhaltens rein als solchen und unabhängig vom Erfolg, – 3. *affektuell,* insbesondere *emotional:* durch aktuelle Affekte und Gefühlslagen, – 4. *traditional:* durch eingelebte Gewohnheit.

1. Das streng traditionale Verhalten steht – ganz ebenso wie die rein reaktive Nachahmung (s. vorigen §) – ganz und gar an der Grenze und oft jenseits dessen, was man ein »sinn-

haft« orientiertes Handeln überhaupt nennen kann. Denn es ist sehr oft nur ein dumpfes in der Richtung der einmal eingelebten Einstellung ablaufendes Reagieren auf gewohnte Reize. Die Masse alles eingelebten Alltagshandelns nähert sich diesem Typus, der nicht nur als Grenzfall in die Systematik gehört, sondern auch deshalb, weil (wovon später) die Bindung an das Gewohnte in verschiedenem Grade und Sinne bewußt aufrecht erhalten werden kann: in diesem Fall nähert sich dieser Typus dem von Nr.2.

2. Das streng affektuale Sichverhalten steht ebenso an der Grenze und oft jenseits dessen, was bewußt »sinnhaft« orientiert ist; es kann hemmungsloses Reagieren auf einen außeralltäglichen Reiz sein. Eine *Sublimierung* ist es, wenn das affektual bedingte Handeln als *bewußte* Entladung der Gefühlslage auftritt: es befindet sich dann meist (nicht immer) schon auf dem Wege zur »Wertrationalisierung« oder zum Zweckhandeln oder zu beiden.

3. Affektuelle und wertrationale Orientierung des Handelns unterscheiden sich durch die bewußte Herausarbeitung der letzten Richtpunkte des Handelns und *konsequente* planvolle Orientierung daran bei dem letzteren. Sonst haben sie gemeinsam: daß für sie der Sinn des Handelns nicht in dem jenseits seiner liegenden Erfolg, sondern in dem bestimmt gearteten Handeln als solchen liegt. Affektuell handelt, wer sein Bedürfnis nach aktueller Rache, aktuellem Genuß, aktueller Hingabe, aktueller kontemplativer Seligkeit oder nach Abreaktion aktueller Affekte (gleichviel wie massiver oder wie sublimer Art) befriedigt.

Rein wertrational handelt, wer ohne Rücksicht auf die vorauszusehenden Folgen handelt im Dienst seiner Überzeugung von dem, was Pflicht, Würde, Schönheit, religiöse Weisung, Pietät, oder die Wichtigkeit einer »Sache« gleichviel welcher Art ihm zu gebieten scheinen. Stets ist (im Sinn unserer Terminologie) wertrationales Handeln ein Handeln nach »Geboten« oder gemäß »Forderungen«, die der Handelnde an sich gestellt glaubt. Nur soweit menschliches Handeln sich an

solchen | Forderungen orientiert, – was stets nur in einem 13
sehr verschieden großen, meist ziemlich bescheidenen, Bruchteil der Fall ist – wollen wir von Wertrationalität reden. Wie sich zeigen wird, kommt ihr Bedeutung genug zu, um sie als Sondertyp herauszuheben, obwohl hier im übrigen nicht eine irgendwie erschöpfende Klassifikation der Typen des Handelns zu geben versucht wird.

4. Zweckrational handelt, wer sein Handeln nach Zweck, Mittel und Nebenfolgen orientiert und dabei sowohl die Mittel gegen die Zwecke, wie die Zwecke gegen die Nebenfolgen, wie endlich auch die verschiedenen möglichen Zwecke gegeneinander rational *abwägt:* also jedenfalls *weder* affektuell (und insbesondere nicht emotional) *noch* traditional handelt. Die Entscheidung zwischen konkurrierenden und kollidierenden Zwecken und Folgen kann dabei ihrerseits *wert*rational orientiert sein: dann ist das Handeln nur in seinen Mitteln zweckrational. Oder es kann der Handelnde die konkurrierenden und kollidierenden Zwecke ohne wertrationale Orientierung an »Geboten« und »Forderungen« einfach als gegebene subjektive Bedürfnisregungen in eine Skala ihrer von ihm bewußt *abgewogenen* Dringlichkeit bringen und darnach sein Handeln so orientieren, daß sie in dieser Reihenfolge nach Möglichkeit befriedigt werden (Prinzip des »Grenznutzens«). Die wertrationale Orientierung des Handelns kann also zur zweckrationalen in verschiedenartigen Beziehungen stehen. Vom Standpunkt der Zweckrationalität aus aber ist Wertrationalität immer, und zwar je mehr sie den Wert, an dem das Handeln orientiert wird, zum absoluten Wert steigert, desto mehr: *irrational,* weil sie ja um so weniger auf die Folgen des Handelns reflektiert, je unbedingter allein dessen *Eigen*wert (reine Gesinnung, Schönheit, absolute Güte, absolute Pflichtmäßigkeit) für sie in Betracht kommt. *Absolute* Zweckrationalität des Handelns ist aber auch nur ein im wesentlichen konstruktiver Grenzfall.

5. Sehr selten ist Handeln, insbesondere soziales Handeln, *nur* in der einen *oder* der andren Art orientiert. Ebenso sind

diese Arten der Orientierung natürlich in gar keiner Weise erschöpfende Klassifikationen der Arten der Orientierung des Handelns, sondern für soziologische Zwecke geschaffene begrifflich reine Typen, denen sich das reale Handeln mehr oder minder annähert oder aus denen es – noch häufiger – gemischt ist. Ihre Zweckmäßigkeit für *uns* kann nur der Erfolg ergeben.

§ 3. Soziale »Beziehung« soll ein seinem Sinngehalt nach aufeinander gegenseitig *eingestelltes* und dadurch orientiertes Sichverhalten mehrerer heißen. Die soziale Beziehung *besteht* also durchaus und ganz ausschließlich: in der *Chance,* daß in einer (sinnhaft) angebbaren Art sozial gehandelt wird, einerlei zunächst: worauf diese Chance beruht.

1. Ein Mindestmaß von Beziehung des *beider*seitigen Handelns *aufeinander* soll also Begriffsmerkmal sein. Der Inhalt kann der allerverschiedenste sein: Kampf, Feindschaft, Geschlechtsliebe, Freundschaft, Pietät, Marktaustausch, »Erfüllung« oder »Umgehung« oder »Bruch« einer Vereinbarung, ökonomische oder erotische oder andre »Konkurrenz«, ständische oder nationale oder Klassengemeinschaft (*falls* diese letzteren Tatbestände über bloße Gemeinsamkeiten hinaus »soziales Handeln« erzeugen, – wovon später). Der Begriff besagt also *nichts* darüber: ob »Solidarität« der Handelnden besteht oder das gerade Gegenteil.

2. Stets handelt es sich um den im Einzelfall wirklich oder durchschnittlich oder im konstruierten »reinen« Typus von den Beteiligten *gemeinten,* empirischen, Sinngehalt, niemals um einen normativ »richtigen« oder metaphysisch »wahren« Sinn. Die soziale Beziehung *besteht,* auch wenn es sich um sogenannte »soziale Gebilde«, wie »Staat«, »Kirche«, »Genossenschaft«, »Ehe« usw. handelt, ausschließlich und lediglich in der *Chance,* daß ein seinem Sinngehalt nach in angebbarer Art aufeinander eingestelltes Handeln stattfand, stattfindet oder stattfinden wird. Dies ist immer festzuhalten, um eine »substantielle« Auffassung dieser Begriffe zu vermeiden. Ein »Staat«

hört z. B. soziologisch zu »existieren« dann auf, sobald die *Chance,* daß bestimmte Arten von sinnhaft orientiertem sozialem Handeln ablaufen, geschwunden ist. Diese Chance kann eine sehr große oder eine verschwindend geringe sein. In dem Sinn und *Maße,* als sie tatsächlich (schätzungsweise) bestand oder besteht, bestand oder besteht auch die betreffende soziale Beziehung. Ein anderer *klarer* Sinn ist mit der Aussage: daß z. B. ein bestimmter »Staat« noch oder nicht mehr »existiere«, schlechthin nicht zu verbinden.

3. Es ist in keiner Art gesagt: daß die an dem aufeinander eingestellten Handeln Beteiligten im Einzelfall den *gleichen* Sinngehalt in die soziale Beziehung legen oder sich sinnhaft entsprechend der Einstellung des Gegenpartners innerlich zu ihm einstellen, daß also in diesem Sinn »Gegenseitigkeit« besteht. »Freundschaft«, »Liebe«, »Pietät«, »Vertragstreue«, »nationales Gemeinschaftsgefühl« | von der einen Seite kann auf 14
durchaus andersartige Einstellungen der anderen Seite stoßen. Dann verbinden eben die Beteiligten mit ihrem Handeln einen verschiedenen Sinn: die soziale Beziehung ist insoweit von beiden Seiten objektiv »einseitig«. Aufeinander bezogen ist sie aber auch dann insofern, als der Handelnde vom Partner (vielleicht ganz oder teilweise irrigerweise) eine bestimmte Einstellung dieses letzteren ihm (dem Handelnden) gegenüber *voraussetzt* und an diesen Erwartungen sein eignes Handeln orientiert, was für den Ablauf des Handelns und die Gestaltung der Beziehung Konsequenzen haben kann und meist wird. Objektiv »beiderseitig« ist sie natürlich nur insoweit, als der Sinngehalt einander – nach den durchschnittlichen *Erwartungen* jedes der Beteiligten – »entspricht«, also z. B. der Vatereinstellung die Kindeseinstellung wenigstens annähernd so gegenübersteht, wie der Vater dies (im Einzelfall oder durchschnittlich oder typisch) erwartet. Eine völlig und restlos auf gegenseitiger sinn*entsprechender* Einstellung ruhende soziale Beziehung ist in der Realität nur ein Grenzfall. Fehlen der Beiderseitigkeit aber soll, nach unserer Terminologie, die Existenz einer »sozialen Beziehung« nur dann ausschließen,

wenn sie die Folge hat: daß ein Aufeinander*bezogensein* des beiderseitigen Handelns tatsächlich fehlt. Alle Arten von Übergängen sind hier wie sonst in der Realität die Regel.

4. Eine soziale Beziehung kann ganz vorübergehenden Charakters sein oder aber auf Dauer, d. h. derart eingestellt sein: daß die Chance einer kontinuierlichen *Wiederkehr* eines sinnentsprechenden (d. h. dafür geltenden und demgemäß erwarteten) Verhaltens besteht. *Nur* das Vorliegen dieser Chance: – der mehr oder minder großen *Wahrscheinlichkeit* also, daß ein sinnentsprechendes Handeln stattfindet, und *nichts* darüber hinaus – bedeutet der »*Bestand*« der sozialen Beziehung, was zur Vermeidung falscher Vorstellungen stets gegenwärtig zu halten ist. Daß eine »Freundschaft« oder daß ein »Staat« *besteht* oder bestand, bedeutet also ausschließlich und allein: *wir* (die *Betrachtenden*) urteilen, daß eine *Chance* vorliegt oder vorlag: daß auf Grund einer bestimmt gearteten Einstellung bestimmter Menschen in einer einem *durchschnittlich gemeinten* Sinn nach angebbaren Art *gehandelt* wird, und sonst gar nichts. Die für die *juristische* Betrachtung unvermeidliche Alternative: daß ein *Rechts*satz bestimmten Sinnes entweder (im Rechtssinn) gelte oder nicht, ein *Rechts*verhältnis entweder bestehe oder nicht, gilt für die soziologische Betrachtung also *nicht*.

5. Der Sinngehalt einer sozialen Beziehung kann wechseln: – z. B. eine politische Beziehung aus Solidarität in Interessenkollision umschlagen. Es ist dann nur eine Frage der terminologischen Zweckmäßigkeit und des Maßes von *Kontinuität* der Wandlung, ob man in solchen Fällen sagt: daß eine »neue« Beziehung gestiftet sei oder: daß die fortbestehende alte einen neuen »Sinngehalt« erhalten habe. Auch kann der Sinngehalt zum Teil perennierend, zum Teil wandelbar sein.

6. Der Sinngehalt, welcher eine soziale Beziehung *perennierend* konstituiert, kann in »Maximen« formulierbar sein, deren durchschnittliche oder sinnhaft annähernde Innehaltung die Beteiligten von dem oder den Partnern *erwarten* und an denen sie ihrerseits (durchschnittlich und annähernd) ihr Handeln orientieren. Je rationaler – zweckrationaler oder wertra-

tionaler – orientiert das betreffende Handeln seinem allgemeinen Charakter nach ist, desto mehr ist dies der Fall. Bei einer erotischen oder überhaupt affektuellen (z. B. einer »Pietäts«-) Beziehung ist die Möglichkeit einer rationalen Formulierung des gemeinten Sinngehalts z. B. naturgemäß weit geringer als etwa bei einem geschäftlichen Kontraktverhältnis.

7. Der Sinngehalt einer sozialen Beziehung kann durch gegenseitige Zusage *vereinbart* sein. Dies bedeutet: daß die daran Beteiligten für ihr künftiges Verhalten (sei es zu einander sei es sonst) *Versprechungen* machen. Jeder daran Beteiligte zählt dann – soweit er rational erwägt – zunächst (mit verschiedener Sicherheit) normalerweise darauf, daß der *andre* sein Handeln an einem von ihm (dem Handelnden) selbst verstandenen Sinn der Vereinbarung orientieren werde. Er orientiert sein eignes Handeln teils zweckrational (je nachdem mehr oder minder sinnhaft »loyal«) an dieser Erwartung, teils wertrational an der »Pflicht«, auch seinerseits die eingegangene Vereinbarung dem von ihm gemeinten Sinn gemäß zu »halten«. [...]

§ 4. Es lassen sich innerhalb des sozialen Handelns tatsächliche Regelmäßigkeiten beobachten, d. h. in einem typisch gleichartig *gemeinten Sinn* beim gleichen Handelnden sich wiederholende oder (eventuell auch: zugleich) bei zahlreichen Handelnden verbreitete Abläufe von Handeln. Mit diesen *Typen* des Ablaufs von Handeln befaßt sich die Soziologie, im Gegensatz zur Geschichte als der kausalen Zurechnung wichtiger, d.h. schicksalhafter, Einzelzusammenhänge. |

Eine tatsächlich bestehende Chance einer *Regelmäßigkeit* *15* der Einstellung sozialen Handelns soll heißen *Brauch,* wenn und soweit die Chance ihres Bestehens innerhalb eines Kreises von Menschen *lediglich* durch tatsächliche Übung gegeben ist. Brauch soll heißen *Sitte,* wenn die tatsächliche Übung auf langer *Eingelebtheit* beruht. Sie soll dagegen bezeichnet werden als »bedingt durch *Interessenlage*« (»*interessenbedingt*«), wenn und soweit die Chance ihres empirischen Bestandes *lediglich* durch rein zweckrationale Orientierung des Handelns der einzelnen an gleichartigen *Erwartungen* bedingt ist.

1. Zum Brauch gehört auch die »Mode«. »Mode« im Gegensatz zu »Sitte« soll Brauch dann heißen, wenn (gerade umgekehrt wie bei Sitte) die Tatsache der *Neuheit* des betreffenden Verhaltens Quelle der Orientierung des Handelns daran wird. Sie hat ihre Stätte in der Nachbarschaft der »Konvention«, da sie wie (meist) diese *ständischen* Prestigeinteressen entspringt. Hier wird sie nicht näher behandelt.

2. »Sitte« soll uns eine im Gegensatz zu »Konvention« und »Recht« *nicht* äußerlich garantierte Regel heißen, an welche sich der Handelnde freiwillig, sei es einfach »gedankenlos« oder aus »Bequemlichkeit« oder aus welchen Gründen immer, tatsächlich hält und deren wahrscheinliche Innehaltung er von andren diesem Menschenkreis Angehörigen aus diesen Gründen gewärtigen kann. Sitte in diesem Sinn wäre also nichts »Geltendes«: es wird von niemandem »verlangt«, daß er sie mitmache. Der Übergang von da zur geltenden *Konvention* und zum *Recht* ist natürlich absolut flüssig. Überall ist das tatsächlich Hergebrachte der Vater des Geltenden gewesen. Es ist heute »Sitte«, daß wir am Morgen ein Frühstück ungefähr angebbarer Art zu uns nehmen; aber irgendeine »Verbindlichkeit« dazu besteht (außer für Hotelbesucher) nicht; und es war nicht immer Sitte. Dagegen ist die Art der Bekleidung, auch wo sie aus »Sitte« entstanden ist, heut in weitem Umfang nicht mehr nur Sitte, sondern Konvention. [...]

3. Zahlreiche höchst auffallende Regelmäßigkeiten des Ablaufs sozialen Handelns, insbesondere (aber nicht nur) des wirtschaftlichen Handelns, beruhen keineswegs auf Orientierung an irgendeiner als »geltend« vorgestellten Norm, aber auch nicht auf Sitte, sondern lediglich darauf: daß die Art des sozialen Handelns der Beteiligten, der Natur der Sache nach, ihren normalen, subjektiv eingeschätzten, *Interessen* so am durchschnittlich besten entspricht und daß sie an dieser subjektiven Ansicht und Kenntnis ihr Handeln orientieren: so etwa Regelmäßigkeiten der Preisbildung bei »freiem« Markt.

Die Marktinteressenten orientieren eben ihr Verhalten, als »Mittel«, an eignen *typischen* subjektiven wirtschaftlichen Interessen als »Zweck« und an den ebenfalls typischen Erwartungen, die sie vom voraussichtlichen Verhalten der anderen hegen, als »Bedingungen«, jenen Zweck zu erreichen. Indem sie derart, *je strenger* zweckrational sie handeln, desto ähnlicher auf gegebene Situationen reagieren, entstehen Gleichartigkeiten, Regelmäßigkeiten und Kontinuitäten der Einstellung und des Handelns, welche sehr oft weit stabiler sind, als wenn Handeln sich an Normen und Pflichten orientiert, die einem Kreise von Menschen tatsächlich für »verbindlich« gelten. Diese Erscheinung: daß Orientierung an der nackten eignen und fremden Interessenlage Wirkungen hervorbringt, welche jenen gleichstehen, die durch Normierung – und zwar sehr oft vergeblich – zu erzwingen gesucht werden, hat insbesondere auf wirtschaftlichem Gebiet große Aufmerksamkeit erregt: – sie war geradezu eine der Quellen des Entstehens der Nationalökonomie als Wissenschaft. Sie gilt aber von allen Gebieten des Handelns in ähnlicher Art. Sie bildet in ihrer Bewußtheit und inneren Ungebundenheit den polaren Gegensatz gegen jede Art von innerer Bindung durch Einfügung in bloße eingelebte »Sitte«, wie andererseits gegen Hingabe an wertrational geglaubte Normen. *Eine* wesentliche Komponente der »Rationalisierung« des Handelns ist der Ersatz der inneren Einfügung in eingelebte Sitte durch die planmäßige Anpassung an Interessenlagen. Freilich erschöpft dieser Vorgang den Begriff der »Rationalisierung« des Handelns nicht. Denn außerdem kann diese positiv in der Richtung der bewußten Wertrationalisierung, negativ aber außer auf Kosten der Sitte auch auf Kosten affektuellen Handelns, und endlich auch zugunsten eines wertungläubigen rein zweckrationalen auf Kosten wertrational gebundenen | Handelns verlaufen. *16*
Diese *Vieldeutigkeit* des Begriffs der »Rationalisierung« des Handelns wird uns noch öfter beschäftigen. [...]

4. Die Stabilität der (bloßen) *Sitte* beruht wesentlich darauf, daß derjenige, welcher sein Handeln nicht an ihr orien-

tiert, »unangepaßt« handelt, d. h. kleine und große Unbequemlichkeiten und Unzuträglichkeiten mit in den Kauf nehmen muß, so lange das Handeln der Mehrzahl seiner Umwelt nun einmal mit dem Bestehen der Sitte rechnet und darauf eingestellt ist.

Die Stabilität der *Interessenlage* beruht, ähnlich, darauf, daß, wer sein Handeln nicht an dem Interesse der andern orientiert, – mit diesen nicht »rechnet« – deren Widerstand herausfordert oder einen von ihm nicht gewollten und nicht vorausgesehenen Erfolg hat und also Gefahr läuft, an eignem Interesse Schaden zu nehmen.

§ 5. Handeln, insbesondre soziales Handeln und wiederum insbesondre eine soziale Beziehung, können von seiten der Beteiligten an der *Vorstellung* vom Bestehen einer *legitimen Ordnung* orientiert werden. Die Chance, daß dies tatsächlich geschieht, soll »Geltung« der betreffenden Ordnung heißen.

1. »Gelten« einer *Ordnung* soll uns also mehr bedeuten als eine bloße, durch Sitte oder Interessenlage bedingte Regelmäßigkeit eines Ablaufs sozialen Handelns. Wenn Möbeltransportgesellschaften regelmäßig um die Zeit der Umzugstermine inserieren, so ist diese Regelmäßigkeit durch »Interessenlage« bedingt. Wenn ein Höker[2] zu bestimmten Monats- oder Wochentagen eine bestimmte Kundschaft aufsucht, so ist das entweder eingelebte Sitte oder ebenfalls Produkt seiner Interessenlage (Turnus in seinem Erwerbssprengel). Wenn ein Beamter aber täglich zur festen Stunde auf dem Büro erscheint, so ist das (auch, aber:) nicht *nur* durch eingelebte Gewöhnung (Sitte) und (auch, aber:) nicht *nur* durch eigne Interessenlage bedingt, der er nach Belieben nachleben könnte oder nicht. Sondern (in der Regel: auch) durch das »Gelten« der Ordnung (Dienstreglement) als Gebot, dessen Verletzung nicht nur Nachteile brächte, sondern – normalerweise – auch von sei-

2 Veraltete Bezeichnung für Kleinhändler.

nem »Pflichtgefühl« wertrational (wenn auch in höchst verschiedenem Maße wirksam) perhorresziert wird.

2. Einen Sinngehalt einer sozialen Beziehung wollen wir a) nur dann eine »Ordnung« nennen, wenn das Handeln an angebbaren »Maximen« (durchschnittlich und annähernd) orientiert wird. Wir wollen b) nur dann von einem »Gelten« dieser Ordnung sprechen, wenn diese tatsächliche Orientierung an jenen Maximen mindestens *auch* (also in einem praktisch ins Gewicht fallenden Maß) deshalb erfolgt, weil sie als irgendwie *für* das Handeln geltend: verbindlich oder vorbildlich, angesehen werden. Tatsächlich findet die Orientierung des Handelns an einer Ordnung naturgemäß bei den Beteiligten aus sehr verschiedenen Motiven statt. Aber der Umstand, daß *neben* den andern Motiven die Ordnung mindestens einem Teil der Handelnden auch als vorbildlich oder verbindlich und also gelten *sollend* vorschwebt, steigert naturgemäß die Chance, daß das Handeln an ihr orientiert wird, und zwar oft in sehr bedeutendem Maße. Eine *nur* aus zweckrationalen Motiven innegehaltene Ordnung ist im allgemeinen weit labiler als die lediglich kraft Sitte, infolge der Eingelebtheit eines Verhaltens, erfolgende Orientierung an dieser: die von allen häufigste Art der inneren Haltung. Aber sie ist noch ungleich labiler als eine mit dem Prestige der Vorbildlichkeit oder Verbindlichkeit, wir wollen sagen: der »*Legitimität*«, auftretende. Die Übergänge von der bloß traditional oder bloß zweckrational motivierten Orientierung an einer Ordnung zum Legitimitäts-Glauben sind natürlich in der Realität durchaus flüssig.

3. An der Geltung einer Ordnung »orientieren« kann man sein Handeln nicht nur durch »Befolgung« ihres (durchschnittlich verstandenen) Sinnes. Auch im Fall der »Umgehung« oder »Verletzung« ihres (durchschnittlich verstandenen) Sinnes kann die Chance ihrer in irgendeinem Umfang bestehenden Geltung (als verbindliche Norm) *wirken*. Zunächst rein zweckrational. Der Dieb orientiert an der »Geltung« des Strafgesetzes sein Handeln: indem er es verhehlt. Daß die Ordnung innerhalb eines Menschenkreises »gilt«, äu-

ßert sich eben darin, daß er den Verstoß verhehlen muß. Aber von diesem Grenzfall abgesehen: sehr häufig beschränkt sich die Verletzung der Ordnung auf mehr oder minder zahlreiche Partialverstöße, oder sie sucht sich, mit verschiedenem Maß von Gutgläubigkeit, als legitim hinzustellen. Oder es bestehen tatsächlich verschiedene Auffassungen des Sinnes der Ordnung nebeneinander, die dann – für die Soziologie – jede in dem Umfang »gelten«, als sie das tatsächliche Verhalten bestimmen. Es macht der Soziologie keine Schwierigkeiten, das Nebeneinandergelten verschiedener einander *widersprechender* Ordnungen innerhalb des gleichen Menschenkreises anzuerkennen. Denn sogar der einzelne kann sein Handeln an einan-
17 der widersprechenden Ordnungen orientieren. | Nicht nur sukzessiv, wie es alltäglich geschieht, sondern auch durch die gleiche Handlung. Wer einen Zweikampf vollzieht, orientiert sein Handeln am Ehrenkodex, indem er aber dies Handeln verhehlt oder umgekehrt: sich dem Gericht stellt, am Strafgesetzbuch. Wenn freilich Umgehung oder Verletzung des (durchschnittlich geglaubten) Sinns einer Ordnung zur *Regel* geworden sind, so »gilt« die Ordnung eben nur noch begrenzt oder schließlich gar nicht mehr. Zwischen Geltung und Nichtgeltung einer bestimmten Ordnung besteht also für die Soziologie nicht, wie für die Jurisprudenz (nach deren unvermeidlichem Zweck) absolute Alternative. Sondern es bestehen flüssige Übergänge zwischen beiden Fällen und es können, wie bemerkt, einander widersprechende Ordnungen nebeneinander »gelten«, jede – heißt dies dann – in dem Umfang, als die *Chance* besteht, daß das Handeln *tatsächlich* an ihr orientiert wird.

[...] Tatsächlich orientiert sich z. B. das (primär) wirtschaftliche Handeln [...] an der Vorstellung von der Knappheit bestimmter verfügbarer Mittel der Bedarfsbefriedigung im Verhältnis zum (vorgestellten) Bedarf und an dem gegenwärtigen und für künftig vorausgesehenen Handeln Dritter, die auf die gleichen Mittel reflektieren; *dabei* aber orientiert es sich natürlich *außerdem* in der *Wahl* seiner »wirtschaftlichen« Maßregeln an jenen »Ordnungen«, welche der Handelnde als Gesetze und Konventionen »geltend« weiß, d. h. von denen er weiß, daß ein bestimmtes Reagieren Dritter im Fall ihrer Verletzung eintreten wird. [...] Zwischen dem juristisch-dogmatischen, normativen Gelten der Ordnung und einem empirischen Vorgang gibt es ja in der Tat kein Kausalverhältnis, sondern nur die Frage: wird der empirische Vorgang von der (*richtig* interpretierten) Ordnung juristisch »betroffen«? *soll* sie also (normativ) *für* ihn gelten? und, wenn ja, was sagt sie als für ihn normativ gelten *sollend* aus? Zwischen der *Chance* aber, daß an der *Vorstellung* vom Gelten einer durchschnittlich so und so verstandenen Ordnung das Handeln orientiert wird, und dem wirtschaftlichen Handeln besteht selbstverständlich (gegebenenfalls) ein Kausalverhältnis im ganz gewöhnlichen Sinn des Worts. Für die Soziologie aber »ist« eben lediglich jene Chance der Orientierung an dieser *Vorstellung* »die« geltende Ordnung.

§ 6. Die Legitimität einer Ordnung kann *garantiert* sein:

I. rein innerlich und zwar

1. rein affektuell: durch gefühlsmäßige Hingabe;

2. wertrational: durch Glauben an ihre absolute Geltung als Ausdruck letzter verpflichtender Werte (sittlicher, ästhetischer oder irgendwelcher andrer);

3. religiös: durch den Glauben an die Abhängigkeit eines Heilsgüterbesitzes von ihrer Innehaltung;

II. auch (oder: nur) durch Erwartungen spezifischer äußerer Folgen, also: durch Interessenlage; aber: durch Erwartungen von besonderer *Art*.

Eine Ordnung soll heißen:

a) *Konvention,* wenn ihre Geltung äußerlich garantiert ist durch die Chance, bei Abweichung innerhalb eines angebbaren Menschenkreises auf eine (relativ) allgemeine und praktisch fühlbare *Mißbilligung* zu stoßen;

b) *Recht,* wenn sie äußerlich garantiert ist durch die Chance (physischen oder psychischen) *Zwanges* durch ein auf Erzwingung der Innehaltung oder Ahndung der Verletzung gerichtetes Handeln eines *eigens* darauf eingestellten *Stabes* von Menschen. [...]

1. Konvention soll die *innerhalb eines Menschenkreises* als »geltend« gebilligte und durch Mißbilligung gegen Abweichungen garantierte »Sitte« heißen. Im Gegensatz zum Recht (im hier gebrauchten Sinn des Worts) fehlt der speziell auf die Erzwingung eingestellte Menschenstab. [...] Die Befolgung der »Konvention« (im üblichen Wortsinn) – etwa: des üblichen Grüßens, der als anständig geltenden Bekleidung, der Schranken des Verkehrs nach Form und Inhalt – wird dem einzelnen als verbindlich oder vorbildlich durchaus ernstlich »zugemutet« und durchaus nicht, – wie etwa die bloße »Sitte«, seine Speisen in bestimmter Art zu bereiten, – freigestellt. Ein Verstoß gegen die Konvention (»Standessitte«) wird oft durch die höchst wirksame und empfindliche Folge des sozialen Boykotts der Standesgenossen stärker geahndet, als irgendein Rechtszwang dies vermöchte. Was fehlt, ist lediglich der besondre, auf ein spezifisches, die Innehaltung garantierendes Handeln eingestellte Stab von Menschen (bei uns: Richter, Staatsanwälte, Verwaltungsbeamte, Exekutoren usw.). Aber der Übergang ist flüssig. Der Grenzfall der konventionellen Garantie einer Ordnung im Übergang zur Rechtsgarantie ist die Anwendung des förmlichen, angedrohten und *organisierten,* Boykotts. Dieser wäre für unsre Terminologie bereits ein Rechtszwangsmittel. Daß die Konvention außer durch die *bloße* Mißbilligung auch durch andre Mittel (etwa: Gebrauch des Hausrechts bei konventionswidrigem Verhalten) geschützt wird, interessiert hier nicht. Denn entscheidend ist: daß eben dann der *Einzelne,* und zwar *infolge* der konventionellen Mißbilligung, diese (oft drastischen) Zwangsmittel anwendet, nicht. ein *Stab* von Menschen eigens dafür bereit steht.

2. Uns soll für den Begriff »Recht« (der für andre Zwecke ganz anders abgegrenzt werden mag) die Existenz eines Erzwingungs-*Stabes* entscheidend sein. Dieser braucht natürlich in keiner Art dem zu gleichen, was wir heute gewohnt sind.

Insbesondere ist es nicht nötig, daß eine »richterliche« Instanz vorhanden sei. Auch die Sippe (bei der Blutrache und Fehde) ist ein solcher Stab, *wenn* für die Art ihres Reagierens Ordnungen irgendwelcher Art tatsächlich gelten. Allerdings steht dieser Fall auf der äußersten Grenze dessen, was gerade noch als »Rechtszwang« anzusprechen ist. Dem »Völkerrecht« ist bekanntlich die Qualität als »Recht« immer wieder bestritten worden, weil es an einer überstaatlichen Zwangsgewalt fehle. Für die hier (als zweckmäßig) gewählte Terminologie würde in der Tat eine Ordnung, die äußerlich lediglich durch Erwartungen der Mißbilligung und der Repressalien des Geschädigten, also konventionell und durch Interessenlage, garantiert ist, ohne daß ein Stab von Menschen existiert, dessen Handeln *eigens* auf ihre Innehaltung eingestellt ist, nicht als »Recht« zu bezeichnen sein. Für die juristische Terminologie kann dennoch sehr wohl das Gegenteil gelten. Die *Mittel* des Zwangs sind irrelevant. Auch die »brüderliche Vermahnung«, welche in manchen Sekten als erstes Mittel sanften Zwangs gegen Sünder üblich war, gehört – wenn durch eine Regel geordnet und durch einen Menschenstab durchgeführt – dahin. Ebenso z. B. die zensorische Rüge als Mittel, »sittliche« Normen des Verhaltens zu garantieren. Erst recht also der psychische Zwang durch die eigentlichen kirchlichen Zuchtmittel. Es gibt also natürlich ganz ebenso ein hierokratisch wie ein politisch oder ein durch Vereinsstatuten oder durch Hausautorität oder durch Genossenschaften und Einungen garantiertes »Recht«. Auch die Regeln eines »Komments« gelten dieser Begriffsbestimmung als »Recht«. [...]

3. Nicht jede geltende Ordnung hat notwendig generellen und abstrakten Charakter. Geltender »Rechtssatz« und »Rechtsentscheidung« eines konkreten Falles z. B. waren keineswegs unter allen Umständen so voneinander geschieden, wie wir dies heute als normal ansehen. Eine »Ordnung« *kann* also auch als Ordnung lediglich eines konkreten Sachverhalts auftreten. Alles Nähere gehört in die Rechtssoziologie. Wir werden vorerst, wo nichts andres gesagt ist, zweckmäßiger-

weise mit der modernen Vorstellungsweise über die Beziehung von Rechtssatz und Rechtsentscheidung arbeiten.

4. »Äußerlich« garantierte Ordnungen können außerdem auch noch »innerlich« garantiert sein. Die Beziehung zwischen Recht, Konvention und »Ethik« ist für die Soziologie kein Problem. Ein »ethischer« Maßstab ist für sie ein solcher,
19 der eine | spezifische Art von wertrationalem *Glauben* von Menschen als Norm an menschliches Handeln legt, welches das Prädikat des »sittlich Guten« in Anspruch nimmt, ebenso wie Handeln, welches das Prädikat »schön« in Anspruch nimmt, dadurch an ästhetischen Maßstäben sich mißt. Ethische Normvorstellungen in diesem Sinn können das Handeln sehr tiefgehend beeinflussen und doch jeder äußeren Garantie entbehren. Letzteres pflegt dann der Fall zu sein, wenn durch ihre Verletzung fremde Interessen wenig berührt werden. Sie sind andrerseits sehr oft religiös garantiert. Sie können aber auch (im Sinn der hier gebrauchten Terminologie) konventionell: durch Mißbilligung der Verletzung und Boykott oder auch noch rechtlich, durch strafrechtliche oder polizeiliche Reaktion oder zivilrechtliche Konsequenzen, garantiert sein. Jede tatsächlich – im Sinn der Soziologie – »geltende« Ethik pflegt weitgehend durch die Chance der Mißbilligung ihrer Verletzung, also: konventionell, garantiert zu sein. Andrerseits beanspruchen aber nicht (mindestens: nicht notwendig) alle konventionell oder rechtlich garantierten Ordnungen den Charakter *ethischer* Normen, die rechtlichen – oft rein zweckrational gesatzten – im Ganzen noch weit weniger als die konventionellen. Ob eine unter Menschen verbreitete Geltungsvorstellung als dem Bereich der »Ethik« angehörig anzusehen ist oder nicht (also »bloße« Konvention oder »bloße« Rechtsnorm ist), kann für die empirische *Soziologie* nicht anders als nach demjenigen Begriff des »Ethischen« entschieden werden, der in dem in Frage stehenden Menschenkreis *tatsächlich* galt oder gilt. Allgemeines läßt sich darüber deshalb *für sie* nicht aussagen.

§ 7. *Legitime* Geltung kann einer Ordnung von den Handelnden zugeschrieben werden:

a) kraft *Tradition:* Geltung des immer Gewesenen;

b) kraft *affektuellen* (insbesondere: emotionalen) Glaubens: Geltung des neu Offenbarten oder des Vorbildlichen;

c) kraft *wertrationalen* Glaubens: Geltung des als absolut gültig Erschlossenen;

d) kraft positiver Satzung, an deren *Legalität* geglaubt wird.

Diese Legalität [(d)] kann [den Beteiligten] als *legitim* gelten

α) kraft Vereinbarung der Interessenten für diese;

β) kraft Oktroyierung auf Grund einer als *legitim* geltenden Herrschaft von Menschen über Menschen und Fügsamkeit [s. u. §13].

Alles Nähere gehört (vorbehaltlich einiger noch weiter zu definierender Begriffe) in die Herrschafts- und Rechtssoziologie. Hier sei nur bemerkt:

1. Die Geltung von Ordnungen kraft Heilighaltung der Tradition ist die universellste und ursprünglichste. Angst vor magischen Nachteilen verstärkte die psychische Hemmung gegenüber jeder Änderung eingelebter Gepflogenheiten des Handelns und die mannigfachen Interessen, welche sich an Erhaltung der Fügsamkeit in die einmal geltende Ordnung zu knüpfen pflegen, wirkten im Sinn ihrer Erhaltung. [...]

2. *Bewußte* Neuschöpfungen von Ordnungen waren ursprünglich fast stets prophetische Orakel oder mindestens prophetisch sanktionierte und als solche heilig geglaubte Verkündigungen, bis herab zu den Statuten der hellenischen Aisymneten[3]. Die Fügsamkeit hing dann am Glauben an die Legitimation des Propheten. Ohne Neuoffenbarung von Ordnungen war in Epochen der Geltung des strengen Traditionalismus die Entstehung neuer Ordnungen, d. h. solcher, die als »neu« *angesehen* wurden, nur so möglich, daß diese als in Wahr-

3 Griechisch für Ordner, Richter.

heit von jeher geltend und nur noch nicht *richtig* erkannt oder als zeitweise verdunkelt und nunmehr wieder*entdeckt* behandelt wurden.

3. Der reinste Typus der wertrationalen Geltung wird durch das »Naturrecht« dargestellt. Wie begrenzt auch immer gegenüber seinen idealen Ansprüchen, so ist doch ein nicht ganz geringes Maß von realem Einfluß seiner logisch erschlossenen Sätze auf das Handeln nicht zu bestreiten und sind diese sowohl von dem offenbarten wie vom gesatzten wie vom traditionalen Recht zu scheiden.

4. Die heute geläufigste Legitimitätsform ist der *Legalitäts*glaube: die Fügsamkeit gegenüber *formal* korrekt und in der üblichen Form zustandegekommenen Satzungen. Der Gegensatz paktierter und oktroyierter Ordnungen ist dabei nur relativ. Denn sobald die Geltung einer paktierten Ordnung nicht auf *einmütiger* Vereinbarung beruht, – wie dies in der Vergangenheit oft für erforderlich zur wirklichen Legitimität gehalten wurde, – sondern innerhalb eines Kreises von Menschen auf tatsächlicher Fügsamkeit abweichend Wollender ge-
20 genüber | Majoritäten – wie es sehr oft der Fall ist, – dann liegt tatsächlich eine Oktroyierung gegenüber der Minderheit vor. Der Fall andrerseits, daß gewaltsame oder doch rücksichtslosere und zielbewußtere Minderheiten Ordnungen oktroyieren, die dann auch den ursprünglich Widerstrebenden als legitim gelten, ist überaus häufig. Soweit »Abstimmungen« als Mittel der Schaffung oder Änderung von Ordnungen legal sind, ist es sehr häufig, daß der Minderheitswille die formale Mehrheit erlangt und die Mehrheit sich fügt, also: die Majorisierung nur Schein ist. Der Glaube an die Legalität paktierter Ordnungen reicht ziemlich weit zurück und findet sich zuweilen auch bei sog. Naturvölkern: fast stets aber ergänzt durch die Autorität von Orakeln.

5. Die Fügsamkeit gegenüber der Oktroyierung von Ordnungen durch einzelne oder mehrere setzt, soweit nicht bloße Furcht oder zweckrationale Motive dafür entscheidend sind, sondern Legalitätsvorstellungen bestehen, den Glauben an

eine in irgendeinem Sinn legitime *Herrschafts*gewalt des oder der Oktroyierenden voraus, wovon daher gesondert zu handeln ist (§§ 13, 16).

6. In aller Regel ist Fügsamkeit in Ordnungen außer durch Interessenlagen der allerverschiedensten Art durch eine Mischung von Traditionsgebundenheit und Legalitätsvorstellung bedingt, soweit es sich nicht um ganz neue Satzungen handelt. In sehr vielen Fällen ist den fügsam Handelnden dabei natürlich nicht einmal bewußt, ob es sich um Sitte, Konvention oder Recht handelt. Die Soziologie hat dann die *typische* Art der Geltung zu ermitteln.

§ 8. *Kampf* soll eine soziale Beziehung insoweit heißen, als das Handeln an der Absicht der Durchsetzung des eignen Willens gegen Widerstand des oder der Partner orientiert ist. »Friedliche« Kampfmittel sollen solche heißen, welche nicht in aktueller physischer Gewaltsamkeit bestehen. Der »friedliche« Kampf soll »Konkurrenz« heißen, wenn er als formal friedliche Bewerbung um eigne Verfügungsgewalt über Chancen geführt wird, die auch andre begehren. »Geregelte Konkurrenz« soll eine Konkurrenz insoweit heißen, als sie in Zielen und Mitteln sich an einer Ordnung orientiert. Der ohne sinnhafte Kampfabsicht *gegen* einander stattfindende (latente) Existenzkampf menschlicher Individuen oder Typen um Lebens- oder Überlebenschancen soll »Auslese« heißen: »soziale Auslese«, sofern es sich um Chancen Lebender im Leben, »biologische Auslese«, sofern es sich um Überlebenschancen von Erbgut handelt.

1. Vom blutigen, auf Vernichtung des Lebens des Gegners abzielenden, jede Bindung an Kampfregeln ablehnenden Kampf bis zum konventional geregelten Ritterkampf (Heroldsruf vor der Schlacht von Fontenoy: »Messieurs les Anglais, tirez les premiers«[4]) und zum geregelten Kampfspiel (Sport), von der regellosen »Konkurrenz« etwa erotischer Be-

4 »Meine Herren Engländer, ziehen Sie zuerst (das Schwert).«

werber um die Gunst einer Frau, dem an die Ordnung des Markts gebundenen Konkurrenzkampf um Tauschchancen bis zu geregelten künstlerischen »Konkurrenzen« oder zum »Wahlkampf« gibt es die allerverschiedensten lückenlosen Übergänge. Die begriffliche Absonderung des gewaltsamen Kampfes rechtfertigt sich durch die Eigenart der ihm normalen Mittel und die daraus folgenden Besonderheiten der soziologischen Konsequenzen seines Eintretens [...].

2. Jedes typisch und massenhaft stattfindende Kämpfen und Konkurrieren führt trotz noch so vieler ausschlaggebender Zufälle und Schicksale doch auf die Dauer im Resultat zu einer »Auslese« derjenigen, welche die für den Sieg im Kampf durchschnittlich wichtigen persönlichen Qualitäten in stärkerem Maße besitzen. Welches diese Qualitäten sind: ob mehr physische Kraft oder skrupelfreie Verschlagenheit, mehr Intensität geistiger Leistungs- oder Lungenkraft und Demagogentechnik, mehr Devotion gegen Vorgesetzte oder gegen umschmeichelte Massen, mehr originale Leistungsfähigkeit oder mehr soziale Anpassungsfähigkeit, mehr Qualitäten, die als außergewöhnlich oder solche, die als nicht über dem Massendurchschnitt stehend gelten: – darüber entscheiden die Kampf- und Konkurrenzbedingungen, zu denen, neben allen denkbaren individuellen und Massenqualitäten auch jene *Ordnungen* gehören, an denen sich, sei es traditional sei es wertrational oder zweckrational, das Verhalten im Kampf orientiert. *Jede* von ihnen beeinflußt die Chancen der sozialen Auslese. Nicht *jede* soziale Auslese ist in unsrem Sinn »Kampf«. »Soziale Auslese« bedeutet vielmehr zunächst nur: daß bestimmte Typen des Sichverhaltens und also, eventuell, der persönlichen Qualitäten, bevorzugt sind in der Möglichkeit der Gewinnung einer bestimmten sozialen *Beziehung* (als »Geliebter«, »Ehemann«, »Abgeordneter«, »Beamter«, »Bauleiter«, »Generaldirektor«, »erfolgreicher Unternehmer« usw.). Ob diese soziale
21 Vorzugschance durch »Kampf« | realisiert wird, ferner aber: ob sie auch die biologische *Überlebenschance* des Typus verbessert oder das Gegenteil, darüber sagt sie an sich nichts aus.

Nur wo wirklich *Konkurrenz* stattfindet, wollen wir von »Kampf« sprechen. Nur im Sinn von »Auslese« ist der Kampf tatsächlich, nach aller bisherigen Erfahrung, und nur im Sinn von *biologischer* Auslese ist er *prinzipiell* unausschaltbar. »Ewig« ist die Auslese deshalb, weil sich kein Mittel ersinnen läßt, sie völlig auszuschalten. Eine pazifistische Ordnung strengster Observanz kann immer nur Kampfmittel, Kampfobjekte und Kampfrichtung im Sinn der Ausschaltung bestimmter von ihnen regeln. Das bedeutet: daß *andere* Kampfmittel zum Siege in der (offenen) Konkurrenz oder – wenn man sich (was nur utopistisch-theoretisch möglich wäre) auch diese beseitigt denkt – dann immer noch in der (latenten) Auslese um Lebens- und Überlebenschancen führen und diejenigen begünstigen, denen sie, gleichviel ob als Erbgut oder Erziehungsprodukt, zur Verfügung stehen. Die soziale Auslese bildet empirisch, die biologische prinzipiell, die Schranke der Ausschaltung des Kampfes.

3. Zu scheiden von dem Kampf der *einzelnen* um Lebens- und Überlebenschancen ist natürlich »Kampf« und »Auslese« sozialer *Beziehungen*. Nur in einem übertragenen Sinn kann man hier diese Begriffe anwenden. Denn »Beziehungen« *existieren* ja nur als menschliches *Handeln* bestimmten Sinngehalts. Und eine »Auslese« oder ein »Kampf« zwischen ihnen bedeutet also: daß eine bestimmte Art von Handeln durch eine andere, sei es der gleichen oder anderer Menschen, im Lauf der Zeit *verdrängt* wird. Dies ist in verschiedener *Art* möglich. Menschliches Handeln kann sich a) *bewußt* darauf richten: bestimmte konkrete, oder: generell bestimmt geordnete, soziale Beziehungen d.h. das ihrem Sinngehalt entsprechend ablaufende *Handeln* zu *stören* oder im Entstehen oder Fortbestehen zu verhindern (einen »Staat« durch Krieg oder Revolution oder eine »Verschwörung« durch blutige Unterdrückung, »Konkubinate« durch polizeiliche Maßnahmen, »wucherische« Geschäftsbeziehungen durch Versagung des Rechtsschutzes und Bestrafung), oder durch Prämierung des Bestehens der einen Kategorie zuungunsten der andern be-

wußt zu beeinflussen: Einzelne sowohl wie viele verbundene Einzelne können sich derartige Ziele setzen. Es kann aber auch b) der ungewollte Nebenerfolg des Ablaufs sozialen Handelns und der dafür maßgebenden Bedingungen aller Art sein: daß bestimmte konkrete, oder bestimmt geartete, Beziehungen (d. h. stets: das betreffende *Handeln*) eine abnehmende Chance haben, fortzubestehen oder neu zu entstehen. Alle natürlichen und Kultur-Bedingungen jeglicher Art wirken im Fall der Veränderung in irgendeiner Weise dahin, solche Chancen für die allerverschiedensten Arten sozialer Beziehungen zu verschieben. Es ist jedermann unbenommen, auch in solchen Fällen von einer »Auslese« der sozialen Beziehungen – z. B. der staatlichen Verbände – zu reden, in dem der »Stärkere« (im Sinn des »Angepaßteren«) siege. Nur ist festzuhalten, daß diese sog. »Auslese« mit der Auslese der Menschen*typen* weder im sozialen noch im biologischen Sinn etwas zu tun hat, daß in jedem einzelnen Fall nach dem *Grunde* zu fragen ist, der die Verschiebung der Chancen für die eine oder die andere Form des sozialen Handelns und der sozialen Beziehungen bewirkt, oder eine soziale Beziehung gesprengt, oder ihr die Fortexistenz gegenüber andern gestattet hat, und daß diese Gründe so mannigfaltig sind, daß ein einheitlicher Ausdruck dafür unpassend erscheint. Es besteht dabei stets die Gefahr: unkontrollierte *Wertungen* in die empirische Forschung zu tragen und vor allem: Apologie des im Einzelfall oft rein individuell bedingten, also in diesem Sinn des Wortes: »zufälligen«, *Erfolges* zu treiben. Die letzten Jahre brachten und bringen davon mehr als zuviel. Denn das oft durch rein konkrete Gründe bedingte Ausgeschaltetwerden einer (konkreten oder qualitativ spezifizierten) sozialen Beziehung beweist ja an sich noch nicht einmal etwas gegen ihre *generelle* »Angepaßtheit«.

§ 9. »Vergemeinschaftung« soll eine soziale Beziehung heißen, wenn und soweit die Einstellung des sozialen Handelns – im Einzelfall oder im Durchschnitt oder im reinen Typus – auf subjektiv *gefühlter* (affektueller oder traditionaler) *Zusammengehörigkeit* der Beteiligten beruht.

»Vergesellschaftung« soll eine soziale Beziehung heißen, wenn und soweit die Einstellung des sozialen Handelns auf rational (wert- oder zweckrational) motiviertem Interessen*ausgleich* oder auf ebenso motivierter Interessen*verbindung* beruht. Vergesellschaftung kann typisch insbesondre (aber nicht: nur) auf rationaler *Vereinbarung* durch gegenseitige Zusage beruhen. Dann wird das vergesellschaftete Handeln im
Rationalitätsfall orientiert a) wertrational | an dem Glauben 22
an die eigne *Verbindlichkeit,* – b) zweckrational an der Erwartung der Loyalität des Partners.

1. [...] Die reinsten Typen der Vergesellschaftung sind a) der streng zweckrationale, frei paktierte *Tausch* auf dem Markt: – ein aktuelles Kompromiß entgegengesetzt, aber komplementär, Interessierter; – b) der reine, frei paktierte, *Zweckverein,* eine nach Absicht und Mitteln rein auf Verfolgung sachlicher (ökonomischer oder anderer) Interessen der Mitglieder abgestellte Vereinbarung kontinuierlichen Handelns, – c) der wertrational motivierte *Gesinnungs*verein: die rationale Sekte, insoweit, als sie von der Pflege emotionaler und affektueller Interessen absieht und nur der »Sache« dienen will (was freilich nur in besondern Fällen in ganz reinem Typus vorkommt).

2. *Vergemeinschaftung* kann auf jeder Art von affektueller oder emotionaler oder aber traditionaler Grundlage ruhen: eine pneumatische Brüdergemeinde, eine erotische Beziehung, ein Pietätsverhältnis, eine »nationale« Gemeinschaft, eine kameradschaftlich zusammenhaltende Truppe. Den Typus gibt am bequemsten die Familiengemeinschaft ab. Die große Mehrzahl sozialer Beziehungen aber hat *teils* den Charakter der Vergemeinschaftung, *teils* den der Vergesellschaftung. Jede noch so zweckrationale und nüchtern geschaffene und abgezweckte soziale Beziehung (Kundschaft z. B.) *kann* Gefühlswerte stiften, welche über den gewillkürten Zweck hinausgreifen. Jede über ein aktuelles Zweckvereinshandeln

hinausgehende, also auf längere Dauer eingestellte, soziale Beziehungen zwischen den gleichen Personen herstellende und nicht von vornherein auf sachliche Einzelleistungen begrenzte Vergesellschaftung – wie etwa die Vergesellschaftung im gleichen Heeresverband, in der gleichen Schulklasse, im gleichen Kontor, der gleichen Werkstatt – neigt, in freilich höchst verschiedenem Grade, irgendwie dazu. Ebenso kann umgekehrt eine soziale Beziehung, deren normaler Sinn Vergemeinschaftung ist, von allen oder einigen Beteiligten ganz oder teilweise zweckrational orientiert werden. Wie weit z. B. ein Familienverband von den Beteiligten als »Gemeinschaft« gefühlt oder als »Vergesellschaftung« ausgenutzt wird, ist sehr verschieden. Der Begriff der »Vergemeinschaftung« ist hier absichtlich noch ganz allgemein und also: sehr heterogene Tatbestände umfassend, definiert.

3. Vergemeinschaftung ist dem gemeinten Sinn nach normalerweise der radikalste Gegensatz gegen »*Kampf*«. Dies darf nicht darüber täuschen, daß tatsächlich Vergewaltigung jeder Art innerhalb auch der intimsten Vergemeinschaftungen gegenüber dem seelisch Nachgiebigeren durchaus normal ist, und daß die »Auslese« der Typen innerhalb der Gemeinschaften ganz ebenso stattfindet und zur Verschiedenheit der durch sie gestifteten Lebens- und Überlebenschancen führt wie irgendwo sonst. Vergesellschaftungen andrerseits sind sehr oft *lediglich* Kompromisse widerstreitender Interessen, welche nur einen *Teil* des Kampfgegenstandes oder der Kampfmittel ausschalten (oder: dies doch versuchen), den Interessengegensatz selbst und die *Konkurrenz* um die Chancen im übrigen aber bestehen lassen. »Kampf« und Gemeinschaft sind relative Begriffe; der Kampf gestaltet sich eben sehr verschieden, je nach den Mitteln (gewaltsame oder »friedliche«) und der Rücksichtslosigkeit ihrer Anwendung. Und jede wie immer geartete Ordnung sozialen Handelns läßt, wie gesagt, die reine tatsächliche *Auslese* im Wettbewerb der verschiedenen Menschentypen um die Lebenschancen irgendwie bestehen.

4. Keineswegs jede Gemeinsam*keit* der Qualitäten, der Situation oder des Verhaltens *ist* eine Vergemeinschaftung. Z. B. bedeutet die Gemeinsamkeit von solchem biologischen Erbgut, welches als »Rassen«-Merkmal angesehen wird, an sich natürlich noch keinerlei Vergemeinschaftung der dadurch Ausgezeichneten. Durch Beschränkung des commercium[5] und connubium[6] seitens der Umwelt können sie in eine gleichartige – dieser Umwelt gegenüber isolierte – Situation geraten. Aber auch wenn sie auf diese Situation gleichartig reagieren, so ist dies noch keine Vergemeinschaftung, und auch das bloße »Gefühl« für die gemeinsame Lage und deren Folgen erzeugt sie noch nicht. Erst wenn sie auf Grund dieses Gefühls ihr Verhalten irgendwie *an*einander *orientieren,* entsteht eine soziale Beziehung zwischen ihnen – nicht nur: jedes von ihnen zur Umwelt – und erst soweit diese eine gefühlte Zusammengehörigkeit dokumentiert, »Gemeinschaft«. Bei den Juden z. B. ist dies – außerhalb der zionistisch orientierten Kreise und des Handelns einiger andrer Vergesellschaftungen für jüdische Interessen – nur in relativ sehr geringem Maße der Fall, wird von ihnen vielfach geradezu abgelehnt. Gemeinsamkeit der *Sprache,* geschaffen durch gleichartige Tradi-
tion von seiten der Familie und | Nachbarumwelt, erleichtert 23
das gegenseitige Verstehen, also die Stiftung aller sozialer Beziehungen, im höchsten Grade. Aber an sich bedeutet sie noch keine Vergemeinschaftung, sondern nur die Erleichterung des Verkehrs innerhalb der betreffenden Gruppen, also: der Entstehung von Vergesellschaftungen. Zunächst: zwischen den *einzelnen* und *nicht* in deren Eigenschaft als Sprachgenossen, sondern als Interessenten sonstiger Art: die Orientierung an den Regeln der gemeinsamen Sprache ist primär also nur Mittel der Verständigung, nicht Sinngehalt von sozialen Beziehungen. Erst die Entstehung bewußter Gegensätze gegen Dritte kann für die an der Sprachgemeinsamkeit Beteiligten

5 Handel.
6 Heirat.

eine gleichartige Situation, Gemeinschaftsgefühl und Vergesellschaftungen, deren bewußter Existenzgrund die gemeinsame Sprache ist, stiften. – Die Beteiligung an einem »Markt« [...] ist wiederum anders geartet. Sie stiftet Vergesellschaftung zwischen den einzelnen Tauschpartnern und eine soziale Beziehung (vor allem: »Konkurrenz«) zwischen den Tauschreflektanten, die gegenseitig ihr Verhalten aneinander orientieren müssen. Aber darüber hinaus entsteht Vergesellschaftung nur, soweit etwa einige Beteiligte zum Zweck erfolgreicheren Preiskampfs, oder: sie alle zu Zwecken der Regelung und Sicherung des Verkehrs, Vereinbarungen treffen. (Der Markt und die auf ihm ruhende Verkehrswirtschaft ist im übrigen der wichtigste Typus der gegenseitigen Beeinflussung des Handelns durch nackte *Interessenlage,* wie sie der modernen Wirtschaft charakteristisch ist.)

§ 10. Eine soziale Beziehung (gleichviel ob Vergemeinschaftung oder Vergesellschaftung) soll nach außen *»offen«* heißen, wenn und insoweit die Teilnahme an dem an ihrem Sinngehalt orientierten gegenseitigen sozialen Handeln, welches sie konstituiert, nach ihren geltenden Ordnungen niemand verwehrt wird, der dazu tatsächlich in der Lage und geneigt ist. Dagegen nach außen *»geschlossen«* dann, insoweit und in dem Grade, als ihr Sinngehalt oder ihre geltenden Ordnungen die Teilnahme ausschließen oder beschränken oder an Bedingungen knüpfen. Offenheit und Geschlossenheit können traditionell oder affektuell oder wert- oder zweckrational bedingt sein. Die *rationale* Schließung insbesondere durch folgenden Sachverhalt: Eine soziale Beziehung kann den Beteiligten Chancen der Befriedigung innerer oder äußerer Interessen eröffnen, sei es dem Zweck oder dem Erfolg nach, sei es durch solidarisches Handeln oder durch Interessenausgleich. Wenn die Beteiligten von ihrer Propagierung eine Verbesserung ihrer eignen Chancen nach Maß, Art, Sicherung oder Wert erwarten, so sind sie an Offenheit, wenn umgekehrt von deren Monopolisierung, so sind sie an Schließung nach *außen* interessiert.

Eine geschlossene soziale Beziehung kann monopolisierte Chancen den Beteiligten a) *frei* oder b) nach Maß und Art *reguliert* oder rationiert oder c) den einzelnen oder Gruppen von ihnen dauernd und relativ oder völlig unentziehbar *appropriiert* garantieren (Schließung nach innen). Appropriierte Chancen sollen »Rechte« heißen. Die Appropriation kann gemäß der Ordnung 1) an die an bestimmten Gemeinschaften und Gesellschaften – z. B. Hausgemeinschaften – Beteiligten oder 2) an Einzelne und in diesem Fall a: rein persönlich oder b: so erfolgen, daß im Todesfall ein oder mehrere durch eine soziale Beziehung oder durch Gebürtigkeit (Verwandtschaft) mit dem bisherigen Genießer der Chance Verbundenen oder der oder die von ihm zu bezeichnenden Anderen in die appropriierten Chancen einrücken (erbliche Appropriation). Sie kann endlich 3) so erfolgen, daß der Genießer die Chance a): bestimmten oder endlich b): daß er sie beliebigen anderen durch Vereinbarung mehr oder minder frei abtreten kann (veräußerliche Appropriation). Der an einer geschlossenen Beziehung Beteiligte soll *Genosse,* im Fall der Regulierung der Beteiligung aber, sofern diese ihm Chancen appropriiert, *Rechtsgenosse* genannt werden. Erblich an Einzelne oder an erbliche Gemeinschaften oder Gesellschaften appropriierte Chancen sollen: *Eigentum* (der einzelnen oder der betreffenden Gemeinschaften oder Gesellschaften), veräußerlich appropriierte: *freies* Eigentum heißen.

Die scheinbar nutzlos »mühselige« Definition dieser Tatbestände ist ein Beispiel dafür: daß gerade das »Selbstverständliche« (weil anschaulich Eingelebte) am wenigsten »gedacht« zu werden pflegt. |

1. a) Traditional geschlossen pflegen z. B. Gemeinschaften 24
zu sein, deren Zugehörigkeit sich auf Familienbeziehungen gründet.

b) Affektuell geschlossen zu sein pflegen persönliche Gefühlsbeziehungen (z. B. erotische oder – oft – pietätsmäßige).

c) Wertrational (relativ) geschlossen pflegen strikte Glaubensgemeinschaften zu sein.

d) Zweckrational typisch geschlossen sind ökonomische Verbände mit monopolistischem oder plutokratischem Charakter.

Einige Beispiele beliebig herausgegriffen:

Offenheit oder Geschlossenheit einer aktuellen Sprachvergesellschaftung hängt von dem Sinngehalt ab (Konversation im Gegensatz zu intimer oder geschäftlicher Mitteilung). – Die Marktbeziehung pflegt primär wenigstens oft offen zu sein. – Bei zahlreichen Vergemeinschaftungen und Vergesellschaftungen beobachten wir einen *Wechsel* zwischen Propagierung und Schließung. So z. B. bei den Zünften, den demokratischen Städten der Antike und des Mittelalters, deren Mitglieder zeitweise, im Interesse der Sicherung ihrer Chancen durch Macht, die möglichste Vermehrung, zu anderen Zeiten, im Interesse des Wertes ihres Monopols, Begrenzung der Mitgliedschaft erstrebten. Ebenso nicht selten bei Mönchsgemeinschaften und Sekten, die von religiöser Propaganda zur Abschließung im Interesse der Hochhaltung des ethischen Standards oder auch aus materiellen Gründen übergingen. Verbreiterung des Marktes im Interesse vermehrten Umsatzes und monopolistische Begrenzung des Marktes stehen ähnlich nebeneinander. Sprachpropaganda findet sich heute als normale Folge der Verleger- und Schriftsteller-Interessen gegenüber den früher nicht seltenen ständisch geschlossenen und Geheimsprachen.

2. Das Maß und die Mittel der Regulierung und Schließung nach außen können sehr verschieden sein, so daß der Übergang von Offenheit zu Reguliertheit und Geschlossenheit flüssig ist: Zulassungsleistungen und Noviziate oder Erwerb eines bedingt käuflichen Mitgliedsanteils, Ballotage[7] für jede Zulassung, Zugehörigkeit oder Zulassung kraft Gebürtigkeit (Erblichkeit) oder kraft jedermann freistehender Teilnahme an bestimmten Leistungen oder – im Fall der Schlie-

7 Abstimmung (meistens geheim) mit weißen und schwarzen Kugeln.

ßung und Appropriation nach innen – kraft Erwerbs eines appropriierten Rechts und die verschiedensten Abstufungen der Teilnahmebedingungen finden sich. »Reguliertheit« und »Geschlossenheit« nach außen sind also relative Begriffe. Zwischen einem vornehmen Klub, einer gegen Billet zugänglichen Theatervorstellung und einer auf Werbung ausgehenden Parteiversammlung, einem frei zugänglichen Gottesdienst, demjenigen einer Sekte und den Mysterien eines Geheimbundes bestehen alle denkbaren Übergänge.

3. Die Schließung nach *innen* – unter den Beteiligten selbst und im Verhältnis dieser zueinander – kann ebenfalls die verschiedenste Form annehmen. Z. B. kann eine nach außen geschlossene Kaste, Zunft oder etwa: Börsengemeinschaft ihren Mitgliedern die freie Konkurrenz miteinander um alle monopolisierten Chancen überlassen oder ein jedes Mitglied streng auf bestimmte, ihm lebenslang oder auch (so namentlich in Indien) erblich und veräußerlich appropriierte Chancen, so z. B. Kundschaften oder Geschäftsobjekte, beschränken, eine nach außen geschlossene Marktgenossenschaft dem Marktgenossen entweder freie Nutzung oder ein streng an den Einzelhaushalt gebundenes Kontingent, ein nach außen geschlossener Siedlungsverband freie Nutzung des Bodens oder dauernd appropriierte feste Hufenanteile zubilligen und garantieren, alles dies mit allen denkbaren Übergängen und Zwischenstufen. Historisch z. B. haben die Schließung der Anwartschaften auf Lehen, Pfründen und Ämter nach Innen und die Appropriation an die Inhaber höchst verschiedene Formen angenommen, und ebenso kann – wozu die Entwicklung der »Betriebsräte« der erste Schritt sein *könnte* (aber nicht: sein *muß*) – die Anwartschaft auf und die Innehabung von Arbeitsstellen sich vom closed shop[8] bis zum Recht an der einzelnen Stelle (Vorstufe: Verbot der Entlassung ohne Zustimmung der Vertreter der Arbeiterschaft) steigern. Alle Einzelheiten gehö-

8 Anglo-amerikanische Wirtschaftsunternehmen, die ausschließlich Gewerkschaftsmitglieder beschäftigen.

ren in die sachliche Einzelanalyse. Das Höchstmaß dauernder Appropriation besteht bei solchen Chancen, welche dem einzelnen (oder bestimmten Verbänden einzelner, z. B. Hausgemeinschaften, Sippen, Familien) derart garantiert sind, daß 1. im Todesfall der Übergang in bestimmte andere Hände durch die Ordnungen geregelt und garantiert ist, – 2. die Inhaber der Chance dieselbe frei an beliebige Dritte übertragen können, welche *dadurch* Teilhaber der sozialen Beziehung werden: diese ist also, im Fall solcher vollen Appropriation nach *innen,* zugleich eine nach *außen* (relativ) *offene* Beziehung (sofern sie den Mitgliedschafts-Erwerb *nicht* an die Zustimmung der andern Rechtsgenossen bindet).

4. *Motiv* der Schließung kann sein a) Hochhaltung der Qualität und (eventuell) dadurch des Prestiges und der daran haftenden Chancen der Ehre und (eventuell) des Gewinnes. Beispiele: Asketen-, Mönchs- (insbesondere auch z. B. in Indien: Bettelmönchs-), Sekten- (Puritaner!), Krieger-, Mini-
25 sterialen- und andere Beam- | ten- und politischen Bürgerverbände (z. B. in der Antike), Handwerkereinungen; b) Knappwerden der Chancen im Verhältnis zum (Konsum-) Bedarf (»Nahrungsspielraum«): Konsumtionsmonopol (Archetypos: die Marktgemeinschaft); c) Knappwerden der Erwerbschancen (»Erwerbsspielraum«): Erwerbsmonopol (Archetypos: die Zunft- oder die alten Fischereiverbände usw.). Meist ist das Motiv a mit b oder c kombiniert.

§ 11. Eine soziale Beziehung kann für die Beteiligten nach traditionaler oder gesatzter Ordnung die Folge haben: daß bestimmte Arten des Handelns a) *jedes* an der Beziehung Beteiligten *allen* Beteiligten (»Solidaritätsgenossen«) oder b) das Handeln bestimmter Beteiligter (»Vertreter«) den andern Beteiligten (»Vertretenen«) *zugerechnet* wird, daß also sowohl die Chancen wie die Konsequenzen ihnen zugute kommen bzw. ihnen zur Last fallen. Die Vertretungsgewalt (Vollmacht) kann nach den geltenden Ordnungen – 1. in allen Arten und Graden appropriiert (Eigenvollmacht) oder aber – 2. nach Merkmalen dauernd oder zeitweise zugewiesen sein – oder 3. durch bestimmte Akte der Beteiligten oder Dritter, zeitweilig oder dauernd, übertragen werden (gesatzte Vollmacht). Über die Bedingungen, unter denen soziale Beziehungen (Gemeinschaften oder Gesellschaften) als Solidaritäts- oder als Vertretungsbeziehungen behandelt werden, läßt sich generell nur sagen, daß der Grad, in welchem ihr Handeln entweder a) auf gewaltsamen Kampf oder b) auf friedlichen Tausch als Zweck ausgerichtet ist, dafür in erster Linie entscheidend ist, daß aber im übrigen zahlreiche erst in der Einzelanalyse festzustellende Sonderumstände dafür maßgebend waren und sind. Am wenigsten pflegt naturgemäß diese Folge bei den rein *ideelle* Güter mit friedlichen Mitteln verfolgenden einzutreten. Mit dem Maß der Geschlossenheit nach außen geht die Erscheinung der Solidarität oder Vertretungsmacht zwar oft, aber nicht immer, parallel.

1. Die »Zurechnung« kann praktisch bedeuten: a) passive und aktive Solidarität: Für das Handeln des einen Beteiligten gelten alle ganz wie er selbst als verantwortlich, durch sein Handeln andrerseits alle ebenso wie er als legitimiert zur Nutzung der dadurch gesicherten Chancen. Die Verantwortlichkeit kann Geistern oder Göttern gegenüber bestehen, also religiös orientiert sein. Oder: Menschen gegenüber, und in diesem Fall konventional für und gegen Rechtsgenossen (Blutrache gegen und durch Sippengenossen, Repressalien gegen Stadtbürger und Konnationale) oder rechtlich (Strafe gegen Verwandte, Hausgenossen, Gemeindegenossen, persönliche Schuldhaftung von Hausgenossen und Handelsgesellschaftern füreinander und zugunsten solcher). Auch die Solidarität den Göttern gegenüber hat historisch (für die altisraelitische, altchristliche, altpuritanische Gemeinde) sehr bedeutende Folgen gehabt. b) Sie kann andrerseits (Mindestmaß!) auch nur bedeuten: daß nach traditionaler oder gesatzter Ordnung die an einer geschlossenen Beziehung Beteiligten eine Verfügung über Chancen gleichviel welcher Art (insbesondere: ökonomische Chancen), welche ein Vertreter vornimmt, für

ihr eignes Verhalten als legal *gelten* lassen. (»Gültigkeit« der Verfügungen des »Vorstandes« eines »Vereins« oder des Vertreters eines politischen oder ökonomischen Verbandes über Sachgüter, die nach der Ordnung »Verbandszwecken« dienen sollen.)

2. Der Tatbestand der »Solidarität« besteht typisch a) bei traditionalen Gebürtigkeits- oder Lebens-Gemeinschaften (Typus: Haus und Sippe), – b) bei geschlossenen Beziehungen, welche die monopolisierten Chancen durch eigne Gewaltsamkeit behaupten (Typus: politische Verbände, insbesondere in der Vergangenheit, aber in weitestem Umfang, namentlich im Kriege, auch noch der Gegenwart), – c) bei Erwerbs-Vergesellschaftungen mit persönlich durch die Beteiligten geführtem Betrieb (Typus: offene Handelsgesellschaft), – d) unter Umständen bei Arbeitsgesellschaften (Typus: Artjel). – Der Tatbestand der »Vertretung« besteht typisch bei Zweckvereinen und gesatzten Verbänden, insbesondere dann, wenn ein »Zweckvermögen« (darüber [...] in der Rechtssoziologie) gesammelt und verwaltet wird.

3. Nach »Merkmalen« zugewiesen ist eine Vertretungsgewalt z. B., wenn sie nach der Reihenfolge des Alters oder nach ähnlichen Tatbeständen zuständig wird.

4. Alles Einzelne dieses Sachverhalts läßt sich nicht generell, sondern erst bei der soziologischen Einzelanalyse darlegen. Der älteste und allgemeinste hierher gehörige Tatbestand ist die *Repressalie,* als Rache sowohl wie als Pfandzugriff. |

26 § 12. *Verband* soll eine nach außen regulierend beschränkte oder geschlossene soziale Beziehung dann heißen, wenn die Innehaltung ihrer Ordnung garantiert wird durch das eigens auf deren Durchführung eingestellte Verhalten bestimmter Menschen: eines *Leiters* und, eventuell, eines *Verwaltungsstabes,* der gegebenenfalls normalerweise zugleich Vertretungsgewalt hat. Die Innehabung der Leitung oder einer Teilnahme am Handeln des Verwaltungsstabes – die »*Regierungsgewalten*« – können a) appropriiert oder b) durch geltende Verbandsordnungen bestimmten oder nach bestimmten Merkmalen oder in bestimmten Formen auszulesenden Personen dauernd oder zeitweise oder für bestimmte Fälle zugewiesen sein. »Verbandshandeln« soll a) das auf die Durchführung der Ordnung bezogene kraft Regierungsgewalt oder Vertretungsmacht legitime Handeln des Verwaltungsstabs selbst, b) das von ihm durch Anordnungen *geleitete* Handeln der Verbandsbeteiligten heißen.

1. Ob es sich um Vergemeinschaftung oder Vergesellschaftung handelt, soll für den Begriff zunächst keinen Unterschied machen. Das Vorhandensein eines »Leiters«: Familienhaupt, Vereinsvorstand, Geschäftsführer, Fürst, Staatspräsident, Kirchenhaupt, dessen Handeln auf Durchführung der Verbandsordnung eingestellt ist, soll genügen, weil diese spezifische Art von *Handeln:* ein nicht bloß an der Ordnung orientiertes, sondern auf deren *Erzwingung* abgestelltes Handeln, soziologisch dem Tatbestand der geschlossenen »sozialen Beziehung« ein praktisch wichtiges neues Merkmal hinzufügt. Denn nicht jede geschlossene Vergemeinschaftung oder Vergesellschaftung ist ein »Verband«: z. B. nicht eine erotische Beziehung oder eine Sippengemeinschaft ohne Leiter.

2. Die »Existenz« des Verbandes haftet ganz und gar an dem »Vorhandensein« eines Leiters und eventuell eines Verwaltungsstabes. D. h. genauer ausgedrückt: an dem Bestehen der *Chance,* daß ein *Handeln* angebbarer Personen stattfindet, welches seinem Sinn nach die Ordnungen des Verbandes durchzuführen trachtet: daß also Personen vorhanden sind, die darauf *»eingestellt«* sind, gegebenenfalls in jenem Sinn zu handeln. Worauf diese Einstellung beruht: ob auf traditionaler oder affektueller oder wertrationaler Hingabe (Lebens-, Amts-, Dienst-Pflicht) oder auf zweckrationalen *Interessen* (Gehaltsinteresse usw.), ist *begrifflich* vorerst gleichgültig. In etwas anderem als der Chance des Ablaufes jenes, in jener Weise orientierten, Handelns »besteht«, soziologisch angesehen, der Verband also für unsere Terminologie nicht. Fehlt die Chance dieses Handelns eines angebbaren Personen*stabes* (oder: einer

angebbaren Einzelperson), so besteht für unsere Terminologie eben nur eine »soziale Beziehung«, aber kein »Verband«. So lange aber die Chance jenes Handelns besteht, so lange »besteht«, soziologisch angesehen, der Verband *trotz des Wechsels der Personen,* die ihr Handeln an der betreffenden Ordnung orientieren. (Die Art der Definition hat den Zweck: eben *diesen* Tatbestand sofort einzubeziehen).

3. a) Außer dem Handeln des Verwaltungsstabes selbst oder unter dessen Leitung kann auch ein spezifisches an der Verbandsordnung orientiertes Handeln der sonst Beteiligten typisch ablaufen, dessen Sinn die Garantie der Durchführung der Ordnung ist (z. B. Abgaben oder leiturgische persönliche Leistungen aller Art: Geschworenendienst, Militärdienst usw.). – b) Die geltende Ordnung kann auch Normen enthalten, an denen sich in *andern* Dingen das Handeln der Verbandsbeteiligten orientieren soll (z. B. im Staatsverband das »privatwirtschaftliche«, nicht der Erzwingung der Geltung der Verbandsordnung, sondern Einzelinteressen dienende Handeln: am »bürgerlichen« Recht). Die Fälle a kann man »verbandsbezogenes Handeln«, diejenigen der Fälle b verbands*geregeltes* Handeln nennen. Nur das Handeln des Verwaltungsstabes selbst und außerdem alles planvoll von ihm *geleitete* verbandsbezogene Handeln soll »Verbandshandeln« heißen. »Verbandshandeln« wäre z. B. für alle Beteiligten ein Krieg, den ein Staat »führt« oder eine »Eingabe«, die ein Vereinsvorstand beschließen läßt, ein »Vertrag«, den der Leiter schließt und dessen »Geltung« den Verbandsgenossen oktroyiert und zugerechnet wird (§ 11), ferner der Ablauf aller »Rechtsprechung« und »Verwaltung«. (S. auch § 14.)

Ein Verband kann sein: a) autonom oder heteronom, b) autokephal oder heterokephal.[9] Autonomie bedeutet, daß

9 Autokephalie: Mit eigenem Oberhaupt, ursprünglich bezogen auf die kirchliche Unabhängigkeit der orthodoxen Nationalkirchen; Heterokephalie: Gegensatz zu Autokephalie, d. h. mit fremdem Oberhaupt.

nicht, wie bei Heteronomie, die Ordnung des Verbands durch Außenstehende gesatzt wird, sondern durch Verbandsgenossen kraft dieser ihrer Qualität (gleichviel wie sie im übrigen erfolgt). Autokephalie be- | deutet: daß der Leiter und der 27
Verbandsstab nach den eignen Ordnungen des Verbandes, nicht, wie bei Heterokephalie, durch Außenstehende bestellt wird (gleichviel wie sonst die Bestellung erfolgt).

Heterokephalie besteht z. B. für die Ernennung der governors der kanadischen Provinzen (durch die Zentralregierung von Kanada). Auch ein heterokephaler Verband kann autonom und ein autokephaler heteronom sein. Ein Verband kann auch, in beiden Hinsichten, *teilweise* das eine und teilweise das andre sein. Die autokephalen deutschen Bundesstaaten waren trotz der Autokephalie innerhalb der Reichskompetenz heteronom, innerhalb ihrer eignen (in Kirchen- und Schulsachen z. B.) autonom. Elsaß-Lothringen war in Deutschland in beschränktem Umfang autonom, aber heterokephal (den Statthalter setzte der Kaiser). Alle diese Sachverhalte können auch teilweise vorliegen. Ein *sowohl* völlig heteronomer wie heterokephaler Verband wird (wie etwa ein »Regiment« innerhalb eines Heeresverbandes) in aller Regel als »Teil« eines umfassenderen Verbandes zu bezeichnen sein. Ob dies der Fall ist, kommt aber auf das tatsächliche *Maß* von Selbständigkeit der Orientierung des Handelns im Einzelfall an und ist terminologisch reine Zweckmäßigkeitsfrage.

§ 13. Die gesatzten Ordnungen einer Vergesellschaftung können entstehen a) durch freie Vereinbarung oder b) durch Oktroyierung und Fügsamkeit. Eine Regierungsgewalt in einem Verbande kann die legitime Macht zur Oktroyierung neuer Ordnungen in Anspruch nehmen. *Verfassung* eines Verbandes soll die *tatsächliche* Chance der Fügsamkeit gegenüber der *Oktroyierungs*macht der bestehenden Regierungsgewalten nach Maß, Art und Voraussetzungen heißen. Zu diesen Voraussetzungen können nach geltender Ordnung insbesondere die Anhörung oder Zustimmung bestimmter Gruppen oder

Bruchteile der Verbandsbeteiligten, außerdem natürlich die verschiedensten sonstigen Bedingungen, gehören.

Ordnungen eines Verbandes können außer den Genossen auch Ungenossen oktroyiert werden, bei denen bestimmte *Tatbestände* vorliegen. Insbesondere kann ein solcher Tatbestand in einer Gebietsbeziehung (Anwesenheit, Gebürtigkeit, Vornahme gewisser Handlungen innerhalb eines Gebiets) bestehen: »Gebietsgeltung«. Ein Verband, dessen Ordnungen grundsätzlich Gebietsgeltung oktroyieren, soll Gebietsverband heißen, einerlei inwieweit seine Ordnung auch nach innen: den Verbandsgenossen gegenüber, *nur* Gebietsgeltung in Anspruch nimmt (was möglich ist und wenigstens in begrenztem Umfang vorkommt).

1. Oktroyiert im Sinn dieser Terminologie ist *jede* nicht durch persönliche freie Vereinbarung aller Beteiligten zustandegekommene Ordnung. Also auch der »Mehrheitsbeschluß«, dem sich die Minderheit fügt. Die Legitimität des Mehrheitsentscheids ist daher [...] in langen Epochen (noch im Mittelalter bei den Ständen, und bis in die Gegenwart in der russischen Obschtschina) oft nicht anerkannt oder problematisch gewesen.

2. Auch die formal »freien« Vereinbarungen sind, wie allgemein bekannt, sehr häufig tatsächlich oktroyiert (so in der Obschtschina). Dann ist für die Soziologie nur der *tatsächliche* Sachverhalt maßgebend.

3. Der hier gebrauchte »Verfassungs«-Begriff ist der auch von Lassalle[10] verwendete. Mit der »geschriebenen« Verfassung, überhaupt mit der Verfassung im juristischen Sinn, ist er nicht identisch. Die soziologische Frage ist lediglich die: wann, für welche Gegenstände und *innerhalb welcher Grenzen* und – eventuell – unter welchen besonderen Voraussetzungen (z. B. Billigung von Göttern oder Priestern oder Zustimmung

10 Ferdinand Lassalle (1825–64), deutscher Politiker und Publizist, Mitbegründer des »Allgemeinen deutschen Arbeitervereins« von 1863.

von Wahlkörperschaften usw.) *fügen* sich dem Leiter die Verbandsbeteiligten und steht ihm der Verwaltungsstab und das Verbandshandeln zu Gebote, wenn er »Anordnungen trifft«, insbesondere Ordnungen oktroyiert.

4. Den Haupttypus der oktroyierten »Gebietsgeltung« stellen dar: Strafrechtsnormen und manche andere »Rechtssätze«, bei denen Anwesenheit, Gebürtigkeit, Tatort, Erfüllungsort usw. innerhalb des Gebietes des Verbandes Voraussetzungen der Anwendung der Ordnung sind, in politischen Verbänden. [...]

§ 14. Eine Ordnung, welche Verbandshandeln regelt, soll *Verwaltungsordnung* heißen. Eine Ordnung, welche andres soziales Handeln regelt und die durch diese Regelung eröffneten Chancen den Handelnden *garantiert,* soll | *Regulierungsordnung* 28
heißen. Insoweit ein Verband lediglich an Ordnungen der ersten Art orientiert ist, soll er Verwaltungsverband, insoweit lediglich an solchen der letzteren, regulierender Verband heißen.

1. Selbstverständlich ist die Mehrzahl aller Verbände sowohl das eine wie das andere; ein *lediglich* regulierender Verband wäre etwa ein theoretisch denkbarer reiner »Rechtsstaat« des absoluten laissez faire (was freilich auch die Überlassung der Regulierung des Geldwesens an die reine Privatwirtschaft voraussetzen würde).

2. Über den Begriff des »Verbandshandelns« s. § 12, Nr.3. Unter den Begriff der »Verwaltungsordnung« fallen alle Regeln, die gelten wollen für das Verhalten sowohl des Verwaltungsstabs, wie der Mitglieder »gegenüber dem Verband«, wie man zu sagen pflegt, d. h. für jene Ziele, deren Erreichung die Ordnungen des Verbandes durch ein von ihnen positiv vorgeschriebenes *planvoll* eingestelltes Handeln seines Verwaltungsstabes und seiner Mitglieder zu sichern trachtet. Bei einer absolut kommunistischen Wirtschaftsorganisation würde annähernd *alles* soziale Handeln darunter fallen, bei einem absoluten Rechtsstaat andererseits nur die Leistung

der Richter, Polizeibehörden, Geschworenen, Soldaten und die Betätigung als Gesetzgeber und Wähler. Im allgemeinen – aber nicht immer im einzelnen – fällt die Grenze der Verwaltungs- und der Regulierungsordnung mit dem zusammen, was man im politischen Verband als »öffentliches« und »Privatrecht« scheidet. (Das Nähere darüber in der Rechtssoziologie.)

§ 15. *Betrieb* soll ein kontinuierliches *Zweck*handeln bestimmter Art, *Betriebsverband* eine Vergesellschaftung mit kontinuierlich zweckhandelndem Verwaltungsstab heißen.

Verein soll ein vereinbarter Verband heißen, dessen gesatzte Ordnungen nur für die kraft persönlichen Eintritts Beteiligten Geltung beanspruchen.

Anstalt soll ein Verband heißen, dessen gesatzte Ordnungen innerhalb eines angebbaren Wirkungsbereiches jedem nach bestimmten Merkmalen angebbaren Handeln (relativ) erfolgreich oktroyiert werden.

1. Unter den Begriff des »Betriebs« fällt natürlich auch der Vollzug von politischen und hierurgischen[11] Geschäften, Vereinsgeschäften usw., soweit das Merkmal der zweckhaften Kontinuierlichkeit zutrifft.

2. »Verein« und »Anstalt« sind beide Verbände mit *rational* (planvoll) gesatzten Ordnungen. Oder richtiger: *soweit* ein Verband rational gesatzte Ordnungen hat, soll er Verein oder Anstalt heißen. Eine »Anstalt« ist vor allem der Staat nebst allen seinen heterokephalen Verbänden und – soweit ihre Ordnungen rational gesatzt sind – die Kirche. Die Ordnungen einer »Anstalt« erheben den Anspruch zu gelten für jeden, auf den bestimmte Merkmale (Gebürtigkeit, Aufenthalt, Inanspruchnahme bestimmter Einrichtungen) *zutreffen,* einerlei ob der Betreffende persönlich – wie beim Verein – beigetreten ist und vollends: ob er bei den Satzungen mitgewirkt hat. Sie sind

11 Priesterliche, heilige.

also in ganz spezifischem Sinn *oktroyierte* Ordnungen. Die Anstalt *kann* insbesondere *Gebiets*verband sein.

3. Der Gegensatz von Verein und Anstalt ist *relativ*. Vereinsordnungen können die Interessen Dritter berühren und es kann diesen dann die Anerkennung der Gültigkeit dieser Ordnungen oktroyiert werden, durch Usurpation und Eigenmacht des Vereins sowohl wie durch legal gesatzte Ordnungen (z. B. Aktienrecht).

4. Es bedarf kaum der Betonung: daß »Verein« und »Anstalt« nicht etwa die *Gesamtheit* aller denkbaren Verbände restlos unter sich aufteilen. Sie sind, ferner, nur »polare« Gegensätze (so auf religiösem Gebiet: »Sekte« und »Kirche«).

§ 16. *Macht* bedeutet jede Chance, innerhalb einer sozialen Beziehung den eignen Willen auch gegen Widerstreben durchzusetzen, gleichviel worauf diese Chance beruht.

Herrschaft soll heißen die Chance, für einen Befehl bestimmten Inhalts bei angebbaren Personen Gehorsam zu finden; *Disziplin* soll heißen die Chance, kraft eingeübter Einstellung für einen Befehl prompten, automatischen und schematischen Gehorsam bei einer angebbaren Vielheit von Menschen zu finden.

1. Der Begriff »Macht« ist soziologisch amorph. Alle denkbaren Qualitäten eines Menschen und alle denkbaren Konstellationen können jemand in die Lage versetzen, | seinen 29
Willen in einer gegebenen Situation durchzusetzen. Der soziologische Begriff der »Herrschaft« muß daher ein präziserer sein und kann nur die Chance bedeuten: für einen *Befehl* Fügsamkeit zu finden.

2. Der Begriff der »Disziplin« schließt die »Eingeübtheit« des kritik- und widerstandslosen *Massen*gehorsams ein.

Der Tatbestand einer Herrschaft ist nur an das aktuelle Vorhandensein *eines* erfolgreich *andern* Befehlenden, aber weder unbedingt an die Existenz eines Verwaltungsstabes noch eines Verbandes geknüpft; dagegen allerdings – wenigstens in allen normalen Fällen – an die *eines* von beiden. Ein Verband soll insoweit, als seine Mitglieder als solche kraft geltender Ordnung Herrschaftsbeziehungen unterworfen sind, *Herrschaftsverband* heißen.

1. Der Hausvater herrscht ohne Verwaltungsstab. Der Beduinenhäuptling, welcher Kontributionen von Karawanen, Personen und Gütern erhebt, die seine Felsenburg passieren, herrscht über alle jene wechselnden und unbestimmten, nicht in einem Verband miteinander stehenden Personen, welche, sobald und solange sie in eine bestimmte Situation geraten sind, kraft seiner Gefolgschaft, die ihm gegebenenfalls als Verwaltungsstab zur Erzwingung dient. (Theoretisch denkbar wäre eine solche Herrschaft auch seitens eines einzelnen ohne allen Verwaltungsstab.)

2. Ein Verband ist vermöge der Existenz seines Verwaltungsstabes stets in irgendeinem Grade Herrschaftsverband. Nur ist der Begriff relativ. Der normale Herrschaftsverband ist als solcher auch Verwaltungsverband. Die Art wie, der Charakter des Personenkreises, durch welchen, und die Objekte, welche verwaltet werden, und die Tragweite der Herrschaftsgeltung bestimmen die Eigenart des Verbandes. Die ersten beiden Tatbestände aber sind im stärksten Maß durch die Art der *Legitimitäts*grundlagen der Herrschaft begründet [...].

§ 17. *Politischer* Verband soll ein Herrschaftsverband dann und insoweit heißen, als sein Bestand und die Geltung seiner Ordnungen innerhalb eines angebbaren geographischen *Gebiets* kontinuierlich durch Anwendung und Androhung *physischen* Zwangs seitens des Verwaltungsstabes garantiert werden. *Staat* soll ein politischer *Anstaltsbetrieb* heißen, wenn und insoweit sein Verwaltungsstab erfolgreich das *Monopol legitimen* physischen Zwanges für die Durchführung der Ordnungen in Anspruch nimmt. – »Politisch orientiert« soll ein soziales Handeln, insbesondere auch ein Verbandshandeln, dann und insoweit heißen, als es die Beeinflussung der Leitung eines politischen Verbandes, insbesondere die Appropriation oder Expropriation oder Neuverteilung oder Zuweisung von Regierungsgewalten, bezweckt.

Hierokratischer Verband soll ein Herrschaftsverband dann und insoweit heißen, als zur Garantie seiner Ordnungen psychischer Zwang durch Spendung oder Versagung von Heilsgütern (hierokratischer Zwang) verwendet wird. *Kirche* soll ein hierokratischer *Anstaltsbetrieb* heißen, wenn und soweit sein Verwaltungsstab das *Monopol* legitimen hierokratischen Zwanges in Anspruch nimmt.

1. Für politische Verbände ist selbstverständlich die Gewaltsamkeit weder das einzige, noch auch nur das normale Verwaltungsmittel. Ihre Leiter haben sich vielmehr aller überhaupt möglichen Mittel für die Durchsetzung ihrer Zwecke bedient. Aber ihre Androhung und, eventuell, Anwendung ist allerdings ihr *spezifisches* Mittel und überall die ultima ratio,[12] wenn andre Mittel versagen. Nicht nur politische Verbände haben Gewaltsamkeit als *legitimes* Mittel verwendet und verwenden sie, sondern ebenso: Sippe, Haus, Einungen, im Mittelalter unter Umständen: alle Waffenberechtigten. Den politischen Verband kennzeichnet *neben* dem Umstand: daß die Gewaltsamkeit (mindestens auch) zur Garantie von »Ordnungen« angewendet wird, das Merkmal: daß er die Herrschaft seines Verwaltungsstabes und seiner Ordnungen für ein *Gebiet* in Anspruch nimmt und gewaltsam garantiert. Wo immer für Verbände, welche Gewaltsamkeit anwenden, jenes Merkmal zutrifft – seien es Dorfgemeinden oder selbst einzelne Hausgemeinschaften oder Verbände von Zünften oder von Arbeiterverbänden (»Räten«) – müssen sie *insoweit* politische Verbände heißen. |

2. Es ist nicht möglich, einen politischen Verband – auch 30
nicht: den »Staat« – durch Angeben des *Zweckes* seines Verbandshandelns zu definieren. Von der Nahrungsfürsorge bis zur Kunstprotektion hat es keinen Zweck gegeben, den politische Verbände *nicht* gelegentlich, von der persönlichen Sicher-

12 Letztes, äußerstes Mittel, letztmöglicher Weg.

heitsgarantie bis zur Rechtsprechung keinen, den *alle* politischen Verbände verfolgt hätten. Man kann daher den »politischen« Charakter eines Verbandes nur durch das – unter Umständen zum Selbstzweck gesteigerte – *Mittel* definieren, welches nicht ihm allein eigen, aber allerdings spezifisch und für sein Wesen *unentbehrlich* ist: die Gewaltsamkeit. Dem Sprachgebrauch entspricht dies nicht ganz; aber er ist ohne Präzisierung unbrauchbar. Man spricht von »Devisenpolitik« der Reichsbank, von der »Finanzpolitik« einer Vereinsleitung, von der »Schulpolitik« einer Gemeinde und meint damit die planvolle Behandlung und *Führung* einer bestimmten sachlichen Angelegenheit. In wesentlich charakteristischerer Art scheidet man die »politische« Seite oder Tragweite einer Angelegenheit, oder den »politischen« Beamten, die »politische« Zeitung, die »politische« Revolution, den »politischen« Verein, die »politische« Partei, die »politische« Folge von andren: wirtschaftlichen, kulturlichen, religiösen usw. Seiten oder Arten der betreffenden Personen, Sachen, Vorgänge, – und meint damit alles das, was mit den Herrschaftsverhältnissen innerhalb des (nach unsrem Sprachgebrauch:) »politischen« Verbandes: des Staats, zu tun hat, deren Aufrechterhaltung, Verschiebung, Umsturz herbeiführen oder hindern oder fördern kann, im Gegensatz zu Personen, Sachen, Vorgängen, die damit nichts zu schaffen haben. Es wird also auch in diesem Sprachgebrauch das Gemeinsame in dem *Mittel:* »Herrschaft«: in der *Art* nämlich, wie eben staatliche Gewalten sie ausüben, unter Ausschaltung des Zwecks, dem die Herrschaft dient, gesucht. Daher läßt sich behaupten, daß die hier zugrunde gelegte Definition nur eine Präzision des Sprachgebrauchs enthält, indem sie das tatsächlich Spezifische: die Gewaltsamkeit (aktuelle oder eventuelle) scharf betont. Der Sprachgebrauch nennt freilich »politische Verbände« nicht nur die Träger der als legitim geltenden Gewaltsamkeit selbst, sondern z. B. auch Parteien und Klubs, welche die (auch: ausgesprochen *nicht* gewaltsame) Beeinflussung des politischen Verbandshandelns bezwecken. Wir wollen diese Art des sozialen Handelns als

»politisch orientiert« von dem eigentlich »politischen« Handeln (dem *Verbands*handeln der politischen Verbände selbst im Sinn von § 12 Nr. 3) scheiden.

3. Den *Staats*begriff empfiehlt es sich, da er in seiner Vollentwicklung durchaus modern ist, auch seinem modernen Typus entsprechend – aber wiederum: unter Abstraktion von den, wie wir ja gerade jetzt erleben, wandelbaren inhaltlichen Zwecken – zu definieren. Dem heutigen Staat formal charakteristisch ist: eine Verwaltungs- und Rechtsordnung, welche durch Satzungen abänderbar sind, an der der Betrieb des Verbandshandelns des (gleichfalls durch Satzung geordneten) Verwaltungsstabes sich orientiert und welche Geltung beansprucht nicht nur für die – im wesentlichen durch Geburt in den Verband hineingelangenden – Verbandsgenossen, sondern in weitem Umfang für alles auf dem beherrschten Gebiet stattfindende Handeln (also: gebietsanstaltsmäßig). Ferner aber: daß es »legitime« Gewaltsamkeit heute nur noch insoweit gibt, als die staatliche Ordnung sie zuläßt oder vorschreibt (z. B. dem Hausvater das »Züchtigungsrecht« beläßt, einen Rest einstmaliger eigenlegitimer, bis zur Verfügung über Tod und Leben des Kindes oder Sklaven gehender Gewaltsamkeit des Hausherren). Dieser Monopolcharakter der staatlichen Gewaltherrschaft ist ein ebenso wesentliches Merkmal ihrer Gegenwartslage wie ihr rationaler »Anstalts«- und kontinuierlicher »Betriebs«-Charakter.

4. Für den Begriff des hierokratischen Verbandes kann die *Art* der in Aussicht gestellten Heilsgüter – diesseitig, jenseitig, äußerlich, innerlich – kein entscheidendes Merkmal bilden, sondern die Tatsache, daß ihre Spendung die Grundlage geistlicher *Herrschaft* über Menschen bilden kann. Für den Begriff »Kirche« ist dagegen nach dem üblichen (und zweckmäßigen) Sprachgebrauch ihr in der Art der Ordnungen und des Verwaltungsstabs sich äußernder (relativ) rationaler Anstalts- und Betriebscharakter und die beanspruchte monopolistische Herrschaft charakteristisch. Dem normalen *Streben* der kirchlichen Anstalt nach eignet ihr hierokratische *Gebiets*herrschaft

und (parochiale) territoriale Gliederung, wobei im Einzelfall die Frage sich verschieden beantwortet: durch welche Mittel diesem Monopolanspruch Nachdruck verliehen wird. Aber derart wesentlich wie dem politischen Verband ist das tatsächliche *Gebiets*herrschaftsmonopol für die Kirchen historisch nicht gewesen und heute vollends nicht. Der »Anstalts«-Charakter, insbesondere der Umstand, daß man in die Kirche »hineingeboren« wird, scheidet sie von der »Sekte«, deren Charakteristikum darin liegt: daß sie »Verein« ist und nur die religiös Qualifizierten persönlich in sich aufnimmt. (Das Nähere gehört in die Religionssoziologie.)

Die drei reinen Typen der legitimen Herrschaft. Eine soziologische Studie [1922]

Herrschaft, d. h. die Chance, Gehorsam für einen bestimmten Befehl zu finden, kann auf verschiedenen Motiven der Fügsamkeit beruhen: Sie kann rein durch Interessenlage, also durch zweckrationale Erwägungen von Vorteilen und Nachteilen seitens des Gehorchenden, bedingt sein. Oder andererseits, durch bloße »Sitte«, die dumpfe Gewöhnung an das eingelebte Handeln; oder sie kann rein affektuell, durch *bloße* persönliche Neigung des Beherrschten, begründet sein. Eine Herrschaft, welche *nur* auf solchen Grundlagen ruhte, wäre aber relativ labil. Bei Herrschenden und Beherrschten pflegt vielmehr die Herrschaft durch *Rechtsgründe,* Gründe ihrer »Legitimität«, innerlich gestützt zu werden und die Erschütterung dieses Legitimitätsglaubens pflegt weitgehende Folgen zu haben. An »Legitimitätsgründen« der Herrschaft gibt es, in ganz reiner Form nur drei, von denen – im reinen Typus – jeder mit einer grundverschiedenen soziologischen Struktur des Verwaltungsstabs und der Verwaltungsmittel verknüpft ist.

I. Legale Herrschaft kraft Satzung. Reinster Typus ist die bürokratische Herrschaft. Grundvorstellung ist: daß beliebiges Recht durch formal korrekt gewillkürte Satzung geschaffen und abgeändert werden könne. Der Herrschaftsverband ist entweder gewählt oder bestellt, er selbst und alle seine Teile sind *Betriebe*. Ein heteronomer und heterokephaler (Teil-) Betrieb soll Behörde heißen. Der Verwaltungsstab besteht aus vom Herrn ernannten *Beamten,* die Gehorchenden sind Verbands-*Mitglieder* (»Bürger«, »Genossen«).

Gehorcht wird nicht der Person, kraft deren Eigenrecht, sondern der gesatzten Regel, die dafür maßgebend ist, wem und inwieweit ihr zu gehorchen ist. Auch der Befehlende

selbst gehorcht, indem er einen Befehl erläßt, einer Regel: dem »Gesetz« oder »Reglement«, einer formal abstrakten Norm. Der Typus des Befehlenden ist der *»Vorgesetzte«,* dessen Herrschaftsrecht durch gesatzte Regel legitimiert ist, innerhalb einer *sachlichen »Kompetenz«,* deren Abgrenzung auf Spezialisierung nach sachlicher Zweckmäßigkeit und nach den fachlichen Ansprüchen an die Leistung des Beamten beruht. Der Typus des Beamten ist der geschulte Fachbeamte, dessen Dienstverhältnis auf Kontrakt beruht, mit festem nach dem Rang des Amtes, nicht nach dem Maß der Arbeit abgestuftem Gehalt und Pensionsrecht nach festen Regeln des Avancements. Seine Verwaltung ist *Berufs*arbeit kraft *sachlicher*
2 | *Amtspflicht;* ihr Ideal ist, *»sine ira et studio«*[1], ohne allen Einfluß persönlicher Motive oder gefühlsmäßiger Einflüsse; frei von Willkür und Unberechenbarkeiten, insbesondere »ohne Ansehen der Person« streng formalistisch nach rationalen Regeln und – wo diese versagen – nach »sachlichen« Zweckmäßigkeitsgesichtspunkten zu verfügen. Die Gehorsamspflicht ist abgestuft in einer Hierarchie von Ämtern mit Unterordnung der unteren unter die oberen und geregeltem Beschwerdeverfahren. Grundlage des technischen Funktionierens ist: die *Betriebsdisziplin.*

1. Unter den Typus der »legalen« Herrschaft fällt natürlich nicht etwa nur die moderne Struktur von Staat und Gemeinde, sondern ebenso das Herrschaftsverhältnis im privaten kapitalistischen Betrieb, in einem Zweckverband oder Verein gleichviel welcher Art, der über einen ausgiebigen hierarchisch gegliederten Verwaltungsstab verfügt. Die modernen politischen Verbände sind nur die hervorragendsten Repräsentanten des Typus. Die Herrschaft im privaten kapitalistischen Betriebe ist zwar teilweise heteronom, die Ordnung ist teilweise staatlich vorgeschrieben – und bezüglich des Zwangsstabes gänzlich heterokephal. Der staatliche Gerichts- und Polizeistab versieht (normalerweise) diese Funk-

1 »Ohne Zorn und Eifer«, d. h. allein sachlich, objektiv.

tionen, aber er ist autokephal in seiner zunehmend bürokratischen Verwaltungsorganisation. Daß der Eintritt in den Herrschaftsverband formell freiwillig erfolgt ist, ändert, da die Kündigung ebenso formell »frei« ist und dies die Beherrschten den Betriebsformen normalerweise infolge der Bedingungen des Arbeitsmarktes unterwirft, nichts an dem Herrschaftscharakter, dessen soziologische Verwandtschaft mit der modernen staatlichen Herrschaft die Erörterung der ökonomischen Grundlagen der Herrschaft noch deutlicher machen wird. Die Geltung des »Vertrages« als Basis stempelt den kapitalistischen Betrieb zu einem hervorragenden Typus der »legalen« Herrschaftsbeziehung.

2. Die Bürokratie ist der technisch reinste Typus der legalen Herrschaft. Aber keine Herrschaft ist *nur* bürokratisch, d.h. nur durch kontraktlich engagierte und ernannte Beamte geführt. Das ist gar nicht möglich. Die höchsten Spitzen der politischen Verbände sind entweder »Monarchen« (erbcharismatische Herrscher, s. u.) oder vom Volke gewählte »Präsidenten« (also plebiszitärcharismatische Form, s. u.) oder von einer parlamentarischen Körperschaft gewählt, wo denn deren Mitglieder oder vielmehr die, je nachdem mehr charismatischen oder mehr honoratiorenhaften (s. u.) Führer ihrer vorherrschenden Parteien die tatsächlichen Herren sind. Ebenso ist der Verwaltungsstab fast nirgends wirklich rein bürokratisch, sondern es pflegen in den allermannigfachsten Formen teils Honoratioren, teils Interessenvertreter an der Verwaltung be- | teiligt zu sein (bei weitem am meisten in der 3
sogenannten Selbstverwaltung). Entscheidend ist aber: daß die kontinuierliche Arbeit überwiegend und zunehmend auf den bürokratischen Kräften ruht. Die ganze Entwicklungsgeschichte des modernen Staates insbesondere ist identisch mit der Geschichte des modernen Beamtentums und bürokratischen Betriebes (s. u.), ebenso wie die ganze Entwicklung des modernen Hochkapitalismus identisch ist mit zunehmender Bürokratisierung der Wirtschaftsbetriebe. Der Anteil der bürokratischen Herrschaftsformen steigt überall.

3. Die Bürokratie ist nicht der einzige Typus legaler Herrschaft. Das Turnus-, Los- und Wahlbeamtentum, die Parlaments- und Komiteeverwaltung und alle Arten kollegialer Herrschafts- und Verwaltungskörper fallen darunter, falls ihre Kompetenz auf gesatzten Regeln beruht und die Ausübung des Herrschaftsrechtes dem Typus legalen Verwaltens entspricht. In der Entstehungszeit des modernen Staates haben kollegiale Körperschaften sehr wesentlich zur Entwicklung der legalen Herrschaftsform beigetragen; und besonders der Begriff der »Behörde« verdankt ihnen seine Entstehung. Andererseits spielt das Wahlbeamtentum in der Vorgeschichte der modernen Beamtenverwaltung (und auch heute in den Demokratien) eine große Rolle.

II. *Traditionelle Herrschaft*, kraft Glaubens an die Heiligkeit der von jeher vorhandenen Ordnungen und Herrengewalten. Reinster Typus ist die patriarchalische Herrschaft. Der Herrschaftsverband ist Vergemeinschaftung, der Typus des Befehlenden der »Herr«, die Gehorchenden sind »Untertanen«, der Verwaltungsstab »Diener«. Gehorcht wird der Person kraft ihrer durch Herkommen geheiligten Eigenwürde: aus Pietät. Der Inhalt der Befehle ist durch Tradition gebunden, deren rücksichtslose Verletzung seitens des Herrn die Legitimität seiner eigenen, lediglich auf ihrer Heiligkeit ruhenden, Herrschaft selbst gefährden würde. Neues Recht gegenüber den Traditionsnormen zu schaffen gilt als prinzipiell unmöglich. Es geschieht der Tatsache nach im Wege der »Erkenntnis« eines Satzes als »von jeher geltend« (durch »Weistum«). Außerhalb der Normen der Tradition dagegen ist der Wille des Herrn nur durch Schranken, welche im Einzelfall das Billigkeitsgefühl zieht, also in äußerst elastischer Art gebunden: seine Herrschaft zerfällt daher in ein streng traditionsgebundenes Gebiet und ein solches der freien Gnade und Willkür, in dem er nach Gefallen, Zuneigung, Abneigung und rein persönlichen, insbesondere auch durch persönliche Gefälligkeiten zu beeinflussenden Gesichtspunkten schaltet. Soweit aber

Verwaltung und Streitschlichtung Prinzipien zugrunde gelegt werden, sind es solche der materialen ethischen Billigkeit, Ge-
rechtigkeit | oder utilitaristischen Zweckmäßigkeit, nicht sol- 4
che formaler Art, wie bei der legalen Herrschaft. Ganz ebenso verfährt sein Verwaltungsstab. Dieser besteht aus persönlich Abhängigen (Hausangehörigen oder Hausbeamten) oder aus Verwandten oder persönlichen Freunden (Günstlingen) oder durch persönliches Treuband Verbundenen (Vasallen, Tributärfürsten). Der bürokratische Begriff der »Kompetenz« als einer sachlich abgegrenzten Zuständigkeitssphäre fehlt. Der Umfang der »legitimen« Befehlsgewalt des einzelnen Dieners richtet sich nach dem Einzelbelieben des Herrn, dem sie auch bezüglich ihrer Verwendung in wichtigeren oder ranghöheren Rollen gänzlich anheimgegeben sind. Tatsächlich richtet sie sich weitgehend darnach: was die Bediensteten gegenüber der Fügsamkeit der Unterworfenen sich gestatten dürfen. Nicht sachliche Amtspflicht und Amtsdisziplin, sondern persönliche Dienertreue beherrscht die Beziehungen des Verwaltungsstabes.

Indessen sind in der Art seiner Stellung zwei charakteristisch geschiedene Formen zu beobachten:

1. Die rein patriarchale Struktur der Verwaltung: Die Diener sind in völliger persönlicher Abhängigkeit vom Herrn, entweder rein patrimonial rekrutiert: Sklaven, Hörige, Eunuchen, – oder extrapatrimonial aus gänzlich rechtlosen Schichten: Günstlinge, *Plebejer.* Ihre Verwaltung ist völlig heteronom und heterokephal; es besteht keinerlei Eigenrecht der Verwaltenden an ihrem Amt, aber auch keinerlei Fachauslese und keine ständische Ehre des Beamten; die sachlichen Verwaltungsmittel werden gänzlich für den Herrn in dessen eigener Regie bewirtschaftet. Bei der vollkommenen Abhängigkeit des Verwaltungsstabes vom Herrn fehlt jede Garantie gegen Herrenwillkür, deren mögliches Ausmaß daher hier am größten ist. Der reinste Typus ist die *sultanistische* Herrschaft. Alle wirklichen »Despotien« hatten diesen Charakter, bei welchem

die Herrschaft wie ein gewöhnliches Vermögensrecht des Herrn behandelt wird.

2. Die ständische Struktur: Die Diener sind nicht persönliche Diener des Herrn, sondern unabhängige, kraft Eigenstellung als sozial prominent geltende Leute; sie sind durch Privileg oder Konzession des Herrn mit ihrem Amt *beliehen* (tatsächlich oder der Legitimitätsfiktion nach) oder haben durch Rechtsgeschäft (Kauf, Pfand, Pacht) ein nicht beliebig entziehbares Eigenrecht an dem ihnen appropriierten Amt, ihre Verwaltung ist demgemäß, wenn auch begrenzt, autokephal und autonom, die sachlichen Verwaltungsmittel befinden sich in ihrer Regie, nicht in der des Herrn: *ständische* Herrschaft. – Die Konkurrenz der Amtsinhaber um den Gewaltsbereich ihrer Ämter (und deren Einnahmen) bedingt dann die gegenseitige Abgrenzung ihrer inhaltlichen Verwaltungsbe-
5 reiche und steht | an Stelle der »Kompetenz«. Die hierarchische Gliederung ist durch Privileg (*non evocando, non appellando* sehr oft durchbrochen.[2] Die Kategorie der »Disziplin« fehlt. Tradition, Privileg, feudale oder patrimoniale Treuebeziehungen, ständische Ehre und »guter Wille« regeln die Gesamtbeziehungen. Die Herrenmacht ist also zwischen dem Herrn und dem appropriierten und privilegierten Verwaltungsstab geteilt und diese ständische *Gewaltenteilung* stereotypiert die Art der Verwaltung hochgradig.

Die patriarchale Herrschaft (des Familienvaters, Sippenchefs, »Landesvaters«) ist nur der reinste Typus der traditionalen Herrschaft. Jede Art der »Obrigkeit«, die lediglich kraft eingelebter Gewöhnung mit Erfolg legitime Autorität in Anspruch nimmt, gehört der gleichen Kategorie an, und stellt nur nicht eine so klare Ausprägung dar. Die durch Erziehung und Gewöhnung eingelebte Pietät in Beziehung des Kindes zum Familienoberhaupt ist der am meisten typische Gegen-

2 Rechtskonstruktion, nach der die derart Privilegierten weder von einem externen Gericht vorgeladen, noch selbst ein externes Gericht anrufen dürfen.

satz einerseits zur Stellung eines kontraktlich angestellten Arbeiters in einem Betriebe, andererseits zur emotionalen Glaubensbeziehung eines Gemeindemitgliedes zu einem Propheten. Und auch tatsächlich ist der Hausverband eine Keimzelle traditionaler Herrschaftsbeziehungen. Die typischen »Beamten« des Patrimonial- und Feudalstaates sind Hausbeamte mit zunächst rein dem Haushalt angehörigen Aufgaben (Truchseß, Kämmerer, Marschall, Schenke, Seneschal, Hausmeier).

Das Nebeneinander der streng traditionsgebundenen und der freien Sphäre des Handelns ist allen traditionalen Herrschaftsformen gemeinsam. Innerhalb dieser freien Sphäre muß das Handeln des Herrn oder seines Verwaltungsstabes erkauft oder durch persönliche Beziehungen verdient werden. (Das Gebührenwesen hat darin einen seiner Ursprünge.) Das entscheidend wichtige Fehlen formalen Rechts und statt dessen die Herrschaft materialer Prinzipien in der Verwaltung und Streitschlichtung ist gleichfalls allen traditionalen Herrschaftsformen gemeinsam und hat besonders für die Beziehung zur Wirtschaft weitgehende Konsequenzen. Der Patriarch ebenso wie der patrimoniale Herrscher regiert und entscheidet nach den Prinzipien der »Kadijustiz«: einerseits streng traditional gebunden, soweit diese Bindung aber Freiheit läßt, nach juristisch unformalen und irrationalen Billigkeits- und Gerechtigkeitsgesichtspunkten des Einzelfalles, und zwar auch »unter Ansehung der Person«. Alle Kodifikationen und Gesetze patrimonialer Herrscher atmen den Geist des sogenannten »Wohlfahrtsstaates«: eine Kombination sozialethischer mit sozialutilitaristischen Prinzipien herrscht vor und durchbricht jede formale Strenge des Rechtes.

Die Scheidung der patriarchalen von der ständischen Struktur der traditionalen Herrschaft ist grundlegend für die ganze Staatssoziologie der vorbürokratischen Epoche. (In vollem Um- | fang verständlich wird der Gegensatz freilich erst 6
in Verbindung mit seiner später zu besprechenden wirtschaftlichen Seite: Trennung des Verwaltungsstabes von den sachlichen Verwaltungsmitteln oder Appropriation der sachlichen

Verwaltungsmittel durch den Verwaltungsstab.) Die ganze Frage, ob und welche »Stände« es als Träger ideeller Kulturgüter gab, ist geschichtlich in erster Linie dadurch mit bedingt worden. Die Verwaltung durch patrimonial Abhängige (Sklaven, Hörige), wie sie im vorderasiatischen Orient und in Ägypten bis hinab zur Mamelukenzeit sich findet, ist der extremste und scheinbar (nicht immer wirklich) konsequenteste Typus der ganz ständelosen rein patriarchalen Herrschaft. Die Verwaltung durch freie Plebejer steht dem rationalen Beamtentum relativ nahe. Die Verwaltung durch Literaten kann je nach dem Charakter dieser (typischer Gegensatz: Brahmanen einerseits, Mandarinen andererseits und beiden gegenüber wiederum: buddhistische und christliche Kleriker) sehr verschiedenen Charakter haben, nähert sich aber stets dem ständischen Typus. Dieser wird am eindeutigsten durch Adelsverwaltung repräsentiert, in reinster Form durch den Feudalismus, der das ganz persönliche Treueverhältnis und den Appell an die ständische Ehre des mit dem Amt beliehenen Ritters an die Stelle der sachlichen rationalen Amtspflicht setzt.

Alle Arten ständischer, auf mehr oder minder fester Appropriation der Verwaltungsmacht ruhende Herrschaft steht im Verhältnis zum Patriarchalismus insofern der legalen Herrschaft näher, als sie, kraft der Garantien, welche die Zuständigkeiten der Privilegierten umgeben, den Charakter eines besondersartigen »Rechtsgrundes« hat (Folge der ständischen »Gewaltenteilung«), der dem patriarchalischen Gebilde mit ihrem völlig der Willkür des Herrn anheimgegebenen Verwaltungen fehlt. Andererseits steht die straffe Disziplin und das fehlende Eigenrecht des Verwaltungsstabes beim Patriarchalismus technisch der Amtsdisziplin der legalen Herrschaft näher, als die durch Appropriation zerspaltene und dabei stereotypierte Verwaltung der ständischen Gebilde, und ist die Verwendung von Plebejern (Juristen) im Herrendienst in Europa geradezu der Vorläufer des modernen Staates gewesen.

III. *Charismatische Herrschaft,* kraft affektueller Hingabe an die Person des Herrn und ihre Gnadengaben (Charisma) insbesondere: magische Fähigkeiten, Offenbarungen oder Heldentum, Macht des Geistes und der Rede. Das ewig Neue, Außerwerktägliche, Niedagewesene und die emotionale Hingenommenheit dadurch sind hier Quellen persönlicher Hingebung. Reinste Typen sind die Herrschaft des Propheten, des Kriegshelden, des großen Demagogen. Der Herrschaftsverband ist die Vergemeinschaftung in der Gemeinde oder Gefolgschaft. Der Typus des Befehlenden ist der *Führer.* Der Ty-
pus des | Gehorchenden ist der *»Jünger«.* Ganz ausschließlich 7
dem Führer rein persönlich um seiner persönlichen, unwerktäglichen Qualitäten willen wird gehorcht, nicht wegen gesatzter Stellung oder traditionaler Würde. Daher auch nur, solange ihm diese Qualitäten zugeschrieben werden: sein Charisma sich durch deren Erweise *bewährt.* Wenn er von seinem Gotte »verlassen« oder seiner Heldenkraft oder des Glaubens der Massen an seine Führerqualität beraubt ist, fällt seine Herrschaft dahin. Der Verwaltungsstab ist ausgelesen nach Charisma und persönlicher Hingabe: dagegen weder nach Fachqualifikation (wie der Beamten) noch nach Stand (wie der ständische Verwaltungsstab) noch nach Haus- oder anderer persönlicher Abhängigkeit (wie im Gegensatz dazu der patriarchale Verwaltungsstab). Es fehlt der rationale Begriff der »Kompetenz« ebenso wie der ständische des »Privilegs«. Maßgebend für den Umfang der Legitimation des beauftragten Gefolgsmannes oder Jüngers ist lediglich die Sendung des Herrn und seine persönliche charismatische Qualifikation. Der Verwaltung – soweit dieser Name adäquat ist – fehlt jede Orientierung an Regeln, sei es gesatzten, sei es traditionalen. Aktuelle Offenbarung oder aktuelle Schöpfung, Tat und Beispiel, Entscheidung von Fall zu Fall jedenfalls also – am Maßstab gesatzter Ordnungen gemessen – *irrational,* charakterisiert sie. An Tradition ist sie nicht gebunden: »es steht geschrieben, ich aber sage Euch« gilt für den Propheten; für den Kriegshelden schwinden die legitimen Ordnungen gegenüber der

Neuschaffung kraft Gewalt des Schwertes, für den Demagogen kraft des von ihm verkündeten und suggerierten revolutionären »Naturrechtes«. Die genuine Form charismatischer Rechtsweisung und Streitschlichtung ist die Verkündung des Spruches durch den Herrn oder »Weisen« und seine Anerkennung durch die (Wehr- oder Glaubens-) Gemeinde, welche pflichtmäßig ist, falls ihr nicht eine konkurrierende Weisung eines andern mit dem Anspruch auf charismatische Geltung entgegengestellt wird. In diesem Fall liegt ein letztlich nur durch das *Vertrauen* der Gemeinde zu entscheidender Führerkampf vor, bei dem nur auf einer Seite Recht, auf der anderen sühnepflichtiges Unrecht vorliegen kann.

a) Der Typus der charismatischen Herrschaft ist zuerst von R. Sohm[3] in seinem Kirchenrecht für die altchristliche Gemeinde – noch ohne die Erkenntnis, daß es sich um einen Typus handele – glänzend entwickelt; der Ausdruck ist seitdem mehrfach ohne Erkenntnis der Tragweite gebraucht worden. – Die frühe Vergangenheit kennt neben geringen Ansätzen »gesatzter« Herrschaft, die freilich keineswegs gänzlich fehlen, die Aufteilung der Gesamtheit aller Herrschaftsverhältnisse unter Tradition und Charisma. Neben dem »Wirtschaftshäuptling« (Sachem) der Indianer, einer wesentlich traditionalen Figur, steht der charismatische Kriegsfürst (dem
8 deutschen »Herzog« | entsprechend) mit seiner Gefolgschaft. Jagd- und Kriegszüge, die beide einen persönlich mit außerwerktäglichen Qualitäten ausgerüsteten Führer verlangen, sind die weltlichen, die Magie die »geistliche« Stätte des charismatischen Führertums. Seitdem geht mit den Propheten und Kriegsfürsten aller Zeiten die charismatische Herrschaft über Menschen durch die Jahrhunderte. Der charismatische Politiker – »Demagoge« – ist Produkt des okzidentalen Stadt-

3 Rudolf Sohm (1841–1917), deutscher Kirchenrechtshistoriker, Professor an den Universitäten Göttingen, Freiburg, Straßburg und Leipzig; Max Weber besuchte seine Vorlesungen an der Universität Straßburg während seines Militärdienstes 1883.

staates. Im Stadtstaat Jerusalem trat er nur im religiösen Gewande, als Prophet auf, die Verfassung von Athen dagegen war seit den Neuerungen des Perikles und Ephialtes[4] völlig auf seine Existenz zugeschnitten, ohne welche die Staatsmaschine keinen Augenblick funktionieren würde.

b) Die charismatische Autorität ruht auf dem »Glauben« an den Propheten, der »Anerkennung«, die der charismatische Kriegsheld, der Held der Straße oder der Demagoge persönlich findet und fällt mit ihm dahin. Gleichwohl leitet sie ihre Autorität nicht etwa *aus* dieser Anerkennung durch die Beherrschten ab. Sondern umgekehrt: Glaube und Anerkennung gelten als *Pflicht*, deren Erfüllung der charismatisch Legitimierte für sich fordert, deren Verletzung er ahndet. Die charismatische Autorität ist sogar eine der großen revolutionären Mächte der Geschichte, aber sie ist in ihrer ganz reinen Form durchaus autoritären, herrschaftlichen Charakters.

c) Es versteht sich, daß der Ausdruck »Charisma« hier in einem gänzlich wertfreien Sinne gebraucht wird. Der manische Wutanfall des nordischen »Berserkers«, die Mirakel und Offenbarungen irgendeiner Winkelprophetie, die demagogischen Gaben des Kleon[5] sind der Soziologie genau so gut »Charisma« wie die Qualitäten eines Napoléon, Jesus, Perikles. Denn für uns entscheidend ist nur, ob sie als Charisma gelten und *wirkten*, d. h. Anerkennung fanden. Dafür ist »Bewährung« die Grundvoraussetzung: durch Wunder, Erfolge, Wohlergehen der Gefolgschaft oder der Untertanen muß sich der charismatische Herr als »von Gottes Gnaden« bewähren. Nur solange gilt er dafür, als er das kann. Ist ihm Erfolg versagt, so wankt seine Herrschaft. Dieser charismatische Begriff des »Gottesgnadentums« hatte da, wo er bestand, entscheiden-

4 Führer der demokratischen Partei in Athen, auf deren Betreiben 462 v.Chr. eine einschneidende demokratische Verfassungsreform durchgeführt wurde.

5 Nachfolger von Perikles , nach dessen Tod 429 v.Chr., als Führer der demokratischen Partei in Athen.

de Konsequenzen. Der chinesische Monarch war in seiner Stellung bedroht, sobald Dürre, Überschwemmung, Mißerfolg im Feld oder andere Unfälle es fraglich erscheinen ließen, ob er in der Gnade des Himmels stehe. Öffentliche Selbstanklage und Buße, bei hartnäckigem Unheil, Absetzung und eventuell Opferung drohten ihm. Die Beglaubigung durch Wunder verlangte man von jedem Propheten [...].

Der Bestand auch bei weitem der meisten ihrem Grundcharakter nach *legalen* Herrschaftsverhältnisse ruht, soweit bei ihrer Stabilität der Legitimitätsglauben mitspricht, auf ge- |
9 mischten Grundlagen. Traditionale Eingewöhnung und »Prestige« (Charisma) rücken mit dem – letztlich ebenfalls eingelebten – Glauben an die Bedeutung der formalen Legalität zusammen: die Erschütterung eines von ihnen durch gegenüber der Tradition ungewohnte Anforderungen an die Beherrschten, außergewöhnliches, das Prestige vernichtendes Mißgeschick oder Verletzung der üblichen formalen legalen Korrektheit erschüttert den Legitimitätsglauben in gleichem Maße. Bei *allen* Herrschaftsverhältnissen aber ist für den kontinuierlichen Bestand der tatsächlichen Fügsamkeit der Beherrschten höchst entscheidend vor allem die Tatsache der Existenz des Verwaltungsstabes und seines *kontinuierlichen* auf Durchführung der Ordnungen und (direkte oder indirekte) Erzwingung der Unterwerfung unter die Herrschaft gerichteten Handelns. Die Sicherung dieses die Herrschaft realisierenden Handelns ist das, was man mit dem Ausdruck »Organisation« meint. Für die hiernach so überaus wichtige Herrenloyalität des Verwaltungsstabes selbst wiederum ist dessen Interessensolidarität mit dem Herrn – ideell sowohl wie materiell – ausschlaggebend. Für die Beziehungen des Herrn zum Verwaltungsstab gilt im allgemeinen der Satz: daß in der Regel der Herr kraft der Vereinzelung der Zugehörigen des Stabes und der Solidarität jedes Mitgliedes mit ihm, jedem widerstrebenden Einzelnen gegenüber der Stärkere ist, allen zusammen gegenüber aber jedenfalls dann der Schwächere, wenn sie sich, wie zahlreiche Stabskategorien der Vergangen-

heit und Gegenwart gelegentlich taten – vergesellschaften. Es bedarf aber einer planvollen Vereinbarung der Glieder des Verwaltungsstabes, um durch Obstruktion oder bewußte Gegenaktion die Einwirkung des Herrn auf das Verbandshandeln und hiermit seine Herrschaft lahmzulegen. Und ebenso bedarf es der Schaffung eines eigenen Verwaltungsstabes.

d) Die charismatische Herrschaft ist eine spezifisch *außeralltägliche* und rein persönliche soziale Beziehung. Bei kontinuierlichem Bestand, spätestens aber mit dem Wegfall des persönlichen Charismaträgers, hat das Herrschaftsverhältnis – in letzterem Fall dann, wenn es nicht zugleich erlischt, sondern in irgendeiner Art fortbesteht, und also die Autorität des Herrn auf Nachfolger übergeht – die Tendenz, sich zu *veralltäglichen:* 1. durch Traditionalisierung der Ordnungen. Anstelle der kontinuierlichen charismatischen Neuschöpfung im Recht und Verwaltungsbefehl durch den Charismaträger oder charismatisch qualifizierten Verwaltungsstab tritt die Autorität der Präjudizien und Präzedenzien, die sie schützen oder die ihnen zugeschrieben werden; 2. durch Übergang des charismatischen Verwaltungsstabes: der Jüngerschaft oder Gefolgschaft, in einen legalen oder ständischen Stab; | durch Über- 10
nahme von internen oder von durch Privileg appropriierten Herrschaftsrechten (Lehen, Pfründe); 3. durch Umbildung des Sinnes des Charisma selbst. Dafür ist maßgebend die Art der Lösung der aus ideellen wie (sehr oft vor allem) materiellen Gründen brennenden Frage des *Nachfolgeproblems.*Diese ist in verschiedener Art möglich: das bloße passive Abwarten des Auftretens eines neuen charismatisch beglaubigten oder qualifizierten Herrn pflegt, zumal wenn sein Erscheinen auf sich warten läßt und starke Interessen, gleichviel welcher Art, mit der Fortdauer des Herrschaftsverbandes verknüpft sind, durch aktives Handeln für seine Gewinnung ersetzt zu werden.

α) Durch Aufsuchung nach Merkmalen der charismatischen Qualifikation. Ein ziemlich reiner Typus: das Suchen des neuen Dalai Lama. Der streng persönliche, außeralltägliche Charakter des Charisma wandelt sich dadurch in eine nach Regeln feststellbare Qualität.

b) Durch Orakel, Los oder andere Techniken der Bezeichnung. Der Glaube an die Person des charismatisch Qualifizierten wandelt sich dadurch zum Glauben an die betreffende Technik.

c) Durch Bezeichnung des charismatisch Qualifizierten.

1. Durch den Charismaträger selbst: Nachfolgerdesignation, eine sehr häufige Form, sowohl bei Propheten wie bei Kriegsfürsten. Der Glauben an die Eigenlegitimität des Charisma wandelt sich dadurch in den Glauben an den legitimen Erwerb der Herrschaftskraft rechtlicher und göttlicher Designation.

2. Durch die charismatisch qualifizierte Jüngerschaft oder Gefolgschaft unter Hinzutritt der Anerkennung durch die religiöse resp. militärische Gemeinde. Die Auffassung als »Wahl«- bzw. »Vorwahl«-Recht für dieses Verfahren ist sekundär. Dieser moderne Begriff ist ganz fernzuhalten. Es handelt sich der ursprünglichen Idee nach nicht um eine »Abstimmung« über Wahlkandidaten, zwischen denen freie Auswahl besteht, sondern um Feststellung und Anerkennung des *»richtigen«*, des charismatisch qualifiziert zur Nachfolge *berufenen* Herrn. Eine »falsche« Wahl war daher ein zu sühnendes Unrecht. Das eigentliche Postulat war: daß es möglich sein müßte, Einstimmigkeit zu erzielen, das Gegenteil Irrung und Schwäche sei.

In jedem Falle galt alsdann der Glaube nicht mehr der Person rein als solcher, sondern der »richtig« und »gültig bezeichneten« (und ev. inthronisierten) oder sonst in die Macht nach Art eines Besitzobjekts eingewiesenen Person des Herrn.

3. Durch *»Erbcharisma«* in der Vorstellung, daß die charismatische Qualifikation im Blute liege. |

11 Der an sich naheliegende Gedanke ist zunächst der eines »Erbrechts« an der Herrschaft. Dieser Gedanke ist nur im Okzident im Mittelalter herrschend geworden. Sehr oft haftet das Charisma nur an der Sippe und muß der neue aktuelle

Träger erst besonders festgestellt werden, nach einer der unter 1–3 erwähnten Regeln und Methoden. Wo bezüglich der Person feste Regeln bestehen, sind diese nicht einheitlich. Nur im mittelalterlichen Okzident und in Japan ist durchweg ganz eindeutig das »Primogeniturerbrecht«[6] an der Krone durchgedrungen, sehr zur Erhöhung der Stabilität der dortigen Herrschaft, da alle anderen Formen zu internen Konflikten Anlaß geben.

Der Glaube gilt dann nicht mehr der Person rein als solcher, sondern dem »legitimen« Erben der Dynastie: Der rein aktuelle und außeralltägliche Charakter des Charisma ist sehr stark traditionalisierend umgewandelt und auch der Begriff des »Gottesgnadentums« in seinem Sinne völlig verändert (= Herr zu eigenem vollem Recht, nicht kraft durch die Beherrschten anerkanntem *persönlichen* Charisma). Von persönlichen Qualitäten ist der Herrenanspruch dann *völlig* unabhängig.

4. Durch rituelle Versachlichung des Charisma: Der Glaube, daß es durch eine bestimmte Art von Hierurgie, Salbung, Händeauflegung, oder andere sakramentale Akte übertragbare oder erzeugbare magische Qualität sei.

Der Glaube gilt dann nicht mehr der Person des Charismaträgers – von deren Qualitäten der Herrschaftsanspruch vielmehr (wie besonders klar durch das katholische Prinzip des *character indelebilis* des Priesters[7] durchgeführt ist) völlig unabhängig ist –, sondern der Wirksamkeit des betreffenden sakramentalen Aktes.

5. Das seinem primären Sinn nach autoritär gedeutete charismatische Legitimitätsprinzip kann antiautoritär umgedeutet werden. Die tatsächliche Geltung der charismatischen Herrschaft ruht auf Anerkennung der konkreten *Person* als der

6 Erstgeburtsrecht, d. h. Vorzugsrecht des Erstgeborenen und seiner Linie bei der Erbfolge.

7 Unverlierbarkeit der durch die sakramentalen Weihen erlangten Heiligung des Klerikerstandes.

charismatisch Qualifizierten und Bewährten durch die Beherrschten. Nach der genuinen Auffassung des Charisma wird diese Anerkennung dem legitimen, weil qualifizierten Prätendenten *geschuldet*. Dieses Verhältnis kann indessen leicht dahin umgedeutet werden: daß die freie Anerkennung durch die Beherrschten ihrerseits die Voraussetzung der Legitimität und ihre Grundlage sei (demokratische Legitimität). Dann wird die Anerkennung zur »Wahl« und der kraft eigenem Charisma legitimierte Herr zu einem Gewalthaber von Gnaden der Beherrschten und kraft Mandats. Sowohl die Designation durch die Gefolgschaft wie die Akklamation durch die (militärische oder religiöse) Gemeinde, wie das Plebiszit
12 haben geschichtlich | oft den Charakter einer durch Abstimmung vollzogenen Wahl angenommen und dadurch den seinen charismatischen Ansprüchen gemäß gekorenen Herrn zu einem von den Beherrschten rein nach ihrem Belieben gewählten *Beamten* gemacht.

Ebenso entwickelt sich der charismatische Grundsatz: daß eine charismatische Rechtsweisung der Gemeinde (Wehrgemeinde oder religiöse Gemeinde) verkündigt und von ihr *anerkannt* werden müsse und so die vorhandene Möglichkeit: daß verschiedene und entgegengesetzte Weisungen konkurrieren und dann durch charismatische Mittel, letztlich durch Bekenntnis der Gemeinde zur *richtigen* Weisung, die Entscheidung getroffen wird, leicht zu der – *legalen* – Vorstellung: daß die Beherrschten über das geltensollende Recht durch Willenskundgebung frei bestimmen und daß die Zählung der Stimmen das dafür legitime Mittel sei (Majoritätsprinzip).

Der Unterschied zwischen einem gewählten *Führer* und einem gewählten Beamten bleibt dann lediglich ein solcher des Sinnes, den der Gewählte selbst seinem Verhalten gibt und – nach seinen persönlichen Qualitäten – gegenüber dem Stab und den Beherrschten zu geben *vermag*: der Beamte wird sich gänzlich als Mandatar seines Herrn, hier also der Wähler, der Führer als ausschließlich eigenverantwortlich verhalten, dieser wird also so lange er ihr Vertrauen mit Erfolg in Anspruch nimmt, durchaus nach eigenem Ermessen handeln (*Führer-Demokratie*) und nicht, wie der Beamte, gemäß dem (in einem »imperativen Mandat«) ausgesprochenen oder vermuteten Willen der Wähler.

Anmerkungen und Erläuterungen

Allgemeiner Hinweis: Die eckigen Klammer verweisen auf Auslassungen des Herausgebers, die Seitenangaben am Textrand verweisen auf die Seitenzählung in der angegebenen Originalquelle.

Entwicklungstendenzen in der Lage der ostelbischen Landarbeiter von 1894

Originalquelle:

Preußische Jahrbücher, hg. von Hans Delbrück, 77. Bd., Heft 3, (Juli bis September 1894) Berlin: Hermann Walther, S. 437–473.

Die (verkürzte) Fassung aus den »Preußischen Jahrbüchern« von 1894 ist eine besonders prominente Version einer Mehrzahl von Texten, die Weber im Anschluß an die beiden Erhebungen des »Vereins für Socialpolitik« (Positionen 8, 12, 13, 18, 21 der Bibliographie) und des »Evangelisch-sozialen Kongresses« (Positionen 7, 9, 31, 56) zu diesem Themenkreis publizierte.
Für diesen Teilabdruck wurden die Anmerkungen und technische Details der Beweisführung Webers ausgelassen.

Der Nationalstaat und die Volkswirtschaftspolitik von 1895

Originalquelle:

Max Weber: Der Nationalstaat und die Volkswirtschaftspolitik. Akademische Antrittsrede. Freiburg i.Br. und Leipzig: Mohr-Siebeck 1895.

Die nur geringfügig verkürzte Fassung stützt sich auf die gedruckte Ausgabe der 34seitigen Broschüre (Position 40 der Bibliographie).
Für diesen Teilabdruck wurden die Fußnoten und einige technische Details der Beweisführung Webers ausgelassen.

Die sozialen Gründe des Untergangs der antiken Kultur von 1896

Originalquelle:

Die Wahrheit. Halbmonatsschrift zur Vertiefung in die Fragen und Aufgaben des Menschenlebens. Hg. von Christoph Schrempf. 6. Bd.,

3., 1. Maiheft (Nr. 63), Stuttgart: Fr. Frommanns Verlag [E. Hauff], S. 57–77.

Die nur geringfügig verkürzte Fassung stützt sich auf die gedruckte Version eines »populären Vortrags«, den Max Weber in der »Akademischen Gesellschaft« in Freiburg i.Br. hielt und der in der Zeitschrift »Die Wahrheit« veröffentlicht wurde. – Dieser Text stellt eine von Weber selbst verfaßte Kondensation der Ergebnisse einer Mehrzahl von Texten dar, in denen er sich vorhergehend mit der Agrar-, Wirtschafts- und Sozialgeschichte der Antike auseinandergesetzt hatte (Vgl. Positionen 1 und 5 der Bibliographie).

Geleitwort von 1904

Originalquelle:

Archiv für Sozialwissenschaft und Sozialpolitik, Neue Folge des Archivs für Soziale Gesetzgebung und Statistik, begründet von Heinrich Braun, hg. v. Werner Sombart, Max Weber und Edgar Jaffé, 19. Bd., der Neuen Folge 1. Bd. Heft 1, Tübingen (Mohr-Siebeck), S. I–VII.

Über die Autorenschaft dieses Textes gibt es einen Disput darüber, ob Max Weber oder Werner Sombart sein Verfasser war. Aus inhaltlichen und stilistischen Gründen schließe ich mich der Einschätzung von Wilhelm Hennis an, daß die Information Marianne Webers (Lebensbild S. 290), es handele sich um einen Weber-Text, zuverlässig ist. (Wilhelm Hennis, Max Webers Wissenschaft vom Menschen, Tübingen 1996, S. 209ff.)

Die ›Objektivität‹ sozialwissenschaftlicher und sozialpolitischer Erkenntnis von 1904

Originalquelle:

Archiv für Sozialwissenschaft und Sozialpolitik, Neue Folge des Archivs für Soziale Gesetzgebung und Statistik, begründet von Heinrich Braun, hg. v. Werner Sombart, Max Weber und Edgar Jaffé, 19. Bd., der Neuen Folge 1. Bd. Heft 1, Tübingen (Mohr-Siebeck), S. 22–78.

Gleich zu Beginn dieses Aufsatzes betont Max Weber die Verteilung der Verantwortlichkeiten für die von ihm hier vertretenen Positionen in einer Fußnote: »Wo im Abschnitt I der nachfolgenden Ausführungen ausdrücklich im Namen der Herausgeber gesprochen wird oder dem Archiv Aufgaben gestellt werden, handelt es sich natürlich nicht um Privatansichten des Verfassers, sondern sind die betreffenden Äußerungen von den Mitherausgebern ausdrücklich gebilligt. Für Abschnitt II trifft die Verantwortung für Form und Inhalt den Verfasser *allein*.

Daß das Archiv niemals in den Bann einer bestimmten Schulmeinung geraten wird, dafür bürgt der Umstand, daß der Standpunkt nicht nur seiner Mitarbeiter, sondern auch seiner Herausgeber, auch in methodischer Hinsicht, keineswegs schlechthin identisch ist. Andererseits war natürlich eine Übereinstimmung in gewissen Grundanschauungen Voraussetzung der gemeinsamen Übernahme der Redaktion. Diese Übereinstimmung besteht insbesondere bezüglich der Schätzung des Wertes *theoretischer* Erkenntnis unter »einseitigen« Gesichtspunkten, sowie bezüglich der Forderung der *Bildung scharfer Begriffe* und der strengen *Scheidung von Erfahrungswissen und Werturteil*, wie sie hier – natürlich ohne den Anspruch, damit etwas »neues« zu fordern – vertreten wird.

Die vielen Breiten der Erörterung (sub II) und die häufige Wiederholung desselben Gedankens dient dem ausschließlichen Zweck, das bei solchen Ausführungen mögliche Maximum von *Gemeinverständlichkeit* zu erzielen. Diesem Interesse ist viel – hoffentlich nicht zu viel – an Präzision an Stelle des Ausdrucks geopfert, und ihm zu Liebe ist auch der Versuch, an Stelle der Aneinanderreihung einiger methodologischer Gesichtspunkte eine *systematische* Untersuchung treten zu lassen, hier ganz unterlassen worden. Dies hätte das Hineinziehen einer Fülle von noch zum Teil noch weit tiefer liegenden erkenntnistheoretischen Problemen erfordert. Es soll hier nicht Logik getrieben, sondern es sollen bekannte Ergebnisse der modernen Logik für uns nutzbar gemacht, Probleme nicht gelöst, sondern dem Laien ihre Bedeutung veranschaulicht werden. Wer die Arbeiten der modernen Logiker kennt, – ich nenne nur Windelband, Simmel, und für unsere Zwecke speziell Heinrich Rickert – wird sofort bemerken, daß in allem Wesentlichen lediglich an sie angeknüpft ist.« (a.a.O. S. 22)

Die protestantische Ethik und der ›Geist‹ des Kapitalismus von 1904/05 bzw. 1920

Originalquelle:

Max Weber: Gesammelte Aufsätze zur Religionssoziologie, Bd. I, Tübingen (Mohr-Siebeck), S. 17–206. – Umgearbeitete Fassung von: Max Weber: Die protestantische Ethik und der ›Geist‹ des Kapitalismus. In: Archiv für Sozialwissenschaft und Sozialpolitik, 20.Bd. (1904), Heft 1, S. 1–54; 21.Bd. (1905), S. 1-110.

Die hier erheblich verkürzte Fassung – insbesondere wurden sämtliche Fußnoten Webers ausgelassen – stützt sich auf die gedruckte Version aus Band 1 der »Gesammelten Aufsätze zur Religionssoziologie«, der 1920 veröffentlicht wurde. Für eine genaue Analyse der zahlreichen Änderungen zwischen der ersten Fassung von 1904/05 und dem Wiederabdruck 1920 sei – vor dem Erscheinen der entsprechenden Texte im Rahmen der Max Weber-Gesamtausgabe – auf folgende Publikation verwiesen:
Max Weber: Die protestantische Ethik und der »Geist« des Kapitalismus. Textausgabe auf der Grundlage der ersten Fassung von 1904/05 mit einem Verzeichnis der wichtigsten Zusätze und Veränderungen aus der zweiten Fassung von 1920. Herausgegeben und eingeleitet von Klaus Lichtblau und Johannes Weiß. Bodenheim 1993.

›Kirchen‹ und ›Sekten‹ von 1906

Originalquelle:

Frankfurter Zeitung, 50. Jg., Nr. 102 vom 13.4.1906, 4. Mo.bl., Frankfurter Zeitung, 50. Jg., Nr. 104 vom 15.4.1906, 6. Mo.bl.

Um den ursprünglichen Duktus des Arguments von Max Weber wiederzugeben, wurde für diese Auswahl die ursprüngliche Fassung gewählt und nicht die spätere Überarbeitung, wie sie in die »Gesammelten Aufsätze zur Religionssoziologie« (1920) aufgenommen wurde unter dem Titel: Die protestantischen Sekten und der Geist des Kapitalismus, a.a.O. S. 207–236.

Agrarverhältnisse im Altertum von 1909

Originalquelle:

Handwörterbuch der Staatswissenschaften. Hg. v. J. Conrad u.a., 3. gänzlich umgearbeitete Aufl., 1. Bd., Jena: Gustav Fischer 1909, S. 52–188.

Die hier sehr stark verkürzte Fassung – bei der sämtliche Fußnoten ausgelassen wurden – stützt sich auf die gedruckte Version aus dem Sammelband »Gesammelte Aufsätze zur Sozial- und Wirtschaftsgeschichte«. Hg. von Marianne Weber. Verlag von J.C.B. Mohr (Paul Siebeck), Tübingen 1924, S. 1–288.

Über einige Kategorien der verstehenden Soziologie von 1913

Originalquelle:

»Logos«, Internationale Zeitschrift für Philosophie der Kultur. Hg.: R. Kroner u. G. Mehlis. Bd. IV, Heft 3, Verlag von J.C.B. Mohr (Paul Siebeck), Tübingen 1913, S. 253–294.

Die hier passagenweise verkürzte Fassung – bei der auch drei umfängliche Fußnoten Webers ausgelassen wurden – stützt sich auf die gedruckte Version aus dem Sammelband »Gesammelte Aufsätze zur Wissenschaftslehre.« Hg.: Marianne Weber. Verlag von J.C.B. Mohr (Paul Siebeck), Tübingen 1922, S. 403–450.

Die Stadt von 1913/14

Originalquelle:

Archiv für Sozialwissenschaft und Sozialpolitik, 47. Bd. (1920/21), H. 3, S. 621–772.

Der insgesamt unvollendete Text »Die Stadt. Eine soziologische Untersuchung.« wurde nicht mehr von Max Weber veröffentlicht. Er war vermutlich geplant als Teil des großangelegten Unternehmens »Grundriss der Sozialökonomik«. Weber arbeitete an diesem Text zwischen den Jahren 1911 bis 1914, der hier erheblich gekürzt abgedruckte Text basiert auf dem Stand der Bearbeitung der Jahre 1913/14. Er wurde im Jahr 1921 im »Archiv für Sozialwissenschaften und Sozialpolitik« publiziert und als Zweitdruck aufgenommen in »Grundriß der Sozialökonomik, Abteilung III: Wirtschaft und Gesellschaft.« Tübingen: J.C.B.Mohr (Paul Siebeck) 1922, S. 513–600. Die hier angegebene Seitenzählung bezieht sich auf die Erstdruckversion im »Archiv«.

Der Sinn der ›Wertfreiheit‹ der soziologischen und ökonomischen Wissenschaften von 1917

Originalquelle:

»Logos«, Internationale Zeitschrift für Philosophie der Kultur. Hg.: R. Kroner u. G. Mehlis. Bd. VII, Heft 1, Verlag von J.C.B. Mohr (Paul Siebeck), Tübingen 1917/18, S. 40–88.

Die hier passagenweise verkürzte Fassung, unter Weglassung der Fußnoten, stützt sich auf die gedruckte Version aus dem Sammelband »Gesammelte Aufsätze zur Wissenschaftslehre.« Hg.: Marianne Weber. Verlag von J.C.B. Mohr (Paul Siebeck), Tübingen 1922, S. 451–502.

In einer Fußnote heißt es in der Originalquelle: »Umarbeitung eines für eine interne Diskussion im Ausschuß des ›Vereins für Sozialpolitik‹ 1913 erstatteten, als Manuskript gedruckten Gutachtens. [...]« Dieser Hinweis bezieht sich auf ein gedrucktes Manuskript, das Weber für die interne Diskussion im Ausschuß des Vereins für Sozialpolitik drucken ließ. (Bibliographie Position 117)

Parlament und Regierung im neugeordneten Deutschland von 1918

Originalquelle:

Die innere Politik, hg. v. S. Hellmann. München/Leipzig: Duncker & Humblot 1918.

Wie Max Weber selbst in seiner hier abgedruckten »Vorbemerkung« betont, handelt es sich bei diesem Text um die Umgestaltung und Erweiterung von Zeitungsbeiträgen, die er im Sommer 1917 in der »Frankfurter Zeitung« veröffentlichte (Positionen 138, 139–142 des Schriftenverzeichnis). Nachdem diese Serie – wegen einer verhängten »Präventivzensur« – abgebrochen werden mußte, gelang es Weber, eine überarbeitete Fassung als separate Broschüre in der von Sigmund Hellmann herausgegeben Reihe »Die innere Politik« im Mai 1918 im Verlag Duncker & Humblot (München und Leipzig) zu publizieren.

Der Sozialismus von 1918

Originalquelle:

»Phöbus«, Kommissionsverlag Dr. Viktor Pimmer, Wien VI. Mariahilferstrasse 27.

Der Text beruht ursprünglich auf dem Stenogramm eines Vortrags, den Max Weber während seiner Lehrtätigkeit an der Universität Wien von April bis Juli 1918 vor einer Gruppe von Offizieren am 13. Juni 1918 hielt. Mit Zustimmung Max Webers wurde dieser Text mit geringfügigen Überarbeitungen von der »Feindespropaganda-Abwehrstelle« des k.u.k. Armeeoberkommandos als Broschüre von 34 Seiten publiziert.

Wissenschaft als Beruf von 1919

Originalquelle:

Wissenschaft als Beruf. Geistige Arbeit als Beruf. [Vier] Vorträge vor dem Freistudentischen Bund. Erster Vortrag. München und Leipzig, Verlag von Duncker & Humblot 1919.

Der Text beruht ursprünglich auf dem Stenogramm eines Vortrags, den Max Weber am 7. November 1917 vor dem Freistudentischen Bund im »Kunstsaal Steinicke« in München hielt. Dieses Manuskript wurde von Max Weber erheblich überarbeitet und, mit einem Nachwort des Organisators, Immanuel Birnbaum, als Broschüre von 39 Seiten erst im Sommer 1919 publiziert.

Politik als Beruf von 1919

Originalquelle:

Politik als Beruf. Geistige Arbeit als Beruf. Vier Vorträge vor dem Freistudentischen Bund. Zweiter Vortrag. München und Leipzig, Verlag von Duncker & Humblot 1919.

Der Text beruht ursprünglich auf dem Stenogramm eines Vortrags, den Max Weber am 28. Januar 1919 vor dem Freistudentischen Bund im »Kunstsaal Steinicke« in München hielt. Wie schon bei seinem Vortrag über »Wissenschaft als Beruf« von 1917 wurde auch dieses Manuskript von Max Weber erheblich überarbeitet und als Broschüre von 67 Seiten, gleichzeitig mit der zu »Wissenschaft als Beruf«, publiziert.

Vorbemerkung [zu den »Gesammelten Aufsätzen zur Religionssoziologie«] von 1920

Originalquelle:

Gesammelte Aufsätze zur Religionssoziologie. Bd. I. Tübingen: Mohr-Siebeck 1920, S. 1–16.

Dieser Text, den Max Weber im Jahr 1920 für die Buchveröffentlichung seiner religionssoziologischen Aufsätze verfaßte, wird hier mit geringfügigen Auslassungen, insbesondere ohne die Hinweise auf die anschließenden Texte und die Fußnoten, aufgenommen.

Einleitung [zu »Die Wirtschaftsethik der Weltreligionen«] von 1920

Originalquelle:

Gesammelte Aufsätze zur Religionssoziologie. Bd. I. Tübingen: Mohr-Siebeck 1920, S. 237–275.

Dieser Text, den Max Weber im Jahr 1920 für die Buchveröffentlichung seiner religionssoziologischen Aufsätze verfaßte, wird hier mit nur geringfügigen Auslassungen – insbesondere ohne die Hinweise auf die anschließenden Texte und die in ihnen verwendete Begrifflichkeit sowie die Fußnoten – aufgenommen.

Theorie der Stufen und Richtungen religiöser Weltablehnung. Zwischenbetrachtung von 1920

Originalquelle:

Gesammelte Aufsätze zur Religionssoziologie. Bd. I. Tübingen: Mohr-Siebeck 1920, S. 536–573.

Dieser Text, den Max Weber im Jahr 1920 für die Buchveröffentlichung seiner religionssoziologischen Aufsätze verfaßte, wird hier mit nur geringfügigen Auslassungen – insbesondere ohne die Hinweise auf die anschließenden Texte und die in ihnen verwendete Begrifflichkeit, sowie die Fußnoten – aufgenommen.

Soziologische Grundbegriffe von 1920

Originalquelle:

Grundriss der Sozialökonomik. III. Abteilung. Wirtschaft und Gesellschaft. I. Die Wirtschaft und die gesellschaftlichen Ordnungen und Mächte. Bearbeitet von Max Weber. Erster Teil. (Erste Lieferung). Tübingen: Mohr/Siebeck 1921, S. 1–30.

Dieser hier nur geringfügig gekürzte Text war Teil der ersten Lieferung des »Grundriss der Sozialökonomik« und gehört damit zu jenen wenigen Passagen aus dem erst nach seinem Tod von den verschiedenen Herausgebern komponierten Werk »Wirtschaft und Gesellschaft«, die von Weber selbst noch redigiert und autorisiert wurden.

Die drei reinen Typen der legitimen Herrschaft. Eine soziologische Studie von 1922

Originalquelle:

Preußische Jahrbücher, hg. v. W. Schotte, Bd. 187, Heft 1, Januar 1922, Berlin (G. Stilke), S. 1–12.

Dieser hier nur geringfügig gekürzte Text wurde erst zwei Jahre nach Webers Tod aus seinem Nachlaß publiziert und später in die Sammlung »Gesammelte Aufsätze zur Wissenschaftslehre« aufgenommen.

Zeittafel

1864

21. April: Karl Emil *Maximilian Weber* wird im Haus Karthäuser Steg 43b in Erfurt geboren. Erstes Kind (von insgesamt acht) von Dr. jur. Wilhelm *Maximilian* Weber (1836–97) und Helene Weber, geb. Fallenstein (1844–1919).	Gründung der Ersten Internationale in London mit Karl Marx als Vorsitzendem. Der Wiener Friede beendet den preußisch-österreichischen Krieg gegen Dänemark. Päpstliche Enzyklika »Quanta cura«, die sich gegen zeitgenössische Anschauungen von Religion richtet; beigefügt ist ein Verzeichnis aller Irrlehren (»Syllabus errorum«), wie Pantheismus, Naturalismus, Rationalismus, Liberalismus.

1865

	Ende des amerikanischen Sezessionskrieges. Gründung des »Allgemeinen Frauenvereins« durch Luise Otto-Peters und Auguste Schmidt. Gregor Mendel: »Versuche über Pflanzenhybriden«. Die Wirtschaftsunternehmen Dyckerhoff & Widmann und die Badische Anilin- und Sodafabrik (BASF) werden gegründet.

1866

Max Weber erkrankt an einseitiger Meningitis.	Im »Bruderkrieg« gegen Österreich siegt Preußen. Gründung des Norddeutschen Bundes durch Preußen.

Abspaltung der bismarckfreundlichen »Nationalliberalen« von der »Fortschrittspartei« unter Führung von Rudolf von Benningsen und Johannes Miquel.
Werner (von) Siemens entwickelt die Dynamomaschine, die öffentliche Stromversorgung und die Starkstromtechnik.

1867

Bismarck wird Bundeskanzler des Norddeutschen Bundes.
Die »Freikonservative Partei« (für Bismarck) spaltet sich in Preußen von der »Konservativen Partei« (gegen Bismarck) ab.
Die ersten Sozialdemokraten ziehen in das Parlament ein.
Karl Marx: »Das Kapital. Kritik der politischen Ökonomie« (Bd. I).

1868

Alfred Weber, Bruder Max Webers, wird geboren (stirbt 1958).

Die süddeutschen Staaten beteiligen sich am Deutschen Zollparlament in Berlin.

1869

Max Weber sen. wird besoldeter Stadtrat in Berlin: Umzug nach Berlin. Beginn einer parlamentarischen Karriere: Abgeordneter der Nationalliberalen Partei im Preußischen Abgeordnetenhaus (1868–82; 1884–97) und im Deutschen Reichstag (1872–84)

August Bebel und Wilhelm Liebknecht gründen die »Sozialdemokratische Arbeiterpartei«. Anschluß an die Erste Internationale (Erfurter Programm).
Der »Allgemeine Deutsche Arbeiterverband« wird gegründet.
Friedrich Nietzsche wird Professor für klassische Philologie an der Universität Basel.
Die Grusonwerke in Magdeburg

(Produktion von Panzertürmen und Gußgranaten für fast alle Militärstaaten) werden gegründet; Verkauf an Friedrich Krupp 1893.

1870

Max Weber jun. besucht die Döbbelinsche Privatschule in Charlottenburg.
Karl Weber, Bruder Max Webers, wird geboren (stirbt 1915).
Marianne Schnitger, Großnichte von Max Weber sen. und spätere Ehefrau von Max Weber jun., wird geboren (stirbt 1954).

Beginn des Deutsch-Französischen Krieges.
Rosa Luxemburg wird geboren.
Auf dem Vatikanischen Konzil wird das Dogma von der Unfehlbarkeit päpstlicher Excathedra-Entscheidungen verkündet.
Heinrich Schliemann beginnt die Ausgrabungen des antiken Troja.

1871

Gründung des Deutschen Reiches. Wilhelm I., König von Preußen, wird Deutscher Kaiser.
Bismarck wird Reichskanzler.
Friede von Frankfurt.
Charles Darwin: »Die Abstammung des Menschen«.
August Thyssen eröffnet ein Band- und Stabeisenwerk.

1872

Umzug der Familie Weber in das Haus Leibnizstraße 19 in Charlottenburg.
Max Weber besucht das Königliche Kaiserin-Augusta-Gymnasium in Charlottenburg.

Beginn des »Kulturkampfes«.
Das »Strafgesetzbuch für das Deutsche Reich« tritt in Kraft.
Der »Verein für Socialpolitik« wird von den sog. »Kathedersozialisten« (Adolf Wagner, Gustav Schmoller, Lujo Brentano, Georg Friedrich Knapp u. a.) gegründet.

1873

Deutschland, Österreich und Rußland schließen das Dreikaiser-Abkommen.

1875

Clara Weber, Schwester Max Webers, wird geboren (gestorben 1953).

Zusammenschluß des »Allgemeinen Deutschen Arbeitervereins« (gegründet 1863 von Ferdinand Lassalle) mit der »Sozialdemokratischen Arbeiterpartei« (gegründet von August Bebel und Wilhelm Liebknecht) zur »Sozialistischen Arbeiterpartei Deutschlands« (Gothaer Programm) [ab 1890 Sozialdemokratische Partei Deutschlands SPD] .

Der »Zentralverband der Industrie« (Interessenvertretung der Schwerindustrie) wird gegründet.

1876

Gründung der »Deutschen Konservativen Partei«.

Adolph Wagner: »Grundlegung der politischen Ökonomie«.

Der erste Viertakt-Verbrennungsmotor (»Otto-Motor«) wird gebaut.

Carl von Linde baut die erste Kompressions-Kältemaschine.

1877

Max Weber schreibt die Aufsätze: »Über den Hergang der deutschen Geschichte, namentlich in Rücksicht auf die Stellung von Kaiser und Papst« und »Über die

Beginn des russisch-türkischen Krieges.

Die SPD erhält in den Wahlen zum deutschen Reichstag rund 9 Prozent der Stimmen.

römische Kaiserzeit von Konstantin bis zur Völkerwanderung«.
Arthur Weber, Bruder Max Webers, wird geboren (gestorben 1952).

Die Werft Blohm & Voß AG wird gegründet.

1878

Attentate auf Kaiser Wilhelm I. und Bismarck lösen das gegen die Sozialdemokratie gerichtete »Sozialistengesetz« aus.
Übergang zur »Schutzzollpolitik«.
Adolf Stoecker und Adolph Wagner gründen die »Christlich-soziale Arbeiterpartei«.
Friedrich Engels: »Herrn Eugen Dührings Umwälzung der Wissenschaft«.

1879

Max Weber schreibt den Aufsatz »Betrachtungen über Völkercharakter, Völkerentwicklung und Völkergeschichte bei den indo-germanischen Nationen«.

Zweibund Österreich-Deutschland.
Heinrich von Treitschke: »Deutsche Geschichte im 19. Jahrhundert«.
Werner von Siemens baut die erste Elektro-Lokomotive.

1880

Lili Weber, Schwester Max Webers, wird geboren (gestorben 1920).

Oswald Spengler wird geboren.
Adolf von Bayer eröffnet den Weg zur industriellen Synthese des Indigo-Farbstoffes.

1881

Neutralitätsvertrag zwischen Deutschland-Österreich und Rußland.

	Die Sozialgesetzgebung Bismarcks beginnt. Leopold von Ranke: »Weltgeschichte«.

1882

29. April: Max Weber besteht das Abitur. Aufnahme des Studiums der Jurisprudenz, Geschichte, Nationalökonomie, Philosophie an der Großherzoglich Badischen Universität Heidelberg. Er hört u.a. bei Ernst Immanuel Bekker, Otto Karlowa, M. Heinze, H. Schulze, Karl Knies, Kuno Fischer. Bei den »Alemannen« tritt er als Konkneipant ein. Befreundet sich mit Otto Baumgarten (1858–1934), seinem Straßburger Vetter, der sein Theologiestudium in Heidelberg abschließt. Besuche bei seinem Onkel Hermann Baumgarten (1825–93), Professor für Geschichtswissenschaft an der Universität Straßburg, der mit der Schwester seiner Mutter, Ida Fallenstein (1837–99), verheiratet ist.	Erweiterung des Zweibundes zum Dreibund durch den Beitritt Italiens. Robert Koch entdeckt den Tuberkelbazillus und (1883) den Erreger der Cholera. Erste Fernübertragung elektrischen Stroms über die 57-km-Strecke Miesbach-München.

1883

Max Weber beteiligt sich aktiv am Verbindungsleben der »Alemannen«. Im Oktober beginnt er seinen Dienst als »Freiwillig-Einjähriger« beim 2. Niederschlesischen Infanterie-Regiment Nr. 47 in Straßburg.	Einführung der staatlichen Kranken- und Zwangsversicherung. August Bebel: »Die Frau und der Sozialismus«. Friedrich Nietzsche: »Also sprach Zarathustra«. Rudolf Sohm: »Institutionen des

Eine enge Freundschaft mit Hermann Baumgarten und dessen Familie entwickelt sich.

römischen Rechts«.
Hermann Baumgarten: »Treitschkes deutsche Geschichte«.
Carl Menger: »Untersuchungen über die Methode der Sozialwissenschaften«.
Wilhelm Dilthey: »Einleitung in die Geisteswissenschaften«.
Karl Marx gestorben.
Gründung der Vorläuferin der AEG durch Emil Rathenau.
Gottlieb Daimler und Wilhelm Maybach bauen den ersten schnellaufenden Benzinmotor auf der Basis des von Nikolaus August Otto 1876 konstruierten Viertaktmotors.

1884

Max Weber wird in Straßburg zum Korporalschaftsführer befördert.
Er setzt sein Studium an der Königlichen Friedrich-Wilhelm Universität zu Berlin im Wintersemester und im anschließenden Sommersemester fort (4. und 5. Studiensemester). Hört u.a. bei: Georg Beseler, Ludwig Aegidy, Rudolf von Gneist, Heinrich Brunner, Otto von Gierke, Theodor Mommsen, Levin Goldschmidt, Heinrich von Treitschke.

Beginn der deutschen Kolonialpolitik in Deutsch-Ostafrika, Südwestafrika, Togo, Neuguinea, im Bismarck-Archipel und auf den Marschallinseln.
Reichstagswahlen: weiterhin dominierende Stellung des Zentrums, die Deutsch-Freisinnigen verlieren, die Sozialdemokraten gewinnen an Mandaten.
Friedrich Engels: »Der Ursprung der Familie, des Privateigentums und des Staates«.
Gustav A. Wayss erwirbt das Patent für »Eisenbeton« (heute Stahlbeton) und gründet ein Unternehmen zu dessen Verwertung in der Bautechnik (heute Wayss & Freitag AG).

1885

Im April erste militärische Übung in Straßburg.
Max Weber bereitet sich im Wintersemester 1885/86 (6. Sem.) an der Universität Göttingen auf das juristische Referendarexamen vor.

Karl Marx: »Das Kapital«, Bd. II. (hg. von Friedrich Engels).
Theodor Mommsen: »Römische Geschichte«, Bd. V.
August Weismann weist als Biologe nach, daß manche erworbenen Eigenschaften nicht vererbt werden.
Die Brüder Reinhard und Max Mannesmann erwerben das Patent für ihr Schrägwalzverfahren zur Herstellung nahtloser Röhren.

1886

Absolvierung des juristischen Staatsexamens im Mai in Celle.
Zum Sommersemester Fortsetzung des Studiums in Berlin, insbesondere bei Levin Goldschmidt und August Meitzen.
Ab da bis 1893 lebt er im Elternhaus in Berlin-Charlottenburg.

Ende des Dreikaiser-Abkommens.
Beendigung des »Kulturkampfes«.
Schrittweise Aufhebung der »Maigesetze«.
Die »Ostmarkvorlage« (ein Ansiedlungsgesetz für die Provinzen Posen und Westpreußen zur Stärkung des Deutschtums) wird verabschiedet.
Leopold von Ranke stirbt.
S. Fischer-Verlag wird in Berlin gegründet.
Carl Benz bekommt das Patent für seinen »Motorwagen«.

1887

Max Weber macht seine zweite Offiziersübung in Straßburg.
Beförderung zum Leutnant der Reserve.
In dieser Zeit enge Gefühlsbeziehung zu seiner Cousine Em-

Rückversicherungsantrag zwischen Deutschland und Rußland tritt in Kraft.
Heinrich Rudolf Hertz legt mit seinen Erkenntnissen über elektromagnetische Wellen die

my Baumgarten (1865–1946). Doktorand bei Levin Goldschmidt in Berlin.

Grundlagen für drahtlose Telegraphie und Rundfunk.

1888

Max Weber absolviert seine dritte militärische Übung in der preußischen Provinz Posen. Der dortige Landrat Otto Nollau verschafft ihm Einblick in die preußische Ansiedlungspolitik, wie sie seit der »Ostmarkvorlage« betrieben wird.
Weber wird Mitglied des »Vereins für Socialpolitik«.

Thronbesteigung Wilhelm II. nach dem Tod seines Großvaters, Wilhelm I., und seines Vaters, Friedrich Wilhelm III.
Rudolf Eucken: »Die Einheit des Geisteslebens in Bewußtsein und Tat der Menschheit«.
Erstes Erscheinen des »Archivs für soziale Gesetzgebung und Statistik. Vierteljahresschrift zur Erfassung der gesellschaftlichen Zustände aller Länder«, hg. von Heinrich Braun.
Beginn der drahtlosen Nachrichtentechnik durch Heinrich Hertz.

1889

Max Weber promoviert mit »magna cum laude« bei Goldschmidt und Gneist über die »Entwickelung des Solidarhaftprinzips und des Sondervermögens der offenen Handelsgesellschaft aus den Haushalts- und Gewerbegemeinschaften in den italienischen Städten« (publiziert bei Gebr. Kröner, Stuttgart 1889). – Die Dissertation bildet das dritte Kapitel einer größeren Arbeit »Zur Geschichte der Handelsgesellschaften im Mittelalter. Nach südeuropäischen Quellen« (F. Enke, Stuttgart 1889).

Gründung der Zweiten Internationale in Paris.
Großer Ruhrstreik bewirkt Lohnerhöhungen und Arbeitszeitverkürzungen.
Invaliditäts- und Altersversicherung gesetzlich geregelt.
Otto Lilienthal: »Der Vogelflug als Grundlage der Fliegerkunst«.
Adolf Hitler geboren.

1890

Max Weber wählt konservativ bei den Reichstagswahlen.
Er beteiligt sich am ersten »Evangelisch-sozialen Kongreß«; Kontakte mit Paul Göhre, Friedrich Naumann, Adolf von Harnack.
Mitarbeit bei der »Christlichen Welt« (hrsg. v. Martin Rade).
Er erhält vom »Verein für Socialpolitik« den Auftrag, in der vom Verein geplanten »Landarbeiterenquete« die Materialien über die ostelbischen Gebiete auszuwerten.

Wilhelm II. entläßt Bismarck als Kanzler; Leo Graf von Caprivi wird Nachfolger.
Der Rückversicherungsvertrag wird nicht verlängert.
Reichstagswahlen: 73 Konservative, 20 Reichspartei, 42 Nationalliberale, 66 Deutsch-Freisinnige, 106 Zentrum, 16 Polen, 35 Sozialdemokraten, 10 Volkspartei, 11 Welfen, 10 Elsässer, 1 Dänen, 3 Antisemiten, 2 Parteilose.
Aufhebung des »Sozialistengesetzes«.
Umbildung der »Sozialistischen Arbeiterpartei Deutschlands« zur »Sozialdemokratischen Partei Deutschlands« (SPD) unter August Bebel.
Die »Freien Gewerkschaften« haben 13 000 Mitglieder.

1891

Max Weber nimmt erneut an einer militärischen Übung in der Provinz Posen teil.
Er übernimmt redaktionelle Arbeiten für das von seinem Vetter Otto Baumgarten gegründete Blatt »Evangelisch-soziale Zeitfragen«.
Vergebliche Bewerbung um eine Syndikusstelle bei der Stadt Bremen.
Beendigung der Habilitationsschrift bei Meitzen über: »Die römische Agrargeschichte in ihrer Bedeutung für das Staats-

Gründung des »Alldeutschen Verbandes«.
Proklamation des »Erfurter Programms« der SPD (Verfasser: Karl Kautsky und Eduard Bernstein).
Päpstliche Enzyklika »rerum novarum«, die die Sozialpolitik der katholischen Kirche festlegt.
Friedrich Engels: »Die Entwicklung des Sozialismus von der Utopie zur Wissenschaft«.

und Privatrecht« (publiziert bei F. Enke, Stuttgart).

1892

Abschluß der Habilitation im Februar.
Ab dem Sommersemester vertritt Max Weber, neben seiner Anwaltstätigkeit beim Berliner Kammergericht, als Privatdozent den erkrankten Goldschmidt durch Vorlesungen und Übungen über Handelsrecht und Römische Rechtsgeschichte an der Berliner Universität.
Auswertung der Enquête des »Vereins für Socialpolitik« über »Die Verhältnisse der Landarbeiter im ostelbischen Deutschland«.
Verlobung mit Marianne Schnitger, der Enkelin seines Onkels Karl David aus Oerlinghausen bei Bielefeld.

August Bebel: »Christentum und Sozialismus«.
Wilhelm Windelband: »Lehrbuch der Geschichte der Philosophie«.

1893

Max Weber erhält den Ruf auf ein Ordinariat für Nationalökonomie und Finanzwissenschaft an der Universität Freiburg; gleichzeitig wird die Berufung als Extraordinarius für Handelsrecht an die Universität Berlin erwogen.
Weber berichtet auf einer Tagung des »Vereins für Socialpolitik« über die Landarbeiterenquête in den ostelbischen Provinzen; Kooptation in den »Gesamtausschuß« des »Vereins für Socialpolitik«.

Auflösung des Reichstages.
Spaltung der »Deutsch-Freisinnigen Partei«.
Der neugebildete Reichstag nimmt die »Militärvorlage« an (Verstärkung des Heeres, zweijährige Dienstpflichtzeit).
Gründung des »Bundes der Landwirte«.
Dritter Internationaler Sozialistischer Arbeiterkongreß in Zürich.
Vierter Evangelisch-sozialer Kongreß.

Auftrag vom »Evangelisch-sozialen Kongreß«, zusammen mit Paul Göhre eine zweite Enquête zu veranstalten.
Weber tritt dem »Alldeutschen Verband« bei, hält dort Vorträge über die »Polenfrage«.
Sein Onkel Hermann Baumgarten stirbt.
Eheschließung mit Marianne Schnitger.

Gründung des Rheinisch-Westfälischen Kohlensyndikats (Monopolisierung der Ruhrkohlenförderung).

1894

Max Weber nimmt erneut an einer militärischen Übung in Posen teil.
Übersiedlung nach Freiburg.
Referat über die Landarbeiterenquête auf der Frankfurter Tagung des »Evangelisch-Sozialen Kongresses«: die gegen den Großgrundbesitz zielenden Forderungen führen zum Bruch zwischen den linksgerichteten Christlich-Sozialen (Gerhart von Schulze-Gaevernitz, Friedrich Naumann, Paul Göhre, Max Weber) und den Konservativen unter Adolf Stoecker.

Nach der Entlassung von Leo Graf von Caprivi wird Chlodwig Fürst zu Hohenlohe-Schillingsfürst deutscher Reichskanzler.
Beginn der christlichen Gewerkschaftsbewegung in Deutschland.
Der »Alldeutsche Verband« fordert die Schließung der östlichen Grenze für polnische Wanderarbeiter.
Friedrich Naumann gründet die Wochenzeitschrift »Die Hilfe«.
Karl Marx: »Das Kapital«, Bd. III (hrsg. von Friedrich Engels).
Wilhelm Ostwald entdeckt den Mechanismus der Katalyse.
Carl Ludwig Schleich entwickelt die Lokalanästhesie.

1895

Max Weber hält in Freiburg seine akademische Antrittsrede: »Der Nationalstaat und die Volkswirtschaftspolitik«.
Urlaubsreisen von Max und Ma-

Friedrich Engels stirbt in London.
Parteitag der Christlich-Sozialen in Eisenach.
Evangelisch-sozialer Kongreß in

rianne Weber durch England und Schottland.

Erfurt.
August Bebel stellt im Reichstag den Antrag auf Einführung des Frauenwahlrechts.
Conrad Röntgen entdeckt die »X-Strahlen«.
Carl von Linde gelingt die Verflüssigung der Luft.

1896

Max Weber wird als Nachfolger von Karl Knies an die Universität Heidelberg auf den Lehrstuhl für Nationalökonomie und Finanzwissenschaften berufen.
Er wird als Berichterstatter des Bundesrats zum Börsenausschuß zugezogen. Zugleich Wahl in die Getreidehandelskommission.
Teilnahme an der Erfurter Versammlung der National-Sozialen, Mitglied des dort gegründeten »National-Sozialen Vereins«.
Beteiligung am Siebten »Evangelisch- sozialen Kongreß«.

Der Reichstag verabschiedet das Börsengesetz.
»Krügerdepesche« vom 3. Januar.
Eduard Bernstein: »Probleme des Sozialismus«.
Heinrich Rickert: »Grenzen der naturwissenschaftlichen Begriffbildung«.
Heinrich von Treitschke gestorben.

1897

Weber wird nicht in den endgültigen Börsenausschuß aufgenommen. Ablehnung einer Reichstagskandidatur in Saarbrücken.
In Heidelberg heftige Auseinandersetzungen mit seinem Vater, Max Weber sen., der im August in Riga stirbt.

Erste Tirpitzsche Flottenvorlage im Reichstag.
Achter Evangelisch-sozialer Kongreß.
Karl Ferdinand Braun konstruiert die Kathodenstrahl-Leuchtschirm-Röhre.
Robert Bosch optimiert die Magnetzündung durch erstmaligen Einsatz von Zündkerzen und entwickelt die Dieseleinspritzpumpe.
Adolf Spitteler entwickelt mit

dem Fabrikanten Wilhelm Krische aus Quark den ersten Kunststoff: Galalith (dt. »Milchstein«).

1898

Erste Anzeichen einer Erkrankung Max Webers. Erholungsaufenthalt am Genfer See. Sanatoriumsaufenthalt in Konstanz. Gegen Ende des Jahres erneuter gesundheitlicher Zusammenbruch.

Reichstag verabschiedet das Erste Flottengesetz.

Graf Posadowski legt das »Gesetz zum Schutz der Arbeitswilligen« (»Zuchthausvorlage«) vor, das eine Beschränkung des Koalitions- und Streikrechts enthält.

Streik der Hamburger Hafenarbeiter.

Otto von Bismarck gestorben.

Die Opel-Werke stellen in Rüsselsheim ihr erstes Automobil vor.

1899

Max Weber läßt sich aus gesundheitlichen Gründen von der Lehrtätigkeit dispensieren. Erneuter gesundheitlicher Zusammenbruch im Herbst.

Austritt aus dem »Alldeutschen Verband«.

Gesuch um endgültige Entlassung aus dem Amt.

Haager Friedenskonferenz.

Die »Zuchthausvorlage« wird vom Reichstag abgelehnt.

Dritter Gewerkschaftskongreß.

Erster Kongreß der christlichen Gewerkschaften.

Eduard Bernstein: »Die Voraussetzungen und die Aufgaben der Sozialdemokratie«.

Karl Kautsky: »Bernstein und das sozialdemokratische Programm«.

1900

Max Weber wird in einer Nervenheilanstalt in Urach behandelt. Erholungsaufenthalt auf Korsika.

Bernhard Fürst von Bülow wird Reichskanzler.

Das Bürgerliche Gesetzbuch (BGB) tritt in Kraft.

Zweites erweitertes Flottenge-

setz wird verabschiedet.
Rosa Luxemburg: »Sozialreform oder Revolution.«
Edmund Husserl: »Logische Untersuchungen.«
Georg Simmel: »Philosophie des Geldes.«
Sigmund Freud: »Traumdeutung.«
Friedrich Naumann: »Demokratie und Kaisertum.«
Gustav Schmoller: »Grundriß der Allgemeinen Volkswirtschaftslehre«. Bd. I.
Wilhelm Liebknecht gestorben.
Friedrich Nietzsche gestorben.
Graf Zeppelin vollendet den Bau des ersten starren Luftschiffs.
Die Industrieproduktion Deutschlands steht, nach den USA, an zweiter Stelle der Weltproduktion.

1901

Max Webers Reisen durch Italien und die Schweiz. Längere Aufenthalte in Rom.

Gründung des »Internationalen Gewerkschaftsbundes«.
Karl Landsteiner entdeckt die menschlichen Blutgruppen.
Emil von Behring erhält – zusammen mit Wilhelm Conrad Röntgen (vgl. 1895) – den ersten Medizin-Nobelpreis für seine Entdeckung des Impfstoffes gegen Diphtherie, mit dem die moderne Serumtherapie begründet wurde.
Thomas Mann: »Buddenbrooks. Verfall einer Familie«.

1902

Nach längerem Aufenthalt in Florenz Rückkehr Webers nach Heidelberg. Beginn seiner methodologischen Arbeiten. Zu Jahresende wieder in Italien.	Robert Bosch entwickelt die Hochspannungsmagnetzündung für Verbrennungsmotoren.

1903

Max Weber reist erneut nach Rom, danach nach Holland und Belgien. Endgültiger Rücktritt vom Lehramt, er wird zum Honorarprofessor mit Lehrauftrag ohne Promotionsrecht ernannt. Beginn der Arbeit an der Schrift »Die protestantische Ethik und der ›Geist‹ des Kapitalismus«.	Reichstagsneuwahl. Stärkste Parteien: Zentrum, Sozialdemokraten, Konservative und Nationalliberale. Die Deutsche Bank finanziert die Bagdad-Bahn. Herbert Spencer gestorben.

1904

Max Weber reist auf Einladung von Hugo Münsterberg in die USA zum wissenschaftlichen Weltkongreß anläßlich der Weltausstellung in St. Louis. Webers Referat: »Deutsche Agrarprobleme in Vergangenheit und Gegenwart«. Nach seiner Rückkehr übernimmt er mit Edgar Jaffé und Werner Sombart die Redaktion des »Archivs für Sozialwissenschaften und Sozialpolitik« (früher: »Archiv für soziale Gesetzgebung und Statistik«).	»Entente cordiale« zwischen England und Frankreich. Zweiter Börsengesetzentwurf scheitert am Widerstand der Konservativen. Lenin: »Ein Schritt vorwärts, zwei Schritt zurück«. Gustav Schmoller: »Grundriß der allgemeinen Volkswirtschaftslehre« Bd. II. Theodor Boveri erkennt die Chromosomen des Zellkerns als Träger der Erbanlagen.

1905

Max Weber hofft auf eine Liberalisierung durch die Revolution in Rußland, die er begrüßt; er lernt Russisch, um die Vorgänge bes-	Revolution in Rußland, der Zar erläßt eine neue Verfassung. Bergarbeiterstreik im Ruhrgebiet.

ser durch russische Tageszeitungen verfolgen zu können.
Er verteidigt das Streikrecht auf der Tagung des »Vereins für Socialpolitik«.

Fünfter Kongreß der Gewerkschaften Deutschlands, zentrales Diskussionsthema: Massenstreikrecht.
Sympathieerklärung für die Arbeiter Rußlands auf dem Parteitag der SPD in Jena.
Lenin: »Zwei Taktiken in der demokratischen Revolution«.
Jacob Burckhardt: »Weltgeschichtliche Betrachtungen«.
Albert Einstein veröffentlicht grundlegende Arbeiten zur »Speziellen Relativitätstheorie«.

1906

Max Weber beschäftigt sich intensiv mit den Vorgängen in Rußland. Er nimmt am SPD-Parteitag teil und kritisiert den kleinbürgerlichen Charakter und die fehlende Programmatik.
Im Herbst längere Reise nach Sizilien.

Auflösung des Reichstags nach erbitterten Kolonialdebatten.
Erweiterung des Flottengesetzes.
Protestbewegungen gegen das Preußische Dreiklassenwahlrecht.

1907

Max Weber kritisiert den Kaiser und die Sozialdemokratie auf der Tagung des »Vereins für Socialpolitik«.
Der »Heidelberger Kreis« trifft sich regelmäßig in Webers Haus: Emil Lask, Friedrich Gundolf, Karl Jaspers, Werner Sombart, Robert Michels, Georg Simmel, Paul Honigsheim, Karl Loewenstein.
Reise an den Comersee.

Staatsstreich in Rußland, Auflösung der zweiten Duma, das neue Wahlrecht entzieht der Bevölkerungsmehrheit das Stimmrecht.
Verbannung Trotzkis nach Sibirien; Flucht Lenins.
Neuwahl für den Reichstag. Stärkste Parteien: Zentrum, Konservative, Nationalliberale, Sozialdemokraten.

1908

Max Weber weilt längere Zeit in der Provence und in Florenz. Durch eine Erbschaft seiner Frau weitestgehende Lösung der finanziellen Schwierigkeiten. Reise nach Holland.

Weber greift die Diskriminierung von Sozialdemokraten bei Habilitationen an deutschen Hochschulen scharf an.

Gesetz über die Bestrafung von Majestätsbeleidigungen.

Kaiserinterview im »Daily Telegraph« löst Staatskrise aus.

Friedrich Meinecke: »Weltbürgertum und Nationalstaat«.

Joseph Schumpeter: »Wesen und Hauptinhalt der theoretischen Nationalökonomie«.

Georg Simmel: »Soziologie. Untersuchungen über die Formen der Vergesellschaftung«.

1909

Max Weber übernimmt die Redaktion des »Grundriss der Sozialökonomik«. Mitgliedschaft der Heidelberger Akademie der Wissenschaften abgelehnt.

Verstärkte Demonstrationen gegen das Preußische Dreiklassenwahlrecht.

Theobald von Bethmann Hollweg wird Reichskanzler nach dem Rücktritt von Fürst von Bülow.

Karl Kautsky: »Der Weg zur Macht«.

Helene Lange: »Die Frauenbewegung in ihren modernen Problemen«.

Lenin: »Materialismus und Empiriokritizismus«.

Fritz Haber entwickelt ein Verfahren der Ammoniakherstellung unter hohem Druck; die BASF und die Leunawerke produzieren mit Hilfe des neuen Verfahrens Dünger und Sprengstoffe.

Fritz Hofmann gelingt die Herstellung von synthetischem Gummi (»Buna«) als Ersatz für Naturkautschuk.

1910

Im April Übersiedlung in das Haus Ziegelhäuser Landstrasse 17 in Heidelberg, das Haus der Großeltern Fallenstein.
Max Weber erstattet auf dem Ersten Deutschen Soziologentag in Frankfurt, für dessen Zustandekommen er maßgeblich verantwortlich ist, den Geschäftsbericht, der die zukünftige Arbeit der Soziologischen Gesellschaft bestimmen sollte.
Zahlreiche persönliche Konflikte mit Universitätskollegen und der Presse.
Reisen nach Italien und England.
Begegnungen mit Stefan George, Georg Lukács und Ernst Bloch.

Regierungsvorlage bestätigt das Dreiklassenwahlrecht.
Massendemonstrationen gegen das Wahlgesetz.
Russisch-deutsches Abkommen über gegenseitige Bündnispolitik.

1911

Max Weber kritisiert auf dem Vierten Deutschen Hochschullehrertag die Bildungs- und Personalpolitik des preußischen Wissenschaftspolitikers Friedrich Althoff. Umfangreiche Pressediskussion mit Erklärungen und Gegenerklärungen.
Ausgedehnte Reisen nach Italien, München und Paris.

Zweite Marokkokrise.
Die staatliche Angestelltenversicherung wird verabschiedet.
Heeresverordnung sieht Truppenverstärkung vor.
Wilhelm Dilthey und Georg Jellinek gestorben.
Casimir Funk entdeckt das erste Vitamin.
Gründung der Kaiser-Wilhelm-Gesellschaft zur Förderung der Wissenschaften.

1912

Max Weber gibt den »Rechenschaftsbericht« auf dem Berliner Soziologentag.
Reisen in die Provence.

Beginn des Balkan-Krieges.
Erneuerung des Dreibundes Deutschland-Österreich-Italien.
Reichstagswahlen. Stärkste Par-

teien: Sozialdemokraten, Zentrum, Nationalliberale und Konservative.
Neue Flottenvorlage.
Rosa Luxemburg: »Die Akkumulation des Kapitals.«
Adolph Wagner: »Die Strömungen der Sozialpolitik und des Katheder- und Staatssozialismus«.
Ernst Troeltsch: »Die Soziallehren der christlichen Kirchen und Gruppen.«
Beginn der Humangenetik durch Fritz Lenz.

1913

Max Weber beschäftigt sich schwerpunktmäßig mit wissenschaftstheoretischen Problemen.
Ausgedehnte Reisen nach Italien.

Zweiter Balkankrieg.
Erste Lesung der Militärvorlage, die eine wesentliche Erhöhung des Heeresetats vorsieht.
August Bebel gestorben.
Karl Jaspers: »Allgemeine Psychopathologie«.
Otto Gierke: »Das deutsche Genossenschaftsrecht«.
Stalin: »Marxismus und die nationale Frage«.
Max Scheler: »Zur Phänomenologie der Sympathiegefühle«.
Werner Sombart: »Der Bourgeois«.
Edmund Husserl: »Ideen zu einer reinen Phänomenologie und phänomenologischen Philosophie«.
Feier der Wandervögel auf dem Hohen Meißner.
Hans Geiger entwickelt ein Gerät zum Nachweis radioaktiver Strahlen.

Alexander Meissner erfindet die Rückkoppelungs-Schaltung, die später als Funktionsprinzip der Kybernetik erkannt wird.
Friedrich Bergius erfindet die Kohleverflüssigung zur Herstellung von Kraftstoff.

1914

Max Weber weilt im Frühjahr in Italien.
»Werturteilsdiskussion« in einem Sonder-Ausschuß des »Vereins für Socialpolitik«.
Nach Kriegsausbruch Dienst als Disziplinaroffizier bei der Reservelazarettkommission in Heidelberg, wo er mehrere Lazarette einrichtet und kommandiert.

28. Juli: Österreich-Ungarn erklärt Serbien den Krieg.
1./3. August: Deutschland erklärt Rußland und Frankreich den Krieg.
Verletzung der belgischen Neutralität.
England bricht die diplomatischen Beziehungen zu Deutschland ab.
Schlacht bei Tannenberg. Marneschlacht.
Stellungskrieg in Ost und West.
Karl Kautsky: »Der politische Klassenstreik«.
Othmar Spann: »Gesellschaftslehre«.
Eduard Spranger: »Lebensformen«.

1915

Durch Vermittlung von Edgar Jaffé soll Max Weber für wirtschaftspolitische Untersuchungen für die deutsche Militärverwaltung in Brüssel gewonnen werden. Eine Reise nach Brüssel endet erfolglos.
Infolge organisatorischer Änderungen im Lazarettwesen ersucht Weber um Entlassung zum

Winterschlacht in Masuren.
U-Boot-Handelskrieg gegen England.
Versenkung des englischen Passagierdampfers Lusitania.
Kriegserklärung Italiens an Österreich-Ungarn.
Friedrich Naumann: »Mitteleuropa«.

30. September.
Vergebliche Bemühungen um eine politische Aufgabe.
Hinwendung zu religionssoziologischen Studien.
Karl Weber, Professor für Architektur und jüngerer Bruder Max Webers, gefallen.

Max Scheler: »Abhandlungen und Aufsätze«.
Hugo Junkers konstruiert das erste freitragende Ganzmetallflugzeug.

1916

Max Weber tritt durch die Vermittlung Friedrich Naumanns dem »Arbeitsausschuß für Mitteleuropa« bei, der die Voraussetzungen für eine Zoll- und Wirtschaftsgemeinschaft der mitteleuropäischen Länder prüft. Im Auftrag des Ausschusses Fahrt nach Wien und Budapest. Journalistische Aktivität für Pazifismus, gegen den verschärften U-Boot-Krieg, für Bethmann Hollweg.
Herbstferien am Bodensee.

Schlacht von Verdun und Schlacht an der Somme.
Verschärfter deutscher U-Boot-Krieg.
Otto von Hindenburg wird Chef des Generalstabes des Feldheeres.
Lenin: »Der Imperialismus als höchstes Stadium des Kapitalismus«.
Max Scheler: »Der Formalismus in der Ethik und die materielle Wertethik«.
Lujo Brentano: »Die Anfänge des modernen Kapitalismus«.
Ferdinand Sauerbruch konstruiert bewegliche Prothesen.

1917

Journalistische Tätigkeit Max Webers insbesondere für die »Frankfurter Zeitung«. Konflikte mit der Militärzensur.
Vielfältige Arbeiten an Verfassungsentwürfen.
Teilnahme an den »Lauensteiner Tagungen« von sozialistischen und pazifistischen Studenten (u.a. Erich Mühsam, Ernst Toller).

Revolutionen in Rußland. Abdankung Zar Nikolaus' II. Errichtung der Sowjetrepublik unter Lenin, Trotzki, Sinowjew.
Beginn des »uneingeschränkten« U-Boot-Krieges.
Kriegserklärung der USA gegen Deutschland und Österreich-Ungarn.

Fahrt nach Wien und Verhandlungen über die Übernahme des dortigen ökonomischen Lehrstuhls.

Gründung der »Unabhängigen Sozialdemokratischen Partei-Deutschlands« unter Hugo Haase und Karl Kautsky (USPD).
Gründung des »Spartakusbundes« unter Karl Liebknecht und Rosa Luxemburg.
»Osterbotschaft« des Kaisers Wilhelms II.: Versprechen der Einführung des direkten, geheimen und gleichen Wahlrechts und einer Reform des Dreiklassenwahlrechts nach dem Krieg.
Ausgedehnte Streiks in Berlin, Kiel und Leipzig.
Hungerstreiks der Matrosen der Hochseeflotte. Unruhen der Kieler Matrosen.
Gründung der »Deutschen Vaterlandspartei«, die den »Siegfrieden« propagiert.
Gustav Schmoller gestorben.
Die UFA (Universum Film AG) wird auf Veranlassung Erich Ludendorffs zu Propagierung der deutschen Kriegsziele gegründet.

1918

Max Weber übernimmt probeweise den Lehrstuhl für Nationalökonomie an der Universität Wien. Vorlesungen über seine religionssoziologischen Forschungen unter dem Titel »Positive Kritik der materialistischen Geschichtsauffassung«.
Zahlreiche journalistische Aktivitäten für die »Frankfurter Zeitung«.

Revolution in Rußland, Ermordung des Zaren und seiner Familie, Sieg der Bolschewiki unter Lenin.
Rüstungsstreik von 300 000 Arbeitern in Berlin.
Verabschiedung des Pluralwahlrechts in Preußen.
Prinz Max von Baden wird Reichskanzler.

Entwurf einer republikanisch-föderalistischen deutschen Verfassung. Auf Drängen von Alfred Weber, Erich Koch-Weser und Friedrich Naumann Beitritt zur »Deutschen Demokratischen Partei« (DDP). Aktive Teilnahme am Wahlkampf. Aufstellung als Reichstagskandidat in Hessen-Nassau an aussichtsloser Listenstelle. Trotz der Vorschläge, insbesondere von Konrad Haußmann, Max Weber zum Staatssekretär des Inneren, zum Botschafter in Wien oder zum Vorstandsmitglied der DDP zu machen, erhält Weber keine politische Aufgabe. Er nimmt trotzdem – in nichtamtlicher Funktion – an den Beratungen über die Grundzüge des Entwurfs der (späteren) Weimarer Verfassung teil.	Friedensangebot an die USA. Matrosenaufstand in Kiel. Streiks in ganz Deutschland. Bildung eines Arbeiter-, Soldaten- und Bauernrats unter Kurt Eisner in München. Im November Ausrufung des »Freistaats Bayern«. Abdankung Wilhelms II. Friedrich Ebert wird Reichskanzler: Ausrufung der deutschen Republik. Waffenstillstand. Einführung des Frauenstimmrechts und des gesetzlich vorgeschriebenen Achtstunden-Arbeitstages. Aufhebung der kirchlichen Schulaufsicht in Preußen. Josef Schumpeter: »Zur Soziologie der Imperialismen«. Ernst Bloch: »Vom Geist der Utopie«.

1919

Extensive Wahlkampftätigkeit Max Webers für die DDP. Journalistische Tätigkeit, insbesondere zum Thema der »Kriegsschuld«. Mitarbeit an der deutschen Antwortnote auf die Kriegsschulddenkschrift der Siegermächte. Mit Graf Montgelas, Hans Delbrück und A. Mendelssohn-Bartholdy Fahrt nach Versailles, um die deutsche Note zu übergeben. Zum 19. März Übersiedlung nach München: Übernahme des	Unterzeichnung des Friedensvertrages in Versailles. Friedrich Ebert wird zum Reichspräsidenten gewählt. Ermordung von Karl Liebknecht, Rosa Luxemburg, Kurt Eisner, Gustav Landauer. Gründung der »Deutschen Arbeiter-Partei«, später »Nationalsozialistische Deutsche Arbeiterpartei« (NSDAP). Annahme einer demokratisch-republikanischen Verfassung durch die Weimarer Nationalversammlung.

Lehrstuhl von Lujo Brentano für Gesellschaftswissenschaft, Wirtschaftsgeschichte und Nationalökonomie an der Universität München.
Im Oktober stirbt die Mutter, Helene Weber, in Charlottenburg.

Lenin: »Staat und Revolution«.
Karl Jaspers: »Psychologie der Weltanschauung«.
Karl Barth: »Der Römerbrief«.

1920

Fortsetzung der Vorlesungstätigkeit Max Webers an der Universität München. Arbeit an der Herausgabe der Sammlung seiner religionssoziologischen Schriften und am I. Teil von »Wirtschaft und Gesellschaft«.
Im Juni Erkrankung an einer Lungenentzündung.
14. Juni: Max Weber stirbt in München-Schwabing im Haus Seestrasse 3.

Inkrafttreten der Verträge von Versailles.
Kapp-Putsch.
Flucht der Regierung nach Stuttgart.
Generalstreik in Berlin.
Kommunistische Aufstände im Ruhrgebiet.
Werner Sombart: »Der moderne Kapitalismus«.

Verzeichnis der Publikationen Max Webers

Das folgende Verzeichnis erfaßt alle *veröffentlichten* Arbeiten Max Webers. Es wurde vom Herausgeber, gemeinsam mit Helmut Fogt, in den Jahren 1975–1977 begonnen. Durch zwei Vorveröffentlichungen ergaben sich Hinweise auf bis dahin nicht bekannte Texte Webers. Nach der erneuten Veröffentlichung dieser Bibliographie 1978 wurden weitere Texte bekannt, die in die 1979 publizierte Fassung (Dirk *Käsler*, Einführung in das Studium Max Webers, München: C. H. Beck 1979) aufgenommen wurden.

Nachdem dieses Verzeichnis zu Beginn der 1980er Jahre Bezugspunkt für die Arbeiten an der »Max Weber-Gesamtausgabe« (MWG) geworden war (Wolfgang *Schluchter*, Einführung in die Max Weber-Gesamtausgabe. Prospekt der MWG, Tübingen: J. C. B. Mohr (Paul Siebeck) 1981, S. 6), wurde die ursprüngliche Numerierung nicht mehr verändert: seitdem neu hinzugekommene Titel erhielten Zusätze mit römischen Ziffern. Das Erscheinen der MWG ließ laufend (bislang nur sehr wenige) weitere Ergänzungen zu.

Die Einteilung sieht folgendermaßen aus:

I. Chronologisches Verzeichnis der Originalpublikationen Max Webers 1889–1920
II. Chronologisches Verzeichnis unveröffentlichter Arbeiten Max Webers
III. Posthume Publikationen und Sammelwerke Max Webers.

Das Gliederungsprinzip ist ein primär chronologisches, wobei jeweils das *Erscheinungsjahr* maßgebend ist. Innerhalb des jeweiligen Jahres wurden die Texte folgendermaßen geordnet:

a) Beiträge in Zeitungen (nach dem jeweiligen Erscheinungsdatum geordnet)
b) Beiträge in Zeitschriften, Jahrbüchern, Lexika, Festschriften und veröffentlichte Reden (alphabetisch nach den Titeln der jeweiligen Sammelwerke und chronologisch nach dem Erscheinungsjahr der Bände, nicht der Einzelhefte geordnet)
c) Beiträge in Berichten und Protokollen (alphabetisch nach den Titeln der jeweiligen Sammelwerke geordnet)
d) Selbständige Publikationen

Neben den allgemein üblichen Abkürzungen wurde ein einheitliches *Abkürzungsverzeichnis* für die vorliegenden Sammelwerke der Schriften Webers verwendet:

GAzRS	= (180), (203), (204)
GPS	= (206)
GAzW	= (213)
WuG	= (215)
GAzSuW	= (217)
GAzSuS	= (218)
PE I	= (223)
PE II	= (224)

So lange diese nicht endgültig abgeschlossen ist, wird darauf verzichtet, Hinweise auf den Wiederabdruck der jeweiligen Texte in der MWG zu geben.

I. Chronologisches Verzeichnis der Originalpublikationen Max Webers 1889–1920

1889

d) (1) Entwickelung des Solidarhaftprinzips und des Sondervermögens der offenen Handelsgesellschaft aus den Haushalts- und Gewerbegemeinschaften in den italienischen Städten. Inaugural-Dissertation zur Erlangung der juristischen Doktorwürde von der juristischen Fakultät der Königl. Friedrich-Wilhelms-Universität zu Berlin genehmigt und zugleich mit den angehängten Thesen am 1. August 1889 öffentlich zu verteidigen. Stuttgart (Gebr. Kröner).

(2) Zur Geschichte der Handelsgesellschaften im Mittelalter. Nach südeuropäischen Quellen. Stuttgart (F. Enke). [Enthält (1) als Teil »III. Die Familien- und Arbeitsgemeinschaften«.]

(2a) dass. [Fotomechanischer Nachdruck] Amsterdam (Schippers-Verlag) 1964.

1890

b) (3) [Besprechung von] Friedrich Conze, Kauf nach hanseatischen Quellen. In: Zeitschrift für das Gesammte Handelsrecht, hg. v. L. Goldschmidt u. a., 37. Bd., 1. u. 2. Heft, Stuttgart (F. Enke), S. 268–271.

(4) [Besprechung von] A[nton] von Kostanecki, Der öffentliche Kredit im Mittelalter. Nach Urkunden der Herzogtümer Braunschweig und Lüneburg. In: Zeitschrift für das Gesammte Han-

delsrecht, hg. v. L. Goldschmidt u. a., 37. Bd., 3. u. 4. Heft, Stuttgart (F. Enke), S. 592–598.

1891

d) (5) Die römische Agrargeschichte in ihrer Bedeutung für das Staats- und Privatrecht. Stuttgart (F. Enke).

(5a) dass. [Fotomechanischer Nachdruck] Amsterdam (Schippers-Verlag) 1962.

1892

b) (6) Zur Rechtfertigung Göhres. In: Die Christliche Welt, Evangelisch-Lutherisches Gemeindeblatt für Gebildete aller Stände, 6. Jg., Nr. 48 v. 24. 11. Leipzig (Fr. W. Grunow), Sp. 1104–1109.

(7) »Privatenquêten« über die Lage der Landarbeiter. In: Mitteilungen des Evangelisch-sozialen Kongresses. Hg. vom Aktionskomitee des Evangelisch-sozialen Kongresses. Nr. 4 v. 1. April, S. 3–5; Nr. 5 v. 1. Juni, S. 3–6; Nr. 6 v. 1. Juli, S. 1–5. Berlin (Vaterländische Verlagsanstalt).

d) (8) Die Verhältnisse der Landarbeiter im ostelbischen Deutschland. (Preußische Provinzen Ost- und Westpreußen, Pommern, Posen, Schlesien, Brandenburg, Großherzogtümer Mecklenburg, Kreis Herzogtum Lauenburg). Dargestellt auf Grund der vom Verein für Socialpolitik veranstalteten Erhebungen. Schriften des Vereins für Socialpolitik. LV. Die Verhältnisse der Landarbeiter in Deutschland. 3. Bd. Leipzig (Duncker & Humblot).

1893

b) (9) Die Erhebung des Evangelisch-sozialen Kongresses über die Verhältnisse der Landarbeiter Deutschlands. In: Die Christliche Welt, Evangelisch-Lutherisches Gemeindeblatt für Gebildete aller Stände, 7. Jg., Nr. 23 v. 1.6. Leipzig (Fr. W. Grunow), Sp. 535–540.

(10) Die Evangelisch-sozialen Kurse in Berlin im Herbst dieses Jahres. In: Die Christliche Welt, Evangelisch-Lutherisches Gemeindeblatt für Gebildete aller Stände, 7. Jg., Nr. 32 v. 3.8. Leipzig (Fr. W. Grunow), Sp. 766–768.

(11) [Besprechung von] Th. Frhr. v. d. Goltz, Die ländliche Arbeiterklasse und der preußische Staat. In: Jahrbücher für Nationalökonomie und Statistik, hg. v. J. Conrad u. L. Elster, 3. Folge, 6. Bd., Heft 2, Jena (Gustav Fischer), S. 289–296.

(12) Die Erhebung des Vereins für Sozialpolitik über die Lage der Landarbeiter. In: Das Land. Zeitschrift für die sozialen und volkstümlichen Angelegenheiten auf dem Lande. Hg. Heinrich Sohnrey, I. Jg., Berlin (Verlag von Trowitzsch & Sohn), Nr. 1, S. 8–9; Nr. 2, S. 24–26; Nr. 3, S. 43–45; Nr. 4, S. 58–59; Nr. 8, S. 129–130; Nr. 9, S. 147–148.

(13) Wie werden einwandfreie Erhebungen über die Lage der Landarbeiter angestellt ? In: Das Land. Zeitschrift für die sozialen und volkstümlichen Angelegenheiten auf dem Lande. Hg. Heinrich Sohnrey, I. Jg., Berlin (Verlag von Trowitzsch & Sohn), Nr. 4, S. 59–60.

(14) Zwei neue Schriften zur Landfrage im Osten. [Besprechung von] 1. Th. Frhr. v. d. Goltz, Die ländliche Arbeiterklasse und der preußische Staat. 2. Max Sering, Die innere Kolonisation im östlichen Deutschland. In: Das Land. Zeitschrift für die sozialen und volkstümlichen Angelegenheiten auf dem Lande. Hg. Heinrich Sohnrey, I. Jg., Berlin (Verlag von Trowitzsch & Sohn), Nr. 15, S. 231–232.

(15) Monographien von Landgeistlichen über die Lage der Landarbeiter. [Besprechung von] Quistorp, Die soziale Noth der ländlichen Arbeiter. Wittenberg, Die Lage der ländlichen Arbeiter in Neuvorpommern und auf Rügen. O. Fischer, Beiträge zur Kenntnis der Lage der ländlichen Arbeiter in Ostpreußen. In: Sozialpolitisches Centralblatt, hg. v. Heinrich Braun, III. Jg., Nr. 9, Berlin,den 27.11., S. 101–103.

(16) [Besprechung von] Wilhelm Kaufmann, Das internationale Recht der ägyptischen Staatsschuld. In: Zeitschrift für das Gesammte Handelsrecht, hg. v. L. Goldschmidt u. a., 41. Bd., 3. u. 4. Heft, Stuttgart (F. Enke), S. 595–597.

(17) (Besprechung von] Georg Schaps, Zur Geschichte des Wechselindossaments. In: Zeitschrift für das Gesammte Handelsrecht, hg. v. L. Goldschmidt u. a., 41. Bd., 3. u. 4. Heft, Stuttgart (F. Enke), S. 627–629.

c) (18) Referat [über »Die ländliche Arbeitsverfassung«]. Verhandlungen der am 20. und 21. März 1893 in Berlin abgehaltenen Generalversammlung des Vereins für Socialpolitik über die ländliche Arbeiterfrage und über die Bodenbesitzverteilung und die Sicherung des Kleingrundbesitzes. Auf Grund der stenographischen Niederschrift herausgegeben vom Ständigen Ausschuß. Schriften des Vereins für Socialpolitik. LVIII. Verhandlungen von 1893. Leipzig (Duncker & Humblot), S. 62-86.

(19) [Diskussionsbeitrag auf der gleichen Tagung.] In: Verhandlungen der am 20. und 21. März 1893 in Berlin abgehaltenen Generalversammlung des Vereins für Socialpolitik... [Vgl. (18)], S. 128–133.

(20) [Persönliche Bemerkung auf der gleichen Tagung.] In: Verhandlungen der am 20. und 21. März 1893 in Berlin abgehaltenen Generalversammlung des Vereins für Socialpolitik... [Vgl. (18)], S. 215–216.

1894

b) (21) Entwickelungstendenzen in der Lage der ostelbischen Landarbeiter. In: Archiv für Soziale Gesetzgebung und Statistik. Vierteljahresschrift zur Erforschung der gesellschaftlichen Zustände aller Länder, hg. v. Heinrich Braun, 7. Bd., Heft 1, Berlin (Carl Heymanns), S. 1–41.

(22) Was heißt Christlich-Sozial? [Besprechung von] Gesammelte Aufsätze von Fr. Naumann. In: Die Christliche Welt, Evangelisch-Lutherisches Gemeindeblatt für Gebildete aller Stände, 8. Jg., Nr. 20 v. 17.5. Leipzig (Fr. W. Grunow), Sp. 472–477.

(23) Zum Preßstreit über den Evangelisch-sozialen Kongreß. In: Die Christliche Welt, Evangelisch-Lutherisches Gemeindeblatt für Gebildete aller Stände, 8. Jg., Nr. 28 v. 12.7. Leipzig (Fr. W. Grunow), Sp. 668–673.

(24) Argentinische Kolonistenwirthschaften. In: Deutsches Wochenblatt, hg. v. O. Arendt, VII. Jg., Berlin (Hermann Walther). Nr. 2 v. 11.1., S. 20–22; Nr.5 v. 1.2., S. 57–59.

(25) Entwickelungstendenzen in der Lage der ostelbischen Landarbeiter. In: Preußische Jahrbücher, hg. v. Hans Delbrück, 77. Bd., Heft 3, Sept., Berlin (Hermann Walther), S. 437–473 [Umgearbeitete Fassung von (21)].

(26) Die Verhandlungen der Preussischen Agrarkonferenz. In: Sozialpolitisches Centralblatt, hg. v. Heinrich Braun, III. Jg., Nr. 45, Berlin, den 6.8., S. 533–537.

(27) Das Anerbenrecht auf der preussischen Agrarkonferenz. In: Sozialpolitisches Centralblatt, hg. v. Heinrich Braun, III. Jg., Nr. 48, Berlin, den 27.8., S. 573–575.

(28) [Besprechung von] Angelo Sraffa, Studi di diritto commerciale. Ders., La liquidazione delle società commerciali. In: Zeitschrift für das Gesammte Handelsrecht, hg. v. L. Goldschmidt u. a., 42. Bd., 1. u. 2. Heft, Stuttgart (F. Enke), S. 314–320.

(29) [Besprechung von] B. Lehmann, Die Rechtsverhältnisse der Fremden in Argentinien. In: Zeitschrift für das Gesammte

Handelsrecht, hg. v. L. Goldschmidt u. a., 42. Bd., 1. u. 2. Heft, Stuttgart (F. Enke), S. 326–327.

(30) [Besprechung von] Otto Thorsch, Materialien zu einer Geschichte der österreichischen Staatsschulden vor dem 18. Jahrhundert. In: Zeitschrift für das Gesammte Handelsrecht, hg. v. L. Goldschmidt u. a., 42. Bd., 1. u. 2. Heft, Stuttgart (F. Enke), S. 330–331.

(31) Die deutschen Landarbeiter. [Korreferat und Schlußwort]. In: Bericht über die Verhandlungen des 5. Evangelisch-sozialen Kongresses, abgehalten zu Frankfurt am Main am 16. und 17. Mai 1894. Nach den stenographischen Protokollen. Berlin (Verlag von Rehtwisch & Langewort), S. 61–82; 92–94.

d) (32) Die Börse. I. Zweck und äußere Organisation der Börsen. Göttinger Arbeiterbibliothek. Hg. v. Fr. Naumann. 1. Bd., H. 2, 3. Göttingen (Vandenhoeck u. Ruprecht), S. 17–48.

1895

a) (33) Die Kampfesweise des Freiherrn v. Stumm. (Eingesandt.) In: Neue Preußische Zeitung, Nr. 96 vom 26.2.1895, Ab.ausg.

(34) Eingesandt. [Zur selben Sache wie (33).] In: Neue Preußische Zeitung, Nr. 119 vom 12.3.1895, Mo.ausg.

b) (35) »Römisches« und »deutsches« Recht. In: Die Christliche Welt, Evangelisch-Lutherisches Gemeindeblatt für Gebildete aller Stände, 9. Jg., Nr. 22 v. 30.5., Leipzig (Fr. W. Grunow), Sp. 521–525.

(36) Börsenwesen. (Die Vorschläge der Börsenenquetekommission.) In: Handwörterbuch der Staatswissenschaften. Hrsg. v. J. Conrad u. a., 1. Supplementbd., Abzahlungsgeschäfte – Wollzoll. Jena (Gustav Fischer), S. 241–252.

(36/I) Erklärung gegen die Umsturzvorlage. [Mitunterzeichnet von Max Weber.] In: Die Hilfe. Gotteshilfe, Selbsthilfe, Staatshilfe, Bruderhilfe. Eine Wochenschrift. Hg. v. Fr. Naumann. 1. Jg., Nr. 9, Berlin, 3.3. 1895, S. 3–4.

(36/Ia) dass. in: Die Grenzboten. Zeitschrift für Politik, Litteratur und Kunst. 54. Jg., Erstes Vierteljahr, Heft 11, Beilage. Leipzig (Fr. W. Grunow).

(37) [Besprechung von] Karl Grünberg, Die Bauernbefreiung und die Auflösung des grundherrlich-bäuerlichen Verhältnisses in Böhmen, Mähren und Schlesien. 2 Bde. In: Historische Zeitschrift, hg. v. H. v. Treitschke u. Fr. Meinecke, 75. Bd., Heft 1, München u. Leipzig (Oldenbourg), S. 143–146.

(38) Der preussische Gesetzentwurf über das Anerbenrecht bei Rentengütern. In: Soziale Praxis. Centralblatt für Sozialpolitik, hg. v. J. Jastrow, IV. Jg., Nr. 50, Berlin-Frankfurt/M. (C. Heymanns), Sp. 956–960.

(39) Die Ergebnisse der deutschen Börsenenquete. Vorbemerkung. I. Organisation und Rechtsstellung der Börsen. 11. Maklerwesen und Kursnotirung. In: Zeitschrift für das Gesammte Handelsrecht, hg. v. L. Goldschmidt u. a., 43. Bd., Stuttgart (F. Enke), 1. u. 2. Heft, S. 83–219; 3. u. 4. Heft, S. 457–514.

d) (40) Der Nationalstaat und die Volkswirtschaftspolitik. Akademische Antrittsrede. Freiburg i. Br. u. Leipzig (Mohr-Siebeck).

1896

b) (41) Die technische Funktion des Terminhandels. In: Deutsche Juristen-Zeitung, hg. v. P. Laband u. a., I. Jg., Berlin (O. Liebmann), Nr. 11 v. 1.6., S. 207–210; Nr. 13 v. 1.7., S. 248–250.

(42) [Besprechung von] Dr. Vallentin, Westpreußen seit den ersten Jahrzehnten dieses Jahrhunderts. Ein Beitrag zur Geschichte der Entwicklung des allgemeinen Wohlstandes in dieser Provinz und ihren einzelnen Theilen. In: Historische Zeitschrift, hg. v. H. v. Treitschke u. Fr. Meinecke, 76. Bd., Heft 2, München u. Leipzig (Oldenbourg), S. 308–309.

(43) Die sozialen Gründe des Untergangs der antiken Kultur. In: Die Wahrheit. Halbmonatsschrift zur Vertiefung in die Fragen und Aufgaben des Menschenlebens. Hg. v. Christoph Schrempf. 6. Bd., 3., 1. Maiheft (Nr. 63), Stuttgart (Fr. Frommanns Verlag [E. Hauff]), S. 57–77.

(44) Die Ergebnisse der deutschen Börsenenquete. III. Das Kommissionsgeschäft. IV. Zulassung von Effekten zum Handel und Emmissionswesen. In: Zeitschrift für das Gesammte Handelsrecht, hg. v. L. Goldschmidt u.a., 44. Bd., 1. u. 2. Heft, Stuttgart (F. Enke), S. 29–74; 45. Bd., 1. u. 2. Heft, ebd., S. 69–156 [Fortsetzung von (39)].

c) (45) [Diskussionsbeitrag zum Vortrag] Hans Delbrück, Die Arbeitslosigkeit und das Recht auf Arbeit. In: Bericht über die Verhandlungen des 7. Evangelisch-sozialen Kongresses, abgehalten zu Stuttgart am 28. u. 29. Mai 1896. Nach den stenographischen Protokollen. Berlin (Karl Georg Wiegandt), S. 122–123.

(46) [Diskussionsbeitrag zur Gründung einer national-sozialen Partei.] In: Protokoll über die Vertreter-Versammlung aller National-Sozialen in Erfurt vom 23. bis 25. November 1896. Berlin (Verlag der »Zeit«), S. 47–49.

d) (47) Die Börse. II. Der Börsenverkehr. In: Göttinger Arbeiterbibliothek. Hg. v. Fr. Naumann. 2. Bd., H. 4, 5. Göttingen (Vandenhoeck u. Ruprecht), S. 49–80 [Fortsetzung von (32)].

1897

b) (48) Agrarverhältnisse im Altertum. In: Handwörterbuch der Staatswissenschaften. Hg. v. J. Conrad u. a., 2. Supplementbd., Agrarverhältnisse im Altertum – Zinsfuß im Mittelalter. Jena (Gustav Fischer), S. 1–18.

(49) Börsengesetz. In: Handwörterbuch der Staatswissenschaften. Hg. v. J. Conrad u. a., 2. Supplementbd., Agrarverhältnisse im Altertum – Zinsfuß im Mittelalter. Jena (Gustav Fischer), S. 222–246.

(50) Wertpapiere (Aufbewahrung). Das Bankdepotgesetz vom 5. Juli 1896. In: Handwörterbuch der Staatswissenschaften. Hg. v. J. Conrad u. a., 2. Supplementbd., Agrarverhältnisse im Altertum – Zinsfuß im Mittelalter. Jena (Gustav Fischer), S. 984–986.

c) (51) Gutachten über die Frage: Empfiehlt sich die Einführung eines Heimstättenrechtes, insbesondere zum Schutz des kleinen Grundbesitzes gegen Zwangsvollstreckung? In: Verhandlungen des 24. Deutschen Juristentages. Hg. v. dem Schriftführer-Amt der ständigen Deputation. 2. Bd., Berlin (Commissions-Verlag v. J. Guttentag), S. 15–32.

(52) [Diskussionsbeiträge zum Vortrag] Karl Oldenberg, Ueber Deutschland als Industriestaat. In: Die Verhandlungen des 8. Evangelisch-sozialen Kongresses, abgehalten zu Leipzig am 10. u. 11. Juni 1897. Nach den stenographischen Protokollen. Göttingen (Vandenhoeck & Ruprecht), S. 105–113; 122–123.

1898

a) (53) [Stellungnahme zur Flotten-Umfrage der Allgemeinen Zeitung.] Die Ergebnisse der von der Allgemeinen Zeitung veranstalteten Flotten-Umfrage. Außerordentliche Beilage zur Allgemeinen Zeitung, Jg. 1898, Nr. 3 v. 13.1.1898. München (Verlag der Allgemeinen Zeitung), S.4–5.

b) (54) Agrarverhältnisse im Altertum. In: Handwörterbuch der Staatswissenschaften. Hg. v. J. Conrad u. a., 2., gänzlich umgearbeitete Aufl., 1. Bd., Abbau-Armenwesen, Jena (Gustav Fischer), S. 57–85 [umgearbeitete Fassung von (48)].

1899

b) (55) Herr v. Miquel und die Landarbeiter-Enquête des Vereins für Sozialpolitik. In: Soziale Praxis. Centralblatt für Sozialpolitik, hg. v. Ernst Francke, VIII. Jg., Nr. 24 vom 16.3.1899, Berlin (Duncker & Humblot), Sp. 640–642.

d) (56) Vorbemerkung des Herausgebers. In: S. Goldschmidt, Die Landarbeiter in der Provinz Sachsen, sowie den Herzogtümern Braunschweig und Anhalt. Die Landarbeiter in den evangelischen Gebieten Norddeutschlands. In Einzeldarstellungen nach den Erhebungen des Evangelisch-Sozialen Kongresses, hg. v. M. Weber, 1. Heft, Tübingen (H. Laupp), S. 1–11.

(56/I) [Anmerkung des Herausgebers]. In: A. Grunenberg, Die Landarbeiter in den Provinzen Schleswig-Holstein und Hannover östlich der Weser, sowie in dem Gebiete des Fürstentums Lübeck und der freien Städte Lübeck, Hamburg und Bremen. Die Landarbeiter in den evangelischen Gebieten Norddeutschlands. In Einzeldarstellungen nach den Erhebungen des Evangelisch-Sozialen Kongresses, hg. v. M. Weber, 2. Heft, Tübingen (H. Laupp), S.VI.

1900

d) (57) Vorbemerkung des Herausgebers. In: Walter Abelsdorff, Beiträge zur Sozialstatistik der Deutschen Buchdrucker. Volkswirtschaftliche Abhandlungen der Badischen Hochschulen, hg. v. C. J. Fuchs, G. v. Schulze-Gävernitz, M. Weber. 4. Bd., 4. Heft, Tübingen u. Leipzig (Mohr-Siebeck), S. VII–IX.

(58) Anmerkung des Herausgebers [zum Vorwort Marianne Webers]. In: Marianne Weber, Fichte's Sozialismus und sein Verhältnis zur Marx'schen Doktrin. Volkswirtschaftliche Abhandlungen der Badischen Hochschulen, hg. v. C. J. Fuchs, G. v. Schulze-Gävernitz, M. Weber, 4. Bd., 3. Heft, Tübingen, Freiburg i.Br. u. Leipzig (Mohr-Siebeck), S. VI.

(58a) 2., photomechanisch gedruckte Aufl., Tübingen (Mohr-Siebeck) 1925.

1902

b) (59) [Besprechung von] Philipp Lotmar, Der Arbeitsvertrag, 1. Bd. In: Archiv für Soziale Gesetzgebung und Statistik, Zeitschrift zur Erforschung der gesellschaftlichen Zustände aller Länder, hg. v. Heinrich Braun, 17. Bd., 3. Heft, Berlin (Carl Heymanns) , S. 723–734.

1903

b) (59/I) [Besprechung von] A. Grotjahn, Über Wandlungen in der Volksernährung. In: Jahrbuch für Gesetzgebung, Verwaltung und Volkswirtschaft im Deutschen Reich. Hg. v. Gustav Schmoller. 27. Jg., 2. Heft, Leipzig (Duncker & Humblot), S. 728–732.

(60) Roscher und Knies und die logischen Probleme der historischen Nationalökonomie. (Erster Artikel), Vorbemerkung u. I. In: Jahrbuch für Gesetzgebung, Verwaltung und Volkswirtschaft im Deutschen Reich. Hg. v. Gustav Schmoller. 27. Jg., 3. Heft, Leipzig (Duncker & Humblot), S. 1181–1221.

1904

b) (61) Geleitwort [der Herausgeber zum Übergang des Archivs für Soziale Gesetzgebung und Statistik auf die neuen Herausgeber Werner Sombart, Max Weber und Edgar Jaffé]. In: Archiv für Sozialwissenschaft und Sozialpolitik, Neue Folge des Archivs für Soziale Gesetzgebung und Statistik, hg. v. Werner Sombart, Max Weber und Edgar Jaffé, 19. Bd., Heft 1, Tübingen (Mohr-Siebeck), S. I–VII.

(62) Die »Objektivität« sozialwissenschaftlicher und sozialpolitischer Erkenntnis. In: Archiv für Sozialwissenschaft und Sozialpolitik, 19. Bd., Heft 1, S. 22–87.

(63) Agrarstatistische und sozialpolitische Betrachtungen zur Fideikommißfrage in Preußen. In: Archiv für Sozialwissenschaft und Sozialpolitik, 19. Bd., Heft 3, S. 503–574.

(64) Der Streit um den Charakter der altgermanischen Sozialverfassung in der deutschen Literatur des letzten Jahrzehnts. In: Jahrbücher für Nationalökonomie und Statistik, hg. v. J. Conrad u. a., III. Folge, 28. Bd., Heft 4, Jena (Gustav Fischer), S. 433–470.

1905

b) (65) Die protestantische Ethik und der »Geist« des Kapitalismus. In: Archiv für Sozialwissenschaft und Sozialpolitik:, 20. Bd., Heft 1, S. 1–54; 21. Bd., Heft 1, S. 1–110.

(66) Redaktionelle Bemerkung zu vorstehendem Aufsatz [G. Cohn, Über den wissenschaftlichen Charakter der Nationalökonomie]. In: Archiv für Sozialwissenschaft und Sozialpolitik, 20. Bd., Heft 3, S. 479.

(67) Bemerkungen im Anschluß an den vorstehenden Aufsatz [R. Blank, Die soziale Zusammensetzung der sozialdemokratischen Wählerschaft Deutschlands]. In: Archiv für Sozialwissenschaft und Sozialpolitik, 20. Bd., Heft 3, S. 550–553.

(68) Roscher und Knies und die logischen Probleme der historischen Nationalökonomie. II. Knies und das Irrationalitätsproblem. In: Jahrbuch für Gesetzgebung, Verwaltung und Volkswirtschaft im Deutschen Reich. Hg. v. Gustav Schmoller. 29. Jg., 4. Heft, Leipzig (Duncker & Humblot), S. 1323–1384 (Fortsetzung von (60)].

(68/I) Der Verkehr auf der Börse. In: Volkswirtschaftliches Lesebuch für Kaufleute. Im amtlichen Auftrage herausgegeben von Dr. jur. Georg Mollat, Syndikus der Handelskammer zu Frankfurt a. O. Frankfurt a. O. (Verlag der Waldowschen Buch- und Kunsthandlung [R. Wengler], S. 215–217. (Teilabdruck aus (47).)

(68/II) Die Gegenstände des Börsenhandels. In: Volkswirtschaftliches Lesebuch für Kaufleute. Im amtlichen Auftrage herausgegeben von Dr. jur. Georg Mollat, Syndikus der Handelskammer zu Frankfurt a. O. Frankfurt a. O. (Verlag der Waldowschen Buch- und Kunsthandlung [R. Wengler], S. 217–221. (Teilabdruck aus (32).)

1906

a) (69) »Kirchen« und »Sekten«. In: Frankfurter Zeitung, 50. Jg., Nr. 102 vom 13.4.1906, 4. Mo.bl.

(70) »Kirchen« und »Sekten« (Schluß). In: Frankfurter Zeitung, 50. Jg., Nr. 104 vom 15.4.1906, 6.Mo.bl. [Fortsetzung von (69)].

b) (71) Kritische Studien auf dem Gebiet der kulturwissenschaftlichen Logik. In: Archiv für Sozialwissenschaft und Sozialpolitik, 22. Bd., Heft 1, S. 143–207.

(72) Zur Lage der bürgerlichen Demokratie in Rußland (S. J. Giwago u. Max Weber, Zur Beurteilung der gegenwärtigen politischen Entwicklung Rußlands). In: Archiv für Sozialwissenschaft und Sozialpolitik, 22. Bd., Heft 1, Beilage, S. 234–353.

(73) Rußlands Übergang zum Scheinkonstitutionalismus. In: Archiv für Sozialwissenschaft und Sozialpolitik, 23. Bd., Heft 1, Beilage, S. 165–401.

(74) »Kirchen« und »Sekten« in Nordamerika. Eine kirchen- und sozialpolitische Skizze. In: Die Christliche Welt, Evangelisches Gemeindeblatt für Gebildete aller Stände. 20. Jg., Marburg i.H. (Verlag der Christlichen Welt), Nr. 24 v. 14.6., Sp. 558–562; Nr. 25 v. 21.6., Sp. 577–583 [umgearbeitete Fassung von (69),(70)].

(75) Roscher und Knies und die logischen Probleme der historischen Nationalökonomie. (Dritter Artikel). II. Knies und das Irrationalitätsproblem (Fortsetzung). In: Jahrbuch für Gesetzgebung, Verwaltung und Volkswirtschaft im Deutschen Reich, hg. v. Gustav Schmoller. 30. Jg., 1. Heft, Leipzig (Duncker & Humblot), S. 81–120 [Fortsetzung von (60) und (68)].

c) (76) The Relations of the Rural Community to other Branches of Social Science (Translated by Professor Charles W. Seidenadel). In: Congress of Arts and Science. Universal Exposition, St.

Louis, 1904. Ed. by Howard J. Rogers. Vol. VII. Boston – New York (Houghton, Mifflin and Company), S. 725-746.

(76a) Capitalism and Rural Society in Germany. In: From Max Weber: Essays in Sociology. Translated, Ed. and with an Introduction by H. H. Gerth and C. Wright Mills. New York 1946, S. 365–385 [umgearbeitete Fassung von (76)].

(76b) Kapitalismus und Agrarverfassung. In: Zeitschrift für die gesamte Staatswissenschaft. Hg. v. F. Böhm u. a., 108. Bd., 3. Heft, Tübingen (Mohr-Siebeck) 1952, S. 431–452 [deutsche Rückübersetzung von (76a) durch Hans H. Gerth].

(77) [Diskussionsbeitrag zum Thema] Das Arbeitsverhältnis in den privaten Riesenbetrieben. In: Verhandlungen des Vereins für Socialpolitik über die finanzielle Behandlung der Binnenwasserstraßen, über das Arbeitsverhältnis in den privaten Riesenbetrieben und das Verhältnis der Kartelle zum Staate. Schriften des Vereins für Socialpolitik. 116. Bd. Verhandlungen der Generalversammlung in Mannheim, 25., 26., 27. u. 28.9.1905. Auf Grund der stenographischen Niederschrift hg. v. Ständigen Ausschuß. Leipzig (Duncker & Humblot), S. 212–217.

(78) [Diskussionsbeiträge zum Thema] Das Verhältnis der Kartelle zum Staate. In: Verhandlungen des Vereins für Socialpolitik... [Vgl. (77)] S. 371; 382–390; 432–433; 434–435.

1907

a) (79) [Zuschrift zum Thema] Die badische Fabrikinspektion. In: Frankfurter Zeitung, 51. Jg., Nr. 24 vom 24.1.1907, Ab.bl.

b) (80) R. Stammlers »Ueberwindung« der materialistischen Geschichtsauffassung. In: Archiv für Sozialwissenschaft und Sozialpolitik, 24. Bd., Heft 1, S. 94–151.

(81) Kritische Bemerkungen zu den vorstehenden »Kritischen Beiträgen« [H. Karl Fischer, Kritische Beiträge zu Prof. Max Webers Abhandlung: »Die protestantische Ethik und der Geist des Kapitalismus«]. In: Archiv für Sozialwissenschaft und Sozialpolitik, 25. Bd., Heft 1, S. 243–249.

1908

a) (81/I) Der Fall Bernhard. In: Frankfurter Zeitung, 52. Jg., Nr. 168 vom 18.6.1908, 1. Mo.bl. [anonym].

(82) Der »Fall Bernhard« und Professor Delbrück. In: Frankfurter Zeitung, 52. Jg., Nr. 190 vom 10.7.1908, 4. Mo.bl.

(83) Die sogenannte »Lehrfreiheit« an den deutschen Universitäten. In: Frankfurter Zeitung, 53. Jg., Nr. 262 vom 20.9.1908, 5. Mo.bl.

b) (84) Bemerkungen zu der vorstehenden »Replik« [H. K. Fischer, Protestantische Ethik und »Geist des Kapitalismus«]. In: Archiv für Sozialwissenschaft und Sozialpolitik, 26. Bd., Heft 1, S. 275–283.

(85) Die Grenznutzlehre und das »psychophysische Grundgesetz«. In: Archiv für Sozialwissenschaft und Sozialpolitik, 27. Bd., Heft 2, S. 546–558.

(86) Zur Psychophysik der industriellen Arbeit. In: Archiv für Sozialwissenschaft und Sozialpolitik, 27. Bd., Heft 3, S. 730–770.

(87) Die Kredit- und Agrarpolitik der preussischen Landschaften [Besprechung von H. Mauer, Das landschaftliche Kreditwesen Preussens, agrargeschichtlich und volkswirtschaftlich betrachtet, 1907]. In: Bank-Archiv, Zeitschrift für Bank- und Börsenwesen, hg. v. Dr. Riesser, VIII. Jg., Nr. 6 vom 15.12., Berlin (Verlag v. J. Guttentag), S. 87–91.

(87/1) Sozialdemokraten im academischen Lehramt. In: Hochschul-Nachrichten, hg. v. Paul v. Salvisberg, XIX. Jg., Heft 218, Nr. 2, November, München (Academischer Verlag), S. 45.

(88) [Glückwunschadresse zu Gustav Schmollers 70. Geburtstag.] In: Reden und Ansprachen gehalten am 24.6.1908 bei der Feier von Gustav Schmollers 70. Geburtstag. Nach stenographischer Aufnahme. Als Handschrift gedruckt. Altenburg (Piererschc Hofbuchdruckerei Stephan Geibel & Co.), S.67–68.

(88a) dass. in: Carl Brinkmann, Gustav Schmoller und die Volkswirtschaftslehre. Stuttgart (W. Kohlhammer) 1937, S. 8–9. [unvollständig].

(88b) dass. in: Kölner Zeitschrift für Soziologie und Sozialpsychologie. Hg. v. R. König. 27. Jg., Heft 4, Opladen (Westdeutscher Verlag) 1975, 5.723–724.

c) (88/I) [Diskussionsbeiträge auf dem Zweiten deutschen Hochschullehrertag]. Zweiter deutscher Hochschullehrertag zu Jena am 28. und 29. September (Bericht, erstattet vom engeren geschäftsführenden Ausschuß). In: Beilage der Münchner Neuesten Nachrichten, Jg. 1908, Nr. 146, München, 18. Dezember, S. 634–635.

(89) [Diskussionsbeitrag zum Thema] Verfassung und Verwaltungsorganisation der Städte. In: Verhandlungen des Vereins für Socialpolitik über die berufsmäßige Vorbildung der volkswirtschaftlichen Beamten und über Verfassung und Verwaltungsorganisation der

Städte. Schriften des Vereins für Socialpolitik. 125. Bd. Verhandlungen der Generalversammlung in Magdeburg, 30.9., 1. u. 2.10.1907. Auf Grund der stenographischen Niederschrift hrsg. v. Ständigen Ausschuß. Leipzig (Duncker & Humblot], S. 294–301.
d) (90) Erhebungen über Auslese und Anpassung (Berufswahl und Berufsschicksal) der Arbeiterschaft der geschlossenen Großindustrie [Exposé zur Methodik der Erhebungen]. Als Manuskript gedruckt. Altenburg (Piererschc Hofbuchdruckerei Stephan Geibel & Co.).

1909

a) (90/I) Rußland. Prof. Weber-Heidelberg über die Erneuerung Rußlands. In: Neue Badische Landeszeitung, Mannheim, Nr. 158 vom 4.4.1909, Mo.ausg.
b) (91) Zur Psychophysik der industriellen Arbeit. II., IV. [III. fehlt]. In: Archiv für Sozialwissenschaft und Sozialpolitik, 28. Bd., Heft 1, S. 219–277; Heft 3, S. 719–761; 29. Bd., Heft 2, S. 513–542 [Fortsetzung von (86)].
(92) »Energetische« Kulturtheorien. [Besprechung von] Wilhelm Ostwald, Energetische Grundlagen der Kulturwissenschaft. In: Archiv für Sozialwissenschaft und Sozialpolitik, 29. Bd., Heft 2, S. 575–598.
(93) [Besprechung von] Adolf Weber, Die Aufgaben der Volkswirtschaftslehre als Wissenschaft. In: Archiv für Sozialwissenschaft und Sozialpolitik, 29. Bd., Heft 2, S. 615–620.
(93/I) [Besprechung von] Franz Eulenburg, Die Entwicklung der Universität Leipzig in den letzten hundert Jahren. In: Archiv für Sozialwissenschaft und Sozialpolitik, 29. Bd., Heft 2, S. 672–675.
(94) Zur Methodik sozialpsychologischer Enquêten und ihrer Bearbeitung. [Besprechung von] A. Levenstein, Aus der Tiefe, 1908. Ders., Arbeiter-Philosophen und -Dichter, Bd. I, 1909. Ders., Lebenstragödie eines Tagelöhners, 1909. In: Archiv für Sozialwissenschaft und Sozialpolitik, 29. Bd., Heft 3, S. 949–958.
(95) Agrarverhältnisse im Altertum. In: Handwörterbuch der Staatswissenschaften. Hg. v. J. Conrad u. a., 3. gänzlich umgearbeitete Aufl., 1. Bd., Abbau – Aristoteles, Jena (Gustav Fischer), S. 52–188 [umgearbeitete Fassung von (54)].
(96) Die Lehrfreiheit der Universitäten. In: Hochschul-Nachrichten, hg. v. Paul v. Salvisberg, XIX. Jg., Heft 220, Nr. 4, Januar, München (Academischer Verlag), S. 89–91.
(96a) dass. In: Süddeutsche Zeitung, 29. Jg., Nr. 254 vom 3./4.11.1973, SZ am Wochenende.

(97) Altertum. In: Die Religion in Geschichte und Gegenwart. Handwörterbuch in gemeinverständlicher Darstellung. Unter Mitwirkung v. H. Gunkel u. O. Scheel hg. v. F. M. Schiele. 1. Bd. Von A bis Deutschland. Tübingen (Mohr-Siebeck), Sp. 233–237.

(97a) Antike Agrarverfassung. In: Die Religion in Geschichte und Gegenwart. Handwörterbuch für Theologie und Religionswissenschaft. 2., völlig neu bearbeitete Aufl. In Verbindung mit A. Bertholet u. a. hg. v. H. Gunkel u. L. Zscharnack. 1. Bd. A–D, Tübingen (Mohr-Siebeck) 1927, Sp. 158–161 [textgleich mit (97].

1910

a) (97/I) [Marie Bernays und die Gladbacher Arbeiterschaft]. In: Gladbacher Zeitung, Nr. 274 vom 25.11.1910, 1. Bl. (Morgenausgabe).

b) (98) Antikritisches zum »Geist« des Kapitalismus. In: Archiv für Sozialwissenschaft und Sozialpolitik, 30. Bd., Heft 1, S. 176–202.

(99) Antikritisches Schlusswort zum »Geist des Kapitalismus«. In: Archiv für Sozialwissenschaft und Sozialpolitik, 31. Bd., Heft 2, S. 554–599.

c) (100) [Diskussionsbeiträge auf dem 3. Deutschen Hochschullehrertag.] In: Verhandlungen des III. Deutschen Hochschullehrertages zu Leipzig am 12. u. 13.10.1909. Bericht erstattet vom engeren geschäftsführenden Ausschuß. Leipzig (Verlag des Literarischen Zentralblattes für Deutschland [Eduard Avenarius]), S. 6, 16–17, 20–21, 41–42, 47.

(101) [Diskussionsbeiträge zum Thema] Die wirtschaftlichen Unternehmungen der Gemeinden. In: Verhandlungen des Vereins für Socialpolitik in Wien, 1909. I. Zum Gedächtnis an Georg Hanssen. II. Die wirtschaftlichen Unternehmungen der Gemeinden. III. Die Produktivität der Volkswirtschaft. Schriften des Vereins für Socialpolitik. 132. Bd. Verhandlungen der Generalversammlung in Wien, 27., 28. u. 29.9.1909. Auf Grund der stenograph. Niederschrift hg. v. Ständigen Ausschuß. Leipzig (Duncker & Humblot), S. 245, 282–287.

(102) [Diskussionsbeiträge zum Thema] Die Produktivität der Volkswirtschaft. In: Verhandlungen des Vereins für Socialpolitik in Wien, ... [Vgl. (101)]. S. 580–585, 586, 605–607, 610, 611, 614.

1911

a) (102/I) Ein Votum zur Universitätsfrage. In: Volksstimme. Sozialdemokratisches Organ für Südwestdeutschland, Frankfurt a.

Main, 22. Jg. , Nr. 146 vom 26.6.1911. [Abgedruckter Brief Max Webers an Max Quarck]

(103) Professor Max Weber – Heidelberg über seine Rede auf dem Deutschen Hochschultag zu Dresden. In: Tägliche Rundschau, 31. Jg., Nr. 497 vom 22.10.1911, 2. Beilage.

(104) Die Handelshochschulen. Eine Entgegnung. In: Berliner Tageblatt, 40. Jg., Nr. 548 vom 27.10.1911, Mo.ausg.

(105) Max Weber über das »System Althoff«. In: Frankfurter Zeitung, 56. Jg., Nr. 298 vom 27.10.1911, Ab.bl.

(105a) Die Reverse des Kultusministeriums. In: Vossische Zeitung, Nr. 539 vom 28.10.1911. [textgleich mit (105)].

(105/I) Die preußische Unterrichtsverwaltung und Prof. Max Weber-Heidelberg. In: Badische Landeszeitung, Nr. 504 vom 28.10.1911.

(105/II) Die »Reverse« des Kultusministeriums. In: Vossische Zeitung, Nr. 547 vom 1.11.1911.

(106) Max Weber und das System Althoff. In: Frankfurter Zeitung, 56. Jg., Nr. 304 vom 2.11.1911, 1. Mo.bl.

(107) Nochmals Weber – Althoff. In: Tägliche Rundschau, 31. Jg., Nr. 528 vom 9.11.1911, Ab.ausg., 2. Beilage.

(107a) Nochmals das »System Althoff«. In: Frankfurter Zeitung, 56. Jg., Nr. 312 vom 10.11.1911, 3. Mo.bl. [inhaltlich identisch mit (107)].

c) (108) [Geschäftsbericht für die Deutsche Gesellschaft für Soziologie.] In: Verhandlungen des Ersten Deutschen Soziologentages vom 19.–22.10.1910 in Frankfurt a. M. Reden und Vorträge von G. Simmel, F. Tönnies, M. Weber, W. Sombart, A. Ploetz, E. Troeltsch, E. Gothein, A. Voigt, H. Kantorowicz und Debatten. Schriften der Deutschen Gesellschaft für Soziologie. I. Serie: Verhandlungen der Deutschen Soziologentage. I. Bd., Tübingen (Mohr-Siebeck), S. 39–62.

(109) [Diskussionsbeitrag auf der gleichen Tagung zu dem Vortrag von] Werner Sombart, Technik und Kultur. In: Verhandlungen des Ersten Deutschen Soziologentages … [Vgl. (108)], S. 95–101.

(110) [Diskussionsbeiträge zu dem Vortrag von] Alfred Plötz, Die Begriffe Rasse und Gesellschaft und einige damit zusammenhängende Probleme. In: Verhandlungen des Ersten Deutschen Soziologentages … [Vgl. (108)], S. 151–157, 159, 161–165, 215.

(111) [Diskussionsbeiträge zu dem Vortrag von] Ernst Troeltsch, Das stoisch-christliche Naturrecht und das moderne profane Naturrecht. In: Verhandlungen des Ersten Deutschen Soziologentages … [Vgl. (108)], S. 196-202, 210–211.

(112) [Diskussionsbeitrag zu dem Vortrag von] Andreas Voigt, Wirtschaft und Recht. In: Verhandlungen des Ersten Deutschen Soziologentages... [Vgl. (108)], S. 265–270.

(113) [Diskussionsbeiträge zu dem Vortrag von] Hermann Kantorowicz, Rechtswissenschaft und Soziologie. In: Verhandlungen des Ersten Deutschen Soziologentages ... [Vgl. (108)], S. 312–313, 320, 323–330, 333.

1912

c) (114) [Diskussionsbeiträge zum Thema] Die von den deutschen abweichenden Einrichtungen an den nordamerikanischen Hochschulen. In: Verhandlungen des IV. Deutschen Hochschullehrertages zu Dresden am 12. u. 13.10.1911. Bericht erstattet vom geschäftsf. Ausschuß. Leipzig (Verlag des Literarischen Zentralblattes für Deutschland [Eduard Avenarius]), S. 66–77, 85–86.

(115) [Diskussionsbeiträge zum Thema] Probleme der Arbeiterpsychologie unter besonderer Rücksichtnahme auf Methode und Ergebnisse der Vereinserhebungen. In: Verhandlungen des Vereins für Sozialpolitik in Nürnberg 1911. I. Fragen der Gemeindebesteuerung. II. Probleme der Arbeiterpsychologie unter besonderer Rücksichtnahme auf Methode und Ergebnisse der Vereinserhebungen. Schriften des Vereins für Sozialpolitik. 138. Bd. Verhandlungen der Generalversammlung in Nürnberg, 9. u. 10.10.1911. Auf Grund der stenograph. Niederschrift hg. v. Ständigen Ausschuß. Leipzig (Duncker & Humblot), S. 163, 176, 189–197.

1913

b) (116) Ueber einige Kategorien der verstehenden Soziologie. In: Logos. Internationale Zeitschrift für Philosophie der Kultur. Hg. v. R. Kroner u. G. Mehlis. Bd. IV, Heft 3, Tübingen (Mohr-Siebeck), S. 253–294.

c) (117) [Bemerkungen zur Werturteilsdiskussion]. Äußerungen zur Werturteilsdiskussion im Ausschuß des Vereins für Sozialpolitik. Als Manuskript gedruckt, (o. O.), S. 85–120.

(117a) dass. in: Eduard Baumgarten, Max Weber. Werk und Person. Dokumente ausgewählt und kommentiert von Eduard Baumgarten. Tübingen (Mohr-Siebeck) 1964, S. 102–139.

(118) [Diskussionsbeitrag zu dem Vortrag von] Paul Barth, Die Nationalität in ihrer soziologischen Bedeutung. In: Verhandlungen des Zweiten Deutschen Soziologentages vom 20.–22.10.1912 in Berlin. Reden und Vorträge von A. Weber, P. Barth, F. Schmid, L. M.

Hartmann, F. Oppenheimer, R. Michels und Debatten. Schriften der Deutschen Gesellschaft für Soziologie. I. Serie: Verhandlungen der Deutschen Soziologentage. II. Bd., Tübingen (Mohr-Siebeck), S. 49–52.

(119) [Diskussionsbeiträge auf der gleichen Tagung zu dem Vortrag von] Ferd. Schmid, Das Recht der Nationalitäten. In: Verhandlungen des Zweiten Deutschen Soziologentages ... [Vgl. (118)], S. 72–73, 74–75.

(120) Rechenschaftsbericht für die abgelaufenen beiden Jahre [über die Tätigkeit der Deutschen Gesellschaft für Soziologie]. In: Verhandlungen des Zweiten Deutschen Soziologentages... [Vgl. (118)], S. 75–79.

(121) [Diskussionsbeiträge zu den Vorträgen von] Ludo Moritz Hartmann, Die Nation als politischer Faktor. Franz Oppenheimer, Die rassentheoretische Geschichtsphilosophie. Robert Michels, Die historische Entwicklung des Vaterlandsgedankens. In: Verhandlungen des Zweiten Deutschen Soziologentages ... [Vgl. (118)], S. 188–191.

1914

a) (121/I) Eine Erklärung von Max Weber. In: Frankfurter Zeitung, 58. Jg., Nr. 181 vom 2.7.1914, Ab.bl.

b) (122) Redaktionelles Nachwort [Zu Arthur Salz, In eigener Sache. Im selben Bd., S. 527-538]. In: Archiv für Sozialwissenschaft und Sozialpolitik, 38. Bd., Heft 2, S. 539–550.

d) (123) Vorwort [von Schriftleitung und Verlag zum Erscheinen der I. Abteilung des »Grundriss der Sozialökonomik«, Heidelberg und Tübingen, 2.6.1914]. In: Grundriss der Sozialökonomik, I. Abt. Wirtschaft und Wirtschaftswissenschaft. Bearb. v. K. Bücher, J. Schumpeter, Fr. Freiherrn v. Wieser. Tübingen (Mohr-Siebeck), S. VII–IX.

1915

a) (124) Bismarcks Außenpolitik und die Gegenwart. I. Dreibund und Westmächte. II. Dreibund und Rußland. In: Frankfurter Zeitung, 60. Jg., Nr. 357 vom 25.12.1915, 3. Mo.bl.

b) (125) Zu dem redaktionellen Geleitwort im Märzheft 1914 S. 539f. gegen Herrn Prof. Dr. Sander in Prag (IV.). In: Archiv für Sozialwissenschaft und Sozialpolitik, 39. Bd., Heft 1, S. 231–252.

(126) Geleitwort [der Redaktion zu den als Bd. 40 des Archivs für Sozialwissenschaft und Sozialpolitik unter dem Titel »Krieg und

Wirtschaft« erschienenen Abhandlungen]. In: Archiv für Sozialwissenschaft und Sozialpolitik, 40. Bd., Heft 1, S. 1–2.

(126/I) [Namensliste der Unterzeichner der Gegenadresse zur sog. »Seeberg-Adresse«, Sommer 1915; mitunterzeichnet von Max Weber.] In: Preußische Jahrbücher. Hg. v. Hans Delbrück. 162. Bd., Heft I, Oktober, Berlin (Georg Stilke), S. 169–172. [Der Text der Gegenadresse findet sich in: ebd., 169. Bd., Heft II, August, Berlin (Georg Stilke), S. 306–307].

1916

a) (126/II) »Der Berliner Professoren-Aufruf« [Erklärung zu einem Aufruf Berliner Professoren, abgedruckt in der Frankfurter Zeitung, 61. Jg., Nr. 206 vom 27.7.1916, 2. Mo.bl.]. In: Frankfurter Zeitung, 61. Jg., Nr. 207 vom 28.7.1916, Ab.bl. [anonym].

(126/III) Kundgebung. [Protest gegen Anfeindungen des Reichskanzlers Bethmann Hollweg. Mitunterzeichnet von Max Weber.] In: Heidelberger Tageblatt, 35. Jg., Nr. 277 vom 25.11.1916.

b) (127) Die Wirtschaftsethik der Weltreligionen. Religionssoziologische Skizzen. Einleitung; Der Konfuzianismus I–IV; Zwischenbetrachtung. Stufen und Richtungen der religiösen Weltablehnung. In: Archiv für Sozialwissenschaft und Sozialpolitik, 41. Bd., Heft 1, S. 1–87; Heft 2, S. 335–421.

(128) Die Wirtschaftsethik der Weltreligionen. Hinduismus und Buddhismus, I–III. In: Archiv für Sozialwissenschaft und Sozialpolitik, 41. Bd., Heft 3, S. 613–744; 42. Bd., 1916/17, Heft 2, S. 345–461; Heft 3, S. 687–814.

(129) Zur Erklärung der Prager Rechts- und Staatswissenschaftlichen Fakultät Bd. 39, S. 567. In: Archiv für Sozialwissenschaft und Sozialpolitik:, 41. Bd., Heft 3, S. 927–928.

(130) Zwischen zwei Gesetzen [Brief M. Webers an Dr. Gertrud Bäumer]. In: Die Frau, Monatsschrift für das gesamte Frauenleben unserer Zeit, hg. v. Helene Lange, 23. Jg., Heft 5, Februar, Berlin (W. Moeser), S. 277–279.

(131) Deutschland unter den europäischen Weltmächten [Vortrag in München am 27.10.1916. Zensierte Fassung. In einem redaktionellen Vermerk heißt es: »Mit Rücksicht auf die Zensur sind die Ausführungen gegen die Demagogie in rein militärischen Fragen fortgelassen«]. In: Die Hilfe, Wochenschrift für Politik, Literatur und Kunst. Hg. v. Fr. Naumann. 22. Jg., Nr. 45 vom 9.11., S. 735–741.

(132) Deutschland unter den europäischen Weltmächten. Deutscher Kriegs- und Friedenswille. Drei Reden: Fr. Naumann, Rede über den Krieg. M. Weber, Deutschland unter den europäi-

schen Weltmächten. W. Heile, Deutscher Siegeswille. In: Die Hilfe, Wochenschrift für Politik, Literatur und Kunst. Hg. v. Fr. Naumann. Sonderheft. Berlin (Verlag der »Hilfe«) o. J., S. 7–13 [umgearbeitete Neufassung von (131)].

c) (133) [Diskussionsbeitrag zur] Generaldebatte. In: Die wirtschaftliche Annäherung zwischen dem Deutschen Reiche und seinen Verbündeten. Hg. im Auftrage des Vereins für Sozialpolitik von H. Herkner. 3.Teil. Aussprache in der Sitzung des Ausschusses vom 6.4.1916 zu Berlin. Schriften des Vereins für Sozialpolitik. 155.Bd. 3. Teil. München und Leipzig (Duncker & Humblot), S. 28–37.

(134) [Diskussionsbeiträge zum Thema] Bedenken gegen eine Erleichterung des Güteraustausches. In: Die wirtschaftliche Annäherung... [Vgl. (133)], S. 42, 57–59.

1917

a) (135) Deutschlands äußere und Preußens innere Politik. I. Die Polenpolitik. In: Frankfurter Zeitung, 61.Jg., Nr. 55 vom 25.2.1917, 1. Mo.bl.

(136) Deutschlands äußere und Preußens innere Politik. II. Die Nobilitierung der Kriegsgewinne. In: Frankfurter Zeitung, 61. Jg., Nr. 59 vom 1.3.1917, 1. Mo.bl. [Fortsetzung von (135)].

(137) Ein Wahlrechtsnotgesetz des Reichs. Das Recht der heimkehrenden Krieger. In: Frankfurter Zeitung, 61. Jg., Nr. 86 vom 28.3.1917, 1. Mo.bl.

(138) Der preußische Landtag und das Deutsche Reich. In: Frankfurter Zeitung, 61. Jg., Nr. 114 vom 26.4.1917, 1. Mo.bl.

(138/I) Eine katholische Universität in Salzburg. In: Frankfurter Zeitung, 61. Jg., Nr. 128 vom 10.5.1917, 1. Mo.bl. [anonym].

(139) Deutscher Parlamentarismus in Vergangenheit und Zukunft. I. Die Erbschaft Bismarcks. In: Frankfurter Zeitung, 61. Jg., Nr. 145 vom 27.5.1917, 1. Mo.bl.

(140) Vergangenheit und Zukunft des deutschen Parlamentarismus. II. Beamtenherrschaft und politisches Führertum. In: Frankfurter Zeitung, 61. Jg., Nr. 157 vom 9.6.1917, 1. Mo.bl. [Fortsetzung von (139)].

(141) Vergangenheit und Zukunft des deutschen Parlamentarismus. II. Beamtenherrschaft und politisches Führertum (Schluß). In: Frankfurter Zeitung, 61. Jg., Nr. 158 vom 10.6.1917, 1. Mo.bl. [Fortsetzung von (140)].

(142) Deutscher Parlamentarismus in Vergangenheit und Zukunft. III. Verwaltungsöffentlichkeit und politische Verantwortung.

In: Frankfurter Zeitung, 61. Jg., Nr. 172 vom 24.6.1917, 1. Mo.bl. [Fortsetzung von (141)].

(143) Die Lehren der deutschen Kanzlerkrisis. In: Frankfurter Zeitung, 62. Jg., Nr. 247 vom 7.9.1917, 1. Mo.bl.

(143/1) Die Abänderung des Artikels 9 der Reichsverfassung. In: Frankfurter Zeitung, 62. Jg., Nr. 248 vom 8.9.1917, 1. Mo.bl. [anonym].

(144) Die siebente deutsche Kriegsanleihe. In: Frankfurter Zeitung, 62. Jg., Nr. 258 vom 18.9.1917, 1. Mo.bl.

(145) Vaterland und Vaterlandspartei. In: Münchner Neueste Nachrichten, 70. Jg., Nr. 494 vom 30.9.1917.

(146) Bayern und die Parlamentarisierung im Reich. I. In: Münchner Neueste Nachrichten, 70. Jg., Nr. 522 vom 15.10.1917, Ab.ausg.

(147) Bayern und die Parlamentarisierung im Reich. II. In: Münchner Neueste Nachrichten, 70. Jg., Nr. 525 vom 17.10.1917, Mo.ausg. [Fortsetzung von (146)].

(147/I) Gegen die »Vaterlandspartei«. [Abdruck der »Heidelberger Erklärung«. Mitunterzeichnet von Max Weber.] In: Frankfurter Zeitung, 62. Jg., Nr. 294 vom 24.10.1917, 1. Mo.bl.

(148) »Bismarcks Erbe in der Reichsverfassung.« In: Frankfurter Zeitung, 62.Jg., Nr. 298 vom 28.10.1917, 1. Mo.bl.

(148/I) Eingesandt. In: Heidelberger Tageblatt, 35. Jg., Nr. 289 vom 10.12.1917.

(148/Ia) dass. in: Kölner Zeitschrift für Soziologie und Sozialpsychologie. Hrsg. v. R. König, 28. Jg., Heft 4, Opladen (Westdeutscher Verlag) 1976, S. 808.

(149) Schwert und Parteikampf. In: Frankfurter Zeitung, 62. Jg., Nr. 344 vom 13.12.1917, 1. Mo.bl.

(149/I) Volksbund für Freiheit und Vaterland! Aufruf! [Mitunterzeichnet von Max Weber »Als Mitglied des Ausschusses«.] In: Heidelberger Tageblatt, 35. Jg., Nr. 298 vom 20.12.1917.

b) (150) Die Wirtschaftsethik der Weltreligionen. Das antike Judentum. I. Die israelitische Eidgenossenschaft und Jahwe. In: Archiv für Sozialwissenschaft und Sozialpolitik, 44. Bd. 1917/18, Heft 1, S. 52–138; Heft 2, S. 349–443; Heft 3, S. 601–626.

(151) Erklärung [zu dem Aufsatz von E. Jaffé, Das theoretische System der kapitalistischen Wirtschaftsordnung]. Zusammen mit Werner Sombart. In: Archiv für Sozialwissenschaft und Sozialpolitik, 44. Bd. 1917/18, Heft 1, S. 348.

(152) Das preussische Wahlrecht. In: Europäische Staats- und Wirtschafts-Zeitung, hg. v. H. v. Frauendorfer u. E. Jaffé, Nr. 16 vom 21.4., Berlin (Verlag der Europäischen Staats- und Wirtschafts-Zeitung), S. 398–402.

(152a) dass. in: Kölner Zeitschrift für Soziologie und Sozialpsychologie. Hg. v. R. König. 27. Jg., Heft 4, Opladen (Westdeutscher Verlag) 1975, S. 724–730.

(153) Rußlands Übergang zur Scheindemokratie. In: Die Hilfe, Wochenschrift für Politik, Literatur und Kunst. Hg. v. Fr. Naumann. 23. Jg., Nr. 17 vom 26.4., S. 272–279.

(154) Das Reichstagswahlrecht für Preußen. In: Die Hilfe, Wochenschrift für Politik, Literatur und Kunst. Hg. v. Fr. Naumann. 23. Jg., Nr. 48 vom 29.11., S. 709–710. [Vorabdruck aus (156), mit einem Vorwort von W. Heile].

(155) Der Sinn der »Wertfreiheit« der soziologischen und ökonomischen Wissenschaften. In: Logos: Internationale Zeitschrift für Philosophie der Kultur. Hg. v. R. Kroner u. G. Mehlis. Bd. VII, Heft 1, 1917/18, Tübingen (Mohr-Siebeck), S. 40–88. [umgearbeitete Fassung von (117)].

d) (156) Wahlrecht und Demokratie in Deutschland. In: Der deutsche Volksstaat. Schriften zur inneren Politik. Hg. v. W. Heile & W. Schotte. 2. Heft, Berlin (Fortschritt [Buchverlag der »Hilfe«]).

1918

a) (157) Innere Lage und Außenpolitik. I. In: Frankfurter Zeitung, 62. Jg., Nr. 34 vom 3.2.1918, 1. Mo.bl.

(158) Innere Lage und Außenpolitik. II. In: Frankfurter Zeitung, 62. Jg., Nr. 36 vom 5.2.1918, 2. Mo.bl. [Fortsetzung von (157)].

(159) Innere Lage und Außenpolitik. III. In: Frankfurter Zeitung, 62. Jg., Nr. 38 vom 7.2.1918, 1. Mo.bl. [Fortsetzung von (158)].

(160) Die nächste innerpolitische Aufgabe. In: Frankfurter Zeitung, 63. Jg., Nr. 288 vom 17.10.1918, 1. Mo.bl.

(160/1) Waffenstillstand und Frieden. In: Frankfurter Zeitung, 63. Jg., Nr. 298 vom 27.10.1918, 2. Mo.bl. [anonym].

(161) Die Staatsform Deutschlands. I. In: Frankfurter Zeitung, 63. Jg., Nr. 324 vom 22.11.1918, 1. Mo.bl.

(162) Die Staatsform Deutschlands. II. In: Frankfurter Zeitung, 63. Jg., Nr. 326 vom 24.11.1918, 1. Mo.bl. [Fortsetzung von (161)].

(163) Die deutsche Staatsform. III. In: Frankfurter Zeitung, 63. Jg., Nr. 330 vom 28.11.1918,1. Mo.bl. [Fortsetzung von (162)].

(164) Die deutsche Staatsform. IV. In: Frankfurter Zeitung, 63. Jg., Nr. 332 vom 30.11.1918, 1. Mo.bl. [Fortsetzung von (163)].

(165) Die deutsche Staatsform. V. (Schluß). In: Frankfurter Zeitung, 63. Jg., Nr. 337 vom 5.12.1918, 1. Mo.bl. [Fortsetzung von (164)].

(165/I) Ein Aufruf der demokratischen Partei an Österreich. [Erklärung der DDP, mitunterzeichnet von Max Weber.] In: Frankfurter Zeitung, 63. Jg., Nr. 375 vom 25.12.1918, 1.Mo.bl.

b) (166) Die Wirtschaftsethik der Weltreligionen. Das antike Judentum. I. Die israelitische Eidgenossenschaft und Jahwe (Schluß). II. Die Entstehung des jüdischen Pariavolkes. In: Archiv für Sozialwissenschaft und Sozialpolitik, 46. Bd. 1918/19, Heft 1, S. 40–113; Heft 2, S. 311–366; Heft 3, S. 541–604.

d) (167) Parlament und Regierung im neugeordneten Deutschland. Zur politischen Kritik des Beamtentums und Parteiwesens. In: Die innere Politik, hg. v. S. Hellmann, München und Leipzig (Duncker & Humblot) [Umgestaltung und Erweiterung von (138), (139) bis (142) sowie Vorbemerkung].

(168) Der Sozialismus. Wien (»Phöbus«, Kommissionsverlag Dr. Viktor Pimmer).

1919

a) (169) [Zuschrift betr. seine Nichtaufnahme in die Kandidatenliste der Provinz Hessen-Nassau zur Wahl in die Nationalversammlung.] In: Frankfurter Zeitung, 63. Jg., Nr. 12 vom 5.1.1919, 2. Mo.bl.

(169/I) Erklärung! [gegen antisemitische Propaganda. Mitunterzeichnet von Max Weber.] In: Heidelberger Zeitung, 61. Jg., Nr. 12 vom 15.1.1919.

(170) Zum Thema der »Kriegsschuld«. In: Frankfurter Zeitung, 63. Jg., Nr. 43 vom 17.1.1919, 1. Mo.bl.

(170/I) Professor Max Weber und die Couleurstudenten. In: Heidelberger Neueste Nachrichten, Nr. 22 vom 27.1. 1919.

(170/II) Aufruf [an die demokratische Jugend. Mitunterzeichnet von Max Weber.] In: Heidelberger Tageblatt, Nr. 22 vom 30.1.1919.

(170/Ia) [Erwiderung] In: Deutsche Corpszeitung. Amtliche Zeitschrift des Kösener S.C. Verbandes, 36. Jg., Nr. 2 vom 1.5.1919, S. 17f.

(171) Für eine Politik des Rechts. [Erklärung der »Arbeitsgemeinschaft für Politik des Rechts (Heidelberger Vereinigung)«. Mitunterzeichnet von Max Weber.] In: Frankfurter Zeitung, 63. Jg., Nr. 117 vom 13.2.1919, 1. Mo.bl.

(171/I) Der gebundene Privatbesitz in der badischen Verfassung. In: Karlsruher Tagblatt, Nr. 50 vom 19.2.1919, Erstes Bl.

(172) Der Reichspräsident. In: Berliner Börsen-Zeitung, 64. Jg., Nr. 93 vom 25.2.1919, Mo.ausg.

(172/I) Aufruf [zur Unterstützung der elsaß-lothringischen Flüchtlinge. Mitunterzeichnet von Max Weber.] In: Heidelberger Tageblatt, Nr. 59 vom 14.3.1919.

(173) Die Untersuchung der Schuldfrage. In: Frankfurter Zeitung, 63. Jg., Nr. 218 vom 22.3.1919, 1. Mo.bl.

(173/I) Für die Aufhebung des Standrechts [Erklärung der »Arbeitsgemeinschaft für Politik des Rechts (Heidelberger Vereinigung)«. Mitunterzeichnet von Max Weber.] In: Münchner Neueste Nachrichten, Nr.227 vom 12.6.1919, Mo.Bl.

(173/II) Gegen die Blockade Rußlands [Erklärung der »Arbeitsgemeinschaft für Politik des Rechts (Heidelberger Vereinigung)«. Mitunterzeichnet von Max Weber.] In: Frankfurter Zeitung, Nr. 847 vom 12.11.1919, 1. Mo.bl.

(174) (entfällt)

d) (175) Deutschlands künftige Staatsform. In: Zur deutschen Revolution. Flugschriften der Frankfurter Zeitung. Sonderabdruck aus der Frankfurter Zeitung. Heft 2. Frankfurt (Frankfurter Societäts-Druckerei). [Umgearbeitete Fassung von (161) bis (165) mit einem Vorwort vom 15.12.1918.]

(176) [Rede über die wirtschaftliche Zugehörigkeit des Saargebietes zu Deutschland.] Gegen Frankreichs Anspruch auf Pfalz und Saarbecken. Protestkundgebung von Lehrkörper und Studentenschaft der Ruprecht-Karls-Universität Heidelberg. 1.3.1919. Ansprachen v. Ch. Bartholomae, H. Oncken, W. Windelband, E. Thiel u. M. Weber. Heidelberg (Carl Winters Universitätsbuchhandlung), S. 30–38.

(176a) Gegen Frankreichs Anspruch auf das Saarbecken. Auszug aus zwei Reden der Professoren Hermann Oncken und Max Weber gehalten bei einer Protestkundgebung der Universität Heidelberg am 1. März 1919. Berlin (H. Bergmann), S. 8–12. [Gekürzte Fassung von (176).]

(176/I) Unitarismus, Partikularismus und Föderalismus in der Reichsverfassung. In: Heidelberger Zeitung, Nr. 74 vom 28.3.1919 und Nr. 75 vom 29.3.1919.

(177) Wissenschaft als Beruf. In: Geistige Arbeit als Beruf. Vier Vorträge vor dem Freistudentischen Bund. Erster Vortrag. [Mit

einem Nachwort von Immanuel Birnbaum]. München und Leipzig (Duncker & Humblot).

(177a) dass. 2. Aufl., München und Leipzig (Duncker & Humblot) 1921.

(177b) dass. 3. Aufl. In: Wissenschaftliche Abhandlungen und Reden zur Philosophie, Politik und Geistesgeschichte. Heft VIII. München u. Leipzig (Duncker & Humblot) 1930.

(177c) dass. Gedanken anläßlich einer Studentenversammlung 1919, die über Berufsfragen orientiert werden sollte. [Mit einem Zitat von Theodor Heuss als Vorwort.] In: SV-Schriftenreihe zur Förderung der Wissenschaft. Forschung und Wirtschaft. Partner im Fortschritt. 7. Jg., o. O. 1958/3.

(177d) dass. 4. Aufl., Berlin (Duncker & Humblot) 1959.

(177e) dass. 5. Aufl., Berlin (Duncker & Humblot) 1967.

(177f) dass. 6. Aufl., Berlin (Duncker & Humblot) 1975.

(178) Politik als Beruf. In: Geistige Arbeit als Beruf. Vier Vorträge vor dem Freistudentischen Bund. Zweiter Vortrag. München u. Leipzig (Duncker & Humblot).

(178a) dass. 2. Aufl. [Mit einer Vorbemerkung Marianne Webers vom August 1926.) In: Wissenschaftliche Abhandlungen und Reden zur Philosophie, Politik und Geistesgeschichte. II. München u. Leipzig (Duncker & Humblot) 1926.

(178b) dass. 3. Aufl. (Mit einer Vorbemerkung Marianne Webers vom August 1926.] Berlin (Duncker & Humblot) 1958.

(178c) dass. 4. Aufl. Berlin (Duncker & Humblot) 1964.

(178d) dass. 5. Aufl. Berlin (Duncker & Humblot) 1968.

(179) (entfällt)

(179a) (entfällt)

(179b) (entfällt)

(179c) (entfällt)

(179d) (entfällt)

(179e) (entfällt)

1920

(179/I) Kundgebung deutscher Hochschullehrer [Mitunterzeichnet von Max Weber.] In: Frankfurter Zeitung, Nr. 406 vom 5.6.1920, 1. Mo.bl.

d) (180) Gesammelte Aufsätze zur Religionssoziologie [GAzRS]. Bd. I (1. Aufl.), Tübingen (Mohr-Siebeck) 1920.

(180a) 2., photomechanisch gedruckte Aufl., Tübingen (Mohr-Siebeck) 1922.

(180b) 3., photomechanisch gedruckte Aufl., Tübingen (Mohr-Siebeck) 1934.

(180c) 4., photomechanisch gedruckte Aufl., Tübingen (Mohr-Siebeck) 1947.

(180d) 5., photomechanisch gedruckte Aufl., Tübingen (Mohr-Siebeck) 1963.

(180e) 6., photomechanisch gedruckte Aufl., Tübingen (Mohr-Siebeck) 1972.

(181) Vorbemerkung [zu GAzRS Bd.I]. In: Gesammelte Aufsätze zur Religionssziologie, Bd.I, Tübingen (Mohr-Siebeck), S. 1-16.

(182) Die protestantische Ethik und der Geist des Kapitalismus. In: Gesammelte Aufsätze zur Religionssoziologie, Bd.I, Tübingen (Mohr-Siebeck), S. 17–206. [Umgearbeitete Fassung von (65).]

(183) Die protestantischen Sekten und der Geist des Kapitalismus. In: Gesammelte Aufsätze zur Religionssoziologie, Bd.I, Tübingen (Mohr-Siebeck), S. 207–236. [Umgearbeitete Fassung von (74).]

(184) Die Wirtschaftsethik der Weltreligionen. Vergleichende religionssoziologische Versuche. Einleitung; I. Konfuzianismus und Taoismus; Zwischenbetrachtung: Theorie der Stufen und Richtungen religiöser Weltablehnung. In: Gesammelte Aufsätze zur Religionssoziologie, Bd.I, Tübingen (Mohr-Siebeck), S. 237–573. [Umgearbeitete Fassung von (127).]

II. Chronologisches Verzeichnis unveröffentlichter Arbeiten

(184/I) [Beiträge zu den] Verhandlungen des provisorischen Börsenausschusses im Reichsamt des Innern in der Zeit vom 19. bis 26. November 1896, S. 24, 33f., 43f., 53–56, 66, 70, 74, 77, 82, 90, 109–113, 128f., 132, 147ff., 154, 158, 165ff., 170. Bayerisches Hauptstaatsarchiv, Abt. MH 11250.

(184/II) Bericht des provisorischen Börsenausschusses, betreffend die Neuordnung der Verkehrsnormen an den deutschen Produktenbörsen. [Berichterstatter Max Weber], In: Verhandlungen des provisorischen Börsenausschusses... a.a.O. S. 194–212.

(185) [Einladung zum Beitritt zu der in Berlin gegründeten »Deutschen Gesellschaft für Soziologie«.] Heidelberg, Juni 1909. Bundesarchiv Koblenz, Nachlaß Brentano/67.

(185/I) Vorbericht über eine vorgeschlagene Erhebung über die Soziologie des Zeitungswesens. [Für die Deutsche Gesellschaft für Soziologie, 1910] Nachlaß F. Toennies, Schleswig-Holsteinische Landesbibliothek, Cb. 54. B 30, 516ff.

(186) [Siehe (219)]

(187) [Bemerkungen über die Handelshochschulen.] Heidelberg, den 7.11.1911. Max-Weber-Archiv, München.

(188) [Siehe (223/I]

(189) [Entfällt]

(190) [Aufzeichnungen über Ausführungen zum Verfassungsentwurf.] Aufzeichnung über die Verhandlungen im Reichsamt des Innern über die Grundzüge des der verfassungsgebenden deutschen Nationalversammlung vorzulegenden Verfassungsentwurfs, vom 9. bis 12.12.1918 (I A 15607). Bundesarchiv Koblenz, Nachlaß Payer/11; S. 3, 12–13, 17, 20, 23, 25–27, 29, 31–32, 35.

III. Posthume Publikationen und Sammelwerke

(191) [Siehe (81/I)]

(192) [Entfällt]

(193) [Siehe (126/II)]

(194) [Siehe (138/I)]

(195) [Entfällt]

(196) [Entfällt]

(197) [Siehe (143/I)]

(198) [Entfällt]

(199) [Entfällt]

(200) [Entfällt]

(201) [Siehe (160/1)]

(202) Die Stadt. Eine soziologische Untersuchung. In: Archiv für Sozialwissenschaft und Sozialpolitik, 47. Bd. 1920/21, Heft 3, S. 621–772.

(203) Gesammelte Aufsätze zur Religionssoziologie. Bd.II. Hinduismus und Buddhismus. (1. Aufl.) Tübingen (Mohr-Siebeck) 1921.

(203a) 2., photomechanisch gedruckte Aufl., Tübingen (Mohr-Siebeck) 1923.

(203b) 3., photomechanisch gedruckte Aufl., Tübingen (Mohr-Siebeck) 1963.

(203c) 4., photomechanisch gedruckte Aufl., Tübingen (Mohr-Siebeck) 1966.

(203d) 5., photomechanisch gedruckte Aufl., Tübingen (Mohr-Siebeck) 1972.

(203e) 6., photomechanisch gedruckte Aufl., Tübingen (Mohr-Siebeck) 1978.

(204) Gesammelte Aufsätze zur Religionssoziologie. Bd. III. Das antike Judentum. (1. Aufl.) Tübingen (Mohr-Siebeck) 1921.

(204a) 2., photomechanisch gedruckte Aufl. Mit Register zu Bd. I–III. Tübingen (Mohr-Siebeck) 1923.

(204b) 3., photomechanisch gedruckte Aufl., Tübingen (Mohr-Siebeck) 1963.

(204c) 4., photomechanisch gedruckte Aufl., Tübingen (Mohr-Siebeck) 1966.

(204d) 5., photomechanisch gedruckte Aufl., Tübingen (Mohr-Siebeck) 1971.

(204e) 6., photomechanisch gedruckte Aufl., Tübingen (Mohr-Siebeck) 1976.

(204d) 7., photomechanisch gedruckte Aufl., Tübingen (Mohr-Siebeck) 1978.

(205) Die Pharisäer (Nachtrag). In: Gesammelte Aufsätze zur Religionssoziologie. Bd. III. Das antike Judentum. Tübingen (Mohr-Siebeck) 1921, S. 401–442.

(206) Gesammelte politische Schriften [GPS]. [Hg. v. Marianne Weber]. München (Drei-Masken-Verlag) 1921.

(206a) 2., erweiterte Aufl. Mit einem Geleitwort v. Th. Heuss, neu hg.v. J.Winckelmann. Tübingen (Mohr-Siebeck) 1958.

(206b) 3., erneut vermehrte Aufl. Mit einem Geleitwort von Th. Heuss, hg v. J. Winckelmann. Tübingen (Mohr-Siebeck) 1971.

(206c) 4., photomechanisch gedruckte Aufl., Tübingen (Mohr-Siebeck) 1980.

(207) Zur Frage des Friedenschließens. (Erste Denkschrift, Ende 1915/Anfang 1916]. In: GPS S. 48–59.

(208) Der verschärfte U-Boot-Krieg. Denkschrift unter Mitarbeit von Dr. Felix Somary. März 1916. Bundesarchiv Koblenz, Nachlaß Payer/10. In: GPS S. 64–72.

(209) Begleitschreiben an die Frankfurter Zeitung vom 20.3.1919 zu seinem Artikel »Die Untersuchung der Schuldfrage« [vgl. (173)]. In: GPS S. 487.

(210) Grundriss der Sozialökonomik. III. Abteilung. Wirtschaft und Gesellschaft. I. Die Wirtschaft und die gesellschaftlichen Ordnungen und Mächte. Bearbeitet von Max Weber. Erster Teil. (Erste Lieferung). Tübingen (Mohr-Siebeck) 1921. S. 1–180.

(211) Die rationalen und soziologischen Grundlagen der Musik. [geschrieben 1911]. Mit einer Einl. v. Th. Kroyer, München (Drei-Masken-Verlag) 1921.

(211a) dass. 2. Aufl., München (Drei-Masken-Verlag) 1924.

(211b) Neuauflage Tübingen (UTB/Mohr-Siebeck Bd. 122) 1972.

(211/I) Spätere Erklärung der deutschen Viererkommission. In: Bayerische Dokumente zum Kriegsausbruch und zum Versailler Schuldspruch. Im Auftrage des Bayerischen Landtages hg. v. P. Dirr. München u. Berlin (R. Oldenbourg) 1922, S. 25–24.

(211/Ia) dass. In: ebd., 2., erweiterte Aufl., 1924.

(211/Ib) dass. In: ebd., 3., erweiterte Aufl., 1925.

(211/Ic) dass. In: ebd., 4. Aufl., 1928.

(212) Die drei reinen Typen der legitimen Herrschaft. Eine soziologische Studie. In: Preußische Jahrbücher, hg. v. W. Schotte, Bd. 187, Heft 1, Januar 1922, Berlin (G. Stilke), S. 1–12.

(213) Gesammelte Aufsätze zur Wissenschaftslehre [GAzW]. [Hrsg. v. Marianne Weber]. Tübingen (Mohr-Siebeck) 1922.

(213a) 2., durchgesehene und ergänzte Aufl., besorgt v. J. Winckelmann, Tübingen (Mohr-Siebeck) 1951.

(213b) 3., erweiterte und verbesserte Aufl., hg. v. J. Winckelmann, Tübingen (Mohr-Siebeck) 1968.

(213c) 4., erneut durchgesehene Aufl., hg. v. J. Winckelmann, Tübingen (Mohr-Siebeck) 1973.

(213d) 5., erneut durchgesehene Aufl., hg. v. J. Winckelmann, Tübingen (Mohr-Siebeck) 1982.

(213e) 6., erneut durchgesehene Aufl., hg. v. J. Winckelmann, Tübingen (Mohr-Siebeck) 1985.

(213f) 7., erneut durchgesehene Aufl., hg. v. J. Winckelmann, Tübingen (Mohr-Siebeck) 1988.

(214) Nachtrag zu dem Aufsatz über R. Stammlers »Ueberwindung« der materialistischen Geschichtsauffassung. In: Gesammelte Aufsätze zur Wissenschaftslehre. Tübingen (Mohr-Siebeck) 1922, S. 556–579 [unvollendete Fortsetzung von (80); aus dem Nachlaß veröffentlicht].

(215) Grundriss der Sozialökonomik. III. Abteilung. Wirtschaft und Gesellschaft. Bearbeitet von Max Weber. [Hg. v. Marianne Weber]. Tübingen (Mohr-Siebeck) 1922 [WuG].

(215a) Grundriss der Sozialökonomik. III. Abteilung. Wirtschaft und Gesellschaft. Von Max Weber. [Hg. v. Marianne Weber]. 2., vermehrte Aufl., 2 Hbde., Tübingen (Mohr-Siebeck) 1925.

(215b) 3. Aufl. Unveränderter Nachdruck der zweiten vermehrten Aufl. 2 Hbde., Tübingen (Mohr-Siebeck) 1947.

(215c) Wirtschaft und Gesellschaft. Grundriss der verstehenden Soziologie. Mit einem Anhang: Die rationalen und soziologischen Grundlagen der Musik. 4. neu hg. Aufl., besorgt von J. Winckelmann, 2 Hbde., Tübingen (Mohr-Siebeck) 1956.

(215d) Wirtschaft und Gesellschaft. Grundriss der verstehenden Soziologie. Studienausgabe. Hg. v. J. Winckelmann. 2 Hbde., Köln/Berlin (Kiepenheuer & Witsch) 1964.

(215e) 5., revidierte Aufl., besorgt von J. Winckelmann. Studienausgabe. Tübingen (Mohr-Siebeck) 1972.

(215f) 6., revidierte Aufl., mit Textkritischen Erläuterungen hg. v. J. Winckelmann. 2 Hbde. und Erläuterungsbd., Tübingen (Mohr-Siebeck) 1976.

(216) Wirtschaftsgeschichte von Max Weber. Abriss der universalen Sozial- und Wirtschaftsgeschichte. Aus den nachgelassenen Vorlesungen hg. v. S. Hellmann u. Dr. M. Palyi. München u. Leipzig (Duncker & Humblot) 1923.

(216a) 2., unveränderte Aufl., München u. Leipzig (Duncker & Humblot) 1924.

(216b) Wirtschaftsgeschichte. Abriß der universalen Sozial- und Wirtschaftsgeschichte. Von Max Weber. Aus den nachgelassenen Vorlesungen hg. v. S. Hellmann u. Dr. M. Palyi. 3., durchgesehene und ergänzte Aufl., besorgt von J. Winckelmann. Berlin (Duncker & Humblot) 1958.

(217) Gesammelte Aufsätze zur Sozial- und Wirtschaftsgeschichte. Von Max Weber. [Hg. v. Marianne Weber]. Tübingen (Mohr-Siebeck) 1924 [GAzSuW].

(218) Gesammelte Aufsätze zur Soziologie und Sozialpolitik. Von Max Weber. [Hg. v. Marianne Weber]. Tübingen (Mohr-Siebeck) 1924 [GAzSuS].

(219) Gedenkrede Max Webers auf Georg Jellinek bei der Hochzeit von dessen Tochter Frau Dr. Dora Busch am 21.3.1911]. In: Marianne Weber, Max Weber. Ein Lebensbild. Tübingen (Mohr- Siebeck) 1926, S. 481–486. [unvollständig und verändert].

(219a) dass. in: ebd., (2. Aufl.] Heidelberg (L. Schneider) 1950, S. 517-523.

(219b) dass. in: Max Weber zum Gedächtnis. Materialien und Dokumente zur Bewertung von Werk und Persönlichkeit, hg. v. R. König u. J. Winckelmann. Kölner Zeitschrift für Soziologie und Sozialpsychologie, hg. v. R. König, Sonderheft 7, Köln u. Opladen

(Westdeutscher Verlag) 1963, S. 13-17 [nach der Originalniederschrift von Dora Busch].

(219/1) [Bericht für die Reservelazarettkommission Heidelberg, 1915]. In: Marianne Weber, Max Weber. Ein Lebensbild. Tübingen (Mohr-Siebeck) 1926, S. 545–560.

(219/Ia) dass. in: ebd., [2. Aufl.] Heidelberg (L. Schneider) 1950, S. 589–593 [unvollständig und verändert].

(220) Die protestantische Ethik und der Geist des Kapitalismus. Sonderdruck aus M. Weber, Gesammelte Aufsätze zur Religionssoziologie, I, S. 1–206. Tübingen (Mohr-Siebeck) 1934.

(221) Rechtssoziologie. Aus dem Manuskript hg. und eingeleitet v. J. Winckelmann. Soziologische Texte, hg. v. H. Maus u. F. Fürstenberg, Bd. 2, Neuwied (Luchterhand) 1960.

(221a) 2., überarbeitete Aufl., Neuwied/Berlin (Luchterhand) 1967.

(222) Soziologische Grundbegriffe. Sonderdruck aus »Wirtschaft und Gesellschaft«, 4., neu hg. Aufl., besorgt v. J. Winckelmann, 1956, S. 1–30. Tübingen (Mohr-Siebeck) 1966.

(222a) 2., durchgesehene Aufl., Tübingen (Mohr-Siebeck) 1966.

(222b) 3., durchgesehene Aufl. Sonderausgabe aus: Wirtschaft und Gesellschaft, 5., revidierte Aufl. besorgt v. J. Winckelmann, 1972, S. 1–30. Tübingen (UTB/Mohr-Siebeck Bd. 541) 1976.

(222c) 4., durchgesehene Aufl., Tübingen (UTB/ Mohr-Siebeck Bd. 541) 1978.

(222d) 5., durchgesehene Aufl., Tübingen (UTB/ Mohr-Siebeck Bd. 541) 1981.

(222e) 6., durchgesehene Aufl., Tübingen (UTB/ Mohr-Siebeck Bd. 541) 1984.

(223) Die protestantische Ethik. Eine Aufsatzsammlung. Hg. v. J. Winckelmann. München u. Hamburg (Siebenstern-Taschenbuch Bd. 53/54) 1965 [PE I].

(223a) 2., durchgesehene und erweiterte Aufl., München u. Hamburg (SiebensternTaschenbuch Bd. 53/54) 1969.

(223b) 3., durchgesehene und erweiterte Aufl., Hamburg (Siebenstern-Taschenbuch Bd. 53/54) 1973.

(223c) 4., durchgesehene Aufl., Hamburg (Siebenstern-Taschenbuch Bd.53/54) 1975.

(223d) 5., erneut überarbeitete und mit e. Nachwort versehene Aufl., Gütersloh: Gütersloher Verlagshaus Mohn 1979.

(223e) 6., erneut überarbeitete und mit e. Nachwort versehene Aufl., Gütersloh: Gütersloher Verlagshaus Mohn 1981.

(223f) 7., erneut überarbeitete und mit e. Nachwort versehene Aufl., Gütersloh: Gütersloher Verlagshaus Mohn 1984.

(223/I) An die Herren Teilnehmer der Leipziger Besprechung. [Zirkular Max Webers an eine Sondergruppe des Vereins für Sozialpolitik vom 15.11.1912.] Max-Weber-Archiv, München. In: Bernhard Schäfers, Ein Rundschreiben Max Webers zur Sozialpolitik. In: Soziale Welt, 18. Jg., Heft 2/3, 1967, S. 265–271.

(224) Die protestantische Ethik II. Kritiken und Antikritiken. Hg. v. J. Winckelmann. München u. Hamburg (Siebenstern-Taschenbuch Bd. 119/120) 1968 [PE II].

(224a) 2., durchgesehene und erweiterte Aufl., Hamburg (Siebenstern-Taschenbuch Bd. 119/120) 1972.

(224b) 3., durchgesehene und erweiterte Aufl., Gütersloh:Gütersloher Verlagshaus Mohn 1978.

(224c) 4., durchgesehene und erweiterte Aufl., Gütersloh: Gütersloher Verlagshaus Mohn 1982.

(225) Georg Simmel As Sociologist. Introduction by Donald N. Levine. In: Social Research, Vol. 39, 1/1972, S. 155-163.

(226) [Stichwortartiges Konzept einer politischen Rede für die Deutsche Demokratische Partei im Januar 1919] In: Wolfgang J. Mommsen, Max Weber und die deutsche Politik 1890 – 1920. 2.Aufl. Tübingen: Mohr-Siebeck 1974, S. 527–535.

Ausgewählte Sekundärliteratur

Bei der hier vorgelegten Auswahl aus der großen Fülle der Weber-Literatur wurden allein solche Titel aufgenommen, die von hervorgehobener historischer und/oder aktueller Bedeutung für den jeweiligen Themenbereich – insbesondere im deutschsprachigen Raum – sind.

Zur Biographie Webers

Baumgarten, Eduard: *Max Weber – Werk und Person.* Tübingen 1964.

Fügen, Hans Norbert: *Max Weber mit Selbstzeugnissen und Bilddokumenten.* Reinbek 1985.

Hennis, Wilhelm: *Max Webers Fragestellung.* Studien zur Biographie des Werks. Tübingen 1987.

—: *Max Webers Wissenschaft vom Menschen*: neue Studien zur Biographie des Werks. Tübingen 1996.

Dirk Kaesler: *Max Weber.* Eine Einführung in Leben, Werk und Wirkung. 2. Aufl. Frankfurt/M./New York. 1998.

Roth, Guenther: *Max Webers deutsch-englische Familiengeschichte*. Tübingen 2001.

Weber, Marianne: Max Weber – *Ein Lebensbild.* 1. Aufl. 1926, 3. Aufl. Tübingen 1984.

Weiller, Edith: *Max Weber und die literarische Moderne.* Ambivalente Begegnungen zweier Kulturen. Stuttgart/Weimar 1994.

Webers Studien zur Agrar-, Wirtschafts- und Sozialgeschichte der Antike und des Mittelalters

Deininger, Jürgen: *Vorwort, Einleitung, Editorischer Bericht*. In: MWG I/2.

Love, John R.: *Antiquity and Capitalism*. Max Weber and the sociological foundations of Roman civilization. London 1991.

Nippel, Wilfried: *Vorwort, Einleitung, Editorischer Bericht*. In: MWG I/22–5.

Webers Studien zur Sozial- und Wirtschaftsverfassung des Wilhelminischen Deutschland

Borchardt, Knut und Cornelia Meyer-Stoll (1999): *Vorwort, Einleitung, Editorische Berichte.* In: MWG I/5 2 Halbbde.

Mommsen, Wolfgang J. und Rita Aldenhoff (1993): *Vorwort, Einleitung, Editorische Berichte*. In: MWG I/4 2 Halbbde.

Riesebrodt, Martin (1984): *Vorwort, Einleitung, Editorische Berichte*. In: MWG I/3 2 Halbbde.

Schluchter, Wolfgang und Sabine Frommer (1995): *Vorwort, Einleitung, Editorische Berichte*. In: MWG I/11.

Torp, Cornelius: *Max Weber und die preußischen Junker.* Tübingen 1998.

Webers Schriften zur Religionssoziologie

a) Webers Studien zur Kulturbedeutung des Protestantismus

Green, Robert W. (Hg.): *Protestantism, Capitalism, and Social Science*. The Weber Thesis Controversy. 2nd ed. Lexington u.a. 1973.

Seyfarth, Constans und Walter M. Sprondel (Hg.): *Religion und gesellschaftliche Entwicklung*. Studien zur Protestantismus-Kapitalismus-These Max Webers. Frankfurt/M. 1973.

Weiß, Johannes: *Max Webers Grundlegung der Soziologie*. 2. Aufl. München 1992.

b) Webers Studien zur Wirtschaftethik der Weltreligionen

Bendix, Reinhard: *Max Weber – Das Werk.* München 1964.

Schluchter, Wolfgang (Hg): *Max Webers Studie über das antike Judentum*. Interpretation und Kritik. Frankfurt/M. 1981.

— (Hg.): *Max Webers Studie über Konfuzianismus und Taoismus.* Interpretation und Kritik. Frankfurt/M. 1983.— (Hg.): *Max Webers Studie über Hinduismus und Buddhismus*. Interpretation und Kritik. Frankfurt/M. 1984.

— (Hg.): *Max Webers Sicht des antiken Christentums*. Interpretation und Kritik. Frankfurt/M. 1985.

— (Hg.): *Max Webers Sicht des Islam*. Interpretation und Kritik. Frankfurt/M. 1987.

— (Hg.): *Max Webers Sicht des okzidentalen Christentums.* Interpretation und Kritik. Frankfurt/M. 1988.

— (Hg.): *Religion und Lebensführung*. 2 Bde. Frankfurt/M. 1988.

Helwig Schmidt-Glintzer und Petra Kolonko: *Vorwort, Einleitung, Editorischer Bericht*. In: MWG I/19.

— und Karl-Heinz Golzio: *Vorwort, Einleitung, Editorischer Bericht*. In: MWG I/20.

Webers Studien zur Wirtschaft und den gesellschaftlichen Ordnungen und Mächte (»Wirtschaft und Gesellschaft«)

a) Webers »Allgemeine Soziologie«

Tenbruck, Friedrich H.: *Das Werk Max Webers.* Gesammelte Aufsätze zu Max Weber. Tübingen 1999.

Winckelmann, Johannes: *Max Webers hinterlassenes Hauptwerk:* Die Wirtschaft und die gesellschaftlichen Ordnungen und Mächte. Tübingen 1986.

b) Webers Studien zur Rechtssoziologie

Breuer, Stefan und Hubert Treiber (Hg.): *Zur Rechtssoziologie Max Webers*. Interpretation, Kritik, Weiterentwicklung. Opladen 1984.

Rehbinder, Manfred und Klaus-Peter Tieck (Hg.): *Max Weber als Rechtssoziologe*. Berlin 1987.

Turner, Stephen und Regis A. Factor: *Max Weber.* The Lawyer as Social Thinker. London/New York 1994.

c) Webers Studien zur Wirtschaftssoziologie

Swedberg, Richard: *Max Weber and the Idea of Economic Sociology.* Princeton 1989.

d) Webers Studien zur Soziologie der Herrschaft

Anter, Andreas: *Max Webers Theorie des modernen Staates*. Herkunft, Struktur und Bedeutung. Berlin 1994.

Breuer, Stefan: *Max Webers Herrschaftssoziologie*. Frankfurt/M.-New York 1991.

—: *Bürokratie und Charisma*. Zur Politischen Soziologie Max Webers. Darmstadt 1994.

Löwenstein, Karl: *Max Webers staatspolitische Auffassungen in der Sicht unserer Zeit*. Frankfurt/M.-Bonn 1965.

Hanke, Edith und Wolfgang J. Mommsen (Hg.): *Max Webers Herrschaftssoziologie*. Studien zur Entstehung und Wirkung. Tübingen 2001.

Roth, Guenther: *Politische Herrschaft und persönliche Freiheit*. Heidelberger Max Weber-Vorlesungen 1983. Frankfurt/M. 1987.

Winckelmann, Johannes: *Legitimität und Legalität in Max Webers Herrschaftssoziologie.* Tübingen 1952.

e) Webers Studien zur Musiksoziologie

Braun, Christoph: *Max Webers »Musiksoziologie«*. Laaber 1992.

Webers Schriften zur Wissenschaftstheorie und Methodologie

Burger, Thomas: *Max Weber's Theory of Concept Formation*. Durham 1987.

Bruun, H. H.: *Science, Values and Politics in Max Weber's Methodology*. Copenhagen 1972.

Henrich, Dieter: *Die Einheit der Wissenschaftslehre Max Webers.* Tübingen 1952.

Janoska-Bendl, Judith: *Methodologische Aspekte des Idealtypus*. Max Weber und die Soziologie der Geschichte. Berlin 1965.

Oakes, Guy: *Die Grenzen kulturwissenschaftlicher Begriffsbildung*. Heidelberger Max Weber-Vorlesungen 1982. Frankfurt/M. 1990.

Ringer, Fritz: *Max Weber's Methodology.* The Unification of the Cultural and Social Sciences. Cambridge/London 1997.

Wagner, Gerhard und Heinz Zipprian (Hg.): *Max Webers Wissenschaftslehre*. Frankfurt/M. 1994.

Webers tagespolitische Schriften und sein politisches Wirken

Mommsen, Wolfgang J.: *Max Weber und die deutsche Politik 1890–1920.* Tübingen 1959. 2. Aufl. 1974.

— und Dittmar Dahlmann: *Vorwort, Einleitung, Editorische Berichte.* In: MWG I/10.

— und Gangolf Hübinger: *Vorwort, Einleitung, Editorische Berichte.* In: MWG I/15.

— und Wolfgang Schwentker: *Vorwort, Einleitung, Editorische Berichte.* In: MWG I/16.

Wirkung des wissenschaftlichen Werks Webers

Albrow, Martin: *Max Weber's Construction of Social Theory.* London 1990.

Alexander, Jeffrey C.: *Theoretical Logic in Sociology.* The Classical Attempt at Theoretical Synthesis: Max Weber. Berkeley 1983.

Habermas, Jürgen: *Theorie des kommunikativen Handelns*. 2 Bde. Frankfurt/M. 1981.

Kalberg, Stephen: *Einführung in die historisch-vergleichende Soziologie Max Webers.* Wiesbaden 2001.

Kocka, Jürgen (Hg.): *Max Weber, der Historiker.* Göttingen 1968.

Mommsen, Wolfgang J. und Jürgen Osterhammel (Hg.): *Max Weber and His Contemporaries*. London 1987.

— und Wolfgang Schwentker (Hg.): *Max Weber und seine Zeitgenossen*. Göttingen 1987.

Münch, Richard: *Theorie des Handelns*. Zur Rekonstruktion der Beiträge von Talcott Parsons, Emile Durkheim und Max Weber. Frankfurt/M. 1982.

Parsons, Talcott: *The Structure of Social Action*. A Study in Social Theory with Special Reference to a Group of Recent European Writers. New York 1937.

Scaff, Lawrence A.: *Fleeing the Iron Cage*. Culture, Politics, and Modernity in the Thought of Max Weber. Berkeley 1989.

Schluchter, Wolfgang: *Rationalismus der Weltbeherrschung*. Studien zu Max Weber. Frankfurt/M. 1980.

—: *Die Entstehung des modernen Rationalismus.* Eine Analyse von Max Webers Entwicklungsgeschichte des Okzidents. Frankfurt/M. 1998.

Sica, Alan: *Weber, Irrationality, and Social Order.* Berkeley 1988.

Sprondel, Walter M. und Constans Seyfarth (Hg.): *Max Weber und die Rationalisierung sozialen Handelns*. Stuttgart 1981.

Turner, Bryan S.: *Max Weber: From History to Modernity*. London 1993.

Weiß, Johannes: *Das Werk Max Webers in der marxistischen Rezeption und Kritik*. Opladen 1981.

— (Hg.): *Max Weber heute.* Erträge und Probleme der Forschung. Frankfurt/M. 1989.

Personenverzeichnis

Hinweis: Die Angaben beziehen sich allein auf die Texte Max Webers und die Erläuterungen des Herausgebers in den Fußnoten, nicht jedoch auf Einleitung und Anhang.

Sachregister

Hinweis: Die Angaben beziehen sich allein auf die Texte Max Webers und die Erläuterungen des Herausgebers in den Fußnoten, nicht jedoch auf Einleitung und Anhang, **Fettgedruckt** sind jene Stellen, an denen Weber oder der Herausgeber den jeweiligen Begriff definiert.